제17판 민법의 세계

물권법

양형우

Law of Property

정독
DEEP READING

2026년도 대법원 판례 업데이트
(3월말, 5월말, 7월말, 9월말)

제17판 머리말

독자 여러분의 성원에 머리 숙여 감사드리며, 이번 개정판에서도 기존의 구성 및 설명 방법을 그대로 유지하면서 내용을 수정·보완하였다.

첫째, 내용을 정비하였다. 민법의 기본법리에 대한 정확한 이해를 위하여 필요한 부분에 설명을 추가하였으며, 오탈자를 수정하고 문장을 다듬었다.

둘째, 제7판이 출간된 후 2025. 11. 15.까지 발간된 법원공보(제718호)뿐만 아니라 대법원 2025. 10. 30. 선고 판결까지 분석하여 중요한 것은 모두 반영하였다. 이 가운데 ① 소유권이전등기청구권을 매수인으로부터 양도받은 양수인이 소유권이전청구권 가등기 이전의 부기등기를 마치고 가등기에 기한 본등기까지 마쳤으나 소유자 겸 매도인의 동의나 승낙이 없는 경우, 위 가등기이전의 부기등기 및 가등기에 기한 본등기가 실체관계에 부합하는 등기인지에 관한 대법원 2025.4.24. 선고 2024다248290 판결, ② 물건의 소유자가 적법한 점유권원 없는 점유자를 상대로 제213조에 따른 물권적 청구권을 행사하여 물건의 반환을 구할 수 있는 경우, 점유자가 물건의 소유자를 상대로 제741조에 따라 해당 비용의 반환을 구할 수 있는지에 관한 대법원 2024.12.24. 선고 2020다275744,275751 판결, ③ 근저당권에 대한 근질권의 부기등기가 마쳐진 후 그 부동산에 관하여 해당 근질권자가 아닌 제3자의 신청에 따라 경매절차가 개시된 경우 근질권의 피담보채권이 확정되는 시기에 관한 대법원 2025.9.25. 선고 2025다212005 판결 등이 주목된다.

셋째, '2025.11.1. 이후의 대법원 최신판결'은 홈페이지(www.jeongdok.co.kr) 자료실에서 다운받을 수 있으며 QR코드를 통해 확인할 수도 있다.

끝으로 이 자리를 빌어 『민법의세계－물권법』을 기본교재로 삼아 강의하시는 전국의 교수님, 보완할 부분을 일러주신 영남대학교 법학전문대학원 김수빈 교수님, 경북대학교 법학전문대학원 엄복현 교수님, 영진사이버대학교 부동산학과 김영수 교수님, 류홍석 법무사님, 유병태 법무사님께 무한한 감사의 말씀을 드린다. 또한 이 책을 세심하게 읽고 수정·보완이 필요한 부분을 알려준 사랑스런 제자 이푸름 군, 조세영 군, 유순희 양에게 고마움을 표하며, 로스쿨에 진학하여 우수한 성적으로 변호사시험에 합격하여 국가사회에 봉사하는 법조인으로 대성하길 기원한다. 아울러 김중용 사장님, 심성보 편집이사님, 김인숙 과장님을 비롯한 도서출판 정독 관계자 여러분의 노고에 대해 감사의 말씀을 전한다.

2025. 11.

홍문관 연구실에서

양형우

제16판 머리말

독자 여러분의 성원 덕분에『민법의 세계』가 어느덧 제16판에 이르게 되었다. 독자 여러분께 머리 숙여 감사드린다.

이 책이 법학의 기초인 민법을 체계적으로 이해하려는 학생들에게 길잡이 노릇을 한다는 점, 각종 국가시험 수험서로 활용된다는 점 등을 감안하여 그 내용을 충실히 하기 위해 개정판에는 다음의 것을 반영하였다.

첫째, 내용을 정비하고 가독성을 높였다. 내용적으로 비교적 많은 부분을 수정하고 보완하였고, 가독성을 위해 줄간을 조정하였으며, 그 결과 제15판에 비해 17면 상당의 분량이 늘어났다.

둘째, 지난 1년 동안에 새로 나온 판례를 충실하게 소개하였다. 지난해에도 새로운 판례들이 쏟아져 나왔는데, 그러한 판례들의 소개에 소홀함이 없도록 노력했다. 즉 2024. 11. 15. 법원공보(제694호)에 수록된 판결뿐만 아니라 대법원 2024. 10. 31. 선고 주요 판결까지 반영하였다. 그 가운데 ① 계약명의신탁에서 명의신탁자가 명의신탁약정에 따라 부동산을 점유하는 경우 소유의 의사로 점유한다는 자주점유의 추정이 깨어지는지에 관한 대법원 2024.4.4. 선고 2023다304650 판결, ② 부동산 임의경매절차에서 채권자의 질권자가 직접청구권을 행사하여 배당금을 수령하였는데 배당이 잘못된 경우 부당이득반환의무자가 누구인지에 관한 대법원 2024.4.12. 선고 2023다315155 판결, ③ 변제기 전에 주채무를 변제한 수탁물상보증인이 주채무의 변제기 전 사후구상권을 행사할 수 있는지 여부에 관한 대법원 2024.10.25. 선고 2024다252305 판결 등이 주목된다.

셋째 기본 판례의 내용을 본문 속에서 설명하였다. 수험생의 부담을 줄이기 위해 기존에 수록된 판례 중 이론적으로 중요한 것은 본문에서 서술하였다.

넷째, '2024.11.1. 이후의 대법원 최신판결'은 홈페이지(www.jeongdok.co.kr) 자료실에서 다운받을 수 있으며 QR코드를 통해 확인할 수도 있다.

이 책이 나오는 데에는 여러 사람의 도움이 있었다. 이 자리를 빌어 감사의 말씀을 전하고자 한다. 먼저『민법의 세계－물권법』을 기본교재로 삼아 강의하시는 전국의 교수님께 머리 숙여 감사드리며, 이 책을 세심하게 읽고 수정·보완이 필요한 부분을 알려준 사랑스런 홍익대 제자에게 고마움을 표한다. 아울러 김중용 사장님, 심성보 편집이사님, 김인숙 과장님을 비롯한 도서출판 정독 관계자 여러분의 노고에 대해 감사의 말씀을 드린다.

2024. 11.
홍문관 연구실에서
양 형 우

머리말

Ⅰ. 민법을 체계적으로 이해하기 위해서는 민법이 규정하고 있는 각종 제도와 규범내용을 정확하게 이해하여야 한다. 우리 민법이 따르는 판덱텐(Pandekten)체계는 공통분모를 총칙에 규정하고 있으므로 논리적이고 체계적이지만, 지나치게 체계를 중시하다 보니 이해하기가 어렵고 또 현실분쟁에 대한 적용에 많은 어려움이 발견된다. 이러한 이유로 법학을 전공하는 학생이나 각종 국가자격시험을 준비하는 수험생들이 민법을 이해하는 데 어려움을 겪는 경우가 많다. 따라서 한권의 교재에 기본적인 내용을 체계적이고 유기적으로 기술하는 것이 학생들의 민법에 대한 이해도를 높이고 사례해결능력을 배양할 수 있을 것으로 생각하여, 부끄러운 마음으로 민법의 세계를 독자여러분에게 내놓게 되었다. 이 책의 출간으로 오랫동안 미루던 작업을 완성하였다는 기쁜 마음이야 이루 말할 수 없지만, 마음 한 구석에는 아쉬움이 여전히 남아 있다. 앞으로 기회가 있을 때마다 부족한 점을 계속 보완해 나갈 생각이며, 이와 관련하여 선·후배 동학의 기단없는 조언과 비판을 기대한다.

Ⅱ. 민법전반에 대한 학생들의 체계적인 이해를 도모하면서 법률적 사고능력을 배양하기 위하여, 이 책은 다음과 같은 서술방식을 따르고 있다. 첫째 민법의 내용을 학생들이 이해하기 쉽고 기억에 오래 남을 수 있도록 가능한 모든 제도를 요건화하였으며, 다른 제도 및 규정과의 상호관계를 종합적으로 이해할 수 있도록 하였다. 둘째 수험준비에 필요한 기초개념과 근본이론을 정리하여 민법상 대두되는 논점과 문제점을 학생들로 하여금 쉽게 파악하게 하고, 최근의 학설과 판례를 가능한 한 빠뜨리지 않으면서도 민법전반의 내용을 압축하여 분량을 줄여 보려고 하였다. 물론 모든 논점들을 망라하여 서술하였으며, 중요한 쟁점에 관하여는 학설과 판례의 내용을 기술하고 결론을 제시하였다. 셋째 2007. 7.까지 선고된 대법원 판례 중 중요하다고 판단되는 최근의 것을 중심으로 판례를 인용하면서 동시에 기존의 판례 중에서도 중요한 것을 망라하려고 노력하였다. 특히 판례인용의 불필요한 중복을 피하고 판례와 이론을 체계적으로 이해할 수 있도록 하기 위해, 판례의 요점 내지 쟁점을 본문 중의 관련부분에서 기술하였다. 넷째 오늘날 민사관계는 민법전 이외에 많은 각종의 특별법에 의하여 규율되고 있다. 따라서 민법을 제대로 이해하기 위해서는 특별법의 내용을 잘 알아야 한다. 이 책에서는 해당 부분에서 각종의 특별법을 인용·설명하였다. 특히 최근에 제정되어 시행되고 있는 이자제한법, 호적법의 대체입법으로 제정된 가족관계등록에 관한 법률까지 반영하였다. 다섯째 친족상속법 부

분은 2008. 1. 1부터 시행되는 개정내용에 맞추어 기술하였다. 다시 말하면 2007년까지만 효력을 가지는 가·가족·호주제도에 관한 논의는 불필요한 낭비로 생각되어 설명하지 않았다. 여섯째 논점을 서술하는 경우에 기존의 교재가 대부분 장문으로 되어 있는 반면에 이 책은 논점마다 문단을 구별하여 문제의 초점을 뚜렷이 나타나게 하고, 민법학의 특성상 이론적 설명만으로는 이해의 어려움을 느끼는 부분이 많기 때문에 풍부한 예를 들어 이론과 판례를 설명하였다. 따라서 독자들은 이론과 구체적인 예를 연결하여 이해하기 바란다. 끝으로 다른 교재와 달리 이 책에서는 법률행위의 대리를 3면관계 중심이 아니라 요건 중심으로 기술하였고, 물권적 청구권과 점유자·회복자 관계를 함께 설명함으로써 체계적인 이해를 도모하고자 하였으며, 소유권유보·매도인의 담보책임·부당이득 및 사무관리 등에 많은 지면을 할애하였다.

Ⅲ. 이 책이 나오기까지는 많은 분의 격려와 도움을 받았다. 이 자리를 빌어서 그 고마움을 표시하고 싶다. 무엇보다 저자를 물심양면으로 격려해 주시고 항상 따뜻하게 보살펴주신 연세대 주영은 교수님, 저자의 생각과 강의기법에 직·간접적으로 영향을 주신 연세대 백태승 교수님과 독일 프라이부르크(Freiburg)대 Rolf Stürner 교수님께 머리 숙여 감사드린다. 또한 이 책의 집필방향으로 이끌게 한 민법교재 기타 문헌을 저술한 여러 교수님, 사법시험 준비로 바쁜 와중인데도 귀중한 시간을 할애하여 교정작업으로 고생한 최나영 석사에게도 감사의 뜻을 표하고 싶다. 최나영 양의 꿈이 빨리 이루어져 훌륭한 법조인으로 대성하길 고대한다. 그리고 이 책의 출간을 흔쾌히 받아 주신 진원사 양진수 사장님, 편집과 실무적인 지원을 아끼지 않은 강수연 실장님께 심신한 감사를 드린다. 끝으로 필자가 아무런 근심걱정 없이 여유 있게 연구와 집필에 몰두할 수 있는 연구실생활 뒤에는 부모님·장인장모님의 노심초사와 꾸준히 뒷바라지를 해 준 아내 및 사랑하는 아들·딸의 희생이 숨겨져 있다. 특히 저자의 뒷바라지로 훌쩍 늙어버리신 부모님과 언제나 사위건강을 먼저 생각하시는 장인장모님 그리고 사랑하는 아내에게 마음속으로는 무한히 감사하면서도 면전에서는 감사드리고 사랑한다는 말도 하지 못한 것을 늘 미안하게 생각할 뿐이다. 끝으로 이 책의 집필을 위한 그동안의 노력이 학생들의 민법에 대한 체계적 이해와 실력향상에 미력하나마 도움이 되었으면 하는 것이 저자의 소박한 심정이다.

2007년 8월 15일
연구실에서 저자 씀

차 례

제 1 장 서 론

제 2 장 물권의 변동

제 3 장 기본물권

제 5 장 담보물권

참고문헌

Ⅰ. 참고문헌

1. 물권법

강태성, 물권법, 대명출판사, 2000 ········· 강태성
고상룡, 물권법, 법문사, 2001 ········· 고상룡
권용우, 물권법, 제3전정판, 법문사, 1993 ········· 권용우
곽윤직, 물권법, 제7판, 박영사, 2006 ········· 곽윤직
김기선, 한국물권법, 전정증보판, 법문사, 1990 ········· 김기선
김상용, 물권법, 전정판 증보, 법문사, 2006 ········· 김상용
김용한, 물권법론, 재전정판, 1993 ········· 김용한
김증한/김학동, 물권법, 제9판, 박영사, 1997 ········· 김증한/김학동
박종두, 물권법, 제3판, 삼영사, 2005 ········· 박종두
양창수, 민법연구 제1권, 제2권, 박영사, 1991 ········· 양창수
윤철홍, 물권법강의, 박영사, 1998 ········· 윤철홍
이상태, 물권법, 5정판, 법원사, 2007 ········· 이상태
이영준, 물권법, 신정2판, 박영사, 2004 ········· 이영준
이은영, 물권법, 제4판, 박영사, 2006 ········· 이은영
장경학, 물권법, 법문사, 1990 ········· 장경학
홍성재, 물권법, 대명문화사, 2006 ········· 홍성재
황적인, 현대민법론 Ⅱ(물권), 박영사, 1987 ········· 황적인

Baur/Stürner, Lehrbuch des Sachenrechts, 16.Aufl., 1992
Bülow, Recht der Kreditsicherheiten, 4.Aufl., 1997
Reinicke/Tiedtke, Kreditsicherung, 3.Aufl., 1994
Schellhammer, Sachenrecht nach Anspruchsgrundlagen, 2.Aufl., 2001
Weber, Kreditsicherheiten - Recht der Sicherungsgeschäfte, 4.Aufl., 1994
Wolf, Sachenrecht, 13.Aufl., 1996

2. 그 밖의 문헌

김준호, 민법강의, 제27판, 법문사, 2021 ………………………………… 김준호

김형배/김규완/김명숙, 민법학강의, 제9판, 신조사, 2012 ……………… 김형배

권오승, 민법특강, 홍문사, 1994 ………………………………………… 권오승

송덕수, 신민법강의, 제13판, 박영사, 2020 ……………………………… 송덕수

이은영, 민법 I, II, 제4판, 박영사, 2005 ………………………………… 이은영

지원림, 민법강의, 제19판, 홍문사, 2022 ………………………………… 지원림

Gernhuber, Bürgerliches Recht, 3.Aufl., 1991

Larenz/Canaris, Methodenlehre der Rechtswissenschaft, 3.Aufl., 1995

Medicus, Bürgerliches Recht, 19.Aufl., 2002

Musielak, Grundkurs BGB, 4.Aufl., 1994

Schmalz, Methodenlehre für das juristische Studium, 3.Aufl., 1992

Ⅱ. 범 례

1. 판 례

대법원 2010. 9. 30. 선고 2009다46873 판결

→ 대판 2010.9.30, 2009다46873

헌법재판소 2010. 7. 29. 선고 2005헌바89 전원재판부

→ 헌재결 2010.7.29, 2005헌바89

2. 법령약어의 예

가등기담보 등에 관한 법률 → 가등기담보법

가족관계의 등록 등에 관한 법률 → 가족관계등록법

공간정보의 구축 및 관리 등에 관한 법률 → 공간정보법

방문판매 등에 관한 법률 → 방문판매법

부동산거래신고 등에 관한 법률 → 부동산거래신고법

부동산실권리자명의등기에 관한 법률 → 부동산실명법

약관의 규제에 관한 법률 → 약관규제법

집합건물의 소유 및 관리에 관한 법률 → 집합건물법

채무자회생 및 파산에 관한 법률 → 채무자회생법

할부거래에 관한 법률 → 할부거래법

동산·채권 등 담보에 관한 법률 → 동산 채권담보법

Civil Law

제1장 서 론

제1장 서 론

제1장 ‖ 서 론

제 1 절 물권법 일반

Ⅰ. 의 의

물권법은 자연계의 유한한 물질과 무한한 인간의 욕망 사이에서 생기는 혼란을 방지하기 위하여, 재화에 대한 인간의 지배관계나 이용관계를 규율하는 사법이다. 그러므로 물권법에서는 물건에 대한 지배권의 종류·내용 및 그 발생·변경·소멸에 관한 규정을 통하여 어떤 물건이 누구에게 귀속하고, 누구의 어떤 지배에 복종하는가에 관한 질서, 즉 재화귀속질서를 규율한다.

Ⅱ. 물권법의 내용 및 법원

1. 내 용

물권법을 형식적 의미로 파악하는 경우에 민법전 제2편(물권편)의 규정만을 가리키지만, 실질적 의미에서는 민법전 중 물권편의 규정과 관계없이 인간이 물건을 직접적으로 지배하는 관계, 즉 물권관계를 규율하는 모든 법규를 뜻한다. 형식적 의미의 물권법인 민법전 제2편(물권편)은 총칙·점유권·소유권·지상권·지역권·전세권·유치권·질권·저당권의 9장 190개 조항으로 구성되어 있다.

2. 법 원

물권법의 법원인 법률로 형식적 의미의 물권법인 민법전 제2편 이외에 실질적으로 물권법에 속하는 많은 특별법이 있다. 물건에 대한 배타적 지배관계를 규율하는 실질적 의미의 물권법으로는 부동산등기법·부동산등기특별조치법·가등기담보 등에 관한 법률·자동차 등 특정동산저당법·공장 및 광업재단저당법·집합건물의 소유 및 관리에 관한 법률·입목에 관한 법률·자산유동화에 관한 법률·부동산실권리자 명의등기에 관한 법률·신탁법 등이 있다. 한편 우리 민법은 제1조에서 "민사에 관하여 법률에 규정이 없으면 관습법에 의하고, 관습법이 없으면 조리에 의한다"고 규정하여 관습법의 법원성(法源性)을 인정하면서, 다시 제185조에서 "물권은 법률 또는 관습법에 의하는 외에는 임의로 창설하지 못한다"고 규정하고 있다. 관습법상의 물권으로 분묘기지권·관습상의 법정지상권·등기나 등록에 의하여 공시할 수 없는 물권(예: 동산)에 대한 양도담보권 등이 있고, 공시방법으로서 명인방법(明認方法)도 관습법상 인정된다.

Ⅲ. 물권법의 특질

1. 채권법과 물권법의 차이점

(1) 채권법에서는 사적자치 내지 계약자유의 원칙이 지배하고, 물권법에서는 사적자치가 허용되는 범위가 극히 좁다. 채권은 특정인에 대해서만 주장할 수 있는 상대권인데 반하여, 물권은 제3자에게 주장할 수 있는 배타적 권리이기 때문이다. 따라서 채권법은 대체로 임의법규이고, 물권법은 강행법규가 대부분이다. 또한 재화이동에 관한 법률관계를 규율하는 채권법은 보편적 성격을 가지는 반면, 재화에 대한 지배관계를 규율하는 물권법은 각국의 고유한 관습과 전통에 의한 고유법의 색채가 강하다.

(2) 물권법은 배타적 효력을 갖는 물권을 규율하는 것이므로 공시를 요구하는 등의 요건을 갖추어야 하며, 따라서 대부분 강행규정으로 되어 있다. 다만 물권법에도 법률규정과 다른 내용의 당사자 특약을 허용하는 것이 있다. 가령 당사자 간에 설정행위로 전세권의 처분(양도·담보제공·임대 등)금지의 특약을 할 수 있다(제306조 단서). 반면에 지상권의 처분은 보장되어야 하며, 지상권의 양도·임대 등을 금하는 특약은 효력이 없다(제282조, 제289조). 또한 관습상의 법정지상권 성립을 부정(포기)하는 특약도 가능하다. 판례도 동일인 소유의 토지와 그 토지상에 건립되어 있는 건물 중 어느 하나만이 타인에게 처분되어 토지와 건물의 소유자를 각 달리하게 된 경우에는 관습상의 법정지상권이 성립한다고 할 것이나, 건물 소유자가 토지 소유자와 사이에 건물의 소유를 목적으로 하는 토지 임대차계약을 체결한 경우에는 관습상의 법정지상권을 포기한 것으로 봄이 상당하다고 한다(대판 1992.10.27, 92다3984). 또한 '토지소유자와 법정지상권자' 사이에는 특약으로 제366조의 법정지상권을 포기할 수 있다. 다만 저당권설정 당사자의 특약으로 제366조의 법정지상권을 배제할 수 없다. 즉 제366조는 가치권과 이용권의 조절을 위한 공익상 이유로 지상권의 설정을 강제하는 것이므로 '저당권설정 당사자' 간의 특약으로 저당목적물인 토지에 대하여 법정지상권을 배제하는 약정을 하더라도 그 특약은 효력이 없다(대판 1988.10.25, 87다카1564).

만일 저당권설정 당사자의 특약으로 법정지상권의 성립을 배제할 수 있다면 저당목적물인 건물에 대한 경매절차에서 매수인(제3자)이 그 건물을 매수하여 소유권을 취득한 경우, 매수인은 제366조의 법정지상권을 주장할 수 없는 문제가 발생하기 때문이다.

2. 물권법의 로마법적 요소와 게르만법적 요소

우리 민법 중 재산법은 독일민법의 많은 부분을 계수하였고, 독일 물권법이 로마법적 요소와 게르만법적 요소의 교착으로 이루어져 있는 결과, 우리 물권법도 두 요소를 동시에 지니고 있다. 로마법에서는 소유권은 목적물에 대한 전면적·포괄적인 완전한 지배권으로서 탄력성과 항구성을 가지는 물권이었으며, 물건에 대한 법률적 지배인 소유권(dominium)과 사실적 지배인 점유(possessio)가 완전히 분리되었고, 점유는 소유권 기타 본권의 유무와 관계없이 사실적 지배 그 자체로써 보호되었다. 또한 소유권은 전면적·포괄적인 완전한 지배권으로, 제한물권은 소유권의 권능 중 일부만을 지배하는 부분적 지배권으로 파악하였다. 따라서 우리 물권법에서 로마법에 기인하는 제도로 ① 소유권과 점유의 분리, ② 소유권과 제한물권의 준별, ③ 개인주의적 소유권개념 등이 있다.

한편 게르만법에서는 부동산과 동산을 구별하여 부동산을 동산보다 중요시하였으며 각각 다른 법원리에 의해 규율하였고, 도시에서 상업과 수공업의 자금조달을 얻기 위하여 부동산의 장부가 마련되었다. 또한 개인주의적 법원리가 지배하였던 로마법에서는 선의의 제3자에 대한 고려가 없었지만, 게르만법에서는 상대방을 신뢰하여 점유를 주었을 때에는 그 상대방에 대해서만 반환을 청구할 수 있을 뿐이고, 선의의 제3자에 대하여는 아무 것도 청구할 수 없었다. 그 밖에 로마법은 개인주의적 성격으로 인하여 공동소유의 형태로 공유만을 인정하였지만, 단체주의적인 게르만법은 공동소유 형태로 총유·합유를 인정하였다. 따라서 우리 물권법에 게르만법적 요소로 ① 부동산과 동산의 구별, ② 부동산등기제도, ③ 선의취득, ④ 합유와 총유의 규정 등을 들 수 있다.

제 2 절 물권의 본질

Ⅰ. 물권의 의의

물권이란 특정의 물건을 직접 지배하여 그것으로부터 독점적·배타적으로 이익을 취득할 수 있는 권리를 말한다. 그러므로 물권은 재산권이고 지배권이며 절대권이다. 다시 말하면 물권은 특정의 물건을 지배하여 이익을 얻는 권리이므로 채권과 더불어 재산권에 속하며, 물권은 물건을 직접적·배타적으로 지배하는 권리이므로 가장 전형적인 지배권이다. 또한 물권은 특정의 상대방이 없고 일반인을 의무자로 하여 모든 자에게 주장할 수 있는 권리, 즉 절대권이라는 점에서 특정인에 대한 청구권에 지나지 않은 채권(상대권)과 다르다.

Ⅱ. 물권의 특질

1. 직접 지배성

물권은 특정의 물건을 직접 지배하는 권리이다. 여기서 '직접 지배한다'는 것은 타인의 행위를 매개하지 않고 직접 물건으로부터 일정한 이익을 얻는다는 것을 의미한다. 물권은 타인의 행위를 필요로 하지 않으며, 물권자가 직접 물건을 지배할 수 있다는 점에서 채권과 구별된다. 예컨대 물권인 지상권이나 채권인 임차권은 모두 물건을 이용하는 권리이지만, 지상권은 지상권자가 스스로 직접 그 토지를 지배하여 사용할 수 있으나, 임차권은 임차물인 물건의 사용을 계약의 상대방인 임대인에게 청구할 수 있을 뿐이다. 이와 같이 물권은 직접적 지배권이므로 물권에 의하여 사람과 물건 간의 관계가 직접적으로 존재한다. 반면에 채권은 채권자가 채무자로부터 급부를 청구할 수 있는 권리이므로, 채권에 의한 다른 사람과 물건간의 관계는 채무자의 채무이행을 거쳐서 간접적으로 존재할 뿐이다.

2. 절 대 성

(1) 물권은 물건에 대해 직접 지배하는 권리이고, 이러한 물건의 귀속질서는 누구에게나 승인되어야 하기 때문에, 즉 그 물권을 특정의 상대방에 대해서만 주장할 수 있는 것이 아니라 모든 자에게 주장할 수 있다는 점에서 필연적으로 절대성(Absolutheit)을 가진다. 이와 같이 물권은 모든 사람에 대하여 절대적 효력을 가지므로, 제3자가 물권을 침해한 때에 물권자는 그 침해에 대하여 물권적 청구권을 행사하여 물권의 완전한 실현을 회복할 수 있다. 예컨대 타인이 소유물의 점유를 침탈하거나 점유의 반환을 거부하는 경우에 소유자는 소유물반환을 청구할 수 있고(제213조), 다른 방법으로 침해하는 경우에 소유자는 소유물방해제거청구권이나 방해예방청구권을 행사할 수 있다(제214조). 따라서 제3자에 의한 물권의 침해에 대하여 물권적 청구권으로 보호하는 것은 물권의 절대성에서 인정되는 것이다. 이와 달리 채권은 특정한 채무자에 대해서만 주장할 수 있는 상대권이고 대인권이며, 채무자에 의해서만 원칙적으로 침해될 수 있을 뿐이다(즉 채무불이행).

(2) 그러나 이러한 물권의 절대성에 관하여 예외가 있다. 즉 ① 민사집행법에 의하여 소유자에 대해 처분금지가처분(제300조)이 내려지게 되면, 그 가처분에 저촉되는 범위 내에서 가처분채권자에게 대항할 수 없을 뿐 그 물건을 처분하는 행위 자체를 금지하는 것은 아니다(상대적 처분금지). 따라서 소유자가 처분금지에 위반하여 소유물을 제3자에게 양도한 경우, 제3자는 다른 모는 사람에 대한 관계에서 목적물에 대한 소유권을 취득하지만, 가처분채권자에 대한

관계에서는 소유권을 주장할 수 없다(대판 2002.12.27, 2000다47361). 그리고 부동산물권에 관하여 가등기가 있는 경우에도 이와 유사하다. 예컨대 부동산에 관하여 소유권이전청구권보전의 가등기가 있더라도 소유자는 그 부동산을 유효하게 양도할 수 있으나 가등기에 기한 본등기가 행하여지게 되면 양수인은 소유권을 취득할 수 없게 된다. ② 재단법인의 설립을 위해 부동산을 출연한 경우(제48조)에 출연자와 재단법인 사이에는 재단법인의 소유가 되지만, 그 등기 전에는 제3자에 대한 관계에서는 출연자의 소유로 된다는 판례(대판 1979.12.11, 78다481,482)는 소유권의 상대성을 인정한 것인데, 이에 대하여 많은 비판이 있다.

(3) 한편 물권의 직접 지배성(또는 절대성)과 표리일체를 이루는 것이 물권의 독점성 내지 배타성이다. 물권의 배타성이란 하나의 물건 위에 서로 양립할 수 없는 내용의 물권이 두 개 이상 동시에 성립한다는 것은 법률상 불가능하다는 것을 의미한다. 즉 물권의 배타성은 동일한 내용을 가진 물권 사이에서만 인정되며, 서로 내용을 달리하여 양립할 수 있는 수 개의 물권은 동시에 하나의 물건 위에 성립할 수 있다.

3. 공 시 성

물권의 배타성 때문에 물권의 존재를 외부에 알리는 공시제도(Publizität, Offenkundigkeit)가 매우 중요한 의미를 가진다. 즉 어떤 물건에 대해 물권을 가진다는 이유로 타인의 개입을 배제하려면, 먼저 그 물건에 대해 누가 물권을 가지고 있다는 것을 외부에 알려 줄 필요가 있다. 그러한 것이 공시방법인데, 부동산(동산·채권 등의 담보에 관한 법률에 따른 동산담보권의 목적물인 동산)에서는 등기, 동산에서는 점유(점유의 이전을 인도라 한다)가 이에 해당한다. 민법은 이러한 공시방법을 물권변동의 성립요건으로 규정하고 있다(제186조, 제188조 이하).

4. 특 정 성

물권의 목적물은 특정한 물건이며 독립한 것이어야 한다. 물권은 지배권이기 때문에 어떤 물건을 지배하는지가 분명해야만 한다(확정의 원칙, Bestimmtheitsgrundsatz). 다시 말하면 지배의 대상이 결정되어 있어야 한다. 예컨대 몇 번지에 있는 몇 ㎡의 토지·X제품·몇 번지의 건물 등과 같이 대상이 명확하게 정하여져야 한다. 또한 물건이 특정되기 위해서는 독립한 물건이어야 하기 때문에 물권은 독립된 1개의 물건에 관하여 1개의 물권이 성립하며, 따라서 여러 개의 물건의 집합체나 일부분에 대해서는 원칙적으로 1개의 물권이 성립할 수 없다(독립성, 一物一權主義). 이에 관해서는 물권의 객체에서 다시 설명한다.

5. 양 도 성

물권은 직접적·배타적 지배권이며 재산권으로서 친권과 달리 일신전속적인 권리가 아니므로, 제3자에게 언제든지 자유롭게 양도할 수 있다. 따라서 양도성(Übertragbarkeit)을 항구적으로 제한하는 물권은 성립할 수 없다. 원칙적으로 채권도 양도할 수 있으나(제449조) 채권의 성질이나 계약에 의하여 그 양도가 제한될 수 있다. 반면에 물권은 당사자의 약정에 의하여 그 양도성을 배제할 수 없다는 점에서 양도성은 물권의 한 속성을 이룬다(이상태, 11면은 채권의 양도성이 원칙적으로 인정되기 때문에 양도성을 물권만의 속성이라고 할 수 없고, 다만 물권이 채권보다 양도성이 더 강할 뿐이라고 한다).

다만 예외적으로 ① 지역권은 토지의 편익을 위하여 존재하는 종된 권리이기 때문에 요역지(편익을 받는 토지)를 떠나서 독립하여 존재할 수 없다. 따라서 지역권은 요역지와 분리하여 양도할 수 없고(제292조 2항), 요역지의 소유권이 이전되면 지역권 이전에 관한 별도의 합의를 필요로 하지 않고 그 승계인에게 당연히 이전된다(제292조 1항). ② 채권을 양도할 수 없는 것으로 약정하면, 저당권은 채권에 부종하기 때문에 저당권도 양도할 수 없는 것으로 된다(이영준, 7면).

제 3 절 물권의 객체

Ⅰ. 서 설

A가 B에 대해 100만원의 금전채권이나 임차권 등을 가지는 경우에 그 채권의 객체는 '채무자의 행위'(이를 급부라 한다)이지만, 물권의 객체가 되는 것은 원칙적으로 '특정된 독립·현존하는 물건'이다. 예컨대 A가 자신의 X건물을 B에게 매도하기로 하는 매매계약을 체결한 경우에 B는 매매계약에 기해 목적물에 대한 소유권이전을 A에게 청구할 수 있을 뿐이고(제563조, 제568조), 매매계약에 따라 A가 이행을 하면 B는 건물에 대한 소유권을 취득하게 된다. 이때 채권의 객체는 X건물에 대한 소유권이전에 필요한 A의 행위와 B의 매매대금지급이고, 물권(소유권)의 객체는 X건물 그 자체이다.

Ⅱ. 물권의 객체

1. 물 건

(1) 물권의 객체는 원칙적으로 '물건'이어야 한다(제192조, 제211조, 제279조). 여기서 물건이란 법률상 배타적 지배가 가능한 '유체물 및 전기 기타 관리할 수 있는 자연력'을 말한다(제98조). 따라서 바닷물이나 흐르는 물은 유체물이지만, 배타적 지배가 불가능하므로 물권의 객체가 될 수 없다. 관리할 수 있는 자연력(전기·냉기·열·광 등)은 민법상의 동산에 속한다(제98조, 제99조 2항). 다만 물건 이외의 재산권도 물권의 객체가 되는 경우가 있다. 즉 민법은 ① 재산권의 준점유(제210조), ② 재산권

을 목적으로 하는 권리질권(제345조), ③ 지상권·전세권을 목적으로 하는 저당권(제371조 1항)을 인정하여 예외적으로 권리를 물권의 객체로 하고 있다.

(2) 발명·저작 등의 정신적 창조물은 물건이 아니므로 물권의 객체가 되지 못하지만, 이에 대한 배타적 지배가 가능하므로 특허권·실용신안권·상표권·디자인권·저작권 등은 지식재산권의 객체가 된다. 그리고 광구·어장은 준물권인 광업권·어업권의 객체가 된다.

2. 특정 · 현존하는 물건

(1) 물권은 물건에 대한 직접적 지배를 내용으로 하기 때문에, 그 객체는 특정되어야 하고 현존하는 것이어야 한다. 따라서 특정되지 않거나 현존하지 않는 물건에는 물권이 성립하지 않는다. 이 점에서 불특정물이나 장래의 물건에 대해서도 성립하는 채권과 구별된다. 예컨대 신축 중인 아파트를 분양받은 자(수분양자)는 분양자에 대하여 장래 완성될 아파트의 일정 전유부분(예: 101동 1501호)에 대한 소유권이전을 청구할 수 있는 채권이 있지만, 현재 완성되지 않은 부분에 대해서는 물건이 현존하지 않으므로 어느 누구도 물권을 취득할 수 없다.

(2) 특정성과 관련하여 문제되는 것으로 집합물이 있다. 가령 점포 내의 제품 전부, 공장에 설치된 기계·기구 전부 등과 같이 다수의 물건이 집합되어 있는 것을 집합물이라고 한다. 집합물에 대해 특별법에서 등기나 등록 등 공시를 전제로 하여 이를 한 개의 물건으로 인정하는 경우에는 그에 따른다. 가령 동산담보권(동산·채권담보법 제2조, 제3조), 공장재단·광업재단에 대한 저당권(공장 및 광업재단저당법 제10조, 제52조)에서는 구성부분에 변경이 있더라도 특정성을 잃지 않는다. 이러한 규정이 없는 집합물에 대해 이를 한 개의 물건으로 볼 수 있는지에 대하여, 판례는 집합물을 종류, 장소 또는 수량지정 등의 방법에 의하여 특정할 수 있으면 집합물 전체를 하나의 재산권 객체로 하는 담보권의 설정이 가능하며, 집합물을 구성하는 개개의 물건이 변동되거나 변형되더라도 한 개의 물건으로서의 동일성을 잃지 아니한 채 양도담보권의 효력은 항상 현재의 집합물 위에 미치는 것으로 본다(대판 2016.4.28, 2012다19659).

3. 독립한 물건

(1) 물권의 객체는 독립한 물건일 것

물권의 객체는 하나의 물건으로 다루어지는 독립된 것이어야 한다. 물건의 독립성 여부는 사회통념과 거래현실을 감안하여 결정된다. 따라서 물건의 일부나 구성부분은 물권의 객체가 되지 못한다. 그러나 용익물권은 예외적으로 1필의 토지의 일부나 1동의 건물의 일부 위에도 설정될 수 있으며(부동산등기법 제69조, 제70조, 제72조), 여러 개의 동산에 동산담보권을 설정할 수 있고(동산·채권담보법 제2조 2호), 또한 1필의 토지의 일부에 대해 점유취득시효가 인정된다(대판 1989.4.25, 88다카9494).

판 례

임야에 있는 자연석을 조각하여 제작한 석불이라도 그 임야의 일부분을 구성하는 것이라고는 할 수 없고 임야와 독립된 소유권의 대상이 된다(대판 1970.9.22, 70다1494).

(2) 일물일권주의(一物一權主義)

(가) 의 의

1) 일물일권주의는 1개의 물건에는 동일한 내용을 갖는 물권이 다시 성립할 수 없다는 점과 1개의 물권의 목적물은 1개의 독립한 물건이어야 한다는 점을 의미하는 것으로서, 물권의 절대성·배타성에 따른 당연한 귀결이다. 따라서 소유권과 제한물권과 같이 서로 내용이 다른 물권의 경우는 하나의 물건 위에 같이 성립할 수 있으며, 설사 그것이 인정된다고 하더라도(예: 저당권에서 1순위 저당권과 2순위 저당권) 선순위의 물권의 내용인 지배를 해치지 않는 범위 내에서만 후순위의 물권이 성립될 수 있을 뿐이다.

1개의 물권은 1개의 독립한 물건 위에서만 성립할 수 있으므로, 원칙적으로 물건의 일부나 수 개의 물건 전체에 대하여 하나의 물권이 성립할 수 없다. 그 이유는 ① 물건의 일부나 수 개의 물건 위에 하나의 물권을 인정하여야 할 사회적 필요성이나 실익이 없고, ② 물건의 일부나 집합체에 하나의 물권을 인정하게 되면 그 공시가 곤란하거나 공시를 혼란하게 한다는 점에 있다.

2) 일물일권주의의 원칙상 물건의 일부분이나 구성부분에는 물권이 성립할 수 없으므로, 구분 또는 분할의 절차를 거치지 아니한 채 하나의 부동산 중 일부분만에 관하여 따로 소유권보존등기를 마치거나, 하나의 부동산에 관하여 마쳐진 소유권보존등기 중 일부분에 관한 등기만을 따로 말소하는 것은 허용되지 않는다(대판 2000.10.27, 2000다39582). 따라서 구분소유의 목적이 되는 하나의 부동산에 대한 등기부상 표시 중 전유부분의 면적 표시가 잘못된 경우, 이는 경정등기의 방법으로 바로 잡아야 하는 것이고, 그 잘못 표시된 면적만큼의 소유권보존등기의 말소를 구하는 소는 법률상 허용되지 아니한다.

(나) 독립한 물건의 판단기준

1) 원 칙

독립한 물건, 즉 1개의 물건인지 여부는 그 물리적 형태와 거래관념에 의하여 결정된다.

가) 토 지

(i) 토지는 연속하고 있으나 인위적으로 그 지표에 선을 그어서 경계로 삼아 구획되며, 토지대장 또는 임야대장에 등록된다. 등록된 각 구역은 독립한 지번이 부여되어 독립한 부동산으로 취급되며, 그 개수는 필로써 계산된다. 즉 독립된 지번이 부여된 1필이 1개의 토지가 된다. 1필의 토지를 수필로 분할하거나 수필의 토지를 1필로 합병하려면 분할 또는 합병

의 절차를 밟아야 한다(공간정보법 제79조 이하, 부동산등기법 제35조 이하).

(ii) 지적도상의 경계와 현실의 경계가 다른 경우, 원칙적으로 토지소유권의 범위는 현실의 경계에 관계없이 '지적공부상의 경계'를 기준으로 확정하여야 한다(대판 2016.5.24, 2012다87898). 다만 지적도를 작성할 때 기점을 잘못 선택하는 등 기술적인 착오로 지적도상의 경계선이 진실한 경계선과 다르게 작성되었다거나 당사자들이 사실상의 경계대로 토지를 매매할 의사를 가지고 거래를 한 경우 등과 같은 특별한 사정이 있는 경우에 한하여 토지의 경계는 실제의 경계에 의하여야 한다(대판 2016.6.28, 2016다1793).

(iii) 토지의 개수는 공간정보법에 의한 지적공부상의 토지의 필수를 표준으로 하여 결정되는 것으로 1필지의 토지를 수필의 토지로 분할하여 등기하려면 먼저 공간정보법이 정하는 바에 따라 분할의 절차를 밟아 지적공부에 각 필지마다 등록이 되어야 하고, 공간정보법상의 분할절차를 거치지 않는 한 1개의 토지로서 등기의 목적이 될 수 없는 것이며, 설사 등기부에만 분필의 등기가 실행되었더라도 이로써 분필의 효과가 발생할 수는 없는 것이므로, 결국 이러한 분필등기는 1부동산 1등기기록의 원칙에 반하는 등기로서 무효이다(대판 1990.12.7, 90다카25208).

판 례

(ㄱ) 토지는 지적공부에 1필의 토지로 등록됨으로써 특정되는 것이 원칙이지만 지적공부에 등록되지 아니한 토지도 감정 등에 의하여 특정이 가능한 이상 지적공부에의 등록과 그에 기한 소유권보존등기 등의 경료가 불가능한 것은 아니라고 하겠으나, 이는 어디까지나 토지의 특정이 가능한 것을 전제로 한다(대판 2011.3.10, 2010다87641).

(ㄴ) 물권의 객체인 토지 1필지의 공간적 범위를 특정하는 것은 지적도나 임야도의 경계이지 등기부의 표제부나 임야대장·토지대장에 등재된 면적이 아니므로, 부동산등기부의 표제부에 토지의 면적이 실제와 다르게 등재되어 있어도 이러한 등기는 해당 토지를 표상하는 등기로서 유효하다. 또한 부동산등기부의 표시에 따라 지번과 지적을 표시하고 1필지의 토지를 양도하였으나 양도된 토지의 실측상 지적이 등기부에 표시된 것보다 넓은 경우 등기부상 지적을 넘는 토지 부분은 양도된 지번과 일체를 이루는 것으로서 양수인의 소유에 속한다(대판 2016.6.28, 2016다1793).

나) 건 물

(i) 건물은 토지의 정착물이지만 우리 법제에서는 토지로부터 완전히 독립한 별개의 부동산으로 취급된다(부동산등기법 제14조, 제15조). 이와 같이 건물은 토지와 별개로 독립한 물권의 객체가 되는데, 사회통념상 독립된 부동산으로서 건물이기 위해서는 최소한의 기둥과 지붕 그리고 주벽이 이루어지면 된다(대판 2007.4.26, 2005다19156; 대판 2001.1.16, 2000다51872). 따라서 건축주의 사정으로 건축공사가 중단되었던 미완성의 건물을 인도받아 나머지 공사를 마치고 완공한 경우, 건물이 공사가 중단된 시점에서 사회통념상 독립한 건물이라고 볼 수 있는 형태와 구조를 갖추고 있었다면 원래의 건축주가 그 건물의 소유권을 원시취득한다(대판 2002.4.26, 2000다16350; 대판 1997.5.9, 96다54867).

(ii) 그런데 대판 2006.11.9, 2004다67691은 건물이 건축허가 및 설계도상 여러 층으로 건축할 것으로 예정되어 있을 경우에는 제3자가 미완성 건물을 양수하여 건축허가의 내용과

사회통념상 동일하다고 인정되는 정도로 건물을 축조하였을 때 그 구조와 형태가 원래의 설계 및 건축허가의 내용과 동일하다고 인정되는 건물 전체를 하나의 소유권의 객체로 보아 그 제3자가 그 건물 전체의 소유권을 원시취득한다고 보는 것이 옳다고 판시하여, 건물의 일부만이 기둥·주벽·지붕이 건축되었을 때 그 건물이 구분소유권의 대상이 되는 경우에는 그 건물의 일부도 원래의 건축주가 원시취득한다는 종전 판례와 배치되는 결론을 내렸다.

그러나 건축허가의 내용과 동일한 정도의 건물을 완성한 건축주가 건물 전체를 원시취득하는 것으로 해석하여야 할 것인지, 아니면 공사가 중단된 시점에서 사회통념상 독립한 건물을 그 당시의 건축주가 원시취득한 것으로 해석하여야 할 것인지는 변경된 여러 건축주들 중 누구의 보호가 아니라 제3자, 즉 건축주의 채권자 보호에 관점을 두어야 할 것이다. 만일 대판 2006.11.9, 2004다67691과 같이 건축허가의 내용과 사회통념상 동일하다고 인정되는 정도로 건물을 축조한 경우 건물 전체를 원시취득한다고 본다면, 건물의 상당 부분을 완성하였던 당시의 건축주의 채권자가 민사집행법 제81조 1항 2호, 제291조에 의하여 미완성인 미등기 건물을 압류 또는 가압류하여 부동산등기법 제66조에 의하여 소유권의 처분제한의 등기촉탁에 의하여 처분제한의 등기를 명하는 재판에 의한 소유권의 등기가 행하여졌더라도, 원래의 건축주가 미완성인 건물을 제3자에게 양도하여 제3자가 건물을 완성하였을 때 건물을 양도받아 완성한 제3자가 원시취득하게 된다. 이에 따라 원래의 건축주는 미완성 건물의 소유권을 원시취득한 것으로 인정되지 아니하므로 처분제한의 뜻이 기재된 소유권의 등기는 말소되어야 한다. 이런 결과는 원래의 건축주의 채권자에게 뜻하지 않은 피해를 주게 될 뿐만 아니라, 원래의 건축주가 이러한 결과를 노리고 채무를 면탈할 목적으로 건물을 제3자에게 양도하는 방법으로 악용할 소지가 있다. 따라서 제3자가 미완성 건물을 양수한 경우, 건물의 원시취득의 시기를 종전 판례와 마찬가지로 건물 공사가 중단된 때 이미 일부 층의 기둥과 지붕 그리고 둘레 벽이 완성되어 사회통념상 독립한 건물이라고 볼 수 있는 형태와 구조를 갖추고 있었던 부분은 그 당시의 건축주가 원시취득하고, 건물 완성 당시의 건축주에게 양도된 것으로 이론 구성을 하는 것이 옳다고 할 것이다(이범상, "건물공사 중 건축주가 변경된 경우 건물소유권의 원시취득 시기", 법률신문 제3532호).

2) 예 외

물건의 일부나 구성부분은 물권의 객체가 되지 못하지만, 예외적으로 물건의 일부에 대하여 물권을 인정할 사회적 필요성이나 실익이 있고 공시가 가능하거나 공시와는 관계가 없는 때에는 예외적으로 물건의 일부분이더라도 독립한 물권의 객체로 인정될 수 있다. ① 용익물권의 설정은 분할절차를 밟지 않더라도 1필의 토지의 일부 위에 설정할 수 있다(부동산등기법 제69조, 제70조, 제72조). ② 토지의 소유권은 토지의 상하에 미치지만(제212조), 지상공간의 일부나 지하의 일부만을 대상으로 하는 구분지상권(제289조의2)이 인정된다. ③ 지중의 일정한 광물은 아직 채굴되지 않았더라도 토지로부터 독립된 물건으로 광업권의 객체가 된다(광업법 제2조, 제5조). ④ 1동의 건물의 일부가 구조상·이용상의 독립성을 갖춘 때에는 구분소유권(제215조, 집합건물법)의 객체가 될 수 있다. ⑤ 건물의 일부 위에 용익물권이 성립할 수 있다. ⑥ 수목은 토지의 정착물이며, 원칙적으로 독립하여 물권의 객체가 되지 못하지만, 예외적으로 '입목에 관한 법률'에 의하여 등기된 입목이나 등기를 하지 않은 수목의 집단을 명인방법이라는 공시방법을 갖춘 때에는 토지와는 독립한 물권의 객체가 된다. ⑦ 미분리의 과실은 수목의 일부에 지나지 않으나 공시방법으로서 명인방법을 갖춘 때에는 독립한 물건으로서 거래의 목적으로 할 수 있다. ⑧ 파종 후 수개월 내에 수확할 수 있는 농작물은 비록 그것이 남의 토지에 위법하게 경작·재배되어도 언제나 경작자에게 속한다(대판 1979.8.28, 79다784; 대판 1969.7.22, 69다80,81). 즉 토지의 정착물 중 농작물만은 그것이 부착하고 있는 토지와는 따로 독립한 물건으로 다루어진다.

제 4 절 물권의 종류

Ⅰ. 물권법정주의

1. 의 의

물권법정주의란 물권의 종류와 내용은 법률이 정하는 것에 한하여 인정되며, 당사자가 자유로이 창설하거나 내용을 부여하지 못한다는 것을 말한다. 채권법에서는 계약자유의 원칙이 인정되기 때문에 당사자가 채권의 종류와 내용을 자유롭게 결정할 수 있다. 그러나 물권법에서는 물권을 설정할 것인가의 여부에 관하여 당사자가 자유로이 결정할 수 있으나(계약체결의 자유), 물권법정주의에 의하여 어떤 종류의 물권을 어떤 내용으로 설정할 것인가에 관하여는 자유로이 결정할 수 없으므로 계약내용 결정의 자유가 제한된다(김상용, 28면; 이상태, 16면). 따라서 민법상의 전형계약은 예시적인 것에 지나지 않지만(임의규정), 물권법에서의 물권의 종류와 내용은 정형적이고 확정적이므로 물권법의 규정은 강행규정성을 가지게 된다. 제185조는 "물권은 법률 또는 관습법에 의하는 외에는 임의로 창설하지 못한다"고 하여, 물권법정주의를 취하고 있다.

판 례

대한예수교장로회의 헌법에는 대한예수교장로회 경북노회 소속의 지교회에 속한 부동산은 노회의 소유로 하고 토지나 가옥에 관하여 분쟁이 생기면 노회가 이를 처단할 권한이 있음을 규정하고 있으나 물권인 부동산 소유권의 귀속 등 국가의 강행법규를 적용하여야 할 법률적 분쟁에서는 이와 저촉되는 교회헌법의 규정이 적용될 여지가 없다(대판 1991.12.13, 91다29446).

2. 인정근거

물권법에서 계약자유의 원칙을 배척하고 물권법정주의를 취하는 이유는, ① 소유권을 제한하는 제한물권의 종류와 내용을 법정함으로써 자유로운 소유권을 확립하기 위해서이다.

그러나 이것은 소유권의 허구화를 방지하고 봉건시대의 토지에 대한 여러 부담을 청산하기 위한 역사적 이유가 있지만, 오늘날 봉건주의적인 분할소유권의 생성을 염려할 바가 못 되므로 그 의의는 거의 상실되었다고 할 것이다(김상용, 30면; 윤철홍, 15면). ② 공시(公示)의 원칙을 관철하기 위해서이다. 물권은 특정한 물건에 대한 배타적 지배권이기 때문에 물권의 존재를 제3자가 알 수 있도록 공시방법을 갖추어야 하며, 이러한 공시방법을 확립하기 위해서는 물권의 내용과 종류를 미리 법정하여 단순화할 필요가 있다. ③ 물권거래의 원활·안전을 도모하기 위함이다. 예컨대 A가 자신의 토지에 민법상 인정되지 않은 물권적 권리를 B에게 설정한 다음 그 토지에 대한 소유권을 C에게 이전하였는데, 이때 B가 C에 대하여 그 권리를 주장할 수 있다면 C는 불측의 손해를 입게 되고, 결국 거래의 안전을 해치게 된다. 이를 방지하기 위해서는 물권의 종류와 내용이 획일적으로 정할 필요가 있다.

3. 민법 제185조의 해석

(1) 법 률

제185조의 '법률'이란 국회가 제정한 형식적 의미의 법률(Gesetz)을 의미하고 명령·규칙은 포함되지 않는다. 민법 기타의 성문의 법률이 이에 해당한다.

(2) 관습법상 물권과 성문법상 물권의 관계

제185조는 관습법에 의해서도 물권의 창설을 허용하고 있는데, 법률에 대한 관습법의 효력에 관하여 견해가 대립하고 있다.

(가) 보충적 효력설

관습법은 역시 성문법에 대하여 보충적 효력을 가질 뿐이며, 민법 제1조에 대한 예외가 아니라고 한다. 따라서 관습법에 의하여 물권의 창설을 인정한다고 하더라도 '민법 기타 법률'에 규정이 있는 물권과 다른 물권을 관습법상 인정하는 것은 허용되지 않으므로, 특별히 규정을 두고 있지 않은 종류나 내용의 물권만이 관습법상 성립이 인정된다고 한다(곽윤직, 16면; 김상용, 34면; 황적인, 63면; 강태성, 14면).

(나) 대등적 효력설

제185조는 제1조에 대한 예외로서, 물권의 종류와 내용에 관한 한 관습법에 대하여 성문법과 대등한 효력을 부여하고 있으며, 따라서 법률에 규정이 있는 종류나 내용의 물권이더라도 그것과 다른 물권이 관습법상 인정되며, 결국 양자는 병존하는 것이 되어 당사자는 선택의 자유를 가지게 된다고 한다(김증한/김학동, 17면; 이상태, 18면; 이영준, 17면; 이은영, 32면; 윤철홍, 18면).

(다) 변경적 효력설

제185조가 성문법상의 물권과 관습법상의 물권이 대등하게 규정되어 있지만, 실제 적용에서는 관습법상 물권이 성문법상 물권의 적용을 배척할 수 있다고 한다(김봉한, 36면).

(라) 소 결

생각건대 관습법의 생성은 성문법의 규정이 없을 때 주로 문제되므로, 보충적 효력설이 문제 삼는 성문법과 관습법의 정면 충돌문제는 거의 발생할 수가 없다. 특히 관습법의 성립요건인 법적 확신은 법원의 판결을 통하여 확인되는 점을 고려하면 더욱 그렇다. 현재 우리나라에서 관습법상 물권으로 인정되고 있는 관습법상 분묘기지권·관습상 법정지상권·양도담보는 법률의 규정이 없는 물권이지만, 지상권·소유권·저당권·질권 등과 모순 없이 조화되고 있다. 이점을 고려하여 볼 때, 제185조는 제1조에 대한 예외규정으로서 성문법과 대등한 효력을 인정하는 것으로 해석하는 것이 관습법을 인정하는 취지에 부합한다고 할 것이다.

(3) 임의로 창설하지 못한다

제185조의 '임의로 창설하지 못한다'라 함은 ① 법률과 관습법이 인정하지 않는 새로운 종류의 물권을 만들지 못하고(종류강제), ② 법률 또는 관습법이 인정하는 내용과 다른 내용을 부여하는 물권을 만들지 못한다(내용강제)는 것을 의미한다. 따라서 법률(성문법과 관습법)이 인정하지 않는 새로운 종류의 물권을 창설하는 것은 허용되지 않는다(대판 2002.2.26, 2001다64165). 또한 제211조는 "소유자는 법률의 범위 내에서 그 소유물을 사용·수익·처분할 권리가 있다"고 규정하고 있으므로, 소유자가 채권적으로 상대방에 대하여 사용·수익의 권능을 포기하거나 사용·수익권 행사에 제한을 설정하는 것 외에 소유권의 핵심적 권능에 속하는 배타적인 사용·수익 권능이 소유자에게 존재하지 않는다고 하는 것은 물권법정주의에 반하여 특별한 사정이 없는 한 허용될 수 없다(대판 2012.6.28, 2010다81049).

(4) 제185조의 효력

1) 물권행위의 무효

제185조는 강행규정이므로(대판 1991.12.13, 91나29446) 이에 위반하는 법률행위는 무효이다(제105조). 다만 그 무효의 범위는 구체적으로 파악하여야 한다. 즉 ① 새로운 종류의 물권을 창설하지 못한다는 종류강제에 위반한 물권행위는 원칙적으로 전부무효이다. 예컨대 부동산에 관하여 질권을 설정하는 것을 목적으로 하는 물권행위는 그것을 공시하는 방법이 없으므로 전부무효이다. ② 그러나 법률 또는 관습에 의해 부여된 내용 때문에 제한되는 경우, 즉 내용강제를 위반하는 물권행위는 일부무효의 법리(제137조)에 따라 규율되어야 한다(이상태, 19면; 이영준, 20면). 즉 내용강제에 위배되는 물권행위 전부가 무효로 되는 것이 원칙이지만, 예외적으로 그 일부 무효부분이 없더라도 물권행위를 하였을 것이라고 인정될 때에 한하여 나머지 부분은 유효하다. 예컨대 저당권자가 저당목적물의 이용권능을 유보하는 물권행위는 이용권능을 유보하는 범위에서만 무효이다.

2) 물권법정주의에 어긋나는 채권계약의 유효성 여부

물권법정주의는 강행규정이므로 이에 어긋나는 내용의 법률행위는 무효로서 그 효력이 부인되는데, 이 경우 그러한 채권행위도 무효로 되는지가 문제이다. 가령 甲이 乙에게 지상권을 설정하면서 지상권양도금지의 특약을 했는데, 乙이 이를 어기고 지상권을 丙에게 양도한 경우의 효력 문제가 발생한다.

(i) 채권행위유효설 당사자 사이의 채권적 효력은 유효하다고 한다. 즉 당사자 아닌 자에게는 효력이 없으므로 지상권을 양수한 제3자 丙은 선의·악의를 불문하고 지상권을 취득할 수 있으나, 甲과 乙 사이의 특약은 유효이므로 甲은 乙에게 채무불이행을 이유로 손해배상을 청구할 수 있다고 한다(곽윤직, 16면; 강태성, 32면; 김상용, 36면; 김용한, 35면; 김증한/김학동, 17면; 이은영, 29면).

(ii) 채권행위무효설 물권법정주의에 위배되는 물권행위를 내용으로 하는 채권행위는 선량한 풍속 기타 사회질서에 반할 뿐만 아니라 위와 같은 채권행위는 그 존재의의를 인정할 수 없으므로 무효이지만, 이로부터 계약체결상의 과실책임이 발생하는 경우가 있다고 한다(이영준, 21면; 윤철홍, 16면; 박종두, 13면).

(iii) 절 충 설 종류강제에 위반한 계약은 무효이지만, 내용강제에 위반한 계약은 채권계약으로서는 유효하다고 한다(이상태, 20면).

(iv) 소 결 생각건대 지상권의 양도·지상목적물의 임대를 금지하는 특약을 하였더라도 그것은 무효이며(제282조, 제289조), 지상권자는 지상권을 제3자에게 양도할 수 있다. 따라서 이러한 특약은 제3자에게 대항할 수 없을 뿐 당사자 사이에서는 채권적 효력을 갖는다고 할 것이다. 이에 대해 양도금지의 특약이 당사자 사이에는 유효하다는 것은 지상권자 보호를 위한 제289조의 취지에 반한다는 견해가 있지만(박재윤, 민법주해(IV), 37면; 이상태, 301면), 금지특약과 달리 법률상 지상권자는 양도·임대를 할 수 있다는 점에서 지상권자 보호에 미흡하지 않고 또한 지상권자가 설정자와 그러한 특약을 하였다는 점(계약자유의 원칙)에 비추어 볼 때, 이 견해는 타당하다고 할 수 없다. 결국 제185조에 위반하는 물권행위는 무효이지만 당사자 사이에는 채권적 효력을 갖는다고 할 것이다.

3) 법률규정에 의한 예외

제185조에 위반하는 법률행위에 관하여 민법 자체에서 특별히 규정하고 있는 때에는 그 규정에 의한다. 예컨대 제280조 2항, 제281조, 제292조 1항, 제312조 2항은 제185조에 위반되는 경우에도 예외적으로 유효하게 성립할 수 있도록 규정하고 있다.

Ⅱ. 물권의 종류 및 분류

1. 민법상의 물권

민법은 점유권·소유권·지상권·지역권·전세권·유치권·질권·저당권의 8가지 물권을 규정하고 있다.

- 물권
  - 점유권(동산과 부동산)
  - 본권
    - 소유권(동산과 부동산)
    - 제한물권
      - 용익물권: 지상권(부동산)·지역권(부동산)·전세권(부동산)
      - 담보물권: 유치권(동산과 부동산)·질권(동산과 권리)·저당권(부동산과 권리)

(1) 점유권과 본권

점유권은 물건을 지배할 수 있는 법률상 권원(權原)의 유무를 묻지 않고 물건을 지배하고 있는 사실 상태에 의하여 인정되는 물권이다. 즉 물건에 대한 사실상의 지배를 사실의 측면에서 보면 점유이고, 권리의 측면에서 보면 점유권이다. 반면에 본권(本權)은 물건에 대한 사실상의 지배유무를 묻지 않고 물건의 지배를 적법하게 하는 물권, 즉 물건을 지배하는 근거가 되는 물권을 가리킨다. 점유권과 본권은 동일물 위에 병존할 수 있다.

(2) 소유권과 제한물권

소유권은 물건이 가지는 이용가치와 교환가치 전부를 지배할 수 있는 권리이며, 완전물권이라고 한다. 반면에 제한물권은 소유권이 가지는 권능의 일부, 즉 물건의 사용가치 또는 교환가치의 어느 하나에 대해서만 지배할 수 있는 권리이다.

(3) 용익물권과 담보물권

제한물권에는 용익물권과 담보물권이 있다. 용익물권은 물건이 가지는 사용가치(사용·수익의 권능)의 지배를 목적으로 하는 것으로서, 지상권·지역권·전세권이 이에 속한다. 용익물권은 모두 부동산을 그 객체로 한다. 반면에 담보물권은 물건이 가지는 교환가치(처분의 권능)의 지배를 목적으로 하는 것으로서, 유치권·질권·저당권이 이에 해당한다. 유치권은 법률규정에 의하여 일정한 요건이 갖추어지면 당연히 성립하므로 법정담보물권이라 하고, 질권과 저당권은 당사자의 약정에 의해 성립하므로 약정담보물권이라 한다.

(4) 동산물권과 부동산물권

물권의 객체가 동산이냐 부동산이냐에 따라서 동산물권과 부동산물권으로 나누어진다. 부동산을 객체로 하는 물권에는 점유권·소유권·지상권·지역권·전세권·유치권·저당권이 있고, 동산을 객체로 하는 물권에는 점유권·소유권·유치권·질권이 있다. 다만 예외적으로 질권과 저당권은 권리 위에도 설정될 수 있다.

2. 민법 이외의 법률이 인정하는 물권

(1) 상법상의 물권

상사유치권(제58조, 제91조, 제111조, 제120조, 제147조, 제807조 2항), 상사질권(제59조, 제338조, 제340조), 선박저당권(제787조 이하), 선박채권자의 우선특권(제777조) 등이 있다.

(2) 특별법상의 물권

공장저당권·공장재단저당권·광업재단저당권(공장 및 광업재단저당법), 입목저당권, 자동차저당권, 항공기저당권, 건설기계저당권, 광업권·조광권(광업법), 어업권(수산업법), 가등기담보권, 동산담보권·채권담보권·지적담보권(동산·채권담보법 제2조 이하) 등이 있다.

3. 관습법상의 물권

분묘기지권, 관습상의 법정지상권, 동산에 대한 양도담보권 등이 있다. 한편 판례는 온천에 관한 권리는 관습법상 물권이 아니고(대판 1970.5.26, 69다1239), 근린공원을 자유롭게 이용할 수 있다고 하여 공원이용권이라는 배타적인 권리를 취득하였다고는 할 수 없으며(대결 1995.5.23, 94마2218), 미등기 무허가건물의 양수인에게 소유권에 준하는 관습상의 물권이 있다고 할 수 없고(대판 2008.7.10, 2005다41153; 대판 2007.6.15, 2007다11347), 타인의 토지에 대한 관습상의 통행권(사도통행권)은 인정될 수 없다고 한다(대판 2002.2.26, 2001다64165). 또한 판례는 일반적으로 사실상 소유 또는 실질적 소유라는 개념은 매매 등 소유권 취득의 원인이 되는 법률요건이 성립되어 소유권 취득의 실질적 요건은 모두 갖추고 있으나 그 형식적 요건인 자기 명의의 등기를 갖추고 있지 아니한 경우를 의미한다고 하여, 사실상 소유개념을 인정한다(대판 2000.10.13, 98다55659). 다만 미등기 무허가건물의 양수인에게 '사실상의 소유권'이라고 하는 포괄적인 권리 또는 법률상의 지위를 인정하기도 어렵다고 한다(대판 2008.7.10, 2005다41153; 대판 2006.10.27, 2006다49000).

판 례

(ㄱ) 경작권은 토지에 농작물을 식부 재배하는 토지에 대한 일종의 점유권이므로 타인의 토지를 무단히 개간 경작하였다고 하더라도 '경작권'을 취득할 수 있고 그러한 경작권의 매매를 법률상 당연 무효라고 할 수 없다(대판 1981.2.24, 80다2811).

(ㄴ) 미등기 무허가건물의 양수인이라도 그 소유권이전등기를 경료하지 않는 한 그 건물의 소유권을 취득할 수 없고, 소유권에 준하는 관습상의 물권이 있다고도 할 수 없으며, 현행법상 사실상의 소유권이라고 하는 포괄적인 권리 또는 법률상의 지위를 인정하기도 어렵다(대판 2008.7.10, 2005다41153; 대판 2006.10.27, 2006다49000).

(ㄷ) 도시공원법상 근린공원으로 지정된 공원은 일반 주민들이 다른 사람의 공동 사용을 방해하지 않는 한 자유로이 이용할 수 있지만 그러한 사정만으로 인근 주민들이 누구에게나 주장할 수 있는 공원이용권이라는 배타적인 권리를 취득하였다고는 할 수 없고, 골프연습장 설치인가처분에 하자가 있다는 이유만으로는 근린공원 내의 개인 소유 토지상에 골프연습장을 설치하는 것이 인근 주민들에 대한 불법행위가 된다고 할 수도 없다(대결 1995.5.23, 94마2218).

제 5 절 물권의 효력

물권도 권리이기 때문에 그 침해가 있을 때에는 불법행위(제750조)나 부당이득(제741조)이 성립할 수 있고, 그에 따른 구제를 받게 되는데, 이에 관해서는 채권법에서 따로 규율한다. 한편 물권은 물건에 대한 직접적·배타적 지배를 내용으로 하는 권리이다. 이러한 직접적·배타적 지배력으로부터 물권에 공통되는 일반적 효력으로 우선적 효력과 물권적 청구권이 인정된다.

Ⅰ. 우선적 효력

우선적 효력은 하나의 물건 위에 다수의 권리가 경합하는 경우, 그중 한 권리가 다른 권리에 우선하는 효력을 말한다. 물권의 우선적 효력에는 다른 물권에 우선하는 효력과 채권에 대한 우선적 효력이 있다.

1. 물권상호 간의 우선적 효력

(1) 물권은 배타적인 지배권이다. 따라서 동일한 물건 위에 성질·범위·순위가 같은 물권이 동시에 성립하지 못한다. 가령 A가 소유권이나 지상권을 취득한 토지에 대하여 B가 다시 소유권이나 지상권을 취득할 수 없다. 그러나 ① 내용이 다른 물권은 병존할 수 있다. 가령 동일한 토지 위에 소유권과 제한물권, 지상권과 저당권이 성립할 수 있다. ② 저당권과 질권은 다른 물권이지만 물권의 객체가 다르기 때문에 동일한 물건 위에 동시에 성립할 수 없으며, 목적물의 교환가치를 지배하는 저당권은 동일한 부동산 위에 두 개 이상 성립할 수 있다.

(2) 동일한 물건 위에 성립하는 물권 상호 간에는 시간적으로 먼저 성립한 물권이 나중에 성립한 물권에 우선한다. 소유권과 제한물권이 동시에 존재하는 경우에는 타인의 소유권을 일시적으로 제한하는 제한물권이 성질상 소유권보다 우선한다. 이러한 물권 상호간의 우선적 효력은 물권의 배타성으로부터 나오는 효력이므로, 배타성이 없는 점유권은 우선적 효력이 인정될 여지가 없다. 그러나 점유권은 물건에 대한 사실상의 지배로 성립하기 때문에, 점유권은 본권과 병존하여 존재할 수 있으며, 직접점유·간접점유 등으로 성격을 달리하면 병존할 수 있다.

2. 채권에 우선하는 효력

(1) 원 칙

어떤 물건에 대하여 물권과 채권이 병존하는 경우에는 시간적 선후에 관계없이 물권이 채권에 우선한다. 예컨대 A가 자신의 토지를 B에게 임대한 후 그것을 C에게 양도한 경우, C의 소유권은 B의 임차권에 우선하여 C는 임차권 없는 소유권을 취득한다. 물권은 물건에 대한 직접적·배타적 지배권이지만, 채권은 채무자의 행위를 통해 간접적으로 물건 위에 지배를 미치는 권리에 지나지 않기 때문이다. 한편 채무자가 파산하거나 강제집행을 받은 경우에 물권자는 일반채권자에 우선하므로, 제3자가 소지하는 물건에 관하여 소유권을 가지는 자는 환취권(채무자회생법 제407조)1)을 행사하거나 제3자 이의의 소2)를 제기할 수 있고(민사집행법 제48조), 담보물권을 가지는 자는 별제권(채무자회생법 제411조)3)을 행사하거나 매각대금의 배당을 청구할 수 있다(민사집행법 제145조, 제217조).

(2) 예 외

(가) 부동산물권의 변동에 관한 청구권을 가등기한 경우(가등기에 의하여 본등기를 하는 것을 전제로, 부동산등기법 제88조), 부동산임차권이 등기된 경우(제621조), 주택임차권이 주택임대차보호법에 의한 대항요건을 갖춘 경우(제3조, 제3조의2), 상가임차권이 상가건물임대차보호법에 의한 대항요건을 갖춘 경우(제3조, 제5조), 예외적으로 채권이 시간적으로 먼저 성립된 때에 그보다 나중에 성립된 물권에 우선하는 효력이 있다.

(나) 법률이 특별한 이유로 일정한 채권에 대해 저당권 등의 물권에 우선하는 효력을 인정하는 것이 있다. 근로자의 임금·퇴직금 등의 우선특권(근로기준법 제38조 2항, 근로자퇴직급여 보장법 제12조), 주택·상가건물 임대차에서 소액보증금(주택임대차보호법 제8조, 상가건물임대차보호법 제14조), 조세우선특권(국세기본법 제35조 1항, 지방세기본법 제71조 1항), 상법상의 우선특권(제777조) 등이 그것이다.

---

1) 파산재단은 채무자가 파산선고 당시에 가진 모든 재산과 파산선고 전에 생긴 원인으로 장래에 행사할 청구권으로 구성되며(채무자회생법 제382조), 파산재단을 관리 및 처분하는 권한은 파산관재인에게 속한다(제384조). 그러나 파산관재인이 실제로 점유·관리하고 있는 재산 중에는 제3자가 소유하는 재산이 섞여 있는 경우가 있다. 이러한 경우에 제3자는 자신이 가지고 있는 실체법상의 권리에 근거하여 파산관재인으로부터 반환받을 권리가 있으며, 이러한 권리를 환취권이라 한다(제407조). 환취권을 행사할 수 있는 기초가 되는 권리로는 소유권, 점유권, 점유를 수반하는 질권 등이 있다.

2) 강제집행은 채무자의 책임재산만을 대상으로 하여야 한다. 그런데 집행기관은 외관에 따라서만 책임재산 여부를 판단하고(민사집행법 제81조 1항, 제189조 1항, 제191조, 제226조), 그 실체적 심사를 할 권한이나 의무가 없다(제225조). 따라서 외관을 기준으로 집행이 행하여지는 한 책임재산 외의 물건에 대하여 집행이 행하여지더라도 당연히 위법이 되는 것은 아니므로, 집행에 관한 이의나 항고로 불복할 수 없는 것이 보통이다. 이와 같이 실체적으로 부당한 집행에 의하여 권리침해를 받는 제3자를 구제할 목적으로 인정되는 소가 제3자 이의의 소이다. 즉 제3자 이의의 소란 제3자가 집행의 목적물에 대하여 소유권 또는 목적물의 양도·인도를 막을 수 있는 권리를 가진 때 이를 침해하는 강제집행에 대하여 이의를 주장하여 집행의 배제를 구하는 소를 말한다(제48조 1항).

3) 채무자에 대하여 파산선고 전의 원인으로 생긴 재산상의 청구권을 파산채권이라 하는데(채무자회생법 제423조), 파산채권은 파산절차에 의하지 않고는 행사할 수 없다(제424조). 즉 파산채권의 개별집행은 허용되지 않는다. 따라서 파산채권자는 파산절차에 따라 파산선고시의 채무자의 총재산에 대하여 총재산으로부터 공평하게 변제를 받을 권리밖에 없다. 이와 달리 파산선고 전에 파산재단에 속하는 특정의 재산상에 존재하는 유치권·질권·저당권 또는 전세권의 경우, 실체법상의 우선적 지위가 파산절차에서도 그대로 인정되어 파산절차에 의하지 않고(제412조), 담보목적물로부터 우선적·개별적으로 변제받을 수 있는 권리가 있는데, 이러한 권리를 별제권이라 한다(제411조).

Ⅱ. 물권적 청구권

물권적 청구권은 물권의 내용 실현이 어떤 사정으로 방해를 받거나 받을 염려가 있는 경우, 물권자가 방해자에게 그 방해의 제거나 예방을 청구할 수 있는 권리이다. 가령 물건을 훔쳐간 사람에게 그 반환을 청구하거나, 건물 현관에 무단으로 주차한 사람에게 자동차를 옮기도록 요구하는 것이나, 토지를 깊게 파 건물 붕괴의 위험을 초래하는 자에게 그 공사의 중지를 청구하는 것이 그것이다. 민법은 물권적 청구권을 점유권과 소유권에 관하여 규정을 하고(제204조-제206조, 제213조, 제214조), 소유권에 기한 물권적 청구권에 관한 규정을 다른 물권에 준용하고 있다. 이에 대해서는 후술한다.

Civil Law

제2장 물권의 변동

제2장 물권의 변동

제2장 물권의 변동

제 1 절 서 설

Ⅰ. 물권변동 일반

1. 의 의

물권변동이란 물권의 발생·변경·소멸을 말한다. 이를 물권의 주체를 중심으로 보면 물권의 취득·변경·상실(물권의 득실변경)을 말한다. 물권의 취득(발생)에는 ① 전에 없었던 물권이 새로 발생하는 경우인 '원시취득'(예: 건물의 신축·무주물선점·유실물습득·매장물발견·취득시효·선의취득 등), ② 타인의 물권에 기초하여 취득하는 경우인 '승계취득'이 있다. 승계취득에는 ① 종전 권리자에게 속하고 있었던 물권이 그 동일성을 유지하면서 신 권리자에게 이전되는 '이전적 승계'(예: 매매·상속 등에 의한 취득), ② 소유자로부터 지상권·전세권·저당권을 설정받는 경우처럼 물권자의 물권내용 중의 일부에 대해 새로운 물권을 설정함으로써 이용이나 담보의 측면에서만 승계취득하는 '설정적 승계'가 있다. 이전적 승계에는 ① 매매·증여의 경우처럼 개개의 원인에 의하여 물권을 취득하는 '특정승계', ② 상속·포괄유증·회사의 합병처럼 하나의 원인에 의하여 여러 물권을 취득하는 '포괄승계'가 있다.

물권의 변경에는 주체의 변경·내용의 변경(예: 물건의 증감·피담보채권의 이율의 변경 등)·작용의 변경(예: 저당권 순위의 변경) 등이 있다. 그 밖에 물권의 소멸(상실)에는 목적물이 멸실되는 경우처럼 물권이 절대적으로 소멸하는 경우(절대적 소멸)와 물권의 이전적 승계처럼 상대적으로 소멸하는 것(상대적 소멸)이 있다.

2. 물권변동의 모습

(1) 법률행위에 의한 물권변동과 법률행위에 의하지 않은 물권변동

물권변동은 그 원인이라 할 수 있는 법률요건에 의하여 그의 법률효과로서 발생하는데,

이러한 물권변동의 원인은 법률행위와 법률행위 이외의 법률요건으로 나누어진다.

(가) 법률행위에 의한 물권변동

물권변동의 원인으로서 법률요건 가운데서 가장 중요한 것이 법률행위이다. 물권변동을 일으키는 법률행위를 '물권행위'라 하는데, 이것은 직접 물권변동을 목적으로 하는 법률행위를 의미한다. 법률행위에 의한 부동산물권변동은 등기(제186조), 동산물권변동은 인도(제188조-제190조)가 있어야 효력이 발생한다.

(나) 법률행위에 의하지 않은 물권변동

당사자 의사에 의하지 않은 물권변동, 즉 상속·공용징수·판결·경매나 그 밖의 법률 규정에 의한 물권변동(제187조)으로 흔히 법률규정에 의한 물권변동이라고 한다. 여기서 '그 밖의 법률 규정에 의한 물권변동'으로는 취득시효(제245조이하)·무주물 선점(제252조)·유실물 습득(제253조)·매장물 발견(제254조)·첨부(제256조 이하)·소멸시효(제162조 이하)·혼동(제191조 이하)·몰수(형법 제48조) 등이 있다. 법률행위에 의하지 않는 물권변동은 등기나 인도가 없어도 그 효력이 발생한다(제187조). 다만 부동산의 점유취득시효의 경우에는 등기하여야 소유권을 취득할 수 있다(제245조 1항).

(2) 동산물권의 변동과 부동산물권의 변동

변경되는 물권이 부동산물권이냐 동산물권이냐에 따라서 부동산물권변동과 동산물권변동으로 나눌 수 있다. 양자의 구별은 물권변동에 관한 공시방법의 차이에 기인한다.

Ⅱ. 물권변동과 공시

1. 공시제도의 필요성

상대권인 채권과 달리 절대권인 물권은 배타성이 있으므로, 누가 어느 물건에 대해 어떤 물권을 가지고 있다는 것이 외부에 표시(표상)되어 있지 않으면, 제3자에게 예기치 못한 손해를 입힐 염려가 있고, 결국 거래의 안전을 해치게 된다. 따라서 물권변동을 제3자가 용이하게 인식할 수 있는 공시의 방법이 요구되고(공시의 원칙), 나아가 그러한 공시방법을 신뢰한 자를 어떻게 보호할 것인가(공신의 원칙)하는 점이 문제된다.

2. 공시의 원칙

(1) 의 의

공시(公示)의 원칙이란 물권의 존재 또는 변동은 언제나 외부에서 인식할 수 있는 표상, 즉 공시방법을 수반하여야 한다는 원칙으로, 거래의 안전과 법률관계의 명료화를 위하여 요청된다. 즉 공시의 원칙은 물권이 있는 곳에 공시방법이 갖추어져야 한다는 것을 의미한다.

(2) 공시의 원칙을 관철하는 방법

공시의 원칙을 관철하는 방법으로, ① 공시방법을 갖추지 않으면 제3자에 대한 관계에서는 물론 당사자 사이에서도 물권변동이 생기지 않는 형식주의(성립요건주의), ② 당사자 사이에서는 물권변동이 일어나지만 제3자에게 대항하지 못하는 의사주의(대항요건주의)가 있다. 우리 민법 및 독일민법은 성립요건주의를 취하고, 프랑스민법 및 일본민법은 대항요건주의를 취하고 있다.

주의할 것은 의사주의와 형식주의는 모두 법률행위에 의한 물권변동에 한하여 문제되는 것이라는 점이다. 따라서 이는 제186조 또는 제188조 1항에 관한 문제이지, 제187조의 문제가 아니다.

(3) 현행법상의 공시방법

공시방법으로 부동산물권에 관한 등기, 동산물권에 관한 점유, 입목에 관한 법률의 적용을 받는 수목의 집단에 관한 등기, 수목의 집단이나 미분리 과실에 관한 관습법상의 명인방법, 특별법의 적용을 받는 동산(예: 자동차·중기·항공기·선박)에 관한 등록 또는 등기 등이 있다.

참고로 '등기 및 등록'할 수 있는 선박(총톤수 20톤 이상의 기선 및 범선, 100톤 이상의 부선) 1)의 경우(선박법 제8조 1항, 선박등기법 제2조), 그 소유권의 이전은 당사자 사이의 합의만으로 그 효력이 생긴다. 다만 이를 등기하고 선박국적증서에 기재하지 아니하면 제3자에게 대항하지 못한다(상법 제743조, 선박법 제29조). 즉 선박등기는 부동산등기와 달리 대항요건주의를 취하고 있다. 반면에 소형선박(총톤수 20톤 미만의 기선 및 범선, 총톤수 100톤 미만의 부선, 단 5톤 미만의 범선 중 기관을 설치하지 아니한 범선, 20톤 미만의 부선 등은 제외)의 경우(선박법 제조의2, 제26조), 그 소유권의 득실변경은 등록을 하여야 그 효력이 생긴다(선박법 제8조의2). 즉 성립요건주의를 취하고 있다. 총톤수 20톤 미만의 소형어선에 대한 소유권의 득실변경도 등록을 하여야 그 효력이 생긴다(어선법 제13조의2 제). 그 외에 등기나 등록의 대상이 아닌 선박(총톤수 5톤 미만의 범선 중 기관을 설치하지 아니한 범선, 20톤 미만의 부선, 20톤 이상의 부선 중 선박계류용·저장용 등으로 사용하기 위하여 수상에 고정하여 설치하는 부선, 노와 상앗대만으로 운전하는 선박 등)은 동산과 동일하여 인도에 의해 물권변동이 된다(선박법 제26조).

3. 공신의 원칙

(1) 의 의

공신(公信)의 원칙이란 공시방법에 의하여 공시된 내용을 믿고 거래한 자가 있는 경우에 그 공시방법이 진실한 권리관계와 일치하지 않더라도 그 자의 신뢰를 보호하여야 한다는 것을 말한다. 가령 서류를 위조하여 甲 소유의 부동산을 乙이 자신의 명의로 등기한 다음 제3자 丙에게 소유권이전등기를 해 준 경우, 甲이 동산을 乙에게 빌려주었는데 乙이 소유자처럼 행세하여 丙에게 팔고 인도한 경우, 丙이 그 소유권을 취득하게 된다. 공시방법에 의하

---

1) 기선은 기관(機關)을 사용하여 추진하는 선박(선체 밖에 기관을 붙인 선박으로서 그 기관을 선체로부터 분리할 수 있는 선박 및 기관과 돛을 모두 사용하는 경우로서 주로 기관을 사용하는 선박을 포함한다)을 말하며, 범선은 돛을 사용하여 추진하는 선박(기관과 돛을 모두 사용하는 경우로서 주로 돛을 사용하는 것을 포함한다)을 의미하며, 부선은 자력항행능력(自力航行能力)이 없어 다른 선박에 의하여 끌리거나 밀려서 항행되는 선박을 말한다(선박법 제1조의2 제1항).

여 공시된 내용을 신뢰하여 거래한 자에 대하여 그가 신뢰한 대로 효력을 발생시키는 힘을 공신력(公信力)이라 한다. 물권변동에 관하여 공시의 원칙이 관철되어 있으면, 동산의 점유자는 그 물건에 대하여 물권을 가지고 있는 것으로 추정되고, 부동산등기가 되어 있으면 부동산물권이 존재하고, 등기가 말소되어 있으면 부동산물권은 소멸한 것으로 추정된다.

(2) 현행법상의 공신의 원칙

민법은 동산에 관하여 공신의 원칙을 인정하지만(제249조), 부동산에 관해서는 이를 인정하지 않는다. 즉 부동산물권변동에서는 진정한 권리자(정적안전)의 보호를, 동산물권변동에서는 선의취득을 인정하여 거래안전(동적안전)의 보호를 중시하고 있다.

(3) 공신의 원칙의 한계

공신의 원칙에 의하여 양수인을 보호하면 거래의 안전을 도모할 수 있지만(동적안전), 권리를 잃게 되는 진정한 권리자를 어떻게 보호하느냐(정적안전) 하는 것이 그 한계로 나타난다. 물론 진정한 권리자는 침해자에 대하여 불법행위에 기한 손해배상청구권 또는 부당이득반환청구권을 행사할 수 있지만, 이는 실현이 불확실한 채권에 지나지 않는다.

(4) 공신의 원칙의 확장

공신의 원칙은 진실한 권리관계가 존재하는 것처럼 보일 때 그 외관을 보호하는 법리이므로, 물권변동에 한해서만 인정되는 것이 아니고 표현대리(제125조, 제126조, 제129조), 채권의 준점유자에 대한 변제(제470조), 영수증소지자에 대한 변제(제471조) 및 지시채권의 소지인에 대한 변제(제518조) 등에서도 인정된다.

제 2 절 물권행위 — 물권변동을 일으키는 법률행위

Ⅰ. 일 반

1. 의 의

물권행위란 직접 물권변동을 목적으로 하는 법률행위를 말한다. 그런데 공시방법도 물권행위의 내용을 이룬다는 견해에 의하면, 물권행위란 물권변동을 직접 목적으로 하는 물권적 의사표시와 이에 의한 등기·인도를 구성요소로 하는 법률행위를 말한다고 한다(이영준, 63면). 물권행위는 법률행위로서 대부분 '물권계약'(즉 물권적합의)이지만(예: 소유권이전의 합의, 지상권설정계약, 전세권설정계약, 저당권설정계약 등) '물권적 단독행위'(예: 물권의 포기)도 있을 수 있다. 그런데 실제에 관해서는 채권계약과 구별하여 보통 '물권적 합의'라는 말을 사용하며, 후자는 상대방 있는 경우(예: 제한물권의 포기)와 상대방 없는 경우(예: 소유권의 포기)로 나누어진다.

2. 채권행위와의 관계

(1) 물권행위는 물권의 직접적 변동을 목적으로 하는 '처분행위'라는 점에서 이행을 목적으로 하는 의무부담행위인 '채권행위'와 구별된다. 즉 물권행위는 직접 물권변동을 목적으로 하는 행위인데, 채권행위는 채권·채무를 발생시키는 법률행위이다. 예컨대 甲이 자기 소유의 부동산을 乙에게 매도하는 계약을 체결한 경우, 甲은 乙에게 부동산의 소유권을 이전할 의무를 부담하고 乙은 甲에게 매매대금을 지급할 의무를 부담한다. 이와 같이 매매계약의 체결은 채권·채무만을 부담하는 채권행위이며, 당사자에게는 각자 자기 채무를 이행하여야 하는 문제가 남아 있다. 매매계약에 따라 乙이 대금을 마련하여 甲·乙이 '소유권이전의 합의'(물권행위)를 하고 甲에게 인도하면 그 대금에 대한 소유권이전이라는 물권변동이 일어나며, 또한 甲·乙이 부동산에 대한 소유권이전의 합의(물권행위)를 하고 등기를 이전하면 부동산소유권의 이전이라는 물권변동이 일어난다.

(2) 통상 채권행위가 물권행위의 원인으로 되고 많은 경우에 전자가 선행하지만, 채권행위를 전제로 하지 않는 물권행위(예: 물권의 포기)도 있다. 여기서 채권행위가 있고 그 이행으로 물권행위가 행하여진 경우, 채권행위가 물권행위의 원인이 된다고 하여 그 채권행위를 물권행위의 원인행위(Kausalgeschäft)라고 한다. 그 밖에 물권행위는 채권행위와 합체되어 일체로 존재하는 것이 원칙인가 아니면 채권행위와 별개로 행하여지는 것이 원칙인가라는 '독자성'의 문제가 있으며, 또한 채권행위가 물권행위의 원인이 되는 경우에 채권행위가 효력을 상실하게 되면 물권행위에도 영향을 미치는지에 대한 '무인성'의 문제가 있다.

3. 적용법규

(1) 물권행위도 법률행위이므로 법률행위의 요건을 갖추어야 한다. 따라서 행위능력이 있어야 하고, 의사와 표시가 일치하여야 한다. 또한 물권행위에는 조건을 붙일 수 있고, 대리에 관한 규정이 적용된다. 그 밖에 물권행위는 처분행위이므로 처분권한이 있어야 하며, 권한 없는 자의 처분행위를 추인할 수 있다. 주의할 것은 부동산의 경우 해제조건이나 종기는 등기할 수 있으나(부동산등기법 제54조,제55조) 정지조건이나 시기는 등기를 할 수 없고, 다만 가능기를 통해서 동일한 효과를 얻을 수 있다는 점이다. 권리소멸약정의 등기는 권리취득등기에 이를 부기하며(부동산등기법 제52조 7호), 이 부기등기는 그 권리취득등기를 말소할 때에 이를 말소한다(유석주, 부동산등기법, 690면).

판 례

해제조건부 증여로 인한 부동산소유권이전등기를 마쳤더라도 그 해제조건이 성취되면 그 소유권은 증여자에게 복귀한다고 할 것이고, 이 경우 당사자 간에 별단의 의사표시가 없는 한 그 조건성취의 효과는 소급하지 아니하나,

조건성취 전에 수증자가 한 처분행위는 조건성취의 효과를 제한하는 한도 내에서는 무효라고 할 것이고, 다만 그 조건이 등기되어 있지 않는 한 그 처분행위로 인하여 권리를 취득한 제3자에게 무효를 대항할 수 없다(대판 1992.5.22, 92다5584).

(2) 물권행위는 직접 물권변동을 가져오고 따로 이행의 문제를 남기지 않는 점에서 원칙적으로 민법 채권편의 규정이 적용되지 않는다. 다만 물권행위 중 물권계약(즉 물권적 합의)은 광의의 계약에 속하므로 계약의 성립에 관한 규정(제527조-제535조)만이 유추적용될 수 있다. 그리고 제3자를 위한 계약규정(제539조-제542조)은 사적자치의 한 표현이므로, 물권계약에도 적용될 수 있다. 따라서 사회질서에 반하거나 제3자의 이익을 해하지 않는 한, 제3자를 위한 물권계약이 인정된다. 다만 공시방법은 직접 수익자인 제3자 앞으로 이루어져야 한다(통설).

4. 물권행위와 공시방법의 관계

(1) 물권행위는 물권적 의사표시(물권적 합의)를 요소로 하는 법률행위로 파악하고, 공시방법은 물권행위 이외의 물권변동을 위한 또 하나의 요건이라는 견해(다수설)와 물권적 의사표시와 공시방법을 합한 것이 물권행위라는 견해(이영준, 85면)가 대립하고 있다. 공시방법을 물권행위의 요소로 파악하는 견해에 의하면, 물권행위를 하게 되면 물권변동의 효과가 발생하고 이행이라는 문제를 남기지 않는데, 등기나 인도를 물권행위의 요소로 보지 않으면 물권행위는 있었으나 등기·인도가 있기까지는 물권변동의 효과가 발생하지 않으므로, 물권행위의 개념에 반하게 된다고 한다.

(2) 생각건대 물권적 의사표시와 공시방법이 합해진 것을 물권행위로 보는 견해는 공법상의 행위인 등기가 사법상 행위인 물권행위의 일부로 된다는 점에서 부당하며, 법률행위에 관한 이론이 등기에 적용되기 어렵다는 문제가 있다. 결국 등기·인도라는 공시방법은 물권변동을 일으키는 물권변동의 또 하나의 요건이라고 할 것이다.

Ⅱ. 물권행위의 독자성과 무인성

1. 물권행위의 독자성

(1) 의 의

물권행위는 채권·채무를 발생시키는 법률행위인 채권행위와 구별된다. 즉 채권행위에 의하여 생기는 법률효과는 채권의 발생이지만, 물권행위에 의하여 생기는 효과는 물권의 변동이다. 예컨대 甲이 乙에게 부동산을 매도하는 계약을 체결하였다면 그 매매계약은 채권행위로서 그 효과는 당사자 사이에 채권·채무가 발생할 뿐이고 이로써 소유권이 이전하는 것은 아니다. 그러므로 乙이 그 부동산의 소유권을 취득하려면 甲과 乙은 다시 그 부동산을 이전하는 행위, 즉 물권변동을 목적으로 하는 법률행위(물권행위)와 이에 부합하는 등기를 하여야 한다. 이와 같이 물권행위와 채권행위는 개념상 구별되는 것이지만, 채권행위가 물권행위의 전제 내지 원인이 되는 경우에 양자는 현실적으로도 별개의 행위로 행하여져야 하는가라는 물권행위의 독자성의 문제가 일어난다. 결국 물권행위의 독자성을 인정한다는 것은 물권행위가 채권행위의 이행으로 행하여지든 아니면 채권행위와 합체되어 일체로 존재하든 언제나 물권행위가 존재하고 그 효력으로 물권변동이 일어난다는 것을 의미한다.

여기서 주의할 것은 물권행위의 독자성을 인정한다고 해서 채권행위와 물권행위가 하나의 행위로 합체되어 행해지는 것이 불가능하다는 것은 아니며, 반대로 물권행위의 독자성을 부정한다고 하여 물권행위라는 개념 자체를 부정한다거나 채권행위를 전제로 하지 않고 물권변동만을 발생시키는 법률행위의 존재를 부정하는 것도 아니라는 점이다.

(2) 학설과 판례

(가) 학 설

1) 독자성 인정설(다수설)

채권계약은 단지 당사자 사이에 채권·채무를 발생하게 할 뿐이고, 채권계약으로부터 물권변동이 생기기 위해서는 그 채권계약과는 별개의 물권행위를 하여야 한다고 한다. 이 견해에 의하면 제186조는 부동산에 관한 '법률행위'를, 제188조는 동산에 관한 '물권양도'를 규정하고 있는데, 여기서 법률행위나 물권양도는 처분행위로서 물권행위를 의미하며, 또한 채권행위가 있는 때에 원칙적으로 그 이행행위인 물권행위가 있었던 것으로 해석하는 것은 당사자의 의사에 반할 뿐만 아니라 채권행위의 성질에도 반한다고 한다(김용한, 85면; 김증한/김학동, 44면; 이상태, 53면; 이영준, 66면; 이은영, 140면; 강태성, 199면).

2) 독자성 부정설

제186조의 법률행위·제188조 1항의 양도는 채권행위 또는 물권행위가 합체되어 있는 채권행위를 의미하므로 이것이 독자성의 인정근거가 되지 못하며, 거래관행상 매매계약과 등기와의 중간에 물권행위를 따로 의식하지 않는다고 한다(곽윤직, 45면; 김상용, 112면).

(나) 판 례

판례는 '…우리의 법제가 물권행위의 독자성과 무인성을 인정하고 있지 않는 점'이라고 하여, 물권행위의 독자성을 부인하는 입장을 취하고 있다(대판 1977.5.24, 75다1394).

(다) 소 결

생각건대 현행법상 채권행위의 목적물이 특정되어 있지 아니한 종류채권이 인정되어 있고(제375조), 목적물이 채권행위 성립시에 채무자의 수중에 존재하지 않는 타인소유물의 매매계약(제569조)이나 이행기까지 목적물을 제작하기로 하는 계약도 가능하므로, 채권계약 속에 물권행위까지 포함되어 있다고 하는 것은 무리이다. 또한 제565조 1항은 "당사자 일방이 이행에 착수할 때까지… 매매계약을 해제할 수 있다"고 규정하고 있는데, 이행행위인 물권행위가 채권행위 후에 행하여지는 것을 전제로 하여야 제565조에 대한 설명이 가능하며, 양자가 동시에 행해진다면 해제의 여지가 없게 된다(이상태, 54면). 한편 부정설은 계약을 원인으로 하는 부동산소유권이전등기를 신청하는 경우에 부동산등기특별조치법 제3조에 의하여 검인계약서를 제출하여야 하므로, 물권행위의 독자성을 더 이상 주장할 수 없다고 하지만(김상용, 112면), 검인계약서의 작성은 채권행위나 물권행위의 성립과 효력여부를 결정하는 서면이 아니고 등기신청시에 필요한 하나의 서류에 불과하며, 검인계약서 이외에 등기신청에 필요한 서류(예: 등기필증·인감증명서·주민등록초본 등)의 교부시에 물권행위가 있다고 할 것이다. 그 밖에 일반거래에서 물권행위가 행하여진 여부는 일반인이 아니라 법률가가 판단한다는 점에서 부정설은 타당하다고 할 수 없다.

2. 물권행위의 유인성과 무인성

(1) 의 의

물권행위는 그의 법적 원인인 채권행위의 이행으로서 행하여지는 '원인행위에 결합된 법률행위'이다. 채권행위인 매매계약의 이행으로 물권행위인 소유권이전행위가 있는 경우에 채권행위는 물권행위의 법률상 원인으로 된다(제741조). 물권행위의 유인성(有因性)은 채권행위의 무효·취소 등이 곧 물권행위의 효력에 직접적인 영향을 미치게 된다는 것을 말한다. 이와 달리 물권행위의 무인성(無因性)이란 채권행위의 이행으로 행하여진 물권행위가 채권행위의 무효·취소에 영향을 받지 아니함을 말한다. 즉 원인행위가 효력을 발생하지 못하거나 발생된 효력이 상실되어도 물권행위의 효력은 아무런 영향을 받지 않는 것을 의미한다.

주의할 것은 물권행위의 무인성 여부는 최소한 물권행위 자체가 유효한 경우를 전제로 한다는 점이다. 따라서 물권행위에도 무효·취소 등의 사유가 있는 경우 또는 물권행위가 채권행위의 유효함을 전제하는 경우에는 물권행위 자체가 실효되는 것이므로, 물권행위로부터 영향을 받는지의 여부가 논의될 필요가 없다.

(2) 학설과 판례

(가) 학 설

1) 무 인 설

① 물권행위를 채권행위와 별개로 파악한다면 그 유효성 여부도 별도로 판단하여야 한다. 또한 물권행위의 처분행위성으로부터 무인성이 도출된다. ② 물권적 법률관계는 모든 사람에 대하여 명백할 것을 이상으로 하므로, 당사자 사이에만 효력을 갖는 원인행위의 유효성 여부 때문에 제3자가 영향을 받게 된다는 것은 부당하다. ③ 무인성을 인정함으로써 등기의 공신력을 인정하지 않는 민법상의 약점은 보정(補正)하여 거래의 안전을 도모할 수 있다. ④ 등기관의 심사범위를 물권행위에 제한함으로써 물권거래를 간편하게 할 수 있다.

⑤ 우리 민법 제정 당시 입법자는 등기·인도를 물권행위의 효력요건으로 규정하고 물권행위의 독자성을 규정하면서 이와 함께 물권행위의 무인성을 당연히 전제한 것으로 판단된다고 한다.

2) 상대적 무인설

국내에서 주장되는 무인설은 모두 상대적 무인설이다. 상대적 무인설에 의하면, 물권행위는 원칙적으로 무인성을 띠지만, 채권행위의 유효를 물권행위의 조건으로 한 때와 같이 당사자가 유인으로 하려는 의사표시를 한 때에는 유인이 된다고 한다. 그리고 ① 제한행위능력·착오·사기·강박 등 원인행위의 취소원인이 물권행위에도 공통되거나, 반사회적 법률행위에 의한 무효나 기타 무효원인이 원인행위와 물권행위에 공통되는 경우, ② 채권행위와 물권행위가 외형상 하나의 행위로 행하여지는 경우에는 원인행위인 채권행위가 실효(失效)하는 때에 물권행위도 실효된다고 한다(김증한/김학동, 55면; 정옥태, "물권행위의 무인성", 고시연구 1991년 8월호, 134면; 강태성, 134면; 윤철홍, 58면).

3) 유 인 설

① 물권행위의 무인성을 부인하는 태도는 관습법으로서 이미 확립된 원리이며, 또한 물권행위의 독자성이 인정된다 하더라도 물권행위의 기능은 채권행위에 의하여 정하여진 의무를 실현하는데 있으므로, 채권행위가 불성립·무효·취소되면 물권행위도 이와 운명을 같이하게 하는 것이 합리적이다. ② 무인설은 악의의 제3자도 보호되는 결과를 초래하게 된다. ③ 법률상의 다툼을 감소시킨다는 의미에서의 법적 확실성보다는 정당한 이익을 보호한다는 점이 높이 평가되어야 한다. ④ 무인설을 취하면 매매가 무효인 경우에도 매도인은 부당이득반환청구권만을 가지므로, 매수인이 인도를 받은 후 파산하면 매도인은 그 물건이 자신의 물건이라고 주장하면서 파산재단으로부터 분리를 청구할 수 없고, 단지 파산재단에 대하여 그 채권액의 비율에 따른 금전채권을 갖게 된다고 한다(곽윤직, 52면 이하; 김상용, 125면; 이상태, 58면; 이영준, 75면 이하; 이은영, 151면).

(나) 판 례

판례가 유인설을 따르고 있음은 사실이지만(대판 1977.5.24, 75다1394; 대판 1974.6.11, 74다542), 철저한 것은 아니다. 즉 명의신탁계약 해지 후의 수탁자의 지위에 대하여, 판례는 명의신탁계약이 해지되더라도 그 부동산의 소유권이 당연히 신탁자에게 복귀된다고 볼 수 없고, 다만 수탁자가 신탁자에게 그 등기명의를 이전할 의무를 부담하게 됨에 불과하므로, 그 의무이행으로 등기명의를 신탁자 앞으로 이전하기 전까지는 외부관계에서 소유권은 수탁자에게 있다고 한다(대판 1982.8.24, 82다카416).

(다) 소 결

생각건대 ① 제742조·제744조·제745조의 부당이득규정은 소유권 자체의 이전이 유효한 것을 전제로 하고 있으므로, 부당이득규정 자체가 무인론을 배경으로 하고 있다고 할 수 있으며(정옥태, 134면), 제548조 1항 단서는 무인론을 선언한 규정이라 할 수 있다. ② 채권행위의 무효 또는 취소 후 자신의 권리를 회복하기 위하여 아무런 조치를 취하지 않은 경우에 원인 없이 물권을 상실한 당사자에게 불이익을 주는 것은 거래안전을 위하여 부득이한 것이다. 제3자가 목적물에 대한 권리를 취득하는 것을 방지하기 위하여 가처분(민사집행법 제300조 1항) 등의 조치를 취하지 않았기 때문에, 권리자에게도 책임이 있다. 이러한 경우에는 정적안전보다는 거래안전이 우선되어야 할 것이다. ③ 파산절차는 파산법원이 채무자의 총재산으로 구성되는 파산재단을 강제적으로 관리·현금화하여, 이를 파산채권자에게 공평하게 배당하여 채권자 사이의 평등한 채권만족을 꾀하는 것을 목적으로 하고, 파산선고 당시에 채무자에게 속한 모든 재산 중에서 압류할 수 있는 재산이 파산재단을 구성하므로(채무자회생법 제382조 1항), 쌍무계약의 당사자들이 이행을 완료한 후에 매수인에게 파산절차가 개시된 경우에는 매수인이 취득한 물건은 파산재단을 구성하므로, 매도인은 채권액의 비율에 따른 금전채권을 갖는 것은 파산제도의 목적상 당연하다. 다시 말하면 파산선고시에 매수인은 계약상 대금채무를 부담하는데 불과하고, 파산절차는 파산선고시에 존재하는 채권·채무를 결제하는 절차이기 때문에 매도인은 파산절차를 통해서만 그 대금채권의 만족을 얻을 수밖에 없다. 다만 물권행위의 무인성을 인정하더라도 의사무능력·착오·사기·강박·제한행위능력 등의 원인이 물권행위에도 있는 경우, 즉 하자의 동일성(Fehleridentität)의 경우에는 유인·무인성을 문제 삼을 필요가 없다. 이 경우에는 물권행위 자체가 효력을 상실하기 때문이다. 또한 강행법규 또는 사회질서의 위반으로 법률행위가 무효로 되는 경우, 물권행위도 무효로 되는지는 금지의 목적과 상대방을 고려하여 정해야 할 것이다.

제 3 절 부동산물권의 변동

Ⅰ. 법률행위에 의한 부동산물권의 변동

1. 서 설

법률행위(물권행위)와 등기가 있어야 부동산물권변동이 일어난다. 즉 부동산물권변동은 동산물권변동과 달리 목적부동산의 인도 유무와 상관없이 물권행위와 등기의 두 요건을 갖추면 그 부동산에 관하여 물권변동이 일어난다.

2. 등기를 필요로 하는 물권변동의 범위 — 제186조의 적용범위

(1) 법률행위에 의한 물권의 변동

제186조가 적용되는 것은 법률행위로 인한 부동산 물권변동으로서 등기를 하여야 하는 경우이다. 따라서 점유권과 유치권은 부동산에도 성립하지만 등기가 필요 없는 물권이므로, 제186조는 소유권·지상권·지역권·전세권·저당권의 취득·변경·상실에 관해 일반규정으로

서 적용된다. 권리질권은 부동산물권이 아니지만 등기능력이 있다(부동산등기법 제3조 6호). 물권의 포기는 물권적 단독행위에 해당하므로, 제186조에 의하여 등기를 하여야 물권의 포기에 따른 물권변동의 효력이 발생한다(대판 2016.10.27, 2015다52978).

(2) 등기를 필요로 하는지 여부

사안에 따라 제186조가 적용되는지 아니면 제187조가 적용되는지가 애매한 경우가 있다. 제186조가 적용되면 등기를 하여야 물권변동이 생기지만, 제187조가 적용된 때에는 등기 없이도 물권변동이 생기는 점에서 사안에 적용될 조문을 확정하여야 한다.

(가) 재단법인 설립에서의 출연부동산의 귀속

제48조는 생전처분으로 재단법인을 설립하는 때에는 출연재산은 법인이 성립한 때에, 유언에 의하여 설립하는 때에는 유언의 효력이 발생한 때에 각각 재단법인에 귀속한다고 규정하고 있어, 제186조와 관련하여 출연부동산의 귀속시기가 문제이다.

1) 학 설

가) 다 수 설

제48조가 재단법인의 재산적 기초를 충실하게 하기 위한 특칙으로 제187조의 '기타 법률의 규정'에 해당하므로, 등기가 없더라도 출연부동산은 제48조에서 정한 시기에 재단법인에 귀속된다고 한다(고상룡, 149면; 곽윤직, 80면; 김상용, 159면; 김용한, 124면; 이상태, 68면; 강태성, 177면).

나) 소 수 설

재단법인의 설립행위로 인한 부동산물권의 이전은 법률행위에 의한 물권변동이므로, 제186조에 따라 등기되어야 출연부동산이 재단법인에 귀속된다고 한다. 즉 법인의 성립 또는 설립자의 사망시에 법인에 출연부동산의 이전청구권이 생길 뿐이고, 출연부동산이 현실로 법인에 이전되는 것은 등기를 한 때라고 한다(김증한/김학동, 17면; 이은영, 156면; 이영준, 96면).

2) 판 례

판례는 출연자와 법인 간에는 등기 없이도 법인 설립과 동시에 재단법인에 귀속하지만, 제3자에 대한 관계에서는 출연행위가 법률행위이므로 출연재산의 법인에의 귀속은 부동산의 권리에 관해서는 법인의 성립 외에 등기를 필요로 한다고 한다(대판 1981.12.22, 80다2762,2763). 따라서 유언으로 재단법인을 설립하는 경우에도 제3자에 대한 관계에서는 출연재산이 부동산인 경우는 그 법인에의 귀속에는 법인의 설립 외에 등기를 필요로 하는 것이므로, 재단법인이 그와 같은 등기를 마치지 아니하였다면 유언자의 상속인의 한 사람으로부터 부동산의 지분을 취득하여 이전등기를 마친 선의의 제3자에 대하여 대항할 수 없다고 한다(대판 1993.9.14, 93다8054).

3) 소 결

생각건대 설립자의 출연행위는 이른바 물권행위로서 법률행위이다. 그러므로 법률행위에 의한 물권변동의 대원칙(제186조)을 무시하는 해석은 부당하다. 또한 유언으로 재단법인을 설립할 경우, 제48조 2항에 의하면 유언의 효력이 발생한 때(사망시)부터 출연부동산이 법인에 귀속한다고 규정하고 있는데, 유언자가 사망한 후에도 법인이 설립되지 않은 경우에 그 재산의 귀속주체가 될 수 없음에도 법인에 귀속한 것으로 의제하는 것은 논리모순이다. 따라서 소수설이 타당하다고 할 것이다.

(나) 원인행위의 실효에 의한 물권의 복귀

법률행위에 의하여 물권이 이전되었으나 후에 매매나 증여와 같은 채권행위(원인행위)가 취소·해제된 경우에 그 실효된 원인행위의 이행으로써 이전된 물권은 등기를 말소하지 않더라도 당연히 복귀하느냐가 문제이다.

1) 물권행위의 유인설

원인행위의 이행으로 이전된 물권은 법률상 당연히 복귀하므로 제187조가 적용된다고 한다. 그리고 원인행위가 무효·취소된 경우에 제107조 2항·제108조 2항·제109조 2항·제110조 3항에 의하여 보호되는 선의의 제3자의 범위를 말소등기시의 선의자까지 포함한다고 한다. 한편 계약이 이행되어 물권변동까지 있은 후에 그 계약이 해제된 경우, 물권이 당연히 복귀하는지에 관하여, 해제에 의하여 계약관계가 청산관계로 변형된다고 하는 청산관계설에서는 원인행위의 실효가 없어서 위의 문제가 생기지 않으며, 채권적 효과설은 물권이 당연복귀하지 않고 원상회복을 위한 채권관계가 생길뿐이라고 한다. 반면에 물권적 효과설에서는 물권이 당연복귀한다고 한다. 판례도 계약이 적법하게 해제되면 그 계약의 이행으로 변동이 되었던 물권은 당연히 그 계약이 없었던 상태로 복귀한다고 한다(대판 1995.5.12, 94다18881,18898). 결국 물권적 효과설의 경우에는 제3자 보호의 문제가 발생한다. 이와 관련하여 원인행위가 해제된 경우에 계약해제의 효과에 관한 물권적 효과설은 제548조 1항 단서 및 그 범위를 말소등기시까지의 선의의 제3자까지 확대함에 의하여 일정한 범위에서 제3자는 보호된다고 한다.

2) 물권행위의 무인설

채권행위가 실효되어도 물권행위는 유효하므로 소유권은 상대방에게 남아 있고, 결국 원소유자가 부당이득반환청구권을 행사하여 이전등기를 말소하여야 비로소 소유권이 복귀된다고 한다. 즉 다른 물권행위와 등기를 갖추어야 하며, 따라서 제186조가 적용된다고 한다. 다만 무효 또는 취소원인이 물권행위에도 존재하는 경우(즉 하자의 동일성)에는 상대적 무인설에 의하면 물권행위도 실효되므로 이전등기의 말소 없이도 물권이 복귀된다.

(다) 전세권의 법정갱신

전세권이 법정갱신되는 경우(제312조4항)는 의제된 법률행위로서 제187조가 적용된다.

(라) 소멸청구와 소멸통고

1) 소멸청구의 경우(제287조, 제311조 1항)

2년 이상의 지료를 지급하지 않거나 전세목적물을 부적절하게 사용·수익하는 경우, 지상권설정자(제287조)나 전세권설정자(제311조)는 지상권 또는 전세권의 소멸을 청구할 수 있다. 여기서 지상권이나 전세권이 소멸하기 위해서는 말소등기를 요하는지에 관하여, ① 이러한 소멸청구권은 형성권이라는 점을 중시하여 소멸청구의 의사표시만으로 물권이 소멸한다는 견해(김상용, 162면; 이영준, 97면; 이은영, 168면), ② 이러한 소멸청구권은 물권적 단독행위라는 점을 중시하여 제186조에 따라 말소등기를 하여야 비로소 물권이 소멸한다는 견해(김증한/김학동, 74면; 김용한, 125면), ③ 이러한 소멸청구권을 보통의 채권적 청구권으로 파악하여 말소등기까지 하여야 물권이 소멸한다는 견해(강태성, 180면, 곽윤직, 82면)가 있다.

생각건대 소멸청구권을 인정한 취지는 설정계약의 내용을 위반하는 제한물권자의 물권을 박탈하여 설정자를 보호하려는 것이라는 점과 소멸청구권은 형성권의 성질을 가지고 있고 형성권에 의한 물권변동은 법률규정에 의한 물권변동이라는 점에서, 제187조에 따라 등기 없이 소멸의 효력이 발생한다고 할 것이다.

2) 소멸통고의 경우(제313조)

전세권의 존속기간이 정하여지지 아니한 때에는 각 당사자는 언제든지 상대방에 대하여 전세권의 소멸을 통고할 수 있고, 상대방이 이 통고를 받은 날부터 6개월이 경과하면 전세권이 소멸한다(제313조). 여기서 전세권이 소멸하기 위해서는 말소등기를 요하는지에 관하여, ① 민법이 '…소멸한다'고 규정하고 있고 소멸통고의 성질은 해지로서 형성권의 행사이므로 제187조에 의해 말소등기 없이 6개월이 경과하면 당연히 전세권이 소멸한다는 견해(이영준, 98면, 685면; 이은영, 168면; 강태성, 182면), ② 소멸통고도 물권적 단독행위이므로 제186조에 의해 말소등기까지 하여야 전세권이 소멸한다는 견해(곽윤직, 83면, 260면; 고상룡, 479면; 김상용, 162면, 557면), ③ 전세금의 반환까지 있어야 전세권이 소멸하므로 소멸통고가 있고 전세금의 반환 및 6개월이 경과하면 전세권이 소멸한다는 견해가 있다(이상태, 341면).

생각건대 전세권자는 부동산 전부에 대하여 후순위권리자 기타 채권자보다 전세금의 우선변제를 받을 권리가 있고(제303조 1항), 목적물에 대하여 경매를 청구할 수 있다(제318조). 즉 전세권은 용익물권 이외에 담보물권의 성질도 아울러 가지고 있다. 따라서 소멸통고는 물권적 단독행위로서 소멸통고 후 6개월이 경과하면 전세권의 용익물권적 권능은 전세권설정등기의 말소 없이도 당연히 소멸하지만, 전세금반환채권을 담보하는 담보물권적 권능의 범위 내에서 전세금의 반환시까지 그 전세권설정등기의 효력이 존속하며, 결국 전세금을 반환하면 제187조에 의해 말소등기 없이 담보물권적 권능도 소멸한다고 할 것이다(담보물권의 부종성).

(마) 소멸시효와 취득시효

1) 소멸시효

소유권 이외의 물권은 소멸시효에 걸린다(제162조). 그런데 점유권과 유치권은 점유가 존속요건이므로 소멸시효에 걸리지 아니하며, 담보물권은 피담보채권이 존속하는 한 단독으로 소멸시효에 걸리지 아니하므로(제369조), 결국 소멸시효의 대상이 되는 물권은 지상권·지역권뿐이다(전세권이 소멸시효에 걸리는지에 관해서는 민법총칙 제8절 II 1 (1) 참조). 제한물권의 소멸시효가 완성한 경우에 말소등기를 하여야 그 물권이 소멸하는지에 대하여 견해가 대립하고 있다.

가) 상대적 소멸설

시효의 완성으로 등기말소청구권이 발생할 뿐이므로, 등기가 말소될 때에 비로소 부동산물권이 소멸한다고 한다(김상용, 161면; 김용한, 99면; 김증한/김학동, 176면; 이상태, 68면).

나) 절대적 소멸설

시효완성으로 부동산물권은 당연히 소멸하므로, 시효완성으로 물권은 당연히 소멸한다고 한다(곽윤직, 82면, 132면; 이은영, 166면).

2) 취득시효

취득시효는 법률의 규정에 의한 물권취득이지만, 등기를 하여야 한다(제245조 1항).

3. 부동산물권변동을 가져오는 등기의 유효요건

물권행위를 하였더라도 등기를 갖추지 않으면 부동산물권의 변동은 일어나지 않는다. 물권행위와 더불어 부동산물권변동의 또 하나의 요건으로서 등기는 부동산등기법이 정하는 절차에 따라 적법하게 행하여져야 하며(등기의 형식적 유효요건), 물권행위의 내용과 부합하어야 한다(등기의 실질적 유효요건).

(1) 등기의 형식적 유효요건—부동산등기법이 정하는 절차에 따라 적법하게 행하여질 것

(가) 등기의 존재

등기가 유효하기 위해서는 등기신청만으로 족하는 것이 아니라 등기부에의 기재 자체가 있어야 한다. 등기란 등기관이 등기부에 부동산물권변동에 관한 일정한 사항을 기록하여 공시하는 것 또는 기록 그 자체를 의미한다. 등기기록에는 ① 부동산의 표시에 관한 사항을 기록하는 '표제부', ② 소유권에 관한 사항(소유권의 변동, 압류·가압류·가처분, 가등기 등)을 기록하는 '갑구'(甲區), ③ 소유권 외의 권리에 관한 사항(지상권, 지역권, 전세권, 저당권, 임차권 등)을 기록하는 '을구'(乙區)가 있다(부동산등기법 제15조 2항).

1) 등기부(등기기록)의 전부 또는 일부가 손상된 경우, 전산운영책임관은 등기부부본자료에 의하여 그 등기부를 복구하여야 한다(부동산등기규칙 제17조 2항). 따라서 등기부의 멸실은 문제되지 않는다. 또한 등기부가 복구되지 않는 때에도 소유권이든 제한물권이든 등기의 실체법상의 효력은 소

멸하지 않는다(김증한/김학동, 77면; 이상태, 89면; 이영준, 100면).

2) 등기가 불법말소된 경우, 다수설과 판례는 등기는 물권의 효력발생요건이고 효력존속요건이 아니므로, 물권에 관한 등기가 원인 없이 말소된 경우에 그 물권의 효력에는 아무런 영향을 미치지 않으며, 그 말소된 등기의 회복등기를 할 수 있다고 한다(대판 2002.10.22, 2000다59678; 대판 2001.1.16, 98다20110; 고상룡, 90면; 김상용, 164면; 이상태, 90면; 이영준, 102면). 말소된 등기의 회복을 신청하는 경우에 등기상 이해관계가 있는 제3자가 있을 때에는 그 제3자의 승낙이 있어야 한다(부동산등기법 제59조). 여기서 등기상 이해관계가 있는 제3자란 말소회복등기를 함으로써 손해를 입을 우려가 있는 사람으로서 그 손해를 입을 우려가 있다는 것이 기존의 등기부에 의하여 형식적으로 인정되는 사람을 말한다. 이러한 등기상 이해관계 있는 제3자는 그의 선의·악의를 묻지 않고 회복등기절차에 필요한 승낙을 할 의무가 있다(대판 1997.9.30, 95다39526).

주의할 것은 저당권등기가 불법말소되었지만 경매와 관련하여 회복등기가 불가능한 경우도 있다는 점이다. 가령 근저당권이 불법으로 말소된 후에 목적부동산이 경매된 경우, 부동산이 경매되면 그 위의 근저당권은 당연히 소멸하므로(민사집행법 제268조, 제91조) 이미 소멸한 근저당권에 관한 말소등기의 회복등기를 위하여 현소유자를 상대로 그 승낙의 의사표시를 구할 수는 없다(대판 1998.10.2, 98다27197).

3) 등기된 사항이 새로운 등기부에 옮겨 적을 때, 등기관의 잘못으로 빠진 경우, 학설은 ① 등기가 효력을 잃는다는 견해(곽윤직, 85면), ② 등기의 효력은 존속하고 등기관이 직권으로 경정할 수 있으나 이해관계 있는 제3자가 생긴 경우에는 경정등기를 할 수 없어서 종전 등기의 효력이 제한될 수밖에 없다는 견해(김황식, 주해(IV), 141면), ③ 등기의 효력이 유지된다는 견해(고상룡, 90면; 김상용, 164면; 김증한/김학동, 77면; 이상태, 90면; 이영준, 104면; 송덕수, B-148), ④ 채권적 효력만이 있다는 견해(이은영, 194면)가 대립하고 있다. 생각건대 불법말소의 경우와 같이 효력이 존속된다고 할 것이다.

(나) 형식적 하자의 부존재

1) 등기가 유효하려면 신청절차에 하자가 없어야 한다. 부동산등기법 제29조 1호(사건이 그 등기소의 관할이 아닌 경우)와 2호(사건이 등기할 것이 아닌 경우)를 위반한 경우에 그 등기는 무효이다. 다만 판례는 제29조 3호 이하를 위반하는 경우에도 당사자에게 등기신청의 의사가 있고 또 '실체관계에 부합'하면 등기로서 유효한 것으로 다룬다. 즉 ① 사망자를 매도인으로 하는 등 등기신청서류가 위조된 경우(대판 1982.12.14, 80다459; 대판 1965.5.25, 65다365), ② 공동상속인들의 의사에 의해 사망자인 피상속인 명의로 근저당권설정등기를 한 경우(대판 1964.11.24, 64다685), ③ 등기신청의 대리권이 없는 자가 등기신청을 한 경우(대판 1971.8.31, 71다1163), ④ 미등기건물을 승계취득한 자가 원시취득자 명의의 보존등기 없이 직접 자기 명의로 보존등기를 한 경우(대판 1995.12.26, 94다44675), ⑤ 3자간의 등기명의신탁에서 명의수탁자가 유예기간 경과 후에 명의신탁자 앞으로 소유권이전등기를 마친 경우(대판 2004.6.25, 2004다6764)에 그 등기는 유효하다고 한다.

2) 실체관계에 부합하는 등기란 위조서류에 의하여 등기가 마쳐진 경우 등과 같이 등기절차에 하자가 있더라도 '그 등기가 진실한 권리관계와 합치하면' 유효한 등기로 인정되는 것을 말한다. 등기가 현재의 권리관계를 공시하고 있기 때문이다. 실체관계에 부합하기 위해서는, ① 유효한 원인행위 또는 법률의 규정에 의한 등기청구권과 부합하는 등기가 마쳐졌고, ② 동시이행의 항변권 등을 포함하여 등기의무자(종전의 진정한 권리자)에게 등기의무의 이행을 거절할 정당한 사유가 없어야 한다. 따라서 부동산매수인이 매매대금을 모두 지급하지 않았거나 또는 완불 이전이라도 그 소유권이전등기를 하기로 하는 약정이 없는 상태에서 매수인이 등기관련 서류를 위조하여 소유권이전등기를 마친 경우, 그 등기는 실체적 권리관계에 부합하지 않는다(대판 1985.4.9, 84다카130,131). 이 경우에 등기를 유효한 것으로 보면 매도인은 동시이행의 항변권 등에 의하여 자신의 대금지급청구권을 관철할 기회를 상실하게 되기 때문이다.

판 례

(ㄱ) 사망자를 상대로 한 확정판결에 의하여 소유권이전등기를 한 경우라 하더라도 실체적 권리관계에 부합한다면 이를 유효라 할 것이다(대판 1992.9.25, 92다21258).

(ㄴ) 신축건물의 보존등기를 건물 완성 전에 하였더라도 그 후 건물이 완성된 이상 등기를 무효라고 볼 수 없다. 이러한 법리는 1동 건물의 일부분이 구분소유권의 객체로서 적합한 구조상 독립성을 갖추지 못한 상태에서 구분소유권의 목적으로 등기되고 이에 기초하여 근저당권설정등기나 소유권이전등기 등이 순차로 마쳐진 다음 구분소유권의 객체가 된 경우에도 마찬가지이다(대판 2016.1.28, 2013다59876).

(ㄷ) 등기가 실체관계에 부합한다고 하는 것은 그 등기절차에 어떤 하자가 있더라도 진실한 권리관계와 합치하는 것, 즉 소유권이전에서 등기이전절차만이 위법하고 그 외의 다른 법률행위는 적법·유효한 상태로 소유권이전등기청구권을 가지고 있는 경우를 말하고, ① 원인 없이 이루어진 무효의 소유권이전등기이더라도 그 등기가 다른 사정에 의하여 실체관계에 부합하게 되면 유효한 것으로 된다(대판 2024.10.31, 2024다232523; 대판 2022.9.29, 2020다293773). ② 채권은 양도할 수 있다. 그러나 채권의 성질이 양도를 허용하지 아니하는 때에는 그러하지 아니하다(제449조 1항). 부동산의 매매로 인한 소유권이전등기청구권은 특별한 사정이 없는 이상 그 권리의 성질상 양도가 제한되고 그 양도에 채무자의 승낙이나 동의를 요하므로, 채무자의 승낙이나 동의가 없는 채권양도는 원칙적으로 효력이 없다(대판 2019.12.19, 2016다24284). 따라서 소유권이전등기청구권을 매수인으로부터 양도받은 양수인이 소유권이전청구권 가등기 이전의 부기등기를 마치고 가등기에 기한 본등기까지 마쳤으나 당초의 소유자 겸 매도인이 그 양도에 대하여 동의하거나 승낙하지 않고 있다면 양수인은 매도인과 아무런 법률관계가 없어 매도인에 대하여 소유권이전등기절차의 이행을 청구하는 등의 권리행사를 할 수 없으므로, 그 가등기 이전의 부기등기 및 가등기에 기한 본등기는 이에 부합하는 양수인과 매도인 간의 적법·유효한 실체관계가 존재하지 아니하여 원인무효의 등기가 된다(대판 2025.4.24, 2024다248290).

(다) 표제부의 하자의 부존재

1) 부동산의 물권변동을 위한 등기가 유효하려면 그 등기는 당연히 목적부동산에 관한 것이어야 한다. 따라서 ① 존재하지 않은 부동산 또는 그 지분에 관한 등기는 무효이다(대판 1994.4.15, 93다46353). ② 표제부 표시란의 기록이 실제의 부동산과 동일하거나 사회관념상 그 부동산을 표시하는 것이라고 인정될 정도로 유사하여야 한다. 그렇지 않은 경우에는 표제부의 등기 및 보존등기

는 무효이고(대판 1995.9.29, 95다22849,22856), 그 부동산에 관한 권리변동의 등기도 효력이 없게 된다(대판 2001.3.23, 2000다51285). 목적부동산의 동일성이 없기 때문이다. 동일성 내지 유사성 여부는 토지의 경우에는 지번과 지목, 지적에 의하여 판단하여야 한다(대판 2001.3.23, 2000다51285).

2) 동일성이 있는 경우 또는 동일성이 없더라도 그 부동산에 대하여 보존등기가 존재하지 않거나 등기형식상 예측할 수 없는 손해를 미칠 우려가 있는 이해관계인이 없는 경우에 경정등기가 허용된다(대판 2007.7.26, 2007다19006,19013).

(라) 1부동산 1등기기록의 원칙 — 이중(중복)등기의 문제

등기부를 편성할 때에는 하나의 부동산에 대하여 1개의 등기기록을 둔다(부동산등기법 제15조 1항). 따라서 어떤 토지나 건물에 대하여 등기가 있는 때에는 비록 그 등기가 적법하지 아니한 경우라도 등기를 말소하지 않고는 그 토지나 건물을 이중으로 등기하지 못한다. 만일 동일 부동산에 관하여 절차상 하자로 이중등기가 되면 어느 등기가 유효한지가 문제이다.

1) 표제부의 이중등기

이중등기 중 표제부의 목적물 표시란의 기재내용이 목적물의 실체와 동일성이 없는 정도로 불일치가 있는 등기가 있다면, 이는 일반적인 중복등기의 문제는 아니며, 실체관계와 일치하는 등기만이 유효하다(대판 1978.6.27, 77다405). 다만 두 등기의 각 표제부등기가 부동산의 실제상황과 다소 불일치가 있더라도 목적물과의 동일성이 인정되는 경우에는 중복등기의 문제가 된다. 판례도 동일 건물에 관하여 마쳐진 각 소유권보존등기가 등기부상 건물의 구조 및 지번의 표시 등에 있어서 실제와 다른 점이 있으나 그 건물을 표상함에는 부족함이 없는 것으로 인정되는 경우, 그 각 등기는 모두 공시의 효력을 가지게 되고, 따라서 뒤에 이루어진 소유권보존등기는 중복등기에 해당하여 선등기에 원인무효의 사유가 없는 한 원인무효로 귀착될 수밖에 없다고 한다(대판 1995.12.26, 93다16789).

2) 동일인 명의의 중복등기

동일인 명의로 보존등기가 중복된 경우, 판례는 등기명의인이 동일인이면 먼저 한 등기가 유효하고 후에 한 등기는 실체적 권리관계에 부합하는지 여부를 가릴 필요 없이 효력이 없다고 한다(대판 1983.12.13, 83다카743).

한편 동일인 명의로 중복하여 소유권보존등기가 된 경우에 후행보존등기는 실체적 권리관계에 부합되는 여부를 가려볼 필요도 없이 무효의 등기로서 말소되어야 하지만, 선행보존등기로부터 마쳐진 원고 명의의 소유권이전등기가 원인무효의 등기라면 특단의 사정이 없는 한 원고로서는 후행보존등기 및 이에 터잡아 마쳐진 피고들 명의의 소유권이전등기에 대하여 그 말소를 청구할 권원이 없다고 할 것이므로, 아무리 후행보존등기가 무효라고 하여도 아무런 권원이 없는 원고의 말소등기청구를 받아들여 그 말소를 명할 수는 없다(대판 2007.5.10, 2007다3612). 즉 등기말소는 청구자에게 목적물에 대한 소유권이 있어야 하기 때문이다(제214조). 따라서 소유권보존등기의 말소를 구하려면 먼저 그 말소를 구하는 사람이 말소를 청구할 수 있는 권원이 있음을 적극적으로 주장·증명하여야 하며, 만일 이러한 권원이 있음이 인정되지 않는다면 설사 소유권보존등기가 말소되어야 할 무효의 등기라고 하더라도 그 말소청구를 인용할 수 없다(대판 2008.10.9, 2008다35128).

판 례

동일 부동산에 관하여 경료된 각 소유권보존등기가 그 부동산을 표상함에 부족함이 없는 것으로 인정되는 경우, 그 각 등기는 모두 공시의 효력을 가지게 되고, 따라서 뒤에 이루어진 소유권보존등기는 중복등기에 해당하여 선등기에 원인무효의 사유가 없는 한 원인무효로 귀착될 수밖에 없다(대판 2002.7.12, 2001다16913).

3) 명의자가 다른 중복보존등기

중복된 보존등기의 등기명의인이 동일인이 아닌 경우, 어느 등기를 유효한 등기로 인정할 것인지에 관하여, ① 실체적 권리관계에 부합하는 등기를 유효로 보는 실체법설(고상룡, 98면; 곽윤직, 85면; 김상용, 166면), ② 하나의 부동산에 관하여 이미 보존등기가 되어 있는 이상 후에 다시 행하여진 보존등기는 1부동산 1등기기록주의에 반하기 때문에 후행보존등기의 유효여부를 불문하고 선행보존등기를 유효로 보는 절차법설(김기선, 106면), ③ 원칙적으로 선등기 우선의 원칙에 의하되, 다만 후등기가 실체관계에 부합하고 선등기가 무권리자에 의한 등기가 되어 무효임이 밝혀진 때에는 선등기를 무효로 보는 절충설(이상태, 93면; 송덕수, B-157)이 대립하고 있다. 판례는 등기명의인이 동일인이 아닌 경우에 먼저 이루어진 소유권보존등기가 원인무효가 아닌 한 뒤에 이루어진 소유권보존등기는 실체적 권리관계에 부합하는 경우에도 무효라고 하며(대판 2002.7.12, 2001다16913; 대판 1998.9.22, 98다23393), 이러한 법리는 뒤에 된 소유권보존등기의 명의인이 해당 부동산의 소유권을 원시취득한 경우에도 그대로 적용된다고 한다(대판 2008.2.14, 2007다63690).

4) 무효인 중복등기에 바탕을 둔 시효취득

중복등기 중 선등기가 원인무효가 아니어서 후등기가 무효로 된 경우, 후등기를 근거로 등기부취득시효의 완성을 주장할 수 있는지가 문제이다. 이와 관련하여 판례는 제245조 2항의 '등기'는 부동산등기법 제15조가 규정한 1부동산 1등기기록주의에 위배되지 아니한 등기를 말하므로, 어느 부동산에 관하여 등기명의인을 달리하여 소유권보존등기가 2중으로 마쳐진 경우, 뒤에 된 소유권보존등기나 이에 터 잡은 소유권이전등기를 근거로 하여서는 등기부취득시효의 완성을 주장할 수 없다고 한다(대판 1996.10.17, 96다12511). 결국 뒤에 마쳐진 소유권보존등기는 실체적 권리관계에 부합하는지의 여부에 관계없이 무효이므로, 뒤에 된 소유권보존등기의 말소를 구하는 것이 신의칙위반이나 권리남용에 해당한다고 할 수 없다(대판 2008.2.14, 2007다63690).

판 례

실체상의 권리관계에 부합하지 아니한 무효인 회복등기에 기초하여 이루어진 소유권이전등기를 바탕으로 하여 경료된 이전등기라고 하여도 20년간의 취득시효기간이 만료할 때까지 그 부동산에 관하여 등기상 이해관계를 가지는 제3자가 없었을 경우에는 그의 이전등기는 취득기간 만료와 동시에 실체관계에 부합하는 유효한 등기가 된 것으로 보아야 한다(대판 1983.8.23, 83다카848). 즉 등기가 실체상의 권리관계에 부합하지 아니하여 무효이더라도 그 후에 그 등기에 대응하는 실체상의 권리관계가 존재하게 되어 부동산에 관한 현실의 권리관계와 부합하게 되면, 그때부터는 유효한 등기가 된다. 다만 그 부동산에 관하여 이해관계를 가지는 제3자가 없어야 한다.

(2) 등기의 실질적 유효요건—법률행위의 내용과 등기의 합치

등기는 당사자가 법률행위에 의하여 달성하고자 하는 물권변동에 부합하여야 한다. 즉 등기는 물권행위의 내용을 있는 그대로 나타내는 것이어야 한다. 그러나 여러 사정으로 물권행위의 내용과 등기가 일치하지 않는 경우가 발생한다.

(가) 내용상의 불합치에 관한 문제

1) 물권행위와 등기의 질적·양적 불일치

가) 질적 불일치

등기가 물권적 합의와 내용에 어긋나면 그 등기는 무효이며, 따라서 물권변동은 발생하지 않는다. 가령 ① 당사자 사이에 X건물에 대하여 대물변제계약에 의하여 소유권을 이전하기로 약정하였는데, 그와 전혀 별개인 Y건물에 대하여 소유권이전등기를 한 경우에는 Y건물에 대한 소유권취득의 효력이 없다(대판 1962.6.21, 62다51). ② 채권자 앞으로 가등기와 근저당권설정등기를 하기로 약정하였는데, 채권자 아닌 제3자 앞으로 소유권이전등기를 한 경우, 특별한 사정이 없는 한 그 등기는 무효이다(대판 1980.3.11, 80다49).

나) 양적 불일치

물권행위와 등기가 권리의 종류에 관해서는 합치하지만 그 내용에 양적 차이가 있는 경우, ① 등기된 권리내용의 양이 물권행위의 그것보다 크면(예: 저당권의 피담보채권을 5천만원으로 합의하였으나 7천만원으로 등기된 경우) 물권행위의 한도 내에서 등기의 효력이 있다. 이와 달리 ② 등기가 법률행위보다 작으면 일부무효의 법리(제137조)에 따라 원칙적으로 등기가 전부무효로 되나 나머지 부분만으로도 물권적 합의를 하였을 것으로 해석되면 등기기재의 한도에서 유효하다(다수설). 그러나 이에 대하여 등기의 범위 내에서만 물권행위가 유효하다는 견해가 있다(이영준, 123면; 강태성, 93면; 이은영, 198면).

판 례

(ㄱ) 공동상속한 부동산에 대하여 공동상속인의 한사람이 불법으로 그 단독명의로 소유권이전등기를 경료한 경우, 그 부동산에 대한 다른 상속인들의 각 상속분에 관한 위 등기는 그 원인을 흠결한 무효의 등기임이 명백하다 할 것이나 위의 등기를 경료한 상속인 자신의 상속분에 관한 위 등기는 그것이 불법한 방법으로 경료된 것이라 하여도 이를 무효의 등기라고는 할 수 없다(대판 1967.9.5, 67다1347).

(ㄴ) 채권담보의 목적으로 소유권이전등기를 한 경우에는 그 채권의 일부가 무효라고 하더라도 나머지 채권이 유효인 이상 채무자는 그 채무를 변제함이 없이 말소등기절차를 구할 수 없다(대판 1970.9.17, 70다1250).

2) 중간생략등기

가) 의 의

중간생략등기란 부동산물권이 최초의 양도인으로부터 중간취득자에게 다시 중간취득자로부터 최후의 양수인에게 전전 이전되어야 할 경우, 중간취득자 명의의 등기(중간등기)를 생략한 채 최초의 양도인으로부터 최후의 양수인에게 직접 행하여진 등기를 말한다. 부동산등기특별조치법은 중간생략등기를 금지하고 있으며, 이를 위반하면 형사처벌 등 제재를 가하고 있다(동법 제2조, 제8조). 이 규정을 효력규정으로 보는 견해가 있지만(김상용, 174면), 판례는 단속규정으로 보고 있다(대판 1993.1.26, 92다39112). 즉 당사자 사이의 중간생략등기합의에 관한 사법상 효력까지 무효로 한다는 취지는 아니라고 한다(대판 1998.9.25, 98다22543).

나) 중간생략등기의 유효성

학설과 판례는 대체로 이미 경료된 중간생략등기의 유효성을 인정하고 있다.

(i) 학 설

a) 3자합의설(조건부유효설)　　최초양도인(A)·중간취득자(B)·최종취득자(C)의 3자간의 합의가 있거나 중간취득자의 동의가 있으면 중간생략등기는 유효하다고 한다(이영준, 127면). 합의 방법은 A·B·C 3자 전원의 합의뿐만 아니라 A·B, B·C간의 순차적 합의도 무방하며, 명시적 합의는 물론 묵시적 합의도 유효하다고 한다.

b) 물권적 기대권설　　중간취득자의 지위를 물권적 기대권으로 구성하여 중간생략등기의 유효성을 인정하며, 적극적으로 중간생략등기이행청구권까지도 인정된다고 한다(김용한, 132면; 최종길, "물권적 기대권", 사법행정 1965년 6월호, 36면 이하; 황적인, 100면; 윤철홍, 77면). 즉 A·B 사이에 매매가 성립하고 등기에 필요한 서류를 A가 B에게 교부하면 이때에 물권적 합의가 있는 것이 되고, B가 단독으로 등기절차를 밟을 수 있는 상태에 달하게 되면 B는 물권적 기대권을 취득하게 된다. 물권적 기대권자 B가 등기하지 않고 다시 C에게 그 부동산을 전매하고 A로부터 받은 등기서류를 C에게 교부하면 B·C 사이에 물권적 합의가 있고, C는 B로부터 물권적 기대권을 취득하며, 이러한 물권적 기대권에 의하여 C는 직접 A에 대하여 이전등기를 해 줄 것을 청구할 수 있다. 이때 중간취득자 B의 동의를 요하지 않는다고 한다.

c) 처분권부여설　　무권리자의 처분은 권리자의 동의를 받아서 행한 것인 때에는 유효하다는 독일민법 제185조 1항의 법리를 원용하는 견해로서, 물권행위의 독자성을 부정하는 입장에서 A·B 사이의 매매행위 속에 물권행위 내지 물권적 합의가 있고, 이 물권행위는 비권리자인 B가 A의 부동산을 처분하는데 대한 동의로써 의미를 가지고 있으므로, 이는

A·B, B·C 사이의 채권행위와 물권행위에 의하여 A·C 사이에도 채권행위와 물권행위가 있었던 것이 되고 또한 A로부터 C에게로 소유권이전등기가 있으므로 소유권은 유효하게 A로부터 C에게 이전한 것이 된다고 한다(곽윤직, 91면).

(ii) 판 례

판례는 최종양수인이 중간생략등기의 합의를 이유로 최초 양도인에게 직접 중간생략등기를 청구하기 위해서는 관계당사자 전원의 의사합치가 필요하지만, 당사자 사이에 적법한 원인행위가 성립되어 중간생략등기가 이루어진 이상 중간생략등기에 관한 합의가 없었다는 이유만으로는 중간생략등기가 무효라고 할 수는 없다고 한다(대판 2005.9.29, 2003다40651). 다만 토지거래허가구역 내의 토지에 대한 중간생략등기의 경우에는 무효라고 한다(대판 1997.11.11, 97다33218; 대판 1997.3.14, 96다22464). 즉 토지거래허가구역 내의 토지가 토지거래허가 없이 소유자인 A로부터 B에게, 다시 B로부터 C에게 순차로 매도되었다면 각 당사자는 각각의 매매계약에 관하여 토지거래허가를 받아야 한다. 당사자 사이에 최초매수인 A가 최종매수인 C앞으로 직접 소유권이전등기를 마치기로 하는 중간생략등기의 합의가 있었더라도 이러한 중간생략등기의 합의란 부동산이 전전 매도된 경우, 각 매매계약이 유효하게 성립한 것을 전제로 그 이행의 편의상 A로부터 C앞으로 소유권이전등기를 마친다는 당사자 사이의 합의에 불과하며, A와 C 사이에 매매계약이 체결되었다는 것을 의미하지 않는다. 따라서 C와 A를 매매당사자로 하는 토지거래허가를 받아 C앞으로 소유권이전등기를 마친 경우에도 이는 적법한 토지거래허가가 없이 마쳐진 등기로서 무효라고 한다.

다) 중간생략등기 전의 당사자 사이의 채권관계

최종취득자 C는 최초양도인 A에 대하여 중간취득자 B의 등기를 생략하고, 직접 자기에게 이전등기를 하는데 협력하여 줄 것을 청구할 수 있는가에 대하여, 학설과 판례는 대체로 중간등기생략의 합의에 의한 등기 청구를 긍정하고 있다.

(i) 학 설

a) 3자합의설　　중간취득자(B)의 동의 또는 3자간의 합의가 있는 경우에 최종취득자(C)는 최초양도인(A)에 대하여 직접 소유권이전등기를 청구할 수 있다고 한다.

b) 물권적 기대권설　　C가 B로부터 취득한 자기의 물권적 기대권에 의하여 직접 A에 대하여 소유권이전등기를 청구할 수 있다고 한다.

c) 처분권부여설　　A·B, B·C 사이의 채권행위와 물권행위에 의하여 A·C 사이에도 그러한 행위가 있었던 것이 되므로, C는 A에 대하여 등기에 협력할 것을 요구할 수 있다고 한다.

(ii) 판 례

① 관계당사자 전원의 의사합치, 즉 중간생략등기에 대한 최초양도인 A와 중간자 B의 동의가 있는 외에 A와 최종양수인 C 사이에도 그 중간등기생략의 합의가 있어야 C가 A를

상대로 직접 소유권이전등기를 청구할 수 있지만(대판 1994.5.24, 93다47738), 관계당사자 전원의 의사합치가 없으면 C는 A에 대하여 B를 대위하여 B에게 소유권이전등기를 할 것을 청구할 수 있다(대판 1991.4.23, 91다5761). ② 중간생략등기의 합의가 있게 되면 B의 A에 대한 소유권이전등기청구권이 소멸되는지에 대하여, 판례는 중간생략등기의 합의란 부동산이 전전 매도된 경우 '각 매매계약이 유효하게 성립함을 전제로' 그 이행의 편의상 최초의 매도인으로부터 최종의 매수인 앞으로 소유권이전등기를 마친다는 당사자 사이의 합의에 불과하므로, 이러한 합의가 있었다고 하여 B의 소유권이전등기청구권이 소멸된다거나 A의 B에 대한 소유권이전등기의무가 소멸되는 것은 아니며(대판 1991.12.13, 91다18316), A가 B에 대하여 갖고 있는 매매대금청구권의 행사가 제한되는 것은 아니라고 한다(대판 2005.4.29, 2003다66431). ③ 최초 매도인과 중간 매수인, 중간 매수인과 최종 매수인 사이에 순차로 매매계약이 체결되고 이들 간에 중간생략등기의 합의가 있은 후에 최초 매도인과 중간 매수인 간에 매매대금을 인상하는 약정이 체결된 경우, 최초 매도인은 인상된 매매대금이 지급되지 않았음을 이유로 최종 매수인 명의로의 소유권이전등기의무의 이행을 거절할 수 있다(대판 2005.4.29, 2003다66431). ④ 부동산거래신고법상의 토지거래허가구역 내의 토지가 중간등기생략의 합의 아래 허가 없이 전전매매된 경우에 C가 A에게 직접 허가신청절차의 협력을 구할 수 없다(대판 1996.6.28, 96다3982). ⑤ 매매로 인한 소유권이전등기청구권은 권리의 성질상 양도가 제한되고 그 양도에 채무자의 승낙이나 동의가 있어야 한다고 한다. 즉 통상의 채권양도와 달리 양도인의 채무자에 대한 통지만으로는 채무자에 대한 대항력이 생기지 않으며 반드시 채무자의 동의나 승낙을 받아야 대항력이 생긴다(대판 2005.3.10, 2004다67653,67660). 최초의 양도인의 동의나 승낙 없이 소유권이전등기청구권의 양도를 인정하게 되면 중간생략등기에는 전원의 합의가 필요하다는 것이 무의미해지기 때문이다. 따라서 최종양수인이 중간자로부터 소유권이전등기청구권을 양도받은 경우, 최초양도인이 그 양도에 대하여 동의하지 않고 있다면 최종 양수인은 최초양도인에 대하여 채권양도를 원인으로 하여 소유권이전등기 절차 이행을 청구할 수 없다고 한다(대판 1995.8.22, 95다15575). 이와 같은 법리는 명의신탁자가 부동산에 관한 유효한 명의신탁약정을 해지한 후 이를 원인으로 한 소유권이전등기청구권을 양도한 경우에도 적용된다. 따라서 비록 명의신탁자가 명의신탁약정을 해지한 다음 제3자에게 '명의신탁 해지를 원인으로 한 소유권이전등기청구권'을 양도하였더라도 명의수탁자가 양도에 대하여 동의하거나 승낙하지 않고 있다면 양수인은 위와 같은 소유권이전등기청구권을 양수하였다는 이유로 명의수탁자에 대하여 직접 소유권이전등기청구를 할 수 없다고 한다(대판 2021.6.3, 2018다280316).

라) 중간생략등기의 확장

상속인이 상속에 의한 취득의 등기를 함이 없이, 상속부동산을 양도한 후 피상속인으로부터 양수인에게 이전등기를 하여도 그 등기는 유효하고(대판 1967.5.2, 66다2642; 대판 1963.5.30, 63다105), 건물의 신축으로 소유권을 취득한 자가 자기 명의의 보존등기를 하지 않고 양도하여, 양수인이 자기 명의로 보존등기를 한 때에는 그 등기는 유효하고 양수인은 적법하게 물권을 취득한다(대판 1995.12.26, 94다44675; 김상용, 174면).

3) 실제와 다른 등기원인에 의한 등기

증여나 대물변제로 인한 소유권이전등기를 할 때에 매매를 등기원인으로 기재한 경우(대판 1990.11.27, 89다카12398), 법률행위의 취소·해제에 의한 말소등기를 다른 원인으로 하여 이전등기를 하는 경우(대판 1990.11.27, 89다카12398), 원인무효에 의한 말소등기를 진정한 등기명의의 회복을 원인으로 소유권이전등기를 한 경우(대판 2003.3.28, 2000다24856), 판례는 이러한 등기가 현재의 권리상태를 반영하여 실체관계에 부합하는 점을 근거로 유효한 것으로 본다.

4) 무효등기의 유용

(i) 어떤 등기가 행하여졌으나 그것이 실체관계에 부합하지 않아서 무효로 된 후에 그와 부합하는 실체관계가 있게 된 경우, 기존의 무효등기를 새로운 실체관계를 공시하는 등기로 그대로 이용하는 것을 무효등기의 유용이라 한다. 가령 피담보채권의 변제로 소멸된 근저당권설정등기를 후에 발생한 금전채권의 담보로 유용하는 경우, 매매를 원인으로 한 소유권이전등기가 허위표시로서 무효인 것을 그 후에 추인이나 다른 매매계약에 의한 소유권이전등기로 유용하는 경우가 그것이다.

(ii) 무효등기의 유용이 인정되기 위해서는, ① 등기유용의 합의가 있어야 한다. 무효등기의 유용에 관한 합의 내지 추인은 묵시적으로 이루어질 수 있다(대판 2007.1.11, 2006다50055). ② 무효등기에 부합하는 실체관계가 존재하여야 한다. ③ 등기유용의 합의 전에 등기상의 이해관계를 가진 새로운 제3자가 존재하지 않아야 한다(대판 2002.12.6, 2001다2846). 따라서 甲과 乙 사이에 乙의 甲에 대한 채무담보조로 乙 소유의 부동산에 마쳐진 丙 명의의 원인무효인 근저당권설정등기에 터잡아 이전등기를 마치기로 합의하여 甲 앞으로 근저당권이전의 부기등기를 한 경우, 이러한 등기유용에 관한 합의는 그 유용하기로 한 甲 명의의 근저당권이전등기가 마쳐지기 전에 이미 위 부동산에 대하여 처분금지가처분을 하여 둠으로써 등기상의 이해관계를 가지게 된 丁에 대한 관계에서는 그 효력이 없다(대판 1994.1.28, 93다31702)

(iii) 무효등기의 유용에 관한 합의는 등기상 이해관계 있는 제3자에 대하여 주장 내지 대항할 수 없는데, 여기서 주장 내지 대항할 수 없다는 의미가 무엇인지 문제된다. 즉 이해관계 있는 제3자가 있을 경우 유용할 수 없다고 본다면 무효등기의 유용은 절대적 무효가 될 것이고, 이해관계 있는 제3자가 있더라도 유용할 수 있지만 당사자 사이에는 유효이고 제3자에 대하여는 유효를 주장할 수 없다고 본다면, 이는 상대적 유효로 이해될 수 있을 것이다. 이에 관하여 판례는 ① 부동산의 소유자 甲이 乙과의 사이에 무효인 소유권이전등기청구권 가등기를 유용하기로 합의하고 가등기 이전의 부기등기를 마쳤다면, 乙은 甲에 대하여 '가등기 유용의 합의를 주장하여' 가등기의 말소청구에 대항할 수 있고, 다만 가등기 이전의 부기등기 전에 등기부상 이해관계가 있는 丙에 대하여는 가등기 유용의 합의 사실을 들어 그 가등기의 유효를 주장할 수 없다고 한다(대판 2009.5.28, 2009다4787). 또한 ② 원인소멸된 가등기에 관하여 등기유용의 합의에 따라 A명의로 소유권이전의 본등기가 마쳐진 경우, A명의의 소

유권이전의 본등기는 등기유용의 합의가 이루어지기 전에 이미 '소유권이전등기를 한 등기상의 이해관계인' B에 대한 관계에서는 실질관계를 결한 무효의 등기로 평가되므로, A명의의 소유권이전등기나 이 등기를 기초로 하여 마쳐진 C명의의 소유권이전등기는 원인무효의 등기에 해당한다고 한다(대판 1989.10.27, 87다카425). 즉 판례는 ① 소유권과 저당권, 소유권과 (가)압류채권과 같이 양자가 양립할 수 있는 관계라면, 무효등기의 유용으로 유효를 주장할 수 없다는 의미는 서로간의 순위에서 불이익을 입은 것에 그치고 물권변동 자체는 유효하지만, ② 소유권과 소유권과 같이 양자가 양립할 수 없는 관계인 때에는 무효등기의 유용은 무효이고 유용의 합의에 의한 물권변동도 무효로 보는 듯하다.

(iv) 무효등기의 유용에 의한 물권의 변동은 그 유용의 합의를 한 때에 생긴다. 무효인 등기가 있은 때로 소급하는 것이 아니다(대판 1992.5.12, 91다26546). 유용할 수 있는 등기는 소유권이전등기(대판 1970.12.24, 70다1630), 근저당권설정등기(대판 2002.12.6, 2001다2846), 가등기(대판 1989.10.27, 87다카425)이든 상관없다. 다른 채권자에 대한 근저당권설정등기의 유용(대판 1998.3.24, 97다56242), 다른 자에 대한 소유권이전청구권 보전의 가등기의 유용(대판 2009.5.28, 2009다4787)도 허용된다.

(v) 무효등기의 유용은 '권리등기'의 유용만 가능할 뿐 '사실등기'인 표제부등기의 유용은 허용되지 않는다. 따라서 멸실된 건물의 보존등기를 멸실 후에 신축한 건물의 보존등기로 유용할 수 없다(대판 1992.3.31, 91다39184; 대판 1980.11.11, 80다441). 멸실된 건물과 신축된 건물이 위치나 기타 여러 가지 면에서 서로 같더라도 두 건물이 동일한 건물이라고 할 수 없기 때문이다.

판 례

(ㄱ) 부동산의 소유자 겸 채무자가 채권자인 저당권자에게 당해 저당권설정등기에 의하여 담보되는 채무를 모두 변제함으로써 저당권이 소멸된 경우 그 저당권설정등기 또한 효력을 상실하여 말소되어야 할 것이나, 그 부동산의 소유자가 새로운 제3의 채권자로부터 금원을 차용함에 있어 그 제3자와 사이에 새로운 차용금 채무를 담보하기 위하여 잔존하는 종전 채권자 명의의 저당권설정등기를 이용하여 이에 터잡아 새로운 제3의 채권자에게 저당권 이전의 부기등기를 경료하기로 하는 내용의 저당권등기 유용의 합의를 하고 실제로 그 부기등기를 경료하였다면, 그 저당권이전등기를 경료받은 새로운 제3의 채권자로서는 언제든지 부동산의 소유자에 대하여 그 등기 유용의 합의를 주장하여 저당권설정등기의 말소청구에 대항할 수 있다고 할 것이고, 다만 그 저당권 이전의 부기등기 이전에 등기부상 이해관계를 가지게 된 자에 대하여는 위 등기 유용의 합의 사실을 들어 위 저당권설정등기 및 그 저당권 이전의 부기등기의 유효를 주장할 수는 없다(대판 1998.3.24, 97다56242).

(ㄴ) 가등기의 등기원인이 실효된 이후에 전소유자와의 무효등기의 유용에 관한 합의에 따라 가등기 명의인이던 甲명의로 마쳐진 소유권이전의 본등기는 그 등기유용의 합의가 이루어지기 전에 이미 소유권이전등기를 한 등기상의 이해관계인인 乙에 대한 관계에서는 실질관계를 결한 무효의 등기로 평가되므로, 甲명의의 소유권이전등기나 이 등기를 기초로 하여 마쳐진 丙명의의 소유권이전등기가 원인무효의 등기로 말소될 때에는, 직권말소된 乙명의의 소유권이전등기에 관하여 등기관이 직권으로 그 말소등기의 회복등기를 하여야 하는 것으로서 그 말소회복등기가 되기 전이라도 乙은 등기명의인으로서의 권리를 그대로 보유하고 있기 때문에 소유자로 추정된다(대판 1989.10.27, 87다카425).

(ㄴ) 채무자인 부동산 소유자와 새로운 제3의 채권자와 사이에 저당권등기의 유용의 합의를 하였으나 아직 종

전의 채권자 겸 근저당권자의 협력을 받지 못하여 저당권 이전의 부기등기를 경료하지 못한 경우에는 부동산 소유자와 종전의 채권자 사이에서는 저당권설정등기는 여전히 등기원인이 소멸한 무효의 등기라고 할 것이므로 부동산 소유자는 종전의 채권자에 대하여 그 저당권설정등기의 말소를 구할 수 있다고 할 것이지만, 부동산 소유자와 종전의 채권자 그리고 새로운 제3의 채권자 등 3자가 합의하여 저당권설정등기를 유용하기로 합의한 경우라면 종전의 채권자는 부동산 소유자의 저당권설정등기말소청구에 대하여 그 3자 사이의 등기 유용의 합의 사실을 들어 대항할 수 있고, 또한 부동산 소유자로부터 그 부동산을 양도받기로 하였으나 아직 소유권이전등기를 경료받지 아니하여 그 소유자를 대위하여 저당권설정등기의 말소를 구할 수밖에 없는 자에 대하여도 마찬가지로 대항할 수 있다(대판 1998.3.24, 97다56242).

(ㄹ) 채권자 아닌 제3자 명의의 근저당권설정등기가 마쳐진 부동산에 소유권이전청구권 가등기가 마쳐졌고 그 후 다시 채권자 명의의 근저당권이전의 부기등기가 마쳐진 경우, 채권자는 부기등기가 마쳐진 시점에 비로소 근저당권을 취득하는데, 부기등기의 순위가 주등기의 순위에 의하도록 되어 있는 부동산등기법 제5조에 따라 등기부상으로는 채권자가 제3자 명의의 근저당권설정등기가 마쳐진 시점에 근저당권을 취득한 것이 되어 가등기보다 그 순위가 앞서게 되므로, 결국 근저당권설정등기는 실체관계에 부합하는 유효한 등기라고 볼 수 없다(대판 2007.1.11, 2006다50055).

(나) 시간적 불합치에 관한 문제

1) 등기가 먼저 있고 이어서 물권적 합의가 있는 경우

보통 물권행위가 있는 다음에 등기를 하지만, 반대로 등기를 먼저 한 후에 등기에 부합하는 물권행위가 이루어지면 그때부터 그 등기는 유효한 것이 된다. 즉 물권적 합의가 효력을 발생하는 때에 물권변동이 일어난다.

2) 물권행위 후 등기 전에 사정변경이 있는 경우

가) 권리귀속의 변동

물권행위와 등기 사이에 권리귀속에 변동이 생긴 경우(예: 甲이 乙에게 지상권설정을 합의한 후 그 등기 전에 丙에게 그 토지를 양도한 경우), 새 권리자와 물권행위를 다시 하여야 한다.

나) 당사자의 능력상실

물권행위 후 등기 전에 당사자가 제한능력자가 되어도 물권행위의 효력에는 영향이 없다(제111조 2항). 다만 등기신청은 공법행위이지만 그것은 사법상의 물권변동 효과를 발생시키므로, 제5조 이하의 규정이 유추적용되어야 한다.

다) 당사자의 사망

물권행위 후 등기 전에 당사자가 사망하여도 물권행위의 효력에는 영향이 없다(제111조 2항). 이 경우에 피상속인의 등기이전의무가 상속인에게 승계되므로, 부동산등기법 제27조에 의하여 상속인은 그의 상속을 증명하는 서면을 신청서에 첨부하여 피상속인으로부터 바로 취득자에게 이전등기를 신청할 수 있다(상속인에 의한 등기). 따라서 상속인이 자신의 명의로 '상속에 의한 등기'를 한 후 다시 취득자와 사이에 물권행위와 등기를 하는 번거로움을 피할 수 있다.

라) 처분권의 제한

처분자는 등기시에도 처분권한을 가지고 있어야 한다. 따라서 처분자의 파산 또는 목적 부동산의 압류 등으로 등기 전에 처분권이 제한되면 등기를 신청할 수 없다.

4. 등기를 마치지 않은 부동산매수인의 법적 지위

부동산매수인이 대금을 완전히 지급하고 목적물을 인도받고 등기서류를 교부받는 등 등기를 신청할 수 있는 요건을 갖추었으나 등기하지 않은 경우에 그 매수인의 지위가 문제된다.

(1) 민법이 성립요건주의를 취하고 있는 만큼 매수인은 법률상 소유권을 취득하지 못한다. 그는 실질적·경제적으로는 소유자라고 할 수 있으나 법률적인 소유권은 여전히 매도인에게 있다. 따라서 매도인의 채권자는 그 부동산에 대하여 강제집행을 할 수 있고, 그때 매수인은 이의(민사집행법 제48조)를 제기하지 못한다. 그리고 매도인이 파산하면 그 부동산은 파산재단에 속하게 되고(채무자회생법 제382조), 매수인은 환취권을 행사할 수도 없다(동법 제407조).

(2) 미등기건물의 매수인은 등기하지 않는 한 불법점유자 등 제3자에 대해 직접 소유권에 기한 물권적 청구권을 행사할 수 없다(대판 2007.6.15, 2007다11347). 판례는 미등기 무허가건물의 양수인이 그 소유권이전등기를 마치지 않는 한 소유권에 준하는 관습상의 물권을 취득하는 것도 아니라고 보면서(대판 2006.10.27, 2006다49000; 대판 1999.3.23, 98다59118), 다만 건물을 매수하여 점유하고 있는 사람은 소유자로서의 등기명의가 없더라도 그 권리의 범위 내에서는 그 점유 중인 건물에 대하여 법률상 또는 사실상의 처분권을 가지고 있다고 한다(대판 2013.11.28, 2013다48364,48371).

(3) 매도인이 소유자임을 이유로 매수인에게 부동산에 대해 소유권에 기한 반환청구권을 행사하는 경우, 매도인에 대한 관계에서 점유할 권리가 있으므로, 이를 거절할 수 있다(제213조). 따라서 그 점유·사용이 부당이득이 되지 않는다(대판 2016.7.7, 2014다2662). 이러한 법리는 대물변제 약정에 의하여 매매와 같이 부동산의 소유권을 이전받게 되는 자가 이미 당해 부동산을 점유·사용하고 있거나, 그로부터 다시 이를 임차하여 점유·사용하고 있는 경우에도 마찬가지로 적용된다(대판 2001.12.11, 2001다45355).

(4) 판례는 매수인이 목적 부동산을 인도받아 계속 점유하는 경우에는 그 소유권이전등기청구권의 소멸시효가 진행하지 않는다고 한다(대판 2010.1.28, 2009다73011).

판 례

건물철거는 그 소유권의 종국적 처분에 해당되는 사실행위이므로 원칙으로는 그 소유자(민법상 원칙적으로는 등기명의자)에게만 그 철거처분권이 있다 할 것이고, 예외적으로 건물을 전소유자로부터 매수하여 점유하고 있는 등 그 권리의 범위 내에서 그 점유 중인 건물에 대하여 법률상 또는 사실상 처분을 할 수 있는 지위에 있는 자에게도 그 철거처분권이 있다(대판 2003.1.24, 2002다61521). 따라서 미등기건물에 대한 양도담보계약상의 채권자의 지위를 승계하여 건물을 관리하고 있는 자는 건물의 소유자가 아님은 물론 건물에 대하여 법률상 또는 사실상 처분권을 가지고 있는 자라고 할 수도 없다 할 것이어서 건물에 대한 철거처분권을 가지고 있는 자라고 할 수 없다(대판 2003.1.24, 2002다61521). 즉 건물의 존속 여부에 대하여 현실적으로 가장 첨예한 이해관계를 가지는 자는 현재의 점유자인 양수인인데, 그가 아닌 이미 그것을 양도하고 대부분은 대가를 취득하여 절박한 이해관계를 가지지 않는 매도인 또는 등기명의자를 상대로 철거를 구해야 한다면 소송상의 공방이 형식에 흐를 위험이 있기 때문이다.

Ⅱ. 법률행위에 의하지 않은 부동산물권변동

1. 서 설

법률행위에 의하지 않은 부동산물권변동의 경우에는 등기 없이 그 효력이 발생한다(제187조 본문). 이와 같이 등기를 필요로 하지 않는 이유는 성질상 또는 정책적 이유에 의하여 등기라는 공시방법을 갖추지 않더라도 물권변동이 명료하기 때문이다. 다만 그 부동산을 처분하기 위해서는 등기를 하여야 한다(제187조 단서).

2. 제187조의 적용범위

(1) 포괄승계

개개의 권리이전이 아니라 법규 또는 법률행위에 의하여 다수의 권리 및 의무의 총체가 포괄적으로 이전하는 경우(예: 상속, 포괄유증, 회사의 합병)이다. 상속의 경우에 물권변동시기는 피상속인의 사망시이다.

(2) 공용징수 · 판결 · 경매

(가) 공용징수는 공익사업을 위하여 소유권이나 그 밖의 재산권을 법률의 힘에 의하여 강제적으로 취득하는 것이므로, 그 법적 성질은 원시취득이지만(대판 1995.12.22, 94다40765; 대판 2004.4.16, 2003다64206) 이전등기의 형식에 의한다. 공익사업에 필요한 토지는 협의 또는 수용에 의하여 취득할 수 있는데(공익사업을 위한 토지 등의 취득 및 보상에 관한 법률 제1조), ① '협의에 의한 취득'은 사업시행자가 국토교통부장관의 '사업인정 전'에 토지소유자 및 관계인과 협의하여 취득하는 것으로(동법 제14조, 제17조), 물권변동은 소유권이전등기가 마쳐지면 그 접수한 때에 발생한다(부동산등기법 제6조 2항). ② '수용에 의한 취득'은 국토교통부장관의 '사업인정 후'에 토지수용위원회의 재결에 의한 취득으로, 사업시행자는 먼저 토지소유자 및 관계인과의 협의의 절차를 거쳐야 한다(동법 제26조 1항). 사업시행자와 토지소유자 및 관계인 사이에 협의가 성립된 때에는 사업시행자는 협의성립에 관하여 토지수용위원회에 확인을 신청할 수 있고(동법 제29조 1항), 이때 확인은 '재결'로 보며, 사업시행자·토지소유자 및 관계인은 그 확인된 협의의 성립이나 내용을 다툴 수 없다(동법 제29조 4항). 만일 협의가 성립되지 않거나 협의를 할 수 없을 때에는 사업시행자는 토지수용위원회에 재결을 신청할 수 있다(동법 제28조 1항). 사업시

행자는 수용개시일까지 토지수용위원회가 재결한 보상금을 지급하거나 공탁하여야 하며(동법 제40조), 지급하지 않거나 공탁하지 않으면 재결의 효력은 상실한다(동법 제42조 1항). 사업시행자는 '수용개시일'에 토지의 소유권을 취득하고, 그 토지에 관한 다른 권리는 이와 동시에 소멸한다(동법 제45조 1항). 수용으로 인한 소유권이전등기는 등기권리자가 단독으로 신청할 수 있고, 다만 국가 또는 지방자치단체가 등기권리자인 경우에는 국가 또는 지방자치단체는 지체 없이 소유권이전등기를 등기소에 촉탁하여야 한다(부동산등기법 제99조 1항, 3항). 등기관이 수용으로 인한 소유권이전등기를 하는 경우, 그 부동산의 등기기록 중 소유권, 소유권 외의 권리, 그 밖의 처분제한에 관한 등기가 있으면 그 등기를 직권으로 말소하여야 한다. 다만 그 부동산을 위하여 존재하는 지역권의 등기 또는 토지수용위원회의 재결로써 존속이 인정된 권리의 등기는 그렇지 않는다(부동산등기법 제99조 4항).

주의할 것은 사업시행자와 토지소유자 사이에 협의가 성립하였으나 사업시행자가 협의 성립에 관하여 토지수용위원회의 '확인을 받지 아니한 경우', 사업시행자가 토지소유권을 취득하기 위해서는 소유권이전등기를 마쳐야 하며(대판 1997.7.8, 96다53826), 그 취득행위는 사경제 주체로서 행하는 사법상의 취득으로서 승계취득이고, 재결에 의한 취득과 같이 원시취득한 것으로 볼 수는 없다는 점이다(대판 1996.2.13, 95다3510).

(나) 제187조의 판결은 실체법상의 '형성판결'만을 의미한다(대판 1982.10.12, 82다129). 제187조의 판결은 판결 자체에 의하여 부동산 물권 취득의 효력이 발생하는 경우를 말한다(대판 1998.7.28, 96다50025). 따라서 ① 당사자 사이의 법률행위를 원인으로 하여 부동산 소유권이전등기절차의 이행을 명하는 판결(이행판결), ② 부동산소유권을 확인하는 판결(대결 1969.10.8, 69그15), ③ 소유권이전의 약정을 내용으로 하는 화해조서(대판 1965.8.17, 64다1721), ④ 이행청구에 대하여 인낙한 것(대판 1998.7.28, 96다50025), ⑤ 공유물 부동산을 현물분할하는 내용의 조정조서(대판 2013.11.21, 2011두1917) 등은 제187조의 판결에 포함되지 않으므로, 그 부동산의 취득에는 등기가 필요하다. 형성판결에 속하는 것으로는, 공유물 또는 합유물의 분할청구에 기한 현물분할판결(제269조 1항, 제274조), 사해행위 취소판결(제406조), 상속재산 현물분할판결(제1013조) 등이 있다. 이 판결에 의해 물권변동이 일어나는 시기는 '판결이 확정'된 때이다.

한편 경매는 민사집행법상의 경매·국세징수법상의 공매를 의미하며, 경매 등으로 물권변동이 일어나는 시기는 '매각대금을 완납'한 때(민사집행법 제135조, 국세징수법 제91조 1항)이다.

(3) 그 밖의 법률규정에 의하여 부동산물권을 취득하는 경우

신축건물의 소유권취득, 법정지상권의 취득(제305조, 제366조, 입목에 관한 법률 제6조, 가담법 제10조), 관습상의 법정지상권의 취득, 법정저당권의 취득(제649조), 존속기간이 있는 제한물권에서 존속기간의 만료로 인한 소멸, 피담보채권의 소멸에 의한 부동산담보물권의 소멸(제369조), 법정대위에 의한 저당권이전(제368조, 제482조), 혼동에 의한 물권의 소멸(제191조) 등이 있다.

판 례

(ㄱ) 건축허가서는 허가된 건물에 관한 실체적 권리의 득실변경의 공시방법이 아니며 추정력도 없으므로 건축허가서에 건축주로 기재된 자가 건물의 소유권을 취득하는 것은 아니므로, 자기 비용과 노력으로 건물을 신축한 자는 그 건축허가가 타인의 명의로 된 여부에 관계없이 그 소유권을 원시취득한다(대판 2002.4.26, 2000다16350).

(ㄴ) 일반적으로 자기의 노력과 재료를 들여 건물을 건축한 사람은 그 건물의 소유권을 원시취득하는 것이고, 다만 도급계약에 있어서는 수급인이 자기의 노력과 재료를 들여 건물을 완성하더라도 도급인과 수급인 사이에 도급인 명의로 건축허가를 받아 소유권보존등기를 하기로 하는 등 완성된 건물의 소유권을 도급인에게 귀속시키기로 합의한 것으로 보여질 경우에는 그 건물의 소유권은 도급인에게 원시적으로 귀속된다(대판 2005.11.25, 2004다36352; 대판 1997.5.30, 97다8601).

3. 제187조 단서의 의미 및 위반행위의 효력

(1) 법률행위에 의하지 않은 물권변동의 경우에는 등기 없이 그 효력이 발생하지만(제187조 본문), 그 부동산을 처분하기 위해서는 등기를 하여야 한다(제187조 단서). 제187조 단서에 위반하여 등기를 하지 않고 처분한 경우에 대하여, 판례는 부동산물권을 등기 없이 취득한 자가 자기 명의의 등기 없이 이를 처분한 경우에 그 처분의 상대방은 부동산물권을 취득하지 못한다는 것일 뿐, 그 처분행위의 채권적 효력까지 부인할 수 없다고 한다(대판 1994.10.21, 93다12176).

(2) 학설과 판례는 제187조 단서에 대한 예외를 인정하고 있다. 즉 ① 상속인이 상속에 의한 취득을 등기하지 않고 상속부동산을 피상속인으로부터 양수인에게 이전등기를 한 경우(대판 1972.2.22, 71다2687), ② 건물의 신축으로 소유권을 취득한 자가 자기 명의의 보존등기를 하지 않고 양도하여 양수인이 보존등기를 한 경우(대판 1984.1.24, 83다카1152), ③ 법률행위가 무효이거나 취소되어 물권행위가 무효로 되었으나 그 후에 권리관계의 내용이 처음의 것과 동일한 실체관계를 구비하여 무효등기를 유용하는 경우(대판 1989.10.27, 87다카425), 양수인이나 저당권자 등은 물권을 취득한다고 한다.

Ⅲ. 부동산물권의 공시방법 — 등기·명인방법

1. 부동산등기

(1) 등기의 의의

등기(登記)란 등기관이 법정절차에 따라 부동산에 관한 권리관계를 공적기록인 등기부에 기록하는 것 또는 그 기록 자체를 말한다.

(2) 등기사무 담당기관

등기사무를 담당하는 국가기관을 등기소라 하는데, 등기할 권리의 목적인 부동산의 소재지를 관할하는 지방법원, 그 지원 또는 등기소가 관할권을 가진다(부동산등기법 제7조 1항). 관할등기소에 근무하는 법원서기관·등기사무관·등기주사·등기주사보 중에서 지방법원장이 지정하는 자(등기관)가 등기사무를 처리한다(동법 제11조).

(3) 등기부와 대장

(가) 등기부

등기부에는 토지등기부와 건물등기부 2가지 있다. 등기부는 1필의 토지 또는 1동의 건물에 대하여 1개의 등기기록을 사용함으로써 권리의 객체인 1개의 부동산을 단위로 편성된다(물적편성주의). 즉 1부동산 1등기기록의 원칙을 따르고 있으며(부동산등기법 제15조 1항 본문), 건물의 구분소유에 대해서는 1동의 건물 전부에 대하여 1개의 등기기록을 사용하되(제15조 1항 단서), 1동의 건물을 구분한 각 건물마다 표제부 및 각구를 둔다(동법 규칙 제14조 1항).

등기기록에는 부동산의 표시에 관한 사항을 기록하는 '표제부'와 소유권에 관한 사항을 기록하는 '갑구'(甲區) 및 소유권 외의 권리에 관한 사항을 기록하는 '을구'(乙區)가 있다(제15조 2항). 등기기록을 개설할 때에는 1필의 토지 또는 1개의 건물마다 '부동산고유번호'를 부여하고 이를 등기기록에 기록하여야 하며, 구분건물에 대하여는 전유부분마다 부동산고유번호를 부여한다(동법 규칙 제12조).

(나) 대 장

부동산에 관한 사실상의 상황을 기재하는 공적 장부를 대장이라고 하는데, 여기에는 공간정보법에 기한 지적공부인 토지대장·임야대장과 건축법에 기한 건축물관리대장(가옥대장)이 있다. 등기부는 부동산물권의 변동을 관장하는데 반해, 대장은 과세를 관장하고 이것은 등기소가 아닌 시·군·구에 비치된다.

(다) 등기부와 대장의 관계

대장과 등기부는 그 사무를 담당하는 기관은 다르지만, 부동산의 표시나 명의인은 양자에 공통된 기재사항인 점에서 그 내용이 일치할 필요가 있다. 그래서 부동산의 표시에 관한 사항은 대장의 기재를 기초로 하여 등기하고(부동산등기법 제29조 11호), 권리의 변동에 관하여는 등기부의 기록을 기초로 하여 대장을 정리한다(공간정보법 제84조). 다만 소유권보존등기의 경우, 소유권의 확인에 관하여는 예외적으로 대장의 기재를 기초로 한다(부동산등기법 제65조 1호). 보존등기에 앞선 등기가 없기 때문이다.

판 례

소유권보존등기는 토지대장등본 또는 임야대장등본에 의하여 자기 또는 피상속인이 토지대장 또는 임야대장에 소유자로서 등록되어 있는 것을 증명하는 자, 판결에 의하여 자기의 소유권을 증명하는 자, 수용으로 소유권을 취득한 자가 신청할 수 있는데, 대장(토지대장, 임야대장)등본에 의하여 자기 또는 피상속인이 대장에 소유자로서 등록되어 있는 것을 증명하는 자는 대장에 최초의 소유자로 등록되어 있는 자 및 그 자를 포괄승계한 자이며, 대장상 소유권이전등록을 받았다 하더라도 물권변동에 관한 형식주의를 취하고 있는 현행 민법상 소유권을 취득했다고 할 수 없고, 따라서 대장상 소유권이전등록을 받은 자는 자기 앞으로 바로 보존등기를 신청할 수는 없으며, 대장상 최초의 소유명의인 앞으로 보존등기를 한 다음 이전등기를 하여야 한다(대판 2009.10.15, 2009다48633).

(4) 등기의 종류

(가) 사실의 등기와 권리의 등기

사실의 등기는 부동산의 상황을 명시하는 등기(표제부)를 말하며, 권리의 등기는 부동산의 권리관계에 관한 등기(갑구·을구)를 의미한다. 등기의 실체법상 효력은 권리의 등기에서만 인정된다.

(나) 보존등기와 권리변동의 등기

보존등기는 미등기의 부동산에 관하여 소유자의 신청에 따라 처음으로 행해지는 소유권의 등기이고(예: 건물의 신축, 토지의 매립 등), 권리변동의 등기는 소유권의 보존등기를 기초로 하여 제186조에 따라 행하여지는 권리변동에 관한 등기를 말한다.

판 례

부동산등기법 제65조 제1호에서 정한 미등기의 토지 또는 건물에 관한 소유권보존등기를 신청할 수 있는 '그 밖의 포괄승계인'에는 '포괄적 유증을 받은 자'도 포함된다고 보아야 한다(대결 2013.1.25, 2012마1206).

(다) 등기의 내용에 의한 분류

1) 기입등기

기입등기(記入登記)는 새로운 등기원인에 의하여 등기부에 새로운 사항을 기입하는 등기를 말한다. 가령 소유권보존등기, 소유권이전등기, 저당권설정등기 등이 이에 해당한다.

2) 경정등기

등기절차에 착오나 빠진 부분이 있어 등기의 기록과 실체 사이에 처음부터 불일치가 있는 경우(예: 등기를 하는 과정에서 소유자의 주소를 잘못 기재한 경우), 이를 바로잡는 등기가 경정등기이다(부동산등기법 제32조 1항). 만약 등기의 착오 또는 빠진 부분이 등기관의 잘못으로 인하여 생긴 때에는 직권으로 경정한다(동법 제32조 2항). 경정등기가 허용되기 위해서는 경정 전후의 등기에 동일성 내지 유사성이 있어야 하는데, 경정 전의 명의인과 경정 후의 명의인이 달라지는 권리자 경정등기는 등기명의인의 동일성이 인정되지 않으므로 허용되지 않는다. 따라서 단독소유를 공유로 또는 공유를 단독소유로 하는 경정등기 역시 소유자가 변경되는 결과로 되어 등기명의인의 동일성을 잃게 되므로 허용될 수 없다(대판 2017.8.18, 2016다6309).

판 례

(ㄱ) 경정등기는 기존등기의 일부에 당초부터 착오 또는 빠진 부분(유류)이 있어 그 등기가 원시적으로 실체관계와 일치하지 않는 경우에 이를 보정하기 위한 방법으로 허용되는 등기절차이므로 ① 적법한 등기가 이루어진 후에 토지의 합필과 분필로 인하여 그 토지에 관한 기존 등기부상의 지번표시가 토지대장 및 지적도상의 지번표시와 다르게 된 경우는 기존등기를 경정할 경우에 해당되지 아니한다(대결 1983.7.27, 83마226). ② 부동산의 표시에 관한 경정등기에 의하여 부동산에 관한 권리에 어떤 변동을 가져 오는 것도 아니다(대판 1992.2.28, 91다34967).

(ㄴ) 일반적으로 권리의 등기에서 등기원인의 경정은 허용되고, 등기는 법률에 다른 규정이 없는 경우에는 등기권리자와 등기의무자가 공동으로 신청하여야 한다(부동산등기법 제23조 제1항). 부동산표시의 변경이나 경정의 등기는 부동산등기법 제23조 제5항에 의하여 소유권의 등기명의인이 단독으로 신청할 수 있고, 등기명의인표시의 변경이나 경정등기는 법 제23조 제6항에 의하여 해당 권리의 등기명의인이 단독으로 신청할 수 있으나, 등기원인을 경정하는 등기는 위 각 표시의 변경이나 경정에 해당하지 않으므로 단독 신청에 의한 등기의 경우에는 단독신청으로, 공동신청에 의한 등기의 경우에는 공동으로 신청하여야 한다(대판 2013.6.27, 2012다118549).

(ㄷ) 기존 등기에 관하여 등기명의인의 성명이나 주소 등 표시에 착오 또는 유류가 있는 경우에는 원칙적으로 등기명의인 표시의 경정등기를 하여 등기부의 표시를 경정한 다음 새로운 등기를 하여야 하는 것이므로, 기존 등기명의인의 표시에 착오가 있음에도 불구하고 등기명의인 표시의 경정등기를 하지 아니하고 곧바로 상속을 원인으로 한 이전등기를 신청하는 경우에는 등기부상의 피상속인의 표시와 첨부된 상속을 증명하는 서면상의 피상속인의 표시가 상이하므로 부동산등기법 제29조 제6호의 각하 사유에 해당한다(대결 2008.8.28, 2008마943).

(ㄹ) 실체관계상 공유인 부동산에 관하여 단독소유로 소유권보존등기가 마쳐졌거나 단독소유인 부동산에 관하여 공유로 소유권보존등기가 마쳐진 경우에 소유권보존등기 중 진정한 권리자의 소유부분에 해당하는 일부 지분에 관한 등기명의인의 소유권보존등기는 무효이므로 이를 말소하고 그 부분에 관한 진정한 권리자의 소유권보존등기를 하여야 한다. 이 경우 진정한 권리자는 소유권보존등기의 일부말소를 소로써 구하고 법원은 그 지분에 한하여만 말소를 명할 수 있으나, 등기기술상 소유권보존등기의 일부말소는 허용되지 않으므로, 그 판결의 집행은 단독소유를 공유로 또는 공유를 단독소유로 하는 경정등기의 방식으로 이루어진다. 이와 같이 일부말소 의미의 경정등기는 등기절차 내에서만 허용될 뿐 소송절차에서는 일부말소를 구하는 외에 경정등기를 소로써 구하는 것은 허용될 수 없다(대판 2017.8.18, 2016다6309).

(ㅁ) 등기명의인 표시변경(경정)의 등기는 등기명의인의 동일성이 유지되는 범위 내에서 등기부상의 표시를 실제와 합치시키기 위하여 행하여지는 것에 불과할 뿐 어떠한 권리변동을 가져오는 것이 아니므로 등기가 잘못된 경우에도 등기명의인은 다시 소정의 서면을 갖추어 경정등기를 하면 되는 것이고 따라서 거기에는 등기의무자의 관념이 있을 수 없다. 한편 등기의무자, 즉 등기부상의 형식상 그 등기에 의하여 권리를 상실하거나 기타 불이익을 받을 자(등기명의인이거나 그 포괄승계인)가 아닌 자를 상대로 한 등기의 말소절차이행을 구하는 소는 당사자적격이 없는 자를 상대로 한 부적법한 소이다(대판 2019.5.30, 2015다47105).

3) 변경등기

변경등기는 등기와 실체관계 사이의 '후발적 불일치'(예: 소유자의 주소·성명 등)를 바로잡기 위한 등기이다. 따라서 등기명의인 표시변경등기는 등기명의인의 동일성이 유지되는 범위 내에서 등기부상의 표시를 실제와 합치시키기 위하여 행하여지는 것에 불과할 뿐 어떠한 권리변동을 가져오는 것은 아니다(대판 2000.5.12, 99다69983). 등기명의인표시의 변경등기나 경정등기, 권리의 변경등기나 경정등기는 부기등기로 한다. 다만 '권리의 변경등기나 경정등기'는 등기상 이해관계 있는 제3자의 승낙이 없는 때에는 주등기로 해야 한다(부동산등기법 제52조 1호, 5호).

판 례

(ㄱ) 등기명의인 표시변경등기가 등기명의인의 동일성을 해치는 방법으로 행하여져 등기가 타인을 표상하는 결과에 이르렀다면 그 경우 원래의 등기명의인은 새로운 등기명의인을 상대로 그 변경등기의 말소를 구할 수 있을 것이나, 그 표시변경이 등기명의인의 동일성이 유지되는 범위 내에서 행하여진 것에 불과한 경우에는 그것이 잘못되었더라도 다시 소정의 서면을 갖추어 경정등기를 하면 되므로 소로써 그 표시변경등기의 말소를 구하는 것은 소의 이익이 없어 허용되지 아니한다(대판 2000.5.12, 99다69983).

(ㄴ) 등기명의인의 표시변경 또는 경정의 부기등기가 등기명의인의 동일성을 해치는 방법으로 행하여져서 부동산등기사항증명서상의 표시가 실지 소유관계를 표상하고 있는 것이 아니라면 진실한 소유자는 그 소유권의 내용인 침해배제청구권의 정당한 행사로써 그 표시상의 소유명의자를 상대로 그 소유권에 장애가 되는 부기등기인 표시변경 또는 경정등기의 말소등기절차의 이행을 청구할 수 있으므로, 이와 같이 부동산의 등기명의인의 표시변경 또는 경정등기의 말소등기절차의 이행을 청구하려는 자는 자신이 부동산의 원래의 등기명의인에 해당하는 자로서 진실한 소유자라는 사실을 증명하여야 한다(대판 2021.5.7, 2020다299214).

4) 말소등기

말소등기(抹消登記)는 등기된 권리나 객체가 원시적으로 존재하지 않거나 후발적으로 존재하지 않게 된 경우, 이미 행하여진 등기를 말소하고 그 취지를 기재하는 등기이다(부동산등기법 제55조~제58조, 제87조 등).

판 례

(ㄱ) 순차로 경료된 등기들의 말소를 청구하는 소송은 권리관계의 합일적인 확정을 필요로 하는 필수적 공동소송이 아니라 통상공동소송이며, 이와 같은 통상공동소송에서는 공동당사자들 상호간의 공격방어방법의 차이에 따라 모순되는 결론이 발생할 수 있고, 이는 변론주의를 원칙으로 하는 소송제도 아래서는 부득이한 일로서 판결의 이유모순이나 이유불비가 된다고 할 수 없다. 이 경우 후순위 등기에 대한 말소청구가 패소 확정됨으로써 그 전순위 등기의 말소등기 실행이 결과적으로 불가능하게 되더라도, 그 전순위 등기의 말소를 구할 소의 이익이 없다고는 할 수 없다(대판 2008.6.12, 2007다36445). 즉 순차 경료된 소유권이전등기의 각 말소 청구소송은 통상공동소송이므로 그중의 어느 한 등기명의자만을 상대로 말소를 구할 수 있고, 최종 등기명의자에 대하여 등기말소를 구할 수 있는지에 관계없이 중간의 등기명의자에 대하여 등기말소를 구할 소의 이익이 있다(대판 1998.9.22, 98다23393). 따라서 소유권에 관하여 순차적으로 각 등기가 경료된 경우, 후순위 등기의 말소가 가능한지에 관계없이 전순위 등기의 말소절차 이행을 명할 수 있다(대판 1995.10.12, 94다47483).

(ㄴ) 부동산등기법 제57조에서 말하는 등기상 이해관계 있는 제3자란 말소등기를 함으로써 손해를 입을 우려가 있는 등기상의 권리자로서 그 손해를 입을 우려가 있다는 것이 등기부 기재에 의하여 형식적으로 인정되는 자이고, 그 제3자가 승낙의무를 부담하는지 여부는 그 제3자가 말소등기권리자에 대한 관계에서 그 승낙을 하여야 할 실체법상의 의무가 있는지 여부에 의하여 결정된다(대판 2007.4.27, 2005다43753).

(ㄷ) 등기부상 진실한 소유자의 소유권에 방해가 되는 부실등기가 존재하는 경우에 그 등기명의인이 허무인 또는 실체가 없는 단체인 때에는 소유자는 그와 같은 허무인 또는 실체가 없는 단체 명의로 실제 등기행위를 한 자에 대하여 소유권에 기한 방해배제로서 등기행위자를 표상하는 허무인 또는 실체가 없는 단체 명의 등기의 말소를 구할 수 있다(대판 2019.5.30, 2015다47105).

5) 말소회복등기

말소회복등기는 어떤 등기의 전부 또는 일부가 부적법하게 말소된 경우에 그 말소된 등기를 회복하여 말소 당시에 소급하여 말소가 없었던 것과 같은 효과를 생기게 하는 등기이다. 말소된 등기의 회복을 신청하는 경우에 등기상 이해관계 있는 제3자가 있을 때에는 그 제3자의 승낙이 있어야 한다(부동산등기법 제59조). 여기서 등기상 이해관계가 있는 제3자란 말소회복등기가 된다고 하면 손해를 입을 우려가 있는 사람으로서 그 손해를 입을 우려가 있다는 것이 기존의 등기부 기재에 의하여 형식적으로 인정되는 자를 의미하고, '손해를 입을 우려'가 있는지의 여부는 제3자의 권리취득등기시(말소등기시)를 기준으로 할 것이 아니라 회복등기시를 기준으로 판별하여야 한다(대판 1990.6.26, 89다카5673). 참고로 현행 부동산등기법은 과거의 멸실회복등기를 폐지하였다(동법 제17조).

판 례

부동산 강제경매개시결정 기입등기는 채권자나 채무자가 직접 등기관에게 이를 신청하여 행할 수는 없고 반드시 법원의 촉탁에 의하여 행하여지는데, 이와 같이 당사자가 신청할 수 없는 강제경매개시결정 기입등기가 법원의 촉탁에 의하여 말소된 경우에는 그 회복등기도 법원의 촉탁에 의하여 행하여져야 하므로, 이 경우 강제경매 신청채권자가 말소된 강제경매개시결정 기입등기의 회복등기절차의 이행을 소구할 이익은 없고, 다만 강제경매개시결정 기입등기가 말소될 당시 그 부동산에 관하여 소유권이전등기를 경료하고 있는 사람은 법원이 강제경매개시결정 기입등기의 회복을 촉탁함에 있어서 등기상 이해관계가 있는 제3자에 해당하므로, 강제경매 신청채권자로서는 그 사람을 상대로 하여 법원의 촉탁에 의한 강제경매개시결정 기입등기의 회복절차에 대한 승낙청구의 소를 제기할 수는 있다(대판 2019.5.16, 2015다253573). 가령 甲명의로 소유권보존등기가 되어 있던 부동산 지분에 관하여 위조된 甲과 乙 명의의 매매예약계약서로 매매예약을 원인으로 하는 乙명의의 지분전부이전청구권가등기가 마쳐진 상태에서 丙이 甲의 채권자로서 강제경매개시신청을 하여 위 지분에 관한 강제경매개시결정 기입등기가 마쳐졌는데, 그 후 乙이 甲으로부터 위 지분을 매수하면서 무효인 위 가등기를 유용하기로 합의하여 위 지분에 관하여 가등기에 기한 본등기로서 매매를 원인으로 한 乙명의의 지분전부이전등기가 마쳐지고 강제경매개시결정 기입등기가 가등기에 의하여 보전되는 권리를 침해하는 등기로서 직권 말소되자, 丙이 乙을 상대로 강제경매개시결정 기입등기의 말소회복등기에 대한 승낙의 의사표시를 구한 경우, 丙이 무효인 가등기의 유용합의가 있기 전에 강제경매개시결정을 통해 위 지분을 압류하여 등기부상 이해관계를 가지게 되었으므로 乙은 丙에게 가등기의 유용합의로써 대항할 수 없고, 이에 따라 강제경매개시결정 기입등기는 가등기의 순위보전의 효력에 반하지 아니하여 직권으로 말소될 것이 아닌데도 원인 없이 말소되었으므로 강제경매개시결정 기입등기의 말소등기는 무효이며, 말소회복이 될 강제경매개시결정 기입등기와 본등기는 양립 가능하여 乙은 강제경매개시결정 기입등기의 말소회복등기에 관하여 등기상 이해관계 있는 제3자로서 승낙의 의사표시를 할 의무가 있다.

6) 멸실등기

멸실등기(滅失登記)는 등기된 부동산이 전부 멸실된 경우에 행하여지는 등기이다(부동산등기법 제39조, 제43조, 제44조). 멸실등기가 있으면 등기기록이 폐쇄된다(동법 규칙 제84조 1항, 제103조 1항).

(라) 등기의 형식에 의한 분류 — 주등기와 부기등기

1) 주등기(主登記)는 표시란의 표시번호에 또는 甲구나 乙구의 순위번호란에 독립된 번호

를 붙여서 하는 보통의 등기이다. 반면에 부기등기(附記登記)는 독립한 번호를 갖지 않고 주등기의 순위번호에 가지번호(예: 1-1, 1-1-1)를 붙여서 하는 등기이다(부동산등기법 제5조, 동 규칙 제2조). 부기등기는 어떤 등기로 하여금 기존등기(주등기)의 순위와 효력을 그대로 갖게 할 필요가 있는 경우(부동산등기법 제52조, 민법 제348조)에 한다.

2) 부기등기는 주등기에 종속되어 주등기와 일체를 이루고 있는 것으로서, 주등기와 별개의 새로운 등기가 아니다. 따라서 주등기에 소멸사유가 있으면 부기등기만의 말소를 구할 수 없다. 마찬가지로 저당권 이전의 부기등기가 된 경우, 피담보채무의 변제로 인하여 주등기에 소멸원인이 있으면 주등기만 말소하면 부기등기는 직권말소된다. 즉 이때는 부기등기만의 말소를 구할 수 없다(대판 2000.10.10, 2000다19526). 물론 저당권의 이전 원인만이 무효로 되거나 취소 또는 해제된 경우, 즉 저당권은 유효하게 존속하고 저당권이전의 부기등기에만 말소사유가 존재하는 경우, 부기등기만의 말소청구가 가능하다(대판 2005.6.10, 2002다15412,15429).

판 례

(ㄱ) 근저당권 이전의 부기등기는 기존의 주등기인 근저당권설정등기에 종속되어 주등기와 일체를 이루는 것으로서 기존의 근저당권설정등기에 의한 권리의 승계를 등기부상 명시하는 것일 뿐 그 등기에 의하여 새로운 권리가 생기는 것이 아니므로, 근저당권설정자 또는 그로부터 소유권을 이전받은 제3취득자는 피담보채무가 소멸된 경우 또는 근저당권설정등기가 당초부터 원인무효인 경우 등에 근저당권의 현재의 명의인인 '양수인'을 상대로 주등기인 근저당권설정등기의 말소를 구할 수 있으나, 근저당권자로부터 양수인 앞으로의 근저당권 이전이 무효라는 사유를 내세워 양수인을 상대로 근저당권설정등기의 말소를 구할 수는 없다(대판 2003.4.11, 2003다5016). 즉 근저당권 양도의 부기등기가 된 경우, 근저당권설정등기의 말소등기청구는 '양수인'만을 상대로 하면 족하고 양도인은 그 말소등기청구에서 피고 적격이 없으며, 근저당권의 이전이 전부명령 확정에 따라 이루어졌다고 하여 이와 달리 보아야 하는 것은 아니다(대판 2000.4.11, 2000다5640).

(ㄴ) 부동산등기법 제52조 단서 제5호는 "등기상 이해관계 있는 제3자의 승낙이 없는 경우에는 권리의 변경이나 경정의 등기를 부기등기로 할 수 없다"라고 규정하고 있는데, 이때 등기상 이해관계 있는 제3자란 기존 등기에 권리변경등기나 경정등기를 허용함으로써 손해를 입게 될 위험성이 있는 등기명의인을 의미하고, 손해를 입게 될 위험성은 등기의 형식에 의하여 판단하며 실질적으로 손해를 입을 염려가 있는지는 고려의 대상이 되지 아니한다. 따라서 등기명의인이 아닌 사람은 권리변경등기나 경정등기에 관하여 등기상 이해관계 있는 제3자에 해당하지 않음이 명백하고, 권리변경등기나 경정등기를 부기등기로 하기 위하여 등기명의인이 아닌 사람의 승낙을 받아야 할 필요는 없으므로, 등기명의인이 아닌 사람을 상대로 권리변경등기나 경정등기에 대한 승낙의 의사표시를 청구하는 소는 당사자적격이 없는 사람을 상대로 한 부적법한 소이다(대판 2015.12.10, 2014다87878).

(마) 효력에 의한 분류 — 종국등기와 예비등기

종국등기(終局登記)는 직접 물권변동을 일으키는 등기로서 본등기라고 부르기도 한다. 예비등기(豫備登記)는 단지 물권변동에 간접적으로 대비하기 위한 등기로서, 장차 행하여질 본등기의 순위를 미리 보전해 주는 효력을 가지는 가등기가 있다(부동산등기법 제88조).

참고로 구 부동산등기법에는 등기원인의 무효·취소로 인한 등기의 말소·회복의 소가 세기된 경우에 제3자에게 경고하기 위하여 수소법원의 촉탁으로 하는 예고등기가 있었다. 그러나 집행을 방해할 목적으로 소를 제기하여 예고등기가 행하여지는 사례가 있는 등으로 폐해가 커서, 개정 부동산등기법은 이를 폐지하였다.

(5) 등기한 권리의 순위

(가) 부동산물권 등의 순위에 관한 권리

같은 부동산에 관하여 등기한 권리의 순위는 법률에 다른 규정이 없으면 등기한 순서에 따른다(부동산등기법 제4조 1항). 등기의 순서는 ① 등기기록 중 같은 구(區)에서 한 등기 상호간에는 '순위번호'에 따르고, ② 등기기록 중 다른 구(區)에서 한 등기 상호간에는 '접수번호'에 따른다(동법 제4조 2항).

(나) 가등기에 기해 본등기가 된 권리의 순위

가등기를 한 경우에는 본등기의 순위는 가등기의 순위에 의한다(동법 제91조).

(다) 부기된 권리의 순위

부기등기의 순위는 주등기의 순위에 의한다(동법 제5조 1항 본문). 그러나 부기등기 상호간의 순위는 그 전후에 의한다(동법 제5조 1항 단서).

(6) 등기의 절차

(가) 등기사항

1) 실체법상의 등기사항과 절차법상의 등기사항

실체법상의 등기사항은 그것을 등기하지 않으면 실체법상의 일정한 효력이 생기지 않는 것으로, 제186조·제187조에 의하여 결정된다. 절차법상의 등기사항은 부동산등기법상 등기하는 것이 허용되는 사항으로, 등기능력이라고 한다. 그런데 실체법상의 등기사항은 모두 절차법상의 등기사항이지만, 절차법상의 등기사항은 실체법상의 그것을 포함하는 보다 넓은 범위에 걸친다. 예컨대 신축건물의 소유권취득은 실체법상의 등기사항이 아니지만, 절차법상의 등기사항이다.

2) 부동산등기법에 의한 등기사항 — 절차법상의 등기사항

등기되어야 할 물건은 부동산, 즉 토지와 건물이고, 등기되어야 할 권리는 소유권·지상권·지역권·전세권·저당권 등의 부동산물권과 권리질권·채권담보권·부동산임차권이다. 등기되어야 할 권리변동은 권리의 설정·보존·이전·변경·처분의 제한 또는 소멸이다(동법 제3조).

(나) 등기의 신청

법률에 다른 규정이 없는 한 부동산등기법상 등기는 당사자의 신청 또는 관공서의 촉탁에 의하여 행하여진다(동법 제22조 1항).

1) 공동신청

등기는 법률에 다른 규정이 없는 경우에는 등기권리자와 등기의무자가 공동으로 신청하여야(공동신청주의) 한다(동법 제23조 1항). 이는 등기에 의하여 불이익을 받게 될 자를 등기신청에 참여케 함으로써 등기의 진정을 보장하기 위한 것이다. 다만 공동신청에 의하지 않더라도 등기의 진정을 보장할 수 있는 경우(예: 판결에 기한 등기) 또는 성질상 등기의무자가 없는 경우(예: 보존등기, 상속에 의한 등기)에는 등기권리자 또는 등기명의인에 의한 단독신청이 인정된다(동법 제23조 2항~8항, 제93조, 제94조, 제99조 1항).

2) 대위신청

채권자는 제404조에 의하여 채무자를 대위하여 등기를 신청할 수 있다(동법 제28조).

3) 대리인에 의한 신청

등기신청은 대리인에 의하여서도 할 수 있다(동법 제24조). 이 경우에는 제124조가 적용되지 않는다(통설).

4) 관공서의 등기촉탁

등기는 당사자의 신청에 의해 이루어지는 것이 원칙이지만, 관공서의 촉탁에 의해서도 이루어진다. 관공서가 촉탁하는 경우에는 허위의 등기가 이루어질 가능성이 없고 행정의 편의와 신속성을 고려할 필요성이 있어 일반의 등기절차보다 간이하게 등기할 수 있도록 하고 있다. 관공서로서 등기촉탁을 할 수 있는 기관은 국가 또는 지방자치단체를 말하며, 공사 등은 등기촉탁에 관한 특별규정이 있는 경우에 한하여 등기촉탁을 할 수 있다. 공권력 행사의 주체로서의 등기촉탁에 관하여는 부동산등기법을 비롯하여 민사집행법 등 여러 법률에서 규정하고 있다. 가령 국가 또는 지방자치단체가 등기권리자인 경우의 수용등기(부동산등기법 제99조 3항), 강제경매 및 임의경매에 관한 등기(민사집행법 제94조, 제141조, 제268조), 가압류 및 가처분에 관한 등기(민사집행법 제293조, 제305조), 체납처분의 등기(국세징수법 제293조, 지방세기본법 제98조) 등을 들 수 있다.

(다) 등기신청 방법

등기는 다음 어느 하나의 방법으로 신청한다. 즉 ① 신청인 또는 그 대리인이 등기소에 출석하여 신청정보 및 첨부정보를 적은 서면을 제출하는 방법(방문신청), ② 대법원규칙으로 정하는 바에 따라 전산정보처리조직을 이용하여 신청정보 및 첨부정보를 보내는 방법(전자신청. 다만 법원행정처장이 지정하는 등기유형으로 한정)이 있다. 등기신청인이 제공하여야 할 신청정보와 첨부정보는 방문신청이나 전자신청이나 동일하며, 단지 정보를 제공하는 방식에 차이가 있을 뿐이다. 즉 방문신청의 경우, 신청정보는 등기신청서에 적어서 제출하고, 첨부정보는 그 정보를 담고 있는 서면을 등기신청서에 첨부하여야 한다(부동산등기규칙 제56조). 반면에 전자신청을 하는 경우, 신청정보는 전자문서로 등기소에 송신하여야 하고, 첨부정보는 전자문서로 등기소에 송신하거나 대법원규칙으로 정하는 바에 따라 등기소에 제공하여야 한다(동 규칙 제67조).

1) 신청정보

등기를 신청하는 경우에는 ① 부동산의 표시에 관한 사항, ② 신청인의 성명(또는 명칭), 주소(또는 사무소 소재지) 및 주민등록번호(또는 부동산등기용등록번호), ③ 신청인이 법인인 경우에는 그 대표자의 성명과 주소, ④ 대리인에 의하여 등기를 신청하는 경우에는 그 성명과 주소, ⑤ 등기원인과 그 연월일, ⑥ 등기의 목적, ⑦ 등기필정보(다만 공동신청 또는 승소한 등기의무자의 단독신청에 의하여 권리에 관한 등기를 신청하는 경우로 한정한다), ⑧ 등기소의 표시, ⑨ 신청 연월일 등을 신청정보의 내용으로 등기소에 제공하여야 한다(동 규칙 제43조 1항). 그리고 법인 아닌 사단이나 재단이 신청인인 경우에는 그 대표자나 관리인의 성명, 주소 및 주민등록번호를 신청정보의 내용으로 등기소에 제공하여야 한다(동 규칙 제43조 2항).

2) 첨부정보

등기를 신청하는 경우에는 ① 등기원인을 증명하는 정보, ② 등기원인에 대하여 제3자의 허가, 동의 또는 승낙이 필요한 경우에는 이를 증명하는 정보, ③ 등기상 이해관계 있는 제3자의 승낙이 필요한 경우에는 이를 증명하는 정보 또는 이에 대항할 수 있는 재판이 있음을 증명하는 정보, ④ 신청인이 법인인 경우에는 그 대표자의 자격을 증명하는 정보, ⑤ 대리인에 의하여 등기를 신청하는 경우에는 그 권한을 증명하는 정보, ⑥ 등기권리자(새로 등기명의인이 되는 경우로 한정한다)의 주소(또는 사무소 소재지) 및 주민등록번호(또는 부동산등기용등록번호)를 증명하는 정보[다만 소유권이전등기를 신청하는 경우에는 등기의무자의 주소(또는 사무소 소재지)를 증명하는 정보도 제공하여야 한다], ⑦ 소유권이전등기를 신청하는 경우에는 토지대장·임야대장·건축물대장 정보나 그 밖에 부동산의 표시를 증명하는 정보 등을 그 신청정보와 함께 첨부정보로서 등기소에 제공하여야 한다(동 규칙 제46조 1항). ⑧ 구분건물에 대하여 대지권의 등기를 신청할 때 일정한 경우에는 해당 규약이나 공정증서를 첨부정보로서 등기소에 제공하여야 하며(동 규칙 제46조 2항), ⑨ '방문신청'을 하는 경우에는 부동산등기규칙이 정하는 일정한 자의 인감증명을 제출하여야 한다(동 규칙 제60조).

판 례

소유권이전등기에 있어 등기원인이라고 함은 등기를 하는 것 자체에 관한 합의가 아니라 등기하는 것을 정당하게 하는 실체법상의 원인을 뜻하는 것으로서, 등기를 함으로써 일어나게 될 권리변동의 원인행위나 그의 무효, 취소, 해제 등을 가리킨다(대판 1999.2.26, 98다50999).

(라) 등기신청에 대한 심사

등기신청이 있는 경우에 등기관은 등기절차상의 적법성 여부만 심사한다(형식적 심사주의, 동법 제29조). 참고로 구 부동산등기법 제56조의2는 구분건물에 있어 표시사항에 관하여는 등기관에게 심사권을 인정하여 예외적으로 실질적 심사주의를 인정하였지만, 개정 부동산등기법은 이를 폐지하였다.

판 례

등기관은 등기신청에 대하여 부동산등기법상 그 등기신청에 필요한 서면이 제출되었는지 여부 및 제출된 서면이 형식적으로 진정한 것인지 여부를 심사할 권한을 갖고 있으나 그 등기신청이 실체법상의 권리관계와 일치하는지 여부를 심사할 실질적인 심사권한은 없으므로, 등기관으로서는 오직 제출된 서면 자체를 검토하거나 이를 등기부와 대조하는 등의 방법으로 등기신청의 적법 여부를 심사하여야 할 것이고, 이러한 방법에 의한 심사 결과 형식적으로 부진정한, 즉 위조된 서면에 의한 등기신청이라고 인정될 경우 이를 각하하여야 할 직무상의 의무가 있다(대판 2007.6.14, 2007다4295; 대판 2005.2.25, 2003다13048).

(마) 등기의 실행

등기관은 부동산등기법 제29조의 소정의 사유가 없으면, 접수번호의 순서에 따라 등기사무를 등기부에 등기사항을 기록하는 방식으로 처리하여야 한다(동법 제11조). 등기관이 새로운 권리에 관한 등기를 마쳤을 때에는 등기필정보를 작성하여 등기권리자에게 통지하여야 하며(동법 제50조 1항), 부동산매매계약서 등 일정한 등기원인증서를 신청인에게 돌려주어야 한다(동법 규칙 제66조 1항). 또한 등기관은 대장을 소관하는 관청에 소유권변경 사실(소유권의 보존·이전·변경·경정·말소 또는 말소회복, 소유권의 등기명의인표시의 변경 또는 경정)을 통지하고(동법 제62조), 소유권의 보존 또는 이전의 등기(가등기 포함)를 하였을 때에는 과세관청에 과세자료를 제공하여야 한다(동법 제63조, 규칙 제120조). 한편 등기관이 등기를 마친 경우, 그 등기는 접수한 때부터 효력이 발생한다(동법 제6조).

판 례

등기신청의 접수순위는 등기관이 등기신청서를 받았을 때를 기준으로 하고, 동일한 부동산에 관하여 동시에 수 개의 등기신청이 있는 때에는 동일 접수번호를 기재하여 동일 순위로 기재하여야 하므로, 등기관이 법원으로부터 동일한 부동산에 관한 가압류등기 촉탁서와 처분금지가처분등기 촉탁서를 동시에 받았다면 양 등기에 대하여 동일 접수번호와 순위번호를 기재하여 처리하여야 하고 그 등기의 순위는 동일하다. 따라서 동일한 부동산에 관하여 동일 순위로 등기된 가압류와 처분금지가처분의 효력은 그 당해 채권자 상호간에 한해서는 처분금지적 효력을 서로 주장할 수 없다(대결 1998.10.30, 98마475).

(바) 등기관의 처분에 대한 이의

등기관의 결정 또는 처분을 부당하다고 주장하는 자는 관할지방법원에 이의신청을 할 수 있다(동법 제100조).

(7) 등기청구권

(가) 의 의

등기는 법률에 다른 규정이 없는 경우에는 등기권리자와 등기의무자의 공동신청에 의하여야 한다(부동산등기법 제23조). 등기의무자가 등기신청에 협력하지 않는 경우에 등기권리자가 등기에 협력하여 줄 것을 청구할 수 있는 실체법상의 권리를 등기청구권이라 한다. 예컨대 등기신청에 필요한 서류를 마련해서 등기소에 출석하여 공동으로 신청할 것을 구하거나 등기권리자가 단독으로 신청할 수 있도록 필요한 모든 서류를 교부할 것을 청구하는 것이 이에 해당한다. 이러한 등기청구권은 등기권리자 또는 등기의무자만으로 단독신청을 할 수 있는 경우에는 문제되지 않는다. 주의할 것은 등기청구권은 사인(私人)이 사인에 대하여 등기신청에 협력할 것을 청구하는 사법상의 권리이지만, 등기신청권(登記申請權)은 사인이 등기관인 국가기관에 대하여 등기를 신청하는 공법상의 권리이라는 점이다.

(나) 발생원인과 그 성질

1) 문제의 소재

등기청구권이 채권적 청구권인가 물권적 청구권인가에 대한 논의의 실익은 채권적 청구권으로 보게 되면 채권적 효력밖에 없고 10년의 소멸시효에 걸리며, 그 양도는 채권양도의 방법에 의하여야 한다. 반면에 물권적 청구권으로 보게 되면 소멸시효에 걸리지 않고, 그 양도는 물권양도로써 특별한 제한 없이 자유롭게 이루어질 수 있다.

한편 법률규정에 의한 물권변동의 경우, 법정지상권이나 법정저당권 등(이 경우의 등기청구권의 성질은 법률규정에 의하여 취득한 물권으로부터 발생하는 일종의 물권적 청구권)을 제외하고는 등기권리자의 단독 또는 관공서의 촉탁에 의하여 등기가 행해지므로 등기청구권의 문제는 일어나지 않는다.

2) 법률행위에 의한 물권변동의 경우

법률행위에 의한 물권변동은 '물권적 합의와 등기'로 발생하므로 언제나 등기청구권이 문제되는데, 그 발생근거와 법적 성질에 대하여 견해가 나누어져 있다.

가) 학 설

(i) 채권행위로부터 발생하는 채권적 청구권설 　법률행위에 의한 물권변동에서의 등기청구권은 채권적 청구권이라고 한다(다수설). 여기에는 물권행위의 독자성을 인정하면서 등기청구권은 원인행위인 채권행위에서 발생하므로 그 성질은 채권적 청구권이라는 견해(강태성, 225면; 이은영, 210면), 등기청구권은 물권행위의 독자성을 인정하든 부정하든 원인행위인 채권행위에 근거가 있고, 그 성질은 채권적 청구권이라는 견해가 있다(곽윤직, 105면; 권용우, 126면).

(ii) 물권적 합의로부터 발생하는 채권적 청구권설 　등기청구권은 물권적 합의에서 발생하지만, 물권적 합의는 등기의 전단계로서 물권행위로까지 완성된 것이 아니므로, 여전히 등기청구권은 채권적 청구권일 수밖에 없다고 한다(이영준, 193면; 이상태, 108면).

(iii) 물권적 기대권의 효력으로 발생하는 물권적 청구권설 　물권적 합의가 있으면 취득자에게 물권적 기대권이 생기고, 물권적 기대권의 효력으로서 등기청구권이 발생하며, 그 성질은 물권적 성질을 갖는다고 한다(김증한/김학동, 98면; 김상용, 194면; 윤철홍, 89면).

나) 판 례

등기청구권은 채권행위로부터 발생하는 채권적 청구권이라고 한다(대판 1976.11.23, 76다342; 대판 1976.11.6, 76다148). 또한 부동산매매계약에서 매도인과 매수인은 서로 동시이행관계에 있는 일정한 의무를 부담하므로 이행과정에 신뢰관계가 따른다. 따라서 '매매로 인한 소유권이전등기청구권'의 양도는 특별한 사정이 없는 이상 양도가 제한되고 양도에 채무자의 승낙이나 동의를 요한다고 할 것이므로 통상의 채권양도와 달리 양도인의 채무자에 대한 통지만으로는 채무자에 대한 대항력이 생기지 않으며 반드시 '채무자의 동의나 승낙'을 받아야 대항력이 생긴다고 한다(대판 2005.3.10, 2004다67653,67660). 그러나 '취득시효완성으로 인한 소유권이전등기청구권'은 채권자와 채무자 사이에 아무런 계약관계나 신뢰관계가 없고, 그에 따라 채권자가 채무자에게 반대급부로 부담하여야 하는 의무도 없다. 따라서 취득시효완성으로 인한 소유권이전등기청구권의 양도의 경우에는 매매로 인한 소유권이전등기청구권에 관한 양도제한의 법리가 적용되지 않는다고 한다(대판 2018.7.12, 2015다36167).

다) 소 결

생각건대 부동산매매계약에 따라 매도인은 소유권을 이전할 의무를 부담하는데(제568조), 이러한 의무에는 등기이전의 의무가 포함되므로, 매수인은 매도인에 대하여 권리이전의무의 이행으로서 등기에 협력할 것을 청구할 수 있다. 이런 점에서 등기청구권은 매매계약 기타 채권계약의 효력으로 발생하므로 그 성질은 채권적 청구권이라고 할 수 있지만, 매도인이 등기에 필요한 첨부정보를 제공하였으나 매수인이 등기신청을 지체하여 인감증명서 등 첨부정보의 재발급이 필요한 경우에는 채권적 청구권이 아니라 물권적 기대권을 근거로 하여 등기청구권이 발생하므로, 이때의 성질은 물권적 청구권이라고 할 것이다.

3) 법률행위로 인한 등기청구권의 소멸시효

가) 일 반

등기청구권이 소멸시효에 걸리는가 여부는 등기청구권의 성질을 어떻게 보느냐에 따라 결론이 달라진다. 등기청구권을 채권적 청구권으로 보면(채권적 청구권설) 그것은 당연히 소멸시효의 대상이 되고 그 기간은 10년이 된다(제162조1항). 이와 달리 등기청구권이 물권적 기대권으로부터 발생하고 물권적 성질을 가지는 것으로 보면(물권적 청구권설), 소멸시효의 대상이 되지 않는다.

나) 부동산양수인이 목적물을 점유하고 있는 경우

(i) 판 례 판례는 등기청구권은 채권적 청구권으로 10년의 소멸시효에 걸리지만, 부동산매수인이 목적물을 점유하고 있는 경우에는 매매대금의 지급 여부와 관계없이 소멸시효에 걸리지 않는다고 한다(대판 1991.3.22, 90다9797; 대판 1990.12.7, 90다카25208). 즉 부동산매수인이 목적물을 인도 받아서 사용·수익하고 있다면, 매수인은 그의 등기청구권을 행사하지 않고 있다고 할 수 없기 때문에 그 등기청구권은 소멸시효에 걸리지 않는다고 한다. 또한 부동산의 매수인이 그 부동산을 인도 받아 사용·수익하다가 그 부동산에 대한 보다 적극적인 권리행사의 일환으로 다른 사람에게

그 부동산을 처분하고 그 점유를 승계하여 준 경우에도 그 이전등기청구권의 행사여부에 관하여 그가 그 부동산을 스스로 계속 사용·수익만 하고 있는 경우와 특별히 다를 바 없으므로, 이전등기청구권의 소멸시효는 진행되지 않는다고 한다(대판 2023.9.21, 2023다249876; 대판 1999.3.18, 98다32175).

(ii) 학 설 ① 부동산의 매도인이 부담하는 것은 목적물의 소유권을 이전할 의무와 점유를 이전할 의무인데, 매수인이 현재 점유하고 있다면 어디까지나 목적물의 인도의무의 이행이 있는 상태일 뿐이고 매수인이 등기청구권을 행사하고 있는 것이 아니므로, 부동산매수인의 채권적 등기청구권은 목적물의 인도 유무를 묻지 않고 언제나 소멸시효에 걸린다는 견해(곽윤직, 106면), ② 매수인이 목적물을 사용·수익하는 경우에는 매도인의 채무승인이 있는 것으로 보아 등기청구권의 소멸시효가 중단된다는 견해(고상룡, 민법총칙, 725면; 이상태, 115면), ③ 시효제도의 존재의의인 법적 안정성에 비추어 매수인이 목적물을 인도받아 사용·수익하고 있는 경우에는 매수인의 등기청구권은 소멸시효에 걸리지 않는다는 견해(이은영, 214면), ④ 등기청구권은 물권적 성질을 가지므로 소멸시효에 걸리지 않는다는 견해(김증한/김학동, 98면; 김상용, 199면)가 있다.

(iii) 소 결 생각건대 등기청구권은 채권행위에서 발생할 수 있지만, 물권행위와 부동산의 점유를 이전받으면 매수인에게 물권적 기대권이 생기고 그것을 근거로 하여 등기청구권이 발생하며, 그것은 물권적인 것이므로 소멸시효에 걸리지 않는다고 할 것이다. 이와 같이 물권적 기대권론을 원용하면, 등기청구권이 소멸시효에 걸리지 않는다는 판례의 태도에 대한 이론구성을 원활하게 할 수 있다.

판 례

(ㄱ) 소유권이전등기청구권에 대한 압류가 있으면 그 변제금지의 효력에 의하여 제3채무자는 채무자에게 임의로 이전등기를 이행하여서는 아니 되는 것이나, 그와 같은 압류는 채권에 대한 것이지 등기청구권의 목적물인 부동산에 대한 것이 아니고, 채무자와 제3채무자에게 결정을 송달하는 외에 현행법상 등기부에 이를 공시하는 방법이 없어 당해 채권자와 채무자 및 제3채무자 사이에만 효력을 가지며, 제3자에 대하여는 압류의 변제금지의 효력을 주장할 수 없으므로 소유권이전등기청구권의 압류는 청구권의 목적물인 부동산 자체의 처분을 금지하는 대물적 효력은 없어서 제3채무자나 채무자로부터 이전등기를 경료한 제3자에 대하여는 취득한 등기가 원인무효라고 주장하여 말소를 청구할 수 없고, 제3채무자가 압류결정을 무시하고 이전등기를 이행하고 채무자가 다시 제3자에게 이전등기를 경료하여 준 결과 채권자에게 손해를 입힌 때에는 불법행위를 구성하고 그에 따른 배상책임을 지게 된다(대판 2007.9.21, 2005다44886).

(ㄴ) 유류분반환청구권의 행사는 재판상 또는 재판 외에서 상대방에 대한 의사표시의 방법으로 할 수 있다. 그 의사표시는 침해를 받은 유증 또는 증여행위를 지정하여 이에 대한 반환청구의 의사를 표시하면 그것으로 충분하고, 그로 인하여 생긴 목적물의 이전등기청구권이나 인도청구권 등을 행사하는 것과는 달리 그 목적물을 구체적으로 특정하여야 하는 것은 아니다. 유류분권리자가 위와 같은 방법으로 유류분반환청구권을 행사하면 제1117조의 소멸시효 기간 안에 권리를 행사한 것이 된다(대판 2002.4.26, 2000다8878).
한편 유류분권리자가 유류분반환청구권을 행사한 경우 그의 유류분을 침해하는 범위 내에서 유증 또는 증여는 소급적으로 효력을 상실하고, 상대방은 그와 같이 실효된 범위 내에서 유증 또는 증여의 목적물을 반환할 의무를 부담한다. 유류분반환청구권을 행사함으로써 발생하는 목적물의 이전등기청구권 등은 유류분반환청구권과는 다른 권리이므로, 그 이전등기청구권 등에 대하여는 제1117조의 유류분반환청구권에 대한 소멸시효가 적용될 여지가 없고, 그 권리의 성질과 내용 등에 따라 별도로 소멸시효의 적용 여부와 기간 등을 판단하여야 한다(대판 2015.11.12, 2011다55092,55108).

4) 실체관계와 등기가 불일치하는 경우

(i) 등기와 실체적 권리관계가 일치하지 않는 경우에 그 불일치를 제거하기 위하여 등기청구권이 발생한다. 예컨대 매매에 의하여 甲으로부터 乙에게 소유권이전등기가 마쳐졌는데 그 매매가 무효·취소된 경우 또는 甲 소유의 부동산에 관하여 乙이 위조문서를 사용하여 자기 앞으로 원인무효의 소유권이전등기를 한 경우, 甲은 실체관계와 부합하지 않은 乙 명의의 등기를 말소하기 위한 등기청구권을 가진다(제214조). 이와 같이 등기와 실체관계가 불일치하는 경우, 등기청구권은 물권에 관한 방해를 제거하기 위한 물권의 효력으로 발생하는 물권적 청구권이다(곽윤직, 106면; 김증한/김학동, 100면; 이영준, 195면; 이은영, 218면).

(ii) 등기부취득시효가 완성된 후(제245조2항)에 그 부동산에 관한 점유자명의의 등기가 말소되거나 적법한 원인 없이 다른 사람 앞으로 소유권이전등기가 되었더라도, 그 점유자는 등기부취득시효의 완성에 의하여 취득한 소유권을 상실하는 것은 아니다(대판 2001.1.16, 98다20110). 따라서 그 점유자는 등기부취득시효의 완성에 의하여 취득한 소유권에 의하여 현재의 등기명의자를 상대로 방해배제청구를 할 수 있다(대판 1999.12.10, 99다25785).

5) 점유취득시효에 의한 등기청구권

제245조 1항은 “20년간 소유의 의사로 평온·공연하게 부동산을 점유하는 자는 등기함으로써 그 소유권을 취득한다”고 규정하고 있다. 따라서 점유취득시효에 의하여 소유권을 취득하기 위해서는 점유자가 등기명의인에 대하여 등기청구권을 행사하여 등기를 하여야 한다(제187조의 예외).

가) 등기의 종류와 등기청구권

점유취득시효에 의한 소유권취득은 원시취득이므로 시효취득자가 단독으로 보존등기를 한다는 견해(김용한, 277면)와 이전등기를 하여야 한다는 견해(곽윤직, 108면)가 있다. 판례는 시효취득자는 종전 소유자에 대하여 취득시효를 원인으로 한 소유권이전등기를 청구할 수 있다고 한다(대판 1964.6.9, 63다898).

나) 등기청구권의 발생원인과 성질

점유취득시효에 의한 등기청구권의 법적 성질에 관하여, ① 채권적 청구권설은 부동산 점유자는 제245조 1항에 의해 등기청구권을 취득하고, 그 성질은 채권적 청구권이라고 한다(고상룡, 133면; 곽윤직, 108면; 이영준, 196면; 이은영, 216면). ② 물권적 청구권설은 취득시효기간이 만료함으로써 부동산의 점유자는 마치 물권적 합의가 있었던 때와 마찬가지로 물권적 기대권을 취득하고, 그 효력으로써 등기청구권이 생긴다고 한다(김증한/김학동, 99면; 윤철홍, 90면). 판례는 취득시효완성자가 등기명의인에 대하여 갖는 등기청구권의 성질은 채권적 청구권이며(대판 1995.12.5, 95다24241), 취득시효완성자가 그 당시의 등기명의인에 대하여만 등기청구권을 행사할 수 있다고 한다. 따라서 甲이 乙의 부동산을 점유하여 취득시효가 완성되었는데, 甲이 이전등기를 갖추기 전에 乙이 그 부동산을 丙에게 양도하여 소유권이전등기를 마치면 甲은 丙에 대하여 취득시효를 주장하지 못한다고 한다(대판 1971.12.28, 71다1566). 생각건대 취득시효가 완성함으로써 부동산의 점유자는 물권적 기대권을 취득하고, 이러한 물권적 기대권의 효력으로서 등기청구권이 생긴다고 할 것이다.

다) 점유취득시효로 인한 등기청구권의 소멸시효

판례는 토지에 대한 취득시효완성으로 인한 소유권이전등기청구권은 그 토지에 대한 점유가 계속되는 한 시효로 소멸하지 아니하며, 취득시효기간이 완성된 후에 점유를 상실하였더라도 그 점유 상실이 시효이익을 포기한 것이라고 인정되지 않는 한 시효기간의 완성으로 인하여 이미 취득한 소유권이전등기청구권은 소멸하지 않는다고 한다(대판 1997.6.13, 97다1730; 대판 1995.12.8, 94다39628). 다만 취득시효가 완성된 점유자가 점유를 상실한 경우, 취득시효완성으로 인한 소유권이전등기청구권의 소멸시효는 점유자가 점유를 상실한 때부터 10년간 등기청구권을 행사하지 아니하면 소멸시효가 완성한다고 한다(대판 1996.3.8, 95다34866,34873).

6) 부동산임차권 · 부동산환매권에 의한 등기청구권

가) 부동산임차권의 경우

부동산임차인은 당사자 사이에 반대약정이 없으면 임대인에 대하여 임대차등기절차에 협력을 청구할 수 있고, 등기하면 그때부터 제3자에게 대항할 수 있다(제621조). 이 규정에 의해 등기청구권이 발생하고, 그 성질은 채권적 청구권이다.

나) 부동산환매권의 경우

매매의 목적물이 부동산인 경우에 매매등기와 동시에 환매권의 보류를 등기한 때에는 제3자에 대하여 그 효력이 생긴다(제592조). 따라서 환매권의 보류에 관한 당사자 사이의 약정을 기초로 하여 등기청구권이 발생하고, 그 성질은 채권적 청구권이다.

7) 부동산공사수급인의 저당권설정청구권의 경우

제666조는 도급의 경우에 부동산공사수급인에게 저당권설정청구권을 인정하고 있다. 이 경우에 도급인이 수급인의 청구에 응하여 등기하여야 비로소 저당권이 성립하므로, 이러한 청구권의 행사로 수급인에게 등기청구권이 발생하고, 그 성질은 채권적 청구권이다.

(다) 등기청구권의 행사

일반적으로 등기권리자가 등기청구권을 행사하지만, 필요하다면 등기의무자도 이를 행사할 수 있다. 판례는 등기청구권을 채권자대위권의 객체로 인정하면서, 이 경우에 채무자의 무자력 요건을 필요로 하지 않는다고 한다(대판 1992.10.27, 91다483).

(라) 등기청구권의 특수문제

1) 진정명의회복을 원인으로 한 소유권이전등기청구

법률행위가 무효이거나 취소 또는 해제 등으로 실효되어 물권이 복귀하는 경우, 그 원상회복을 위한 등기로서 말소등기 대신에 이전등기를 청구할 수 있는지가 문제된다. 가령 토지의 소유자는 甲인데, 이것이 A·B·C 앞으로 각각 소유권이전등기가 된 경우, 甲은 소유권에 기해 A·B·C 모두를 상대로 각 이전등기의 말소를 청구하는 것이 등기의 형식과 원인에 부합하는 것이 된다. 그런데 소유권이전등기말소 대신에 甲이 소유권에 기해 진정한 등기명의의 회복, 즉 '진정명의회복'을 등기원인으로 하여 현재의 등기명의인 C를 상대로 소유권이전등기를 청구할 수 있는지가 문제이다. 이에 대하여 판례는 진정한 등기명의의 회복을 위한 소유권이전등기청구는 허용되지만(대판 1990.11.27, 89다카12398), 그것은 "이미 자기 앞으로 소유권을 표상하는 등기가 되어 있었거나 법률에 의하여 소유권을 취득한 자가 진정한 등기명의를 회복하기 위한 방법으로 현재의 등기명의인을 상대로 그 등기의 말소를 구하는 것에 갈음하여 허용되며, 말소등기에 갈음하여 허용되는 진정명의회복을 원인으로 한 소유권이전등기청구권과 무효등기의 말소청구권은 어느 것이나 진정한 소유자의 등기명의를 회복하기 위한 것으로서 실질적으로 그 목적이 동일하고, 두 청구권 모두 소유권에 기한 방해배제청구권으로서 그 법적 근거와 성질이 동일하므로, 비록 전자는 이전등기, 후자는 말소등기의 형식을 취하고 있더라도 그 소송물은 실질상 동일한 것으로 보아야 하고, 따라서 소유권이전등기말소청구소송에서 패소확정판결을 받았다면 그 기판력은 그 후 제기된 진정명의회복을 원인으로 한 소유권이전등기청구소송에도 미친다"고 한다(대판 2001.9.20, 99다37894).

판 례

(ㄱ) 부동산의 공유자 중 한 사람은 공유물에 대한 보존행위로서 그 공유물에 관한 원인무효의 등기 전부의 말소를 구할 수 있고, 진정명의회복을 원인으로 한 소유권이전등기청구권과 무효등기의 말소청구권은 어느 것이나 진정한 소유자의 등기명의를 회복하기 위한 것으로서 실질적으로 그 목적이 동일하고 두 청구권 모두 소유권에 기한 방해배제청구권으로서 그 법적 근거와 성질이 동일하므로, 공유자 중 한 사람은 공유물에 경료된 원인무효의 등기에 관하여 각 공유자에게 해당 '지분별'로 진정명의회복을 원인으로 한 소유권이전등기를 이행할 것을 단독으로 청구할 수 있다(대판 2005.9.29, 2003다40651). 즉 공유자 1인이 단독으로 전부에 대해 자신에게 이전등기를 청구할 수는 없다(대판 1990.12.21, 88다카20026).

(ㄴ) 채권자는 사해행위의 취소로 인한 원상회복 방법으로 수익자 명의의 등기의 말소를 구하는 대신 수익자를 상대로 채무자 앞으로 직접 소유권이전등기절차를 이행할 것을 구할 수도 있다(대판 2000.2.25, 99다53704; 대판 2001.2.9, 2000다57139).

(ㄷ) 포괄적 유증을 받은 자는 민법 제187조에 의하여 법률상 당연히 유증받은 부동산의 소유권을 취득하게 되나, 특정유증을 받은 자는 유증의무자에게 유증을 이행할 것을 청구할 수 있는 채권을 취득할 뿐이므로, 특정유증을 받은 자는 유증받은 부동산의 '소유권자가 아니어서' 직접 진정한 등기명의의 회복을 원인으로 한 소유권이전등기를 구할 수 없다(대판 2003.5.27, 2000다73445).

2) 등기인수청구권

등기청구권은 대개 등기권리자가 등기의무자를 상대로 등기에 협력하여 줄 것을 청구하는데, 만일 등기권리자가 자신의 명의로 등기를 하지 아니함으로써 등기의무자가 공과금 부담 등의 불이익을 받는 경우에 등기의무자가 등기권리자를 상대로 등기청구권을 행사할 수 있는데, 이를 등기인수청구권(登記引受請求權)이라고 한다. 판례도 통상의 채권채무관계에서는 채권자가 수령을 지체하는 경우, 채무자는 공탁 등에 의한 방법으로 채무부담에서 벗어날 수 있으나 등기에 관한 채권채무관계에서는 이러한 방법을 사용할 수 없기 때문에, 등기의무자는 등기권리자를 상대로 등기를 인수받아 갈 것을 요구할 수 있다고 한다(대판 2001.2.9, 2000다60708).

(8) 등기의 효력

(가) 본등기의 효력

1) 권리변동적 효력

물권적 의사표시와 그에 대응·부합하는 등기가 있으면, 부동산에 관한 물권변동이라는 효력이 생긴다. 등기관이 등기를 마친 경우, 그 등기는 '접수한 때'부터 효력을 발생한다(부동산등기법 제6조 2항). 등기신청은 대법원규칙으로 정하는 등기신청정보가 전산정보처리조직에 저장된 때 접수된 것으로 보므로(동법 제6조 1항), 결국 등기관이 등기를 마친 경우, 그 등기의 권리변동적 효력은 등기신청정보가 전산정보처리조직에 저장된 때부터 효력이 생기게 된다.

2) 순위확정적 효력

같은 부동산에 관하여 등기한 권리의 순위는 법률에 다른 규정이 없으면 등기한 순서에 따른다(부동산등기법 제4조 1항). 이것이 순위확정적 효력이다. 등기의 순서는 등기기록 중 같은 구(區)에서 한 등기 상호간에는 순위번호에 따르고, 다른 구에서 한 등기 상호간에는 접수번호에 따른다(동법 제4조 2항). 다만 부기등기(附記登記)의 순위는 주등기(主登記)의 순위에 따르지만, 같은 주등기에 관한 부기등기 상호간의 순위는 그 등기 순서에 따른다(동법 제5조).

3) 대항적 효력

부동산 제한물권(지상권·전세권·저당권 등)과 부동산을 목적으로 하는 채권(환매권·임차권)에 관하여는 일정한 사항을 등기할 수 있는데(예: 존속기간·지료·전세금·피담보채권·환매특약·이자 등), 이를 등기하면 제3자에 대하여 대항할 수 있다.

4) 추정적 효력 — 등기의 추정력

가) 의 의

어떤 등기가 있으면 그 등기가 표상하는 실체적 권리관계가 존재하는 것으로 추정케 하는 효력이 인정되는데, 이를 등기의 추정력(推定力)이라고 한다. 이에 대해 명문의 규정이 없지만, 학설과 판례는 등기의 권리추정력을 인정하고 있다(이상태, 101면; 곽윤직, 109면; 김상용, 201면; 이영준, 206면; 대판 1983.11.22, 83다카894). 등기의 추정력을 인정하는 이유는, ① 등기가 진실한 권리관계에 부합할 개연성이 크다는 점, ② 민법 제200조는 점유에 대하여 권리의 추정적 효력을 인정하는데, 그 점유보다 더 우수한 공시방법인 등기에 관하여 유추해석 내지 물론해석상 추정력을 인정하여야 한다는 점에 있다.

한편 등기의 추정은 증명책임에 관한 것이고, 그래서 등기의 효력을 다투는 자가 그 무효사유를 적극적으로 주장·증명하여야 한다. 판례도 부동산에 관하여 소유권이전등기가 마쳐져 있는 경우에 등기명의자는 제3자뿐만 아니라 전소유자에 대해서도 적법한 등기원인에 의하여 소유권을 취득한 것으로 추정되므로, 이를 다투는 측에서 무효사유를 주장·증명하여야 한다고 한다(대판 1993.5.11, 92다46059).

판 례

(ㄱ) 임야대장에 임야소유자로 등재하면, 그 임야대장의 기재사항이 진실된 것으로 추정을 받는다 하더라도, 이 경우의 추정은 증명력이 강한 증거자료가 된다는 의미를 가지고 있을 뿐 부동산등기부와 같은 비중의 추정력, 즉 증명책임의 전환까지 초래하는 추정력을 갖는다고는 해석되지 아니한다(대판 1979.2.27, 78다913).

(ㄴ) 동사무소에 비치되어 있는 무허가건물관리대장은 무허가건물에 대한 관리의 편의를 위하여 작성된 것일 뿐 그에 관한 권리관계를 공시할 목적으로 작성된 것이 아니어서 무허가건물관리대장에 소유자로 등재되었다는 사실만으로는 무허가건물에 대한 소유권 기타의 권리를 취득하거나 권리자로 추정되는 효력이 없다(대판 1993.1.26, 92다36274).

나) 추정력이 미치는 범위

(i) 추정력의 물적 범위

a) 권리의 적법추정 　등기된 권리는 등기명의자에게 적법하게 귀속하는 것으로 추정된다. 예컨대 甲 명의로 보존등기가 되어 있거나 乙로부터 甲에게 소유권이전등기가 되어 있으면, 그 부동산은 甲의 소유에 속하는 것으로 추정된다. 판례는 근저당권의 등기는 그 담보물권의 존재 자체뿐만 아니라 그에 상응하는 피담보채권의 존재도 추정된다고 한다(대판 1969.2.18, 68다2329).

b) 절차의 적법추정 　등기는 등기원인을 증명하는 정보를 첨부하여 일정한 절차에 따라 이루어지므로, 등기의 원인과 절차에서 적법하게 마쳐진 것으로 추정된다(대판 2003.2.28, 2002다46256; 대판 1995.4.28, 94다23524). 따라서 전 등기명의인이 미성년자인데 부동산을 친권자에게 증여하는 행위가 이해상반행위라 하더라도 친권자에게 이전등기가 마쳐진 이상, 특별한 사정이 없는 한 그 이전등기에 관하여 필요한 절차를 적법하게 거친 것으로 추정된다(대판 2002.2.5, 2001다72029). 물론 등기절차가 적법하게 진행되지 아니한 것으로 볼만한 의심스러운 사정이 있음이 증명되는 경우에는 그 추정력은 깨어진다(대판 2003.2.28, 2002다46256). 그 밖에 등기의 전제조건이나 전제절차가 필요한 경우에는 그것도 적법하게 충족되었을 것으로 추정된다. 가령 농지매매등기는 소재지 관청의 증명이 구비되었음이 추정되며, 중간생략등기는 중간생략의 합의가 있는 것으로 추정된다(대판 1971.2.23, 70다2996).

판 례

부동산물권변동에 관한 등기가 있으면 그 등기는 적법한 절차에 의하여 경유되고 또 그 등재내용대로의 물권변동이 있었다고 추정할 것이며, 이는 법인의 대표자가 물권변동의 원인된 행위를 하였고 또 등기절차에 관여하였다 하여도 같다(대판 1962.12.27, 62다630).

c) 등기원인의 적법추정 　　등기는 무효원인에 의한 것이라는 반증이 없는 한 유효원인에 의한 것이라고 추정되고, 등기원인을 무효라고 주장하는 자는 그 원인사실을 주장하고 이를 증명할 책임이 있다는 견해(고상룡, 136면; 이영준, 209면; 이상태, 101면; 강태성, 239면), 등기부상의 등기원인이 실제와 다르게 등기되는 일이 빈번하므로 등기의 추정력이 등기원인에는 미치지 않는다는 견해(곽윤직, 110면; 김상용, 202면)가 있다. 판례는 부동산등기는 그것이 형식적으로 존재하는 것 자체로부터 적법한 등기원인에 의하여 마쳐진 것으로 추정된다고 한다(대판 2023.9.27, 2018다260565; 대판 2019.12.27, 2019다265635).

생각건대 등기절차상 소정의 등기는 등기원인을 증명하는 정보 등을 갖추어서 행하여지므로, 등기부에 기록된 등기원인에도 추정력이 미친다고 할 것이다. 다시 말하면 부동산에 관하여 소유권이전등기가 마쳐진 경우, 등기명의자는 제3자뿐만 아니라 전 소유자에 대해서도 적법한 등기원인에 의하여 소유권을 취득한 것으로 추정된다(대판 2000.3.10, 99다65462). 그러나 소유권이전등기의 원인으로 주장된 계약서가 진정하지 않은 것으로 증명된 이상, 그 등기의 적법추정은 깨지는 것이고 계속 다른 적법한 등기원인이 있을 것으로 추정할 수는 없다(대판 1998.9.22, 98다29568).

판 례

환매기간을 제한하는 환매특약이 등기부에 기재되어 있는 때에는 반증이 없는 한 등기부 기재와 같은 환매특약이 진정하게 성립된 것으로 추정함이 상당하다(대판 1991.10.11, 91다13700).

d) 대리권존재의 추정 　　매매를 원인으로 하는 소유권이전등기의 등기명의인은 본인이 직접 또는 대리인에 의해 적법하게 매수한 것으로 추정된다. 따라서 대리인의 대리권부존재는 상대방이 주장·증명할 책임이 있다(대판 2009.9.24, 2009다37831).

e) 사실의 등기 　　추정력이 인정되는 것은 권리등기에 관한 것에 한한다. 따라서 권리등기에 관한 것이 아닌 것(사실의 등기), 즉 부동산의 표시에 관한 사항(예: 토지의 소재·지번·지목 또는 건물의 종류·구조·면적 등)에는 추정력이 인정되지 않는다.

(ii) 추정력의 인적 범위

추정의 효과는 등기명의인뿐만 아니라 제3자도 원용할 수 있다. 또한 추정은 등기명의인의 이익을 위해서뿐만 아니라 불이익(예: 부동산의 과세)을 위해서도 인정된다. 한편 추정력이 물권변동의 당사자 사이에서도 인정되는지가 문제이다. 예컨대 甲이 乙에 대하여 등기원인의 무효 내지 부존재를 이유로 甲으로부터 乙에게의 이전등기의 말소를 청구하는 경우, 乙은 그 등기의 추정력을 원용하여 자기가 진정한 소유자라고 주장할 수 있는지가 문제이다. 이를 긍정하면 甲이 등기원인의 부존재·무효·취소·해제 등을 주장·증명하여야 하며, 부정하면 乙이 등기원인의 존재를 주장·증명하여야 한다. 학설은 긍정설(강태성, 241면; 고상룡, 137면; 김증한/김학동, 103면; 이영준, 211면; 이상태, 102면)과 부정설(곽윤직, 110면; 김상용, 202면; 이은영, 225면)이 대립하고 있다. 판례는 부동산에 관하여 소유권이전등기가 마쳐진 경우 그 등기명의자는 제3자에 대해서뿐만 아니라 전소유자에 대해서도 적법한 등기원인에 의하여 소유권을 취득한 것으로 추정되므로(대판 2014.3.13, 2009다105215), 등기사항증명서에 기재된 등기원인과 다른 원인으로 소유권이전등기가 이루어졌다고 다투는 경우에는 이를 다투는 측에서 그 사실을 주장·증명하여야 한다고 하여(대판 2025.8.14, 2023다316363), 긍정설을 취하고 있다. 생각건대 물권변동에서 형식주의를 취하는 현행 민법상 긍정설이 타당하다고 할 것이다.

판 례

소유권이전등기가 전 등기명의인의 직접적인 처분행위에 의한 것이 아니라 제3자가 그 처분행위에 개입된 경우 현 등기명의인이 그 제3자가 전 등기명의인의 대리인이라고 주장하더라도 현 소유명의인의 등기가 적법히 이루어진 것으로 추정되므로, 그 등기가 원인무효임을 이유로 그 말소를 청구하는 전 소유명의인으로서는 반대사실, 즉 그 제3자에게 전 소유명의인을 대리할 권한이 없었다든가 또는 제3자가 전 소유명의인의 등기서류를 위조하는 등 등기절차가 적법하게 진행되지 아니한 것으로 의심할 만한 사정이 있다는 등의 무효사실에 대한 증명책임을 진다(대판 2009.9.24, 2009다37831).

다) 특수한 등기의 추정력

(i) 보존등기 　보존등기는 소유권이 진실하게 보존되어 있다는 사실에 관하여만 추정력이 있고, 기타 권리변동에 대해서는 추정되지 않는다(대판 1965.4.21, 65다199). 즉 보존등기의 명의인에 대하여 소유권이 보존되어 있다는 사실만이 추정된다. 따라서 소유권보존등기에서 등기명의인이 원시취득자가 아니라는 사실이 드러나면 그 추정력은 부정된다. 예컨대 다른 사람이 그 건물을 신축한 사실이 드러나면 추정력은 부정된다(대판 1996.7.30, 95다30734; 대판 1995.11.10, 95다13685).

(ii) 말소등기 　말소된 권리의 소멸 내지는 부존재가 추정된다. 다만 소유권이전등기가 원인 없이 말소된 때에는 그 회복등기가 되기 전이라도 말소된 등기의 최종명의인은 적법한 권리자로 추정된다(대판 1997.9.30, 95다39526; 대판 1988.12.27, 87다카2431).

판 례

소유권이전등기가 형식적으로 확정된 판결에 의하여 말소되었으나 그 후 그 판결이 취소되었다면 결국 위 소유권이전등기는 부적법하게 말소된 것이므로 말소된 등기의 등기명의자는 여전히 적법한 소유자로 추정되고, 따라서 그 등기의 효력을 다투는 쪽에서 그 무효사유를 주장·증명하여야 한다(대판 1999.9.17, 98다63018).

(iii) 가등기 　가등기에는 가등기원인에 대한 적법추정력이 없으므로, 소유권이전등기를 청구할 어떤 법률관계가 있다고 추정되지 않는다(대판 1979.5.22, 79다239).

라) 추정력의 효과

(i) 기본적 효과 　등기명의인이 권리자임을 주장하고 등기부를 증거로 제출하면 등기명의인은 적법한 권리자로 추정되고, 이를 다투는 상대방이 반증(反證)으로 등기부 기록사실을 다투거나 본증(本證)으로 그 권리부존재를 증명하여야 한다.

(ii) 부수적 효과 등기에 추정력이 인정되므로 등기를 신뢰하고 거래하는 제3자에게 선의와 무과실이 추정되며(대판 1982.5.11, 80다2881), 따라서 등기의 내용을 조사하지 않은 경우에는 비록 선의라 하더라도 과실(過失)이 있는 것으로 추정된다. 예컨대 등기부상 명의인과 매도인이 동일인인 경우, 그를 소유자로 믿고 그 부동산을 매수한 자는 원칙적으로 과실 없는 점유자로 된다(대판 1983.3.8, 80다3198). 그 밖에 부동산물권을 취득하려는 자는 등기부를 조사하는 것이 상례이므로, 반증이 없는 한 등기내용을 알고 있었던 것으로(악의) 추정된다(대판 1986.2.25, 86다771).

(iii) 점유의 추정력과의 관계 점유의 추정력에 관한 제200조는 동산에 대해서만 적용되고 등기된 부동산에 대하여는 적용되지 않는다(통설; 대판 1982.4.13, 81다780). 다시 말하면 제200조는 동산물권에 적용되는 것이고, 부동산물권에 관하여는 점유가 아닌 등기에 권리추정력이 인정된다. 따라서 부동산의 등기명의인과 점유자가 다른 때에는 등기에 추정력을 인정한다. 다만 미등기의 부동산에 제200조가 적용될 수 있는지에 관하여, 긍정설(다수설)과 부정설(이영준, 372면; 송덕수, B-121)로 나누어져 있다. 판례는 미등기토지에 관한 사안에서 토지대장에 소유자로 등재되어 있는 자는 그의 소유토지로 추정을 받을 수 있다고 한다(대판 1976.9.28, 76다1431).

판 례

(ㄱ) 토지대장상에 회복등기 또는 복구등록에 의한 소유자로 등재되면 그 게재사항이 진실한 것으로 추정을 받게 되지만, 위 등재사항이 적법히 말소되었다면 위와 같은 추정력이 인정될 여지는 없다(대판 1991.4.26, 90다13413).

(ㄴ) 어느 토지에 관하여 등기부나 토지대장 또는 임야대장상 소유자로 등기 또는 등록되어 있는 자가 있는 경우에는 그 명의자를 상대로 한 소송에서 당해 부동산이 보존등기신청인의 소유임을 확인하는 내용의 확정판결을 받으면 소유권보존등기를 신청할 수 있는 것이므로, 그 명의자를 상대로 한 소유권확인청구에 확인의 이익이 있는 것이 원칙이지만, 토지대장 또는 임야대장의 소유자에 관한 기재의 권리추정력이 인정되지 아니하는 경우에는 국가를 상대로 소유권확인청구를 할 수 밖에 없다(대판 2010.7.8, 2010다21757).

마) 추정력이 깨지는 경우

(i) '소유권이전등기'는 ① 전소유자의 사망 이후에 그 명의로 신청되어 등기가 이루어진 경우(대판 1983.8.23, 83다카597), ② 전소유자가 실재하지 아니한 자(虛無人)인 경우(대판 1985.11.12, 84다카2494; 대판 2002.4.26, 2001다81955), ③ 등기의 기재 자체에 의해 부실등기임이 명백한 경우(예: 등기상의 공유지분의 합계 결과 분자가 분모를 초과하는 때에는 등기기록상 기재된 공유지분의 비율로 공유한다고 추정할 수 없다)(대판 1997.9.5, 96다33709), ④ 소유권이전등기의 원인으로 주장된 계약서가 진정하지 않은 것으로 증명된 이상 그 등기의 적법추정은 깨어지는 것이고, 계속 다른 적법한 등기원인이 있을 것으로 추정할 수는 없다(대판 1998.9.22, 98다29568).

주의할 것은 ① 사망한 등기의무자로부터 마쳐진 등기이더라도 등기의무자의 사망 전에 그 등기원인이 이미 존재하는 등의 사정이 있는 경우에는 그 추정력이 부정되지 않는다(대판 2008.4.10, 2007다82028). ② 부동산등기는 현재의 진실한 권리상태를 공시하면 그에 이른 과정이나 태양을 그대로 반영하지 아니하였어도 유효한 것으로서, 등기명의자가 전 소유자로부터 부동산을 취득할 때에 등기부상 기록된 등기원인에 의하지 않고 다른 원인으로 적법하게 취득하였다고 하면서 등기원인행위의 태양이나 과정을 다소 다르게 주장한다고 하여 이러한 주장만 가지고 그 등기의 추정력이 깨진다고 할 수 없다는 점이다(대판 2001.8.21, 2001다23195; 대판 2000.3.10, 99다65462). 다투는 측에게 등기명의인의 소유권이전등기가 원인무효임을 주장·증명책임이 있기 때문이다.

(ii) '소유권보존등기'는 이전등기의 경우와는 달리 단독신청에 의하여 행하여지므로 진실성이 충분히 보장되지 않는다. 즉 보존등기의 명의자에 대하여는 소유권이 보존되어 있다는 사실만 추정될 뿐, 그에 이르게 된 권리변동이 진실하다는 점까지 추정되지는 않는다. 따라서 소유권보존등기의 추정력은 등기명의인이 원시취득자가 아님이 증명되면 깨진다. 가령 ① 건물 소유권보존등기의 명의자가 건물을 신축한 것이 아닌 경우(대판 1996.7.30, 95다30734), ② 토지의 보존등기명의인 이외의 자가 그 토지를 사정받은 경우(대판 1996.6.28, 96다16247), ③ 보존등기명의자가 보존등기하기 이전의 소유자로부터 부동산을 양수한 것이라고 주장하는데 전소유자는 양도사실을 부인하는 경우(대판 1982.9.14, 82다카707), 각각 보존등기의 추정력은 깨진다. 하지만 판례는 단독신청에 의해 행하여지는 경우에도 그것이 특별조치법에 의해 이루어진 경우에는 강한 추정력을 인정하고 있다(대판 2011.2.24, 2010다88477).

판 례

(ㄱ) 부동산에 관한 등기부상 소유권이전등기가 경료되어 있는 이상 그 절차 및 원인이 정당한 것이라는 추정을 받게 되고 그 절차 및 원인의 부당을 주장하는 당사자에게 이를 증명할 책임이 있는 것이나, 등기절차가 적법하게 진행되지 아니한 것으로 볼만한 의심스러운 사정이 있음이 증명되는 경우에는 그 추정력은 깨어진다(대판 2008.3.27, 2007다91756; 대판 2003.2.28, 2002다46256).

(ㄴ) 사망자 명의의 신청으로 이루어진 이전등기는 원인무효의 등기로서 등기의 추정력을 인정할 여지가 없으므로 등기의 유효를 주장하는 자가 현재의 실체관계와 부합함을 증명할 책임이 있다(대판 2017.12.22, 2017다360,377).

(ㄷ) 토지에 관하여 점유취득시효 완성에 따라 소유권이전등기가 마쳐진 경우에도 적법한 등기원인에 따라 소유권을 취득한 것으로 추정되는 것은 마찬가지이므로, 제3자가 등기명의자의 취득시효 기간 중 일부 기간 동안 해당 토지 일부에 관하여 직접적·현실적인 점유를 한 사실이 있다는 사정만으로 등기의 추정력이 깨어진다거나 소유권이전등기가 원인무효의 등기가 된다고 볼 수 없다(대판 2023.7.13, 2023다223591,223607).

5) 등기의 공신력

현행법상 등기에 공신력이 인정되지 않는다는 점에 학설과 판례가 일치한다.

(나) 가등기의 효력

1) 의 의

가등기는 부동산물권(소유권·지상권·지역권·전세권·저당권) 및 그에 준하는 권리(권리질권·임차권)의 설정·이전·변경·소멸의 청구권을 보전하기 위해 예비로 하는 등기이다(부동산등기법 제88조). 가등기에는 부동산물권 또는 부동산임차권의 변동의 청구권을 보전하는 것을 목적으로 하는 '청구권보전의 가등기'와 채권담보의 목적으로 하는 '담보가등기'가 있는데, 담보가등기는 가등기담보 등에 관한 법률의 적용을 받는다. 그런데 등기기록에 나타난 것만으로는 청구권 보전의 가등기인지 담보가등기인지 분명하지 않는 경우가 있다. 가등기담보법 제1조에 따르면, 소유권이전등기청구권을 보전하기 위한 가등기도 담보물권의 효력으로 규정하고 있기 때문에, 학설은 실체적 관계가 담보목적인 경우에는 등기기록의 표시와 관계없이 담보가등기로 해석하고 있다. 판례도 가등기가 담보가등기인지 여부는 거래의 실질과 당사자의 의사해석에 따라 결정된다고 한다(대판 2023.11.30, 2023다263346). 여기서는 부동산등기법에 의해 규율되는 청구권보전의 가등기에 대해서 살펴보기로 한다.

2) 요 건

(ⅰ) 가등기를 할 수 있는 권리는 '소유권·지상권·지역권·전세권·저당권·권리질권·채권담보권·임차권'이다(부동산등기법 제88조). 가등기를 할 수 있는 경우는, ① 이러한 권리의 설정·이전·변경·소멸의 청구권을 보전하려 할 때(예: 부동산매매에서 매수인의 소유권이전등기청구권), ② 그 청구권이 시기부 또는 정지조건부인 때(예: 혼인을 하면 주택을 양도하기로 한 경우), ③ 그 청구권이 장래에 확정될 것인 때(예: 매매예약에 따른 권리)이다. 따라서 매매계약 당시 계약당사자 사이에 계약이 해제되면 매수인이 매도인에게 소유권이전등기를 해주기로 약정한 경우, 매도인은 약정에 의하여 매수인에 대하여 소유권이전등기절차의 이행을 청구할 수 있으며, 이러한 소유권이전등기청구권은 물권변동을 목적으로 하는 청구권이므로 가등기에 의하여 보전될 수 있다(대판 2007.6.28, 2007다25599; 대판 1982.11.23, 81다카1110).

(ⅱ) 가등기는 물권 또는 부동산임차권의 변동을 목적으로 하는 청구권을 보전하기 위해서만 할 수 있는 것이므로, 권리의 변동을 목적으로 하는 것이 아닌 '물권적 청구권'을 보존하기 위해서는 할 수 없다(대판 1982.11.23, 81다카1110).

3) 효 력

가) 본등기 후의 효력

(ⅰ) 본등기순위보전의 효력 가등기에 의하여 본등기가 행하여지면, 본등기의 순위는 가등기의 순위에 의한다(부동산등기법 제91조). 이러한 효력은 '본등기의 순위'에 관한 것일 뿐이고, 물권변동의 시기는 '본등기 신청이 접수된 때'이다. 즉 가등기 신청이 접수된 때로 소급하지 않는다. 판례도 같다(대판 1992.9.25, 92다21258). 다만 가등기 후에 다른 등기가 행해진 경우, 후에 가등기에 기해 본등기를 하게 되면 다른 등기는 가등기에 의해 보전되는 청구권과 양립되지 않는 범위 내에서 무효로 되거나 후순위로 된다. 예컨대 甲으로부터 乙에게 소유권이전 또는 저당권설정에 관한 가등기가 행하여진 다음 丙에게 소유권이전 내지 저당권설정의 본등기가 되었다. 그 후 乙의 가등기에 의하여 본등기가 행하여지면, 丙의 소유권취득 내지 저당권취득은 그 효력을 상실하거나 후순위(저당권의 경우)로 된다.

판 례

(ⅰ) 가등기에 의하여 본등기가 된 때에는 본등기의 순위가 가등기한 때로 소급함으로써 가등기 후 본등기 전에 이

루어진 중간처분이 본등기보다 후순위로 되어 실효되는 것이므로 가등기에 기한 본등기청구와 단순한 소유권 이전등기청구는 비록 그 등기원인이 동일하다고 하더라도 이는 서로 다른 청구로 보아야 한다(대판 1994.4.26, 92다34100,34117).

(ㄴ) 소유권이전청구권을 보전하기 위한 가등기는 부동산등기법 제88조에 의하여 등기사항임이 명백하므로 그 가등기상의 권리 자체의 처분을 금지하는 가처분은 같은 법 제3조에서 말하는 처분의 제한에 해당되어 등기사항에 해당되지만, 가등기에 터잡아 본등기를 하는 것은 그 가등기에 의하여 순위보전된 권리의 취득(권리의 증대 내지 부가)이지 가등기상의 권리 자체의 처분(권리의 감소 내지 소멸)이라고는 볼 수 없으므로 가등기에 기한 본등기절차의 이행을 금지하는 취지의 가처분은 등기사항이 아니어서 허용되지 아니한다고 봄이 상당하다(대판 2007.2.22, 2004다59546).

(ii) 가등기 이후 등기의 직권말소 등기관은 가등기에 의한 본등기를 하였을 때에는 대법원규칙으로 정하는 바에 따라 가등기 이후에 된 등기로서 가등기에 의하여 보전되는 권리를 침해하는 등기를 직권으로 말소하여야 한다(부동산등기법 제92조 1항). 즉 ① 등기관이 '소유권이전등기청구권보전 가등기'에 의하여 소유권이전의 본등기를 한 경우, 가등기 후 본등기 전에 마쳐진 등기 중 ㉠ 해당 가등기상 권리를 목적으로 하는 가압류등기나 가처분등기, ㉡ 가등기 전에 마쳐진 가압류에 의한 강제경매개시결정등기, ㉢ 가등기 전에 마쳐진 담보가등기, 전세권 및 저당권에 의한 임의경매개시결정등기, ㉣ 가등기권자에게 대항할 수 있는 주택임차권등기, 주택임차권설정등기, 상가건물임차권등기, 상가건물임차권설정등기(이하 '주택임차권등기 등'이라 한다)를 제외하고는 모두 직권으로 말소한다(부동산등기규칙 제147조). ㉠~㉣의 등기는 가등기보다 우선하므로 가등기에 의하여 보전되는 권리를 침해하는 등기가 아니기 때문에 말소하지 않는다. ② 등기관이 '지상권, 전세권 또는 임차권의 설정등기청구권보전 가등기'에 의하여 지상권, 전세권 또는 임차권의 설정의 본등기를 한 경우, 동일한 부분에 마쳐진 등기로써 가등기 후 본등기 전에 마쳐진 지상권설정등기, 지역권설정등기, 전세권설정등기, 임차권설정등기, 주택임차권등기 등(다만 가등기권자에게 대항할 수 있는 임차인 명의의 등기는 그렇지 않는다. 이 경우 가등기에 의한 본등기의 신청을 하려면 먼저 대항력 있는 주택임차권등기 등을 말소해야 한다)은 직권으로 말소한다(동 규칙 제148조 1항). 다만 가등기 후 본등기 전에 마쳐진 소유권이전등기 및 소유권이전등기청구권보전 가등기, 가압류 및 가처분 등 처분제한의 등기, 체납처분으로 인한 압류등기, 저당권설정등기, 가등기가 되어 있지 않은 부분에 대한 지상권, 지역권, 전세권 또는 임차권의 설정등기와 주택임차권등기 등은 직권말소의 대상이 되지 않는다(동 규칙 제148조 2항). 이러한 등기는 본등기와 양립할 수 있으므로 가등기에 의하여 보전되는 권리를 침해하는 등기가 아니기 때문이다. ③ 저당권설정등기청구권보전 가등기에 의하여 저당권설정의 본등기를 한 경우, 가등기 후 본등기 전에 마쳐진 등기는 직권말소의 대상이 되지 않는다(동 규칙 제148조 3항). 이러한 등기는 효력이 상실되지 않고 후순위가 되기 때문이다.

한편 등기관이 가등기 이후의 등기를 말소하였을 때에는 지체 없이 그 사실을 말소된 권리의 등기명의인에게 통지하여야 한다(동법 제92조 2항). 물론 가등기에 기한 본등기가 원인무효 등의 사유로 말소된 때에는 직권으로 말소된 제3자의 등기는 말소하지 아니할 것을 말소한 결과가 되므로, 등기관은 직권으로 그 말소등기의 회복등기를 하여야 한다(대판 1995.5.26, 95다6878).

판 례

(ㄱ) 국세 압류등기 이전에 소유권이전청구권 보전의 가등기가 경료되고 그 후 본등기가 이루어진 경우, 그 가등기가 매매예약에 기한 순위 보전의 가등기라면 그 이후에 경료된 압류등기는 효력을 상실하여 말소되어야 할 것이지만, 그 가등기가 채무담보를 위한 가등기 즉 담보 가등기라면 그 후 본등기가 경료되더라도 가등기는 담보적 효력을 갖는데 그치므로 압류등기는 여전히 유효하므로 말소될 수 없다(대결 1998.10.7, 98마1333).

(ㄴ) 소유권이전등기청구권을 보전하기 위하여 가등기를 경료한 자가 그 가등기에 의하여 본등기를 경료한 경우에 가등기의 순위보전의 효력에 의하여 중간처분이 실효되는 효과를 가져오므로, 가등기가 경료된 후 비로소 상가건물 임대차보호법 소정의 대항력을 취득한 상가건물의 임차인으로서는 그 가등기에 의하여 본등기를 경료한 자에 대하여 임대차의 효력으로써 대항할 수 없다(대판 2007.6.28, 2007다25599).

(ㄷ) 부동산에 대하여 가등기가 경료된 후 전세권 설정등기가 이루어지고 다시 가등기에 기한 본등기가 이루어진 경우에는 전세권 설정등기는 실질적으로 등기관은 이를 직권말소할 수 있으며, 전세권 설정등기가 직권말소된 후에 다시 가등기에 기한 본등기가 말소되었다는 사정은 아무런 영향이 없다(대결 1979.9.27, 79마222).

(ㄹ) 매매계약 당시 계약당사자 사이에 계약이 해제되면 매수인은 매도인에게 소유권이전등기를 하여 주기로 한 약정에 기해 매도인 명의로 소유권이전등기청구권 보전의 가등기를 한 경우, 이처럼 당사자 사이의 약정에 의하여 생긴 매도인의 소유권이전등기청구권은 계약해제의 소급효 그 자체에 의하여 생긴 것이 아니므로, 그 등기청구권의 실현과 계약해제의 소급효 제한에 관한 제548조 제1항 단서의 규정과는 직접적으로 관련이 없다(대판 1982.11.23, 81다카1110). 가등기 후 본등기 전에 제3자 명의로 소유권이전등기가 된 경우, 그 후 가등기에 기해 본등기가 마쳐지면 그 순위가 가등기한 때로 소급하는 결과 제3자 명의의 등기는 말소를 면할 수 없고, 제548조 1항 단서에 의해 보호받게 되는 것이 아니기 때문이다.

나) 본등기 전의 효력

(i) 실체법상의 효력문제 　가등기에 기한 본등기가 있기 전에 가등기에 어떤 효력이 있는가에 관하여, ① 가등기가 있더라도 그에 기한 본등기가 없는 한 가등기의무자인 소유권자의 처분행위를 저지할 수 없으며, 따라서 가등기는 본등기가 경료되기 전 상태만으로는 아무런 실체법상의 효력이 없다는 견해(권용우, 149면; 김증한/김학동, 106면; 이영준, 222면; 이은영, 221면), ② 가등기에 기한 본등기절차에서 가등기권리자가 가등기의무자에 대하여 본등기를 위한 협력을 청구하거나 가등기 후의 제3자에 대하여 등기의 말소를 청구할 수 있으려면, 가등기는 그 자체 어떠한 실체법상의 효력이 있는 것이며, 그 효력이 바로 청구권보전의 효력이라는 견해가 있다(곽윤직, 115면). 판례는 ①설과 같다. 즉 소유권이전청구권보전을 위한 가등기가 있다고 하여, 소유권이전등기를 청구할 어떤 법률관계가 있다고 추정되지 않는다고 한다(대판 1979.5.22, 79다239). 또한 가등기권리자가 무효인 중복소유권보존등기의 말소를 구할 수 있는지 여부에 대하여, 판례는 가등기는 부동산등기법 제88조에 의하여 그 본등기시에 본등기의 순위를 가등기의 순위에 의하도록 하는 순위보전적 효력만이 있을 뿐이고, 가등기만으로는 아무런 실체법상 효력을 갖지 아니하고 그 본등기를 명하는 판결이 확정된 경우라도 본등기를 경료하기까지는 마찬가지이므로, 중복된 소유권보존등기가 무효이더라도 가등기권리자는 그 말소를 청구할 권리가 없다고 한다(대판 2001.3.23, 2000다51285).

생각건대 다수설과 판례에 따르면 가등기는 순위보전적 효력만이 있을 뿐이고, 가등기

자체만으로는 아무런 실체법상 효력을 가지지 않는다고 하지만, 중간처분이 가등기된 청구권과 저촉되는 범위에서 무효라고 하여, 가등기에 기한 본등기 후 제3취득자의 등기를 말소할 수 있으려면 절차법적으로 순위보전의 효력만으로는 부족하고 가등기 자체에 청구권을 보전하는 실체법적 효력을 인정할 필요가 있다. 가등기가 본등기로 전환되면 중간처분은 말소 내지 후순위의 권리로 되는 점에서 가등기에는 일종의 공시적·경고적 효력이 있다. 즉 가등기로 인해 권리상실의 위험을 알았거나 알 수 있었던 제3자가 이를 감수한 채 소유권을 이전받거나 제한물권을 설정하였다면 제3자의 권리상실은 예정되어 있는 것이다. 결국 이러한 공시적·경고적 효력으로 인해 가등기의무자와 제3자의 중간처분은 가등기권리자의 적법한 본등기청구를 해제조건으로 하여 가등기권리자에 대하여 비소급적으로 그 효력을 잃기 때문에 가등기권리자는 가등기의무자를 상대로 본등기를 청구할 수 있다고 할 것이다(김규완, 안암법학 제13호, 285면 이하). 따라서 매도인인 가등기의무자가 선이행의무를 부담하지 않는 한 매수인은 매매대금을 완납하거나, 또는 그와 동시에 가등기된 소유권이전등기청구권을 행사할 수 있고, 이러한 해제조건으로 매도인과 제3자 사이의 중간처분의 물권적 합의는 비소급적으로 무효가 되므로, 가등기권리자는 소유자인 가등기의무자를 상대로 본등기를 청구할 수 있다고 할 것이다.

(ⅱ) 가등기의 회복 가등기가 불법말소된 경우에 가등기권리자는 위법하게 말소된 가등기의 회복등기를 청구할 수 있다. 회복등기가 마쳐지기 전이라도 말소된 등기의 등기명의인은 적법한 권리자로 추정되므로 원인 없이 말소된 등기의 효력을 다투는 쪽에서 그 무효 사유를 주장·증명하여야 한다(대판 1997.9.30, 95다39526). 또한 가등기가 이루어진 부동산에 관하여 제3취득자 앞으로 소유권이전등기가 마쳐진 후 그 가등기가 말소된 경우, 말소된 가등기의 회복등기절차에서 회복등기의무자는 가등기가 말소될 당시의 소유자인 제3취득자이므로, 그 가등기의 회복등기청구는 회복등기의무자인 제3취득자를 상대로 하여야 한다(대판 2009.10.15, 2006다43903). 참고로 부동산의 강제경매절차에서 경매목적부동산이 매각된 때에도 소유권이전등기청구권의 순위보전을 위한 가등기는 그보다 선순위의 담보권이나 가압류가 없는 이상 담보목적의 가등기와는 달리 말소되지 아니한 채 매수인에게 인수된다(대결 2003.10.6, 2003마1438).

판 례

가등기가 가등기권리자의 의사에 의하지 아니하고 말소되어 그 말소등기가 원인 무효인 경우에는 등기상 이해관계 있는 세3자(부동산등기법 제59조)는 그의 선의, 악의를 묻지 아니하고 가등기권리자의 회복등기절차에 필요한 승낙을 할 의무가 있으므로, 가등기가 부적법하게 말소된 후 가처분등기, 근저당권 설정등기, 소유권이전등기를 마친 제3자는 가등기의 회복등기절차에서 등기상 이해관계 있는 제3자로서 승낙의무가 있다(대판 1997.9.30, 95다39526).

다) 가등기권자가 가등기와는 상관없이 소유권이전등기를 넘겨받은 경우

가등기권자가 본등기절차에 의하지 않고 가등기설정자로부터 별도의 소유권이전등기를 마친 경우, 가등기의무자에 대하여 가등기에 기한 본등기절차의 이행을 구할 수 있는지 여부가 문제된다. ① 가등기 '후' 그 소유권이전등기전에 중간처분의 '등기가 있는' 경우, 가등기에 기한 본등기절차에 의하지 않고 별도로 가등기권자 명의의 소유권이전등기가 되었다고 하여 가등기 권리자와 의무자 사이의 가등기 약정상의 채무내용 따른 이행이 완료되었다고 할 수 없다. 따라서 가등기권자는 순위보전을 위하여 가등기의무자에게 가등기에 기한 본등기절차의 이행을 구할 수 있다(대판 1995.12.26, 95다29888; 대판 1988.9.27, 87다카1637). 물론 이 경우 가등기권자가 가등기설정자를 상속하거나 가등기에 기한 본등기절차 이행의 의무를 인수한 때에는 혼동의 법리에 의하여 가등기권자의 가등기에 기한 본등기청구권은 소멸한다. ② 가등기 후 그 소유권이전등기전에 중간처분의 '등기가 없는' 경우, 가등기권자가 별도의 소유권이전등기를 마쳤더라도 가등기와 소유권이전등기의 등기원인도 실질상 동일하다면, 가등기의 원인이 된 가등기의무자의 소유권이전등기의무는 그 내용에 좇은 의무이행이 완료되어 가등기에 의하여 보전될 소유권이전등기청구권은 소멸되었다. 따라서 가등기권자는 가등기의무자에게 가등기에 기한 본등기절차의 이행을 구할 수 없다(대판 2007.2.22, 2004다59546).

4) 가등기된 권리의 이전

가등기에 의하여 순위보전의 대상이 되는 물권변동의 청구권이 양도된 경우, 양도인과 양수인의 공동신청으로 그 가등기상의 권리의 이전등기를 가등기에 대한 부기등기의 형식으로 마칠 수 있다(대판 1998.11.19, 98다24105). 가령 甲 소유 부동산에 대해 乙이 매매예약을 원인으로 소유권이전청구권을 보전하는 가등기를 한 후 그 권리를 丙에게 양도한 경우, 丙은 그 가등기에 부기등기를 하는 방식으로 그 권리를 이전받을 수 있다.

5) 가등기의 말소

가등기명의인은 단독으로 가등기의 말소를 신청할 수 있고, 가등기의무자 또는 가등기에 관하여 등기상 이해관계 있는 자는 가등기명의인의 승낙을 받아 단독으로 가등기의 말소를 신청할 수 있다(부동산등기법 제93조). 가등기가처분명령에 의하여 이루어진 가등기도 통상의 가등기말소절차에 의하여 말소하여야 하며, 민사집행법에서 정하는 가처분이의의 방법으로 말소를 구할 수 없다.

2. 지상물에 관한 물권변동의 공시방법 — 입목등기·명인방법

토지와 그 지상물인 건물에 대한 물권변동의 공시방법은 등기이고, 그 절차에 대해서는 부동산등기법에서 규정하고 있다. 그런데 건물 이외에도 독립된 물권을 설정할 수 있는 지상물이 있다.

(1) 입목등기

입목이란 토지에 부착된 수목의 집단으로서, 그 소유자가 입목에 관한 법률에 의하여 소유권보존등기를 한 것을 말한다(동법 제2조). 입목은 토지로부터 독립된 부동산으로서, 입목의 소유자는 토지와 분리하여 이를 양도하거나 저당권의 목적으로 할 수 있다(동법 제3조). 이와 같이 입목에 관하여 인정되는 물권은 '소유권'과 '저당권'뿐이며, 그 변동에 대해서는 특별규정이 없으므로 민법 제186조·제187조가 적용된다.

입목등기를 하고자 하는 자는 먼저 입목의 소재지를 관할하는 시장·군수에게 입목등록을 신청하여 입목등록원부에 등록을 하고, 등록된 것에 한하여 입목등기부에 소유권보존등기를 하게 된다(동법 제8조). 입목등기부는 물적 편성주의에 따라 편철되며(동법 제13조), 그 양식은 토지 또는 건물등기부와 동일하다(동법 제14조).

한편 입목소유자와 입목이 부착하고 있는 토지의 소유자가 경매나 그 밖의 사유로 각각 다르게 된 경우, 토지소유자는 입목소유자에게 지상권을 설정한 것으로 간주되고(법정 지상권), 지료는 당사자의 약정에 의한다(동법 제6조).

(2) 명인방법

(가) 의 의

명인방법이란 건물 이외의 지상물(예: 입목등기를 하지 않은 수목의 집단·입도·미분리의 과실·농작물 등)을 토지 또는 원물과 분리하지 않은 채 토지소유권으로부터 독립된 거래객체로 함에 이용되는 관습법상의 공시방법으로, 그 지상물의 소유권이 누구에게 있다는 것을 명백히 인식시키는 적당한 방법을 말한다. 예컨대 수목의 집단의 경우에 경계를 따라 일정한 거리를 두고 나무껍실을 깎고 거기에 소유자의 성명을 묵서(墨書)하거나 임야의 여러 곳에 '입산금지 소유자 甲'이라는 푯말을 세우는 경우(대판 1967.12.18, 66다2382,2383) 또는 미분리의 과실의 경우에는 논·밭의 주위에 새끼줄을 둘러치고 소유자의 성명을 표시하는 것이 이에 해당한다.

(나) 명인방법에 의한 물권변동

1) 소유권의 변동

명인방법은 불완전한 공시방법이므로, 지상물의 소유권만을 공시할 수 있다. 즉 명인방법에 의해 저당권 기타 제한물권을 설정할 수 없다. 그러나 양도담보는 소유권이전의 형식을 취하므로 명인방법에 의해 공시될 수 있다. 그리고 명인방법은 현재의 권리자만을 표시하면 족하고, 과거의 권리자나 권리취득의 원인까지 표시할 필요는 없다.

2) 변동의 원리

우리 민법은 형식주의를 취하기 때문에, 명인방법이 요구되는 경우에는 그것을 갖추어야만 물권변동이 생긴다. 따라서 입목등기를 하지 않은 수목의 이중매매에서는 명인방법을 먼저 한 사람에게 소유권이 이전된다(대판 1967.2.28, 67다2442). 또 동일 지상물에 관하여 명인방법이 2개 이상 설정되어 있는 경우에는 성립시기를 기준으로 하여 먼저 성립한 것이 우선한다.

판 례

(ㄱ) 명인방법은 지상물이 독립된 물건이며 현재의 소유자가 누구라는 것이 명시되어야 하므로, 법원의

검증 당시 재판장의 수령 10년 이상된 수목을 흰 페인트칠로 표시하라는 명에 따라 측량감정인이 이 사건 포플러의 표피에 흰 페인트칠을 하고 편의상 그 위에 일련번호를 붙인 경우에는 제3자에 대하여 이 사건 포플러에 관한 소유권이 원고들에게 있음을 공시한 명인방법으로 볼 수 없다(대판 1990.2.13, 89다카23022).

(ㄴ) 입목에 대한 매매계약을 체결함에 있어서 매도인이 그 입목에 대한 소유권을 매매계약과 동시에 매수인에게 이전하여 준다는 의사표시를 한 경우에는 잔대금 지급전이더라도 매수인이 명인방법을 실시하면 다른 특별한 사정이 없는 한 매수인은 그 입목의 소유권을 취득한다(대판 1969.11.25, 69다1346).

(ㄷ) 물권변동에 있어서 형식주의를 채택하고 있는 현행 민법 하에서는 소유권을 이전한다는 의사 외에 부동산에 있어서는 등기를, 동산에 있어서는 인도를 필요로 함과 마찬가지로 이 사건 쪽파와 같은 수확되지 아니한 농작물에 있어서는 명인방법을 실시함으로써 그 소유권을 취득한다(대판 1996.2.23, 95도2754).

(ㄹ) 명인방법은 부동산의 등기 또는 동산의 인도와 같이 입목에 대하여 물권변동의 성립요건 또는 효력발생요건에 해당하므로, 식재된 입목에 대하여 명인방법을 실시해야 그 토지와 독립하여 소유권을 취득한다. 이는 토지와 분리하여 입목을 처분하는 경우뿐만 아니라, 입목의 소유권을 유보한 채 입목이 식재된 토지의 소유권을 이전하는 경우에도 마찬가지이다(대판 2021.8.19, 2020다266375).

제 4 절 동산물권의 변동

Ⅰ. 서 설

동산물권의 변동도 부동산물권의 변동과 마찬가지로 법률행위에 의한 변동과 법률행위에 의하지 않은 변동으로 나눌 수 있다. 그러나 동산물권의 변동 중 법률행위에 의한 변동만을 물권법 총칙에서 규정하고, 법률규정에 의한 동산물권의 취득, 즉 동산의 취득시효(제246조)·무주물선점(제252조)·유실물습득(제253조)·매장물발견(제254조)·동산의 부합(제257조)·혼화(제258조) 등에 대해서는 소유권의 장에서 규정하고 있다. 그러므로 여기서는 법률행위에 의한 동산물권의 변동에 대해서 살펴보기로 한다.

한편 동산물권의 공시방법인 점유(占有)에는 등기와 달리 공신력이 인정된다. 따라서 법률행위에 의한 동산물권변동은 '권리자로부터 취득'과 '무권리자로부터 취득(선의취득)'으로 나눌 수 있다. 주의할 것은 무권리자로부터 취득(선의취득)은 법률행위를 매개로 하지만 동산물권 취득의 효과는 점유의 공신력을 인정하는 법률의 규정에 의해서 발생한다는 점이다.

Ⅱ. 권리자로부터 취득

1. 제188조 1항의 적용범위

제188조 1항은 "동산에 관한 물권의 양도는 그 동산을 인도하여야 효력이 생긴다"고 규

정하여, 동산물권변동에 관하여 성립요건주의를 취하고 있다. 제188조 1항이 적용되는 것은 동산에 관한 물권의 양도, 즉 법률행위에 의한 물권변동이지만 실제 적용되는 것은 소유권에 한한다. 동산물권에는 소유권 이외에 점유권·유치권·질권이 있지만, 이들 권리는 점유가 권리의 발생 및 존속요건으로서 소유권보다 더욱 엄격하게 요구되기 때문이다(제192조, 제320조, 제328조, 제330조, 제332조).

한편 동산에 관한 물권의 변동에는 인도를 필요로 하지만, 등기·등록으로 공시되는 동산(선박·자동차·항공기·건설기계)이나 또는 주물의 처분에 따르는 종물로서의 동산(제100조 2항)에는 제188조가 적용되지 않는다.

판 례

자동차관리법 제6조는 "자동차 소유권의 득실변경은 등록을 하여야 그 효력이 생긴다."라고 규정하고 있다. 따라서 자동차관리법이 적용되는 자동차의 소유권을 취득함에는 민법상 공시방법인 '인도'에 의할 수 없고, 나아가 이를 전제로 하는 제249조의 선의취득 규정은 적용되지 아니함이 원칙이다(대판 2016.12.15, 2016다205373).

2. 법률행위에 의한 동산소유권의 이전

법률행위에 의해 동산소유권이 이전되기 위해서는 '물권행위'와 공시방법으로서 '인도'가 있어야 한다(제188조 1항).

(1) 물권행위

물권변동을 일으키는 법률행위인 물권행위에 관한 설명은 동산소유권양도에서의 물권행위에 그대로 적용된다. 그러므로 물권행위의 무인성에 관한 논의는 동산물권의 변동에도 적용된다. 그러나 동산물권의 양도에 선의취득(제249조)이 인정되므로, 물권행위의 무인성에 관한 논의가 실제로 거의 의미를 가지지 못한다.

(2) 인 도

(가) 동산물권변동의 공시방법으로서 인도

동산물권의 양도는 인도하여야 그 효력이 생긴다. 즉 동산물권변동의 공시방법으로서 인도는 부동산물권변동에서의 등기에 상응한다. 인도는 점유의 이전, 즉 사실상의 지배를 이전함을 의미한다. 인도에는 실제로 사실상의 지배를 이전하는 현실의 인도(제188조 1항) 이외에 당사자의 의사표시만으로 이루어지는 간이인도(제188조 2항)·점유개정(제189조)·목적물반환청구권의 양도(제190조)와 같은 관념적 인도도 인정되므로, 동산물권변동의 공시방법으로서 인도는 매우 불완전하다. 그러므로 민법은 동산물권의 변동에 대하여 공신력을 인정하여 거래의 안전을 도모하고 있다.

(나) 인도의 종류

1) 현실의 인도

현실의 인도란 물건을 교부하는 것과 같이 물건에 대한 사실상의 지배를 이전하는 것을 말하는데, 여기서 사실상 지배의 이전이란 결국 사회통념에 의해 판단된다. 즉 물건의 인도가 이루어졌는지 여부는 사회 관념상 목적물에 대한 양도인의 사실상 지배인 점유가 동일성을 유지하면서 양수인의 지배로 이전되었다고 평가할 수 있어야 한다. 판례도 현실의 인도가 있었다고 하려면 양도인의 물건에 대한 사실상의 지배가 동일성을 유지한 채 양수인에게 완전히 이전되어 양수인은 목적물에 대한 지배를 계속적으로 확고하게 취득하여야 하고, 양도인은 물건에 대한 점유를 완전히 종결하여야 한다고 한다(대판 2003.2.11, 2000다66454).

한편 양도인의 점유이전의사 및 양수인의 점유취득의사에 관하여, 법률행위를 이루는 효과의사라는 견해(곽윤직, 150면)와 자연적 의사라고 하는 견해(김용한, 192면; 김상용, 283면; 김증한/김학동, 113면; 이영준, 235면; 이은영, 303면; 윤철홍, 109면)가 대립하고 있다. 생각건대 점유(권)의 성립과 점유권의 양도는 구별되어야 한다. 즉 점유권의 성립은 자연적 의사만으로 충분한 사실행위이고, 점유권의 양도는 법률행위이다(이상태, 119면).

2) 간이인도

양수인이 이미 동산을 점유한 때에는 당사자의 의사표시만으로 인도의 효력이 인정되는데(제188조 2항), 이때 인정되는 인도를 간이인도라 한다. 다시 말하면 甲 소유의 동산을 임차(수치)하고 있는 乙이 그 동산을 매수하는 것처럼, 이미 목적물을 점유하고 있는 양수인이 양도인과 사이에 소유권이전에 관한 합의가 있으면, 동산에 대한 소유권이 양수인에게 이전된다. 이와 같이 양수인의 점유가 타주점유에서 자주점유로 바뀌는 것을 간이인도라 한다. 이때 양수인의 점유는 간접점유라도 무방하다. 그런데 가령 상점점원이 점유보조자로서 소지하고 있는 상품을 상점 주인으로부터 양수하는 경우, 간이인도가 된다는 견해(김용한, 155면)와 현실의 인도가 된다는 견해(김증한/김학동, 117면)가 대립하고 있다.

한편 간이인도에서 의사표시는 소유권이전의 합의를 가리키지만, 여기에는 점유의 승계에 관한 합의를 포함한다. 따라서 행위능력·의사의 흠결 등에 관한 규정이 적용된다. 또한 조건을 붙일 수 있으며, 대리도 가능하다.

3) 점유개정

(i) 양도인이 동산을 양도할 때 양수인과 사이에 점유매개관계(占有媒介關係)를 설정하여 양수인에게 간접점유를 취득시키고, 스스로는 양수인의 점유매개자가 되어 직접점유를 계속하는 경우, 양수인은 인도받은 것으로 보는데(제189조), 이러한 인도방식을 점유개정이라 한다. 예컨대 甲이 乙에게 동산을 매도하면서 동시에 乙로부터 임차하는 경우가 이에 해당한다. 점유개정은 무용의 절차, 즉 점유가 양도인으로부터 양수인에게, 다시 양수인으로부터 양도인에게 순차 이전되어야 하는 절차를 생략하고, 동산의 양도담보를 가능케 한다는 점에서 의미를 가진다. 간이인도의 경우에 양수인의 점유가 타주점유에서 자주점유로 바뀜에 반하여, 점유개정의 경우에는 양도인의 점유가 자주점유에서 타주점유로 바뀐다는 점에서 차이가 있다.

(ii) 점유개정은 양수인에게 간접점유를 취득시키는 것이므로, 점유개정에서는 양수인과 양도인 사이에 점유매개관계를 발생시키는 계약이 존재하여야 한다. 따라서 점유개정에

의한 동산소유권의 양도에서는 소유권이전의 합의와 양수인에게 간접점유를 취득시키는 계약(점유매개관계의 설정에 관한 합의)이 있어야 한다. 소유권이전에 관한 합의는 법률행위이므로 행위능력·의사의 흠결 등에 관한 규정이 적용되며, 조건이나 기한을 붙일 수 있고 대리도 가능하다. 그리고 점유매개관계는 甲이 직접점유, 乙이 간접점유를 갖는 관계로서, 乙이 甲에게 소유권에 기한 목적물에 대한 반환청구권을 갖는 경우이다(제194조). 점유매개관계는 계약에 기초하여 성립할 수 있지만(예: 임대차·사용대차·임치 등), 친권자와 미성년자·유언집행자와 상속인·파산관재인과 채무자 사이의 관계처럼 법률규정에 의해 성립할 수도 있다. 예컨대 미성년자가 친권자로부터 동산을 증여받고, 친권자가 이를 계속 점유하더라도 미성년자는 점유개정에 의해 그 소유권을 취득하게 된다.

(iii) 한편 동산의 소유자가 그 동산을 이중으로 양도하고 모두 점유개정의 방법으로 매도인이 점유를 계속하는 경우, 누가 소유권을 취득하는지가 문제이다. 학설은 ① 현실의 인도가 인도의 기본형이기 때문에 먼저 현실의 인도를 받은 자가 소유권을 취득한다는 견해(이영준, 239면), ② 먼저 점유개정에 의하여 양수받은 자가 소유권을 취득하며, 그 후 점유개정에 의하여 양수받은 자가 소유권을 취득하는지는 선의취득의 문제로 돌아가 선의에 의하여 현실의 인도를 받아야 소유권을 취득한다는 견해(이은영, 309면)가 있다. 판례는 현실의 인도를 받은 양수인이 소유권을 취득한다고 하며(대판 1989.10.24, 88다카26802), 금전채무를 담보하기 위하여 채무자가 그 소유의 동산을 채권자에게 양도하되 점유개정의 방법으로 인도하고 채무자가 이를 계속 점유하기로 약정한 경우, 채무자가 다시 다른 채권자와 사이에 양도담보설정계약을 체결하고 점유개정의 방법으로 인도하더라도 현실의 인도가 아닌 점유개정의 방법으로는 선의취득이 인정되지 아니하므로, 뒤의 채권자는 적법하게 양도담보권을 취득할 수 없다고 한다(대판 2007.2.22, 2006도8649; 대판 2005.2.18, 2004다37430).

생각건대 동산의 소유자가 동산을 이중으로 양도하고 각 점유개정의 방법으로 양도인이 점유를 계속하는 경우, 제1양수인이 동산의 소유권을 취득하고 제2양수인은 무권리자로부터 양수한 것이 되어 선의취득의 요건을 갖추지 않는 한 소유권을 취득할 수 없다고 할 것이다. 즉 점유개정에 의한 선의취득이 인정되지 않으므로, 제2양수인이 선의로 현실의 인도를 받은 때에는 선의취득에 의하여 동산에 대한 소유권을 취득하게 될 것이다.

판 례

돈사에서 대량으로 사육되는 돼지를 집합물에 대한 양도담보의 목적물로 삼은 경우, 그 돼지는 번식, 사망, 판매, 구입 등의 요인에 의하여 증감 변동하기 마련이므로 양도담보권자가 그때마다 별도의 양도담보권설정계약을 맺거나 점유개정의 표시를 하지 않더라도 하나의 집합물로서 동일성을 잃지 아니한 채 양도담보권의 효력은 항상 현재의 집합물 위에 미치게 되고, 양도담보설정자로부터 위 목적물을 양수한 자가 이를 선의취득하지 못하였다면 위 양도담보권의 부담을 그대로 인수하게 된다(대판 2004.11.12, 2004다22858).

4) 목적물반환청구권의 양도

(i) 제3자가 점유하고 있는 동산에 관한 물권을 양도하는 경우, 양도인이 제3자에 대한

반환청구권을 양수인에게 양도함으로써 목적물을 인도받은 것으로 되는데(제190조), 이것을 목적물반환청구권의 양도에 의한 인도라 한다. 예컨대 甲이 乙에게 맡겨 둔 동산을 그대로 丙에게 양도하는 경우처럼, 양도인이 간접점유하고 있는 동산을 그대로 양도하려는 경우, 양도인이 제3자에 대한 반환청구권을 양수인에게 양도하면, 인도가 있는 것으로 되어 양수인이 목적물의 소유권을 취득한다.

이때 양도인이 가지는 반환청구권은 물권적 청구권이 아니라 채권적 청구권이다. 왜냐하면 소유권이전의 합의와 반환청구권의 양도에 의하여 소유권은 이전하며, 물권적 청구권은 물권의 효력으로 물권에 의하여 발생하는 것이고, 물권이 이전되기 전에 물권과 분리하여 양도할 수 없기 때문이다. 그 밖에 반환청구권의 양도에는 채권양도에 관한 규정(제450조, 제451조)이 적용된다.

(ii) 한편 반환청구권의 성질과 관련하여, 분실하거나 도난당한 경우처럼 동산의 소유자가 직접점유는 물론 점유매개관계가 없어 간접점유조차 갖고 있지 않는 때에 그 소유자는 점유자에 대하여 소유권에 기한 반환청구권(물권적 청구권)을 가질 뿐이므로, 그 물건을 어떻게 타인에게 양도할 수 있는지가 문제이다. 이에 대해 학설은 인도주의의 예외를 인정하여 따로 반환청구권을 양도할 필요 없이 소유권이전의 합의만으로 소유권이 이전된다고 한다(이영준, 243면; 김증한/김학동, 120면).

판 례

(ㄱ) 수입화물을 운송한 운송인이 그 운송을 자신이 지정한 보세창고에 반입한 후 그 반출에 필요한 서류를 화주에게 교부하였다면 운송인은 이로써 그 운송물에 대한 인도를 완료한 것으로 보아야 한다(대판 1986.7.22, 82다카1372).

(ㄴ) 양도담보권자인 채권자가 제3자에게 담보목적물인 동산을 매각한 경우, 제3자는 채권자와 채무자 사이의 정산절차 종결 여부와 관계없이 양도담보 목적물을 인도받음으로써 소유권을 취득하게 되고, 양도담보의 설정자가 담보목적물을 점유하고 있는 경우에는 그 목적물의 인도는 채권자로부터 목적물반환청구권을 양도받는 방법으로도 가능하다(대판 2008.11.27, 2006도4263).

Ⅲ. 무권리자로부터 취득 — 선의취득

1. 서 설

(1) 의 의

선의취득이란 동산을 점유하고 있는 자를 권리자로 믿고 평온·공연·선의·무과실로 거래한 자는 비록 양도인이 정당한 권리자가 아니더라도 그 동산에 대한 권리(소유권 또는 질권)를 취득하는 것을 말한다(제249조). 예컨대 甲 소유의 X물건을 임차하여 점유하고 있는 乙로부터 선의의 丙이 과실 없이 매수한 때에, 丙은 X에 대한 소유권을 선의취득하게 된다. 민법은 부동산등기에는 공신력을 인정하지 않지만, 동산의 점유에는 공신력을 인정하고 있다. 이와 같이 동산의 점유에 공신력을 인정하는 결과 동산물권은 무권리자로부터 취득할 수 있는데, 이러한 제도가 바로 선의취득이다.

(2) 근 거

동산의 거래는 빈번하게 또 계속적으로 행하여지는데, 거래할 때마다 소유권의 유무를 확인하여야 한다면 거래의 안전과 신속을 해하므로, 선의취득은 점유가 권리를 표상한다는 일반원칙에 따라 권리외관을 신뢰한 자를 보호하기 위한 제도이다. 즉 동산거래의 안전과 신속을 꾀하려는데 그 목적이 있다.

2. 성립요건

목적물을 선의취득하기 위해서는 ① 객체가 동산이어야 하고, ② 그 동산을 양도인이 점유하고 있어야 하며, ③ 양도인이 무권리자이거나 처분권한이 없는 자이어야 한다. 또한 ④ 유효한 거래행위가 존재하여야 하고, ⑤ 거래행위에 의해 양수인이 점유를 취득하여야 하며, ⑥ 양수인의 점유취득이 평온·공연·선의·무과실로 이루어져야 한다.

(1) 목적물은 동산일 것

(가) 선의취득의 객체는 동산이어야 한다. 따라서 화물상환증·창고증권·선하증권 등 증권에 의해 표상되는 동산을 증권 없이 처분한 경우에 선의취득이 인정된다. 그러나 등기·등록에 의해 공시되는 동산(자동차·선박·중기·항공기)은 선의취득의 대상이 아니다(대판 2016.12.15, 2016다205373). 또한 입목에 관한 법률에 의해 등기된 입목 또는 명인방법에 의하여 공시되는 수목의 집단·미분리 과실 등은 선의취득의 대상이 되지 아니한다. 그러나 이들이 토지로부터 벌채·분리되면 선의취득의 대상이 된다. 그 밖에 지시채권·무기명채권에 관하여는 민법의 특별규정(제514조, 제524조)이 적용되며, 제249조 이하의 규정은 적용되지 않는다. 참고로 문화재청장이나 시·도지사가 지정한 문화재, 도난물품 또는 유실물인 사실이 공고된 문화재 및 그 출처를 알 수 있는 중요한 부분이나 기록을 인위적으로 훼손한 문화재의 매매 등 거래행위에 관하여는 제249조의 선의취득에 관한 규정이 적용되지 않는다. 다만 양수인이 경매나 문화재매매업자 등으로부터 선의로 이를 매수한 경우에는 피해자 또는 유실자는 양수인이 지급한 대가를 변상하고 반환을 청구할 수 있다(문화재보호법 제87조 5항).

(나) 선의취득의 객체는 동산이므로, 이득상환청구권은 선의취득의 대상이 될 수 없으며(대판 1980.5.13, 80다537), 연립주택의 입주권은 수분양자로서의 지위에 불과한 것이므로 선의취득의 대상이 될 수 없다(대판 1980.9.9, 79다2233). 그리고 저당권의 실행으로 부동산이 경매된 경우에 부동산에 부합된 물건은 그것이 부합될 당시에 누구의 소유이었는지를 가릴 것 없이 그 부동산을 매각받은 사람이 소유권을 취득하지만(제358조), 그 부동산의 통상적 사용에 이바지하는 물건이더라도 그 물건이 부동산의 소유자가 아닌 다른 사람의 소유인 때에는 이를 종물이라고 할 수 없으므로(제100조) 부동산에 대한 저당권의 효력이 미칠 수 없어 부동산의 매수인(낙찰자)이 당연히 그 소유권을 취득하는 것은 아니며, 나아가 부동산의 매수인이 그 물건을 선의취득하려면 그

물건이 경매의 목적물로 되었고 매수인이 선의이며 과실 없이 그 물건을 점유하는 등으로 선의취득의 요건을 구비하여야 한다(대판 2008.5.8, 2007다36933,36940).

(다) 일반적으로 금전은 동산의 일종이지만, 금전 자체는 별로 중요하지 않고 수량으로 표시된 일정한 화폐가치가 중요시된다. 따라서 금전이 가치표상으로 유통되는 경우에는 물건으로서의 개성이 문제되지 않으므로 선의취득의 객체가 되지 않으며, '점유가 있는 곳에 소유권이 있다'는 원칙이 적용되고, 부당이득이 문제될 뿐이다. 그러나 금전이 단순한 물건으로 거래되는 경우(예: 진열을 목적으로 하는 특정화폐의 급부)에는 선의취득의 대상이 된다.

(2) 양도인이 동산을 점유하고 있었을 것

양도인의 점유는 직접·간접점유, 자주·타주점유를 가리지 않는다. 그런데 양도인의 점유는 객관적으로 보아 권리자로 오신할 만한 사실상의 지배가 있는 것으로 충분하다. 그러므로 점유보조자가 주인의 물건을 처분한 경우에 선의취득이 인정된다.

(3) 양도인이 무권리자이거나 처분권한이 없는 자일 것

양도인에게 동산에 대한 소유권이 없거나 처분권한이 없어야 한다. 예컨대 임차인이나 수치인과 같이 처음부터 무권리자인 경우뿐만 아니라 처분권한이 없는 경우(예: 파산절차에서의 채무자(즉 파산자), 채무자회생법 제384조), 대리인이 본인 소유가 아닌 물건을 처분하고 상대방이 본인 소유라고 오신한 경우(본인소유의 물건을 무권대리인이 처분한 경우에 선의취득이 부정되지만, 표현대리에 의하여 상대방이 보호받을 수 있다), 공유자의 1인이 공유물을 처분하는 경우 등이 이에 해당한다.

(4) 유효한 거래행위가 존재할 것

(가) 선의취득은 거래의 안전을 보호하는 제도이므로, 양수인이 거래행위(예: 매매, 대물변제, 소비대차의 이행 등)에 의하여 권리를 '승계취득'하여야 한다. 따라서 경매에 의하여 권리를 승계취득한 경우에도 선의취득이 인정된다(대판 1998.6.12, 98다6800; 대판 1998.3.27, 97다32680). 그러나 상속·합병 등과 같은 포괄승계의 경우나 사실행위에 의한 취득의 경우(예: 타인의 임야를 자기 소유로 오인하고 벌목하는 경우, 타인의 유실물을 자신의 것으로 오신하여 습득하는 경우)에는 제249조가 적용되지 않는다.

(나) 거래행위가 유효하여야 한다. 즉 양도인이 무권리자인 점을 제외하면 아무런 흠이 없는 거래행위이어야 한다(대판 1995.6.29, 94다22071). 따라서 거래행위가 무효이거나 취소로 되는 경우에는 선의취득이 성립하지 않는다.

(5) 거래행위에 의해 양수인이 점유를 취득할 것

(가) 현실의 인도·간이인도·반환청구권의 양도의 경우

현실의 인도·간이인도에 의해 점유를 취득하는 경우에 선의취득이 인정된다. 목적물반환청구권의 양도에 의해 점유를 취득하는 경우에 선의취득이 인정되는지에 관하여, ① 다수설은 선의취득이 인정된다고 한다. 그 논거로 반환청구권의 양도가 있는 때에는 양도인이 점유를 상실하는 까닭에 원소유자와 양도인 사이에 점유매개관계가 완전히 단절되기 때문이라는 점(김증한/김학동, 126면) 또는 양도인이 반환청구권을 양도하게 되면 물건에 대한 사실상의 지배가 완전히 양수인에게 이전되기 때문이라는 점을 들고 있다(송덕수, B-213). ② 부정설은 양도인이 무권리자로서 직접점유자에 대하여 반환청구권을 갖지 않는 것이 보통이고 따라서 그러한 반환청구권을 양도한다는 것 자체가 불가능하기 때문에, 반환청구권의 양도에 의해서는 선의취득이 성립하지 않는다고 한다(이은영, 307면). ③ 제한적 긍정설은 무권리자가 간접점유를 하는 경우에는 양수인은 무권리자의 점유매개관계로부터 발생한 반환청구권의 양수와 동시에 소유권을 취득하지만, 간접점유를 하지 않는 경우에는 반환청구권이 실제로 존재하든 존재한다고 주장하는 것에 불과하든 반환청구권의 양도만으로는 부족하고 양수인이 점유를 취득하여야 선의취득할 수 있다고 한다(이영준, 256면).

한편 판례는 양도인이 소유자로부터 보관을 위탁받은 동산을 제3자에게 보관시킨 경우, 양도인이 그 제3자에 대한 반환청구권을 양수인에게 양도하고 지명채권양도의 대항요건을 갖추었을 때에는 동산의 선의취득에 필요한 점유의 취득요건을 충족한다고 한다(대판 1999.1.26, 97다48906).

생각건대 A가 소유권유보부로 B에게 기계를 매도하였고, B가 대금을 완제하기 전에 그 기계를 C에게 양도담보로 제공한 후 C가 B와의 양도담보계약에 기한 그의 일체의 권리를 반환청구권의 양도에 의하여 D에게 양도하고 B에게 통지한 경우처럼 반환청구권의 양도에 의한 선의취득 성립 여부는 양도인이 목적물에 대한 처분권은 없지만 직접점유자에 대하여 반환청구권을 가지고 있는 경우에도 문제되므로, 부정설은 타당하다고 할 수 없다. 따라서 점유개정에 의한 양도의 경우에는 양도인이 종래의 점유를 유지하는 경우인 데 반하여, 반환청구권의 양도의 경우에는 양도인이 종래의 점유를 완전히 상실하는 경우라는 점을 고려할 때, 점유매개관계의 단절 여부를 고려하여 점유의 이전이 있었다고 판단될 때에는 목적물반환청구권의 양도에 의한 선의취득이 성립한다고 할 것이다.

판 례

동산의 선의취득에 필요한 점유의 취득은 이미 현실적인 점유를 하고 있는 양수인에게는 간이인도에 의한 점유취득으로 그 요건은 충족된다(대판 1981.8.20, 80다2530).

(나) 점유개정의 경우

점유개정에 의해 점유를 취득한 경우에 선의취득이 인정될 수 있는가에 대하여 견해가 대립하고 있다. 예컨대 甲 소유의 동산을 乙이 임차하고 있는데, 丙이 乙을 소유자로 오신하여 양수하였지만 계속하여 乙에게 임대한 경우에 丙은 소유권을 선의취득하는지가 문제이다.

1) 부정설 — 다수설, 판례

점유개정에 의한 점유취득에 대하여 선의취득을 인정할 수 없다고 한다(대판 1978.1.17, 77다1872; 김증한/김학동, 125면; 곽윤직, 125면; 김용한, 288면; 이영준, 255면; 이상태, 130면; 이은영, 317면). 그 논거로 ① 점유개정은 가상 불명확한 관념적 점유이전으로 외부에서 거래행위의 존재를 전혀 인식할 수 없는데, 선의취득을 인정하게 되면 원권리자에게 너무 가혹하다는 점, ② 선의취득의 요건인 점유취득은 사실상의 지배관계가 원소유자의 지배를 벗어나서 취득자의 지배권 안으로 옮겨지는 것을 말하는데, 점유개정에 의한 인도의 경우에는 원소유자의 지배권으로부터 목적물이 이탈하지 않았다는 점, ③ 원소유자와 양도인인 현 점유자 사이에 점유매개관계가 단절되지 않고 있는 상황에서 양수인에게 소유권의 선의취득을 인정하는 것은 부당하다는 점을 들고 있다. 다시 말하면 이 견해는 원권리자와 처분자 사이의 간접점유관계에 변동이 없고, 물건이 원권리자의 지배범위에서 완전히 벗어나지 못하였기 때문에 정적안전이 보다 더 보호되어야 한다는 이유로 점유개정에 의한 선의취득을 부정하고 있다.

2) 긍 정 설

점유개정을 점유이전의 한 방법으로 인정하는 이상 점유개정의 방법에 의한 점유취득에 대해서 선의취득을 인정해야 한다고 한다(김기선, 220면).

3) 절 충 설

점유개정에 의해 선의취득을 할 수 있지만, 그 효과는 불확정·부동적이고 선의취득자는 현실의 인도를 받음으로써 비로소 확정적으로 소유권을 취득한다고 한다(김상용, 227면; 황적인, 100면).

4) 소 결

생각건대 양수인이 점유개정의 방법으로 양도인에게 직접점유를 맡긴 것은 원소유자가 그의 물건을 양도인에게 위탁한 것과 다름없고, 이처럼 원소유자와 양수인이 양도인에 대하여 동등한 신뢰를 부여한 경우에는 기성의 소유권이 보호되어야 한다. 그러므로 점유개정도 인도의 한 방법이라는 이유를 들어 점유개정에 의한 선의취득을 인정하는 견해는 너무 형식논리적이라 할 것이다. 절충설은 점유개정에 의한 선의취득 후 현실인도 전에 당사자 간에 상대적 효력을 발생시킨다는 것은 거래의 혼란을 조장하므로 거래안전을 위한 선의취득제도의 취지에 반하게 된다. 따라서 점유개정에 의한 선의취득을 인정하면 양도인이 점유하고 있기 때문에 2중 3중으로 점유개정에 의한 양도가 가능하게 되어, 최후에 양수한 자가 권리자로 확정되는 불합리한 문제가 발생하게 되므로, 부정설이 타당하다고 할 것이다. 결국 점유개정의 방법을 통한 이중양도의 경우에는 먼저 현실의 인도를 받아 점유하고 있는 자가 소유권을 취득한다(대판 1989.10.24, 88다카26802).

(6) 양수인의 점유취득이 평온 · 공연 · 선의 · 무과실로 이루어질 것

(가) 평온은 강폭(强暴)의 반대말로서 법률상 허용되지 않는 강폭한 행위에 의하지 않는 것을 의미하며, 공연은 은비(隱秘)의 반대말로서 이해관계인에 대해 은폐하지 않는 것을 의미한다. 그리고 선의란 양수인이 목적물을 취득할 당시에 양도인이 무권리자임을 알지 못한 것을 말하고, 무과실은 그 사실을 알지 못한 데에 과실이 없는 것을 가리킨다. 선의·무과실의

기준시점은 물권행위가 완성되는 때, 즉 물권적 합의가 동산의 인도보다 먼저 행하여지면 인도된 때, 인도가 먼저 행하여지면 물권적 합의를 기준으로 하여야 한다(대판 1991.3.22, 91다70). 따라서 그 후에 악의·과실이 있다고 하더라도 선의취득의 성립에 영향을 주지 않는다.

(나) 점유자는 소유의 의사로 선의·평온·공연하게 점유한 것으로 추정된다(제197조 1항). 따라서 선의취득자가 평온·공연·선의를 증명할 필요는 없다. 다만 점유취득의 무과실이 추정되는지에 관하여, ① 긍정설은 제200조에 의하여 점유자가 적법한 권리자로 추정되기 때문에 양수인은 무과실로 추정된다고 한다(곽윤직, 124면; 김용한, 287면; 김증한/김학동, 126면). ② 부정설은 무과실에 대한 추정규정이 없음을 이유로 선의취득자가 이를 증명하여야 한다고 한다(김상용, 225면; 이영준, 260면; 이상태, 129면; 윤철홍, 119면). 판례는 동산질권을 선의취득하기 위해서는 그 취득자의 선의·무과실은 동산질권자가 증명하여야 한다고 한다(대판 1981.12.22, 80다2910).

생각건대 제200조는 점유자의 점유상태에 대한 법률상의 적법권리의 추정일 뿐이므로, 점유자와 거래한 자가 그 점유를 신뢰하는 데 대해 과실이 있는가에 관한 문제와는 별개이며, 무과실에 대한 추정규정이 없는 점에 비추어 부정설이 타당하다고 할 것이다.

3. 효 과

(1) 물권의 취득

(가) 선의취득의 요건을 갖추면 양수인은 동산에 관한 물권을 취득한다. 그러나 실제로는 '소유권'과 '질권'에 한한다(제249조, 제343조). 즉 진정한 소유자의 소유권은 소멸하며, 질물의 소유자는 자기 소유물에 대하여 질권설정자, 즉 물상보증인과 동일한 지위에 서게 된다.

(나) 선의취득자는 양도인이 무권리자인데도 법률규정에 의하여 권리를 취득하므로, 선의취득의 성질은 원시취득이다(다수설). 그러므로 소유권이 선의취득되면 양수인은 그 물건 위에 존재하던 제한물권(유치권·질권)의 부담이 없는 완전한 소유권을 취득한다. 다만 양수인이 그 물건 위에 제한물권이 존재하는 것을 알았거나 알 수 있었던 경우에 제한물권의 부담이 있는 소유권을 선의취득한다. 양수인의 신뢰는 그 범위 내에서만 보호하면 족하기 때문이다. 이와 달리 전소유자에게 존재하였던 모든 제한은 선의취득에 의해 소멸하지 않고 그대로 존속한다고 하는 것이 전소유자·선의취득자·제3자 사이의 이해관계를 가장 합리적으로 규율할 수 있으므로, 선의취득은 원시취득이 아니라 승계취득으로 구성해야 한다는 견해가 있다(이영준, 262면, 479면).

(다) 선의취득의 효과는 종국적이다. 즉 동산을 선의취득한 자는 권리를 취득하는 반면 종전 소유자는 소유권을 상실하게 되는 법률효과가 법률의 규정에 의하여 발생되므로, 선의취득자가 임의로 이와 같은 선의취득 효과를 거부하고 종전 소유자에게 동산을 반환받아 갈 것을 요구할 수 없다(대판 1998.6.12, 98다6800).

(2) 부당이득반환문제

(가) 양도인과 진정한 권리자의 관계

선의취득이 성립하면, 양도인은 양수인과의 거래행위에 의하여 취득한 이익을 부당이득으로 진정한 권리자에게 반환하여야 하며(제741조), 양도인에게 귀책사유가 있는 경우에 채무불이행(제390조) 또는 불법행위에 기한 손해배상책임을 진다(제750조).

(나) 선의취득자와 진정한 권리자의 관계

선의취득은 거래의 안전·신속을 보호하기 위하여 선의취득자에게 이득을 보유시킬 것을 목적으로 하므로, 선의취득자는 진정한 권리자에 대하여 부당이득반환의무를 지지 않는다. 특히 선의취득이 '유상행위'로 인한 경우에 부당이득의 반환문제는 발생할 여지가 없다(통설). 다만 선의취득이 무상행위로 인한 경우에 선의취득자는 원권리자에 대하여 부당이득반환의무를 부담하는지에 대하여, 긍정설(김상용, 229면; 김용한, 290면; 이영준, 263면)과 부정설(곽윤직, 125면; 강태성, 296면; 김증한/김학동, 127면; 이상태, 132면)이 대립하고 있다.

4. 도품 · 유실물에 관한 특칙

(1) 서 설

도품·유실물의 경우에는 제3자가 선의취득의 요건을 갖추더라도 피해자 또는 유실자는 도난 또는 유실한 날부터 2년 내에 점유자에 대하여 그 물건의 반환을 청구할 수 있다. 그러나 도품이나 유실물이 금전인 때에는 반환을 청구하지 못한다(제250조). 소유자가 물건을 도난 또는 유실한 경우에 종전 소유자가 점유자의 권리외관을 형성하는데 관여한 바 없으므로, 제250조는 소유자의 소유권을 보다 더 보호하기 위한 것이다.

(2) 적용범위

(가) 도품 · 유실물

1) 제250조의 특칙이 적용되는 것은 금전을 제외한 도품이나 유실물이다. 도품이란 절도 또는 강도에 의하여 점유자의 의사에 반해서 그의 점유를 박탈당한 물건이고, 유실물은 점유자의 의사에 의하지 않고 그의 점유를 이탈한 물건으로서 도품이 아닌 것을 말한다. 이때 점유자의 의사는 점유의 성립에 요구되는 것과 같은 사실상의 자연적 의사이다.

2) 사기·강박·공갈에 의해 점유가 이전된 경우, 비록 의사표시에 하자가 있지만 권리자의 의사에 의하여 점유가 이전되었으므로 점유이탈물이 아니다. 또한 횡령에 의해 점유가 이전된 경우, 즉 원권리자로부터 점유를 수탁받은 자가 제3자에게 부정처분한 경우에도 원권리자의 의사결정에 의해 임의로 점유가 이전되었기 때문에 점유이탈물에 해당하지 않는다.

(나) 점유이탈의 판단기준

소유자가 직접점유를 할 때는 물론이고 간접점유를 할 때에도 점유이탈의 여부는 '직접점유자의 의사'를 기준으로 결정하여야 한다. 따라서 고객이 여관주인에게 잠시 맡긴 물건을 도난당한 때에는 도품에 해당하지만, 여관주인이 그 물건을 횡령하여 타인에게 처분한 때에는 소유자인 고객의 의사에는 반하지만 도품에 해당하지 않는다. 그리고 점유보조자도 직접점유자와 마찬가지로 다루어진다. 예컨대 점유보조자가 점유물을 임의로 처분한 경우, 이는 점유보조자의 의사에 기한 것이므로 점유이탈물이 아니다(곽윤직, 126면; 김상용, 231면; 이상태, 134면). 판례도 점유보조자가 상점의 물건을 임의로 처분한 경우에 형법상 절도죄에 해당하지만, 민사법과 형사법을 동일시할 필요는 없고, 진정한 권리자와 선의의 거래 상대방간의 이익형량의 필요성에 있어서 위탁물 횡령의 경우와 다를 바 없으므로, 그 목적물은 제250조의 도품·유실물에 해당하지 않는다고 한다(대판 1991.3.22, 91다70). 그러나 점유보조자가 본인의 점유를 침해한 때에는 제250조, 제251조가 적용된다는 견해가 있다(이영준, 267면).

(3) 특칙의 내용

(가) 당사자 반환청구권자 및 상대방

반환청구권자는 피해자 또는 유실자이다. 직접점유자가 반환청구권을 가지는 경우에 그 간접점유자인 원소유자도 반환청구를 할 수 있다. 반환청구의 상대방은 도품·유실물을 현재 점유하고 있는 자이다. 따라서 도품·유실물을 직접 선의취득한 자뿐만 아니라 그 사람으로부터 승계받은 승계인도 포함된다.

(나) 반환청구의 기간

반환청구기간은 도난 또는 유실한 날부터 2년이다. 피해자 또는 유실자가 점유를 상실한 시점부터 기산된다. 이 기간의 성질에 관하여 반환청구권의 성질이 형성권이 아니라 청구권이므로 시효기간으로 보아야 한다는 견해가 있지만(곽윤직, 127면; 김상용, 232면; 김증한/김학동, 129면; 윤철홍, 122면), 제250조가 시효로 소멸한다고 규정하고 있지 않으며, 비교적 빠른 기간 내에 반환여부를 확정함으로써 권리관계의 안정을 기하려는 입법취지에 비추어 볼 때 제척기간으로 보아야 할 것이다(강태성, 301면; 고상룡, 164면; 이영준, 268면; 이상태, 134면; 이은영, 332면).

(다) 소유권의 귀속

피해자 또는 유실자가 반환청구를 할 수 있는 기간 동안 도품·유실물의 소유권은 선의취득자에게 있다(통설). 즉 도품·유실물이더라도 선의취득에 의해 소유권은 취득자에게 귀속하고, 원소유자는 제250조의 반환청구권을 행사하여 다시 점유를 회복하면 권리를 회복하게 된다.

(라) 반환청구권의 성질

이와 같이 반환청구권을 행사하기 전까지는 도품·유실물의 소유권은 선의취득자에게 있으므로, 제250조의 반환청구권은 소유권에 기한 반환청구권 또는 점유권에 기한 반환청구권이 아니라 그 점유의 회복과 함께 선의취득자가 취득한 권리를 소멸시키고 도난·유실된 당시의 법률관계를 부활시키는 기능을 가지는 법정청구권이다.

(마) 대가변상청구권

1) 선의취득자가 도품·유실물을 경매나 공개시장에서 또는 같은 종류의 물건을 판매하는 상인으로부터 '선의'로 매수한 때에는, 피해자 또는 유실자는 선의취득자가 실제로 지급한 대가(시가가 아님)를 변상하여야 그 물건의 반환을 청구할 수 있다(제251조). 매수인이 대가변상을 청구하기 위해서는 선의 외에 무과실이어야 하는지에 관하여, 제251조는 소유권취득의 요건이 아니고 대가의 변상청구에 관한 것이라는 등의 이유로 무과실은 요건이 아니라는 견해가 있다(이은영, 312면). 그러나 제251조는 제249조와 제250조를 전제로 하고 있는 규정이므로 무과실도 당연한 요건이라고 해석하여야 한다(대판 1991.3.22, 91다70; 이상태, 136면; 송덕수, B-218; 이영준, 267면).

2) 제251조는 선의취득자에게 그가 지급한 대가의 변상을 받을 때까지 그 물건의 반환청구를 거부할 수 있는 항변권을 인정한 것이 아니라 피해자가 그 물건의 반환을 청구하거나 어떠한 원인으로 반환을 받은 경우에 그 대가변상(代價辨償)의 청구권을 인정한 것이다(통설; 대판 1972.5.23, 72다115). 따라서 선의취득자는 피해자 또는 유실자에게 목적물을 반환한 후에도 대가를 청구할 수 있다.

제 5 절 물권의 소멸

Ⅰ. 서 설

물권의 소멸원인에는 모든 물권에 공통된 것과 각종 물권에 특유한 것이 있다. 여기서는 공통 소멸원인, 즉 목적물의 멸실·소멸시효·포기·혼동·공용징수·몰수 등에 관해 살펴보고, 각종 물권에 특유한 것은 개개의 물권을 설명할 때 검토한다.

Ⅱ. 물권의 소멸원인

1. 목적물의 멸실

목적물이 멸실하면 그것을 목적으로 하는 물권도 소멸한다. 따라서 건물에 대한 부동산 소유권은 건물이 붕괴되면 소멸하지만, 철근이나 목재 등 잔존물이 있는 때에는 그 위에 동산소유권이 존속한다. 또한 교환가치 지배권으로서 본질을 가지는 담보물권은 그 목적물이 멸실되어도 그 목적물에 갈음하는 가치적 변형물에 존속한다(물상대위: 제342조, 제370조). 그 밖에 포락이 되면 토지소유권은 소멸한다. 포락(浦落)이란 토지가 바닷물이나 하천법상의 적용 하천의 물에 무너져 잠겨 그 원상복구가 과다한 비용이 요하는 등 사회통념상 불가능한 상태에 이르렀을 때를 말한다. 따라서 바닷물이나 적용하천의 유수가 아닌 사실상의 하천이나 준용하천의 물에 무너져 내려 사실상의 하상이 되어 그 원상복구가 어렵게 된 때까지를 포함하는 것이 아니다(대판 1992.4.28, 92다3793). 원상회복의 불가능 여부는 포락 당시를 기준으로 결정하여야 한다(대판 1995.8.25, 95다18659).

판 례

(ㄱ) 한번 포락되어 해면 아래에 잠김으로써 복구가 심히 곤란하여 토지로서의 효용을 상실하면 종전의 소유권이 영구히 소멸되고, 그 후 포락된 토지가 다시 성토되어도 종전의 소유자가 다시 소유권을 취득할 수는 없다(대판 1992.9.25, 92다24677).

(ㄴ) 하천에 인접한 토지가 홍수로 인한 하천류수의 범람으로 침수되어 토지가 황폐화되거나 물밑에 잠기거나 항시 물이 흐르고 있는 상태가 계속되고 그 원상복구가 사회통념상 불가능하게 되면 소위 포락으로 인하여 소유권은 영구히 소멸되는 것이고, 이와 같은 사정은 사권의 소멸을 주장하는 자가 증명하여야 한다(대판 1992.11.24, 92다11176; 대판 1992.6.9, 91다43640).

2. 소멸시효의 완성

(1) 소유권 이외의 물권에 대한 소멸시효는 20년이다(제162조 2항). 소유권은 소멸시효에 걸리지 않지만 취득시효의 반사적 효과로서 소멸하는 경우는 있다. 한편 점유권·유치권은 점유가 존속요건이므로 소멸시효에 걸리지 않으며, 담보물권은 피담보채권이 존속하는 한 단독으로 소멸시효에 걸리지 않는다(제369조). 또한 용익물권 중 지상권·지역권은 소멸시효의 대상이 될 수 있지만, 전세권에 관하여는 ① 20년의 소멸시효에 걸린다는 견해(다수설), ② 전세권의 존속기간은 10년을 넘지 못하기 때문에(제312조 1항) 20년의 소멸시효에 걸리지 않는다는 견해가 대립하고 있다(고상룡, 170면; 명순구, 684면).

(2) 소멸시효가 완성하면 말소등기 없이도 물권이 소멸하는가에 관하여, ① 소멸시효의 완성으로 권리가 당연히 소멸한다는 절대적 소멸설에 의하면, 20년간 물권을 행사하지 않으면 말소등기 없이도 물권이 소멸하게 된다(대판 1980.1.29, 79다1863; 대판 1979.2.13, 78다2157; 곽윤직, 132면; 이은영, 166면). 그러나 ② 소멸시효가 완성하더라도 권리가 당연히 소멸하지 않고 시효이익을 받을 자가 상대방에 대하여 권리소멸을 주장할 수 있을 뿐이라는 상대적 소멸설에 의하면, 시효이익을 받는 자가 그 물권의 소멸을 주장하고 말소등기를 함으로써 물권은 소멸하게 된다(김상용, 242면; 김증한/김학동, 176면; 김용한, 99면).

3. 물권의 포기

(1) 물권의 포기(拋棄)는 물권을 소멸시킬 것을 목적으로 하는 물권적 단독행위이다. 소유권이나 점유권의 포기는 특정인에 대한 의사표시를 필요로 하지 않으므로 상대방 없는 단독

행위이고, 제한물권의 포기는 포기에 의하여 직접 이익을 받는 자(보통은 소유자)에 대하여 의사표시를 해야 하므로 상대방 있는 단독행위이다. 이와 같이 물권의 포기는 법률행위이므로 부동산물권의 포기에는 말소등기를 하여야(제186조) 효력이 발생한다(김상용, 242면; 이상태, 60면). 판례도 공유지분의 포기는 법률행위로서 상대방 있는 단독행위에 해당하므로, 부동산 공유자의 공유지분 포기의 의사표시가 다른 공유자에게 도달하더라도 이로써 곧바로 공유지분 포기에 따른 물권변동의 효력이 발생하는 것은 아니고, 다른 공유자는 자신에게 귀속될 공유지분에 관하여 소유권이전등기청구권을 취득하며(제267조), 이후 제186조에 의하여 등기를 하여야 공유지분 포기에 따른 물권변동의 효력이 발생한다고 한다(대판 2016.10.27, 2015다52978). 그러나 포기의 의사표시는 일종의 형성권의 행사로서 말소등기 없이 소멸의 효과가 발생한다는 견해가 있다(이영준, 99면). 한편 점유를 수반하는 물권은 점유를 포기하여야 한다.

(2) 부동산물권을 포기하는 경우의 등기절차에 관하여, 소유권의 포기와 같이 상대방 없는 단독행위로 물권을 포기하는 경우에는 단독으로 말소등기를 신청할 수 있음은 명백하다. 그러나 제한물권의 포기와 같이 상대방 있는 단독행위로 물권을 포기하는 경우에 대하여, ① 상대방과 공동신청으로 말소등기를 신청하여야 한다는 공동신청설(곽윤직, 132면), ② 포기자가 단독으로 말소등기를 신청할 수 있다는 단독신청설이 있다(김상용, 243면; 이상태, 60면; 김증한/김학동, 175면). 생각건대 소유권·제한물권의 포기는 모두 단독행위이며, 포기로 인하여 상대방에게 불이익을 주는 것이 아니므로 단독으로 말소등기를 신청할 수 있다고 할 것이다.

(3) 물권의 포기는 원칙적으로 물권자가 자유롭게 할 수 있지만, 그로 인하여 타인의 이익을 해할 수는 없다. 따라서 지상권 또는 전세권이 저당권의 목적인 경우에 저당권자의 동의 없이 그 지상권 또는 전세권을 포기하지 못한다(제371조 2항). 그리고 포기도 법률행위이므로 선량한 풍속 기타 사회질서에 위반하면 무효이다(제103조).

판 례

합유지분 포기가 적법하다면 그 포기된 합유지분은 나머지 잔존 합유지분권자들에게 균분으로 귀속하게 되지만 그와 같은 물권변동은 합유지분권의 포기라고 하는 법률행위에 의한 것이므로 등기하여야 효력이 있고 지분을 포기한 합유지분권자로부터 잔존 합유지분권자들에게 합유지분권 이전등기가 이루어지지 아니하는 한 지분을 포기한 지분권자는 제3자에 대하여 여전히 합유지분권자로서의 지위를 가지고 있다고 보아야 한다(대판 1997.9.9, 96다16896).

4. 혼 동

(1) 의 의

혼동(混同)이란 서로 대립하는 두 개의 법률상의 지위 또는 자격이 동일인에게 귀속되는 것을 말한다. 이때 두 개의 지위 또는 자격을 병존시키는 것이 무의미하므로, 어느 한 지위를 다른 지위에 흡수시켜 소멸하게 하는 것이다. 다만 점유권에 대해서는 혼동의 법리가 적용되지 않는다(제191조 3항). '점유권'은 본권(本權)과 그 성질을 달리하는 특수한 성질의 것으로 다른 물권과 양립할 수 있기 때문이다. 또한 광업권도 토지소유권과 별개이므로 광업권자가 토지소유권을 취득하더라도 광업권이 혼동으로 소멸하지 않는다. 혼동이 일어나는 원인은 상속·회사의 합병 등의 포괄승계나 매매 등의 특정승계를 묻지 않는다.

(2) 소유권과 제한물권의 혼동

(가) 원 칙

동일한 물건에 대한 소유권과 제한물권이 동일인에게 귀속되는 경우에 그 제한물권은 원칙적으로 소멸한다(제191조 1항 본문). 예컨대 저당권자가 저당목적물에 대한 소유권을 취득하는 경우에는 저당권이 그리고 지상권자가 소유권을 상속하는 경우에는 지상권이 소멸한다. 혼동으로 제한물권이 소멸하기 위해서는 동일한 물건에 대한 소유권과 제한물권이 동일인에게 귀속되어야 한다. 따라서 제한물권자가 양도담보권을 취득한 경우에는 제한물권은 혼동으로 소멸하지 않는다. 가령 甲 소유 부동산에 채권자 乙과 丙이 담보목적으로 공동명의로 지상권을 취득한 후 다시 乙과 丙이 甲에게 금원을 차용해 주면서 채권담보 목적의 소유권이전등기(양도담보)를 乙과 丙 명의로 마친 경우, 乙과 丙의 각각의 지상권 지분은 혼동으로 소멸하지 않는다(대판 1980.12.23, 80다2176). 이 경우 乙과 丙 명의의 소유권이전등기가 되어 있더라도 이는 양도담보권을 취득한 것이며, 따라서 종국적인 소유권을 취득한 것이 아니고 내부적으로는 소유권이 여전히 甲에게 남아있기 때문이다.

(나) 예 외

혼동으로 소멸하는 제한물권이 제3자의 권리의 목적인 때에는 그 물권은 혼동으로 소멸하지 않는다(제191조 1항 단서). 학설과 판례는 제3자의 권리의 목적인 때에 한하지 않고, 소유자 또는 제3자의 법률상의 이익을 부당하게 해치게 될 경우에도 제한물권은 소멸하지 않는다고 한다(대결 2013.11.19, 2012마745).

1) 그 물건이 제3자의 권리의 목적인 때

① X부동산에 관하여 A가 선순위근저당권을 취득한 후 B가 후순위근저당권을 취득하였고, 이어서 C와 D가 순차로 가압류를 한 후 B가 X부동산을 매수하여 소유권을 취득한 경우, B의 근저당권이 혼동으로 소멸하게 된다면 C와 D는 부당한 이득을 보는 반면 B는 손해를 보게 되므로, 이 경우 B의 근저당권은 혼동으로 소멸하지 않는다(대판 1998.7.10, 98다18643). ② 부동산에 대한 소유권과 임차권이 동일인에게 귀속하게 되는 경우, 임차권은 혼동에 의하여 소멸하는 것이 원칙이지만, 그 임차권이 대항요건을 갖춘 후에 저당권이 설정된 때에는 혼동으로 임차권은 소멸하지 않는다(대판 2001.5.15, 2000다12693).

반면에 ① 제3자의 권리가 처음부터 본인의 권리보다 우선하여 제3자에게 부당한 이익을 주지 않는 경우에는 예외가 적용될 여지가 없다. 가령 甲 소유의 X부동산에 관하여 乙이 선순위 저당권을 취득한 후 丙이 후순위 저당권을 취득한 경우, 丙이 X부동산의 소유권을 취득하면 丙의 저당권은 소멸한다. ② 담보물권의 피담보채무가 승계된 경우에는 담보물권은 소멸한다(제507조, 제369조). 가령 채권자 A가 채무자 B에 대한 채권의 담보를 위해 B소유의 부동산에 선순위 저당권을 설정 받은 후 C가 그 부동산에 후순위저당권을 취득하였는데, B가 사망하여 A가 단독상속한 경우 또는 A가 B로부터 저당목적물을 매수하면서 B의 채무도 인수한 경우, 피담보채권이 혼동으로 소멸하므로(제507조) 담보물권의 부종성에 의해 저당권도 소멸한다(제369조). 이는 저당권의 혼동문제가 아니라 채권의 혼동문제이다. ③ 담보물권자가 소유권을 취득한 후에 타인에게 담보를 설정한 경우에는 담보물권은 혼동으로 소멸한다. 가령 甲이 乙 소유의 건물에 대해 공사비채권을 위한 유치권을 갖고 있는 경우, 甲이 乙로부터 그 건물 소유권을 취득한 '후'에 甲이 제3자 丙에게 저당권을 설정하거나 가등기담보를 설정한 경우 甲의 유치권은 혼동으로 소멸한다(대판 2008.5.8, 2007다36933,36940). 甲이 소유권을 취득할 당시에는 등기상 후순위권리자가 없었기 때문이다.

판 례

임차주택의 양수인에게 대항할 수 있는 주택임차인이 당해 임차주택을 매각받아 그 대금을 납부함으로써 임차주택의 소유권을 취득한 때에는, 그 주택임차인은 임대인의 지위를 승계하는 결과(주택임대차보호법 제3조 4항), 그 임대차계약에 기한 채권이 혼동으로 인하여 소멸하게 되므로 그 임대차는 종료된 상태가 된다(대판 1998.9.25, 97다28650). 이는 채권의 혼동문제이다.

2) 혼동한 제한물권이 제3자의 권리의 목적인 때

예컨대 A가 B소유의 토지에 지상권을 가지고 있고, 그 지상권이 C의 저당권의 목적인 때에 A가 토지소유권을 취득하더라도 A의 지상권은 소멸하지 않는다. 만일 소멸한다면 C의 저당권이 부당하게 불이익을 받게 되기 때문이다.

(3) 제한물권과 그 제한물권을 목적으로 하는 다른 권리의 혼동

(가) 원 칙

제한물권과 그 제한물권을 목적으로 하는 다른 제한물권이 동일한 사람에게 귀속한 경우에 다른 제한물권은 원칙적으로 소멸한다(제191조 2항). 예컨대 지상권 또는 전세권을 저당권의 목적으로 하였는데(제371조), 저당권자가 지상권이나 전세권을 취득한 경우에 저당권은 소멸한다.

(나) 예 외

혼동으로 제한물권이 소멸하게 되면, 소유권자 또는 제3자의 법률상의 이익을 부당하게 해치게 될 경우에 제한물권은 소멸하지 않는다(제191조 2항, 1항 단서).

1) 제한물권이 제3자의 권리의 목적인 때

예컨대 甲이 가지는 지상권 위에 乙이 저당권을 가지고 있고, 제3자 丙이 같은 지상권 위에 후순위 저당권을 가지고 있는 경우에 乙이 지상권을 취득하더라도 乙의 저당권은 소멸하지 않는다.

2) 혼동한 권리가 제3자의 권리의 목적인 때

예컨대 A의 지상권 위에 B가 임차권을 가지고 그 임차권 위에 C가 질권을 가지는 경우에 B가 지상권을 취득하더라도 B의 임차권은 소멸하지 않는다.

(4) 효 과

혼동으로 인한 물권소멸의 효과는 절대적이다. 그러나 혼동을 생기게 한 원인이 부존재하거나 원인행위가 무효·취소 등으로 효력을 가지지 않는 때에는 혼동이 처음부터 없었던 것으로 된다. 예컨대 저당권자가 저당목적물을 매수하여 혼동에 의하여 저당권이 소멸되었으나 그 매매계약이 원인무효라면 혼동에 의하여 소멸한 저당권은 당연히 부활된다.

5. 그 밖의 소멸원인

(1) 공용징수

공용징수란 일정한 공익사업의 주체가 특정한 공공사업에 사용할 목적으로 타인의 소유권 기타 재산권을 강제적으로 원시취득하는 것을 말하며, 이로 인해 피징수자의 권리는 소멸한다(공익사업을 위한 토지 등의 취득 및 보상에 관한 법률 제45조).

(2) 몰 수

몰수는 재산권박탈을 내용으로 하는 재산형이며(형법 제41조 9호), 이로 인하여 국가는 원시적으로 권리를 취득하게 되고, 피몰수자의 물권은 소멸한다.

Civil Law

제3장 기본물권

제3장 기본물권

제3장 기본물권

제 1 절 점 유 권

Ⅰ. 서 설

1. 점유제도

(1) 의 의

점유제도는 물건에 대한 사실상 지배(점유)가 있으면, 그것을 정당화시켜 주는 법률상 권원이 있는지를 불문하고, 사실상의 지배상태에 대하여 일정한 법률효과(예: 점유보호청구권, 권리의 추정 등)를 부여하는 제도를 말한다. 물건에 대한 사실상의 지배에는 소유자의 점유·임차인 또는 지상권자의 점유·수치인의 점유·절도자의 점유 등 여러 가지 태양이 있으나, 어느 경우이든 사실상의 지배상태가 있으면 점유의 원인을 묻지 않고 법률효과가 부여된다.

(2) possessio와 Gewere

(가) 민법의 점유제도는 로마법의 possessio와 게르만법의 Gewere에 연유한다. 로마법에서는 물건에 대한 법적 지배인 소유권과 물건에 대한 사실적 지배인 점유를 완전히 분리하고, 점유의 소권이 인정되었다. 그러므로 물권법상 인정되는 선의점유자의 과실수취권(제201조)·비용상환청구권(제203조)·점유보호청구권(제204조-제206조)·본권의 소와 점유의 소를 구별하는 것(제208조) 등은 로마법상의 possessio의 법리를 계승한 것이다.

(나) 한편 게르만법에서는 추상적 권리(본권)와 그 외형적 표현인 사실적 지배(점유)의 구별을 알지 못하고 양자를 일체로 파악하였다. 따라서 Gewere는 possessio처럼 본권과 구별되는 사실상의 지배가 아니라 본권 그 자체이었다. 그러므로 점유의 권리추정(제200조)·자력구제(제209조)·선

의취득(제249조)·물권의 공시(제188조) 등은 Gewere의 법리를 계승한 것이다.

2. 점유보호의 근거

본권을 가지고 있느냐를 묻지 않고 점유 그 자체에 대하여 일정한 법률효과를 부여함으로써 점유를 보호하는 근거가 무엇인가? 이에 대해 소유와 점유가 대체로 일치하므로 사회의 평화와 질서를 유지하기 위한 것이라는 평화설과 점유물을 그대로 보유함(생활관계의 연속)에 대한 점유자 개인의 이익을 보호하기 위한 것이라는 연속설이 있다.

3. 점유권의 개념

(1) 점유권이라 함은 물건에 대한 사실상의 지배(점유)에 대하여 인정되는 물권이다(제192조). 민법은 물건에 대한 사실상의 지배가 있으면 점유할 정당한 권리의 유무를 불문하고, 점유권이라는 권리를 인정하고 이에 대해 여러 법적 효과를 부여한다.

(2) 물건에 대한 사실상의 지배가 정당한 것인가를 불문하고 그 사실상의 지배에 의하여 성립하는 권리가 '점유권'이다. 반면에 '점유할 수 있는 권리' 또는 '점유할 권리'로 점유를 법률상 정당하게 하는 권리를 '본권'(예: 소유권·지상권·전세권·임차권 등)이라고 한다. 점유권과 점유할 수 있는 권리(본권)는 명확하게 구별된다. 그 결과 점유할 권리와 점유권을 모두 가지고 있는 경우(예: 소유자의 점유), 점유권 없이 점유할 권리만 있는 경우(예: 물건을 도난당한 피해자), 점유권만 있고 점유할 권리가 없는 경우도 있다(예: 물건을 절취한 도둑).

Ⅱ. 점유의 개념

1. 점유이론

점유가 성립하기 위해서는 사실적 지배 이외에 어떤 의사(점유의사)를 필요로 하는지가 의문이다. 이에 대하여 점유는 객관적 사실로서 소지(所持) 이외에 점유의사가 있어야 한다는 주관설과 그러한 점유의사를 필요로 하지 않는다는 객관설이 연혁적으로 주장되었으나, 민법은 객관설을 따르고 있다(제192조 1항).

2. 민법의 점유요건

민법의 점유는 물건에 대한 사실상의 지배만으로 성립한다(제192조 1항). 즉 점유의 성립에 일정한 점유의사를 필요로 하지 않는다. 그러나 사실적 지배를 하려는 의사, 즉 점유설정의사(占有設定意思)는 필요하다.

(1) 물건을 사실상 지배할 것

사실상 지배란 사회 관념상 물건이 어떤 사람의 지배하에 있다고 인정되는 객관적 관계를 말한다. '사실상의 지배'가 있다고 하기 위해서는 반드시 물건을 물리적·현실적으로 지배하는 것만을 의미하는 것이 아니고, 물건과 사람과의 시간적·공간적 관계와 본권관계, 타인 지배의 가능성 등을 고려하여 사회통념에 따라 합목적적으로 판단하여야 한다(대판 2022.2.10, 2018다298799; 대판 2009.9.24, 2009다39530).

(가) 공간적 지배관계

1) 지배가능성

① 물리적으로 직접적인 지배를 하고 있는 경우에는 명백히 사실상 지배가 인정된다. 예컨대 몸에 지니고 있는 물건·집안에 둔 물건·담 등으로 둘러싸인 토지와 건물 등은 사실상 지배하고 있다. ② 물건에 대하여 언제든지 직접적인 지배력을 미칠 수 있는 가능성이 있는 경우에도 사실상 지배를 하고 있다고 할 수 있다. 가령 여행 중인 사람은 집에 두고 온 물건에 대하여 사실적 지배를 하고 있다. 반면에 친구의 볼펜을 잠시 빌려 쓰는 경우에는 사실적 지배를 인정하기 어렵다. ③ 사회통념상 건물은 그 부지를 떠나서는 존재할 수 없는 것이므로, 건물과 대지는 점유에서 운명을 같이한다. 즉 ㉠ 건물의 부지가 된 토지는 건물소유자가 점유하는 것으로 볼 것이고, 이 경우 건물소유자가 현실적으로 건물이나 그 부지를 점거하고 있지 않더라도 건물의 소유를 위하여 부지를 점유한다고 보아야 한다(대판 2008.7.10, 2006다39157). 따라서 건물 공유자 중 일부만이 건물을 점유하고 있는 경우에도 건물의 부지는 건물 소유를 위하여 공유명의자 전원이 공동으로 이를 점유하고 있는 것이다(대판 2003.11.13, 2002다57935). ㉡ 미등기건물을 양수하여 건물에 관한 사실상의 처분권을 보유하게 된 양수인은 건물 부지 역시 아울러 점유하고 있다고 볼 수 있다(대판 2010.1.28, 2009다61193). 이러한 특별한 사정이 없는 한 건물의 소유명의자가 아닌 자는 실제 건물을 점유하고 있더라도 그 '부지'를 점유하는 자로 볼 수 없다(대판 2009.9.10, 2009다28462).

판 례

건물소유권이 양도된 경우, 건물의 종전 소유자가 건물소유권을 상실하였는데도 그 부지를 계속 점유할 별도의 독립된 권원이 있는 등의 특별한 사정(예: 건물소유자가 그 부지도 함께 소유하고 있다가 건물소유권만을 양도하여 부지에 대한 직접점유를 상실하였더라도 그 부지에 관하여 관습상의 법정지상권을 취득하게 되는 건물의 새로운 소유자를 통하여 부지를 간접점유하는 것으로 되는 등)이 없는 한, 그 부지에 대한 점유도 함께 상실하는 것으로 보아야 하며, 이 경우에 건물의 종전의 소유자가 그 건물에 계속 거주하고 있고 건물의 새로운 소유자는 현실적으로 건물이나 그 부지를 점거하고 있지 아니하고 있더라도 결론은 마찬가지이다(대판 1993.10.26, 93다2483).

2) 인식·배제가능성

누군가의 사실상 지배에 속하고 있음을 타인이 인식할 수 있는 정도는 되어야 한다(외부로부터 인식가능성). 가령 타인의 토지상에 분묘를 암장·평장하여 분묘인지 여부를 인식할 수 없는 경우에는 그 분묘 주위의 토지를 점유한다고 볼 수 없다(대판 1991.3.12, 90다17507; 이영준, 322면; 이상태, 151면). 또한 사실상 지배는 점유자가 제3자의 간섭을 배척할 수 있을 정도는 되어야 한다(대판 1992.6.23, 91다38266; 이상태, 151면; 이영준, 322면). 따라서 사실상의 도로로서 일반인이 통행하고 있는 토지에 시(市)가 도로포장공사를 하는 것만으로는 시에게 점유가 생겨나는 것이 아니고 어느 정도 완전하게 지배관계를 취득하여야 점유가 인정되며(대판 1974.9.24, 73다1308), 임야의 일부에 선조의 분묘가 설치되어 있다거나 소유권보존등기를 마쳤다는 사정만으로는 임야 전체를 배타적으로 점유·관리하여 왔다고 볼 수 없다(대판 1998.2.24, 96다54263).

판 례

국가가 도로법 관계 규정에 의한 도로구역 결정 고시를 하였다 하더라도, 위 고시에 의하여 사실상 지배주체의 점유관리를 배제할 의사가 있었다고 보여 지는 등 특별한 사정이 없는 한, 그 도로구역 결정 고시만으로 국가가 도로구역의 부지에 대한 점유를 개시하였다고 볼 수는 없고, 종전의 점유자의 점유는 국가의 도로구역 결정 고시 이후에도 계속된다고 봄이 상당하다(대판 2000.12.8, 2000다14934,14941).

(나) 시간적 지배관계

사실상 지배는 어느 정도 시간적 계속성을 필요로 한다(통설). 예컨대 연극의 관객은 그 극장의 의자에 대하여 그리고 식당의 고객은 식사를 위해 사용한 식기에 대하여 각각 점유권을 취득하지 못한다. 따라서 공터 또는 도로로 형성되어 일반인의 이용에 제공되고 있었던 토지부분을 공로로 나가는 통로로 사용한 것에 불과하다면 그 사용자가 이를 점유하였다고 볼 수 없다(대판 1995.3.3, 94다49953).

(다) 본권관계

사실상 지배는 본권의 유무를 불문하는 것이지만, 사실상 지배를 판단하는 데에는 본권관계가 고려될 수 있다(김상용, 265면; 김용한, 176면; 이상태, 151면; 이영준, 327면). 판례는 ① 대지의 소유자로 등기한 자는 보통의 경우 등기할 때에 그 대지의 인도를 받아 점유를 얻은 것으로 보아야 할 것이므로 등기사실을 인정하면서 특별한 사정의 설시 없이 점유사실을 인정할 수 없다고 판단할 수는 없다(대판 2001.1.16, 98다20110). 그러나 이는 임야나 대지 등이 매매 등을 원인으로 양도되고 이에 따라 소유권이전등기가 마쳐진 경우에 그렇다는 것이지, 소유권보존등기의 경우에도 마찬가지라고 볼 수는 없다. 소유권보존등기는 이전등기와 달리 해당 토지의 양도를 전제로 하는 것이 아니어서, 보존등기를 마쳤다고 하여 일반적으로 등기명의자가 그 무렵 다른 사람으로부터 점유를 이전받는다고 볼 수는 없기 때문이다(대판 2013.7.11, 2012다201410). ② 임야에 대한 점유의 이전이나 점유의 계속은 반드시 물리적이고 현실적인 지배를 요한다고 볼 것은 아니고 관리나 이용의 이전이 있으면 인도가 있었다고 보아야 하고, 임야에 대한 소유권을 양도하는 경우라면 그에 대한 지배권도 넘겨지는 것이 거래상 통상적인 형태라고 할 것이라고 한다(대판 2003.6.24, 2001다4705; 대판 1997.8.22, 97다2665).

(라) 예외 — 점유의 관념화

일반적으로 물건에 대한 사실상의 지배만으로 점유가 성립하지만, 예외적으로 본인이 직접 사실상의 지배를 하고 있지 않더라도 타인을 통하여 점유가 성립할 수 있다. 이를 점유보조자에 의한 점유라고 한다. 즉 점유보조자(예: 상점의 점원 등)는 물건에 대하여 직접 실력이 미치고 있으나 점유가 인정되지 않는다. 한편 사실상의 지배가 없는데 점유의 성립이 인정되는 경우가 있다. 예컨대 간접점유·상속인에 의한 점유의 포괄승계가 이에 해당한다.

(2) 점유설정의사가 존재할 것

(가) 점유가 성립하기 위하여 점유의사는 필요로 하지 않지만, 사실적 지배관계를 가지려는 의사, 즉 점유설정의사(Besitzbegründungswille)는 필요하다(대판 1997.7.11, 97다14040; 곽윤직, 142면; 김상용, 265면; 김용한, 176면; 김증한/김학동, 192면; 이상태, 152면; 이영준, 287면). 이러한 의사조차 없다면 지배라는 것을 생각할 수 없기 때문이다. 따라서 타인이 본인 몰래 호주머니에 넣은 물건·밤사이 옆집의 담장이 무너져 자기 마당으로 굴러들어 온 돌·잠자는 동안에 타인이 옆에 가져다 놓고 간 물건 등에 대해서는 본인이 그러한 사실조차 모르거나 지배의사가 없는 경우에는 점유가 성립하지 않는다. 그런데 제192조 1항이 명문으로 '물건에 대한 사실상의 지배'만으로 점유의 성립을 인정하고 있으므로, 점유설정의사를 필요로 하지 않는다는 견해가 있다(고상룡, 186면; 이은영, 328면).

(나) 점유설정의사는 법률행위에서와 같이 어떤 법률효과의 발생을 원하는 의사가 아니라 사실상 지배를 하고자 하는 자연적 의사이다. 따라서 점유의 취득에 행위능력을 필요로 하지 않으며, 어린이나 정신병자도 계속해서 지배하려는 의사가 있는 한 점유를 취득할 수 있고, 미성년자도 그의 법정대리인의 동의 없이 단독으로 점유를 취득할 수 있다. 그 밖에 점유설정의사는 명시적일 필요가 없고 보통 추단되며, 개개의 물건에 관하여 의식되어야 하는 것이 아니라 포괄적으로 표시될 수 있다. 예컨대 우편함에 투입된 우편물·어부가 쳐 놓은 그물에 들어 간 물고기·자동판매기에 투입된 동전에 대하여 그 사실을 몰랐더라도 점유설정의사는 존재하는 것이므로 점유권이 인정된다. 그리고 주문하지 아니한 물건이 배달되었더라도 적시에 이를 반환하지 않는 한 이에 관하여 점유권이 성립한다고 할 것이다(이영준, 287면).

3. 점유보조자

(1) 서 설

점유보조자(占有補助者)란 물건에 대하여 직접적으로 실력을 행사하면서도 사실상의 지배(점유)를 인정받지 못하는 자를 말한다(제195조). 예컨대 가정부·상점의 점원·은행원은 점유보조자로서 물건에 대한 사실상의 지배를 하더라도 점유가 인정되지 않으며, 주인·상점주인·은행이 점유자이다. 점유보조자는 간접점유와 더불어 타인을 통한 점유의 형태이지만, 간접점유자에게 점유권이 인정되는 반면 점유보조자에게는 점유권이 인정되지 않는다는 점에서 차이가 있다. 점유보조자를 점유자로 인정하지 않는 것은 점유보조자의 사실상 지배는 보호할 이익이 없기 때문이다.

(2) 요 건

(가) 물건에 대하여 직접적 실력을 행사할 것

어떤 자가 물건에 대하여 직접적으로 실력을 행사하여야 한다. 이때 점유주(사실상의 지배를 인정받는 자)를 위한 의사의 유무나 점유주가 물건에 대한 소유권을 가지고 있는지 여부는 상관없다.

(나) 점유보조관계가 존재할 것 — 명령·복종의 사회적 종속관계

1) 사회적 종속관계

점유보조자는 타인의 지시를 받아 사실상의 지배를 하여야 한다. 이러한 지시관계를 점유보조관계(Besitzdienerschaft)라 한다. 점유보조자는 타인의 지시에 의한 점유라는 점에서 간접점유와 본질적으로 구별된다. 이와 같이 점유주와 점유보조자 사이에 사회적 종속관계가 있어야 한다. 제195조는 가사상(예: 가정부·운전기사 등) 또는 영업상(예: 점원·직공 등)의 관계를 예시하고, 그 밖에 타인의 지시를 받는 유사한 관계(예: 의사의 지시에 따라 간호사가 의약품을 다루는 경우)에 대해서도 점유보조관계의 성립을 인정하고 있다. 이러한 종속관계가 생기는 기초는 사법상의 계약일 수도 있고 친족법 또는 공법상의 법률관계일 수도 있다. 점유보조자는 사회적 종속관계에 의하여 사실상의 지배를 하면 인정되므로, 그 법률관계(예: 고용계약)가 반드시 유효하여야 하는 것은 아니고 계속적인 것을 요하지 않는다(예: 임시고용된 인부).

2) 외부적 인식

이러한 사회적 종속관계는 외부로부터 인식할 수 있는 것이어야 하는가에 관하여, ① 점유보조관계 내지 종속관계는 제3자가 외부에서 쉽게 인식할 수 있는 것이 아니라도 무방하다는 견해(강태성, 340면; 곽윤직, 143면; 김상용, 268면; 김용한, 189면; 이상태, 165면), ② 점유보조관계인가 간접점유관계인가는 거래안전에 중요한 의미를 갖고 있으므로 점유보조관계는 외부로부터 인식할 수 있는 것이어야 한다는 견해가 있다(이영준, 299면; 고상룡, 189면; 이은영, 348면; 윤철홍, 147면; 박종두, 262면).

생각건대 점유보조자를 점유자로 믿고 동산매매를 한 제3자는 그 동산을 선의취득할 수 있어야 하는데, 부정설에 의하면 제3자가 점유보조자의 사실적 지배를 보고 그를 물건의 소유자로 오신하고 매수한 경우, 제3자는 점유보조자를 통해 점유주와 거래한 것으로 취급되므로 무권대리의 문제로 될 뿐 동산을 선의취득할 수 없게 되는데, 이는 제3자에게 가혹할 뿐만 아니라 거래안전을 해칠 염려가 있다. 따라서 긍정설이 타당하다고 할 것이다.

3) 점유보조관계 여부가 문제되는 경우

① 점유보조관계는 물건에 대한 권리관계와는 관계없이 객관적으로 인정되기 때문에, 자신의 물건에 대해서도 점유보조자가 될 수 있다. 가령 부모가 사 준 장난감에 대해 어린아이는 소유자이지만 동시에 점유보조자에 불과하고, 점유자는 그의 부모이다. ② 배우자의 경우 혼인생활에서의 양성평등의 원칙상 사회적 종속관계를 인정할 수 없으므로, 아내가 남편의 점유보조자라고 할 수 없으며 공유재산은 부부의 공동점유로 보아야 한다(통설; 대판 1998.6.26, 98다16456,16463).

③ 법인의 대표기관이 직무수행과 관련하여 물건을 점유한 때에는 법인의 점유로 되며(대판 1996.1.26, 94다45562), 대표기관이 법인의 점유보조자가 되는 것은 아니다. ④ 판례는 고속국도의 부지를 관리하는 한국도로공사는 독립한 점유주체로 될 수 없고, 국토교통부장관을 기관으로 하는 대한민국의 점유보조자에 불과하다고 한다(대판 1995.2.14, 94다28994,29003). 그러나 한국도로공사가 도로법 제112조 1항에 의하여 국토교통부장관을 대행하여 고속도로를 관리하여 오고 있으므로, 제758조 1항이 정하는 공작물의 점유자에 해당한다는 판례도 있다(대판 1996.10.11, 95다56552).

판 례

도로의 유지·관리에 관한 상위 지방자치단체장의 행정권한이 행정권한위임조례에 의하여 하위 지방자치단체장에게 위임되었다면 사무귀속의 주체는 상위 지방자치단체장이라 하더라도 권한을 위임받은 하위 지방자치단체장이 도로의 관리청이 되고 위임관청은 사무처리의 권한을 잃는 것이므로, 권한을 위임받은 도로의 관리청이 속하는 지방자치단체가 그 도로의 관리·유지를 위하여 하는 점유가 점유보조자의 지위에서 하는 점유라고 할 수 없다(대판 1999.4.23, 98다61562).

(3) 점유보조자의 지위

(가) 점유보조자는 점유자가 아니고 점유주(占有主)가 점유자이다(제195조). 즉 점유보조자의 점유권은 인정되지 않는다. 그러므로 점유방해자에 대한 점유보호청구권의 행사는 점유보조자에게 인정되지 않는다(대판 1976.9.28, 76다1588). 다만 점유보조자는 점유주를 위하여 자력구제권(제209조)을 행사할 수 있다(통설).

(나) 제195조는 사실상 지배의 행사뿐만 아니라 취득과 상실의 경우에도 적용된다. 따라서 점유보조관계가 존재하는 경우에 점유주의 점유취득 및 상실은 점유보조자를 기준으로 결정된다. 예컨대 점유보조자가 물건을 사면 점유주가 그 물건의 점유를 취득하고, 그 물건을 잃으면 점유주의 점유가 소멸한다.

(다) 점유보조자와 점유자 가운데 누구를 기준으로 점유취득시의 선의·악의를 판단할 것인지가 문제된다. 이에 대해 제756조를 유추적용하여야 한다는 견해가 있지만(최병조, 민법주해(IV), 320면), 제116조 1항을 유추적용하여 점유보조자를 기준으로 선의·악의를 판단하여야 한다(이영준, 302면). 따라서 점유주가 악의인 경우에 점유보조자가 선의라 하더라도 점유주는 선의를 원용할 수 없고, 반대로 점유주가 선의이고 점유보조자가 악의이면 점유보조자의 악의는 점유주의 불이익으로 돌아간다.

(4) 점유보조관계의 소멸

점유보조관계는 사회적 종속관계의 종료로 소멸한다. 그러나 점유보조자가 점유보조관계를 끝낸다는 의사를 가진 것만으로는 부족하고 그러한 의사가 외부에서 명백히 인식할 수 있을 정도로 표시되어야 한다.

4. 간접점유

(1) 의 의

간접점유(間接占有)란 타인의 점유를 매개로 하여 점유하는 것을 말하며(제194조), 점유가 관념화된 형태이다. 예컨대 甲 소유의 건물을 乙이 임차하여 점유하고 있는 경우, 건물을 사실상 지배하는 사람은 乙(직접점유자)이지만 건물을 직접 점유하지 않은 甲에게 乙의 점유를 매개로 하여 점유를 인정하는 제도가 간접점유이다.

간접점유를 인정하는 이유는 점유매개자(직접점유자)의 점유할 권리는 간접점유자의 권리로부터 전래된 것이며, 간접점유자는 반환청구권을 가지고 있어 점유매개관계가 종료하면 그 물건을 반환받을 수 있으므로, 사회 관념상 간접점유자는 여전히 그 물건을 자기의 지배권 내에 가지고 있다고 할 수 있기 때문이다.

(2) 성립요건

(가) 점유매개자가 물건을 점유할 것

물건을 직접 점유하는 자는 점유매개자뿐이고, 간접점유자는 직접 점유하지 않는다. 점유매개자의 점유는 '타주점유'이어야 하며, 반드시 직접점유임을 요하지 않고 간접점유일 수도 있다. 예컨대 A가 B에게 부동산을 임대하고 B가 다시 C에게 그 부동산을 전대한 경우, B와 C는 점유매개자로서 B는 간접점유 C는 직접점유하고 있다.

(나) 점유매개관계가 존재할 것

1) 간접점유자와 점유매개자 사이에 지상권·전세권·질권·사용대차·임대차·임치·그 밖의 관계가 존재하여야 하는데, 이를 점유매개관계라 한다. 다시 말하면 간접점유자와 점유매개자 사이에 일시적으로 점유할 수 있는 권리·의무를 발생시키는 법률관계가 있어야 한다. 또한 임차인 B가 A의 건물을 C에게 전대한 경우처럼 점유매개관계는 중첩적으로 존재할 수 있다.

2) 점유매개관계는 다음의 속성을 갖추어야 한다. ① 점유매개자의 점유할 권리가 간접점유자의 권리로부터 전래한 것이고 그 내용에서도 간접점유자의 권리보다 제한된 것이어야 한다. 즉 간접점유자의 권리가 점유매개자의 권리보다 포괄적이어야 한다. 그러나 양자 사이에 시간적 선후관계가 있어야 하는 것은 아니다. ② 간접점유자는 점유매개자에 대하여 (채권적) 반환청구권을 가져야 한다(곽윤직, 146면; 김용한, 185면; 이상태, 159면; 장경학, 305면. 그러나 김상용, 274면은 전세권설정계약에 의하여 전세권자에게 점유가 이전되었으나 그 계약이 무효인 경우, 간접점유자인 전세권설정자가 가지는 반환청구권은 물권적 청구권이라는 점을 근거로 물권적 청구권일 수도 있다고 한다). 따라서 점유매개자의 점유는 타주점유이어야 한다. 이러한 반환청구권은 조건부·기한부 또는 항변권부의 것이라도 무방하다(지원림, 3-111a). ③ 점유매개관계는 반드시 유효한 것임을 요하지 않으며, 점유매개관계가 종료·실효(취소·해제)된 경우에도 간접점유가 성립한다. 가령 간접점유에서 점유매개관계를 이루는 임대차계약 등이 해지 등의 사유로 종료되더라도

직접점유자가 목적물을 반환하기 전까지는 간접점유자의 직접점유자에 대한 반환청구권이 소멸하지 않는다. 따라서 점유매개관계를 이루는 임대차계약 등이 종료된 이후에도 직접점유자가 목적물을 점유한 채 이를 반환하지 않고 있는 경우, 간접점유자의 반환청구권이 소멸한 것이 아니므로 간접점유의 점유매개관계가 단절된다고 할 수 없다(대판 2023.8.18, 2021다249810; 대판 2019.8.14, 2019다205329). 즉 반환청구권은 부당이득에 기한 반환청구권을 포함하기 때문에, 간접점유자와 점유매개자 사이에 유효한 법률관계가 있어야 하는 것은 아니다.

판 례

(ㄱ) 종중이 어떤 부동산에 관하여 임대차를 점유매개관계로 하여 간접점유를 취득하였다고 하기 위하여는 그 임대차관계를 성립시킨 자가 사실상으로나마 종중의 대표기관 내지는 집행기관이거나 그 대리인이어야 하고, 종원이 단지 종중과 무관하게 사인의 자격에서 임대한 것에 불과하다면 그 간접점유의 귀속주체는 어디까지나 그 개인일 뿐 종중이 그를 통하여 당해 부동산을 간접점유하였다고 볼 수 없다(대판 1999.2.23, 98다50593).

(ㄴ) 토지 점유자가 토지를 자주점유하던 중 군 당국이 그 토지에 대하여 민간인의 출입을 통제한 경우, 그 기간 동안의 국가의 점유는 군사상 필요에 의한 일시적인 것으로서 원점유자의 토지에 대한 지배를 전적으로 배제하려는 것이 아니라 군사상 필요가 없어지면 원점유자에게 점유를 반환할 것을 승인하고 있었던 것이므로 성질상 소유의 의사가 없는 타주점유이고, 원점유자는 직접점유자인 국가를 통하여 간접적으로 그 토지를 계속 점유하였다고 할 것이다(대판 1996.1.26, 95다49097; 대판 1994.12.2, 93다14776).

(3) 간접점유자의 지위

간접점유가 성립하면 직접점유자뿐만 아니라 간접점유자도 점유권이 있다(제194조). 따라서 점유에 관한 규정은 그 성질상 적용이 배제되어야 하는 것을 제외하고는 간접점유자에게도 적용된다.

(가) 직접점유자와 간접점유자의 대내관계

① 간접점유자는 직접점유자에 대해 점유보호청구권이나 자력구제권을 행사할 수 없고, 다만 간접점유의 기초가 되는 법률관계(점유매개관계)나 본권에 기한 청구권을 행사할 수 있을 뿐이다. 반면에 ② 직접점유자는 간접점유자에 대하여 점유매개관계에 기한 청구권뿐만 아니라 점유보호청구권과 자력구제권도 행사할 수 있다.

(나) 직접점유자와 간접점유자의 대외관계

1) 직접점유자가 그의 점유를 침탈당하거나 방해당하고 있는 경우, 간접점유자도 점유보호청구권을 가진다(제207조 1항). 그러나 직접점유자에 의해 간접점유가 침해된 경우(예: 직접점유자가 횡령하여 처분한 경우), 점유침탈인지의 여부는 직접점유자를 기준으로 하므로 간접점유자는 점유보호청구권을 행사할 수 없다(대판 1993.3.9, 92다5300).

간접점유자가 반환청구권을 행사하는 경우, 간접점유의 성질상 직접점유자에게 반환할 것을 청구하는 것이 원칙이고, 다만 직접점유자가 그 물건을 반환받을 수 없거나 반환받기를 원하지 않는 때에만 자기에게 반환할 것을 청구할 수 있다(제207조 2항).

2) 간접점유자도 점유물반환청구나 소유물반환청구의 상대방이 될 수 있는지에 관하여, 판례는 ① '불법점유'를 이유로 부동산의 인도를 청구하는 경우에는 현실적인 점유자를 상대로 하여야 하고, 불법점유자라 하여도 그 부동산을 다른 사람에게 인도하여 현실적으로 점유를 하고 있지 않은 이상, 그 자를 상대로 한 인도청구는 부당하다고 한다(대판 1999.7.9, 98다9045). 반면에 ② '약정'(계약관계)에 의하여 인도를 청구하는 경우에는 그 상대방이 직접점유자로 제한되지 아니하며 간접점유자를 상대로 하는 청구도 허용된다고 한다(대판 2014.12.11, 2014다50203,50210; 대판 2013.6.27, 2011다5813).

3) 간접점유자도 직접점유자에 대한 침해가 있는 경우에 자력구제권(제209조)이 인정되는가에 관하여, ① 부정설은 간접점유자에게 자력구제를 인정하는 명문규정이 없다는 점, 간접점유자는 직접 물건을 지배하고 있지 않으므로 특별히 자력구제권을 인정할 필요가 없다는 점, 간접점유의 식별이 어려우므로 자력구제를 인정할 경우에 점유제도의 평화유지기능에 역행하는 결과를 초래한다는 이유로, 직접점유자의 점유가 제3자에 의해 침해당한 때에 간접점유자에게는 자력구제권이 인정되지 않는다고 한다(곽윤직, 147면; 김증한/김학동, 225면; 윤철홍, 150면; 이상태, 160면; 이영준, 377면). ② 긍정설은 자력구제권을 인정하더라도 직접점유자에게 아무런 손해도 발생할 염려가 없다는 점, 간접점유자의 자력구제권을 부정하면서까지 방해자를 보호할 필요가 없다는 점을 이유로 간접점유자의 자력구제권을 인정한다(강태성, 357면; 고상룡, 194면; 김상용, 308면; 이은영, 333면).

생각건대 간접점유자의 목전에서 일어나는 침탈 또는 방해에 대하여 자력구제권이 없다는 이유로 그대로 묵과한다는 것은 자력구제권제도의 취지에 반하므로, 간접점유자에게 자력구제권을 인정하여야 할 것이다.

4) 어떤 물건에 대하여 직접점유자와 간접점유자가 있는 경우, 그 물건에 대한 점유·사용으로 인한 부당이득의 반환의무는 동일한 경제적 목적을 가진 채무로서 서로 중첩되는 부분에 관하여는 일방의 채무가 변제 등으로 소멸하면 타방의 채무도 소멸하는 부진정연대채무의 관계에 있다(대판 2012.9.27, 2011다76747).

판 례

제176조에 의하면 "가처분은 시효의 이익을 받은 자에 대하여 하지 아니한 때에는 이를 그에게 통지한 후가 아니면 시효중단의 효력이 없다"고 되어 있어 직접점유자를 상대로 점유이전금지가처분을 한 뜻을 간접점유자에게 통지한 바가 없다면, 가처분은 간접점유자에 대하여 시효중단의 효력을 발생할 수 없다(대판 1992.10.27, 91다41064,41071).

(다) 불법행위와 간접점유자

제758조의 공작물책임에 관하여 먼저 직접점유자가 책임을 지고 다음으로 간접점유자가 책임을 진다. 제759조의 동물의 점유자는 직접점유자를 가리키며, 간접점유자는 따로 배상책임을 부담하지 않는다(통설).

Ⅲ. 점유의 모습

1. 자주점유와 타주점유

(1) 의 의

자주점유는 '소유의 의사'를 가지고 하는 점유이다. 이것은 소유자와 동일한 지배를 하려는 의사를 가지고 하는 점유를 의미하는 것이지 법률상 그러한 지배를 할 수 있는 권원, 즉 소유권을 가지고 있거나 또는 소유권이 있다고 믿고서 하는 점유를 의미하는 것은 아니다(대판 1996.10.11, 96다23719). 따라서 지상건물과 함께 그 대지를 매수 취득하여 점유를 개시할 때에 매수인이 인접토지와의 경계선을 정확하게 확인해 보지 아니하여 착오로 인접토지의 일부를 그가 매수 취득한 대지에 속하는 것으로 믿고 인접토지의 일부를 현실적으로 인도받아 점유하여 왔다면, 특별한 사정이 없는 한 인접토지에 대한 점유는 소유의 의사가 있는 자주점유에 해당한다(대판 1999.6.25, 99다5866,5873; 대판 1998.11.10, 98다32878).

타주점유는 자주점유가 아닌 점유를 말하며, 타인이 소유권을 가지고 있는 것을 전제로 하는 점유이다. 자주점유와 타주점유의 구별은 취득시효(제245조)·무주물 선점(제252조)·점유자의 책임(제202조)에서 의미가 있으며, 특히 취득시효에서 중요하다.

판 례

(ㄱ) 제3자를 점유매개자로 하여 농지를 간접적으로 점유하여 온 자가 농민이 아니라 하더라도 시효취득에서의 자주점유를 부정할 수 없다(대판 1993.4.27, 93다5000).

(ㄴ) 타인의 물건을 관리하기 위하여 한 점유는 점유권원의 성질상 타주점유이다(대판 1992.3.10, 91다24311).

(ㄷ) 공유부동산은 공유자 한 사람이 전부를 점유하고 있다고 하여도, 다른 특별한 사정이 없는 한 권원의 성질상 다른 공유자의 지분비율의 범위 내에서는 타주점유이다(대판 2005.5.12, 2004다63484; 대판 1996.7.26, 95다51861). 가령 토지를 공동으로 상속한 것이라면 그 토지는 상속인들의 공유에 속하는 것이므로, 공동상속인 1인이 상속토지의 전부를 점유하여 왔더라도 다른 특별한 사정이 없는 한 자신의 상속지분을 초과하는 부분의 점유에 대해서는 권원의 성질상 타주점유이다(대판 2008.9.25, 2008다31485). 다만 공유자들이 분할 전 토지의 전체면적 중 각 점유 부분을 구분소유하게 된다고 믿고서 그 각 점유 부분의 대략적인 면적에 해당하는 만큼의 지분에 관하여 소유권이전등기를 경료받은 경우에는, 등기부상 공유자들이 각 토지의 일부 공유자로 되어 있더라도 그들의 점유가 권원의 성질상 타주점유라고 할 수는 없다(대판 2007.3.29, 2006다79995).

(2) '소유의 의사' 판단기준

(가) 권 원

소유의 의사 유무는 '점유취득시'를 기준으로 점유취득의 원인이 된 권원의 성질이나 점유와 관계가 있는 모든 사정에 의하여 외형적·객관적으로 정하여 진다(대판 2006.2.23, 2005다66473; 대판 2001.5.29, 2001다5913). 따라서 매매가 무효이더라도 매수인의 점유는 자주점유이며, 타인의 물건을 절취하여 가지고 있는 도둑의 점유도 자주점유이다. 반면에 지상권자·전세권자·질권자·임차인 등은 소유의 의사가 없는 타주점유자이며, 명의수탁자의 점유(대판 2002.4.26, 2001다8097,8103), 공유자 1인이 공유토지 전부를 점유하는 경우에 다른 공유자의 지분범위 내에서는 권원의 성질상 타주점유이다(대판 1995.1.12, 94다19884).

판 례

(ㄱ) 명의신탁에 의하여 부동산의 소유자로 등기된 자는 그 사실만으로 당연히 부동산을 점유하는 것으로 볼 수 없음은 물론이고 설사 그의 점유가 인정된다고 하더라도 그 점유권원의 성질상 자주점유라 할 수 없는 것이고, 한편 명의신탁자가 스스로 점유를 계속하면서 등기명의를 수탁자에게 이전한 경우에 수탁자의 등기명의를 신탁자의 등기명의와 동일한 것으로 볼 수는 없다(대판 2002.4.26, 2001다8097,8103).

(ㄴ) 부동산을 매수하여 이를 점유하게 된 자는 그 매매가 무효가 된다는 사정이 있음을 알았다는 등의 특단의 사정이 없는 한 그 점유의 시초에 소유의 의사로 점유한 것이며, 나중에 매도자에게 처분권이 없었다는 등의 사유로 그 매매가 무효인 것이 밝혀졌다 하더라도 그와 같은 점유의 성질이 변하는 것은 아니다(대판 1996.5.28, 95다40328).

(ㄷ) 토지를 매수·취득하여 점유를 개시함에 있어서 매수인이 인접 토지와의 경계선을 정확하게 확인해 보지 아니하고 착오로 인접 토지의 일부를 그가 매수·취득한 토지에 속하는 것으로 믿고서 점유하고 있다면 인접 토지의 일부에 대한 점유는 소유의 의사에 기한 것으로 보아야 하며, 이 경우 그 인접 토지의 점유 방법이 분묘를 설치·관리하는 것이었다고 하여 점유자의 소유 의사를 부정할 것은 아니다(대판 2007.6.14, 2006다84423).

(ㄹ) 매매대상 대지의 면적이 등기부상의 면적을 상당히 초과하는 경우에 특별한 사정이 없다면 계약 당사자들이 이러한 사실을 알고 있었다고 보는 것이 상당하고, 그러한 경우에는 매도인이 초과 부분에 대한 소유권을 취득하여 이전하여 주기로 약정하였다는 등의 특별한 사정이 없는 한 초과 부분은 단순한 점용권의 매매로 보아야 하므로 그 점유는 권원의 성질상 타주점유에 해당한다(대판 2014.3.13, 2011다111459).

(나) 자주점유의 추정

1) 권원의 성질이 분명하지 않은 때에는 점유자는 소유의 의사로 점유한 것(자주점유)으로 추정된다(제197조 1항). 따라서 점유자가 스스로 자주점유를 증명할 책임이 없고, 점유자의 점유가 타주점유임을 주장하는 상대방에게 타주점유의 증명책임이 있다(대판 2017.12.22, 2017다360,377). ① 자주점유의 추정은 지적공부 등의 관리주체인 국가나 지방자치단체가 점유하는 경우에도 적용된다(대판 2023.2.21, 2021다263496,263502). 가령 임야에 대하여 소유권보존등기를 마치고 점유를 개시한 지방자치단체가 점유권원을 주장·증명하지 못한다는 사정만으로 자주점유의 추정이 깨어지지 않는다(대판 2005.4.15, 2003다49627). ② 자주점유의 추정은 전 점유자의 타주점유를 승계한 점유자가 자기의 점유만을 주장하는 경우에도 인정된다(대판 2002.2.26, 99다72743).

2) 점유자의 점유가 소유의 의사 있는 자주점유인지 여부는 점유자의 내심의 의사에 의하여 결정되는 것이 아니라 '점유 취득의 원인이 된 권원의 성질'이나 '점유와 관계 있는 모든 사정에 의하여 외형적·객관적으로' 결정되어야 한다. 따라서 임야의 일부에 선조의 분묘가 설치되어 있다는 사정만으로는 그 임야 전체를 배타적으로 점유·관리하여 왔다고 볼 수는 없고, 타인의 토지 위에 분묘를 설치 또는 소유하는 자는 다른 특별한 사정이 없는 한 그 분묘의 보존 및 관리에 필요한 범위 내에서만 타인의 토지를 점유하는 것이므로 점유권

원의 성질상 소유의 의사가 추정되지 않는다(대판 2025.1.23, 2024다300228; 대판 2023.11.16, 2023다214566).

판 례

(ㄱ) 국토의 계획 및 이용에 관한 법률에 의한 도시계획사업의 시행으로 도로설정이 된 때, 기존의 사실상 도로에 대하여 확장·도로포장 또는 하수도 설치 등 도로의 개축이나 유지보수공사를 시행하여 일반 공중의 교통에 공용한 때부터 도로에 대한 점유를 개시한 것으로 인정할 수 있으므로, 토지의 지목이 도로로 변경된 사실만으로 도로를 관리하는 지방자치단체가 그때부터 그 토지를 소유의 의사로 점유하였다고 볼 수 없다(대판 1999.7.23, 97다3262).

(ㄴ) 국가 등이 취득시효의 완성을 주장하는 토지의 취득절차에 관한 서류를 제출하지 못하고 있다고 하더라도, 국가 등이 점유 개시 당시 공공용 재산의 취득절차를 거쳐서 소유권을 적법하게 취득하였을 가능성을 배제할 수 없는 경우에는, 국가의 자주점유의 추정을 부정하여 무단점유로 인정할 것이 아니다(대판 2021.8.12, 2021다230991).

(ㄷ) 구분소유적 공유관계에서 어느 특정된 부분만을 소유·점유하고 있는 공유자가 매매 등과 같이 종전의 공유지분권과는 별도의 자주점유가 가능한 권원에 의하여 다른 공유자가 소유·점유하는 특정된 부분을 취득하여 점유를 개시하였다고 주장하는 경우에는 타인 소유의 부동산을 매수·점유하였다고 주장하는 경우와 달리 볼 필요가 없으므로, 취득 권원이 인정되지 않는다고 하더라도 그 사유만으로 자주점유의 추정이 번복된다거나 점유권원의 성질상 타주점유라고 할 수 없고, 상대방에게 타주점유에 대하여 증명할 책임이 있다(대판 2013.3.28, 2012다68750).

(다) 추정의 번복 — 자주점유의 추정이 깨지는 경우

외형적·객관적으로 보아 점유자가 타인의 소유권을 배척하고 점유할 의사를 갖고 있지 않았던 것이라고 볼 만한 사정이 증명된 경우에 자주점유의 추정은 깨어진다(대판 2008.3.27, 2007다78258; 대판 2006.2.23, 2005다66473). 가령 ① 권원의 성질상 타주점유임이 증명된 경우, ② 점유자가 타인의 소유권을 배제하여 자기의 소유물처럼 배타적 지배를 행사하는 의사를 가지고 점유하는 것으로 볼 수 없는 객관적 사정, 즉 점유자가 진정한 소유자라면 통상 취하지 않을 태도를 나타내거나 소유자라면 당연히 취했을 것으로 보이는 행동을 취하지 않은 경우, ③ 점유자가 점유개시 당시에 소유권취득의 원인이 될 수 있는 법률행위 기타 법률요건이 없이 그와 같은 법률요건이 없다는 사실을 잘 알면서 타인소유의 부동산을 '무단점유'한 경우 등이 그렇다. 따라서 지방자치단체나 국가가 적법한 공공용 재산의 취득절차를 밟는 등 토지를 점유할 수 있는 일정한 '권원 없이' 사유토지를 도로부지에 편입시킨 경우에 자주점유의 추정은 깨어진다(대판 2015.11.26, 2015다212343). 그러나 ① 지방자치단체나 국가가 토지에 관하여 공공용 재산의 취득절차를 밟았음을 인정할 증거를 제출하지 못하고 있다는 사유만으로 자주점유의 추정이 번복된다고 볼 수 없다(대판 2008.5.15, 2008다13432; 대판 2007.12.27, 2007다42112). ② 점유자가 스스로 매매나 증여와 같이 자주점유의 권원을 주장하였는데, 이것이 인정되지 않는다는 사유만으로는 자주점유의 추정이 깨진다고 볼 수 없다(대판 2017.12.22, 2017다360,377). 증명책임이 상대방에게 있기 때문이다.

판 례

(ㄱ) 토지의 매수인이 매매계약에 의하여 목적 토지의 점유를 취득한 경우, 설사 그것이 타인의 토지의 매매에 해당하여 그에 의하여 곧바로 소유권을 취득할 수 없다고 하더라도 그것만으로 매수인이 점유권원의 성질상 소유의 의사가 없는 것으로 보이는 권원에 바탕을 두고 점유를 취득한 사실이 증명되었다고 단정할 수 없을 뿐만 아니라, 매도인에게 처분권한이 없다는 것을 잘 알면서 이를 매수하였다는 등의 다른 특별한 사정이 입증되지 않는 한, 그 사실만으로 바로 그 매수인의 점유가 소유의 의사가 있는 점유라는 추정이 깨어지는 것이라고 할 수 없고, 제197조 1항이 규정하고 있는 점유자에게 추정되는 소유의 의사는 사실상 소유할 의사가 있는 것으로 충분한 것이지 반드시 등기를 수반하여야 하는 것은 아니므로, 등기를 수반하지 아니한 점유임이 밝혀졌다고 하여 이 사실만 가지고 바로 점유권원의 성질상 소유의 의사가 결여된 타주점유라고 할 수 없다(대판 2008.5.8, 2007다77279).

(ㄴ) 무허가건물을 매수할 당시에 이미 그 건물의 부지가 타인의 소유라는 사정을 잘 알면서도 건물만을 매수한 후 그 건물 부지에 대한 점유를 개시한 경우, 매수인이 그 건물 부지에 대한 점유를 개시할 당시에 성질상 소유권 취득의 원인이 될 수 있는 법률행위 기타 법률요건이 없이 그와 같은 법률요건이 없다는 사정을 알면서 점유한 것이므로, 매수인이 그 건물 부지를 소유의 의사로 점유한 것이라는 추정은 깨어졌다고 보아야 하고, 달리 특별한 사정이 없는 한 그의 점유는 타주점유로 보아야 한다(대판 1998.3.13, 97다55447).

(ㄷ) 처분권한이 없는 자로부터 그 사실을 알면서 부동산을 취득하거나 어떠한 법률행위가 무효임을 알면서 그 법률행위에 의하여 부동산을 취득하여 점유하게 된 때에는 그 점유의 개시에 있어 이미 자신이 그 부동산의 진정한 소유자의 소유권을 배제하고 마치 자기의 소유물처럼 배타적 지배를 할 수 없다는 것을 알면서 점유하는 자이므로 점유개시 당시에 소유의 의사로 점유한 것으로 볼 수 없다(대판 2005.5.12, 2004다63484; 대판 2000.6.9, 99다36778).

(ㄹ) 학교법인의 기본재산을 매수한 사람이 관할청의 허가 없이 계약이 체결된 사실을 알면서 그 목적물을 인도받아 점유를 개시하였다면 이러한 경우의 점유는 자주점유로 인정할 수 없다(대판 1992.5.8, 91다37751). 즉 법령상 주무관청의 허가가 있는 경우에 한하여 처분이 허용되고 그 허가 없이는 처분이 금지된 부동산에 대하여 처분허가가 없다는 것을 알면서 점유하는 자는 이미 자신이 그 부동산의 진정한 소유자의 소유권을 배제하고 마치 자기의 소유물처럼 배타적 지배를 할 수 없다는 것을 알면서 점유하는 자이므로 점유개시 당시에 그 부동산에 대하여 소유자의 소유권을 배제하고 자기의 소유물처럼 배타적 지배를 행사한다는 의사가 있었다고 볼 수 없다(대판 1998.5.8, 98다2945).

(ㅁ) 자신 소유의 대지상에 건물을 건축하면서 인접 토지와의 경계선을 정확하게 확인해 보지 아니한 탓에 착오로 건물이 인접 토지의 일부를 침범하게 되었다고 하더라도 그것이 착오에 기인한 것인 이상 그것만으로 그 인접 토지의 점유를 소유의 의사에 기한 것이 아니라고 단정할 수는 없다고 할 것이나, 일반적으로 자신 소유의 대지상에 새로 건물을 건축하고자 하는 사람은 건물이 자리 잡을 부지 부분의 위치와 면적을 도면 등에 의하여 미리 확인한 다음 건축에 나아가는 것이 보통이라고 할 것이므로, 그 침범 면적이 통상 있을 수 있는 시공상의 착오 정도를 넘어 상당한 정도에까지 이르는 경우에는 당해 건물의 건축주는 자신의 건물이 인접 토지를 침범하여 건축된다는 사실을 건축 당시에 알고 있었다고 보는 것이 상당하다고 할 것이고, 따라서 그 침범으로 인한 인접 토지의 점유는 권원의 성질상 소유의 의사가 있는 점유라고 할 수 없다(대판 2000.12.8, 2000다42977,42984; 대판 2001.5.29, 2001다5913).

(3) 전 환

(가) 타주점유의 자주점유로의 전환

타주점유가 자주점유로 전환되기 위해서는 ① 타주점유자가 새로운 권원에 기해 소유의 의사를 가지고 점유를 시작하거나(예: 임차인이 임차물을 매수한 경우), ② 타주점유자가 자기에게 점유하게 한 자

(간접점유자)에 대하여 소유의 의사가 있음을 표시하여야 한다. 판례는 타주점유자가 그 명의로 소유권보존등기를 마친 것만으로는 소유자에 대하여 소유의 의사를 표시하여 자주점유로 전환되었다고 볼 수 없다고 한다(대판 1997.5.30, 97다2344).

한편 상속으로 점유를 승계한 자는 피상속인의 점유를 승계하는 것이므로(제193조), 상속만으로는 새로운 권원이라 할 수 없다(대판 2008.7.10, 2007다12364). 따라서 상속으로 점유를 승계한 자의 점유가 자주점유로 되기 위해서는 점유자가 소유자에 대하여 소유의 의사가 있는 것을 표시하거나 새로운 권원에 의하여 다시 소유의 의사로써 점유를 시작하여야 한다(대판 2004.9.24, 2004다27273).

판 례

(ㄱ) 피상속인의 장조카가 자기가 그 상속인 또는 권리귀속자인 것으로 믿고 점유를 개시하여 관리 및 수익을 독점하여 왔다면, 타주점유 중 자기에게 권리귀속된 것으로 믿는 경우와 달리 그 점유의 시초에 있어 권원의 성질상 자주점유라고 보아야 할 것이다(대판 1982.7.27, 81다1174,1175). 즉 상속인이 아닌 자가 상속재산을 처음부터 자기 소유로 점유한 때에는 자주점유로 될 수 있다.

(ㄴ) 타인 소유의 토지를 소유의 의사 없이 점유하던 자가 그 지상에 단지 그 소유의 건물을 건축하여 건축물관리대장에 등재하였다거나 토지 위에 과수나무를 식재하고, 그 지상건물을 과수원의 농막으로 사용하고 있다는 사정만으로는 소유자에 대하여 소유의 의사를 표시하였거나 새로운 권원으로 점유를 개시한 것으로 볼 수 없다(대판 1994.4.29, 94다1449).

(나) 자주점유의 타주점유로의 전환

1) 자주점유가 타주점유로 전환되기 위해서는 (가)와 마찬가지로 ① 자주점유자가 새로운 권원에 기해 타인을 위하는 의사를 가지고 점유를 시작하거나(예: 소유자가 물건을 매도한 후 임차인으로서 계속 점유하는 경우), ② 자주점유자가 타인에 대하여 그를 위하여 점유한다는 사실을 표시하여야 한다(예: 도둑이 물건의 소유자와 임차계약을 체결하고 계속 점유하는 경우). 예컨대 피상속인의 부동산에 대해 매각허가결정이 있거나 매매계약이 해제되거나 부동산을 타인에게 매도하여 인도의무를 지는 매도인의 점유(대판 1997.4.11, 97다5824)가 이에 해당한다. 따라서 점유의 시초에 자신의 토지에 인접한 타인소유의 토지를 자기 소유의 토지의 일부로 알고서 이를 점유하게 된 자는 나중에 그 토지가 자기 소유의 토지가 아니라는 점을 알게 되었더라도 그러한 사정만으로 그 점유가 타주점유로 전환되는 것은 아니다(대판 2013.9.13, 2013다43666,43673).

2) 유의할 것은 점유자가 등기명의자를 상대로 매매나 시효취득을 원인으로 소유권이전등기를 청구하였다가 패소 확정되더라도 점유자가 소유자에 대하여 어떤 의무가 있음이 확정되는 것은 아니므로 악의의 점유자가 되는데 불과하고 타주점유로 전환되는 것은 아니다(대판 1999.9.17, 98다63018). 그러나 반대로 소유자가 점유자를 상대로 적극적으로 소유권을 주장하여 승소한 경우에 점유자는 소유자에 대하여 등기말소 또는 명도 등의 의무를 부담하게 되었음이 확정되었으므로, 단순한 악의점유의 상태와는 달리 객관적으로 그와 같은 의무를 부담하는 점유자로 변한 것이어서 점유자의 토지에 대한 점유는 패소판결 확정 후부터는 타

주점유로 전환된다는 점이다(대판 2000.12.8, 2000다14934,14941).

2. 선의점유와 악의점유

(1) 선의점유란 자기에게 점유할 수 있는 권리(본권)가 있다고 믿은 점유를 말하며, 악의점유는 본권이 없음을 알았거나 본권의 유무에 관하여 의심을 품으면서 하는 점유를 말한다. 선의점유와 악의점유의 구별은 취득시효(제245조)·점유자의 과실수취권(제201조)·점유자의 책임(제202조)·점유자의 비용상환청구권(제203조) 및 선의취득(제249조)과 관련하여 실익이 있다.

(2) 점유자는 선의로 점유한 것으로 추정된다(제197조 1항). 권원 없는 점유였음이 밝혀졌다고 하여 곧 그동안의 점유에 대한 선의의 추정이 깨어지는 것은 아니다(대판 2000.3.10, 99다63350). 그러나 선의의 점유자가 본권에 관한 소에서 패소한 경우에 그 소가 제기된 때부터 악의의 점유자로 본다(제197조 2항). 여기서 ① 본권에 관한 소는 소유권의 행사에 해당하는 일체의 소송으로서 점유자에게 점유할 권리가 없음을 인식케 하는 모든 것을 포함한다. 구체적으로는 소유물반환청구소송은 물론 등기의 말소청구소송도 여기에 해당하며, 또한 소유권을 침해하여 이익을 얻은 것을 이유로 하여 제기된 부당이득반환청구소송도 포함된다(대판 2002.11.22, 2001다6213). ② 본권에 관한 소에 패소한 때는 종국판결에 의하여 패소로 확정한 경우를 가리킨다(대판 1974.6.25, 74다128).

판 례

등기명의인이 소유권이전등기말소청구소송의 제1심에서 패소 확정되었더라도 그 사유만으로는 '그들로부터 부동산을 매수하여 점유'한 자에게 그 점유에 관하여 악의나 과실이 있다고 볼 수 없다(대판 1983.3.8, 80다3198).

3. 과실 있는 점유와 과실 없는 점유

본권이 있다고 믿는 데에 과실이 있는지 여부에 따라 과실 있는 점유와 과실 없는 점유로 구별된다. 양자의 구별은 취득시효(제245조) 및 선의취득(제249조)과 관련하여 그 실익이 있다. 한편 과실 없는 점유는 추정되지 않는다(제197조 1항). 따라서 이에 관해서는 그 주장자가 증명책임을 부담한다(대판 2005.6.23, 2005다12704).

판 례

(ㄱ) 양도인이 등기부상의 명의인과 동일인인 경우에는 등기부상 양도인 명의를 의심할 만한 특별한 사정이 없는 한 그 부동산을 양수한 자는 과실 없는 점유자에 해당한다(대판 1998.2.24, 96다8888; 대판 1983.3.8, 80다3198).

(ㄴ) 부동산에 등기부상 소유자가 존재하는 등 그 부동산의 소유자가 따로 있음을 알 수 있는 경우에는 비록 그 소유자가 행방불명되어 생사 여부를 알 수 없다 하더라도 그 부동산이 바로 무주부동산에 해당하는 것은 아니다. 이와 같이 소유자가 따로 있음을 알 수 있는 부동산에 대하여 국가가 국유재산법 제12조에 의한 무주부동산 공고절차를 거쳐 국유재산으로 등기를 마치고 점유를 개시하였다면, 그 점유의 개시에

있어 자기의 소유라고 믿은 데 과실이 있다(대판 2008.10.23, 2008다45057).

4. 하자 있는 점유와 하자 없는 점유

하자 있는 점유란 악의·과실·강폭(强暴)·은비(隱秘)·불계속 등 완전한 점유로서의 효력발생을 방해하는 사정이 있는 점유를 말하고, 하자 없는 점유는 이러한 사정이 없는 점유, 즉 선의·무과실·평온(平穩)·공연(公然)한 점유를 말한다. 강박·폭력(강폭)에 의하지 않은 점유가 평온한 점유이고, 남몰래(은비)하지 않은 점유가 공연한 점유이다. 따라서 점유가 불법이라고 주장하는 자로부터 이의를 받은 사실이 있거나 점유물의 소유권을 둘러싸고 당사자 사이에 법률상 분쟁이 있었더라도 그러한 사실만으로는 점유의 평온·공연성이 상실된다고 할 수 없다(대판 1992.4.24, 92다6983). 점유의 선의·평온·공연은 추정되며, 점유의 계속도 추정된다(제197조 1항, 제198조).

판 례

쌍무계약이 무효로 되어 각 당사자가 서로 취득한 것을 반환하여야 할 경우, 각 당사자의 반환의무는 동시이행의 관계에 있는데, 매도인이 계약금으로 지급받은 금전을 변제공탁함으로서 매수인이 목적물 반환에 대한 동시이행의 항변권을 상실하였음에도 불구하고 동시이행의 관계에 있지 아니한 채권이나 또한 상대방에 대하여 가지고 있지 아니한 채권을 주장하면서 그 목적물의 반환을 계속 거부하면서 점유하고 있다면, 이러한 점유는 적어도 과실에 의한 점유로서 불법행위를 구성한다(대판 1996.6.14, 95다54693).

5. 직접점유와 간접점유

직접점유는 물건을 직접 사실상 점유하거나 점유보조자를 통하여 물건을 지배함으로써 인정되는 점유를 말한다. 이에 대하여 간접점유는 점유매개관계에 있는 타인에 의하여 매개되는 점유를 말한다. 예컨대 甲 소유의 주택을 乙이 임차한 경우에 乙이 직접점유자이고 甲이 간접점유자이다. 이와 같이 간접점유는 물건에 대하여 직접적으로 실력을 미치고 있지 않지만 점유가 인정되는 경우이다.

판 례

국가 또는 상위 지방자치단체 등 위임관청이 법령 등에 의하여 그 권한의 일부를 하위 지방자치단체의 장 등 수임관청에 기관위임을 하여 수임관청이 그 사무처리를 위하여 도로 등의 부지가 된 토지를 점유하는 경우, 간접점유의 요건이 되는 점유매개관계는 법률행위뿐만 아니라 법률의 규정, 국가행위 등에 의하여도 설정될 수 있으므로, 이러한 법령의 규정 등을 점유매개관계로 볼 수 있는 점, 사무귀속의 주체인 위임관청은 법령의 개정 등에 의한 기관위임의 종결로 수임관청에게 그 점유의 반환을 요구할 수 있는 지위에 있는 점 등에 비추어 보면, 위임관청은 법령의 규정 등을 점유매개관계로 하여 법령상 관리청인 수임관청이 직접점유하는 도로 등의 부지가 된 토지를 간접점유한다고 보아야 한다(대판 2010.10.14, 2008다92268; 대판 2010.12.9, 2008다71575).

Ⅳ. 점유권의 취득과 소멸

1. 점유권의 취득

물건을 사실상 지배하면 점유가 성립하고, 점유자는 점유권을 취득한다(제192조 1항). 즉 점유와 점유권은 같은 것의 양면에 지나지 않는다. 따라서 점유의 승계가 있으면 점유권의 승계도 당연히 인정된다.

(1) 직접점유의 취득

(가) 원시취득

물건에 대한 사실상의 지배가 성립하면 점유권도 당연히 원시적으로 취득한다(예: 무주물선점·유실물습득·점유보조자가 점유주의 물건을 횡령한 경우 등). 점유에는 사실상의 지배 이외에 자연적 의사인 점유설정의사가 필요하다.

(나) 승계취득

전주(前主)의 점유가 동일성을 유지하면서 새로운 점유자에게 이전하는 것을 승계취득이라 한다.

1) 특정승계

(i) 점유권을 양도하려면 당사자 사이에 점유권이전의 합의(물권행위)와 점유물의 인도가 있어야 한다. 이러한 점유물의 인도방법으로서 직접점유의 특정승계에는 ① 현실의 인도와 ② 간이인도의 방법이 인정되고 있다(제196조 1항, 2항). 다시 말하면 물건에 대한 사실상의 지배가 현실로 양도인으로부터 양수인에게 이전됨(예: 아파트 열쇠의 교부)으로써 점유권의 승계취득이 일어난다(현실인도에 의한 승계, 제196조 1항). 그리고 양수인이 이미 물건을 점유하고 있는 경우에는 의사의 합치만으로 점유가 이전된다(간이인도에 의한 승계, 제196조 2항, 제188조 2항).

(ii) 현실의 인도 및 간이인도에는 점유의 이전 내지 승계에 관한 합의가 존재하지만, 이는 자연적 의사의 합치만으로 충분하므로 현실인도와 간이인도 자체는 사실행위이다. 그러나 점유권을 양도하기 위해서는 점유권이전의 합의(물권행위)가 있어야 하므로, 점유권의 양도행위는 법률행위이다(다수설). 따라서 어린아이가 자신이 점유하는 물건을 타인에게 인도한 경우, 인도자체는 사실행위이므로 행위능력이 없는 어린아이도 할 수 있으나, 법정대리인의 동의 없이 자신이 가지는 점유권을 양도하는 법률행위를 유효하게 할 수 없다. 결국 타인이 어린아이로부터 점유를 취득하였더라도 어린아이의 점유권을 승계하여 취득하는 것이 아니고, 그때부터 그는 점유권을 원시취득하는 것이 된다(이상태, 168면).

2) 포괄승계 — 점유권의 상속

(i) 상속에 의하여 피상속인의 점유권은 상속인에게 이전된다(제193조). 제193조는 점유권이 없는 물건이 생겨나는 것을 막기 위한 것이다. 점유권의 상속은 법률규정에 의한 점유권의

포괄승계로 의사표시 또는 점유의 이전을 필요로 하지 않는다.

(ii) 상속에 의하여 피상속인의 점유권을 승계하는 자는 진정상속인에 한한다. 표현상속인이 점유를 취득한 후 진정상속인이 상속을 회복한 경우, 상속개시한 때로 소급하여 진정상속인에게로의 점유권의 승계가 이루어진다.

(iii) 피상속인이 사망 당시에 가지고 있었던 점유권이 그대로 상속인에게 승계된다. 따라서 상속인이 사실상의 지배를 하거나 관리하고 있을 필요가 없음은 물론이며 상속의 개시를 알고 있을 필요도 없다. 그리고 피상속인이 가지고 있던 점유도 그 모습 그대로 이전된다. 즉 자주·타주점유, 직접·간접점유, 선의·악의점유, 기타 하자의 유무 등이 그대로 승계된다. 그 밖에 상속인이 실제로 사실상의 지배를 취득하기 전에 제3자가 사실상 지배를 한 때에는 상속인의 점유를 침해한 것이 되고, 상속인은 그 제3자에 대하여 점유보호청구권을 행사할 수 있다.

판 례

부동산을 소유의 의사로 점유하던 자가 사망하고 그 점유를 상속인 중 일부만이 승계하여 점유를 계속한 때에는 다른 특별한 사정이 없는 한 그 점유를 승계한 상속인들은 그 부동산 전체를 소유의 의사로 점유하는 것이고 그 점유가 계속되어 제245조 1항의 기간이 만료되면 등기를 함으로써 그 부동산의 소유권을 취득하게 된다(대판 1989.4.11, 88다카17389).

(2) 간접점유의 취득

(가) 간접점유의 설정

간접점유를 취득하는 방법으로는 ① 소유자가 그의 물건을 타인에게 임대하면 소유자는 간접점유자가 되고 임차인은 직접점유자가 되는 것처럼 직접점유를 하던 자가 점유매개관계를 설정함으로써 간접점유를 취득하는 경우, ② 점유개정에 의하여 점유권을 양수하는 경우(제196조 2항, 제189조), ③ 점유자가 아닌 자가 스스로 직접점유를 취득하고 동시에 타인에게 간접점유를 취득하는 경우(예: 후견인이 피후견인을 대리하여 물건을 매수하고 그 인도를 받는 경우)가 있다.

(나) 간접점유의 양도 — 목적물반환청구권의 양도

간접점유는 목적물반환청구권의 양도에 의하여 양도된다(제196조 2항, 제190조). 즉 간접점유자는 직접점유자에 대하여 반환청구권을 가지는데, 이 반환청구권을 양도함으로써 점유는 이전하게 되고, 따라서 점유권도 이전된다. 목적물반환청구권의 양도에는 채권양도에 관한 규정이 적용된다(제450조).

(3) 점유권취득의 효과

(가) 원시취득의 효과

직접점유 또는 간접점유의 원시취득에 의하여 점유권이 발생하며, 그에 따라 점유의 모든 효과가 발생한다.

(나) 승계취득의 효과

1) 점유의 분리·병합

(i) 점유의 승계취득은 전 점유자의 점유의 승계이자 자기 입장에서는 새로운 점유의 취득이다. 따라서 점유권의 승계가 있는 경우에 승계취득자는 그의 선택에 따라 자기의 점유만을 주장하거나 자기의 점유 및 전 점유자(현 점유자에 앞선 모든 점유자)의 점유를 아울러 주장할 수 있다(제199조 1항). 즉 점유의 분리·병합이 인정된다. 주의할 것은 전 점유자가 여럿인 경우에 그중 일부의 점유만을 주장할 수 있지만, 전 점유자의 점유개시 시점을 임의로 선택할 수 없다는 점이다(대판 1992.9.22, 92다21968,21975).

(ii) 전 점유자의 점유를 아울러 주장하는 경우에는 그 하자도 승계된다(제199조 2항). 예컨대 甲이 악의로 5년간, 乙이 악의로 4년간, 丙이 선의로 3년간 점유한 경우, 丙은 ① 甲과 乙이 악의로 점유한 9년과 자신이 점유한 3년을 합한 12년의 악의점유를 주장할 수 있고, ② 乙이 악의로 점유한 4년과 자신이 점유한 3년을 합한 7년의 악의점유를 주장할 수 있으며, ③ 자신의 3년의 선의점유만을 주장할 수도 있다.

판 례

(ㄱ) 취득시효기간 중 계속해서 등기명의자가 동일한 경우, 그 기산점을 어디에 두든지 간에 취득시효의 완성을 주장할 수 있는 시점에서 보아 그 기간이 경과한 사실만 확정되면 충분하므로, 전 점유자의 점유를 승계하여 자신의 점유기간을 통산하여 20년이 경과한 경우에도 전 점유자가 점유를 개시한 이후의 임의의 시점을 그 기산점으로 삼을 수 있다(대판 1998.5.12, 97다8496,8502).

(ㄴ) 점유의 승계가 있는 경우 전 점유자의 점유가 타주점유라 하여도 점유자의 승계인이 자기의 점유만을 주장하는 경우에는 현 점유자의 점유는 자주점유로 추정된다(대판 2008.7.10, 2006다82540; 대판 2002.2.26, 99다72743).

2) 점유권의 상속에 제199조를 적용할 수 있는지 여부

점유의 분리·병합에 관한 제199조는 포괄승계, 특히 상속의 경우에 적용될 수 있는지에 관하여, ① 다수설은 이를 긍정한다(고상룡, 210면; 곽윤직, 152면; 김용한, 194면; 김증한/김학동, 207면). 즉 상속인이 현실적으로 사실상의 지배를 취득한 때에는 피상속인의 점유 연장임과 동시에 다른 한편으로는 자기의 고유한 점유이므로, 상속인은 피상속인의 점유를 병합하여 주장하거나 자신의 점유만을 분리하여 주장할 수 있다고 한다. 그러나 ② 소수설과 판례는 점유의 분리·병합은 상속의 경우에는 적용될 수 없다고 한다(대판 2008.7.10, 2007다12364; 대판 2004.9.24, 2004다27273; 이영준, 332면; 김상용, 286면; 이상태, 171면). 즉 제193조에 의해 점유에 관한 피상속인의 지위가 그대로 상속인에게 이전되는 것이고 점유가 이전되는 것이 아니므로, 상속인이 사실상의 지배를 현실적으로 취득하더라도 새로운 권원을 취득하는 것이 아니며, 단지 제193조에 의해 관념화된 점유가 구체화되는 것에 불과하다고 한다. 생각건대 상속은 점유변경의 새로운 권원이 될 수 없으므로, 상속인은 피상속인의 점유의 성질과 하자를 떠나 새로운 점유를 주장할 수 없다고 할 것이다.

2. 점유권의 소멸

점유는 물건에 대한 사실상의 지배이므로 사실적 지배를 상실하면 점유권이 소멸한다(제192조 2항). 그러나 모든 물권에 공통되는 소멸사유인 혼동(제191조 3항)이나 소멸시효 등은 점유권의 소멸사유에 해당하지 않는다.

(1) 직접점유의 소멸원인

직접점유는 점유물에 대한 사실상의 지배를 상실함으로써 소멸한다(제192조 2항). 사실상 지배를 상실하였는지 여부는 사회 관념에 따라 결정된다. 직접점유를 상실하는 것은 점유의 양도나 포기처럼 점유자의 의사에 기한 경우뿐만 아니라 점유물의 멸실이나 점유이탈과 같이 점유자의 의사에 의하지 않은 경우도 포함한다. 그런데 점유이탈의 경우에 점유자가 제204조에 의하여 점유를 회수하면 점유권은 처음부터 상실되지 않은 것으로 다루어진다(제192조 2항 단서).

(2) 간접점유의 소멸원인

간접점유는 직접점유자가 점유를 상실하는 경우 또는 점유매개관계가 단절된 경우(예: 점유매개자가 점유물을 횡령하는 경우)에 소멸한다. 주의할 것은 점유매개관계의 단절은 점유매개관계의 기초인 법률관계(예: 임대차 등)의 종료와 반드시 일치하지 않는다는 점이다. 즉 그러한 법률관계가 종료한 후에도 점유매개관계는 존속할 수 있고, 법률관계의 종료 전에도 점유매개관계를 부인함으로써 단절될 수 있다.

V. 점유권의 효력

1. 점유의 추정적 효력

(1) 자주점유의 추정

점유자는 소유의 의사로 선의·평온 및 공연하게 점유한 것으로 추정한다(제197조 1항). 제197조 1항에 의하여 점유자는 소유의 의사로 점유한 것으로 추정되므로, 점유자가 타주점유라는데 대한 증명책임은 상대방에게 있다. 무과실은 추정되지 않으므로 이에 관하여는 그 주장자가 증명책임을 진다(대판 2005.6.23, 2005다12704; 대판 1983.10.11, 83다카531). 한편 선의의 점유자라 하더라도 본권에 관한 소에 패소한 때에는 그 소가 제기된 때부터 악의의 점유자로 본다(제197조 2항).

(2) 점유의 계속추정

전후 양시(兩時)에 점유한 사실이 있는 때에는 그 점유는 계속한 것으로 추정한다(제198조). 예컨대 10년 전에 점유를 한 사실과 현재 점유하고 있는 사실을 증명하면 10년간 계속하여 점유해 온 것으로 추정된다. 점유계속의 추정은 동일인이 전후 양 시점에 점유한 것이 증명된 때뿐만 아니라 전후 양 시점의 점유자가 다른 경우에도 점유의 승계가 증명되는 한 점유 계속은 추정된다(대판 1996.9.20, 96다24279,24286).

(3) 권리적법의 추정

(가) 의 의

점유자가 점유물에 대하여 행사하는 권리는 적법하게 보유한 것으로 추정된다(제200조). 즉 소유자로서 점유하는 자는 정당한 소유자이고, 질권자로서 점유하는 자는 적법한 질권을 가지고 있다고 추정된다. 권리의 추정을 인정하는 이유는 점유가 대체로 진실한 권리관계와 부합할 개연성이 있다는 데 있다.

(나) 추정의 요건

1) 동산일 것

점유자의 권리추정은 동산에 한한다. 즉 등기된 부동산에 대하여 등기명의인과 점유자가 일치하지 않는 경우에는 점유가 아닌 등기에 권리추정력이 인정된다(대판 1982.4.13, 81다780). 부동산의 점유자에게 제200조에 따라 권리추정력을 인정하게 되면, 공시방법을 갖춘 등기명의인이 점유자에게 소유권을 빼앗길 가능성이 크게 될 것이기 때문이다. 따라서 등기부상 타인의 소유로 되어 있는 토지를 점유경작한 자는 스스로 그 점유권원을 주장·증명할 책임이 있고, 소유명의가 따로 있는 경우까지 점유가 적법한 것으로 추정되는 것은 아니다(대판 1976.9.28, 76다1431). 그러나 미등기 부동산의 경우에는 예외적으로 제200조가 적용되어 점유의 추정력이 있다(고상룡, 216면; 김상용, 290면; 김증한/김학동, 212면; 이상태, 174면). 이에 대하여 제200조는 동산에 관하여만 적용하는 것이 타당하다는 이유로 미등기부동산에 대하여 점유의 추정력을 부정하는 견해가 있다(이영준, 340면).

2) 점유하고 있을 것

(i) 제200조가 적용되기 위한 요건은 '점유'일 뿐이고, 점유의 종류 또는 하자의 유무를 불문한다. 즉 점유에 하자가 있든 물건의 직접·간접점유이든 어느 것이나 상관없다.

(ii) 도품·유실물 등 점유이탈물 점유자의 경우에 제200조가 적용될 수 있는지가 문제이다. 이에 대하여 ① 도둑도 훔친 물건을 점유하고 있으면 소유자로 추정되어 진정한 소유자가 그것이 자기의 물건임을 증명해야 하는 것과 같이 권리의 추정을 받게 되는 점유에 관해서는 아무런 제한이 없으므로 점유이탈물의 점유에도 제200조가 적용되어 소유자로 추정된다는 견해(강태성, 380면; 곽윤직, 154면; 김용한, 199면; 김상용, 289면; 이상태, 174면; 이은영, 355면), ② 권리의 적법추정은 물권취득의 효과가 있는 점유로부터 기인하는 것이므로, 선의취득이 허용되지 않는 도품·유실물 등 점유이탈물의 점유에 대하여는 그 적용을 부정하는 것이 제200조의 취지에 부합하다는 견해가 있다(이영준, 341면).

생각건대 도품·유실물의 경우에 제3자가 선의취득의 요건을 갖추더라도 피해자 또는 유실자는 도난 또는 유실한 날부터 2년 이내에 점유자에 대하여 그 물건의 반환을 청구할 수 있지만(제250조), 피해자 또는 유실자가 반환청구를 할 수 있는 기간 동안 도품·유실물의 소유권은 선의취득자에게 있다(통설). 그 밖에 점유자의 점유물이 점유이탈물인지 아닌지 그 자체가 불분명한 때에는 제200조가 적용되는 것이고, 점유이탈물이 분명하면 점유자가 진정한 소유자가 아님이 이미 밝혀졌다고 할 것이므로 제200조가 적용될 여지가 없다. 따라서 도품·유실물 등 점유이탈물의 점유에도 제200조가 적용된다고 할 것이다.

(다) 추정의 범위

1) 점유물에 대하여 행사하는 권리

제200조의 '점유물에 대하여 행사하는 권리'란 점유할 권리를 의미하며, 물권뿐만 아니라 점유하는 것을 정당한 것으로 하는 모든 권리(예: 임차인·수치인 등의 권리)를 의미한다. 그 밖에 제200조는 과거의 점유에 대해서도 적용된다. 따라서 과거에 점유한 자는 그 점유기간 중 적법하게 권리를 보유한 것으로 추정된다.

2) 점유를 승계한 당사자

권리의 적법추정은 소유자와 그로부터 점유를 취득한 자 사이에도 적용되는지에 관하여, ① 소유자로부터 권리를 취득했다는 이유로 점유하는 자는 그 소유자에 대하여 이 추정을 원용하지 못한다는 견해(대판 1964.12.8, 64다714; 곽윤직, 154면; 김상용, 290면; 김용한, 200면; 김증한/김학동, 213면; 이상태, 174면; 이은영, 358면), ② 소유자와 그로부터 점유를 취득한 자의 관계를 특별히 구별하여 취급할 아무런 근거가 없다는 견해가 있다(이영준, 342면).

생각건대 점유의 적법추정은 점유자의 대부분이 적법한 권리자라는 개연성을 기초하여 본권의 증명책임을 구제하려는 취지인데, 소유자와 그로부터 점유를 취득한 자 사이에 권원에 관한 분쟁이 있는 경우에도 점유의 적법추정을 인정하는 것은 제200조의 취지에 반한다고 할 것이다. 따라서 임대인인 소유자와 임차인 사이에 임차권의 존부에 관하여 분쟁이 생긴 경우, 임차인은 현실적 점유사실에 의하여 적법한 임차인으로 추정되지 않으므로 임차인이 임차권의 취득사실을 주장·증명하여야 한다.

(라) 추정의 효과

1) 제200조에 의한 추정은 반대사실의 증명에 의하여 깨어질 때까지 정당한 것으로 다루어지는 소극적·잠정적 성질의 것이다. 이에 따라 증명책임의 전환이 이루어진다.

2) 추정은 점유자의 이익뿐만 아니라 불이익을 위해서도 인정된다. 예컨대 임차인이 점유하고 있는 동산은 그의 소유로 추정되어 임대인의 법정질권의 객체가 된다(제650조). 또한 추정의 효과는 점유자뿐만 아니라 제3자도 원용할 수 있다. 가령 채권자가 채무자의 점유물을 압류하는 경우에 그 점유물이 채무자의 소유라고 추정되는 효과를 원용할 수 있다.

2. 점유자와 회복자의 관계

타인의 물건을 점유하고 있는 자가 그 물건을 점유할 권리 있는 자, 즉 회복자에게 반환하는 과정에서 ① 점유자가 수취한 과실을 어떻게 되는지(점유자의 과실취득), ② 점유물이 점유자의 책임 있는 사유로 멸실·훼손된 때에 그 책임의 범위는 어느 정도인지(점유자의 회복자에 대한 책임), ③ 점유자가 점유물에 지출한 비용은 어느 범위에서 상환되는지(점유자의 비용상환청구권) 등의 문제가 발생한다. 이러한 문제에 관하여 민법은 점유권의 효력으로서 제201조 내지 제203조에서 규정하고 있다. 그런데 이들 문제는 소유자가 물건반환의무를 지는 점유자를 상대로 소유물반환을 청구하는 과정에서 양자의 이익을 조정하는 관계를 다루는 것이므로, 소유권에 기한 목적물반환청구권(제213조)을 설명할 때 다루기로 한다.

3. 점유의 보호

(1) 점유보호청구권

(가) 서 설

1) 의 의

점유보호청구권(占有保護請求權)이란 점유에 대한 침해 또는 침해의 우려가 있는 경우에 본권의 유무와 관계없이 그 배제 또는 예방을 청구할 수 있는 권리를 말한다. 즉 물건에 대한 사실상의 지배 그 자체를 보호하기 위해 인정된 권리이다. 점유보호청구권을 인정하는 이유는 점유가 위법하게 침해된 경우, 이를 보호해 주어야만 사회질서와 평화유지라는 점유제도의 목적을 달성할 수 있고, 또한 자력구제가 원칙적으로 금지됨에 따라 점유에 대한 침해로부터 점유자를 보호할 필요가 있기 때문이다.

2) 성 질

점유보호청구권은 실체법상의 청구권이다. 일종의 물권적 청구권이지만, 현상태의 안정을 목표로 한다는 점에서 본권에 기한 물권적 청구권과 성질을 달리한다. 제204조 내지 제206조는 점유보호청구권 이외에 점유침해에 기한 손해배상도 규정하고 있지만, 이것은 불법행위로 인하여 발생한 순수한 채권이며 물권적 청구권이 아니다.

3) 자력구제권과의 관계

점유침해의 경우에 침해자의 새로운 지배상태가 확립되지 않고 평화교란상태가 계속되는 동안에 점유보호청구권과 자력구제권이 모두 인정되어 경합하지만, 침해자의 새로운 지배상태가 확립되면 점유보호청구권만이 인정된다.

(나) 점유보호청구권의 유형

1) 점유물반환청구권(점유회수청구권)

점유자가 점유의 침탈을 당한 때에는 그 물건의 반환 및 손해배상을 청구할 수 있다(제204조1항).

가) 요 건

(i) 현재 점유를 침해받고 있는 자이어야 한다(제204조). 직접점유자뿐만 아니라 간접점유자

도 점유물반환청구권을 행사할 수 있다(제207조 1항). 그러나 점유보조자는 점유자가 아니기 때문에 점유보호청구권이 인정될 수 없다(제195조).

(ii) 점유물반환청구권의 상대방은 '현재'(사실심의 변론종결시) 점유자의 점유를 침해하고 있는 자이어야 한다(제204조). 다만 점유물반환청구권에서 점유침탈자의 포괄승계인(예: 상속인)은 언제든지 상대방이 되지만, '특별승계인(예: 매수인)은 악의인 때'에 한하여 반환청구의 상대방이 될 수 있다(제204조 2항). 주의할 것은 침탈자로부터 선의승계인을 거쳐 악의승계인에게 물건이 이전된 경우에는 그 악의승계인에 대하여 점유물반환청구권을 행사할 수 없다는 점이다. 선의승계인에게 점유가 이전됨으로써 점유침탈의 교란상태는 종료되었으므로, 이 경우에 점유보호청구권을 인정하는 것은 제도목적에 비추어 적절하지 않기 때문이다.

한편 손해배상청구권의 상대방은 고의·과실로 손해를 발생시킨 자이며, 그의 특별승계인은 상대방이 될 수 없다(통설). 가령 침탈자가 침탈한 점유물을 양도한 때에 손해배상청구권의 상대방은 양수인이 아니라 양도인(침탈자)이며, 이 경우에는 반환청구의 상대방과 손해배상청구의 상대방이 다르게 된다.

(iii) 점유자가 점유를 침탈(侵奪)당하였어야 한다. 여기서 침탈이란 점유자가 그의 의사에 의하지 않고서 사실상의 지배를 전면적으로 빼앗기는 것을 말한다. 따라서 절취 또는 강도를 당한 때에는 침탈이 되지만, 사기·강박·착오에 의하여 점유자가 임의로 인도한 때에는 침탈에 해당하지 않는다(대판 1992.2.28, 91다17443). 점유침탈 여부는 직접점유자를 기준으로 판단하기 때문이다. 또한 직접점유자가 임의로 점유를 타인에게 양도한 경우에 그 점유이전이 간접점유자의 의사에 어긋나더라도 간접점유자의 점유가 침탈된 경우에 해당하지 않는다(대판 1993.3.9, 92다5300). 그 밖에 빨래가 바람에 날려 이웃집에 넘어가거나 유실물을 습득한 경우에 점유물반환청구를 할 수 없다.

그런데 점유의 상호침탈(相互侵奪)의 경우에 점유물반환청구권(점유회수청구권)을 행사할 수 있는지가 문제이다. 가령 甲이 X건물을 점유하며 유치권을 행사하던 중, 乙이 甲을 폭행하는 등의 방법으로 X건물에 대한 甲의 점유를 침탈하였고, 甲이 다수의 용역직원을 동원하는 등의 방법으로 X건물의 점유를 탈환한 경우, 乙이 甲을 상대로 제204조 1항에 따른 점유의 회수를 청구할 수 있는가? 다수설과 판례는 乙의 점유회수청구를 인정하더라도 甲이 乙의 점유침탈을 문제삼아 점유회수청구권을 행사하게 되면 아무런 실익이 없다는 이유로 이를 부정한다(대판 2023.8.18, 2022다269675; 곽윤직, 161면; 김용한, 210면; 김증한/김학동, 217면; 이상태, 184면; 이은영, 366면). 따라서 甲의 점유탈환행위가 제209조 2항의 자력구제의 한계를 벗어난 것이라고 하더라도 먼저 점유를 침탈한 乙은 甲에 대하여 점유회수를 청구할 수 없다.

(iv) 침탈자의 고의·과실을 요하지 않는다. 따라서 정당하게 인도청구할 수 있는 경우에도 점유침탈이 있으면 점유물반환청구권을 행사할 수 있다. 다만 점유침탈을 이유로 손해배상을 청구하기 위해서는 점유침탈자에게 고의·과실이 있어야 한다.

나) 내 용

물건의 반환 및 손해배상을 청구할 수 있다. 점유자가 간접점유자인 경우에 그 물건을 직접점유자에게 반환할 것을 청구함이 원칙이고, 다만 직접점유자가 반환받을 수 없거나 받기를 원하지 않는 때에만 직접 자기에게 반환할 것을 청구할 수 있다(제207조 2항). 이는 점유매개자의 점유를 보호하기 위한 것이다. 반환비용은 원칙적으로 상대방이 부담한다(통설). 점유를 침탈당한 경우에 점유물반환청구권(점유회수청구권)을 행사하여 점유를 회수하면 점유권은 상실되지 않은 것으로 다루어진다(제192조 2항 단서). 한편 손해배상에서 손해는 물건의 점유를 계속함으로써 얻을 수 있는 이익을 기준으로 산정한다.

다) 제척기간

점유물반환청구권은 침탈당한 날부터 1년 이내에 행사하여야 한다(제204조 3항). 이 기간은 '제척기간'이고 손해배상청구의 경우에도 마찬가지라 할 것이다. 여기서 점유보호청구권의 행사기간이 출소기간인지 여부에 관하여, 판례는 이 제척기간은 재판 외에서 권리행사하는 것으로 족한 기간이 아니라 반드시 그 기간 내에 소를 제기하여야 하는 이른바 출소기간으로 해석함이 상당하다고 한다(대판 2002.4.26, 2001다8097,8103). 주의할 것은 제204조 3항은 '본권' 침해로 발생한 손해배상청구권의 행사에는 적용되지 않는다. 따라서 점유를 침탈당한 자가 본권인 유치권 소멸에 따른 손해배상청구권을 행사하는 때에는 제204조 3항이 적용되지 않고, 점유를 침탈당한 날부터 1년 이내에 행사할 것을 요하지 않는다(대판 2021.8.19, 2021다213866).

2) 점유물방해제거청구권(점유보유청구권)

점유자가 점유의 방해를 받는 때에는 그 방해의 제거 및 손해배상을 청구할 수 있다(제205조 1항).

가) 요 건

(i) 청구권자는 현재 점유를 방해받고 있는 자이어야 하고, 상대방은 현재 점유자의 점유를 방해하고 있는 자이어야 한다(제205조 1항).

(ii) 점유의 방해가 있어야 한다. 여기서 방해란 점유침탈 이외의 방법으로 기존의 점유상태에 대한 부분적 침해를 의미한다. 침탈과 방해의 차이는 점유자가 점유를 상실하였느냐의 여부에 달려있다. 예컨대 폭풍으로 이웃의 나무가 점유자의 집 마당으로 넘어진 때에는 방해에 해당한다.

(iii) 점유의 방해는 방해자의 고의·과실에 의함을 필요로 하지 않는다. 다만 점유방해를 이유로 손해배상을 청구할 수 있기 위해서는 방해자의 고의·과실이 필요하다. 손해배상에 관하여는 불법행위의 일반원칙을 따라야 하기 때문이다.

나) 내 용

방해를 받은 자는 그 방해의 제거 및 손해배상을 청구할 수 있다. 여기서 손해배상은 근본적으로 점유권의 행사가 방해되고 있음으로 인하여 발생하는 손해의 배상을 의미하는 것이지 그 방해의 제거비용을 의미하는 것은 아니다.

다) 제척기간

점유물방해제거청구권은 방해가 종료한 날부터 1년 이내에 행사하여야 한다(제205조 2항). 그러나 방해제거는 성질상 방해가 그친 후에는 할 수 없기 때문에, 여기의 제척기간은 손해배상의 청구에 관해서만 적용된다. 제204조 3항과 마찬가지로 1년의 제척기간은 그 기간 내에 소를 제기하여야 하는 출소기간이며, 기산점이 되는 '방해가 종료한 날'은 방해행위가 종료한 날을 의미한다(대판 2016.7.29, 2016다214483,214490). 다만 공사로 인하여 점유의 방해를 받는 경우에는 공사를 착수한 후 1년이 지났거나 공사가 완성된 때에는 방해의 제거를 청구할 수 없다(제205조 3항).

3) 점유물방해예방청구권(점유보전청구권)

점유자가 점유의 방해를 받을 염려가 있는 때에는 그 방해의 예방 또는 손해배상의 담보를 청구할 수 있다(제206조 1항).

가) 요 건

(i) 청구권자는 현재 점유를 방해받을 염려가 있는 자이고, 상대방은 현재 점유를 방해할 염려가 있는 자이어야 한다(제206조 1항).

(ii) 점유의 방해를 받을 염려가 있어야 한다. 예컨대 나무가 넘어질 염려가 있다거나 건물이 무너질 염려가 있을 때이다. 그러한 상태의 존재는 점유자의 주관에 의한 것이 아니며, 구체적 사정 하에서 일반 사회통념에 따라 객관적으로 판단되어야 한다(대판 1987.6.9, 86다2942).

(iii) 상대방의 고의·과실을 필요로 하지 않는다. 점유물방해예방청구권 역시 물건에 대한 사실상의 지배 그 자체를 보호하기 위한 권리이므로, 점유자의 점유를 방해할 염려가 있는 자의 고의·과실을 필요로 하지 않는다.

나) 내 용

점유자는 방해의 예방 또는 손해배상의 담보를 청구할 수 있다. 방해의 예방이나 손해배상의 담보는 다 같이 장래의 위험에 대비한 조치로서 그 목적이 동일하므로, 점유자는 양 청구권 중에서 한가지만을 선택하여 청구하여야 한다. 한편 방해의 예방은 방해원인을 제거하여 방해를 방지하는 조치로 작위 또는 부작위를 가리지 않는다. 손해배상의 담보는 장래의 손해발생에 대비하여 미리 제공케 하는 것이므로, 상대방의 고의·과실을 필요로 하지 않는다. 그러나 장래의 손해가 현실화된 때에는 상대방의 고의·과실이 있어야 손해배상을 청구할 수 있다.

다) 제척기간

방해예방청구권은 방해의 염려가 있는 동안은 언제든지 행사할 수 있다. 그러나 공사로 인하여 방해의 염려가 있는 경우에는 공사착수 후 1년을 경과하거나 그 공사가 완료된 때에는 청구하지 못한다(제206조 2항, 제205조 3항).

(다) 점유의 소와 본권의 소

1) 의 의

본권(本權)의 소(訴)는 소유권·지상권·전세권 등의 점유할 수 있는 권리를 기초로 한 소를 말하고, 점유의 소는 점유보호청구권을 행사하는 소를 말한다. 예컨대 乙이 소유자인 동시에 점유자인 甲의 물건을 절취한 경우, 甲은 乙에 대하여 제213조에 의하여 소유물반환청구권과 제204조에 기한 점유물반환청구권을 행사할 수 있는데, 전자를 기초로 한 소가 본권의 소이고, 후자를 기초로 한 소가 점유의 소이다. 본권의 소는 법률상 당연히 있어야 할 지배상태를 실현시키는 것을 목적으로 하는 데 반하여, 점유의 소는 물건에 대한 사실적 지배를 그대로 유지·보호하는 것을 목적으로 한다.

2) 양자의 관계

(i) 점유의 소와 본권의 소는 서로 영향을 미치지 않는다(제208조 1항). 양자는 그 기초를 달리하고 소송물이 다르기 때문이다. 따라서 점유의 소와 본권의 소를 동시에 제기할 수 있으며, 하나의 소가 패소 확정되더라도 다른 소를 제기할 수 있다.

(ii) 점유의 소는 본권에 관한 이유로 재판하지 못한다(제208조 2항). 예컨대 점유물반환청구에 대하여 점유침탈자가 점유물에 대한 본권이 있다는 이유로 점유물반환청구권을 부인하지 못한다. 즉 점유의 소에서 본권에 관한 항변을 제출할 수 없다. 그러나 점유의 소에 대하여 반소(민사소송법 제269조)로서 본권에 기한 반환청구소송을 제기하는 것은 허용된다(통설; 대판 1967.6.20, 67다479). 반소를 인정하지 않으면 후에 점유할 권리가 있는 자가 다시 본권의 소를 제기하여 점유자로부터 물건을 반환받을 것이므로, 절차가 복잡해지고 비경제적이기 때문이다.

그러므로 점유권에 기한 본소에 대하여 본권자가 본소청구 인용에 대비하여 본권에 기한 예비적 반소를 제기하고 양 청구가 모두 이유 있는 경우, 법원은 점유권에 기한 본소와 본권에 기한 예비적 반소를 모두 인용해야 하고 점유권에 기한 본소를 본권에 관한 이유로 배척할 수 없다(대판 2021.2.4, 2019다202795,202801).

(iii) 점유회수의 본소에 대하여 본권자가 소유권에 기한 인도를 구하는 반소를 제기하여 본소청구와 예비적 반소청구가 모두 인용되어 확정되면, 점유자가 본소 확정판결에 의하여 집행문을 부여받아 강제집행으로 물건의 점유를 회복할 수 있다. 본권자의 소유권에 기한 반소청구는 본소의 의무 실현을 정지조건으로 하므로, 본권자는 위 본소 집행 후 집행문을 부여받아 비로소 반소 확정판결에 따른 강제집행으로 물건의 점유를 회복할 수 있다. 이러한 과정은 애당초 본권자가 허용되지 않는 자력구제로 점유를 회복한 데 따른 것으로 그 과정에서 본권자가 점유침탈 중 설치한 장애물 등이 제거될 수 있다. 다만 점유자의 점유회수의 집행이 무의미한 점유상태의 변경을 반복하는 것에 불과할 뿐 아무런 실익이 없거나 본권자로 하여금 점유회수의 집행을 수인하도록 하는 것이 명백히 정의에 반하여 사회생활상 용인할 수 없다고 인정되는 경우, 나는 점유자가 점유권에 기한 본소 승소 확정판결을

장기간 강제집행하지 않음으로써 본권자의 예비적 반소 승소 확정판결까지 조건불성취로 강제집행에 나아갈 수 없게 되는 등 특별한 사정이 있다면 본권자는 점유자가 제기하여 승소한 본소 확정판결에 대한 청구이의의 소를 통해서 점유권에 기한 강제집행을 저지할 수 있다(대판 2021.2.4, 2019다202795,202801).

판 례

소유권에 의하여 미등기 무허가건물의 반환을 구하는 청구취지 속에는 점유권에 기한 반환청구권을 행사한다는 취지가 당연히 포함되어 있다고 볼 수는 없고, 소유권에 기한 반환청구만을 하고 있음이 명백한 이상 법원에 점유권에 기한 반환청구도 구하는지의 여부를 석명할 의무가 있는 것은 아니다(대판 1996.6.14, 94다53006).

(2) 자력구제권

(가) 서 설

1) 의 의

자력구제권이란 점유의 침탈에 대하여 국가의 힘을 빌리지 않고 점유자가 사력(私力)으로 방위 또는 탈환할 수 있는 권리를 말한다. 자력구제는 원칙적으로 금지되며, 국가구제가 불가능하거나 극히 곤란한 경우에 예외적으로 인정된다. 점유가 침해되어 침해자의 사실상 지배가 확립되어 버리면(질서교란행위가 끝나 새로운 지배상태가 확립되면) 자력구제는 인정되지 않고 종래의 점유자에게 점유보호청구권만 인정된다. 자력구제권은 필요한 한도 내에서만 허용된다. 즉 자력구제권에 대해서는 상당성의 원칙이 적용되는데, 필요한 정도를 넘는 자구행위는 불법행위가 되어 자력구제권자는 불법행위에 의한 손해배상책임을 지게 된다.

2) 자력구제권이 있는 자

자력구제권은 직접점유자에게 인정된다. 또한 점유보조자는 점유자가 아니지만 그에게 자력구제권이 인정된다(통설). 물론 점유보조자는 자기의 점유주에 대해서는 자력구제권을 행사할 수 없다. 한편 직접 물건을 지배하지 않는 간접점유자에 대하여 이를 인정할 것인가에 관하여, 다수설은 부정하지만(곽윤직, 164면; 김증한/김학동, 225면; 윤철홍, 150면; 이상태, 160면; 이영준, 377면), 전술한 바와 같이 간접점유자에게도 자력구제권을 인정하는 것이 타당하다.

(나) 유 형

1) 자력방위권

(i) 점유에 대한 부정한 침탈 또는 방해하는 행위에 대하여 자력으로 방위하는 권리를 자력방위권이라 한다(제209조 1항). 따라서 자력방위를 할 수 있기 위해서는 점유를 침탈 또는 방해하려는 침해행위 또는 침해가 아직 끝나지 않고 또한 침탈로 인하여 점유를 아직 빼앗기지 않은 상태이어야 한다. 현실적으로 침탈 또는 방해가 일어나면 자력탈환권 또는 점유물반환청구권이 발생한다.

(ii) 한편 방해행위는 끝났으나 방해상태가 존속하는 경우에 자력방위권을 행사할 수 있는지에 관하여, ① 긍정설은 방해행위가 종료한 경우라도 아직 방해상태가 계속하는 때에는 자력방위를 할 수 있다고 한다(곽윤직, 165면). ② 부정설은 점유침탈·방해하려는 침해행위가 아직 완료되지 않고 현재 침해행위가 진행 중인 단계에서만 자력방위가 인정되고, 이미 방해행위가 완료된 경우에는 점유의 침탈 또는 방해로 상대방의 점유가 확립되기 전이라도 자력방위를 할 수 없다고 한다(김상용, 309면; 김용한, 218면; 김증한/김학동, 223면; 이상태, 189면).

생각건대 자력방위권은 현재 침해행위가 진행 중인 단계에서 이를 방지하는 것이며, 침해행위가 완료되면 자력탈환권이나 점유물반환청구권이 발생하는 상태라고 볼 것이므로, 부정설이 타당하다.

2) 자력탈환권

점유자는 점유물이 불법적으로 침탈된 경우에는 짧은 시간 내에 자력으로 그것을 탈환할 수 있다(제209조 2항). 즉 부동산인 때에는 점유자는 침탈 후 직시 가해자를 배제하여 탈환할 수 있고, 동산인 때에는 현장에서 또는 추적하여 가해자에게서 탈환할 수 있다. 여기에서 '직시'란 '객관적으로 가능한 한 신속히' 또는 '사회관념상 가해자를 배제하여 점유를 회복하는 데 필요하다고 인정되는 범위 안에서 되도록 속히'를 의미한다. 따라서 점유자가 침탈 사실을 알고 모르고와는 관계없이 침탈당한 후 상당한 시간이 흘렀다면 자력탈환권을 행사할 수 없다(대판 1993.3.26, 91다14116). 자력탈환권의 행사가 '직시'에 이루어졌는지는 물리적 시간의 장단은 물론 침탈자가 확립된 점유를 취득하여 자력탈환권의 행사를 허용하는 것이 오히려 법적 안정 내지 평화를 해하거나 자력탈환권의 남용에 이르는 것은 아닌지 함께 살펴 판단하여야 한다(대판 2017.9.7, 2017도9999).

(다) 효 과

자력구제권은 적법행위로서 불법행위가 되지 않는다. 즉 제209조의 요건을 충족한 때에는 위법성이 조각된다. 그리고 자력구제권을 행사하여 점유를 탈환한 때에는 제192조 2항을 유추적용하여 점유권이 상실되지 않은 것으로 다룰 것이다.

Ⅵ. 준 점 유

1. 의 의

준점유(準占有)란 물건이 아닌 재산권을 사실상 행사하는 경우를 말한다. 민법은 준점유에 점유권에 관한 규정을 준용하고 있다(제210조). 점유는 원래 물건의 지배에 관해서만 인정되는 것이지만, 물건 이외의 재산권에 관해서도 그 재산권을 사실상 행사하고 있을 때 점유에서와 같은 보호를 부여할 필요가 있다.

2. 요 건

(1) 점유를 수반하지 않는 재산권일 것

점유를 수반하는 재산권(예: 소유권·지상권·전세권·임차권 등)에 관하여는 준점유가 성립할 여지가 없으므로, 준점유의 객체는 점유를 수반하지 않는 재산권(예: 채권·지적재산권·저당권 등)에 한하게 된다.

(2) 재산권을 사실상 행사할 것

재산권을 사실상 행사한다는 것은 점유를 수반하지 않는 재산권이 사실상 어떤 자에게 귀속되는 것과 같이 보이는 외관을 가지는 것을 말한다. 가령 채권의 준점유자라고 하려면 채권의 사실상 귀속자와 같은 외형을 갖추어야 하므로, 예금채권의 준점유자는 예금통장과 그에 찍힌 인영과 같은 인장을 소지하여야 한다(대판 1985.12.24, 85다카880).

3. 효 과

준점유에 관해서는 점유에 관한 규정(제192조-제209조)이 준용된다(제210조). 따라서 권리의 추정·과실의 취득·비용의 상환·점유보호청구권 등의 효력은 준점유에 관해서도 발생한다. 특히 채권의 준점유에 관해서는 제470조가 변제자 보호를 위해서 매우 중요한 의의를 갖고 있다. 즉 채무자가 채권의 준점유자에 대하여 선의이며 과실 없이 변제한 때에 그 변제는 유효하다.

제 2 절 소 유 권

Ⅰ. 서 설

1. 의의와 법적 성질

(1) 소유권(所有權)은 법률의 범위 내에서 그 소유물을 사용·수익·처분할 수 있는 권리이다(제211조). 여기서 사용·수익이란 물건의 사용가치를 파악하는 것(예: 목적물의 사용·목적물로부터 생기는 과실의 수취)을 말하며, 처분은 물건의 교환가치를 파악하는 것(예: 양도·담보권의 설정·포기 등)을 의미한다.

(2) 점유권은 물건을 사실상 지배하는 권리이지만, 소유권은 물건을 지배할 수 있는 관념적인 권리이다. 즉 소유권은 사실적 지배와 무관한 관념적 지배권이다. 또한 소유권은 물건을 전면적으로 지배할 수 있는 권리이다(전면성). 이점에서 용익물권이나 담보물권처럼 일부의 권능을 가지는데 지나지 않는 제한물권과 다르다. 소유권에는 사용·수익·처분의 권능이 있지만(제211조), 소유권은 이러한 권능의 단순한 집합이 아니며, 이러한 권능은 혼일한 지배권능에서 흘러나오는 것이다(혼일성). 소유권과 제한물권이 동일인에게 귀속하면 제한물권이 혼동

으로 소멸하는 것은 이 때문이다. 소유권 위에 제한물권이 설정되면 소유권의 권능의 행사는 중지되지만, 제한물권이 소멸하면 본래의 전면적 지배로 복귀한다(탄력성). 그 밖에 소유권에는 존속기간이라는 것이 없으며, 또 소멸시효에도 걸리지 않는다(항구성).

(3) 소유자가 소유권의 핵심적 권능에 속하는 사용·수익의 권능을 대세적으로 포기하는 것은 특별한 사정이 없는 한 허용되지 않는다. 이를 허용하면 결국 처분권능만이 남는 새로운 유형의 소유권을 창출하는 것이어서 민법이 정한 물권법정주의에 반하기 때문이다. 따라서 사유지가 일반 공중의 교통을 위한 도로로 사용되고 있는 경우, 토지소유자가 스스로 토지의 일부를 도로 부지로 무상 제공하더라도 특별한 사정이 없는 한 이는 대세적으로 사용·수익권을 포기한 것이라기보다는 토지소유자가 도로 부지로 무상 제공받은 사람들에 대한 관계에서 채권적으로 사용·수익권을 포기하거나 일시적으로 소유권을 행사하지 않겠다고 양해한 것이라고 보아야 한다(대판 2017.6.19, 2017다211528,211535).

(4) 소유권의 객체는 물건에 한한다. 채권에 관하여는 소유권이 성립하지 못한다.

판 례

(ㄱ) 토지의 소유권자가 그 토지에 관한 사용수익권을 점유자에 대한 관계에서 채권적으로 '포기'하였다고 하여도, 그것이 점유자의 사용·수익을 일시적으로 인정하는 취지라면, 이는 사용대차의 계약관계에 다름 아니다. 그렇다면 사용대주인 소유권자는 계약관계의 해지 기타 그 종료를 내세워 토지의 반환 및 그 원상회복으로서의 건물의 철거(제615조)를 청구할 수 있다. 그러므로 사용수익권의 채권적 포기를 이유로 위 청구들이 배척되려면, 그 포기가 일시적인 것이 아닌 영구적인 것이어야 한다(대판 2009.3.26, 2009다228,235).

(ㄴ) 물건에 대한 배타적인 사용·수익권은 소유권의 핵심적 권능이므로, 소유자가 제3자와의 채권관계에서 소유물에 대한 사용·수익의 권능을 포기하거나 사용·수익권의 행사에 제한을 설정하는 것을 넘어 이를 대세적, 영구적으로 포기하는 것은 법률에 의하지 않고 새로운 물권을 창설하는 것과 다를 바 없어 허용되지 않는다(대판 2013.8.22, 2012다54133).

(ㄷ) 소유자가 제3자에게 소유물의 처분권한을 수여한 경우, 제3자의 처분이 실제로 유효하게 행하여지지 아니하고 있는 동안에는 소유자는 처분수권이 제3자에게 행하여졌다는 것만으로 그가 원래 가지는 처분권능에 제한을 받지 아니한다. 따라서 그는 처분권한을 수여받은 제3자와의 관계에서 처분수권의 원인이 된 채권적 계약관계 등에 의하여 채권적인 책임을 져야 하는 것을 별론으로 하고, 자신의 소유물을 여전히 유효하게 처분할 수 있고, 또한 소유권에 의하여 소유물에 대한 방해 등을 배제할 수 있는 민법 제213조, 제214조의 물권적 청구권을 가진다(대판 2014.3.13, 2009다105215).

2. 소유권의 제한과 그 한계

소유권절대의 원칙은 자본주의 발전에 따른 폐해로 인해 수정의 필요성이 제기되었고, 이에 따라 공공복리·권리남용금지 등이 강조되기에 이르렀다.

(1) 소유권의 제한

헌법 제23조 1항은 "모든 국민의 재산권은 보장된다. 그 내용과 한계는 법률로 정한다"

고 규정하고 있다. 한편 민법 제211조에 의하여 소유자는 그 소유물을 사용·수익·처분할 권리가 있지만, 그것은 법률의 범위 내에서만 가능하다. 다시 말하면 '법률'에 의해서 소유권의 내용을 제한할 수 있지만, 명령에 의해서는 제한할 수 없다. 그 밖에 토지소유권을 제한하는 경우로는 소유 자체를 제한하는 농지법 제6조, 거래를 제한하는 부동산거래신고법 제11조, 소유권의 자유로운 행사를 제한하는 소방법 그리고 소유권 자체를 박탈하는 '공익사업을 위한 토지 등의 취득 및 보상에 관한 법률' 등이 있다.

(2) 제한의 한계

소유권을 법률로 제한하기 위해서는 그것을 정당화할 수 있는 근거가 있어야 할 뿐만 아니라 비례의 원칙에 반하는 과도한 제한이 허용되어서는 안 된다. 또한 사유재산제도를 부정하거나 소유권의 본질적인 내용을 침해하는 것은 허용되지 않으며(헌법 제37조 2항), 공공필요에 의해 소유권을 침해하게 되더라도 그때에는 반드시 손실보상을 하여야 한다(헌법 제23조 3항).

3. 토지에 대한 독점적·배타적인 사용·수익권의 행사 제한

(1) 토지소유자가 그 소유의 토지를 도로, 수도시설의 매설 부지 등 일반 공중을 위한 용도로 제공한 경우, 토지소유자이 소유권 보장과 공공의 이익 사이의 비교형량을 한 결과, 소유자가 그 토지에 대한 독점적·배타적인 사용·수익권을 포기한 것으로 볼 수 있다면, 타인이 그 토지를 점유·사용하고 있더라도 특별한 사정이 없는 한 그로 인해 토지소유자에게 어떤 손해가 생긴다고 볼 수 없으므로, 토지소유자는 그 타인을 상대로 부당이득반환을 청구할 수 없고, 토지의 인도 등을 구할 수도 없다. 다만 소유권의 핵심적 권능에 속하는 사용·수익 권능의 대세적·영구적인 포기는 물권법정주의에 반하여 허용할 수 없으므로, 토지소유자의 독점적·배타적인 사용·수익권의 행사가 제한되는 것으로 보는 경우에도, 일반 공중의 무상 이용이라는 토지이용현황과 양립 또는 병존하기 어려운 토지소유자의 독점적이고 배타적인 사용·수익만이 제한될 뿐이고, 토지소유자는 일반 공중의 통행 등 이용을 방해하지 않는 범위 내에서는 그 토지를 처분하거나 사용·수익할 권능을 상실하지 않는다. 이처럼 ① 토지소유자의 독점적·배타적인 사용·수익권의 행사가 제한되는 경우, 특별한 사정이 없는 한 그 지하 부분에 대한 독점적이고 배타적인 사용·수익권의 행사 역시 제한된다. ② 상속인은 피상속인의 일신에 전속한 것이 아닌 한 상속이 개시된 때부터 피상속인의 재산에 관한 포괄적 권리·의무를 승계하므로(제1005조), 피상속인이 사망 전에 그 소유 토지를 일반 공중의 이용에 제공하여 독점적·배타적인 사용·수익권을 포기한 것으로 볼 수 있고 그 토지가 상속재산에 해당하는 경우에는, 피상속인의 사망 후 그 토지에 대한 상속인의 독점적·배타적인 사용·수익권의 행사 역시 제한된다. ③ 원소유자의 독점적·배타적인 사용·수익권의 행사가 제한되는 토지의 소유권을 경매, 매매, 대물변제 등에 의하여 특정승계한 자는, 특별한 사정이 없는 한 그와 같은 사용·수익의 제한이라는 부담이 있다는 사정을 용인하거나 적어도

그러한 사정이 있음을 알고서 그 토지의 소유권을 취득하였다고 봄이 타당하므로, 그러한 특정승계인은 그 토지 부분에 대하여 독점적이고 배타적인 사용·수익권을 행사할 수 없다(대판 2019.1.24, 2016다264556).

(2) 어떤 토지가 개설경위를 불문하고 일반 공중의 통행에 공용되는 도로, 즉 공로가 되면 그 부지의 소유권 행사는 제약을 받게 되며, 이는 소유자가 수인하여야만 하는 재산권의 사회적 제약에 해당한다. 따라서 공로 부지의 소유자가 이를 점유·관리하는 지방자치단체를 상대로 공로로 제공된 도로의 철거, 점유 이전 또는 통행금지를 청구하는 것은 법질서상 원칙적으로 허용될 수 없는 '권리남용'이라고 보아야 한다(대판 2021.10.14, 2021다242154).

(3) 토지소유자의 독점적·배타적인 사용·수익권 행사의 제한은 해당 토지가 일반 공중의 이용에 제공됨으로 인한 공공의 이익을 전제로 하는 것이므로, 토지소유자가 공공의 목적을 위해 그 토지를 제공할 당시의 객관적인 토지이용현황이 유지되는 한도 내에서만 존속한다고 보아야 한다. 따라서 토지소유자가 그 소유 토지를 일반 공중의 이용에 제공함으로써 자신의 의사에 부합하는 토지이용상태가 형성되어 그에 대한 독점적·배타적인 사용·수익권의 행사가 제한된다고 하더라도, 그 후 토지이용상태에 중대한 변화가 생기는 등으로 독점적·배타적인 사용·수익권의 행사를 제한하는 기초가 된 객관적인 사정이 현저히 변경되고, 소유자가 일반 공중의 사용을 위하여 그 토지를 제공할 당시 이러한 변화를 예견할 수 없었으며, 사용·수익권 행사가 계속하여 제한된다고 보는 것이 당사자의 이해에 중대한 불균형을 초래하는 경우, 토지소유자는 그와 같은 사정변경이 있은 때부터는 다시 사용·수익 권능을 포함한 완전한 소유권에 기한 권리를 주장할 수 있다(대판 2019.1.24, 2016다264556).

(4) 토지소유자의 배타적 사용·수익권 행사 제한의 법리는 토지가 도로, 수도시설의 매설 부지 등 일반 공중을 위한 용도로 제공된 경우에 적용되고, 토지가 건물의 부지 등 지상 건물의 소유자들만을 위한 용도로 제공된 경우에는 적용되지 않는다(대판 2021.2.25, 2018다278320). 독점적·배타적 사용·수익권 행사를 제한하는 법리는 토지소유자의 권리행사를 제한하는 예외적인 법리이므로, 공공필요에 의한 재산권의 수용·사용 또는 제한에 관한 정당한 보상을 지급하여야 한다는 헌법 제23조 제3항 및 법치행정의 취지에 비추어 신중하고 엄격하게 적용되어야 하고, 독점적·배타적 사용·수익권 행사의 제한을 주장하는 사람이 그 제한 요건을 충족하였다는 점에 대한 증명책임을 진다(대판 2024.2.15, 2023다295442).

Ⅱ. 부동산소유권의 범위

1. 토지소유권의 범위

(1) 토지의 상하

토지소유권은 정당한 이익이 있는 범위 내에서 토지의 상하(上下)에 미친다(제212조). 이는 토지를 완전히 이용하기 위해서는 지표뿐만 아니라 지상의 공간이나 지하에도 소유권의 효력을 미치게 할 필요가 있기 때문이다. 주의할 것은 토지소유권이 지상 및 지하에 무한정 확장되는 것이 아니라 '정당한 이익'이 있는 범위까지만 미친다는 점이다. 정당한 이익이 있는지 여부는 구체적인 경우에 사회 관념에 따라 판단되어야 한다.

판 례

토지의 상공에 고압전선이 통과하게 됨으로써 토지소유자가 그 토지 상공의 이용을 제한받게 되는 경우, 특별한 사정이 없는 한 그 토지소유자는 위 전선을 소유하는 자에게 이용이 제한되는 상공 부분에 대한 임료 상당의 부당이득금의 반환을 구할 수 있다. 이때 고압전선이 통과하고 있는 상공 부분과 관계 법령에서 고압전선과 건조물 사이에 일정한 거리를 유지하도록 규정하고 있는 경우 그 거리 내의 상공 부분은 토지소유자의 이용이 제한되고 있다고 볼 수 있다(대판 2014.11.13, 2012다108108).

(2) 토지의 구성부분

(가) 토지의 구성물·구성부분

지상·지하에 존재하는 물건은 건물·입목·명인방법을 갖춘 수목의 집단이나 미분리 과실·타인이 권원에 의해서 설치한 물건을 제외하고는 원칙적으로 토지의 구성부분이 되며, 토지소유권의 효력이 미친다. 또한 지중의 암석·토사 등의 토지구성물에도 토지소유권의 효력이 미친다.

(나) 미채굴의 광물

광업법에 의하면 일정 종류의 미채굴 광물(제3조)에 대해서는 국가에 채굴취득권이 유보되어 있다(제2조). 이러한 미채굴의 광물의 법적 성질에 대하여, ① 미채굴의 광물을 국유(國有)에 속하는 부동산으로 보는 견해(강태성, 450면; 김상용, 민법총칙, 297면), ② 국가의 배타적인 채굴취득허가권(採掘取得許可權)의 객체라고 보는 견해가 있다(고상룡, 민법총칙, 294면; 이영준, 민법총칙, 993면; 이상태, 200면). ②에 의하면 미채굴의 광물은 토지의 구성부분으로서 토지소유자의 소유에 속하지만, 국가가 배타적 채굴취득허가권을 가지고 있으므로 그러한 범위 내에서는 토지소유자의 소유권 행사가 제한된다고 한다.

생각건대 광업법은 광물자원을 합리적으로 개발함으로써 국가산업의 발전을 도모하기 위하여(제1조), 미채굴 광물에 대하여 이를 채굴하고 취득할 권리를 부여할 권능을 단지 국가에 유보하고 있으며(제2조), 미채굴 광물은 광업권의 설정 없이 이를 채굴할 수 없도록 규정하고 있을 뿐이고(제4조), 국유로 한다는 명문의 규정이 없기 때문에 미채굴 광물을 국가의 배타적인 채굴허가권의 객체로 보아야 할 것이다.

(다) 지 하 수

지하수도 토지의 구성부분을 이룬다. 따라서 자연히 용출하는 지하수는 토지소유자가 자유로이 사용할 수 있다. 그러나 인공적인 시설을 하여 지하수를 뽑아 쓰는 경우에는 그 지하수는 지하에서 서로 줄기를 이루어 다른 토지소유자의 소유권 범위에도 속하기 때문에 그것은 타인의 지하수이용권을 침해하지 않는 한도에서만 허용된다(제235조, 제236조).

(라) 온 천 수

온천수도 지하수이지만, 수질상의 특수성으로 인하여 온천법에 의해 별도로 규율되고 있다. 문제는 토지소유권과 별도로 온천수에 관하여 온천권·광천권 또는 온천수이용권이라는 물권이 인정되는 지이다. 이에 대하여 판례는 온천수는 그것이 용출하는 토지의 구성부분으로서 독립한 물권의 객체는 아니며, 토지소유권의 범위에 속한다고 한다(대판 1970.5.26, 69다1239). 즉 온천권이라는 관습법상의 물권을 인정하지 않고 있다.

(마) 동 굴

지하에 형성되어 있는 동굴도 그 수직선 내에 속하는 부분은 토지소유권의 범위에 속한다.

(3) 토지소유권의 경계

국토교통부장관은 모든 토지에 대하여 필지별로 소재·지번·지목·면적·경계 또는 좌표 등을 조사·측량하여 지적공부에 등록하여야 한다(공간정보법 제64조). 어떤 토지가 공간정보법에 의하여 1필지의 토지로 지적공부에 등록되면 그 토지는 특별한 사정이 없는 한 그 등록으로써 특정된다(대판 2000.5.26, 98다15446). 토지소유권의 범위는 현실의 경계와 관계없이 공부상의 경계에 의하여 확정된다. 따라서 지적도상의 경계표시가 분할측량의 잘못 등으로 사실상의 경계와 다르게 표시되었더라도 그 토지에 대한 매매도 특별한 사정이 없는 한 현실의 경계와 관계없이 지적공부상의 경계와 지적에 의하여 소유권의 범위가 확정된 토지를 매매 대상으로 하는 것으로 보아야 한다(대판 1997.2.28, 96다49339,49346).

이와 같이 물권의 객체인 토지 1필지의 공간적 범위를 특정하는 것은 지적도나 임야도의 경계이지 등기부의 표제부나 임야대장·토지대장에 등재된 면적이 아니므로, 토지등기부의 표제부에 토지의 면적이 실제와 다르게 등재되어 있더라도, 그 등기는 해당 토지를 표상하는 등기로서 유효하다(대판 2005.12.23, 2004다1691).

2. 상린관계

(1) 서 설

(가) 의 의

인접하고 있는 부동산의 소유자가 서로 각자의 소유권을 주장하고 이를 행사하는 경우에 서로 충돌이 발생할 수 있다. 여기서 인접하고 있는 부동산소유자 상호간의 이용을 조절하기 위하여 제216조 내지 제244조는 그들 상호간의 법률관계를 규정하고 있는데, 이를 상린관계(相隣關係)라 한다.

(나) 적용범위

상린관계에 관한 제216조 이하의 규정은 소유권에 관한 것이지만, 인접하는 부동산소유자 상호간의 이용을 조절하는 것이므로 소유권을 기초로 하지 않는 부동산이용관계, 즉 지상권 및 전세권에 준용된다(제290조, 제319조). 그 밖에 부동산의 임차권에 관하여는 준용규정이 없지만, 이 경우에도 인접부동산과 이용조절을 필요로 하므로 상린관계에 관한 규정이 유추적용되어야 할 것이다(통설).

(다) 규정의 성질

상린관계에 관한 규정의 성질에 대하여, 이를 임의규정으로 보는 견해(이상태, 212면; 이영준, 411면)와 원칙적으로 강행규정으로 보는 견해(고상룡, 256면; 김상용, 343면; 김증한/김학동, 266면)가 대립하고 있다. 한편 판례는 제242조와 제244조를 임의규정으로 보고 있다(대판 1982.10.26, 80다1634; 대판 1962.11.1, 62다567). 생각건대 상린관계에 관한 규정은 인접하는 부동산소유자 상호간의 이용을 조절하기 위하여 소유권의 내용자체를 규율하는 것이라는 점에 비추어 볼 때 원칙적으로 강행규정이라고 할 것이다.

(2) 상린관계에 관한 민법규정

(가) 인지사용청구권(隣地使用請求權)

토지소유자는 경계나 그 근방에서 담 또는 건물을 축조하거나 수선하기 위하여 필요한 범위 내에서 이웃 토지의 사용을 청구할 수 있다(제216조 1항 본문). 그러나 이웃의 주거에 들어가려면 이웃 사람의 승낙이 있어야 한다(제216조 1항 단서). 여기서 이웃사람이란 현재 그 토지를 이용하고 있는 소유자·지상권자·전세권자 또는 임차인 등을 가리킨다. 이웃사람이 그로 인하여 손해를 받은 때에는 그 보상을 청구할 수 있다(제216조 2항).

(나) 생활방해(生活妨害)의 금지

1) 토지소유자는 매연·열기체·액체·음향·진동 기타 이에 유사한 것으로(예; 가스·악취·먼지 등) 이웃토지의 사용을 방해하거나 이웃 거주자의 생활에 고통을 주지 아니하도록 적당한 조처를 할 의무가 있다(제217조 1항).

2) 그러나 공동생활에서 어느 정도의 생활방해는 불가피하므로, 생활방해가 그 토지의 통상의 용도에 적당한 때에는 이웃 거주자는 이를 인용(忍容)할 의무가 있다(제217조 2항). 즉 생활방해가 참을(수인)한도 내의 것인 때에는 위법성이 없다. 생활방해가 참을 한도를 넘는 경우, 이웃토지의 소유자는 그 방해자에 대하여 방해의 제거나 예방을 청구할 수 있고(대판 1997.7.22, 96다56153), 그로 인하여 손해가 발생한 때에는 손해배상을 청구할 수 있다(제750조). 참을 한도는 피해의 성질 및 정도·피해이익의 공공성과 사회적 가치·방지조치 또는 손해회피의 가능성·공법적 규제 및 인허가 관계·지역성·토지이용의 선후관계 등 모든 사정을 종합적으로 고려하여 판단하여야 한다(대판 2016.11.25, 2014다57846).

판 례

(ㄱ) 환경권은 명문의 법률규정이나 관계 법령의 규정 취지 및 조리에 비추어 권리의 주체, 대상, 내용, 행사 방법 등이 구체적으로 정립될 수 있어야만 인정되는 것이므로, 사법상의 권리로서의 환경권을 인정하는 명문의 규정이 없는데도 환경권에 의하여 직접 방해배제청구권을 인정할 수는 없다(대판 1999.7.27, 98다47528).

(ㄴ) 조망이익은 원칙적으로 특정의 장소가 그 장소로부터 외부를 조망함에 있어 특별한 가치를 가지고 있고, 그와 같은 조망이익의 향유를 하나의 중요한 목적으로 하여 그 장소에 건물이 건축된 경우와 같이 당해 건물의 소유자나 점유자가 그 건물로부터 향유하는 조망이익이 사회통념상 독자의 이익으로 승인되어야 할 정도로 중요성을 갖는다고 인정되는 경우에 비로소 법적인 보호의 대상이 되는 것이라고 할 것이고, 그와 같은 정도에 이르지 못하는 조망이익의 경우에는 특별한 사정이 없는 한 법적인 보호의 대상이 될 수 없다(대판 2004.9.13, 2003다64602; 대판 2007.9.7, 2005다72485). 따라서 5층짜리 아파트의 뒤에 그보다 높은 10층짜리 건물을 세움으로써 한강 조망을 확보한 경우와 같이 보통의 지역에 인공적으로 특별한 시설을 갖춤으로써 누릴 수 있게 된 조망의 이익은 법적으로 보호받을 수 없다(대판 2007.6.28, 2004다54282).

(ㄷ) 토지의 소유자 등이 종전부터 향유하던 일조이익(日照利益)이 객관적인 생활이익으로서 가치가 있다고 인정되면 법적인 보호의 대상이 될 수 있는데, 그 인근에서 건물이나 구조물 등이 신축됨으로 인하여 햇빛이 차단되어 생기는 그늘, 즉 일영(日影)이 증가함으로써 해당 토지에서 종래 향유하던 일조량이 감소하는 일조방해가 발생한 경우, 그 일조방해의 정도 등 모든 사정을 종합적으로 고려하여 사회통념상 일반적으로 해당 토지 소유자의 수인한도를 넘게 되면 그 건축행위는 정당한 권리행사의 범위를 벗어나 사법상 위법한 가해행위로 평가된다(대판 2008.4.17, 2006다35865).

(ㄹ) 일반적으로 위법한 건축행위에 의하여 건물 등이 준공되거나 외부골조공사가 완료되면 그 건축행위에 따른 일영의 증가는 더 이상 발생하지 않게 되고, 토지의 소유자는 그 시점에 일조방해행위로 인하여 현재 또는 장래에 발생 가능한 재산상 손해나 정신적 손해 등을 예견할 수 있으므로, 손해배상청구권에 관한 제766조 1항의 소멸시효는 원칙적으로 그때부터 진행한다. 다만 일조방해로 인하여 건물 등의 소유자 내지 실질적 처분권자가 피해자에 대하여 건물 등의 전부 또는 일부에 대한 철거의무를 부담하는 경우가 있다면, 이러한 철거의무를 계속적으로 이행하지 않는 부작위는 새로운 불법행위가 되고 그 손해는 날마다 새로운 불법행위에 의하여 발생하는 것이므로 피해자가 그 각 손해를 안 때부터 각별로 소멸시효가 진행한다(대판 2008.4.17, 2006다35865).

(ㅁ) 철도소음·진동을 규제하는 행정법규에서 정하는 기준을 넘는 철도소음·진동이 있다고 하여 바로 사회통념상 일반적으로 '참아내야 할 정도'(참을 한도)를 넘는 위법한 침해행위가 있어 민사책임이 성립한다고 단정할 수 없다. 그러나 위와 같은 행정법규는 인근 주민의 건강이나 재산, 환경을 소음·진동으로부터 보호하는 데 주요한 목적이 있기 때문에 철도소음·진동이 위 기준을 넘는지는 참을 한도를 정하는 데 중요하게 고려해야 한다(대판 2017.2.15, 2015다23321).

(다) 수도(水道) 등의 시설권(施設權)

1) 토지소유자는 타인의 토지를 통과하지 않으면 필요한 수도·소수관·가스관·전선 등을 시설할 수 없거나 과다한 비용을 요하는 경우에 타인의 토지를 통과하여 이를 시설할 수 있다(제218조 1항 본문). 시설을 할 때에는 손해가 가장 적은 장소와 방법을 선택하여야 하며, 손해를 준 경우에는 토지소유자에게 손해를 보상하여야 한다(제218조 1항 단서). 수도 등 시설권은 법정의 요건(제218조)을 갖추면 당연히 인정되는 것이고, 시설권에 근거하여 수도 등 시설공사를 시행하기

위해 따로 수도 등이 통과하는 토지소유자의 동의나 승낙을 받아야 하는 것이 아니다. 따라서 토지 소유자의 동의나 승낙은 제218조에 기초한 수도 등 시설권의 성립이나 효력 등에 어떠한 영향을 미치는 법률행위나 준법률행위라고 볼 수 없다(대판 2016.12.15, 2015다247325).

2) 토지소유자에게 수도 등 시설권이 인정되는 경우에 통행지 소유자(시설통과지)는 수도 등 시설에 대하여 철거를 구할 수 없다(대판 2003.8.19, 2002다53469). 한편 시설을 한 후 사정의 변경이 있는 때에는 다른 토지의 소유자는 그 시설의 변경을 청구할 수 있고, 이 경우 시설변경의 비용은 토지소유자가 부담한다(제218조 2항). 여기서 제218조 2항의 토지소유자(변경비용부담자)의 의미에 관하여, ① 시설자(시설통과권자)라는 견해(곽윤직, 182면; 김증한/김학동, 275면; 송덕수, B-287), ② 통과지 소유자라는 견해(김상용, 364면; 이상태, 213면; 이영준, 426면)가 있지만, 판례는 ①과 같이 "시설변경청구는 적법한 권원에 의하여 시설된 소수관 등을 사후에 발생한 시설통과지 소유자의 사정변경 때문에 시설통과권자의 비용으로 변경시설토록 하는 것이다"고 한다(대판 1982.5.25, 81다1,2).

판 례

인접하는 토지 상호간의 이용의 조절을 위한 상린관계에 관한 민법 등의 규정은 인접지 소유자에게 소유권에 대한 제한을 수인할 의무를 부담하게 하는 것이므로 적용 요건을 함부로 완화하거나 유추하여 적용할 수는 없고, 상린관계 규정에 의한 수인의무의 범위를 넘는 토지이용관계의 조정은 사적자치의 원칙에 맡겨야 한다. 그러므로 어느 토지소유자가 타인의 토지를 통과하지 아니하면 필요한 전선 등을 시설할 수 없거나 과다한 비용을 요하는 경우에는 타인은 자기 토지를 통과하여 시설을 하는 데 대하여 수인할 의무가 있고(제218조), 또한 소유지의 물을 소통하기 위하여 이웃 토지 소유자가 시설한 공작물을 사용할 수 있지만(제227조), 이는 타인의 토지를 통과하지 않고는 전선 등 불가피한 시설을 할 수가 없거나 타인의 토지를 통하지 않으면 물을 소통할 수 없는 합리적 사정이 있어야만 인정되는 것이다. 인접한 타인의 토지를 통과하지 않고도 시설을 하고 물을 소통할 수 있는 경우에는 스스로 그와 같은 시설을 하는 것이 타인의 토지 등을 이용하는 것보다 비용이 더 든다는 등의 사정이 있다는 이유만으로 이웃 토지 소유자에게 그 토지의 사용 또는 그가 설치·보유한 시설의 공동사용을 수인하라고 요구할 수 있는 권리는 인정될 수 없다. 따라서 위와 같은 경우에는 주위토지통행권에 관한 제219조나 유수용공작물의 사용권에 관한 제227조 또는 타인의 토지 또는 배수설비의 사용에 관하여 규정한 하수도법 제29조 등 상린관계에 관한 규정의 유추적용에 의하여 타인의 토지나 타인이 시설한 전선 등에 대한 사용권을 갖게 된다고 볼 여지는 없다(대판 2012.12.27, 2010다103086).

(라) 주위토지통행권(周圍土地通行權)

1) 일반원칙

(i) 어느 토지와 공로 사이에 그 토지의 용도에 필요한 통로가 없는 경우에 그 토지소유자는 주위의 토지를 통행 또는 통로로 하지 아니하면 '공로에 출입할 수 없거나 과다한 비용을 요하는 때'에는 그 주위의 토지를 통행할 수 있고 필요한 경우에는 통로를 개설할 수 있다(제219조 1항 본문). 여기서 '공로에 출입할 수 없는 경우'는 토지와 공로 사이에 통로가 전혀 없는 경우뿐만 아니라 통로가 있더라도 그것이 그 토지의 이용에 부적합하여 실제로 통로로서의 충분한 기능을 하지 못하고 있는 경우도 포함한다(대판 2005.12.9, 2004다63521; 대판 2003.8.19, 2002다53469).

(ii) 주위토지통행권은 인접한 토지의 상호이용 조절에 기한 권리로서 토지의 소유자 또는 지상권자, 전세권자 등 토지사용권을 가진 자에게 인정되는 권리이다. 따라서 명의신탁자에게는 주위토지통행권이 인정되지 않는다(대판 2008.5.8, 2007다22767). 주위토지통행권은 현재의 토지의 용법에 따른 이용의 범위에서 인정되는 것이며, 장래의 이용 상황을 미리 보장하는 것이 아니다(대판 2006.10.26, 2005다30993).

(iii) 주위통행권의 범위는 사회통념에 비추어 쌍방 토지의 지형적·위치적 형상과 이용관계, 부근의 지리 상황, 인접 토지이용자의 이해관계 기타 관련 사정을 기초로 판단하여야 한다(대판 2017.1.12, 2016다39422). 따라서 ① 주거지의 경우, 사람이 겨우 통행할 수 있는 정도로 제한되지 않으며 주택에 출입하여 일상생활을 영위하는데 필요한 범위의 노폭까지는 인정되어야 한다(대판 1991.7.23, 90다12670,12678). ② 토지의 이용방법에 따라서는 자동차 등이 통과할 수 있는 통로의 개설도 허용되지만, 단지 토지이용의 편의를 위해 다소 필요한 상태라고 여겨지는 정도에 그치는 경우까지 자동차의 통행을 허용할 것은 아니다(대판 2006.6.2, 2005다70144).

(iv) 주위토지통행권이 인정된다고 하더라도 통로를 상시적으로 개방하여 제한 없이 이용할 수 있도록 하거나 피통행지 소유자의 관리권이 배제되어야만 하는 것은 아니므로, 쌍방 토지의 용도 및 이용 상황, 통행로 이용의 목적 등에 비추어 토지의 용도에 적합한 범위에서 통행 시기나 횟수, 통행방법 등을 제한하여 인정할 수도 있다(대판 2017.1.12, 2016다39422). 주위토지통행권은 이미 그 소유 토지의 용도에 필요한 통로가 있는 경우에는 그 통로를 사용하는 것보다 더 편리하다는 이유만으로 다른 장소로 통행할 권리를 인정할 수 없다(대판 1995.6.13, 95다1088,1095). 한편 토지소유자 자신이 그 토지와 공로 사이의 통로를 막는 건물을 축조한 경우에는 타인 소유의 주위 토지를 통행할 권리가 없다(대판 1972.1.31, 71다2113).

(v) 주위토지통행권자는 주위토지통행권이 인정되는 때에도 그 통로개설이나 유지비용을 부담하여야 한다(대판 2006.10.26, 2005다30993). 주위토지통행권자가 제219조 1항 본문에 따라 통로를 개설하는 경우, 통행지 소유자는 원칙적으로 통행권자의 통행을 수인할 소극적 의무를 부담할 뿐이다. 다만 통행지 소유자가 주위토지통행권에 기한 통행에 방해가 되는 담장 등 축조물을 설치한 경우에는 주위토지통행권의 본래적 기능발휘를 위하여 통행지 소유자가 그 철거의무를 부담한다(대판 2006.10.26, 2005다30993; 대판 2006.6.2, 2005다70144). 그런데 주위토지통행권이 통행지에 대한 통행지 소유자의 점유를 배제할 권능까지 포함하는 것은 아니다. 따라서 통행권자가 통행지를 배타적으로 점유하는 경우에 통행지 소유자는 통행지의 인도를 구할 수 있다(대판 1993.8.24, 93다25479). 반면에 주위토지통행권자가 통로를 개설하였더라도 그 통로에 대하여 통행지 소유자의 점유를 배제할 정도의 배타적 점유를 하고 있지 않으면, 통행지 소유자가 통행권자에 대하여 주위토지통행권이 미치는 범위 내의 통로 부분의 인도를 구하거나 그 통로에 설치된 시설물의 철거를 구할 수 없다(대판 2003.8.19, 2002다53469).

(vi) 이웃토지의 통행권이 인정되더라도 통행으로 인하여 타인의 토지에 대한 손해가 가장 적은 장소와 방법을 선택하여야 하며(제219조 1항 단서), 손해가 있는 경우에 통행권자는 통행지 소유자에게 보상하여야 한다(제219조 2항). ① 제219조는 토지소유자에게 그 주위의 토지통행권을 인정하면서 그 통행권자로 하여금 통행지 소유자의 손해를 보상하도록 규정하고 있는 것이므로, 통행권자의 허락을 얻어 사실상 통행하고 있는 자에게는 그 손해의 보상을 청구할 수 없다(대판 1991.9.10, 91다19623). ② 주위토지통행권은 통행을 위한 지역권과는 달리 통행로가 항상 특정한 장소로 고정되어 있는 것은 아니고, 주위토지의 현황이나 사용방법이 달라졌을 때에는 통행권자는 통행지 소유자를 위하여 보다 손해가 적은 다른 장소로 옮겨 통행할 수밖에 없는 경우도 있으므로, 포위된 토지나 주위토지의 현황이나 구체적 이용 상황에 변동이 생긴 경우, 구체적 상황에 맞게 통행로를 변경할 수 있다(대판 2004.5.13, 2004다10268).

(vii) 주위토지통행권은 법정의 요건을 충족하면 당연히 성립하고 요건이 없어지게 되면 당연히 소멸한다. 따라서 포위된 토지가 사정변경에 의하여 공로에 접하게 되거나 포위된 토지의 소유자가 주위의 토지를 취득함으로써 주위토지통행권을 인정할 필요성이 없어지게 된 경우에는 통행권은 소멸한다(대판 2014.12.24, 2013다11669).

판 례

(ㄱ) 주위토지통행권이나 통행지역권은 모두 인접한 토지의 상호이용 조절에 기한 권리로서 토지의 소유자 또는 지상권자 전세권자 등 토지사용권을 가진 자에게 인정되는 권리라 할 것이므로, 위와 같은 권리자가 아닌 토지의 불법점유자는 토지소유권의 상린관계로서 주위토지통행권의 주장이나 통행지역권의 시효취득 주장을 할 수 없다(대판 1976.10.29, 76다1694).

(ㄴ) 주위토지통행권의 확인을 구하기 위해서는 통행의 장소와 방법을 특정하여 청구취지로써 이를 명시하여야 하고, 제219조에 정한 요건을 주장·증명하여야 한다. 그러므로 주위토지통행권이 있음을 주장하여 확인을 구하는 특정의 통로 부분이 제219조에 정한 요건을 충족하지 못할 경우에는 다른 토지 부분에 주위토지통행권이 인정된다고 할지라도 원칙적으로 청구를 기각할 수밖에 없다. 다만 이와 달리 통행권의 확인을 구하는 특정의 통로 부분 중 일부분이 제219조에 정한 요건을 충족하거나 특정의 통로 부분에 대하여 일정한 시기나 횟수를 제한하여 주위토지통행권을 인정하는 것이 가능한 경우라면, 그와 같이 한정된 범위에서만 통행권의 확인을 구할 의사는 없음이 명백한 경우가 아닌 한 청구를 전부 기각할 것이 아니라, 그렇게 제한된 범위에서 청구를 인용함이 타당하다(대판 2017.1.12, 2016다39422).

(ㄷ) 주위토지통행권은 통행을 위한 지역권과는 달리 그 통행로가 항상 특정한 장소로 고정되어 있는 것은 아니고, 주위토지통행권확인청구는 변론종결시에 있어서의 제219조에 정해진 요건에 해당하는 토지가 어느 토지인가를 확정하는 것이므로, 주위토지 소유자가 그 용법에 따라 기존 통행로로 이용되던 토지의 사용방법을 바꾸었을 때에는 대지 소유자는 그 주위토지 소유자를 위하여 보다 손해가 적은 다른 장소로 옮겨 통행할 수밖에 없는 경우도 있다(대판 2009.6.11, 2008다75300,75317).

2) 토지가 분할 또는 일부양도된 경우

(i) 공로에 통하고 있던 토지가 분할 또는 일부의 양도로 인하여 공로에 통하지 못하게

된 경우, 그 토지소유자는 공로에 출입하기 위하여 다른 분할자 또는 양수인의 토지를 통행할 수 있고(제220조), 그에 인접한 타인의 토지를 통행할 권리는 없다(대판 1995.2.10, 94다45869,45876; 대판 2005.3.10, 2004다65589,65596). 이 경우 토지소유자는 보상의무가 없다(제220조). 무상의 주위토지통행권이 발생하는 토지의 일부 양도는 1필의 토지의 일부가 양도된 경우뿐만 아니라 일단으로 되어 있던 동일인 소유의 수필의 토지 중 일부가 양도된 경우도 포함된다(대판 2005.3.10, 2004다65589, 65596).

(ii) 무상 주위토지통행권에 관한 제220조는 토지의 직접분할자 또는 일부양도의 당사자 사이에만 적용되고, 포위된 토지 또는 피통행지의 특정승계인에게는 적용되지 않는다(대판 1994.12.2, 93다45268). 이러한 법리는 분할자 또는 일부양도의 당사자가 무상주위통행권에 의하여 이미 통로를 개설해 놓은 다음 특정승계가 이루어진 경우에도 마찬가지이다(대판 2002.5.31, 2002다9202). 따라서 이미 통로를 개설해 놓은 후의 포위된 토지 또는 피통행지의 특정승계인의 경우에는 주위토지통행권에 관한 제219조의 일반원칙에 따라 통행권의 유무를 가려야 한다(대판 1991.7.23, 90다12670,12678). 다만 ① 토지소유자가 토지를 매수할 때 통로 부분은 주위의 토지소유자들을 위해 무상으로 통행에 제공된 사실을 용인하고 그 상태에서 매수한 경우에 통행료를 청구하는 것은 신의칙에 위배되어 허용될 수 없다(대판 1992.2.11, 91다40399). ② 일단의 토지를 형성하고 있던 동일인 소유의 수필의 토지 중 일부가 양도된 경우, 일부 양도 전의 양도인 소유의 종전 토지에 대하여 무상의 주위토지통행권이 인정되는 이상 제3자 소유의 토지에 대하여는 제219조에 따른 주위토지통행권을 주장할 수 없다(대판 2005.3.10, 2004다65589,65596).

판 례

(ㄱ) 건축법에 건축물의 대지가 접하여야 할 도로의 폭 등에 관한 제한규정이 있다고 하더라도, 이는 건물 신축이나 증·개축허가에 있어 그와 같은 범위의 도로가 필요하다는 행정법규에 지나지 아니하므로, 어느 대지를 분할하여 매도한 경우에 그 매도한 대지 중의 일부가 도로에 접하지 아니하게 되었다고 하더라도 매도인이 건축법에 규정된 폭의 도로를 확보하여 매수인에게 무상으로 제공할 의무나 필요성이 있는 것은 아니다(대판 2003.3.11, 2002다35928).

(ㄴ) 토지의 원소유자가 토지를 분할·매각함에 있어서 토지의 일부를 분할된 다른 토지의 통행로로 제공하여 독점적·배타적인 사용수익권을 포기하고 그에 따라 다른 분할토지의 소유자들이 그 토지를 무상으로 통행하게 된 후에 그 통행로 부분에 사용수익의 제한이라는 부담이 있다는 사정을 알면서 그 토지의 소유권을 승계취득한 자는, 다른 특별한 사정이 없는 한 원칙적으로 그 토지에 대한 독점적·배타적 사용수익을 주장할 만한 정당한 이익을 갖지 않는다 할 것이어서 원소유자와 마찬가지로 분할토지의 소유자들의 무상통행을 수인하여야 할 의무를 진다(대판 1992.2.11, 91다40399).

(ㄷ) 공로에 통할 수 있는 자기의 공유토지를 두고 공로에의 통로라 하여 남의 토지를 통행한다는 것은 제219조, 제220조에 비추어 허용될 수 없다. 설령 위 공유토지가 구분소유적 공유관계에 있고 공로에 접하는 공유부분을 다른 공유자가 배타적으로 사용·수익하고 있더라도 마찬가지이다(대판 2021.9.30, 2021다245443,245450).

(마) 물에 관한 상린관계

1) 자연적 배수(排水)

(i) 물은 높은 곳에서 낮은 곳으로 흐르게 마련이므로, 토지소유자는 이웃토지로부터 자연히 흘러오는 물을 막지 못한다(제221조 1항). 즉 토지소유자는 자연히 흘러오는 물을 인용해야 할 의무(승수의무)가 있다. 따라서 낮은 곳의 토지소유자가 제방을 쌓아 물의 흐름을 막는 것은 승수의무의 위반이다(대판 1995.10.13, 94다31488; 대판 2008.7.24, 2007다50663). '자연히 흘러오는 물'이라 함은 인공(人工)에 의하여 지상에 떨어지거나 지상으로 분출되는 물이 아닌 빗물도 여기에 포함된다(대판 2008.7.24, 2007다50663). 승수의무는 소극적으로 이웃토지로부터 자연히 흘러오는 물을 막지 못한다는 것뿐이지 적극적으로 물의 소통을 유지할 의무까지 포함하는 것은 아니다(대판 1977.11.22, 77다1588).

(ii) 고지소유자는 자연히 흘러내리는 물이 이웃저지에서 필요한 경우, 자기의 정당한 사용범위를 넘어서 이를 막지 못한다(제221조 2항). 한편 흐르는 물이 저지에서 막힌 때에는 특별한 관습이 없는 한 고지소유자는 자비로 소통에 필요한 공사를 할 수 있다(제222조, 제224조).

2) 인공적 배수(排水)

(i) 물을 인공적 시설에 의하여 타인의 토지에 버리는 것은 원칙적으로 허용되지 않는다. 따라서 ① 토지소유자는 처마물이 이웃에 직접 떨어지지 않도록 적당한 시설을 하여야 한다(제225조). ② 토지소유자가 저수(貯水), 배수(排水) 또는 인수(引水)하기 위하여 공작물을 설치한 경우에 공작물의 파손 또는 폐색(閉塞)으로 타인의 토지에 손해를 가하거나 가할 염려가 있는 때에, 타인은 그 공작물의 보수, 폐색(막힘)의 소통 또는 예방에 필요한 청구를 할 수 있다(제223조).

(ii) 예외적으로 인공적 배수가 인정되는 경우가 있다. 즉 ① 고지소유자는 물에 잠긴 토지를 마르게 하거나 가정용, 농업용 또는 공업용으로 쓰고 남은 물을 흘려보내기 위하여 공공도로나 공공유수 또는 하수도에 도달하기까지 저지에 물을 통과하게 할 수 있다(제226조 1항). 이 경우에 저지의 손해가 가장 적은 장소와 방법을 선택하여야 하며, 손해를 보상하여야 한다(제226조 2항). ② 토지소유자는 그 소유지의 물을 소통하기 위하여 이웃 토지소유자의 시설한 공작물을 사용할 수 있고(제227조 1항), 공작물을 사용하는 자는 그 이익을 받는 비율로 공작물의 설치와 보존의 비용을 분담하여야 한다(제227조 2항). 여기서 말하는 공작물의 시설자는 이웃 토지소유자로 한정되지는 않으나 단순히 공작물을 시설한 것만으로는 부족하고 이에 대한 정당한 권리를 갖는 자를 의미한다(대판 2003.4.11, 2000나11645).

3) 여수급여청구권(餘水給與請求權)

토지소유자는 지나치게 많은 비용이나 노력을 들이지 않고는 가정용이나 토지 이용에 필요한 물을 얻기 어려운 경우에는 이웃 토지의 소유자에게 보상을 하고 남는 물을 공급해 줄 것을 청구할 수 있다(제228조).

4) 유수(流水)의 이용권

가) 수류지(水流地, 河岸)가 사유(私有)인 경우

(i) 도랑이나 그 밖에 물이 흐르는 토지(수류지)의 소유자는 건너편 기슭의 토지가 '타인의 소유인 경우'에는 그 수로나 수류의 폭을 변경하지 못한다(제229조 1항). 이와 달리 물이 흐르는 토지의 소유자가 양쪽 기슭의 토지를 '소유한 경우'에는 수로나 수류의 폭을 변경할 수 있지만, 하류는 자연의 수로와 일치하도록 하여야 한다(제229조 2항). 이러한 두 경우에 그와 다른 관습이 있으면 그에 의한다(제229조 3항).

(ii) 물이 흐르는 토지의 소유자가 둑을 설치할 필요가 있는 경우에는 그 둑을 건너편 기슭에 닿게 설치할 수 있다. 다만 그 설치로 인한 손해를 보상하여야 한다(제230조 1항). 한편 건너편 기슭의 소유자가 물이 흐르는 토지의 일부를 소유하고 있는 경우에는 1항에 따라 설치된 둑을 사용할 수 있다. 그러나 자신이 얻는 이익의 비율에 따라 둑의 설치와 보존에 드는 비용을 분담해야 한다(제230조 2항).

판 례

제229조 2항이 '양안(兩岸)의 토지가 수류지(水流地) 소유자의 소유인 때에는 소유자는 수로와 수류의 폭을 변경할 수 있다'고 규정한 것은 대안(對岸)의 수류지 소유자 관계에서 수류이용권(水流利用權)을 규정한 것으로서, 이는 위와 같은 경우 수류지 소유자는 수로와 수류의 폭을 변경하여 물을 가용 또는 농·공업용 등에 이용할 권리가 있다는 것을 의미함에 그치고, 더 나아가 수로와 수류의 폭을 임의로 변경하여 범람을 일으킴으로써 인지(隣地) 소유자에게 손해를 발생시킨 경우에도 면책된다는 취지를 규정한 것이라고 볼 수는 없다(대판 2012.4.13, 2010다9320).

나) 수류지가 공유(公有)인 경우(公有河川用水權)

공유하천의 연안에서 농업·공업을 경영하는 자는 타인의 물 사용을 방해하지 않는 범위에서 그 용도에 필요한 물을 끌어올 수 있고(제231조 1항), 이 경우에 물을 끌어오기 위하여 필요한 공작물을 설치할 수 있다(제231조 2항). 다만 물을 끌어오거나 공작물을 설치함으로써 하류 연안의 용수권을 방해하는 경우에는 그 용수권자는 방해의 제거와 손해의 배상을 청구할 수 있다(제232조). 한편 공유하천용수권자가 수로나 그 밖의 공작물을 양도하면, 그 특별승계인은 종전 소유자나 이용자의 물 사용에 관한 권리와 의무를 승계한다(제233조). 공용하천용수권에 관하여 다른 관습이 있으면 그에 의한다(제234조).

5) 지하수용수권(地下水用水權)

(i) 상린자는 그 공용에 속하는 원천(예: 공동으로 사용하는 우물)이나 수도를 각 수요의 정도에 따라 타인의 물 사용을 방해하지 않는 범위 내에서 각각 물을 사용할 권리가 있다(제235조). 이러한 용수권은 장기간의 관행에 의하여 성립하기도 하고, 원천지 소유자와 계약에 의하여 성립하기도 한다.

(ii) 필요한 용도나 수익이 있는 원천이나 수도가 타인의 건축이나 그 밖의 공사로 인

하여 물이 끊기거나 물의 양이 줄어들거나 그 밖에 용도에 장해가 생긴 때에는 용수권자는 손해배상을 청구할 수 있다(제236조 1항). 다만 그 공사로 인하여 음료수나 그 밖에 생활상 필요한 물을 사용하는 데 장해가 있을 때에는 원상회복을 청구할 수 있다(제236조 2항).

(바) 경계(境界)에 관한 상린관계

1) 경계표·담의 설치권

(i) 서로 인접하고 있는 토지소유자는 다른 관습이 없는 한 공동비용으로 통상의 경계표나 담을 설치할 수 있으며(제237조 1항, 2항), 이 경우 그 비용은 쌍방이 절반하여 부담한다. 다만 측량비용은 토지의 면적에 비례하여 부담한다(제237조 2항). 따라서 토지의 경계에 경계표나 담이 설치되어 있지 않는 경우에 특별한 사정이 없는 한 甲토지소유자는 인접한 乙토지소유자에 대하여 공동비용으로 통상의 경계표나 담을 설치하는 데에 협력할 것을 요구할 수 있고, 乙토지소유자가 이에 응하지 아니하는 때에 甲토지소유자는 민사소송으로 乙토지소유자에 대하여 그 협력의무의 이행을 구할 수 있다(대판 1997.8.26, 97다6063).

한편 인접한 토지의 소유자는 자기의 비용으로 담의 재료를 통상적인 재료보다 좋은 것으로 할 수 있고, 담의 높이를 통상적인 높이보다 높게 할 수 있으며, 방화벽이나 그 밖의 특수시설을 설치할 수 있다(제238조).

(ii) 경계에 설치된 경계표, 담, 도랑 등은 서로 이웃하는 토지의 소유자들의 공유로 추정한다(제239조 본문). 그러나 경계표, 담, 도랑 등이 서로 이웃하는 토지의 소유자들 중 어느 한쪽만의 비용으로 설치되었거나 담이 건물의 일부인 경우에는 그렇지 않다(제239조 단서).

2) 수지(樹枝)·목근(木根)의 제거권

이웃 토지의 나뭇가지가 경계를 넘은 경우에는 그 소유자에게 가지의 제거를 청구할 수 있고(제240조 1항), 상대방이 응하지 않는 경우에는 청구자가 그 가지를 제거할 수 있다(제240조 2항). 한편 이웃 토지의 나무뿌리가 경계를 넘은 경우에는 임의로 그 뿌리를 제거할 수 있다(제240조 3항).

(사) 공작물시설(工作物施設)에 관한 상린관계

1) 토지의 심굴금지(深掘禁止)

토지소유자는 이웃 토지의 지반이 무너질 정도로 자기의 토지를 깊이 파서는 안 된다. 다만 충분한 방어공사를 한 때에는 무방하다(제241조). 한편 판례는 토지의 소유자가 충분한 예방공사를 하지 아니한 채 건물의 건축을 위한 심굴굴착공사를 함으로써 인접대지의 일부 침하와 건물 균열 등의 위험이 발생하였더라도 나머지 공사의 대부분이 지상건물의 축조이어서 더 이상의 심굴굴착공사의 필요성이 없다고 보여지고 침하와 균열이 더 이상 확대된다고 볼 사정이 없다면, 토지심굴굴착금지청구권과 소유물방해예방 또는 방해제거청구권에 기한 공사중지 가처분은 허용되지 않는다고 한다(대판 1981.3.10, 80다2832).

2) 경계선으로부터 일정한 거리를 두어야할 의무

건물을 지을 경우에는 특별한 관습이 없으면 경계로부터 반(半)미터 이상의 거리를 두어야 한다(제242조 1항). 이를 위반하는 자에 대하여 건물의 변경이나 철거를 청구할 수 있지만, 건축에 착수한 후 1년을 경과하거나 건물이 완성된 후에는 손해배상만을 청구할 수 있다(제242조 2항). 여기서 '건축의 착수'는 인접지의 소유자가 객관적으로 건축공사가 개시되었음을 인식할 수 있는 상태에 이른 것을 말하고, '건물의 완성'은 사회통념상 독립한 건물로 인정될 수 있는 정도로 건축된 것을 말하며, 그것이 건축 관계 법령에 따른 건축허가나 착공신고 또는 사용승인 등 적법한 절차를 거친 것인지는 문제되지 아니한다(대판 2011.7.28, 2010다108883).

판 례

제242조 1항이 건물을 축조하면서 특별한 관습이 없으면 경계로부터 반 미터 이상의 거리를 두어야 한다고 규정한 것은 서로 인접한 대지에 건물을 축조하는 경우에 각 건물의 통풍이나 채광 또는 재해방지 등을 꾀하려는 취지이므로, '경계로부터 반 미터'는 경계로부터 건물의 가장 돌출된 부분까지의 거리를 말한다(대판 2011.7.28, 2010다108883).

3) 차면시설의무(遮面施設義務)

경계로부터 2미터 이내의 거리에서 이웃 주택의 내부를 볼 수 있는 창이나 마루를 설치하는 경우에는 적당한 가림 시설을 설치하여야 한다(제243조).

4) 지하시설(地下施設) 등에 대한 제한

우물을 파거나 용수·하수 또는 오물 등을 모아 둘 지하시설을 설치하는 경우에는 경계로부터 2미터 이상 거리를 두어야 하며, 저수지·도랑 또는 지하실 공사를 하는 경우에는 경계로부터 그 깊이의 반 이상 거리를 두어야 한다(제244조 1항). 이러한 공사를 할 경우에는 토사가 무너지거나 하수 또는 더러운 액체가 이웃에 흐르지 않도록 적당한 조치를 해야 한다(제244조 2항).

판 례

지하시설을 하는 경우에 있어서 경계로부터 두어야 할 거리에 관한 사항 등을 규정한 제244조는 강행규정이라고는 볼 수 없으므로, 이와 다른 내용의 당사자 간의 특약을 무효라고 할 수 없다(대판 1982.10.26, 80다1634).

3. 건물의 구분소유

(1) 서 설

(가) 건물은 보통 1동을 하나의 건물로 하여 1동 전체 위에 하나의 소유권이 성립되는 것이 원칙이지만, 1동의 건물이 구조상·이용상 독립성이 인정되는 수 개의 부분건물(예: 아파트, 연립주택, 다세대주택 등)로 구성되어 있고, 건물의 일부가 경제적으로 독립한 건물과 동일한 효용을 가지고 사회관념상 독립한 건물로 다루어지는 경우, 그 부분건물을 객체로 하는 소유권을 구분소유권

(區分所有權)이라 한다.

(나) 제215조는 여러 사람이 1동의 건물을 구분하여 소유할 수 있음을 전제로 건물과 그 부속물 중 공용하는 부분은 구분소유자의 공유로 추정하고, 공용부분의 보존에 관한 비용 기타 부담을 각자의 소유부분의 가액에 비례하여 분담하도록 규정하고 있다. 그러나 토지이용의 고도화·입체화라는 사회적 요청에 따라 대규모의 공동주택(예: 아파트)이 일반화됨에 따라 제215조만으로 공동주거에 따른 복잡한 법률관계를 합리적으로 규율할 수 없게 되어, 집합건물의 소유 및 관리에 관한 법률이 제정되었다. 결국 이 법의 제정으로 민법의 규정은 존재의의를 거의 상실하였다.

(2) 집합건물법의 내용

(가) 구분소유의 성립

1동의 건물 중 구조상 구분된 여러 개의 부분이 독립한 건물로서 사용될 수 있을 때, 그 각 부분은 구분소유권의 목적으로 할 수 있다(제1조). 1동의 건물에 대하여 구분소유가 성립하기 위해서는 ① 객관적·물리적인 측면에서 '1동의 건물이 존재'하고, ② 구분된 건물부분이 '구조상·이용상 독립성'을 갖추어야 할 뿐 아니라, ③ 1동의 건물 중 물리적으로 구획된 건물부분을 각각 구분소유권의 객체로 하려는 '구분행위'가 있어야 한다(대판 2016.5.27, 2015다77212). 구분행위는 건물의 특정 부분을 구분하여 별개의 소유권의 객체로 하려는 일종의 법률행위로서 그 시기나 방식에 특별한 제한이 있는 것은 없지만, 처분권자의 구분의사가 객관적으로 외부에 표시되어야 한다.

따라서 ① 구분건물이 물리적으로 완성되기 전에 분양계약 등을 통하여 장래 신축되는 건물을 구분건물로 하겠다는 구분의사를 표시함으로써 구분행위를 한 다음 1동의 건물 및 구분행위에 상응하는 구분건물이 객관적·물리적으로 완성되면, 그 건물이 집합건축물대장에 등록되거나 구분건물로서 등기부에 등기되지 않았더라도 그 시점에서 구분소유가 성립한다(대판 2013.1.17, 2010다71578). ② 집합건물이 아닌 일반건물로 등기된 기존의 건물이 구분건물로 변경등기되기 전이라도, 일반건물로 등기되었던 기존의 건물에 관하여 실제로 건축물대장의 전환등록절차를 거쳐 구분건물로 변경등기까지 마쳐진 경우라면 전환등록 시점에는 구분행위가 있었던 것으로 볼 수 있다(대판 2016.6.28, 2013다70569). 반면에 ③ 다세대주택인 1동의 건물을 신축하면서 건축허가를 받지 않고 위법하게 지하층을 건축하였다면 처분권자의 구분의사가 명확하게 표시되지 않은 이상 공용부분으로 추정하는 것이 사회관념이나 거래관행에 부합한다(대판 2018.2.13, 2016다245289).

판 례

(ㄱ) 구분소유권의 객체로서 적합한 물리적 요건을 갖추지 못한 '건물의 일부'는 그에 관한 구분소유권이 성립할 수 없는 것이어서, 건축물관리대장상 독립한 별개의 구분건물로 등재되고 등기부상에도 구분소유권의

목적으로 등기되어 있어 이러한 등기에 기초하여 경매절차가 진행되어 매각허가를 받고 매수대금을 납부하였더라도, 그 등기는 그 자체로 무효이므로 매수인은 소유권을 취득할 수 없다(대결 2008.9.11, 2008마696; 대판 1999.11.9, 99다46096).

(ㄴ) 구분건물로 등기된 건물이 구조상의 독립성을 상실하여 그 건물에 구분소유권이 성립될 수 없는 경우에는 등기명의자는 그 건물이 속하는 1동의 건물의 공유자가 될 뿐이다. 마찬가지로 구분건물로 등기된 1동의 건물 중의 일부에 해당하는 구분건물들 사이에서 구조상의 구분이 소멸되는 경우에 그 구분건물에 해당하는 일부 건물 부분은 종전 구분건물 등기명의자의 공유로 된다 할 것이지만, 한편 구조상의 독립성이 상실되지 아니한 나머지 구분건물들의 구분소유권은 그대로 유지됨에 따라 위 일부 건물 부분은 나머지 구분건물들과 독립되는 구조를 이룬다고 할 것이고 또한 집합건물 중 일부 구분건물에 대한 공유도 당연히 허용됨에 비추어 보면, 위 일부 건물 부분과 나머지 구분건물들로 구성된 1동의 건물 전체는 집합건물법의 적용대상이 될 수 있다(대판 2013.3.28, 2012다4985).

(ㄷ) 1동의 건물 중 구조상 구분된 수 개의 부분이 독립한 건물로서 구분소유권의 목적이 되었으나 그 구분건물들 사이의 격벽이 제거되는 등의 방법으로 각 구분건물이 건물로서의 독립성을 상실하여 일체화되고 이러한 일체화 후의 구획을 전유부분으로 하는 1개의 건물이 되었다면 기존 구분건물에 대한 등기는 합동으로 인하여 생겨난 새로운 건물 중에서 위 구분건물이 차지하는 비율에 상응하는 공유지분 등기로서의 효력만 인정된다(대판 2020.2.27, 2018다232898).

(ㄹ) 인접한 구분건물 사이에 설치된 경계벽이 일정한 사유로 제거됨으로써 각 구분건물이 구분건물로서의 구조상 및 이용상의 독립성을 상실하게 되었다고 하더라도, 각 구분건물의 위치와 면적 등을 특정할 수 있고 사회통념상 그것이 구분건물로서의 복원을 전제로 한 일시적인 것일 뿐만 아니라 그 복원이 용이한 것이라면, 각 구분건물은 구분건물로서의 실체를 상실한다고 쉽게 단정할 수는 없고, 아직도 그 등기는 구분건물을 표상하는 등기로서 유효하지만(대판 2023.4.27, 2022다273018), 구조상의 구분에 의하여 구분소유권의 객체 범위를 확정할 수 없는 경우에는 구조상의 독립성이 있다고 할 수 없고, 구분소유권의 객체로서 적합한 요건을 갖추지 못한 건물의 일부는 그에 관한 구분소유권이 성립할 수 없으므로, 건축물관리대장상 독립한 별개의 구분건물로 등재되고 등기부상에도 구분소유권의 목적으로 등기되어 있더라도, 그 등기는 그 자체로 무효이다(대판 2020.2.27, 2018다232898).

(나) 전유부분과 공용부분

1) 전유부분은 구분소유권의 목적인 건물부분을 말한다(제2조 3호). 전유부분이 되려면 그 부분이 구조상·이용상 다른 부분과 구분되는 독립성이 있어야 한다(대결 2010.1.14, 2009마1449). 이러한 전유부분에 성립하는 소유권이 구분소유권이다. 아파트의 지하실은 구분소유자 전원의 공용에 제공되는 건물부분으로 구분소유의 목적이 될 수 없다(대판 1995.3.3, 94다4691). 다만 분양계약상의 특약에 의하여 그 건물을 분양받은 구분소유자들의 동의 아래 공용부분에서 제외되어 따로 분양되었고, 그 구조상으로나 이용상으로도 상가건물의 지상 및 지하실의 점포, 기관실 등과는 독립성이 있는 경우에는 구분소유의 대상이 될 수 있다(대판 1995.12.26, 94다44675).

2) 공용부분은 전유부분 외의 건물부분(예: 지붕·계단·복도 등), 전유부분에 속하지 않는 건물의 부속물(예: 전기·수도·엘리베이터 등의 설비와 같은 구조상 공용부분), 전유부분이 규약에 의해 공용부분으로 된 부속의 건물(예: 관리사무실·노인정 등 규약상 공용부분)을 말한다(제2조 4호). 특히 규약상 공용부분의 경우에는 그 취지를 등기하여야 한다(제3조 4항). 공용부분은 원칙적으로 구분소유자 전원의 공유에 속하지만, 일부 구분소유자만의 공용에 제공되는 것이

명백한 경우에는 그 구분소유자 일부의 공유이다(제10조 1항). 이때 각 공유자의 지분은 그가 가지는 전유부분의 면적 비율에 의하지만(제12조 1항), 규약으로 달리 정할 수 있다(제10조 2항). 공용부분의 지분은 전유부분의 처분에 따르며, 전유부분과 분리하여 그 지분만을 처분할 수 없다(제13조).

3) 집합건물의 어느 부분이 전유부분인지 공용부분인지의 여부는 구분소유가 성립한 시점을 기준으로 판단하여야 하고, 그 후의 건물 개조나 이용상황의 변화 등은 전유부분인지 공용부분인지 여부에 영향을 미칠 수 없으며, 건물의 어느 부분이 구분소유자의 전원 또는 일부의 공용에 제공되는지의 여부는 소유자들 간에 특단의 합의가 없는 한 그 건물의 구조에 따른 객관적인 용도에 의하여 결정되어야 한다(대판 2007.7.12, 2006다56565). 따라서 구분건물에 관하여 구분소유가 성립될 당시 객관적인 용도가 공용부분인 건물부분을 나중에 임의로 개조하는 등으로 이용 상황을 변경하거나 집합건축물대장에 전유부분으로 등록하고 소유권보존등기를 하였더라도 그로써 공용부분이 전유부분이 되어 어느 구분소유자의 전속적인 소유권의 객체가 되지는 않는다(대판 2016.5.27, 2015다77212).

4) 공용부분의 '변경에 관한 사항'은 '공용부분의 개량을 위한 것으로서 지나치게 많은 비용이 드는 것이 아닐 경우' 등이 아닌 한 관리단집회에서 구분소유자 4분의 3 이상 및 의결권의 4분의 3 이상의 특별결의로써 결정하고(제15조 1항), 공용부분의 '관리에 관한 사항'은 규약으로 달리 정하지 않는 한 위와 같은 공용부분의 변경에 관한 특별결의 사항을 제외하고는 통상의 집회결의로써 결정하되 보존행위는 각 공유자가 할 수 있다(제16조 1항, 3항). 따라서 관리인이 집합건물법 제16조 1항에 따라 관리단집회의 결의로 결정되어야 하는 공용부분의 '관리에 관한 사항'에 대해서 관리단규약에 정함이 없는데도 관리단집회를 거치지 않은 채 그러한 사항에 관하여 한 법률행위는 그 효력이 없다(대판 2024.9.27, 2023다287861).

5) 구분소유자 중 일부가 정당한 권원 없이 집합건물의 복도, 계단 등과 같은 공용부분을 배타적으로 점유·사용함으로써 이익을 얻고, 그로 인하여 다른 구분소유자들이 해당 공용부분을 사용할 수 없게 되었다면, 공용부분을 무단점유한 구분소유자는 특별한 사정이 없는 한 해당 공용부분을 점유·사용함으로써 얻은 이익을 부당이득으로 반환할 의무가 있다. 해당 공용부분이 구조상 이를 별개 용도로 사용하거나 다른 목적으로 임대할 수 있는 대상이 아니더라도, 무단점유로 인하여 다른 구분소유자들이 해당 공용부분을 사용·수익할 권리가 침해되었고 이는 그 자체로 제741조에서 정한 손해로 볼 수 있다(대판 2020.5.21, 2017다220744).

판 례

(ㄱ) 집합건물법 제1조의2는 1동의 상가건물이 일정한 요건을 갖추어 이용상 구분된 구분점포를 소유권의 목적으로 할 수 있도록 하고 있는데, 구분점포의 번호, 종류, 구조, 위치, 면적은 특별한 사정이 없는 한 건축물대장의 등록 및 그에 근거한 등기에 의해 특정된다. 따라서 구분점포의 매매당사자가 집합건축물대장 등에 의하여 구조, 위치, 면적이 특정된 구분점포를 매매할 의사가 아니라고 인정되는 등 특별한 사정이 없다면, 점포로서 실제 이용현황과 관계없이 집합건축물대장 등 공부에 의해 구조, 위치, 면적에

의하여 확정된 구분점포를 매매의 대상으로 하는 것으로 보아야 한다(대판 2012.5.24, 2012다105).

(ㄴ) 신축건물의 보존등기를 건물 완성 전에 하였더라도 그 후 건물이 완성된 이상 등기를 무효라고 볼 수 없다. 이러한 법리는 1동 건물의 일부분이 구분소유권의 객체로서 적합한 구조상 독립성을 갖추지 못한 상태에서 구분소유권의 목적으로 등기되고 이에 기초하여 근저당권설정등기나 소유권이전등기 등이 순차로 마쳐진 다음 구분소유권의 객체가 된 경우에도 마찬가지이다(대판 2016.1.28, 2013다59876).

(ㄷ) 집합건물법 제1조, 제2조는 구분소유권의 목적인 각 건물 부분을 전유부분으로 규정하고 있으므로, 공용부분은 전유부분으로 변경되지 않는 한 구분소유권의 목적이 될 수 없다. 집합건물의 공용부분은 구분소유자 전원의 공유에 속하나(집합건물법 제10조 제1항), 그 공유는 민법상의 공유와는 달리 건물의 구분소유라고 하는 공동의 목적을 위하여 인정되는 것으로 집합건물법 제13조는 공용부분에 대한 공유자의 지분은 그가 가지는 전유부분의 처분에 따를 뿐 전유부분과 분리하여 처분할 수 없도록 규정하고 있다. 또한 공용부분을 전유부분으로 변경하기 위하여는 집합건물법 제15조에 따른 구분소유자들의 집회결의와 그 공용부분의 변경으로 특별한 영향을 받게 되는 구분소유자의 승낙을 얻어야 한다. 그런데 공용부분에 대하여 취득시효의 완성을 인정하여 그 부분에 대한 소유권취득을 인정한다면 전유부분과 분리하여 공용부분의 처분을 허용하고 일정 기간의 점유로 인하여 공용부분이 전유부분으로 변경되는 결과가 되어 집합건물법의 취지에 어긋나게 된다. 따라서 집합건물의 공용부분은 취득시효에 의한 소유권 취득의 대상이 될 수 없다(대판 2013.12.12, 2011다78200,78217).

(ㄹ) 집합건물의 구분소유자가 집합건물법에 따라 관리단집회 결의나 다른 구분소유자의 동의 없이 공용부분의 전부 또는 일부를 독점적으로 점유·사용하고 있는 경우, 다른 구분소유자는 공용부분의 보존행위로서 그 인도를 청구할 수는 없고, 특별한 사정이 없는 한 자신의 지분권에 기초하여 공용부분에 대한 방해상태를 제거하거나 공동 점유를 방해하는 행위의 금지 등을 청구할 수 있다(대판 2020.10.15, 2019다245822).

(ㅁ) 집합건물법에서는 집합건물의 공용부분은 구분소유자 전원의 공유에 속하고(제10조 1항), 각 공유자는 공용부분을 그 용도에 따라 사용할 수 있으며(제11조), 규약에 달리 정한 바가 없으면 그 지분의 비율에 따라 공용부분에서 생기는 이익을 취득한다(제17조)고 규정하고 있다. 집합건물의 공용부분에서 생기는 수익금은 규약에서 달리 정하지 않는 한 구분소유자들 전원에게 지분의 비율에 따라 귀속하게 되고, 특별한 사정이 없는 한 각 구분소유자는 공용부분에서 생긴 수익금을 보관하고 있는 관리단을 상대로 그 수익금 중 자신의 지분 비율에 상당하는 부분을 지급해 달라고 청구할 수 있다. 다만 관리단집회의 결의나 규약으로 공용부분 관리비용 등 관리단의 사무집행을 위한 비용과 분담금 등을 각 구분소유자에게 청구·수령하고 관리하는 방식에 관하여 정하면서 공용부분에서 생기는 수익금을 이러한 비용이나 분담금 등에 충당하기로 하였다면 관리단은 그러한 방식과 절차에 따라 공용부분에서 생긴 수익금을 분배할 수 있고, 이 경우 구분소유자는 관리단에 공용부분 수익금을 자신에게 직접 지급해 달라고 청구할 수는 없을 것이다(대판 2024.10.8, 2023다236337).

(ㅂ) 일부공용부분에 관한 사항으로써 구분소유자 전원에게 이해관계가 있지 아니한 사항은 구분소유자 전원의 규약에 따로 정하지 아니하면 일부공용부분을 공용하는 구분소유자의 규약으로써 정할 수 있고(제28조 2항), 그 일부의 구분소유자는 제28조 제2항의 규약에 따라 일부공용부분의 관리에 관한 사업의 시행을 목적으로 하는 관리단을 구성할 수 있다(제23조 2항). 규약의 설정·변경 및 폐지는 구분소유자의 4분의 3 이상 및 의결권의 4분의 3 이상의 찬성을 얻어서 한다(제29조 1항). 따라서 집합건물법상의 일부공용부분관리단은 일부의 구분소유자만이 공용하도록 제공되는 것임이 명백한 일부공용부분의 관리에 관한 사항으로서, 구분소유자 전원에게 이해관계가 없고 구분소유자 전원의 규약에 따로 정하지 않은 사항에 관하여, 일부공용부분을 공용하는 구분소유자의 4분의 3 이상 및 의결권의 4분의 3 이상의 찬성결의로 설정된 규약에 따라 일부공용부분의 관리에 관한 사업의 시행을 목적으로 구성되어야 한다. 한편 구분소유자의 4분의 3 이상을 계산할 때에 한 사람이 그 집합건물 내에 수 개의 구분건물을 소유한 경우에는 이를 1인의 구분소유자로 보아야 한다. 구분소유자의 의결권은 규약에 특별한 규정이 없으면 전유부분의 면적 비율에 의한 지분비율에 따르고(제12조, 제37조 1항), 전유부분을 여럿이 공유하는 경우에 공유자는 서로 협의하여

공유자 중 1인을 의결권을 행사할 자로 정하여야 하며, 협의가 이루어지지 않을 경우에는 공유물의 관리에 관한 민법 제265조에 따라 공유지분의 과반수로써 의결권 행사자를 정하거나 공유자 중 전유부분 지분의 과반수를 가진 자가 의결권 행사자가 된다(제37조 2항, 대판 2023.12.28, 2023다268402; 대판 2013.3.28, 2012다4985).

(다) 대지사용권

1) 일 반

구분소유자는 일종의 건물소유자로서 건물의 대지를 이용할 권리가 있어야 한다. 그 권리를 대지사용권이라고 한다(제2조 6호). 대지사용권은 전유부분을 소유하기 위한 권리이므로, 전유부분에 대하여 종된 권리로서의 성질을 갖는다. 따라서 대지사용권의 분리처분이 가능하도록 규약으로 정하였다는 등의 특별한 사정이 없는 한 전유부분에 대한 처분이나 압류 등의 효력은 종된 권리인 대지사용권에까지 미친다(대판 2006.10.26, 2006다29020). 대지사용권은 구분소유자가 전유부분을 소유하기 위하여 건물의 대지에 대하여 가지는 권리로서 반드시 대지에 대한 소유권과 같은 물권에 한정되는 것은 아니고 등기가 되지 않는 채권적 토지사용권도 대지사용권이 될 수 있다(대판 2023.11.9, 2023다254816). 즉 지상권이나 전세권은 등기되지 않으면 성립될 여지가 없으므로 당연히 등기되어야 하겠지만, 소유권(미등기토지의 경우)이나 임차권·법정지상권은 등기 없이도 대지사용권이 될 수 있다. 이러한 대지사용권은 집합건물의 존재와 구분소유자가 전유부분 소유를 위하여 해당 대지를 사용할 수 있는 권리를 보유함으로써 성립하고, 그 외에 다른 특별한 요건이 필요하지 않다(대판 2023.11.9, 2023다254816). 그러나 대지사용권은 권리로서 유효하게 존속하고 있어야 하므로, 사후에 효력을 상실하여 소멸한 토지사용권은 더 이상 전유부분을 위한 대지사용권이 될 수 없다(대판 2017.12.5, 2014다227492).

판 례

(ㄱ) 집합건물의 건축자로부터 전유부분과 대지지분을 함께 분양의 형식으로 매수하여 그 대금을 모두 지급함으로써 소유권 취득의 실질적 요건은 갖추었지만, 전유부분에 대한 소유권이전등기만 마치고 대지지분에 대하여는 아직 소유권이전등기를 마치지 못한 자는 매매계약의 효력으로써 전유부분의 소유를 위하여 건물의 대지를 점유·사용할 권리가 있다. 매수인의 지위에서 가지는 이러한 점유·사용권은 단순한 점유권과는 차원을 달리하는 본권으로서 집합건물법 제2조 6호의 구분소유자가 전유부분을 소유하기 위하여 건물의 대지에 대하여 가지는 권리인 대지사용권에 해당한다(대판 2008.9.11, 2007다45777; 대결 2006.3.27, 2004마978).

(ㄴ) 집합건물의 분양자가 수분양자에게 대지지분에 관한 소유권이전등기는 지적정리 후 해 주기로 하고 우선 전유부분에 관하여만 소유권이전등기를 마쳐 주었는데, 그 후 대지지분에 관한 소유권이전등기가 되지 아니한 상태에서 전유부분에 대한 경매절차가 진행되어 제3자가 전유부분을 매수한 경우, 그 매수인은 집합건물법 제2조 제6호의 대지사용권을 취득한다. 수분양자가 분양자에게 그 분양대금을 완납한 경우는 물론 그 분양대금을 완납하지 못한 경우에도 마찬가지이다. 따라서 매수인은 대지사용권 취득의 효과로서 수분양자를 순차 대위하여 또는 직접 분양자를 상대로 대지지분에 관한 소유권이전등기절차를 마쳐 줄 것을 구할 수 있고, 분양자는 이에 대하여 수분양자의 분양대금 미지급을 이유로 한 동시이행항변을 할 수 있다. 분양자가 매수인에 대하여도 위 분양계약에 따른 분양대금의 미지급을 이유로 동시이행의

항변을 할 수 있다면, 그 분양대금채권의 소멸 여부는 대지사용권에 결부된 동시이행의 부담을 면할 수 있는 매수인에게도 직접 영향을 미친다고 보아야 한다(대판 2023.9.21, 2022다270613).

(ㄷ) 수분양자로부터 전유부분과 대지지분을 다시 매수하거나 증여 등의 방법으로 양수받거나 전전 양수받은 자 역시 당초 수분양자가 가졌던 이러한 대지사용권을 취득한다(대판 2000.11.16, 98다45652,45669).

(ㄹ) 집합건물의 구분소유자들이 건물의 대지 중 일부 지분만 가지고 있고 구분소유자 아닌 대지 공유자가 나머지 지분을 가지고 있는 경우, 구분소유자 아닌 대지공유자는 대지 공유지분권에 기초하여 구분소유자 중 '자신의 전유부분 면적 비율에 상응'하는 대지 공유지분(이하 '적정 대지지분'이라 한다)을 가진 구분소유자를 상대로는 대지의 사용·수익에 따른 부당이득반환을 청구할 수 없다(대판 2022.8.25, 2017다257067). 그러나 적정 대지지분보다 부족한 대지 공유지분(이하 '과소 대지지분'이라 한다)을 가진 구분소유자는, 과소 대지지분이 적정 대지지분에 매우 근소하게 부족하여 그에 대한 부당이득반환청구가 신의성실의 원칙에 반한다고 볼 수 있는 경우, 구분건물의 분양 당시 분양자로부터 과소 대지지분만을 이전받으면서 건물 대지를 무상으로 사용할 수 있는 권한을 부여받았고 이러한 약정이 분양자의 대지지분을 특정승계한 사람에게 승계된 것으로 볼 수 있는 경우, 또는 과소 대지지분에 의하여 전유부분을 계속 소유·사용하는 현재의 사실상태가 장기간 묵인되어온 경우 등과 같은 특별한 사정이 없는 한, 구분소유자 아닌 대지공유자에 대하여 적정 대지지분에서 부족한 지분의 비율에 해당하는 차임 상당의 부당이득반환의무를 부담한다(대판 2023.9.27, 2018다260565; 대판 2023.9.14, 2016다12823). 이때 구분소유자가 적정 대지지분을 소유하였는지 여부나 과소 대지지분권자로서 구분소유자 아닌 대지공유자에 대하여 부당이득반환의무를 부담하는지 여부 및 그 범위는 구분소유권별로 판단하여야 하고, 이는 특정 구분소유자가 복수의 구분소유권을 보유한 경우에도 마찬가지이므로 특별한 사정이 없는 한 복수의 구분소유권에 관한 전체 대지지분을 기준으로 이를 판단하여서는 아니 된다(대판 2023.10.18, 2019다266386).

(ㅁ) 대지사용권이 없는 전유부분의 소유자는 법률상 원인 없이 전유부분의 대지를 점유하고 있으므로 대지 중 자기의 전유부분이 집합건물 전체 전유면적에서 차지하는 비율만큼의 차임에 해당하는 부당이득을 얻고 있고, 대지 지분 소유자는 그에 해당하는 손해를 입고 있다고 볼 수 있다. 따라서 특별한 사정이 없는 한 대지사용권이 없는 전유부분의 소유자는 위 지분의 소유자에게 부당이득을 반환할 의무가 있다. 대지사용권이 없는 전유부분의 공유자는 위와 같이 대지 지분 소유자에게 부당이득을 반환할 의무가 있는데, 이 의무는 특별한 사정이 없는 한 불가분채무이므로, 일부 지분만을 공유하고 있더라도 전유부분 전체 면적에 관한 부당이득을 반환할 의무가 있다(대판 2018.6.28, 2016다219419,219426).

(ㅂ) 1동의 건물의 구분소유자들이 당초 그 건물을 분양받을 당시의 대지 공유지분의 비율대로 그 건물의 대지를 공유하고 있는 경우 그 구분소유자들은 특별한 사정이 없는 한 그 대지에 대하여 가지는 공유지분의 비율에 관계없이 그 건물의 대지 전부를 용도에 따라 사용할 수 있는 적법한 권원을 가진다고 할 것이므로, 그 구분소유자들 상호간에는 특별한 사정이 없는 한 그 대지에 대하여 가지는 공유지분의 비율의 차이를 이유로 부당이득의 반환을 청구할 수 없다(대판 2025.7.17, 2021다308108).

2) 전유부분과 대지사용권의 처분의 일체성

(i) 대지사용권은 원칙적으로 전유부분과 일체성을 이룬다. 즉 구분소유자의 대지사용권은 그가 가지는 전유부분의 처분에 따르며, 규약 또는 공정증서로써 달리 정하지 않는 한 그가 가지는 전유부분과 분리하여 처분할 수 없다(제20조 1항, 2항, 4항). 구분소유자의 대지사용권은 전유부분에 대한 종속성이 매우 강하고 이들을 일체로서 처분하는 것이 거래의 실정이며, 또한 분리처분되면 복잡한 법적 분쟁이 발생할 수 있기 때문이다. 따라서 ① 전유부분과 대지사용권의 일체성에 반하는 대지의 처분행위는 효력이 없으며(대판 2013.1.17, 2010다71578), 이를 위반한 내시사

용권의 처분이 법원의 공유물분할경매절차에 의한 것이더라도 마찬가지이다(대판 2010.5.27, 2006다84171). 즉 구분소유의 목적물인 건물 각 층과 분리하여 그 대지만에 대하여 경매분할을 명한 확정판결에 의하여 진행되는 공유물분할경매절차에서 그 대지만을 매수하더라도 매수인은 원칙적으로 그 대지의 소유권을 취득할 수 없다. ② 구분건물의 전유부분에 대한 저당권 또는 경매개시결정과 압류의 효력은 당연히 종물 내지 종된 권리인 대지사용권에까지 미치고, 그에 터잡아 진행된 경매절차에서 전유부분을 매각받은 자는 그 대지사용권도 함께 취득한다(대판 2012.3.29, 2011다79210). ③ 대지소유권을 가진 집합건물의 건축자로부터 전유부분을 매수하여 그에 관한 소유권이전등기를 마친 매수인은 전유부분의 대지사용권에 해당하는 토지공유지분에 관한 이전등기를 마치지 아니한 때에도 대지지분에 대한 소유권을 취득한다(대판 2013.11.28, 2012다103325). ④ 구분소유권이 이미 성립한 집합건물이 증축되어 새로운 전유부분이 생긴 경우, 건축자의 대지소유권은 기존 전유부분을 소유하기 위한 대지사용권으로 이미 성립하여 기존 전유부분과 일체불가분성을 가지게 되었으므로 규약 또는 공정증서로써 달리 정하는 등의 특별한 사정이 없는 한 새로운 전유부분을 위한 대지사용권이 될 수 없다(대판 2017.5.31, 2014다236809).

(ii) 민법의 일반원칙에 의하면, 공유자가 그 지분을 포기하거나 상속인 없이 사망한 때에는 그 지분은 다른 공유자에게 각 지분의 비율로 귀속하지만(제267조), 이러한 원칙은 대지사용권에는 적용되지 않는다(집합건물법 제22조). 민법의 일반원칙에 따르게 되면 전유부분과 대지사용권의 소유자가 다르게 되어 일체성의 원칙에 반하기 때문이다. 따라서 구분소유자가 상속인 없이 사망한 때에는 전유부분의 소유권과 대지사용권은 일체로서 국가에 귀속된다.

판 례

(ㄱ) 민사집행법 제91조 2항에 의하면 매각부동산 위의 모든 저당권은 매각으로 인하여 소멸한다고 규정되어 있으므로, 집합건물의 전유부분과 함께 그 대지사용권인 토지공유지분이 일체로서 매각되고 그 대금이 완납되면, 설사 대지권 성립 전부터 토지만에 관하여 별도등기로 설정되어 있던 근저당권이라 할지라도 경매과정에서 이를 존속시켜 매수인이 인수하게 한다는 취지의 특별매각조건이 정하여져 있지 않았던 이상 위 토지공유지분에 대한 범위에서는 매각부동산 위의 저당권에 해당하여 소멸한다(대판 2008.3.13, 2005다15048).

(ㄴ) 집합건물 분양자가 전유부분 소유권은 구분소유자들에게 모두 이전하면서도 대지는 일부 지분에 관하여만 소유권이전등기를 해주고 나머지 지분을 그 명의로 남겨 둔 경우에 분양자 또는 그 보유지분을 양수한 양수인이 구분소유자들에 대하여 대지에 관한 공유지분권을 주장할 수 있으려면, 규약이나 공정증서로 전유부분과 대지사용권을 분리하여 처분할 수 있도록 정하였다는 등 특별한 사정이 있어야 한다. 그리고 이는 양수인이 체납처분에 의한 공매절차에서 분양자의 대지 지분을 취득한 경우에도 마찬가지이다(대판 2018.12.28, 2018다219727).

(ㄷ) 집합건물법 제20조에 따라 분리처분이 금지되는 대지사용권이란 구분소유자가 전유부분을 소유하기 위하여 건물의 대지에 대하여 가지는 권리로서, 구분소유의 성립을 전제로 한다. 따라서 ① 구분소유가 성립하기 전에는 집합건물의 대지에 관하여 분리처분금지 규정이 적용되지 않는다(대판 2018.6.28, 2016다219419,219426). ② 구분소유자 아닌 자가 집합건물의 건축 전부터 전유부분의 소유와 무관하게 집합건물의 대지로 된 토지에 대하여 가지고 있던 권리는 제20조에 규정된 분리처분금지의 제한을 받는다고 할 수 없다(대판 2023.12.14, 2023다229896).

(ㄹ) 전유부분에 대한 대지사용권을 분리처분할 수 있도록 정한 규약이 존재한다는 등의 특별한 사정이 없는

한, 집합건물을 신축하였으나 그 대지 소유권을 취득하지 못한 상태에서 전유부분의 소유권을 경매로 상실한 자는 장래 취득할 대지지분을 전유부분의 소유권을 취득한 매수인이 아닌 제3자에게 분리처분하지 못하고, 이를 위반한 대지지분의 처분행위는 무효이다(대판 2008.9.11, 2007다45777).

(ㅁ) 집합건물의 건축자로부터 전유부분과 대지지분을 함께 분양의 형식으로 대물변제받았으나 전유부분에 관하여만 소유권이전등기를 마친 경우, 전유부분의 소유자는 그 전유부분을 소유하기 위하여 건물의 대지를 점유 사용할 권리가 있고, 이는 집합건물법 제2조 제6호 소정의 대지사용권에 해당한다. 또한 위 전유부분의 소유자로부터 전유부분과 대지지분을 매수한 양수인 역시 이러한 대지사용권을 취득한다(대판 2012.3.29, 2011다79210).

(ㅂ) 집합건물법 제20조에 따라 분리처분이 금지되는 대지사용권이란 구분소유자가 전유부분을 소유하기 위하여 건물의 대지에 대하여 가지는 권리로서, 구분소유의 성립을 전제로 한다. 1동 건물의 구분소유자들이 당초 건물을 분양받을 당시 대지 공유지분 비율대로 그 건물 대지를 공유함으로써 집합건물법상 대지사용권을 가지는 경우에는 별도 규약이 존재하는 등 특별한 사정이 없는 한 구분소유자들이 그 대지에 대하여 가지는 공유지분 비율과 상관없이 대지 전부를 용도에 따라 사용할 수 있는 적법한 권원이 있다. 그러나 그 대지에 관하여 구분소유자 외의 다른 공유자가 있는 경우에는 공유물에 관한 민법의 일반 법리에 따라 대지를 사용·수익·관리할 수 있다고 보아야 한다(대판 2018.6.28, 2016다219419,219426). 따라서 1필의 대지 위에 집합건물과 일반건물이 공존하고 있고, 집합건물 구분소유자들에게는 집합건물법상 대지사용권이 있는 반면 일반건물 소유자들에게는 대지에 대한 민법상 공유지분이 있는 경우, 집합건물 구분소유자들과 일반건물 소유자들 사이의 대지 이용관계에는 공유물에 관한 민법의 일반 법리가 적용되어야 한다(대판 2024.10.31, 2024다202317).

(라) 구분소유자의 권리·의무

1) 구분소유자 상호간에는 일종의 상린관계라고 할 수 있는 일정한 권리의무가 있다. 즉 구분소유자는 건물의 보존에 해로운 행위나 그 밖에 건물의 관리 및 사용에 관하여 구분소유자 공동의 이익에 어긋나는 행위를 하여서는 안 되며(제5조 1항), 이를 위반한 경우에는 그 행위의 정지청구·전유부분의 사용금지청구·구분소유권과 대지사용권의 경매청구를 할 수 있고, 점유자가 이를 위반한 때에는 계약의 해제 및 인도청구를 할 수 있다(제43조-제46조). 구분소유자는 전유부분·공용부분의 보존·개량을 위하여 다른 구분소유자의 전유부분 등의 사용을 청구할 수 있다(제5조 3항).

2) 공유자가 공용부분에 관하여 다른 공유자에 대하여 가지는 채권은 그 특별승계인에 대하여도 행사할 수 있다(집합건물법 제18조). 집합건물법 제18조에 의해 체납한 관리비 중 '공용부분에 해당하는 부분'에 한해 특별승계인의 승계의사 유무에 관계없이 이를 승계한다(대판 2008.12.11, 2006다50420). 공용부분을 승계한다고 하여 전 구분소유자가 체납한 그 연체료까지 승계하는 것은 아니다(대판 2006.6.29, 2004다3598,3604; 대판 2007.2.22, 2005다65821). 그리고 특별승계인은 관리규약에 따라 집합건물의 공용부분에 대한 유지·관리에 소요되는 비용의 부담의무를 승계한다는 점에서 채무인수인의 지위를 갖는다. 따라서 구분소유권이 순차로 양도된 경우, 각 특별승계인들은 이전 구분소유권자들의 채무를 중첩적으로 인수하므로, 현재 구분소유권을 보유하고 있는 최종 특별승계인뿐만 아니라 그 이전의 구분소유자들도 구분소유권의 보유 여부와 상관없이 공용부분에 관한 종전 구분

소유자들의 체납관리비채무를 부담한다(대판 2008.12.11, 2006다50420).

(마) 분양자·시공자의 담보책임

1) 집합건물을 건축하여 분양한 자(분양자)와 분양자와의 계약에 따라 건물을 건축한 자(시공자)는 구분소유자에 대하여 담보책임을 진다(제9조 1항). 분양자와 시공자의 담보책임에 관하여는 민법 제667조 및 제668조를 준용한다(제9조 1항 후단). 수분양자가 집합건물을 양도한 경우에는 양도 당시 양도인이 이를 행사하기 위하여 유보하였다는 등의 특별한 사정이 없는 한 '현재의 집합건물의 구분소유자'가 담보책임을 물을 수 있다(대판 2016.7.22, 2013다95070; 대판 2003.2.11, 2001다47733). 그런데 ① 시공자가 분양자에게 부담하는 담보책임에 관하여 다른 법률에 특별한 규정이 있으면 시공자는 그 법률에서 정하는 담보책임의 범위에서 구분소유자에게 담보책임을 진다(제9조 2항). ② 시공자의 담보책임 중 민법 제667조 2항에 따른 손해배상책임은 분양자에게 회생절차개시 신청, 파산 신청, 해산, 무자력(無資力) 또는 그 밖에 이에 준하는 사유가 있는 경우에만 지며, 시공자가 이미 분양자에게 손해배상을 한 경우에는 그 범위에서 구분소유자에 대한 책임을 면한다(제9조 3항). 한편 분양자와 시공자의 담보책임에 관하여는 집합건물법과 민법에 규정하는 것보다 매수인을 불리하게 한 특약은 효력이 없다(제9조 4항).

2) 제9조 1항이 적용되는 집합건물의 분양계약에는 민법 제668조 단서가 준용되지 않고, 따라서 수분양자는 집합건물의 완공 후에도 분양목적물의 하자로 인하여 계약의 목적을 달성할 수 없는 때에는 분양계약을 해제할 수 있다(대판 2003.11.14, 2002다2485). 집합건물이 완공된 후 개별분양계약이 해제되더라도 분양자가 집합건물의 부지사용권을 보유하고 있으므로, 계약해제에 의하여 건물을 철거하여야 하는 문제가 발생하지 않기 때문이다.

판 례

(ㄱ) 집합건물의 하자보수에 갈음한 손해배상청구권의 소멸시효기간은 각 하자가 발생한 시점부터 별도로 진행한다(대판 2009.2.26, 2007다83908)

(ㄴ) 집합건물법 제9조에 의한 하자보수에 갈음하는 손해배상청구권은 특별한 사정이 없는 한 구분소유자 등 권리자에게 전유부분의 지분비율에 따라 분할 귀속하는 것이 원칙이므로, 구분소유자 등 권리자는 각자에게 분할 귀속된 하자담보추급권을 개별적으로 행사하여 분양자를 상대로 손해배상청구의 소를 제기할 수 있다(대판 2012.9.13, 2009다23160).

(ㄷ) 집합건물법에 의하여 하자담보추급권으로 인정되는 손해배상청구권은 특별한 사정이 없는 한 구분소유자에게 귀속되는 것으로 입주자대표회의에는 권리가 없고, 주택법령에 의하여 입주자대표회의가 가지는 권리는 사업주체에 대하여 하자보수의 이행을 청구할 수 있는 권리일 뿐이고 그에 갈음한 손해배상을 청구할 권리는 인정되지 않는다. 또한 입주자대표회의가 주택법령에 근거하여 건설공제조합에 대하여 가지는 보증금청구권은 사업주체의 하자보수의무를 주채무로 한 보증채무의 성격을 가지는 것일 뿐 집합건물법에 의한 구분소유자들의 손해배상청구권과는 무관한 것이다(대판 2012.9.13, 2009다23160).

(ㄹ) 집합건물법 제9조 제1항에 따라 시공자는 구분소유자에게 하자보수에 갈음하는 손해배상채무(이하 '제1 채무'라 한다)를 부담한다. 집합건물법 제9조 제2항은 "제1항에도 불구하고 시공자가 분양자에게 부담하는 담보책임에 관하여 다른 법률에 특별한 규정이 있으면 시공자는 그 법률에서 정하는 담보책임의 범위에서 구분소

유자에게 제1항의 담보책임을 진다."라고 규정하고 있다. 이에 따라 다른 법률에 시공자의 분양자에 대한 담보책임 범위를 제한하거나 면제하는 등의 규정이 있다면 시공자는 구분소유자에게 그 범위에서만 하자보수에 갈음하는 손해배상채무를 부담한다. 집합건물법 제9조 제3항은 "제1항 및 제2항에 따른 시공자의 담보책임 중 민법 제667조 제2항에 따른 손해배상책임은 분양자에게 회생절차개시 신청, 파산신청, 해산, 무자력 또는 그 밖에 이에 준하는 사유가 있는 경우에만 지며, 시공자가 이미 분양자에게 손해배상을 한 경우에는 그 범위에서 구분소유자에 대한 책임을 면한다."라고 규정하고 있다. 이에 따라 시공자의 구분소유자에 대한 담보책임은 분양자의 무자력 등 일정한 사유가 있는 경우에만 발생하고, 시공자가 분양자에게 하자보수에 갈음하는 손해배상채무(이하 '제2 채무'라 한다) 등 분양자에 대한 손해배상채무를 이행하면 그 범위에서 시공자의 구분소유자에 대한 담보책임도 소멸한다. 그러나 시공자의 구분소유자에 대한 제1 채무와 시공자의 분양자에 대한 제2 채무는 엄연히 별도의 채무이므로 제2 채무의 소멸시효가 완성되었다고 하여 제1 채무가 이를 이유로 당연히 소멸한다고 할 수 없다. 집합건물법 제9조 제2항은 시공자의 구분소유자에 대한 담보책임 범위, 제3항은 시공자의 구분소유자에 대한 담보책임 발생요건 및 소멸사유에 관하여 각각 규정함으로써 양 채무가 서로 일정하게 관련되어 있음을 나타내고 있으나, 그렇다고 이러한 규정들로부터 제2 채무의 시효 소멸로 인하여 제1 채무가 소멸된다는 점을 도출할 수는 없다(대판 2023.12.7, 2023다246600).

(바) 관리단·규약

1동의 건물에 관하여 구분소유관계가 성립되면 구분소유자들 전원으로써 건물·대지·부속시설의 관리를 목적으로 하는 관리단이 구성된다(제23조 1항). 관리단은 구분소유관계가 성립하는 건물이 있는 경우, 특별한 조직행위가 없어도 당연히 성립하는 단체이며 법인 아닌 사단이다(대판 2005.11.10, 2003다45496). 따라서 집합건물의 분양이 개시되고 입주가 이루어져서 공동관리의 필요가 생긴 때에는 그 당시의 미분양된 전유부분의 구분소유자를 포함한 구분소유자 전원을 구성원으로 하는 관리단이 설립된다(대판 2005.11.10, 2003다45496; 대판 2002.12.27, 2002다45284). 구분소유자가 10인 이상일 때에는 관리단을 대표하고 관리단의 사무를 집행할 관리인을 선임하여야 한다(제24조 1항).

한편 건물과 대지 또는 부속시설의 관리 또는 사용에 관한 구분소유자들 사이의 사항 중 집합건물법에서 규정하지 않은 사항은 규약으로써 정할 수 있다(제28조 1항).

판 례

(ㄱ) 관리단은 관리비 징수에 관한 유효한 관리단 규약 등이 존재하지 않더라도, 제25조 1항 등에 따라 적어도 '공용부분에 대한 관리비'는 이를 그 부담의무자인 구분소유자에 대하여 청구할 수 있다(대판 2009.7.9, 2009다22266,22273).

(ㄴ) 집합건물법 제24조 3항에서 정한 관리인 해임의 소는 관리단과 관리인 사이의 법률관계 해소를 목적으로 하는 형성의 소이므로 법률관계의 당사자인 관리단과 관리인 모두를 공동피고로 하여야 하는 고유필수적 공동소송에 해당한다(대판 2011.6.24, 2011다1323).

(ㄷ) 집합건물법 제9조에 의한 하자보수를 갈음한 손해배상청구권, 즉 하자담보추급권은 특별한 사정이 없는 한 집합건물의 수분양자 내지는 현재의 구분소유자에게 귀속하는 것이므로, 집합건물법 제23조 1항에 따라 건물과 대지 및 부속시설의 관리에 관한 사업의 시행을 목적으로 설립되는 관리단은 구분소유자들에게서 그 권리를 양수하였다는 등의 특별한 사정이 없는 한, 하자담보추급권을 가진다고 할 수 없다

(대판 2011.12.13, 2011다80531).

(ㄹ) 집합건물법은 집합건물의 존립에 필수적인 공용부분과 대지의 원활하고 적정한 유지·관리, 집합건물 내 공동생활을 둘러싼 구분소유자 상호 간의 이해관계 조절을 위하여 민법상 공유에 대한 여러 특별규정을 두고 있다. 구분소유관계가 성립되면 구분소유자 전원을 구성원으로 하여 건물과 대지 등의 관리를 목적으로 하는 집합건물의 관리단이 당연 설립된다(제23조). 구분소유자가 10인 이상인 경우 관리단을 대표하고 관리행위를 할 관리인을 선임해야 하고(제24조), 공용부분의 보존·관리 및 변경을 위한 행위 등은 관리인의 권한과 의무에 속한다(제25조 1항). 구분소유자는 구분소유자 공동의 이익에 어긋나는 행위를 해서는 안 되고(제5조 1항), 구분소유자가 그러한 행위를 한 경우 관리인은 그 행위의 정지 등을 청구할 수 있고 이를 위한 소송 제기는 관리단집회의 결의를 거쳐야 한다(제43조 1항, 2항). 따라서 집합건물의 공용부분과 대지의 관리 업무는 기본적으로 구분소유자들로 구성된 '관리단과 이를 대표하는 관리인'에게 있다. 집합건물법 제16조 1항은 공용부분의 관리에 관한 사항은 관리단의 통상의 집회결의로써 결정한다고 정하면서 그 단서에 "다만 보존행위는 각 공유자가 할 수 있다"라고 정하고 있고, 제19조는 구분소유자가 공유하는 건물의 대지 및 공용부분 외의 부속시설에 관하여 제16조를 준용하고 있다. 집합건물법 제16조 1항의 취지는 집합건물의 공용부분과 대지의 현상을 유지하기 위한 보존행위를 관리행위와 구별하여 공유자인 구분소유자가 단독으로 행사할 수 있도록 정한 것이다. 민법 제265조 단서의 취지, 집합건물법의 입법 취지와 관련 규정을 종합하여 보면, 구분소유자가 공용부분과 대지에 대해 그 '지분권에 의하여' 권리를 행사할 때 이것이 다른 구분소유자들의 이익에 어긋날 수 있다면 이는 각 구분소유자가 집합건물법 제16조 1항 단서에 의하여 개별적으로 할 수 있는 보존행위라고 볼 수 없고 집합건물법 제16조 1항 본문에 따라 관리단집회의 결의를 거쳐야 하는 관리행위라고 보아야 한다(대판 2019.9.26, 2015다208252).

(사) 집합건물의 재건축결의

1) 건물을 재건축하면 재건축에 드는 비용에 비하여 현저하게 효용이 증가하게 되는 경우, 관리단집회는 건물을 철거하고 그 대지를 구분소유권의 목적이 될 새 건물의 대지로 이용할 것을 결의할 수 있다(집합건물법 제47조 1항). 다만 재건축의 내용이 단지 내 다른 건물의 구분소유자에게 특별한 영향을 미칠 때에는 그 구분소유자의 승낙을 받아야 한다(제47조 1항 단서). 여기서 '단지 내의 다른 건물의 구분소유자'란 같은 주택단지 안에서 재건축에 참여하지 아니한 다른 건물의 구분소유자를 의미하는 것으로서 다른 주택단지에 속한 건물의 구분소유자를 의미하는 것은 아니다(대판 2005.6.24, 2003다55455).

2) 재건축의 결의는 구분소유자 및 의결권의 각 5분의 4 이상의 다수에 의한 결의에 의한다(제47조 2항). 재건축의 실행단계에서 다시 비용분담에 관한 합의를 하지 않아도 될 정도로 그 분담액 또는 산출기준을 정하여야 하고(제47조 3항, 4항), 이를 정하지 아니한 재건축 결의는 특별한 사정이 없는 한 무효이다(대판 2009.6.25, 2006다64559; 대판 2005.4.29, 2004다7002). 만일 재건축의 결의시 재건축비용의 분담에 관한 사항을 정하지 않고 재건축의 실행단계에서 조합원총회에서 그 비용의 분담에 관한 사항을 결의하는 경우에는 이해관계가 대립하는 조합원들 간의 형평을 보장하기 위하여 재건축 결의시의 특별다수의 정족수를 준용하여 조합원 5분의 4 이상의 다수에 의한 결의가 필요하고, 그 결의내용도 조합원들 간의 형평이 유지되도록 정하여야 한다(대판 2006.7.4, 2004다7408).

3) 집합건물법 또는 규약에 의하여 관리단집회에서 결의할 것으로 정한 사항에 관하여 구분소유자 및 의결권의 각 5분의 4 이상의 서면(전자적 방법 포함)에 의한 합의가 있는 때에는 관리단집회의 결의가 있는 것으로 본다(제41조 1항). 주의할 것은 ① 서면결의의 방법에 의한 재건축결의에서 재건축결의가 유효하게 성립하기 전까지는 재건축결의에 대한 동의를 철회할 수 있고, 그 철회의 의사표시는 재건축결의에 대한 동의의 의사표시와 마찬가지로 조합규약이나 정관에 다른 정함이 없는 이상 반드시 일정한 절차와 방식에 따라서만 하여야 하는 것은 아니며, 그 철회의 의사를 분명히 추단할 수 있는 행위나 외관이 있는 것으로 충분하다(대판 2008.8.21, 2007다83533,83540). ② 관리단집회에서 재건축결의가 의결정족수 미달로 일단 무효가 된 후 서면에 의한 동의로 재건축결의의 의결정족수를 충족하게 된 경우, 이는 무효인 재건축결의의 하자의 치유나 보완이 아니라 관리단집회에서의 결의와는 별도의 서면에 의한 새로운 결의이다(대판 2009.6.25, 2006다64559).

4) 재건축의 결의에 따라 설립된 재건축조합은 민법상의 비법인 사단에 해당하므로, 그 구성원의 의사의 합의는 총회의 결의에 의할 수밖에 없다(대판 2005.4.21, 2003다4969). 다만 재건축결의의 내용을 변경하는 경우에는 구성원인 조합원의 이해관계에 미치는 영향에 비추어 재건축결의시의 의결정족수를 규정한 제47조 2항을 유추적용하여 조합원 5분의 4 이상의 결의가 필요하다(대판 2006.10.26, 2004다17924). 또한 민법 제71조, 제72조를 유추적용하여 정관에 다른 규정이 없는 한 총회에서는 소집 1주간 전에 통지된 그 회의의 목적사항에 관하여만 결의할 수 있다(대판 2006.7.4, 2004다7408).

판 례

(ㄱ) 조합의 창립총회에서는 민법 제75조 1항에 따라 사원 과반수의 출석과 출석사원 결의권의 과반수로써 유효한 결의를 할 수 있다고 할 것이고, 이때 개의정족수 산정을 위한 조합원 수를 산정함에 있어서 재건축조합의 조합원이 될 자격이 있는 재건축사업 대상구역 내의 모든 구분소유자를 당연히 조합원으로 볼 것은 아니고 재건축에 동의하여 그 조합에 가입의사를 밝힌 구분소유자들만을 재건축조합의 조합원으로 계산하여야 한다(대판 2006.2.23, 2005다19552,19569).

(ㄴ) 집합건물법에는 재건축결의의 시기에 관하여 아무런 제한을 두지 않고 있으므로, 재건축결의가 반드시 재건축조합의 창립총회일에 함께 이루어져야 한다고 볼 근거는 없다(대판 2009.6.25, 2006다64559).

(ㄷ) 1단지 내에 있는 여러 동의 건물 전부를 일괄하여 재건축하고자 하는 경우, 재건축 결의의 요건 충족여부는 각각의 건물마다 별개로 따져야 하며(대판 2002.9.24, 2000다22812), 단지 내의 일부 건물에 대하여 일단 재건축 결의의 정족수가 충족되었다면 나머지 건물에 대하여 재건축 결의의 정족수가 아직 충족되지 아니하였더라도, 정족수가 충족된 일부 건물의 구분소유자 중 재건축 결의에 찬성하지 아니한 구분소유자에 대하여 먼저 매도청구권을 행사할 수 있다(대판 2006.11.23, 2005다68769,68776; 대판 2005.6.24, 2003다55455). 매도청구권은 형성권이며, 제48조 4항이 회답기간 만료일로부터 2개월 이내의 행사기간을 규정한 것은 상대방의 정당한 법적 이익을 보호하고 아울러 재건축을 둘러싼 법률관계를 조속히 확정하기 위한 것이므로, 재건축참가자 또는 매수지정자가 행사기간 내에 매도청구권을 행사하지 아니하면 그 효력은 상실한다(대판 2002.9.24, 2000다22812).

(ㄹ) 구분소유자 등의 매도청구권은 재건축의 결의가 유효하게 성립하여야 비로소 발생하는 것이므로, 재건축의 결의가 집합건물법 제47조 2항의 정족수를 충족하지 못하였다면 유효한 재건축의 결의가 있다고 할 수 없어 매도청구권을 행사할 수 없다. 따라서 매도청구권행사에 따른 소송 중에 재건축불참자 일부가

재건축결의에 찬성함으로써 정족수를 충족하였더라도 정족수의 하자가 치유되어 무효인 종전의 재건축 결의가 소급하여 유효하게 되는 것은 아니다(대판 2002.9.27, 2000다10048).

(ㅁ) 집합건물법 제41조 1항 본문에서 정한 구분소유자의 서면 결의의 수를 계산할 때, 한 사람이 집합건물 내에 수 개의 구분건물을 소유한 경우에는 이를 1인의 구분소유자로 보아야 한다(대판 2011.10.13, 2009다65546).

(아) 구분소유의 소멸

① 구분소유는 구분소유 부분의 합필등기에 의하여, 물리적 구분의 제거에 의하여 또는 건물의 전부 또는 일부의 멸실에 의하여 소멸된다. 다만 건물의 일부 멸실의 경우에 복구권이 인정되기도 한다(제50조). ② 구분건물이 물리적으로 완성되기 전에 분양계약 등을 통하여 장래 신축되는 건물을 구분건물로 하겠다는 구분의사를 표시함으로써 구분행위를 한 후 소유자가 분양계약을 전부 해지하고 1동 건물의 전체를 1개의 건물로 소유권보존등기를 마쳤다면 이는 구분폐지행위를 한 것으로서 구분소유권은 소멸한다. 이러한 법리는 구분폐지가 있기 전에 개개의 구분건물에 대하여 유치권이 성립한 경우라 하여 다르지 않다(대판 2016.1.14, 2013다219142).

Ⅲ. 소유권의 취득

1. 서 설

소유권을 취득하는 원인에는 법률행위에 의한 것과 법률행위에 의하지 않는 것(즉 법률규정)이 있다. 법률행위에 의한 소유권취득에는 물권변동의 법리가 그대로 적용된다. 법률행위에 의하지 않는 소유권 취득원인에는 상속·공용징수·판결·경매 기타 법률 등이 있지만, 이 중에 상속과 공용징수는 상속법과 행정법에서 다루어지고 있다. 특히 민법 제245조 이하에서는 소유권의 취득원인으로, 취득시효·선의취득·무주물선점·유실물습득·매장물발견·첨부(부합·혼화·가공)를 규정하고 있다. 선의취득은 동산물권의 변동에서 이미 설명하였으므로, 여기서는 나머시 취득원인에 대하여 살펴보기로 한다.

2. 취득시효

(1) 일 반

(가) 의 의

일정한 사실상태가 계속되었을 때 그 상태가 진실한 권리관계와 일치하는가 여부를 묻지 않고 그 사실 상태를 그대로 존중하여 권리관계로 인정하는 제도를 시효라 한다. 시효에는 권리의 불행사가 일정한 기간 동안 계속될 경우에 권리소멸의 효과를 생기게 하는 소멸시효(Verjährung)와 권리행사의 외관인 점유상태가 일정한 기간 동안 계속될 경우에 권리취득의 효과를 생기게 하는 취득시효(Ersitzung)가 있다. 민법은 부동산소유권의 취득시효(제245조)와 동산소유권의 취득시효(제246조)에 관한 규정을 두고, 소유권 이외의 재산권에 관해서 이를 준용하고 있다(제248조).

(나) 존재이유

취득시효의 존재이유는 오랫동안 계속된 현존의 사실 상태에 대하여 권리를 인정함으로써 사회질서를 안정시키고 제3자의 신뢰를 보호한다는 점(사회질서의 안정), 사실상태가 오래 계속됨으로써 생기는 증거보전의 곤란을 구제하는 것이 소송경제의 이념에 적합하다는 점(증명곤란의 구제)에 있다.

(다) 취득시효의 대상이 되는 권리

시효취득이 인정되는 권리는 소유권(제245조, 제246조)과 그 밖의 재산권(제248조)이다.

1) 국유재산

국유재산은 그 용도에 따라 행정재산과 일반재산으로 구분되는데(국유재산법 제6조 1항), 그중에서 행정재산은 공용이 폐지되지 않는 한 사법상 거래의 대상이 될 수 없으므로, 취득시효의 대상이 되지 않는다(대판 1994.3.22, 93다56220). 행정재산에 대한 공용폐지의 의사표시는 명시적이든 묵시적이든 상관이 없으나 적법한 의사표시가 있어야 하고, 행정재산이 사실상 본래의 용도에 사용되지 않고 있다는 사실만으로 공용폐지의 의사표시가 있었다고 볼 수는 없다(대판 2006.6.15, 2006다16055). 또한 행정재산인 보존용재산도 시효취득의 대상이 되지 않지만, 일반재산(행정재산 외의 모든 국유재산, 국유재산법 제6조3항)에 대해서는 시효취득이 가능하다(헌재결 1991.5.13, 89헌가97; 대판 1995.6.16, 94다42655). 다만 일반재산에 대하여 취득시효가 완성된 후 그 일반재산이 행정재산으로 된 경우, 시효완성을 이유로 소유권이전등기를 청구할 수 없다(대판 1997.11.14, 96다10782).

2) 토지일부 내지 공유지분

소유권이면 그것이 1개의 물건 전부이든 공유지분이든 상관하지 않으며, 분할되지 않은 1필지의 토지일부도 시효취득될 수 있다(대판 1997.3.11, 96다37428). 판례는 여러 명이 각기 공유지분 비율에 따라 특정부분을 독점적으로 소유하고 있는 토지 중 공유자 1인이 독점적으로 소유하고 있는 부분에 대하여 취득시효가 완성된 경우, 공유자 사이에 그와 같은 구분소유적 공유관계가 형성되어 있다 하더라도 이로써 제3자인 시효취득자에게 대항할 수는 없는 법리이므로, 그 토지부분과 무관한 다른 공유자들도 그 토지부분에 관한 각각의 공유지분에 대하여 취득시효완성을 원인으로 한 소유권이전등기절차를 이행할 의무가 있다고 한다(대판 1997.6.13, 97다1730).

3) 자기 소유의 부동산

자기 소유물에 대하여도 취득시효가 인정될 수 있는가에 관하여, 다수설은 자기 소유라는 증명이 곤란할 때에는 취득시효를 주장할 수 있고, 이처럼 자기 소유의 부동산에 대하여도 취득시효를 인정하는 것이 현재의 사실상태를 권리상태로 승격시키려는 취득시효제도의 취지에도 부합한다고 한다. 부정설은 타인소유의 부동산이라면 점유취득시효의 대상이 될 수 있지만, 자기 소유 부동산이 분명하면 당연히 소유권이 인정되므로 시효취득을 주장할 필요가 없고, 자기 소유임을 증명하지 못한 상태에서 시효취득을 주장하여 인정되었다면 이는 결과적으로 자기 소유 부동산을 시효취득한 것으로 볼 수 없다고 한다(정병호, 민사판례연구 제25권, 43면 이하; 이동진, 민사법학 제77호, 77면 이하; 서종희, 일감부동산법학 제14호, 209면). 반면에 판례는 사안에 따라 결론을 달리하고 있다.

가) 타인 명의의 부동산인 경우

① 취득시효는 타인의 소유권을 승계취득하는 것이 아니어서 시효취득의 대상이 반드시 타인의 소유물이어야 하거나 그 타인이 특정되어 있어야만 하는 것은 아니므로, 성명불상자의 소유물에 대하여 시효취득을 인정할 수 있다(대판 1992.2.25, 91다9312). ② 취득시효는 당해 부동산을 오랫동안 계속하여 점유한다는 사실상태를 일정한 경우에 권리관계로 높이려고 하는 데에 그 존재이유가 있는 점에 비추어 보면, 시효취득의 목적물은 타인의 부동산임을 요하지 않고 자기 소유의 부동산이라도 시효취득의 목적물이 될 수 있다(대판 2001.7.13, 2001다17572).

나) 점유자 명의의 부동산인 경우

① 부동산에 관하여 적법·유효한 등기를 마치고 그 소유권을 취득한 사람이 자기 소유의 부동산을 점유하는 경우에는 특별한 사정이 없는 한 사실상태를 권리관계로 높여 보호할 필요가 없고, 부동산의 소유명의자는 그 부동산에 대한 소유권을 적법하게 보유하는 것으로 추정되어 소유권에 대한 증명의 곤란을 구제할 필요 역시 없으므로, 그러한 점유는 취득시효의 기초가 되는 점유라고 할 수 없다. 다만 그 상태에서 다른 사람 명의로 소유권이전등기가 되는 등으로 소유권의 변동이 있는 때에 비로소 취득시효의 요건인 점유가 개시된다고 볼 수 있을 뿐이다(대판 2016.10.27, 2016다224596). 이 경우 점유취득시효를 인정하게 되면, 시효완성 전에 부동산에 적법하게 설정된 담보·가압류 등기 등을 소멸시키는 수단으로 부동산 소유자가 시효취득제도를 악용할 우려가 있기 때문이다. ② 토지소유자가 토지의 특정한 일부분을 타인에게 매도하면서 등기부상으로는 전체 토지의 일부 지분에 관한 소유권이전등기를 마쳐 준 경우(구분소유적 공유관계)에 매도 대상에서 제외된 나머지 특정 부분을 계속 점유한다고 하더라도 이는 자기 소유의 토지를 점유하는 것이어서 취득시효의 기초가 되는 점유라고 할 수 없다(대판 2001.4.13, 99다62036,62043).

다) 담보목적물인 경우

채무자나 물상보증인이 채권자에게 부동산에 관하여 담보권을 설정해 준 후 그 부동산을 시효취득하는 경우, 판례는 원시취득에 따른 부당한 결과를 시정하기 위해 시효취득의 소급효를 제한한다. 즉 부동산점유취득시효는 원시취득에 해당하므로 특별한 사정이 없는 한 원소유자의 소유권에 가하여진 각종 제한에 의하여 영향을 받지 아니하는 완전한 내용의 소유권을 취득하는 것이지만, 진정한 권리자가 아니었던 채무자 또는 물상보증인이 채무담보의 목적으로 채권자에게 부동산에 관하여 저당권설정등기를 마쳐준 후 그 부동산을 시효취득하는 경우, 채무자 또는 물상보증인은 피담보채권의 변제의무 내지 책임이 있는 사람으로서 이미 저당권의 존재를 용인하고 점유하여 온 것이므로, 저당목적물의 시효취득으로 저당권자의 권리는 소멸하지 않는다. 이러한 법리는 부동산 양도담보의 경우에도 마찬가지이므로, 양도담보권설정자가 양도담보부동산을 20년간 소유의 의사로 평온·공연하게 점유하였더라도, 양도담보권자를 상대로 피담보채권의 시효소멸을 주장하면서 담보 목적으로 마쳐진 소유권이전등기의 말소를 구하는 것은 별론으로 하고, 점유취득시효를 원인으로 하여 담보 목적으로 마쳐진 소유권이전등기의 말소를 구할 수 없고, 이와 같은 효과가 있는 양도담보권설정자 명의로의 소유권이전등기를 구할 수도 없다(대판 2015.2.26, 2014다21649).

판 례

부동산에 관한 소유권이전의 원인행위가 사해행위로 인정되어 취소되더라도, 사해행위취소의 효과는 채권자와 수익자 사이에서 상대적으로 생길 뿐이다. 따라서 사해행위가 취소되더라도 부동산은 여전히 수익자의 소유이고, 다만 채권자에 대한 관계에서 채무자의 책임재산으로 환원되어 강제집행을 당할 수 있는 부담을 지고 있는 데 지나지 않는다. 그러므로 수익자의 등기부취득시효가 인정되려면, 자기 소유 부동산에 대한 취득시효가 인정될 수 있다는 것이 전제되어야 한다. 그러나 부동산에 관하여 적법·유효한 등기를 하여 소유권을 취득한 사람이 당해 부동산을 점유하는 경우에는 특별한 사정이 없는 한 사실상태를 권리관계로 높여 보호할 필요가 없고, 부동산의 소유명의자는 부동산에 대한 소유권을 적법하게 보유하는 것으로 추정되어 소유권에 대한 증명의 곤란을 구제할 필요 역시 없으므로, 그러한 점유는 취득시효의 기초가 되는 점유라고 할 수 없다(대판 2016.11.25, 2013다206313). 즉 취소채권자 甲의 채권자취소권의 행사에 따라 채무자 乙과 수익자 丙사이의 부동산매매계약에 대한 사해행위 취소판결에 따라 甲이 丙 명의의 소유권이전등기의 말소등기를 마쳐 강제집행을 할 수 있게 된 경우, 丙은 그러한 부담을 안고 있다는 사정을 잘 알고 있는 상태에서 판결 전후 기간 동안 부동산을 점유해 온 것이므로, 그러한 점유는 취득시효의 기초가 되는 점유라고 할 수 없다.

4) 재산권

취득시효의 대상이 될 수 있는 재산권으로는 지상권·지역권·질권 및 이와 유사한 성질을 가지는 권리(예: 광업권·어업권·지식재산권) 등이 있다. 시효취득하기 위해서는 점유가 일정기간 계속되어야 하므로, 점유를 수반하지 않는 물권(예: 저당권)·법률규정에 의해 성립하는 권리(예: 점유권·유치권)·일정한 상태의 계속을 기초로 하지 않는 권리(예: 청구권·형성권) 및 신분관계를 전제로 하는 권리(예: 부양청구권·부부의 생활비청구권) 등은 시효취득의 목적이 될 수 없다.

판 례

(ㄱ) 국유토지가 국립공원으로 지정·고시된 이후에는 시효취득의 대상이 되지 아니한다(대판 1996.7.30, 95다21280).

(ㄴ) 학교법인의 기본재산에 대하여 시효기간 완성으로 기본재산의 소유권을 원시적으로 잃게 되는 경우에는 감독청의 규제에서 벗어나므로 감독청의 허가가 필요하지 아니하다(대판 1978.7.11, 78다208).

(ㄷ) 토지구획정리사업의 시행으로 환지예정지 지정이 있을 경우 종전 토지의 소유자는 환지예정지로 지정된 토지에 관하여 사용·수익권을 취득하게 되고, 이 사용·수익권은 종전 토지에 대한 소유권에 기한 것이므로, 종전 토지 소유자의 환지예정지에 대한 점유는 자기 소유의 종전 토지에 대한 점유와 그 성질이 같다

할 것이어서, 종전 토지 소유자가 종전 토지에 대한 환지예정지를 점유하는 것은 취득시효의 기초로서의 점유라고 볼 수 없다(대판 2002.9.4, 2002다22083,22090).

(ㄹ) 건물은 일반적으로 그 대지를 떠나서는 존재할 수 없으므로, 건물의 소유자가 건물의 대지인 토지를 점유하고 있다고 볼 수 있다. 이 경우 건물의 소유자가 현실적으로 건물이나 그 대지를 점유하지 않고 있더라도 건물의 소유를 위하여 그 대지를 점유한다고 보아야 한다. 그리고 점유는 물건을 사실상 지배하는 것을 가리키므로, 1개의 물건 중 특정 부분만을 점유할 수는 있지만, 일부 지분만을 사실상 지배하여 점유한다는 것은 상정하기 어렵다. 따라서 1동의 건물의 구분소유자들은 그 전유부분을 구분소유하면서 공용부분을 공유하므로 특별한 사정이 없는 한 그 건물의 대지 전체를 공동으로 점유한다고 할 것이다. 이는 집합건물의 대지에 관한 점유취득시효에서 말하는 '점유'에도 적용되므로, 20년간 소유의 의사로 평온·공연하게 집합건물을 구분소유한 사람은 등기함으로써 그 대지의 소유권을 취득할 수 있다. 이와 같이 점유취득시효가 완성된 경우에 집합건물의 구분소유자들이 취득하는 대지의 소유권은 전유부분을 소유하기 위한 대지사용권에 해당한다(대판 2017.1.25, 2012다72469).

(2) 부동산소유권의 점유취득시효

부동산소유권의 취득시효에는 '점유취득시효'(제245조 1항)와 '등기부취득시효'(제245조 2항)가 있다. 먼저 점유취득시효에 대해 살펴본다.

(가) 점유취득시효의 요건

부동산의 소유권을 점유시효취득하기 위해서는, ① 소유의 의사로 평온·공연하게 부동산을 점유하여야 하며, ② 점유는 20년간 계속되어야 하고, ③ 등기가 이루어져야 한다(제245조 1항).

1) 소유의 의사로 평온·공연하게 부동산을 점유할 것

(i) 점유는 소유의 의사를 가지고 하는 '자주점유'이어야 하고, 평온·공연하게 부동산을 점유하여야 한다. 등기부취득시효와 달리 점유자의 선의·무과실은 요건이 아니다. 점유자는 소유의 의사로 평온·공연하게 점유한 것으로 추정된다(제197조 1항). 이러한 추정은 지적공부 등의 관리주체인 국가나 지방자치단체가 점유하는 경우에도 마찬가지로 적용된다(대판 2016.6.9, 2014두1369). 따라서 타주점유를 주장하는 상대방이 시효취득자의 점유가 타주점유임을 증명하여야 한다(대판 2006.2.23, 2005다66473). 판례는 '악의의 무단점유'의 경우에 자주점유의 추정을 부정하고 있다(대판 2001.3.27, 2000다64472). 일정한 경우에는 자주점유의 추정이 깨지는 경우가 있다. 이에 관한 내용은 점유의 모습으로서 자주점유 부분(제3장 제1절 III 1.)에서 이미 설명하였다.

(ii) 계약명의신탁에서 명의신탁자는 부동산의 소유자가 명의신탁약정을 알았는지 여부와 관계없이 부동산의 소유권을 갖지 못할 뿐만 아니라 매매계약의 당사자도 아니어서 소유자를 상대로 소유권이전등기청구를 할 수 없고, 이는 명의신탁자도 잘 알고 있다고 보아야 한다. 명의신탁자가 명의신탁약정에 따라 부동산을 점유한다면 명의신탁자에게 점유할 다른 권원이 인정되는 등의 특별한 사정이 없는 한 명의신탁자는 소유권 취득의 원인이 되는 법률요건이 없이 그와 같은 사실을 잘 알면서 타인의 부동산을 점유한 것이다. 이러한 명의신

탁자는 타인의 소유권을 배척하고 점유할 의사를 가지지 않았다고 할 것이므로 소유의 의사로 점유한다는 추정은 깨어진다(대판 2022.5.12, 2019다249428). 가령 매도인이 선의인 계약명의신탁에서 명의신탁자가 명의수탁자를 상대로 점유취득시효가 완성되었다는 이유로 명의신탁 부동산의 소유권이전등기를 청구한 경우, 계약명의신탁자는 점유권원이 없음을 알고 점유를 개시한 자로서 악의의 무단점유자에 해당하므로 자주점유 추정이 번복된다. 따라서 명의신탁자는 점유취득시효 완성을 원인으로 소유권이전등기를 청구할 수 없다.

(iii) 소유의 의사는 점유개시 당시에 존재하여야 한다. 따라서 나중에 매도인에게 처분권이 없음을 알았더라도 자주점유의 성질이 변하지 않는다(대판 2001.5.29, 2001다5913).

(iv) 전술한 바와 같이 부동산에 관하여 적법·유효한 등기를 하고 소유권을 취득한 사람이 자기 소유의 부동산을 점유하는 경우 특별한 사정이 없는 한 그러한 점유는 취득시효의 기초가 되는 점유라고 할 수 없다(대판 2016.10.27, 2016다224596). 그러나 소유권에 기초하여 부동산을 점유하는 사람이더라도 그 등기를 하고 있지 않아 자신의 소유권을 증명하기 어렵거나 소유권을 제3자에게 대항할 수 없는 등으로 점유의 사실 상태를 권리관계로 높여 보호하고 증명곤란을 구제할 필요가 있는 예외적인 경우에는, 자기 소유 부동산에 대한 점유도 취득시효를 인정하기 위해 기초가 되는 점유로 볼 수 있다(대판 2022.7.28, 2017다204629).

판 례

계약명의신탁에서 '부동산실명법 시행 전'에 명의신탁약정을 하고 그 '시행 후'에 명의신탁약정에 따른 등기를 마친 경우, 부칙 제2조 2항에 따라 부동산실명법 제4조가 적용되는 관계로, 명의신탁자는 부동산의 소유자 겸 매도인이 명의신탁약정을 알았는지 여부에 관계없이 부동산의 소유권을 갖지 못할 뿐만 아니라 매매계약의 당사자도 아니어서 소유자를 상대로 소유권이전등기청구를 할 수 없고, 적어도 부동산실명법 시행일부터는 명의신탁자도 이러한 점을 잘 알고 있다고 보아야 한다. 이 경우 명의신탁자가 부동산실명법 시행 전에 명의신탁약정에 따라 부동산에 대한 점유를 개시하였다면, 그 점유는 명의신탁자가 새로운 권원에 의하여 다시 소유의 의사로 점유하는 등의 특별한 사정이 없는 한 부동산실명법 시행일 이후부터는 타주점유로 전환된다. 위와 같은 경우에 만일 명의신탁자가 부동산실명법 시행 후에 부동산에 대한 점유를 개시하였다면, 명의신탁자에게 점유할 다른 권원이 인정되는 등의 특별한 사정이 없는 한 명의신탁자는 소유권 취득의 원인이 되는 법률요건이 없이 그와 같은 사실을 잘 알면서 타인의 부동산을 점유한 것이어서 타인의 소유권을 배척하고 점유할 의사를 가지지 않았다고 보아야 하므로, 소유의 의사로 점유한다는 추정은 깨어진다(대판 2025.7.3, 2025다210042; 대판 2022.5.12, 2019다249428).

2) 점유는 20년간 계속되었을 것

(i) 점유에는 직접점유뿐만 아니라 간접점유도 포함된다. 따라서 제3자를 점유매개자로 하여 농지를 간접적으로 점유하여 온 자는 비록 그가 농민이 아니더라도 농지를 시효취득할 수 있다(대판 1998.2.24, 97다49053). 취득시효의 기초인 점유가 승계된 경우에 점유자는 제199조에 의하여 자신의 점유만을 주장할 수 있고, 전 점유자의 점유를 합산하여 주장할 수 있다. 그리고 전후 양시에 점유한 사실이 있으면 그 점유는 계속한 것으로 추정되며(제198조), 일시 점유를 잃었더

라도 점유회수의 소에 의해 회복하면 점유는 계속된 것으로 간주된다(제192조 2항 단서).

(ii) 판례는 20년의 취득시효기간이 완성되기 전에 부동산이 제3자에게 양도된 경우, 취득시효 완성 후 점유자는 제3자에게 취득시효를 주장할 수 있지만(대판 1989.4.11, 88다카5843), 취득시효기간 완성 후에 제3자에게 양도된 경우에는 이중양도의 법리에 따라 점유자가 제3자에게 취득시효를 주장할 수 없다고 본다(대판 1998.4.10, 97다56495; 대판 1992.9.25, 92다21258). 그래서 20년의 점유기간의 기산점에 관해서도 이러한 법리를 기초로 한다. ① 취득시효기간 중 계속해서 '등기명의자가 동일한 경우', 취득시효를 주장하는 자가 시효의 기산점을 임의로 선택할 수 있다고 하여 역산도 할 수 있는 것으로 본다(대판 1994.3.22, 93다46360). 즉 그 기산점을 어디에 두든지 간에 취득시효의 완성을 주장할 수 있는 시점에서 보아 기간이 경과한 사실만 확정되면 충분하고(대판 1993.1.15, 92다12377), 전 점유자의 점유를 승계, 통산하여 20년이 경과한 경우에도 전 점유자의 임의의 시점을 기산점으로 삼을 수 있다(대판 1998.5.12, 97다8496,8502). ② 시효기간만료 후 '이해관계자가 있는 경우'에는 임의로 시효기간의 기산점을 선택할 수 없지만(대판 1999.2.12, 98다40688), 당초의 점유자가 계속 점유하고 있고 소유자가 변동된 시점을 기산점으로 삼아도 다시 취득시효의 점유기간이 경과한 경우에는 점유자로서는 제3자 앞으로의 소유권 변동시를 새로운 점유취득시효의 기산점으로 삼아 2차의 취득시효의 완성을 주장할 수 있으며, 이러한 법리는 새로이 2차의 취득시효가 개시되어 그 취득시효기간이 경과하기 전에 등기부상의 소유명의자가 다시 변경된 경우에도 마찬가지라고 한다(대판 2009.7.16, 2007다15172,15189). 가령 甲이 乙 소유의 X 부동산을 20년간 점유하고 취득시효가 완성된 후 등기 전에 X부동산의 소유권이 丙에게 이전되었고, 丙의 소유권취득시점을 기산점으로 삼아 2차 취득시효기간이 경과하기 전에 다시 丁에게 이전된 후 2차 취득시효기간이 완성되면, 甲은 丁에게 취득시효를 주장할 수 있다.

(iii) 자기 소유의 부동산을 점유하고 있는 상태에서 다른 사람 명의로 소유권이전등기가 된 경우, 자신의 부동산을 점유하는 것은 취득시효의 기초로서의 점유라고 할 수 없고, 그 소유권의 변동이 있는 경우에 비로소 취득시효의 기초로서의 점유가 개시되는 것이므로, 취득시효의 기산점은 소유권의 변동일, 즉 소유권이전등기가 마쳐진 날이다(대판 2024.4.4, 2023다304650; 대판 1997.3.14, 96다55860).

판 례

(ㄱ) 구분소유적 공유관계에 있는 토지 중 공유자 1인의 특정 구분소유 부분에 관한 점유취득시효가 완성된 경우 다른 공유자의 특정 구분소유 부분이 다른 사람에게 양도되고 그에 따라 토지 전체의 공유지분에 관한 지분이전등기가 경료되었다면 대외적인 관계에서는 점유취득시효가 완성된 특정 구분소유 부분 중 다른 공유자 명의의 지분에 관하여는 소유 명의자가 변동된 경우에 해당하므로, 점유자는 취득시효의 기산점을 임의로 선택하여 주장할 수 없다(대판 2006.10.12, 2006다44753).

(ㄴ) 취득시효기간 중 점유 부동산의 등기명의자에 대하여 채무자회생법에 따른 회생절차가 개시되어 관리인이 선임된 사실이 있다고 하더라도 점유자가 취득시효 완성을 주장하는 시점에서 회생절차가 이미 종결된 상태라면 등기명의자에 대하여 회생절차상 관리인이 선임된 적이 있다는 사정은 취득시효기간 중 점유 부동산에 관하여 등기명의자가 변경된 것에 해당하지 아니하므로, 점유자는 그가 승계를 주장하는 점유를 포함한 점유기간 중 임의의 시점을 취득시효의 기산점으로 삼아 취득시효 완성을 주장할 수 있다(대판 2015.9.10, 2014다68884).

(ㄷ) 건물 공유자 중 일부만이 당해 건물을 점유하고 있는 경우라도 그 건물의 부지는 건물 소유를 위하여 공유명의자 전원이 공동으로 이를 점유하고 있는 것으로 볼 것이며, 건물 공유자들이 건물부지의 공동점유로 인하여 건물부지에 대한 소유권을 시효취득하는 경우라면 그 취득시효 완성을 원인으로 한 소유권이전등기청구권은 당해 건물의 공유지분비율과 같은 비율로 건물 공유자들에게 귀속된다(대판 2003.11.13, 2002다57935). 즉 건물은 일반적으로 그 대지를 떠나서는 존재할 수 없으므로, 건물의 소유자는 건물의 소유를 위하여 그 대지인 토지를 점유하고 있다고 볼 수 있고, 이는 건물의 소유자가 현실적으로 건물이나 그 대지를 점유하지 않더라도 마찬가지이지만, 그가 건물의 소유권을 상실한 경우에는 특별한 사정이 없는 한 그 대지에 대한 점유도 함께 상실한다(대판 2023.9.21, 2023다249876).

3) 등기가 이루어질 것

점유자는 1)와 2)의 요건을 갖추면 '등기'함으로써 부동산의 소유권을 시효취득한다. 점유취득시효는 법률행위가 아니므로 원칙적으로 등기를 필요하지 않는 것이지만(제187조), 제245조 1항은 등기를 하여야 소유권을 취득하는 것으로 규정하고 있다. 이 점에서 제245조 1항은 제187조의 예외이다. 따라서 ① 취득시효기간의 완성만으로 소유권취득의 효력이 생기는 것이 아니라 이를 원인으로 하여 소유권취득을 위한 등기청구권이 발생할 뿐이며, 미등기 부동산에도 취득시효기간의 완성만으로 등기 없이 점유자가 소유권을 취득할 수 없다(대판 2006.9.28, 2006다22074,22081). ② 점유로 인한 부동산소유권의 시효취득이 완성된 것만으로 등기 없이 소유권의 확인을 구할 수는 없다(대판 1991.5.28, 91다5716).

(나) 점유취득시효 완성의 효과

1) 등기청구권의 발생

점유취득시효가 완성되면 취득시효 완성자는 '시효완성 당시의 소유자'에 대하여 소유권이전등기를 청구할 수 있다. 따라서 ① 시효완성 당시의 소유권보존등기 또는 이전등기가 무효라면 원칙적으로 그 등기명의인은 시효취득을 원인으로 한 소유권이전등기청구의 상대방이 될 수 없고, 이 경우 시효취득자는 소유자를 대위하여 무효등기의 말소를 구하고 다시 소유자를 상대로 취득시효완성을 이유로 한 소유권이전등기를 구하여야 한다(대판 2007.7.26, 2006다64573). ② 등기부상 소유자 또는 공유자로 등기되어 있는 사람이라고 하더라도 그가 진정한 소유자가 아닌 이상 그를 상대로 취득시효의 완성을 원인으로 소유권이전등기를 청구할 수 없다(대판 2009.12.24, 2008다71858).

2) 등기청구권의 법적 성질

(i) 판례는 부동산에 대한 점유취득시효 완성을 원인으로 하는 소유권이전등기청구권은 채권적 청구권이지만, 등기청구권은 부동산에 대한 점유가 계속되는 한 시효로 소멸하지 않고(대판 2023.11.30, 2023다249555), 그 후 점유를 상실하더라도 이를 시효이익의 포기로 볼 수 있는 경우가 아닌 한 이미 취득한 소유권이전등기청구권은 소멸되지 않는다(대판 1995.3.28, 93다47745). 다만 점유자가 점유를 상실한 때부터 10년간 등기청구권을 행사하지 않으면 소멸시효가 완성한다고 한다(대판 2023.8.31, 2023다240428,240435),

(ii) 판례에 의하면 취득시효 완성자의 등기청구권은 채권적 청구권이므로, 취득시효가 완성된 후 시효완성자인 점유자가 소유권이전등기를 마치기 전에 제3자에게 소유권이전등기가 마쳐진 경우, 점유자는 그 제3자 명의의 등기가 무효가 아닌 한 제3자에 대하여 시효취득을 주장할 수 없다(대판 1998.4.10, 97다56495; 대판 1992.9.25, 92다21258). 물론 이로 인하여 점유자가 취득시효완성 당시의 소유자에 대한 시효취득으로 인한 소유권이전등기청구권을 상실하게 되는 것은 아니고, 소유자의 점유자에 대한 소유권이전등기의무가 이행불능으로 되었지만, 그 후 어떠한 사유로 취득시효완성 당시의 소유자에게로 소유권이 회복되면 그 소유자에게 시효취득의 효과를 주장할 수 있다(대판 1991.6.25, 90다14225).

3) 취득시효 완성자로부터 점유를 승계한 양수인의 소유권이전등기청구의 방법

(i) 취득시효 완성 후 등기 전에 부동산에 대한 점유의 승계가 있는 경우, 점유를 승계한 현 점유자는 등기부상의 소유자에 대하여 직접 자기 앞으로 취득시효완성을 원인으로 한 소유권이전등기를 할 수 있는지 아니면 자신의 전 점유자에 대한 소유권이전등기청구권을 보전하기 위하여 전 점유자가 소유자에 대하여 가지는 소유권이전등기청구권을 대위행사하여야 하는지가 문제이다.

(ii) 판례는 ① 전 점유자의 점유를 승계한 자는 그 점유 자체와 하자만을 승계하는 것이지 그 점유로 인한 법률효과까지 승계하는 것은 아니므로 부동산을 취득시효기간 만료 당시의 점유자로부터 양수하여 점유를 승계한 현 점유자는 자신의 전 점유자에 대한 소유권이전등기청구권을 보전하기 위하여 전 점유자의 소유자에 대한 소유권이전등기청구권을 '대위행사'할 수 있을 뿐, 전 점유자의 취득시효 완성의 효과를 주장하여 직접 자기에게 소유권이전등기를 청구할 권원은 없다고 한다(대판 1995.3.28, 93다47745). 반면에 ② 취득시효기간 중 계속해서 등기명의자가 동일한 경우에는 그 기산점을 어디에 두든지 간에 취득시효의 완성을 주장할 수 있는 시점에서 보아 그 기간이 경과한 사실만 확정되면 충분하므로, 전 점유자의 점유를 승계하여 자신의 점유기간을 통산하여 20년이 경과한 경우에도 전 점유자가 점유를 개시한 이후의 임의의 시점을 그 기산점으로 삼을 수 있다고 한다(대판 1998.5.12, 97다8496,8502).

(iii) ①과 ②의 판결이 서로 배치되는 것처럼 보이지만, ①의 판결은 원고의 소 세기시로부터 20년 이상 그 소유권에 변동이 없는 상태인데도 원고가 전 점유자의 점유개시시로부터 기산하여 전 점유자의 점유기간 중에 점유취득시효가 완성되었다고 주장하면서 전 점유자를 대위하여 전 점유자 앞으로 소유권이전등기를 청구한 것에 대하여 그대로 인용한 것이다. ②의 판결은 취득시효를 주장할 수 있는 시점으로부터 역산하여 20년간 소유자의 변동이 없으면(그 이전에 소유권의 변동이 있거나 취득시효가 완성되었더라도 같다), 그 기간 동안의 점유승계 여부, 그 점유의 승계가 취득시효 완성 전·후에 이루어진 것이건 관계없이 관계당사자의 이해관계에 영향을 미치는 것은 아니라고 보아 모두 그 역산을 허용하는 취지이다. 즉 ①의 판결은 현 점유자가 전 점유자를 대위하여 그 소유권이전등기청구권을 행사하는 것에 대한 판단으로서, 현 점유자가 시효취득

자로서 직접 소유권이전등기청구권을 행사하는 ②의 판결과 사안을 달리하고 있고, 또 ①의 판결이 취득시효완성 후 점유를 승계한 현 점유자에 대하여 직접 취득시효완성자로서 그 권리를 행사하는 것을 금하는 취지라고 볼 수 없다.

따라서 취득시효 완성 후 부동산에 대한 점유를 승계한 현 점유자는 전 점유자의 등기청구권을 대위행사할 수 있고, 아울러 취득시효기간 중 계속하여 등기명의자가 동일하여 현 점유자가 전 점유자의 점유기간 중의 임의의 시점을 기산점으로 삼을 수 있는 이상, 현 점유자는 그 취득시효완성자로서 등기명의자에 대하여 직접 자기 앞으로의 소유권이전등기를 청구할 수 있음은 당연하다.

4) 등기하기 전의 점유자의 지위

가) 소유자와 점유자의 관계

(i) 점유취득시효가 완성되면 점유자는 소유자에게 소유권이전등기를 청구할 수 있고, 소유자는 이에 응할 의무가 있으므로. ① 소유자는 점유자에 대하여 '불법점유'를 이유로 그 지상건물의 철거와 대지의 인도를 청구할 수 없고(대판 1988.5.10, 87다카1979), ② 점유로 인한 손해배상(대판 1966.2.15, 65다2189)이나 부당이득반환을 청구할 수 없다(대판 1993.5.25, 92다51280). 즉 취득시효를 원인으로 하는 소유권이전등기를 한 경우에는 취득시효로 인한 소유권취득의 효력이 소급하기 때문에(제247조 1항), 소유자는 시효취득자를 상대로 불법점유를 원인으로 하는 손해배상청구나 부당이득반환청구를 할 수 없다. ③ 취득시효가 완성된 점유자는 점유권에 의하여 등기부상의 명의인을 상대로 점유방해의 배제를 청구할 수 있다(대판 2005.3.25, 2004다23899,23905).

(ii) 소유자는 시효취득자가 시효완성 후에 어떤 사정에 의하여 그 점유를 잃었다고 해서 그 점유자로부터 점유를 회수하여 다시 이를 시효취득자에게 돌려 줄 의무까지 부담하지 않는다(대판 1997.3.28, 96다10638). 점유취득시효가 완성되더라도 점유자 명의로 소유권이전등기가 되기 전에는 그는 소유자가 아니므로, 원소유자는 소유자로서 적법한 권리행사를 할 수 있다. 따라서 ① 소유자의 권리행사로 인하여 점유자의 토지에 대한 점유의 상태가 변경되었다면, 그 뒤 소유권이전등기를 마친 점유자는 변경된 점유의 상태를 용인하여야 한다(대판 1999.7.9, 97다53632). ② 취득시효가 완성된 토지를 국가가 수용한 경우, 토지소유자는 국가에 보상금을 청구할 수 있다(대판 2016.6.9, 2014두1369).

나) 취득시효 완성 전에 소유자가 제3자에게 목적물을 처분한 경우

취득시효가 완성되기 전에 소유자가 제3자에게 목적물을 처분하여 등기부상의 소유명의자가 변경된다고 하더라도 그 사유만으로는 점유자의 종래의 사실상태의 계속을 파괴한 것이라고 볼 수 없어 취득시효를 중단할 사유가 되지 못한다(대판 1997.4.25, 97다6186). 따라서 새로운 소유명의자는 취득시효 완성 당시 권리의무 변동의 당사자로서 취득시효 완성으로 인한 불이익을 받게 된다 할 것이어서 시효완성자는 그 소유명의자에게 시효취득을 주장할 수 있다(대판 2009.7.16, 2007다15172,15189).

다) 취득시효 완성 후에 소유자가 제3자에게 목적물을 처분한 경우

(i) 제3자에 대한 관계

(ㄱ) 다수설과 판례에 의하면 부동산 점유취득시효는 등기함으로써 그 소유권을 취득하며, 그 전에는 취득시효 '완성 당시의 소유자'에 대하여 '채권적 청구권'으로서 소유권이전등기청구권을 가질 뿐이다. 따라서 甲이 乙의 시효기간 만료 후에 그 부동산을 丙에게 양도하고 등기를 이전한 경우에 甲으로부터 乙 및 丙에게로 이중양도가 행하여진 경우와 마찬가지로 丙은 乙에 대하여 제3자이고, 결국 乙은 丙에게 시효취득으로써 대항할 수 없다. 다시 말하면 취득시효 완성 후 그 등기 전에 제3자가 소유자로부터 그 부동산을 양수하여 등기를 마친 경우에 점유자는 제3자에 대하여 취득시효의 완성을 주장할 수 없고(대판 1999.2.12, 98다40688), 취득시효완성 사실을 알면서 丙이 甲으로부터 그 부동산을 매수한 경우에도 특별한 사정이 없는 한 丙은 甲의 소유권이전등기의무를 승계하지 않는다(대판 1994.4.12, 93다50666,50673). 즉 제3자가 악의라도 무방하다.

(ㄴ) 점유자가 취득시효 완성을 주장할 수 없는 제3자는 취득시효기간 만료 후에 새로운 이해관계를 가지게 된 제3자로서, 부동산에 관한 거래의 안정과 등기제도의 기능을 해하지 않기 위하여 보호할 가치가 있는 자에 국한되어야 한다. 따라서 ① 취득시효 완성 전에 매수하여 취득시효 완성 후에 등기를 마친 경우(대판 1997.4.11, 96다45917,45924), ② 취득시효 완성 후 명의신탁 해지를 원인으로 명의수탁자에서 명의신탁자로 소유권이전등기가 된 경우(대판 1995.12.8, 95다38493), ③ 취득시효 완성 후 소유자의 공동상속인 중의 한 사람이 다른 상속인의 상속분을 양수한 경우(대판 1993.9.28, 93다22883), ④ 취득시효 완성 후 상속인 중의 한 사람이 소유자인 피상속인으로부터 증여를 받아 소유권이전등기를 마친 경우(대판 1998.4.10, 97다56495), ⑤ 취득시효 완성 후 그 부동산의 소유자에 대한 파산선고와 동시에 파산재단에 속하는 그 부동산에 관하여 파산관재인이 선임된 경우(대판 2008.2.1, 2006다32187: 점유취득시효 완성을 원인으로 한 소유권이전등기청구권은 채권적 청구권으로서 파산채권에 해당하며, 파산절차에 의하여서만 그 권리를 행사할 수 있다), 각각 제3자에 해당한다. 또한 ⑥ 취득시효 완성 전에 소유권이전등기청구권 보전의 가등기가 되어 있고, 취득시효 완성 후에 가등기에 기해 소유권이전의 본등기를 마친 사람도 물권변동은 본등기를 한 때에 생기는 것이므로 제3자에 포함된다(대판 1992.9.25, 92다21258).

반면에 ① 상속인이 될 사람이 소유자로부터 부동산을 증여받았으나 소유권이전등기를 하지 않고 있던 중에 소유자가 사망하여 상속이 개시되고 그 후 취득시효가 완성된 경우, 상속인이 가지고 있던 피상속인에 대한 증여를 원인으로 한 소유권이전등기청구권은 상속에 의하여 혼동으로 소멸하는 반면, 점유자에 대하여는 취득시효가 완성한 때에 소유권이전등기의무를 부담하게 되므로, 그 상속인은 제3자에 해당하지 않는다(대판 2012.3.15, 2011다59445). ② 취득시효 완성 당시 미등기로 남아 있던 토지에 관하여 소유권을 가지고 있던 자가 취득시효 완성 후에 그 명의로 또는 상속인 명의로 소유권보존등기를 마치더라도 이는 시효취득에 영향을 미치는 소유자의 변경에 해당하지 않으므로, 제3자에 해당하지 않는다(대판 2007.6.14, 2006다84423). ③ 취득시효 완성 후 명의수탁자가 취득시효기간 만료 당시의 등기명의인으로부터 명의신탁을 받은 경우, 명의신탁자(종전 등기 명의인)는 언제든지 이를 해지하고 소유권이전등기를 청구할 수 있고, 점유시효취득자는 명의신탁자를 대위하여 이러한 권리를 행사할 수 있으므로, 명의수탁자는 제3자에 해당하지 않는다(대판 2007.10.11, 2007다43894; 대판 1995.9.5, 95다24586).

(ㄷ) 제3자 명의의 등기가 마쳐짐으로써 소유명의자의 소유권이전등기의무가 이행불능으로 되는 것은 그 제3자 명의의 등기가 적법·유효함을 전제로 한다. 따라서 제3자 명의의 등기가 원인무효인 경우에는 점유자는 취득시효 완성 당시의 소유자를 대위하여 제3자 명의의 등기의 말소를 구함과 아울러 소유자에게 취득시효 완성을 원인으로 한 소유권이전등기를 구할 수 있다(대판 2002.3.15, 2001다77352,77369).

(ㄹ) 취득시효 완성 후 소유명의자에 변동이 있더라도 당초의 점유자가 계속 점유하고 있고, 소유자가 변동된 시점을 새로운 기산점으로 삼아도 다시 취득시효의 점유기간이 완성된 경우에는 점유자는 취득시효의 완성을 주장할 수 있다(대판 1994.3.22, 93다46360).

(ㅁ) 취득시효 완성을 원인으로 한 소유권이전등기의무를 부담하는 자는 취득시효기간 완성 당시의 소유자이며, 그 후 그 소유자로부터 부동산을 매수하여 소유권이전등기를 마친 자는 달리 특별한 사정이 없는 한 위의 의무를 승계한다고 볼 수 없고, 이것은 취득시효기간이 완성된 점유자가 그 완성 당시의 소유자를 상대로 취득시효 완성을 원인으로 한 소유권이전등기청구권을 보전하기 위하여 처분금지가처분 결정을 받아 그 등기를 마쳐 둔 경우에도 마찬가지이며, 부동산처분금지가처분 등기가 유효하게 기입된 이후에도 가처분채권자의 지위만으로는 가처분 이후에 마쳐진 처분등기의 말소청구권은 없고, 나중에 가처분채권자가 본안 승소판결에 의한 등기의 기재를 청구할 수 있게 되면서 가처분등기 후에 마쳐진 가처분 내용에 위반된 등기의 말소를 청구할 수 있을 뿐이다(대판 1996.3.22, 95다53768).

(ㅂ) 제245조 1항에 의하면 부동산에 관한 점유취득시효가 완성되었더라도 소유권취득을 위한 등기청구권이 발생할 뿐 곧바로 소유권취득의 효력이 생기는 것이 아니고 등기를 함으로써 비로소 소유권을 취득한다. 따라서 취득시효의 완성 후 그 등기를 하기 전에 제3자의 처분금지가처분이 이루어진 부동산에 관하여 점유자가 취득시효 완성을 원인으로 소유권이전등기를 하였는데, 그 후 가처분권리자가 처분금지가처분의 본안소송에서 승소판결을 받고 그 확정판결에 따라 소유권이전등기를 하였다면, 점유자가 취득시효 완성 후 등기를 함으로써 소유권을 취득하였다는 이유로 그 등기 전에 처분금지가처분을 한 가처분권리자에게 대항할 수 없다(대판 2012.11.15, 2010다73475). 따라서 이 경우 가처분권리자는 가처분등기 이후에 마쳐진 점유자(시효 완성자) 명의의 소유권이전등기의 말소를 단독으로 신청할 수 있고, 신청에 따라 등기관이 가처분등기 이후의 등기를 말소할 때에는 직권으로 그 가처분등기도 말소해야 한다(부동산등기법 제94조 1항, 2항, 동 규칙 제152조 1항).

한편 취득시효 완성 당시의 소유명의자의 소유권등기가 무효이고, 취득시효 완성 후 그 등기 전에 이루어진 처분금지가처분의 가처분권리자가 취득시효 완성 당시 그 부동산의 진정한 소유자이며 그 가처분의 피보전권리가 소유권에 기한 말소등기청구권 또는 진정명의 회복을 위한 이전등기청구권이라면, 그 가처분에 의하여 부동산의 소유 명의를 회복한 가처분권리자는 원래 취득시효 완성을 원인으로 한 소유권이전등기청구의 상대방이 되어야 하는 사람이므로, 그 가처분권리자로서는 취득시효 완성을 원인으로 하여 이루어진 소유권이전등기가 자신의 처분금지가처분에 저촉되는 것이라고 주장하여 시효취득자의 소유권취득의 효력을 부정할 수 없으며, 취득시효 완성을 원인으로 하여 그 완성 당시의 등기명의인으로부터 시효취득자 앞으로 이루어진 소유권이전등기는 실체관계에 부합하는 유효한 등기라고 보아야 한다(대판 2012.11.15, 2010다73475).

판 례

(ㄱ) 취득시효 완성에 의한 등기를 하기 전에 먼저 부동산의 소유권을 취득한 제3자에 대하여는 그 제3자의 소유권 취득이 당연무효가 아닌 한 시효취득을 주장할 수 없고, 이러한 제3자의 소유권취득에는 법률의 규정에 의한 소유권 취득으로 인하여 등기를 경료하지 아니한 경우도 포함된다(대판 1995.2.24, 94다18195).

(ㄴ) 취득시효완성 당시 그 부동산의 등기부상 소유명의자는 취득시효완성으로 인한 권리변동의 당사자이나 그 등기가 실체관계와 부합하지 않는 무효의 등기인 때에는 권리변동의 당사자가 될 수 없는 것이므로, 소유권이전등기가 그 경료 당시에는 실체관계와 부합하지 아니하여 무효의 등기였다가 취득시효완성 후에 적법한 권리자로부터 권리를 양수하여 실체관계에 부합하게 된 것이라면, 그 등기명의자는 취득시효완성 후에 소유권을 취득한 자에 해당하므로 그에 대하여 취득시효완성을 주장할 수 없다(대판 1992.3.10, 91다43329).

(ㄷ) 점유로 인한 소유권취득시효 완성 당시 미등기로 남아 있던 토지에 관하여 소유권을 가지고 있던 자가 취득시효 완성 후에 그 명의로 소유권보존등기를 마쳤다 하더라도 이는 소유권의 변경에 관한 등기가 아니므로 그러한 자를 그 취득시효 완성 후의 새로운 이해관계인으로 볼 수 없고, 또 그 미등기 토지에 대하여 소유자의 상속인 명의로 소유권보존등기를 마친 것도 시효취득에 영향을 미치는 소유자의 변경에 해당하지 않으므로, 이러한 경우에는 그 등기명의인에게 취득시효 완성을 주장할 수 있다(대판 2007.6.14, 2006다84423).

(ㄹ) 유효하게 명의신탁된 부동산에 대하여 점유취득시효가 완성된 후 시효취득자가 그 소유권이전등기를 경료하기 전에 명의신탁이 해지되어 그 등기명의가 명의수탁자로부터 명의신탁자에게로 이전된 경우에는 명의신탁의 취지에 따라 대외적 관계에서는 등기명의자만이 소유권자로 취급되고 시효완성 당시 시효취득자에게 져야 할 등기의무도 명의수탁자에게만 있을 뿐이므로, 명의신탁자의 등기 취득이 등기의무자의 배임행위에 적극 가담한 반사회적 행위에 근거한 등기라든가 또는 기타 다른 이유로 원인무효의 등기인 경우는 별론으로 하고, 그 명의신탁자는 취득시효 완성 후에 소유권을 취득한 자에 해당하여 그에 대하여 취득시효를 주장할 수 없다(대판 2001.10.26, 2000다8861).

(ㅁ) 상속인 중의 한 사람이 소유자인 피상속인으로부터 증여를 받아 소유권이전등기를 마친 경우, 그 증여가 실질적인 상속재산의 협의분할과 동일시할 수 있는 등의 특별한 사정이 없는 한 등기명의인은 점유자에 대한 관계에서 종전 소유자와 같은 지위에 있는 자로 볼 수는 없고 취득시효 완성 후의 새로운 이해관계인으로 보아야 한다(대판 1998.4.10, 97다56495).

(ㅂ) 점유로 인한 부동산소유권취득기간이 경과한 후에 원래의 소유자의 지위를 승계한 공동상속인 중의 한 사람이 다른 상속인의 상속분을 양수하였다고 하여 그 상속분을 양수한 상속인이 시효가 완성된 후의 새로운 이해관계인이 아니라고 볼 수 없다(대판 1993.9.28, 93다22883).

(ii) 종전의 소유자에 대한 관계

(ㄱ) 채무불이행책임의 성립 여부

판례는 부동산 점유자에게 시효취득으로 인한 소유권이전등기청구권이 있다고 하더라도 이로 인하여 부동산소유자와 시효취득자 사이에 계약상의 채권·채무관계가 성립하는 것은 아니므로, 그 부동산을 처분한 소유자에게 채무불이행책임을 물을 수 없다고 한다(대판 1995.7.11, 94다4509). 그러나 시효완성 후 그 등기 전에 제3자가 소유권을 취득한 경우, 소유권이전등기가 당연무효가 아닌 한 시효취득자에 대한 전 소유자의 소유권이전등기의무는 후발적 불능으로 되었고, 따라서 전 소유자에게 귀책사유가 있는 때에는 채무불이행으로 인한 손해배상책임을 진다고 할 것이다.

(ㄴ) 점유취득완성자의 대상청구권

취득시효가 완성된 토지가 수용됨으로써 취득시효 완성을 원인으로 하는 소유권이전등기의무가 이행불능이 된 경우, 점유자는 대상청구권의 행사로서 토지의 소유자가 토지의 대가로서 지급받은 수용보상금의 반환을 청구할 수 있다(대판 1994.12.9, 94다25025). 다만 판례는 점유자가 대상청구권을 행사하기 위해서는 이행불능 전에 등기명의인에 대하여 취득시효완성을 원인으로 그 권리를 주장하거나 행사하였어야 한다고 한다(대판 1996.12.10, 94다43825). 따라서 그 이행불능 전에 그와 같은 권리의 주장이나 행사에 이르지 않았다면 대상청구권을 행사할 수 없다.

판 례

취득시효가 완성된 토지가 수용됨으로써 취득시효 완성을 원인으로 하는 소유권이전등기 의무가 이행불능이 된 경우에는 그 소유권이전등기 청구권자가 대상청구권의 행사로서 그 토지의 소유자가 토지의 대가로서 지급받은 수용보상금의 반환을 청구할 수 있다고 하더라도, 시효취득자가 직접 토지의 소유자를 상대로 공탁된 토지수용보상금의 수령권자가 자신이라는 확인을 구할 수는 없다(대판 1995.12.5, 95다4209; 대판 1995.7.28, 95다2074).

(ㄷ) 불법행위의 성립 여부

취득시효가 완성된 후 이를 주장하거나 이로 인한 소유권이전등기청구를 하기 이전에는 등기명의인인 부동산소유자는 특별한 사정이 없는 한 시효취득사실을 알 수 없으므로, 이를 제3자에게 처분하였더라도 불법행위가 성립하지 않는다(대판 1995.7.11, 94다4509). 반면에 부동산소유자가 취득시효의 완성사실을 알면서 부동산을 제3자에게 처분하여 소유권이전등기를 넘겨줌으로써 취득시효완성을 원인으로 한 소유권이전등기의무가 이행불능에 빠지게 되어 취득시효완성을 주장하는 자가 손해를 입었다면 불법행위를 구성한다. 만일 부동산을 취득한 제3자가 부동산 소유자의 이러한 불법행위에 적극 가담하였다면 이는 사회질서에 반하는 행위로서 무효이다(대판 2002.3.15, 2001다77352,77369).

라) 부동산점유취득시효 완성자의 채무변제와 구상권

판례는 시효취득자가 원소유자에 의하여 취득시효가 완성된 토지에 설정된 근저당권의 피담보채무를 변제한 후 변제액 상당에 대하여 원소유자에게 구상권을 행사하거나 부당이득 반환청구권을 행사할 수 없다고 한다. 즉 "원소유자가 '취득시효의 완성 이후 그 등기가 있기 전'에 그 토지를 제3자에게 처분하거나 제한물권의 설정, 토지의 현상 변경 등 소유자로서의 권리를 행사하였다 하여 시효취득자에 대한 관계에서 불법행위가 성립하는 것이 아님은 물론 처분행위를 통하여 그 토지의 소유권이나 제한물권 등을 취득한 제3자에 대하여 취득시효의 완성 및 그 권리취득의 소급효를 들어 대항할 수도 없다 할 것이니, 이 경우 시효취득자로서는 원소유자의 적법한 권리행사로 인한 현상의 변경이나 제한물권의 설정 등이 이루어진 그 토지의 사실상 혹은 법률상 현상 그대로의 상태에서 등기에 의하여 그 소유권을 취득하게 된다. 따라서 시효취득자가 원소유자에 의하여 그 토지에 설정된 근저당권의 피담보채무를 변제하는 것은 시효취득자가 용인하여야 할 그 토지상의 부담을 제거하여 완전한 소유권을 확보하기 위한 것으로서 그 자신의 이익을 위한 행위라 할 것이니, 위 변제액 상당에 대하여 원소유자에게 대위변제를 이유로 구상권을 행사하거나 부당이득을 이유로 그 반환청구권을 행사할 수는 없다"고 한다(대판 2006.5.12, 2005다75910).

위 판결에 대해 학설은 나뉜다. ① 찬성하는 견해에 의하면, 시효취득자는 무상으로 소유권을 취득하는 점에서 증여와 같다. 그런데 증여에서 증여자는 원칙적으로 담보책임을 지시 않는데(제559조), 부동산을 증여하였는데 그 부동산에 저당권이 설정되어 있어 수증자가 이를 변제하게 되었더라도 증여자에게 그 상환을 청구하지 못하는데, 이러한 이치는 시효취득자와 원소유자에게도 마찬가지이라고 한다(윤진수, 법학 제48권 1호, 407면 이하). ② 반대하는 견해에 의하면, 취득시효 완성 후 등기 전에 원소유자가 한 처분행위는 그 효력이 있으므로, 나중에 소유권이전등기를 한 시효취득자는 저당권 등의 부담이 있는 상태로 소유권을 취득하지만, 이는 물적 부담의 차원에서 그러할 뿐이고 그 채무까지 시효취득자에게 이전되는 것은 아니다. 따라서 그가 그 피담보채무를 변제한 것은 어디까지나 타인의 채무를 대위변제한 것이므로, 그는 원래의 채무자에 대해 구상할 수 있다. 만일 채무자가 구상의무를 부담하지 않는다면, 그는 아무런 출연 없이 자신의 채무로부터 해방되는 불의의 이익을 얻게 되어 명백히 부당한 것이다. 또한 저당권의 부담을 안는 물상보증인은 채무자에 대해 구상권을 갖는데(제341조, 제370조), 시효취득자의 경우에도 이와 달리 볼 것이 아니라고 한다(양창수, 민법연구 제9권, 261면 이하).

생각건대 소유권을 취득하면서 저당권의 부담을 안는다고 하는 것이 곧바로 그 피담보채무까지 인수한 것은 아니므로, 시효취득자는 저당권 등의 부담이 있는 상태로 소유권을 취득하지만, 물상보증인 또는 피담보채무를 인수하지 않은 제3취득자의 지위와 같다고 볼 수 있다는 점에서 반대견해가 타당하다고 할 것이다.

(다) 소유권취득의 효과

1) 원시취득

취득시효를 원인으로 점유자 명의로 소유권이전등기가 마쳐지면 점유자는 부동산의 소유권을 취득한다. 취득시효에 의한 소유권취득은 원칙적으로 원시취득이다. 따라서 원소유자의 소유권에 존재하였던 모든 제한은 소멸한다(대판 2004.9.24, 2004다31463). 물론 시효기간이 완성되었더라도 점유자 앞으로 등기를 마치지 아니한 이상 전 소유권에 붙어 있는 부담은 소멸되지 않는다.

그러나 ① 원소유자가 '취득시효의 완성 이후 그 등기가 있기 전'에 그 토지를 제3자에게 처분하거나 제한물권의 설정 등을 한 경우, 그 토지의 소유권이나 제한물권 등을 취득한 제3자에 대하여 취득시효의 완성 및 그 권리취득의 소급효를 들어 대항할 수 없다(대판 2006.5.12, 2005다75910). ② 취득시효의 기초가 된 점유가 타인의 권리를 용인하고 있던 경우, 예컨대 지역권을 용인하고 있는 경우에는 지역권의 제한이 있는 소유권을 취득한다(통설). 판례도 진정한 권리자가 아니었던 채무자 또는 물상보증인이 채무담보의 목적으로 채권자에게 부동산에 관하여 저당권설정등기를 마쳐준 후 그 부동산을 시효취득하는 경우, 채무자 또는 물상보증인은 피담보채권의 변제의무 내지 책임이 있는 사람으로서 이미 저당권의 존재를 용인하고 점유하여 온 것이므로, 저당목적물의 '시효취득'으로 저당권자의 권리는 소멸하지 않는다. 이러한 법리는 부동산 양도담보의 경우에도 마찬가지이므로, 양도담보권설정자가 양도담보부동산을 20년간 소유의 의사로 평온·공연하게 점유하였다고 하더라도, 양도담보권자를 상대로 피담보채권의 시효소멸을 주장하면서 담보목적으로 마쳐진 소유권이전등기의 말소를 구하는 것은 별론으로 하고, 점유취득시효를 원인으로 하여 담보목적으로 마쳐진 소유권이전등기의 말소를 구할 수 없고, 이와 같은 효과가 있는 양도담보권설정자 명의로의 소유권이전등기를 구할 수도 없다고 한다(대판 2015.2.26, 2014다21649).

2) 취득시효의 소급효와 그 제한

취득시효로 인한 권리취득의 효력은 점유를 개시한 때에 소급한다(제247조 1항). 이는 사실관계를 그대로 권리관계로 높임으로써 법률관계의 안정을 꾀하려는 취득시효제도의 취지를 관철시키기 위한 것이다. 그러나 이러한 소급효는 취득시효의 범위 내에서만 인정되는 상대적인 것이고, 절대적으로 모든 법률관계에서 인정하는 것은 아니다. 즉 ① 점유자가 취득시효기간 중에 수취한 과실은 정당한 소유자로서 취득한 것으로 되어 원소유자에게 반환할 필요가 없다(소급효). ② 취득시효기간 중 점유자가 행한 임대 기타 처분은 소유자로서 한 것이므로 유효한 것이 되지만(소급효), 그렇다고 그 기간 중에 원소유자가 한 처분이 무효로 되는 것은 아니다(비소급효). ③ 취득시효기간 중에 제3자가 목적물을 침해함으로써 불법행위의 책임을 지고, 취득시효의 효력이 발생할 때까지 아직 그 배상의무를 이행하지 아니한 경우에 시효취득자가 그 손해배상청구권을 취득한다(소급효). 그러나 그 이전에 원소유자가 손해배상을 받은 때에는 이를 시효취득자에게 반환할 필요가 없다(비소급효).

(3) 등기부 취득시효

(가) 요 건

부동산의 소유권을 등기부시효취득하기 위해서는, ① 소유의 의사로 평온·공연하게 선의이며 과실 없이 부동산을 점유하여야 하고, ② 점유자는 부동산의 소유자로 등기되어 있어야 하며, ③ 점유는 10년간 계속되어야 한다.

1) 소유의 의사로 평온 · 공연하게 선의이며 과실 없이 부동산을 점유하였을 것

(i) 점유는 소유의 의사를 가지고 하는 자주점유이어야 하고, 평온·공연한 점유이어야 한다. 따라서 명의신탁에 의하여 부동산의 소유자로 등기된 사람은 그 점유권원의 성질상 자주점유라 할 수 없어 신탁부동산의 소유권을 시효취득할 수 없다(대판 1992.4.14, 91다46533).

(ii) 점유취득시효와 달리 점유자의 점유는 선의·무과실이어야 한다. 여기서 무과실이란 점유자가 자기의 소유라고 믿은 데에 과실이 없음을 말한다(대판 2016.8.24, 2016다220679). 점유자의 선의는 추정되지만(제197조 1항), 무과실에 대해서는 추정되지 않는다. 따라서 시효취득을 주장하는 자가 무과실에 대한 증명책임을 부담한다(대판 2005.6.23, 2005다12704). 한편 선의·무과실은 등기에 관한 것이 아니고 점유 취득에 관한 것이다(대판 1998.1.20, 96다48527). 또한 선의·무과실은 시효기간 내내 계속되어야 하는 것은 아니고, 점유를 개시한 때에 있으면 그것으로 충분하다(통설; 대판 1993.11.23, 93다21132).

(iii) 무과실 인정에 대한 구체적인 사례를 살펴보면, 등기부상의 명의인을 소유자로 믿고 부동산을 매수하여 점유하는 자는 특별한 사정이 없는 한 과실 없는 점유자에 해당한다(대판 1994.6.28, 94다7829). 그러나 ① 부동산거래를 할 때에 등기부를 조사하지 않은 경우(대판 1964.10.20, 64다115), ② 부동산을 매수하는 자가 매도인에게 그 부동산을 처분할 권한이 있는지 여부를 조사하지 않은 경우(대판 1997.8.22, 97다2665), ③ 등기부의 기재 또는 다른 사정에 의하여 매도인의 처분권한에 대하여 의심할 만한 사정이 있거나, 매도인과 매수인의 관계 등에 비추어 매수인이 매도인에게 처분권한이 있는지 여부를 조사하였더라면 별다른 사정이 없는 한 처분권한이 없음을 쉽게 알 수 있었을 것으로 보이는 경우(대판 2017.12.13, 2016다248424), ④ 본인의 대리인으로 처분권한을 위임받았다고 칭하는 자로부터 부동산을 매수하는 자가 직접 본인에 대하여 대리권의 유무를 확인하지 아니한 경우(대판 1990.6.12, 90다카544) 등은 과실 있는 점유로 인정된다.

판 례

부동산에 등기부상 소유자가 존재하는 등 소유자가 따로 있음을 알 수 있는 경우에는 비록 소유자가 행방불명되어 생사를 알 수 없더라도 부동산이 바로 무주부동산에 해당하는 것은 아니므로, 소유자가 따로 있음을 알 수 있는 부동산에 대하여 국가가 국유재산법 제12조에 따른 무주부동산 공고절차를 거쳐 국유재산으로 등기를 마치고 점유를 개시하였다면, 특별한 사정이 없는 한 점유의 개시에 자기의 소유라고 믿은 데에 과실이 있다(대판 2016.8.24, 2016다220679; 대판 2008.10.23, 2008다45057).

2) 점유자는 부동산의 소유자로 등기되어 있을 것

시효기간이 진행하는 동안에 점유자는 소유자가 아니면서 소유자로 등기되어 있어야 한다. 소유자로 등기한 자는 적법·유효한 등기를 마친 자일 필요는 없고, 무효의 등기를 마친 자라도 상관없다(대판 1994.2.8, 93다23367). 또한 상속등기를 경료하지 않은 상속인도 제245조 2항의 부동산의 소유자로 등기한 자에 해당하므로 등기부취득시효를 할 수 있다(대판 1989.12.26, 89다카6140). 다만 판례는 제245조 2항의 등기는 1부동산 1등기기록주의에 위배되지 아니한 등기를 말하므로, 어느 부동산에 관하여 등기명의인을 달리하여 소유권보존등기가 2중으로 경료된 경우, 먼저 이루어진 소유권보존등기가 원인무효가 아니어서 뒤에 된 소유권보존등기가 무효로 되는 때에, 뒤에 된 소유권보존등기나 이에 터 잡은 소유권이전등기를 근거로 하여서는 등기부취득시효의 완성을 주장할 수 없다고 한다(대판 1996.10.17, 96다12511).

판 례

(ㄱ) 일정한 토지가 지적공부에 1필의 토지로 등록된 경우, 그 토지의 소재지번, 지목, 지적 및 경계는 그 등록으로써 특정되고 그 토지의 소유권의 범위는 지적공부상의 경계에 의하여 확정된다. 따라서 등기부상만으로 어떤 토지 중 일부가 분할되고 그 분할된 토지에 대하여 지번과 지적이 부여되어 등기되어 있어도 지적공부 소관청에 의한 지번, 지적, 지목, 경계확정 등의 분필절차를 거친 바가 없다면 그 등기가 표상하는 목적물은 특정되었다고 할 수는 없으니, 그 등기부에 소유자로 등기된 자가 그 등기부에 기재된 면적에 해당하는 만큼의 토지를 특정하여 점유하였더라도, 그 등기는 그가 점유하는 토지부분을 표상하는 등기로 볼 수 없어 그 점유자는 등기부취득시효의 요건인 '부동산의 소유자로 등기한 자'에 해당하지 아니하므로 그가 점유하는 부분에 대하여 등기부시효취득을 할 수는 없다(대판 1995.6.16, 94다4615).

(ㄴ) 부동산의 명의신탁에 있어서 수탁자명의로 등기된 기간이 10년이 경과하였다고 하더라도 명의수탁자의 등기를 신탁자의 등기로 볼 수 없을 뿐만 아니라 명의수탁자의 등기를 통하여 그 등기명의를 보유하고 있다고 할 수도 없으므로 신탁자에게 위 부동산에 대한 시효취득은 인정될 수 없다(대판 1987.11.10, 85다카1644).

3) 점유는 10년간 계속되었을 것

(i) 등기기간과 점유기간이 각각 10년이어야 한다. 상속등기를 경료하지 아니한 상속인이 등기부시효취득을 할 수 있는지에 관하여, 판례는 상속인은 등기를 하지 않아도 상속에 의하여 부동산소유권을 취득하므로(제187조), 피상속인 명의로 소유권이전등기가 10년 이상 경료되어 있는 경우에 상속인은 제245조 2항의 부동산의 소유자로 등기한 자에 해당하게 되고, 피상속인과 상속인의 점유기간을 합산하여 10년을 넘을 때에 등기부취득시효기간이 완성된다고 한다(대판 1989.12.26, 89다카6140).

(ii) 한편 제199조에 의하면 점유의 승계가 인정되므로, 명문의 규정이 없지만 등기의 승계가 인정될 수 있는지가 문제된다. 이에 대해 판례는 제245조 2항에 의하여 소유권을 취득하는 자는 10년간 반드시 그의 명의로 등기되어 있어야 하는 것은 아니고 앞사람의 등기까지 아울러 그 기간 동안 부동산의 소유자로 등기되어 있으면 된다고 하여(대판 2001.1.16, 98다20110), '등기의 승계'를 인정하고 있다. 판례를 지지하는 학설은 ① 취득시효에서 등기와 점유는 권리외관을 표상하는 방법에는 동등한 가치를 가지므로, 점유의 승계를 인정하는 것과 마찬가지로 등기의 승계를 인정하여야 하며, ② 등기의 승계를 인정함으로써 등기의 공신력이 없는 등기

제도를 보완할 수 있고, ③ 점유취득시효와 달리 10년의 단기로써 법률관계의 안정을 기하고자 하는 등기부취득시효 원래의 입법취지에 부합한다고 한다(강태성, 516면; 고상룡, 322면; 이상태, 240면; 김증한/김학동, 396면; 이은영, 411면).

판 례

(ㄱ) 공유자의 1인이 공유부동산 중 특정부분만을 점유하여 왔다면 그 '특정부분에 대한 공유지분의 범위 내'에서만 제245조 2항에서 말하는 '부동산의 소유자로 등기한 자'와 '부동산을 점유한 때'라는 등기부취득시효의 요건을 구비한 경우에 해당될 뿐이고 그 나머지 부분은 이에 해당하지 않는다(대판 1993.8.27, 93다4250). 가령 2분의 1의 지분등기를 한 자가 부동산 중 특정부분 2분의 1만을 점유한 경우, 점유한 부분 중의 2분의 1지분(즉 전체적으로 4분의 1지분)에 대해서는 등기부취득시효의 요건이 충족된다. 반면에 부동산 전체에 대한 공유지분에 관해서는 나머지 부분에 대해 점유의 요건이 흠결되어 있으므로 등기부취득시효를 할 수 없고, 또 점유하는 부분에 대해서는 공유지분이전등기만 경료되어 있어 '부동산의 소유자로 등기한 자'라는 요건을 충족시키지 못하여 등기부취득시효를 하였다고 볼 수 없다(대판 1986.5.27, 86다카280). 즉 2분의 1의 지분등기를 한 자가 부동산 중 2분의 1만을 점유한 경우, 점유한 부분의 2분의 1지분이 아닌 부동산 전체에 대한 2분의 1지분을 등기부시효취득할 수는 없다.

(ㄴ) 등기부상 2인명의로 공동등기되어 부동산 공유지분 1/2씩을 가진 등기명의자가 시효취득기간 진행 중 공동등기된 부동산을 분할하여 각자 단독명의로 분할등기를 한 경우, 이는 그 소유권을 명확히 한데 불과한 것으로서 이러한 등기들은 부동산의 소유자로 등기한 자가 10년간 계속한 때에 해당된다 할 것이고, 또 위 점유도 그 등기된 2인이 하였다면 점유의 특정 여부에 불구하고 2인의 점유가 10년간 계속된 때에 해당한다(대판 1976.5.25, 75다1105).

(나) 효 과

등기부 취득시효의 요건을 갖추면 그때부터 등기는 실체적 권리관계에 부합하여 시효완성자는 바로 소유권을 취득하게 된다(제245조 2항). 취득시효로 인한 소유권 취득의 효력은 점유를 개시한 때에 소급하며(제247조 1항), 취득시효로 인한 소유권의 취득은 원시취득이다. 따라서 ① 등기부 취득시효가 완성된 후에 그 부동산에 관한 점유자 명의의 등기가 말소되거나 적법한 원인 없이 다른 사람 앞으로 소유권이전등기가 되었더라도, 그 점유자는 등기부 취득시효의 완성에 의하여 취득한 소유권을 상실하는 것은 아니다(대판 2001.1.16, 98다20110). ② 등기부 취득시효가 완성된 경우에는 별도로 이를 원인으로 한 소유권이전등기청구권이 발생할 여지가 없으므로, 등기부 취득시효 완성 후에 그 부동산에 관한 점유자 명의의 등기가 말소되거나 적법한 원인 없이 다른 사람 앞으로 소유권이전등기가 된 경우, 그 점유자는 등기부 취득시효의 완성에 의하여 취득한 소유권에 의하여 현재의 등기명의자를 상대로 '방해배제청구'를 할 수 있을 뿐이고(예컨대 등기말소청구 또는 진정명의의 회복을 위한 소유권이전등기청구), 등기부 취득시효의 완성을 원인으로 현재의 등기명의자를 상대로 소유권이전등기를 구할 수는 없다(대판 1999.12.10, 99다25785).

(4) 동산소유권의 취득시효

10년간 소유의 의사로 평온·공연하게 동산을 점유한 자는 그 소유권을 취득한다(제246조 1항).

한편 점유를 개시한 때에 선의·무과실이었고 5년간 소유의 의사로 평온·공연하게 동산을 점유한 자는 그 소유권을 취득한다(제246조 2항). 그런데 동산에 관해서는 선의취득(제249조)이 인정되므로, 제246조의 적용범위는 선의취득이 인정되지 않는 경우에 국한된다.

(5) 그 밖의 재산권의 취득시효

소유권 이외의 재산권의 취득시효에 관해서는 재산권이 등기에 의하여 공시되는 경우(예: 지상권,지역권)에는 제245조가 준용되고, 점유에 의하여 공시되는 경우(예: 질권 등)에는 제246조가 준용된다(제248조). 예컨대 부동산의 지상권자로 등기된 자가 그 부동산을 지상권자로서 평온·공연하게 선의이며 과실 없이 점유하다가 지상권취득시효 완성 전에 사망하여 그 지상권설정등기와 점유권이 재산상속인에게 이전된 경우, 피상속인과 상속인의 등기 및 점유기간을 합산하여 10년이 넘을 때 지상권의 등기부취득시효기간이 완성된다(대판 1989.3.28, 87다카2587). 여기서 주의할 것은 시효취득의 대상이 되는 권리는 재산권으로, 점유(또는 준점유)를 수반하는 권리이어야 한다는 점이다. 따라서 재산권이 아닌 부양청구권이나 점유를 수반하지 않는 저당권 그리고 법률의 규정에 의해 성립하는 점유권·유치권은 시효취득의 대상이 되지 못한다.

(6) 취득시효의 중단 · 정지 및 시효이익의 포기

(가) 취득시효의 중단

1) 소멸시효의 중단에 관한 규정(제168조 이하)은 취득시효에도 준용된다(제247조 2항). 따라서 취득시효 중단의 사유와 그 효력은 소멸시효에서와 같다. 물론 이것은 취득시효가 완성되기 전에만 문제되는 것이고, 완성 후에는 시효중단의 효력이 발생하지 않는다. 주의할 것은 점유로 인한 부동산소유권의 취득시효의 중단사유는 종래의 점유상태의 계속을 파괴하는 것으로 인정될 수 있는 사유이어야 한다. 따라서 ① 제168조 2호의 '압류 또는 가압류'는 금전채권의 강제집행을 위한 수단이거나 그 보전수단에 불과하여 취득시효기간의 완성 전에 부동산에 압류 또는 가압류 조치가 이루어졌더라도 이로써 종래의 점유상태 계속이 파괴되었다고 할 수 없으므로, 이는 취득시효의 중단사유가 될 수 없다(대판 2019.4.3, 2018다296878). ② 취득시효기간의 만료 전에 등기부상의 소유명의가 변경되더라도 종래의 점유상태 계속이 파괴되었다고 할 수 없으므로, 이는 취득시효의 중단사유가 될 수 없다(대판 1997.4.25, 97다6186).

2) 취득시효의 중단사유가 되는 재판상 청구에는 시효취득의 대상인 목적물의 인도 내지는 소유권존부확인이나 소유권에 관한 등기청구소송은 말할 것도 없고, 소유권침해의 경우에 그 소유권을 기초로 하는 방해배제 및 손해배상 혹은 부당이득반환청구소송도 이에 포함된다(대판 1997.4.25, 96다46484). 시효취득을 주장하는 자의 청구에 소유자로서 응소하는 행위도 재판상의 청구에 해당하여 취득시효가 중단되지만, 소유자가 응소행위를 하였다고 하여 곧바로 시효중단의 효과가 발생하는 것은 아니고, 변론주의 원칙상 시효중단의 효과를 원하는 소유자로서는 당해 소송 또는 다른 소송에서의 응소행위로서 시효가 중단되었다는 점을 사실심

변론종결시까지 주장하여야 한다(대판 2003.6.13, 2003다17927,17934). 따라서 점유자가 소유자를 상대로 소유권이전등기 청구소송을 제기하면서 그 청구원인으로 '취득시효 완성'이 아닌 '매매'를 주장함에 대하여, 소유자가 이에 응소하여 원고 청구기각의 판결을 구하면서 원고의 주장 사실을 부인하는 경우, 소유자가 자신의 소유권을 적극적으로 주장한 것이라 볼 수 없으므로 시효중단사유의 하나인 재판상의 청구에 해당하지 않는다(대판 1997.12.12, 97다30288).

3) 시효의 중단은 당사자 및 그 승계인에만 효력이 있는데(제247조 2항, 제169조), 이것은 승계인이 중단 당시의 당사자의 점유기간을 승계하여 시효취득을 주장할 수 없다는 것을 의미할 뿐, 승계인 자신의 점유에 터 잡은 독자적인 시효취득을 방해하는 것은 아니다(대판 1998.6.12, 96다26961). 여기서 당사자라 함은 '중단행위에 관여한 당사자'를 가리키고 시효의 대상인 권리 또는 청구권의 당사자는 아니며, 승계인이라 함은 '시효중단에 관여한 당사자로부터 중단의 효과를 받는 권리를 그 중단효과 발생 이후에 승계한 자'를 뜻하고, 포괄승계인은 물론 특정승계인도 이에 포함된다(대판 1997.4.25, 96다46484).

4) 취득시효가 중단되면 중단사유가 종료한 때부터 시효가 새로 진행한다(제178조 1항). 그런데 소유자가 점유자를 상대로 적극적으로 소유권을 주장하여 승소한 경우에는 점유자가 소유자에 대해 등기말소 또는 명도 등의 의무를 부담하는 것으로 확정된 것이어서 점유자의 점유는 단순한 악의점유에 그치는 것이 아니라 패소판결 확정 후부터는 타주점유로 전환되므로(대판 2000.12.8, 2000다14934,14941), 그 점유자는 이제부터는 시효취득을 할 수 없게 된다. 따라서 이 경우에는 제178조 2항은 준용될 여지가 없다.

판 례

(ㄱ) 점유자의 취득시효 완성 후 소유자가 토지에 대한 권리를 주장하는 소를 제기하여 승소판결을 받은 사실이 있다고 하더라도 그 판결에 의하여 시효중단의 효력이 발생할 여지는 없고, 점유자가 그 소송에서 그 토지에 대한 시효취득을 주장하지 않았다고 하여 시효이익을 포기한 것이라고도 볼 수 없으며 그 토지에 대한 점유자의 점유가 평온, 공연한 점유가 아니게 되는 것도 아니다(대판 1996.10.29, 96다23573,23580).

(ㄴ) 소유권이전등기의 말소 등을 구하는 소를 제기하였다가 소를 취하한 후, 그로부터 6개월 내에 다시 위 취하된 소와 동일한 내용의 소를 제기하였다면 취득시효의 진행은 최초의 재판상 청구일에 중단된다(대판 1992.9.14, 91다46830).

(ㄷ) 국가나 지방자치단체가 국·공유 토지의 점유자에 대하여 그 사용료를 부과·고지하는 것만으로는 바로 점유자의 점유취득시효가 중단된다고 할 수 없다(대판 1995.11.7, 95다33948).

(나) 취득시효의 정지

소멸시효의 정지에 관한 규정(제179조-제182조)을 취득시효에 준용한다는 명문의 규정이 없다. 그러나 통설은 시효정지제도의 취지에 비추어 취득시효에 이를 배척할 이유가 없으므로, 소멸시효의 정지에 관한 규정의 유추적용을 인정하고 있다.

(다) 취득시효이익의 포기

1) 소멸시효이익의 포기에 관한 규정을 취득시효에 준용한다는 명문의 규정이 없지만, 제184조 1항을 유추적용하여 시효이익을 미리 포기하지 못하지만 취득시효가 완성된 후에는 포기할 수 있다(대판 2007.4.13, 2006다62546; 대판 1998.3.10., 97다53304; 곽윤직, 194면; 이상태, 246면; 이영준, 479면). 예컨대 시효취득자가 매도한 것임을 인정하고 상대방에게 점유를 넘겨주었을 경우(대판 1973.6.22, 72다2107), 취득시효완성 후 상대방의 소유를 인정하여 상대방과 합의한 다음 소를 취하한 경우(대판 1973.9.29, 73다762), 시효이익의 포기각서를 작성한 경우(대판 1974.11.26, 74다1043)는 취득시효의 이익을 포기한 것이라고 할 수 있다.

2) 취득시효 이익의 포기와 같은 상대방 있는 단독행위는 그 의사표시로 인하여 권리에 직접적인 영향을 받는 상대방에게 도달하는 때에 효력이 발생한다(대판 2013.9.13, 2013다43666,43673). 취득시효 완성으로 인한 권리변동의 당사자는 시효취득자와 취득시효 완성 당시의 진정한 소유자이고, 실체관계와 부합하지 않는 원인무효인 등기의 등기부상 소유명의자는 권리변동의 당사자가 될 수 없다. 따라서 시효이익의 포기는 시효취득자가 취득시효 완성 당시의 진정한 소유자에 대하여 하여야 그 효력이 발생하는 것이지 원인무효인 등기의 등기부상 소유명의자에게 그와 같은 의사를 표시하였다고 하여 그 효력이 발생하는 것은 아니다(대판 2011.7.14, 2011다23200).

판 례

(ㄱ) 20년이 넘도록 평온 공연하게 국가 소유의 토지를 점유해 왔다면 그 점유는 자주점유로 추정되는데, 그 후 그 토지에 관하여 국유재산대부계약을 체결하고 나아가 그 매수를 제의한 사실만으로 위 기간 중의 점유가 타주점유라거나 시효이익을 포기한 것으로 인정하기는 어렵다(대판 1994.9.27, 94다22309).

(ㄴ) 토지소유자의 보상금 지급요구에 대하여 시가 추후 소방도로를 개설할 때 보상대책을 검토하겠다는 취지의 회신을 하고 시의회에서 향후 예산이 확보되는 대로 매수할 계획이라는 취지의 회신을 한 것만으로 시가 취득시효이익을 포기하였다고 보기 어렵다(대판 1994.5.13, 93다56213).

(ㄷ) 이미 소유권보존등기가 마쳐진 토지에 중복하여 소유권보존등기를 한 국가가 그 토지를 철도부지 등으로 관리·점유하여 점유취득시효가 완성되었음에도, 그 토지가 철도복선화사업의 부지로 편입되자 보상협의를 요청하는 등 취득시효를 원용하지 않을 것 같은 태도를 보여 선등기의 이전등기 명의자에게 그와 같이 신뢰하게 하고도, 그 등기명의자가 보상협의를 받아들이지 않고 후등기의 말소청구를 하자 반소로 점유취득시효 완성을 원인으로 하여 소유권이전등기청구를 한 경우, 그 반소청구가 신의칙에 반하여 권리남용으로 허용되지 않는다고 볼 여지가 있다(대판 2009.6.25, 2009다16186,16193).

3. 선점 · 습득 · 발견

(1) 무주물선점

(가) 의 의

무주의 동산을 소유의 의사로 점유한 자는 그 소유권을 취득한다(제252조 1항). 무주물선점의 법적 성질은 사실행위이며, 따라서 제한능력자에 의한 선점도 가능하다.

(나) 요 건

1) 무주물일 것

무주물(herrenlose Sache)이란 현재 소유자가 없는 물건을 말한다. 과거에 어느 누구의 소유에 속하지 않았던 물건(예: 야생의 동물, 수중의 해초류 등)뿐만 아니라 과거에 어느 누구의 소유이었더라도 현재 그 소유가 계속되는 것으로 인정할 수 없는 물건(예: 고대 인류의 유물)이 무주물이다. 따라서 물건의 성질이나 상태 등에 비추어 과거에 어느 누구의 소유에 속하였고, 또 현재도 그 소유가 상속인을 통해 계속되는 것으로 사회 관념상 인정되는 물건은 무주물이 아니다. 미채굴의 광물은 광업법 제2조, 제4조에 의하여 광업권의 객체에 속하므로 무주물이 아니다.

2) 동산일 것

무주의 부동산은 국유가 되므로, 선점의 목적이 되지 않는다(제252조 2항).

3) 소유의 의사로 점유할 것

여기서 소유의 의사는 자연적 의사로 족하다. 즉 자주점유이어야 한다. 점유는 점유보조자 또는 점유매개자에 의해서도 할 수 있다. 점유의 취득이 있었는가의 여부는 결국 그 무주물선점자의 지배상태에 들어갔는가의 여부로 결정된다.

(다) 효 과

선점자는 그 무주물에 대하여 소유권을 취득한다(제252조 1항). 다만 무주의 동산이 학술·기예·고고의 중요한 자료가 되는 물건, 즉 문화재인 때에는 국유로 한다(제255조 1항). 이때 문화재의 선점자는 국가에 대하여 보상을 청구할 수 있는지에 관해서 명문의 규정이 없다. 그러나 제255조 2항은 문화재를 습득하거나 발견한 자에 대해서 이를 인정하고 있으므로, 제255조 2항을 유추적용하여 선점자에 대하여 국가에 대한 보상청구권을 인정하여야 할 것이다(통설).

(2) 유실물의 습득

(가) 의 의

유실물은 법률에 정한 바에 의하여 공고한 후 6개월 내에 그 소유자가 권리를 주장하지 아니하면 습득자가 그 소유권을 취득한다(제253조). 유실물습득의 법적 성질은 무주물선점의 경우처럼 사실행위이다.

(나) 요 건

1) 유실물 또는 이에 준하는 물건일 것

유실물이란 점유자의 의사에 기하지 않고 점유를 이탈한 물건으로 도품이 아닌 것을 말한다. 이때 습득자가 그 물건이 유실물임을 알아야 하는 것은 아니며, 객관적으로 유실물이면 된다. 그 밖에 유실물법은 범죄자가 놓고 간 것으로 인정되는 물건, 착오로 인하여 점유한 물건, 타인이 놓고 간 물건 등은 본래의 유실물이 아니지만, 소유자를 알 수 없다는 점에서 유실물에 준하는 것으로 규정하고 있다(동법 제11조, 제12조). 다만 착오로 인하여 점유한 물건에 대해서는 보상금을 청구할 수 없다(동법 제12조 단서). 한편 표류물이나 침몰물은 수상구조법 제35조 이하의 적용을 받으므로, 민법상 습득의 대상이 되지 못한다.

2) 습득할 것

습득이란 유실물에 대한 점유를 취득하는 것으로, 소유의 의사를 필요로 하지 않으며 또한 습득자가 유실물임을 알고 있을 필요도 없다.

3) 법률에 정한 바에 의하여 공고한 후 6개월 내에 그 소유자가 권리를 주장하지 않을 것

여기서 법률은 유실물법을 가리킨다. 습득자는 유실물법에 따라 신고하고, 습득물을 교부받은 경찰서장은 물건의 반환을 받을 자에게 이를 반환하여야 하며, 반환을 받을 자의 성명이나 주소를 알 수 없는 경우에는 공고하여야 한다(유실물법 제1조 2항). 이 공고 후 6개월 이내에 소유자가 권리를 주장하지 않아야 한다.

(다) 효 과

습득자는 유실물에 대한 소유권을 원시적으로 취득한다(제253조). 취득시점은 습득한 때에 소급하는 것이 아니라 공고 후 6개월이 경과한 때이다. 다만 그 취득한 날부터 3개월 이내에 물건을 받아가지 아니할 때에는 그 소유권을 상실하고 국고에 귀속한다(유실물법 제14조, 제15조). 또한 유실물이 학술·기예·고고의 중요한 자료가 되는 경우에는 국유가 되고, 습득자는 국가에 대해 적당한 보상을 청구할 수 있다(제255조).

한편 공고 후 6개월 내에 유실자 또는 소유자 기타 물건회복의 청구권을 가진 자가 그 권리를 주장하면 유실물은 그에게 반환된다. 이 경우 유실물의 소유자 등과 습득자의 관계는 사무관리이지만(제734조), 유실물법에 따라 유실물을 반환받는 자는 습득자에게 반환받을 당시 유실물의 가액의 100분의 5 내지 100분의 20 범위 내에서 보상금을 지급하여야 하며(제4조), 선박·차량·건축물 내에서 습득한 경우에 보상금은 그 점유자와 실제로 물건을 습득한 자가 절반씩 나누어 갖는다(제10조 3항). 그 밖에 습득물의 보관비·공고비 기타 필요비는 물건을 반환받는 자 또는 소유권을 취득하여 물건을 인도받는 자가 부담하며, 이에 대해서 유치권의 규정이 적용된다(제3조).

(3) 매장물의 발견

(가) 의 의

매장물은 법률이 정한 바에 의하여 공고한 후 1년 내에 그 소유자가 권리를 주장하지 아니하면 발견자가 그 소유권을 취득한다(제254조). 매장물발견의 법적 성질은 무주물선점·유실물습득의 경우처럼 사실행위이다.

(나) 요 건

1) 매장물일 것

매장물이란 토지 기타의 물건(포장물) 중에 매장되어 그 소유자가 누구인지 쉽게 알 수 없는 물건을 말한다. 매장물은 매장의 상태 이외에 그 물건이 과거 어느 누구의 소유에 속하고 있었고 또 현재도 그 소유가 상속인을 통해 계속되는 것으로 사회 관념상 인정되는 물건을 뜻한다. 다시 말하면 매장물은 소유자 또는 상속인이 있는 것은 틀림없으나 현재 확인할 수 없는 물건이라는 점에서 전혀 소유자가 없는 무주물과 구별된다. 매장물은 동산이 일반적이지만, 동산에 한정되지 않는다(예: 건물의 발굴).

2) 발견하였을 것

발견이란 매장물의 존재를 구체적·객관적으로 인식하는 것으로, 점유의 취득을 필요로 하지 않는다. 이점에서 선점·습득과 구별된다. 발견은 우연이든 계획적이든 묻지 않으며, 타인을 통해서도 행하여질 수 있다. 예컨대 매장물의 발굴을 위해 인부를 고용한 경우에 인부가 매장물을 발견하더라도 그 사용자가 발견자가 되지만, 다른 일로 고용된 인부가 작업 중에 우연히 매장물을 발견한 때에는 그 인부가 발견자가 된다.

3) 법률에 정한 바에 의하여 공고한 후 1년 내에 그 소유자가 권리를 주장하지 않을 것

여기서 법률은 유실물법을 가리킨다. 따라서 유실물법에 따라 공고한 후 1년 내에 그 소유자가 권리를 주장하지 않아야 한다.

(다) 효 과

발견자는 매장물의 소유권을 원시적으로 취득한다(제254조 본문). 다만 타인의 토지 기타 물건으로부터 발견한 매장물은 그 토지 기타 물건의 소유자와 발견자가 각각 절반하여 소유권을 취득한다(제254조 단서). 즉 각각 1/2의 지분으로 공유한다. 한편 매장물이 학술·기예·고고의 중요한 자료가 되는 경우에는 국유로 되고, 발견자 및 매장물이 발견된 토지 기타 물건의 소유자는 국가에 대하여 적당한 보상을 청구할 수 있다(제255조).

4. 첨부(부합 · 혼화 · 가공)

(1) 서 설

(가) 의 의

부합(Verbindung)·혼화(Vermischung)·가공(Verarbeitung)을 합쳐서 첨부라 한다. 다시 말하면 첨부란 어떤 물건에 대하여 타인의 물건이 결합하거나 타인의 노력이 가해지는 것을 말한다. 부합·혼화·가공은 어떤 물건에 타인의 물건 또는 노력이 결합되어 사회 관념상 그 분리가 불가능하거나 그 분리에 과다한 비용이 드는 경우, 이를 원상으로 회복하는 것이 사회경제적으로 불이익하기 때문에 그 물건을 어느 한 사람의 소유에 속하게 한다는 점에서 그 취지를 같이한다. 따라서 첨부에서는 ① 새로운 물건에 대한 소유권이 누구에게 귀속되는지(소유권의 귀속결정), ② 소유권을 잃게 되는 자는 어떠한 지위를 가지는지(당사자 간의 이해관계의 조정), ③ 소멸하게 되는 물건 위에 존재하였던 제3자의 권리를 어떻게 보호할 것인지(제3자의 권리보호)가 문제된다.

(나) 법적 성질

첨부로 인하여 생긴 새 물건에 관하여는 새로이 소유자가 결정된다. 그런데 첨부의 취지는 사회경제적으로 불리한 원상회복을 방지함으로써 소유권의 효용을 제고하기 위한 것이므로, 당사자의 특약으로 민법규정과 달리 소유자를 정할 수 있다고 할 것이다. 따라서 물건의 소유권 귀속에 관한 규정(제256조-제259조)과 당사자 사이의 이해관계를 조절하기 위한 규정(제261조)은 임의규정이다.

그러나 첨부에 의해 생긴 물건은 1개의 물건으로 존속하고 그 복구는 인정하지 않는다. 이는 첨부의 중심적 효과이므로 이에 관한 첨부규정은 강행규정이다. 또한 첨부의 결과로 소멸한 물건 위에 존재하였던 제3자의 권리도 보호된다. 이 문제는 당사자 간의 문제가 아니고 제3자의 이해에 미치는 영향이 크기 때문에, 제3자의 권리보호에 관한 규정은 강행규정이다.

(다) 첨부의 일반적 효과

첨부에 의하여 생기는 물건은 1개의 물건으로 존속하고 복구는 허용되지 않는다. 또한 첨부에 의하여 동산의 소유권이 소멸한 때에는 그 동산을 목적으로 하는 제3자의 권리도 소멸한다(제260조 1항). 그러나 동산의 소유자가 합성물, 혼화물 또는 가공물의 단독소유자가 된 때에는 제3자의 권리는 합성물, 혼화물 또는 가공물에 존속하고, 그 공유자가 된 때에는 그 지분 위에 존속한다(제260조 2항).

한편 첨부로 인하여 손해를 입은 자는 부당이득에 관한 규정에 의하여 보상을 청구할 수 있다(제261조). 여기서 '부당이득에 관한 규정에 의하여 보상을 청구할 수 있다'는 것은 법률효과만이 아니라 법률요건도 부당이득에 관한 규정이 정하는 바에 따른다는 의미이다(대판 2016.4.28, 2012다19659). 즉 제261조의 보상청구권이 성립하기 위해서는 부합·혼화·가공에 기한 권리변동으로 인하여 손실이 발생할 뿐만 아니라 제741조의 부당이득 성립요건도 모두 구비되어야 한다. 부합·혼화·가공으로 인한 물권취득의 경우에도 계약과 같이 취득한 이익의 보유를 실질적으로 정당화시켜 주는 법률상 원인이 따로 존재하는 경우가 있을 수 있는데(예: 타인의 물건을 인도받은 자가 선의로 부합 등을 하여 그 물건을 선의취득한 경우 등), 이러한 경우까지 취득한 이익을 무조건 반환하도록 하는 것은 타당하지 않기 때문이다.

판 례

제261조에서 첨부로 법률규정에 의한 소유권 취득(제256조 내지 제260조)이 인정된 경우에 "손해를 받은 자는 부당이득에 관한 규정에 의하여 보상을 청구할 수 있다"라고 규정하고 있는바, 이러한 보상청구가 인정되기 위해서는 제261조 자체의 요건만이 아니라, 부당이득 법리에 따른 판단에 의하여 부당이득의 요건이 모두 충족되었음이 인정되어야 한다. 매도인에게 소유권이 유보된 자재가 제3자와 매수인 사이에 이루어진 도급계약의 이행으로

제3자 소유 건물의 건축에 사용되어 부합된 경우 보상청구를 거부할 법률상 원인이 있다고 할 수 없지만, 제3자가 도급계약에 의하여 제공된 자재의 소유권이 유보된 사실에 관하여 과실 없이 알지 못한 경우라면 선의취득의 경우와 마찬가지로 제3자가 그 자재의 귀속으로 인한 이익을 보유할 수 있는 법률상 원인이 있다고 봄이 상당하므로, 매도인으로서는 그에 관한 보상청구를 할 수 없다(대판 2009.9.24, 2009다15602).

(2) 부 합

(가) 의 의

소유자를 달리하는 수 개의 물건이 결합하여 사회 관념상 1개의 물건으로 되는 것을 부합(附合)이라 한다. 민법상 부합에는 '부동산에의 부합'(제256조)과 '동산간의 부합'(제257조)이 있다.

(나) 부동산에의 부합

이것은 부동산의 소유자가 그 부동산에 부합된 물건의 소유권을 취득하는 경우이다. 예컨대 토지와 토사의 부합·토지와 수목의 부합이 이에 해당한다.

1) 요 건

가) 부합되는 물건, 즉 부합의 주된 물건은 부동산일 것

부합되는 물건은 토지와 건물 어느 것이라도 좋다. 그런데 부합하는 물건이 동산에 한하는지에 관하여, 다수설은 동산에 한한다고 한다(강태성, 544면; 김상용, 402면; 김용한, 304면; 윤철홍, 214면; 이영준, 504면). 그러나 판례와 소수설은 동산에 한하지 않고 부동산도 포함된다고 한다(대판 2002.10.25, 2000다63110; 고상룡, 342면; 이상태, 251면).

나) 부동산에 부합되었을 것

부동산에 부착·결합하여 일정한 정도에 이르러야 한다. 즉 부합되는 정도는 주물인 부동산과 부합한 동산을 훼손하지 아니하면 분리할 수 없거나 분리에 과다한 비용을 요하거나 또는 분리하게 되면 경제적 가치를 심히 손상하게 될 정도로 부착·합체되어 있는 것을 말한다(대판 1995.6.29, 94다6345). 예컨대 주유소의 지하에 매설된 유류저장탱크를 토지로부터 분리하는데 과다한 비용이 들고 이를 분리하여 발굴할 경우 그 경제적 가치가 현저히 감소할 것이 분명하므로, 유류저장탱크는 토지에 부합된 것이다. 부합의 원인은 인공적이든 자연적이든 묻지 않는다. 한편 부합의 정도에 이르렀지만 부합으로 인정되지 않는 경우가 있다.

(i) 토지에의 부합 　우리 법제상 토지와 건물은 별개의 부동산으로 다루어지기 때문에, 건물이 토지에 부합하는 일은 없다. 따라서 甲 소유의 토지에 乙이 권원 없이 건물을 신축한 경우에도 그 건물은 乙의 소유로 된다. 甲이 소유권에 기해 건물의 철거를 구하는 것은 별개의 문제이다. 또한 입목에 관한 법률에 따라 등기된 입목·명인방법을 갖춘 수목 등도 같은 이유에서 부합은 성립하지 않는다. 그러나 일반 수목 등은 토지에 부합한다.

(ii) 건물에의 부합 　건물을 증축한 경우에 그 증축부분이 기존건물에 부합하는지가 문제이다. 특히 저당권의 효력은 저당부동산에 부합된 물건에도 미치기 때문에(제358조), 기존건물에 이미 저당권이 설정된 경우에 문제된다. 증축부분의 기존건물에 부합여부는 증축

부분이 기존건물에 부착된 물리적 구조뿐만 아니라 그 용도와 기능의 면에서 기존건물과 독립한 경제적 효용을 가지고 거래상 별개의 소유권의 객체가 될 수 있는지의 여부 및 증축하여 이를 소유하는 자의 의사 등을 종합하여 판단하여야 한다(대판 2002.10.25, 2000다63110). 판례에 의하면 임차인이 임차한 건물에 그 권원에 의하여 증축을 한 경우에 증축된 부분이 부합으로 인하여 기존건물의 구성부분이 된 때에는 증축된 부분에 별개의 소유권이 성립할 수 없으나, 증축된 부분이 구조상으로나 이용상으로 기존건물과 구분되는 독립성이 있는 때에는 구분소유권이 성립하여 증축된 부분은 독립한 소유권의 객체가 된다고 한다(대판 1999.7.27, 99다14518). 즉 증축부분이 독립된 건물로 인정되는 때에 증축부분은 기존건물에 부합하지 않는다.

판 례

(ㄱ) 기존건물에 붙여서 증축된 건물부분이 물리적 구조상이나 용도, 기능 및 거래의 관점에서 사회적, 경제적으로 볼 때 그 자체로서는 구조상 건물로서의 독립성이 없고 종전의 건물과 일체로서만 거래의 대상이 되는 상태에 있으면 부합이 성립한다(대판 1981.12.8, 80다2821).

(ㄴ) 경매대상 건물이 인접한 다른 건물과 합동(合棟)됨으로 인하여 건물로서의 독립성을 상실하게 되었다면 경매대상 건물만을 독립하여 양도하거나 경매의 대상으로 삼을 수는 없고, 이러한 경우 경매대상 건물에 대한 채권자의 저당권은 위 합동으로 인하여 생겨난 새로운 건물 중에서 위 경매대상 건물이 차지하는 비율에 상응하는 공유지분 위에 존속하게 된다(대판 2010.1.14, 2009다66150).

(iii) 농작물의 부합 토지에서 경작·재배되는 각종의 농작물은 토지의 일부이다. 그러나 임차권과 같이 정당한 권원에 의하여 타인의 토지에서 경작·재배한 농작물은 토지와 독립한 물건으로 다루어진다(제256조 단서). 하지만 판례는 농작물의 토지에의 부합을 인정하지 않는다. 즉 농작물재배의 경우에 파종시부터 수확까지 불과 수개월밖에 걸리지 않고 경작자의 부단한 관리가 필요하며 그 점유의 귀속이 명백하다는 이유로, 권한 없이 또는 위법하게 소유자·점유자를 배제하고 타인의 토지에 농작물을 재배한 때에도 그 농작물의 소유권은 언제나 경작자에게 귀속한다고 한다(대판 1979.8.28, 79다784; 대판 1970.11.30, 68다1995).

다) 권원에 의한 부속에 해당하지 않을 것

어느 부동산에 타인이 권원에 의해 어느 물건을 부속시킨 때에는 그 부속물은 부동산에 부합하지 않고 그 타인의 소유로 된다(제256조 단서). 여기서 ① 권원이란 타인의 부동산에 자기의 동산을 부속시켜서 그 부동산을 이용할 수 있는 권리로서 지상권·전세권·임차권 등을 의미한다. 따라서 토지소유자의 승낙 없이 그 임차인의 승낙만을 받아 그 토지 위에 나무를 심은 때에는 토지소유자에 대해 그 나무의 소유권을 주장할 수 없고(대판 1989.7.11, 88다카9067), 타인의 임야에 권한 없이 심은 입목의 소유권은 임야소유자에게 속한다(대판 1970.11.30, 68다1995). 반면에 타인 소유의 토지에 수목을 식재할 당시 토지의 소유권자로부터 그에 관한 명시적 또는 묵시적 승낙·동의·허락 등을 받았다면, 이는 제256조에서 부동산에의 부합의 예외사유로 정한 '권원'에 해당한다고 볼 수 있으므로, 해당 수목은 토지에 부합하지 않고 식재한 자에게 그 소유권이 귀속된다(대판 2023.11.16, 2023도11885). ② 부속이란 물건이 부동산의 본체적 구성부분으로 되지 아니할 정도로 결합된 것을 말하며, 부합과 다르다(이영준, 508면). 즉 부동산에 부합된 것이 사회 관념상 독립된 물건으로 인정되는 것을 전제로 한다. 그렇지 않으면 그 부속물을 타인의 독립된 소유권의 객체로 인정할 수 없기 때문이다. 다시 말하면 부속된 동산에 대하여 독립한 소유권이 인정되기 위해서는 그 물건이 독립한 존재일 경우에만 가능하며, 독립성이 없는 경우에는 부합이 성립될 따름이고, 제256조 단서는 적용될 수 없다. 따라서 건물임차인이 욕실바닥에 타일을 다시 붙인 경우처럼, 부동산에 부합된 물건이 사실상 분리복구가 불가능하여 거래상 독립한 권리의 객체성을 상실하고 그 부동산과 일체를 이루는 부동산의 구성부분이 된 경우에는 타인이 권원에 의하여 이를 부합시켰더라도 그 물건의 소유권은 부동산의 소유자에게 귀속된다(대판 2008.5.8, 2007다36933,36940; 대판 1985.12.24, 84다카2428).

판 례

(ㄱ) 부합물에 관한 소유권귀속의 예외를 규정한 제256조 단서는 타인이 그 권원에 의하여 부속시킨 물건이라 할지라도 그 부속된 물건이 분리하여 경제적 가치가 있는 경우에 한하여 부속시킨 타인의 권리에 영향이 없다는 취지이지, 분리하여도 경제적 가치가 없는 경우에는 원래의 부동산소유자의 소유에 귀속되는 것이고, 경제적 가치의 판단은 부속시킨 물건에 대한 일반 사회통념상의 경제적 효용의 독립성 유무를 그 기준으로 하여야 한다(대판 2007.7.27, 2006다39270,39278).

(ㄴ) 甲이 토지소유자 乙에게서 토지를 임차한 후 주유소 영업을 위하여 지하에 유류저장조를 설치한 경우, 유류저장조의 매설 위치와 물리적 구조, 용도 등을 감안할 때 이를 토지로부터 분리하는 데에 과다한 비용을 요하거나 분리하게 되면 경제적 가치가 현저히 감소되므로 토지에 부합된 것으로 볼 수 있으나, 사실상 분리복구가 불가능하여 거래상 독립한 권리의 객체성을 상실하고 토지와 일체를 이루는 구성 부분이 되었다고는 보기 어렵고, 또한 甲이 임차권에 기초하여 유류저장조를 매설한 것이므로, 위 유류저장조는 제256조 단서에 의하여 설치자인 甲의 소유에 속한다(대판 2012.1.26, 2009다76546).

(ㄷ) 지상권자는 타인의 토지에 건물 기타 공작물이나 수목을 소유하기 위하여 그 토지를 사용하는 권리가 있으므로(제279조), 지상권설정등기가 경료되면 토지의 사용·수익권은 지상권자에게 있고, 지상권을 설정한 토지소유자는 지상권이 존속하는 한 토지를 사용·수익할 수 없다. 따라서 지상권을 설정한 토지소유자로부터 토지를 이용할 수 있는 권리를 취득하였다고 하더라도 지상권이 존속하는 한 이와 같은 권리는 원칙적으로 민법 제256조 단서가 정한 '권원'에 해당하지 아니한다(대판 2018.3.15, 2015다69907).

2) 효 과

부동산의 소유자가 부합한 물건의 소유권을 취득한다(제256조 본문). 동산이 부합한 경우에 동산의 가격이 부동산의 가격을 초과하더라도 동산소유자가 부동산소유권을 취득하지 못한다(대판 1981.12.8, 80다2821). 이때 동산소유자는 부합한 동산의 소유권을 취득한 부동산의 소유자에게 부당이득에 관한 규정에 의해 보상을 청구할 수 있다(제261조). 가령 가스공급업자가 아파트에 설치한 가스공급시설은 그 대지와 일체를 이루는 구성부분으로 부합됨으로써 그 대지 지분권을 양수한 아파트 구분소유자들의 소유로 된다. 따라서 이 경우 가스공급업자는 아파트 입주자대표회의를 상대로 제261조에 기한 부당이득반환청구를 할 수 없다(대판 2007.7.27, 2006다39270,39278). 다만 부합한 물건이 타인의 권원에 의하여 부착된 경우에 그 타인이 소유권을 보유한다(제256조 단서). 그러므로 임차권에 의하여 타인의 부동산에 지상물을 부속시킨 경우에 임차인은 부속물매수청구권(제646조)을 가진다. 그 밖에 저당권의 효력은 저당부동산에 부합된 물건에 미친다(제358조).

(다) 동산 간의 부합

1) 요 건

① 여러 개의 동산이 각각 다른 소유자에게 속하여야 하고, ② 여러 개의 동산이 결합하여 훼손하지 아니하면 분리할 수 없거나 그 분리에 과다한 비용을 필요하게 되어야 한다(제257조 단서). 예컨대 선박소유자가 아닌 사람이 구입하여 선박에 비치한 나침반과 쌍안경은 이를 선박으로부터 분리함에 있어 훼손이나 과다한 비용을 요하지 아니하므로 부합을 인정할 수 없으며(대판 1980.3.25, 79도3139), 또한 자동차나 자전거에 부착된 바퀴는 쉽게 원형 그대로 분리할 수 있으므로 부합을 인정할 수 없다.

2) 효 과

부합한 합성물의 소유권은 주된 동산의 소유자에게 속한다(제257조 전문). 이때 부합으로 인하여 손실을 입은 자는 주된 동산의 소유자에게 부당이득에 관한 규정에 의해 보상을 청구할 수 있다(제261조). 한편 주종을 구별할 수 없는 때에는 동산의 소유자는 부합 당시의 가액의 비율로 합성물을 공유한다(제257조 후문).

판 례

건물 신축의 공사가 진행되다가 독립한 부동산인 건물로서의 요건을 아직 갖추지 못한 단계에서 중지된 것을 제3자가 이어받아 계속 진행함으로써 별개의 부동산인 건물로 성립되어 그 소유권을 원시취득한 경우에 그로써 애초의 신축 중 건물에 대한 소유권을 상실한 사람은 민법 제261조, 제257조, 제259조를 준용하여 건물의 원시취득자에 대하여 부당이득 관련 규정에 의하여 그 소유권의 상실에 관한 보상을 청구할 수 있다(대판 2010.2.25, 2009다83933).

(3) 혼 화

혼화는 동산과 동산이 서로 쉽게 섞여져서 원물을 식별할 수 없는 것을 말한다. 여기에는 고체인 종류물(예: 곡물·금전)이 섞이는 혼합과 유동성 종류물(예: 술·기름)이 섞이는 융합의 두 종류가 있다. 그러나 혼화는 합체가 쉽게 일어나는 것에 불과하고 그 성질은 일종의 동산 사이의 부합이라고 할 수 있다. 따라서 혼화에는 동산의 부합에 관한 규정이 준용된다(제258조).

(4) 가 공

(가) 의 의

가공(加工)이란 타인의 동산에 노동력을 가하여 새로운 물건을 만드는 것을 말한다. 즉 물건과 노동이 합체된 것이다. 제259조는 타인의 동산에 가공한 때에 그 물건의 소유권은 원재료의 소유자에 속하지만, 가공으로 인한 가액의 증가가 원재료의 가액보다 현저히 다액인 때에는 가공자의 소유로 한다고 규정하여, 재료주의를 원칙으로 하고 예외적으로 가공주의를 취하고 있다.

(나) 요 건

1) 타인소유의 동산일 것

가공의 재료는 동산에 한한다. 그러나 동산 전부가 타인의 소유물일 것을 요하지 않으며, 가공자가 재료의 일부를 제공하여도 무방하다. 그런데 부동산에 가공을 가한 경우에 제259조를 유추적용할 수 있는지가 문제된다. 생각건대 부동산의 소유권은 가공에 의해 변경될 성질이 아니기 때문에, 부동산에 대한 가공에는 제259조의 유추적용이 아니라 부동산부합에 관한 규정에 의해 해결하면 될 것이다.

2) 타인의 동산에 노동을 가하였을 것

가공행위는 사실행위로서 가공자의 행위능력이나 선의·악의를 묻지 않는다. 다만 타인의 물건임을 알면서 가공한 때에는 별도로 불법행위책임을 지게 될 것이다. 그 밖에 동물을 사용하여 가공하여도 상관없다(예: 암탉으로 계란을 부화하는 것).

3) 가공의 결과 원재료와 다른 새로운 물건을 생기게 할 것

새로운 물건이 생기지 않을 때에는 원재료와 가공물은 동일성을 가지기 때문에, 결국 가공의 의미가 없게 된다. 새로운 물건인가의 여부는 거래관념에 의하여 결정하여야 할 것이다. 예컨대 귀금속품의 원형을 바꾸어 금괴로 한 것·자전거의 차륜과 안장을 떼어 다른 자전거에 붙인 것만으로는 새로운 물건이 만들어졌다고 할 수 없으므로 가공이 아니다.

(다) 효 과

1) 원칙적으로 가공물의 소유권은 원재료의 소유자에게 속한다(제259조 1항 본문). 그러나 예외적으로 가공으로 인한 가액의 증가가 원재료의 가액보다 현저히 다액인 때에는 가공자의 소유로 된다(제259조 1항 단서). 이때 가공자가 재료의 일부를 제공하였을 때에는 그 재료의 가액을 증가액에 가산하여 소유자의 귀속을 정한다(제259조 2항). 물론 가공으로 인하여 손해를 받은 자는 가공물의 소유자에 대하여 부당이득에 관한 규정에 의해 보상을 청구할 수 있다(제261조).

2) 제259조는 임의규정이므로 당사자 사이의 특약으로 다른 약정을 할 수 있다. 다시 말하면 가공물의 소유권귀속에 관한 규정은 원재료의 소유자와 가공자 사이의 이해관계를 해결하기 위한 것이기 때문에, 그러한 이해의 대립(Interessenkonflikt)이 있는 경우에 비로소 적용될 수 있다(Baur/Stürner, § 53 b I 3, III 2). 즉 당사자가 합의를 통해 상호간의 이해대립을 해결하였을 때에는 제259조가 적용되지 않는다. 따라서 도급계약 등 가공자가 타인의 의뢰를 받아서 타인의 재료를 가공한 경우에 제259조가 적용되지 않는다.

Ⅳ. 소유권에 기한 물권적 청구권

1. 서 론

(1) 의 의

물권적 청구권이란 물권내용의 완전한 실현이 어떤 사정으로 인하여 방해되고 있거나 방해될 염려가 있는 경우에 그 방해사실을 제거 또는 예방할 수 있는 지위에 있는 자에 대하여 그 방해의 제거 또는 예방에 필요한 일정한 행위를 청구할 수 있는 권리를 말한다. 예컨대 물건을 도난당한 자가 그 반환을 청구하거나, 토지에 무단으로 건물을 지은 자에게 그 철거를 청구하거나, 토지를 깊이 파서 건물 붕괴의 위험을 초래하는 자에게 그 중지를 청구하는 등이 이에 해당한다. 이것은 지배권으로서의 물권에 물권으로서의 실효성을 주기 위하여 인정되는 것이다. 민법은 점유권에 기한 물권적 청구권(제204조-제206조)과 소유권에 기한 물권적 청구권에 관한 규정(제213조, 제214조)을 두고, 소유권에 기한 물권적 청구권에 관한 규정을 다른 물권에 준용하고 있다(제290조, 제301조, 제319조, 제370조).

(2) 물권적 청구권과 제201조－제203조의 관계

제201조 내지 제203조는 소유자와 물건반환의무를 부담하는 점유자, 즉 불법점유자 사이의 법률관계를 규정하고 있다. 우리 민법은 제201조-제203조를 점유권의 효력으로서 규정하고 있지만, 독일민법은 소유물반환청구권에 이어서 이들 내용을 규정하고 있다(§§ 987 ff. BGB). 이들 문제는 소유자가 물건반환의무를 부담하는 점유자를 상대로 소유물반환을 청구하는 과정에서 양자의 이익을 조정하는 관계를 다루는 것이므로, 독일민법의 체계가 타당하다고 본다. 다시 말하면 제201조-제203조는 소유물반환관계를 전제로 하여 그에 부수적으로 행하여져야 할 소유자와 점유자 사이의 이해 조정을 그 내용으로 하고 있으므로, 제213조의 부수규정으로 파악하여야 할 것이다. 따라서 제201조 내지 제203조가 적용되기 위해서는 언제나 소유물반환관계(Vindikationslage)가 존재하여야 한다.

(3) 법적 성질

물권적 청구권은 물권의 침해 또는 침해의 염려가 있을 때 침해자에게 침해의 제거 또는 예방을 청구할 수 있는 권리이다. 그런데 이 청구권이 '물권적'인 이유는 상대방이 처음부터 예정되어 있는 것이 아니라 침해 사실이 있으면 누구든지 이 청구권의 상대방이 될 수 있기 때문이고(김증한/김학동, 24면), '청구권'인 이유는 침해를 법률요건으로 하여 비로소 특정의 침해자에 대하여 일정한 행위를 요구할 수 있는 권리이기 때문이다(백태승, "물권적 청구권", 고시연구 1995년 5월호, 122면). 이와 같이 물권적 청구권은 물권에 의존한다는 점에서 물권적 성질을 그리고 특정인에 대한 권리로서 이행의 문제를 남기는 청구권이라는 점에서 채권적 성질을 모두 갖추고 있다.

한편 물권적 청구권은 물권내용의 완전한 실현을 위하여 그 바탕이 되는 물권으로부터 발생하는 권리이므로, 언제나 물권과 그 운명을 같이한다. 다시 말하면 물권의 이전·소멸에 따라 이전·소멸하므로, 물권적 청구권만을 독립하여 양도할 수 없다.

2. 소유권에 의한 물권적 청구권

민법은 소유권에 기한 물권적 청구권으로서 소유물반환청구권·소유물방해제거청구권·소유물방해예방청구권의 3가지를 인정하고 있다.

(1) 제213조의 소유물반환청구권

(가) 의 의

소유자는 그 소유에 속한 물건을 점유한 자에 대하여 반환을 청구할 수 있는데(제213조 본문), 이를 소유물반환청구권(rei vindicatio)이라 한다. 다만 점유자가 목적물을 점유할 정당한 권리가 있는 경우에는 소유자는 점유자에게 소유물의 반환을 청구할 수 없다(제213조 단서).

(나) 요 건

1) 반환청구자에게 소유권이 존재할 것

청구권자는 반환청구 당시의 목적물의 소유자이다. 따라서 ① 미등기 무허가건물의 양수인이라도 소유권이전등기를 마치지 않는 한 건물의 소유권을 취득할 수 없고, 소유권에 준하는 관습상의 물권이 있다고도 할 수 없으므로, 미등기 무허가건물의 양수인은 소유권에 기한 방해제거청구를 할 수 없다(대판 2016.7.29, 2016다214483,214490). ② 건물의 소유자로부터 건물을 매수하였으나 소유권이전등기를 갖추지 못한 자는 직접 소유권에 기해 반환을 청구할 수는 없고(대판 2007.6.15, 2007다11347), 매도인을 대위하여 반환청구를 할 수 있을 뿐이다(대판 1995.5.12, 93다59502). ③ 공유자는 공유물을 점유하고 있는 제3자에 대하여 보존행위(제265조 단서)에 근거하여 자기에게 그 전부의 반환을 청구할 수 있다(통설).

한편 반사회질서 법률행위를 원인으로 하여 부동산에 관한 소유권이전등기를 마쳤더라도 그 등기는 원인무효로서 말소될 운명에 있으므로, 등기명의자가 소유권에 기한 물권적 청구권을 행사하는 경우, 권리행사의 상대방은 법률행위의 무효를 항변으로서 주장할 수 있다(대판 2016.3.24, 2015다11281). 등기명의자에게 소유권이 존재하지 않기 때문이다.

2) 반환청구의 상대방이 현재 목적물을 점유하고 있을 것

(i) 반환청구의 상대방은 현재 목적물을 점유하여 소유자의 점유를 방해하고 있는 자, 즉 직접·간접점유자 또는 공동점유자이다. 이 경우 간접점유자에 대한 청구의 내용에 관하여는 ① 직접점유자에 대한 반환청구권의 이전만을 청구할 수 있다는 견해(고상룡, 353면; 김상용, 410면; 곽윤직, 205면; 이상태, 257면), ② 간접점유자가 현실의 점유를 반환할 수 있을 때에는 그에 대하여 현실의 인도를 청구할 수 있지만 그렇지 않을 때에는 반환청구권의 양도만을 청구할 수 있다는 견해(김증한/김학동, 291면), ③ 직접점유의 반환청구를 구하거나 반환청구권의 양도를 청구하거나 양자를 선택적으로 청구할 수 있다는 견해(이영준, 521면) 등이 있다. ④ 판례는 '불법점유를 이유로' 하여 부동산의 인도를

청구하는 경우에는 현실적인 점유자를 상대로 하여야 하고, 다만 '약정에 의하여' 인도를 청구하는 경우에는 그 상대방이 직접점유자로 제한되지 아니하며 간접점유자를 상대로 하는 청구도 허용된다고 한다(대판 2013.6.27, 2011다5813). 가령 甲 소유의 X건물을 乙이 무단으로 점유하다가 丙에게 임차한 경우, 甲은 乙이 아니라 丙을 상대로 반환청구를 하여야 한다. 반면에 甲이 X건물을 乙에게 임대하였고 乙이 다시 丙에게 전대한 경우에는 甲과 乙 사이의 임대차가 종료하면 甲은 직접점유자 丙뿐만 아니라 간접점유자 乙을 상대로 X건물의 반환을 청구할 수 있다.

(ii) 청구권의 상대방은 자주점유자이든 타주점유자이든 상관없다. 그러나 점유보조자는 상대방이 되지 못한다. 현재 점유를 방해하고 있는지 여부는 사실심의 구두변론종결시를 기준으로 결정한다(대판 1999.7.9, 98다9045). 이처럼 상대방이 타인의 소유물을 점유하고 있는 것만으로 충분하고, 이러한 점유가 고의·과실에 의하여 취득된 것임을 요하지 않는다. 물론 고의·과실이 있다면 물권적 청구 이외에 별도로 불법행위책임을 물을 수 있다.

(iii) 한편 토지 위에 지상물이 있는 경우, 토지를 점유하는 자는 지상물의 점유자가 아니라 지상물의 소유자이다. 따라서 ① 건물의 소유자가 건물을 통해 타인의 토지를 점유하고 있더라도 토지소유자는 건물의 철거와 대지 부분의 인도를 청구할 수 있고, 자신의 건물을 점유하고 있는 자에 대하여 건물에서 퇴거할 것을 청구할 수 없다(대판 1999.7.9, 98다57457,57464). 건물에 대한 소유권이 토지소유자에게 존재하지 않기 때문이다. ② 건물소유자가 아닌 사람이 건물을 점유하고 있는 경우(예: 건물의 임차인 등), 토지소유자는 토지소유권에 기한 방해배제청구권(제214조)으로서 건물점유자에 대하여 건물에서 퇴거할 것을 청구할 수 있다. 이는 건물점유자가 건물의 임차인으로서 건물임차권이 대항력을 가진다고 해서 달라지지 않는다(대판 2010.8.19, 2010다43801). 건물소유자가 아닌 사람이 건물을 점유하고 있다면 토지소유자는 그 건물 점유를 제거하지 않는 한 위의 건물 철거 등을 실행할 수 없고, 건물임차권의 대항력은 기본적으로 건물에 관한 것이고 토지를 목적으로 한 것이 아니기 때문이다. 따라서 건물에 관한 임차권이 대항력을 갖춘 후에 그 대지의 소유권을 취득한 사람은 제622조 1항이나 주택임대차보호법 제3조 제1항 등에서 그 임차권의 대항을 받는 것으로 정하여진 '제3자'에 해당한다고 할 수 없다(대판 2010.8.19, 2010다43801).

판 례

(ㄱ) 토지의 소유권에 기하여 분묘의 굴이 및 그에 부속한 상석이나 비석의 철거를 청구하려면 그 관리처분권을 가진 사람을 상대로 하여야 하는데, 분묘와 그에 부속한 상석이나 비석의 관리처분권은 특별한 사정이 없는 한 그 분묘에 안장된 망인의 제사를 주재하는 사람에게 귀속된다(대판 2024.11.14, 2024다273593).

(ㄴ) 불법점유를 이유로 인도를 청구하려면 현실적으로 그 목적물을 점유하고 있는 사람을 상대로 하여야 하고 이를 현실적으로 점유하고 있지 않은 사람을 상대로는 인도를 청구할 수 없다. 사회통념상 분묘는 분묘의 기지와 분묘의 수호 및 제사에 필요한 범위 안에 있는 분묘의 기지 주위의 공지를 떠나서는 존재할 수 없으므로, 분묘의 기지와 분묘의 수호 및 제사에 필요한 범위 안에 있는 분묘의 기지 주위의 공지가 된 토지는 그 분묘에 안장된 망인의 제사를 주재하는 사람이 점유하는 것으로 보아야 한다(대판 2024.11.14., 2024다273593; 대판 2023.8.18, 2021다249810).

3) 점유자에게 점유할 권리가 존재하지 않을 것

소유자는 제213조에 의한 반환청구권을 점유자가 점유할 권리가 없을 때에만 주장할 수 있다(제213조 단서). 가령 미등기 매수인은 목적물을 점유할 권리가 있으며(제568조), 따라서 매도인은 소유권에 기해 반환청구를 할 수 없지만, 매매계약이 무효이거나 취소, 해제 등으로 효력을 상실하면 반환을 청구할 수 있다. 여기서 점유할 권리란 권리만에 한정되는 것은 아니고, 그 점유를 정당화할 수 있는 법적 지위를 모두 포함한다(양창수, 민법주해(V), 223면). 따라서 점유할 권리에는 점유를 권리내용으로 하는 제한물권(지상권·전세권·질권)과 채권(임대차·임치·도급 등)은 물론 동시이행의 항변권도 이에 포함된다. 점유취득시효 완성자도 그 소유자에 대해 점유할 권리를 가진다. 다만 임차인은 소유자의 동의 없이는 전대할 수 없으므로(제629조 1항), 전차인은 소유자에 대해 점유할 권리는 없다.

판 례

(ㄱ) 부동산의 매수인이 아직 소유권이전등기를 경료받지 않았다고 하더라도 매매계약의 이행으로 그 부동산을 인도받은 때에는 매매계약의 효력으로서 이를 점유·사용할 권리가 생기는 것이고, 매수인이 그 부동산을 이미 사용하고 있는 상태에서 부동산의 매매계약을 체결한 경우에도 특별한 약정이 없는 한 매수인은 그 매매계약을 이행하는 과정에서 이를 점유·사용할 권리를 가진다(대판 1996.6.25, 95다12682,12699).

(ㄴ) 乙이 甲 소유의 대지 일부를 소유의 의사로 평온, 공연하게 20년간 점유하였다면 乙은 甲에게 소유권이전등기절차의 이행을 청구할 수 있고 甲은 이에 응할 의무가 있으므로, 乙이 위 대지에 관하여 소유권이전등기를 경료하지 못한 상태에 있다고 해서 甲이 乙에 대하여 그 대지에 대한 불법점유임을 이유로 그 지상건물의 철거와 대지의 인도를 청구할 수는 없다(대판 1988.5.10, 87다카1979).

(ㄷ) 제213조 단서의 반환을 거부할 수 있는 점유할 권리에는 유치권도 포함되며, 유치권자로부터 유치물을 유치하기 위한 방법으로 유치물의 점유 내지 보관을 위탁받은 자는 특별한 사정이 없는 한 점유할 권리가 있음을 들어 소유자의 소유물반환청구를 거부할 수 있다(대판 2014.12.24, 2011다62618).

(다) 점유자에 대한 소유물반환청구의 내용

소유자는 점유자에 대하여 부동산 또는 동산에 대한 '점유'의 이전을 청구할 수 있다. 반환의 대상은 소유권의 객체인 구체적인 특정의 물건, 즉 동산과 부동산 그 자체이다. 가령 건물의 소유자 乙이 그 건물의 소유를 통하여 甲 소유의 토지를 점유하고 있는 경우, 甲은 그 건물의 철거와 그 대지 부분의 인도를 청구할 수 있을 뿐, 자기 소유의 건물을 점유하고 있는 乙에 대하여 그 건물에서 퇴거할 것을 청구할 수는 없다(대판 1999.7.9, 98다57457,57464). 甲이 건물에 대한 소유자가 아니기 때문이다. 한편 '점유이전'은 목적물이 현존하는 곳에서 행하여져야 하지만, 반환소송이 제기되거나 악의의 점유자가 소유자의 이익에 반하여 소재지를 변경한 경우에는 점유침탈 당시에 그 물건이 있었던 곳에서 반환하여야 할 것이다(제467조 1항). 반환비용은 청구의 상대방이 부담함이 원칙이다(제473조). 반환청구의 내용은 상대방의 단순한 인용을 넘어 그의 비용으로 적극적 행위를 하여 줄 것까지 요구할 수 있다.

판 례

물건 점유자를 상대로 한 물건의 인도판결이 확정되면 점유자는 인도판결 상대방에 대하여 소송에서 더 이상 물건에 대한 인도청구권의 존부를 다툴 수 없고 인도소송의 사실심 변론종결 시까지 주장할 수 있었던 정당한 점유권원을 내세워 물건의 인도를 거절할 수 없다. 그러나 의무 이행을 명하는 판결의 효력이 실체적 법률관계에 영향을 미치는 것은 아니므로, 점유자가 그 인도판결의 효력으로 판결 상대방에게 물건을 인도해야 할 실체적 의무가 생긴다거나 정당한 점유권원이 소멸하여 그때부터 그 물건에 대한 점유가 위법하게 되는 것은 아니다. 나아가 물건을 점유하는 자를 상대로 하여 물건의 인도를 명하는 판결이 확정되더라도 그 판결의 효력은 이들 물건에 대한 인도청구권의 존부에만 미치고, 인도판결의 기판력이 이들 물건에 대한 불법점유를 원인으로 한 손해배상청구소송에 미치지 않는다(대판 2019.10.17, 2014다46778).

(라) 소유물반환청구권과 다른 반환청구권의 관계

1) 계약상의 청구권과의 관계

점유자가 임대차·지상권 등 정당한 권원에 의하여 타인의 물건을 점유하는 경우, 물권적 청구권은 발생하지 않으므로 양 청구권의 관계가 문제되지 않는다. 그러나 계약이 약정기간의 도래나 계약의 해지 등으로 종료한 때에는 계약상의 반환청구권과 소유권에 기한 반환청구권이 경합하게 된다(BGHZ 34, 123 f.; Staudinger-Gursky, § 985 Rdnr. 22; 백태승, 135면; 양창수, 민법주해(V), 233면; 이영준, 524면). 예컨대 甲은 복사기를 乙에게 무상으로 빌려주었다. 계약기간이 종료한 후에 甲은 乙에게 반환을 요구한다. 이 경우에 甲은 제613조에 의하여 그리고 제213조 전문에 의한 반환을 청구할 수 있고, 양 청구권은 경합하게 된다. 만일 청구권의 경합을 부정하여 계약상의 반환청구권을 우선하게 되면, 점유자파산의 경우에 소유자는 파산채권자로서(채무자회생법 제423조) 채권액을 파산법원에 신고하여(제447조) 배당을 받는데(제505조 이하) 반하여, 양 청구권의 경합을 인정하게 되면 소유자는 물건(복사기)을 환취할 수 있게 된다(제407조).

2) 불법행위로 인한 손해배상청구권과의 관계

물권의 침해가 침해자의 고의·과실에 의하여 행하여진 경우에 물권적 청구권과 불법행위로 인한 손해배상청구권(제750조)이 병존하게 된다. 예컨대 乙이 甲의 자전거를 훔친 경우, 甲은 乙에게 제213조에 의하여 소유물반환과 제204조에 의한 점유물반환 및 제750조에 의하여 자전거의 도난으로 인해 받은 손해배상을 청구할 수 있게 된다. 이러한 경우 어느 청구권이 소멸한다고 하여 다른 청구권도 당연히 소멸하는 것은 아니다(백태승, 135면). 그러나 乙이 자전거를 반환한 경우에는 손해배상의 범위는 당연히 감축될 것이다.

3) 부당이득반환청구권과의 관계

타인의 물건을 점유할 권리가 없는데도 이를 점유하고 있는 경우, 예컨대 계약의 이행을 위하여 일방당사자(甲)가 계약의 내용을 이루는 급부를 상대방(乙)에게 이행하였는데, 계약이 처음부터 무효이거나 취소된 경우, 물권행위의 유인론에 따르면 甲은 급부에 대한 소유권을 상실하지 않으므로 제213조에 의하여, 그리고 乙은 법률상 원인 없이 목적물을 점유하고 있고 점유 그 자체가 이득이므로 제741조에 의한 부당이득반환을 청구할 수 있게 된다(김상용, 58면; 김용한, 55면). 그러나 물권행위의 무인론에 따르면 乙은 급부에 대한 소유권을 취득하므로 甲은 급부에 대해 제741조에 의하여 부당이득으로 반환을 청구할 수 있을 뿐이고, 제213조와의 경합은 발생하지 않게 된다.

한편 A가 불법의 원인으로 자기 소유물을 B에게 양도한 경우에 A의 소유권이전행위는 반사회적 법률행위로서 무효이다(제103조). 이때 불법원인이 A에게 있으므로 A는 B에게 부당이득반환을 청구할 수 없다(제746조). 여기서 제746조는 불법원인급여의 반환제한을 규정하고 있으므로, A는 소유권에 의하여 급여한 물건의 반환을 청구할 수 있는지 의문이다. 이에 대해 판례는 제746조의 규정취지는 제103조와 함께 사법의 기본이념으로 사회적 타당성이 없는 행위를 한 사람은 그 형식여하를 불문하고 스스로 한 불법행위의 무효를 주장하여 그 복구를 소구할 수 없다는 법의 이상을 표현한 것이고 부당이득반환청구만을 제한하는 규정이 아니므로 불법의 원인으로 급여를 한 사람이 그 원인행위가 무효라고 주장하고 그 결과 급여물의 소유권이 자기에게 있다는 주장으로 소유권에 기한 반환청구를 하는 것도 허용할 수 없다고 한다(대판 1989.9.29, 89다카5994).

판 례

건물에 관한 임대차계약이 종료된 이후 이를 건물임대인에게 반환하지 않고 그대로 계속 점유·사용하는 자는 점유기간 동안 건물의 사용·수익에 따른 차임 상당액을 부당이득으로 반환할 의무가 있는데, 여기서 차임 상당액을 산정할 때 통상적으로 건물을 임대하는 경우 당연히 부지 부분의 이용을 수반하는 것이고 차임 상당액 속에는 건물 차임 외에도 부지 부분 차임(지대)도 포함되므로, 건물 차임은 물론이고 부지 부분 차임도 함께 계산되어야 한다. 그리고 건물소유자가 부지 부분에 관한 소유권을 상실하였다 하여도 건물소유자는 의연 토지소유자와 관계에서는 토지 위에 있는 건물의 소유자인 관계로 건물 부지의 불법점유자라 할 것이고, 따라서 건물 부지 부분에 관한 차임 상당의 부당이득 전부에 관한 반환의무를 부담하게 되며, 건물을 점유하고 있는 건물임차인이 토지소유자에게 부지점유자로서 부당이득반환의무를 진다고 볼 수 없다. 그러므로 건물소유자는 이러한 채무의 부담한도 내에서 건물임차인의 건물 불법점유에 상응하는 부지 부분의 사용·수익에 따른 임료 상당의 손실이 생긴 것이고, 건물에 관한 임대차계약 종료 이후 이를 계속 점유·사용하는 건물임차인은 건물소유자에 대한 관계에서 건물 부지의 사용·수익으로 인한 이득이 포함된 건물임료 상당의 부당이득을 하였다고 보아야 한다(대판 2012.5.10, 2012다4633).

(2) 제214조의 소유물방해제거·예방청구권

(가) 의 의

소유물에 대한 점유의 박탈 또는 반환거부 이외의 방법에 의하여 소유권의 행사를 방해받거나 방해받을 염려가 있는 소유자는 제214조에 의하여 방해자에게 방해제거 또는 방해예방을 청구할 수 있다. 소유권을 방해하는 자에 대하여 방해의 제거를 청구할 수 있는 것을 '방해제거청구권'이라 하고, 소유권을 방해할 염려가 있는 행위를 하는 자에 대하여 그 예방 또는 손해배상의 담보를 청구할 수 있는 것을 '방해예방청구권'이라 한다.

제214조의 청구권은 방해자의 귀책사유를 필요로 하지 않는다. 따라서 방해자에게 귀책사유가 존재하는 때에는 제214조의 방해제거 또는 방해예방청구 이외에 제750조 또는 제202조에 의한 손해배상도 청구할 수 있다.

(나) 요 건

1) 청구자에게 소유권이 존재할 것

제214조의 방해제거·예방청구권자는 소유권을 방해받거나 받을 염려가 있는 물건의 소유자이어야 한다. 따라서 ① 소유권을 타인에게 양도한 경우에는 양수인만이 제거·예방청구권을 행사할 수 있다. ② 공동소유의 경우에는 각 공유자가 제214조의 청구권을 행사할 수 있다(제265조 단서). ③ 포괄적 유증을 받은 자는 제187조에 의하여 법률상 당연히 유증받은 부동산의 소유권을 취득하게 되나, 특정유증을 받은 자는 유증의무자에게 유증을 이행할 것을 청구할 수 있는 채권을 취득할 뿐이므로, 특정유증을 받은 자는 유증받은 부동산의 소유권자가 아니어서 직접 진정한 등기명의의 회복을 원인으로 한 소유권이전등기를 구할 수 없다(대판 2003.5.27, 2000다73445). 참고로 판례는 소유권보존등기의 말소를 구하려면 먼저 그 말소를 구하는 사람이 말소를 청구할 수 있는 권원이 있음을 적극적으로 주장·입증하여야 하며, 만일 이러한 권원이 있음이 인정되지 않는다면 설사 소유권보존등기가 말소되어야 할 무효의 등기라고 하더라도 그 말소 청구를 인용할 수 없다고 한다(대판 2009.2.26, 2006다72802; 대판 2008.10.9, 2008다35128).

판 례

(ㄱ) 원고가 동일 부동산에 관하여 중복되어 경료된 피고들 명의의 소유권보존등기나 소유권이전등기의 말소를 청구하려면 먼저 원고에게 그 말소를 청구할 수 있는 실체적 권리가 있어야 할 것이므로, 원고에게 그와 같은 실체적 권리가 있는 것이 인정되지 않는다면 설사 피고들 명의의 각 등기가 중복되어 경료된 소유권보존등기이거나 그 등기를 기초로 한 소유권이전등기이어서 말소되어야 할 등기라고 하더라도 원고의 청구는 인용될 수 없다(대판 1992.10.27, 92다16522).

(ㄴ) 부동산의 양도담보권설정자는 그 부동산의 등기명의가 양도담보권자 앞으로 되어있다 할지라도 그 부동산의 불법점유자인 제3자에 대하여는 그 실질적 소유자임을 주장하여 불법점유의 상태의 배제권을 행사할 수 있다(대판 1988.4.25, 87다카2696,2697).

(ㄷ) 선등기명의자의 소유권이전등기가 원인무효라고 하더라도 그 이후의 최종 등기명의자가 등기부시효취득의 항변을 제출하여 법원에서 그것이 받아들여진 경우, 그 전의 등기명의자들이 최종 등기명의자의 시효취득 사실을 원용하여 원소유자의 소유권 상실을 주장하고 있다면 원소유자의 소유권에 기한 등기말소청구는 배척될 수밖에 없다(대판 1995.3.3, 94다7348).

(ㄹ) 신탁자가 그 소유인 부동산의 등기명의를 수탁자에게 이전하는 이른바 양자간 명의신탁의 경우, 신탁자와의 명의신탁약정에 의하여 행하여진 수탁자 명의의 소유권이전등기는 부동산실명법의 유예기간이 경과한 1996. 7. 1. 이후에는 원인무효로서 말소되어야 하므로, 수탁자로서는 신탁자는 물론 제3자에 대한 관계에서도 수탁된 부동산에 대한 소유권자임을 주장할 수 없고, 소유권에 기한 물권적 청구권을 행사할 수도 없다(대판 2006.8.24, 2006다18402,18419; 대판 1998.12.11, 98다43250).

(ㅁ) 종전부터 자연발생적으로 또는 도로예정지로 편입되어 사실상 일반공중의 통행로로 사용되어 온 토지의 소유자가 그 독점적이고 배타적인 사용수익권을 포기한 것으로 볼 경우에도, 일반공중의 통행을 방해하지 않

는 범위 내에서는 토지소유자로서 그 토지를 처분하거나 사용·수익할 권능을 상실하지 않는다고 할 것이므로, 그 토지를 불법점유하고 있는 제3자에 대하여 물권적 청구권을 행사하여 토지의 반환 내지 방해의 제거, 예방을 청구할 수 있다. 다만 특별한 사정이 없는 한 토지소유자는 그 이후에도 토지를 독점적, 배타적으로 사용·수익할 수는 없고, 따라서 제3자가 그 토지를 불법점유하였더라도 이로 인하여 토지소유자에게 어떠한 손실이 생긴다고 할 수 없어 그 점유로 인한 부당이득의 반환을 청구할 수는 없다(대판 2001.4.13, 2001다8493).

(ㅂ) 원고가 피고에 대하여 피고 명의로 마쳐진 소유권이전등기의 말소를 구하려면 먼저 원고에게 말소를 청구할 수 있는 권원이 있음을 적극적으로 주장·증명하여야 하고, 만일 원고에게 그러한 권원이 있음이 인정되지 않는다면 설령 피고 명의의 소유권이전등기가 말소되어야 할 무효의 등기라고 하더라도 원고의 청구를 인용할 수는 없다. 피고로부터 매매 등의 방법으로 부동산에 대한 권리가 순차적으로 이전되어 최종적으로 소유권이전등기를 마친 제3자가 시효취득을 원인으로 부동산에 대한 소유권을 취득함에 따라 당초 부동산의 소유자인 원고가 소유권을 상실하게 되면, 비록 피고 명의의 소유권이전등기가 원인무효라고 하더라도 원고에게 피고 명의의 소유권이전등기의 말소를 청구할 수 있는 권원이 없으므로, 원고는 피고에 대하여 소유권에 기한 등기말소청구를 할 수 없다(대판 2019.7.10, 2015다249352).

2) 상대방이 현재 소유권을 방해하거나 방해할 염려가 있을 것

가) 방해제거청구의 경우 상대방이 현재 소유권을 방해하고 있을 것

(i) 소유권을 방해하는 자

a) 제214조의 '소유권을 방해하는 자'라 함은 일반적으로 방해하는 사정을 지배하는 지위에 있는 자'라고 이해되고 있다. 따라서 ① 등기부상 진실한 소유자의 소유권에 방해가 되는 부실등기가 존재하는 경우에 그 등기명의인이 허무인 또는 실체가 없는 단체인 때에는 소유자는 그와 같은 허무인 또는 실체가 없는 단체 명의로 '실제 등기행위를 한 사람에 대하여' 소유권에 기한 방해배제로서 등기행위자를 표상하는 허무인 또는 실체가 없는 단체명의 등기의 말소를 구할 수 있다(대판 2019.5.30, 2015다47105). ② 건물의 소유자가 건물의 소유를 통하여 타인 소유의 토지를 점유하고 있더라도 토지소유자는 건물의 철거와 대지 부분의 인도를 청구할 수 있을 뿐, 자신의 건물을 점유하고 있는 사람에 대하여 건물에서 퇴거할 것을 청구할 수 없다(대판 1999.7.9, 98다57457,57464). 건물의 소유권이 토지소유자에게 존재하지 않기 때문이다. 이러한 법리는 건물이 공유관계에 있는 경우에 건물의 공유자에 대해서도 마찬가지로 적용된다(대판 2022.6.30, 2021다276256). 토지소유자는 토지소유권에 기한 방해배제청구권의 행사로써 그 지상 건물의 철거와 해당 토지의 인도를 구할 수 있을 뿐이고 건물의 점유 자체를 회복하거나 건물에 관한 공유자의 사용관계를 정할 권한이 없기 때문이다. ③ 타인의 토지 위에 무단으로 건물을 신축한 후 이 건물을 임대하여 임차인이 점유하고 있는 경우, 토지소유자는 건물소유자를 상대로 건물의 철거와 토지의 인도를 청구할 수 있고(제213조, 제214조), 건물임차인에 대해서는 건물의 점유를 통해 토지소유권의 실현을 방해하고 있음을 이유로 소유권에 기한 방해배제로서 그 건물에서 퇴거할 것을 청구할 수 있다(제214조). 이것은 임차인이 대항력을 갖춘 경우에도 같다. 건물임차권의 대항력은 건물에 관한 것이어서 이로써 토지소유자에게 대항할 수 있는 토지사용권을 갖게 되는 것은 아니기 때문이다(대판 2010.8.19, 2010다43801). ④ 판례는 건물철거는 그 소유권의 종국적 처분에 해

당하는 사실행위이므로 원칙으로는 그 소유자(등기명의자)에게만 그 철거처분권이 있다고 할 것이나, 그 건물을 매수하여 점유하고 있는 자는 등기부상 아직 소유자로서의 등기명의가 없다 하더라도 그 권리의 범위 내에서 그 점유 중인 건물에 대하여 법률상 또는 사실상 처분을 할 수 있는 지위에 있으므로, 그 건물의 건립으로 불법점유를 당하고 있는 토지소유자는 위와 같은 지위에 있는 건물점유자에게 그 철거를 구할 수 있다고 한다(대판 1988.9.27, 88다카4017; 대판 1986.12.23, 86다카1751). 즉 타인의 토지 위에 건립된 건물이 미등기이고 그 건물로 인하여 그 토지의 소유권이 침해되는 경우 그 건물을 철거할 의무는 그 건물을 '법률상, 사실상 처분'할 수 있는 지위에 있는 사람이다(대판 1991.6.11, 91다11278). 사실상의 처분권자가 건물의 훼손·멸실 나아가 철거 등을 하더라도 원시취득자에게 어떠한 책임을 지는 것이 아니고, 만약 사실상의 처분권자에게 피고적격을 인정하지 않으면, 토지소유자는 원시취득자의 주소를 탐색하여야 하는 등의 부담을 지게 되기 때문이다. 반면에 타인 소유의 토지 위에 권원 없이 건물을 소유하는 자는 그 자체로써 건물 부지가 된 토지를 점유하고 있는 것이므로 특별한 사정이 없는 한 법률상 원인 없이 타인의 재산으로 인하여 토지의 차임에 상당하는 이익을 얻고 이로 인하여 타인에게 동액 상당의 손해를 주고 있다고 할 것이고, 이는 건물소유자가 미등기건물의 원시취득자이고 그 건물에 관하여 사실상의 처분권을 보유하게 된 양수인이 따로 존재하는 경우에도 다르지 아니하므로, 미등기건물의 원시취득자는 토지소유자에 대하여 부당이득반환의무를 진다고 한다(대판 2011.7.14, 2009다76522,76539). 또한 미등기건물을 양수하여 건물에 관한 사실상의 처분권을 보유하게 됨으로써 그 양수인이 건물 부지 역시 아울러 점유하고 있다고 볼 수 있는 경우에는 미등기건물에 관한 사실상의 처분권자도 건물 부지의 점유·사용에 따른 부당이득반환의무를 부담한다고 한다. 이러한 경우 미등기건물의 원시취득자와 사실상의 처분권자가 토지소유자에 대하여 부담하는 부당이득반환의무는 동일한 경제적 목적을 가진 채무로서 부진정연대채무 관계에 있다고 한다(대판 2022.9.29, 2018다243133,243140).

b) 방해자의 고의나 과실과 같은 귀책사유를 요하지 않는다. 그러나 방해가 인간의 행태(行態)에 연원하는 것이어야 하는가에 관하여, ① 방해가 타인의 행위로 생긴 경우뿐만 아니라 자연력으로 생긴 경우에도 방해배제청구권의 성립을 인정하는 견해(곽윤직, 206면), ② 방해제거청구의 상대방은 '침해에 대하여 원인을 부여하는 의사적 행위를 한 자'라고 하는 견해가 있다(이영준, 525면).

생각건대 이러한 견해의 대립은 어떠한 경우에 그 방해의 귀책을 인정할 것인가의 문제와 관련이 있으므로, 어떤 사람에게 방해제거·예방의무를 인정하려면 그 방해가 그에게 귀책될 수 있어야 할 것이다. 다시 말하면 의식적 행위 또는 의무를 위반한 부작위에 의하여 방해를 야기하는데 상당한 인과관계에 있는 자(행위방해자)·소유권을 방해하는 상태가 직접적 또는 간접적으로 그의 의사에 환원될 수 있는 자(상태방해자)에게 귀책이 인정된다(BGH NJW 1995, 2633; Baur/Stürner, § 12 III 2; 양창수, 민법주해(V), 250면). 따라서 소유물의 방해가 오직 자연력에 의하여 야기된 경우에는 방해자의 의사가 결여되었으므로 제214조의 방해제거청구권은 존재하지 않는다. 예컨대 甲은 비탈진 토지를 소유하고 있는데, 폭우로 인해 흙이 乙의 토지로 유입이 되었다. 이 경우에 甲의 의사에 영향을 받지 않는 자연력에 의하여 乙의 소유물에 대한 방해가 존재하므로 甲은 상태방해자(Zustandsstörer)가 아니다. 이와 달리 乙은 자기 토지에 유기농작물을 재배하고 있는데, 甲이 자기 토지에 곡물을 재배하면서 과도한 살충제를 사용하였다. 그런데 비가 내리게 되어 살충제가 乙의 토지에 유입이 되어 유기농작물에 피해가 발생하였다. 이 경우에 살충제의 유입은 甲의 의사에 의한 것이 아니라 자연력에 의한 것이지만, 甲의 행위(즉 과도한 살충제 사용)와 乙의 피해 사이에 상당인과관계가 존재하므로 甲은 행위방해자(Handlungsstörer)에 해당된다.

c) 방해자가 여럿인 경우에 제214조의 청구권은 방해의 정도에 상관없이 소유자는 각 방해자에게 방해제거·예방을 청구할 수 있다. 다만 청구의 내용은 구체적으로 각자의 방해에 따라 정한다. 건물이 공동상속된 경우에 대하여, 판례도 건물의 공동상속인 전원을 피고로 하여서만 건물의 철거청구를 할 수 있는 것은 아니고 공동상속인 중의 한 사람만을 상대로 그 상속분의 한도에서만 건물의 철거를 청구할 수 있다고 한다(대판 1968.7.31, 68다1102). 또한 공동상속인들의 건물철거의무는 그 성질상 불가분채무라고 할 것이고 각자 그 지분의 한도 내에서 건물 전체에 대한 철거의무를 지는 것이라고 한다(대판 1980.6.24, 80다756). 그러나 여럿이 공동으로 타인의 소유물에 대한 방해를 야기한 경우에는 공동불법행위에서와 같이 방해자는 연대하여 방해제거의 책임을(즉 부진정 연대책임) 부담한다고 할 것이다(BGH NJW 1976, 799; Palandt, § 1004 Rdnr. 19).

(ii) 방 해

방해란 소유권 내용의 실현이 이루어지고 있지 않은 상태를 의미한다. 방해에는 타인의 토지 위에 건물을 소유하거나 타인의 토지 위에 권원 없이 분묘를 소유하는 경우와 같은 물건의 사용·수익에 대한 사실적인 방해뿐만 아니라 진실한 물권관계와 일치하지 않는 등기와 같은 추상적인 방해도 포함된다. 또한 방해는 매연 등의 생활방해일 것을 요하지 않고, 점유침탈이나 불법점거 이외의 어떠한 형태의 소유권방해라도 무방하다. 그러므로 공작물을 설치함으로써 이웃 토지의 채광을 어렵게 하는 것과 같이 이웃 토지에 대하여 이익을 박탈하게 하는 소극적 침해와 이웃에서 유락업소 등을 운영하는 것과 같이 자신의 토지 안에서의 행태에 의하여 다른 토지소유자를 정신적으로 침해하는 정신적 침해도 제214조의 방해에 해당된다(이영준, 527면; 양창수, 민법주해(V), 245면; 김증한/김하동, 299면). 다만 구체적으로 주위의 여건, 그 침해의 정도 등을 고려할 때 수인해야 할 것으로 인정되는 때에는 위법성이 없으므로 부인될 것이다.

판례는 방해제거로서 부실등기의 정정을 구하는 방법은 반드시 그 부실등기의 말소를 청구하는 것에 한하지 않고, '진정한 등기명의의 회복'을 원인으로 한 소유권이전등기절차의 이행을 구하는 것도 허용된다고 한다(대판 2001.9.20, 99다37894). 즉 말소등기에 갈음하여 허용되는 진정명의회복을 원인으로 한 소유권이전등기청구권과 무효등기의 말소청구권은 어느 것이나 진정한 소유자의 등기명의를 회복하기 위한 것으로서 실질적으로 그 목적이 동일하다(대판 2005.9.29, 2003다40651). 따라서 소유권이전등기 말소청구소송에서 패소확정판결을 받았다면 그 기판력은 그 후 제기된 진정명의회복을 원인으로 한 소유권이전등기청구소송에도 미친다(대판 2001.9.20, 99다37894).

한편 방해는 이미 과거의 종결된 것이어서는 안 되며, 현재도 계속되고 있어야 한다

(대판 2003.3.28, 2003다5917). 방해제거청구권은 방해로 일어난 결과를 제거하는 것이 아니라 현재 진행되고 있는 방해의 원인을 제거하는 것을 내용으로 한다. 제214조는 방해제거청구권 이외에 방해예방청구권을 인정하고 있으므로, 침해의 우려가 현저하여 그 자체로써 법평화(法平和)를 교란하는 것이더라도 이러한 우려만 가지고는 방해에 해당하지 않는다. 그러므로 이웃 공장의 폭발위험·화재위험과 같은 장래의 위험이나, 타인의 토지에 침입하였던 것과 같이 잠정적·과거적 사실에 속하는 침해도 방해에 해당하지 않는다(대판 1963.1.31, 62다878; 이영준, 526면). 전자의 경우에는 방해예방청구권이, 후자의 경우에는 손해배상청구권이 문제된다.

판 례

(ㄱ) 미등기건물에 대한 양도담보계약상의 채권자의 지위를 승계하여 건물을 관리하고 있는 자는 건물의 소유자가 아님은 물론 건물에 대하여 법률상 또는 사실상 처분권을 가지고 있는 자라고 할 수 없으므로 건물에 대한 철거처분권을 가지고 있는 자라고 할 수 없다(대판 2003.1.24, 2002다61521).

(ㄴ) 근저당권 이전의 부기등기는 기존의 주등기인 근저당권설정등기에 종속되어 주등기와 일체를 이루는 것이어서, '피담보채무가 소멸된 경우 또는 근저당권설정등기가 당초 원인무효인 경우' '주등기'인 근저당권설정등기의 말소만 구하면 되고, 그 부기등기는 별도로 말소를 구하지 않더라도 주등기의 말소에 따라 직권으로 말소되는 것이며, 근저당권 양도의 부기등기는 기존의 근저당권설정등기에 의한 권리의 승계를 등기부상 명시하는 것일 뿐 그 등기에 의하여 새로운 권리가 생기는 것이 아닌 만큼 근저당권설정등기의 말소등기청구는 '양수인'만을 상대로 하면 족하고 양도인은 그 말소등기청구에서 피고 적격이 없으며, 근저당권의 이전이 전부명령 확정에 따라 이루어졌다고 하여 이와 달리 보아야 하는 것은 아니다(대판 2000.4.11, 2000다5640). 즉 근저당권설정자 또는 그로부터 소유권을 이전받은 제3취득자는 피담보채무가 소멸된 경우 또는 근저당권설정등기가 당초부터 원인무효인 경우, 근저당권의 양수인을 상대로 주등기인 근저당권설정등기의 말소를 구할 수 있으나, 근저당권자로부터 양수인 앞으로의 근저당권 이전이 무효임을 이유로 양수인을 상대로 근저당권설정등기의 말소를 구할 수 없다(대판 2003.4.11, 2003다5016). 반면에 '근저당권의 이전원인'만이 무효로 되거나 취소 또는 해제된 경우, 즉 근저당권의 주등기 자체는 유효한 것을 전제로 이와는 별도로 근저당권이전의 부기등기에 한하여 무효사유가 있다는 이유로 부기등기만의 효력을 다투는 경우에는 그 부기등기의 말소를 소구할 필요가 있으므로 예외적으로 소의 이익이 있다(대판 2005.6.10, 2002다15412,15429).

(ㄷ) 임야의 소유권에 터잡아 분묘의 철거를 청구하려면 분묘의 설치를 누가 하였건 그 분묘의 관리처분권을 가진 자를 상대로 하여야 한다(대판 2009.5.14, 2009다1092; 대판 1967.12.26, 67다2073).

(ㄹ) 토지소유자가 자신 소유의 토지 위에 공작물을 설치한 행위가 인근 건물의 소유자에 대한 관계에서 권리남용에 해당하고, 그로 인하여 인근 건물소유자의 건물 사용수익이 실질적으로 침해되는 결과를 초래하였다면, 인근 건물소유자는 건물 소유권에 기한 방해제거청구권을 행사하여 토지소유자를 상대로 공작물의 철거를 구할 수 있다(대판 2014.10.30, 2014다42967).

(ㅁ) 진정한 등기명의의 회복을 위한 소유권이전등기청구는 이미 자기 앞으로 소유권을 표상하는 등기가 되어 있었거나 법률에 따라 소유권을 취득한 자가 진정한 등기명의를 회복하기 위한 방법으로서, 현재의 등기명의인을 상대로 하여야 하고 현재의 등기명의인이 아닌 자는 피고적격이 없다(대판 2017.12.5, 2015다240645).

나) 방해예방청구의 경우 상대방이 현재 소유권을 방해할 염려가 있을 것

방해의 염려란 방해가 현존하고 있지는 않으나 소유권을 침해할 개연성이 객관적으로 존재하는 것을 말한다. 장래 발생할 것으로 우려되는 방해와 같은 방해가 과거에 발생하였음을 요하지 않는다. 토지의 지반이 침몰할 우려가 있는 경우, 건물이나 공작물이 붕괴할 우려가 있는 경우 등 부동산 사용과 관련된 방해가 종종 문제된다. 예컨대 토지소유자는 인접지의 지반이 붕괴할 정도로 자기의 토지를 심굴하지 못한다(제241조). 그러므로 굴착한 토지의 소유자가 충분한 방어공사를 하지 않은 때에는 이웃 토지소유자는 방해예방청구권을 행사할 수 있다.

판 례

소유물방해예방청구권은 방해의 발생을 기다리지 않고 현재 예방수단을 취할 것을 인정하는 것이므로, 그 방해의 염려가 있다고 하기 위하여는 방해예방의 소에 의하여 미리 보호받을 만한 가치가 있는 것으로서 객관적으로 근거 있는 상당한 개연성을 가져야 할 것이고 관념적인 가능성만으로는 이를 인정할 수 없다(대판 1995.7.14, 94다50533).

3) 그 방해는 위법한 것일 것

제214조의 청구권은 제213조의 반환청구권과 같이 상대방의 고의·과실을 필요로 하지 않는다(통설). 그러나 소유자는 상대방의 위법한 방해에 대해서만 제거청구를 할 수 있다. 즉 방해는 적법한 것이 아니이야 한다. 소유권의 내용은 상린관계의 규정을 비롯하여 법률의 규정에 의하여 제한되므로, 형식적으로는 소유권의 침해가 있는 경우에도 소유자가 그것을 용인해야 하는 때에는 이 청구권이 인정되지 않는다. 판례도 건물의 신축으로 인하여 그 이웃 토지상의 거주자가 직사광선이 차단되는 불이익을 받은 경우에 그 신축행위가 정당한 권리행사로서의 범위를 벗어나 사법상 위법한 가해행위로 평가되기 위해서는 그 일조방해의 정도가 사회통념상 일반적으로 인용하는 수인한도를 넘어야 한다고 한다(대판 2004.9.13, 2003다64602).

판 례

(ㄱ) 항공기가 토지의 상공을 통과하여 비행하는 등으로 토지의 사용·수익에 대한 방해가 있음을 이유로 비행금지 등 방해의 제거 및 예방을 청구하거나 손해배상을 청구하려면, 토지소유권이 미치는 범위 내의 상공에서 방해가 있어야 할 뿐 아니라 방해가 사회통념상 일반적으로 참을 한도를 넘는 것이어야 한다. 한편 항공기의 비행으로 토지 소유자의 정당한 이익이 침해된다는 이유로 토지 상공을 통과하는 비행의 금지 등을 구하는 방지청구와 금전배상을 구하는 손해배상청구는 내용과 요건이 다르므로, 참을 한도를 판단하는 데 고려할 요소와 중요도에도 차이가 있을 수 있다. 그중 특히 방지청구는 그것이 허용될 경우 소송당사자뿐 아니라 제3자의 이해관계에도 중대한 영향을 미칠 수 있으므로, 방해의 위법 여부를 판단할 때는 청구가 허용될 경우 토지 소유자가 받을 이익과 상대방 및 제3자가 받게 될 불이익 등을 비교·형량해 보아야 한다(대판 2016.11.10, 2013다71098).

(ㄴ) 항공기가 토지의 상공을 통과하여 비행하는 등으로 토지의 사용·수익에 방해가 되어 손해배상책임이 인정되면, 소유자는 항공기의 비행 등으로 토지를 더 이상 본래의 용법대로 사용할 수 없게 됨으로 인하여 발생하게 된 재산적 손해와 공중 부분의 사용료 상당 손해의 배상을 청구할 수 있다(대판 2016.11.10, 2013다71098).

(다) 효 과

1) 방해제거청구권

제214조에 의하여 소유자는 방해의 제거를 청구할 수 있다. 이 청구권은 침해원인의 제거를 내용으로 하는 것이고, 방해결과(즉 침해결과)의 전보를 내용으로 하는 것이 아니다. 그러므로 침해의 결과에 대해서는 제201조 내지 제203조 및 제741조, 제750조 등이 문제된다. 판례도 소유권에 기한 방해배제청구권에서 '방해'라 함은 현재에도 지속되고 있는 침해를 의미하고, 법익 침해가 과거에 일어나서 이미 종결된 경우에 해당하는 '손해'의 개념과는 다르다 할 것이어서, 소유권에 기한 방해배제청구권은 방해결과의 제거를 내용으로 하는 것이 되어서는 아니 되며(이는 손해배상의 영역에 해당한다) 현재 계속되고 있는 방해의 원인을 제거하는 것을 내용으로 한다고 한다(대판 2019.7.10, 2016다205540; 대판 2003.3.28, 2003다5917). 가령 쓰레기 매립으로 조성한 토지에 소유자가 매립에 동의하지 않은 쓰레기가 매립되어 있는 경우, 이는 과거의 위법한 매립공사로 인하여 생긴 결과로서 소유자가 입은 손해에 해당할 뿐이고, 그 쓰레기가 현재 소유권에 대하여 별도의 침해를 지속하고 있다고 볼 수 없으므로 소유권에 기한 방해배제청구권을 행사할 수 없다.

판 례

(ㄱ) 1동의 집합건물의 구분소유자들은 그 전유부분을 구분소유하면서 건물의 대지 전체를 공동으로 점유·사용하는 것이므로, 대지 소유자는 대지사용권 없이 전유부분을 소유하면서 대지를 무단 점유하는 구분소유자에 대하여 그 전유부분의 철거를 구할 수 있다. 집합건물은 건물 내부를 (구조상·이용상 독립성을 갖춘) 여러 개의 부분으로 구분하여 독립된 소유권의 객체로 하는 것일 뿐 1동의 건물 자체는 일체로서 건축되어 전체 건물이 존립과 유지에 있어 불가분의 일체를 이루는 것이므로, 1동의 집합건물 중 일부 전유부분만을 떼어내거나 철거하는 것은 사실상 불가능하다. 그러나 구분소유자 전체를 상대로 각 전유부분과 공용부분의 철거 판결을 받거나 동의를 얻는 등으로 집합건물 전체를 철거하는 것은 가능하고 이와 같은 철거청구가 구분소유자 전원을 공동피고로 해야 하는 필수적 공동소송이라고 할 수 없으므로, 일부 전유부분만을 철거하는 것이 사실상 불가능하다는 사정은 집행개시의 장애요건에 불과할 뿐 철거청구를 기각할 사유에 해당하지 않는다. 집합건물 대지의 소유자는 대지사용권을 갖지 아니한 구분소유자에 대하여 전유부분의 철거를 구할 수 있고, 일부 전유부분만의 철거가 사실상 불가능하다고 하더라도 이는 집행개시의 장애요건에 불과할 뿐이어서 대지 소유자의 건물철거청구가 권리남용에 해당한다고 볼 수 없다(대판 2021.7.8, 2017다204247).

(ㄴ) 성명권은 개인을 표시하는 인격의 상징인 이름에서 연유되는 이익을 침해받지 않고 자신의 관리와 처분 아래 둘 수 있는 권리로서 헌법상 행복추구권과 인격권의 한 내용을 이룬다. 비법인사단도 인격권의 주체가 되므로 명칭에 관한 권리를 가질 수 있고, 자신의 명칭이 타인에 의해 함부로 사용되지 않도록 보호받을 수 있다. 인격권은 성질상 일단 침해된 후의 구제수단(금전배상이나 명예회복 처분 등)만으로는 그 피해의 완전한 회복이나 손해전보의 실효성을 기대하기 어려우므로 인격권의 침해에 대해서는 사전(예방적) 구제수단으로 침해행위 정지·방지 등의 금지청구권이 인정될 수 있다(대결 2021.9.30, 2020마7677). 따라서 타인이 비법인사단의 명칭을 사용함으로써 비법인사단의 명칭에 관한 권리를 침해하였음이 인정될 경우, 그러한 침해행위가 계속되어 금전배상을 명하는 것만으로는 비법인사단의 권리 구제에 실효성을 기대하기 어렵고 침해행위 금지로 보호되는 비법인사단의 이익과 그로 인한 타인의 불이익을 비교·형량할 때 비법인사단의 이익이 더 크다고 인정되면 비법인사단은 자신의 명칭을 사용하여 권리를 침해한 타인을 상대로 명칭 사용의 금지를 청구할 수 있다(대판 2022.11.17, 2018다249995).

2) 방해예방청구권

방해의 예방청구란 방해를 일으킬 원인을 제거하여 방해를 미연에 방지할 수 있는 모든 적절한 조치를 청구하는 것을 말한다. 예방의 청구는 방해를 일으킬 염려가 있는 공사를 하지 않는 것과 같이 상대방의 부작위를 청구하는 경우가 대부분이나, 경우에 따라서는 붕괴의 염려가 있는 건물에 받침공사를 하는 것과 같이 작위도 청구할 수 있다.

한편 손해배상의 담보란 장래 방해가 현실적으로 발생할 경우에 상대방이 부담할 손해배상의무를 미리 담보하는 것이다. 방해의 염려를 발생시킨데 대하여 귀책사유가 없더라도 방해예방청구권의 내용으로서의 담보제공을 청구할 수 있다. 그러나 담보로부터 손해의 전보를 받는 것은, 후에 소유자에게 손해가 발생하고, 그리고 상대방에게 귀책사유가 존재함으로써 불법행위로 인한 손해배상의무가 현실적으로 발생하여야 한다(양창수, 민법주해(V), 266면). 주의할 것은 방해예방청구에서 소유자는 방해의 예방과 손해배상의 담보 중 어느 하나만을 선택하여 청구할 수 있다는 점이다(제214조 단서).

판 례

민법 제214조의 규정에 의하면, 소유자는 소유권을 방해하는 자에 대하여 그 방해제거 행위를 청구할 수 있고, 소유권을 방해할 염려가 있는 행위를 하는 자에 대하여 그 방해예방 행위를 청구하거나 소유권을 방해할 염려가 있는 행위로 인하여 발생하리라고 예상되는 손해의 배상에 대한 담보를 지급할 것을 청구할 수 있으나, 소유자가 침해자에 대하여 방해제거 행위 또는 방해예방 행위를 하는 데 드는 비용을 청구할 수 있는 권리는 위 규정에 포함되어 있지 않으므로, 소유자가 제214조에 의하여 '방해배제 비용 또는 방해예방 비용'을 청구할 수는 없다(대판 2014.11.27, 2014다52612).

(라) 다른 청구권과의 관계

1) 계약상의 청구권과의 관계

타인의 물건을 계약관계에 의하여 사용·수익하던 중 계약관계가 종료되었는데도 부속시킨 물건의 제거 등 원상회복을 하지 않고 목적물을 반환한 경우, 방해제거청구권 이외에 계약상의 반환청구권(원상회복 청구권)이 발생하며, 양자는 경합한다. 판례는 근저당권이 실정된 후에 그 부동산의 소유권이 제3자에게 이전된 경우에는 현재의 소유자가 자신의 소유권에 의하여 피담보채무의 소멸을 원인으로 그 근저당권설정등기의 말소를 청구할 수 있음은 물론이지만, 근저당권설정자인 종전의 소유자도 근저당권설정계약의 당사자로서 근저당권소멸에 따른 원상회복으로 근저당권자에게 근저당권설정등기의 말소를 구할 수 있는 계약상 권리가 있으므로, 이러한 계약상 권리에 터잡아 근저당권자에게 피담보채무의 소멸을 이유로 하여 그 근저당권설정등기의 말소를 청구할 수 있다고 봄이 상당하고, 목적물의 소유권을 상실하였다는 이유만으로 그러한 권리를 행사할 수 없다고 볼 것은 아니라고 한다(대판 1994.1.25, 93다16338). 즉 물권적 청구권은 다른 청구권에 대한 보충적인 것이 아니다.

판 례

(ㄱ) 채무자가 제3자 명의로 신탁하여 소유권등기를 마친 부동산을 채권자에게 담보로 제공하고 채권자 명의로 가등기 및 이에 기한 소유권이전등기를 마쳤다가 그 후 그 피담보채무를 모두 변제함으로써 담보권이 소멸된 경우, 채무자는 명의수탁자를 대위하여 위 부동산의 소유권에 터 잡은 말소등기청구권을 행사할 수 있음은 물론, 담보설정계약의 당사자로서 담보권 소멸에 따른 원상회복으로 담보권자에게 담보물의 반환을 구할 수 있는 계약상 권리가 있으므로 이러한 계약상 권리에 터잡아 채권자에게 가등기 등 담보권등기의 말소를 청구할 수 있다(대판 1988.9.13, 86다카1332).

(ㄴ) 명의신탁이 유효한 경우, 명의신탁자는 명의수탁자에 대하여 신탁해지를 하고 신탁관계의 종료 그것만을 이유로 하여 소유 명의의 이전등기절차의 이행을 청구할 수 있음은 물론, 신탁해지를 원인으로 하고 소유권에 기해서도 그와 같은 청구를 할 수 있고, 이 경우 양 청구는 청구원인을 달리하는 별개의 소송이라 할 것이다(대판 2002.5.10, 2000다55171).

2) 소유물반환청구권과의 관계

제214조의 청구권은 점유의 침탈 이외의 방법에 의하여 소유권 행사가 방해된 경우에 한하여 인정되므로, 제214조의 청구권과 제213조의 반환청구권은 논리적으로 서로 경합할 수 없다. 그러나 방해자가 물건을 점유하는데 그치지 않고 기타의 방해행위를 하는 경우에는 소유물반환청구권과 제214조의 청구권이 경합할 수 있다. 예컨대 타인의 토지 위에 건물을 소유하는 경우에는 그 토지를 점유할 뿐만 아니라 그 소유자의 토지소유권을 방해하고 있다고 할 것이므로, 토지의 소유자는 그 대지의 인도와 함께 그 건물의 철거를 청구할 수 있다.

3) 손해배상청구권과의 관계

방해제거청구권은 현재 계속되고 있는 소유권에 대한 방해를 제거함으로써 소유권의 내용을 실현하려는 것을 목적으로 하므로, 물건이 훼손된 경우에는 방해의 제거로서 그 물건의 보수나 원상회복을 청구할 여지는 없다. 그러한 내용의 권리가 인정된다면, 이는 소유권에 대한 방어를 내용으로 하는 것이 아니라, 이미 발생한 손해를 전보하려는 것이므로 이에 대하여는 불법행위법의 원칙에 따라 가해자에게 귀책사유가 있을 것이 요구되기 때문이다(Erman-Hefermehl, § 1004 Rdnr. 6; Stoll, AcP 162, 220 ff.; 양창수, 민법주해(V), 242면). 예컨대 甲이 자기 토지를 깊이 파서, 이로 인해 乙의 건물이 붕괴된 경우에 乙은 甲에게 방해제거가 아니라 손해배상을 청구하여야 한다(제750조).

3. 비용부담의 문제

(1) 문제의 소재

물권적 청구권은 물권의 침해에 따라 목적물의 반환·방해제거·방해예방청구를 내용으로 하고, 그 청구권을 행사하는 경우에 비용을 누가 부담해야 할 것인가가 공통적으로 문제된다. 특히 비용부담의 문제는 물권적 반환청구권과 물권적 방해제거청구권이 경합·충돌될 경우, 이를 어떻게 해결할 것인가와 관련하여 여러 견해가 대립되고 있다. 예컨대 장마로 甲의 축대가 이웃 乙의 토지로 무너진 경우, 甲은 반환청구권을 가지고, 토지의 소유자 乙은 방해제거청구권을 가지게 되어 두 청구권이 경합·충돌된다.

(2) 학 설

비용부담의 문제에 대하여, ① 적극적 행위청구권설은 물권적 청구권은 근본적으로 목적물의 반환 또는 방해제거를 청구하는 권리이기 때문에 귀책사유가 있는지 여부와 관계없이 상대방이 그 비용과 노력으로 방해를 제거하여야 한다고 한다(대판 1968.4.16, 67다2778; 윤철홍, 26면; 장경학, 135면). ② 소유자책임설은 적극적 행위청구권설에 따르면 반환청구권과 방해제거청구권이 경합·충돌하는 경우에 먼저 청구권을 행사하는 자가 상대방에게 비용을 부담시킬 수 있다는 불합리한 결과를 낳으므로, 원칙적으로 상대방이 비용을 부담하지만 침해자가 자신의 의사에 기하지 않는 점유취득의 경우에는 예외를 인정하여야 한다고 한다(김상용, 56면; 김증한/김학동, 26면). ③ 책임설은 방해상태가 상대방의 귀책사유로 인한 경우에 상대방에 대하여 방해의 제거행위, 따라서 그 비용부담도 청구할 수 있으나 그렇지 않은 경우(천재지변 또는 제3자의 행위로 인한 경우)에는 물권자 자신이 그 배제를 구하는 것을 상대방에 대하여 인용하도록 하는데 그치고 비용도 물권자가 부담하여야 한다고 한다(곽윤직, 24면). ④ 인용청구권설은 물권적 청구권이 객관적 위법상태를 배제하기 위하여 상대방에 대하여 인용을 청구할 수 있는 권리이기는 하지만 비용부담의 문제는 불법행위·계약법 기타의 책임원리에 의하여 결정되어야 한다고 한다(김용한, 54면).

(3) 소 결

물권적 청구권에 관한 비용부담 문제는 특히 반환청구권과 방해제거청구권이 경합·충돌될 때에 이를 어떻게 해결할 것인가의 문제와 관련하여 견해가 대립하고 있는데, 과연 반환청구권과 방해제거청구권의 경합이 가능한가가 의문이다. 소유물반환청구권의 상대방은 현재 그 물건을 점유함으로써 소유자의 점유를 방해하고 있는 자이고(제213조), 점유자는 물건을 사실상 지배하려고 하는 의사(소위 점유설정의사)를 필요로 하기 때문이다. 예컨대 甲의 축대가 장마로 인하여 乙의 토지로 무너진 경우, 乙이 그 축대에 대하여 점유설정의 의사를 가지기 전에는 그것은 乙의 토지소유권을 방해하는 것이므로, 甲은 乙에 대하여 아무런 물권적 청구권을 가지지 못하며, 단지 乙이 甲에 대하여 방해제거를 청구할 수 있을 뿐이다(백태승, 133면; 양창수, 민법주해(V), 194면).

이와 같이 乙이 甲에 대하여 방해제거를 청구할 수 있다고 하더라도 그러한 권리를 반드시 행사하여야 할 의무가 있는 것은 아니므로, 이때 甲이 적극적으로 乙의 토지 안으로 들어간 자기 소유의 물건을 어떻게 가져올 수 있는지가 의문이다. 제216조 1항은 "토지소유자는 경계나 그 근방에서 담 또는 건물을 축조하거나 수선하기 위하여 필요한 범위 내에서 이웃 토지의 사용을 청구할 수 있다"고 규정하고 있는데, 이 규정은 단지 담이나 건물의 축조·수선의 경우뿐만 아니라, 상린관계에 있는 사람들 사이에서 자기 토지의 효용을 다하기 위하여 특히 필요한 행위를 할 필요가 있는 때에는 이웃 토지를 사용하는 것을 허용하는 취지라고 넓게 해석되어야 할 것이다(양창수, 민법주해(V), 195면). 따라서 甲은 乙의 토지에 들어가 그 소유의 물건을 수거하여 올 수 있고, 乙은 이를 인용하여야 한다(서광민, "물권적 청구권에 관한 일고찰", 민사법학 제17호, 501면).

한편 만약 乙이 그 축대를 점유하고 甲에게 돌려주지 않는 등 甲의 축대에 대한 乙의 사실상의 지배의사를 인정할 수 있다면, 그때 비로소 乙은 甲의 반환청구권의 상대방이 될 수 있을 것이다. 이때 乙이 甲을 상대로 방해제거청구권을 주장한다면 乙의 불법점유에 비추어 신의성실의 파생원칙인 '선행행위와 모순된 행위금지의 원칙'에 의거 이는 허용될 수 없을 것이다.

4. 물권적 청구권과 소멸시효

점유보호청구권에 관하여는 제척기간의 규정이 있으나(제204조 3항 등), 본권에 기한 물권적 청구권에 관하여는 명문의 규정이 없으므로 물권적 청구권이 소멸시효에 걸리는지가 문제이다.

(1) 학 설

(가) 긍 정 설

물권적 청구권은 소유권에 기한 것이라도 제한물권에 기한 것과 동일하게 제162조 2항이 규정하는 '채권 및 소유권 이외의 재산권'에 해당하므로 20년의 소멸시효에 걸린다고 한다(BGHZ 60, 235; Baur/Stürner, § 11 C 1 3; 이영준, 51면). 그 논거로, 첫째 소멸시효를 인정하는 취지에 비추어 물권적 청구권에 대하여 소멸시효를 인정하지 않는 것은 부당하고, 둘째 민법이 동일한 성질을 가지는 상속회복청구권(제999조)에 대하여 소멸시효를 인정하고 있는 점을 든다. 특히 이 견해에 의하면 매매를 원인으로 하여 소유권이전등기까지 경료된 후 매매가 무효·취소·해제된 경우에 매도인이 가지는 소유권이전등기청구권은 위와 같이 소멸시효에 걸린다고 하여야 형평에 맞는다고 한다.

(나) 부 정 설

물권적 청구권은 소멸시효에 걸리지 않는다는 견해로서(강태성, 49면; 김상용, 53면; 김증한/김학동, 28면; 윤철홍, 29면; 이은영, 79면), 그 논거로 첫째 제162조 2항의 해석상 소유권은 소멸시효에 걸리지 않는데 물권적 청구권만이 시효로 소멸한다면 소유권은 있어도 소유자는 물건의 반환을 청구할 수 없고, 점유자는 소유권을 갖지 않는데도 반환할 필요가 없다는 부당한 상태가 생긴다는 점, 둘째 물권적 청구권은 물권의 원만한 상태와 현재의 상태가 일치하지 않는 데서 생기는 것이므로 물권의 침해상태가 계속되는 동안에 이 청구권은 부단하게 발생하기 때문에 소멸시효에 걸릴 여지가 없다는 점, 셋째 물권적 청구권은 물권에 부종하는 청구권이므로 물권적 청구권만이 그 기초인 물권과 분리·독립하여 소멸시효에 걸릴 수 없다는 점을 든다.

(다) 절 충 설

소유권에 기한 물권적 청구권은 소유권이 소멸시효에 걸리지 않으므로, 독립해서 소멸시효에 걸리지 않는다고 한다. 그러나 제162조 2항은 소유권 이외의 재산권에 대한 소멸시효를 인정하므로, 일반적으로 소유권 이외의 제한물권에 기한 물권적 청구권은 독립해서 소멸시효에 걸린다고 한다(김용한, 50면; 백태승, 126면).

(2) 판 례

판례는 소유권에 기한 물권적 청구권이 소멸시효의 대상이 아니라는 입장을 취하지만(대판 1993.12.21, 91다41170), 제한물권에 기한 경우에 관하여는 판결이 보이지 않는다. 즉 매매계약이 합의해제된 경우에도 매수인에게 이전되었던 소유권은 당연히 매도인에게 복귀하는 것이므로 합의해제에 따른 매도인의 원상회복청구권은 소유권에 기한 물권적 청구권이라고 할 것이고 이는 소멸시효의 대상이 되지 않는다고 한다(대판 1982.7.27, 80다2968). 또한 양도담보에 있어 채무자의 당해 목적부동산에 관한 가등기 및 소유권이전등기 말소청구권은 소멸시효에 걸리지 않는다고 한다(대판 1987.11.10, 87다카62).

(3) 소 결

생각건대 물권적 청구권은 물권으로부터 파생되어 물권에 의존하는 권리이므로, 물권이 존재하는데도 물권적 청구권만이 시효로 소멸한다면 물권내용의 실현은 공허화될 것이다. 따라서 소유권은 소멸시효에 걸리지 않으므로, 소유권에 기한 물권적 청구권은 소멸시효에 걸리지 않는다고 보아야 할 것이다. 한편 소유권 이외의 재산권은 소멸시효에 걸리므로, 제한물권에 기한 물권적 청구권은 소멸시효에 걸린다고 보아야 할 것이다. 그러나 제한물권에 기한 물권적 청구권이 시효로 소멸하면, 이는 대부분 제한물권 자체의 불행사에 해당되어 제한물권 자체도 시효소멸하는 결과가 될 것이다.

Ⅴ. 소유물반환에 따른 법률관계 — 점유자와 회복자의 관계

1. 서 론

(1) 제201조 – 제203조의 의미와 취지

소유물반환청구(제213조)에서 점유자는 소유권 자체가 아니라 점유를 반환할 의무를 부담한다. 그런데 점유자가 반환하여야 할 물건을 점유하는 동안 이를 이용·훼손·비용의 지출 등의 경우, 소유물반환청구권에 의하여 물건을 소유자에게 반환하는 것만 가지고는 문제를 완전히 해결할 수 없게 된다. 예컨대 훔친 자동차를 점유자가 이용·훼손한 경우에 소유자는 그에 대한 배상을 요구하고자 할 것이다. 한편 점유자가 자동차를 수리한 경우에는 비용의 상환을 요구하고자 할 것이다. 다시 말하면 소유자는 점유할 권리 없는 자에게 목적물의 반환(제213조)뿐만 아니라 손해에 대한 배상을 청구하고자 할 것이고, 또한 과실을 수취한 점유자에게 그 반환을 청구하고자 할 것이다. 한편 점유자가 목적물에 비용을 지출한 경우에는 그 반환을 청구하고자 할 것이다. 이러한 이해관계를 '점유자·회복자 관계'라고 하며(점유자로부터 물건을 반환받는 소유자 기타 본권자를 가리켜 회복자라고 한다), 제201조-제203조에서 이를 규정하고 있다. 그런데 점유자의 과실취득·반환의무(제201조), 손해배상의 책임(제202조), 비용상환청구권(제203조)에 대하여 우리 민법은 점유권의 효력으로서 규정하고 있지만, 이는 소유물반환청구권을 행사하는 경우에 부수적으로 발생하는 법률문제이다.

(2) 적용범위

① 소유자와 점유자 사이에 '계약이나 법률관계가 존재하는 경우'에는 그에 관한 법리가 적용되고 제201조 내지 제203조가 적용되지 않는다. 가령 지상권(제285조)·전세권(제316조, 제315조, 제309조, 제310조)·유치권(제323조, 제325조)·질권(제343조)이 소멸한 경우, 사용대차(제615조, 제611조, 제610조)·임대차(제654조, 제626조)·위임(제684조, 제688조)·임치(제701조)·사무관리(제738조, 제739조)의 경우에도 점유자와 회복자의 관계가 생기지만, 민법은 그에 맞는 규정을 달리 정하고 있기 때문이다. ② 해제의 경우, 민법은 원상회복의무를 따로 정하고 금전을 반환하여야 할 경우에는 그 받은 날부터 이자를 붙여야 하는 것으로 규정하고 있으므로(제548조), 제201조 내지 제203조는 적용되지 않는다. 따라서 제201조 내지 제203조는 소유자와 점유자 사이에 계약이 무효·취소된 경우, 법률관계가 부존재하는 경우 등에 적용된다. 가령 甲 소유의 X부동산에 대해 乙이 원인무효의 등기를 마친 후 이를 丙에게 매도하여 丙 명의로 소유권이전등기가 되고 丙이 X부동산을 점유하고 있는 경우, 甲과 丙사이에는 아무런 계약관계가 없으므로 甲이 丙을 상대로 소유물반환청구를 하는 경우에 제201조 내지 제203조가 적용된다. 판례도 매매계약의 무효·취소를 이유로 건물인도청구와 함께 그 사용이익의 반환을 청구하는 경우, 제201조의 적용을 긍정한다(대판 1993.5.14, 92다45025; 대판 1966.9.20, 66다939).

판 례

쌍무계약이 취소된 경우 선의의 매수인에게 제201조가 적용되어 과실취득권이 인정되는 이상 선의의 매도인에게도 제587조의 유추적용에 의하여 대금의 운용이익 내지 법정이자의 반환을 부정함이 형평에 맞다(대판 1993.5.14, 92다45025).

2. 점유자의 과실취득 · 반환의무

제201조는 어느 경우에 소유자는 점유자에게 과실의 반환을 청구할 수 있는가에 대하여, 선의의 점유자와 악의의 점유자를 구별하여 규정하고 있다. 즉 선의의 점유자는 점유물의 과실을 취득한다(제201조 1항). 악의의 점유자 및 폭력 또는 은비(隱秘)에 의한 점유자는 수취한 과실을 반환하여야 하며 소비하였거나 과실로 인하여 취득하지 못한 경우에는 그 과실의 대가를 보상하여야 한다(제201조 2항, 3항).

(1) 선의의 점유자의 과실취득권

(가) 서 설

1) 제201조의 취지

제201조 1항이 선의의 점유자에게 점유물의 과실취득권을 인정한 이유는, 점유자는 과실을 수취하여 소비하는 것이 보통이고, 후에 소유자로부터 원물의 반환을 청구당한 경우에 그 과실까지도 반환케 하는 것은 그 과실을 얻기 위하여 적지 않은 노력과 자본을 들였을 것임에 비추어 너무 가혹하기 때문이다(통설). 따라서 선의의 점유자가 과실을 취득할 수 있는 범위에서는 부당이득이 성립하지 않는다(대판 1996.1.26, 95다44290).

2) 과실취득권의 성질

제201조 1항에서 규정한 '과실을 취득한다'는 것을 어떻게 해석할 것인가에 관하여, ① 선의의 점유자가 취득할 수 있는 것은 소비한 과실에 한하고, 현존하는 과실에 대해서는 부당이득에 기한 반환의무(제741조)를 부담한다는 견해(곽윤직, 155면; 김용한, 202면), ② 제201조 1항은 선의의 점유자에 대하여 적극적으로 점유물의 과실취득권을 인정하고 있는 것이므로 단순히 소비한 과실뿐만 아니라 수취한 과실 전부에 대하여 소유권을 취득한다는 견해가 있다(대판 1996.1.26, 95다44290; 김상용, 292면; 김증한/김학동, 230면; 이상태, 178면; 이영준, 346면)

생각건대 제201조 1항은 선의의 점유자의 점유물반환에 대하여, 이미 취득한 과실을 소유자에게 반환할 필요가 없다고 함으로써, 부당이득에 관한 규정(제741조)을 배제하고자 하는 취지이므로, 선의의 점유자는 과실의 소비여부에 의하여 영향을 받지 않는다. 또한 점유자가 필요비를 지출한 경우에도 점유자가 과실을 취득한 때에는 통상의 필요비를 청구하지 못한다는 제203조 1항 단서는 점유자가 비용을 지출하고 동시에 과실을 수취한 경우에 점유자와 소유자의 각 상대방에 대한 상환관계를 간명하게 처리하려는데 있다(양창수, 민법주해(IV), 398면). 만일 선의의 점유자가 현존이익의 범위 내에서 그 이익을 반환하여야 한다면, 제201조 1항과 제203조 1항 단서가 서로 충돌하게 된다. 따라서 제201조 1항은 선의의 점유자에게 수취한 과실에 대한 권리를 적극적으로 부여하는 규정이라고 할 것이다.

(나) 요 건

1) 과실수취 당시에 소유물반환관계가 존재할 것

제201조는 소유물반환관계가 존재하는 동안에 수취한 과실에 대하여 점유자의 수취 또는 반환의무를 규정하고 있다. 따라서 제201조 1항이 적용되기 위해서는, 점유자가 점유물의 과실을 수취할 때에 제213조의 반환청구권의 요건을 충족하고 있어야 한다.

2) 원물로부터 과실을 수취할 것

원물(Muttersache)이 존재한 경우에만 과실의 수취가 가능하다. 그러므로 점유자가 원물을 매도한 경우의 매매대금 또는 점유물의 소비는 과실이(Nutzung) 아니다. 과실이란 점유할 권리가 없는 점유자가 물건을 반환하지 않고 있는 동안에 수취하였거나 수취할 수 있었던 과실로서(양창수, 민법주해(IV), 365면), 물건의 용법에 의하여 수취하는 산출물과 같은 천연과실뿐만 아니라(제101조 1항) 물건의 사용대가로 받은 금전 기타의 물건과 같은 법정과실을 포함한다(제101조 2항). 그 밖에 원물 자체의 사용에 의한 이익으로서 법정과실 자체는 아니지만 사용이익의 반환에 관하여는 법정과실과 동일하게 취급하여야 한다(대판 1996.1.26, 95다44290; 곽윤직, 156면; 이상태, 178면; 이영준, 345면). 이때 사용이익(Gebrauchsvorteile)은 점유자가 물건을 사실상 이용하였는가를 고려함이 없이 발생한다. 이러한 사용이익은 소급해서 반환할 수 없기 때문에, 즉 원물반환이 처음부터 불가능하므로 통상의 차임 등에 상당한 가액이 사용이익으로 고려된다(Vgl. Hönn, JA 1988, 530).

3) 선의의 점유자일 것

(i) 여기서 선의란 과실수취권을 포함하는 본권을 가지고 있다고 오신(誤信, 잘못 믿음)하고 그와 같은 오신에 대하여 오신할 만한 정당한 근거가 있는 경우를 말한다(대판 2000.3.10, 99다63350). 즉 단지 자기에게 본권이 없음을 모르는 것만으로는 부족하다. 그리고 제201조의 적용을 받는 '점유자'는 점유할 권리 없이 타인의 물건을 점유하기 때문에, 소유자에 대하여 그 물건을 반환할 의무를 부담하는 자를 가리킨다. 또한 점유할 권리가 있다고 오신하였다면, 그 권리가 물권적인 성질을 가진 것인지, 채권적인 성질을 가진 것인지를 불문한다(양창수, 민법주해(IV), 379면). 따라서 무효인 부동산매매계약에 의하여 목적물을 인도받아 사용·수익한 매수인은, 비록 아직 등기가 되지 않아 그 부동산의 소유권을 취득하지 못한 경우에도 그 매매계약의 유효를 믿었다면, 선의의 점유자에 해당한다.

(ii) 점유자가 점유취득 당시에 선의였더라도 점유자가 후에 이러한 점유할 권리가 없음을 알게 된 때부터 악의로 된다. 그러므로 천연과실의 경우에는 원물로부터 분리될 때의 선의여부가 과실취득의 기준이 되며(제102조 1항), 법정과실이나 사용이익은 선의가 존속한 일수의 비율에 따라 취득한다(제102조 2항).

(iii) 선의의 점유자가 본권에 관한 소에서 패소한 때에는, 그 소를 제기한 때부터 악의의 점유자로 간주된다(제197조 2항). 왜냐하면 소유자로서는 본권에 관한 소까지 제기하여 자신의 권리를 행사하였는데, 단지 점유자가 비록 점유할 권리에 대한 주관적 확신에 동요가 없다는 이유로(즉 점유자가 물건을 점유할 권리가 있다고 여전히 믿는다) 소를 제기한 후에도 계속해서 과실을 취득할 수 있다고 하면, 이는 소유자에게 지나치게 가혹하기 때문이다(김증한/김학동, 229면; 양창수, 민법주해(IV), 388면; 김상용, 292면). 그 밖에 선의의 점유자라 하더라도 폭력 또는 은비에 의한 점유자는 과실의 취득에 관하여는 악의의 점유자와 마찬가지로 다루어진다(제201조 3항). 예컨대 乙이 점유하는 물건을 甲이 자신의 물건으로 오인하여 이를 강제로 빼앗았는데, 사실은 乙이 소유자인 경우에 甲에게 과실수취권이 인정되지 않는다.

4) 점유에 의하여 과실을 수취하였을 것

제201조 1항은 선의의 점유자에게 이익을 주는 예외적 규정이다. 그러므로 과실을 수취

하였더라도 그것이 점유를 하지 아니한 상태에서 일어난 경우는 비록 그가 자신에게 과실을 수취할 본권이 있다고 믿은 경우에도 제201조 1항이 적용되지 적용되지 않는다(대판 1991.7.12, 91다1110; 양창수, 민법 주해(IV), 368면; 김증한/김학동, 229면).

(다) 효 과

1) 과실취득

선의의 점유자는 수취한 과실(천연과실·법정과실 및 사용이익)에 대해 소유권을 취득한다(제201조 1항). 따라서 소유자가 선의의 점유자에 대하여 과실의 반환을 청구하는 경우, 선의의 점유자는 제201조 1항과 제102조 1항에 의하여 과실의 반환을 거절할 수 있다. 예컨대 선의의 점유자 甲이 법률상 원인 없이 乙의 건물을 점유·사용하고 이로 말미암아 乙에게 손해를 입혔더라도 그 점유·사용으로 인한 이득을 반환할 의무는 없다(대판 1996.1.26, 95다44290).

한편 토지에서 경작·재배하고 있는 농작물은 토지의 일부이다. 그러나 정당한 권원에 의하여 타인의 토지에서 경작·재배한 농작물은 토지에 부합하지 않고 토지와는 독립된 물건으로 다루어진다(제256조 단서). 그런데 판례는 아무런 권원 없이 타인의 토지에 경작·재배한 경우에 명인방법을 갖출 필요 없이, 그 농작물의 소유권은 언제나 그 경작자에 있다고 한다(대판 1969.2.18, 68다906; 대판 1968.6.4, 68다613,614). 그러므로 판례에 따르면 농지의 소유자는 그 경작자가 악의의 점유자인 경우에도 그 농작물의 반환을 청구하지 못한다. 물론 이 경우에 소유자는 악의의 점유자에 대하여 그 농지의 사용이익의 반환을 청구할 수 있다(제201조 2항).

2) 과잉수익

선의의 점유자는 일반적으로 수취할 수 있는 과실을 넘어서 그보다 많은 과실·이익을 취득한 경우에 그 과잉수익(Übermaßfrüchte)도 취득할 수 있는지에 대하여, ① 선의의 점유자의 과실취득권은 경제법칙에 따라서 통상 수취할 수 있는 과실에 한정되며, 이를 유월(踰越)하여 취득한 과실 등은 모두 부당이득으로서 반환하여야 한다는 견해(이영준, 349면), ② 과잉수익에 대하여 취득권을 제한하는 규정을 두고 있지 않을 뿐만 아니라 만일 이를 부인한다면 회복자는 점유자의 특별한 수완으로 취득한 것을 반환받음으로써 오히려 부당한 이득을 보게 되므로, 선의의 점유자는 그러한 과실도 수취할 수 있다는 견해가 있다(김증한/김학동, 230면; 양창수, 민법주해(IV), 391면).

생각건대 독일민법과 같은 명문의 규정이 없지만, 선의의 점유자에 대한 소유자의 과잉수익의 반환청구를 부정하게 되면 소유자에게 너무나 가혹하므로, 선의의 점유자는 일반적으로 정상적인 과실의 취득에 한한다고 보는 것이 공평·타당하다고 할 것이다. 그러므로 통상의 경우보다 과도하게 취득한 과실은 부당이득으로서 반환하여야 한다.

3) 무상의 점유취득자

선의의 무상점유자의 과실수취권을 부인할 수 있는지에 관하여, ① 선의의 점유자가 점유를 무상으로 취득한 경우에는 과실을 취득하지 못한다고 해석하는 것이 형평에 부합하고 선의취득 및 부당이득의 경우와 균형이 맞다는 견해(이영준, 349면), ② 명문규정이 없는 우리 민법에서는 이와 같이 해석하는 것은 적절하지 않다는 견해가 있다(김증한/김학동, 230면; 양창수, 민법주해(IV), 390면). 한편 판례는 무상점유자의 과실수취권을 인정하고 있다(대판 1966.2.28, 66다60).

생각건대 유상의 점유취득자는 과실을 취득함으로써 점유취득을 위한 지출에 대한 등가물(等價物)을 얻게 된다. 이와 달리 무상의 점유취득자는 과실을 얻기 위하여 노력과 자본을 지출하지 않았다. 따라서 반대급부 없이 점유를 취득한 자에게 과실취득권을 인정하게 되면, 재산적 손해를 입은 자(소유자)보다 무상점유자를 더 보호하는 것이 되므로 타당하다고 할 수 없다. 그러므로 무상의 점유취득자가 선의이더라도 과실취득권을 부정하여야 할 것이다.

(2) 악의의 점유자의 반환의무

(가) 서 설

점유자는 수취한 과실을 반환하여야 하며, 소비하였거나 과실로 인하여 훼손·수취하지 못한 경우에는 그 과실의 대가를 보상하여야 한다(제201조 2항). 그 이유는 악의의 점유자는 점유할 권리가 없음을 알고 있거나 그 유무에 관하여 의심하면서 점유하는 자이므로, 보호할 필요가 없기 때문이다.

(나) 요 건

1) 과실수취 당시에 소유물반환관계가 존재할 것

점유자가 물건을 소유자에게 반환하여야 하는데(제213조), 이를 반환하지 않고 있는 동안에 수취하였거나 수취할 수 있었던 과실(果實)이어야 한다.

2) 악의의 점유자일 것

악의의 점유자라 함은 선의의 점유자가 아닌 자를 말한다. 즉 폭력 또는 은비(隱秘)에 의한 점유자(제201조 3항)와 과실취득권이 없는 본권에 관하여 오신한 자는 처음부터 악의의 점유자로 된다. 그리고 본권에 관한 소가 계속 중인 점유자는 선의라 하더라도 패소한 때에는 그 소가 제기된 때부터 악의의 점유자로 된다(제197조 2항).

판 례

제197조 2항의 취지와 부당이득반환에 관한 제749조 2항의 취지 등에 비추어 볼 때, 여기서의 본권에 관한 소에는 소유권에 의하여 점유물의 인도나 명도를 구하는 소송은 물론 부당점유자를 상대로 점유로 인한 부당이득의 반환을 구하는 소송도 포함된다(대판 2002.11.22, 2001다6213).

3) 과실을 수취하였거나 수취할 수 있었을 것

(i) 악의의 점유자는 전술한 과실(果實)을 원물로부터 수취하여야 한다. 따라서 악의의 점유자가 소유자의 토지 위에서 영업을 통해 얻은 영업상의 수익은 토지의 과실이 아니기 때문에, 소유자는 악의의 점유자에게 영업상의 수익이 아니라 토지의 사용이익의 배상을 청

구할 수 있다. 예컨대 乙이 甲의 토지에서 무단으로 포장마차를 경영하였다. 그리하여 甲은 乙에게 포장마차의 영업으로 인한 수익을 제201조 2항에 의하여 반환을 요구한다. 이 경우에 乙의 영업수익은 제213조에 의하여 반환하여야 할 토지의 과실이 아니므로, 제201조 2항에 의한 영업수익의 반환청구는 배제되고, 甲은 통상 영업을 하기 위해 토지의 이용대가로 지급하여야 할 금액을(즉 사용이익: 차임) 乙에게 요구할 수 있다.

(ii) 또는 수취한 과실을 '소비하였거나 過失로 인하여 훼손'하여(제201조 2항 후문) 악의의 점유자가 소유자에게 과실을 반환할 수 없거나 현실적으로 과실을 수취할 수 있었지만 수취하지 못하여야 한다. 그런데 불가항력과 같이 악의의 점유자에게 책임 없는 사유로 훼손된 경우에도 반환의무를 부담하는가에 관하여, ① 악의의 점유자는 과실을 취득할 수 없음을 알거나 의심을 품은 자이기 때문에 점유개시 후의 불가항력으로 과실이 멸실·훼손의 경우에도 대가반환의 의무를 부담한다는 견해(김상용, 293면), ② 불가항력에 의한 경우에는 대가의무를 부담하지 않는다는 견해가 있다(양창수, 민법주해(IV), 400면; 지원림, 3-131).

(다) 효 과

악의의 점유자는 수취하였거나 수취할 수 있었던 모든 과실을 반환하여야 한다(제201조 2항). 천연과실은 자연 상태 그대로 반환하여야 하고, 법정과실은 동종·동질·동량의 것을 반환하여야 한다. 다만 과실이 소비되었거나 점유자의 과실로 멸실·훼손으로 반환이 불가능한 때에는 그 가액(Wertersatz)을 반환하여야 한다. 즉 타인 소유물을 권원 없이 점유함으로써 얻은 사용이익을 반환하는 경우, 악의의 점유자가 반환하여야 할 범위는 제748조 2항에 따라 정하여지는 결과 그는 받은 이익에 이자를 붙여 반환하여야 하며, 이자의 이행지체로 인한 지연손해금도 지급하여야 한다(대판 2003.11.14, 2001다61869). 그 밖에 제201조 2항은 점유자가 경제법칙에 의하여 수취할 수 있었던 과실(果實)을 과실(過失)로 인해 수취하지 못한 경우에도 그 수취할 수 있었던 과실(果實) 상당액의 대가를 소유자에게 보상하도록 하고 있다. 이는 수취하지 못한 경우에 그 과실의 대가를 보상하도록 한 것은 악의의 점유자가 수취할 수 있는 과실을 책임 있는 사유로 인하여 수취하지 못하였다면, 일반적으로 소유자에게 손해가 발생하기 때문이다.

(3) 제201조와 다른 청구권과의 관계

(가) 계약 등에 의한 청구권

소유자와 점유자 사이에 계약이나 법률관계가 존재하는 경우에는 그에 관한 법리가 적용될 뿐이고, 제201조가 적용되지 않는다. 가령 유치권·질권·위임·임치·사무관리 등의 경우에도 점유자와 회복자의 관계가 생기지만 특별규정(제323조, 제343조, 제684조, 제701조, 제738조 등)이 적용된다. 판례도 매매계약이 무효이거나 취소된 경우에 선의의 매수인에 대하여 제201조 1항의 적용을 긍정하는 반면(대판 1993.5.14, 92다45025), 계약해제의 경우에는 부당이득반환에 관한 특칙인 제548조를 근거로 제201조 1항의 적용을 부정한다(대판 1991.8.9, 91다13267).

(나) 부당이득반환청구권과의 관계

1) 과실을 수취할 수 있는 범위 내에서는 부당이득은 성립하지 않는다(대판 1987.9.22, 86다카1996,1997). 즉 선의점유자의 과실수취권을 규정한 제201조 1항은 제741조의 특별규정이다. 판례도 선의의 점유자는 비록 법률상 원인 없이 타인의 건물을 점유·사용하고 이로 말미암아 그에게 손해를 입혔다고 하더라도 그 점유·사용으로 인한 이득을 반환할 의무는 없다고 한다(대판 1996.1.26, 95다44290).

2) 한편 제201조는 선의의 점유자를 보호하기 위한 규정이므로, 악의의 점유자의 반환범위와 관련하여 제201조 2항은 제748조 2항의 특별규정이라고 볼 수 없다. 제201조 2항은 '악의의 점유자는 수취한 과실을 반환하여야 한다'고 하여, 기본적으로 부당이득의 일반원칙을 선언하고 있으며, 과실의 이자에 대해 규정한 바 없지만, 악의의 점유자는 악의의 수익자와 비교할 때, 이자와 관련해서 보다 우대할 필요가 없다. 따라서 악의의 점유자는 과실의 이자도 반환하여야 한다(이준현, 민사법학 제53호, 203면). 판례도 악의점유자는 과실을 반환하여야 한다고만 규정한 제201조 2항이, 제748조 2항에 의한 악의수익자의 이자지급의무까지 배제하는 취지는 아니기 때문에, 악의수익자의 부당이득금 반환범위에 있어서 제201조 2항이 제748조 2항의 특칙이라거나 우선적으로 적용되는 관계를 이루는 것은 아니라고 한다(대판 2003.11.14, 2001다61869).

(다) 불법행위로 인한 손해배상청구권과의 관계

판례와 일부학설은 제201조 1항과 불법행위로 인한 손해배상책임이 경합한다고 한다. 즉 선의의 점유자에게 과실취득권을 인정하면서도 그에게 과실이 있는 경우에는 불법행위로 인한 손해배상책임을 인정하고 있다(대판 1966.7.19, 66다994; 곽윤직, 156면; 이상태, 178면). 그러나 제201조 1항의 선의라 함은 단지 자신에게 본권 없음을 모르는 것만으로는 부족하고, 본권이 있다고 믿었고 그렇게 믿을 만한 근거가 있어야 하므로, 선의의 점유자가 불법행위요건을 충족하여 경합이 발생할 여지는 없다고 할 것이다. 반면에 악의점유자의 경우, 불법행위의 요건을 갖추는 한 그 경합이 인정된다.

3. 점유물의 멸실·훼손에 대한 점유자책임

(1) 서 설

점유자가 점유하는 타인의 물건을 그 책임 있는 사유로 멸실·훼손한 때에는 불법행위가 성립하고, 그 손해를 배상하여야 한다. 그런데 제202조는 점유물이 점유자의 책임 있는 사유로 인하여 멸실 또는 훼손된 때에는 악의의 점유자와 타주점유자는 그 손해의 전부를 배상하여야 하지만, 선의의 점유자는 이익이 현존하는 한도에서 배상하도록 규정하여, 선의의 자주점유자에 대하여 불법행위책임을 완화하고 있다. 그 이유는 타인의 물건임을 알고 점유한 자와 달리 타인소유의 물건을 선의·무과실로 자기에게 소유권이 있다고 믿은 점유자(선의의 자주점유자)는 그 물건을 자기의 것으로 취급하여 마음대로 사용할 뿐만 아니라 선량한 관리자의 주의로써 관리·보존하지 않음이 보통이며, 점유자가 점유물을 멸실·훼손하는 때에 타인의 권리를 침해한다는 의식이 존재하지 않는다(김증한/김학동, 232면). 그러므로 멸실·훼손에 대하여 선의의 자주점유자에게 악의의 점유자 또는 타주점유자와 동일한 책임을 부가하게 되면 너무나 가혹하게 되기 때문에 선의의 점유자의 배상책임을 경감한 것이다.

(2) 요 건

(가) 멸실·훼손 당시에 소유물반환관계가 존재할 것

제202조가 적용되기 위해서는 소유자와 점유자 사이에 소유물반환관계가 존재하는 동안에 물건의 멸실·훼손 등이 발생하여야 한다(Wolf, Rdnr. 196; 이영준, 351면). 예컨대 甲이 乙 소유의 물건을 훔친 경우, 절취행위에 대하여는 일반규정에 따라(제750조) 甲은 책임을 부담한다. 왜냐하면 절취행위 당시에 소유물반환관계가 존재하는 것이 아니라 절취행위로 인해 비로소 제213조의 요건을 충족하게 되기 때문이다. 그러므로 절취한 후에 甲이 물건을 훼손하게 되면, 乙은 甲에게 제202조에 의하여 손해배상을 청구할 수 있다. 이와 같이 멸실·훼손 당시에 소유물반환관계가 존재하여야 하므로, 멸실·훼손 당시에 이미 소유권을 타인에게 이전한 자는 이러한 손해배상청구권을 갖지 못한다.

(나) 점유자가 타인의 물건을 '멸실·훼손'하였을 것

멸실이란 화재·파괴 등의 이유로 물건이 어느 곳에도 존재하지 않게 되었거나(물리적 멸실) 그 용법에 따라 사용할 수 없을 정도로 된 경우(경제적 멸실)를 말한다. 멸실은 단순히 물리적·경제적 멸실에 한하지 않고 널리 반환불능의 상태도 멸실에 해당한다. 따라서 점유자가 물건을 분실하거나 선의의 제3자에게 양도한 경우도 멸실에 속한다. 훼손은 물리적인 완전성을 해치는 경우뿐만 아니라 그 물건의 가치를 저하시키는 일체의 행위, 즉 통상적인 관리·수리행위를 하지 않아 물건의 가치를 저하시키는 것을 말한다.

(다) 멸실 등에 대하여 점유자에게 '책임 있는 사유'가 존재할 것

책임 있는 사유라 함은 고의 또는 과실이 있는 경우를 가리킨다. 그러나 선의의 자주점유자는 그 물건을 자신의 물건으로 알고 사용한 것이므로, 제202조의 '책임 있는 사유'란 제695조와 같이 '자기 재산에 대한 주의'를 게을리 하는 경우를 말한다. 다시 말하면 선의의 자주점유자가 물건을 스스로 멸실·훼손할 때에, 그는 자기의 물건을 멸실 또는 훼손한다고 생각하는 것이 일반적이므로, 행위 당시에 위법한 결과발생을 인식하였거나 예견할 수 있는 것은 아니다. 따라서 선의의 자주점유자가 물건에 대하여 자기 재산에 대한 주의와 동일한 주의를 하였는데도(제695조 등) 물건이 멸실·훼손된 경우, 배상책임을 부담하지 않는다.

(라) 목적물의 멸실·훼손에 의하여 소유자에게 손해가 발생할 것

물건의 멸실·훼손은 통상 소유권에 대한 가해행위로 되며, 이때 점유자의 멸실 등의 가해행위와 손해 사이에는 인과관계가 존재하여야 한다. 한편 그 물건의 소유자만이 멸실 등으로 인한 손해배상청구권을 가진다. 따라서 멸실·훼손 당시에 이미 소유권을 타인에게 양도한 자는 이러한 손해배상청구권을 갖지 못한다.

(3) 효 과

(가) 선의의 자주점유자의 책임

선의의 점유자는 '이익이 현존하는 한도에서' 배상하여야 한다(제202조). 현존이익을 반환하도록 한 것은, 소유자의 권리를 희생시키면서 선의의 자주점유자에게 그 이익을 귀속시킬 이유가 없기 때문이다. 제202조의 현존이익은 점유자가 물건을 점유하는 동안에 취득한 모든 이익을 말하는 것이 아니고, 그 멸실·훼손으로부터 얻은 것만을 의미한다(양창수, 민법주해(IV), 407면). 한편 제202조에 의해 배상책임이 경감되는 자는 '소유의 의사'가 있는 선의의 점유자이어야 한다(선의의 자주점유자).

(나) 악의의 점유자 또는 타주점유자의 책임

악의의 점유자, 폭력 또는 은비에 의한 점유자 그리고 타주점유자는 이익의 현존여부와 관계없이 손해의 전부를 배상하여야 한다(제202조). 타주점유자에 대하여는 선의·악의를 묻지 않고, 또한 악의의 점유자에 대하여는 자주·타주점유를 묻지 않고 배상책임을 경감하지 않는 것은, 점유자가 처음부터 타인의 물건으로 점유하였거나 본권이 없는 것을 알면서 점유한 것이므로, 즉 물건을 소유자에게 반환해야 한다는 것을 알고 있으므로 특별히 보호할 필요가 없기 때문에, 불법행위의 일반원칙에 따라 배상책임을 인정한 것이다. 그러므로 임차인·질권자·수치인 등과 같이 소유의 의사가 없는 점유자(타주점유자)가 본권이 있다고 오신하고 있었던 때에도 악의의 점유자와 마찬가지로 손해의 전부를 배상하여야 한다(제202조 후문). 한편 선의의 점유자라 하더라도 본권에 관한 소에 패소한 때에는 그 소를 제기한 때부터 악의의 점유자로 간주된다(제197조 2항).

(4) 제202조와 다른 청구권과의 관계

(가) 계약 등에 의한 청구권

점유자가 이미 존재하고 있는 계약에 의하여 점유할 권리를 갖고 있는 경우에는 소유자와 점유자 사이의 법률관계는 계약에 의하여 규율될 것이므로, 제202조는 원칙적으로 적용되지 않는다. 예컨대 甲 소유의 컴퓨터를 임차한 乙이 선의의 제3자 丙에게 매도하거나 훼손한 경우, 甲은 乙에게 제202조에 의하여 손해배상을 청구할 수 없다. 그러나 이행불능을 이유로(제390조) 또는 제750조에 의하여 손해배상을 청구할 수 있다.

(나) 불법행위로 인한 손해배상청구권과의 관계

일반적으로 타인의 물건을 멸실·훼손하는 것은, 타인의 소유권에 대한 침해로서 위법성조각사유가 존재하지 않는 한 위법한 행위이다. 그리고 멸실 등에 대하여 점유자에게 귀책사유가 있는 경우에는 제750조의 성립요건을 갖추게 된다. 한편 이 경우에는 제202조의 요건을 충족하게 되어 제750조와 경합이 문제된다. 이에 대하여 ① 제202조는 점유물에 대하여 발생한 손해의 배상에 관한 것이기 때문에 제201조의 경우와 같이 불법행위의 일반원칙을 배제하는 것은 아니라는 견해(김용한, 204면), ② 제202조가 제750조의 특칙이라는 견해가 있다(양창수, 민법주해(IV), 407면; 이상태, 180면; 이영준, 355면). 판례는 양자를 선택적으로 행사할 수 있다고 한다(대판 1966.7.19, 66다994).

생각건대 물건이 악의의 점유자 또는 타주점유자에 의하여 멸실·훼손된 경우에는 제202조와 제750조가 경합하지만, 선의의 자주점유자에 의한 경우는 경합을 부정하여 소유자에게 현존이익의 한도에서 반환하여야 할 것이다. 예컨대 甲의 물건을 절취한 乙이 절취한 후에 잘못하여 그 물건을 훼손한 경우, 또는 A가 B로부터 금전을 빌리고(제598조) 담보로 자기 시계를 B에게 담보로 제공하였고(제329조) 여행 중에 A가 B를 만나게 되어 채무를 이행하였으나 B는 시계를 집에 보관하고 있으므로 다음 날 인도하기로 했다. 그런데 인도하기 위해 서랍을 열면서 잘못하여 시계를 떨어뜨려 파손시킨 경우, 乙이 물건을 훼손할 때 그리고 B가 시계를 파손할 때에 각각 소유물반환관계(제213조)가 존재한다. 그러므로 제202조와 제750조가 경합하게 된다.

한편 선의의 자주점유자의 경우는 다르다. 예컨대 甲은 정신질환으로 의사무능력자인 乙 소유의 노트북을 매수하여 점유하고 있다. 그런데 이러한 사실을 알지 못한 甲이 잘못하여 노트북을 훼손한 경우, 甲과 乙 사이에 소유물반환관계가 존재하고(제213조) 甲은 선의의 자주점유자이므로 제202조에 의하면 甲은 乙에게 현존이익의 한도에서 배상하여야 하지만, 제750조에 의하면 甲은 乙에게 발생한 손해 전부를 배상하여야 한다. 이와 같이 선의의 자주점유자가 물건을 멸실·훼손한 경우, 제202조와 제750조의 경합을 인정하게 되면 평가모순(결과모순)에 빠지게 되므로 경합을 부정하여야 할 것이다. 따라서 제202조는 선의의 자주점유자에 대하여 불법행위책임을 완화하고 있으므로, 乙은 甲에게 오직 현존이익의 배상만을 청구할 수 있다고 할 것이다.

4. 점유자의 비용상환청구권

(1) 서 설

제203조는 점유자의 선의·악의 또는 소송계속 전·후를 구별하지 않고, 다만 필요비와 유익비를 구별하여 상환청구권의 범위를 정하고 있다. 다시 말하면 점유자가 지출한 비용 중에서 필요비와 유익비만을 상환의 대상으로 하고 있다. 따라서 필요비나 유익비 이외에 점유자가 점유물에 대하여 지출한 비용, 예컨대 사치비의 상환을 점유자는 청구할 수 없다. 유의할 것은, 점유자의 필요비 또는 유익비상환청구권은 점유자가 회복자로부터 점유물의 반환을 청구받거나 회복자에게 점유물을 반환한 때에 비로소 회복자에 대하여 행사할 수 있다는 점이다(대판 1994.9.9, 94다4592). 참고로 민법상의 비용상환청구권으로는 제203조 이외에 제310조(전세권자),

제325조(유치권자), 제343조, 제355조(질권자), 제367조(저당물의 제3취득자), 제594조(환매권이 실행된 경우의 매수인 또는 전득자), 제611조(사용차주), 제626조(임차인), 제688조(수임인), 제701조(임치인), 제739조(사무관리자) 등이 있다. 물론 이들 규정은 제203조의 특별규정에 해당한다.

판 례

점유자가 점유물을 보존하거나 개량하기 위하여 지출한 필요비나 유익비에 관하여 제203조 1항, 2항은 '점유자가 점유물을 반환할 때'에 상환을 청구할 수 있도록 규정하고 있으므로, 그 상환청구권은 점유자가 회복자에게서 점유물 반환을 청구받은 때에 비로소 이를 행사할 수 있는 상태가 되고 이행기가 도래한다(대판 2011.12.13, 2009다5162).

(2) 점유자의 필요비상환청구권

(가) 일 반

제203조 1항은 "점유자가 점유물을 반환할 때에는 회복자에 대하여 점유물을 보존하기 위하여 지출한 금액 기타 필요비의 상환을 청구할 수 있다. 그러나 점유자가 과실을 취득한 경우에는 통상의 필요비는 청구하지 못한다"고 규정하여, 점유자의 선의·악의를 구별하지 않고 점유자에게 필요비의 상환청구권을 인정하고 있다.

(나) 요 건

1) 비용지출 당시에 소유물반환관계가 존재할 것

제203조 1항에 의하여 점유자가 필요비의 상환을 청구하기 위해서는, 비용지출 당시에 소유물반환관계가 존재하여야 한다. 가령 점유자가 비용지출 당시에 계약관계 등 적법한 점유의 권원을 가진 경우, 즉 제213조의 요건을 갖추지 못한 때에는 제203조가 적용되지 않고 법률규정과 계약상의 특별규정만이 적용된다(대판 2003.7.25, 2001다64752). 따라서 점유자는 계약관계 등의 상대방에 대하여 비용상환청구권을 행사할 수 있을 뿐이고, 계약관계 등의 상대방이 아닌 점유회복 당시의 소유자에 대하여 제203조에 따른 지출비용의 상환을 구할 수 없다. 예컨대 임차인이 필요비를 지출한 경우, 소유자인 임대인에 대하여 제626조에 따른 비용상환청구권을 행사할 수 있고, 제203조에 의하여 필요비상환을 청구할 수 없다.

2) 물건의 점유자가 점유물에 대하여 필요비를 지출하였을 것

비용은 점유자에 의하여 지출되어야 하는데, 점유자가 점유물을 보존·관리하기 위하여 타인을 사용하거나 스스로 노동력을 제공한 경우도 비용의 개념에 속한다. 그리고 필요비란 경제적 상태대로 물건을 보존·관리하기 위하여 객관적으로 필요로 하는 재산적 가치가 있는 지출을 말한다. 다시 말하면 소유자가 목적물을 점유하고 있었더라면 보존·관리를 위하여 그러한 조치를 취하기 위하여 지출된 비용을 의미한다(예: 보존비·수리비·동물의 사료비·물건에 부과되는 수수료·세금 등).

3) 상환청구권의 당사자는 현재의 점유자와 소유자일 것

(i) 제203조는 제213조의 부수규정이며, 또한 제203조는 '점유자가 점유물을 반환할 때'라고 규정하고 있으므로, 비용상환을 청구할 수 있는 자는 현재의 점유자이어야 한다. 다만 점유자가 제3자에게 급부한 경우에는 소유자에 대하여 비용상환청구권을 행사할 수 없다. 예컨대 甲 소유의 물건을 점유한 乙이 수공업자 丙에게 수리를 의뢰하여 丙이 수리를 한 경우, 소유자 甲이 그 목적물의 반환을 청구하더라도 丙은 甲에게 비용상환을 청구할 수 없다. 丙은 乙과의 도급계약에 의하여 乙에 대하여 급부의무가 있고, 乙에 대해서만 보수의 지급을 청구할 수 있기 때문이다. 판례도 수급인은 도급인에 대한 채무이행으로서 비용을 지출한 자이므로 제203조의 비용지출자라고 할 수 없다고 한다(대판 2002.8.23, 99다66564,66571).

(ii) 비용상환청구권의 상대방은 현재의 소유자이다(대판 2003.7.25, 2001다64752). 반면에 점유자가 계약에 의하여 점유하다 반환하는 경우에는 제203조가 적용되지 않으므로 계약의 당사자가 비용상환청구의 상대방이다.

4) 점유자가 과실을 취득하지 않았을 것

(i) 제203조 1항은 통상의 필요비와 특별한 필요비로 나누어서, 그중 전자에 대해서는 '점유자가 과실을 취득한 때'에는 그 상환을 청구하지 못한다고 규정하고 있다. 따라서 점유자가 소유자에 대하여 필요비의 상환을 청구하기 위해서는 과실을 취득하지 않아야 한다. 이때 '통상의 필요비'(Gewöhnliche Erhaltungskosten)란 일상적으로 반복되는 물건의 유지비, 다시 말하면 물건의 지속적인 보존·관리를 위하여 거래관념에 비추어 예견될 수 있는 회귀적 지출을 말한다(예: 자동차의 정비비용·물건의 관리 및 보관을 위한 비용이나 조세 등). 그 밖에 '특별한 필요비'는 일상적인 물건의 보존·관리 이외에 지출하는 필요비용을 말한다. 예컨대 태풍으로 인해 주택이 피해를 입은 경우에 주택을 수선하는데 지출한 비용 등이 여기에 속한다.

(ii) 제203조 1항의 '점유자가 과실을 취득한 때'의 의미는 점유자가 객관적으로 과실을 취득할 수 있는 경우를 말한다. 다시 말하면 점유자가 점유기간 동안에 객관적으로 과실을 취득할 수 있는지가 판단의 기준이 된다(Soergel-Mühl, § 994 Rdnr. 5; Erman-Hefermahl, § 994 Rdnr. 8). 이때 점유자가 객관적으로 과실을 취득할 수 있으면 충분하고 사실상 취득하였는지는 중요하지 않다.

(iii) 한편 제203조 1항 단서의 '점유자가 과실을 취득한 경우'는 점유자가 선의의 점유자로서 제201조 1항에 따라 과실수취권을 보유하고 있는 경우를 가리킨다. 선의의 점유자는 과실을 수취하므로 물건의 용익과 밀접한 관련을 가지는 비용인 통상의 필요비를 스스로 부담하는 것이 타당하기 때문이다. 따라서 과실수취권이 없는 악의의 점유자에 대해서는 제203조 1항 단서가 적용되지 않는다(대판 2021.4.29, 2018다261889). 악의의 점유자는 그가 취득한 과실을 반환하여야 하는데(제201조 2항, 3항) 그가 지출한 비용의 상환을 청구할 수 없다고 한다면 악의의 점유자에게 너무 가혹한 반면에, 소유자는 자신이 부담하여야 할 통상의 필요비를 면하게 되어 부당한

이득을 얻게 되기 때문이다.

판 례

(ㄱ) 자기들의 생산고를 높이기 위하여 토지에 적지 않은 퇴비 기타 비료를 넣고 또 배토 등을 하여 완전한 열전으로 만듬에 소요된 비용은 객관적으로 유익비로 볼 수 없고 경작자 자신들이 부담할 통상의 필요비라 할 것이다(대판 1966.12.20, 66다1857).

(ㄴ) 기계의 점유자가 그 기계장치를 계속 사용함에 따라 마모되거나 손상된 부품을 교체하거나 수리하는 데에 소요된 비용은 통상의 필요비에 해당하고, 그러한 통상의 필요비는 점유자가 과실을 취득하면 회복자로부터 그 상환을 구할 수 없다(대판 1996.7.12, 95다41161,41178).

(다) 효 과

점유자는 원칙적으로 필요비 전부의 상환을 청구할 수 있다(제203조 1항). 이때 점유자의 선의·악의 또는 자주·타주점유를 묻지 않는다. 점유자의 필요비상환청구권은 제203조 2항의 유익비상환청구권과 달리 그 비용지출이 실제로 물건의 가치를 증가시켰는지 그 증가가치가 현존하고 있는지 여부에 영향을 받지 않는다. 필요비상환청구권은 점유자가 회복자로부터 점유물의 반환을 청구받거나 회복자에게 점유물을 반환한 때에 비로소 행사할 수 있는 상태가 되고 이행기가 도래한다(대판 2011.12.13, 2009다5162; 대판 1994.9.9, 94다4592).

(3) 점유자의 유익비상환청구권

(가) 일 반

제203조 2항은 "점유자가 점유물을 개량하기 위하여 지출한 금액 기타 유익비에 관하여는 그 가액의 증가가 현존한 경우에 한하여 회복자의 선택에 좇아 그 지출금액이나 증가액의 상환을 청구할 수 있다"고 하여, 점유자의 선의·악의를 구별하지 않고 점유자에게 필요비 이외의 비용의 상환청구권을 인정하고 있다.

(나) 요 건

1) 비용지출 당시에 소유물반환관계가 존재할 것

점유자가 유익비를 청구하기 위해서는, 제203조가 제213조의 부수규정이므로 비용지출 당시에 점유자와 소유자 사이에 소유물반환관계(제213조)가 존재하여야 한다. 따라서 점유자가 유익비를 지출할 당시 계약관계 등 적법한 점유의 권원을 가진 경우, 점유자는 계약관계 등의 상대방에 대하여 계약관계를 규율하는 법조항이나 법리에 따른 비용상환청구권을 행사할 수 있을 뿐, 계약관계 등의 상대방이 아닌 점유회복 당시의 소유자에 대하여 제203조 2항에 따른 지출비용의 상환을 구할 수는 없다(대판 2009.3.26, 2008다34828; 대판 2003.7.25, 2001다64752).

판 례

사용대차에 있어서 차주의 유익비상환청구에는 제203조의 규정이 적용(제611조 제2항, 제594조 제2항)된다(대판 2014.3.27, 2011다101209). 제611조 2항은 제594조 2항을 준용하고, 제594조 2항은 제203조 2항에 의하여 지출비용의 상환을 구할 수 있도록 규정하고 있기 때문이다.

2) 물건의 점유자가 점유물에 대하여 유익비를 지출하였을 것

유익비(Nützliche Verwendungen)란 물건의 가치를 증대케 한 모든 비용을 말한다. 물건의 가치증대는 물건의 사용가치의 증가일 수도 있고 교환가치의 증가일 수도 있다. 예컨대 목재로 된 문을 새로이 알루미늄으로 교체하거나 甲의 토지를 무권리자인 乙로부터 매수한 丙이 개답(開畓)을 위하여 들인 비용이나 건물을 개축·증축한 때에 지출한 비용은 유익비에 해당하며, 점유자가 자기의 노력이나 기술을 들인 경우에도 유익비로 산정될 수 있다.

3) 상환청구권의 당사자는 현재의 점유자와 소유자일 것

비용의 상환을 청구할 수 있는 자는 현재의 점유자이고, 상대방은 현재의 소유자이다(대판 2003.7.25, 2001다64752). 주의할 것은 유효한 도급계약에 의하여 수급인이 도급인으로부터 제3자 소유의 물건을 인도받아 수리한 결과 그 물건의 가치가 증가한 경우, 도급인이 그 물건을 간접점유하면서 궁극적으로 자신의 계산으로 비용지출과정을 관리한 것이므로, 도급인만이 소유자에 대한 관계에서 제203조에 의한 비용상환청구권을 행사할 수 있는 비용지출자이고, 수급인은 그러한 비용지출자에 해당하지 않는다(대판 2002.8.23, 99다66564,66571). 즉 계약상의 급부를 한 계약당사자는 이익의 귀속주체인 제3자에 대하여 직접 부당이득반환을 청구할 수는 없다(대판 2002.8.23, 99다66564,66571).

4) 물건 가액의 증가가 현존할 것

점유자가 유익비의 상환을 청구하기 위해서는, 증가한 목적물의 가액이 현존하여야 한다. 한편 가액의 현존여부는 어느 시점을 기준으로 하여 정하여야 하는지에 관하여, ① 소유자가 다시 점유를 취득할 때를 기준으로 정한다는 견해(이영준, 358면), ② 소유자가 반환을 청구한 때를 기준으로 하여야 한다는 견해가 있다(양창수, 민법주해(IV), 429면; 이상태, 181면). 판례는 점유자가 회복자로부터 '점유물의 반환을 청구받은 때' 또는 '회복자에게 점유물을 반환할 때'를 기준으로 판단하여야 한다고 한다(대판 1994.9.22, 94다4592).

생각건대 제203조는 점유자가 그 점유물을 반환할 때에 그 반대권리로서 비용상환청구권을 인정하고 있으므로, 물건의 반환시를 기준으로 하게 되면 반대청구권으로서의 의미를 상실하게 되고, 또한 점유자는 유치권을 행사할 수 없게 되므로 후설이 타당하다고 할 것이다.

(다) 효 과

점유자는 소유자(회복자)의 선택에 좇아 그 지출금액이나 증가액의 상환을 청구할 수 있다

(제203조 2항). 즉 유익비의 상환범위는 '점유자가 유익비로 지출한 금액'과 '현존하는 증가액' 중에서 회복자가 선택하는 것으로 정해진다(선택채권). 이때 실제 지출금액 및 현존 증가액에 관한 증명책임은 모두 유익비의 상환을 구하는 점유자에게 있다(대판 2018.6.15, 2018다206707). 한편 점유자의 유익비상환청구권은 점유자가 회복자로부터 점유물의 반환을 청구받거나 회복자에게 점유물을 반환한 때에 비로소 회복자에 대하여 행사할 수 있다(대판 2011.12.13, 2009다5162; 대판 1994.9.9, 94다4592).

판 례

(ㄱ) 가등기가 되어있는 부동산 소유권을 이전받은 甲이 그 부동산에 대하여 필요비나 유익비를 지출한 것은 가등기에 의한 본등기가 경유됨으로써 가등기 이후의 저촉되는 등기라 하여 직권으로 말소를 당한 소유권이전등기의 명의자 甲과 본등기 명의자인 乙 내지 그 특별승계인인 丙과의 법률관계는 결과적으로 타인의 물건에 대하여 甲이 그 점유기간 내에 비용을 투입한 것이 된다(대판 1976.10.26, 76다2079).

(ㄴ) 제203조 2항에서 정한 점유자의 지출금액은 점유자가 실제 지출한 금액을 의미한다. 비용을 지출한 것은 명백하나 유익비를 지출한 때부터 오랜 시간이 지나 자료가 없어졌다는 이유로 실제 지출한 금액에 대한 증명이 불가능하여 가치 증가에 드는 비용을 추정하는 방법으로 지출금액을 인정해야 하는 경우 실제 비용을 지출한 날을 기준시점으로 하여 가치 증가에 드는 금액을 산정한 다음 그 금액에 대하여 물가상승률을 반영하는 등의 방법으로 현가한 금액을 지출금액으로 인정해야 한다(대판 2018.3.27, 2015다3914,3921,3938).

(4) 제203조와 다른 청구권과의 관계

(가) 계약 등에 의한 청구권

소유자와 점유자 사이에 계약이나 법률관계가 존재하는 경우에는 그에 관한 법리가 적용되고, 제203조는 적용되지 않는다. 즉 비용상환청구권에 대한 규정이 없는 경우에 제203조가 원칙적으로 적용된다(Vgl. BGH NJW 1979, 716). 판례도 제203조 2항에 의한 점유자의 회복자에 대한 유익비상환청구권은 점유자가 계약관계 등 적법하게 점유할 권리를 가지지 않아 소유자의 소유물반환청구에 응하여야 할 의무가 있는 경우에 성립되는 것으로서, 점유자가 유익비를 지출할 당시 계약관계 등 적법한 점유의 권원을 가진 경우에 그 지출비용 또는 가액증가액의 상환에 관하여는 그 계약관계를 규율하는 법조항이나 법리 등이 적용된다고 한다(대판 2009.3.26, 2008다34828).

(나) 부당이득반환청구권

제741조에 의하여 점유자는 점유물에 지출한 비용의 상환을 청구할 수 없다(Hüffer, JuS 1981, 266; Wolf, Rdnr. 222). 왜냐하면 소유자와 점유자 사이의 법률관계를 규정한 제203조는 특별규정이므로, 일반규정인 제741조에 우선하기 때문이다. 다시 말하면 점유자가 점유하고 있는 타인의 물건을 보존·개량하기 위하여 비용을 지출하였는데, 이러한 보존·개량에 의한 이익을 소유자에게 그대로 취득시키는 것은 그에게 부당이득이 될 것이다. 따라서 점유자의 비용상환청구권의 법적 성질은 부당이득반환청구권이므로(김상용, 295면), 제203조는 제741조에 대하여 특별규정이라고 할 것이다(BGHZ 41, 159; Hönn, JA 1988, 534 f.).

판 례

제203조는 정당한 법률관계가 없는 물건 점유자와 회복자 사이에서 점유물을 반환하는 경우 점유자가 지출한 필요비 또는 유익비의 상환청구 범위와 상환시기에 관하여 규정한 특별규정이므로, 물건의 소유자가 적법한 점유 권원 없는 점유자를 상대로 제213조에 따른 물권적 청구권을 행사하여 물건의 반환을 구할 수 있는 경우, 점유자는 물건의 소유자를 상대로 제741조에 따라 해당 비용의 반환을 구할 수는 없고, 제203조에 따라 '점유물을 반환할 때' 비로소 비용상환청구권을 행사할 수 있을 뿐이다(대판 2024.12.24, 2020다275744,275751).

(다) 비용상환청구권에 기한 유치권

제203조의 필요비와 유익비는 '물건에 관하여 생긴 채권'이므로(제320조), 점유자는 유치권에 의하여 비용의 상환을 받을 때까지 점유물의 반환을 거절할 수 있다. 다만 ① 점유자가 제203조의 비용상환청구권을 가지고 있는 경우에도 '그 점유가 불법행위로 인한 경우'에는 비용상환청구권에 대하여 유치권을 행사할 수 없다(제320조 2항). ② 점유자의 유익비 상환청구에 대하여 법원이 회복자의 청구에 의해 상당한 기간을 정해 주면, 그 기간 동안에는 비용상환청구권의 변제기가 도래하지 않아 유치권을 행사할 수 없게 된다(제320조 1항).

한편 물건의 점유자는 소유의 의사로 선의, 평온 및 공연하게 점유한 것으로 추정되고 점유자가 점유물에 대하여 행사하는 권리는 적법하게 보유하는 것으로 추정된다(제197조 1항, 제200조). 따라서 점유물에 대한 필요비와 유익비 상환청구권을 기초로 하는 유치권 주장을 배척하려면, 적어도 점유가 불법행위로 인하여 개시되었거나 점유자가 필요비와 유익비를 지출할 당시 점유권원이 없음을 알았거나 중대한 과실로 알지 못하였다고 인정할 만한 사유에 대한 상대방 당사자의 주장·증명이 있어야 한다(대판 2011.12.13, 2009다5162).

Ⅵ. 공동소유

1. 서 설

(1) 의 의

공동소유란 1개의 물건을 2인 이상의 다수인이 공동으로 소유하는 것을 말한다. 민법은 공동소유의 유형으로 공유·합유·총유를 규정하고 있다.

(2) 인적 결합형태에 따른 공동소유의 유형

(가) 공 유

다수인 사이에 물건을 공동으로 소유한다는 점 이외에 공동의 목적을 위한 결합관계가 존재하지 않는다(예: 하나의 토지를 여러 사람이 매수하는 경우). 따라서 공유자 각자가 가지는 몫인 지분(持分)은 단독소유권과 같은 지위를 가지며, 따라서 지분처분의 자유와 공유물분할청구의 자유가 인정된다(제263조, 제268조 이하).

다만 목적물을 공동으로 소유하는 점에서 사용·수익에는 일정한 제약을 받는다(제263조-제266조).

(나) 합 유

조합의 소유형태가 합유(제271조)이다(예: 공장을 함께 경영할 목적으로 여러 사람이 공동으로 토지를 매수하는 경우). 조합은 단체이기는 하지만 단체성이 약하다. 합유에서 합유자(조합의 구성원)는 지분을 가지고 있지만, 그 구성원은 공동사업을 위해 결합되어 있으므로, 합유자 전원의 동의 없이는 지분을 처분할 수 없고, 또한 조합관계가 종료할 때까지는 분할청구도 하지 못한다(제273조).

(다) 총 유

법인 아닌 사단의 소유형태이다(예: 문중재산 교회재산 등). 법인 아닌 사단은 인적 결합관계가 매우 강한 단체이며, 법인격이 없는 점에서 법인과 다르다. 총유에서는 소유권의 내용이 관리·처분의 권능과 사용·수익의 권능으로 나뉘어, 전자는 단체에 속하고(제276조 1항), 후자는 단체의 구성원에게 속한다(제276조 2항). 총유의 경우에는 지분이라는 것이 없고, 구성원의 사용·수익권은 단체의 구성원의 자격이 있는 동안에만 인정되며, 이를 타인에게 양도하거나 상속의 목적으로 하지 못한다(제277조).

2. 공 유

(1) 의 의

공유라 함은 물건이 지분에 의하여 여러 명의 소유로 귀속되고 있는 공동소유의 형태를 말한다(제262조 1항). 즉 공유는 공동목적을 위해 결합된 인적 결합관계가 아닌 여럿이 1개의 물건을 공동소유하는 관계이다. 공유의 성질에 관하여, 다수설과 판례(대판 1991.11.12, 91다27228)는 1개의 소유권이 분량적으로 분할되어 여럿에게 귀속되는 상태라고 한다(양적분할설. 다만 고상룡, 364면은 수인이 1개의 물건 위에 각자 1개의 소유권을 가지고 있으나, 각 소유자는 일정비율에 따라서 서로 제한을 받으며 그 내용의 총화가 독립한 1개의 소유권의 내용과 같은 상태라고 한다).

(2) 공유의 성립

(가) 법률행위에 의한 성립

여럿이 하나의 물건을 공유하기로 하는 합의와 공시방법을 갖추어야 한다. 즉 물권적 합의 이외에 동산인 경우에는 공동점유(제188조)가 있어야 하고, 부동산인 경우에는 공유등기(제186조)와 지분등기(부동산등기법 제48조 4항)를 하여야 한다. 공유성립과 관련하여 지분등기는 필요요건이 아니지만, 부동산등기법 제48조 4항은 "등기권리자가 2인 이상인 경우에는 권리자별 지분을 기록하여야 한다"고 규정하고 있다.

(나) 법률규정에 의한 성립

1) 법률규정에 의해 공유가 인정되는 것으로, ① 타인의 물건 속에서의 매장물발견(제254조 단서),

② 주종을 구별할 수 없는 동산의 부합·혼화(제257조, 제258조), ③ 공유물의 과실(제102조), ④ 건물의 구분소유에서 공용부분(제215조, 집합건물법 제10조), ⑤ 경계에 설치된 경계표·담·도랑(제239조) ⑥ 귀속불명의 부부재산(제830조1항) 등이 있다. 예컨대 甲과 乙 소유의 토지경계선상에 성장하는 나무는 특단의 사정이 없는 한 甲과 乙이 동일한 비율로 공유한다(대판 1979.3.27, 78다2529).

2) 공동상속재산(제1006조)과 공동포괄수유재산(제1078조)에 대해서는 학설의 대립이 있다. 즉 상속인이 여럿인 때에는 상속재산은 그 공유로 한다는 제1006조의 규정에서 '공유한다'는 의미가 공유와 동일한 의미인지 아니면 합유의 의미인지에 관해서 합유설(윤철홍, 226면)과 공유설(강태성, 583면; 김상용, 424면; 김증한/김학동, 306면; 이상태, 264면; 이영준, 543면; 이은영, 511면)로 나누어져 있다. 판례는 공유설을 취하고 있다. 즉 공동상속재산은 상속인들의 공유이고, 또 부동산의 공유자인 한 사람은 그 공유물에 대한 보존행위로서 그 공유물에 관한 원인 무효의 등기 전부의 말소를 구할 수 있다고 한다(대판 1996.2.9, 94다61649).

(3) 공유의 지분

(가) 지분의 개념

지분이란 1개의 소유권을 여러 명의 소유자에게 분할하는 비율, 즉 목적물에 대하여 가지는 소유의 비율을 의미하며(1개의 소유권의 分量的 一部分), 지분권은 지분에 의거하여 각 공유자가 공유물에 대해 가지는 권리를 뜻한다. 주의할 것은 지분은 목적물에 대해 공유자가 가지는 추상적인 소유의 비율이며, 공유물의 특정부분을 지칭하는 개념이 아니라는 점이다. 따라서 지분은 성질상 공유물 전부에 미치게 된다.

(나) 지분의 비율

지분의 비율은 법률규정(제254조 단서, 제257조, 제258조 등) 또는 당사자의 약정에 의하여 결정되고, 그것이 불분명하면 균등한 것으로 추정된다(제262조 2항). 즉 등기부상에 공유등기만 되어 있고 그 지분의 표시가 없으면 각자의 지분은 균등한 것으로 추정되므로, 공유자는 등기기재와 다른 비율을 가지고 제3자에게 대항하지 못한다(법원행정처, 부동산등기실무(II), 308면). 이와 관련하여 판례는 공유물분할청구소송에 있어 원래의 공유자들이 각 그 지분의 일부 또는 전부를 제3자에게 양도하고 그 지분이전등기까지 마친 경우, 새로운 이해관계가 형성된 그 제3자에 대한 관계에서는 특별한 사정이 없는 한 등기부상의 지분을 기준으로 할 수밖에 없지만, 원래의 공유자들 사이에서는 등기부상 지분과 실제의 지분이 다르다는 사실이 인정된다면 여전히 실제의 지분을 기준으로 삼아야 할 것이고, 등기부상 지분을 기준으로 하여 그 실제의 지분을 초과하거나 적게 인정할 수는 없다고 한다(대판 2001.3.9, 98다51169).

판 례

소유권지분이전등기가 경료되어 있는 경우, 일단 등기명의자는 공유지분 비율에 의한 적법한 공유자로 추정되는 것이나, 등기부상 등기명의자의 공유지분의 분자 합계가 분모를 초과하는 경우에는 등기부의 기재 자체에 의하여 그 등기가 부실함이 명백하므로 그중 어느 공유지분에 관한 등기가 무효인지를 가려보기 전에는 등기명의자는 등기부상 공유지분의 비율로 공유한다고 추정할 수 없을 뿐만 아니라, 공유지분의 분모를 분자 합계로 수정한 공유지분의 비율로 공유한다고 추정할 수도 없다(대판 1997.9.5, 96다33709).

(다) 지분의 처분 및 탄력성

1) 지분의 처분

(i) 공유자는 자신의 지분을 자유로이 처분(예: 양도·담보제공·포기 등)할 수 있다(제263조). 즉 지분권은 하나의 독립된 소유권의 성질을 가지므로, 지분처분에는 다른 공유자의 동의를 필요로 하지 않는다(대판 1972.5.23, 71다2760). 가령 공유자는 다른 공유자의 동의 없이 자유로이 자신의 공유지분을 처분할 수 있고, 그 공유지분을 목적으로 하는 저당권 등 담보물권을 설정할 수 있으며, 공유지분을 목적으로 한 가압류명령·가처분명령·경매개시결정 등 처분제한의 재판도 유효하고, 그 집행으로서 등기부에의 등기도 허용된다. 다만 공유지분에 용익물권을 설정할 수 없다. 용익물권은 부동산의 일정범위를 사용·수익할 수 있는 물권인데, 지분은 성질상 공유물 전체에 미치기 때문이다(법원행정처, 부동산등기실무(II), 322면).

(ii) 지분은 공유자가 자유롭게 처분할 수 있으므로, 따라서 공유자 사이에 지분을 처분하지 않는다는 특약을 하였더라도 그것은 채권적 효력밖에 없으며, 그러한 특약은 등기할 수도 없다. 다만 공유물분할의 특약은 등기가 가능하므로(부동산등기법 제67조, 제52조 8호), 등기를 하면 제3자에게 대항할 수 있다.

(iii) 지분은 소유권과 같은 방법으로 처분된다(제186조). 지분이 양도되면 양도인과 다른 공유자 사이의 공유관계가 양수인에게 그대로 이전된다. 다만 공유자 상호간에 이미 발생한 채권·채무 등은 각 공유자에게 속하며 양수인에게 승계되지 않는다(통설). 이에 대한 예외로서 집합건물법 제18조는 "공유자가 공용부분에 관하여 다른 공유자에 대하여 가지는 채권은 그 특별승계인에 대하여도 행사할 수 있다"는 특칙을 두고 있다(자세한 것은 제2절 II 3 (2) (나) 공용부분에 관한 법률관계 참조).

(iv) 한편 복수의 권리자가 소유권이전청구권 보존을 위한 가등기를 마친 경우, 일부권리자가 단독으로 자기 지분에 관한 본등기를 청구할 수 있는지에 대하여, 판례는 긍정한다(대판 2002.7.9, 2001다43922). 즉 공유자가 다른 공유자의 동의 없이 공유물을 처분할 수는 없으나 그 지분은 단독으로 처분할 수 있으므로, 복수의 권리자가 소유권이전청구권을 보존하기 위하여 가등기를 마쳐 둔 경우 특별한 사정이 없는 한 그 권리자 중 한 사람은 자신의 지분에 관하여 단독으로 그 가등기에 기한 본등기를 청구할 수 있고, 이는 명의신탁해지에 따라 발생한 소유권이전청구권을 보존하기 위하여 복수의 권리자 명의로 가등기를 마쳐 둔 경우에도 마찬가지이며, 이때 그 가등기 원인을 매매예약으로 하였다는 이유만으로 가등기 권리자 전원이 동시에 본등기절차의 이행을 청구하여야 한다고 볼 수 없다고 한다.

참고로 복수의 권리자가 소유권이전청구권을 보존하기 위하여 가등기를 마쳐 둔 경우,

특별한 사정이 없는 한 그 가등기의 말소청구소송은 권리관계의 합일적인 확정을 필요로 하는 필수적 공동소송이 아니라 통상의 공동소송이다(대판 2003.1.10, 2000다26425).

2) 지분의 탄력성

(i) 지분은 하나의 독립된 소유권과 같은 성질을 가지므로 탄력성이 있다. 즉 공유자의 1인이 지분을 포기하거나 상속인 없이 사망한 경우에 그 지분은 다른 공유자에게 각각 그 지분의 비율로 귀속된다(제267조). 그런데 ① 공유지분의 포기는 상대방 있는 단독행위에 해당한다. 따라서 부동산 공유자의 공유지분 포기의 경우에는 제186조에 의하여 등기를 하여야 공유지분 포기에 따른 물권변동의 효력이 발생하며, 부동산 공유자의 공유지분 포기에 따른 등기는 해당 지분에 관하여 다른 공유자 앞으로 소유권이전등기를 하는 형태가 되어야 한다(대판 2016.10.27, 2015다52978). ② 집합건물법 제22조에 의하면, 구분소유자가 전유부분에 대한 권리와 대지사용권을 포기하거나 상속인 없이 사망한 때에는 민법 제267조의 적용이 배제되고, 그 결과 양자는 무주의 부동산이 되어 국유로 된다(제252조2항). 전유부분과 대지사용권의 분리를 막기 위해 마련한 특칙이다.

(ii) 한편 상속인의 부존재의 경우, 상속인수색의 공고기간 내에 상속권을 주장하는 자가 없는 때에 피상속인과 생계를 같이 하고 있던 자, 피상속인의 요양간호를 한 자 기타 피상속인과 특별한 연고가 있던 자의 청구에 의하여 가정법원은 상당하다고 인정되는 경우에 상속재산의 전부 또는 일부를 분여할 수 있다(제1057조의2). 여기서 상속재산이 공유지분인 경우, 그것은 제267조에 의하여 다른 공유자에게 지분비율로 귀속되는지 아니면 제1057조의2에 따라 특별연고자에게 분여될 수 있는 것인지가 문제된다. ① 공유자우선설은 공유란 공유자간에 특별한 긴밀관계가 존재함으로써 비로소 성립하는 것이므로, 이러한 경우에 특별연고자(제1057조의2)나 국고(제1058조)가 공유지분을 취득하게 된다면, 특별연고자나 국고와 다른 공유자간에 특별한 긴밀관계가 존재한다는 보장이 없기 때문에 제267조에 따라 다른 공유자에게 각 지분의 비율로 귀속한다고 한다(고상룡, 370-371면). ② 연고자우선설은 공유자가 특별연고자보다 우선하는 것으로 새길 만한 합리적 이유가 없고, 오히려 상속재산 중에 공유지분과 다른 재산권이 병존하는 경우에 공유지분권만 분여되지 못한다는 것은 불합리하다는 점, 제267조는 공유자의 1인이 상속인 없이 사망한 때 그 지분을 국가에 귀속시키는 것보다는 다른 공유자에게 귀속시키는 것이 더 합리적이라고 하는 입법정책에 기인한 것이므로, 특별연고자에 대한 분여제도가 신설된 이상 공유지분은 상속인도 특별연고자도 없는 경우에 한하여 다른 공유자에게 귀속되는 것으로 해석되어야 한다는 점 등을 이유로, 공유지분은 제1057조의2에 따라 특별연고자에 대한 분여의 대상이 되며, 이러한 분여가 없을 때에 비로소 제267조에 의하여 다른 공유자에게 귀속하는 것이라고 한다(곽윤직, 상속법, 354면; 정상현, "상속인의 부존재와 상속재산의 처리", 인권과 정의 2003년 10월호, 152면; 김진우, "공유자의 1인이 상속인 없이 사망한 경우의 지분귀속에 관하여", 법조 2007년 11월호, 71면).

생각건대 제267조는 공유자의 1인이 상속인 없이 사망한 때 그 지분을 국가에 귀속시키는 것보다는 다른 공유자에게 귀속시키는 것이 더 합리적이라고 하는 입법정책에 기인한 점, 특별연고자에 대한 재산분여는 피상속인이 생존시에 특별연고자로부터 받은 정신적·물질적 기여에 대한 청산 내지 보상의 의미가 있기 때문에, 특별연고자는 상속재산을 분여 받을 수 있는 자로서 일반적으로 인적 특별결합관계가 없는 다른 공유자보다 더욱 보호받을 가치가 있다는 점을 고려할 때, 연고자우선설이 타당하다고 할 것이다.

(4) 공유자 사이의 법률관계

(가) 공유물의 사용 · 수익

1) 공유자는 공유물 전부를 지분의 비율로 사용·수익할 수 있다(제263조). 예컨대 甲과 乙이 자동차를 공유하는 경우에 지분의 비율에 따른 횟수 또는 시간으로 甲·乙은 자동차의 전부를 사용할 수 있다. 구체적인 사용·수익의 방법은 공유자 상호간의 합의에 의할 것이고, 합의가 없으면 공유물관리의 규정(제265조)에 의한다.

2) 공유자의 1인이 지분 과반수의 합의가 없이 공유물의 전부 또는 일부(특정부분)를 배타적으로 사용하는 경우에 다른 공유자는 그의 지분비율로 부당이득의 반환을 청구할 수 있다(대판 2006.11.24, 2006다49307,49314; 대판 2002.10.11, 2000다17803).

3) 수익의 대상이 천연과실인 경우에 각 공유자는 지분에 따라 과실을 공유한다. 다시 말하면 공유물로부터 천연과실이 발생한 경우에 그 과실은 새로운 공유물로서 그 위에 다시 공유관계가 성립한다. 한편 수익의 대상이 법정과실인 경우에도 제263조가 적용되는지에 대하여, ① 법정과실이 임대료와 같은 가분채권인 경우라 하여 달리 판단할 필요는 없으므로, 제263조를 적용하여 각 공유자는 그들의 지분비율로 공유한다는 견해(민일영, 민법주해(V), 560면; 이상태, 267면), ② 수익이 법정과실로서 임대료와 같은 가분채권인 경우에 제263조를 유추적용할 필요 없이 제408조를 적용하여 각 공유자가 분할채권을 취득한다는 견해가 있다(이영준, 553면; 이은영, 516면).

판 례

공유토지의 지하와 일정 범위의 지상 부분에 상가건물을 소유하고 있는 사람이 공유토지의 일부를 독점적으로 사용하고 있는 경우, 특정 공유자의 독점적 사용이 허용되지 않는 공유토지의 일부에 관하여는 공유자 전원이 공동 사용할 수밖에 없으므로 상가건물 소유자를 상대로 다른 공유자들이 위 소유자의 사용권을 완전히 배제시키는 토지인도청구를 할 수는 없다(대판 2007.12.27, 2005다66374,66381).

(나) 공유물의 관리 · 보존

1) 공유물의 관리

(i) 공유물의 관리에 관한 사항은 지분의 과반수로 결정한다(제265조 본문). 물론 관리방법에 관한 제265조 본문은 임의규정이므로, 공유자들이 그와 다른 방법을 정한 때에는 그에 의한다. 여기서 공유물의 관리란 공유물을 이용·개량하는 행위(예: 공유물의 임대 등)로서, 공유물의 처분이나 변경(제264조)에 이르지 않는 것을 말한다. 공유물의 이용은 공유물을 그 자체의 경제적 용법에

따라 활용하는 것을 말하고, 개량은 공유물의 사용가치 내지 교환가치를 증대시키는 것을 의미한다.

(ii) 공유자들 사이에 공유물 관리에 관한 결정이 없는 경우 공유자가 다른 공유자를 배제하고 공유물을 독점적으로 점유·사용하는 것은 위법하여 허용되지 않지만, 다른 공유자의 사용·수익권을 침해하지 않는 방법으로, 즉 비독점적인 형태로 공유물 전부를 다른 공유자와 함께 점유·사용하는 것은 자신의 지분권에 기초한 것으로 적법하다. 일부 공유자가 공유물의 전부나 일부를 독점적으로 점유한다면 이는 '다른 공유자의 지분권에 기초한 사용·수익권'을 침해하는 것이다. 공유자는 자신의 지분권 행사를 방해하는 행위에 대해서 제214조에 따른 방해배제청구권을 행사할 수 있고, 공유물에 대한 지분권은 공유자 개개인에게 귀속되는 것이므로 공유자 각자가 행사할 수 있다(대판 2020.5.21, 2018다287522). 가령 X토지의 1/2지분을 소유하고 있는 甲은 그 지상에 소나무를 식재하여 X토지를 독점적으로 점유하고 있는 乙을 상대로 공유물의 보존행위로서 X토지의 인도를 청구할 수 없고, 방해배제로 소나무 등 지상물의 수거를 청구할 수 있다.

(iii) 관리에 관한 결정은 공유자의 과반수가 아니라 '지분의 과반수'에 의한다는 점이다. 따라서 부동산에 관하여 과반수 공유지분을 가진 자는 공유자 사이에 공유물의 관리방법에 관하여 협의가 없었더라도 공유물의 관리에 관한 사항을 단독으로 결정할 수 있으므로, 공유토지에 관하여 과반수 지분을 가진 자가 그 공유토지의 특정된 한 부분을 배타적으로 사용·수익할 것을 정하는 것은 공유물의 관리방법으로서 적법하며, 다른 공유자에 대하여도 그 효력이 있다(대판 1991.9.24, 88다카33855). 이 경우 과반수지분권자는 사용·수익을 전혀 하지 못하고 있는 소수지분권자에 대하여 그 지분에 상응하는 임료 상당의 부당이득을 반환할 의무가 있다(대판 2014.2.27, 2011다42430). 다만 그 사용·수익의 내용이 공유물의 기존의 모습에 본질적 변화를 일으켜 '관리' 아닌 '처분'이나 '변경'의 정도에 이르는 것이어서는 안 될 것이고, 예컨대 다수지분권자라 하여 나대지에 새로이 건물을 신축한다든지 하는 것은 '관리'의 범위를 넘는 것이 될 것이다(대판 2001.11.27, 2000다33638,33645).

(iv) 계약의 해제·해지가 관리행위에 해당하는지 여부는 해제·해지의 대상이 되는 계약자체의 내용을 기준으로 정하여야 한다. 즉 계약자체가 관리행위에 해당하는 경우(예: 임대차계약)에 그 계약의 해제·해지는 관리행위에 속하지만, 계약자체가 공유물의 처분·변경에 관한 것인 때(예: 매매계약)에는 그 계약의 해제는 처분행위로서 공유자 전원의 동의(제264조)를 얻어야 한다(이상태, 267면; 이영준, 555면).

(v) 공유물의 관리에 관한 사항은 공유자의 지분의 과반수로써 결정하므로(제265조 본문), 공유자 사이의 공유물에 대한 사용수익·관리에 관한 특약은 공유자의 특정승계인에 대하여도 당연히 승계된다. 그러나 ① 특약 후에 공유자에 변경이 있고 특약을 변경할 만한 사정이 있는 경우에는 공유자의 지분의 과반수의 결정으로 기존 특약을 변경할 수 있다(대판 2005.5.12, 2005다1827). ② 공유물에 관한 특약이 지분권자로서의 사용수익권을 사실상 포기하는 등으로 공유지분

권의 본질적 부분을 침해한다고 볼 수 있는 경우에는 특정승계인이 그러한 사실을 알고도 공유지분권을 취득하였다는 등의 특별한 사정이 없는 한 특정승계인에게 당연히 승계되는 것으로 볼 수 없다(대판 2009.12.10, 2009다54294; 대판 2013.3.14, 2011다58701). ③ 공유자 중 1인이 자신의 지분 중 일부를 다른 공유자에게 양도하기로 하는 공유자 간의 지분의 처분에 관한 약정까지 공유자의 특정승계인에게 당연히 승계되는 것으로 볼 수 없다(대판 2007.11.29, 2007다64167).

판 례

(ㄱ) 건물의 공유자가 공동으로 건물을 임대하고 보증금을 수령한 경우, 특별한 사정이 없는 한 그 임대는 각자 공유지분을 임대한 것이 아니고 임대목적물을 다수의 당사자로서 공동으로 임대한 것이고 그 보증금 반환채무는 성질상 불가분채무에 해당된다고 보아야 할 것이다(대판 1998.12.8, 98다43137).

(ㄴ) 공유토지에 관하여 점유취득시효가 완성된 후 취득시효 완성 당시의 공유자들 일부로부터 과반수에 미치지 못하는 소수 지분을 양수 취득한 제3자는 나머지 과반수 지분에 관하여 취득시효에 의한 소유권이전등기를 경료받아 과반수 지분권자가 될 지위에 있는 시효취득자(점유자)에 대하여 지상 건물의 철거와 토지의 인도 등 점유배제를 청구할 수 없다(대판 2001.11.27, 2000다33638,33645).

(ㄷ) 단독으로 토지를 소유하고 있을 당시에 그 소유자로부터 토지에 대한 사용수익권을 부여받았더라도 그 후 그 토지에 다른 공유자가 생겼을 경우, 그 사용수익이 지분 과반수로써 결정된 공유물의 관리방법이 아닌 이상 그 사용수익권을 가지고 새로이 지분을 취득한 다른 공유자에 대하여는 이를 주장할 수 없다(대판 1990.2.13, 89다카19665).

2) 공유물의 보존

공유물의 보존행위는 공유자 각자가 할 수 있다(제265조 단서). 보존행위를 단독으로 할 수 있도록 규정한 것은 일반적으로 보존행위는 긴급을 요하는 경우가 많고 다른 공유자에게도 이익이 되기 때문이다. 보존행위는 공유물의 멸실·훼손을 방지하고 그 현상을 유지하기 위해 하는 사실적·법률적 행위이다(대판 2019.9.26, 2015다208252). 가령 공유물의 훼손을 방지하기 위한 수선행위, 공유물에 관한 원인무효등기에 대하여 말소등기를 청구하는 것 등이 보존행위에 속한다(대판 2005.9.29, 2003다40651). 따라서 공유자가 다른 공유자의 지분권을 대외적으로 주장하는 경우(대판 2009.2.26, 2006다72802; 대판 1994.11.11, 94다35008), 제3자를 상대로 공유물의 가치보존과 관련이 없는 다른 공유자의 지분확인을 청구하거나(대판 1994.11.11, 94다35008) 자신의 공유지분이 아닌 '다른 공유자'의 공유지분을 침해를 원인으로 등기말소를 청구하는 경우(대판 2010.1.14, 2009다67429), 공유자 1인의 보존권 행사 결과가 다른 공유자의 이해와 충돌되는 경우(대판 2015.1.29, 2014다49425) 등은 그 행사는 보존행위로 될 수 없다.

판 례

공유물에 관한 원인무효의 등기에 대하여 모든 공유자가 항상 공유물의 보존행위로서 말소를 구할 수 있는 것은 아니고, 원인무효의 등기로 인하여 자신의 지분이 침해된 공유자에 한하여 공유물의 보존행위로서 그 등기의 말소를 구할 수 있을 뿐이므로, 원인무효의 등기가 특정 공유자의 지분에만 한정하여 마쳐진 경우에는 그로 인하여 지분을 침해받게 된 특정 공유자를 제외한 나머지 공유자들은 공유물의 보존행위로서 위 등기의 말소를 구할 수는 없다(대판 2023.12.7, 2023다273206).

(다) 공유물의 처분·변경

1) 공유자는 다른 공유자의 동의 없이 공유물을 처분(예: 공유물의 양도·담보물권의 설정 등)하거나 변경하지 못한다(제264조). 여기서 처분은 법률상 또는 사실상의 처분을 포함하며, 변경은 공유물을 그 자체의 경제적 용도에 따라 활용하는 이용행위나 공유물의 사용가치 내지 교환가치를 증대시키는 개량행위를 넘어서 '공유물에 사실상의 물리적 변화'를 가하여 공유자들의 공유물 이용관계에 중대한 변화를 가져오는 것(대판 2024.10.31, 2024다202317)을 말한다(예: 입목의 공유자 1인이 다른 공유자의 동의를 받지 않고 입목을 벌채하는 경우). 가령 ① 공유토지 위에 새로이 건물을 짓는 것은 처분행위의 성질을 갖는 것이고(대판 2001.11.27, 2000다33638,33645), ② 대지 공유자 중 일부가 대지에 적법하게 건축된 건물을 소유하고 있는데 그 건물을 철거하게 하는 행위는 공유물인 대지의 변경에 해당하므로(대판 2024.10.31, 2024다202317), 여기에는 지분의 과반수가 아니라 제264조에 따라 토지공유자 전원의 동의를 필요로 한다.

2) 공유물은 공유자 전원의 소유에 속하는 것이므로, 다른 공유자의 동의 없이 공유자 1인이 공유물 전부를 처분하는 행위(처분행위)는 무효이다. 다만 이 경우에도 자신의 지분 범위에서는 처분권이 있으므로 그 한도에서는 유효하다. 판례는 공유자 중 1인이 다른 공유자의 동의 없이 그 공유토지의 특정부분을 매도하여 타인명의로 소유권이전등기가 마쳐졌다면, 그 매도부분 토지에 관한 소유권이전등기는 처분공유자의 공유지분 범위 내에서는 실체관계에 부합하는 유효한 등기라고 한다(대판 2008.4.24, 2008다5073; 대판 1994.12.2, 93다1596). 또한 공유자 중 1인이 공유부동산을 제3자에게 매도한 경우(채무부담행위), 그 매매계약은 유효하며 다른 공유자의 지분의 범위 내에서 타인의 권리에 대한 매매를 한 것이 된다(제569조). 따라서 매도한 공유자는 다른 공유자의 지분을 취득하여 제3자에게 이전할 의무를 지고, 이를 이행하지 못한 때에는 제3자는 권리를 취득하지 못한다. 만일 공유 부동산의 전부에 관하여 매수인 명의로 소유권이전등기를 마쳐졌다면, 다른 공유자는 매수인에 대하여 매도한 공유자의 지분 범위 내에서 등기말소를 청구할 수 없다(대판 2008.4.24, 2008다5073).

(라) 공유물에 관한 부담

1) 공유자는 그 지분의 비율로 관리비용(예: 공유물의 유지·개량을 위해 지출하는 필요비·유익비) 기타 의무(예: 조세 등의 공과금)를 부담한다(제266조 1항). 제266조 1항은 임의규정으로서 공유자 사이에 특약이 있으면 그에 의한다. 또한 이 규정은 공유자의 내부관계만을 규율하고, 제3자에 대한 관계에는 적용되지 않는다. 즉 ① 대외적으로 공유물에 대한 부담은 원칙적으로 불가분채무이고, 따라서 공유자 각자가 부담 전부를 이행할 의무를 진다(대판 1985.4.9, 83다카1775). ② 공유자의 1인이 제3자와 계약에 의한 채무부담을 한 경우, 제3자에 대해서는 그 계약당사자만이 채무를 부담한다. 가령 과반수 지분권자가 자신이 공사비를 주기로 하고 제3자와 공사계약을 맺은 때에는 그만이 공사비를 부담하고, 그가 공사비를 지출한 때에 다른 공유자에 대하여 그 지분비율에 따라 그 상환을 청구할 수 있을 뿐이나(대판 1991.4.12, 90다20220).

2) 공유자가 관리비용 등의 의무를 1년 이상 지체한 때에 다른 공유자는 상당한 가액으로 그 지분을 매수할 수 있다(제266조 2항). 이러한 지분매수청구권은 형성권으로서 상대방의 동의를 필요로 하지 않지만, 의사표시만으로는 부족하고 매수대상이 되는 지분 전부에 대한 매매대금을 제공한 다음에 매수청구권을 행사하여야 한다(대판 1992.10.9, 92다25656).

(5) 공유의 주장

(가) 지분의 대외적 주장

지분은 하나의 독립된 소유권과 같은 것이므로, 공유자는 단독으로 다른 공유자 및 제3자에 대하여 그의 지분을 주장할 수 있다.

1) 지분권의 확인청구

공유자는 자신의 지분권을 부인하는 다른 공유자 또는 제3자에 대하여 단독으로 지분확인의 소를 제기할 수 있다(대판 1994.11.11, 94다35008). 이 소송은 필수적 공동소송이 아니다. 반면에 공유물 전체에 대한 소유관계의 확인을 구하는 소는 공유자 전원이 하여야 한다.

2) 지분의 이전 또는 말소등기청구

부동산에 대한 지분등기의 이전·말소·설정에 대해서 공유자는 단독으로 다른 공유자 또는 제3자에 대하여 이를 청구할 수 있다.

가) 다른 공유자에 대한 청구

공유자의 1인은 단독 명의로 등기를 경료하고 있는 공유자에 대하여 그 공유자의 공유지분을 제외한 나머지 공유지분 전부에 관하여만 소유권보존등기 말소등기절차의 이행을 구할 수 있다(대판 2006.8.24, 2006다32200). 즉 공유부동산에 대하여 공유자 1인의 단독명의로 등기된 경우에 다른 공유자는 그 등기 전부의 말소를 청구할 수 없다(대판 1965.4.22, 65다268). 그 단독명의자도 공유자이며 자신의 지분에 관한 한 실체관계에 부합하기 때문이다.

판 례

실체관계상 공유인 부동산에 관하여 단독소유로 소유권보존등기가 마쳐졌거나 단독소유인 부동산에 관하여 공유로 소유권보존등기가 마쳐진 경우에 소유권보존등기 중 진정한 권리자의 소유부분에 해당하는 일부 지분에 관한 등기명의인의 소유권보존등기는 무효이므로 이를 말소하고 그 부분에 관한 진정한 권리자의 소유권보존등기를 하여야 한다. 이 경우 진정한 권리자는 소유권보존등기의 일부말소를 소로써 구하고 법원은 그 지분에 한하여만 말소를 명할 수 있으나, 등기기술상 소유권보존등기의 일부말소는 허용되지 않으므로, 그 판결의 집행은 단독소유를 공유로 또는 공유를 단독소유로 하는 경정등기의 방식으로 이루어진다. 이와 같이 일부말소 의미의 경정등기는 등기절차 내에서만 허용될 뿐 소송절차에서는 일부말소를 구하는 외에 경정등기를 소로써 구하는 것은 허용될 수 없다(대판 2017.8.18, 2016다6309).

나) 제3자에 대한 청구

여럿이 공동으로 부동산을 매수하였는데 매도인이 이전등기를 이행하지 않는 경우, 각 공유자는 단독으로 자기의 지분에 관하여 이전등기를 청구할 수 있다(대판 1990.12.7, 90다카26355). 한편 공유부동산이 원인 없이 타인명의로 등기되어 있는 경우, 각 공유자는 단독으로 지분권에 의하여 전체에 대한 말소등기를 청구할 수 있다는 견해가 있다(이영준, 546면). 그러나 판례는 공유부동산이 제3자 명의로 원인무효의 소유권이전등기가 마쳐져 있는 경우, 공유자 1인은 단독으로 그의 지분권에 의하여 전체에 대하여 말소등기를 청구할 수 없고, 공유물에 관한 '보존행위'로서 제3자에 대하여 그 등기 전부의 말소를 구할 수 있다고 한다(대판 1993.5.11, 92다52870).

3) 지분침해에 대한 반환청구·방해제거청구

각 공유자는 지분권에 의하여 공유물을 침해하는 다른 공유자나 제3자에 대하여 단독으로 방해제거 또는 목적물의 반환을 청구할 수 있다.

(i) 일부공유자가 함부로(지분의 과반수에 의하여 관리방법으로 정하여진 경우에는 적법함) 공유물을 배타적으로 점유한 경우, 즉 공유물의 소수지분권자가 다른 공유자와의 협의 없이 자신의 지분범위를 초과하여 공유물의 전부 또는 일부를 배타적으로 점유하고 있는 경우, 종전 판례는 지분을 소유하고 있는 공유자나 그 지분에 관한 소유권이전등기청구권을 가지고 있는 자라 할지라도 다른 공유자와의 협의 없이는 공유물을 배타적으로 점유하여 사용·수익할 수 없으므로, 다른 공유권자는 자신이 소유하고 있는 지분이 과반수에 미달되더라도 공유물을 점유하고 있는 자에 대하여 공유물의 보존행위로서 공유물의 인도나 명도를 청구할 수 있다고 하였다(대판 1994.3.22, 93다9392,9408). 이러한 종전 판례의 태도에 대하여, 공유물의 인도 내지 명도청구를 인정하게 되면, 그것은 소수지분권자가 가지는 지분의 비율에 따른 사용·수익권까지 근거 없이 박탈하고, 반면에 자신이 소유하고 있는 지분의 범위 내에서만 공유물을 점유할 권한밖에 없는 다른 소수지분권자로 하여금 공유물 전부를 점유하게 하는 부당한 결과를 가져오는 것으로서, 그러한 청구는 공유물의 보존행위에 속한다고 볼 수 없다. 또한 이러한 청구를 인정하게 되면, 그것은 결국 명도를 청구하기 전의 상태와 결과에 있어 다를 바 없고, 따라서 점유를 하는 그 공유자를 상대로 전에 점유를 하였던 공유자가 다시 명도청구소송을 제기할 수 있게 되어 무의미한 소송의 반복을 피할 수 없다는 문제가 발생한다는 비판이 있었다. 이러한 태도를 변경하여, 현재는 공유물의 소수지분권자가 다른 공유자와 협의 없이 공유물의 전부 또는 일부를 독점적으로 점유·사용하고 있는 경우, 다른 소수지분권자는 공유물의 보존행위로서 그 인도를 청구할 수 없고, 다만 자신의 지분권에 기초하여 공유물에 대한 방해 상태를 제거하거나 공동점유를 방해하는 행위의 금지를 청구할 수 있다고 한다(대판 2020.5.21, 2018다287522).

반면에 '과반수'의 지분권을 가진 자가 배타적으로 사용·수익할 것을 정하는 것은 공유물의 관리방법(제265조 본문)으로서 적법하며(대판 2002.5.14, 2002다9738), 따라서 이때에는 방해배제를 청구할 수 없다. 가령 공유물의 50% 지분권자 甲이 다른 공유자 乙 등과 협의하지 않고 공유물을 독점적으로 점유한 경우, 乙은 공유물의 보존행위로서 甲을 상대로 공유물의 인도를 청구할 수 없지만, 甲의 위법상태를 시정하기 위해 지분권에 기한 방해배제청구권을 행사할 수 있다. 반면에 甲의 지분이 51%인 경우에는 乙은 甲을 상대로 방해배제를 청구할 수 없다.

(ii) 제3자가 공유물을 불법점유하는 경우에 각 공유자는 단독으로 공유물 전부의 인도를 청구할 수 있다. 그 근거에 대하여, 학설은 공유지분이 관념상 공유물 전부에 미치는 점을 이유로 목적물의 불가분성에 기한 불가분채권에 관한 규정(제409조)을 유추적용하여 각 공유자가 단독으로 모든 공유자를 위해 자기에게 반환을 청구할 수 있다고 한다(곽윤직, 213면; 김상용, 430면; 김증한/김학동, 316면; 이상태, 266면; 이영준, 549면). 그러나 판례는 방해배제청구 및 반환청구가 공유물에 관한 '보존행위'에 속하므로 단독으로 청구할 수 있다고 한다(대판 1996.2.9, 94다61649; 대판 1993.5.11, 92다52870). 주의할 것은 과반수 지분의 공유자는 다른 공유자와 사이에 미리 공유물의 관리방법에 관한 협의가 없었더라도 공유물의 관리에 관한 사항을 단독으로 결정할 수 있으므로(제265조), 과반수 지분의 공유자가 그 공유물의 특정부분을 배타적으로 사용·수익하기로 정하는 것은 공유물의 관리방법으로서 적법하므로, 과반수 지분의 공유자로부터 사용·수익을 허락받은 점유자에 대하여 소수 지분의 공유자는 그 점유자가 사용·수익하는 건물의 철거나 퇴거 등 점유배제를 구할 수 없다는 점이다(대판 2002.5.14, 2002다9738).

4) 지분권에 기한 부당이득반환·손해배상청구

공유자 1인이 공유물을 배타적으로 사용하거나 제3자가 공유물을 불법점유하는 경우에 다른 공유자는 단독으로 '자기 지분의 범위' 안에서 부당이득반환 및 손해배상을 청구할 수 있다(대판 1991.9.24, 91다23639). 모든 공유자는 공유물 전부를 지분의 비율로 사용·수익할 권리가 있기 때문이다(제263조; 대판 2001.12.11, 2000다13948). 따라서 과반수 지분의 공유자는 공유자와 사이에 미리 공유물의 관리방법에 관하여 협의가 없었더라도 공유물의 관리에 관한 사항을 단독으로 결정할 수 있으므로(제265조), 과반수 지분의 공유자는 그 공유물의 관리방법으로서 그 공유토지의 특정된 한 부분을 배타적으로 사용·수익할 수 있지만, 그로 인하여 특정부분의 사용·수익을 전혀 하지 못하여 손해를 입고 있는 소수지분권자에 대하여 그 지분에 상응하는 임료 상당의 부당이득을 반환할 의무가 있다. 그러나 과반수 지분의 공유자로부터 공유물의 특정부분의 사용·수익을 허락받은 제3자의 점유는 다수지분권자의 공유물관리권에 터 잡은 적법한 점유이므로, 그 제3자는 소수지분권자에 대하여 부당이득 반환의무가 없다(대판 2002.5.14, 2002다9738).

판 례

(ㄱ) 공동상속인 중의 1인이 상속재산인 건물에 거주함으로써 상속재산인 그 건물 부지를 사용·수익하고 있는 경우, 그 사용·수익이 공유지분 과반수의 결의에 기한 것이라는 등의 특별한 사정이 없다면, 위 공동상속인은 건물뿐만 아니라 토지에 관하여도 다른 공동상속인의 공유지분에 해당하는 부분을 부당이득으로서 반환하여야 한다(대판 2006.11.24, 2006다49307,49314).

(ㄴ) 대지 공유자의 공유지분에 따른 임료상당청구권은 각자의 지분에 따른 비율의 한도에서만 행사할 수 있고, 다른 공유자의 지분에 대하여는 청구권이 없다(대판 1977.9.13, 77다1366,1367; 대판 1979.1.30, 78다2088).

5) 지분권에 기한 취득시효의 중단

각 공유자는 지분권에 의하여 단독으로 제3자의 취득시효를 중단시킬 수 있다. 예컨대 각 공유자는 지분권에 기한 재판상의 청구를 할 수 있으며(제247조 2항, 제168조 1호, 제170조), 지분권의 존재를 승인받을 수 있다(제247조 2항, 제168조 3호, 제177조). 이때 시효중단의 효과는 자기의 지분을 위해서만 발생한다(김상용, 430면; 이상태, 266면; 이영준, 549면). 판례도 부동산 공유자 중의 한 사람은 당해 부동산에 관하여 제3자 명의로 원인무효의 소유권이전등기가 경료되어 있는 경우 공유물에 관한 보존행위로서 그 제3자에 대하여 그 등기 전부의 말소를 구할 수 있으나, 공유자의 한 사람이 공유물의 보존행위로서 그 공유물의 일부 지분에 관하여서만 재판상 청구를 하였으면 그로 인한 시효중단의 효력은 그 공유자와 그 청구한 소송물에 한하여 발생한다고 한다(대판 1999.8.20, 99다15146).

(나) 공유관계의 대외적 주장

지분권에 기한 청구권과 공유관계 자체에 기한 청구권은 서로 다른 것으로서, 전자는 단독으로 행사할 수 있는데 대하여, 후자는 공유자 전원이 공동으로 하여야 한다.

1) 공유관계의 확인청구 · 등기청구

공유자 전원에 속하는 공유물 전체로서의 공유관계를 제3자에게 주장하여 그 확인을 구하거나 등기를 청구하는 경우, 공유자 전원이 공동으로 하여야 한다(대판 1994.11.11, 94다35008). 어느 공유자 한 사람만이 이를 할 수 있다고 한다면 만일 패소하는 경우에는 다른 공유자에게 부당하게 불이익을 줄 우려가 있기 때문이다.

판 례

공유자의 지분은 다른 공유자의 지분에 의하여 일정한 비율로 제한을 받는 것을 제외하고는 독립한 소유권과 같은 것으로 공유자는 그 지분을 부인하는 제3자에 대하여 각자 그 지분권을 주장하여 지분의 확인을 소구하여야 하는 것이고, 공유자 일부가 제3자를 상대로 다른 공유자의 지분의 확인을 구하는 것은 타인의 권리관계의 확인을 구하는 소에 해당한다고 보아야 할 것이므로 그 타인 간의 권리관계가 자기의 권리관계에 영향을 미치는 경우에 한하여 확인의 이익이 있다고 할 것이며, 공유물 전체에 대한 소유관계 확인도 이를 다투는 제3자를 상대로 공유자 전원이 하여야 하는 것이지 공유자 일부만이 그 관계를 대외적으로 주장할 수 있는 것이 아니므로, 아무런 특별한 사정이 없이 다른 공유자의 지분의 확인을 구하는 것은 확인의 이익이 없다(대판 1994.11.11, 94다35008).

2) 공유관계에 기한 방해제거 · 반환청구

공유물의 점유를 제3자에 의해 침탈당하거나 방해당한 경우에 각 공유자는 지분에 의하여 단독으로 목적물반환 또는 방해배제를 청구할 수 있다. 그 밖에 공유자는 전체로서의 공유관계에 의하여 반환청구 또는 방해배제를 청구할 수 있는데, 이 경우에는 공유자 전원이 공동으로 하여야 한다. 한편 판례는 부동산의 공유자의 1인은 해당 부동산에 관하여 제3자 명의로 원인무효의 소유권이전등기가 마쳐진 경우 공유물에 관한 보존행위로서 제3자에 대하여 그 등기 전부의 말소를 구할 수 있다고 한다(대판 2009.2.26, 2006다72802; 대판 1993.5.11, 92다52870).

(다) 제3자의 공유자에 대한 권리행사

1) 소유권확인청구 · 소유권이전등기청구

제3자가 공유자에 대하여 소유권확인청구나 소유권이전등기청구를 하는 경우에 공유자 전원을 피고로 할 필요는 없다(대판 1965.6.20, 64다412; 대판 1964.12.29, 64다1054). 공유자 각자는 그 지분범위 내에서는 처분권이 있으므로, 그 한도에서 제3자는 공유자 각자를 피고로 할 수 있다.

판 례

순차 경료된 등기 또는 수인 앞으로 경료된 공유등기의 말소청구소송은 권리관계의 합일적인 확정을 필요로 하는 필요적 공동소송이 아니라 통상공동소송이다(대판 1991.4.12, 90다9872; 대판 2008.6.12, 2007다36445).

2) 공유물의 인도청구 · 철거청구

제3자가 공유물에 대한 인도청구 또는 철거청구를 할 경우, 판례는 공유자 전원이 피고가 될 필요는 없고 공유자 각자에 대해 그 지분의 한도 내에서 인도 또는 철거를 구할 수 있다고 한다(대판 1993.2.23, 92다49218).

(6) 공유관계의 소멸

(가) 일반적 소멸사유

공유관계는 공유지분의 집중·공유물의 분할·제3자에 대한 공유물의 양도·공유물의 공용징수·공유물의 멸실 등으로 소멸한다. 특히 공유지분이 집중된 경우에는 ① 공유자 1인이 다른 공유자의 지분 전체를 양수한 경우(제266조 2항), ② 공유자 1인을 제외한 전원이 그 지분을 포기하거나 상속인 없이 사망한 경우(제267조) 등이 있다.

(나) 공유물의 분할

1) 공유물 분할의 개념

공유물의 분할이란 공유자가 각자의 공유지분대로 공유물을 분할함으로써 공유관계를 소멸시키는 것을 말한다. 분할에 의해 지분권의 교환 또는 매매가 성립한다.

2) 분할의 자유

가) 원 칙

각 공유자는 언제든지 공유물의 분할을 청구하여 공유관계를 종료시킬 수 있다(제268조 1항 본문). 공유물분할청구의 자유는 합유 및 총유와 대비되는 공유의 특색이다. 한편 공유자의 분할청구라는 일방적 의사표시에 의해서 각 공유자 사이에 구체적으로 분할을 실현할 법률관계가 발생하므로, 분할청구권은 형성권이다(다수설; 대판 2004.10.14, 2004다30583).

나) 예 외

분할청구의 자유에 대하여는 예외가 있다. 즉 ① 공유자는 5년을 넘지 않는 범위 내에서 분할하지 아니할 것을 약정할 수 있다(제268조 1항 단서). 이 계약은 갱신할 수 있으나 갱신일로부터 5년을 넘지 못한다(제268조 2항). 특히 부동산의 공유에서는 분할금지의 특약을 등기하여야 하고(부동산등기법 제67조), 그 등기가 없는 때에는 지분의 양수인에게 다른 공유자는 위 특약을 주장할 수 없다. ② 건물의 구분소유에서 공용부분(제215조)·경계에 설치된 경계표·담·도랑 등(제239조)에 대해서는 그 성질상 분할을 청구할 수 없다(제268조 3항). ③ 피상속인은 유언으로 상속개시의 날부터 5년을 경과하지 않는 기간 내에서 상속재산의 분할을 금지할 수 있다(제1012조). ④ 대지 위에 구분소유권의 목적인 건물이 속하는 1동의 건물이 있을 때에는 그 대지의 공유자는 그 건물의 사용에 필요한 범위 내의 대지에 대하여는 분할을 청구하지 못한다(집합건물법 제8조). 집합건물의 대지에 대한 분할청구가 금지되는데, 이는 1동의 건물로서 개개의 구성부분이 독립한 구분소유권의 대상이 되는 집합건물의 존립 기초를 확보하기 위한 것이다. 즉 집합건물의 대지는 그 지상의 구분소유권과 일체성 내지 불가분성을 가지는데, 일반의 공유와 같이 공유지분권에 기한 공유물분할을 인정한다면 그 집합건물의 대지사용관계는 파탄에 이르게 되므로, 집합건물의 공동생활관계의 보호를 위하여 분할청구가 금지된다(대판 2007.12.27, 2005다66374,66381).

판 례

(ㄱ) 상호명의신탁관계 내지 구분소유적 공유관계에서 건물의 특정 부분을 구분소유하는 자는 그 부분에 대하여 신탁적으로 지분등기를 가지고 있는 자를 상대로 하여 그 특정 부분에 대한 명의신탁 해지를 원인으로 한 지분이전등기절차의 이행을 구할 수 있을 뿐 그 건물 전체에 대한 공유물분할을 구할 수는 없다(대판 2010.5.27, 2006다84171).

(ㄴ) 각 층이 물리적으로 구분된 1동의 건물을 신축하여 그중 1층은 수 개의 점포로 구분하여 분양하고 지하층과 2, 3층은 각 따로 매도하면서 이를 구분등기하지 않고 수분양자 또는 매수인들에게 건물 전체 면적 중 분양 면적 또는 매도 면적에 해당하는 비율로 공유지분등기를 마쳐 줌으로써 그 건물 각 층의 구분소유자들 사이에 상호명의신탁관계 내지 구분소유적 공유관계가 성립한 경우, 1층의 구분소유자들은 건물에 대한 구분소유적 공유관계의 해소 여부와 상관없이 그 공유하는 1층에 대한 공유물분할을 청구할 수 있다(대판 2010.5.27, 2006다84171).

3) 분할의 방법

분할방법에는 협의에 의한 경우와 재판에 의한 경우가 있는데, 재판에 의한 분할은 보충적이다. 즉 분할방법에 관하여 협의가 성립하지 아니한 때에 공유자는 법원에 분할을 청구할 수 있다(제269조). 공유물의 분할은 협의상 또는 재판상 분할을 막론하고 공유자 전원이 분할절차에 참여하여야 하며(대판 1968.5.21, 68다414,415), 공유자 일부가 제외된 공유물분할은 무효이다.

가) 협의에 의한 분할

협의에 의해 분할하는 때에 그 방법에 제한이 없다. 구체적 방법으로 공유물을 그대로 양적으로 분할하는 '현물분할', 공유물을 매각하여 그 대금을 분할하는 '대금분할' 및 공유자의 1인이 단독소유권을 취득하고 다른 공유자는 지분의 가격을 지급받는 '가격배상'이 있다.

나) 재판에 의한 분할

(i) 분할방법에 관하여 협의가 성립되지 아니한 경우에 공유자는 법원에 그 분할을 청구할 수 있다(제269조 1항). 공유물분할청구의 소는 분할을 청구하는 공유자가 원고가 되어 다른 공유자 전부를 공동피고로 하여야 하는 고유필수적 공동소송이다(대판 2003.12.12, 2003다44615,44622). 재판상 분할은 공유자 사이에 협의가 성립되지 않는 경우에 보충적으로 인정되므로, 협의가 성립한 후에 공유자 일부가 분할에 따른 이전등기에 협조하지 않거나 분할에 관하여 다툼이 있는 경우에 그 분할된 부분에 대한 소유권이전등기를 청구하거나 소유권확인을 구하여야 하며, 재판상 분할을 청구하는 것은 허용되지 않는다(대판 1995.1.12, 94다30348,30355).

(ii) 법원이 공유물을 분할할 경우, 현물분할을 하는 것이 원칙이지만, 현물로 분할할 수 없거나 분할로 인하여 그 가격이 현저히 감소될 염려가 있으면 공유물을 경매하여 그 대금을 분할하여야 한다(제269조 2항). 분할의 방법은 당사자가 구하는 방법에 구애받지 않고 법원의 재량에 따라 공유관계나 객체인 물건의 제반 상황에 따라 공유자의 지분비율에 따른 합리적인 분할을 하면 된다. 따라서 공유자 상호간에 금전으로 경제적 가치의 과부족을 조정하여 분할을 하는 것도 현물분할의 한 방법으로 허용된다(대판 2025.2.13, 2024다304053). 나아가 여럿이 공유하는 물건을 현물분할하는 경우에는 분할청구자의 지분한도 안에서 현물분할을 하고 분할을 원하지 않는 나머지 공유자는 공유로 남는 방법도 허용된다(대판 2022.9.7, 2022다244805). 그러나 분할청구자가 상대방들을 공유로 남기는 방식의 현물분할을 청구하고 있다고 하여, 상대방들이 그들 사이만의 공유관계의 유지를 원하고 있지 아니한데도 상대방들을 여전히 공유로 남기는 방식으로 현물분할을 하여서는 안 된다(대판 2015.3.26, 2014다233428).

(iii) 공유물분할청구의 소는 '형성의 소'로서 법원은 공유물분할을 청구하는 원고가 구하는 방법에 구애받지 않고 재량에 따라 합리적 방법으로 분할을 명할 수 있다. 그러나 법원은 등기의무자, 즉 등기부상의 형식상 그 등기에 의하여 권리를 상실하거나 기타 불이익을 받을 자(등기명의인이거나 그 포괄승계인)가 아닌 자를 상대로 등기의 말소절차 이행을 명할 수는 없다(대판 2020.8.20, 2018다241410,241427). 가령 甲이 乙을 상대로 제기한 공유물분할청구의 소에 관하여 선고한 판결의 주문에서 "1. X와 Y부분 토지는 乙의 소유로, Z부분 토지는 甲의 소유로 각 분할한다. 2. 甲은 乙로부터 가액보상금을 지급받음과 동시에, 乙에게 X와 Y부분 토지 중 甲의 지분에 관하여 공유물분할을 원인으로 한 소유권이전등기절차를 이행하라"고 한 경우, 판결의 주문 1은 형성판결로서 그대로 확정될 경우, 乙은 X와 Y부분 토지에 관한 단독소유권을 취득하고, 甲은 Z부분 토지에 관한 단독소유권을 취득하게 되므로, 乙이 단독소유권을 취득하게 될 X와 Y부분 토지와 관련하여, 甲이 乙에게 X와 Y부분 토지 중 甲의 지분에 관하여 소유권이전등기신청에 대한 의사표시를 별도로 할 필요가 없다. 반면에 판결의 주문 2는 이행판결로서 그대로 확정될 경우, 乙이 반대의무인 가액보상금 지급의무를 이행한 사실을 증명하여 재판장의 명령에 의하여 집행문을 받아야만 X와 Y부분 토지 중 甲의 지분에 관하여 甲의 소유권이전등기신청에 대한 의사표시

의제의 효과가 발생하므로, 향후 X와 Y부분 토지 중 甲의 지분에 관하여 甲의 소유권이전등기신청에 대한 의사표시가 필요하지 않음을 전제로 하는 판결의 주문 1과 향후 X와 Y부분 토지 중 甲의 지분에 관하여 甲의 소유권이전등기신청에 대한 의사표시가 필요함을 전제로 하는 판결의 주문 2는 효과 면에서 서로 모순되므로, 판결의 주문 2는 타당하지 않다.

(ⅳ) 공동상속인은 상속재산의 분할에 관하여 공동상속인 사이에 협의가 성립되지 아니하거나 협의할 수 없는 경우에 가사소송법이 정하는 바에 따라 가정법원에 상속재산분할심판을 청구할 수 있을 뿐이다. 따라서 상속재산에 속하는 개별 재산에 관하여 제268조에 따라 공유물분할청구의 소를 제기하는 것은 허용되지 않는다(대판 2015.8.13, 2015다18367).

판 례

(ㄱ) 재판에 의하여 공유물을 분할하는 경우에 법원은 현물로 분할하는 것이 원칙이므로, 불가피하게 경매분할을 할 수밖에 없는 요건에 관한 객관적·구체적인 심리 없이 단순히 공유자들 사이에 분할의 방법에 관하여 의사가 합치하고 있지 않다는 등의 주관적·추상적인 사정을 들어 함부로 경매분할을 명하는 것은 허용될 수 없다(대판 2023.6.29, 2020다260025; 대판 2020.12.10, 2018다248350).

(ㄴ) 민사집행법 제81조 제1항 제2호 단서는 등기되지 아니한 건물에 대한 강제경매신청서에는 그 건물에 관한 건축허가 또는 건축신고를 증명할 서류를 첨부하여야 한다고 규정함으로써 적법하게 건축허가나 건축신고를 마친 건물이 사용승인을 받지 못한 경우에 한하여 부동산 집행을 위한 보존등기를 할 수 있게 하였으므로, 건축허가나 신고 없이 건축된 미등기 건물에 대하여는 경매에 의한 공유물분할이 허용되지 않는다(대판 2013.9.13, 2011다69190).

(ㄷ) 가처분의 피보전권리는 가처분 신청 당시 확정적으로 발생한 것이어야 하는 것은 아니고 이미 그 발생의 기초가 존재하는 한 장래에 발생할 권리도 가처분의 피보전권리가 될 수 있다. 따라서 부동산의 공유자는 공유물분할청구의 소를 본안으로 제기하기에 앞서 장래에 그 판결이 확정됨으로써 취득할 부동산의 전부 또는 특정 부분에 대한 소유권 등의 권리를 피보전권리로 하여 다른 공유자의 공유지분에 대한 처분금지가처분도 할 수 있다(대결 2013.6.14, 2013마396).

4) 분할의 효과

가) 지분의 교환·매매

현물분할의 경우에는 지분의 교환이 있게 되고, 가격배상의 경우에는 지분의 매매가 된다. 부동산의 경우, 협의분할은 등기를 마치면 그 등기가 접수된 때(제186조, 부동산등기법 제6조), 재판상 분할은 판결의 확정된 때(제187조)부터 그 소유권을 취득한다. 가령 대금분할을 명한 공유물분할 확정판결의 당사자인 공유자가 공유물분할을 위한 경매를 신청하여 진행된 경매절차에서 공유물 전부에 관하여 매수인에 대한 매각허가결정이 확정되고 매각대금이 완납된 경우, 매수인은 공유물 전부에 대한 소유권을 취득하게 되고, 이에 따라 각 공유지분을 가지고 있던 공유자들은 지분소유권을 상실하게 된다(대판 2021.3.11, 2020다253836).

분할은 지분의 교환 또는 매매의 실질을 가지므로, ① 분할의 효과는 소급하지 않지만, 공동상속재산 분할의 경우에는 상속이 개시된 때로 소급하여 효력이 있다(제1015조). ② 각 공유자는 다른 공유자가 분할로 인하여 취득한 물건에 대하여 그 지분의 비율로 매도인과 동일한 담보책임을 진다(제270조).

판 례

공유물분할의 소송절차 또는 조정절차에서 공유자 사이에 공유토지에 관한 현물분할의 협의가 성립하여 그 합의사항을 조서에 기재함으로써 조정이 성립하였다고 하더라도, 그와 같은 사정만으로 재판에 의한 공유물분할의 경우와 마찬가지로 그 즉시 공유관계가 소멸하고 각 공유자에게 그 협의에 따른 새로운 법률관계가 창설되는 것은 아니고, 공유자들이 협의한 바에 따라 토지의 분필절차를 마친 후 각 단독소유로 하기로 한 부분에 관하여 다른 공유자의 공유지분을 이전받아 등기를 마침으로써 비로소 그 부분에 대한 대세적 권리로서의 소유권을 취득하게 된다고 보아야 한다(대판 2013.11.21, 2011두1917).

나) 지분상의 담보물권에 대한 영향

공유지분 위에 존재한 담보물권은 분할에 의하여 어떠한 영향을 받는지에 대해 명문의 규정이 없으므로, 해석에 의할 수밖에 없다. 예컨대 甲과 乙의 공유인 부동산에 대하여 甲의 지분에 丙의 저당권이 설정되었다가 공유물분할이 행해지면 丙의 저당권은 어떠한 영향을 받는지가 문제이다. ① 甲이 공유부동산 전부를 취득한 경우에 담보물권은 종전 지분의 범위 내에서 그 물건 위에 존속한다. ② 현물분할로 甲과 乙이 각각 공유부동산의 일부를 취득한 경우, 丙의 저당권은 분할된 甲의 부동산과 乙의 부동산 위에 종전의 지분비율대로 존속하고, 분할된 각 부동산은 저당권의 공동담보가 된다(대판 2012.3.29, 2011다74932; 곽윤직, 218면; 김증한/김학동, 326면; 이상태, 272면; 이영준, 573면). 그러나 공유지분 위의 담보물권은 그 객체였던 지분의 소유자가 취득하는 부분에 대해서만 존속한다는 견해가 있다(김상용, 436면). ③ 대금분할 또는 가격배상에 의하여 공유물이 전부 제3자 또는 다른 공유자에게 귀속하고 甲이 대금 또는 가격을 취득하는 경우, 담보물권(丙의 저당권)은 종전 지분의 범위 내에서 그 타인에게 귀속한 물건 위에 존속한다(대판 1993.1.19, 92다30603).

판 례

1필지의 토지의 위치와 면적을 특정하여 2인 이상이 구분소유하기로 하는 약정을 하고 구분소유자의 공유로 등기하는 이른바 구분소유적 공유관계에 있어서, 1필지의 토지 중 특정 부분에 대한 구분소유적 공유관계를 표상하는 공유지분을 목적으로 하는 근저당권이 설정된 후 구분소유하고 있는 특정 부분별로 독립한 필지로 분할되고 나아가 구분소유자 상호 간에 지분이전등기를 하는 등으로 구분소유적 공유관계가 해소되더라도 그 근저당권은 종전의 구분소유적 공유지분의 비율대로 분할된 토지들 전부의 위에 그대로 존속하는 것이고, 근저당권설정자의 단독소유로 분할된 토지에 당연히 집중되는 것은 아니다(대판 2014.6.26, 2012다25944).

3. 합 유

(1) 서 설

여럿이 조합체를 이루어 물건을 소유하는 공동소유의 형태를 합유(合有)라 한다(제271조 1항). 여기서 조합체라 함은 동일한 목적으로 결합되어 있으나 아직 단체의 체계를 갖추지 못한 수인의 결합체를 말한다. 합유는 소유권이 양적으로 다수인에게 분속한다는 점에서 공유와 공통되지만, 합유자의 지분은 공동사업을 위하여 구속되며 이를 자유로이 처분하지 못한다는 점에서 다르다.

(2) 합유의 성립

법률의 규정 또는 계약에 의해 조합체로서 물건을 소유하게 될 때에 합유가 성립한다. 계약으로 조합체가 성립하는 경우로 조합계약이 있고(예: 계·동업계약 등), 법률규정에 의한 경우로 신탁법상의 조합(동법 제50조 1항)과 광업법상의 조합(동법 제17조) 등이 있다. 따라서 매수인들이 상호 출자하여 공동사업을 경영할 것을 목적으로 하는 조합이 조합재산으로서 부동산의 소유권을 취득하였다면 제271조 1항에 의하여 당연히 그 조합체의 합유물이 되고, 다만 그 조합체가 합유등기를 하지 않고 그 대신 조합원 1인의 명의로 소유권이전등기를 하였다면 이는 조합체가 그 조합원에게 명의신탁한 것으로 보아야 한다(대판 2006.4.13, 2003다25256).

(3) 합유의 법률관계

(가) 합유지분의 처분·합유물의 분할금지

1) 합유지분의 처분

합유지분은 조합재산에 대한 조합원의 권리의무의 총체로서 그 비율은 조합계약에서 정하는 것이 보통이지만, 그 약정이 없는 때에는 출자가액에 비례하여 결정된다(제711조). 이점에서 지분의 비율이 균등한 것으로 추정되는 공유와 다르다(제262조 2항). 합유지분은 추상적인 소유의 비율로서 그것은 합유물 전부에 그 효력이 미친다(제271조 1항).

한편 합유자는 전원의 동의 없이는 합유물에 대한 지분을 처분하지 못한다(제273조 1항). 지분의 양도는 조합원으로서 지위의 양도를 의미하기 때문이다. 결국 합유자 전원의 동의가 있으면 합유지분의 처분이 가능하며, 동의 없이 처분하면 무효이다(대판 1996.12.10, 96다23238; 이영준, 582면; 이상태, 277면).

2) 합유물의 분할금지

합유자는 합유물의 분할을 청구하지 못한다(제273조 2항).

(나) 합유물의 처분·변경·보존

1) 합유물의 처분·변경

(i) 합유물을 처분 또는 변경함에는 합유자 전원의 동의가 있어야 한다(제272조 본문). 따라서 어느 합유자가 다른 합유자의 동의 없이 합유물을 양도한 경우에는 그 양도는 무효이다. 공유와 달리 합유지분의 처분이 제한되기 때문에(제273조 1항), 그 지분범위 내에서 유효한 것이 아니다.

(ii) 조합재산은 조합원의 합유로 하는데(제704조), 제706조 2항에 의하면 조합의 업무집행은 조합원의 과반수로써, 수인의 업무집행자가 있는 때에는 그 과반수로써 각각 결정한다고 규정하고 있다. 여기서 조합재산(합유물)의 처분·변경은 조합의 업무에 해당하기 때문에 제706조 2항에 의하면 조합원 또는 업무집행자의 과반수로 결정하는 데 반해, 제272조에 의하면 조합원

전원의 동의가 요구되어 양 규정이 서로 충돌하게 된다. 이에 대하여 ① 조합재산에 속하는 물건의 처분이 조합의 업무집행에 속하는 경우에는 제706조 2항이 적용되고, 업무집행으로 인정될 수 없는 경우에는 제272조가 적용된다는 견해(황적인, 현대민법론(IV), 261면), ② 업무집행조합원이 선임되어 있는 경우에는 제706조 2항이 적용되어 업무집행조합원의 과반수로 처분 또는 변경할 수 있고, 선임되어 있지 아니한 때에는 제272조에 따라 조합원 전원의 합의로 처분 또는 변경할 수 있다는 견해(곽윤직, 채권각론, 310면), ③ 제706조 2항은 제272조에 대한 특별규정이기 때문에, 일반적인 합유물의 처분 또는 변경에는 제272조가 적용되고, 그 합유물이 조합재산인 경우에는 제706조 2항이 특별규정으로서 우선적으로 적용되어야 한다는 견해(민일영, 민법주해(V), 609면) 등이 있다.

판례는 제272조에 따르면 합유물을 처분 또는 변경함에는 합유자 전원의 동의가 있어야 하나, 합유물 가운데서도 조합재산의 경우 그 처분·변경에 관한 행위는 조합의 특별사무에 해당하는 업무집행으로서, 이에 대하여는 특별한 사정이 없는 한 제706조 제2항이 제272조에 우선하여 적용되므로, 조합재산의 처분·변경은 업무집행자가 없는 경우에는 조합원의 과반수로 결정하고, 업무집행자가 여러 명인 경우에는 그 업무집행자의 과반수로써 결정하며, 업무집행자가 1인만 있는 경우에는 그 업무집행자가 단독으로 결정한다고 한다(대판 2010.4.29, 2007다18911).

판 례

합유로 소유권이전등기가 된 부동산에 관하여 명의신탁해지를 원인으로 한 소유권이전등기절차의 이행을 구하는 소송은 합유물에 관한 소송으로서 고유필수적 공동소송에 해당하여 합유자 전원을 피고로 하여야 할 뿐 아니라 합유자 전원에 대하여 합일적으로 확정되어야 하므로, 합유자 중 일부의 청구인낙이나 합유자 중 일부에 대한 소의 취하는 허용되지 않는다(대판 1996.12.10, 96다23238).

2) 보존행위

합유물의 보존행위는 합유자 각자가 할 수 있다(제272조 단서). 합유재산의 보존행위는 합유재산의 멸실·훼손을 방지하고 그 현상을 유지하기 위하여 하는 사실적·법률적 행위로서, 합유자가 단독으로 보존행위를 할 수 있도록 한 취지는 그 보존행위가 긴급을 요하는 경우가 많고 다른 합유자에게도 이익이 되는 것이 보통이기 때문이다(대판 2013.11.28, 2011다80449). 따라서 합유물에 관하여 마쳐진 원인무효의 소유권이전등기의 말소를 구하는 소송은 합유물에 관한 보존행위로서 합유자 각자가 할 수 있다(대판 1997.9.9, 96다16896).

판 례

(ㄱ) 민법상 조합인 공동수급체가 경쟁입찰에 참가하였다가 다른 경쟁업체가 낙찰자로 선정된 경우, 그 공동수급체의 구성원 중 1인이 그 낙찰자 선정이 무효임을 주장하며 무효확인의 소를 제기하는 것은 그 공동수급체가 경쟁입찰과 관련하여 갖는 법적 지위 내지 법률상 보호받는 이익이 침해될 우려가 있어 그 현상을 유지하기 위하여 하는 소송행위이므로 이는 합유재산의 보존행위에 해당한다(대판 2013.11.28, 2011다80449),

(ㄴ) 합유재산을 합유자 1인이 단독소유로 소유권보존등기를 한 경우에는 소유권보존등기가 실질관계에 부합

하지 않는 원인무효의 등기이므로, 다른 합유자는 등기명의인인 합유자를 상대로 소유권보존등기 말소청구의 소를 제기하는 등의 방법으로 원인무효의 등기를 말소시킨 다음 새로이 합유의 소유권보존등기를 신청할 수 있다(대판 2017.8.18, 2016다6309).

---

(4) 합유의 종료

(가) 합유종료의 원인

1) 합유물의 분할은 원칙적으로 금지되어 있으므로, 합유관계가 종료하는 것은 조합체가 해산하거나 합유물의 양도로 조합재산이 없게 되는 때이다(제274조 1항). 조합체의 해산사유로는 목적사업의 달성·존속기간의 만료 등 조합계약에서 정한 사유의 발생, 구성원 전원의 합의 기타 부득이한 사유에 의한 구성원의 해산청구(제720조) 등이 있다.

2) 2인의 조합체에서 1인이 해산을 청구하면 조합체는 해산된다. 그러나 2인으로 된 동업관계, 즉 조합관계에서 1인이 탈퇴한 경우에 조합체는 해산되지 않고 합유관계는 잔존하는 1인의 단독소유로 전환된다. 다만 조합원의 합유에 속한 조합재산은 남은 조합원의 단독소유에 속하여 탈퇴자와 남은 자 사이에는 탈퇴로 인한 계산을 하는데 불과하고, 탈퇴한 조합원과 다른 조합원간의 계산은 제719조 1항에 의하여 탈퇴 당시의 조합 재산상태에 의하여 하는 것이므로, 그 지분계산에서 자산평가의 기준 시기는 탈퇴 당시라고 보아야 한다(대판 1996.9.6, 96다19208). 그 밖에 부동산의 합유자 중 일부가 사망한 경우, 합유자 사이에 특별한 약정이 없는 한 사망한 합유자의 상속인은 합유자로서의 지위를 승계하지 못하므로, 해당 부동산은 잔존 합유자가 2인 이상일 경우에는 잔존 합유자의 합유로 귀속되고, 잔존 합유자가 1인인 경우에는 잔존 합유자의 단독소유로 귀속된다(대판 1996.12.10, 96다23238; 대판 1994.2.25, 93다39225). 즉 원칙적으로 합유지분의 상속은 인정되지 않는다. 참고로 합유지분을 포기한 경우, 포기자의 지분은 다른 합유자에게 귀속한다.

판 례

합유지분 포기가 적법하다면 그 포기된 합유지분은 나머지 잔존 합유지분권자들에게 균분으로 귀속하게 되지만 그와 같은 물권변동은 합유지분권의 포기라고 하는 법률행위에 의한 것이므로 등기하여야 효력이 있고 지분을 포기한 합유지분권자로부터 잔존 합유지분권자들에게 합유지분권 이전등기가 이루어지지 아니하는 한 지분을 포기한 지분권자는 제3자에 대하여 여전히 합유지분권자로서의 지위를 가지고 있다고 보아야 한다(대판 1997.9.9, 96다16896).

(나) 합유물의 분할

조합체의 해산으로 합유관계를 종료하게 되면 합유물을 분할하게 되는데, 그 분할에는 공유물의 분할에 관한 규정이 준용된다(제274조 2항).

4. 총 유

(1) 서 설

(가) 총유(總有)는 법인이 아닌 사단의 사원이 집합체로서 물건을 소유하는 공동소유의 형태이다(제275조 1항). 총유의 주체는 비법인사단(예: 종중·교회·촌락·의사회·친목회·동창회·학회·어촌계 등)이다. 총유는 '법인 아닌 사단'이라는 인적 결합체의 존재를 전제로 하고, 그 구성원은 단체적 구속을 받는다는 점에서 공유와 다르다. 또한 그 인적 결합체가 단일한 활동체로서 하나의 단체로서 조직을 갖추고, 구성원의 개성은 단체에 완전히 흡수되어 있는 점에서 합유와 구별된다. 다만 비법인사단에 속하는 부동산에 관해서는 대표자의 신청에 의해 사단자체의 명의로 등기를 하는 점에서(부동산등기법 제26조) 법인이 단독소유를 하는 것과 실질적으로 차이가 없다.

(나) 총유에 관하여는 우선 법인 아닌 사단의 정관 기타 규약에 정함이 있는 때에는 그에 따르고, 그 정함이 없는 때에는 제276조 및 제277조가 보충적으로 적용된다(제275조 2항).

(2) 총유의 법률관계

(가) 총유물의 관리 · 처분 및 사용 · 수익

1) 총유물의 관리·처분은 사원총회의 결의에 의한다(제276조 1항). 따라서 이러한 절차를 거치지 않은 총유물의 관리·처분행위는 무효이고(대판 2014.2.13, 2012다112299), 대표자가 행한 총유물의 처분행위에는 제126조의 표현대리에 관한 규정이 적용될 여지가 없다(대판 2003.7.11, 2001다73626). 대리행위가 강행법규의 위반으로 무효인 경우에는 표현대리가 성립할 수 없기 때문이다(대판 1996.8.23, 94다38199).

2) 총유물의 관리·처분은 총유물 자체에 관한 이용·개량행위나 법률적·사실적 처분행위를 의미하므로, '총유물 자체'의 관리·처분이 따르지 않은 '채무부담행위'는 이를 총유물의 관리·처분행위라고 볼 수 없다(대판 2014.2.13, 2012다112299). 따라서 '총유물 그 자체'의 처분이 따르는 채무부담행위는 총유물의 처분행위에 해당한다(대판 2025.8.14, 2024다292679). 반면에 ① 단순히 총유물의 사용권을 타인에게 부여하거나 임대하는 행위는 원칙적으로 총유물의 처분이 아닌 관리행위에 해당한다(대판 2012.10.25, 2010다56586). ② 종중이 그 소유의 토지의 매매를 중개한 중개업자에게 중개수수료를 지급하기로 하는 약정을 체결하는 것은 단순한 채무부담행위에 불과하여 이를 총유물의 관리·처분행위라고 할 수 없다(대판 2012.4.12, 2011다107900). ③ 비법인사단인 재건축조합의 조합장이 채무보증계약을 체결하면서 조합규약에서 정한 조합 임원회의 결의를 거치지 않았거나 조합원총회 결의를 거치지 않았더라도 그것만으로 바로 그 보증계약이 무효라고 할 수 없다. 다만 조합 임원회의의 결의 등을 거치도록 한 조합규약은 조합장의 대표권을 제한하는 규정에 해당하므로, 거래상대방이 그와 같은 대표권 제한 및 그 위반 사실을 알았거나 과실로 인하여 이를 알지 못한 때에는 그 거래행위가 무효로 된다(대판 2007.4.19, 2004다60072,60089). 이 경우 거래상대방이 대표권 제한 및 그 위반 사실을 알았거나 알지 못한 데에 과실이 있다는 사정은 그 거래의 무효를 주장하

는 측이 이를 주장·증명하여야 한다(대판 2007.4.19, 2004다60072,60089).

3) 총유물의 사용·수익은 각 사원이 정관 기타의 규약에 좇아 이를 할 수 있다(제276조 2항). 즉 총유재산의 사용·수익 권능이 각 구성원에게 속한다.

판 례

(ㄱ) 총유재산에 관한 명의신탁해지를 원인으로 한 소유권이전등기청구의 소의 법적 성질은 총유물의 처분행위이므로, 사원총회의 결의를 거쳐야 한다(대판 1994.5.24, 92다50232).

(ㄴ) 비법인사단의 사원총회가 그 총유물에 관한 매매계약의 체결을 승인하는 결의를 하였다면, 통상 그러한 결의에는 그 매매계약의 체결에 따라 발생하는 채무의 부담과 이행을 승인하는 결의까지 포함되었다고 봄이 상당하므로, 비법인사단의 대표자가 그 채무에 대하여 소멸시효 중단의 효력이 있는 승인을 하거나 그 채무를 이행할 경우에는 특별한 사정이 없는 한 별도로 그에 대한 사원총회의 결의를 거칠 필요는 없다고 보아야 한다(대판 2009.11.26, 2009다64383).

(ㄷ) 비법인사단이 총유물에 관한 매매계약을 체결하는 행위는 '총유물 그 자체'의 처분이 따르는 채무부담행위로서 총유물의 처분행위에 해당하나, 그 매매계약에 의하여 부담하고 있는 채무의 존재를 인식하고 있다는 뜻을 표시하는 데 불과한 소멸시효 중단사유로서의 승인은 총유물 그 자체의 관리·처분이 따르는 행위가 아니어서 총유물의 관리·처분행위라고 볼 수 없다(대판 2009.11.26, 2009다64383).

(ㄹ) 비법인 사단에 있어서 총유물의 관리 및 처분은 정관 기타 계약에 정함이 없으면 사원총회의 결의에 의해야 하고(제275조 제2항, 제276조 제1항), 비법인 사단의 사원이 총유자의 한 사람으로서 총유물인 임야를 사용수익할 수 있다 하여도 위 임야에 대한 분묘설치행위는 단순한 사용수익에 불과한 것이 아니고 관습에 의한 지상권 유사의 물권을 취득하게 되는 처분행위에 해당된다 할 것이므로 사원총회의 결의가 필요하다(대판 2007.6.28, 2007다16885).

(ㅁ) 주택법에 의하여 설립된 주택조합은 민법상의 비법인사단에 해당하고, 주택조합이 주체가 되어 '신축 완공한 상가건물'이나 '조합원 외의 일반인에게 분양되는 부분'은 조합원 전원의 총유에 속하며, 총유물의 관리 및 처분에 관하여 주택조합의 정관이나 규약에 정한 바가 있으면 이에 따라야 하고, 그에 관한 정관이나 규약이 없으면 조합원 총회의 결의에 의하여야 한다(대판 2007.12.13, 2005다52214; 대판 2001.5.29, 2000다10246). 따라서 정관이나 규약에 정함이 없는 이상, 사원총회의 결의를 거치지 않은 총유물의 관리 및 처분행위는 무효이다(대판 2006.1.27, 2004다45349).

(나) 총유물의 보존행위

1) 공유나 합유의 경우처럼 보존행위는 그 구성원 각자가 할 수 있다는 민법 제265조 단서 또는 제272조 단서와 같은 규정을 두고 있지 않는데, 이는 법인 아닌 사단의 소유형태인 총유가 공유나 합유에 비하여 단체성이 강하고 구성원 개인들의 총유재산에 대한 지분권이 인정되지 아니하는 데에서 나온 당연한 귀결이다. 따라서 판례는 보존행위를 관리행위의 개념에 포함시켜 사원총회의 결의를 요하는 것으로 보고 있다(대판 1992.2.28, 91다41507). 즉 공유물의 보존에 관한 제265조가 적용될 수 없고, 특별한 사정이 없는 한 사원총회의 결의를 거쳐야 하고 이는 그 총유재산에 대한 보존행위로서 대표자의 이름으로 소송행위를 하는 경우에도 그대로 적용된다(대판 2005.9.15, 2004다44971; 대판 1994.10.25, 94다28437). 또한 총유재산에 관한 소송은 '비법인사단이 그 명의로' 사원총회의 결의를 거쳐 하거나 또는 그 구성원 전원이 당사자가 되어 필수적 공동소송의 형

태로 할 수 있을 뿐이며, 비법인사단이 사원총회의 결의 없이 제기한 소송은 소제기에 관한 특별수권을 결하여 부적법하다고 한다(대판 2007.7.26, 2006다64573). 따라서 사단의 구성원이 사단의 대표자라거나 사원총회의 결의를 거쳤더라도 그 소송의 당사자가 될 수 없다(대판 2005.9.15, 2004다44971).

2) 한편 비법인사단이 총유재산에 관한 권리를 행사하지 않고 있어 비법인사단의 채권자가 채권자대위권에 의하여 비법인사단의 총유재산에 관한 권리를 대위행사하는 경우에는 사원총회의 결의 등 비법인사단의 내부적인 의사결정절차를 거칠 필요가 없다고 한다(대판 2014.9.25, 2014다211336). 채권자대위권은 채무자가 스스로 자기의 권리를 행사하지 아니하는 때에 채권자가 채무자에 대한 채권을 보전하기 위하여 채무자의 의사와는 상관없이 채무자의 권리를 대위하여 행사할 수 있는 권리로서 그 권리행사에 채무자의 동의를 필요로 하지 않기 때문이다.

판 례

총유물의 보존에는 공유물의 보존에 관한 민법 제265조의 규정이 적용될 수 없고, 특별한 사정이 없는 한 제276조 1항의 규정에 따라 사원총회의 결의를 거쳐야 하므로, 법인 아닌 사단인 종중이 그 총유재산에 대한 보존행위로서 소송을 하는 경우에도 특별한 사정이 없는 한 종중 총회의 결의를 거쳐야 한다(대판 2010.2.11, 2009다83650).

(다) 총유물에 관한 사원의 권리 · 의무의 득실

총유물에 관한 사원의 권리·의무는 사원의 지위를 취득상실함으로써 취득상실된다(제277조). 이와 같이 총유에는 사원의 지위만 있을 뿐이며, 공유에서의 지분에 해당하는 것이 없다.

(3) 총유의 종료

법인 아닌 사단의 해산·총유물의 양도 등이 있으면, 총유관계가 종료할 것이다.

판 례

(ㄱ) 법인 아닌 사단의 구성원 중 일부가 탈퇴하여 새로운 법인 아닌 사단을 설립하는 경우에 종전의 법인 아닌 사단에 남아 있는 구성원들이 자신들이 총유의 형태로 소유하고 있는 재산을 새로이 설립된 법인 아닌 사단의 구성원들에게 양도하거나, 법인 아닌 사단이 해산한 후 그 구성원들이 나뉘어 여러 개의 법인 아닌 사단들을 설립하는 경우에 해산되기 전의 법인 아닌 사단의 구성원들이 자신들이 총유의 형태로 소유하고 있던 재산을 새로이 설립된 법인 아닌 사단들의 구성원들에게 양도하는 것은 허용된다(대판 2008.1.31, 2005다60871).

(ㄴ) 우리 민법은 사단법인에 있어서 구성원의 탈퇴나 해산은 인정하지만 사단법인의 구성원들이 2개의 법인으로 나뉘어 각각 독립한 법인으로 존속하면서 종전 사단법인에게 귀속되었던 재산을 소유하는 방식의 사단법인의 분열은 인정하지 아니하는바, 그 법리는 법인 아닌 사단에 대하여도 동일하게 적용되므로, 그 구성원들의 집단적 탈퇴로써 법인 아닌 사단이 2개로 분열되고 분열되기 전의 법인 아닌 사단의 재산이 분열된 법인 아닌 사단들의 구성원들에게 각각 총유적으로 귀속되는 결과를 초래하는 형태의 법인 아닌 사단의 분열은 허용되지 않는다(대판 2008.1.31, 2005다60871; 대판 2006.4.20, 2004다37775).

5. 준공동소유

(1) 소유권 이외의 재산권을 여럿이 공동으로 가지는 경우를 준공동소유(準共同所有)라 하고, 이에 관해서는 공동소유에 관한 규정을 준용한다(제278조 본문). 따라서 준공동소유에는 다수의 인적 결합의 정도에 따라 준공유·준합유·준총유가 있다. 준공동소유의 대상이 되는 것은 소유권 이외의 재산권이다. 소유권 이외의 물권(예: 지상권·전세권·지역권·저당권) 및 각종 지식재산권이 이에 속한다. 채권도 이에 포함되지만, 이 경우 채권행사 및 채무이행 등에 관해서는 다수의 채권자 및 채무자에 관한 규정이 따로 적용된다(제408조 이하).

(2) 판례는 이주자택지공급계약의 청약권이 공동상속된 경우 그 청약권의 준공유(대판 2003.12.26, 2003다11738), 변제자대위에서 일부대위자들의 저당권의 준공유(대판 2001.1.19, 2000다37319) 등을 인정한다.

판 례

(ㄱ) 택지개발예정지구 내의 이주자택지 공급대상자가 사망하여 공동상속인들이 이주자택지에 관한 공급계약을 체결할 수 있는 청약권을 공동상속한 경우에는 공동상속인들이 그 상속지분비율에 따라 피상속인의 청약권을 준공유하게 되며, 공동상속인들은 단독으로 청약권 전부는 물론 그 상속지분에 관하여도 이를 행사할 수 없고, 그 청약권을 준공유하고 있는 공동상속인들 전원이 공동으로만 이를 행사(고유필수적 공동소송)할 수 있다(대판 2003.12.26, 2003다11738).

(ㄴ) 여러 채권자가 같은 기회에 어느 부동산에 관하여 하나의 근저당권을 설정받아 이를 준공유하는 경우 그 근저당권은 준공유자들의 피담보채권액을 모두 합쳐서 채권최고액까지 담보하게 되고, 피담보채권이 확정되기 전에는 근저당권에 대한 준공유비율을 정할 수 없으나 피담보채권액이 확정되면 각자 그 확정된 채권액의 비율에 따라 근저당권을 준공유하는 것이 되므로, 준공유자는 각기 그 채권액의 비율에 따라 변제 받는 것이 원칙이다. 그러나 준공유자 전원의 합의로 피담보채권의 확정 전에 위와 다른 비율을 정하거나 준공유자 중 일부가 먼저 변제받기로 약정할 수 있으므로, 그러한 약정이 있으면 그 약정에 따라야 하고, 이를 등기하게 되면 제3자에 대하여도 효력이 있다(대판 2008.3.13, 2006다31887).

(ㄷ) 여러 명이 시기를 달리하여 채권의 일부씩을 대위변제한 경우 그들은 각 일부 대위변제자로서 그 변제한 가액에 비례하여 근저당권을 준공유하고 있다고 보아야 하고, 그 근저당권을 실행하여 배당할 때에는 다른 특별한 사정이 없는 한 각 '변제채권액에 비례'하여 안분 배당하여야 한다(대판 2006.2.10, 2004다2762). 한편 근저당권의 준공유자들이 공유지분을 특정하여 근저당권설정등기를 마친 경우, 그 근저당권의 실행으로 인한 경매절차에서의 배당방법에 관하여, 판례는 근저당권의 준공유자들이 각자의 공유지분을 미리 특정하여 근저당권설정등기를 마쳤다면 그들은 처음부터 그 지분의 비율로 근저당권을 준공유하는 것이 되고, 이러한 경우 다른 특별한 사정이 없는 한 준공유자들 사이에는 각기 그 지분비율에 따라 변제받기로 하는 약정이 있었다고 봄이 상당하므로, 그 근저당권의 실행으로 인한 경매절차에서 배당을 하는 경매법원으로서는 배당시점에서의 준공유자 각자의 채권액의 비율에 따라 안분하여 배당할 것이 아니라 각자의 '지분비율'에 따라 안분하여 배당해야 하며, 어느 준공유자의 실제 채권액이 지분비율에 따른 배당액보다 적어 잔여액이 발생하게 되면 이를 다른 준공유자들에게 그 지분비율에 따라 다시 안분하는 방법으로 배당해야 한다고 한다(대판 2008.3.13, 2006다31887).

Ⅶ. 명의신탁

1. 서 설

(1) 의 의

명의신탁이란 대내관계에서는 명의신탁자가 소유권이나 그 밖의 권리를 보유하고 그 재산을 관리·수익하고 있으나 공부(公簿)상의 명의만은 명의수탁자로 해 두는 것을 말한다. 즉 당사자 사이의 신탁에 관한 채권계약에 의하여 신탁자가 실질적으로는 그의 소유에 속하는 부동산의 등기명의를 실체적인 거래관계가 없는 수탁자에게 매매 등의 형식으로 이전하는 것을 말한다(대판 1993.11.9, 92다31699). 종래 판례는 명의신탁의 유효성을 인정하였고, 사회에서는 명의신탁이 각종 조세를 면탈하면서 투기를 하고 재산을 은닉하는 등의 불법 또는 탈법적인 수단으로 악용되었다. 그래서 '부동산실권리자 명의등기에 관한 법률'이 제정되어 명의신탁을 규제하게 되었다.

(2) 부동산실명법의 적용범위

(가) 부동산실명법은 부동산에 관한 소유권 기타 물권에 관한 명의신탁을 규율한다(제2조 1호). 따라서 제3자명의의 소유권등기뿐만 아니라 제3자 명의로 설정된 담보목적의 가등기(대판 2002.12.24, 2002다50484)나 (근)저당권등기(대판 2007.1.11, 2006다50055)도 원칙적으로 동법의 적용대상이다.

(나) 그러나 ① 채권을 담보할 목적으로 소유권이전등기를 하거나(양도담보) 또는 가등기하는 경우(가등기담보), ② 부동산의 위치와 면적을 특정하여 2인 이상이 구분소유하기로 하는 약정을 하고 그 구분소유자의 공유로 등기하는 경우(상호명의신탁), ③ 신탁법 등에 따른 신탁재산인 사실을 등기한 경우(신탁법상의 신탁)는 부동산실명법에서 말하는 명의신탁에서 제외된다(제2조 1호). 그 결과 ①의 경우에는 가등기담보법이, ②의 경우에는 종래의 판례이론이, ③의 경우에는 신탁법 등이 적용된다.

한편 종중 부동산의 명의신탁, 배우자 명의신탁, 종교단체 명의신탁(종교단체의 산하조직의 부동산을 종교단체 명의로 등기한 경우)은 조세포탈, 강제집행의 면탈 또는 법령상 제한의 회피를 목적으로 하지 않는 경우에는 부동산실명법의 대부분의 주요규정의 적용을 받지 않는다(제8조). 이 경우에는 종래의 판례이론이 적용되게 된다. 주의할 것은 제8조의 '배우자'에는 사실혼 관계에 있는 배우자는 포함되지 않는다(대판 1999.5.14, 99두35).

2. 부동산실명법의 적용을 받는 명의신탁

(1) 서 설

(가) '명의신탁약정'이란 부동산에 관한 소유권 기타 물권을 보유한 자 또는 사실상 취득하거나 취득하려고 하는 자(이하 '실권리자'라 한다)가 타인과의 사이에서 대내적으로는 실권리자가 부동산

에 관한 물권을 보유하거나 보유하기로 하고 그에 관한 등기(가등기를 포함한다)는 그 타인의 명의로 하기로 하는 약정을 말한다(제2조 1호). 명의신탁관계가 성립하기 위하여 명의수탁자 앞으로 새로운 소유권이전등기가 행하여지는 것이 반드시 필요한 것은 아니며, 부동산 소유자가 그 소유하는 부동산의 전부 또는 일부 지분에 관하여 제3자(명의신탁자)를 위하여 '대외적으로만' 보유하는 관계에 관한 약정(명의신탁약정)을 하는 경우에도 부동산실명법에서 정하는 명의신탁관계가 성립할 수 있다(대판 2010.2.11, 2008다16899). 명의신탁관계는 묵시적 합의에 의하여서도 성립될 수 있다(대판 2001.1.5, 2000다49091). 가령 부동산경매절차에서 부동산을 매수하려는 甲이 매수대금을 자신이 부담하면서 乙 명의로 매각허가결정을 받기로 乙과 약정함에 따라 매각허가가 이루어진 경우, 경매절차에서 매수인의 지위에 서게 되는 자는 乙이므로 경매목적 부동산의 소유권은 乙이 취득하고, 매수대금을 부담한 甲과 이름을 빌려 준 乙 사이에는 명의신탁관계가 성립한다(대판 2008.11.27, 2008다62687).

(나) 명의신탁이 성립하려면, 명의신탁관계 설정에 관한 합의 이외에 수탁자명의로 등기·등록이 마쳐져야 한다. 등기는 본등기에 한하지 않고 가등기라도 무방하다(대판 1992.7.28, 92다10173,10180).

(2) 부동산에 대한 명의신탁의 유형

부동산에 대한 명의신탁에는 양자간 등기명의신탁, 3자간 등기명의신탁, 계약명의신탁이 있다. ① 양자간 등기명의신탁은 신탁자의 명의로 되어 있는 부동산의 등기를 명의신탁약정에 의하여 수탁자에게 이전등기한 경우이다. ② 3자간 등기명의신탁은 신탁자가 매매계약의 당사자가 되어 매도인과 계약을 체결하되, 매도인과의 합의 아래 그 등기를 매도인으로부터 신탁자인 매수인과 명의신탁약정을 맺은 수탁자 앞으로 직접 이전하는 경우로서, 중간생략등기형 명의신탁이라고도 한다. ③ 계약명의신탁은 수탁자가 신탁자와의 명의신탁약정에 의하여 자신이 매매계약의 당사자로서 계약을 체결하고 자신의 명의로 등기를 마친 경우이다.

판 례

명의신탁약정이 3자간 등기명의신탁인지 아니면 계약명의신탁인지의 구별은 계약당사자가 누구인가를 확정하는 문제로 귀결되는데, 계약명의자가 명의수탁자로 되어 있다 하더라도 계약당사자를 명의신탁자로 볼 수 있다면 이는 3자간 등기명의신탁이 된다. 따라서 계약명의자인 명의수탁자가 아니라 명의신탁자에게 계약에 따른 법률효과를 직접 귀속시킬 의도로 계약을 체결한 사정이 인정된다면 명의신탁자가 계약당사자이고, 이 경우의 명의신탁관계는 3자간 등기명의신탁으로 보아야 한다(대판 2022.4.28, 2019다300422). 가령 甲이 매매계약 당사자로서 계약상대방으로부터 토지 지분을 매수하면서 그중 1/2 지분에 관한 등기명의만을 乙로 하기로 한 경우, 그 매매계약에 따른 법률효과를 甲에게 직접 귀속시킬 의도였던 사정이 인정되므로 甲과 乙의 명의신탁약정은 3자간 등기명의신탁에 해당한다(대판 2010.10.28, 2010다52799).

(3) 실권리자의 등기의무

누구든지 부동산물권을 명의신탁약정에 의하여 명의수탁자 명의로 등기해서는 안 된다(제3조 1항). 이러한 실권리자 명의의 등기의무를 위반한 경우에 과징금, 강제이행금 및 벌칙이 부과된다(제5조·제7조).

(4) 명의신탁약정의 효력

(가) 명의신탁약정의 채권적 효력

명의신탁자와 명의수탁자 사이의 명의신탁약정은 무효이다(제4조 1항). 따라서 명의신탁자는 명의수탁자에 대하여 명의신탁약정에 따른 의무이행을 하지 않았음을 이유로 계약불이행책임을 물을 수 없고, 명의신탁약정 자체가 무효이기 때문에 '명의신탁해지를 원인'으로 하는 원상회복(예: 소유권이전등기 또는 이전등기말소)을 청구할 수 없다. 계약해지는 '유효한 계약'의 효력을 장래에 향하여 소멸시키는 것이기 때문이다. 주의할 것은 부동산실명법 제4조 1항에 의하여 무효로 되는 것은 명의신탁약정 뿐이고, 명의신탁약정에 따라 행하여진 부동산취득의 원인계약, 가령 3자간의 명의신탁에서 전 소유자와 명의신탁자 사이의 매매계약은 무효로 되지 않는다(대판 2002.3.15, 2001다61654).

판 례

신탁자와 수탁자가 명의신탁약정을 맺고, 그에 따라 수탁자가 당사자가 되어 명의신탁약정의 존재 사실을 알지 못하는 소유자와 부동산에 관한 매매계약을 체결한 계약명의신탁에서 신탁자와 수탁자 간의 명의신탁약정이 부동산실명법이 정한 유예기간의 경과로 무효가 되었다면, 특별한 사정이 없는 한 신탁자와 수탁자 간에 명의신탁약정과 함께 이루어진 부동산 매입의 위임 약정 역시 무효로 되고, 이 경우 신탁자와 수탁자 사이에 신탁자의 요구에 따라 부동산의 소유 명의를 이전하기로 한 약정도 명의신탁약정이 유효함을 전제로 명의신탁 부동산 자체의 반환을 구하는 범주에 속하는 것에 해당하여 역시 무효로 된다(대판 2015.9.10, 2013다55300).

(나) 명의신탁의 물권변동의 효력

명의신탁약정에 따라 행하여진 등기에 의한 부동산에 관한 물권변동은 무효이다(제4조 2항 본문). 다만 부동산에 관한 물권을 취득하기 위한 계약에서 명의수탁자가 그 일방 당사자가 되는 경우, 즉 계약명의신탁의 경우에는 다른 당사자가 명의신탁약정이 있다는 사실을 알지 못한 경우에는 예외적으로 유효한 것으로 처리된다(제4조 2항 단서).

1) 양자간 등기명의신탁

(i) 명의신탁약정에 따른 물권변동은 무효이므로, 명의신탁자가 신탁부동산에 대한 소유권을 보유한다. 따라서 명의신탁자는 명의수탁자를 상대로 소유권에 기한 방해제거청구권(제214조)을 행사하여 명의수탁자 명의의 등기에 관하여 말소를 청구하거나 진정명의 회복을 원인으로 하는 소유권이전등기를 구할 수 있다(대판 2002.9.6, 2002다35157). 주의할 것은 명의신탁약정과 그에 따라 행하여진 등기에 의한 부동산에 관한 물권변동이 무효가 되므로, 명의신탁자는 더 이상 명의신탁해지를 원인으로 하는 소유권이전등기를 청구할 수 없다(대판 2007.6.14, 2005다5140; 대판 1999.1.26, 98다1027). 판례는 무효인 명의신탁약정에 의하여 타인명의의 등기가 마쳐졌다는 이유만으로 그것이 당연히 불법원인급여에 해당한다고 볼 수 없다고 한다(대판 2019.6.20, 2013다218156). 부동산실명법은 원칙적으로 명

의신탁약정과 그 등기에 기한 물권변동만을 무효로 하고 명의신탁자가 다른 법률관계에 의하여 등기회복 등의 권리행사를 하는 것까지 금지하지 않고 있기 때문이다.

(ii) 양자간 등기명의신탁에서 명의수탁자가 신탁부동산을 처분하여 제3취득자가 유효하게 소유권을 취득하고 이로써 명의신탁자가 신탁부동산에 대한 소유권을 상실하였다면, 명의신탁자의 소유권에 기한 물권적 청구권, 즉 말소등기청구권이나 진정명의회복을 원인으로 한 이전등기청구권도 더 이상 그 존재 자체가 인정되지 않는다. 그 후 명의수탁자가 우연히 신탁부동산의 소유권을 다시 취득하였더라도 명의신탁자가 신탁부동산의 소유권을 상실한 사실에는 변함이 없으므로, 여전히 물권적 청구권은 그 존재 자체가 인정되지 않는다(대판 2013.2.28, 2010다89814). 민법 제214조에 의해 명의신탁자가 명의수탁자를 상대로 등기말소를 청구하기 위해서는 신탁부동산에 대한 소유권이 존재하여야 하기 때문이다.

(iii) 명의수탁자가 양자간 명의신탁에 따라 명의신탁자로부터 소유권이전등기를 넘겨받은 부동산을 임의로 처분한 행위가 형사상 횡령죄로 처벌되지 않더라도, 위 행위는 명의신탁자의 소유권을 침해하는 행위로서 형사상 횡령죄의 성립 여부와 관계없이 민법상 불법행위에 해당하여 명의수탁자는 명의신탁자에게 손해배상책임을 부담한다(대판 2021.6.3, 2016다34007). 불법행위에 따른 형사책임은 행위자에 대한 공적인 제재(형벌)를 내용으로 함에 비하여, 민사책임은 피해자에게 발생된 손해의 전보를 내용으로 하고, 명의수탁자가 제3자에게 임의로 처분한 행위는 명의신탁자의 소유권을 침해하는 위법행위에 해당하기 때문이다.

2) 3자간 등기명의신탁 — 중간생략등기형 명의신탁

(i) 명의신탁약정에 따른 물권변동은 무효이므로, 해당 부동산의 소유권은 등기부상 전 소유자인 매도인에게 귀속한다. 따라서 명의신탁자는 ① 무효인 등기의 명의인인 명의수탁자를 상대로 그 이전등기를 구할 수 없다. ② 명의수탁자를 상대로 부당이득반환을 원인으로 한 소유권이전등기를 구할 수도 없다(대판 2008.11.27, 2008나55290,55306).

(ii) 매도인과 명의신탁자 사이의 원인계약(매매계약)의 효력은 여전히 유효하므로, 매도인은 명의신탁자에 대하여 소유권이전등기의무를 부담한다. 따라서 명의신탁자는 매도인을 대위하여 명의수탁자를 상대로 무효인 그 명의의 등기말소를 구하고, 아울러 매도인을 상대로 소유권이전등기를 청구할 수 있다(대판 2002.3.15, 2001다61654). 예컨대 甲이 丙과 부동산매매계약을 체결하고 그 대금을 모두 지급하였으나 乙에게 명의를 신탁하여 그 앞으로 소유권이전등기를 마친 경우, 丙으로부터 乙 앞으로 이루어진 소유권이전등기의 원인이 된 명의신탁약정은 무효이며, 甲은 丙에 대하여 부동산에 관한 소유권이전등기절차의 이행을 구할 수 있으므로, 丙을 대위하여 乙에게 말소등기절차의 이행을 구할 수 있다(대판 2002.11.22, 2002다11496). 따라서 ① 명의수탁자 乙이 명의신탁자 甲 앞으로 바로 마쳐 준 소유권이전등기는 실체관계에 부합하는 등기로서 유효하다(대판 2004.6.25, 2004다6764). ② 명의신탁자 甲이 제3자 丁과 사이에 부동산 처분에 관한 약정을 맺고 그 약정에 의하여 명의수탁자 乙에서 丁 앞으로 마쳐준 소유권이전등기는 실체관계에 부합하는 등

기로서 유효하다(대판 2022.9.29, 2022다228933).

(iii) 부동산의 매수인이 목적물을 인도받아 계속 점유하는 경우에는 매도인에 대한 소유권이전등기청구권은 소멸시효가 진행되지 않고, 이러한 법리는 3자간 등기명의신탁에 의한 등기가 유효기간의 경과로 무효로 된 경우에도 마찬가지로 적용된다. 따라서 그 경우 목적부동산을 인도받아 점유하고 있는 명의신탁자의 매도인에 대한 소유권이전등기청구권 역시 소멸시효가 진행되지 않는다(대판 2013.12.12, 2013다26647).

(iv) 3자간 등기명의신탁에서 명의수탁자의 임의처분·강제수용 등을 원인으로 제3자 앞으로 소유권이전등기가 한 경우, 제3자는 부동산실명법 제4조 3항에 따라 유효하게 소유권을 취득한다. 그 결과 매도인의 명의신탁자에 대한 소유권이전등기의무는 이행불능이 되어 명의신탁자로서는 부동산 소유권을 이전받을 수 없게 된다. 이 경우 판례는 명의수탁자가 명의신탁자의 채권인 소유권이전등기청구권을 침해한다는 사정을 알면서도 명의신탁 받은 부동산을 자기 마음대로 처분하였다면 이는 사회통념상 사회질서나 경제질서를 위반하는 위법한 행위로서 제3자의 채권침해에 따른 불법행위책임이 성립한다고 한다(대판 2022.6.9, 2020다208997). 즉 명의수탁자가 3자간 등기명의신탁에 따라 매도인으로부터 소유권이전등기를 넘겨받은 부동산을 자기 마음대로 처분한 행위가 형사상 횡령죄로 처벌되지 않더라도, 이는 명의신탁자의 채권인 소유권이전등기청구권을 침해하는 행위로써 민법 제750조에 따라 불법행위에 해당하여 명의수탁자는 '명의신탁자'에게 손해배상책임을 질 수 있다고 한다. ② 매도인의 명의신탁자에 대한 소유권이전등기의무는 이행불능이 되어 명의신탁자로서는 부동산의 소유권을 이전받을 수 없게 되는 한편, 명의수탁자는 부동산의 처분대금이나 보상금 등을 취득하게 된다. 따라서 '명의수탁자'가 그러한 처분대금이나 보상금 등의 이익을 명의신탁자에게 부당이득으로 반환할 의무를 부담한다고 한다(대판 2019.7.25, 2019다203811,203828).

또한 이러한 법리는 명의수탁자가 부동산에 관하여 제3자에게 근저당권을 설정하여 준 경우에도 마찬가지로 적용된다고 한다. 명의수탁자가 제3자에게 부동산에 관하여 근저당권을 설정하여 준 경우에 제3자는 제4조 3항에 따라 유효하게 근저당권을 취득한다. 이 경우 매도인의 부동산에 관한 소유권이전등기의무가 이행불능된 것은 아니므로, 명의신탁자는 여전히 매도인을 대위하여 명의수탁자의 부동산에 관한 진정명의회복을 원인으로 한 소유권이전등기 등을 통하여 매도인으로부터 소유권을 이전받을 수 있지만, 그 소유권은 명의수탁자가 설정한 근저당권이 유효하게 남아있는 상태의 것이다. 명의수탁자는 제3자에게 근저당권을 설정하여 줌으로써 피담보채무액 상당의 이익을 얻었고, 명의신탁자는 매도인을 매개로 하더라도 피담보채무액만큼의 교환가치가 제한된 소유권만을 취득할 수밖에 없는 손해를 입은 한편, 매도인은 명의신탁자로부터 매매대금을 수령하여 매매계약의 목적을 달성하였으면서도 근저당권이 설정된 상태의 소유권을 이전하는 것에 대하여 손해배상책임을 부담하지 않으므로 실질적인 손실을 입지 않는다. 따라서 3자간 등기명의신탁에서 '명의수탁자'가 부동산에 관하여 제3자에게 근저당권을 설정한 경우 명의수탁자는 근저당권의 피담보채무액 상당의 이익을 얻었고 그로 인하여 명의신탁자에게 그에 상응하는 손해를 입혔으므로, 명의수탁자는 명의신탁자에게 이를 부당이득으로 반환할 의무를 부담한다고 한다(대판 2021.9.9, 2018다284233).

생각건대 명의수탁자의 처분행위 등과 직접적인 원인관계가 있는 손해를 입은 사람은 소유자인 매도인이지 명의신탁자가 아니라는 점, 명의수탁자의 처분행위 등으로 매도인의 소유권이전등기의무가 불능이 되었으므로 매도인은 명의신탁자에게 제390조에 따라 채무불이행으로 인한 손해배상책임을 부담하고, 명의신탁자는 제546조에 따라 매매계약을 해제하고 매도인에게 원상회복을 청구할 수 있으므로, 명의신탁자는 매도인을 대위하여 매도인의 명의수탁자에 대한 처분대금이나 보상금에 대한 대상청구권을 행사하거나 매도인의 부당이득반환청구권을 행사할 수 있다는 점, 이는 명의신탁자나 매도인의 과실 정도 등에 따라 손해의 보전이 충분하지 못할 수 있지만, 강행법규에 반하는 행위를 하였기 때문에 반드시 부당하다고 볼 수 없다는 점, 부당이득반환청구권이 인정되기 위해서는 수익자와 손실자 사이에 근거가 되는 실체적 권리관계, 즉 법률상 원인이 없는 급부나 비용지출, 배타적인 권리침해 등의 존재가 전제되어야 하므로, 부당이득반환관계는 소유권을 침해당한 매도인과 그로 인하여 처분대금이나 보상금 등의 이익을 얻은 명의수탁자 사이에서 인정되어야 한다는 점 등을 고려할 때, 명의신탁자와 명의수탁자 사이에서 부당이득반환관계를 인정한 판례의 태도는 부당하다. 이는 명의수탁자가 부동산에 관하여 근저당권을 설정하였다고 하여 달리 볼 것은 아니다. 명의수탁자는 근저당권 설정행위에 관하여 매도인에게 부당이득반환의무나 손해배상의무를 부담하며, 명의신탁자는 매도인과 관계에서 매매계약에 따라 부동산에 관한 소유권이전등기청구권만 가지는 지위에 있을 뿐이고 부동산의 소유권을 가지지 않으므로, 명의수탁자가 부동산에 근저당권을 설정하는 행위로 명의신탁자의 권리가 침해되는 것은 아니기 때문이다.

판 례

3자간 등기명의신탁에서 명의신탁등기가 부동산실명법 시행에 의하여 무효로 된 후에 명의수탁자가 임의로 신탁부동산을 처분한 경우, 매도인은 명의수탁자가 신탁부동산을 제3자에게 처분하였더라도, 명의수탁자로부터 그 소유명의를 회복하기 전까지는 명의신탁자에 대하여 신의칙 내지 민법 제536조 1항 본문에 의하여 이와 동시이행의 관계에 있는 매매대금 반환채무의 이행을 거절할 수 있고, 한편 명의신탁자의 소유권이전등기청구도 허용되지 아니하므로, 결국 매도인은 명의수탁자의 처분행위로 인하여 손해를 입은 바가 없다(대판 2002.3.15, 2001다61654).

3) 계약명의신탁

명의신탁약정에 따라 행하여진 등기에 의한 부동산에 관한 물권변동은 무효이지만(제4조 2항 본문), 계약명의신탁의 경우에는 다른 당사자가 명의신탁약정이 있다는 사실을 알지 못한 경우에는 그렇지 않는다(제4조2항 단서). 주의할 것은 소유자는 경매절차에서 매수인의 결정 과정에 아무런 관여를 할 수 없고, 경매절차의 안정성 등을 고려할 때, 경매부동산의 소유자를 부동산실명법 제4조 2항 단서의 '상대방 당사자'라고 볼 수 없다(대판 2012.11.15, 2012다69197).

가) 상대방이 명의신탁약정이 있다는 사실을 알지 못한 경우 – 매도인의 선의

(i) 명의신탁자와 명의수탁자 사이의 명의신탁약정은 무효이지만(제4조 1항), 명의신탁약정의 존재를 알지 못한 선의의 매도인을 보호하기 위하여 수탁자 명의의 등기는 예외적으로 유효한 것으로 처리된다. 결국 명의수탁자는 상대방뿐만 아니라 명의신탁자에 대한 관계에서도 유효하게 되어 부동산의 소유권을 취득한다(대판 2005.1.28, 2002다66922; 대판 2002.12.26, 2000다21123). 이때 명의신탁자는 명의수탁자의 상대방에 대하여 아무런 청구도 하지 못한다. 법률관계가 없기 때문이다.

(ii) 명의신탁자와 명의수탁자가 계약명의신탁약정을 맺고 명의수탁자가 당사자가 되어 매도인과 부동산에 관한 매매계약을 체결하는 경우, 그 계약과 등기의 효력은 매매계약을 체결할 당시 매도인의 인식을 기준으로 판단해야 하고, 매도인이 계약 체결 이후에 명의신탁약정 사실을 알게 되었더라도 매매계약과 등기의 효력에는 영향이 없다. 매도인이 계약 체결 이후 명의신탁약정 사실을 알게 되었다는 우연한 사정으로 인해서 위와 같이 유효하게 성립한 매매계약이 소급적으로 무효로 된다고 볼 근거가 없다(대판 2018.4.10, 2017다257715). 가령 甲은 자신의 딸 乙과 명의신탁약정을 맺은 다음 계약 당사자가 되어 명의신탁약정 사실을 모르는 丙으로부터 X부동산을 매수하였는데, 丙이 이후 명의신탁약정 사실을 알고 매매계약이 무효라고 주장한 경우, 甲과 丙 사이에 체결된 매매계약은 부동산실명법 제4조 2항 단서에 따라 유효하고, 丙이 나중에 명의신탁약정 사실을 알았는지 여부는 이러한 결론에 영향이 없으므로, 丙은 甲에게 매매계약에 따른 소유권이전등기절차를 이행할 의무가 있다.

(iii) 명의신탁자와 명의수탁자가 계약명의신탁약정을 맺고 명의수탁자가 당사자가 되어 명의신탁약정이 있다는 사실을 알지 못하는 소유자와 부동산의 취득에 관한 계약을 체결하면 계약은 유효하다(대판 2015.12.23, 2012다202932). 따라서 아파트의 수분양자가 타인과 대내적으로는 자신이 수분양권을 계속 보유하기로 하되 수분양자 명의만을 타인의 명의로 하는 내용의 명의신탁약정을 맺으면서 분양계약의 수분양자로서의 지위를 포괄적으로 이전하는 내용의 계약인수약정을 체결하고 이에 대하여 명의신탁약정의 존재를 모르는 분양자가 동의 내지 승낙을 한 경우, 이는 계약명의신탁 관계에서 명의수탁자가 당초 명의신탁약정의 존재를 모르는 분양자와 분양계약을 체결한 경우와 다를 바 없으므로, 분양계약 인수약정은 유효하다(대판 2015.12.23, 2012다202932).

(iv) 명의수탁자는 법률상 원인 없이 명의신탁자의 손해 아래 소유권을 취득한 것이 되므로, ① 명의신탁자는 명의수탁자에 대해 매매대금 상당의 부당이득의 반환을 구할 수 있다. 이때 ㉠ 명의수탁자가 소유권이전등기를 위하여 지출하여야 할 취득세, 등록세 등을 명의신탁자로부터 제공받았다면, 이는 계약명의신탁약정의 무효로 인하여 명의신탁자가 입은 손해에 포함되어 명의수탁자는 이 역시 명의신탁자에게 부당이득으로 반환하여야 한다(대판 2010.10.14, 2007다90432). ㉡ 명의신탁약정의 무효로 인하여 명의신탁자가 입은 손해는 해당 부동산 자체가 아니라 명의수탁자에게 제공한 매수자금이므로, 명의신탁자는 명의수탁자를 상대로 그 소유권을 부당이득으로 반환청구할 수 없다(대판 2008.5.15, 2007다74690; 대판 2005.1.28, 2002다66922). ② 계약명의신탁에 의한 명

의신탁자의 명의수탁자에 대한 매수자금 상당의 부당이득반환청구권은 부동산 자체로부터 발생한 채권이 아닐 뿐만 아니라 소유권 등에 기한 부동산의 반환청구권과 동일한 법률관계나 사실관계로부터 발생한 채권이라고 보기도 어려우므로, 제320조 1항에서 정한 유치권 성립요건으로서의 목적물과 채권 사이의 견련관계를 인정할 수 없다(대판 2009.3.26, 2008다34828). ③ 명의신탁자가 명의수탁자에 대하여 부당이득반환채권만을 가지는 경우에는 그 부동산은 신탁자의 일반채권자들의 공동담보에 제공되는 책임재산이라고 볼 수 없고, 신탁자가 위 부동산에 관하여 제3자와 매매계약을 체결하는 등 신탁자가 실질적인 당사자가 되어 처분행위를 하고 소유권이전등기를 마쳐주었더라도 그로써 신탁자의 책임재산에 감소를 초래한 것이라고 할 수 없으므로, 이를 들어 신탁자의 일반채권자들을 해하는 사해행위라고 할 수 없다(대판 2013.9.12, 2011다89903). ④ 신탁자와 수탁자 사이에 신탁자의 지시(요구)에 따라 부동산의 소유 명의를 이전하기로 약정하였더라도 이는 명의신탁약정이 유효함을 전제로 명의신탁 부동산 자체의 반환을 구하는 범주에 속하는 것에 해당하여 역시 무효이다(대판 2013.9.12, 2011다89903).

(v) 명의신탁자와 명의수탁자가 무효인 명의신탁약정을 함과 아울러 그 약정을 전제로 하여 이에 기한 명의신탁자의 명의수탁자에 대한 소유권이전등기청구권을 확보하기 위하여 명의신탁 부동산에 명의신탁자 명의의 가등기를 마치고 향후 명의신탁자가 요구하는 경우 본등기를 마쳐 주기로 약정하였더라도, 이러한 약정 또한 부동산실명법에 의하여 무효인 명의신탁약정을 전제로 한 것이어서 무효이고, 위 약정에 의하여 마쳐진 가등기는 원인무효이다(대판 2015.2.26, 2014다63315). 그러나 명의수탁자가 완전한 소유권 취득을 전제로 사후적으로 명의신탁자와 부당이득반환의무(매수자금 반환의무)의 이행에 갈음하여 명의신탁된 부동산을 양도하기로 약정하고 명의신탁자 앞으로 소유권이전등기를 마쳐준 경우, 그 소유권이전등기는 유효하다(대판 2024.6.13, 2023다304568; 대판 2014.8.20, 2014다30483). 그 소유권이전등기는 새로운 소유권 이전의 원인인 대물급부의 약정에 기한 것이기 때문이다.

(vi) 부동산경매절차에서 부동산을 매수하려는 사람이 매수대금을 자신이 부담하면서 다른 사람의 명의로 매각허가결정을 받기로 그 다른 사람과 약정함에 따라 매각허가가 이루어진 경우 그 경매절차에서 매수인의 지위에 서게 되는 사람은 어디까지나 그 명의인이므로 경매 목적 부동산의 소유권은 매수대금을 실질적으로 부담한 사람이 누구인가와 상관없이 그 명의인이 취득하고, 이 경우 매수대금을 부담한 사람과 이름을 빌려 준 사람 사이에는 명의신탁관계가 성립한다(대판 2024.4.4, 2023다304650).

한편 계약명의신탁에서 명의신탁자는 부동산의 소유자가 명의신탁약정을 알았는지 여부와 관계없이 부동산의 소유권을 갖지 못할 뿐만 아니라 매매계약의 당사자도 아니어서 소유자를 상대로 소유권이전등기청구를 할 수 없고, 이는 명의신탁자도 잘 알고 있다고 보아야 한다. 명의신탁자가 명의신탁약정에 따라 부동산을 점유한다면 명의신탁자에게 점유할 다른 권원이 인정되는 등의 특별한 사정이 없는 한 명의신탁자는 소유권 취득의 원인이 되는 법률요건이 없이 그와 같은 사실을 잘 알면서 타인의 부동산을 점유한 것이다. 이러한 명의신탁자는 타인의 소유권을 배척하고 점유할 의사를 가지지 않았다고 할 것이므로 소유의 의사로 점유한다는 추정은 깨어진다(대판 2024.4.4, 2023다304650; 대판 2022.5.12, 2019다249428).

판 례

(ㄱ) 부동산경매절차에서 부동산을 매수하려는 사람이 다른 사람과의 명의신탁약정 아래 그 사람의 명의로 매각허가결정을 받아 자신의 부담으로 매수대금을 완납한 경우, 경매목적 부동산의 소유권은 매수대금의 부담 여부와는 관계없이 그 명의인이 취득하게 되고, 매수대금을 부담한 명의신탁자와 명의를 빌려 준 명의수탁자 사이의 명의신탁약정은 부동산실명법 제4조 1항에 의하여 무효이므로, 명의신탁자는 명의수탁자에 대하여 그 부동산 자체의 반환을 구할 수는 없고 명의수탁자에게 제공한 매수대금에 상당하는 금액의 부당이득반환청구권을 가질 뿐이다(대판 2005.1.28, 2002다66922; 대판 2009.3.26, 2008다34828). 나아가 이러한 경우에 명의신탁자와 명의수탁자 및 제3자 사이의 새로운 명의신탁약정에 의하여 명의수탁자가 다시 명의신탁자가 지정하는 제3자 앞으로 소유권이전등기를 마쳐 주었다면, 제3자 명의의 소유권이전등기는 제4조 2항에 의하여 무효이므로, 제3자는 소유권이전등기에도 불구하고 그 부동산의 소유권을 취득하거나 그 매수대금 상당의 이익을 얻었다고 할 수 없다. 또한 제3자 명의로 소유권이전등기를 마치게 된 것이 제3자가 명의수탁자를 상대로 제기한 소유권이전등기 청구소송의 확정판결에 의한 것이더라도, 소유권이전등기절차의 이행을 명한 확정판결의 기판력은 소송물인 이전등기청구권의 존부에만 미치고 소송물로 되어 있지 아니한 소유권의 귀속 자체에까지 미치지는 않으므로(대판 1999.10.12, 98다32441), 명의수탁자가 여전히 그 부동산의 소유자임은 마찬가지이다(대판 2009.9.10, 2006다73102).

(ㄴ) 부동산실명법 시행 전에 명의수탁자가 명의신탁 약정에 따라 부동산에 관한 소유명의를 취득한 경우, 법률의 시행 후 제11조의 유예기간이 경과하기 전까지는 명의신탁자는 언제라도 명의신탁 약정을 해지하고 당해 부동산에 관한 소유권을 취득할 수 있었던 것인데 실명화 등의 조치 없이 유예기간이 경과함으로써 제12조 1항, 제4조에 의해 명의신탁 약정은 무효로 되는 한편, 명의수탁자가 당해 부동산에 관한 완전한 소유권을 취득하게 되어 결국 명의수탁자는 당해 부동산 자체를 부당이득하게 되고, 제3조 및 제4조가 명의신탁자에게 소유권이 귀속되는 것을 막는 취지의 규정은 아니므로 명의수탁자는 명의신탁자에게 자신이 취득한 당해 부동산을 부당이득으로 반환할 의무가 있다(대판 2008.11.27, 2008다62687; 대판 2002.12.26, 2000다21123). 즉 부동산에 대한 소유권이 대내적으로는 명의신탁자가 보유하고, 대외적으로는 명의수탁자에게 있지만, 유효한 명의신탁이 유예기간의 경과로 인하여 명의수탁자가 완전한 소유권을 취득하게 되므로, 명의신탁자는 부당이득을 이유로 그 부동산에 대한 소유권이전등기를 청구할 수 있다.

(ㄷ) 부동산실명법 시행 전에 명의수탁자가 명의신탁 약정에 따라 부동산에 관한 소유명의를 취득한 경우, 명의수탁자는 위 법률의 시행 후 같은 법 제11조의 유예기간이 경과함에 따라 당해 부동산에 관한 완전한 소유권을 취득하게 되지만 그 대신 명의신탁자에게 자신이 취득한 당해 부동산을 부당이득으로 반환할 의무가 있으며, 명의신탁자의 명의수탁자에 대한 위와 같은 소유권이전등기청구권은 그 성질이 부당이득반환청구권으로서 이에 관하여는 채권의 소멸시효에 관한 일반적인 법리가 그대로 적용된다(대판 2014.5.29, 2012다42505).

(ㄹ) 부동산실명법 제11조의 유예기간이 경과한 후에도 실명화 등의 조치를 취하지 아니한 명의신탁자가 당해 부동산의 회복을 위해 명의수탁자에 대해 가지는 소유권이전등기청구권은 그 성질상 법률의 규정에 의한 부당이득반환청구권으로서 민법 제162조 1항에 따라 10년의 기간이 경과함으로써 시효로 소멸한다(대판 2009.7.9, 2009다23313).

(ㅁ) 명의신탁계약 및 그에 기한 등기를 무효로 하고 그 위반행위에 대하여 형사처벌까지 규정한 부동산실명법의 시행에 따라 그 권리를 상실하게 된 법률 시행 이전의 명의신탁자가 그 대신에 부당이득의 법리에 따라 법률상 취득하게 된 명의신탁 부동산에 대한 부당이득반환청구권의 경우, 무효로 된 명의신탁 약정에 의하여 처음부터 명의신탁자가 그 부동산의 점유 및 사용 등 권리를 행사하고 있다 하여 위 부당

이득반환청구권 자체의 실질적 행사가 있다고 볼 수 없을 뿐만 아니라, 명의신탁자가 그 부동산을 점유·사용하여 온 경우에는 명의신탁자의 명의수탁자에 대한 부당이득반환청구권에 기한 등기청구권의 소멸시효가 진행되지 않는다고 보아야 한다면, 이는 명의신탁자가 부동산실명법의 유예기간 및 시효기간 경과 후 여전히 실명전환을 하지 않아 법률을 위반한 경우임에도 그 권리를 보호하여 주는 결과로 되어 부동산 거래의 실정 및 부동산 실권리자명의 등기에 관한 법률 등 관련 법률의 취지에도 맞지 않는다(대판 2009.7.9, 2009다23313). 즉 명의신탁자가 명의신탁 부동산을 계속 점유·사용하여 온 경우에도 명의수탁자에 대한 부당이득반환청구권에 기한 등기청구권의 소멸시효는 진행된다.

(ㅂ) 부동산경매절차에서 부동산을 매수하려는 사람이 매수대금을 자신이 부담하면서 타인의 명의로 매각허가결정을 받기로 함에 따라 그 타인이 경매절차에 참가하여 매각허가가 이루어진 경우에도 그 경매절차의 매수인은 어디까지나 그 명의인이므로 경매 목적 부동산의 소유권은 매수대금을 실질적으로 부담한 사람이 누구인가와 상관없이 그 명의인이 취득한다 할 것이고, 이 경우 매수대금을 부담한 사람과 이름을 빌려 준 사람 사이에는 명의신탁관계가 성립한다. 이러한 경우 매수대금을 부담한 명의신탁자와 명의를 빌려 준 명의수탁자 사이의 명의신탁약정은 부동산실명법 제4조 제1항에 의하여 무효이나, 경매절차에서의 소유자가 위와 같은 명의신탁약정 사실을 알고 있었거나 소유자와 명의신탁자가 동일인이라고 하더라도 그러한 사정만으로 그 명의인의 소유권취득이 부동산실명법 제4조 2항에 따라 무효로 된다고 할 것은 아니다. 비록 경매가 사법상 매매의 성질을 보유하고 있기는 하나 다른 한편으로는 법원이 소유자의 의사와 관계없이 그 소유물을 처분하는 공법상 처분으로서의 성질을 아울러 가지고 있고, 소유자는 경매절차에서 매수인의 결정 과정에 아무런 관여를 할 수 없는 점, 경매절차의 안정성 등을 고려할 때 경매부동산의 소유자를 위 제4조 2항 단서의 '상대방 당사자'라고 볼 수는 없기 때문이다(대판 2012.11.15, 2012다69197).

(ㅅ) 부동산실명법이 시행되기 전에 명의신탁자와 명의수탁자가 명의신탁약정을 맺고 이에 따라 명의수탁자가 당사자가 되어 명의신탁약정이 있다는 사실을 알지 못하는 소유자와 부동산에 관한 매매계약을 체결한 후 그 매매계약에 의하여 당해 부동산의 소유권이전등기를 자신의 명의로 마치는 한편, 장차 위 부동산의 처분대가를 명의신탁자에게 지급하기로 하는 정산약정을 한 경우, 그러한 약정 이후에 부동산실명법이 시행되었다거나 그 부동산의 처분이 부동산실명법 시행 이후에 이루어졌다고 하더라도 그러한 사정만으로 위 정산약정까지 당연히 무효로 된다고 볼 수 없다. 그 이유는 다음과 같다. 부동산실명법 시행 전에 명의수탁자가 명의신탁약정에 따라 부동산에 관한 소유명의를 취득한 경우에 부동산실명법 시행 후 같은 법 제11조의 유예기간이 경과하기 전까지 명의신탁자는 언제라도 명의신탁약정을 해지하고 해당 부동산에 관한 소유권을 취득할 수 있었던 것으로, 실명화 등의 조치 없이 위 유예기간이 경과함으로써 같은 법 제12조 1항, 제4조에 의해 명의신탁약정은 무효로 되는 한편, 명의수탁자가 해당 부동산에 관한 완전한 소유권을 취득하게 된다. 그런데 부동산실명법 제3조 및 제4조가 명의신탁자에게 소유권이 귀속되는 것을 막는 취지의 규정은 아니므로 명의수탁자는 명의신탁자에게 자신이 취득한 해당 부동산을 부당이득으로 반환할 의무가 있다. 이와 같은 경위로 명의신탁자가 해당 부동산의 회복을 위해 명의수탁자에 대해 가지는 소유권이전등기청구권은 그 성질상 법률의 규정에 의한 부당이득반환청구권이다. 만일 명의수탁자가 신탁부동산을 처분하였다면, 앞서 본 바와 같은 처분대가에 관한 정산약정이 없는 경우라도 명의수탁자는 민법 제747조 1항에 의하여 명의신탁자에게 그 부동산의 가액을 반환할 의무를 부담한다. 부동산실명법 시행 전에 명의수탁자가 신탁부동산의 처분대가를 명의신탁자에게 지급하기로 하는 정산약정을 한 경우 그러한 약정에 따른 법적 효과는 위와 같이 법률에 의하여 이미 명의신탁자에게 인정되는 권리의 범위 내에 속하는 것이라고 볼 수 있다. 따라서 위 약정이 애초부터 신탁부동산의 소유권을 취득할 수 없는 명의신탁자를 위하여 사후에 보완하는 방책에 해당한다거나 무효인 명의신탁약정이 유효함을 전제로 명의신탁 부동산 자체 또는 그 처분대금의 반환을 구하는 범주에 든다고 보기 어렵다. 달리 위 정산약정 이후에 부동산실명법이 시행되었다거나 신탁부동산의 처분이 부동산실명법 시행 이후에 이루어졌다는 것만으로 그 유효성을 부인할 것은 아니다(대판 2021.7.21, 2019다266751).

나) 상대방이 명의신탁약정이 있다는 사실을 안 경우 – 매도인의 악의

(i) 명의수탁자의 상대방이 악의인 때에는 명의신탁약정 및 물권변동은 무효로 된다. 따라서 상대방은 명의수탁자에게 소유권에 의하여 수탁자 명의의 등기말소나 진정등기명의회복을 위한 소유권이전등기를 구할 수 있고, 명의수탁자는 상대방에게 이미 지급한 매매대금의 반환을 구할 수 있다.

(ii) 명의신탁자는 상대방이나 명의수탁자에 대하여 계약상의 권리를 갖지 못하므로, 상대방이나 명의수탁자에 대하여 부동산에 대한 소유권이전등기를 청구할 수 없다. 다만 명의신탁자는 명의수탁자에 대하여 부당이득반환청구권을 갖게 되는데, 명의수탁자에 대한 부당이득반환청구권을 피보전권리로 하여 명의수탁자를 대위하여 명의수탁자의 상대방에 대한 부당이득반환청구권을 행사할 수 있다. 또한 무효사실이 밝혀진 후에 매도인이 계약명의자인 명의수탁자 대신 명의신탁자가 그 계약의 매수인으로 되는 것에 대하여 동의 내지 승낙을 함으로써 부동산을 명의신탁자에게 양도할 의사를 표시하였다면, 매도인과 명의신탁자 사이에는 종전의 매매계약과 같은 내용의 양도약정이 따로 체결된 것으로 볼 수 있고, 따라서 명의신탁자는 매도인에 대하여 이러한 양도약정을 원인으로 하는 소유권이전등기청구를 할 수 있다(대판 2003.9.5, 2001다32120).

판 례

(ㄱ) 명의신탁자와 명의수탁자가 이른바 계약명의신탁 약정을 맺고 매매계약을 체결한 소유자도 명의신탁자와 명의수탁자 사이의 명의신탁약정을 알면서 그 매매계약에 따라 명의수탁자 앞으로 당해 부동산의 소유권이전등기를 마친 경우 부동산실명법 제4조 제2항 본문에 의하여 명의수탁자 명의의 소유권이전등기는 무효이므로, 당해 부동산의 소유권은 매매계약을 체결한 소유자에게 그대로 남아 있게 되고, 명의수탁자가 자신의 명의로 소유권이전등기를 마친 부동산을 제3자에게 처분하면 이는 매도인의 소유권 침해행위로서 불법행위가 된다. 그러나 명의수탁자로부터 매매대금을 수령한 상태의 소유자로서는 그 부동산에 관한 소유명의를 회복하기 전까지는 신의칙 내지 민법 제536조 제1항 본문의 규정에 의하여 명의수탁자에 대하여 이와 동시이행의 관계에 있는 매매대금 반환채무의 이행을 거절할 수 있는데, 이른바 계약명의신탁에서 명의수탁자의 제3자에 대한 처분행위가 유효하게 확정되어 소유자에 대한 소유명의 회복이 불가능한 이상, 소유자로서는 그와 동시이행관계에 있는 매매대금 반환채무를 이행할 여지가 없다. 또한 명의신탁자는 소유자와 매매계약관계가 없어 소유자에 대한 소유권이전등기청구도 허용되지 아니하므로, 결국 소유자인 매도인으로서는 특별한 사정이 없는 한 명의수탁자의 처분행위로 인하여 어떠한 손해도 입은 바가 없다(대판 2013.9.12, 2010다95185).

(ㄴ) 명의신탁약정이 이른바 3자간 등기명의신탁인지 아니면 계약명의신탁인지의 구별은 계약당사자가 누구인가를 확정하는 문제로 귀결된다. 그런데 타인을 통하여 부동산을 매수함에 있어 매수인 명의를 그 타인 명의로 하기로 하였다면 이때의 명의신탁관계는 그들 사이의 내부적인 관계에 불과하므로, 설령 계약의 상대방인 매도인이 그 명의신탁관계를 알고 있었다고 하더라도, 계약명의자인 명의수탁자가 아니라 명의신탁자에게 계약에 따른 법률효과를 직접 귀속시킬 의도로 계약을 체결하였다는 등의 특별한 사정이 인정되지 아니하는 한, 그 명의신탁관계는 계약명의신탁에 해당한다고 보아야 함이 원칙이다(대결 2013.10.7, 2013스133).

(ㄷ) 어떤 사람이 타인을 통하여 부동산을 매수하면서 매수인 명의 및 소유권이전등기 명의를 타인 명의로 하기로 한 경우, 매수인 및 등기 명의의 신탁관계는 그들 사이의 내부적인 관계에 불과하므로, 상대방이 명

의신탁자를 매매당사자로 이해하였다는 등의 특별한 사정이 없는 한 대외적으로는 계약명의자인 타인을 매매당사자로 보아야 하며, 설령 상대방이 명의신탁관계를 알고 있었더라도 상대방이 계약명의자인 타인이 아니라 명의신탁자에게 계약에 따른 법률효과를 직접 귀속시킬 의도로 계약을 체결하였다는 등의 특별한 사정이 인정되지 아니하는 한 마찬가지이다(대판 2016.7.22, 2016다207928).

(ㄹ) 조합원들이 공동사업을 위하여 매수한 부동산에 관하여 합유등기를 하지 않고 조합원 중 1인 명의로 소유권이전등기를 한 경우 조합체가 조합원에게 명의신탁한 것으로 보아야 한다. 조합체가 조합원에게 명의신탁한 부동산의 소유권은 물권변동이 무효인 경우 매도인에게, 유효인 경우 명의수탁자에게 귀속된다. 이 경우 조합재산은 소유권이전등기청구권 또는 부당이득반환채권이고, 신탁부동산 자체는 조합재산이 될 수 없다(대판 2019.6.13, 2017다246180).

(다) 제3자에 대한 효력

1) 명의신탁약정 내지 물권변동의 무효는 제3자에게 대항하지 못한다(제4조 3항). '제3자에게 대항하지 못한다'의 의미는 수탁자 명의의 등기는 무효이지만, 제3자에 대한 관계에서는 유효한 것으로 취급되고, 그 결과 명의수탁자가 그 명의의 등기에 의하여 한 처분행위는 유효하게 된다는 의미이다. 여기서 '제3자'는 명의신탁약정의 당사자 및 포괄승계인 이외의 자로서 명의수탁자가 물권자임을 기초로 그와 사이에 직접 새로운 이해관계를 맺은 사람으로서 소유권이나 저당권 등 물권을 취득한 자뿐만 아니라 압류 또는 가압류채권자도 포함하고 그의 선의·악의를 묻지 않는다. 이러한 법리는 특별한 사정이 없는 한 명의신탁약정에 따라 형성된 외관을 토대로 다시 명의신탁이 이루어지는 등 연속된 명의신탁관계에서 '최후의 명의수탁자가 물권자임을 기초로' 그와 사이에 직접 새로운 이해관계를 맺은 사람에게도 적용된다(대판 2021.11.11, 2019다272725). 따라서 ① 甲이 자신의 X토지를 乙에게 명의신탁한 후, 丙이 '자신이 X토지의 실제 소유자'라고 주장하면서 乙을 상대로 이전등기소송을 제기하였으나, 乙이 이를 인낙함으로써 丙명의로 이전등기가 되었고, 丙이 다시 증여를 원인으로 丁에게 이전등기를 마친 경우, 丙은 명의수탁자 乙이 X토지의 소유자임을 기초로 소유권을 이어받은 것이 아니고, 乙과 사이에 새로운 법률원인으로 이해관계를 맺은 것도 아니다. 따라서 丙은 제4조 3항의 제3자에 해당하지 않으므로 丙명의의 등기는 무효이고, X토지를 증여받은 丁도 무효인 丙명의의 등기를 승계하였을 뿐이므로 제4조 3항의 제3자에 해당하지 않는다(대판 2005.11.10, 2005다34667,34674). ② 명의신탁자와 부동산에 관한 물권을 취득하기 위한 계약을 맺고 단지 등기명의만을 명의수탁자로부터 마친 것 같은 외관을 갖춘 자는 제3자에 해당되지 않는다(대판 2004.8.30, 2002다48771). 반면에 ③ 甲이 자신의 X부동산에 대하여 명의수탁자 乙명의로 소유권이전등기를 마쳐주었는데, 乙은 丙에 대한 차용금채무를 담보하기 위해 X부동산에 丙명의로 근저당권을 설정해 주었다. 그 후 乙은 丙에게 차용금채무의 변제에 갈음하여 X부동산의 소유권을 이전해 주기로 약정하였고, 丙은 丁과 명의신탁약정을 맺은 다음 乙로부터 X부동산에 대한 소유권이전등기를 丁명의로 이전받았는데, 丁이 戊에 대한 차용금채무를 담보하기 위해 戊명의로 근저당권을 설정해 주었다. 이 경우 戊는 제4조 3항의 제3자에 해당한다(대판 2021.11.11, 2019다272725).

2) 일반적으로 명의수탁자는 신탁재산을 유효하게 제3자에게 처분할 수 있고 제3자가 명의신탁사실을 알았다 하여도 그의 소유권취득에 영향이 없는 것이기는 하지만, 제3자가 명의수탁자의 명의신탁자에 대한 배신행위에 적극 가담한 경우에는 명의수탁자와 제3자 사이의 계약은 반사회적인 법률행위로서 무효이다(대판 2008.3.27, 2007다82875). 명의수탁자와 제3자 사이의 매매계약이 반사회적인 법률행위로서 무효라고 한다면 이는 제3자와 명의신탁자 사이에서만 상대적으로 효력이 없는 것이라고는 할 수 없고, 제3자와 명의수탁자 사이에서도 무효인 것으로 보아야 하는 것이므로, 제3자가 명의수탁자에 대하여 매매계약이 유효함을 전제로 하여 그 불이행을 이유로 하는 손해배상을 청구할 수 없다(대판 1992.6.9, 91다29842).

판 례

(ㄱ) 학교법인이 명의신탁약정에 의하여 명의수탁자로서 기본재산에 관한 등기를 마침으로써 관할청이 기본재산 처분에 관하여 허가권을 갖게 된다고 하더라도, 관할청의 허가권은 학교법인이 기본재산을 부당하게 감소시키는 것을 방지함으로써 사립학교의 건전한 발달을 도모하기 위하여 관할청에게 주어진 행정상 권한에 불과한 것이어서 관할청을 명의수탁자인 학교법인이 물권자임을 기초로 학교법인과 사이에 직접 새로운 이해관계를 맺은 자라고 볼 수 없으므로, 부동산실명법 제4조 3항에서 규정하는 제3자에 해당한다고 할 수 없다(대판 2013.8.22, 2013다31403).

(ㄴ) 부동산실명법 제4조 3항에 따르면 명의수탁자가 신탁부동산을 임의로 처분하거나 강제수용이나 공공용지 협의취득 등을 원인으로 제3취득자 명의로 이전등기가 마쳐진 경우, 특별한 사정이 없는 한 제3취득자는 유효하게 소유권을 취득한다. 그리고 이 경우 명의신탁관계는 당사자의 의사표시 등을 기다릴 필요 없이 당연히 종료되었다고 볼 것이지, 주택재개발정비사업으로 인해 분양받게 될 대지 또는 건축시설물에 대해서도 명의신탁관계가 그대로 존속한다고 볼 수 없다(대판 2021.7.8, 2021다209225,209232).

3. 부동산실명법의 적용을 받지 않는 명의신탁 — 유효인 명의신탁

(1) 서 설

(가) 부동산실명법상의 명의신탁약정에 해당하지 않거나 동법의 규율을 받지 않는 경우가 있다. 즉 ① 양도담보 및 가등기담보, 상호명의신탁, 신탁법 등에 의한 신탁재산인 사실을 등기하는 경우는 부동산실명법상의 명의신탁약정이 아니다(제2조 1호). ② 등기나 등록에 의하여 공시되는 동산물권 및 광업법·어업권·지식재산권에 대한 명의신탁에는 동법이 적용되지 않는다(제3조). ③ 종중이 보유한 부동산에 관한 물권을 종중 이외의 자의 명의로 등기한 경우, 배우자 명의로 부동산에 관한 물권을 등기한 경우 또는 종교단체의 명의로 그 산하조직이 보유한 부동산에 관한 물권을 등기한 경우로서 조세포탈·강제집행의 면탈·법령상 제한의 회피를 목적으로 하지 않는 때에는 부동산실명법의 대부분의 주요규정이 적용되지 않는다(제8조). 이 중에 양도담보 및 가등기담보는 가등기담보법이, 신탁법상의 신탁등기는 신탁법 등이 적용되고, 나머지는 종전의 명의신탁이론이 그대로 적용된다.

(나) 한편 어떤 명의신탁등기가 부동산실명법에 따라 무효로 된 경우에도 그 후 명의신탁자와 명의수탁자가 혼인하여 그 등기의 명의자가 배우자로 된 경우에는 조세포탈·강제집행의 면탈 또는 법령상 제한의 회피를 목적으로 하지 않는 한 그 명의신탁등기는 당사자가 혼인한 때부터 유효하게 된다(대판 2002.10.25, 2002다23840; 대결 2002.10.28, 2001마1235). 부동산실명법 제8조의 내용과 문장 구조에 비추어 보면, 부동산에 관하여 부부간의 명의신탁 약정에 따른 등기가 있는 경우 그것이 조세포탈 등을 목적으로 한 것이라는 점은 예외에 속한다. 따라서 이러한 목적이 있다는 이유로 등기가 무효라는 점은 이를 주장하는 자가 증명하여야 한다(대판 2017.12.5, 2015다240645).

판 례

(ㄱ) 부동산실명법의 제정목적, 다른 비법인 사단과의 형평성 등을 고려할 때, 제8조 1항의 종중은 고유의 의미의 종중만을 가리키고, 종중 유사의 비법인 사단은 포함하지 않는 것으로 봄이 상당하다(대판 2007.10.25, 2006다14165).

(ㄴ) 신청인이 그 확정판결에 의하여 소유권이전등기를 신청하고 있는 경우에는 등기관이 부동산실명법 제8조 제2호의 특례에 해당하는지 여부에 관하여 다시 심사를 하여 명의신탁약정 및 그 명의신탁등기의 유·무효를 가리는 것은 등기관의 형식적 심사권의 범위를 넘어서는 것이어서 허용될 수 없다(대결 2002.10.28, 2001마1235).

(ㄷ) 부동산실명법 제8조 제2호에 따라 부부간 명의신탁이 일단 유효한 것으로 인정되었다면 그 후 배우자 일방의 사망으로 부부관계가 해소되었다 하더라도 그 명의신탁약정은 사망한 배우자의 다른 상속인과의 관계에서도 여전히 유효하게 존속한다고 보아야 한다(대판 2013.1.24, 2011다99498).

(ㄹ) 부동산실명법 제8조의 '강제집행의 면탈'을 목적으로 한 명의신탁에 해당하려면 민사집행법에 따른 강제집행 또는 가압류·가처분의 집행을 받을 우려가 있는 객관적인 상태, 즉 채권자가 본안 또는 보전소송을 제기하거나 제기할 태세를 보이고 있는 상태에서 한쪽 배우자가 상대방 배우자에게 부동산을 명의신탁함으로써 채권자가 집행할 재산을 발견하기 곤란하게 할 목적이 있다고 인정되어야 한다. 부부간의 명의신탁 당시에 막연한 장래에 채권자가 집행할 가능성을 염두에 두었다는 것만으로 강제집행 면탈의 목적을 섣불리 인정해서는 안 된다(대판 2017.12.5, 2015다240645).

(2) 명의신탁

소유권 등은 대외적 관계 내지 제3자에 대한 관계에서는 명의수탁자에게 이전되지만, 대내적 관계 즉 명의신탁자와 명의수탁자 사이의 관계에서는 명의신탁자가 소유권을 그대로 보유한다.

(가) 대내적 관계

1) 명의신탁자는 명의수탁자에게 등기명의만 맡겨 둘 뿐, 내부관계에서는 명의신탁자가 소유권을 그대로 보유하고, 신탁재산을 관리·수익한다(대판 1996.10.25, 95다40939). 따라서 명의신탁자는 명의수탁자에 대하여 실질적인 소유권을 주장할 수 있지만(대판 1982.11.23, 81다372), 명의수탁자는 명의신탁자에 대하여 소유권을 주장할 수 없다(대판 1993.11.9, 92다31669). 이러한 명의신탁관계는 당사자의 일방의 사망으로 당연히 소멸하지는 않고 그 재산상속인과의 사이에 그대로 존속하게 된다(대판 1996.5.31, 94다35985).

2) 명의신탁자는 신탁재산을 처분할 권한을 가진다. 따라서 명의신탁부동산을 명의신탁자가 매도하는 경우, 명의신탁자는 그 부동산을 사실상 처분할 수 있을 뿐 아니라 법률상으로도 처분할 수 있는 권원에 의하여 매도한 것이므로, 이를 타인의 권리의 매매(민법 제569조)라고 할 수 없다(대판 1996.8.20, 96다18656). 또한 명의신탁자로부터 적법하게 명의신탁한 주택을 임차한 경우에 주택임대차보호법이 적용된다. 즉 주택의 명의신탁자가 임대차계약을 체결한 후 명의수탁자가 명의신탁자로부터 주택을 임대할 권리를 포함하여 주택에 대한 처분권한을 종국적으로 이전받는 경우에 임차인이 주택의 인도와 주민등록을 마친 이상 명의수탁자는 주택임대차보호법 제3조 4항에 의하여 임차인과의 관계에서 그 주택의 양수인으로서 임대인의 지위를 승계한다(대판 1999.4.23, 98다49753).

3) 명의수탁자의 점유는 권원의 객관적 성질상 '타주점유'에 해당하므로(대판 2002.4.26, 2001다8097,8103), 명의수탁자 또는 그 상속인은 대내적 소유권을 점유시효취득할 수 없다(대판 1975.9.23, 74다2091,2092).

4) 관습상의 법정지상권은 토지와 그 지상건물이 동일인의 소유에 속해 있다가 각각 그 소유자를 달리하게 되는 경우에 성립하는 것이므로, 토지소유권을 명의신탁 받은 수탁자가 명의신탁관계의 존속 중에 그 토지상에 건물을 신축한 후에 명의신탁이 해지되어 등기명의가 환원된 경우, 명의수탁자는 명의신탁자와의 대내적 관계에서 그 토지가 자기 소유이었다고 주장할 수 없으므로, 명의수탁자는 명의신탁자에 대하여 지상건물의 소유를 위한 관습상의 지상권취득을 주장할 수 없다(대판 1986.5.27, 86다카62).

판 례

여러 필지의 토지의 각 일부 지분을 명의신탁받은 명의수탁자가 임의로 명의신탁관계가 없는 다른 공유자들과의 공유물분할의 협의에 따라 특정 토지를 단독으로 소유하고 나머지 토지에 대한 지분을 다른 공유자에게 이전한 경우, 명의수탁자가 특정 토지를 단독으로 소유하게 된 것은 형식적으로는 다른 공유자들의 지분의 등기명의를 승계취득한 것과 같은 형태를 취하고 있으나 실질적으로는 명의신탁받은 여러 필지의 토지에 분산되어 있는 지분을 분할로 인하여 취득하는 특정 토지에 집중시켜 그에 대한 소유 형태를 변경한 것에 불과하다고 할 것이므로, 그 공유물분할이 명의신탁자의 의사와 관계없이 이루어진 것이더라도 명의신탁자와 명의수탁자 사이의 명의신탁관계는 위 특정 토지 전부에 그대로 존속한다고 보아야 한다(대판 1999.6.17, 98다58443).

(나) 대외적 관계

1) 대외적 관계에서는 명의수탁자만이 완전한 소유자이다. 따라서 명의수탁자의 일반채권자는 수탁자 명의의 재산에 대하여 강제집행 내지 경매를 할 수 있고, 명의신탁자는 신탁을 이유로 그 일반채권자에게 소유권을 주장할 수 없다(대판 1974.6.25, 74다423).

참고로 진정한 등기명의의 회복을 위한 소유권이전등기청구는 자기 명의로 소유권의 등기가 되어 있었거나 법률에 의하여 소유권을 취득한 진정한 소유자가 현재의 등기명의인을 상대로 그 등기의 말소를 구하는 것에 갈음하여 소유권에 의하여 진정한 등기명의의 회복을 구하는 것이다(대판 2007.7.12, 2007다14940). 따라서 명의신탁자는 제3자에 대하여 진정한 등기명의의 회복을 원인으로 한 소유권이전등기청구를 할 수 있는 진정한 소유자의 지위에 있다고 볼 수 없다(대판 2001.8.21, 2000다36484).

2) 명의수탁자로부터 신탁재산의 소유권을 취득한 제3자는 명의신탁관계에 관한 선·악의를 불문하고 소유권을 취득한다(대판 1963.9.19, 63다388). 물론 명의수탁자로부터 신탁재산을 매수한 제3자가 명의수탁자의 명의신탁자에 대한 배신행위에 적극 가담한 경우, 명의수탁자와 제3자 사이의 계약은 반사회적인 법률행위로서 무효이다(대판 1992.6.9, 91다29842).

3) 재산을 타인에게 신탁한 경우 대외적인 관계에서는 명의수탁자만이 소유자로서 그 재산에 대한 제3자의 침해에 대하여 배제를 구할 수 있다. 따라서 명의신탁자는 명의수탁자를 대위하여 명의수탁자의 권리를 행사할 수 있을 뿐 직접 제3자에게 신탁재산에 대한 침해의 배제를 구할 수 없다(대판 2001.8.21, 2000다36484; 대판 1979.9.25, 77다1079). 그러나 부동산의 명의신탁자는 제3자에 대하여 직접 그 소유권 및 이에 따른 점유사용권을 주장할 수 없고, 제3자가 법률상 원인 없이 점유함으로 인한 임료 상당의 부당이득반환청구권은 수탁자를 대위하여 주장할 수 없다(대판 1991.10.22, 91다17207). 명의신탁자는 제3자에 대하여 소유권을 주장할 수 없고, 명의수탁자를 대위하여 제3자에 대한 '부당이득반환청구권'을 행사하더라도 명의수탁자에 대한 '소유권이전등기청구권'이 보전되지 않기 때문이다.

4) 부동산소유자가 공작물의 하자로 인하여 손해배상의무를 지는 경우(제758조), 그 부동산의 소유권이 명의신탁되었다면 명의신탁자는 소유자로 취급되며, 따라서 피해자는 명의신탁자에 대하여 직접 손해배상을 청구할 수 있다. 명의신탁의 대외관계에 있어 명의수탁자를 소유자로 취급하는 것은 선의의 제3자를 보호하고자 하는 것이므로, 모든 제3자에 대한 관계에서 명의수탁자만을 소유자로 확정하는 것은 아니기 때문이다(대판 1977.8.23, 77다246).

5) 명의신탁자가 스스로 점유를 계속하면서 등기명의를 명의수탁자에게 이전한 경우, 수탁자 명의로 등기된 기간이 10년이 경과하였더라도 명의수탁자의 등기명의를 명의신탁자의 등기명의와 동일한 것으로 볼 수 없으므로, 명의신탁자의 등기부취득시효는 인정될 수 없다(대판 2002.4.26, 2001다8097,8103; 대판 1987.11.10, 85다카1644). 또한 명의신탁된 부동산에 대하여 점유취득시효가 완성된 후 시효취득자가 그 소유권이전등기를 마치기 전에 명의신탁이 해지되어 그 등기명의가 명의수탁자로부터 명의신탁자에게로 이전된 경우, 대외적 관계에서는 등기명의자만이 소유권자로 취급되고 시효완성 당시 시효취득자에게 져야 할 등기의무도 명의수탁자에게만 있을 뿐이므로, 명의신탁자는 취득시효 완성 후에 소유권을 취득한 자에 해당하여 시효취득자는 특별한 사정이 없는 한 신탁자에 대하여 취득시효를 주장할 수 없다(대판 2001.10.26, 2000다8861; 대판 1995.12.8, 95다38493).

반면에 제3자가 취득시효 기간만료 당시의 등기명의인으로부터 신탁 또는 명의신탁받은 경우라면 종전 등기명의인은 언제든지 이를 해지하고 소유권이전등기를 청구할 수 있고, 점유시효취득자는 종전 등기명의인을 대위하여 이러한 권리를 행사할 수 있으므로, 그러한 제3자가 소유자로서의 권리를 행사하는 경우 점유자로서는 취득시효완성을 이유로 이를 저지할 수 있다(대판 2007.10.11, 2007다43894; 대판 1995.9.5, 95다24586).

판 례

(ㄱ) 민사집행법 제48조의 강제집행에 대한 제3자이의의 소는 이미 개시된 집행의 목적물에 대하여 소유권 기타 목적물의 양도나 인도를 막을 수 있는 권리가 있다고 주장함으로써 그에 대한 집행의 배제를 구하는 것이니만큼 그 소의 원인이 되는 권리는 집행채권자에 대항할 수 있는 것이어야 한다. 종중이 보유한 부동산에 관한 물권을 종중 이외의 자의 명의로 등기하는 명의신탁의 경우 조세포탈, 강제집행의 면탈 또는 법령상 제한의 회피를 목적으로 하지 아니하는 경우에는 그 명의신탁약정은 여전히 그 효력을 유지하는 것이지만, 부동산을 명의신탁한 경우에는 소유권이 대외적으로 수탁자에게 귀속하므로 명의신탁자는 신탁을 이유로 제3자에 대하여 그 소유권을 주장할 수 없고 특별한 사정이 없는 한 신탁자가 수탁자에 대해 가지는 명의신탁해지를 원인으로 한 소유권이전등기청구권은 집행채권자에게 대항할 수 있는 권리가 될 수 없으므로 결국 명의신탁자인 종중은 명의신탁된 부동산에 관하여 제3자이의의 소의 원인이 되는 권리를 가지고 있지 않다고 할 것이다(대판 2007.5.10, 2007다7409).

(ㄴ) 명의신탁된 부동산에 관하여 그 점유자의 점유취득시효 완성 후 그 소유권이전등기를 마치기 전에 명의신탁이 해지되고 새로운 명의신탁이 이루어져 그 소유 명의가 점유취득시효 완성 당시의 명의수탁자로부터 새로운 명의수탁자에게로 이전된 경우, 소유명의의 이전이 무효가 아닌 이상 새로운 명의수탁자는 점유취득시효 완성 후에 소유권을 취득한 자에 해당하므로, 점유자는 그에 대하여 시효취득을 주장할 수 없다(대판 2000.8.22, 2000다21987).

(다) 명의신탁의 종료

1) 명의신탁의 해지

(i) 명의신탁자는 원칙적으로 언제든지 명의신탁계약을 해지하고 명의수탁자에게 명의신탁재산의 반환을 청구할 수 있다(대판 2002.5.10, 2000다55171). 해지의 효과로서, 판례는 ① 대내적 관계에서는 신탁계약의 해지로 인하여 소유권이 명의신탁자에게 당연히 복귀한다고 한다(대판 2002.5.10, 2000다55171). 즉 명의신탁자는 명의수탁자에 대하여 신탁해지를 하고 신탁관계의 종료 그것만을 이유로 하여 소유명의의 이전등기절차의 이행을 청구할 수 있음은 물론, 신탁해지를 원인으로 하고 소유권에 기해서도 그와 같은 청구를 할 수 있고, 이 경우 양 청구는 청구원인을 달리하는 별개의 소송이라 할 것이다고 한다(대판 2002.5.10, 2000다55171; 대판 1980.12.9, 79다634). 반면에 ② 제3자에 대한 관계에서는 신탁계약의 해지만으로는 소유권이 명의신탁자에게 복귀하는 것은 아니고, 명의신탁자에게로 소유권이전등기가 행해질 때까지는 명의수탁자를 여전히 소유권자로 본다. 즉 명의신탁계약해지의 효과는 소급하지 않고 장래에 향하여 효력이 있음에 불과하므로, 명의수탁자가 명의신탁자 앞으로 등기명의를 이전하기 전에 명의수탁자로부터 부동산을 취득한 자는 그 취득행위에 무효 또는 취소사유가 없는 한 적법하게 소유권을 취득한다고 한다(대판 1991.8.27, 90다19848).

(ii) 명의신탁이 해지된 경우, 신탁자는 수탁자에 대하여 소유권에 의하여 등기관계를 실체적 권리관계에 부합하도록 하기 위하여 수탁자 명의의 등기말소를 청구할 수 있는 것이며, 반드시 소유권이전등기만을 청구할 수 있는 것은 아니다(대판 1998.4.24, 97다44416). 즉 소유권이전등기

외에 말소등기도 가능하다.

(iii) 명의신탁관계가 종료된 경우 신탁자의 수탁자에 대한 소유권이전등기청구권은 신탁자의 일반채권자들에게 공동담보로 제공되는 책임재산이 된다. 그런데 신탁자가 유효한 명의신탁약정을 해지함을 전제로 신탁된 부동산을 제3자에게 직접 처분하면서 수탁자 및 제3자와의 합의 아래 중간등기를 생략하고 수탁자에게서 곧바로 제3자 앞으로 소유권이전등기를 마쳐 준 경우 이로 인하여 신탁자의 책임재산인 수탁자에 대한 소유권이전등기청구권이 소멸하게 되므로, 이로써 신탁자의 소극재산이 적극재산을 초과하게 되거나 채무초과상태가 더 나빠지게 되고 신탁자도 그러한 사실을 인식하고 있었다면 이러한 신탁자의 법률행위는 신탁자의 일반채권자들을 해하는 행위로서 사해행위에 해당한다(대판 2016.7.29, 2015다56086).

판 례

(ㄱ) 부동산의 소유자 명의를 신탁한 자는 특별한 사정이 없는 한 언제든지 명의신탁을 해지하고 소유권에 의하여 신탁해지를 원인으로 한 소유권이전등기절차의 이행을 청구할 수 있는 것으로서, 이와 같은 등기청구권은 소멸시효의 대상이 되지 않는다(대판 1991.11.26, 91다34387). 즉 신탁자의 수탁자에 대한 등기청구권은 소유권에 기한 물권적 청구권이므로 소멸시효의 대상이 아니라고 한다.

(ㄴ) 부동산의 명의수탁자가 명의신탁이 해지된 후 그 명의신탁자 명의로 신탁해지에 따른 등기의 회복이 있기 전에 그 부동산을 제3자에게 매도하여 그에 따른 소유권이전등기가 제3자 명의로 경료된 경우에는 특별한 사정이 없는 한 위의 제3자는 명의신탁자에 앞서 보호되어야 할 것이므로 명의수탁자가 명의신탁자에 대하여 부담하고 있는 소유권이전등기의무는 이행불능상태에 있는 것이라고 보아야 할 것이다(대판 1982.12.28, 82다카984).

(ㄷ) 명의신탁의 효과로 토지대장 등에 소유자로 등재되었을 뿐 아직 등기를 취득하지 아니한 경우에 있어서 신탁자가 명의신탁을 해지하였음에도 불구하고 그 후 수탁자가 토지대장 등의 기재에 바탕하여 수탁자 명의로 소유권보존등기를 경료하였다면 그 등기는 원인무효의 등기이다(대판 1993.7.13, 93다531).

(ㄹ) 부동산소유권의 명의신탁의 결과로 토지대장이나 건축물관리대장에 소유자로 등재되었을 뿐 아직 수탁자 명의로 소유권에 관한 등기를 취득하지 아니한 경우에는 토지대장이나 건축물관리대장의 기재가 소유권의 변동을 공시하는 것이 아니기 때문에 명의신탁이 해지되면 그 효과로 명의신탁 관계가 종료되어 수탁자는 바로 그 외부관계에서의 소유권도 상실하는 것이므로, 신탁자가 수탁자에 대하여 명의신탁된 부동산의 소유권이전등기를 구할 수 없다(대판 1999.6.25, 97다52882). 즉 신탁자는 단지 소유권확인을 구하면 된다. 물론 원인무효를 이유로 등기말소를 청구할 수 있다.

2) 명의수탁자의 처분

명의수탁자가 제3자에게 처분을 하면 원칙적으로 명의신탁관계는 소멸한다. 즉 부동산을 명의신탁한 경우에는 소유권이 대외적으로 수탁자에게 귀속하므로, 수탁자가 수탁 부동산을 처분하였을 때에는 그 처분행위가 무효 또는 취소되는 등의 사유가 없는 한 제3취득자는 신탁재산에 대한 소유권을 적법히 취득하고 명의신탁관계는 소멸한다(대판 2000.10.6, 2000다32147).

(3) 상호명의신탁—구분소유적 공유관계

(가) 의 의

2인 이상이 내부적으로는 각 하나의 부동산을 위치, 면적 등을 특정하여 구분하여 소유하기로 약정하면서 그 부동산에 관한 등기는 그들의 공유로 마친 경우를 구분소유적 공유관계라고 한다(대판 2009.3.26, 2008다44313). 가령 甲이 100㎡의 X토지 1필지의 일부 중 약 40㎡를 특정하여 乙에게 매도하면서 토지를 분할하는 등의 절차를 피하기 위하여 편의상 乙에게 면적 비율에 상응하는 공유지분등기를 하여 준 결과, 甲과 乙이 각각 100분의 60, 100분의 40의 공유지분등기를 한 상태를 말한다.

(나) 성립요건

구분소유적 공유관계는 어떤 부동산에 관하여 그 위치와 면적을 특정하여 여러 사람이 구분소유하기로 하는 약정이 있어야 하고, 공유지분등기를 하여야 한다. 따라서 ① 공유자들 사이에 그 공유물을 분할하기로 약정하고 그때부터 각자의 소유로 분할된 부분을 특정하여 각자 점유·사용하여 온 경우에 구분소유적 공유관계가 성립할 수 있지만, 공유자들 사이에서 특정 부분을 각각의 공유자들에게 배타적으로 귀속시키려는 의사의 합치가 이루어지지 아니한 경우에는 이러한 관계가 성립할 여지가 없다(대판 2009.3.26, 2008다44313; 대판 2005.4.29, 2004다71409). ② 1동 건물 중 각 일부분의 위치 및 면적이 특정되지 않거나 구조상·이용상 독립성이 인정되지 아니한 경우에는 공유자들 사이에 이를 구분소유하기로 하는 약정이 있더라도 일반적인 공유관계가 성립할 뿐, 공유지분등기의 상호명의신탁관계 내지 건물에 대한 구분소유적 공유관계가 성립할 수 없다(대판 2014.2.27, 2011다42430).

판 례

구분소유적 공유관계의 성립에 있어 1필지의 토지의 일부에 관한 특정 매매와 그에 대한 등기로써 공유지분이전등기를 마친 사실이 있으면 통상 각 구분소유 부분에 대한 상호명의신탁의 합의가 존재하는 것으로 볼 수 있을 것이지만, 그 경우에도 그 토지의 위치와 면적을 특정하여 매수함으로써 이를 구분소유한다고 하는 기본적 사실관계에 관해서는 서로 의사의 합치가 있어야만 한다(대판 2009.3.26, 2008다44313).

(다) 법률관계

판례는 구분소유적 공유관계에 명의신탁의 법리를 적용하고 있다. 즉 그 특정부분 이외의 부분에 대한 (공유)등기는 공유자 사이에 상호명의신탁을 한 것으로 보고, 그 등기는 수탁자의 등기로서 유효한 것으로 다룬다(대판 1989.4.25, 88다카7184).

1) 대내적 관계

(i) 대내적으로는 특정 부분을 각자가 단독으로 소유한다. 따라서 사용·수익에 관해서는 자기의 특정부분을 독점적·배타적으로 사용하며, 다른 구분공유자의 방해행위에 대하여는 소유권에 터잡아 그 배제를 구할 수 있다.

(ii) 구분소유적 공유를 할 의사로 공유지분의 면적에 해당하는 만큼 그 특정부분을 점유한 경우, 그 특정부분의 점유 전부가 권원의 성질상 자주점유이다(대판 2007.3.29, 2006다79995). 이는 일반공유의 경우, 공유자 1인이 공유토지 전부 점유하고 있더라도 그 권원의 성질상 다른 공유자의

지분비율의 범위 내에서는 타주점유인 점과 구별된다.

(iii) 구분공유자가 '자신의 특정 소유가 아닌 부분'에 건물을 신축한 경우, 그 건물 부분은 당초부터 건물과 토지의 소유자가 서로 다른 경우에 해당하여 그에 관하여는 관습상의 법정지상권이 성립될 여지가 없다(대판 1994.1.28, 93다49871). 반면에 구분공유자 甲이 자기 몫의 대지 위에 건물을 신축하여 점유하던 중 자신의 대지지분만을 다른 구분공유자 乙에게 양도하거나 乙이 매각받은 경우, 그 대지는 乙과의 내부관계에서 甲의 단독소유이므로, 관습상 법정지상권이 성립한다(대판 1990.6.26, 89다카24094).

2) 대외적 관계

대외적으로는 공유자가 토지 전부를 공유한다. 따라서 ① 제3자가 불법점유하는 경우 각자는 자기 소유부분뿐만 아니라 전체 토지에 대하여 공유물의 보존행위로서 그 배제를 구할 수 있다(대판 1996.10.25, 95다40939; 대판 1994.2.8, 93다42986). ② 제3자가 불법점유하는 경우, 불법점유당한 특정부분 소유자의 부당이득반환청구는 불법점유부분 전부가 아니라 지분의 비율의 범위 내에서만 인정된다(대판 1993.11.23, 93다22326). ③ 구분소유적 공유관계로 소유하고 있는 토지 중 일부 구분공유자의 특정부분을 제3자가 점유하여 점유취득시효가 완성된 경우, 그 특정부분의 소유자만이 아니라 구분공유자 각자가 지분의 비율에 따라 소유권이전등기의무를 부담한다(대판 1997.6.13, 97다1730).

3) 구분소유적 공유관계의 승계 여부

구분공유자는 자신의 특정 구분부분을 단독으로 처분하고 이에 해당하는 공유지분등기를 자유로이 이전할 수 있다(대판 2009.10.15, 2007다83632). 이처럼 구분소유적 공유지분을 제3자에게 처분하는 경우, ① 구분소유의 목적인 '특정 부분'을 처분하면서 등기부상의 공유지분을 그 특정 부분에 대한 표상으로서 이전하는 때에는 제3자에 대하여 구분소유적 공유관계가 승계된다(대판 1991.5.10, 90다20039). 가령 경매에서 공유지분이 아닌 특정 구분소유 부분을 감정평가의 대상으로 삼는 경우에는 제3자에게 구분소유적 공유관계가 승계된다. ② 등기부의 기재대로 '1필지 전체'에 대한 진정한 공유지분으로서 처분하는 때에는 제3자가 그 부동산 전체에 대한 공유지분을 취득하고 구분소유적 공유관계는 소멸한다(대판 2008.2.15, 2006다68810,68827; 대결 2001.6.15, 2000마2633).

(라) 구분소유적 공유관계의 해소

1) 내부관계에서는 각자가 특정부분을 소유하며 상호명의신탁관계에 있기 때문에 공유물분할을 청구할 수는 없고, 상대방에 대하여 명의신탁을 해지하고 특정매수부분에 대한 소유권의 확인 또는 지분이전등기청구만을 구하면 된다(대판 2023.5.18, 2022다229219, 229226; 대판 1996.2.23, 95다8430). 이 경우 구분공유자 상호간의 지분이전등기의무는 그 이행상 견련관계에 있다(대판 2008.6.26, 2004다32992).

2) 구분소유적 공유관계에서 구분공유자 중 1인이 소유하는 부분이 후에 독립한 필지로 분할되고 그 구분공유자가 그 필지에 관하여 단독 명의로 소유권이전등기를 경료받았다면, 그 소유권이전등기는 실체관계에 부합하는 것으로서 유효하고, 그 구분공유자는 해당 토지

에 대한 단독소유권을 적법하게 취득하게 되어, 결국 해당 구분공유자에 관한 한 이제 구분소유적 공유관계는 해소된다. 따라서 그 구분공유자이었던 사람이 분할되지 아니한 나머지 토지에 대해 가진 등기부상의 공유지분은 효력이 없는 것으로 되므로, 종전의 다른 구분공유자는 자신의 소유권 또는 공유지분권에 의하여 공유지분등기의 말소 기타 정정을 청구할 수 있다. 이것은 구분소유자 중 1인이 자신이 소유하는 부분을 제3자에게 양도하였는데 후에 그 부분이 독립한 필지로 분할된 경우에도 마찬가지이다(대판 2009.12.24, 2008다71858).

판 례

여러 사람이 1필지인 토지의 각 특정 부분을 점유·사용하기로 약정하되 편의상 그 토지 전체에 관하여 공유지분등기를 마친 구분소유적 공유관계에서, 특정 부분 소유를 주장하는 자가 그 부분에 관한 전체 지분 소유권이전등기를 마치기 위해서는 그 부분에 관하여 신탁적으로 지분등기를 가지고 있는 다른 공유자를 상대로 명의신탁 해지를 원인으로 한 지분이전등기를 청구하면 된다(대판 2023.5.18, 2022다229219,229226; 대판 2025.6.5, 2024다296763).

(4) 공동명의신탁

(가) 의 의

수인에 대한 부동산의 명의신탁에서 명의수탁자 상호간의 소유형태는 단순한 공유관계에 있다(대판 1982.11.23, 81다39). 가령 종중재산이 여러 사람에게 명의신탁된 경우, 그 수탁인들 상호간에는 형식상 공유관계가 성립한다(대판 1992.9.8, 92다18184).

(나) 공동수탁자의 공유물분할

공동수탁자들이 수탁받은 부동산에 대하여 공유물분할을 하는 것은 명의신탁의 목적에 반하고 신탁자가 명의신탁을 한 취지에도 어긋나는 것이고, 특히 종중의 재산을 보존하고 함부로 처분하지 못하게 하기 위하여 다수의 종중원에게 공동으로 명의신탁한 경우에는 더욱 그 취지에 반하는 것으로서 허용되지 않는다(대판 1993.2.9, 92다37482). 그러나 공동수탁자들이 공유물분할을 하고 각 그 지분을 서로 이전하여 단독소유로 하는 것은 명의수탁자들이 대외적인 소유형태를 변경하는 것에 불과하므로, 그 공유물분할이 신탁자의 의사에 반한 것이더라도 그것이 신탁자에 대한 반사회적인 배임행위가 된다거나 그 지분이전등기가 원인 없는 무효의 등기라고는 할 수 없다(대판 1987.2.24, 86다215, 86다카1071). 즉 명의신탁관계를 소멸시키는 수탁부동산의 처분행위가 아니다.

판 례

수탁자의 사망으로 인하여 수탁자의 지위가 공동상속되었을 때 신탁해지의 의사표시가 그 공동상속인 일부에게만 이루어졌다면 신탁해지의 효과는 그 일부 상속인에게만 발생하는 것이고, 이때에는 해제권의 불가분에 관한 제547조의 규정은 그 적용이 없고 그 일부에 한하여 신탁해지의 효과가 발생하는 것일 뿐 수탁자나 수탁자의 지위를 승계한 사람이 수인이라 하여 그 전원에게 신탁해지의 의사표시를 동시에 하여야만 그 효과가 발생하는 것은 아니라 할 것이다(대판 1992.6.9, 92다9579).

Civil Law

제4장 용익물권

제4장 용익물권

제4장 ‖ 용익물권

제 1 절 용익물권 일반

용익물권(用益物權)이란 타인의 토지나 건물을 일정한 범위에서 사용·수익할 수 있는 물권을 말하다. 이와 같이 용익물권은 소유권의 권능(사용·수익·처분) 중에서 사용가치를 지배하는 제한물권이며, 제한물권에는 용익물권 이외에 채권의 담보를 위하여 타인소유물의 교환가치를 지배하는 담보물권(擔保物權)이 있다. 민법은 용익물권으로 지상권·지역권·전세권을 규정하고 있으며, 관습법으로 분묘기지권과 관습상의 법정지상권이 인정되고 있다.

토지와 건물, 즉 부동산은 인간의 생활과 경제의 토대를 이루고 있지만, 모든 인간이 사용·수익할 수 있는 부동산을 가지고 있는 것은 아니기 때문에 타인의 부동산을 사용·수익할 수 있는 방법이 필요하다. 여기에는 임대차와 같은 채권계약에 의거하여 타인의 부동산을 이용하는 방법과 물권을 설정하여 배타적으로 이용하는 방법이 있는데, 후자가 용익물권제도이다. 그런데 타인의 토지·건물을 이용하려는 자에게 이용권을 설정해 주려는 부동산소유자는 가능하면 용익물권을 피하고, 임대차를 설정해 주기를 원한다. 그 이유는 용익물권은 비록 자기 소유의 부동산이 아니어도 소유자와 같은 배타적인 사용·수익의 권능이 부동산이용자에게 부여되는 제도이기 때문이다. 그러므로 현실적으로 부동산소유자는 용익물권보다는 그 경제적 우위를 이용하여 자기에게 유리한 임대차계약을 선택하게 된다. 그 결과 부동산소유자가 임대차를 설정 후에 그 소유권을 이전하면 임차인은 새로운 소유자에 대하여 임차권을 주장할 수 없게 되어, 임차인을 보호하기 위하여 민법은 등기를 한 임차권의 대항력을 인정하고(제621조 1항), 건물등기 있는 토지임차권은 등기 없이도 대항력을 인정하고 있다(제622조 1항). 그 밖에 특별법인 주택임대차보호법은 임차권의 등기 없이 임차인이 주택의 인도와 주민등록을 마친 때(동법 제3조 1항), 상가건물임대차보호법은 건물의 인도와 사업자등록신청을 마친 때에는 그 다음 날부터 임차권의 대항력을 인정하고 있다(동법 제3조 1항). 이를 '임차권의 물권화 현상'이라고 한다.

한편 용익물권은 설정행위에 의하여 정하여진 목적의 범위 내에서 목적부동산을 전면적·배타적으로 사용·수익하는 것을 내용으로 하는 물권이므로, 공유지분상에 용익물권을 설정하면 그 효력은 공유물 전체에 미치게 되는데, 이는 다른 공유자가 공유물 전부를 자기의 지분비율에 따라 사용·수익하는 권한(제263조)과 상호 저촉된다. 따라서 여럿이 공유하는 토지의 전부 또는 그 일부에 대하여 용익물권을 설정하기 위해서는 공유자 전원을 등기의무자로 하여 그 등기를 하여야 하고, 공유자 중 1인 또는 여러 명을 등기의무자로 하여 그의 지분만을 목적으로 하는 용익물권의 설정등기를 할 수는 없다(법원행정처, 부동산등기실무(II), 375면). 즉 공유목적물의 전부 또는 일부에 용익물권을 설정할 수 있지만(부동산등기법 제69조-제72조), 공유지분만을 목적으로 하는 용익물권은 성립할 수 없으므로, 공유지분에 대한 전세권등기도 허용되지 않는다. 공유자의 지분은 공유물 전부에 미치기 때문이다(제263조).

제 2 절 지 상 권

Ⅰ. 서 설

1. 의 의

지상권(地上權)이란 타인 소유의 토지에 건물 기타 공작물이나 수목을 소유하기 위하여 그 토지를 사용할 수 있는 용익물권을 말한다(제279조). 지상권은 오직 '토지'만을 그 객체로 하며, 그 범위는 토지의 상하에 미친다. 이와 달리 지상권 중에서 타인 토지의 지하 또는 지상의 공간을 상하의 범위를 정하여 건물 기타 공작물을 소유할 것을 목적으로 하는 용익물권을 구분지상권이라 한다(제289조의2). 지상권은 부동산이 갖는 가치 중 사용가치를 독점적으로 지배하는 것을 내용으로 하는 용익물권이라는 점에서 지역권이나 전세권과 같지만, 공작물이나 수목을 소유하기 위하여 타인의 토지를 사용한다는 점에서 소유를 목적으로 하지 않는 지역권이나 전세권과 다르다.

2. 법적 성질

(1) 타인의 토지에 대한 용익물권

지상권은 타인의 토지소유권을 제한하여 토지의 사용가치를 지배하는 용익물권이다. 따라서 지상권과 토지소유권이 동일인에게 귀속하는 경우에 지상권은 혼동으로 소멸하게 된다. 또한 타인의 토지는 1필의 토지 전부가 아니라 그 일부라도 무방하다. 다만 토지의 일부에 지상권을 설정하는 경우에는 그 범위를 등기하여야 하며(부동산등기법 제69조), 그 부분을 표시한 지적도를 첨부정보로서 등기소에 제공하여야 한다(동법 규칙 제126조 2항). 그 밖에 지상권이라고 하지만 지표에 한하지 않고 토지소유권의 효력이 미치는 범위, 즉 정당한 이익이 있는 범위 내에서 토지의 상하(上下)에 미친다(제212조). 특히 지하 또는 지상의 일정한 구분층(區分層)만의 이용을 목적으로 하는 구분지상권을 설정할 수 있다(제289조의2).

(2) 지상물의 소유를 위해 타인 토지를 사용할 수 있는 권리

(가) 지상권은 '건물 기타 공작물이나 수목을 소유하기 위하여' 타인의 '토지를 사용하는 권리'이다. 공작물에는 건물을 비롯하여 연못·각종 탑·기념비·교량·도로 등 지상의 공작물과 지하철·터널·우물·파이프관 등 지하의 공작물을 포함하며, 인공적으로 설치되는 모든 건축물이나 설비를 말한다.

(나) 지상권은 타인의 토지를 사용하는 것을 본질적 내용으로 한다. 따라서 현재 공작물이나 수목이 없더라도 설정계약에 의하여 지상권은 유효하게 성립하며, 또 공작물이나 수목이 나중에 멸실하더라도 존속기간이 만료되지 않는 한 지상권은 그대로 존속한다(대판 1996.3.22, 95다49318). 이처럼 지상권은 타인의 토지사용을 본질적 내용으로 하므로, 소유자가 스스로 사용하는 경우와 같이 상린관계의 규정이 준용된다(제290조).

(다) 수목의 종류에는 제한이 없는데, 경작의 대상이 되는 모든 식물(예: 벼·보리·채소 등)도 포함되는지가 문제이다. 즉 농업 목적의 지상권설정이 가능한지에 관하여, ① 농지에 대해서는 농지법에서 농지임대차를 제한하고 있기 때문에(동법 제23조) 농지법의 취지를 살리기 위해서 그리고 전세권의 경우 농지의 전세를 금지하는 규정(제303조 2항) 등을 고려하여 부정하는 견해(김상용, 470면; 김용한, 358면), ② 지상권과 임차권은 기본 성격이 다르고 농지임대차도 일정한 요건 하에 허용한다는 이유로 이를 긍정하는 견해(곽윤직, 224면; 이상태, 294면; 송덕수, B-353)가 대립하고 있다.

(3) 토지에 대한 물권

지상권은 직접 그 객체인 토지를 지배하는 물권이다. 따라서 토지소유자의 변경은 지상권에 아무런 영향을 주지 않으며, 지상권자는 토지소유자의 동의 없이 그 권리를 양도하거나 그 권리의 존속기간 내에서 그 토지를 임대할 수 있다(제282조).

3. 지상권과 토지임차권의 비교

지상권을 통하여 달성하려는 목적, 즉 타인토지의 이용은 임차권에 의해서도 달성될 수 있다. 임차권과 지상권 중 어느 것을 선택할 것인지는 당사자 사이의 계약에 의하여 결정될 것이지만, 물권인 지상권이 채권인 임차권에 비하여 그 효력이 강하기 때문에, 토지소유자는 자기에게 불리한 지상권의 설정을 기피하고 임대차를 선호한다.

(1) 권리의 성질

지상권은 목적물을 직접 지배하는 배타적인 물권인데 반하여, 임차권은 임대인에게 토지를 사용·수익하게 할 것을 청구할 수 있는 채권이다. 따라서 지상권은 지상권설정의 합의 이외에 등기를 요하지만(다만 법정지상권은 등기 없이 성립한다), 임차권은 임대차에 대한 당사자의 합의만으로 성립한다.

(2) 대 항 력

지상권은 물권이므로 이를 제3자에게 대항할 수 있다. 그러나 토지임차권은 채권이므로 이를 등기한 경우에만 제3자에게 대항할 수 있으며(제621조 2항), 등기하지 않는 한 제3자에게 대항할 수 없다. 다만 건물의 소유를 목적으로 한 토지임대차는 임차인이 그 지상건물에 대해 소유권보존등기를 하면 임차권의 대항력을 취득한다(제622조). 주의할 것은 제622조 1항은 건물의 소유를 목적으로 한 토지임대차는 이를 등기하지 아니한 경우에도 임차인이 그 지상건물을 등기한 때에, 토지에 관하여 권리를 취득한 제3자에 대하여 임대차의 효력을 주장할 수 있음을 규정한 것에 불과할 뿐이며, 임차인으로부터 건물의 소유권과 함께 건물의 소유를 목적으로 한 토지의 임차권을 취득한 자가 토지의 임대인에 대한 관계에서 임차권의 양도(제629조)에 관한 그의 동의가 없어도 임차권의 취득을 대항할 수 있다는 것까지 규정한 것이 아니라는 점이다(대판 1996.2.27, 95다29345).

(3) 권리의 양도 · 임대

지상권자는 타인에게 그 권리를 양도하거나 그 권리의 존속기간 내에서 그 토지를 임대할 수 있다(제282조). 그러나 임차인은 임대인의 동의 없이 그 권리를 양도하거나 임차물을 전대하지 못하며, 이를 위반한 때에 임대인은 계약을 해지할 수 있다(제629조).

(4) 갱신청구권 · 매수청구권

지상권이 소멸한 경우에 지상시설이 현존한 때에 지상권자는 계약의 갱신을 청구할 수 있으며(제283조 1항), 지상권설정자가 이를 거절하는 때에 지상권자는 지상물의 매수를 청구할 수 있다(제283조 2항). 한편 민법은 지상권에 관한 규정(제283조)과의 균형을 위해 '건물·공작물·수목'의 소유를 목적으로 한 토지임대차의 경우에 제283조를 준용하도록 규정하고 있다(제643조). 그 밖에 지상권이나 임차권이 소멸한 때에 지상권자나 임차인은 지상물·부속시킨 물건을 수거할 수 있다(제285조, 제654조, 제615조).

(5) 물권적 청구권

지상권은 물권이기 때문에 제3자가 이를 침해하는 경우, 지상권자는 지상권에 기한 각종의 물권적 청구권을 행사할 수 있으며, 불법행위로 인한 손해배상을 청구할 수 있다. 이와 달리 임차권의 경우에는 점유에 기한 점유보호청구권이나 경우에 따라 제3자에 의한 채권침해를 이유로 손해배상청구권을 행사할 수 있을 뿐이고, 임차권에 기한 방해배제청구권을 행사할 수 없다. 다만 채권자대위권(제404조)에 의하여 임대인이 가지고 있는 물권적 청구권을 행사할 수 있으며, 또한 임차권을 등기한 때(제621조)에는 임차인은 제3자에 대하여 방해배제청구권을 행사할 수 있다(통설).

(6) 존속기간

지상권의 최단존속기간은 지상물의 종류에 따라 30년·15년·5년이며(제280조), 갱신하는 경우에도 동일하다(제284조). 반면에 임대차의 당사자가 그 존속기간을 계약으로 정한 경우에는 그 기간이 존속기간이 되고, 그 기간에는 제한이 없다. 그러나 이를 약정하지 않은 때에는 당사자는 언제든지 계약해지를 통고할 수 있고, 상대방이 그 통고를 받은 날부터 일정기간이 지나면 해지의 효력이 생긴다(제635조).

(7) 소멸청구 · 계약해지

지료의 지급은 지상권의 요소가 아니지만(제279조), 차임은 임대차의 요소이다(제618조). 당사자가 지료의 지급을 약정한 경우 지상권자가 2년 이상의 지료를 지급하지 않으면 지상권설정자는 지상권의 소멸을 청구할 수 있다(제287조). 반면에 토지임차인의 차임연체액이 2기의 차임액에 이른 경우에는 임대인은 계약을 해지할 수 있다(제640조, 제641조).

Ⅱ. 지상권의 취득

1. 법률행위에 의한 취득

(1) 지상권은 원칙적으로 지상권설정을 목적으로 하는 '물권적 합의'와 '등기'에 의해서 성립한다(제186조). 지상권의 등기에는 지상권설정의 목적과 범위를 기재하고, 등기원인에 존속기간·지료와 그 지급시기의 약정이 있는 때에는 이를 기재하여야 한다(부동산등기법 제69조). 한편 지상권설정계약 이외에 유언(특정적 유증)과 지상권의 양도에 의해서도 지상권을 승계취득할 수 있는데, 이 경우에도 등기를 하여야 지상권을 취득하게 된다.

(2) 지상권자가 토지사용의 대가로 지료를 지급하는 것이 보통이지만, 지료의 지급은 지상권의 성립요건이 아니다. 따라서 지상권설정계약에서 지료에 관한 약정이 없다면, 무상의 지상권을 설정하기로 한 것으로 인정된다(대판 1999.9.3, 99다24874). 다만 법정지상권의 경우에는 당연히 지료지급의무가 발생한다(제305조 1항 단서, 제366조 단서).

판 례

기존 1층의 건물옥상위에 건물을 소유하기 위한 지상권설정계약은 그 건물의 대지에 지상권을 설정하기 위한 계약으로 보아 유효하다(대판 1978.3.14, 77다2379).

2. 법률행위에 의하지 않는 취득

(1) 상속·판결·취득시효 등

지상권은 다른 부동산물권과 마찬가지로 상속·판결·경매·공용징수·취득시효 기타 법률규정에 의하여 취득할 수 있다. 이때에는 그 등기를 필요로 하지 않지만(제187조), 점유취득시효에 의해 지상권을 취득하는 때에는 예외적으로 등기를 하여야 한다(제245조 1항, 제248조).

(2) 법정지상권

(가) 의의와 취지

우리나라는 토지와 건물을 별개의 부동산으로 다루고 있으므로, 토지와 건물이 소유자를 달리하게 되는 경우가 있다. 만일 토지에 대한 사용권 없이 타인의 토지에 건물을 지은 경우, 그것은 토지소유권을 침해하는 것이 되어 건물소유자는 건물을 철거하지 않을 수 없다. 그래서 토지사용권을 가지기 위해 임차권이나 지상권을 설정 받게 된다. 그런데 경우에 따라서는 토지에 대한 임차권이나 지상권을 설정할 수 없는 상태에서 토지와 건물의 소유자가 다르게 되는 때가 있다. 이 경우에 건물을 철거하는 것은 건물소유자에게 너무 가혹할 뿐만 아니라 사회경제적으로 바람직하지 못하기 때문에, 법률은 일정한 경우에 한해 건물소유자가 토지에 대해 지상권을 취득하는 것으로 간주하고 있는데, 이를 법정지상권(法定地上權)이라 한다. 다시 말하면 법정지상권이란 동일인에게 속하던 토지와 건물이 나중에 그 소유자를 달리하게 된 경우에 법률에 의해 건물소유자가 토지에 대해 지상권을 취득하는 것으로 간주되는 것을 말한다. 이와 같이 법정지상권은 법률규정에 의한 물권변동이므로 그 등기를 필요로 하지 않지만, 이를 처분하는 때에는 등기를 하여야 한다(제187조).

(나) 법정지상권이 인정되는 경우

민법과 민사특별법에 의해서 '건물의 소유를 목적으로 그 토지 위에 지상권이 설정된 것'으로 보는 경우는, ① 토지와 건물이 동일소유자에게 속하는 상태에서 건물에만 전세권을 설정하였는데 그 후 토지소유자가 변경된 때(제305조1항), ② 토지와 건물이 동일소유자에게 속하는 상태에서 양쪽 또는 어느 한쪽에 저당권을 설정하였는데 그 후 저당물의 경매로 토지와 건물의 소유자가 다르게 된 때(제366조1항), ③ 토지와 입목이 동일소유자에게 속하는 상태에서 토지와 입목 또는 입목만이 저당권의 목적이 되어 경매나 그 밖의 사유로 토지와 입목의 소유자가 다르게 된 때(입목에 관한 법률 제6조 1항), ④ 토지와 지상건물이 동일소유자에게 속하는 상태에서 양쪽 또는 어느 한쪽에 가등기담보권·양도담보권이 설정된 후에 이들 담보권의 실행으로 토지와 건물소유자가 다르게 된 때(가등기담보법 제10조) 등이 있다.

(다) 토지·건물의 양도와 법정지상권의 효력

1) 법정지상권을 취득한 건물소유자가 건물을 양도하는 경우에는 특별한 사정이 없는

한 건물과 함께 지상권도 양도하기로 하는 채권적 계약이 존재하며, 따라서 건물양수인은 양도인을 대위하여 토지소유자에 대해 법정지상권 설정등기를 양도인에게 해 줄 것을 청구할 수 있다. 또한 건물의 양수인에 대하여 대지소유자가 소유권에 의하여 건물철거 및 대지의 인도를 구하는 것은 지상권의 부담을 용인하고 그 설정등기절차를 이행할 의무 있는 자가 그 권리자를 상대로 한 청구로서 신의칙상 허용될 수 없다(대판 1988.9.27, 87다카279).

2) 법정지상권자라 할지라도 대지소유자에게 지료를 지급할 의무는 있는 것이고, 법정지상권이 있는 건물의 양수인으로서 장차 법정지상권을 취득할 지위에 있어 대지소유자의 건물철거나 대지인도청구를 거부할 수 있더라도 그 대지를 점유·사용함으로 인하여 얻은 이득은 부당이득으로서 대지소유자에게 반환할 의무가 있다(대판 1997.12.26, 96다34665; 대판 1995.9.15, 94다61144).

3) 판례는 법정지상권은 건물의 유지 등을 위하여 특별히 인정된 권리이기는 하지만, 그렇다고 하여 법정지상권이 건물의 소유에 부속되는 종속적인 권리가 되는 것이 아니며, 하나의 독립된 법률상의 물권으로서의 성격을 지니고 있는 것이기 때문에 건물의 소유자가 건물과 법정지상권 중 어느 하나만을 처분하는 것도 가능하다고 한다(대판 2001.12.27, 2000다1976). 반면에 건물소유를 위하여 법정지상권을 취득한 사람으로부터 '경매'에 의하여 건물의 소유권을 이전받은 매수인은 매수 후 건물을 철거한다는 등의 매각조건하에서 경매되는 경우 등 특별한 사정이 없는 한 건물의 매수취득과 함께 법정지상권도 당연히 취득한다고 한다(대판 2014.12.24, 2012다73158; 대판 2013.9.12, 2013다43345). 즉 경매에 의하여 법정지상권이 성립된 건물의 소유권을 취득한 경우, 법정지상권을 건물의 종된 권리로 보고 있으며, 따라서 이 경우에는 제187조가 적용되므로 등기를 요하지 않는다.

판 례

(ㄱ) 저당권의 효력이 저당부동산에 부합된 물건과 종물에 미친다는 제358조 본문을 유추하여 보면 건물에 대한 저당권의 효력은 그 건물에 종된 권리인 건물의 소유를 목적으로 하는 지상권에도 미치게 되므로, 건물에 대한 저당권이 실행되어 매수인이 그 건물의 소유권을 취득하였다면 매각 후 건물을 철거한다는 등의 매각조건에서 경매되었다는 등 특별한 사정이 없는 한, 매수인은 건물 소유를 위한 지상권도 제187조의 규정에 따라 등기 없이 당연히 취득하게 되고, 이 경우에 매수인이 건물을 제3자에게 양도한 때에는, 특별한 사정이 없는 한 제100조 제2항의 유추적용에 의하여 건물과 함께 종된 권리인 지상권도 양도하기로 한 것으로 봄이 상당하다(대판 1996.4.26, 95다52864).

(ㄴ) 제366조는 가치권과 이용권의 조절을 위한 공익상의 이유로 지상권의 설정을 강제하는 것이므로, 저당권설정 당사자 간의 특약으로 저당목적물인 토지에 대하여 법정지상권을 배제하는 약정을 하더라도 그 특약은 효력이 없다(대판 1988.10.25, 87다카1564). 즉 강행규정이다.

(ㄷ) 아파트 수분양자들은 아파트에 관한 소유권이전등기청구권을 가지고 있어 그 소유권이전등기를 경료하게 되면 법정지상권과 함께 해당 건물의 소유권을 취득하게 되는 것이므로, 그와 같은 지위에 있는 자들로 구성된 아파트입주자대표회의가 그 구성원들이 취득하게 될 아파트의 대지권 확보를 위하여 법정지상권을 취득하였다면, 그 법정지상권이 아파트의 소유권과는 분리되어 양도되었다고 하여도 이를 사회질서에 반하여 무효라고 할 수 없다(대판 2001.12.27, 2000다1976).

(3) 관습법에 의한 취득

법률 이외에 관습법에 의해 지상권이 성립하는 것으로 판례가 인정하는 경우에는 '관습상의 법정지상권'과 '분묘기지권'이 있다. 이에 대해서는 특수지상권에서 설명하기로 한다.

Ⅲ. 지상권의 존속기간

1. 존속기간을 약정한 경우

(1) 최단존속기간의 보장

지상권의 존속기간은 당사자의 설정계약에서 임의로 정할 수 있지만, 건물 등의 '소유를 목적으로' 지상권을 설정한 경우 지상물의 종류에 따라 제280조 1항에서 정한 연한 이상이어야 한다. 즉 ① 석조·석회조·연와조(벽돌로 지은 것) 또는 이와 유사한 '견고한 건물'이나 '수목'의 소유를 목적으로 하는 때에는 30년, ② 그 밖의 건물의 소유를 목적으로 하는 때에는 15년, ③ 건물 이외의 공작물 소유를 목적으로 하는 때에는 5년보다 단축하지 못한다. 만일 설정계약에서 위 최단기간보다 단축한 기간을 정한 때에는 위 최단기간까지 연장된다(제280조 2항). 따라서 건물·수목의 소유가 아니라 기존 건물의 '사용을 목적으로' 지상권이 설정된 경우 지상권의 최단존속기간에 관한 제280조 1항이 적용되지 않는다(대판 1996.3.22, 95다49318). 그리고 견고한 건물인지의 여부는 그 건물이 갖고 있는 물리적·화학적 외력 또는 화재에 대한 저항력 및 건물해체의 난이도 등을 종합하여 판단하여야 한다(대판 2003.10.10, 2003다33165).

판 례

제280조 제1항 제1호가 석조·석회조·연와조 또는 이와 비슷한 견고한 건물이나 수목의 '소유를 목적으로 하는' 지상권의 경우 그 존속기간은 30년보다 단축할 수 없다고 규정하고 있음에 비추어 볼 때, 같은 법조 소정의 최단 존속기간에 관한 규정은 지상권자가 그 소유의 건물 등을 건축하거나 수목을 식재하여 토지를 이용할 목적으로 지상권을 설정한 경우에만 그 적용이 있다(대판 1996.3.22, 95다49318).

(2) 최장기간

지상권의 최장기간에 관하여, 민법은 아무런 제한을 두고 있지 않으므로 존속기간을 영구무한으로 정할 수 있는지가 문제이다.

(가) 학 설

1) 긍 정 설

오늘날의 소유권은 영구적인 지료 징수권화하는 경향이 있으며, 따라서 소유자가 지료를 징수할 수 있는 관계가 계속되는 한 소유권의 내용이 허무로 된다고 할 수 없고, 본문에 장기에 관한 제한이 없으며, 또한 지료는 사정 변경에 의하여 증감을 청구할 수 있으므로 소유자 보호에 소홀하지 않다고 한다(강태성, 658면; 김상용, 476면; 지원림, 3-227).

2) 부 정 설

지상권의 존속기간이 영구무한이라고 하면 전면적 지배권인 소유권을 일시적으로 제한하는 제한물권의 속성에 반하고, 지료액의 증감은 당사자 일방의 청구에 의하여 행하여지므로 토지소유자가 모든 경우에 만족하게 되는 것은 아니며, 지상권을 유한한 것으로 하더라도 지상권자의 갱신청구권과 매수청구권을 인정하고 있으므로, 지상권자에게 특별히 부당한 결과를 초래하지 않는다고 한다(곽윤직, 227면; 김증한/김학동, 370면; 고상룡, 430면; 송덕수, B-360; 이영준, 617면; 이상태, 294면).

(나) 판 례

판례는 민법상 지상권의 존속기간은 최단기만이 규정되어 있을 뿐 최장기에 관하여는 아무런 제한이 없으며, 존속기간이 영구(永久)인 지상권을 인정할 실제의 필요성도 있고, 특히 구분지상권의 경우에는 존속기간이 영구라고 할지라도 대지의 소유권을 전면적으로 제한하지 아니한다는 점 등에 비추어 보면, 지상권의 존속기간을 영구로 약정하는 것도 허용된다고 하여(대판 2001.5.29, 99다66410), 영구적인 지상권을 인정하고 있다.

(다) 소 결

생각건대 긍정설은 지하철·지하상가·터널 등의 공작물의 설치를 위한 지상권 설정의 경우에 영구무한으로 하여야 할 필요성이 있다고 하는데, 지상권자에게 갱신청구권·지상물매수청구권이 인정되어 있기 때문에 영구적인 지상권을 부정하더라도 특별히 지상권자에게 불리하지 않다. 만일 영구무한으로 정한 존속기간을 인정한다면 토지소유권이 제한물권에 의하여 공동화(空洞化)되는데, 이는 소유권과 제한물권을 구별하는 민법의 체계뿐만 아니라 이념에 적합하다고 할 수 없다. 따라서 부정설이 타당하다고 할 것이다.

2. 존속기간을 약정하지 않은 경우

(1) 설정계약으로 지상권의 존속기간을 약정하지 않은 때에 지상권의 존속기간은 제280조의 최단존속기간으로 한다(제281조 1항, 제280조 1항). 따라서 지상물의 구조와 종류에 따라 30년·15년·5년으로 된다.

(2) 지상권 설정 당시에 공작물의 종류(즉 건물인지 그 밖의 공작물인지)와 구조(즉 견고한 건물인지 여부)를 정하지 아니한 때에는 견고하지 않은 건물의 소유를 목적으로 한 것으로 본다(제281조 2항, 제280조 1항 2호). 따라서 그 존속기간은 15년이 된다. 여기서 '지상권 설정 당시에 공작물의 종류와 구조를 정하지 않은 때'란 당사자가 지상권 설정의 합의를 하면서 그 존속기간을 정하지 아니하고, 지상권을 설정할 토지상에 소유할 공작물의 종류가 객관적으로 확정되지 않은 것을 말하는 것이므로, 비록 무허가 또는 미등기건물이라 하더라도 그 건물의 종류와 구조가 확정되어 있는 경우에는 제280조 1항에 의하여 존속기간을 정하여야 한다(대판 1988.4.12, 87다카2404). 한편 제281조 2항은 공작물이

라 할 뿐이고 수목은 제외하고 있으므로, 수목의 소유를 목적으로 하려는 지상권은 언제나 30년이라고 할 것이다(이영준, 617면; 김상용, 476면; 이상태, 299면).

3. 계약의 갱신과 존속기간

(1) 계약에 의한 갱신

당사자는 존속기간이 만료한 경우에 법률에 특별한 규정이 없더라도 계약자유의 원칙상 당연히 계약에 의하여 지상권설정계약을 갱신할 수 있다. 갱신계약을 체결하면서 존속기간이나 지료 등을 새로 정할 수 있지만, 존속기간에 대해서는 제284조의 제한이 있다.

(2) 지상권자의 갱신청구권

(가) 의 의

당사자 사이에 갱신의 합의가 이루어지지 않더라도 지상권의 존속기간이 만료한 때에 건물 기타 공작물이나 수목이 현존하는 경우에는 지상권자는 계약의 갱신을 청구할 수 있다(제283조). 이 갱신청구권의 성질은 형성권이 아니다.

(나) 요 건

1) 지상권이 존속기간의 만료로 소멸할 것

당사자 사이에 유효한 지상권이 존재하고, 존속기간의 만료로 소멸하였어야 한다. 제283조 1항은 '지상권이 소멸한 경우'라고 규정하고 있지만, 지상권이 존속기간의 만료로 인하여 소멸한 경우에만 지상권자는 갱신청구권을 행사할 수 있다. 왜냐하면 존속기간의 만료 이외의 사유로 지상권이 소멸한 경우, 가령 토지가 멸실한 경우, 혼동으로 지상권이 소멸한 경우, 지상권이 시효로 소멸한 경우, 지상권에 우선하는 저당권의 실행 또는 토지수용으로 지상권이 소멸한 경우, 지료연체를 이유로 지상권의 소멸을 청구하는 경우, 지상권의 포기·약정한 소멸사유의 발생 등으로 지상권이 소멸하는 경우, 지상권의 갱신이 문제되지 않기 때문이다(곽윤직, 228면; 김상용, 477면; 김증한/김학동, 371면; 이상태, 298면; 이영준, 619면). 따라서 이 경우에는 지상물의 매수청구권이 발생하지 않는다(대판 1993.6.29, 93다10781). 다만 제3자가 지상권을 시효취득한 경우에 그 지상권이 기간 만료로 소멸하고 지상물이 현존한 때에는 갱신청구권을 가지게 된다(이영준, 619면; 김상용, 477면).

2) 지상물이 현존할 것

건물 기타 공작물이나 수목이 현존하고 있어야 한다.

(다) 갱신청구의 행사기간 및 당사자

1) 지상권자의 갱신청구권이 발생하는 것은 지상권이 존속기간의 만료로 소멸한 때이다. 지상권이 소멸한 후 갱신청구권을 행사할 수 있는 기간에 관하여 민법상 아무런 규정이 없으나 지상권의 존속기간이 만료된 후 '지체 없이' 행사하여야 한다(통설). 따라서 지체 없이 행사

하지 않은 경우에 갱신청구권은 불행사로 소멸하고 동시에 매수청구권도 소멸한다(대판 2023.4.27, 2022다306642). 그리고 지상권의 존속기간이 만료된 시점과 갱신청구권을 행사한 시점 사이의 기간 동안 지상권자는 토지를 계속 사용할 권리를 가진다고 할 것이다(곽윤직, 229면; 김상용, 478면; 이영준, 619면).

2) 갱신청구권을 행사할 수 있는 자는 존속기간이 만료된 지상권자이며, 상대방은 행사 당시의 토지소유자이다.

한편 판례는 법정지상권자가 건물을 제3자에게 양도하는 경우에는 특별한 사정이 없는 한 건물과 함께 법정지상권도 양도하기로 하는 채권적 계약이 있었다고 할 것이며, 양수인은 양도인을 순차 대위하여 토지소유자 및 건물의 전소유자에 대하여 법정지상권의 설정등기 및 이전등기절차 이행을 구할 수 있고, 토지소유자는 건물소유자에 대하여 법정지상권의 부담을 용인하고 그 설정등기절차를 이행할 의무가 있다 할 것이므로, 법정지상권이 붙은 건물의 양수인은 법정지상권에 대한 등기를 하지 않았다 하더라도 토지소유자에 대한 관계에서 적법하게 토지를 점유사용하고 있는 자라 할 것이고, 따라서 건물을 양도한 자라고 하더라도 지상권갱신청구권이 있고 건물의 양수인은 법정지상권자인 양도인의 갱신청구권을 대위행사할 수 있다고 한다(대판 1995.4.11, 94다39925).

(라) 효 과

지상권자의 갱신청구권은 청구권이기 때문에 갱신청구로 당연히 갱신의 효과가 생기는 것은 아니며, 지상권설정자가 이에 응하여 갱신계약을 체결하여야 갱신의 효과가 생긴다. 그러나 지상권설정자가 갱신청구를 거절한 경우에 지상권은 확정적으로 소멸하지만, 지상권자는 상당한 가액으로 지상물의 매수를 청구할 수 있다(제283조 2항). 지상권자의 매수청구권은 형성권으로서 지상권자가 이를 행사함으로 인하여 지상물에 관한 매매계약이 성립된다(대판 1967.12.18, 67다2355). 이와 같이 지상권자의 갱신청구가 있는 경우에 지상권설정자는 갱신에 응하든지 지상물을 매수하든지 양자 중 택일하여야 하므로, 결국 갱신청구에 응하는 것이 간접적으로 강제되어 있다.

(마) 갱신과 존속기간

당사자가 지상권설정계약을 갱신하는 경우에 그 존속기간이나 지료 등에 관하여 새로 약정할 수 있다. 그러나 지상권의 존속기간은 갱신한 날부터 제280조(존속기간을 약정한 지상권)의 기간보다 단축하지 못하지만, 그 보다 장기의 기간을 정할 수 있다(제284조). 한편 계약 갱신을 할 때 존속기간 기타의 사항에 관하여 특별한 약정이 없으면, 갱신한 계약의 내용은 종전의 계약과 동일한 것으로 추정하여야 한다(통설).

4. 존속기간 등에 관한 규정의 강행규정성

지상권의 존속기간과 갱신에 관한 제280조-제284조는 편면적 강행규정이며, 이에 위반되는 계약으로 지상권자에게 불리한 것은 효력이 없다(제289조). 따라서 이 규정보다 지상권자에게 유리한 약정을 하는 것은 무방하다.

Ⅳ. 지상권의 효력

1. 지상권자의 토지사용권

(1) 지상권자는 설정행위로 정하여진 목적(지상권의 목적은 등기하여야 함, 부동산등기법 제69조)의 범위 내에서 토지를 사용할 권리를 갖는다(제279조). 반면에 토지소유자는 소유권이 지상권에 의하여 제한을 받기 때문에 스스로 토지를 사용할 수 없고, 지상권자의 토지 사용을 방해하여서는 안 된다는 소극적 인용의무(認容義務)를 부담하며, 특약이 없는 한 임대인의 경우(제623조)와 달리 토지를 사용에 적합한 상태에 둘 적극적인 의무는 없다. 즉 토지소유자는 보수의무(補修義務)를 지지 않는다. 이와 같이 지상권을 설정한 토지소유자는 지상권이 존속하는 한 토지를 사용·수익할 수 없으므로, 특별한 사정이 없는 한 불법점유자에게 손해배상을 청구할 수 없다(대판 1974.11.12, 74다1150). 물론 소유자는 그 토지를 불법으로 점유하는 자에게 대하여 소유권에 의하여 방해배제를 구할 수 있다(대판 1974.11.12, 74다1150).

(2) 지상권은 토지를 사용하는 권리이므로 상린자간의 이용조절을 꾀하는 상린관계의 규정은 당연히 지상권자간 또는 지상권자와 인접 토지소유자간에 준용된다(제290조).

(3) 지상권은 토지의 사용을 내용으로 하므로 토지를 점유할 수 있는 권리(제213조 단서)를 포함한다. 또한 지상권 내용의 실현이 방해된 때에는 지상권에 기한 물권적 청구권을 행사할 수 있으며(제290조), 그 밖에 토지를 점유하고 있을 때에는 점유권에 기한 물권적 청구권이 인정된다. 한편 저당권 등 담보물권자가 담보물권을 취득함과 아울러 그 저당권의 담보가치를 확보하기 위하여 지상권을 취득하는 것을 '담보지상권'이라 하는데, 이러한 지상권자도 지상권 내용의 실현이 방해된 때에는 지상권에 기한 물권적 청구권을 행사할 수 있다(대판 2008.2.15, 2005다47205). 그 밖에 판례는 피담보채권이 변제나 시효 등으로 소멸하면 담보지상권은 피담보채권에 부종하여 소멸한다고 한다(대판 2011.4.14, 2011다6342).

판 례

(ㄱ) 불법점유를 당한 부동산의 소유자 또는 용익권자로서는 불법점유자에 대하여 그로 인한 임료 상당 손해의 배상이나 부당이득의 반환을 구할 수 있을 것이나, 불법점유라는 사실이 발생한 바 없었다고 하더라도 부동산의 소유자 또는 용익권자에게 임료 상당 이익이나 기타 소득이 발생할 여지가 없는 특별한 사정이 있는 때에는 손해배상이나 부당이득반환을 청구할 수 없다(대판 2008.1.17, 2006다586; 대판 2002.12.6, 2000다57375).

(ㄴ) 토지에 관하여 저당권을 취득함과 아울러 그 저당권의 담보가치를 확보하기 위하여 지상권을 취득하는 경우, 특별한 사정이 없는 한 그 지상권은 저당권이 실행될 때까지 제3자가 용익권을 취득하거나 목적 토지의 담보가치를 하락시키는 침해행위를 하는 것을 배제함으로써 저당 부동산의 담보가치를 확보하는

데에 그 목적이 있다고 할 것이므로, 제3자가 저당권의 목적인 토지 위에 건물을 신축하는 경우에는, 그 제3자가 지상권자에게 대항할 수 있는 권원을 가지고 있다는 등의 특별한 사정이 없는 한, 지상권자는 그 방해배제청구로서 신축 중인 건물의 철거와 대지의 인도 등을 구할 수 있다(대판 2008.2.15, 2005다47205; 대결 2004.3.29, 2003마1753).

(ㄷ) 물권은 법률 또는 관습법에 의하는 외에는 임의로 창설하지 못하는 것이므로(제185조), 지상권설정등기가 마쳐지면 그 지상권의 내용과 범위는 등기된 바에 따라서 대세적인 효력이 발생하고, 제3자가 지상권설정자에 대하여 해당 토지를 사용·수익할 수 있는 채권적 권리를 가지고 있더라도 이러한 사정만으로 지상권자에 대항할 수는 없다(대판 2008.2.15, 2005다47205).

(ㄹ) 토지소유권은 그 토지에 대한 지상권설정이 있어도 이로 인하여 그 권리의 전부 또는 일부가 소멸하는 것도 아니고 단지 지상권의 범위에서 그 권리행사가 제한되는 것에 불과하며, 일단 지상권이 소멸되면 토지소유권은 다시 자동적으로 완전한 제한 없는 권리로 회복되는 법리라 할 것이므로, 소유자가 그 소유토지에 대하여 지상권을 설정하여도 그 소유자는 그 토지를 불법으로 점유하는 자에게 대하여 방해배제를 구할 수 있는 물권적 청구권이 있다(대판 1974.11.12, 74다1150).

2. 지상권의 처분

(1) 투하자본의 회수

지상권자는 타인의 토지에 공작물을 설치하고 수목을 식재하는 등 많은 자본을 투자할 뿐만 아니라 그러한 상태가 상당히 오랫동안 계속되기 때문에, 지상권자에게 투하자본을 회수할 수 있도록 보장할 필요가 있다. 지상권자의 투하자본 회수를 위하여 민법은 지상권 처분의 자유를 인정하고(제282조, 제371조 1항), 기타 지상물수거권(제285조)과 지상물매수청구권(제283조 2항)을 인정하고 있다. 물론 지상물은 지상권자의 소유이므로 이를 자유로이 처분할 수 있다. 지상물수거권과 지상물매수청구권에 대해서는 지상권 소멸의 효과에서 설명하기로 한다.

(2) 양도·임대

(가) 지상권은 물권이므로 양도성·상속성이 있다. 즉 지상권자는 토지소유자의 동의 없이 지상권을 자유로이 양도할 수 있고, 지상권의 존속기간 내에서 그 토지를 임대할 수 있다(제282조). 이러한 지상권의 양도성에 관한 규정은 편면적 강행규정이므로, 이에 위반되는 계약으로 지상권자에게 불리한 것은 무효이다(제289조). 따라서 지상권자는 토지소유자의 의사에 반하여도 자유롭게 타인에게 양도·임대할 수 있다(대판 1991.11.8, 90다15716). 그 결과 임차인은 지상권자와 체결한 임대차계약에 기한 임차권을 토지소유자에게 대항할 수 있다.

또한 지상권자가 토지를 임대한 경우에 지상권 및 임차권의 기간이 동시에 만료되고, 임대차에 의해 설치된 지상물이 현존하는 때에 임차인은 토지소유자에 대해 종전 임대차와 동일한 조건으로 임대할 것을 청구할 수 있고, 토지소유자가 임대를 원하지 않는 때에는 임차인은 상당한 가액으로 지상물의 매수를 청구할 수 있다(제644조, 제645조).

(나) 지상물은 지상권자의 소유이므로 이를 자유로이 처분할 수 있다. 지상물을 양도할 때에 지상권도 당연히 수반되어 이전되는지가 문제이다. 이에 대해 ① 긍정설은 지상권과

지상물은 결합하여야 경제적 효용을 발휘하며, 지상물의 양도에 지상권의 수반을 인정함으로써 지상권자가 토지에 투하한 자본을 확실히 회수할 수 있으므로 지상물을 양도하는 때에 반대의 의사표시가 없는 한 지상권도 당연히 이전한다고 한다(고상룡, 434면). ② 부정설은 물권변동에 관하여 성립요건주의를 취하는 현행 민법 아래에서는 지상권의 이전등기 없이 지상권이전의 효력이 생길 수 없으므로 긍정설은 부당하다고 한다(김상용, 482면; 김증한/김학동, 375면; 지원림, 3-232a). 판례는 지상권자는 지상권을 유보한 채 지상물 소유권만을 양도할 수 있고, 지상물 소유권을 유보한 채 지상권만을 양도할 수도 있는 것이어서 지상권자와 그 지상물의 소유권자가 반드시 일치하여야 하는 것은 아니며, 또한 지상권설정시에 그 지상권이 미치는 토지의 범위와 그 설정 당시 매매되는 지상물의 범위를 다르게 하는 것도 가능하다고 한다(대판 2006.6.15, 2006다6126).

생각건대 지상물이전계약이 있는 경우 여기에 지상권이전의 합의가 포함되어 있는가는 계약해석의 문제이며, 이러한 문제는 지상물 양도에 관한 합의에 지상권이전의 합의가 포함된 것으로 인정될 때에 등기 없이도 당연히 지상권이 이전되는가의 문제와 구별하여야 한다. 따라서 특별한 사정이 없는 한 지상물의 양도계약은 지상권의 양도를 포함한다고 할 것이고, 지상권이전의 효력은 물권변동의 원칙에 따라(제186조) 이전등기를 하여야 발생한다고 할 것이다(이상태, 303면; 이영준, 625면).

(3) 담보제공

지상권자는 토지소유자의 동의 없이 지상권을 담보로 하여 저당권을 설정할 수 있다(제371조1항). 예컨대 지상권자 甲이 제3자 乙로부터 금전을 차용하고 지상권에 저당권을 설정할 수 있다. 그런데 지상권의 담보제공금지특약의 효력에 대하여, 무효설(김상용, 481면; 김증한/김학동, 375면; 이영준, 624면)과 유효설(곽윤직, 230면; 이상태, 302면)이 대립하고 있다. 이는 제289조가 제371조에 유추적용될 수 있는가의 문제이다.

생각건대 담보제공금지의 특약이 유효하다면 지상권을 양도담보의 목적으로 하는 것을 금지하는 특약도 유효하다고 해석하여야 한다는 점과 지상권자의 투하자본회수의 수단을 확보하려는 법의 근본취지를 고려할 때, 명문의 규정이 없지만 제289조의 유추적용을 인정하는 것이 타당하다고 할 것이다.

3. 지료지급의무

(1) 지료의 지급

지료의 지급은 지상권의 요소가 아니지만, 당사자가 계약에 의하여 지료의 지급을 약정한 때에는 지료지급의무가 있다. 그러나 법정지상권의 경우에는 당연히 지료지급의무가 생긴다(제305조 1항 단서, 제366조 단서). 지료는 정기급이든 일시급이든 무방하며, 반드시 금전일 필요는 없다.

(2) 지료채권 · 지료지급의무의 이전

(가) 등 기

지료액 또는 그 지급시기 등 지료에 관한 약정은 등기하여야 제3자에게 대항할 수 있다(부동산등기법 제69조). 따라서 지료의 등기를 하지 않은 경우에는 무상의 지상권으로서 지료증액청구권도 발생할 수 없으며(대판 1999.9.3, 99다24874), 또한 토지소유자는 구 지상권자의 지료연체 사실을 들어 지상권을 이전받은 제3자에게 대항하지 못한다(대판 1996.4.26, 95다52864).

(나) 지상권의 이전

지료에 관한 약정이 등기되어 있는 경우, 지상권이 이전되면 장래의 지료지급의무도 이에 수반하여 이전되며, 또한 토지소유자는 전 지상권자의 지료연체의 효과를 신 지상권자에게 대항할 수 있다(통설). 예컨대 전 지상권자 甲이 1년분의 지료를 연체하였고 또 신 지상권자 乙이 1년분의 지료를 연체한 경우에 양자를 합하여 2년분의 지료연체를 이유로 토지소유자는 지상권소멸을 청구할 수 있다(제287조). 이렇게 해석하지 않으면 지상권자가 지료를 연체한 후 지상권을 이전함으로써 지상권소멸의 청구(제287조)를 면하게 되는 부당한 결과가 발생하기 때문이다.

(다) 토지소유권의 이전

토지소유권의 이전등기가 있으면 지료의 등기가 없더라도 지료채권은 이에 수반하여 이전한다. 따라서 신 소유자는 전 소유자가 지상권자에 대하여 청구하던 지료를 청구할 수 있다(통설). 이는 제3자에 대한 대항문제가 아니기 때문이다. 다만 지상권자가 전 소유자와 사이의 '지료를 증액하지 않겠다'는 특약을 가지고 신 소유자에게 대항하기 위해서는 그러한 특약이 등기되어 있어야 한다. 그런데 판례는 지상권에서 지료의 지급은 그의 요소가 아니어서 지료에 관한 유상 약정이 없는 이상 지료의 지급을 구할 수 없는 것이며(대판 1995.2.28, 94다37912; 대판 1994.12.2, 93다52297), 유상인 지료에 관하여 지료액 또는 그 지급시기 등의 약정은 이를 등기하여야만 그 뒤에 토지소유권 또는 지상권을 양수한 사람 등 제3자에게 대항할 수 있는 것이라고 한다(대판 1999.9.3, 99다24874).

생각건대 지상권의 이전과 달리 토지소유권이 양도된 경우, 설정자의 지료채권은 토지소유권의 종된 권리이기 때문에 지료의 등기가 없더라도 양수인에게 이전된다고 할 것이다(제100조 2항 유추적용).

(3) 지료증감청구권

지상권에서 지료는 당사자의 협의에 의하여 결정되지만, 지상권의 존속기간이 장기인 점을 고려하여 제286조는 지료증감청구권을 규정하고 있다. 즉 지료가 토지에 관한 조세 기타 부담의 증감이나 지가(地價)의 변동으로 인하여 상당하지 않게 된 때에는 당사자는 지료의 증감을 청구할 수 있다. 이 증감청구권은 형성권의 성질을 갖는다(통설). 다만 이러한 증감청구에 대해 상대방이 다투는 때에는 결국 법원이 결정하게 되고, 법원이 결정한 지료의 증감은 그 청구한 때에 소급하여 효력이 생긴다.

판 례

(ㄱ) 지료에 관하여 등기되지 않은 경우에는 무상의 지상권으로서 지료증액청구권도 발생할 수 없다(대판 1999.9.3, 99다24874).

(ㄴ) 지료증감청구권에 관한 제286조에 비추어 볼 때, 특정 기간에 대한 지료가 법원에 의하여 결정되었다면 당해 당사자 사이에서는 그 후 위 규정에 의한 지료증감의 효과가 새로 발생하는 등의 특별한 사정이 없는 한 그 후의 기간에 대한 지료 역시 종전 기간에 대한 지료와 같은 액수로 결정된 것이라고 보아야 한다(대판 2003.12.26, 2002다61934).

(ㄷ) 지료에 관하여 지료액 또는 그 지급시기 등의 약정은 이를 등기하여야만(부동산등기법 제69조 4호) 그 뒤에 토지소유권 또는 지상권을 양수한 사람 등 제3자에게 대항할 수 있고, 지상권자가 종전 소유자와 지료를 늘리지 않는다는 특약을 맺은 경우, 이를 가지고 새로운 소유자에게 대항하기 위해서는 그 등기를 하고 있어야 한다(대판 2024.11.14, 2024다268997).

(4) 지료연체의 효과

지상권자가 2년 이상의 지료를 지급하지 않으면 지상권설정자는 지상권의 소멸을 청구할 수 있다(제287조). 즉 지상권의 소멸을 청구하기 위해서는 체납된 지료액이 통산하여 2년분 이상이어야 한다. 그러나 지상권자의 지료지급 연체가 토지소유권의 양도 전후에 걸쳐 이루어진 경우, 토지양수인에 대한 연체기간이 2년이 되지 않는다면 양수인은 지상권소멸청구를 할 수 없다(대판 2001.3.13, 99다17142). 즉 지상권의 이전과 달리 토지소유권이 양도된 경우에는 양수인에 대한 연체기간이 통산하여 2년 이상이어야 한다.

판 례

(ㄱ) 법정지상권의 경우 당사자 사이에 지료에 관한 협의가 있었다거나 법원에 의하여 지료가 결정되었다는 아무런 입증이 없다면, 법정지상권자가 지료를 지급하지 않았다고 하더라도 지료 지급을 지체한 것으로는 볼 수 없으므로 법정지상권자가 2년 이상의 지료를 지급하지 아니하였음을 이유로 하는 토지소유자의 지상권소멸청구는 이유가 없고, 지료액 또는 그 지급시기 등 지료에 관한 약정은 이를 등기하여야만 제3자에게 대항할 수 있는 것이고, 법원에 의한 지료의 결정은 당사자의 지료결정청구에 의하여 형식적 형성소송인 지료결정판결로 이루어져야 제3자에게도 그 효력이 미친다(대판 2001.3.13, 99다17142).

(ㄴ) 법정지상권이 성립되고 지료액수가 판결에 의하여 정해진 경우 지상권자가 판결확정 후 지료의 청구를 받고도 책임 있는 사유로 상당한 기간 동안 지료의 지급을 지체한 때에는 지체된 지료가 판결확정의 전후에 걸쳐 2년분 이상일 경우에도 토지소유자는 제287조에 의하여 지상권의 소멸을 청구할 수 있고(대판 1993.3.12, 92다44749), 판결확정일로부터 2년 이상 지료의 지급을 지체하여야만 지상권의 소멸을 청구할 수 있는 것은 아니다(대판 2005.10.13, 2005다37208).

(5) 강행규정

지료증감청구권·지상권소멸청구권에 관한 규정(제286조, 제287조)은 편면적 강행규정으로서 지상권자에게 불리한 약정은 무효이다(제289조).

V. 지상권의 소멸

1. 소멸사유

(1) 일반적 소멸사유

지상권은 물권일반의 소멸원인인 토지의 멸실·존속기간의 만료·혼동(제191조)·소멸시효(제162조 2항)·지상권에 우선하는 저당권의 실행에 의한 경매·토지수용(공익사업을 위한 토지 등의 취득 및 보상에 관한 법률 제45조 1항)·제3자에 의한 토지소유권의 취득시효(제248조) 등에 의해 소멸한다. 한편 지상권에는 부종성이 인정되지 않으므로, 예컨대 입목에 대한 벌채권의 확보를 위하여 지상권을 설정하였고 그 벌채권이 소멸하였더라도 지상권까지 소멸하는 것이 아니다(대판 1991.11.8, 90다15716).

판 례

토지를 매수하여 그 명의로 소유권이전청구권보전을 위한 가등기를 경료하고 그 토지상에 타인이 건물 등을 축조하여 점유 사용하는 것을 방지하기 위하여 지상권을 설정하였다면 이는 위 가등기에 기한 본등기가 이루어질 경우 그 부동산의 실질적인 이용가치를 유지 확보할 목적으로 전소유자에 의한 이용을 제한하기 위한 것이라고 봄이 상당하다고 할 것이고 그 가등기에 기한 본등기청구권이 시효의 완성으로 소멸하였다면 그 가등기와 함께 경료된 위 지상권 또한 그 목적을 잃어 소멸되었다고 봄이 상당하다(대판 1991.3.12, 90다카27570).

(2) 특유한 소멸사유

(가) 지상권설정자의 소멸청구

1) 의의 및 성질

(i) 지상권자가 2년 이상의 지료를 지급하지 아니한 때에 지상권설정자는 지상권의 소멸을 청구할 수 있다(제287조). 이는 일종의 해지에 관한 특별규정이다.

(ii) 지상권설정지가 지상권의 소멸을 청구하면 그 등기 없이도 지상권이 소멸하는가에 관하여, ① 소멸청구권의 성질은 형성권으로서 소멸청구의 의사표시만으로 지상권이 소멸한다는 견해(김상용, 488면; 이영준, 628면; 이상태, 305면), ② 소멸청구권의 성질은 형성권이지만 물권적 단독행위라는 점을 중시하여 제186조에 따라 지상권의 말소등기까지 하여야 비로소 지상권이 소멸한다는 견해(김증한/김학동, 378면; 지원림, 3-235), ③ 소멸청구권의 성질은 채권적 청구권으로서 말소등기까지 하여야 지상권이 소멸한다는 견해(곽윤직, 320면; 송덕수, B-368)가 있다.

생각건대 지료를 연체한 경우에 지상권자를 보호할 가치가 없다는 점과 소멸청구권은 형성권의 성질을 가지고 있고 형성권에 의한 물권변동은 법률규정에 의한 물권변동이므로, 제187조에 따라 등기 없이 지상권소멸의 효력이 발생한다고 할 것이다.

2) 요 건

가) 2년분 이상의 지료를 연체할 것

지상권의 소멸을 청구하기 위해서는 지상권자가 2년 이상의 지료를 지급하지 않아야 한다. 여기서 '2년 이상의 지료'란 연체된 지료액이 2년분 이상이 되는 것을 말하며, 계속해서 2년 이상 연체된 경우는 물론이고 1년분의 지료를 연체하였다가 몇 년 후에 다시 1년분의 지료를 지급하지 않은 경우도 포함된다.

나) 귀책사유가 존재할 것

지급하지 아니한 것이 지상권자의 책임 있는 사유로 인한 것이어야 한다.

다) 지상권·지상물이 저당권의 목적인 때에는 저당권자에게 통지할 것

지상권이 저당권의 목적인 때 또는 그 토지에 있는 건물이나 수목이 저당권의 목적인 때에는 지상권소멸청구는 저당권자에게 통지한 후에 상당한 기간이 경과함으로써 그 효력이 생긴다(제288조). 제288조의 취지는 저당권자의 이익을 고려하여, 저당권자가 이러한 소멸청구에 대하여 적절한 조치를 취할 시간적 여유를 주고자 하는데 있다.

3) 효 과

지상권설정자의 소멸청구에 의해 지상권은 말소등기 없이 소멸한다. 전술한 바와 같이 말소등기를 하여야 지상권소멸의 효과가 발생한다는 견해가 있다. 한편 지상권설정자의 소멸청구는 일종의 해지에 해당하고, 제544조의 해제와 달리 상당한 기간을 정하여 이행을 최고할 필요가 없으며, 지상권소멸의 효과는 장래에 향하여서만 발생한다. 또한 지상권소멸청구에 관한 제287조는 편면적 강행규정이며, 이에 위반한 지상권자에게 불리한 약정은 무효이다(제289조).

판 례

지상권자가 2년 이상의 지료를 지급하지 아니한 때에는 지상권설정자는 지상권의 소멸을 청구할 수 있으나(제287조), 지상권설정자가 지상권의 소멸을 청구하지 않고 있는 동안 지상권자로부터 연체된 지료의 일부를 지급받고 이를 이의 없이 수령하여 연체된 지료가 2년 미만으로 된 경우에는 지상권설정자는 종전에 지상권자가 2년분의 지료를 연체하였다는 사유를 들어 지상권자에게 지상권의 소멸을 청구할 수 없으며, 이러한 법리는 토지소유자와 법정지상권자 사이에서도 마찬가지이다(대판 2014.8.28, 2012다102384).

(나) 지상권의 포기

지상권자는 언제든지 지상권을 포기할 수 있다. 다만 지상권이 저당권의 목적인 때에는 저당권자의 동의가 있어야 포기할 수 있다(제371조 2항). 특히 정기적으로 지료를 지급하는 지상권(즉 有償의 地上權)의 포기로 인하여 토지소유자에게 손해가 생길 때에는 이를 배상하여야 한다(제153조 2항 단서). 한편 지상권의 포기는 물권적 단독행위이므로 제186조에 의하여 말소등기를 하여야 지상권 소멸의 효과가 발생한다(다수설). 그러나 포기는 형성권의 행사이므로, 이에 의한 지상권의 소멸은 등기 없이도 그 효력이 발생한다는 견해가 있다(이영준, 630면).

(3) 약정소멸사유

당사자는 지상권의 소멸사유를 약정할 수 있으며, 약정사유가 발생한 때에 지상권이 소멸한다. 이러한 사유는 등기하여야 제3자에게 대항할 수 있다. 다만 지상권의 존속기간·지료연체로 인한 소멸청구 등에 관해서는 지상권자에게 불리한 약정은 그 효력이 없다(제289조).

2. 지상권소멸의 효과

(1) 지상물수거권

지상권이 소멸한 때에 지상권자는 건물 기타 공작물이나 수목을 수거하여 토지를 원상에 회복하여야 한다(제285조 1항). 지상물의 수거와 원상회복은 권리인 동시에 의무이다. 다만 땅을 돋아서 높이거나 배수시설을 한 경우처럼 사실상 수거가 불가능하고 시공으로 인하여 토지의 객관적 가치가 증가한 때에는 수거·원상회복의무는 없고, 토지소유자에 대하여 비용상환을 청구할 수 있다. 주의할 것은 지상물수거권과 매수청구권은 지상물이 독립성을 갖는 경우에 문제되고, 독립성이 없는 때에는 비용상환청구권만이 문제된다는 점이다. 한편 토지소유자가 지상물의 매수청구권을 행사한 때에는 수거권은 소멸한다(제285조 2항).

(2) 지상물매수청구권

지상물을 수거하면 대체로 그 가치가 감소하는데, 이는 지상권자뿐만 아니라 사회경제상 불리한 결과로 된다. 이러한 결과를 방지하기 위해 지상물매수청구권이 인정된다.

(가) 지상권설정자의 매수청구권

지상권자가 지상물을 수거할 때에 토지소유자인 지상권설정자가 상당한 가액을 제공하여 그 지상물의 매수를 청구하면 지상권자는 정당한 이유 없이 이를 거절하지 못한다(제285조 2항). 지상물매수청구권을 규정하고 있는 제285조는 편면적 강행규정이므로, 이에 반하는 특약으로서 지상권자에게 불리한 것은 무효이다(제289조).

한편 지상권이 소멸한 모든 경우에 토지소유자는 지상물의 매수를 청구할 수 있으므로, 제283조 1항에 의한 지상권자의 갱신청구가 있을 때에 이를 거절하고 지상물의 매수를 청구할 수 있다. 지상물의 매수청구권은 형성권으로서 성질을 가진다(다수설. 그러나 지원림, 3-238은 청구권이라고 한다). 다만 그 의사표시만으로는 부족하고 거래의 관념에 의하여 객관적으로 보아 상당하다고 인정되는 가액(즉 매수청구당시 지상물의 시가)을 제공하여야 한다. 물론 정당한 사유가 있는 경우(예: 타인에게 지상물을 양도하기로 약정한 때·다른 장소에 옮겨서 계속 사용하려고 할 때 등)에는 지상권자는 지상물 매매의 성립을 부정할 수 있다.

(나) 지상권자의 매수청구권

지상권자의 갱신청구에 대해 지상권설정자가 이를 거절한 때에 지상권자는 2차적으로 상당한 가액으로 지상물의 매수를 청구할 수 있다(제283조 2항). 따라서 지상권자가 갱신청구를 할 수 없는 경우에 이 매수청구권은 발생할 여지가 없다. 예컨대 지료연체로 지상권소멸청구에 의해 소멸한 경우(대판 1993.6.29, 93다10781), 기타 지상권자의 귀책사유로 약정소멸사유가 발생한 경우에는 매수청구권이 발생하지 않는다. 한편 매수청구권의 성질도 형성권이며, 지상권자의 매수청구권 행사에 의해 매매계약이 성립하므로 지상권설정자의 지상물명도청구에 대하여 지상권자는 대금지급과의 동시이행을 주장할 수 있다(대판 1991.4.9, 91다3260). 이때 지상물의 매매가격은 지상권 소멸 당시의 시가가 아니라 지상물 매수청구 당시의 시가이다(대판 1967.12.18, 67다2355).

(3) 유익비상환청구권

부동산임대차의 경우에 임차인에게 필요비와 유익비상환청구권이 인정되는데(제626조), 지상권에 대해서 제626조를 유추적용할 수 있는지가 문제이다. 이에 대해 학설은 유익비의 경우에 토지소유자에게 부당이득이 된다는 점에서 지상권에 제626조 2항을 유추적용할 수 있다고 한다(통설). 따라서 지상권자가 토지에 유익비를 지출한 경우에 지상권이 소멸한 때에 그 가액의 증가가 현존한 때에 한하여 그 지출한 금액이나 증가액 중 어느 하나를 토지소유자가 상환하여야 하며, 법원은 토지소유자의 청구에 따라 상당한 기간을 정해 줄 수 있다. 그러나 임차인의 필요비상환청구권은 임대인의 '사용·수익에 필요한 상태를 유지하게 할 의무'(제623조)에 대응하는 것이지만, 지상권설정자인 토지소유자는 이러한 의무가 없으므로 지상권자는 토지소유자에 대하여 필요비상환을 청구할 수 없다(통설).

Ⅵ. 특수지상권

1. 구분지상권

(1) 의의와 취지

(가) 구분지상권(區分地上權)이란 건물 기타 공작물을 소유하기 위하여 타인 토지의 지하 또는 지상의 공간을 '상하의 범위'를 정하여 사용하는 지상권을 말한다(제289조의2). 구분지상권은 다음의 점에서 보통의 지상권과 다르다. 즉 ① 지상권은 토지소유권이 미치는 토지의 상하 전부에 그 효력이 미치는데 반해, 구분지상권은 지하 또는 지상의 일정한 범위에 미친다. ② 지상권은 건물 기타 공작물이나 수목의 소유를 위해 설정할 수 있으나 구분지상권은 건물 기타 공작물에 한정되고 수목의 소유를 위해 이를 설정할 수 없다. ③ 지상권은 당사자의 합의와 등기에 의해 성립하지만, 구분지상권은 지하 또는 지상의 일정한 구분층만을 객체로 하기 때문에 기존 용익권자(예: 지상권자·전세권자·대항력을 갖춘 임차인 등)가 있는 경우, 이들의 승낙이 그 성립요건으로 부가된다(제289조의2 제2항).

(나) 보통의 지상권은 토지소유권이 미치는 토지의 상하 전부에 그 효력이 미치는 권리로

서(제212조, 제279조), 지표(地表)에 대한 평면적 이용을 주로 하는 경우에도 그 토지에 대한 타인의 이용가능성은 전면적으로 배제된다. 그런데 토목·건축기술의 발달·도시생활의 과밀화 등으로 인하여 지하 또는 지상에 대한 효율적 이용의 필요성이 대두되었다. 특히 지하철노선의 건설이 직접적인 계기가 되어 일정한 토지의 지표나 지하·공중에 대하여 각각 이용권이 병존할 수 있도록 구분지상권을 인정하게 된 것이다.

(2) 구분지상권의 성립

보통의 지상권과 마찬가지로 당사자 사이의 구분지상권 설정에 관한 합의와 등기에 의하여 성립하며, 그 효력이 미치는 토지의 일정부분을 반드시 등기하여야 한다(부동산등기법 제69조). 구분지상권은 건물 기타 공작물의 소유를 위해 설정할 수 있지만, 보통의 지상권과 달리 수목의 소유를 위해서는 설정할 수 없다. 한편 구분지상권을 설정하려는 토지에 이미 제3자가 사용·수익할 권리(예: 지상권·지역권·전세권·등기된 임차권 등)를 가지고 있는 경우에는 그 권리자 및 그 권리를 목적으로 하는 권리(예: 지상권·전세권을 목적으로 하는 저당권)를 가진 자 전원의 동의를 받아야 한다(제289조의2 제2항).

(3) 구분지상권의 효력

(가) 지상권에 관한 규정준용

구분지상권은 그 효력이 미치는 범위에서 보통의 지상권과 차이가 있을 뿐 본실적인 차이가 없으므로, 제279조를 제외한 지상권에 관한 규정은 구분지상권에 준용된다(제290조 2항).

(나) 구분지상권에 특유한 효력

1) 구분지상권자는 설정행위에서 정하여진 범위에서만 토지를 사용할 권리를 가지고, 구분지상권의 효력이 미치지 않는 토지부분에 대해서는 토지소유자가 사용권을 가진다. 다만 설정행위로 구분지상권의 행사를 위하여 토지소유자의 토지사용을 제한하는 특약(예: 지하에 구분지상권을 설정하는 경우에 토지소유자가 지상에 30톤 이상의 공작물을 설치하지 않기로 하는 약정)을 맺을 수 있다(제289조의2 제1항 후문). 이러한 특약을 등기를 하면 이를 가지고 제3자에게 대항할 수 있지만(부동산등기법 제69조), 구분지상권제도의 취지에 비추어 볼 때 토지소유자의 이용을 전면적으로 배제하는 내용의 특약은 할 수 없다(김상용, 494면).

2) 구분지상권이 그 토지에 대한 사용·수익권을 가진 제3자의 승낙을 얻어서 설정된 경우에 그 제3자는 구분지상권의 행사를 방해하여서는 안 된다(제289조의2 제2항 후문).

3) 구분지상권에 의하여 토지에 부속된 공작물은 권원에 의하여 부속된 물건이므로(제256조 단서), 토지에 부합하지 않고 구분지상권자의 소유에 속한다.

2. 관습상의 법정지상권

(1) 의 의

관습상의 법정지상권이란 동일인에게 속하고 있는 토지와 건물의 어느 한쪽이 매매·경매나 그 밖의 원인으로 인하여 그 소유자를 달리하게 된 경우에 당사자 사이에 그 건물을 철거한다는 특약이 없는 한 건물소유자가 당연히 취득하게 되는 지상권을 말한다. 관습상의 법정지상권은 판례에 의하여 확립되어 관습법상의 물권으로 취급되고 있다. 이는 토지와 건물을 별개의 부동산으로 하고 있는 우리 법제상, 토지와 건물이 각각 다른 소유자에게 귀속하게 되는 경우에 건물소유자에게 대지에 대한 지상권을 취득한 것으로 간주함으로써 그 건물의 가치를 유지하는 것이 사회경제적으로 이익이 되기 때문에 인정된 것이다.

(2) 성립요건

(가) 토지와 건물이 동일한 소유자에게 속하였을 것

1) 토지와 건물이 동일한 소유자에게 속하고 있어야 한다. 따라서 토지와 건물이 동일인의 소유에 속하지 않은 경우, 즉 ① 대지소유자의 승낙을 얻어 지은 건물을 매수한 자는 법정지상권을 취득할 수 없다(대판 1971.12.28, 71다2124). ② 원래 동일인에게 소유권 귀속이 원인무효로 이루어졌다가 그 뒤 원인무효가 밝혀져 그 등기가 말소됨으로써 그 건물과 토지의 소유자가 달라지게 된 경우에는 관습상의 법정지상권은 발생하지 않는다(대판 1999.3.26, 98다64189). ③ 토지소유자가 매수인으로부터 토지대금을 다 받기 전에 그 토지 위에 건물을 신축할 수 있도록 승낙하였더라도 건물과 그 대지가 동일인의 소유가 아니었으므로, 매매계약이 적법하게 해제된 경우에 관습상의 법정지상권은 성립하지 않는다(대판 1988.6.28, 87다카2895). ④ 토지를 매수하여 사실상 처분권한을 가지는 자가 그 지상에 건물을 신축하여 건물의 소유권을 취득하였더라도 토지에 관한 소유권을 취득하지 아니한 이상 토지와 건물이 동일한 소유자에게 속하였다고 할 수는 없는 것이므로, 이러한 상태의 건물에 관하여 강제경매절차에 의하여 그 소유자가 다르게 되었다고 하여 건물을 위한 관습상의 법정지상권이 성립하는 것은 아니다(대판 1994.4.12, 93다56053). ⑤ 미등기건물이 대지와 함께 양도되었는데 대지에 대해서만 소유권이전등기가 마쳐진 후 건물에 대한 이전등기가 마쳐지기 전에 그 대지가 경매되어 소유자가 달라지게 된 경우, 미등기건물의 양수인은 미등기건물에 대한 소유자가 아니므로 법정지상권이 발생할 수 없다(대판 1998.4.24, 98다4798).

2) 토지와 건물 중 어느 하나가 '처분될 당시에' 토지와 그 지상건물이 동일인의 소유에 속하였으면 족하고 원시적으로 동일인의 소유였을 필요는 없다(대판 1995.7.28, 95다9075,9082). ① 동일인의 소유에 속하는 한 미등기의 무허가건물인 경우에도 관습상의 법정지상권이 인정된다(대판 1988.4.12, 87다카2404). ② 강제경매의 경우에는 경매목적물에 대한 '압류가 효력을 발생하는 때' 또는 강제경매에 앞선 가압류집행이 있는 경우에는 그 '가압류집행이 있은 때'를 기준으로 하여, 대지와 건물의 소유자가 동일인에게 속하여야 한다(대판 2012.10.18, 2010다52140). 즉 토지 또는 그 지상 건물의 소유권이 강제경매로 인하여 그 절차상의 매수인에게 이전되는 경우에는 그 매수인이 소유권을 취득하는 매각대금의 완납 시가 아니라 '강제경매개시결정으로 압류의 효력이 발생하는 때'를 기준으로 토지와 지상 건물이 동일인에게 속하였는지에 따라 관습상 법정지상권의 성립 여부를 가려야 하고, 강제경매의 목적이 된 토지 또는 그 지상 건물에 대하여 강제경매개시결

정 이전에 가압류가 되어 있다가 그 가압류가 강제경매개시결정으로 인하여 본압류로 이행되어 경매절차가 진행된 경우에는 애초 '가압류의 효력이 발생한 때'를 기준으로 토지와 그 지상 건물이 동일인에 속하였는지에 따라 관습상 법정지상권의 성립 여부를 판단하여야 한다(대판 1990.6.26, 89다카24094; 대판 2012.10.18, 2010다52140). 강제경매개시결정의 기입등기가 이루어져 압류의 효력이 발생한 후에 경매목적물의 소유권을 취득한 이른바 제3취득자는 그의 권리를 경매절차상 매수인에게 대항하지 못하고, 강제경매개시결정 이전에 가압류가 있는 경우에는 그 가압류가 강제경매개시결정으로 인하여 본압류로 이행되어 가압류집행이 본집행에 포섭됨으로써 당초부터 본집행이 있었던 것과 같은 효력이 있기 때문이다. ③ 강제경매의 목적이 된 토지 또는 그 지상 건물에 관하여 강제경매를 위한 압류나 그 압류에 선행한 가압류가 있기 이전에 저당권이 설정되어 있다가 그 후 강제경매로 인해 그 저당권이 소멸하는 경우에는, 그 '저당권설정 당시'를 기준으로 토지와 그 지상 건물이 동일인에게 속하였는지에 따라 관습상 법정지상권의 성립 여부를 판단해야 한다(대판 2013.4.11, 2009다62059). 저당권설정 이후의 특정 시점을 기준으로 토지와 그 지상 건물이 동일인의 소유에 속하였는지에 따라 관습상 법정지상권의 성립 여부를 판단하게 되면, 저당권자로서는 저당권설정 당시를 기준으로 그 토지나 지상 건물의 담보가치를 평가하였음에도 저당권설정 이후에 토지나 그 지상 건물의 소유자가 변경되었다는 외부의 우연한 사정으로 인하여 예상하지 못한 이익을 얻거나 손해를 입게 되기 때문이다. ④ 원래 채권을 담보하기 위하여 나대지상에 가등기가 마쳐졌고, 그 뒤 대지소유자가 그 지상에 건물을 신축하였는데, 그 후 가등기에 기한 본등기가 마쳐져 대지와 건물의 소유자가 달라진 경우에 관습상의 법정지상권을 인정하면, 애초에 대지에 채권담보를 위하여 가등기를 경료한 사람의 이익을 크게 해하게 되기 때문에, 특별한 사정이 없는 한 건물을 위한 관습상의 법정지상권은 성립하지 않는다(대판 1994.11.22, 94다5458).

3) 공유로 등기된 토지의 소유관계가 구분소유적 공유관계에 있는 경우, 통상적인 공유관계와 달리 공유자 중 1인이 소유하고 있는 건물과 그 대지는 다른 공유자와의 내부관계에서는 그 공유자의 단독소유이다. 따라서 ① 건물을 소유하고 있는 공유자가 그 건물 또는 토지지분에 대하여 저당권을 설정하였다가 그 후 저당권의 실행으로 소유자가 달라지게 되면 건물 소유자는 그 건물의 소유를 위한 법정지상권을 취득한다. 이는 구분소유적 공유관계에 있는 토지의 공유자들이 그 토지 위에 각자 독자적으로 별개의 건물을 소유하면서 그 토지 전체에 대하여 저당권을 설정하였다가 그 저당권의 실행으로 토지와 건물의 소유자가 달라지게 된 경우에도 마찬가지이다(대판 2004.6.11, 2004다13533). ② 반면에 구분소유적 공유관계에 있는 대지 중 乙이 매수하지 않은 부분에 관하여는 甲에게 그 소유권을 주장할 수 없기 때문에 乙이 매수하지 아니한 부분에 있는 乙 소유의 건물은 당초부터 건물과 토지의 소유자가 서로 다른 경우에 해당되어 관습상의 법정지상권이 성립될 여지가 없다(대판 1994.1.28, 93다49871).

4) 명의신탁된 토지상에 수탁자가 건물을 신축한 경우, 토지의 소유자는 명의신탁자이므

로 수탁자는 관습상의 법정지상권을 취득하지 못한다(대판 1986.5.27, 86다카62). 물론 수탁자가 제3자에게 건물을 매도한 경우에는 대외적 관계에서 토지가 수탁자의 소유이므로, 건물의 소유자는 관습상의 법정지상권을 취득한다. 한편 명의신탁된 토지상에 신탁자가 건물을 신축한 후 토지가 매도된 경우, 신탁자는 제3자에게 그 대지가 자기의 소유임을 주장할 수 없고, 따라서 대지와 그 지상건물이 동일인의 소유임을 전제로 한 법정지상권을 취득할 수 없다(대판 1993.6.25, 92다20330).

(나) 매매나 그 밖의 원인으로 소유자가 다르게 될 것

1) 토지와 건물 중의 어느 하나가 '법률행위 또는 그 밖의 원인'으로 처분되어 그 소유자가 각각 다르게 되어야 한다. 소유자가 다르게 되는 원인에는 ① 법률행위, 즉 토지와 건물 중 어느 하나가 매매나 증여에 의해 소유자가 다르게 되는 경우, ② 법률행위에 의하지 않은 것으로, 강제경매나 공매처분 등에 의해 소유자가 다르게 되는 경우가 있다.

2) 동일인 소유의 대지와 그 지상의 미등기 건물 중 대지만 다른 사람에게 이전된 경우, 미등기건물의 소유자는 관습상의 법정지상권을 취득한다(대판 1991.8.13, 91다16631; 대판 2004.6.11, 2004다13533). 반면에 미등기 건물을 그 대지와 함께 매도하였다면 비록 매수인에게 그 대지에 관하여만 소유권이전등기가 경료되고 건물에 관하여는 등기가 경료되지 아니하여 형식적으로 대지와 건물이 그 소유 명의자를 달리하게 되었더라도 '매도인'에게 관습상의 법정지상권이 인정되지 않는다(대판 2002.6.20, 2002다9660). 토지의 점유·사용에 관하여 당사자 사이에 약정이 있는 것으로 볼 수 있거나 토지 소유자가 건물의 처분권까지 함께 취득한 경우에는 관습상의 법정지상권을 인정할 까닭이 없기 때문이다.

3) 대지소유자가 그 '지상 건물을 다른 사람과 공유'하면서 그 단독소유의 대지만을 타인에게 양도한 경우, 건물 공유자들은 대지에 관하여 관습상 법정지상권을 취득한다(대판 2022.7.21, 2017다236749).

한편 건물소유자가 '토지를 공유'하는 경우, 판례는 협의에 의한 현물분할의 경우에는 관습상 법정지상권의 성립을 긍정하지만, 그렇지 않은 경우에는 부정한다. 즉 공유지상에 공유자의 1인 또는 수인 소유의 건물이 있을 경우, 대지의 공유자들이 대지를 '분할'하여 그 건물 부지를 공유자 중 1인의 단독소유로 한 때에는 그 건물소유자는 건물을 위하여 관습상 법정지상권을 취득한다고 한다(대판 1974.2.12, 73다353). 가령 甲과 乙의 공유대지상에 甲 소유의 건물이 있었는데, 공유대지를 甲과 乙이 '협의분할'을 하여 토지를 乙이 소유함으로써 그 대지와 지상 건물의 소유자가 달라진 경우, 관습상의 법정지상권이 성립한다.

반면에 ① 토지공유자의 한 사람이 다른 공유자의 지분 과반수의 동의를 얻어 건물을 건축한 후 토지와 건물의 소유자가 달라진 경우(대판 2014.9.4, 2011다73038,73045; 대판 1993.4.13, 92다55756), ② 토지공유자 중 1인이 공유토지 위에 건물을 소유하고 있다가 토지지분만을 양도한 경우(대판 1988.9.27, 87다카140; 대판 1987.6.23, 86다카2188), ③ 토지와 그 지상 건물 모두가 각 공유에 속하는데 '토지에 관한 공유자 일부의 지분'만을 목적으로 하는 근저당권이 설정되었다가 경매로 인하여 그 지분을 제3자가 취득하게 된 경우(대판 2014.9.4, 2011다73038,73045), ④ 토지와 그 지상 건물 모두가 각 공유에 속하는데 토지와 건물의 공유자 중

1인이 그중 건물 지분만을 타인에게 양도하여 토지와 건물의 소유자가 달라진 경우(대판 2022.8.31, 2018다218601)에는 관습상 법정지상권이 인정되지 않는다고 한다. ①~④의 경우에 토지 전부에 대해 건물의 소유를 위한 관습상 법정지상권이 성립된 것으로 본다면, 토지공유자 1인에게 자신의 지분을 제외한 다른 공유자의 지분에 대해서까지 지상권설정의 처분행위를 허용하는 셈이 되어 부당하기 때문이다(제264조). 가령 甲과 乙이 X토지와 그 지상 Y건물에 관하여 각 1/2지분씩 공유하고 있었는데, Y건물의 甲의 지분이 丙에게, 乙의 지분이 丁에게 각 양도되었고 그 후 X토지의 乙지분이 丁에게 양도되어 현재 X토지는 甲과 丁, Y건물은 丙과 丁이 공유하고 있다. 이 경우 甲이 丙에게 Y건물의 공유지분을 이전해 주었다고 해서 丙에게 X토지에 관한 관습상 법정지상권이 인정되지 않으며, 丁이 Y건물의 공유지분을 이전받았을 당시 토지와 건물이 동일인 소유가 아니었던 이상 丁에게 관습상 법정지상권이 인정되지 않는다.

4) 토지와 지상 건물이 함께 양도되었다가 채권자취소권의 행사에 따라 그중 건물에 관하여만 양도가 취소되고 수익자와 전득자 명의의 소유권이전등기가 말소되었더라도, 이는 관습상 법정지상권의 성립요건인 '동일인의 소유에 속하고 있던 토지와 지상 건물이 매매 등으로 인하여 소유자가 다르게 된 경우'에 해당한다고 할 수 없다(대판 2014.12.24, 2012다73158). 제406조의 채권자취소권의 행사로 인한 사해행위의 취소와 일탈재산의 원상회복은 채권자와 수익자 또는 전득자에 대한 관계에 있어서만 효력이 발생할 뿐이고 채무자가 직접 권리를 취득하는 것이 아니기 때문이다.

한편 건물 소유를 위하여 법정지상권을 취득한 사람으로부터 경매에 의하여 건물의 소유권을 이전받은 매수인은 매수 후 건물을 철거한다는 등의 매각조건하에서 경매되는 경우 등 특별한 사정이 없는 한 건물의 매수취득과 함께 법정지상권도 당연히 취득하는데, 이러한 법리는 사해행위의 수익자 또는 전득자가 건물의 소유자로서 법정지상권을 취득한 후 채무자와 수익자 사이에 행하여진 건물의 양도에 대한 채권자취소권의 행사에 따라 수익자와 전득자 명의의 소유권이전등기가 말소된 다음 경매절차에서 건물이 매각되는 경우에도 마찬가지로 적용된다(대판 2014.12.24, 2012다73158).

가령 甲은 자신의 X토지와 Y토지 양쪽 일부에 Z건물을 신축하여 소유하고 있었는데, X토지에 대하여 1995. 7경. 설정된 근저당권에 의하여 진행된 경매절차에서 乙이 2004. 10. 1. 매수대금을 납부함으로써 그 소유권을 취득하였고, 丙이 이를 매수하여 2005. 11. 30 소유권이전등기를 마쳤다. 한편 甲은 2000. 2. 23. 丁에게 Z건물과 Y토지를 매도하고 丁 명의로 소유권이전등기를 마쳐주었는데, 그중 Z건물에 관하여는 2005. 2. 25. 사해행위취소사건에 의한 확정판결을 원인으로 하여 위 소유권이전등기가 말소되었고, 그 후 Z건물에 대한 강제경매개시결정에 따라 2006. 11. 16. 그 기입등기가 마쳐진 다음 진행된 경매절차에서 戊가 2007. 8. 17. 매수대금을 납부함으로써 그 소유권을 취득하여, Z건물의 부지로 X토지 일부와 Y토지 일부를 점유·사용하고 있다. 이 경우, ① 甲이 丁에게 Z건물과 Y토지를 함께 매도하였다가 채권자취소권의 행사에 따라 그중 Z건물에 관하여만 매매계약이 취소되고 丁

명의의 소유권이전등기가 말소되었더라도, 丁은 Z건물에 대한 압류의 효력이 발생할 당시까지도 Y토지와 Z건물을 모두 소유하고 있었다. 따라서 戊가 강제경매절차에서 Z건물을 매수하고 그 매수대금을 납부함으로써 양자의 소유자가 다르게 되었으므로, 戊는 Y토지 일부에 대하여 관습상 법정지상권을 취득한다. 한편 ② 근저당권의 설정 당시 X토지와 Z건물이 모두 甲의 소유에 속하였고, 근저당권에 의하여 진행된 경매절차에서 乙이 X토지를 매수하고 그 매수대금을 납부함으로써 양자의 소유자가 다르게 되었으므로, 매수대금 납부 당시 Z건물의 소유자인 丁이 X토지 일부에 대하여 제366조의 법정지상권을 취득하였다. 따라서 채권자취소권의 행사에 따라 Z건물에 관하여 丁 명의의 소유권이전등기가 말소된 다음 경매절차에서 戊가 Z건물의 소유권을 취득함으로써 그 소유를 위한 법정지상권도 함께 취득한다.

(다) 당사자 사이에 건물을 철거한다는 등의 특약이 없을 것

1) 건물을 철거한다는 특약이 있으면 지상권에 의해 보호받을 수 없음은 당연하다. 또한 동일인이 소유하던 토지와 그 지상 건물이 매매 기타 원인으로 각각 소유자를 달리하게 되었으나 그 토지의 점유·사용에 관하여 당사자 사이에 약정이 있는 것으로 볼 수 있는 경우, 관습상의 법정지상권은 성립하지 않는다(대판 2008.2.15, 2005다41771,41788). 따라서 甲이 건물을 제외한 채 그 X대지와 부근의 Y토지를 함께 乙에게 매도하여 건물과 대지가 소유자를 달리하게 되었더라도 甲이 X대지 부분을 다시 매수하고 그 대신 乙에게 Y토지와 인접한 다른 토지를 넘겨주기로 하는 특약을 맺었다면, 당사자 사이에 매수인으로 하여금 아무런 제한 없는 토지를 사용하게 하려는 의사가 있었다고 보아야 하므로, 특약이 매도인측의 귀책사유로 이행불능된 이상 매도인은 건물을 위한 관습상의 법정지상권을 주장하지 못하고 건물을 철거하여 매수인에게 아무런 제한 없는 토지를 인도할 의무가 있다.

2) 판례는 대지와 건물의 소유자가 건물만을 양도하면서 양수인과 대지에 대하여 임대차계약을 체결한 경우, 특별한 사정이 없는 한 건물의 양수인은 관습상의 법정지상권을 포기한 것으로 보고 있다(대판 1992.10.27, 92다3984). 따라서 건물을 철거하기로 하는 합의가 있었다는 등의 특별한 사정의 존재에 관한 주장·증명책임은 그러한 사정의 존재를 주장하는 쪽에 있다(대판 1988.9.27, 87다카279).

3) 토지의 소유자가 건물을 건축할 당시 이미 토지를 타인에게 매도하여 소유권을 이전하여 줄 의무를 부담하고 있었다면 토지의 매수인이 그 건축행위를 승낙하지 않는 이상 그 건물은 장차 철거되어야 하는 운명에 처하게 될 것이고, 토지소유자가 이를 예상하면서도 건물을 건축하였다면 그 건물을 위한 관습상의 법정지상권은 생기지 않는다(대판 1994.12.22, 94다41072,41089).

판 례

관습상의 법정지상권은 타인의 토지 위에 건물을 소유하는 것을 본질적 내용으로 하는 권리가 아니라, 건물의 소유를 위하여 타인의 토지를 사용하는 것을 본질적 내용으로 하는 권리이다. 따라서 관습상의 법정지상권의 발생을 배제하는 효력을 인정할 수 있기 위하여서는, 단지 형식적으로 건물을 철거한다는 내용만이 아니라 건물을 철거함으로써 토지의 계속 사용을 그만두고자 하는 당사자의 의사가 그 합의에 의하여 인정될 수 있어야 한다(대판 1999.12.10, 98다58467).

(3) 효 력

(가) 관습상의 법정지상권은 관습법에 의하여 당연히 성립하는 것이므로 제187조에 의하여 등기를 요하지 않는다. 따라서 건물소유자는 법정지상권을 취득할 당시의 토지소유자는 물론이고 그 토지를 양수한 제3자에 대하여 등기 없이 법정지상권을 주장할 수 있다(대판 1988.9.27, 87다카279).

(나) 관습상의 법정지상권은 관습법에 의하여 성립한다는 점을 제외하고는 보통의 지상권과 동일하다. 따라서 특별한 사정이 없는 한 지상권에 관한 규정이 유추적용된다. 즉 ① 지료의 액이나 지급방법은 토지소유자와의 협의에 의할 것이나 협의가 이루어지지 않으면 당사자의 청구에 의하여 법원이 정한다(제305조 1항 단서, 제366조 단서). 그러나 법정지상권에 관한 지료가 결정되지 않은 경우, 토지소유자는 법정지상권자의 2년 이상의 지료지급 지체를 이유로 지상권 소멸을 청구할 수 없다. 이러한 경우에는 이행지체로 볼 수 없기 때문이다(대판 2001.3.13, 99다17142; 대판 1996.4.26, 95다52864). ② 존속기간은 약정이 없는 것으로 보아 제281조에 의해 정해진다(대판 2013.9.12, 2013다43345). 따라서 견고한 건물은 30년, 그 밖의 건물은 15년으로 된다. ③ 지상권의 기간이 만료되면, 제283조에 의하여 건물의 매수를 청구할 수 있다(대판 1968.8.30, 68다1029).

(다) 관습상의 법정지상권을 제3자에게 처분하려면 제187조 단서에 의하여 먼저 등기하여야 한다. 따라서 법정지상권을 취득한 건물소유자가 법정지상권을 등기하지 않고 건물만을 양도한 경우에는 건물의 양수인은 대지소유자에게 법정지상권을 주장할 수 없다(대판 1995.4.11, 94다39925). 물론 건물양수인은 건물양도인이 토지소유자에 대하여 갖고 있는 지상권설정등기청구권을 채권자대위권에 의해서 행사하여, 건물양도인 명의로 등기한 다음 다시 자기 명의로 이전등기를 할 수 있다(대판 1981.9.8, 80다2873). 반면에 판례는 관습상의 법정지상권이 붙어 있는 건물소유권을 경매를 통하여 매각 받은 자는 등기 없이 당연히 관습상의 법정지상권을 취득한다고 한다(대판 1991.6.28, 90다16214). 이러한 법리는 압류, 가압류나 체납처분압류 등 처분제한의 등기가 된 건물에 관하여 그에 저촉되는 소유권이전등기를 마친 사람이 건물의 소유자로서 관습상의 법정지상권을 취득한 후 경매 또는 공매절차에서 건물이 매각되는 경우에도 마찬가지로 적용된다(대판 2014.9.4, 2011다13463). 이는 제187조에 의한 물권변동이기 때문이다. 따라서 매수인(경락인)은 지상권등기 없이 그 후 토지소유권을 취득한 제3자에게 지상권을 주장할 수 있다(대판 1979.8.28, 79다1087).

(라) 법정지상권자의 토지사용권은 건물의 유지 및 사용에 필요한 범위에 미친다(대판 1995.7.28, 95다9075,9082). 법정지상권이나 관습상의 법정지상권이 성립한 후에 건물을 개축 또는 증축하는 경우는 물론 건물이 멸실되거나 철거된 후에 신축하는 경우에도 법정지상권은 성립한다. 다만 그 법

정지상권의 범위는 구건물을 기준으로 하여 그 유지 또는 사용을 위하여 일반적으로 필요한 범위 내의 대지 부분에 한정된다(대판 1997.1.21, 96다40080).

판 례

법정지상권자라 할지라도 대지 소유자에게 지료를 지급할 의무는 있는 것이고, 법정지상권이 있는 건물의 양수인으로서 장차 법정지상권을 취득할 지위에 있어 대지 소유자의 건물 철거나 대지 인도 청구를 거부할 수 있다 하더라도 그 대지를 점유·사용함으로 인하여 얻은 이득은 부당이득으로서 대지 소유자에게 반환할 의무가 있다(대판 1995.9.15, 94다61144; 대판 1997.12.26, 96다34665).

3. 분묘기지권

(1) 의 의

분묘기지권(墳墓基地權)이란 타인의 토지에 분묘를 설치한 자가 그 분묘를 소유하기 위하여 분묘기지 부분의 토지를 사용할 수 있는 지상권에 유사한 물권을 말한다. 분묘기지권은 조상숭배라는 우리의 전통의식과 분묘를 존중하는 미풍양속에 따라 판례에 의해 인정된 관습법상의 물권이다.

(2) 성립요건

(가) 분묘기지권을 취득하기 위해서는 다음 3가지 중에 어느 하나에 해당할 것

1) 토지소유자의 승낙을 얻어 그 토지에 분묘를 설치한 때

판 례

분묘의 기지인 토지가 분묘소유권자 아닌 다른 사람의 소유인 경우에 그 토지 소유자가 분묘소유자에 대하여 분묘의 설치를 승낙한 때에는 그 분묘의 기지에 대하여 분묘소유자를 위한 지상권 유사의 물권(분묘기지권)을 설정한 것으로 보아야 하므로, 이러한 경우 그 토지소유자는 분묘의 수호·관리에 필요한, 상당한 범위 내에서는 분묘기지가 된 토지부분에 대한 소유권의 행사가 제한될 수밖에 없다(대판 2000.9.26, 99다14006).

2) 소유자의 승낙 없이 분묘를 설치한 자가 취득시효를 한 때

장사 등에 관한 법률 시행일 이전에 타인 소유의 토지에 소유자의 승낙 없이 분묘를 설치한 때에는 20년간 평온·공연하게 그 분묘의 기지를 점유함으로써 분묘기지권을 시효취득한다(대판 1996.6.14, 96다14036; 대판 1995.2.28, 94다37912). 여기서 분묘기지의 점유자는 점유의 성질로 보아 소유의 의사로 점유한 것으로 볼 수 없고 타주점유로 추정되므로(대판 1994.11.8, 94다31549), 소유의사로 점유하였다고 볼만한 특별한 사유가 없는 한 그 분묘기지에 관하여 지상권과 유사한 분묘기지권만을 취득하고 소유권 자체를 시효취득하는 것은 아니다(대판 1997.3.28, 97다3651,3668). 또한 이러한 분묘기지권을 취득할 수 있는 자는 그 분묘의 소유자에 한한다(대판 1959.4.30, 4291민상182). 물론 분묘에 안치된 선조의 자손도 종손의 권리에 터잡아 분묘의 기지를 사용할 수 있다(대판 1979.10.16, 78다2117). 참고로 장사 등에 관한 법률 제27

조 3항에 의하면 '토지소유자의 승낙 없이 해당 토지에 설치한 분묘의 연고자는 토지소유자에게 토지 사용권이나 그 밖에 분묘의 보존을 위한 권리를 주장할 수 없기 때문에' 분묘기지권에 대한 취득시효를 인정하기 힘들 것으로 보인다. 판례도 장사 등에 관한 법률 시행일인 2001. 1. 13. 후에 토지소유자의 승낙 없이 설치한 분묘에 대해서는 분묘기지권의 시효취득을 주장할 수 없다고 한다(대판 2021.4.29, 2017다228007).

판 례

타인 소유의 토지에 분묘를 설치한 경우에 20년간 평온, 공연하게 분묘의 기지를 점유하면 지상권과 유사한 관습상의 물권인 분묘기지권을 시효로 취득한다는 점은 오랜 세월 동안 지속되어 온 관습 또는 관행으로서 법적 규범으로 승인되어 왔고, 이러한 법적 규범이 장사 등에 관한 법률 시행일인 2001. 1. 13. 이전에 설치된 분묘에 관하여 현재까지 유지되고 있다고 보아야 한다(대판 2017.1.19, 2013다17292).

3) 자기 소유의 토지에 분묘를 설치하고 아무런 특약 없이 토지를 처분한 때

자기 소유의 토지에 분묘를 설치한 자가 그 분묘기지에 대한 소유권을 유보하거나 분묘도 함께 이전한다는 특약 없이 토지를 매매 등으로 처분한 때에 그 분묘를 소유할 수 있는 분묘기지권을 취득한다(대판 1967.10.12, 67다1920). 이것은 관습상의 법정지상권에 관한 판례이론을 원용한 것이다.

(나) 분묘 내부에 시신이 안장되어 있을 것

분묘란 그 내부에 사람의 유골·유해·유발 등 시신을 매장하여 사자(死者)를 안장한 장소를 말하고, 장래의 묘소로서 설치하는 등 그 내부에 시신이 안장되어 있지 않은 것은 분묘라고 할 수 없다(대판 1991.11.25, 91다18040). 따라서 분묘기지권이 성립하려면 분묘 내부에 시신이 안장되어 있어야 한다.

(다) 외부에서 분묘의 존재를 인식할 수 있을 것

분묘기지권이 성립하기 위해서는 봉분 등 외부에서 분묘의 존재를 인식할 수 있는 형태를 갖추고 있어야 하고, 평장되어 있거나 암장되어 객관적으로 분묘의 존재를 인식할 수 있는 외형을 갖추고 있지 아니한 경우에는 분묘기지권이 인정되지 않는다(대판 1996.6.14, 96다14036). 한편 분묘기지권은 관습법에 의하여 당연히 발생하며, 등기를 필요로 하지 않는다. 즉 등기는 분묘기지권의 취득요건이 아니다.

(3) 효 력

(가) 지상권에 유사한 효력

1) 분묘기지권은 분묘의 소유자가 취득한다(대판 2000.9.26, 99다14006). 즉 분묘에 관한 권리는 제사주재자에 속하므로(제1008조의3) 분묘기지권도 제사주재자에게 귀속한다. 제사주재자가 누구인가와 관련하여, 종전 판례는 종손이 있는 경우 그가 제사를 주재하는 자의 지위를 유지할 수 없는

특별한 사정이 있는 경우가 아니면 선조의 분묘를 수호·관리하는 권리는 그 종손에 귀속된다고 하였다(대판 2000.9.26, 99다14006). 그 후 판례는 위 입장을 변경하면서, 제사주재자는 우선적으로 망인의 공동상속인들 사이의 협의로 정하되, 협의가 이루어지지 않는 경우 제사주재자의 지위를 유지할 수 없는 특별한 사정이 있지 않는 한 망인의 장남(장남이 이미 사망한 경우에는 장손자)이 제사주재자가 되고, 공동상속인들 중 아들이 없는 경우에는 망인의 장녀가 제사주재자가 된다고 하였다(대판 2008.11.20, 2007다27670). 그러나 최근 판례는 다시 제사주재자 결정방법에 관한 종전 견해를 변경하여, 공동상속인들 사이에 협의가 이루어지지 않는 경우 제사주재자의 지위를 인정할 수 없는 특별한 사정이 있지 않는 한 피상속인의 직계비속 중 남녀·적서를 불문하고 최근친의 연장자가 제사주재자가 된다고 한다(대판 2023.5.11, 2018다248626; 대판 2023.6.29, 2022다302039). 따라서 사람의 유체·유골은 매장·관리·제사·공양의 대상이 될 수 있는 유체물로서, 분묘에 안치되어 있는 선조의 유체·유골은 제1008조의3의 제사용 재산인 분묘와 함께 그 제사주재자에게 승계되고, 피상속인 자신의 유체·유골 역시 제사용 재산에 준하여 그 제사주재자에게 승계된다(대판 2008.11.20, 2007다27670). 다만 공동선조의 후손들로 구성된 종중이 선조 분묘를 수호 관리하여 왔다면 분묘의 수호 관리권 내지 분묘기지권은 종중에 귀속한다(대판 2007.6.28, 2005다44114).

2) 분묘기지권은 지상권과 유사한 관습법상의 물권으로서 분묘를 소유하기 위하여 타인의 토지를 제한된 범위 내에서 사용할 수 있는 권리이다. 이때 분묘는 이미 설치되어 있는 분묘만을 의미하므로, 장래 분묘기지에 새로운 분묘를 설치할 권능을 포함하지 않는다(대판 1958.6.12, 4290민상771). 따라서 부부 중 일방이 먼저 사망하여 이미 그 분묘가 설치되고 그 분묘기지권이 미치는 범위 내에서 그 후에 사망한 다른 일방의 합장을 위하여 쌍분형태(雙墳形態)의 분묘를 설치하는 것도 허용되지 않을 뿐만 아니라(대판 1997.5.23, 95다29086,29093), 사망한 다른 일방을 단분(單墳)형태로 합장하여 분묘를 설치하는 것도 허용되지 않는다(대판 2001.8.21, 2001다28367).

(나) 효력범위

분묘기지권이 미치는 범위는 분묘를 설치한 목적을 달성할 수 있는 범위이다. 따라서 분묘의 기지(용지)에 한하지 않고 그 분묘의 수호 및 제사에 필요한 범위 내에서 주위의 토지에도 미치며, 그 범위는 각 구체적인 경우에 개별적으로 정하여야 한다(대판 1997.3.28, 97다3651,3668; 대판 1994.8.26, 94다28970). 다만 분묘기지권에는 그 효력이 미치는 범위 안에서 새로운 분묘를 설치하거나 원래의 분묘를 다른 곳으로 이장할 권능은 포함되지 않는다(대판 2007.6.28, 2007다16885). 한편 분묘기지권이 미치는 토지에 대해서는 토지소유자가 공작물 등을 설치할 수 없으며, 이를 침범한 때에는 분묘기지권자는 그 철거를 청구할 수 있다(대판 1959.10.8, 4291민상770).

판 례

분묘의 부속시설인 비석 등 제구를 설치·관리할 권한은 분묘의 수호·관리권에 포함되어 원칙적으로 제사를 주재하는 자에게 있고, 따라서 만약 제사주재자 아닌 다른 후손들이 비석 등 시설물을 설치하였고 그것이 제사주재자의 의사에 반하는 것이라 하더라도, 제사주재자가 분묘의 수호·관리권에 의하여 철거를 구하는 것은 별론으로 하고, 그 시설물의 규모나 범위가 분묘기지권의 허용범위를 넘지 아니하는 한, 분묘가 위치한 토지의 소유권자가 토지소유권에 의하여 방해배제청구로서 그 철거를 구할 수는 없다(대판 2000.9.26, 99다14006).

(다) 지 료

지료에 관하여 당사자 사이에 약정이 있으면 그에 따르면 되지만, 약정이 없는 경우에 대하여 ① 토지소유자의 승낙을 얻어 분묘를 설치한 경우와 분묘기지권을 시효취득한 경우에는 무상이지만, 자기 토지에 분묘를 설치한 자가 그 토지를 처분한 경우에는 지료를 지급해야 하며, 다만 당사자 사이에 협의가 이루어지지 않으면 제366조 단서가 유추적용되어 법원에서 결정하여야 한다는 견해(곽윤직, 241면; 김증한/김학동, 388면; 이상태, 315면; 윤철홍, 259면), ② 지상권에서는 지료의 지급이 그 요소가 아니라는 이유로 당사자 사이에 지료에 관한 약정이 없으면 무상이라는 견해(고상룡, 449면), ③ 지상권은 지료를 수반하는 것이 거래 실제이므로 명시적인 약정이 없는 한 지료의 지급을 인정하는 것이 타당하다는 견해가 있다(이영준, 642면; 김상용, 508면).

한편 판례는 ① 분묘기지권을 시효취득한 경우, 분묘기지권자는 토지소유자가 분묘기지에 관한 지료를 청구하면 그 '청구한 날'부터의 지료를 지급할 의무가 있다고 한다(대판 2021.4.29, 2017다228007). 시효로 분묘기지권을 취득한 사람으로 하여금 오래 전 분묘를 설치한 시점까지 소급하여 그 이후의 지료를 모두 지급하도록 한다면, 역사적·사회적 배경 하에 분묘에 관하여 오랫동안 지속된 과거의 사실관계를 존중하고 법적 안정성을 도모할 수 없기 때문이다. 즉 시효로 분묘기지권을 취득한 사람의 지료 지급의무의 범위에 대하여 지상권에 관한 민법 규정이나 법리를 그대로 적용할 수 없다. ② 분묘기지 사용계약을 체결하였으나 계약면적을 초과한 부분에 대하여 분묘기지권을 시효취득한 경우, 초과토지에 관한 관리비 상당의 이익을 얻은 부분은 부당이득으로서 반환하여야 한다고 한다(대판 2011.11.10, 2011다63017,63024). ③ 자기 소유 토지에 분묘를 설치한 사람이 그 토지를 양도하면서 분묘를 이장하겠다는 특약을 하지 않음으로써 분묘기지권을 취득한 경우, 분묘기지권자는 '분묘기지권이 성립한 때'부터 토지소유자에게 그 분묘의 기지에 대한 토지사용의 대가로서 지료를 지급할 의무가 있다고 한다(대판 2021.5.27, 2020다295892). ④ 자신의 토지에 분묘를 설치한 후 토지의 소유권이 경매 등으로 타인에게 이전되면서 분묘기지권을 취득한 자가, 판결에 의하여 분묘기지권에 관한 지료의 액수가 정해졌음에도 판결확정 후 책임 있는 사유로 상당한 기간 동안 지료의 지급을 지체하여 지체된 지료가 판결확정 전후에 걸쳐 2년분 이상이 되는 경우에는 제287조를 유추적용하여 새로운 토지소유자는 분묘기지권자에 대하여 분묘기지권의 소멸을 청구할 수 있다. 즉 분묘기지권자가 판결확정 후 지료지급 청구를 받았음에도 책임 있는 사유로 상당한 기간 지료의 지급을 지체한 경우에만 분묘기지권의 소멸을 청구할 수 있는 것은 아니라고 한다(대판 2015.7.23, 2015다206850).

판 례

승낙에 의하여 성립하는 분묘기지권의 경우, 성립 당시 토지소유자와 분묘의 수호·관리자가 지료 지급의무의 존부나 범위 등에 관하여 약정을 하였다면, 그 약정의 효력은 분묘기지의 승계인에 대하여도 미친다(대판 2021.9.16, 2017다271834,271841).

(라) 존속기간

1) 분묘기지권은 지상권과 유사한 물권이지만, 분묘기지권의 존속기간에 관하여는 민법의 지상권에 관한 규정에 따를 것이 아니라 당사자 사이에 약정이 있는 등 특별한 사정이 있으면 그에 의한다. 반면에 그러한 사정이 없는 경우에는 권리자가 분묘의 수호와 봉사를 계속하고 그 분묘가 존속하고 있는 동안은 분묘기지권도 존속한다(대판 2009.5.14, 2009다1092; 대판 2007.6.28, 2005다44114). 또한 분묘가 멸실된 경우라고 하더라도 유골이 존재하여 분묘의 원상회복이 가능하여 일시적인 멸실에 불과하다면 분묘기지권은 소멸하지 않고 존속한다(대판 2007.6.28, 2005다44114).

2) 분묘기지권은 권리자가 의무자에 대하여 그 권리를 포기하는 의사표시를 하면 곧바로 소멸하며, 그 의사표시 외에 점유까지도 포기하여야만 그 권리가 소멸하는 것은 아니다(대판 1992.6.23, 92다14762). 또한 이장으로 인하여 필요 없게 된 부분의 분묘기지권은 소멸한다(대판 1994.12.23, 94다15530).

판 례

동일 종손이 소유·관리하는 여러 기의 분묘가 집단설치된 경우, 분묘기지권은 그 집단된 전분묘의 보전수호를 위한 것이므로, 그 분묘기지권에 의하여 보전되어 오던 분묘들 가운데 일부가 그 분묘기지권이 미치는 범위 내에서 이장되었다면, 그 이장된 분묘를 위하여서도 그 분묘기지권의 효력이 그대로 유지된다고 보아야 할 것이고, 다만 그 이장으로 인하여 더 이상 분묘수호와 봉제사에 필요 없게 된 부분이 생겨났다면 그 부분에 대한 만큼은 분묘기지권이 소멸한다고 할 것이다(대판 1994.12.23, 94다15530).

Ⅶ. 지상권의 전용 — 담보지상권

1. 일 반

(1) 의 의

채권자가 토지에 관하여 저당권을 취득하는 경우, 그 저당목적물에 관하여 제3자가 용익권을 취득하거나 목적 토지의 담보가치를 하락시키는 침해행위를 하는 것을 배제함으로써 저당목적물의 가치를 유지하기 위하여 저당목적물인 토지에 대하여 지료 없는 지상권을 아울러 취득하는 것이 거래상 많이 행하여지고 있다. 이처럼 저당권에 대한 침해를 배제하기 위하여 설정되는 지상권을 보통 담보지상권이라고 한다.

(2) 유효성 여부

판례는 담보지상권의 유효성을 인정하면서, 담보지상권자는 저당부동산의 담보가치를 확보하기 위하여 지상권에 기한 방해배제청구권은 행사할 수 있지만, 사용·수익권의 침해를 이유로 손해배상은 청구할 수 없다고 한다(대판 2008.2.15, 2005다47205; 대판 2008.1.17, 2006다586). 이에 대하여, 저당목적물의 담보가치를 확보하는 것만을 목적으로 하는 담보지상권은 물권법정주의에 어긋나는 것으로서 현행법상 인정될 수 없고, 이러한 지상권을 설정하기로 하는 계약은 허위표시로서 무효이며, 저당권에 기한 방해배제가 인정되는 이상 현실적으로도 이러한 담보지상권을 인정할 필요가 없다는 견해가 있다(윤진수, 고상룡교수고희기념 – 한국민법의 새로운 전개, 308면). 지상권은 토지 위에 지상물을 소유하는 것을 목적으로 하는데, 지상물 소유가 아니라 토지상의 저당권에 대한 침해배제만을 보전하기 위하여 지상권을 설정하는 것은 지상권의 내용과 전혀 부합하지 않는다는 점에서 타당한 지적이라고 하겠다. 이하에서는 판례의 태도만을 살펴본다.

(3) 피담보채무의 존재 여부

담보지상권은 당사자의 약정에 따라 담보권의 존속과 지상권의 존속이 서로 연계되어 있을 뿐이고, 용익물권으로서 담보물권이 아니므로 피담보채무라는 것이 존재할 수 없다. 따라서 지상권설정등기에 관한 피담보채무의 범위 확인을 구하는 청구는 원고의 권리 또는 법률상의 지위에 관한 청구라고 보기 어려우므로, 확인의 이익이 없어 부적법하다(대판 2017.10.31, 2015다65042). 참고로 확인의 소에는 권리보호요건으로서 확인의 이익이 있어야 하고, 확인의 이익은 원고의 권리 또는 법률상의 지위에 현존하는 불안·위험이 있고 확인판결을 받는 것이 불안·위험을 제거하는 가장 유효·적절한 수단일 때에 인정된다.

2. 담보지상권에 기한 방해배제청구권

담보지상권은 저당권이 실행될 때까지 제3자가 용익권을 취득하거나 목적 토지의 담보가치를 하락시키는 침해행위를 하는 것을 배제함으로써 저당부동산의 담보가치를 확보하는 데에 그 목적이 있다. 따라서 제3자가 저당권의 목적인 토지 위에 건물을 신축하는 경우, 제3자가 지상권자에게 대항할 수 있는 권원이 없는 한, 지상권자는 그 방해배제청구로서 신축 중인 건물의 철거와 대지의 인도 등을 구할 수 있다(대결 2004.3.29, 2003마1753; 대판 2008.2.15, 2005다47205).

한편 지상권설정등기가 되면 그 지상권의 내용과 범위는 등기된 바에 따라서 대세적인 효력이 발생하므로, 제3자가 지상권설정자에 대하여 해당 토지를 사용·수익할 수 있는 채권적 권리를 가지고 있더라도 지상권자에 대항할 수 없다(대판 2008.2.15, 2005다47205).

3. 지상권 침해를 이유로 한 손해배상청구권의 인정 여부

부동산의 소유자나 용익권자는 불법점유자에 대하여 임료 상당 손해배상이나 부당이득반환을 구할 수 있을 것이나, 불법점유라는 사실이 발생한 바 없었더라도 부동산의 소유자 또는 용익권자에게 임료 상당 이익이나 그 밖의 소득이 발생할 여지가 없는 특별한 사정이 있는 때에는 손해배상이나 부당이득반환을 청구할 수 없다(대판 2002.12.6, 2000다57375). 가령 금융기관이 대출금 채권의 담보를 위하여 토지에 저당권과 함께 지료 없는 지상권을 설정하면서 채무자 등의 사용·수익권을 배제하지 않은 경우, 위 지상권은 저당목적물의 담보가치를 확보하는 데 목적이 있으므로, 그 위에 도로개설·옹벽축조 등의 행위를 한 무단점유자에 대하여 지상권 자체의 침해를 이유로 한 임료 상당 손해배상을 청구할 수 없다(대판 2008.1.17, 2006다586).

참고로 저당부동산에 대한 소유자 또는 제3자의 점유가 저당부동산의 본래의 용법에 따른 사용·수익의 범위를 초과하여 그 교환가치를 감소시키거나, 점유자의 점유로 인하여 매각가격이 하락하거나 경매절차가 진행되지 않는 등 저당권의 실현이 곤란하게 될 사정이 있는 경우에는 저당권의 침해가 인정될 수 있다(대판 2008.1.17, 2006다586).

판 례

금융기관이 대출금 채권의 담보를 위하여 토지에 저당권과 함께 지료 없는 지상권을 설정하면서 채무자 등의 사용·수익권을 배제하지 않은 경우, 토지소유자는 저당부동산의 담보가치를 하락시킬 우려가 있는 등의 특별한 사정이 없는 한 토지를 사용·수익할 수 있다. 따라서 토지소유자로부터 토지를 사용·수익할 수 있는 권리를 취득한 경우, 이러한 권리가 제256조 단서가 정한 '권원'에 해당한다(대판 2018.3.15, 2015다69907).

4. 담보지상권의 소멸

피담보채권이 변제 등으로 만족을 얻어 소멸한 경우는 물론이고 시효소멸한 경우에도 그 지상권은 피담보채권에 부종하여 소멸한다(대판 2011.4.14, 2011다6342). 즉 담보권이 소멸하면 등기된 지상권의 목적이나 존속기간과 관계없이 지상권도 그 목적을 잃어 함께 소멸한다(대판 2014.7.24, 2012다97871,97888).

또한 판례는 토지를 매수하여 그 명의로 소유권이전청구권보전을 위한 가등기를 마치고 그 토지에 타인이 건물 등을 축조하여 점유·사용하는 것을 방지하기 위하여 지상권을 설정하였다면, 이는 가등기에 기한 본등기가 이루어질 경우, 그 부동산의 실질적인 이용가치를 유지·확보할 목적으로 전소유자에 의한 이용을 제한하기 위한 것이고, 그 가등기에 기한 본등기청구권이 시효의 완성으로 소멸하였다면 그 가등기와 함께 마쳐진 지상권도 그 목적을 잃어 소멸되었다고 한다(대판 1991.3.12, 90다카27570).

5. 법정지상권의 성립 여부

토지에 관하여 담보권이 설정될 당시 담보권자를 위하여 동시에 지상권이 설정되었더라도, 담보권 설정 당시 이미 토지소유자가 그 토지상에 건물을 소유하고 있고 그 건물을 철거하기로 하는 등 특별한 사유가 없으며 담보권의 실행으로 그 지상권도 소멸하였다면 건물을 위한 법정지상권이 성립할 수 있다(대판 2014.7.24, 2012다97871,97888).

제 3 절 지 역 권

Ⅰ. 서 설

1. 의 의

지역권(地役權)이란 일정한 목적을 위하여 타인의 토지를 자기 토지의 편익에 이용할 수 있는 용익물권을 말한다. 예컨대 甲토지의 소유자가 乙토지를 통행하기 위하여 또는 乙토지를 통과하여 引水하기 위하여 乙토지를 이용할 수 있는 용익물권을 지역권이라 한다. 이때 편익을 제공받는 토지(甲토지)를 요역지(herrschendes Grundstück)라 하고, 편익을 제공하는 타인의 토지(乙토지)를 승역지(diendes Grundstück)라 한다. 지역권의 설정으로 요역지는 그 이용가치가 증가하는 반면에 승역지는 이에 따라 이용제한을 받게 된다. 지역권은 로마법의 역권(servitus)에서 유래한 제도로서, 로마법에서 인정하고 있었던 역권에는 특정인의 편익(예: 甲이 乙 소유토지에서 낚시나 사냥을 하는 경우)을 위하여 타인의 물건을 이용하는 인역권과 특정 토지의 편익을 위하여 타인의 토지를 이용하는 지역권이 있었다. 독일민법과 프랑스민법은 양자를 모두 인정하고 있는데, 우리 민법은 특정인의 편익을 위해서는 채권적 이용계약을 이용하면 충분하다는 이유로 지역권만을 인정하고 있다. 다만 공용수(共用水)의 용수권(제235조)과 특수지역권(제302조)은 모두 그 편익을 받는 주체가 토지가 아니라 사람이라는 점에서 인역권의 성격을 가진다(통설).

한편 지역권은 토지의 이용 조절을 목적으로 하는데, 이점에서 상린관계와 유사한 면이 있지만, 상린관계는 인접하는 토지 사이의 최소한도의 이용을 조절하기 위해 법률로써 일정한 법률관계를 규율하며 또한 소유권의 내용으로 구성되는 데 반해, 지역권은 격지(隔地)간에도 성립하며 토지의 편익 내용에 아무런 제한이 없고 계약에 의하여 설정되는 독립한 물권이라는 점에서 양자는 다르나. 그리고 자기 토지를 위하여 타인의 토지를 사용하는 것은 임대차 또는 사용대차에 의해서도 가능하지만, 이러한 것은 채권적 권리이므로 원칙적으로 제3자에게 대항할 수 없고, 또한 토지의 사용·수익이 임차인이나 사용차주에게 전면적으로 이전되어 토지소유자는 그 토지를 전혀 사용할 수 없다. 그러나 지역권은 물권으로서 제3자에게 대항할 수 있고, 지역권자의 토지 이용은 전면적인 것이 아니기 때문에 승역지의 소유자는 지역권과 저촉되지 않는 범위에서 자유로이 사용·수익할 수 있다(예: 甲이 乙의 토지를 통행하기 위해 지역권을 취득한 경우, 甲의 통행을 침해하지 않는 범위에서 乙은 그 토지를 통행하거나 토지에 건축할 수 있다)는 점에서 다르다.

2. 법적 성질

(1) 비배타적·공용적 성격

(가) 지상권이나 전세권은 토지 사용목적이 법률에 의하여 명확히 한정되어 있지만, 지

역권의 토지 사용목적은 상린관계 중의 강행법규에 반하지 않는 한 아무런 제한이 없다. 즉 지역권자의 적극적인 작위를 인용함으로써 제공되는 편익(예: 요역지의 소유자가 타인의 토지를 통행하기 위하여, 요역지의 이용을 위하여 승역지로부터 인수(引水)하거나 승역지로 배수할 목적으로 도랑 혹은 송수관을 설치하기 위하여 설정하는 것)이거나 지역권설정자의 소극적인 부작위를 통하여 제공되는 편익(예: 일정높이 이상의 건물을 신축하지 않는 것)인지를 묻지 않는다. 다만 지역권에서 편익을 제공받는 것은 '토지'이어야 하므로, 요역지에 거주하는 사람의 개인적 이익(예: 동물학자의 곤충채집·화가의 작품제작 등)을 위해서는 지역권을 설정하지 못한다.

(나) 한편 지역권에 의한 토지 사용은 비배타적이므로, 이에 의하여 그 소유권의 용익권능이 전면적으로 배제되는 것이 아니다. 가령 甲이 乙 소유의 토지에 통행지역권을 설정하여도 乙은 甲의 통행을 방해하지 않는 범위 내에서 그 토지를 통행할 수 있고 다른 목적에 사용할 수 있다. 또한 동일한 토지에 수 개의 지역권이 성립할 수 있다. 예컨대 甲이 乙의 토지에 통행지역권을 취득하고 같은 토지에 丙이 조망지역권을 취득하는 것이 가능하며, 甲이 통행지역권을 설정받은 토지에 丙이 다시 통행지역권을 설정받는 것도 甲의 권리행사를 방해하지 않는 한 가능하다.

(2) 요역지와 승역지 사이의 관계

지역권의 성립 및 존속에 요역지와 승역지의 두 토지의 존재가 필요하지만, 두 토지가 인접할 필요는 없다. 지역권은 요역지와 승역지의 소유자 사이의 관계에 한하지 않는다. 즉 소유자뿐만 아니라 지상권자·전세권자·등기한 임차권자도 그들의 권한 내에서는 유효하게 지역권을 설정하거나 설정받을 수 있다(이영준, 655면; 곽윤직, 336면; 김상용, 513면; 김증한/김학동, 398면. 그러나 이은영, 618면은 지역권설정자는 승역지의 소유자이어야 하고, 지역권자는 요역지의 소유자이어야 한다고 한다). 다만 등기권리자인 '지역권자'는 등기기록의 기록사항이 아니기 때문에, 지상권자·전세권자·임차권자가 지역권을 취득하여도 이를 기록할 수 없다(법원행정처, 부동산등기실무(II), 2007, 394면, 397면).

(3) 부종성 및 수반성

지역권은 요역지 소유권의 내용이 되는 것이 아니라 독립된 권리이지만, 요역지를 위하여 존재하는 종된 권리이다. 따라서 ① 요역지와 분리하여 지역권만을 양도하거나 다른 권리의 목적으로 하지 못한다(제292조 2항). ② 당사자 간에 다른 약정이 없는 한 요역지 소유권에 부종하여 이전한다(제292조 1항 본문). 즉 요역지에 대한 소유권이전등기가 있으면 지역권의 이전등기가 없어도 지역권이전의 효력이 생긴다(지역권자는 등기기록(을구의 권리자 등)의 기록사항이 아니므로 지역권이전등기를 별도로 할 필요가 없다: 법원행정처, 부동산등기실무(II), 394면.). 이러한 수반성은 당사자의 약정으로 배제할 수 있으며(제292조 1항 단서), 그 약정을 등기하면 제3자에게 대항할 수 있다(제292조 1항, 부동산등기법 제70조).

(4) 불가분성

지역권은 불가분성을 가진다. 즉 ① 토지공유자의 1인은 그 지분에 관하여 그 토지를 위한 지역권 또는 그 토지가 부담하고 있는 지역권을 소멸하게 하지 못한다(제293조 1항). 또한 지역권은 요역지의 편익을 위하여 승역지를 이용하는 권리이기 때문에, 요역지 또는 승역지가 분할되거나 일부 양도된 경우에 지역권은 요역지의 각 부분을 위하여 또는 승역지의 각 부분에 존속한다(제293조 2항 본문). 따라서 요역지가 분할되어 그 일부분이 타인에게 이전되었더라도 요역지의 소유자는 타인소유로 된 부분까지를 요역지로 하여 지역권설정등기를 청구할 수 있다(대판 1971.4.6, 71다249). 그러나 지역권의 성질상 토지의 일부에만 관한 것인 때에는 그 일부만을 위하여 또는 그 일부에만 존속한다(제293조 2항 단서). ② 공유자의 1인이 지역권을 취득한 때에는 다른 공유자도 이를 취득한다(제295조 1항). 따라서 점유로 인한 지역권취득시효의 중단은 지역권을 사실상 행사하고 있는 모든 공유자에게 하지 않으면 그 효력이 없다(제295조 2항). ③ 요역지를 공유하고 있는 경우에 공유자의 1인이 소멸시효를 중단하거나 그 1인에 관하여 소멸시효의 정지사유가 있으면 그 중단·정지는 다른 공유자를 위하여 그 효력이 있다(제296조). 다시 말해 소멸시효는 공유자 전원을 위하여 완성하지 않는다.

3. 지역권의 종류

지역권의 목적인 토지의 편익에 관하여 특별한 제한이 없기 때문에 지역권의 종류는 다양하다. 다만 그 행사 형태를 표준으로 하여 분류하면 다음과 같다.

(1) 작위지역권과 부작위지역권

지역권의 행사내용에 의한 분류이다. 작위지역권은 요역지의 소유자가 승역지를 통행하거나 승역지에 용수로를 개설하는 등과 같이 지역권자가 일정한 행위를 할 수 있고 승역지 이용자가 이를 인용하여야 할 의무를 부담하는 경우이다. 반면에 부작위지역권은 승역지에 요역지의 조망을 방해하는 건물을 신축하지 않는 것과 같이 승역지의 소유자가 일정한 행위를 하지 않을 의무를 부담하는 경우이다. 어느 것이든 지역권의 효력에는 차이가 없다. 다만 여기서 작위·부작위는 모두 토지의 사용에 직접적 효과를 갖는 것이어야 한다. 따라서 토지의 처분제한 또는 처분채무의 설정은 지역권의 대상으로 될 수 없다(이영준, 661면).

(2) 계속지역권과 불계속지역권

지역권의 행사가 시간적으로 계속되는가에 의한 구별이다. 계속지역권은 일정한 시설의 설치를 내용으로 하는 통행지역권·인수지역권·부작위지역권 등과 같이 지역권의 내용 실현이 중단 없이 계속되는 경우이다. 반면에 불계속지역권은 시설을 설치하지 않은 통행지역권·인수지역권과 같이 지역권의 내용을 실현할 때마다 권리자의 행위를 필요로 하는 경우이다. 지역권의 취득시효(제294조) 및 소멸시효의 기산점에 관하여 구별의 실익이 있다.

(3) 표현지역권과 불표현지역권

지역권행사의 형태에 의한 구별이다. 표현지역권은 통로의 개설·송수관의 부설과 같이 권리내용의 실현을 외부에서 인식할 수 있는 경우이다. 이와 달리 불표현지역권은 조망방해

건축금지지역권과 같이 권리내용의 실현을 외부에서 인식할 수 없는 경우이다. 지역권의 취득시효(제294조)에서 구별의 실익이 있다.

Ⅱ. 지역권의 취득

1. 법률행위에 의한 취득

(1) 지역권은 설정계약과 등기에 의하여 취득한다(제186조). 지역권설정계약은 요역지 소유자와 승역지 소유자 사이에 체결되는 것이 일반적이지만, 지역권은 토지의 이용조절을 목적으로 하므로 지상권자·전세권자·임차인도 그 권한 범위 내에서 지역권설정계약을 맺을 수 있다(통설).

(2) 지역권은 양도에 의해서도 취득할 수 있지만, 지역권만을 독립하여 양도할 수는 없고 요역지 소유권의 양도를 통해 같이 양도된다(제292조 1항 본문). 즉 지역권은 수반성을 갖고 있기 때문에, 요역지의 소유권 또는 이용권이 이전되면 이에 수반해서 이전된다. 따라서 요역지 소유권의 이전등기가 있으면 지역권의 이전등기가 없어도 지역권이전의 효력이 생긴다(제187조).

(3) 한편 지역권의 존속기간에 대하여 명문의 규정이 없지만, 당사자는 지역권의 존속기간을 정할 수 있다. 지역권의 존속기간을 영구무한으로 약정할 수 있는가에 대하여 통설과 판례(대판 1980.1.29, 79다1704)는 지역권은 승역지 소유자의 토지 이용을 전면적으로 배제하지 않은 것으로서 소유권의 제한 정도가 낮다는 점을 이유로 이를 긍정한다. 또한 지역권은 유상·무상 어느 것이나 무방하다(통설). 다만 대가와 존속기간에 대하여 등기할 길이 없다(부동산등기법 제70조, 제71조).

판 례

지역권은 일정한 목적을 위하여 타인의 토지를 자기의 토지의 편익에 이용하는 용익물권으로서 요역지와 승역지 사이의 권리관계에 터 잡은 것이므로, 어느 토지에 대하여 통행지역권을 주장하려면 그 토지의 통행으로 편익을 얻는 요역지가 있음을 주장·증명하여야 한다(대판 1992.12.8, 92다22725).

2. 법률규정에 의한 취득

(1) 지역권은 취득시효·상속 등에 의해서도 취득된다. 시효에 의한 지역권의 취득에는 ① 이미 성립하고 있는 지역권을 그 요역지와 함께 취득하는 경우, ② 종래 성립하고 있지 않은 지역권을 새로이 취득하는 경우가 있다. 예컨대 지역권이 성립한 요역지를 제3자가 시효취득한 경우, 제3자는 그에 딸린 지역권을 같이 취득한다(이때 지역권은 계속·표현 지역권에 한하지 않는다).

(2) '계속되고 표현된 것'에 한하여 시효취득이 인정된다(제294조, 제245조). 즉 불계속 또는 불표현의 지역권에 관하여는 취득시효가 인정되지 않는다. 따라서 지역권의 시효취득을 위해서는

① 계속되고 표현된 것이어야 한다. 가령 요역지 소유자가 스스로 승역지상에 통로를 개설한 경우, 일정지역의 토지소유자가 그 토지를 분할하여 분양하면서 분양지로부터 공로에 이르는 통로를 자신이 개설하고 그 통로부분의 소유권을 자기 앞으로 특별히 유보하던가 또는 분양자와 승역지 소유자가 다른 때에는 분양자가 승역지 소유자와의 합의하에 승역지상에 사도를 개설한 경우 등과 같은 특별한 사정이 있는 경우에 통행지역권의 시효취득을 인정할 수 있다(대판 1991.4.23, 90다15167). ② 20년간 지역권 행사의 의사로 평온·공연하게 지역권의 내용을 행사하여야 한다. 즉 요역지의 소유자가 승역지를 일상적으로 사용하고 있다는 객관적 상태가 제245조에 의하는 기간 동안 계속된 사실이 있어야 한다(대판 1995.6.13, 95다1088,1095). 따라서 통행지역권은 요역지의 소유자가 승역지 위에 도로를 설치하여 승역지를 사용하는 객관적 상태가 제245조에 규정된 기간 계속된 경우에 한하여 그 시효취득을 인정할 수 있다(대판 2001.4.13, 2001다8493). ③ 등기가 이루어져야 한다. 지역권은 계속되고 표현된 것에 한하여 제245조가 준용되므로(제294조), 지역권을 시효취득한 자는 등기함으로써 그 지역권을 취득하게 된다(제245조 1항). 따라서 지역권의 시효취득기간이 만료하였으나 그 등기를 하지 않는 사이에 승역지가 제3자에게 처분되어 그 등기가 마쳐지면, 제3자에게 지역권의 시효취득을 주장할 수 없다(대판 1990.10.30, 90다카20395).

또한 등기부취득시효(제245조 2항)에 의해서 지역권을 취득할 수 있다(송덕수, B-394. 그러나 지원림, 3-248은 제294조에 의한 지역권의 시효취득은 점유취득시효에 한정된다고 하며, 이영준, 664면은 제294조의 취득시효는 점유시효취득만 가능하지만, 제248조의 취득시효는 등기부 취득시효도 가능하다고 한다). 예컨대 지역권설정등기를 마치고 지역권행사의 의사로 평온·공연하게 선의이며 과실 없이 10년간 지역권의 내용을 행사한 때에는 설정행위에 무효·취소의 사유가 있더라도 지역권을 시효취득한다.

(3) 요역지의 공유자 1인이 지역권을 시효취득하면 불가분성에 의해 다른 공유자도 지역권을 취득한다(제295조 1항).

(4) 판례는 통행지역권의 시효취득은 상린관계에 관한 주위토지통행권과는 그 권리의 성질 및 성립 근거가 다르지만 인접한 토지소유자 사이에서 통로 개설에 의한 통행 이용에 관한 이해관계를 조정하는 역할을 한다는 점에서는 서로 유사하다. 따라서 종전의 승역지 사용이 무상으로 이루어졌다는 등의 다른 특별한 사정이 없다면 통행지역권을 취득시효한 경우에도 주위토지통행권의 경우와 마찬가지로 요역지 소유자는 승역지에 대한 도로 설치 및 사용에 의하여 승역지 소유자가 입은 손해를 보상하여야 한다고 한다(대판 2015.3.20, 2012다17479).

판 례

주위토지통행권이나 통행지역권은 모두 인접한 토지의 상호이용의 조절에 기한 권리로서 토지의 소유자 또는 지상권자, 전세권자 등 토지사용권을 가진 자에게 인정되는 권리이므로, 이러한 권리자가 아닌 토지의 불법점유자는 토지소유권의 상린관계로서 주위토지통행권의 주장이나 통행지역권의 시효취득 주장을 할 수 없다(대판 1976.10.29, 76다1694).

Ⅲ. 지역권의 효력

1. 지역권자의 권리

(1) 승역지 사용권

지역권자는 설정행위에 따라 또는 취득시효의 기초가 된 점유의 사실에 따라 승역지를 각각 자기 토지의 편익에 이용할 수 있다. 지역권은 토지의 이용을 조절하는 기능을 하기 때문에, 지역권의 내용은 그 지역권의 목적을 달성하는 데 필요하고 또한 승역지 이용자에게 가장 부담이 적은 범위에 국한되어야 한다. 이점을 고려하여 민법은 용수지역권에 관한 규정을 두고 있다. 즉 ① 승역지의 수량이 수요량보다 적은 때에는 요역지와 승역지 모두 가용(家用)을 우선으로 하고, 나머지가 있으면 다른 용도에 공급하여야 한다(제297조 1항 본문). 쌍방이 모두 가용에 사용하는 때에는 그 수요에 따라 물의 공급을 배분할 것이다. 다만 설정행위에서 이와 다른 사용방법을 정할 수 있으나(제297조 1항 단서), 이 특약을 가지고 제3자에게 대항하려면 등기하여야 한다(부동산등기법 제70조). ② 승역지 소유자는 지역권의 행사를 방해하지 않는 범위에서 지역권자가 지역권의 행사를 위하여 승역지에 설치한 공작물을 사용할 수 있고(제300조 1항), 이 경우 그 수익 정도의 비율로 공작물의 설치·보존의 비용을 분담하여야 한다(제300조 2항).

(2) 배타적 효력

(가) 지역권은 배타성이 있는 물권이므로 먼저 성립한 지역권이 후에 성립한 지역권에 우선한다. 즉 승역지에 수 개의 용수지역권이 설정된 때에 후순위 지역권자는 선순위 지역권자의 용수(用水)를 방해하지 못한다(제297조 2항).

(나) 지역권은 일정한 범위에서 승역지를 지배하는 물권이므로, 그 침해에 대해 지역권자는 물권적 청구권을 가진다. 다만 지역권에는 승역지를 점유할 권능이 포함되어 있지 않으므로 승역지의 반환청구권은 인정되지 않고, 방해제거청구권과 방해예방청구권만이 인정된다(제301조, 제214조).

2. 승역지 소유자의 의무

(1) 지역권의 내용에 따라 승역지 소유자는 지역권자의 행위를 인용하고 일정한 이용을 하지 않을 부작위의무를 부담한다.

(2) 계약에 의하여 승역지 소유자가 자기 비용으로 지역권의 행사를 위하여 공작물의 설치 및 수선의무를 부담하는 경우에 승역지 소유자의 특별승계인도 그 의무를 부담한다(제298조). 그러나 특별승계인에게 대항하기 위해서는 이를 등기하여야 한다(부동산등기법 제70조). 제298조에 따른 의무는 승역지 소유자가 지역권에 필요한 부분의 토지소유권을 지역권자에게 양도한다는 의사표시를 함으로써 이를 면할 수 있다(제299조). 민법은 이를 위기(委棄)라고 표현한다.

위기는 토지소유권을 지역권자에게 이전시키는 일방적 의사표시로서 물권적 단독행위이기 때문에 등기하여야 효력이 생긴다(곽윤직, 250면; 김상용, 519면; 김증한/김학동, 404면; 이상태, 330면). 다만 위기는 형성권의 행사이므로 등기 없이 효력이 생긴다는 견해가 있다(이영준, 668면). 그 밖에 위기로 인하여 소유권이 지역권자에게 이전되면, 지역권은 혼동으로 인하여 소멸한다(제191조).

Ⅳ. 지역권의 소멸

1. 일반적 소멸사유

지역권은 요역지 또는 승역지의 멸실·지역권자의 포기·혼동·존속기간의 만료·약정소멸사유의 발생·승역지의 수용 등으로 인하여 소멸한다. 그 밖에 특별히 문제되는 것으로 승역지의 시효취득·지역권의 소멸시효가 있다.

2. 승역지의 시효취득에 의한 소멸

제3자가 승역지를 점유하여 이를 시효취득하면 지역권은 원칙적으로 소멸한다. 예컨대 乙이 지역권이 설정된 승역지를 丙에게 양도하고 丙이 지역권의 존재를 모르고 그 부담 없이 점유하여 시효취득하면 甲의 지역권은 소멸하게 된다. 다만 예외적으로 ① 제3자가 지역권의 존재를 인용하면서 점유한 때에는 지역권의 제한을 받는 소유권을 시효취득하므로 지역권은 소멸하지 않는다. ② 승역지의 취득시효가 진행되고 있을 때에 지역권자가 그 권리를 행사하면 취득시효의 기초인 점유는 지역권의 제한을 받는 상태로 되므로, 승역지가 시효취득되어도 지역권은 소멸하지 않는다.

3. 지역권의 시효소멸

지역권은 재산권으로서 20년의 소멸시효에 걸린다(제162조 2항). 불계속지역권의 소멸시효 기산점은 최후로 권리를 행사한 때이고, 계속지역권은 지역권의 행사를 방해하는 사실이 발생한 때이다. 예컨대 통행지역권과 인수지역권과 같은 계속지역권의 소멸시효는 사실상 통행이나 인수를 하지 않는 때가 아니라 승역지 소유자나 제3자 또는 천재 등에 의해 통로가 폐쇄되거나 수로가 제거된 때부터 진행한다.

한편 요역지를 수인이 공유하는 경우에 소멸시효는 모든 공유자에 관하여 시효가 완성한 때에만 그 효력이 생긴다(제296조). 그리고 지역권자가 지역권의 내용의 일부만을 행사하는 경우에 불행사의 부분에 관하여 지역권이 소멸시효에 걸린다. 예컨대 야간통행도 할 수 있는 지역권을 가진 자가 주간에만 통행하면 야간통행지역권은 시효로 소멸한다.

Ⅴ. 특수지역권

1. 서 설

(1) 의 의

특수지역권이란 어느 지역의 주민이 집합체의 관계로 각자가 타인의 토지에서 초목·야생물 및 토사의 채취·방목 기타 수익을 공동으로 하는 권리를 말한다(제302조). 이는 자연경제시대의 농촌생활에서 부락주민이 공동하여 타인의 산림이나 초원을 이용하는 관계를 입법화한 것이다.

(2) 법적 성질

① 특수지역권은 지역권과 달리 타인의 토지로부터 편익(즉 수익)을 받는 것은 토지가 아니라 일정한 지역주민이라는 점에서 인역권(人役權)으로서의 성질을 갖는다(통설). 이와 같이 특수지역권은 일정한 지역주민의 편익을 위한 물권이기 때문에(인역권 의일종) 양도성과 상속성이 없다. ② 특수지역권은 타인의 토지 위에 존재하는 토지수익권으로 제한물권에 속한다. ③ 특수지역권은 일정한 지역의 주민이 집합체로서 타인의 토지를 이용하는 권리로서 주민개인에게 귀속하는 것이 아니므로, 그 주체는 '법인 아닌 사단'이 된다. 따라서 법인 아닌 사단이 물건을 소유하는 것은 총유가 되므로, 법인 아닌 사단이 소유권 이외의 수익권을 가지는 것은 준총유가 된다(제278조). 다시 말하면 특수지역권은 토지수익권의 준총유로서의 성질을 가진다.

2. 취득과 상실

특수지역권은 각 지역의 관습 또는 계약에 의해 취득한다. 계약에 의하여 특수지역권이 설정되는 경우에는 등기하여야 효력이 발생한다. 토지가 멸실하거나 사용·수익의 목적물이 멸실된 경우에 특수지역권은 소멸한다. 주민 각자의 수익권은 주민인 지위의 득실에 따라 당연히 취득 또는 상실되며(제278조, 제277조), 따라서 양도성과 상속성이 인정되지 않는다.

3. 효 력

토지소유권의 이용을 조절한다는 원리는 지역권과 인역권에 공통한 것이기 때문에, 특수지역권에 대해서 관습에 의하는 경우를 제외하고는 지역권의 규정을 준용한다(제302조). 또한 지역주민이 집합체로서 수익권을 가지는 것은 준총유이므로, 토지의 수익에 관해서는 총유의 규정이 준용된다(제278조).

한편 특수지역권에 의하여 지역주민은 공동으로 각자의 편익을 위하여 타인의 토지에서 목초·야생물 및 토사의 채취·방목 등의 수익을 할 수 있다. 그리고 지역주민 일부가 그 권능의 행사범위를 넘어 수익함으로써 다른 주민의 권리행사를 방해한 경우 또는 제3자가 주민의 수익권을 침해한 경우에 주민 전체 또는 주민 각자가 침해행위의 배제 및 손해배상을 청구할 수 있다.

제 4 절 전 세 권

Ⅰ. 서 설

1. 의 의

전세권(傳貰權)이란 전세금을 지급하고 타인의 '부동산'을 점유하여 그 용도에 좇아 사용·수익하고, 전세권이 소멸하면 그 부동산으로부터 전세금을 우선 변제받을 수 있는 물권을 말한다(제303조 1항). 이것은 관습상 행하여져 온 채권적 전세제도를 이용권의 강화를 위해 물권의 일종으로 성문화한 것으로 우리 민법만의 특유한 제도이다.

2. 성 질

전세권은 목적부동산의 용도에 좇아 사용·수익하는 권리이기 때문에 용익물권이 본체이지만, 후순위권리자 기타 채권자보다 전세금의 우선변제를 받을 수 있으므로 담보물권으로서의 성질도 함께 가지고 있다(대판 2005.3.25, 2003다35659).

(1) 제한물권

전세권은 객체인 부동산을 직접 지배하여 이익을 얻는 물권이다. 따라서 설정행위에 의하여 금지되고 그 취지가 등기되지 않는 한(제306조 단서, 부동산등기법 제72조 1항) 당연히 상속성·양도성·담보성을 가지며, 제3자에게 대항할 수 있다. 또한 전세권이 침해되면 물권적 청구권이 인정된다(제319조, 제213조, 제214조).

(2) 용익물권

전세권은 전세금을 지급하고 목적부동산을 점유하여 그 부동산의 용도에 좇아 사용·수익하는 것을 본질적 내용으로 하는 용익물권이다(제303조 1항). 전세권은 부동산의 용도에 좇아 부동산을 사용·수익하는 권리이므로 '점유할 권리'(제213조 단서)를 포함하며, 상린관계의 규정이 준용된다(제319조).

(3) 담보물권성

전세권자는 부동산 전부에 대하여 후순위권리자 기타 채권자보다 전세금의 우선변제를 받을 권리가 있고(제303조 1항), 목적물에 대하여 경매를 청구할 수 있다(제318조). 결국 전세권은 용익물권 이외에 담보물권의 성질도 아울러 가지고 있다. 따라서 담보물권의 통유성인 부종성·수반성·불가분성·물상대위성의 특성을 가진다(다수설; 대판 2005.3.25, 2003다35659; 대판 1995.2.10, 94다18508. 그러나 지원림, 3-260; 양창수, '전세권', 고시계 1992년 3월호, 95면은 전세권에 우선변제권이 인정된다고 하여 전세권이 담보물권이 되었다고 할 수 없으므로 담보물권의 통유성을 가진다고 할 수 없다고 한다). 다시 말하면 ① 전세권은 전세금 채권에 부종한다. 즉 전세금이 존재하지 않으면 전세권은 존재할 수 없고, 전세금 채권이 소멸하면 전세권은 소멸한다. ② 전세권은 전세금에 수반한다. 즉 전세금에 대한 권리가 양도·상속 등으로 승계되면 전세권도 그에 따라 승계되는 것이 원칙이다. ③ 전세권은 불가분성을 가진다(제321조 유추적용). 즉 전세권은 전세금 채권의 전액에 관하여 목적물 전부 위에 효력을 미친다. ④ 전세권은 물상대위성을 가진다(제342조 유추적용). 즉 전세권은 본래의 전세목적물뿐만 아니라 그 대체물 위에도 효력이 미친다.

3. 다른 제도와의 관계

(1) 채권적 전세(임대차)와 전세권

전세권 이외에 채권적 전세에 의하여 타인의 부동산을 사용·수익할 수 있다. 그런데 양자는 다음과 같은 차이가 있다.

(가) 성질상 차이

채권적 전세와 전세권은 전세금(또는 보증금)이 목적물의 사용대가이고, 그에 관한 증감청구권이 인정되며 또한 부속물의 수거권 및 매수청구권이 인정되는 점에서 공통되지만, 전세권은 물권이지만 채권적 전세는 채권이라는 점이 다르다.

(나) 대 항 력

전세권은 물권이므로 목적부동산을 직접 지배하는 배타적인 권리이며 제3자에 대하여 대항력이 있다. 반면에 채권적 전세는 채권이므로 원칙적으로 대항력이 인정되지 않으며, 목적부동산을 양수한 제3자에 대하여 보증금(전세금)의 반환을 청구할 수 없다. 다만 주택임대차보호법·상가건물임대차보호법의 적용을 받는 임차인(채권적 전세자)이 대항력을 갖춘 후에 임차목적물이 양도된 경우, 임차인은 양수인에 대하여 자기의 권리를 주장할 수 있다(주택임대차보호법 제3조, 제12조, 상가건물임대차보호법 제3조, 제17조).

(다) 양 도 성

전세권은 양도·담보제공·전전세·임대를 할 수 있지만(제306조), 채권적 전세는 임대인의 동의 없이는 양도·전대할 수 없다(제629조).

(라) 존속기간

전세권은 그 목적물이 '건물'인 경우 최단존속기간은 1년이지만(제312조 2항), 채권적 전세는 그 목적물이 주택인 경우 주택임대차보호법에 의하여 최단존속기간이 2년이고(동법 제4조), 상가인 경우 상가건물임대차보호법에 의하여 1년이다(동법 제9조).

(마) 우선변제권

전세권은 경매청구권(제318조)과 전세금의 우선변제권(제303조 1항)이 있지만, 채권적 전세는 이러한 권리가 없다. 다만 목적부동산이 주택이거나 상가인 경우에는 주택임대차보호법 또는 상가건물임대차보호법에 의하여 보증금의 우선변제권(주택임대차보호법 제3조의2, 상가건물임대차보호법 제5조) 및 소액보증금의 최우선변제권이 인정된다(주택임대차보호법 제8조, 상가건물임대차보호법 제14조).

(2) 지상권과 전세권

전세권과 지상권은 타인의 토지에 대한 사용권을 실체로 하지만, 전세권은 용도에 좇아 사용·수익하는데 대하여(제303조 1항), 지상권은 건물 기타 공작물이나 수목의 소유를 목적으로 한다(제279조). 여기서 건물 기타 공작물이나 수목을 소유하기 위하여 지상권을 설정하지 않고 전세권을 설정할 수 있는지가 문제이다. 이에 대하여 지상권에 관하여는 최단기간의 규정이 있으나 전세권에 관하여는 이러한 제한이 없으므로, 지상물을 소유하기 위해서도 전세권을 설정할 수 있다고 한다면 지상권의 최단기간을 정한 취지가 말살된다는 부정설(김증한/김학동, 414면)이 있지만, 다수설은 이를 긍정한다(곽윤직, 255면; 김상용, 531면; 이영준, 679면; 이상태, 336면; 이은영, 652면). 생각건대 지상권에 관하여는 최단존속기간을 정하고 전세권에 관하여는 최장존속기간을 정하고 있는 것은 당사자가 지상물의 경제적 기능과 투하자본의 회수를 고려하여 장기간 지상물을 소유하려는 경우에는 지상권을 설정하고, 비교적 단기간 지상물을 소유하기를 원하는 경우에는 토지전세권에 의할 수 있게 한 것으로 해석하는 것이 타당하다고 할 것이다.

Ⅱ. 전세권의 취득

1. 일반적 취득사유

전세권은 전세권자와 전세권설정자 사이의 설성계약과 등기에 의하여 취득하는 것이 일반적이다. 그 밖에 전세권은 양도나 상속에 의하여 승계취득된다. 한편 전세권을 시효취득할 수 있는가에 대하여 긍정하는 견해가 있지만(권용우, 441면; 김용한, 426면), 전세권의 취득에는 전세금의 지급이 있어야 하기 때문에 전세권에 대한 시효취득기간 동안에 전세금반환채권의 소멸시효가 완성되어 전세권이 시효취득되는 경우는 없다고 할 것이다(김상용, 540면; 이상태, 336면; 이영준, 683면).

2. 설정계약에 의한 취득

(1) 전세권의 목적물

전세권은 타인의 '부동산'에 대한 권리이다. 따라서 건물뿐만 아니라 토지도 전세권의 목적이 될 수 있다. 그리고 건물의 일부 또는 토지의 일부도 전세권의 목적이 될 수 있다(부동산등기법 제72조 1항). 다만 토지 중에 농경지에 대해서는 전세권의 목적으로 하지 못한다(제303조 2항). 참고로 농지법에 의하여 농지의 임대차가 허용되고 있다(동법 제23조-제27조).

(2) 전세권설정계약과 등기

(가) 전세권은 당사자 사이의 물권적 합의와 등기 이외에 약정된 전세금의 지급이 있을 때에 비로소 성립한다(다수설; 대판 1995.2.10, 94다18508. 다만 김증한/김학동, 415면과 이영준, 683면은 전세금의 지급이 전세권의 성립요건이 아니라고 한다).

(나) 전세금의 지급은 전세권의 요소이며(제303조 1항), 그 금액을 등기하여야 한다(부동산등기법 제72조 1항). 전세금의 지급은 반드시 현실적으로 수수되어야 하는 것은 아니고, 기존의 채권으로 전세금의 지급에 갈음할 수 있다(대판 1995.2.10, 94다18508). 전세금은 ① 전세권자가 설정자에게 교부하는 금전으로서 전세권이 소멸하는 때에 다시 반환을 받는다(제317조, 제318조). 전세권자는 목적물 사용의 대가를 따로 지급하지 않는다. 전세권설정자가 받은 전세금의 이자로 갈음하기 때문이다. ② 전세권자의 귀책사유로 인한 손해를 담보하기 위하여 교부되는 금전이므로 보증금의 성질도 가진다(제315조 2항). 다만 임대차계약의 경우 임대차 존속 중에 보증금을 가지고 불이행된 채무에 충당할 수 있지만, 전세권의 경우는 전세권이 소멸한 후에만 전세금을 가지고 채무에 충당할 수 있다(제315조 2항)는 점에 차이가 있다. ③ 전세금은 제315조에 정한 전세권설정자의 전세권자에 대한 손해배상채권 이외에 다른 채권까지 담보한다고 볼 수 없다. 따라서 전세권설정자가 전세권자에 대하여 손해배상채권뿐만 아니라 다른 채권을 가지고 있더라도 다른 특별한 사정이 없는 한 이를 가지고 전세금반환채권에 대하여 물상대위권을 행사한 전세권저당권자에게 상계 등으로 대항할 수 없다(대판 2008.3.13, 2006다29372,29389).

(다) 전세권은 다른 담보권과 마찬가지로 전세권자와 전세권설정자 및 제3자 사이에 합의가 있으면 그 전세권자의 명의를 제3자로 하는 것도 가능하므로, 임대차계약에 바탕을 두고 이에 기한 임차보증금반환채권을 담보할 목적으로 임대인, 임차인 및 제3자 사이의 합의에 따라 제3자 명의로 마친 전세권설정등기는 유효하다(대판 2005.5.26, 2003다12311; 대판 1998.9.4, 98다20981). 한편 목적물의 인도는 전세권의 성립요건이 아니다(대판 2021.12.30, 2018다268538).

1) 전세권자의 사용·수익을 완전히 배제하지 않은 경우

① 당사자가 주로 채권담보의 목적으로 전세권을 설정하였고, 그 설정과 동시에 목적물을 인도하지 않은 경우라 하더라도, '장차 전세권자가 목적물을 사용·수익하는 것을 완전히 배제'하는 것이 아니라면 그 전세권의 효력을 부인할 수 없다(대판 1995.2.10, 94다18508). ② 임대차계약에 따른 임대차보증금반환채권을 담보할 목적으로 임대인과 임차인 사이의 합의에 따라 임차인 명의로 전세권설정등기를 마친 경우, 전세금의 지급은 임대차보증금으로 갈음한 것이고, '장차 전세권자가 목적물을 사용·수익'하는 것을 완전히 배제하는 것도 아니므로, 전세권설정등기는 유효하다(대판 2021.12.30, 2020다237999). 임대차보증금은 임대차계약이 종료된 후 임차인이 목적물을

인도할 때까지 발생하는 임차인의 채무를 담보하는 것이므로, 임대인과 임차인이 임대차보증금반환채권을 담보할 목적으로 전세권을 설정하기 위하여 전세권설정계약을 체결하였다면, 임대차보증금에서 연체차임 등을 공제하고 남은 돈을 전세금으로 하는 것이 임대인과 임차인의 합치된 의사라고 볼 수 있다. 그러나 전세권설정계약은 외관상으로는 그 내용에 차임지급 약정이 존재하지 않고, 이에 따라 전세금에서 연체차임이 공제되지 않는 등 임대인과 임차인의 진의와 일치하지 않는 부분이 존재한다. 따라서 전세권설정계약은 위와 같이 '임대차계약과 양립할 수 없는 범위'에서 통정허위표시에 해당하여 무효(일부 무효)이다(대판 2021.12.30, 2018다268538). 다만 전세권설정계약에 따라 형성된 법률관계에 기초하여 새로이 법률상 이해관계를 가지게 된 제3자에 대하여는 그 제3자가 그와 같은 사정을 알고 있었던 경우에만 그 무효를 주장할 수 있다(대판 2013.2.15, 2012다49292). 따라서 ㉠ 임대차계약에 따른 임차보증금반환채권을 담보할 목적으로 전세권설정등기를 마친 경우 임대차계약에 따른 연체차임 공제는 전세권설정계약과 양립할 수 없으므로, 전세권설정자는 선의의 제3자에 대해서는 연체차임 공제 주장으로 대항할 수 없다(대판 2021.12.30, 2020다257999). ㉡ 전세권을 목적으로 한 저당권이 설정된 경우, 전세권저당권자가 물상대위권을 행사하여 전세금반환채권에 대하여 압류 및 추심명령 또는 전부명령을 받고 이에 의하여 추심금 또는 전부금을 청구하는 경우 제3채무자인 전세권설정자는 일반적 채권집행의 법리에 따라 '압류 및 추심명령 또는 전부명령이 송달된 때'를 기준으로(민사집행법 제229조 4항, 제231조) 하여 그 이전에 채무자와 사이에 발생한 모든 항변사유로 압류채권자에게 대항할 수 있다(대판 2004.6.25, 2003다46260,53879). 하지만 임대차계약에 따른 임대차보증금반환채권을 담보할 목적으로 유효한 전세권설정등기가 마쳐진 경우, 전세권저당권자가 저당권설정 당시 전세권설정등기가 임대차보증금반환채권을 담보할 목적으로 마쳐진 것임을 알고 있었다면, 제3채무자인 전세권설정자는 전세권저당권자에게 전세권설정계약이 임대차계약과 양립할 수 없는 범위에서 무효임을 주장할 수 있으므로(제108조 2항), 그 임대차계약에 따른 연체차임 등의 공제 주장으로 대항할 수 있다(대판 2021.12.30, 2018다268538).

2) 전세권자의 사용·수익을 완전히 배제한 경우

① 전세권설정계약의 당사자가 '전세권의 핵심인 사용·수익 권능을 배제'하고 채권담보만을 위해 전세권을 설정하였다면, 법률이 정하지 않은 새로운 내용의 전세권을 창설하는 것으로서 물권법정주의에 반하여 허용되지 않고 이러한 전세권설정등기는 무효이다(대판 2021.12.30, 2018다40235,40242). 가령 甲의 전세권이 乙의 X건물에 관한 임대차보증금반환채권을 담보할 목적으로 X건물이 아닌 Y건물에 관하여 설정된 경우, 甲의 전세권은 甲이 목적물인 Y건물을 사용·수익하는 것을 배제하고 채권담보만을 목적으로 설정된 것이므로 전세권설정등기는 무효이다. ② '전세권자의 사용·수익을 완전히 배제'하고 오로지 채권담보 목적으로 전세권의 외형을 갖춘 경우(대판 1995.2.10, 94다18508), 전세권설정계약은 통정허위표시로서 무효(전부 무효)가 될 수 있고, 다만 그것이 통정허위표시이더라도 그 전세권 위에 저당권을 설정한 경우, 저당권자는 통정허위표시의 제3

자이므로 제108조 2항에 따라 선의이면 보호받게 된다(대판 2013.2.15, 2012다4929). 가령 임대인 甲은 임차인 乙이 금융기관 丙으로부터 대출받기 위한 방편으로 전세권설정계약을 체결하고 乙명의로 전세권설정등기를 마쳐주었고, 선의의 丙이 위 전세권에 대하여 근저당권설정등기를 한 경우, 전세권설정계약이 허위표시에 해당하여 무효이더라도 甲은 전세권저당권자인 丙에 대하여는 그 무효를 주장할 수 없다(제108조 2항). 전세금은 제315조에 정한 전세권설정자의 전세권자에 대한 손해배상채권 외 다른 채권까지 담보한다고 볼 수 없다(대판 2008.3.13, 2006다29372,29389). 따라서 전세권이 존속기간의 만료로 소멸되어 丙이 물상대위권의 행사로서 乙의 甲에 대한 전세금반환채권을 압류한 경우, 甲은 丙에 대하여 전세권설정계약과 양립할 수 없는 임대차계약상의 임대차보증금의 액수나, 임대차계약에 의하여 발생한 乙에 대한 연체차임, 관리비 등의 채권을 가지고 상계 등으로 대항할 수 없다(대판 2008.3.13, 2006다58912).

(라) 전세권은 목적물을 점유할 권리를 포함하지만, 그 인도는 전세권의 성립요건이 아니다(대판 1995.2.10, 94다18508). 전세권이 성립한 후에 설정자가 그 목적물을 인도하지 않으면 전세권자는 전세권에 기한 반환청구권을 행사하여 그 인도를 청구할 수 있다.

(마) 전세권은 등기를 함으로써 성립한다(제186조). 그 등기에는 전세금을 기록하고, 존속기간·위약금이나 배상금 또는 전세권 처분금지의 약정이 있는 때에는 이를 기록하여야 하며, 전세권의 목적이 부동산의 일부인 때에는 그 도면을 첨부하여야 한다(부동산등기법 제72조 1항, 규칙 제128조 2항).

판 례

전세권이 용익물권적인 성격과 담보물권적인 성격을 모두 갖추고 있는 점에 비추어 전세권 존속기간이 시작되기 전에 마친 전세권설정등기도 특별한 사정이 없는 한 유효한 것으로 추정된다. 한편 부동산등기법 제4조 제1항은 "같은 부동산에 관하여 등기한 권리의 순위는 법률에 다른 규정이 없으면 등기한 순서에 따른다."라고 정하고 있으므로, 전세권은 등기부상 기록된 전세권설정등기의 존속기간과 상관없이 등기된 순서에 따라 순위가 정해진다(대결 2018.1.25, 2017마1093).

Ⅲ. 전세권의 존속기간

1. 설정행위에서 정한 경우

(1) 존속기간

당사자가 설정행위에 의하여 전세권의 존속기간을 임의로 정할 수 있다. 그러나 전세권의 존속기간은 10년을 넘지 못하며, 당사자의 약정기간이 10년을 넘는 경우에는 10년으로 단축된다(제312조 1항). 다만 '건물'에 대한 전세권의 존속기간을 1년 미만으로 약정한 경우에는 1년으로 한다(제312조 2항). 이와 같이 당사자가 설정행위로 존속기간을 정하는 경우에 '토지전세권'은 최장기간의 제한이 있고, '건물전세권'에는 최장기간 및 최단기간의 제한이 있다. 전세권의 존속기간은 등기하여야 대항할 수 있으며(부동산등기법 제72조 1항), 이러한 등기가 없으면 존속기간의 약정이 없는 전세권으로 다루어진다.

(2) 기간갱신

(가) 존속기간이 만료할 때에는 설정계약을 갱신할 수 있다(약정 갱신). 그 기간은 갱신한 날부터 10년을 넘지 못한다(제312조 3항). 이러한 갱신계약은 새로운 전세권설정계약이므로 등기하여야 효력이 발생한다. 주의할 것은 설정계약의 갱신은 당사자 사이의 합의에 의하여서만 가능하며, 지상권에서처럼 전세권자에게 갱신청구권(제283조 1항)이 인정되지 않는다는 점이다.

(나) 한편 토지전세권과 달리 건물전세권자를 보호하기 위하여 '건물전세권'에만 임대차에서와 같은 법정갱신(묵시의 갱신, 제639조 1항)이 인정된다. 즉 건물의 전세권설정자가 전세권의 존속기간만료 전 6개월부터 1개월까지 사이에 전세권자에 대하여 갱신거절의 통지 또는 조건을 변경하지 아니하면 갱신하지 아니한다는 뜻의 통지를 하지 아니한 경우에는 그 기간이 만료된 때에는 전 전세권과 동일한 조건으로 다시 전세권을 설정한 것으로 본다. 다만 법정갱신에 의한 전세권의 존속기간은 이를 정하지 않은 것으로 본다(제312조 4항). 전세권이 법정갱신된 경우 이는 법률규정에 의한 물권의 변동이므로, 전세권자는 등기 없이도 전세권설정자나 그 목적물을 취득한 제3자에 대하여 갱신된 권리를 주장할 수 있나(대판 2010.3.25, 2009다35743; 강태성, 728면; 김상용, 542면; 김증한/김학동, 417면; 이상태, 340면; 이영준, 605면). 그러나 법정갱신에 관하여 등기하지 않으면 제3자에게 대항할 수 없다는 견해가 있다(곽윤직, 259면; 이은영, 658면). 주의할 것은 법정갱신은 약정갱신이 없는 경우에 한하여 적용된다는 점이다.

2. 설정행위에서 정하지 않은 경우

전세권의 존속기간을 정하지 아니한 때에는 각 당사자는 언제든지 상대방에 대하여 전세권의 소멸을 통고할 수 있고, 상대방이 이 통고를 받은 날부터 6개월이 경과하면 전세권은 소멸한다(제313조). 다만 '건물'에 대한 전세권의 존속기간을 1년 미만으로 정한 때에 그 존속기간은 1년으로 되므로(제312조 2항), 건물전세권을 설정하면서 존속기간을 약정하지 않은 경우에도 1년 이내에는 소멸통고의 방법으로 전세권을 소멸시키지 못한다.

Ⅳ. 전세권의 효력

1. 전세권의 효력이 미치는 범위

(1) 토지가 전세권의 목적인 경우

토지가 전세권의 목적인 때에는 특별히 문제될 것이 없으며, 토지의 종물이 있는 경우에는 그 종물에도 전세권의 효력이 미친다.

(2) 건물이 전세권의 목적인 경우

설정계약에 의하여 토지를 제외하고 건물만을 전세권의 목적으로 한 경우에도 건물과 토지는 분리할 수 없으므로, 전세권자는 필요한 범위 내에서 그 토지를 사용할 수 있어야 할 것이다. 이러한 문제를 해결하기 위해 민법은 건물전세권의 지상권·임차권에 대한 효력(제304조)과 법정지상권(제305조)을 규정하고 있다.

(가) 지상권·임차권에 대한 효력

1) 타인의 토지에 건물을 소유하는 자가 그 건물에 전세권을 설정한 경우에 전세권의 효력은 그 건물의 소유를 목적으로 하는 지상권 또는 임차권에도 미친다(제304조 1항). 이것은 타인의 토지에 건물을 지은 건물소유자가 건물의 존립에 필요한 지상권이나 임차권과 같은 토지이용권을 가지고 있는 경우, 그가 그 건물에 전세권을 설정한 때에는 건물전세권자로 하여금 토지소유자에 대하여 건물소유자, 즉 전세권설정자의 그러한 토지사용권을 원용할 수 있도록 함으로써 건물전세권자를 보호하려는 것이다. 따라서 전세권설정자가 건물의 존립을 위한 토지사용권을 가지지 못하여 그가 토지소유자의 건물철거 등 청구에 대항할 수 없는 경우, 제304조 등을 들어 전세권자 또는 대항력 있는 임차권자가 토지소유자의 권리행사에 대항할 수 없다(대판 2010.8.19, 2010다43801).

2) 전세권의 효력이 그 건물의 소유를 목적으로 하는 지상권이나 임차권에까지 미치기 때문에, 전세권설정자는 전세권자의 동의 없이 지상권 또는 임차권을 소멸하게 하는 행위를 하지 못한다(제304조 2항). 가령 토지와 건물을 함께 소유하던 토지·건물의 소유자가 건물에 대하여 전세권을 설정하여 주었는데 그 후 토지가 타인에게 매각되어 제305조 1항에 의한 법정지상권을 취득한 상태에서 다시 건물을 타인에게 양도한 경우, 그 건물을 양수하여 소유권을 취득한 자는 특별한 사정이 없는 한 법정지상권을 취득할 지위를 가지게 되고, 다른 한편으로는 전세권 관계도 이전받게 되며, 제304조 등에 비추어 건물 양수인이 토지 소유자와의 관계에서 전세권자의 동의 없이 법정지상권을 취득할 지위를 소멸시켰더라도, 그 건물 양수인은 물론 토지소유자도 그 사유를 들어 전세권자에게 대항할 수 없다(대판 2007.8.24, 2006다14684).

제304조 2항이 제한하려는 것은 포기, 기간단축약정 등 지상권 등을 소멸하게 하거나 제한하여 건물전세권자의 지위에 불이익을 미치는 전세권설정자의 임의적인 행위이다. 따라서 건물에 대하여 전세권 또는 대항력 있는 임차권을 설정하여 준 지상권자가 그 지료를 지급하지 않은 것을 이유로 토지소유자가 한 지상권소멸청구가 그에 대한 전세권자 또는 임차인의 동의가 없이 행하여졌다고 해도 제304조 2항에 의하여 그 효과가 제한되지 않는다(대판 2010.8.19, 2010다43801).

(나) 법정지상권

1) 의 의

동일한 소유자에 속하는 건물과 대지 중에 건물에 대해서만 전세권을 설정한 때에는 그 대지소유자의 특별승계인은 전세권설정자에 대하여 지상권을 설정한 것으로 본다(제305조 1항 본문). 법정지상권은 토지와 건물을 각각 독립한 부동산으로 취급하는 우리 법제에서 건물사용자의 토지이용을 법적으로 보장하기 위한 것이다.

그런데 제305조 1항이 적용될 수 있는 범위는 의외로 적다. 그 이유는 ① 건물과 대지를 소유하는 자가 건물에 대해서만 전세권을 설정하고 그 대지를 타인에게 처분한 경우에 건물의 소유를 위한 지상권 또는 임차권 등 대지사용을 위한 계약을 체결하는 것이 보통이며, 이때에는 건물의 전세권은 지상권·임차권에 그 효력을 미치기 때문에(제304조 1항), 제305조는 적용될 여지가 없다. ② 그러한 계약을 체결하지 않은 경우에도 제366조에 의한 법정지상권과 관습상의 법정지상권이 성립하면 제305조의 법정지상권이 성립할 여지가 없기 때문이다. 결국 제305조에 의한 법정지상권은 건물소유자가 법정지상권 또는 관습상의 법정지상권을 사실상 포기한 경우(예: 건물철거의 약속을 한 경우)에만 실제로 적용될 수 있을 것이다.

2) 요 건

가) 전세권설정 당시 대지와 건물이 동일한 소유자에 속할 것

전세권설정 당시 대지와 건물이 동일한 소유자에게 속하여야 한다. 설정 당시 이미 토지와 건물의 소유자가 다른 경우에 건물의 소유를 위한 대지이용관계가 설정되어 있는 것이 보통이므로 따로 법정지상권을 인정할 필요가 없으며, 또한 그러한 사정을 알면서 건물에 전세권을 취득한 자까지 보호할 필요가 없기 때문이다.

나) 대지소유권의 변동으로 대지와 건물의 소유자가 다르게 될 것

대지소유권의 변동으로 대지와 건물의 소유자가 다르게 되어야 하고, 이때 그 변동원인은 묻지 않는다. 즉 매매·증여 등은 물론이고 경매의 경우도 포함된다. 대지의 소유권에는 변동이 없으나 건물의 매매·증여·경매 등으로 토지와 건물의 소유자가 각각 다르게 된 경우, 제305조의 법정지상권이 인정되어야 한다는 견해가 있으나(김상용, 548면; 김증한/김학동, 421면), 제305조는 대지소유권의 변동이 있는 경우로 한정하고 있으며, 제366조에 의한 법정지상권이 성립하면 건물의 소유자는 당연히 법정지상권을 취득하기 때문에, 건물소유권의 변동이 있는 경우까지 제305조를 확대할 필요는 없다고 할 것이다(박병대, 민법주해(VI), 204면; 이영준, 687면; 이상태, 344면).

다) 건물에 대하여 전세권이 설정될 것

여기서 전세권은 설정등기를 마친 물권으로서 전세권을 의미한다. 또한 전세권설정등기를 하기 위해서는 그 건물에 관하여 소유권보존등기가 되어 있는 것을 전제로 하기 때문에, 여기서 건물은 등기된 건물만을 의미한다.

3) 효 과

법정지상권은 법률규정에 의하여 당연히 취득되는 것이므로 등기를 필요로 하지 않는다(제187조). ① 법정지상권을 취득하는 자는 전세권자가 아니라 전세권설정자인 건물소유자이다. 건물소유자가 법정지상권을 취득함으로써 건물의 전세권은 그 법정지상권에도 효력이 미치고(제304조 1항), 이를 통해 건물전세권자가 보호받게 되는 것이다. ② 법정지상권의 범위는 그 건물의 대지뿐만 아니라 건물 이용을 위하여 필요한 범위를 포함한다. ③ 지료는 1차적으로 당사자(건물소유자와 대지소유자)의 합의로 정할 수 있고, 그것이 성립하지 않으면 당사자의 청구에 의하여 법원이 이를 정한다(제305조 1항 단서). ④ 제305조에 의한 법정지상권은 건물전세권자를 보호하기 위한 것이므로, 법정지상권이 성립한 후에 대지소유자는 그에 배치되는 행위, 즉 타인에게 그 대지를 임대하거나 이를 목적으로 한 지상권·전세권을 설정하지 못한다(제305조 2항).

2. 전세권자의 사용 · 수익권

(1) 부동산의 용도에 따른 사용 · 수익

전세권자는 목적부동산을 점유하여 그 부동산의 용도에 좇아 사용·수익할 권리가 있다(제303조 1항). 부동산의 용도는 설정계약에서 정해지는 것이 보통이지만, 그 약정이 없는 경우에는 그 부동산의 성질에 의해 결정된다. 여기서 수익은 천연과실 또는 법정과실의 취득을 의미한다. 만일 전세권자가 용도에 위반하여 목적부동산을 용익한 경우, 전세권설정자는 전세권의 소멸을 청구할 수 있고(제311조 1항), 또한 원상회복이나 손해배상을 청구할 수 있다(제311조 2항).

(2) 전세권자의 현상유지 · 수선의무

전세권자는 목적물의 현상을 유지하고 그 통상의 관리에 속한 수선을 하여야 한다(제309조). 현상의 유지 및 통상의 관리인지 여부는 거래관념에 의하여 정할 것이다. 전세권설정자는 임대인과 달리(제623조) 사용·수익에 필요한 상태를 유지할 적극적인 의무를 부담하지 않는다. 그 결과 전세권자는 임차인과 달리(제626조) 목적부동산의 통상적인 유지 및 관리를 위하여 비용을 지출한 경우에 그 필요비의 상환을 청구하지 못한다. 한편 전세권자가 현상유지 및 수선의무를 위반하면 목적부동산의 용도에 따르지 않은 사용·수익에 해당하므로, 전세권설정자는 전세권의 소멸을 청구하고 원상회복 또는 손해배상을 청구할 수 있다(제311조).

(3) 물권적 청구권과 상린관계

(가) 물권적 청구권

전세권은 부동산을 점유하여 사용·수익할 수 있는 물권이므로, 전세권 내용의 실현이 방해된 때에 전세권자는 전세권에 의하여 반환청구권·방해제거청구권·방해예방청구권을 행사할 수 있다(제319조, 제213조, 제214조). 또한 전세권자가 점유한 때에는 점유보호청구권(제204조-제205조)을 갖는다.

(나) 상린관계

전세권자는 필요한 범위 내에서 토지를 이용할 수 있으므로, 인접하는 토지와의 이용조절을 목적으로 하는 상린관계에 관한 규정(제216조-제244조)은 전세권자간·전세권자와 인접토지소유자·전세권자와 지상권자간에 준용된다(제319조). 다만 경계선 위에 설치된 경계표·담·구거에 관한 공유추정의 규정(제239조)은 전세권이 설정된 후에 전세권자가 설치한 것에 관하여서만 준용된다(통설). 그 이전에 설치된 것이나 그 후에 전세권설정자가 설치한 것은 토지소유자 또는 전세권설정자의 소유에 속하기 때문이다.

3. 전세권의 처분

(1) 처분의 자유와 제한

전세권은 물권이므로 전세권자는 전세권을 타인에게 양도 또는 담보로 제공할 수 있고, 그 존속기간 내에서 그 목적물을 타인에게 전전세 또는 임대할 수 있다(제306조 본문). 이러한 전세권처분의 자유를 통하여 전세권자는 투하한 자본을 회수할 수 있다. 다만 당사자가 설정행위로써 이를 금지한 때에는 처분행위를 할 수 없다(제306조 단서). 이 특약은 등기하여야 제3자에게 대항할 수 있다(부동산등기법 제72조 1항).

(2) 전세권의 양도 · 담보제공

(가) 전세권의 양도

1) 양도의 방법과 효과

(i) 전세권의 양도는 법률행위에 의한 물권변동이므로 등기를 하여야 그 효력이 생기며(제186조, 부동산등기법 제52조 2호), 채권양도와 달리(제450조) 전세권설정자에 대한 양도의 통지 또는 그 승낙을 요하지 않는다. 전세권의 양도로 전세권양수인은 전세권설정자에 대하여 전세권양도인과 동일한 권리·의무를 가진다(제307조). 전세권양도의 대금에 관하여는 제한이 없으나 양수인이 전세권소멸시에 전세권설정자에게 반환을 청구할 수 있는 금액은 양도인이 설정자에게 지급한 등기된 전세금에 한한다(통설). 전세권양수인은 전세권양도인과 동일한 권리를 가지기 때문이다. 그러나 전세권설정자가 실제로 수령하였던 액과 등기된 전세금액이 불일치하는 경우에 실제의 수령액이 등기액보다 고액이라면 실수령액, 저액이라면 등기액에 의할 것이라는 견해(양창수, 고시계, 1992년 3월호, 109면; 지원림, 3-273), 양수인은 전세권설정자로부터 원래의 전세금 반환을 청구할 수 있다는 견해가 있다(이영준, 689면).

(ii) 전세권은 용익물권적 성질과 담보물권적 성질을 가지고 있다. 전세권의 '존속기간이 만료'되면 전세권의 용익물권적 권능은 전세권설정등기의 말소 없이도 당연히 소멸하고, 단지 전세금반환채권을 담보하는 담보물권적 권능의 범위 내에서 전세금의 반환시까지 그 전세권설정등기의 효력이 존속한다. 따라서 ① 담보물권적 권능만 남은 전세권은 그 피담보채권인 전세금반환채권과 함께 제3자에게 이를 양도할 수 있다(대판 2005.3.25, 2003다35659). 이 경우 전자에 대해서는 이전등기를(제186조), 후자에 대해서는 지명채권양도의 대항요건(제450조)을 갖추어야 한다. 제450조 2항의 확정일자 있는 증서에 의한 채권양도절차를 거치지 않으면, 전세보증금반환채권의 양수인은 전세금반환채권의 압류·전부 채권자에게 대항할 수 없다(대판 2005.3.25, 2003다35659).

즉 전세기간 만료 이후 전세권양도계약 및 전세권이전의 부기등기가 이루어진 것만으로는 전세금반환채권의 양도에 관하여 확정일자 있는 통지나 승낙이 있었다고 볼 수 없다. ② 전세권이 수반되지 않는 특별한 사정이 있는 경우에는 전세권과 분리하여 전세금반환채권만을 확정적으로 양도할 수 있다(대판 1999.2.5, 97다33997; 대판 1997.11.25, 97다29790). 가령 전세권자가 전세금반환채권을 양도한 후 전세목적물을 설정자에게 반환하고 전세권등기를 말소하거나, 전세권설정계약을 합의해지하고 전세금반환채권을 양도한 후 전세목적물을 설정자에게 반환한 경우가 이에 해당한다.

2) 전세금반환채권을 전세권과 분리하여 양도할 수 있는지 여부

전세금반환채권은 원칙적으로 전세권이 소멸할 때에 발생하며, 전세권이 소멸되기 전에 전세권이 양도되면 전세금반환채권도 이전된다. 그런데 전세권이 소멸하기 전에 전세권과 분리하여 전세금반환채권만을 양도할 수 있는지가 문제이다.

가) 학 설

① 부정설은 전세권은 용익물권의 성질과 동시에 담보물권의 성질을 가지고 있기 때문에 담보물권의 수반성으로 인해 전세금의 반환청구권만을 전세권과 분리하여 양도할 수 없다고 한다(이상태, 346면; 송덕수, B-414). ② 긍정설은 전세권자는 특별한 사정이 있는 경우에 전세금반환청구권만을 전세권과 분리하여 양도할 수 있고 그의 채권자는 이를 압류할 수 있으며, 이 경우 양수인이나 채권자는 전세권 없는 채권을 양수하게 된다고 한다(김증한/김학동, 423면; 이영준, 690면; 지원림, 3-278). ③ 절충설은 전세금반환청구권의 양도는 그 채권양도에 참여한 당사자 사이에서만 채권적 효력을 가지며, 그렇지 않은 제3자에 대한 관계에서는 양도의 효력이 인정되지 않는다고 한다(이은영, 663면).

나) 판 례

판례는 전세금은 전세권의 요소이므로, 전세권이 존속하는 동안에 전세금반환채권만을 전세권과 분리하여 확정적으로 양도하는 것은 허용되지 않지만, 전세권 존속 중에는 장래에 그 전세권이 소멸하는 경우에 전세금반환채권이 발생하는 것을 조건으로 그 장래의 조건부 채권을 양도할 수 있다고 한다(대판 2002.8.23, 2001다69122).

다) 소 결

생각건대 전세권의 담보물권적 효력은 어디까지나 전세금의 반환을 확보하기 위한 것이므로 이러한 목적을 위하여 필요한 범위에서만 담보물권적 효력을 인정하면 족하며, 또한 전세금반환채권이 양도되어도 부동산소유자의 법적 지위에 아무런 불이익이 없는 점, 전세금은 전세권자가 목적물을 실제로 명도할 때까지 전세권설정자의 전세권자에 대한 채권을 담보한다는 점을 고려할 때, 전세권이 소멸할 때에 발생하게 될 전세금반환청구권은 전세권과 분리하여 양도할 수 있다고 할 것이다. 즉 조건부·기한부 채권도 양도할 수 있으므로, 전세권이 소멸하기 전에도 전세권과 분리하여 정지조건부 반환채권만을 양도할 수 있다고 할 것이다.

판 례

(ㄱ) 전세권설정계약의 당사자 사이에 그 계약이 합의해지된 경우 전세권설정등기는 전세금반환채권을 담보하는 효력은 있다고 할 것이나, 그 후 당사자 간의 약정에 의하여 전세권의 처분이 따르지 않는 전세금반환채권만의 분리양도가 이루어진 경우에는 양수인은 유효하게 전세금반환채권을 양수하였다고 할 것이고, 그로 인하여 전세금반환채권을 담보하는 물권으로서의 전세권마저 소멸된 이상 그 전세권에 관하여 가압류부기등기가 경료되었다고 하더라도 아무런 효력이 없다(대판 1999.2.5, 97다33997; 대판 2004.4.28, 2003다61542). 그리고 전세권자가 전세권설정자에 대하여 그 전세권설정등기의 말소의무를 부담하고 있는 경우라면, 그 전세권을 가압류하여 부기등기를 경료한 가압류권자는 등기상 이해관계 있는 제3자로서 등기권리자인 전세권설정자의 말소등기절차에 필요한 승낙을 할 실체법상의 의무가 있다(대판 1999.2.5, 97다33997).

(ㄴ) 전세권이 존속기간의 만료나 합의해지 등으로 종료하면 전세권의 용익물권적 권능은 소멸하고 단지 전세금반환채권을 담보하는 담보물권적 권능의 범위 내에서 전세금의 반환 시까지 전세권설정등기의 효력이 존속하므로, 전세권이 존속기간의 만료 등으로 종료한 경우라면 최선순위 전세권자의 채권자는 전세권이 설정된 부동산에 대한 경매절차에서 채권자대위권에 기하거나 전세금반환채권에 대하여 압류 및 추심명령을 받은 다음 추심권한에 의하여 자기 이름으로 전세권에 대한 배당요구를 할 수 있다(대판 2015.11.17, 2014다10694).

(나) 전세권의 담보제공

1) 일 반

전세권의 담보제공은 전세권을 목적으로 한 저당권의 설정을 의미한다(제371조). 저당권자가 피담보채무의 이행지체를 이유로 저당권을 실행하면 매수인은 '전세권'을 취득하게 된다. 판례는 전세권을 목적으로 한 저당권이 설정된 경우, 전세권의 존속기간이 만료되면 전세권의 용익물권적 권능이 소멸하기 때문에 전세권 자체에 대하여 저당권을 실행할 수 없으며(대판 2014.10.27, 2013다91672), 우리 민법상 저당권은 담보물권을 목적으로 할 수 없으므로, 전세권에 대하여 저당권이 설정된 경우 그 전세권이 기간만료로 종료되면 전세권을 목적으로 하는 저당권은 당연히 소멸된다고 한다(대판 2008.4.10, 2005다47663). 여기서 전세권에 설정된 저당권은 그 목적물이 전세권만인지, 전세권이 소멸하면 그것을 목적으로 하는 저당권도 소멸하는지 여부가 문제된다. 이하에서 이러한 문제를 먼저 살펴본 다음 전세권저당권의 실행방법에 대해서 검토한다. 전세권의 존속기간이 만료된 경우 전세권저당권이 소멸한다고 볼 것인지 여부는 존속기간 만료 후 전세권저당권의 실행방법에 관한 논의와 직결되기 때문이다.

2) 전세권저당권의 객체

민법상 저당권은 담보물권을 목적으로 할 수 없기 때문에(대판 2008.4.10, 2005다47663), 전세권저당권의 객체가 전세권 자체인지 아니면 전세금반환채권인지에 대하여 견해가 나뉜다. 즉 ① 전세권저당권의 객체는 원칙적으로 전세금반환채권을 비롯하여 용익물권성과 담보물권성을 같이 가진 전세권 그 자체라는 견해가 있다(오경미, 판례연구 18집, 170면; 이상태, 일감법학 제7권, 30면). 그 논거로 민법은 용익물권성과 담보물권성을 함께 보유한 특수한 물권으로 전세권을 전제하고 저당권의 객체가 될 수 있도록 허용하고 있는 점, 전세권의 존속기간 만료 전에 전세권저당권의 실행으로 전세권이 매각된 경우 매수인은 기존의 전세권자가 보유하고 있던 전세금반환채권, 전세권의 용익물권성 및 전세권의 담보물권성을 모두 취득한다고 보는 점, 민사집행법이 담보물권을 목적으로 하는 저당권의 실행방법을 예정하고 있지 않은 점, 전세금의 수수는 전세권의 성립요건이므로 전세금반환채권은 전세권의 한 내용을 이룬다는 점 등을 들고 있다. ② 전세권저당권의 객체는 용익물권적 권능을 가지는 전세권만이고, 담보물권적 권능의 전세권은 전세권저당권의 목적으로 할 수 없다는 견해가 있다(김동옥, 판례연구 12집, 686면; 이홍민, 법학논총 제20집 제3호, 339면). 그 논거로 제371조 제1항이 "저당권의 규정은 지상권 또는 전세권을 저당권의 목적으로 한 경우에 준용한다"고 규정하고 있어, 지상권·전세권은 부동산을 사용·수익하는 물권이지만 저당권의 목적으로 될 수 있으며, 제371조는 전세권의 담보물권성을 인정하는 민법개정 전부터 있어 온 것이므로, 제371조의 전세권은 용익물권적 권능을 가지는 전세권만 가리킨다는 점, 제371조 제1항의 입법에 참고가 되었던 외국의 입법례는 모두 저당권의 객체가 되는 권리를 용익물권으로 한정하고 있는 점, 전세권설정등기를 마친 전세권은 용익물권과 담보물권의 성질을 함께 가지고 있다는 판례의 태도를 전세권저당권의 경우에 그대로 적용하면 담보물권의 성질을 가진 전세권도 저당권의 객체가 될 수 있게 되는데, 권리는 저당권의 목적이 될 수 없으므로 이러한 해석은 물권법정주의에 반하게 된다는 점 등을 들고 있다. ③ 전세권저당권을 설정하고 이를 설정받는 당사자의 의사내용, 담보물권의 수반성 및 전세금반환청구권은 저당권 등 순수한 담보물권의 경우에 피담보채권이 담보물권과는 별개의 권리인 것과 달리 전세권에 포함된 권리로서 전세권의 본질적 내용을 이룬다는 점, 전세권저당권은 책임전질과 유사하다는 점 등을 근거로 해서 전세권저당권의 객체는 전세권부 전세금반환채권이라는 견해가 있다(김창섭, 법조 제50권 4호, 222면; 오시영, 한양법학 제35집, 522면).

생각건대 우리 민법상 저당권은 원칙적으로 용익물권을 목적으로 하고 담보물권을 목적으로 할 수 없지만, 제371조는 용익물권성과 담보물권성을 겸유한 물권으로서 전세권을 상정하고 이러한 전세권을 저당권의 목적이 될 수 있도록 허용하고 있다. 즉 권리는 원칙적으로 저당권의 목적이 될 수 없지만, 예외적으로 제371조는 권리가 저당권의 목적이 될 수 있음을 규정하고 있다. 전세권설정계약은 전세권자가 전세금을 지급하고 전세권설정자의 부동산을 점유하여 그 부동산의 용법에 맞게 존속기간 동안 사용·수익하고, 그 기간이 만료하면 전세금을 반환받고 그 부동산을 전세권설정자에게 반환하는 것을 내용으로 하기 때문에(제303조, 제317조), 전세권의 특성상 전세금반환채권은 전세권설정계약의 내용이 된다. 만일 전세권의 피담보채권인 전세금반환채권을 제외한 용익물권적 권능만 가지는 전세권을 저당권의 객체로 보게 되면, 전세권의 존속기간 만료 전에 저당권자가 전세권에 대하여 담보권을 실행하여 매수인에게 매각된 경우, 매수인은 용익물권적 권능만이 존재하는 전세권을 취득하게 되고, 전세권설정자가 전세금의 반환을 지체하더라도 전세권 목적물의 경매를 청구할 수 없고 우선변제를 받을 수 없게 되는 문제가 발생한다. 따라서 전세금반환채권은 전세권과 별개의 권리가 아니므로, 전세권을 목적으로 하는 저당권의 객체는 전세권 그 자체라고 하면 충분할 것이다.

3) 전세권 존속기간이 만료하면 전세권저당권이 소멸하는지 여부

① 민법상 저당권은 담보물권을 목적으로 할 수 없으므로, 전세권저당권의 객체를 전세권이 갖는 용익물권적 권능에 기초한 것으로 보는 이상, 전세권의 존속기간이 만료되면 전세권의 용익물권적 권능이 소멸하고 그 결과 전세권의 용익물권적 권능을 목적으로 하는 저당권도 저당목적물의 멸실에 준하여 소멸한다는 견해(이영준, 691면), ② 전세금반환채권은 전세권의 존속기간 만료 후 전세권에 갈음하여 존재하는 대체물이 아니라 전세권의 일부분으로 파악하여야 하므로, 전세권저당권의 객체는 전세권의 존속기간 중에는 전세금반환채권을 비롯하여 용익물권적 권능과 담보물권적 권능을 모두 포함하는 전세권 그 자체이고, 존속기간이 만료한 후에는 담보물권적 권능만이 남아 있는 전세권이라고 하면서, 존속기간이 만료하여 전세권의 용익물권적 권능이 소멸하더라도 전세권저당권은 담보물권적 권능을 가진 전세권을 목적으로 하여 계속 존속한다는 견해가 있다(김창섭, 220면).

생각건대 저당권소멸설과 판례는 전세권저당권의 객체를 물권인 전세권 자체이고 전세금반환채권은 그 객체가 될 수 없다고 전제한 다음 전세금반환채권을 전세권으로부터 분리하여 그 피담보채권에 해당하는 개념으로 파악하는 것으로 보인다. 그러나 전세금반환채권은 피담보채권이 담보권설정계약과는 별개의 채권계약에 의하여 발생하는 통상의 담보물권과 달리, 전세권의 용익물권성 및 담보물권성과 더불어 전세권설정계약 자체로부터 발생한 전세권의 본질적 내용을 이루는 권리이다. 전세권저당권자의 설정의사는 전세권 자체보다 피담보채권을 변제받지 못한 경우 장래 전세권의 존속기간이 만료하면 자신의 채권을 우선변제를 받을 것으로 신뢰하고 저당권을 취득한 것인데, 전세권의 존속기간이 만료하면 그것을 목적으로 한 저당권도 소멸한다고 하면 당사자의 이러한 신뢰를 무시하는 결과를 초래하게 된다. 또한 후술하는 바와 같이 전세금반환채권은 전세권의 한 내용에 불과하고 전세권의 소멸로 인하여 새로이 발생하는 변형물이 아니므로, 물상대위의 법리에 의하여 전세권저당권의 효력이 전세금반환채권에 미친다고 볼 수 없기 때문에, 전세권저당권자를 보호할 수 없는 문제가 발생하게 된다. 따라서 전세권저당권은 전세권의 존속기간이 만료하더라도 피담보채권이 변제되지 않는 한 존속한다고 할 것이다.

4) 전세권저당권의 실행방법

가) 전세권 존속기간의 만료 전

전세권의 존속기간이 만료하지 않은 경우, 저당권의 목적이 된 전세권은 부동산과 동일시되기 때문에 전세권을 목적으로 하는 저당권은 민사집행법 제264조에 따른 부동산경매절차에 의하여 우선변제권을 실행한다. 이때 경매의 목적물은 부동산 그 자체가 아니라 전세권이므로, 매수인은 부동산에 대한 소유권을 취득하는 것이 아니라 전세권을 취득하게 되고(대결 1995.9.18, 95마684), 등기방식은 전세권설정등기이전의 부기등기의 방식을 취하게 될 것이다.

나) 전세권 존속기간의 만료 후

전세권이 기간만료로 종료한 경우, 전세권을 객체로 하는 전세권저당권의 실행방법에 관하여 전세권저당권자의 우선변제권 내지 전세권설정자에 대한 직접청구권을 인정할 수 있는지, 그 근거 등에 관하여 견해가 나뉜다.

(i) 학 설

① 용익물권적 권능은 소멸하고 담보물권적 권능만이 남은 전세권은 전세금반환채권을 피담보채권으로 하는 저당권이 설정되어 있는 경우와 동일한 구조가 되므로, 전세권저당권자는 제370조, 제342조 및 민사집행법 제273조 제2항에 의하여 전세금반환채권에 대하여 압류 및 추심명령 또는 전부명령을 받거나 제3자가 전세금반환채권에 대하여 실시한 강제집행절차에서 배당요구를 하는 방법으로 실행할 수 있다는 견해가 있다(오경미, 175면). 이와 달리 ② 전세권의 존속기간이 만료하더라도 전세권저당권은 소멸하지 않고 존속하는 것이고 이때의 전세권은 전세금반환채권을 목적으로 저당권이 설정되어 있는 것과 같은 구조로서 그 전세권저당권은 채권질권과 같은 실질을 갖게 된다는 전제 아래, 채권질권에 관한 제349조를 유추적용하여, 저당권을 설정한 전세권자가 전세권설정자에게 저당권설정 사실을 통지하거나 전세권설정자가 이를 승낙하면 전세권저당권자는 전세금반환채권에 대한 압류 및 추심명령 또는 전부명령이 없더라도 전세권설정자에 대하여 저당권을 주장할 수 있고 직접 전세금반환을 청구할 수 있으며, 제353조를 유추적용하여 전세권저당권자는 자신의 채권 한도에서 전세권설정자에게 직접 전세금의 반환을 청구할 수 있고, 전세금반환채권의 변제기가 전세권저당권자의 피담보채권의 변제기보다 먼저 도래할 때에는 전세권설정자에 대하여 전세금의 공탁을 청구할 수 있다는 견해가 있다(이상태, 일감법학 제7권, 33면; 김창섭, 228면).

(ii) 판 례

전세권의 존속기간이 만료하면 전세권과 함께 전세권저당권도 소멸한다고 전제한 다음, 이러한 경우 전세권저당권자는 ① 제370조, 제342조, 민사집행법 제273조에 의하여 저당권의 목적물인 전세권에 갈음하여 존속하는 것으로 볼 수 있는 전세금반환채권에 대하여 추심명령 또는 전부명령을 받거나, ② 제3자가 전세금반환채권에 대하여 실시한 강제집행절차에서 배당요구를 하는 등의 방법으로 자신의 권리를 행사할 수 있고, 제370조, 제342조 단서가 저당권자는 물상대위권을 행사하기 위하여 저당권설정자가 받을 금전 기타 물건의 지급 또는 인도 전에 압류하여야 한다고 규정한 것은 물상대위의 목적인 채권의 특정성을 유지하여 그 효력을 보전함과 동시에 제3자에게 불측의 손해를 입히지 않으려는 데 그 목적이 있으므로, 적법한 기간 내에 적법한 방법으로 물상대위권을 행사한 저당권자는 전세권자에 대한 일반채권자보다 우선변제를 받을 수 있다고 한다(대판 2008.12.24, 2008다65396; 대결 1995.9.18, 95마684). 이에 더하여 전세권저당권자가 위와 같은 방법으로 전세금반환채권에 대하여 물상대위권을 행사한 경우, 종전 저당권의 효력은 물상대위의 목적이 된 전세금반환채권에 존속하여 저당권자가 전세금반환채권으로부터 다른 일반채권자보다 우선변제를 받을 권리가 있으므로, 설령 전세금반환채권이 압류된 때에 전세권설정자가 전세권자에 대하여 반대채권을 가지고 있고 반대채권과 전세금반환채권이 상계적상에 있더라도 그러한 사정만으로 전세권설정자가 전세권저당권자에게 상계로써 대항할 수는 없다고 한다. 그러나 전세금반환채권은 전세권이 성립하였을 때부터 이미 발생이 예정되어 있다고 볼 수 있으므로, 전세권저당권이 설정된 때에 이미 전세권설정자가 전세권자에 대하여 반대채권을 가지고 있고, 반대채권의 변제기가 장래 발생할 전세금반환채권의 변제기와 동시에 또는 그보다 먼저 도래하는 경우와 같이 전세권설정자에게 합리적 기대이익을 인정할 수 있는 경우에는 특별한 사정이 없는 한 전세권설정자는 반대채권을 자동채권으로 하여 전세금반환채권과 상계함으로써 전세권저당권자에게 대항할 수 있다고 한다(대판 2014.10.27, 2013다91672). 또한 판례는 저당목적물의 변형물인 전세금반환채권에 대하여 일반채권자가 물상대위권을 행사하려는 저당권자보다 먼저 압류나 가압류의 집행을 함에 지나지 않은 경우, 저당권자는 그 전은 물론 그 후에도 전세금반환채권에 대하여 물상대위권을 행사하여 일반채권자보다 우선변제를 받을 수가 있다고 한다(대판 2008.12.24, 2008다65396). 그 밖에 판례는 전세권을 목적물로 하는 저당권의 설정은 전세권의 목적물 소유자의 의사와는 상관없이 전세권자의 동의만 있으면 가능한 것이고, 원래 전세권에 있어 전세권설정자가 부담하는 전세금반환의무는 전세금반환채권에 대한 제3자의 압류 등이 없는 한 전세권자에 대해 전세금을 지급함으로써 그 의무이행을 다 할 뿐이라는 점에 비추어 볼 때, 전세권저당권이 설정된 경우에도 전세권이 기간만료로 소멸하면 전세권설정자는 전세금반환채권에 대한 제3자의 압류 등이 없는 한 전세권자에 대하여만 전세금반환의무를 부담한다고 하여(대판 1999.9.17, 98다31301), 전세권저당권자는 전세권설정자에 대하여 전세금반환청구권을 직접 행사할 수 없다는 점을 밝히고 한다.

(iii) 검 토

(ㄱ) 전세금반환채권이 저당목적물인 전세권의 변형물인지 여부

판례는 전세권을 목적으로 하는 저당권의 경우, 그 저당권의 효력이 미치는 범위를 전세권에 한정하고 전세금반환채권에는 저당권의 효력이 미치지 않음을 전제로 물상대위에 의한 우선변제 방법에 의하여야 한다고 한다. 그러나 판례의 법리는 수긍하기 어렵다. 전세금반환채권이 저당목적물인 전세권의 변형물에 해당하는지가 의문이기 때문이다. 전세권이 기간만료로 종료하더라도 담보물권적 권능을 가지는 전세권은 존재하며, 물상대위에서 교환가치의 변형물은 담보목적물의 멸실·훼손 또는 공용징수로 인하여 그 대가로서 발생하는 대체물을 말한다. 그런데 전세금반환채권은 제370조, 제342조의 저당목적물, 즉 전세권의 멸실로 인하여 저당권설정자가 받을 금전 기타의 물건에 해당하지 않는다. 다시 말하면 전세금반환채권은 전세권의 본질적 내용이고, 비록 반환의 시기가 존속기간 만료시 또는 전세권 소멸시인 조건부 권리이기는 하지만 전세권의 멸실 등으로 인하여 그 대체물로서 새로이 발생하는 권리가 아니다. 따라서 전세금반환채권은 저당권설정자인 전세권자가 전세권의 멸

실로 인하여 받을 금전이 아니라 처음부터 전세권자가 받을 채권이므로, 전세금반환채권을 전세권에 갈음하는 변형물로 보는 판례는 변경되어야 한다.

(ㄴ) 직접지급청구권과 경매청구권 허용여부

판례의 법리는 전세권저당권을 설정한 당사자의 의사에 부합하지 않을 뿐만 아니라 강력한 공시방법인 등기까지 마친 전세권저당권자의 보호에 미흡하여 전세권저당권제도의 취지를 몰각시킬 우려가 있다. 즉 전세권저당권자는 전세권에 저당권을 설정할 당시 전세권의 경매를 통해 우선변제권을 보장받을 수 있었다. 그런데 판례는 전세권이 기간만료로 종료하면 전세권의 소멸을 당연시하고, 전세권을 목적으로 하는 저당권 역시 소멸하며, 전세권저당권자가 전세금반환채권에 대하여 압류 및 추심명령이나 전부명령을 받지 않으면 전세권설정자가 전세권자에게 전세금을 반환하더라도 유효하다고 하는데, 이는 전세권저당권자를 무담보의 일반채권자의 지위와 마찬가지로 보게 되는 결과가 되어 전세권저당권자의 이익 보호에 미흡할 뿐만 아니라 설정의사에 반하는 것으로 부당하다. 또한 전세권설정자는 전세권저당권이 설정된 사실을 등기나 통지 등에 의하여 알게 된 경우에도 전세권저당권자가 압류 및 추심명령 또는 전부명령을 받지 않는 한 바로 전세권저당권설정등기의 말소를 청구할 수 있다는 결론에 도달하게 되어 전세권설정자를 지나치게 보호하는 불합리한 결과를 초래하게 된다(김창섭, 234면). 그밖에 제371조 제2항은 지상권 또는 전세권을 목적으로 하는 저당권을 설정한 자는 저당권자의 동의 없이 지상권 또는 전세권을 소멸하게 하는 행위를 하지 못한다고 규정하고 있다. 이는 저당권의 객체인 전세권의 용익물권성과 담보물권성을 저당권자의 의사에 반하여 소멸시킬 수 없다는 것을 의미하므로, 전세권이 기간만료로 종료하면 용익물권적 권능이 소멸한다고 하더라도 전세권의 담보물권적 권능까지 당연히 소멸한다고 보는 것은 제371조에 반하는 해석이라고 할 것이다(오시영, 민사법학 제48호, 256면).

전세권이 기간만료로 종료하더라도 담보물권적 권능은 여전히 남아 있으므로, 전세권을 대상으로 하는 전세권저당권의 담보물권성 역시 존속하는 것으로 보는 것이 타당하다. 즉 전세권저당권자는 전세권자의 전세금반환채권에 대한 우선변제권을 담보로 하여 전세권에 저당권을 설정한 것으로 볼 수 있다. 또한 제345조 단서는 부동산의 사용·수익을 목적으로 하는 권리에 대하여 권리질권의 설정을 인정하지 않지만, 제348조는 저당권으로 담보한 채권을 질권의 목적으로 한 때에는 그 저당권설정등기에 질권의 부기등기를 하면 질권의 효력이 저당권에 미친다고 규정하고 있다. 그리하여 제371조 제1항은 전세권을 질권의 객체가 아닌 저당권의 객체로 규정하고 있지만, 그 본질은 전세금반환채권을 목적으로 한 질권설정과 유사하다. 따라서 질권자는 질권의 목적이 된 채권을 직접 청구할 수 있다는 제353조 제1항을 유추적용하여, 전세권저당권자는 전세권자의 전세권설정자에 대한 전세금반환채권을 직접 청구할 수 있다고 할 것이다(오시영, 민사법학 제48호, 257면). 입법론적으로는 2004년 법무부 민법개정안 제371조 제3항과 같이, "전세권을 목적으로 하는 저당권에 있어서 저당권자는 우선변제권의 범위 내에서 전세금반환채권을 직접 청구할 수 있다. 이 경우에는 제352조 제3항의 규정을 준용한다"는 규정을 신설하는 것이 바람직하다.

한편 전세권이 기간만료로 종료하였는데도 전세권설정자가 전세금의 반환을 지체하는 경우, 전세권자는 민사집행법의 정한 바에 의하여 전세권의 목적물을 경매할 수 있다(제318조). 따라서 전세권저당권자는 전세권의 존속기간이 만료하였더라도 여전히 전세권의 담보물권적 권능에 의하여 전세권의 목적물에 대하여 경매를 청구할 수 있고, 설사 직접 경매청구권을 행사할 수 없다고 하더라도 제404조에 의하여 전세권저당권자는 전세권자(전세권저당권설정자)에 대한 우선변제권을 보전하기 위해 전세권자의 경매청구권(제318조)을 대위행사하여 전세권의 목적물에 대하여 경매를 청구할 수 있다고 할 것이다.

(3) 전세목적물의 임대 · 전전세

(가) 전세목적물의 임대

전세권자는 설정행위에 의해 금지되지 않은 경우에 전세권의 존속기간 내에 전세목적물을 타인에게 임대할 수 있다(제306조). 전세목적물의 임대는 전세권설정자의 동의 없이도 가능하지만, 전세권자는 임대하지 않았더라면 면할 수 있는 불가항력으로 인한 손해에 대해서도 전세권설정자에게 그 책임을 진다(제308조). 즉 전전세의 경우처럼 전세권자의 책임이 가중된다.

(나) 전세목적물의 전전세

1) 의 의

전전세(轉傳貰)라 함은 전세권자는 설정행위에 의해 금지되지 않은 경우에 전세권의 존속기간 내에 전세목적물에 대하여 다시 전세권을 설정하는 것을 말한다.

2) 요 건

가) 설정계약과 등기가 있을 것

전전세권도 물권이므로 부동산물권변동의 일반원칙에 따라 전전세권설정의 합의와 등기를 하여야 한다(제186조). 전전세권설정행위의 당사자는 원전세권자와 전전세권자이며, 원전세권설정자는 당사자가 아니다. 전전세권은 전세권의 존재를 기초로 하므로 등기는 부기등기에 의한다(부동산등기법 제52조 3호). 전세권은 목적부동산의 일부에 대해서 설정할 수 있기 때문에(부동산등기법 제72조 1항), 전세목적물의 일부를 목적으로 하는 전전세권의 설정도 유효하다.

나) 설정행위에 의해 전전세권의 설정이 금지되지 않을 것

전전세권의 설정에는 전세권설정자의 동의를 필요로 하지 않지만, 설정행위에 의하여 전전세권의 설정이 금지된 경우에는 전전세권을 설정할 수 없다.

다) 전세권의 존속기간 이내일 것

전전세권의 존속기간은 전세권의 존속기간을 넘지 못한다(제306조 본문). 그 이유는 전전세권은 원전세권의 존재를 기초로 하여 성립하는 것이므로, 원전세권이 존속기간의 만료로 소멸하면 전전세권의 기초가 없어지기 때문이다. 그 밖에 전전세권은 원전세권을 기초로 하고 또한 담보권의 성질을 갖고 있으므로, 전전세금은 원전세금의 금액을 한도로 하여야 한다(다수설. 그러나 김증한/김학동, 426면은 전전세금은 원전세금의 금액의 제한을 받지 않고 별도로 정할 수 있다고 한다). 만일 전전세금이 원전세금보다 다액인 경우, 전전세금이 등기되었는데도 원전세금의 범위에서만 우선변제권을 가지게 될 것인데, 그것은 전세권의 담보물권성과 어울리지 않기 때문이다.

3) 효 과

가) 당사자의 지위

① 전전세권이 설정되어도 원전세권은 소멸하지 않는다. 다만 원전세권자는 전전세권에 의하여 제한되는 한도에서 스스로 목적부동산을 사용·수익하지 못하며, 전전세권이 존속하는 동안에 전세권자는 원전세권을 소멸시키는 행위를 하지 못한다. ② 전전세권자는 목적부동산을 점유하여 사용·수익할 권리를 비롯하여 전세권자로서 모든 권리를 가진다. 그러나 전질(제337조 1항)이나 임대인의 동의를 얻은 전대(제630조 1항)와 달리 전전세권자는 원전세권설정자에 대하여 아무런 권리·의무를 가지지 않는다.

나) 전세권자의 책임가중

전세권자는 전전세하지 않았더라면 면할 수 있었을 불가항력으로 인한 손해에 대하여도 그 책임을 진다(제308조). 그러나 전전세의 경우에 목적물 자체의 장소적 이동은 없고 다만 이용자의 변경이 있을 뿐이므로, 전전세하지 않았더라면 면할 수 있는 불가항력으로 인한 손해란 실제로 거의 존재하지 않는다. 예컨대 천재지변·인접주택의 화재로 인한 연소 등으로 전전세 목적물이 소실된 경우에 전전세를 하지 않았더라도 소실은 면하지 못하였을 것이기 때문이다. 따라서 제308조의 가중책임은 전전세를 한 후에 손해가 발생한 경우에 누구의 고의·과실인가를 묻지 않고 전세권자가 그 손해가 불가항력에 의해 발생한 것임을 증명하지 못하는 한 손해발생의 사실만으로 배상책임을 져야 한다는 의미라고 할 것이다(통설).

다) 전전세권의 소멸

전전세권은 원전세권의 존재를 기초로 하여 성립된 것이므로, 원전세권이 소멸하면 전전세권도 소멸한다.

라) 전전세권자의 경매청구권 · 우선변제권

전전세권자에게 경매청구권(제318조)과 우선변제권(제303조 1항)이 인정된다. 다만 전전세권은 원전세권을 기초로 하여 존재하기 때문에, ① 전전세권의 존속기간이 전세권의 존속기간보다 먼저 만료하는 경우, ② 전세권설정자가 전세권자에게 반환할 전세금을 제공한 경우에는 경매를 청구할 수 없다.

4. 전세금증감청구권

(1) 전세금이 목적부동산에 관한 조세·공과금 기타 부담의 증감이나 경제사정의 변동으

로 인하여 상당하지 않게 된 때에는 당사자는 장래에 대하여 그 증감을 청구할 수 있다(제312조의2). 이는 사정변경의 원칙에 기한 것이다. 특히 전세금의 증액청구의 비율은 약정한 전세금의 20분의 1(즉 5%)을 초과하지 못하고, 또 전세권설정계약이 있는 날 또는 약정한 전세금의 증액이 있은 날부터 1년 이내에는 이를 하지 못한다(제312조의2 단서의 시행에 관한 규정 제2조, 제3조).

(2) 전세금의 증감청구권은 형성권으로서의 성질을 갖는다(다수설). 다만 이러한 증감청구에 대해 상대방이 다투는 때에는 결국 법원이 결정하게 되고, 그 결정은 청구를 한 때에 소급하여 효력이 생긴다. 그러나 전세금증감청구권은 보통의 청구권으로 이해하는 소수설이 있다(곽윤직, 262면; 이은영, 662면). 즉 소수설은 전세금의 증액이나 감액은 언제나 당사자 사이의 합의에 의하며, 당사자의 청구로 당연히 증감의 효과가 발생하지 않는다고 한다. 한편 전세금액의 변경은 기존의 전세권등기에 대하여 변경등기를 하여야 제3자에게 대항할 수 있다(부동산등기법 제72조).

V. 전세권의 소멸

1. 전세권의 소멸사유

전세권은 물권일반의 소멸원인, 즉 존속기간의 만료·혼동·전세권에 우선하는 저당권의 실행에 의한 경매·토지수용 등으로 소멸한다. 다만 전세권의 존속기간 만료로 말소등기 없이도 전세권이 소멸하는지에 대해 다툼이 있다. 그 밖에 전세권에 특유한 소멸원인으로 전세권설정자의 소멸청구(제311조)·전세권의 소멸통고(제313조)·전세권의 포기(제371조 2항) 등이 있다.

(1) 전세권의 존속기간 만료

전세권이 기간만료로 종료한 경우에 전세권자에게 전세금의 반환 및 전세권설정등기의 말소등기 없이도 전세권이 소멸하는지가 문제이다. 이에 대하여 ① 전세권의 존속기간이 만료하면 당연히 전세권설정등기의 말소등기절차를 거치지 않고도 전세권은 소멸한다는 견해(곽윤직, 265면; 김증한/김학동, 428면, 이영준, 698면; 이상태, 350면), ② 전세권의 기간만료로 종료하면 용익물권적 권능만이 소멸할 뿐 담보물권적 권능은 그대로 유지되며, 잔존등기도 그 한도에서 여전히 유효하고, 전세금이 전세권자에게 반환되어야 비로소 전세권이 전부 소멸하게 된다는 견해가 있다(김동옥, 판례연구 12집, 686면; 오경미, 판례연구 18집, 167면). 판례는 전세권의 존속기간이 만료되면 전세권의 용익물권적 권능은 전세권설정등기의 말소등기 없이도 당연히 소멸하고 단지 전세금반환채권을 담보하는 담보물권적 권능의 범위 내에서 전세금의 반환시까지 그 전세권설정등기의 효력이 존속하고 있다고 하며(대판 2005.3.25, 2003다35659), 또한 전세권의 존속기간이 만료하면 전세권의 용익물권적 권능이 소멸하기 때문에 그 전세권에 대한 저당권자는 더 이상 전세권 자체에 대하여 저당권을 실행할 수 없게 된다고 하여(대판 2008.3.13, 2006다29372,29389; 대결 1995.9.18, 95마684), 용익물권적 권능소멸설을 따르고 있다.

생각건대 전세권은 존속기간의 만료로 인해 소멸한다고 보게 되면, 전세권자가 전세금을 반환받지 못하였을 경우, 전세목적물에 대한 우선변제권(제303조)과 경매청구권(제318조)의 근거가 없어져 버리게 되는 문제가 발생한다. 또한 전세권이 법정갱신된 경우(제312조 4항), 이는 법률규정에 의한 물권변동이므로 전세권갱신에 관한 등기를 필요로 하지 않고, 전세권자는 등기 없이도 전세권설정자나 그 목적물을 취득한 제3자에 대하여 갱신된 권리를 주장할 수 있으므로(대판 2010.3.25, 2009다35743), 기간만료로 전세권이 당연히 소멸한다고 볼 수 없다. 전세금반환채권에 대한 우선변제권을 인정한 제303조 1항은 제318조의 경매청구권과 결합하여 별도의 집행권원을 부여받음이 없이 담보권실행 등을 위한 경매와 같이 전세권을 증명하는 전세권설정계약서만을 제출함으로써 경매를 신청할 수 있도록 하고 있다. 즉 전세권이 기간만료로 종료한 경우, 용익권능과는 별개로 담보권능은 소멸하지 않고 피담보채권인 전세금반환채권을 회수하기 위한 수단으로 존속하여 담보권실행을 위한 경매절차에서 저당권처럼 담보물권으로 기능하게 된다. 따라서 전세권은 용익물권과 담보물권의 성질을 가지며, 전세권의 기간만료 등으로 소멸하는 것은 용익물권적 권능이고, 전세권반환채권을 실현하기까지 담보물권적 권능은 소멸하지 않는다고 할 것이다.

(2) 전세권설정자의 소멸청구

(가) 소멸청구의 사유

전세권자가 설정계약 또는 그 목적물의 성질에 의하여 정하여진 용법으로 이를 사용·수익하지 아니한 경우에 전세권설정자는 전세권의 소멸을 청구할 수 있다(제311조 1항). 설정행위로써 전세권의 양도·담보제공·전전세·임대 등을 금지하였는데(제306조), 전세권자가 이를 위반하여 처분하는 것은 '설정계약에 의하여 정하여진 용법'으로 사용·수익하지 않은 경우이고, 전세권자가 목적물의 현상유지의무 또는 통상의 관리에 속하는 수선의무(제309조)를 다하지 않거나 주거용 건물을 영업용으로 사용하는 것은 '목적물의 성질에 의하여 정하여진 용법'으로 사용·수익하지 않은 경우이다.

(나) 소멸청구의 성질과 말소등기 여부

소멸청구의 법적 성질과 전세권이 소멸하기 위해서 말소등기를 필요로 하는지가 문제이다. 전세권설정자의 소멸청구를 ① 형성권으로 이해하는 견해(고상룡, 492면; 김상용, 556면; 이상태, 351면; 이영준, 698면), ② 물권적 단독행위라고 하는 견해(김증한/김학동, 418면; 김용한, 450면), ③ 채권적 청구권으로 이해하는 견해(강태성, 180면, 753면; 곽윤직, 266면)가 있다. 즉 형성권설에 의하면 전세권은 말소등기 없이 소멸하고, 물권적 단독행위설과 채권적 청구권설에 의하면 말소등기를 하여야 비로소 전세권이 소멸한다고 한다.

생각건대 설정계약 등에서 정하여진 용법으로 목적물을 사용·수익하지 않은 전세권자의 전세권을 박탈하여 전세권설정자를 보호하려는 것이 제311조 1항의 취지라는 점과 소멸청구의 의사표시에 의하여 전세권이 소멸하지 않는다면 소멸청구의 실효성을 거둘 수 없다는 점을 고려할 때, 소멸청구는 지상권설정자의 소멸청구(제287조)와 마찬가지로 형성권으로 새겨야 할 것이다. 따라서 형성권에 의한 물권변동은 법률규정에 의한 물권변동이므로 제187조에 따라 말소등기 없이 당연히 소멸한다고 할 것이다.

(다) 원상회복 또는 손해배상청구

전세권의 소멸을 청구하는 경우, 전세권설정자는 전세권자에 대하여 원상회복 또는 손해배상을 청구할 수 있다(제311조 2항). 즉 설정계약 등에서 정하여진 용법에 좇지 않은 사용·수익으로 목적부동산에 변경이 생겼거나 손해가 발생한 때에 전세권설정자는 전세권자에 대하여 소멸청구 이외에 원상회복이나 손해배상을 청구할 수 있다.

(3) 전세권의 소멸통고

전세권의 존속기간을 약정하지 않은 경우에 각 당사자는 언제든지 상대방에 대하여 전세권의 소멸을 통고할 수 있고, 상대방이 이 통고를 받은 날부터 6개월이 경과하면 전세권은 소멸한다(제313조). 전세권의 소멸통고의 법적 성질에 대하여, ① 민법이 '…소멸한다'고 규정하고 있고 소멸통고의 성질은 해지로서 형성권의 행사이므로, 제187조에 의해 말소등기 없이 6개월이 경과하면 당연히 전세권이 소멸한다는 견해(강태성, 182면; 고상룡, 493면; 이영준, 685면), ② 소멸통고도 물권적 단독행위이므로 제186조에 의해 말소등기까지 하여야 전세권이 소멸한다는 견해(곽윤직, 83면, 260면; 김상용, 162면, 557면), ③ 전세금의 반환까지 있어야 전세권이 소멸하므로, 소멸통고가 있고 전세금의 반환 및 6개월이 경과하면 전세권이 소멸한다는 견해가 있다(이상태, 341면).

생각건대 전세권은 용익물권 이외에 담보물권의 성질도 아울러 가지고 있다. 따라서 소멸통고는 물권적 단독행위로서 소멸통고 후 6개월이 경과하면 전세권의 용익물권적 권능은 전세권설정등기의 말소 없이도 당연히 소멸하지만, 전세금반환채권을 담보하는 담보물권적 권능의 범위 내에서 전세금의 반환시까지 그 전세권설정등기의 효력이 존속하며, 결국 전세금을 반환하면 제187조에 의해 말소등기 없이 담보물권적 권능도 소멸한다고 할 것이다(담보물권의 부종성).

(4) 목적물의 멸실

목적부동산이 멸실하면 전세권도 소멸하지만, 멸실의 모습에 따라 그 구체적인 효과가 다르다.

(가) 전부 멸실의 경우

전세권의 목적부동산 전부가 멸실한 경우, 그것이 불가항력으로 인한 것이든(제314조 1항), 전세권자의 책임 있는 사유로 인한 것이든 전세권은 전부 소멸한다. 이 경우 손해배상책임은 ① 불가항력으로 인한 경우에는 발생하지 않으며, 전세권자는 전세금의 반환을 청구할 수 있다(제314조 2항 유추적용). ② 전세권자에게 책임 있는 사유로 인한 경우, 전세권자는 그 손해를 배상할 책임이 있다(제315조 1항). 이 경우 전세권설정자는 전세금으로 그 손해배상에 충당하고 나머지가 있으면 반환하여야 하며, 부족하면 그 부족액을 청구할 수 있다(제315조 2항).

(나) 일부 멸실의 경우

일부 멸실이 어떤 원인에 의한 것이든 '멸실된 부분의 전세권'은 소멸한다. 이 경우 남아 있는 부분에 대하여 전세권이 존속하는지, 존속한다면 전세금은 감액되는지 등은 멸실 원인에 따라 다르다.

1) 불가항력으로 인한 경우

전세권자가 남은 부분만으로 전세권의 목적을 달성할 수 없는 경우에는 전세권설정자에게 전세권 전부의 소멸을 통고하고 전세금의 반환을 청구할 수 있다(제314조 2항). 제314조 2항은 소멸을 통고할 수 있다고 하지만, 전세권자의 귀책사유 없이 목적물의 일부가 멸실하여 전세권의 목적을 달성할 수 없게 되었는데 6개월의 기간을 기다려야 하는 것은 부당하기 때문에 제311조의 소멸청구로 해석하는 것이 타당하다(곽윤직, 267면; 김상용, 559면; 이상태, 352면; 이영준, 699면). 반면에 남은 부분만으로 전세권의 목적을 달성할 수 있는 경우에는 멸실 부분에 비례하여 전세금은 감액된다(통설).

2) 전세권자의 책임 있는 사유로 인한 경우

남은 부분만으로 전세권의 목적을 달성할 수 없는 경우, ① 전세권자가 전세권의 소멸을 청구할 수 있는가에 대하여 명문의 규정이 없지만 전세권을 존속시키는 것은 무의미하기 때문에, 전세권자는 전세권설정자에 대하여 제311조에 의한 전세권의 전부 소멸을 청구할 수 있다(다수설. 다만 지원림 3-276은 신의칙상 전부 멸실에 비견될 수 있는 경우가 아니라면 소멸통고를 할 수 없다고 한다.). ② 전세권자는 그 일부 멸실에 대한 손해를 배상할 책임을 진다(제315조 1항). 이 손해배상에 관하여는 전세권이 소멸된 후 전세금에서 공제하는 방식으로 우선 충당할 수 있다(제315조 2항).

한편 남은 부분만으로 전세권의 목적을 달성할 수 있는 경우, 전세권은 남은 부분에 존속한다. 이 경우 멸실 부분에 비례하여 전세금의 감액은 인정되지 않는다. 일부 멸실의 책임이 전세권자에게 있기 때문이다. 다만 전세권설정자가 목적부동산의 일부 멸실을 초래한 전세권자에게 전세권을 존속시키는 것을 원하지 않는 경우, 용도위반을 이유로 전세권의 소멸을 청구할 수 있고(제311조 1항) 손해배상도 청구할 수 있다(제315조 1항).

(5) 전세권의 포기

전세권자는 자유로이 전세권을 포기할 수 있지만, 그 전세권이 제3자의 권리의 목적인 때에는 포기할 수 없다(제371조 2항). 전세권의 포기는 물권적 단독행위이므로 그 등기를 하여야 소멸의 효력이 발생한다(제186조). 그러나 소수설은 포기에 의한 전세권의 소멸은 등기 없이도 그 효력이 발생한다고 한다(이영준, 700면).

한편 전세권의 포기에는 전세금반환청구권의 포기를 포함하는지가 문제이다. 이는 전세권 포기의 의사표시의 해석에 의해 결정될 것이지만, 전세권을 포기한다고 하여 당연히 전세금반환청구권까지 포기한 것으로 볼 수는 없다(다수설. 그러나 김증한/김학동, 431면은 전세권의 포기는 전세금반환청구권의 포기를 포함한다고 한다).

(6) 약정소멸사유의 발생

전세권의 소멸사유를 약정할 수 있으며(부동산등기법 제54조, 제52조 7호), 약정한 소멸사유가 발생하면 전세권은 소멸한다. 이 경우에도 등기를 하여야 소멸의 효력이 발생한다.

2. 전세권 소멸의 효과

전세권이 소멸하면 전세권자는 목적부동산을 설정자에게 반환하고 전세권설정등기를 말소하여야 하고, 전세권설정자는 전세금을 전세권자에게 반환하여야 하는 등 종전의 관계를 청산하여야 한다. 목적부동산의 반환 및 전세권등기말소의무와 전세금반환의무는 동시이행의 관계에 있으며, 기타 경매청구 및 우선변제·부속물수거 및 매수청구·유익비상환청구 등의 문제가 발생한다.

(1) 전세금의 반환과 목적부동산의 인도

(가) 동시이행

1) 전세권이 소멸하면 전세권자는 목적부동산을 인도하고 전세권의 말소등기를 위하여 필요한 서류를 교부하여야 하며, 전세권설정자는 전세금을 반환하여야 한다(제317조). 즉 양자는 동시이행의 관계에 있다. 이는 당사자 사이의 공평을 기하기 위한 것이다. 이처럼 전세권자의 목적물인도의무는 전세권설정자의 전세금반환의무와 동시이행의 관계에 있으므로, 전세금이 반환되지 않는 한 전세권자의 점유는 불법점유로 되지 않는다(대판 1976.10.26, 76다1184). 그 밖에 전세권자가 그 목적물을 인도하였더라도 전세권의 말소등기에 필요한 서류를 교부하거나 그 이행의 제공을 하지 아니하는 이상, 전세권설정자는 전세금의 반환을 거부할 수 있고, 이 경우 다른 특별한 사정이 없는 한 그가 전세금에 대한 이자상당액의 이득을 법률상 원인 없이 얻는다고 볼 수 없다(대판 2002.2.5, 2001다62091).

판 례

임대인과 임차인이 임대차계약을 체결하면서 임대차보증금을 전세금으로 하는 전세권설정등기를 경료한 경우 임대차보증금은 전세금의 성질을 겸하게 되므로, 당사자 사이에 다른 약정이 없는 한 임대차보증금 반환의무는 제317조에 따라 전세권설정등기의 말소의무와도 동시이행관계에 있다(대판 2011.3.24, 2010다95062).

2) 참고로 1984년 전세권에 우선변제적 효력을 인정하여 투하자금회수를 보장할 목적으로 민법을 개정하여 전세권에 담보적 권능을 추가하였는데, 용익물권을 전제로 제정된 제317조(전세권의 소멸과 동시이행) 및 제371조(전세권을 목적으로 하는 저당권)는 개정되지 않았다. 제318조의 '전세금의 반환을 지체한 때'는 전세권자가 전세목적물반환 및 전세권설정등기 말소에 필요한 서류를 제공하여

(제317조) 전세권설정자를 이행지체에 빠뜨린 경우를 의미하는데, 전세권자가 이러한 의무를 이행하게 되면 전세목적물로부터 우선변제를 받지 못할 우려가 발생한다. 또한 담보권실행을 위해 경매를 신청하는 경우에 담보권말소등기의무와 피담보채무의 변제가 동시이행관계에 있지 않는데, 전세권자가 전세권실행을 위한 경매를 신청하는 경우에는 제317조로 인해 전세권설정자에 대하여 전세목적물의 인도의무 및 전세권설정등기말소의무의 이행제공을 완료하여야 하는 것은 전세권의 담보물권적 성질을 부정하는 것이 된다. 그밖에 전세권실행을 위한 경매로 전세목적물이 매각되면, 전세권설정등기는 경매법원의 등기촉탁에 의하여 직권으로 말소되므로 전세권자의 전세권설정등기 말소등기의무는 필요로 하지 않으며, 전세목적물의 인도의무는 경매법원이 배당절차에서 경매매수인에게 인도하였는지 여부를 확인한 후에 전세권자에게 배당금을 교부하거나 경매매수인의 신청에 따라 경매부동산에 대한 인도명령(민사집행법 제136조)을 하면 될 것이다. 특히 동시이행은 공평의 제도인 점을 감안하면, 담보권실행과 마찬가지로(동법 제264조) 전세권실행을 위한 경매의 경우에도 전세권의 존재를 증명하는 서류가 제출된 때에 개시할 수 있도록 하는 것이 타당하다. 따라서 제318조에 '전세권자가 전세권설정자의 이행지체를 이유로 경매를 청구할 때에는 제317조이 적용되지 않는다'는 규정을 두는 것이 바람직하다.

(나) 목적부동산 양도의 경우

전세권의 부담이 있는 부동산이 제3자에게 양도된 경우, 주택임대차보호법 제3조 4항, 상가건물임대차보호법 제3조 2항과 같은 명문의 규정이 없기 때문에 전세권이 소멸하면 전세금반환의무를 누가 부담하는지가 문제이다. 학설은 ① 전세권의 목적부동산에 관한 소유권 변동이 있더라도 양도인이 여전히 전세권설정자로서의 지위에서 책임을 진다고 하는 견해(이상태, 민사판례연구 XXIII, 208면 이하; 송덕수, B-421), ② 목적부동산에 관한 소유권 변동이 있으면 설정자의 지위는 양수인에게 당연승계되고 양도인은 원칙적으로 면책된다는 견해(박병대, 민법주해(VI), 189면), ③ 전세금 반환의무는 양수인이 부담하지만, 용익물권으로서의 전세권이 소멸한 후에 부동산소유자가 변경된 경우에는 이미 용익권능이 소멸하였으므로 양도인, 즉 전세부동산의 매도인이 전세금반환의무를 부담한다는 견해가 있다(지원림, 3-277).

판례는 전세권이 성립한 후 전세목적물의 소유권이 이전된 경우, 민법이 전세권 관계로부터 생기는 상환청구·소멸청구·갱신청구·전세금증감청구·원상회복·매수청구 등의 법률관계의 당사자로 규정하고 있는 전세권설정자 또는 소유자는 목적물의 소유권을 취득한 신소유자로 새길 수밖에 없다. 따라서 전세권은 전세권자와 목적물의 소유권을 취득한 신 소유자 사이에서 계속 동일한 내용으로 존속하게 되므로, 목적물의 신 소유자는 구 소유자와 전세권자 사이에 성립한 전세권의 내용에 따른 권리의무의 직접적인 당사자가 되어 전세권이 소멸하는 때에 전세권자에 대하여 전세권설정자의 지위에서 전세금반환의무를 부담하게 되고, 구 소유자는 전세권설정자의 지위를 상실하여 전세금반환의무를 면하게 된다고 한다

(대판 2006.5.11, 2006다6072; 대판 2000.6.9, 99다15122). 또한 전세권이 성립한 후 전세목적물의 소유권 중 일부 지분을 이전받은 새로운 공유자도 전세권자에 대하여 공동 전세권설정자의 지위에서 전세금 반환의무를 부담한다고 한다(대판 2025.4.15, 2024다312566).

생각건대 전세권자가 전세권을 양도한 경우에 전세권양수인이 전세권설정자에 대하여 전세권양도인과 동일한 권리의무를 가진다는 제307조를 유추적용하여 전세권설정자가 전세목적물의 소유권을 양도한 경우에도 전세권설정자의 지위가 이전한다고 할 것이다. 따라서 전세권의 목적부동산이 양도된 경우에는 전세금반환채무는 새로운 소유자(양수인)가 부담한다고 할 것이다.

(2) 전세권자의 경매청구권과 우선변제권

(가) 경매청구권

1) 의 의

전세권자는 전세권설정자가 전세금의 반환을 지체한 때에 목적부동산의 경매를 청구할 수 있다(제318조).

2) 경매청구의 요건

전세권자가 전세목적물에 대해 경매를 청구하려면 전세권설정자가 전세금의 반환을 지체하여야 한다(제318조). 전세권설정자의 전세금반환의무는 전세권이 종료한 때에 발생하지만, 이 의무는 전세권자의 목적물인도의무 및 전세권설정등기의 말소등기에 필요한 서류의 교부와 동시이행의 관계에 있으므로(제317조), 전세권자가 전세목적물에 대한 경매를 청구하려면 우선 전세권설정자에 대하여 전세목적물의 인도의무 및 전세권설정등기말소의무의 이행제공을 하여 전세권설정자를 이행지체에 빠뜨려야 한다(대결 1977.4.13, 77마90). 따라서 경매를 신청하는 전세권자는 전세권설정자에게 위와 같은 이행의 제공을 한 사실을 소명하여야 한다. 그 방법으로는 전세권자가 "전세목적물을 인도하고 전세권설정등기말소에 필요한 서류를 교부할 것이니, 그때까지 전세금을 지급하여 주기 바란다"는 정도의 내용을 상대방에게 내용증명우편으로 보낸 서류를 법원에 제출하면 된다(민일영, 부동산물권과 경매에 관한 몇 가지 문제, 민사판례연구 제17집, 411면).

3) 경매청구의 범위

토지와 건물이 동일인에게 귀속하고 있으나 건물에 대해서만 전세권이 설정된 경우, 전세권자는 건물의 경매만을 신청할 수 있을 뿐이고 건물을 매각받은 자는 토지에 대한 법정지상권을 취득한다(제305조 1항). 한편 부동산의 '일부'에 대하여 전세권이 설정된 경우, 전세권설정자가 전세금의 반환을 지체한 때에 전세권자는 그 목적 부분에 관하여 경매를 청구할 수 있는지 아니면 목적부동산 전부에 대하여 경매를 청구할 수 있는지가 문제이다.

가) 학 설

(i) 부 정 설 　　목적부동산 전부에 대하여 경매청구권을 인정하는 것은 전세권설정

자에게 지나친 불이익을 강요하게 되어 부당하고, 제318조가 경매청구의 대상을 '전세권의 목적물'이라고 규정하고 있으므로 전세권이 설정된 부동산의 일부를 분할한 후에 경매를 청구할 수 있고, 그 분할을 할 수 없는 경우에는 담보물권의 불가분성의 원칙에 따라 그 전부에 대해 경매를 청구할 수 있다고 한다(곽윤직, 269면; 김증한/김학동, 435면).

(ii) 긍 정 설 일부경매청구를 인정하게 되면 경매절차의 지연 등으로 전세권자에게 일방적으로 불리하고, 전부에 대해 경매청구를 인정하더라도 전세권설정자는 언제든지 전세금을 반환하면 경매를 막을 수 있어 그에게 불리한 것은 아니므로, 부동산 전부에 대해 경매를 청구할 수 있다고 한다(이상태, 355면; 이영준, 696면; 지원림, 3-279).

나) 판 례

판례는 건물의 일부에 대하여 전세권이 설정되어 있는 경우, 그 전세권자는 제303조 1항, 제318조의 규정에 의하여 그 '건물 전부'에 대하여 후순위권리자 기타 채권자보다 전세금의 우선변제를 받을 권리가 있고, 전세권설정자가 전세금의 반환을 지체한 때에는 전세권의 목적물의 경매를 청구할 수 있다 할 것이나, 전세권의 목적물이 아닌 나머지 건물 부분에 대하여는 우선변제권은 별론으로 하고 경매신청권은 없다. 즉 전세권자는 전세권의 목적이 된 부분을 초과하여 건물 전부의 경매를 청구할 수 없으며, 전세권의 목적이 된 부분이 구조상 또는 이용상 독립성이 없어 독립한 소유권의 객체로 분할할 수 없고 따라서 그 부분만의 경매신청이 불가능하다고 하여 달리 볼 것은 아니라고 하여(대결 2001.7.2, 2001마212), 경매청구의 범위는 전세권이 설정된 부분에 한정된다고 한다.

다) 소 결

생각건대 제303조 1항이 부동산의 일부를 전세목적물로 하더라도 우선변제권은 그 부동산의 '전부'에 대하여 미친다고 규정하고 있다는 점, 일부경매신청을 허용하면 분필 내지 분할등기에 대한 전세권설정자의 비협조·가액의 산정곤란 등으로 경매절차가 지연되어 전세권자에게 일방적으로 불리하다는 점, 전부에 대해 경매청구를 인정하더라도 전세권설정자는 언제든지 전세금을 반환하면 경매를 막을 수 있다는 점 등을 고려할 때, 긍정설이 타당하다고 할 것이다.

4) 경매의 효과

전세권자의 경매신청으로 개시된 경매절차에서 목적부동산을 매각받은 자가 매각대금을 다 낸 때에 그 목적물에 대한 소유권을 취득하고(민사집행법 제135조, 제268조), 이로 인하여 전세권은 소멸한다. 한편 판례는 건물의 일부를 목적으로 하는 전세권은 그 목적물인 건물 부분에 한하여 그 효력을 미치므로, 건물 중 일부를 목적으로 한 전세권이 매각(경락)으로 인하여 소멸한다고 하더라도 그 전세권보다 나중에 설정된 전세권이 건물의 다른 부분을 목적물로 하고 있었던 경우에는 그와 같은 사정만으로는 아직 존속기간이 남아 있는 후순위의 전세권까지 매각으로 인하여 함께 소멸한다고 볼 수 없다고 한다(대판 2000.2.25, 98다50869).

(나) 전세금의 우선변제권

1) 우선변제권의 실행방법

전세권자는 목적부동산 '전부'에 대하여 후순위권리자 기타 채권자보다 전세금을 우선 변제받을 권리가 있다(제303조 1항). 전세권자가 전세금을 우선 변제받는 보통의 절차는 민사집행법의 정한 바에 의하여 전세권의 목적부동산의 경매이다(제318조). 그러나 당사자의 특약으로 경매 아닌 다른 방법으로 전세목적물을 처분하여 그로부터 전세금을 반환받을 수 있다(임의환가의 특약).

2) 우선변제의 순위

① 전세권은 물권이기 때문에 전세권자는 일반채권자에 대하여 언제나 우선한다. 그러나 대항력을 갖춘 채권, 예컨대 제621조에 의한 등기 있는 임차권이나 주택임대차보호법 제3조 또는 상가건물임대차보호법 제3조에 의한 대항력을 갖춘 주택임차권·상가임차권이 전세권과 경합하는 경우에는 그 순위에 의하여 우선순위가 결정된다. ② 전세권과 저당권이 경합하는 경우에는 그 등기의 선후에 따라 우선순위가 결정된다. 즉 ㉠ 저당권이 먼저 설정되고 후에 전세권이 설정된 경우, 누가 경매를 신청하든 양자 모두 소멸하고 그 등기의 선후에 따라 우선변제권을 가진다(민사집행법 제268조, 제91조 3항, 제145조). ㉡ 전세권이 먼저 설정되고 후에 저당권이 설정된 경우, 전세권자가 경매를 신청하면 양자는 모두 소멸한다. 그러나 저당권자가 경매를 신청한 경우에 전세권은 소멸하지 않지만, 전세권자가 배당을 요구하면 매각으로 인하여 전세권은 소멸하고, 배당순위는 설정등기의 선후에 의한다(민사집행법 제268조, 제91조 4항, 제145조 2항). ③ 전세권설정자가 파산한 때에 전세권자는 별제권을 가진다(채무자회생법 제411조). ④ 지방세와 전세권의 보증금·저당권의 피담보채권의 우선순위를 가림에 있어서는 본세의 과세기준일 또는 납세의무 성립일을 기준으로 정하여 진다(대판 1997.4.11, 96다40264).

3) 일반재산에 대한 강제집행

전세권자가 우선변제권을 행사하여 전세부동산의 매각대금으로부터 전세금을 배당받았으나 완전히 변제받지 못한 경우에 그 잔액은 무담보의 채권(일반채권)으로서 집행권원을 얻어 전세권설정자의 일반재산에 대하여 강제집행을 하거나 제3자가 전세권설정자의 재산에 강제집행하는 경우에 배당절차에 참가할 수 있다. 반면에 전세권자가 전세권을 실행함이 없이 먼저 전세권설정자의 일반재산에 대하여 일반채권자로서 집행권원을 얻어 강제집행을 할 수 없다(통설). 전세권은 담보물권의 성질을 아울러 가지고 있으므로, 제340조를 유추적용함이 타당하기 때문이다.

판 례

민사집행법 제91조 제3항은 "전세권은 저당권·압류채권·가압류채권에 대항할 수 없는 경우에는 매각으로 소멸된다."라고 규정하고, 제4항은 "제3항의 경우 외의 전세권은 매수인이 인수한다. 다만 전세권자가 배당요구를 하면 매각으로 소멸된다."라고 규정하고 있는데, 이는 저당권 등에 대항할 수 없는 전세권과 달리, 최선순위의 전세권은 존속기간에 상관없이 오로지 전세권자의 배당요구에 의하여만 소멸하고, 전세권자가 배당요구를 하지 않는 한 매수인에게 인수된다는 취지이다. 따라서 최선순위의 전세권은 전세권자 스스로 배당요구를 하여야만 매각으로 소멸함이 원칙이다.

그러나 전세권이 존속기간의 만료나 합의해지 등으로 종료하면 전세권의 용익물권적 권능은 소멸하고 단지 전세금반환채권을 담보하는 담보물권적 권능의 범위 내에서 전세금의 반환 시까지 전세권설정등기의 효력이 존속하므로, 전세권이 존속기간의 만료 등으로 종료한 경우라면 최선순위 전세권자의 채권자는 전세권이 설정된 부동산에 대한 경매절차에서 채권자대위권에 기하거나 전세금반환채권에 대하여 압류 및 추심명령을 받은 다음 추심권한에 의하여 자기 이름으로 전세권에 대한 배당요구를 할 수 있다(대판 2015.11.17, 2014다10694).

---

(3) 전세권자의 원상회복의무 · 부속물수거권

전세권이 소멸하면 전세권자는 그 목적물을 원상회복하여야 하고, 그 목적물에 부속시킨 물건을 수거할 수 있다(제316조 1항 본문). 부속물의 수거와 원상회복은 권리인 동시에 의무이며 수거와 원상회복은 전세권이 소멸한 후 지체 없이 하여야 한다. 그러나 부속물수거권은 전세권설정자가 그 부속물의 매수를 청구한 때에는 인정되지 않는다(제316조 1항 단서).

(4) 부속물매수청구권

지상물 기타 부속물을 수거하는 경우에는 일반적으로 그 가치가 감소하므로, 전세권자는 물론 사회경제적으로 불리한 결과가 초래되므로 제316조는 부속물매수청구권을 인정하고 있다. 주의할 것은 매수청구권의 대상인 부속물은 전세목적물의 구성부분을 이루지 않는 독립된 물건임을 요하고, 그 구성부분을 이루고 그것이 유익비에 해당하는 경우에는 유익비상환청구권(제310조)을 행사하여야 한다는 점이다.

(가) 전세권설정자의 부속물매수청구권

전세권이 소멸하면 전세권설정자는 언제나 부속물매수청구권을 행사할 수 있으며, 그 법적 성질은 형성권이다. 따라서 이 청구권의 행사가 있으면 부속물에 대한 매매가 성립하게 된다(통설). 그러나 전세권자에게 정당한 사유가 있으면 전세권자는 전세권설정자의 매수청구권을 거절할 수 있다(제316조 1항 단서).

(나) 전세권자의 부속물매수청구권

전세권설정자와 달리 전세권자는 ① 전세권설정자의 동의를 받아서 부속시킨 경우, ② 그 부속물을 전세권설정자로부터 매수한 경우에 한하여 부속물의 매수를 청구할 수 있다(제316조 2항). 이 부속물매수청구권도 형성권이다.

(5) 전세권자의 지상물매수청구권

전세권이 존속기간 만료로 소멸한 때에 부속물매수청구권이 있고, 부속물수거권이 있지만(제316조), 지상물매수청구권에 관한 규정은 없다. 다만 판례는 토지의 전세권의 경우, 토지임차인의 지상물매수청구권에 관한 규정(제643조)이 유추 적용될 수 있다고 한다. 즉 토지임차인의 건물 기타 공작물의 매수청구권에 관한 제643조의 규정은 성질상 토지의 전세권에도 유추 적용될 수 있다고 할 것이지만, 그 매수청구권은 토지임차권 등이 건물 기타 공작물의 소유 등을 목적으로 한 것으로서 기간이 만료되어야 하고 건물 기타 지상시설이 현존하여야만 행사할 수 있는 것이라고 한다(대판 2007.9.21, 2005다41740).

(6) 전세권자의 유익비상환청구권

전세권자는 목적물의 현상유지와 수선의 의무를 부담하므로(제309조), 필요비의 상환을 청구할 수 없다. 그러나 목적물을 개량하기 위하여 지출한 금액 기타 유익비에 관해서는 그 가액의 증가가 현존하는 경우에 한하여 전세권자는 소유자(전세권설정자)의 선택에 따라서 그 지출액이나 증가액의 상환을 청구할 수 있다(제310조 1항). 이 경우 법원은 소유자의 청구에 의하여 상당한 상환기간을 정해 줄 수 있다(제310조 2항). 이러한 유익비상환청구권은 목적물에 관하여 생긴 채권이므로, 전세권자는 그 상환을 받을 때까지 목적물에 대해 유치권을 행사할 수 있지만, 법원이 상당한 상환기간을 정해 준 때에는 유치권이 성립하지 않는다(제320조 1항).

Civil Law

제5장 담보물권

제5장 담보물권

제5장 담보물권

제 1 절 서 설

Ⅰ. 의 의

채무자가 채무를 이행하지 않으면, 채권자는 채무자를 상대로 이행의 소를 제기하여 집행권원을 받은 다음 채무자의 재산에 대해 강제집행을 하여 채권을 실현하게 된다. 하지만 채무자의 재산이 없으면 채권을 실현할 수 없게 된다. 그래서 채권자는 장래 이행이 불분명한 채권의 만족을 받기 위해 일정한 수단을 강구하는데, 여기에는 인적 담보와 물적 담보가 있다. 인적 담보는 채무자의 일반재산 외에 제3자의 일반재산으로 채권을 담보하는 것으로, 보증채무·연대채무 등이 이에 해당한다. 이러한 인적 담보는 담보목적물이 없어도 이용할 수 있고 또 절차가 간편한 장점이 있으나 담보하는 자의 재산 상태에 의존하게 되어 담보로서의 효력은 확실하지 않다. 반면에 물적 담보는 채무자 또는 제3자 소유의 특정한 물건으로 채권을 담보하는 것으로, 채무자의 채무불이행이 있으면 채권자가 그 물건을 현금화하여 그 매각대금으로부터 우선변제를 받게 된다. 민법상의 담보물권과 가등기담보·양도담보 등이 그것이다. 이러한 물적 담보는 담보하는 자의 인적 요소에 의존하지 않고 재화의 객관적 가치에 의하여 담보하게 되어 담보로서의 효력이 확실하지만, 절차가 복잡하다는 단점이 있다.

Ⅱ. 담보물권의 공통성질

담보물권(擔保物權)에 공통적인 성질로 부종성·수반성·물상대위성·불가분성을 들 수 있지만, 각 담보물권마다 약간의 차이가 있다.

1. 부 종 성

담보물권은 채권의 담보를 목적으로 하는 것이기 때문에, 채권(피담보채권)이 존재하지 않으면 담보물권이 성립할 수 없고, 채권이 소멸하면 담보물권도 당연히 소멸한다(제369조). 이처럼 채권에 의존하는 성질을 부종성(附從性)이라 한다. 즉 담보물권은 피담보채권에 의존하는 종된 권리이다. 그런데 법정담보물권인 유치권에서는 특정채권의 담보를 위해 법률상 인정되는 것이므로 부종성은 엄격하게 적용된다. 그러나 질권·저당권(근저당) 등 약정담보물권의 경우에는 부종성이 다소 완화된다(제357조).

2. 수 반 성

담보물권은 채권의 담보를 위한 것으로서 채권과 불가분의 관계에 있으므로 피담보채권의 처분은 담보물권의 처분도 수반하게 된다. 즉 피담보채권이 양도되면 담보물권도 같이 이전되고, 피담보채권이 다른 권리의 목적이 된 경우에는 담보물권도 같이 그 목적이 되는데, 이러한 성질을 수반성(隨伴性)이라 한다(제361조). 그런데 담보권의 수반성은 피담보채권의 처분이 있으면 언제나 담보권도 함께 처분된다는 것이 아니라 피담보채권의 처분에는 담보권의 처분도 당연히 포함된 것으로 볼 수 있다는 것을 의미한다. 따라서 ① 피담보채권의 양수인이 담보물권, 가령 저당권을 취득하기 위해서는 이전등기가 필요하고(제186조), 제3자에게 대항하기 위해서는 채권양도의 대항요건(제450조)을 갖추어야 한다. ② 당사자 사이의 약정에 의해 예외적으로 담보물권의 처분이 따르지 않게 할 수도 있다. 가령 피담보채권의 처분이 있는데도 담보권의 처분이 따르지 않는 특별한 사정이 있는 경우에는 채권양수인은 담보권이 없는 무담보의 채권을 양수한 것이 되고 채권의 처분에 따르지 않은 담보권은 소멸한다(대판 2004.4.28, 2003다61542).

판 례

피담보채권과 근저당권을 함께 양도하는 경우에 채권양도는 당사자 사이의 의사표시만으로 양도의 효력이 발생하지만 근저당권이전은 이전등기를 하여야 하므로 채권양도와 근저당권이전등기 사이에 어느 정도 시차가 불가피한 이상 피담보채권이 먼저 양도되어 일시적으로 피담보채권과 근저당권의 귀속이 달라진다고 하여 근저당권이 무효로 된다고 볼 수는 없으나, 위 근저당권은 그 피담보채권의 양수인에게 이전되어야 할 것에 불과하고, 근저당권의 명의인은 피담보채권을 양도하여 결국 피담보채권을 상실한 셈이므로 집행채무자로부터 변제를 받기 위하여 배당표에 자신에게 배당하는 것으로 배당표의 경정을 구할 수 있는 지위에 있다고 볼 수 없다(대판 2003.10.10, 2001다77888).

3. 물상대위성

담보물권은 목적물이 가지는 교환가치를 지배하므로, 목적물이 멸실·훼손·공용징수된 경우, 그 목적물에 갈음하는 금전 기타 물건에 대해 효력이 미치는데, 이러한 성질을 물상대위(物上代位)라고 한다(제342조, 제355조, 제370조). 즉 담보물권은 법률상 또는 사실상 그 목적물의 형태가 변경된 경우에는 그 변형된 존재 위에 효력이 미친다. 물상대위는 우선변제적 효력이 있는 담보물권에 대하여 인정되므로, 유치권에는 인정되지 않는다. 유치권은 목적물 그 자체의 유치, 즉 점유를 통해 채권의 변제를 담보하고(제320조), 목적물이 멸실되어 점유할 수 없게 되면 유치권은 소멸하는 것이어서 물상대위는 인정되지 않는다.

4. 불가분성

담보물권은 피담보채권의 전부를 변제받을 때까지 목적물의 전부에 대해 효력이 미치는데, 이를 불가분성(不可分性)이라 한다(제321조, 제343조, 제370조). 따라서 피담보채권의 일부가 변제·면제 등에 의하여 소멸하더라도 나머지 금액이 있는 한 담보물의 전부에 대하여 담보물권의 효력이 미친다. 또한 불가분성은 담보물의 일부가 불가항력 기타 사유(예: 목적물의 멸실, 공용징수 등)로 인하여 소멸한 경우에도 그 잔존하는 목적물로써 피담보채권의 전부를 담보한다.

Ⅲ. 담보물권의 효력 및 순위

1. 담보물권의 효력

(1) 우선변제적 효력

채무자가 변제기에 채무를 변제하지 않은 경우, 채권자(담보물권자)는 목적물을 현금화해서 그 교환가치로부터 다른 채권자보다 우선하여 변제를 받을 수 있다. 이러한 우선변제적 효력은 담보물권의 가장 본질적 효력으로서, 질권·저당권에는 인정되고, 유치권에는 인정되지 않는다.

(2) 유치적 효력

채권자가 채무자로부터 목적물을 빼앗아 유치함으로써 채무자에게 심리적인 압박을 가하여 채권의 변제를 촉구하는 효력을 말한다. 즉 유치적 효력은 목적물의 사용가치를 빼앗는 것으로서, 유치권·질권에는 인정되지만 저당권에는 인정되지 않는다.

(3) 수익적 효력

담보권자가 목적물을 사용·수익할 수 있는 효력을 말하는데, 현행 민법상의 담보물권에는 이 효력이 인정되지 않는다. 다만 전세권은 용익물권이면서 담보물권적 성질을 갖기 때문에 수익적 효력을 가지고 있다.

2. 담보물권의 순위

담보물권의 순위란 동일한 목적물 위에 2개 이상의 담보물권이 존재하는 경우에 그들 상호간의 우열관계를 말하며, 목적물의 환가대금이 피담보채권의 총액에 미치지 못하는 때에는 성립순위에 따라 우선변제가 결정된다. 따라서 먼저 성립한 담보물권이 후에 성립한 담보물권에 우선한다(제333조, 제370조). 물권은 배타성을 가지기 때문에, 목적물의 물질적 이용을 내용으로 하는 소유권 또는 동종의 용익물권은 동일한 목적물 위에 동시에 2개 이상 성립할 수 없으므로, 순위의 문제는 발생하지 않는다. 그러나 피담보채권액을 한도로 하여 목적물의 교환가치를 지배하는 질권·저당권에서는 그 배타성에 우열이 있고 또한 동일 목적물 위에 동시에 2개 이상 성립할 수 있기 때문에 순위의 문제가 생긴다. 한편 저당권의 경우에 선순위의 저당권이 변제 등에 의하여 소멸하면 후순위의 저당권의 순위는 승진한다(순위승진의 원칙).

제 2 절 유 치 권

I. 서 설

1. 의 의

(1) 유치권(Retentionsrecht)이란 타인의 물건 또는 유가증권을 점유한 자가 그 물건이나 유가증권에 관하여 생긴 채권을 가지는 경우, 그 채권을 변제받을 때까지 그 물건 또는 유가증권을 유치할 수 있는 담보물권을 말한다(제320조 1항). 예컨대 타인의 물건을 수선한 자가 수선대금을 지급받을 때까지 그 물건을 유치할 수 있고, 임차인이 임차물에 지출한 필요비·유익비의 상환을 받을 때까지(제626조) 임차물을 유치할 수 있는 권리가 있다.

민법이 유치권을 인정하는 것은 공평의 원칙을 실현하기 위한 것이다(곽윤직, 282면; 김상용, 591면; 김증한/김학동, 452면; 이영준, 702면). 즉 타인의 물건 등을 점유하는 자가 그 물건에 관하여 생긴 채권을 가지는 경우에 그 채권의 변제를 받을 때까지 그 물건의 반환을 거절할 수 있도록 하는 것이 공평의 원칙에 부합하기 때문이다. 그러나 유치권은 주로 물권적 인도거절권으로 기능을 한다(양창수, 민법연구 제1권, 230면). 이러한 인도거절권은 당사자 사이에 쌍무계약관계가 존재하지 않는 경우에 그 효과를 발휘하며, 특히 제213조 단서의 '물건을 점유할 권리'로서 소유물반환청구권과 같은 물권적 권리에 유효하게 대항할 수 있다.

(2) 유치권은 일정한 요건이 갖추어진 경우에 법률규정에 의하여 당연히 성립하는 물권이다(법정담보물권). 따라서 유치권이 부동산이나 유가증권 위에 성립하는 때에도 등기나 배서는 필요하지 않다.

(3) 한편 상법 제58조는 상인간의 유치권에 관하여 규정하고 있는데, 그 객체가 '그 채무자에 대한 상행위로 인하여 자기가 점유하고 있는 채무자 소유의 물건 또는 유가증권'이어야 한다. 상사유치권은 민법상의 유치권과 효력에서는 동일하지만, 성립요건만 완화되어 있

을 뿐이다. 즉 민법상의 유치권과 달리 그 물건이 채무자의 소유에 속하는 것이어야 하고, 채권과 물건 사이의 견련관계를 요건으로 하지 않으며, 채권의 성립과 물건의 점유취득이 당사자 쌍방에게 상행위인 행위로부터 생긴 것이면 족하다. 그리고 상사유치권에는 일반 상사유치권(상법 제58조)과 대리상(상법 제91조)·위탁매매업(상법 제111조)·운송주선인(상법 제147조) 등과 같이 특별한 종류의 영업에 관하여 인정되는 특별 상사유치권이 있다.

2. 유치권과 동시이행의 항변권

(1) 유치권은 공평의 원칙을 실현하기 위한 제도인 점에서, 동시이행의 항변권과 유사하다. 또한 성립요건으로 견련관계(牽連關係)와 채권이 변제기에 있을 것을 필요로 한다는 점 및 상대방의 이행청구에 대하여 권리를 행사하면 상환급부판결(相換給付判決)을 하게 된다는 점에서 양자는 유사하다.

(2) 그러나 ① 유치권은 목적물로부터 생긴 채무가 이행될 때까지 그 목적물 자체를 유치할 수 있는 물권으로 유치권자의 채권담보를 목적으로 하는데 반하여, 동시이행의 항변권은 쌍무계약에서 서로 대가관계에 있는 채권에 대하여 상대방의 채무이행이 있을 때까지 자기의 채무이행을 거절할 수 있는 권리로서 당사자 일방이 선이행 당하는 것을 피하는 것을 그 목적으로 한다. ② 유치권은 채권의 발생원인이 계약이든 사무관리이든 상관없으나, 동시이행의 항변권은 쌍무계약으로부터 발생한다. ③ 유치권의 본질적 내용은 목적물을 직접 지배하여 유치하는데 있으나, 동시이행의 항변권은 상대방의 청구에 대한 항변으로써 채무의 이행을 거절하는데 있다. ④ 그 밖에 유치권은 물권이므로 누구에 대해서도 이를 행사할 수 있지만, 동시이행의 항변권은 쌍무계약으로부터 발생하는 채권의 이행상의 견련성을 확보하기 위한 것이므로 계약당사자 사이에서만 인정된다.

3. 유치권의 법적 성질

(1) 유치권은 타인의 특정한 물건을 직접적·배타적으로 지배할 수 있는 물권이다. 그러나 유치권은 다른 물권과 달리 교환가치나 사용가치를 지배하지 못하고 목적물을 유치할 수 있는 권리만을 갖으며, 점유를 그 성립 및 존속요건으로 하고 점유의 상실에 의하여 소멸한다(제328조). 그리고 유치권은 추급효(追及效)를 가지지 않으므로 유치물의 점유를 침탈당하는 경우에는 점유물반환청구(제204조 1항)에 의하여 그 점유를 회복할 수밖에 없다.

(2) 유치권은 담보물권의 일종으로서 부종성·수반성·불가분성을 가진다. 즉 유치물은 그 각 부분으로써 피담보채권의 전부를 담보하며, 이와 같은 유치권의 불가분성은 그 목적물이 분할 가능하거나 수 개의 물건인 경우에도 적용된다. 가령 다세대주택의 창호 등의 공사를 완성한 하수급인이 공사대금채권 잔액을 변제받기 위하여 위 다세대주택 중 한 세대를 점유하여 유치권을 행사하는 경우, 그 유치권은 위 한 세대에 대하여 시행한 공사대금만이

아니라 다세대주택 전체에 대하여 시행한 공사대금채권의 잔액 전부를 피담보채권으로 하여 성립한다(대판 2007.9.7, 2005다16942). 다만 유치권은 목적물 그 자체를 유치하는 것을 본질적 내용으로 하고, 목적물의 교환가치로부터 우선변제를 받는 권리가 아니기 때문에 '물상대위성'이 인정되지 않는다. 따라서 유치권의 목적물이 멸실되거나 훼손된 경우에 유치권은 당연히 소멸하며, 목적물에 갈음할 그 대상물에 유치권이 잔존하는 것이 아니다.

(3) 유치권에는 질권이나 저당권과 달리(제329조, 제356조) 우선변제권이 인정되지 않으므로(제320조), 유치권자는 목적물을 경매할 수 있지만, 그 매각대금으로부터 다른 채권자에 우선하여 변제를 받을 수 없다. 다만 예외적으로 간이변제충당(제322조 2항)과 과실수취권(제323조 1항)의 경우에는 우선변제권이 인정된다.

Ⅱ. 유치권의 성립요건

유치권이 성립하기 위해서는 ① 채권이 목적물에 관하여 생긴 것이어야 하고(채권과 목적물의 견련관계), ② 채권의 변제기가 도래하고, ③ 타인의 물건이나 유가증권을 점유하고 있어야 하며, ④ 그 점유는 불법행위로 취득한 것이 아니어야 하고, ⑤ 유치권의 발생을 배제하는 특약이 존재하지 않아야 한다.

1. 채권과 목적물 사이에 견련관계가 존재할 것

점유자의 채권이 '물건 또는 유가증권에 관하여 생긴 것'이어야 한다. 즉 채권과 목적물 사이에 견련관계(Konnexität)가 존재하여야 한다. 다시 말하면 채권은 반드시 '물건 그 자체에' 관하여 생겨야 하며, 물건 그 자체에 관하여 생기지 아니하거나 물건 그 자체를 목적으로 하여 생긴 경우에는 유치권이 발생하지 않는다.

(1) 견련관계의 의미 — 이원설

채권이 목적물에 '관하여 생긴 것'이 구체적으로 무엇을 의미하는지에 대하여, 이원설은 '채권이 목적물 자체로부터 발생하는 경우'와 '채권이 목적물의 반환청구권과 동일한 법률관계 또는 사실관계로부터 발생하는 경우'에 채권과 목적물 사이에 견련성이 인정된다고 한다(강태성, 798면; 곽윤직, 285면; 김상용, 596면; 김증한/김학동, 460면; 이상태, 373면; 윤철홍, 322면). 판례도 물건에 관하여 생긴 채권은 유치권 제도 본래의 취지인 공평의 원칙에 특별히 반하지 않는 한 채권이 목적물 자체로부터 발생한 경우는 물론이고 채권이 목적물의 반환청구권과 동일한 법률관계나 사실관계로부터 발생한 경우도 포함한다고 한다(대판 2007.9.7, 2005다16942).

(가) 견련관계가 긍정되는 경우

1) 채권이 목적물 자체로부터 발생하는 경우

타인의 물건을 점유한 자가 그 물건에 필요비나 유익비를 지출하여 비용상환청구권을 취득한 경우(제203조) 또는 목적물의 하자로부터 손해배상청구권이 발생하는 경우 등에는 목적물과 채권 사이에 견련성이 인정된다. 예컨대 도급인과 수급인이 건물의 소유권을 도급인에게 귀속시키기로 하는 내용의 도급계약을 체결하여, 수급인이 계약대로 건물을 완공하였으나 보수를 받지 못한 경우, 그 보수채권과 건물은 견련성이 인정되므로 수급인은 유치권을 주장하여 건물을 계속 점유할 수 있다(대판 1995.9.15, 95다16202,16219). 그러나 채권은 목적물을 원인으로 해서 발생하여야 하므로, 채권이 목적물 그 자체를 목적으로 하는 경우에는 견련관계가 인정되지 않는다. 예컨대 자동차를 수리한 대가인 수리비채권에 대해서는 견련관계가 인정되지만, 임차보증금반환청구권에 의하여 임차물에 대한 유치권을 행사할 수 없다(대판 1976.5.11, 75다1305). 또한 임대인과 임차인 사이에 건물명도할 때 권리금을 반환하기로 약정한 경우에도 그 권리금반환청구권은 건물에 관하여 생긴 채권이 아니므로, 건물에 대한 유치권을 행사할 수 없다(대판 1994.10.14, 93다62119).

2) 채권이 목적물의 반환청구권과 동일한 법률관계 또는 사실관계로부터 발생하는 경우

물건 또는 유가증권의 매매계약이 취소된 경우에 매매대금의 부당이득에 의한 상환청구권과 목적물의 반환의무는 매매계약의 취소라는 동일한 법률관계에서 생긴 것이므로 견련관계가 있다. 또한 우연히 서로 물건을 바꾸어 간 경우와 같이 동일한 사실관계로부터 생긴 상호간의 반환청구권 사이에도 견련관계가 성립한다.

(나) 견련관계가 부정되는 경우

① 甲이 자신의 부동산을 乙에게 매도하여 인도하였지만, 丙에게 2중으로 매도하여(2중매매) 등기가 이전되었을 경우, 丙의 乙에 대한 부동산인도청구에 관하여 乙은 매도인 甲에 대한 손해배상채권에 의하여 유치권을 주장할 수 없다. ② 부동산임대인 甲이 대항력 없는 임차인 乙이 점유 중인 임대목적물을 제3자 丙에게 양도한 경우, 임차인 乙은 임대인에 대한 이행불능으로 인한 손해배상청구권을 가지고 양수인 丙에 대하여 유치권을 행사할 수 없다. ③ 양도담보권자 甲이 계약에 위반하여 목적부동산을 제3자 丙에게 양도하였고, 丙이 목적물점유자인 양도담보설정자 乙에게 부동산의 인도를 청구하는 경우, 乙은 양도담보권자 甲에 대한 손해배상청구권에 의하여 丙에게 유치권을 행사할 수 없다. ④ 부동산 매도인이 매매대금을 다 지급받지 않은 상태에서 매수인에게 소유권이전등기를 마쳐주었으나 부동산을 계속 점유하고 있는 경우, 매매대금채권을 피담보채권으로 하여 매수인이나 그에게서 부동산 소유권을 취득한 제3자를 상대로 유치권을 주장할 수 없다(대결 2012.1.12, 2011마2380). 乙의 甲에 대한 손해배상채권(①~③의 경우)이나 매도인의 매수인에 대한 매매대금채권(④의 경우)은 부동산 자체로부터 발생한 채권이 아닐 뿐만 아니라 목적물의 반환청구권과 동일한 법률관계나 사실관계로부터 발생한 채권이 아니기 때문이다.

판 례

(ㄱ) 명의신탁자와 명의수탁자가 계약명의신탁약정을 맺고 명의수탁자가 당사자가 되어 명의신탁약정이 있다

는 사실을 알지 못하는 소유자와 사이에 부동산에 관한 매매계약을 체결한 뒤 수탁자 명의로 소유권이전등기를 마친 경우, 명의신탁자와 명의수탁자 사이의 명의신탁약정은 무효이지만 그 명의수탁자는 당해 부동산의 완전한 소유권을 취득하게 되고(부동산실명법 제4조 1항, 2항), 반면 명의신탁자는 애초부터 당해 부동산의 소유권을 취득할 수 없고 다만 그가 명의수탁자에게 제공한 부동산 매수자금이 무효의 명의신탁약정에 의한 법률상 원인 없는 것이 되는 관계로 명의수탁자에 대하여 동액 상당의 부당이득반환청구권을 가질 수 있을 뿐이다. 명의신탁자의 이와 같은 부당이득반환청구권은 부동산 자체로부터 발생한 채권이 아닐 뿐만 아니라 소유권 등에 기한 부동산의 반환청구권과 동일한 법률관계나 사실관계로부터 발생한 채권이라고 보기도 어려우므로, 결국 민법 제320조 제1항에서 정한 유치권 성립요건으로서의 목적물과 채권 사이의 견련관계를 인정할 수 없다(대판 2009.3.26, 2008다34828).

(ㄴ) 甲이 건물 신축공사 수급인인 乙과 체결한 약정에 따라 공사현장에 시멘트와 모래 등의 건축자재를 공급한 경우, 甲의 건축자재대금채권은 매매계약에 따른 매매대금채권에 불과한 것이고, 甲이 공급한 건축자재가 乙에 의해 건물의 신축공사에 사용되어 결과적으로 그 건물에 부합되었다고 하여도 건축자재의 공급으로 인한 매매대금채권은 건물 자체에 관하여 생긴 채권이라고 할 수 없다(대판 2012.1.26, 2011다96208). 따라서 甲의 乙에 대한 매매대금채권은 건물과의 견련관계가 인정되지 않으므로, 甲은 그 (신축건물의 소유권이 수급인 또는 도급인에게 귀속되는지 여부를 묻지 않고) 건물에 유치권을 행사할 수 없다.

(2) 채권과 목적물의 점유 사이의 견련관계가 필요한지 여부

유치권이 성립하기 위해서 채권과 목적물 사이의 견련관계 이외에 채권과 목적물의 점유 사이에 견련관계가 있어야 하는지가 의문이다. 이에 대해 통설은 점유하고 있는 '목적물'과 채권 사이에 견련관계가 있으면 충분하고 물건의 '점유'와 채권 사이에 견련관계가 있음을 요하지 않는다고 한다. 판례도 유치권자가 유치물을 점유하기 전에 발생된 채권(건축비 채권)이라도 그 후 그 물건(건물)의 점유를 취득했다면 유치권은 성립한다고 한다(대판 1965.3.30, 64다1977). 따라서 목적물에 관련된 채권이 발생한 후 목적물의 점유를 취득한 경우에도 유치권은 성립한다.

2. 채권의 변제기가 도래할 것

(1) 채권이 변제기에 있지 않으면 유치권은 성립하지 않는다. 변제기가 도래하기 전에 유치권을 인정하면, 변제기 전의 채무이행을 간접적으로 강제하는 것이 되기 때문이다. 또한 유익비상환청구권에 대하여 채무자의 청구가 있으면 법원은 상당한 상환기간을 정해 줄 수 있는데(제203조 3항, 제310조 2항, 제626조 2항 후문 등), 이 경우에 채무자에게 기간이 정해지면 채권자는 유치권을 잃게 된다. 주의할 것은 피담보채권의 변제기의 도래는 유치권에서는 성립요건이지만, 다른 담보물권에서는 담보권의 실행을 위한 요건에 불과하고 성립요건은 아니라는 점이다.

(2) 수급인의 공사대금채권이 도급인의 하자보수청구권 내지 하자보수에 갈음한 손해배상채권 등과 동시이행의 관계에 있는 점 및 피담보채권의 변제기 도래를 유치권의 성립요건으로 규정한 취지 등에 비추어 보면, 건물신축 도급계약에서 수급인이 공사를 완성하였더라도, 신축된 건물에 하자가 있고 그 하자 및 손해에 상응하는 금액이 공사잔대금액 이상이어

서, 도급인이 수급인에 대한 하자보수청구권 내지 하자보수에 갈음한 손해배상채권 등에 의하여 수급인의 공사잔대금 채권 전부에 대하여 동시이행의 항변을 한 때에는, 공사잔대금 채권의 변제기가 도래하지 아니한 경우와 마찬가지로 수급인은 도급인에 대하여 하자보수의무나 하자보수에 갈음한 손해배상의무 등에 관한 이행의 제공을 하지 아니한 이상 공사잔대금 채권에 기한 유치권을 행사할 수 없다(대판 2014.1.16, 2013다30653).

3. 타인의 물건 또는 유가증권을 점유하고 있을 것

(1) 유치권자는 타인의 물건이나 유가증권을 점유하고 있어야 하며, 그 점유는 계속되어야 한다. 따라서 유치권자가 점유를 잃으면 유치권은 소멸한다(제328조). 그러나 점유가 침탈된 경우에 점유보호청구권(제204조)에 의하여 침탈된 점유를 회복하면 그 점유가 소멸하지 아니한 것으로 간주되므로(제192조 2항 단서), 이러한 경우에 유치권은 소멸하지 않는다. 또한 유치권자의 점유는 직접점유이든 간접점유이든 묻지 않는다(대결 2002.11.27, 2002마3516; 곽윤직, 287면; 김상용, 599면; 김증한/김학동, 457면). 즉 채권자가 직접점유하지 않고 제3자에게 보관시키는 경우에도 유치권은 인정된다. 다만 채권자가 채무자의 직접점유를 통하여 간접점유하는 경우에는 유치권은 성립하지 않는다(대판 2008.4.11, 2007다27236; 이영준, 715면; 윤철홍, 323면; 이상태, 374면). 유치권은 목적물을 유치함으로써 채무자의 변제를 간접적으로 강제하는 것을 본체적 효력으로 하는 권리이기 때문이다.

(2) 유치권의 객체는 '타인'의 물건이나 유가증권이며, 처분이 가능한 것이어야 한다. 유치권의 기초인 공평의 요구는 채권자가 점유를 취득한 물건의 소유권이 누구에게 있는가에 따라서 달라지는 것은 아니므로, '타인'에는 채무자뿐만 아니라 제3자도 포함된다(통설). 예컨대 甲의 물건을 임차한 乙이 丙에게 수선을 의뢰하였는데, 乙이 수선비를 지급하지 않는 경우에 丙은 甲의 물건에 대하여 유치권을 취득한다. 이 점은 상사유치권이 '채무자 소유'의 물건만 객체로 하는 점과 구별된다(상법 제58조).

유치권은 타물권이므로, 자기의 물건에 대해서는 인정되지 않는다. 따라서 수급인의 재료와 노력으로 건축되었고 독립한 건물에 해당되는 기성부분은 수급인의 소유라 할 것이므로, 수급인은 공사대금을 지급받을 때까지 이에 대하여 유치권을 가질 수 없다(대판 1993.3.26, 91다14116). 유치권의 목적이 될 수 있는 것은 동산·부동산 및 유가증권이다. 부동산에 대한 유치권의 득실변경은 등기를 필요로 하지 않으며, 유가증권의 경우에도 배서를 요하지 아니한다. 그 밖에 유치권은 경매 및 간이변제충당의 권능(제322조)을 가지고 있으므로, 목적물은 처분이 가능한 것이어야 한다(이영준, 715면).

판 례

(ㄱ) 가등기가 되어있는 부동산 소유권을 이전받은 甲이 그 부동산에 대하여 필요비나 유익비를 지출한 것은 가등기에 의한 본등기가 경유됨으로써 가등기 이후의 저촉되는 등기라 하여 직권으로 말소를 당한 소유권이전등기의 명의자 甲과 본등기 명의자인 乙 내지 그 특별승계인인 丙과의 법률관계는 결과적으로 타

인의 물건에 대하여 甲이 그 점유기간 내에 비용을 투입한 것이 된다고 보는 것이 상당하다(대판 1976.10.26, 76다2079).

(ㄴ) 건물의 신축공사를 한 수급인이 그 건물을 점유하고 있고 또 그 건물에 관하여 생긴 공사금 채권이 있다면, 수급인은 그 채권을 변제받을 때까지 건물을 유치할 권리가 있는 것이지만(대판 1995.9.15, 95다16202,16219), 건물의 신축공사를 도급받은 수급인이 사회통념상 독립한 건물이라고 볼 수 없는 정착물을 토지에 설치한 상태에서 공사가 중단된 경우에 정착물은 토지의 부합물에 불과하여 이러한 정착물에 대하여 유치권을 행사할 수 없는 것이고, 또한 공사중단시까지 발생한 공사금 채권은 토지에 관하여 생긴 것이 아니므로 공사금 채권에 의하여 토지에 대하여 유치권을 행사할 수도 없는 것이다(대결 2008.5.30, 2007마98).

(ㄷ) 甲 주식회사가 건물신축 공사대금 일부를 지급받지 못하자 건물을 점유하면서 유치권을 행사해 왔는데, 그 후 乙이 경매절차에서 건물 중 일부 상가를 매수하여 소유권이전등기를 마친 다음 甲 회사의 점유를 침탈하여 丙에게 임대한 경우, 乙의 점유침탈로 甲 회사가 점유를 상실한 이상 유치권은 소멸하고, 甲 회사가 점유회수의 소를 제기하여 승소판결을 받아 점유를 회복하면 점유를 상실하지 않았던 것으로 되어 유치권이 되살아나지만, 위와 같은 방법으로 점유를 회복하기 전에는 유치권이 되살아나지 않는다(대판 2012.2.9, 2011다72189).

(ㄹ) 유치권의 성립요건인 유치권자의 점유는 직접점유이든 간접점유이든 관계없다. 간접점유를 인정하기 위해서는 간접점유자와 직접점유를 하는 자 사이에 일정한 법률관계, 즉 점유매개관계가 필요한데, 간접점유에서 점유매개관계를 이루는 임대차계약 등이 해지 등의 사유로 종료되더라도 직접점유자가 목적물을 반환하기 전까지는 간접점유자의 직접점유자에 대한 반환청구권이 소멸하지 않는다. 따라서 점유매개관계를 이루는 임대차계약 등이 종료된 이후에도 직접점유자가 목적물을 점유한 채 이를 반환하지 않고 있는 경우에는, 간접점유자의 반환청구권이 소멸한 것이 아니므로 간접점유의 점유매개관계가 단절된다고 할 수 없다(대판 2019.8.14, 2019다205329).

4. 점유가 불법행위로 취득한 것이 아닐 것

(1) 점유는 불법행위로 인한 경우에는 유치권은 성립하지 않는다(제320조 2항). 불법행위에 의하여 점유를 취득한 자까지 유치권을 인정하여 그의 채권을 보호해 줄 필요가 없기 때문이다. 따라서 타인의 물건을 훔치거나 횡령한 자가 그 물건에 수선을 하였더라도 그 수선대금 채권을 위한 유치권은 성립하지 않는다.

(2) 처음에는 적법하게 점유를 취득하였으나 그 후에 권원이 소멸한 경우에 유치권의 성립을 인정할 것인지에 관하여, ① 권원의 소멸을 알지 못한 때에는 유치권을 인정하는 견해(이영준, 716면), ② 권원의 소멸에 관하여 악의이거나 중과실이 있는 때에는 유치권을 부정하는 견해(김증한/김학동, 459면), ③ 권원이 소멸되었음을 과실 없이 알지 못하더라도 유치권은 성립하지 않는다는 견해(강태성, 896면; 고상룡, 540면; 김상용, 599면; 송덕수, B-434; 이상태, 374면)가 대립하고 있다. 판례는 점유물에 대한 필요비와 유익비 상환청구권을 기초로 하는 유치권 주장을 배척하려면 적어도 점유가 불법행위로 인하여 개시되었거나 점유자가 필요비와 유익비를 지출할 당시 점유권원이 없음을 알았거나 중대한 과실로 알지 못하였다고 인정할만한 사유에 대한 상대방 당사자의 주장·증명이 있어야 한다고 한다(대판 2011.12.13, 2009다5162). 물건의 점유자는 소유의 의사로 선의, 평온 및 공연하게 점유한 것으로 추정되고 점유자가 점유물에 대하여 행사하는 권리는 적법하게 보유하는 것으로 추정되기 때문이다(제197조 1항, 제200조).

생각건대 점유가 불법행위로 인한 경우에는 점유자를 보호할 필요가 없다는 점을 고려할 때, '불법행위로 인하여 취득한 것'의 의미는 점유의 취득이 점유의 침탈이나 사기·강박에 의한 경우뿐만 아니라 채무자에게 대항할 수 있는 점유권원 없이 또한 이를 알거나 과실로 알지 못하고 점유를 시작한 경우를 말한다고 할 것이다. 따라서 건물임차인이 임대차계약이 해제·해지된 후에도 계속 건물을 점유하여 필요비나 유익비를 지출한 경우, 그 비용상환청구권에 관하여 유치권은 성립하지 않는다.

(3) 점유자가 무권원에 대하여 선의이고 과실이 없는 경우에는 유치권을 인정받을 수 있다. 판례는 물건을 훔치거나 횡령한 자가 타인에게 수선을 맡긴 경우, 그 타인이 장물인 것을 몰랐다면 이를 불법점유로 보기 어려워 타인은 유치권을 취득한다고 한다(대결 1984.7.16, 84모38).

5. 유치권의 발생을 배제하는 특약이 존재하지 않을 것

(1) 유치권은 법정담보물권이지만, 채권자의 채권을 담보해 주는 수단에 불과하므로 당사자가 미리 유치권의 발생을 배제하는 특약을 할 수 있다. 예컨대 건물의 임차인이 임대차관계 종료시에는 건물을 원상으로 복구하여 임대인에게 명도하기로 약정한 것은 건물에 지출한 각종 유익비 또는 필요비의 상환청구권을 미리 포기하기로 한 취지의 특약이라고 볼 수 있기 때문에, 임차인은 유치권을 주장할 수 없다(대판 1975.4.22, 73다2010).

(2) 유치권 배제 특약이 있는 경우, 다른 법정요건이 모두 충족되더라도 유치권은 발생하지 않는데, 특약에 따른 효력은 특약의 상대방뿐 아니라 그 밖의 사람도 주장할 수 있다(대판 2018.1.24, 2016다234043).

판 례

유치권은 법정담보물권이기는 하나 채권자의 이익보호를 위한 채권담보의 수단에 불과하므로 이를 포기하는 특약은 유효하고, 유치권은 사전에 포기한 경우 다른 법정요건이 모두 충족되더라도 유치권이 발생하지 않는 것과 마찬가지로 유치권을 사후에 포기한 경우 곧바로 유치권은 소멸한다고 보아야 하며, 채권자가 유치권의 소멸 후에 그 목적물을 계속하여 점유한다고 하여 여기에 적법한 유치의 의사나 효력이 있다고 인정할 수 없고 다른 법률상 권원이 없는 한 무단점유에 지나지 않는다(대결 2011.5.13, 2010마1544).

Ⅲ. 유치권의 효력

1. 유치권자의 권리

(1) 목적물을 유치할 권리

(가) 유치권자는 자신의 채권을 변제받을 때까지 목적물을 유치할 수 있다. 여기서 '유치'라 함은 목적물의 점유를 계속하면서 인도를 거절하는 것을 의미한다. 그러므로 유치권자가 유치권을 행사하여 물건을 반환하지 않더라도 불법행위를 구성하지 않으며, 또한 이행지체

에 빠지지 않게 되는 것이다. 특히 문제가 되는 것은 부동산임차인이 그 비용상환청구권에 관한 유치권을 행사하기 위하여, 종전대로 그 부동산의 사용을 계속할 수 있느냐이다. 유치권은 목적물의 인도를 거절하여, 채무자의 변제를 간접적으로 강제하는 것을 본래의 효력으로 하는 것이며, 유치권자의 이익을 위해서 목적물을 이용하는 것은 허용되지 않는다. 그러나 목적물에 대한 종전의 점유상태를 변경하여, 목적물의 보관을 위한 특별조치를 취해야 하는 것은 너무 비현실적이고 불공평하다. 이러한 이유로 통설과 판례는 유치권자가 종전대로 부동산의 사용(점유)을 계속하는 것을 원칙적으로 인정하고, 다만 그 동안의 이득은 부당이득으로 반환해야 한다고 한다(대판 1963.7.11, 63다234; 곽윤직, 288면; 김상용, 600면; 김증한/김학동, 463면; 이영준, 728면).

(나) 유치권은 물권이므로, 채무자뿐만 아니라 모든 사람에 대하여 주장할 수 있다. 유치물이 제3자의 소유인 경우, 제3자에게 채무변제를 청구할 수 없지만 제3자에 대하여 유치권을 주장하여 목적물의 인도를 거절할 수 있다. 따라서 ① 목적물의 양수인은 물론 매수인에 대해서도 채권의 변제가 있을 때까지 인도를 거절할 수 있다(민사집행법 제91조, 제268조). 또한 동산 또는 유가증권의 강제경매의 경우에 유치권자는 집행관에게 목적물의 인도를 거절할 수 있다(동법 제191조, 제271조). 유치권자가 목적물을 집행관에게 임의로 인도하여도 유치권의 효력에는 영향이 없고, 유치권자는 그 목적물에 대하여 간접점유를 취득한다. 반면에 ② 건물점유자가 건물의 원시취득자에게 그 건물에 관한 유치권이 있더라도 그 건물의 존재와 점유가 토지소유자에게 불법행위가 되고 있다면 그 유치권으로 토지소유자에게 대항할 수 없다(대판 1989.2.14, 87다카3073).

(다) 목적물인도청구의 소에 대하여 피고가 유치권을 주장하여 목적물의 인도를 거절하느냐의 여부는 유치권자의 자유이다. 만일 점유자인 피고가 유치권을 행사한 경우, 다수설과 판례는 유치권이 물권인 점에 비추어 이론적으로 원고패소의 판결을 하여야 할 것이지만, 소송경제상 피고가 원고로부터 받을 채권의 수령과 상환으로 급부를 명하는 상환급부판결을 하여야 한다고 한다(대판 1969.11.25, 69다1592; 곽윤직, 289면; 김상용, 602면; 김증한/김학동, 467면; 이상태, 376면; 이영준, 721면).

(라) 점유자는 비용상환시까지 그 물건에 대한 유치권을 행사할 수 있으나 회복자가 점유물의 반환을 요구하지 않고 소유권이전등기의 말소만 구하는 때에는 유치권을 행사할 수 없다(대판 1976.3.23, 76다172). 즉 점유자의 유익비상환청구권은 점유자가 그 점유물을 반환할 때 비로소 회복자에 대해 발생하는 것이므로, 소유권이전등기의 말소만을 구하는 때에는 그 유익비상환청구권으로 동시이행 또는 유치권행사의 항변을 할 수 없다.

(2) 유치권과 압류등기의 효력의 관계—다른 채권자의 신청으로 경매절차가 개시된 경우

(가) 부동산에 경매개시결정의 기입등기가 되어 압류의 효력이 발생하기 '전'에 유치권이 성립한 경우: 소멸하지 않음

부동산 경매절차에서의 매수인은 민사집행법 제91조 제5항에 따라 유치권자에게 그 유치권으로 담보하는 채권을 변제할 책임이 있다. 여기서 변제할 책임이 있다는 의미는 유치권자는 매수인에 대하여 그 피담보채권의 변제가 있을 때까지 유치목적물인 부동산의 인도를 거절할 수 있다는 것을 말한다(대판 1996.8.23, 95다8713). 따라서 ① 경매로 인한 압류의 효력이 발생하기 전에 유치권을 취득한 경우, 점유자는 부동산에 관한 경매절차의 매수인에게 유치권으로 대항할 수 있다(대판 2009.1.15, 2008다70763). 이때 유치권 취득시기가 근저당권 설정 이후라거나 유치권 취득 전에 설정된 근저당권에 의하여 경매절차가 개시되었더라도 상관없다(대결 2011.5.13, 2010마1544). ② 경매개시결정등기가 되기 전에 이미 그 부동산에 관하여 민사유치권을 취득한 사람은 그 취득에 앞서 저당권설정등기나 가압류등기 또는 체납처분압류등기가 먼저 되었더라도 경매절차의 매수인에게 자기의 유치권으로 대항할 수 있다(대판 2014.4.10, 2010다84932). 즉 경매로 인해 유치권은 소멸하지 않는다. 부동산에 관한 민사집행절차에서는 경매개시결정과 함께 압류를 명하므로 압류가 행하여짐과 동시에 매각절차인 경매절차가 개시되는 반면(민사집행법 제83조), 국세징수법에 의한 체납처분절차에서는 체납처분에 의한 압류와 동시에 매각절차인 공매절차가 개시되는 것이 아니기 때문이다(국세징수법 제64조, 대판 2014.3.20, 2009다60336).

판 례

(ㄱ) 목적물에 관하여 채권이 발생하였으나 채권자가 목적물에 관한 점유를 취득하기 전에 그에 관하여 저당권 등 담보물권이 설정되고 이후에 채권자가 목적물에 관한 점유를 취득한 경우, 채권자는 다른 사정이 없는 한 그와 같이 취득한 민사유치권을 저당권자 등에게 주장할 수 있다(대판 2014.12.11, 2014다53462).

(ㄴ) 부동산에 가압류등기가 경료되면 채무자가 당해 부동산에 관한 처분행위를 하더라도 이로써 가압류채권자에게 대항할 수 없게 되는데, 여기서 처분행위란 당해 부동산을 양도하거나 이에 대해 용익물권, 담보물권 등을 설정하는 행위를 말하고 특별한 사정이 없는 한 점유의 이전과 같은 사실행위는 이에 해당하지 않는다. 다만 부동산에 경매개시결정의 기입등기가 경료되어 압류의 효력이 발생한 후에 채무자가 제3자에게 당해 부동산의 점유를 이전함으로써 그로 하여금 유치권을 취득하게 하는 경우 그와 같은 점유의 이전은 처분행위에 해당한다. 이와 달리 부동산에 가압류등기가 경료되어 있을 뿐 현실적인 매각절차가 이루어지지 않고 있는 상황 하에서는 채무자의 점유이전으로 인하여 제3자가 유치권을 취득하게 된다고 하더라도 이를 처분행위로 볼 수는 없다. 가령 토지에 대한 담보권 실행 등을 위한 경매가 개시된 후 그 지상건물에 가압류등기가 경료되었는데, 甲이 채무자인 乙 주식회사에게서 건물 점유를 이전받아 그 건물에 관한 공사대금채권을 피담보채권으로 한 유치권을 취득하였고, 그 후 건물에 대한 강제경매가 개시되어 丙이 토지와 건물을 매각받은 경우, 건물에 가압류등기가 경료된 후 乙 회사가 甲에게 건물 점유를 이전한 것은 처분행위에 해당하지 않아 가압류의 처분금지효에 저촉되지 않으므로, 甲은 丙에게 건물에 대한 유치권을 주장할 수 있다(대판 2011.11.24, 2009다19246).

(나) 부동산에 경매개시결정의 기입등기가 되어 압류의 효력이 발생한 '후'에 유치권이 성립한 경우: 소멸

1) 압류등기 후 채무자의 점유이전으로 제3자가 유치권을 취득한 경우

채무자 소유의 부동산에 강제경매개시결정의 기입등기가 경료되어 압류의 효력이 발생한 이후에 채무자가 부동산에 관한 공사대금 채권자에게 그 점유를 이전함으로써 유치권을 취득하게 한 경우, 점유자는 유치권을 내세워 경매절차의 매수인에게 대항할 수 없다. 이러한 점유의 이전은 목적물의 교환가치를 감소시킬 우려가 있는 처분행위에 해당하여 민사집행법 제92조 1항, 제83조 4항에 따른 압류의 처분금지효에 저촉되기 때문이다(대판 2005.8.19, 2005다22688). 물론 부동산에 경매개시결정의 기입등기가 경료되어 있음을 채권자가 알았는지 여부 또는 이를 알지 못한 것에 관하여 과실이 있는지 여부 등은 채권자가 그 유치권을 매수인에게 대항할 수 없다는 결론에 아무런 영향을 미치지 못한다(대판 2006.8.25, 2006다22050).

2) 압류등기 전에 점유를 취득하였으나 압류등기 후에 채권의 변제기가 도래한 경우

유치권은 목적물에 관하여 생긴 채권이 변제기에 있는 경우에 비로소 성립하므로(제320조), 채무자 소유의 부동산에 경매개시결정의 기입등기가 마쳐져 압류의 효력이 발생한 후에 유치권을 취득한 경우에는 그로써 부동산에 관한 경매절차의 매수인에게 대항할 수 없다. 따라서 채무자 소유의 건물에 관하여 증·개축 등 공사를 도급받은 수급인이 경매개시결정의 기입등기가 마쳐지기 전에 채무자에게서 건물의 점유를 이전받았더라도 경매개시결정의 기입등기가 마쳐져 압류의 효력이 발생한 후에 공사를 완공하여 공사대금채권을 취득함으로써 그때 비로소 유치권이 성립한 경우에는, 수급인은 유치권을 내세워 경매절차의 매수인에게 대항할 수 없다(대판 2011.10.13, 2011다55214; 대판 2013.6.27, 2011다50165).

(다) 경매개시결정 전에 유치권을 취득한 사람이 유예한 변제기가 경매개시결정 이후 도래하여 다시 유치권을 취득한 경우: 소멸하지 않음

경매개시결정 전후로 계속하여 경매목적물을 점유하면서 공사대금채권의 변제기가 변제기 유예 이전에 이미 도래하여 경매개시결정등기 전에 유치권을 취득하였고, 경매개시결정 이후 변제기가 재차 도래함으로써 다시 유치권을 취득한 경우, 유치권자는 경매절차의 매수인에게 유치권을 주장할 수 있다. 즉 경매개시결정이 있기 전부터 유치권을 이유로 부동산을 점유하면서 채무자와 일정 기간 동안 변제기를 유예하기로 합의한 甲회사가 그 후 개시된 경매절차에서 유치권 신고를 하였다가, 이후 甲회사를 상대로 유치권부존재확인의 소가 제기되어 그 소송에서 甲회사에 유치권이 존재한다는 판결이 선고되어 확정되자, 속행된 경매절차에서 다시 유치권 신고를 하였는데, 경매절차에서 부동산의 소유권을 취득한 乙이 甲회사를 상대로 부동산 인도와 부당이득반환을 청구한 경우, 甲회사가 경매개시결정 전후로 계속하여 경매목적물을 점유해 왔으므로 甲회사의 공사대금채권 변제기가 변제기 유예 이전에 이미 도래하여 甲회사가 경매개시결정등기 전에 유치권을 취득하였고, 경매개시결정 이후 변제기가 재차 도래함으로써 다시 유치권을 취득하였다는 점, 경매개시결정 전후로 유치권자가 부동산을 계속 점유하면서 유치권을 신고하였고 현황조사보고서에 이러한 사정이 기재된 점, 유치권의 존재를 확인하는 판결까지 확정되어 매수인 등이 유치권의 존재를 알고 있었던 것으로 보이는 점을 종합하면, 유치권의 행사를 허용하더라도 경매절차의 이해관계인에게 예상하지 못한 손해를 주지 않고 집행절차의 법적 안정성을 해치지 않아 유치권의 행사를 제한할 필요가 없으므로, 甲회사가 경매절차의 매수인인 乙에게 유치권을 주장할 수 있다(대판 2022.12.29, 2021다253710).

(라) 상사유치권의 경우

상사유치권은 민사유치권과 달리 그 피담보채권이 '목적물에 관하여' 생긴 것일 필요는 없지만 유치권의 대상이 되는 물건은 '채무자 소유'일 것으로 제한되어 있다(상법 제58조, 민법 제320조 1항). 상사유치권이 채무자 소유의 물건에 대해서만 성립한다는 것은, 상사유치권은 그 성립 당시 채무자가 목적물에 대하여 보유하고 있는 담보가치만을 대상으로 하는 제한물권이라는 의미를 담고 있다. 따라서 유치권 성립 당시에 이미 그 목적물에 대하여 제3자가 권리자인 제한물권이 설정되어 있다면, 상사유치권은 그와 같이 제한된 채무자의 소유권에 기초하여 성립할 뿐이고, 기존의 제한물권이 확보하고 있는 담보가치를 사후적으로 침탈하지는 못한다고 보아야 한다. 결국 채무자 소유의 부동산에 관하여 이미 선행저당권이 설정되어 있는 상태에서 채권자의 상사유치권이 성립한 경우, 상사유치권자는 채무자 및 그 이후 그 채무자로부터 부동산을 양수하거나 제한물권을 설정 받는 자에 대해서는 대항할 수 있지만, 선행저당권자 또는 선행저당권에 기한 임의경매절차에서 부동산을 취득한 매수인에 대한 관계에서는 그 상사유치권으로 대항할 수 없다(대판 2013.3.28, 2012다94285).

(3) 경매권과 우선변제권

(가) 경매권 — 유치권자가 경매신청을 한 경우 유치권의 소멸 여부

1) 일 반

(i) 유치권자는 채권의 변제를 받기 위하여 유치물을 경매할 수 있다(제322조 1항, 민사집행법 제274조). 유치권에 의한 경매는 담보권실행을 위한 경매의 예에 따라 실시한다(민사집행법 제274조). 민법은 유치권자가 감정인의 평가에 의하여 유치물로 직접 변제에 충당하려면 미리 채무자에게 통지하여야 한다고 규정하고 있으나(제322조 2항), 경매에 관해서는 이러한 규정을 두지 않고 있다. 그러나 채무자에게 채무를 변제하거나 또는 담보를 제공함으로써(제327조) 유치권을 소멸시킬 수 있는 기회를 주는 것이 타당하므로, 유치권자는 채무자에게 경매실행을 통지할 의무가 있다(통설).

(ii) 유치권자가 경매신청을 한 경우, 즉 유치권에 의한 경매는 강제경매나 담보권실행을 위한 경매와 마찬가지로 목적부동산 위의 부담을 소멸시키는 것을 법정매각조건으로 하여 실시된다(대결 2011.6.15, 2010마1059). 결국 유치권에 의한 경매로 유치물이 매각되면, ① 유치권은 소멸한다. ② 우선채권자뿐만 아니라 일반채권자의 배당요구도 허용되며, 유치권자는 일반채권자와 동일한 순위로 배당을 받을 수 있다. 다만 집행법원은 부동산 위의 이해관계를 고려하여 법정매각조건과는 달리 매각조건 변경결정을 통하여 목적부동산 위의 부담을 소멸시키지 않고 매수인으로 하여금 인수하도록 정할 수 있다(대판 2011.8.18, 2011다35593, 민사집행법 제110조, 제111조).

2) 이중경매개시결정

(i) 유치권자의 경매신청으로 개시된 경매절차가 정지된 경우: 소멸하지 않음

유치권자의 경매신청으로 개시된 경매절차가 목적물에 대한 강제경매 또는 담보권 실행을 위한 경매절차의 개시로 인하여 정지된 상태에서(민사집행법 제274조 2항) 그 목적물에 대한 강제경매 또는 담보권 실행을 위한 경매절차가 진행되어 매각이 이루어진 경우, 유치권에 의한 경매절차가 소멸주의를 원칙으로 하여 진행된 경우와는 달리 그 유치권은 소멸하지 않는다(대판 2011.8.18, 2011다35593). 가령 유치권자 甲의 신청으로 건물에 대하여 유치권에 의한 경매절차가 개시되어 진행되던 중 근저당권자의 신청으로 건물에 대해 경매절차가 개시되어 유치권에 기한 경매절차는 정지되었고, 乙이 담보권 실행을 위한 경매절차에서 건물을 매각받아 소유권을 취득하였는데, 이후 건물에 대하여 다시 개시된 경매절차에서 丙이 건물을 매각받아 소유권을 취득한 경우, 유치권에 의한 경매절차는 근저당권에 의한 경매절차의 개시로 정지되었고 담보권실행을 위한 경매절차가 진행되어(제274조 2항) 건물의 소유권을 취득한 乙에게 유치권이 인수되므로(제91조 5항, 제268조), 유치권자 甲은 공사대금 중 미변제된 부분을 모두 변제받을 때까지 건물을 유치할 권리가 있다.

(ii) 유치권자가 경매신청을 취하한 경우: 소멸하지 않음

강제경매 또는 담보권실행을 위한 경매개시결정이 이루어진 부동산에 대하여 다른 채권자로부터 또 다시 경매신청이 있어 이중경매개시결정을 하는 경우에 먼저 개시결정한 경매신청이 취하되거나 그 절차가 취소 또는 정지되지 아니하는 이상 뒤의 경매개시결정에 의하여 경매절차를 진행할 수는 없는 것이지만, 선행한 경매신청이 취하되거나 그 절차가 취소 또는 정지된 경우에는 후행의 경매신청인을 위하여 그때까지 진행되어 온 선행의 경매절차를 인계하여 당연하게 경매절차를 속행하여야 하는 것이고(민사집행법 제87조), 이 경우에 선행한 경매절차의 결과는 후행한 경매절차에서 유효한 범위에서 그대로 승계되어 이용된다. 다만 그 경우 후행 경매절차에서 압류에 대항할 수 있는 권리의 범위는 이중경매개시결정에 의한 압류의 효력 발생 시를 기준으로 정한다(대판 2022.7.14, 2019다271685). 가령 채무자 소유의 X부동산에 대해 乙이 강제경매를 신청하여 경매개시결정이 있었고(선행 경매), 그 후 근저당권자 甲이 임의경매를 신청하여 이중경매개시결정이 있었다(후행 경매). 甲이 선행 경매개시와 후행 경매개시 사이에 유치권을 취득한 乙을 상대로 선행 경매절차에서 경매부동산에 관한 乙의 유치권이 존재하지 않는다는 유치권부존재확인 판결이 확정된 후에, 乙이 선행 경매신청을 취하하고 甲이 신청한 후행 경매절차에서 유치권을 주장하였다. 이 경우 선행 경매절차의 경매신청이 취하됨에 따라 乙이 후행 경매절차에서 유치권으로 대항할 수 있게 되었고, 이는 전소 변론종결 후 발생한 새로운 사유에 해당하므로 乙이 후행 경매절차에서 유치권을 주장하는 것이 전소 확정판결의 기판력에 저촉되지 않는다. 따라서 후행 경매로 인해 유치권은 소멸하지 않는다.

(나) 간이변제충당권

1) 경매는 그 절차가 복잡하고 비용이 많이 들기 때문에, 민법은 유치물로써 직접 변제에 충당하는 방법을 인정하고 있다. 즉 정당한 이유가 있는 때에는 유치권자는 감정인의 평가

에 의하여 유치물을 직접 변제에 충당할 것을 법원에 청구할 수 있으며, 이 경우에 유치권자는 미리 채무자에게 통지하여야 한다(제322조 2항). 주의할 것은 유치물의 처분에 관하여 이해관계를 달리하는 다수의 권리자가 존재하거나 유치물의 공정한 가격을 쉽게 알 수 없는 등의 경우에는 제322조 2항에 의하여 유치권자에게 유치물의 간이변제충당을 허가할 정당한 이유가 있다고 할 수 없다는 점이다(대결 2000.10.30, 2000마4002).

2) 법원이 간이변제충당을 허가하는 결정을 하면, 유치권자는 유치물의 소유권을 취득한다. 이 소유권취득은 승계취득이지만 법률규정에 의한 물권취득이므로(제187조), 등기를 필요로 하지 않는다(통설). 평가액이 채권액을 초과하는 경우에 유치권자는 그 초과액을 채무자에게 상환하여야 하고, 반대로 평가액이 채권액에 미달하는 경우에는 채무자가 그 부족액을 채권자에게 변제하여야 한다.

(다) 우선변제권

유치권자는 다른 담보물권자와 달리 우선변제권을 가지지 않지만, 채무자나 제3자가 목적물의 인도를 받으려면 유치권자에게 변제하여야 하므로, 실제로는 우선변제권이 있는 것과 동일한 결과가 된다. 그리고 유치권자가 유치물을 간이변제에 충당하는 경우(제322조 2항), 유치권자가 유치물로부터 생기는 과실을 수취하여 다른 채권자보다 먼저 채권의 변제에 충당하는 경우(제323조)에는 예외적으로 우선변제권이 인정된다.

판 례

부동산에 저당권 또는 근저당권과 같이 담보권이 설정된 경우에도 그 설정 후에 제3자가 그 목적물을 점유함으로써 그 위에 유치권을 취득할 수 있다. 그러나 채무자가 채무초과의 상태에 이미 빠졌거나 그러한 상태가 임박함으로써 채권자가 원래라면 자기 채권의 충분한 만족을 얻을 가능성이 현저히 낮아진 상태에서 이미 채무자 소유의 목적물에 저당권 기타 담보물권이 설정되어 있어서 유치권의 성립에 의하여 저당권자 등이 그 채권 만족상의 불이익을 입을 것을 잘 알면서 자기 채권의 우선적 만족을 위하여 취약한 재정적 지위에 있는 채무자와의 사이에 의도적으로 유치권의 성립요건을 충족하는 내용의 거래를 일으키고 그에 의하여 목적물을 점유하게 됨으로써 유치권이 성립하였다면, 유치권자가 그 유치권을 저당권자 등에 대하여 주장하는 것은 다른 특별한 사정이 없는 한 신의칙에 반하는 권리행사 또는 권리남용으로서 허용되지 아니한다. 그리고 저당권자 등은 경매절차 기타 채권실행절차에서 위와 같은 유치권을 배제하기 위하여 그 부존재의 확인 등을 소로써 청구할 수 있다(대판 2011.12.22, 2011다84298).

(4) 과실수취권

유치권자에게는 원칙적으로 유치물에 대한 우선변제권이 인정되지 않으나, 과실에 대해서는 인정된다(제323조 1항 본문). 즉 유치권자는 천연과실뿐만 아니라 법정과실을 수취하여 다른 채권자보다 먼저 그 채권의 변제에 충당할 수 있다. 다만 과실이 금전이 아닌 경우에는 경매하여야 한다(제323조 1항 단서). 원래 유치권은 유치물을 점유하는데 불과한 권리이지만, 이 점유에 관하여 유치권자는 선량한 관리자의 주의의무를 부담하는 점(제324조 1항), 과실을 수취하여도 변제에 충당하므로 채무자의 이익을 해하지 않는 점을 고려하여 유치권자에게 과실수취권이 인정되는 것이다. 주의할 것은 유치권은 본질상 수익을 목적으로 하는 권리가 아니므로, 유치권자는 수취한 과실에 대하여 선의의 점유자의 과실취득권(제201조 1항)과 달리 소유권을 취득하는 것이 아니라 우선변제권이 있는 유치권을 취득한다는 점이다(고상룡, 548면; 이상태, 377면; 이영준, 724면; 이은영, 691면). 한편 수취한 과실은 먼저 채권의 이자에 충당하고 나머지가 있으면 원본에 충당하여야 한다(제323조 2항).

(5) 유치물의 사용권

유치권은 채권담보를 위하여 목적물을 점유하는 권리이므로, 유치권자는 원칙적으로 유치물을 사용·대여·담보제공을 할 수 없지만, 예외적으로 보존에 필요한 경우와 채무자의 승낙이 있는 경우에는 유치물을 사용할 수 있다(제324조 2항). 따라서 유치권자가 유치물에 대한 보존행위로서 목적물을 사용하는 것은 적법하므로, 불법행위로 인한 손해배상책임이 없다(대판 1972.1.31, 71다2414). 이때 승낙을 할 자는 채무자이지만 소유자와 채무자가 다른 사람인 때에는 소유자이다(통설). 한편 유치권자가 보존에 필요한 사용에 의하여 얻은 이익은 부당이득이므로 이를 소유자 또는 채무자에게 반환하여야 하지만, 이러한 사용이익은 과실에 준하여 우선적으로 변제에 충당할 수 있다(통설).

판 례

(ㄱ) 공사대금채권에 의하여 유치권을 행사하는 자가 스스로 유치물인 주택에 거주하며 사용하는 것은 특별한 사정이 없는 한 유치물인 주택의 보존에 도움이 되는 행위로서 유치물의 보존에 필요한 사용에 해당한다고 할 것이다. 그리고 유치권자가 유치물의 보존에 필요한 사용을 한 경우에도 특별한 사정이 없는 한 차임에 상당한 이득을 소유자에게 반환할 의무가 있다(대판 2009.9.24, 2009다40684).

(ㄴ) 유치권자의 점유하에 있는 유치물의 소유자가 변동하더라도 유치권자의 점유는 유치물에 대한 보존행위로서 하는 것이므로 적법하고 그 소유자변동 후 유치권자가 유치물에 관하여 새로이 유익비를 지급하여 그 가격의 증가가 현존하는 경우에는 이 유익비에 대하여도 가치권을 행사할 수 있다(대판 1972.1.31, 71다2414).

(ㄷ) 유치권자는 유치물 소유자의 승낙 없이 유치물을 보존에 필요한 범위를 넘어 사용할 수 없고, 유치권자가 유치물을 그와 같이 사용한 경우에는 그로 인한 이익을 부당이득으로 소유자에게 반환하여야 한다. 그 경우에 그 반환의무의 구체적인 내용은 다른 부당이득반환청구에서와 마찬가지로 의무자가 실제로 어떠한 구체적 이익을 얻었는지에 좇아 정하여진다. 따라서 유치권자가 유치물에 관하여 제3자와의 사이에 전세계약을 체결하여 전세금을 수령하였다면 전세금이 종국에는 전세입자에게 반환되어야 할 것임에 비추어 다른 특별한 사정이 없는 한 그가 얻은 구체적 이익은 그가 전세금으로 수령한 금전의 이용가능성이고, 그가 이와 같이 구체적으로 얻은 이익과 관계없이 추상적으로 산정된 차임 상당액을 부당이득으로 반환하여야 한다고 할 수 없다. 그리고 이러한 이용가능성은 그 자체 현물로 반환될 수 없는 성질의 것이므로 그 '가액'을 산정하여 반환을 명하여야 하는바, 그 가액은 결국 전세금에 대한 법정이자 상당액이다(대판 2009.12.24, 2009다32324). 즉 유치권자가 유치물에 관하여 제3자와 전세계약을 체결하여 전세금을 수령한 경우, 유치권자가 반환하여야 할 부당이득의 범위는 전세금에 대한 법정이자 상당액이다.

(6) 비용상환청구권

유치권자가 유치물에 관하여 필요비를 지출한 때에는 소유자에게 그 상환을 청구할 수 있다(제325조 1항). 그리고 유치권자가 유치물에 관하여 유익비를 지출한 때에는 그 가액의 증가가 현존한 경우에 한하여 소유자의 선택에 따라 그 지출한 금액이나 증가액의 상환을 청구할 수 있다(제325조 2항). 그러나 유익비의 상환에 관하여 법원은 소유자의 청구에 의하여 상당한 상환기간을 정해 줄 수 있으며(제325조 2항 단서), 이때에는 유익비에 관하여 유치권을 잃게 된다.

2. 유치권자의 의무

(1) 유치권자는 선량한 관리자의 주의로 유치물을 점유하여야 한다(제324조 1항). 또한 유치권자는 채무자의 승낙 없이 유치물의 사용·대여·담보제공을 하지 못한다(제324조 2항 본문). 따라서 ① 유치권자는 채무자의 승낙이 없는 한 그 목적물을 제3자에게 임대할 수 있는 처분권한이 없으므로, 유치권자의 그러한 임대행위는 소유자의 처분권한을 침해하는 것으로서 소유자에게 그 임대의 효력을 주장할 수 없다(대결 2002.11.27, 2002마3516). 즉 소유자의 승낙 없는 유치권자의 임대차에 의하여 유치권의 목적물을 임차한 자의 점유는 소유자에게 대항할 수 있는 적법한 권원에 기한 것이라고 볼 수 없다(대결 2011.2.10, 2010다94700). 반면에 ② 유치권자가 유치물에 대한 보존행위로서 목적물을 사용하는 것은 적법하므로, 불법행위로 인한 손해배상책임이 없다(대판 1972.1.31, 71다2414).

(2) 유치권자가 이러한 의무를 위반한 때에는 채무자(또는 유치물의 소유자)는 유치권의 소멸을 청구할 수 있다(제324조 3항). 이 청구권은 형성권이며, 유치권자에 대한 소유자의 일방적인 의사표시에 의하여 유치권은 소멸하게 된다(통설).

Ⅳ. 유치권의 소멸

1. 일반적 소멸사유

유치권은 목적물의 멸실·토지수용·혼동·포기 등 물권에 공통된 소멸사유에 의하여 소멸한다. 그러나 유치권은 시효로 소멸하지 않는다. 유치물의 점유가 유치권의 행사이기 때문이다. 유치권은 담보물권으로서 피담보채권의 소멸에 의하여 소멸한다(부종성). 주의할 것은 채권자가 유치권을 행사하더라도 채권의 소멸시효의 진행에 영향을 미치지 않는다(제326조).

판 례

유치권이 성립된 부동산의 매수인은 피담보채권의 소멸시효가 완성되면 시효로 인하여 채무가 소멸되는 결과 직접적인 이익을 받는 자에 해당하므로 소멸시효의 완성을 원용할 수 있는 지위에 있다고 할 것이나, 매수인은 유치권자에게 채무자의 채무와는 별개의 독립된 채무를 부담하는 것이 아니라 단지 채무자의 채무를 변제할 책임을 부담하는 점 등에 비추어 보면, 유치권의 피담보채권의 소멸시효기간이 확정판결 등에 의하여 10년으로 연장된 경우 매수인은 그 채권의 소멸시효기간이 연장된 효과를 부정하고 종전의 단기소멸시효기간을 원용할 수는 없다(대판 2009.9.24, 2009다39530).

2. 유치권에 특유한 소멸사유

(1) 채무자의 소멸청구

유치권자가 선관주의의무(제324조 1항)와 채무자의 승낙 없는 사용·대여·담보제공금지(제324조 2항)에 위반한 경우, 채무자는 소멸을 청구할 수 있으며(제324조 3항), 이 청구가 있으면 유치권은 소멸한다. 가령 유치권자가 제324조 2항을 위반하여 유치물 소유자의 승낙 없이 유치물을 임대한 경우, 유치물의 소유자는 이를 이유로 제324조 3항에 의하여 유치권의 소멸을 청구할 수 있다. 주의할 것은 ① 제324조에서 정한 유치권소멸청구는 유치권자의 선량한 관리자의 주의의무 위반에 대한 제재로서 채무자 또는 유치물의 소유자를 보호하기 위한 규정이므로(대판 2022.6.16, 2018다301350), 특별한 사정이 없는 한 제324조 2항을 위반한 임대행위가 있은 뒤에 유치물의 소유권을 취득한 제3자도 유치권소멸청구를 할 수 있다(대판 2023.8.31, 2019다295278). ② 여러 필지의 토지에 대하여 유치권을 취득한 유치권자가 그중 일부 필지의 토지에 대하여 선량한 관리자의 주의의무를 위반하였다면, 유치권 대상 필지 전체에 대하여 유치권 소멸청구를 할 수 있는 것이 아니라 '위반행위가 있었던 해당 필지의 토지에 대해서만' 유치권 소멸청구가 가능하다(대판 2022.6.16, 2018다301350). 즉 유치권도 물권인 이상 일물일권주의에 따라 하나의 물건마다 하나의 유치권이 성립한다. 이처럼 유치권을 각 토지마다 성립한다고 본다면, 유치권 소멸청구도 유치권자가 선관주의의무를 위반한 해당 유치물에 한하여 유치권의 소멸을 청구할 수 있다. 유치권 소멸청구와 같은 물권의 소멸원인은 해당 물권에만 적용되고 임의로 다른 물권까지 확장할 수는 없기 때문이다. 만약 사안을 달리하여 1필의 토지 중 일부에 대해서만 유치권자가 선관주의의무를 위반한 경우, 1필지 별로 하나의 유치권이 성립하므로 유치권 소멸청구에 의하여 소멸되는 유치권은 위반이 문제되는 필지별로 판단해야 한다. 따라서 1필지 전부에 대한 유치권이 소멸한다고 보아야 할 것이다.

(2) 다른 담보의 제공

채무자는 상당한 담보를 제공하고 유치권의 소멸을 청구할 수 있다(제327조). 민법은 채무자라고만 규정하고 있으나 소유자도 할 수 있다(통설; 대판 2001.12.11, 2001다59866). 제327조에 따라 채무자나 소유자가 제공하는 담보가 상당한지는 담보가치가 채권담보로서 상당한지, 유치물에 의한 담보력을 저하시키지 않는지를 종합하여 판단해야 한다. 따라서 유치물 가액이 피담보채권액보다 많을 경우에는 피담보채권액에 해당하는 담보를 제공하면 되고, 유치물 가액이 피담보채권액보다 적을 경우에는 유치물 가액에 해당하는 담보를 제공하면 된다(대판 2021.7.29, 2019다216077).

(3) 점유의 상실

유치권은 점유의 상실로 인하여 소멸한다(제328조). 유치권에서 목적물의 점유는 성립 및 존속요건이므로, 점유를 상실한 때에는 유치권도 소멸한다. 그러나 유치물의 점유가 제3자에 의하여 침탈된 경우에는 점유물반환청구권(제204조 1항)을 행사하여 점유를 회복하면 점유는 상실하지 않았던 것으로 되므로(제192조 2항 단서), 유치권도 소멸하지 않았던 것으로 된다. 한편 유치권에서 점유는 간접점유도 무방하므로, 유치권자가 채무자의 승낙 없이 유치물을 제3자에게 빌려주고 간접점유하는 경우, 채무자가 유치권의 소멸을 청구하지 않으면(제324조 3항) 유치권은 소멸하지 않는다.

제 3 절 질 권

Ⅰ. 서 설

(1) 질권은 채권자가 채권담보로 채무자 또는 제3자(물상보증인)로부터 받은 '동산' 또는 '재산권'을 유치하고, 채무의 변제가 없는 때에는 그 목적물로부터 우선적으로 변제를 받을 수 있는 물권이다(제329조, 제345조). 가령 乙이 甲으로부터 100만원을 빌리고 자신의 시계를 담보로 제공하면, 甲은 빌려준 원금과 이자의 변제가 있을 때까지 그 시계를 유치하여 반환을 거절할 수 있을 뿐만 아니라 乙이 이행지체에 빠지게 되면, 그 시계를 경매하여 매각대금에서 다른 채권자에 우선하여 변제받을 수 있다.

(2) 질권은 질권을 취득하려는 채권자와 설정자 사이의 질권설정계약을 통해 성립하는 점에서 법정담보물권인 유치권과는 다르다. 약정담보물권인 점에서 저당권과 같지만, 그 목적물을 달리하는 점에서 그 내용을 달리한다. 질권은 저당권과 달리 목적물을 점유할 권리가 있다. 그러나 그 점유는 채권의 변제를 촉구하기 위한 수단에 지나지 않고(유치적 효력), 용익물권에서처럼 목적물을 사용·수익할 수 있는 권능은 없다(제343조, 제324조). 민법은 질권의 종류로서 동산질권(제329조 이하)과 권리질권(제345조 이하) 2가지를 인정하며, 그 성립원인에 따라 약정질권과 법정질권으로 나눌 수 있고, 약정질권이 원칙적인 모습이다. 질권은 담보물권이기 때문에, 부종성·수반성·불가분성(제343조, 제321조)·물상대위성(제342조, 제355조)을 가진다.

Ⅱ. 동산질권

1. 동산질권의 성립

(1) 약정동산질권

당사자 약정에 의하여 동산질권이 성립하기 위해서는 ① 질권설정에 의해 담보되어질 피담보채권이 존재하여야 하고, ② 질권설정계약과 ③ 목적물의 인도가 있어야 하며, ④ 목적물은 양도될 수 있는 것이어야 한다.

(가) 피담보채권이 존재할 것 — 피담보채권

질권에 의하여 담보되는 채권, 즉 피담보채권의 종류에는 아무런 제한이 없다. 금전채권이 보통이지만, 금전으로 평가할 수 없는 채권(예: 목적물인도청구권·연예인출연청구권 등)도 질권의 피담보채권으로 될 수 있다(제373조). 이 경우에 그 채무의 불이행시에는 금전에 의한 손해배상청구권으로 변하므로(제394조), 결국 질물로부터 우선변제를 받는 데 아무런 지장이 없기 때문이다. 담보물권의 부종성은 담보물권을 실행할 때에는 채권이 존재하여야 하므로, 장래채권(조건부·기한부채권)을 위해 질권을 설정할 수 있다. 이때 질권은 바로 성립하며 조건부·기한부로 성립하는 것은 아니다. 그 밖에 일정한 계속적인 거래관계로부터 장래 발생하게 될 다수의 불특정채권을 담보하기 위하여 설정되는 질권(근질), 예컨대 은행과 상인과의 당좌대월계약 등의 여신계약에서 현재 및 장래에 발생할 채권의 최고한도액까지 담보하기 위하여 질권을 설정할 수 있다(통설).

판 례

근질권의 목적이 된 금전채권에 대하여 근질권자가 아닌 제3자의 압류로 강제집행절차가 개시된 경우, 제3채무자가 그 절차의 전부명령이나 추심명령에 따라 전부금 또는 추심금을 제3자에게 지급하거나 채권자의 경합 등을 사유로 금전채권의 채권액을 법원에 공탁하게 되면 그 변제의 효과로서 위 금전채권은 소멸하고 그 결과 바로 또는 그 후의 절차진행에 따라 종국적으로 근질권도 소멸하게 되므로, 근질권자는 강제집행절차에 참가하거나 아니면 근질권을 실행하는 방법으로 그 권리를 행사할 것이 요구된다. 근질권이 설정된 금전채권에 대하여 제3자의 압류로 강제집행절차가 개시된 경우, 근질권의 피담보채권은 근질권자가 '강제집행이 개시된 사실을 알게 된 때'에 확정된다(대판 2009.10.15, 2009다43621). 근질권자가 제3자의 압류 사실을 알고서도 채무자와 거래를 계속하여 추가로 발생시킨 채권까지 근질권의 피담보채권에 포함시킨다고 하면 그로 인하여 근질권자가 얻을 수 있는 실익은 별 다른 것이 없는 반면 제3자가 입게 되는 손해는 추가된 채권액만큼 확대되고 이는 사실상 채무자의 이익으로 귀속될 개연성이 높아 부당하기 때문이다.

(나) 당사자 사이에 질권설정의 합의가 있을 것 — 질권설정계약

1) 계약의 당사자

(i) 질권설정계약의 당사자는 질권을 취득하려는 채권자(질권자)와 자신의 동산에 질권을 설정하는 자(질권설정자)이다. 질권자는 원칙적으로 피담보채권의 채권자에 한한다. 질권설정자는 채무자인 것이 보통이나 제3자일 수도 있다(제329조). 타인의 채무를 위하여 자기 재산 위에 질권을 설정하는 자를 '물상보증인'이라 한다. 물상보증인은 스스로 채무를 부담하지 않지만 채무자의 변제가 없으면 그가 담보로 제공한 목적물의 한도에서 책임을 진다. 따라서 채권자는 물상보증인에 대하여 이행을 청구할 수는 없으며, 그의 일반재산에 대하여 집행하지 못한다.

(ii) 물상보증인은 채무 없이 책임만을 지는 점에서 보증인과는 그 지위가 다르지만, 채무자를 위하여 자신의 재산을 담보로 제공하는 점에서는 그 지위가 유사하다. 그래서 제341조

는 물상보증인이 채무자의 채무를 변제하거나 질권의 실행으로 목적물의 소유권을 잃은 경우, 그에게 보증채무에 관한 규정(제441조-제447조, 제481조-제485조)에 따라 채무자에 대한 구상권을 인정한다. 따라서 ① 채무자의 부탁을 받고서 물상보증인이 되었는지에 따라 구상의 범위가 달라진다. 다만 수탁보증인의 사전구상권에 관한 제442조는 물상보증인에게는 적용되지 않는다(대판 2009.7.23, 2009다19802,19819). 물상보증인은 담보물로서 물적 유한책임만을 부담할 뿐 채권자에 대하여 채무를 부담하지 않기 때문이다. ② 물상보증인은 변제할 정당한 이익이 있는 자로서 제341조에 의해 채무자에 대해 구상권을 가지는 경우, 구상권의 범위 내에서 당연히 채권자의 권리를 대위할 수 있다. 즉 채권자의 채권 및 그 담보에 관한 권리를 행사할 수 있다. 구상권과 대위에 의한 권리는 별개의 것이어서 물상보증인은 두 권리를 선택적으로 행사할 수 있다(대판 1997.5.30, 97다1556). ③ 물상보증은 채무자 아닌 사람이 채무자를 위하여 담보물권을 설정하는 행위이고 채무자를 대신해서 채무를 이행하는 사무의 처리를 위탁받는 것이 아니므로, 물상보증인이 변제 등에 의하여 채무자를 면책시키는 것은 위임사무의 처리가 아니고 법적 의미에서는 의무 없이 채무자를 위하여 사무를 관리한 것에 유사하다. 그러므로 물상보증인의 채무자에 대한 구상권은 그들 사이의 물상보증 위탁계약의 법적 성질과 관계없이 민법에 의하여 인정된 별개의 독립한 권리이고, 그 소멸시효에서는 민법상 일반채권에 관한 규정이 적용된다(대판 2001.4.24, 2001다6237).

2) 질권의 신의취득

질권의 설정행위는 처분행위(채무자가 변제를 하지 않게 되면 질물이 경매에 의해 처분되기 때문)이므로, 질권설정자에게 처분권 내지 처분권능이 있어야 한다. 그러므로 질권설정자에게 목적물에 대한 소유권이 없는 경우에는 질권이 성립하지 않음이 원칙이지만, 예외적으로 선의취득의 법리에 따라 질권을 선의취득할 수 있다(제343조, 제249조-제251조). 즉 질권설정자에게 처분권 내지 처분권능이 없더라도 채권자가 설정자에게 그러한 권한이 있다고 믿고, 또 그렇게 믿는데 과실 없이 질권설정을 받은 때에 동산질권을 선의취득한다. 이때 취득자의 선의·무과실은 동산질권자가 증명하여야 한다(대판 1981.12.22, 80다2910).

3) 성 질

질권설정계약은 물권계약이다. 질권설정의 과정을 살펴보면 먼저 금전소비대차계약과 함께 질권설정계약을 체결하고 목적물을 인도하게 된다. 이와 같이 질권을 발생케 하는 채권행위와 물권행위가 함께 행하여질 수 있지만, 각각은 별개의 계약이다.

(다) 목적동산을 인도할 것 — 동산의 인도

1) 법률행위에 의한 동산물권의 변동

(i) 동산물권의 변동은 그 목적동산을 인도하여야 효력이 생긴다(제188조 1항). 따라서 동산질권의 설정에서도 당사자 간의 물권적 합의와 동산의 인도가 있어야 한다. 그런데 제330조는 "질권의 설정은 질권자에게 목적물을 인도함으로써 효력이 생긴다"고 규정하고 있다.

제330조의 의의와 관련하여, ① 제330조는 질권설정계약이 의사합치 이외에 반드시 목적물의 인도를 성립요건으로 하는 요물계약이라는 견해(강태성, 838면; 이영준, 744면), ② 성립요건주의를 취하는 현행민법에서는 제330조는 입법상의 과오에 지나지 않는 것으로 무의미한 조항이라는 견해(곽윤직, 299면; 김상용, 622면; 김증한/김학동, 478면; 이상태, 390면)가 있다.

생각건대 인도는 성립요건주의에서 동산질권 성립의 하나의 요건인 것이지, 질권설정행위의 급부행위로 이해하는 것은 타당하다고 할 수 없다. 따라서 질권설정을 합의하였지만 목적물의 인도가 없는 경우에 질권설정계약은 성립하였지만 질권은 발생하지 않는다고 할 것이다.

(ii) 한편 질권설정을 위한 인도는 현실의 인도(제188조 1항)에 한하지 않고 간이인도(제188조 2항) 또는 목적물반환청구권의 양도(제190조)라도 무방하다. 그러나 점유개정(제189조)은 허용되지 않는다. 즉 질권의 유치적 효력을 확보하기 위하여(통설), 제332조는 "질권자는 설정자로 하여금 질물의 점유를 하게 하지 못한다"고 규정하고 있다.

2) 질물반환과 질권의 효력

질권이 성립한 후 질권자가 설정자에게 질물을 반환한 경우에 질권이 소멸하는지가 문제이다. 이에 대하여 ① 질권자가 점유를 잃더라도 질권은 소멸하지 않고, 다만 제3자에 대하여 대항할 수 없다는 대항력 상실설(김기선, 353면), ② 제332조의 취지가 유치적 효력을 확보하는데 있으므로 질권자가 유치적 효력을 포기한 때에 질권은 소멸한다는 점유소멸설(다수설), ③ 질권자의 점유반환을 질권자가 담보권소멸의 의사 없이 행한 것이므로, 이 경우 질권은 담보권의 유형을 달리하여 양도담보권으로 존속한다는 양도담보설(이은영, 704면)이 대립하고 있다.

생각건대 대항력 상실설처럼 당사자 사이에는 효력이 있으나 제3자에게 대항할 수 없는 물권을 인정하는 것은 우리 물권법 체계에 맞지 않으며, 질권설정자와 양도담보에 관한 새로운 설정계약이 없는 한 목적물의 단순한 반환을 가지고 양도담보권으로 전환한다고 보는 것은 타당하다고 할 수 없다. 결국 점유개정을 금지하는 취지가 유치적 효력을 확보함에 있으므로, 질권자가 질물의 점유를 상실하거나 스스로 설정자에게 반환하면 질권은 소멸된다고 할 것이다.

(라) 질권의 목적인 동산이 양도할 수 있을 것 — 동산질권의 목적물

질권은 양도할 수 없는 물건(예: 금제품, 거래가 금지된 문화재 등)을 목적으로 하지 못한다(제331조). 양도성이 있어야 교환가치를 실현할 수 있고 이를 전제로 우선변제권이 실현될 수 있기 때문이다. 반면에 압류가 금지되는 동산이라고 하여 양도까지 금지되는 것이 아니므로 이를 질권의 목적으로 할 수 있다. 예컨대 채무자에게 필요한 의복·침구·가구 등 생활필수품은 압류하지 못하지만(민사집행법 제195조 1호), 이것은 채무자를 보호하기 위한 것이므로 채무자가 스스로 이를 처분(질권설정 등)하는 것까지 금지되는 것이 아니다(통설).

한편 양도할 수 있는 물건이라도 정책적 이유에서 자동차·항공기·건설기계·소형선박

(총톤수 20톤 미만의 기선 및 범선, 총톤수 100톤 미만의 부선, 단 5톤 미만의 범선 중 기관을 설치하지 아니한 범선, 20톤 미만의 부선 등은 제외) 및 등기된 선박(총톤수 20톤 이상의 기선과 범선 및 총톤수 100톤 이상의 부선: 선박등기법 제2조)은 질권의 목적이 되지 못하고 저당권의 목적이 된다(자동차등특정동산저당법 제3조, 제9조, 상법 제787조,제789조). 이것은 질권자에게 목적물을 유치시키는 것을 방지함으로써 권리자가 스스로 사용·수익하도록 하기 위한 것이다. 물론 등기나 등록의 대상이 아닌 선박(총톤수 5톤 미만의 범선 중 기관을 설치하지 아니한 범선, 20톤 미만의 부선, 20톤 이상의 부선 중 선박계류용·저장용 등으로 사용하기 위하여 수상에 고정하여 설치하는 부선, 노와 상앗대만으로 운전하는 선박 등)은 동산과 동일하여 인도에 의해 물권변동이 된다(선박법 제26조).

(2) 법정동산질권

(가) 의 의

법정질권이란 법률의 규정에 의하여 당연히 성립하는 질권을 말한다. 민법은 예외적으로 '부동산임대인의 임대차에 관한 채권'에 대하여 법정질권을 인정하고 있다. 법정질권이 인정되는 경우는 ① 토지임대인이 임대차에 관한 채권에 의하여 임차지에 부속 또는 그 사용의 편익에 사용한 임차인의 소유 동산 및 과실을 압류한 때(제648조), ② 건물 기타 공작물의 임대인이 임대차에 관한 채권에 의하여 그 건물 기타 공작물에 부속한 임차인 소유의 동산을 압류한 때(제650조)이다.

(나) 성 립

1) 피담보채권이 존재할 것

법정질권의 피담보채권은 임대인의 임대차에 관한 채권이다. 즉 차임·위약금·임대차에 기한 손해배상청구권 등이다.

2) 목적물을 압류할 것

법정질권의 목적물은 임대목적물에 부속하거나 그 사용의 편익에 공용한 '임차인 소유의 일정한 동산과 그 과실'이며, 이에 대하여 법정질권이 성립하려면 부동산임대인이 목적물을 '압류'하여야 한다.

3) 임차인 소유에 속할 것 — 선의취득의 긍정여부

법정질권의 목적물은 '임차인 소유의 일정한 동산·과실'이다. 여기서 법정질권에 관해서 선의취득을 인정할 수 있는지가 문제이다. 즉 임차인이 타인소유의 동산을 임차지 또는 건물 기타 공작물에 부속시킨 경우에 임대인이 이를 압류하면, 제650조에 의한 법정질권의 목적이 될 수 있는지 여부이다. 이에 대하여 긍정설은 동산질권의 선의취득에 관한 규정(제329조, 제343조)이 법정질권에 준용된다(제355조)는 이유로 긍정한다(김기선, 401면). 그러나 부정설은 민법의 규정이 '임차인 소유의 동산'이라고 하고 있을 뿐만 아니라 압류는 점유의 승계취득이 아니라는 이유로 선의취득을 부정하고 한다(다수설).

생각건대 법률에 의한 질권의 성립은 예외적인 경우에 해당하므로 엄격하게 해석하여야 하며, 선의취득은 거래행위로 점유를 취득하여야 하는데, 압류는 점유의 승계취득이 아니다. 또한 압류가 유효하려면 목적물이 채무자의 소유에 속하여야 한다. 따라서 부정설이 타당하다.

(다) 효 과

법정질권은 계약에 의하여 성립하는 질권과 동일한 효력을 가진다. 따라서 법정질권에는 동산질권에 관한 규정이 준용된다(통설).

2. 동산질권의 효력

(1) 동산질권의 효력이 미치는 범위

(가) 효력이 미치는 목적물의 범위

1) 종물 · 과실

동산질권의 효력은 설정계약에 의하여 질권의 목적으로 되고 인도된 물건 전부에 미친다. 또한 종물은 주물의 처분에 따르지만(제100조 2항), 질권설정은 질권자에게 목적물을 인도하여야 하므로 종물이 질권자에게 인도된 때에 한하여 질권의 효력이 미치며, 그 밖에 목적물로부터 생긴 과실(천연과실· 법정과실)에 대하여도 미친다(제343조, 제323조).

2) 물상대위

가) 의 의

질권은 목적물의 교환가치를 취득하는 것을 목적으로 하는 권리이다. 따라서 질물의 멸실·훼손·공용징수로 인하여 질권이 소멸하더라도 그의 교환가치를 대표하는 것이 존재하는 때에 질권은 그 대표물 위에 존속하는데, 이를 물상대위라 한다. 민법은 질권에 관하여 이를 규정하고(제342조) 저당권에 관하여 준용하고 있다(제370조).

나) 목 적 물

대위목적물은 '질물의 멸실·훼손·공용징수로 인하여 질권설정자가 받을 금전 기타의 물건'이다(제342조). 그러나 엄밀히 말하면 대위목적물은 금전 기타의 물건 그 자체가 아니라 그에 관한 청구권(예: 보험금청구권·손해배상청구권·보상금청구권 등)이다. 여기서 멸실은 물리적인 멸실뿐만 아니라 법률적인 멸실, 예컨대 부합·혼화·가공 등으로 인하여 소유권을 잃은 경우도 포함된다. 그리고 멸실·훼손의 원인은 사람의 행위이든 사건이든 이를 묻지 않으나 질권자의 과실에 기하지 않은 것이어야 한다. 주의할 것은 교환가치가 구체화된 경우라도 질권자가 질물에 추급할 수 있는 때에는 물상대위가 인정되지 않는다는 점이다(통설). 예컨대 목적물이 매매 또는 임대된 경우에 그 매매대금이나 차임에 대하여 물상대위가 인정되지 않는다.

다) 행사요건

질권자가 물상대위를 행사하려면 질권설정자가 금전 기타 물건을 '지급 또는 인도받기 전'에 압류하여야 한다(제342조 후문). 결국 물상대위는 청구권 위에 효력을 미치는 것이지 현실의 금전 기타 물건 위에 효력을 미치는 것은 아니다. 판례는 압류를 요건으로 하는 것은 질권설정자의 일반재산과의 혼합을 막기 위한 것이므로, 제3채권자가 이미 압류한 경우에도 물상대위가 허용된다고 한다(대판 2002.10.11, 2002다33137; 대판 1996.7.12, 96다21058).

(나) 질권에 의하여 담보되는 범위 — 피담보채권의 범위

동산질권은 원본·이자(저당권에서와 달리 제한이 없음)·위약금·질권실행의 비용(질권의 실행에 필요한 일체의 비용을 말하며, 직접적인 경매비용은 집행관 또는 법원이 매득금 중에서 공제한다)·질물보존의 비용(질물의 멸실·훼손·감소를 방지하기 위한 비용) 및 채무불이행 또는 질물의 하자로 인한 손해배상의 채권을 담보한다(제334조 본문). 그러나 당사자는 특약에 의하여 피담보채권의 범위를 변경할 수 있다(제334조 단서). 질권에서 피담보채권의 범위는 저당권(제360조)에 비하여 상당히 넓은데, 이는 동일목적물 위에 질권이 경합하는 경우가 거의 없어서 다른 채권자를 해할 염려가 적기 때문이다. 동산질권은 불가분성이 있으므로(제343조, 제321조), 질권자는 위에서 말한 피담보채권을 전부 변제받을 때까지 질물 전부에 대하여 그 권리를 행사할 수 있다.

(2) 유치적 효력

(가) 동산질권자는 피담보채권을 전부 변제받을 때까지 질물을 유치할 수 있다(제335조 본문). 즉 목적물의 점유를 계속할 권리가 있다. 이러한 유치적 효력은 물권적 효력으로서 질권설정자뿐만 아니라 질물의 양수인 또는 매수인 누구에 대하여도 주장할 수 있다. 그러나 유치권과 달리 질권자는 질권의 유치적 효력을 가지고 자기보다 우선권이 있는 채권자에게 대항할 수 없다(제335조 단서). 질권자에 우선하는 채권자로는 선순위의 질권자·선박우선특권이 있는 선박채권자(상법 제788조, 제777조~제786조, 제790조) 등이 있다. 다만 회사사용인의 일반우선특권은 질권에 우선하지 못한다(상법 제468조).

(나) 이와 같이 질권의 유치적 효력은 우선권이 있는 채권자에게 대항할 수 없는 점(제335조 단서)을 제외하고는 모두 유치권과 동일하다. 그러므로 유치권에서의 과실수취권(제323조)·유치물의 관리 및 사용(제324조)·비용상환청구권(제325조)에 관한 규정은 모두 질권에 준용된다(제343조). 다만 유치권에서의 피담보채권의 소멸시효에 대한 제326조를 질권에 준용하는 명문의 규정이 없지만, 질권자가 질물을 유치하고 있더라도 피담보채권을 행사하고 있다고 할 수 없으므로, 제326조를 유추적용하는 것이 타당할 것이다.

(3) 우선적 효력

(가) 질권자의 순위

동산질권자는 질물로부터 다른 채권자보다 먼저 자기 채권을 우선변제 받을 권리가 있다(제329조). 특히 여러 개의 동산질권이 경합할 때에 그 순위는 설정 선후에 의한다(제333조). 동산질권이 경합하는 경우는 드물지만, 점유에는 간접점유도 포함되므로 동일한 동산 위에 수 개의 질권이 설정될 수 있다(이영준, 757면). 예컨대 丁이 보관하고 있는 甲 소유의 동산에 관하여, 乙이 甲에 대한 채권을 담보하기 위하여 목적물반환청구권의 양도에 의한 방법으로(제190조) 질권을 취득한 다음 丙이 동일한 방법으로 그 동산에 질권을 취득하는 경우가 이에 해당한다. 한편 질권설정자가 파산한 경우에 질권자는 별제권을 가진다(채무자회생법 제411조).

(나) 우선변제권의 행사

1) 행사의 요건

우선변제권을 행사하기 위해서는 채무자가 이행지체에 빠지고, 또한 피담보채권이 금전채권을 목적으로 하지 않은 경우에는 그것이 금전채권으로 변하여야 한다.

2) 행사의 방법

가) 경 매

질권자는 채권의 변제를 받기 위하여 질물을 경매할 수 있다(제338조 1항). 그 절차는 민사집행법에 의하고(동법 제271조, 제272조), 그 매각대금으로부터 우선변제를 받는다. 그리고 잔액이 있으면 질권설정자에게 반환하고, 부족한 때에는 채무자의 일반재산에 대하여 민사소송법의 규정에 따라 집행권원을 얻어서 강제집행을 할 수 있다(제340조 1항).

그런데 제340조 1항은 '질물에 의하여 변제받지 못한 부분의 채권에 한하여' 채무자의 다른 재산으로부터 변제를 받을 수 있다고 규정하고 있기 때문에, 질권자는 질권을 실행하지 않고 채무자의 일반재산에 대하여 집행을 할 수 있는지가 의문이다. 이에 대하여 ① 제340조는 일반채권자뿐만 아니라 채무자도 보호하는 규정이므로, 질권자의 강제집행에 대하여 일반채권자뿐만 아니라 채무자도 이의를 제기할 수 있다는 견해(곽윤직, 306면; 윤철홍, 347면), ② 제340조는 일반채권자를 보호하는 규정이기 때문에, 질권자의 강제집행에 대하여 채무자는 이의를 제기하지 못하고 일반채권자만 제기할 수 있다는 견해(다수설)가 대립하고 있다. 생각건대 질권자가 질권을 실행하지 않고 아무런 제한 없이 채무자의 일반재산에 대하여 먼저 집행할 수 있게 하면, 질권자를 지나치게 우대하여 일반채권자의 이익을 해할 우려가 있기 때문에, 제340조는 이를 조절하기 위한 규정이라고 할 것이다. 따라서 제340조는 일반채권자를 보호하기 위한 규정이므로, 채무자는 일반재산에 대하여 먼저 집행하려는 질권자에게 이의를 제기할 수 없다.

한편 질물보다 먼저 채무자의 일반재산에 대하여 배당이 실시되는 경우, 질권자는 채권 전액을 가지고 배당에 참가할 수 있으며, 다른 채권자는 질권자에게 그 배당금액의 공탁을 청구할 수 있다(제340조 2항).

나) 간이변제충당

질물의 가격이 낮아 경매비용을 들이면서까지 경매를 하는 것이 부적절하다. 따라서 정당한 이유가 있는 경우에는 질권자는 감정인의 평가에 의하여 질물을 직접 변제에 충당할 것을 법원에 청구할 수 있고, 이때 질권자는 채무자 및 질권설정자에게 미리 통지하여야 한다(제338조 2항).

다) 다른 채권자 등의 집행

질권자가 스스로 경매를 신청하기 전에 다른 채권자의 경매청구 기타 현금화절차가 있는 경우에도 질권자는 그 대가로부터 실질적으로 우선변제를 받는다(민사집행법 제217조, 채무자회생법 제411조).

(다) 유질계약의 금지

1) 의 의

질권설정자는 질권설정계약 또는 채무변제기 전의 계약으로 질권자에게 변제에 갈음하여 질물의 소유권을 취득하게 하거나 법률에 정한 방법에 의하지 않고 질물을 처분할 것을 약정하지 못한다(제339조). 예컨대 술값 10만원이 부족한 乙이 100만원 상당의 노트북을 호프집 주인 甲에게 맡기면서, 동시에 1주일 이내에 술값을 갚지 않으면 甲이 소유하기로 한 약정이 유질계약(流質契約)이다. 민법이 유질계약금지를 인정하는 이유는 질권은 채권에 갈음하여 담보목적물에 대한 소유권을 취득하는 권리가 아니고, 또한 궁박한 상태에 있는 채무자가 폭리행위에 의해 희생되는 것을 방지하고자 함에 있다.

한편 상행위의 경우, 당사자의 자율성 때문에 상행위에 의하여 생긴 채권을 담보하기 위하여 설정된 질권에는 유질계약이 허용된다(상법 제59조).

판 례

(ㄱ) 상행위로 인하여 생긴 채권을 담보하기 위하여 설정한 질권의 경우에는 이른바 유질계약이 허용된다고 할 것이나(상법 제59조, 민법 제339조), 그렇다고 하여 모든 상사질권설정계약이 당연히 유질계약에 해당한다고 할 수는 없는 것이고, 상사질권설정계약에 있어서 유질계약의 성립을 인정하기 위하여서는 그에 관하여 별도의 명시적 또는 묵시적인 약정이 성립되어야 할 것이다(대판 2008.3.14, 2007다11996).

(ㄴ) 질권설정계약에 포함된 유질약정이 상법 제59조에 따라 유효하기 위해서는 질권설정계약의 피담보채권이 상행위로 인하여 생긴 채권이면 충분하고, 질권설정자가 상인이어야 하는 것은 아니다. 또한 상법 제3조는 "당사자 중 그 1인의 행위가 상행위인 때에는 전원에 대하여 본법을 적용한다."라고 정하고 있으므로, 일방적 상행위로 생긴 채권을 담보하기 위한 질권에 대해서도 유질약정을 허용한 상법 제59조가 적용된다(대판 2017.7.18, 2017다207499).

2) 요 건

유질계약이 되기 위해서는 ① 유질계약이 '변제기 전'에 체결되어야 한다. 따라서 변제기 후에 유질계약을 체결하는 것은 대물변제에 해당하여 유효하다. ② 변제에 갈음하여 질권자에게 질물의 소유권을 취득하게 하거나 법률에 정한 방법(경매·간이변제충당)에 의하지 아니하고 질물을 처분할 것(예: 질권자가 질물을 임의로 처분하는 것)을 약정하여야 한다.

3) 효 과

제339조에 위반하여 체결된 유질계약은 무효이다. 따라서 채무자는 종전대로 채무를 변제하고 목적물의 반환을 청구할 수 있다. 다만 제3자가 질권자로부터 질물을 매수하여 선의취득의 요건을 갖춘 경우에는 반환을 청구할 수 없다. 그리고 제339조에 의하여 무효로 되는 것은 유질계약뿐이고, 질권 자체가 무효로 되는 것은 아니다(통설). 그러므로 질권자는 본래

의 질권실행방법에 의하여 질물을 처분하여야 한다.

(4) 동산질권자의 전질권

(가) 서 설

전질(轉質)이란 질권자가 타인에 대한 자기 채무를 담보하기 위하여 질물 위에 제2의 질권을 설정하는 것을 말한다. 예컨대 乙이 甲에 대한 채권담보로 甲으로부터 동산을 인도받아 유치하고 있는 경우, 질권자 乙이 丙에 대한 채무를 위하여 그 동산을 질물로 다시 이용하는 경우가 이에 해당한다. 한편 제336조는 "질권자는 그 권리의 범위 내에서 자기의 책임으로 질물을 전질할 수 있다"고 규정하고 있지만, 질권자는 질권설정자의 승낙을 얻어야만 질물을 담보로 제공할 수 있다는 제343조, 제324조 2항과 충돌된다. 이에 대하여 통설은 합목적적으로 해석하여 제336조에 의하여 질권설정자의 승낙 없이 행하여진 전질을 책임전질이고, 제343조·제324조 2항에 따라 질권설정자의 승낙을 얻어 행한 전질을 승낙전질이라 한다.

(나) 책임전질

1) 의의 및 법적 성질

가) 의 의

책임전질이란 질권자가 질권설정자의 승낙 없이 오로지 자기의 책임으로 하는 전질을 말한다(제336조).

나) 법적 성질

(i) 질물재입질설 　　제336조가 '질물을 전질할 수 있다'고 규정하고 있는 것을 근거로 전질은 원질권자가 자기의 채무를 담보하기 위하여 질물 위에 다시 질권을 설정하는 것이라고 한다(김기선, 379면).

(ii) 채권·질권공동입질설 　　담보물권의 부종성을 요구하고 있는 우리 민법체계상 채권만 분리하여 질권만을 처분하는 것은 허용될 수 없고, 실제 거래에서 질권자는 원질권의 피담보채권의 인적 신용관계를 고려하는 것이 보통이라는 점을 근거로, 전질은 피담보채권과 함께 질권이 전질의 목적이 된다고 한다(다수설).

(iii) 소 결 　　생각건대 질물재입질설에 의하면 피담보채권이 아니라 질물 위에 다시 질권을 설정한 것이므로, 원질권자가 자유로이 채권을 추심하거나 면제할 수 있고 또한 채무자도 자유로이 변제할 수 있으며, 이에 의하여 원질권이 소멸하면 전질권도 소멸해 버리는 난점이 있다. 반면에 채권·질권공동입질설에 의하면 전질권이 원질권의 범위 위에 한정되는 것(제336조 전문)을 합리적으로 설명할 수 있고, 또한 당사자의 의사나 거래관계에 부합하므로 이 견해가 타당하다고 할 것이다.

2) 요 건

책임전질이 성립하기 위해서는 ① 전질권은 원질권의 범위 내이어야 한다(제336조 전문). 따라서 전질권의 피담보채권은 원질권의 피담보채권을 초과하지 못하며, 전질권의 존속기간은 원질권의 존속기간 내이어야 한다. ② 전질은 하나의 질권설정이므로, 원질권자(전질권 설정자)와 전질권자 사이에 물권적 합의와 질물의 인도가 있어야 한다. ③ 전질은 피담보채권의 입질을 포함하므로, 권리질권설정의 요건을 갖추어야 한다. 즉 질권자가 채무자에게 전질의 사실을 통지하거나 채무자가 이를 승낙하여야 한다. 전질의 대항요건을 갖추지 못한 경우에는 전질로써 채무자·보증인·질권설정자 및 그 승계인에게 대항하지 못한다(제337조 1항).

3) 효 과

(i) 원질권자(전질권 설정자)는 전질을 하지 않았으면 면할 수 있었을 불가항력으로 인한 손해에 대해서도 책임을 진다(제336조 후문). 예컨대 전질권자의 건물이 천재지변으로 무너져 질물이 멸실되었으나 원질권자의 건물은 아무 이상이 없는 경우에 원질권자는 그 멸실에 대하여 책임을 진다. 또한 원질권자는 원질권과 피담보채권을 소멸시키는 처분행위를 하지 못한다(제352조).

(ii) 채무자는 전질의 대항요건을 갖춘 때에는(제337조 1항) 전질권자의 동의 없이 질권자에게 채무를 변제하여도 전질권자에게 대항하지 못한다(제337조 2항). 따라서 채무자가 원질권자에게 변제하더라도 전질권자에 대하여 질물의 반환을 청구할 수 없다.

(iii) 전질권자는 자기 채권을 변제받을 때까지 질물을 유치할 수 있으며(유치적 효력), 원질권과 전질권의 피담보채권이 모두 변제기에 있는 경우에 질권을 실행하여 자기 채권의 우선변제를 받을 수 있다(우선변제적 효력). 전질권은 원질권에 의하여 성립하므로 원질권의 소멸에 따라 전질권도 소멸한다.

(다) 승낙전질

1) 의의 및 법적 성질

승낙전질이란 질권자가 질권설정자의 승낙을 얻어서, 자기 채무를 담보하기 위하여 그 질물 위에 다시 질권을 설정하는 것을 말한다(제343조, 제324조 2항). 승낙전질의 법적 성질은 승낙에 의하여 질물소유자가 질권설정의 처분권능을 원질권자에게 부여하였기 때문에, 질물의 재입질(再入質)이다(통설).

2) 요 건

승낙전질이 성립하기 위해서는 ① 질권설정의 일반요건(원질권자와 전질권자 사이의 물권적 합의와 질물의 인도)을 갖추어야 하고, ② 질물소유자의 승낙이 있어야 한다. 그러나 승낙전질은 원질권과 무관하므로, 즉 원질권자의 채권이나 질권이 전입질되는 것이 아니라 원질권자가 점유하는 질물이 승낙전질의 대상이므로, 책임전질에서와 같은 피담보채권액 및 존속기간에 대한 제한을 받지 않으며, 채무자에 대한 전질의 통지를 필요로 하지 않는다.

3) 효 과

책임전질과 달리 원질권자는 불가항력에 의한 손해배상의무를 부담하지 않으며, 원질권의 피담보채권이 전입질되는 것이 아니므로 채무자(원질권 설정자)는 자기 채무를 원질권자에게 변제하여 원질권을 소멸시킬 수 있다. 그러나 승낙전질은 원질권과는 독립된 별개의 권리이므로, 변제로 원질권이 소멸하여도 전질권에는 영향이 없다. 한편 원질권설정자의 변제에 전질권자가 동의한 경우에 대하여, ① 제337조 2항을 유추적용하여 원질권설정자는 변제를 가지고 전질권자에게 대항할 수 있다는 견해(곽윤직, 309면; 김상용, 641면; 김증한/김학동, 491면; 윤철홍, 354면; 이상태, 400면), ② 제337조는 책임전질에 관하여만 적용되고 승낙전질에는 유추적용할 수 없으며, 다만 전질권자의 동의에는 전질권도 소멸할 것으로 하는 의사표시가 포함되어 있으므로, 이에 따라 전질권이 소멸한다는 견해가 있다(이영준, 769면).

(5) 동산질권의 침해에 대한 효력

(가) 점유보호청구권 및 물권적 청구권

1) 점유보호청구권

동산질권은 물권이고 목적물을 점유할 권리가 있으므로, 그 침해에 대하여 질권자는 점유보호청구권(제204조-제206조)을 행사할 수 있다. 또한 동산질권의 침해로 인하여 손해가 발생한 경우에는 손해배상청구권(제750조)이 인정된다.

2) 물권적 청구권

질권에 대해서는 소유권에 관한 물권적 청구권(제213조, 제214조)을 준용하는 규정이 없으므로, 질권자에게 점유보호청구권 이외에 질권 자체에 기한 물권적 청구권을 인정할 수 있는지가 문제이다. 이에 대하여 ① 다수설은 질권도 물권이라는 점 그리고 질물을 유실하거나 제3자의 사기에 의하여 질물을 인도한 경우에 본권에 기한 물권적 청구권을 인정할 실익이 있다는 점을 이유로 질권에 기한 물권적 청구권을 인정한다. ② 소수설은 소멸하는 동산질권에 반환청구권을 인정함에 따라 다른 채권자를 해할 우려가 있으며, 방해의 제거 또는 예방의 실익이 거의 없고 점유보호청구권만으로도 질권자의 보호에 충분하다는 이유로 질권에 기한 물권적 청구권을 부정하고 있다(양창수, 민법연구 제1권, 263면 이하; 지원림, 3-339).

생각건대 질권은 약정담보물권으로서 피담보채권이 존속하는 한 질권자에게 물권적 청구권에 의하여 그 권리실현을 확보할 수 있어야 하고, 또한 질물을 상실하고 1년이 경과한 경우에는 점유권에 기한 반환청구권을 행사할 수 없게 되므로, 질권에 물권적 청구권을 인정하는 것이 타당하다.

(나) 질물훼손에 따른 효과

질권설정자가 질물을 훼손한 경우에는 기한의 이익을 상실하므로(제388조 1항), 질권자는 피담보채권의 즉시 이행을 청구할 수 있고, 잔존물이 있으면 질권을 실행할 수 있으며, 손해배상을 청구할 수도 있다. 이때 손해배상액은 피담보채권액을 한도로 하며, 배상을 청구할 수 있는 시기는 침해행위가 있는 때이다. 한편 제3자가 질물을 훼손한 때에는 불법행위를 원인으로 한 손해배상청구권이 발생한다(제750조).

(6) 동산질권자의 의무

(가) 선관의무

동산질권자는 목적물을 보관할 의무를 진다. 즉 질권자는 선량한 관리자의 주의로 질물을 관리하여야 하며(제343조, 제324조 1항), 질권설정자의 승낙 없이 질물을 사용·임대하거나 담보로 제공하지 못한다(제343조, 제324조 2항). 다만 전질의 경우에는 예외이다(제336조).

(나) 질물반환의무

질권이 소멸하면 질권자는 질물을 설정자에게 반환하여야 한다. 질물의 반환은 채권의 변제와 동시이행 관계에 있는 것이 아니며, 채권의 변제가 있는 후에 비로소 질물반환청구권을 행사할 수 있다. 질권은 목적물에 대해 우선변제적 효력이 있기 때문이다. 따라서 채권이 소멸하기 전에 설정자가 질물의 반환을 청구하는 경우, 유치권의 경우처럼 상환으로 반환하라는 판결을 할 것이 아니라 원고패소의 판결을 하여야 한다(다수설. 그러나 이은영, 708면은 채무자가 질권자에게 동시이행을 주장하는 것이 허용되어야 한다고 한다).

3. 동산질권의 소멸

(1) 일반적 소멸사유

동산질권은 목적물의 멸실·몰수·첨부·취득시효·포기·혼동 등 물권 일반에 공통된 소멸원인에 의하여 소멸하며, 담보물권에 공통된 소멸원인인 경매·변제·기타 피담보채권의 소멸 등에 의하여 소멸한다.

(2) 동산질권에 특유한 소멸사유

동산질권은 질권자가 목적물을 질권설정자에게 반환함으로써 소멸하는 경우 및 질권자의 의무위반을 이유로 한 질권설정자의 소멸청구(제343조, 제324조 3항)로 소멸한다. 질권은 피담보채권과 독립하여 소멸시효에 걸리지 않지만, 동산질권자가 질물을 유치하고 있더라도 피담보채권의 소멸시효의 진행을 방해하지 않는다(유치권에 관한 제326조 유추적용).

Ⅲ. 권리질권

1. 일 반

(1) 의 의

권리질권이란 동산 이외의 재산권을 목적으로 하는 질권을 말한다(제345조). 유체물뿐만 아니라 현금화에 의하여 우선변제를 받을 수 있는 것이면 모두 질권의 목적으로 될 수 있고, 이러한 이유에서 민법은 재산권에 관한 질권의 성립을 인정한다. 권리질권은 유체물에 대한 질권과 마찬가지로 담보물권에 속하며, 객체와 관련하여 동산질권과 차이가 있을 뿐이고 본질적으로는 차이가 없다.

(2) 권리질권의 목적

권리목적설에 의하면 권리질권은 권리의 양도가 아니라 권리자체를 목적으로 한다(통설). 그러므로 권리질권의 목적(객체)은 양도성을 지니고 있는 재산권이어야 한다. 즉 모든 양도성을 가지는 재산권은 권리질권의 목적으로 될 수 있다. 그러나 양도성을 가지는 재산권이지만, 부동산의 사용·수익을 목적으로 하는 권리(예: 지상권·전세권·부동산임차권 등)는 질권의 목적으로 할 수 없다(제345조 단서). 또한 부동산의 사용·수익을 목적으로 하는 권리에 준하여 취급되는 광업권·어업권·공장재단에는 질권의 설정이 금지되며(광업법 제11조, 수산업법 제16조, 공장 및 광업재단저당법 제12조 2항, 제54조), 소유권·지역권·점유권은 성질상 권리질권의 목적이 될 수 없다. 결국 권리질권의 목적으로 실제로 중요한 의미를 가지는 것은 채권·주식 및 지식재산권 등이다.

판 례

주권발행 전의 주식에 대한 양도도 인정되고, 주권발행 전 주식의 담보제공을 금하는 법률규정도 없으므로 주권발행 전 주식에 대한 질권설정도 가능하다고 할 것이지만, 상법 제338조 1항은 기명주식을 질권의 목적으로 하는 때에는 주권을 교부하여야 한다고 규정하고 있으나, 이는 주권이 발행된 기명주식의 경우에 해당하는 규정이라고 해석함이 상당하므로, 주권발행 전의 주식 입질에 관하여는 상법 제338조 1항이 아니라 권리질권설정의 일반원칙인 민법 제345조로 돌아가 그 권리의 양도방법에 의하여 질권을 설정할 수 있다고 보아야 한다(대결 2000.8.16, 99그1).

2. 채권질권

(1) 의 의

권리질권 중에서 채권을 목적으로 하는 질권을 채권질권이라고 한다. 채권은 원칙적으로 양도성을 가지며(제449조), 추심·현금화에 의하여 피담보채권을 만족시키기에 적합하므로, 채권질권이 가장 중요한 권리질권에 속한다.

(2) 채권질권의 성립요건

채권질권이 성립하기 위해서는 ① 피담보채권이 존재하여야 하고, ② 당사자 간의 질권설정의 합의와 ③ 채권증서의 배서·교부가 있어야 하며, ④ 채권질권의 목적인 채권이 양도할 수 있는 것이어야 한다.

(가) 피담보채권이 존재할 것 — 피담보채권

권리질권에 의해 담보될 수 있는 채권은 동산질권의 경우처럼 아무런 제한이 없다. 즉 채권의 발생원인(예: 계약·불법행위·부당이득 등)을 묻지 않으며, 금전으로 평가할 수 없는 채권(제373조)도 피담보채권으로 될 수 있다. 또한 장래의 특정채권뿐만 아니라 일정한 계속적인 거래관계에서 발생하는 불특정채권을 담보하기 위하여 권리질권을 설정할 수 있다.

(나) 당사자 사이에 질권설정의 합의가 있을 것 — 질권설정계약

질권자는 원칙적으로 피담보채권의 채권자에 한하지만, 채무자 이외의 제3자(물상보증인)도 질권설정자가 될 수 있다. 타인의 채무를 담보하기 위하여 자신의 채권에 질권을 설정하여 준 물상보증인이 채무자의 채무를 변제하거나, 질권의 실행으로 인하여 질물의 소유권을 잃은 경우, 제355조에 의하여 준용되는 제341조에 의하여 채무자에 대하여 구상권을 갖게 된다(대판 2007.5.31, 2005다28686). 한편 제347조는 "채권을 질권의 목적으로 하는 경우에 채권증서가 있는 때에는 질권의 설정은 그 증서를 질권자에게 교부함으로써 그 효력이 생긴다"고 규정하고 있어, 채권질권의 설정계약을 요물계약이라는 견해가 있다(김용한, 527면). 생각건대 질권설정은 당사자 사이의 질권설정의 합의와 채권증서의 배서·교부를 요건으로 하는 것이지 채권질권설정계약이 요물계약인 것은 아니라고 할 것이다(김상용, 655면).

(다) 채권증서의 배서 · 교부 등이 있을 것 — 각종채권에 관한 공시방법

동산질권과 마찬가지로 채권질권이 성립하기 위해서는 당사자 간의 질권설정의 합의와 공시방법이 필요하다. 그런데 동산질권에서 공시방법이 모두 인도임에 반하여, 채권질권에서는 채권의 종류에 따라 그 공시방법이 달라진다. 그리하여 제346조는 "권리질권의 설정은 법률에 다른 규정이 없으면 그 권리의 양도에 의한 방법에 의하여야 한다"고 규정하고 있다. 그러나 채권의 종류에 따라 질권설정의 방법을 따로 규정하고 있으므로(제347조-제351조), 이 한도에서 제346조는 적용되지 않는다.

1) 지명채권

(i) 채권을 질권의 목적으로 하는 경우에 채권증서가 있으면 그 증서를 질권자에게 교부하여야 질권설정의 효력이 생긴다(제347조; 지시채권·무기명채권에 관하여는 특칙이 있기 때문에(제350조, 제351조), 제347조는 지명채권에 관해서만 적용된다). 여기서 '채권증서'는 채권의 존재를 증명하기 위하여 채권자에게 제공된 문서(예: 예금통장·보험증권·차용증서 등)로서 장차 변제 등으로 채권이 소멸하는 경우에는 제475조에 따라 채무자가 채권자에게 그 반환을 청구할 수 있는 것이어야 한다. 따라서 임대차계약서와 같이 계약당사자 쌍방의 권리의무관계의 내용을 정한 서면은 채권증서에 해당하지 않는다(대판 2013.8.22, 2013다32574). 채권증서가 없는 경우에 채권질권은 설정의 합의만으로 설정되게 된다. 지명채권에서 채권증서는 단순한 채권의 증거방법에 지나지 않지만, 증서의 점유는 채권의 존재를 추정하게 하므로 제347조는 동산질권에서의 인도(제330조)에 대응하여 증서의 교부를 요구하고 있다.

(ii) 그러나 무기명채권이나 지시채권에서 채권이 증권에 화체되어 있으므로, 증권의 교부는 질권의 성립을 공시할 뿐만 아니라 질권설정자로부터 처분권을 박탈하므로 중요한 의미가 있지만, 지명채권에서 채권증서의 점유는 동산질권에서와 같은 유치적 효력은 희박하기 때문에, 채권증서의 교부는 실질적 의미가 없다. 따라서 동산질권에 관한 제332조(점유개정금지)는 채

권질권에 준용할 만한 이유가 없고, 또한 증서를 반환하더라도 질권이 소멸하지 않는다(다수설).

(iii) 지명채권의 입질을 가지고 제3채무자 기타 제3자에게 대항하기 위해서는 제3채무자에게 질권설정을 통지하거나 그가 승낙하여야 하며, 제3채무자 이외의 제3자에게 대항하기 위해서는 그 통지나 승낙을 확정일자 있는 증서로 하여야 한다(제349조 1항, 제450조). 위 통지나 승낙의 효력에 관하여는 제451조를 준용하므로(제349조 2항), 채권양도나 채권에 대한 질권설정에 있어서 채무자가 이의를 보류하지 않은 승낙을 한 경우, 채무자는 질권설정자에게 대항할 수 있는 사유로서 질권자에게 대항할 수 없다. 다만 채권의 양도나 질권의 설정에 대하여 이의를 보류하지 않고 승낙을 하였더라도 양수인 또는 질권자가 악의 또는 중과실의 경우에 해당하는 한 채무자의 승낙 당시까지 양도인 또는 질권설정자에 대하여 생긴 사유로써 양수인 또는 질권자에게 대항할 수 있다(대판 2002.3.29, 2000다13887).

판 례

제3채무자가 질권설정 사실을 승낙한 후 질권설정계약이 합의해지된 경우 질권설정자가 해지를 이유로 제3채무자에게 원래의 채권으로 대항하려면 질권자가 제3채무자에게 해지 사실을 통지하여야 하고, 만일 질권자가 제3채무자에게 질권설정계약의 해지 사실을 통지하였다면, 설사 아직 해지가 되지 아니하였다고 하더라도 선의인 제3채무자는 질권설정자에게 대항할 수 있는 사유로 질권자에게 대항할 수 있다고 봄이 타당하다. 그리고 위와 같은 해지 통지가 있었다면 해지 사실은 추정되고, 그렇다면 해지 통지를 믿은 제3채무자의 선의 또한 추정된다고 볼 것이어서 제3채무자가 악의라는 점은 선의를 다투는 질권자가 증명할 책임이 있다. 위와 같은 해지 사실의 통지는 질권자가 질권설정계약이 해제되었다는 사실을 제3채무자에게 알리는 이른바 관념의 통지로서, 통지는 제3채무자에게 도달됨으로써 효력이 발생하고, 통지에 특별한 방식이 필요하지는 않다(대판 2014.4.10, 2013다76192). 가령 제3채무자인 甲 은행이 乙 주식회사와 丙 주식회사 사이의 예금채권에 대한 질권설정을 승낙하였는데, 질권자인 乙 회사가 甲 은행 지점에 모사전송의 방법으로 질권해제통지서를 전송하였고 甲 은행 직원이 질권해제통지서를 받은 직후 질권설정자인 丙 회사에 예금채권을 변제한 경우, 아직 乙 회사와 丙 회사 사이에 합의해지가 되지 아니한 경우에도 선의인 甲 은행으로서는 丙 회사에 대한 변제를 乙 회사에도 유효하다고 주장할 수 있다.

2) 지시채권

지시채권(예: 어음 등)을 목적으로 하는 질권의 설정(입질)은 증서에 배서하여 질권자에게 교부하여야 효력이 생긴다(제350조, 제508조). 증권의 교부에 의하여 질권설정자로부터 지시채권을 처분할 권한을 빼앗고 또 질권의 성립을 공시하는 것이다.

3) 무기명채권

무기명채권(예: 상품권·철도승차권·소지인출급식수표 등)을 목적으로 하는 질권의 설정은 증서를 질권자에게 교부하여야 효력이 생긴다(제351조, 제523조).

4) 저당권부 채권

저당권에 의해 담보되는 채권을 입질하면 부종성에 의하여 그 저당권도 권리질권의 목적이 된다. 그러나 이를 공시할 필요가 있기 때문에, 제348조는 저당권등기에 질권을 설정하였다는 부기등기를 하여야 질권의 효력이 저당권에 미친다고 규정하고 있다. 이와 관련하여 질권자가 피담보채권 위에 질권을 설정하고 부기등기를 하지 않은 경우, 질권의 효력은 어떻게 되는지가 의문이다. 이에 대하여 다수설은 부기등기가 없으면 질권자는 저당권에 의하여 담보되지 않는 채권에 관하여만 질권을 취득한다고 한다. 그러나 소수설은 제361조는 피담보채권만 분리하여 저당권을 담보로 하지 못한다고 규정하고 있으므로, 부기등기가 없으면 피담보채권 위에 설정된 질권도 효력이 없다고 한다(김증한/김학동, 500면).

생각건대 제361조는 피담보채권이 수반되지 않은 저당권만을 양도·입질하는 것을 금지하는 것이기 때문에, 다수설이 타당하다고 할 것이다.

(라) 채권의 목적인 채권이 양도할 수 있을 것

채권질권의 목적이 될 수 있는 것은 양도성 있는 채권이다(제355조, 제331조). 그런데 채권(예: 매매대금 채권, 도급인에 대한 공사대금 채권, 대여금채권 등)은 원칙적으로 양도성을 가지므로(제449조 1항) 권리질권의 목적이 될 수 있다. 또한 질권자 자신에 대한 채권도 권리질권의 목적으로 될 수 있다. 예컨대 은행이 정기예금 위에 질권을 취득하고 예금자에게 융자해 주거나 보험회사가 보험금 위에 질권을 취득하고 보험가입자에게 융자해 주는 경우가 이에 해당한다. 왜냐하면 채권은 일단 성립하면 그 권리자로부터 독립한 객관적인 존재를 취득하여 하나의 재화로서 양도할 수 있게 되므로, 이러한 채권에 대하여 질권을 설정하는 것은 모순이 아니다(이상태, 407면; 이영준, 778면). 그 밖에 장래의 채권·조건부 채권 및 선택채권에 관하여도 질권을 설정할 수 있다.

그러나 법률상의 담보제공이 금지된 채권(예: 공무원연금법 제32조, 군인연금법 제7조 등의 연금청구권), 법률상 처분이 금지된 채권(예: 제979조의 부양청구권, 근로기준법 제89조의 근로자의 재해보상청구권), 성질상 양도성이 없는 채권(예: 부작위채권), 양도금지특약이 있는 채권(제449조 2항 본문) 등은 채권질권의 목적이 되지 못한다. 다만 양도금지특약은 선의의 제3자에게 대항할 수 없으므로(제449조 2항 단서), 질권자가 선의이면 질권은 유효하게 성립한다(통설).

(3) 채권질권의 효력

(가) 효력의 범위

1) 채권질권에 의해 담보되는 범위 — 피담보채권의 범위

채권질권이 담보하는 채권의 범위는 동산질권과 같다(제355조, 제334조). 즉 당사자 사이의 특약이 없는 한 피담보채권의 원본·이자·위약금·질권실행비용·질물보존비용·채무불이행으로 인한 손해배상·질물의 하자로 인한 손해배상의 채권을 담보한다.

2) 질권의 효력이 미치는 범위

① 질권이 설정된 채권, 즉 입질채권에 미친다. 주의할 것은 피담보채권액이 입질채권액보다 적은 경우에도 입질채권 전부에 미친다(대판 1972.12.26, 72다1941). 이는 담보물권에 불가분성이 있기 때문이다. ② 입질채권이 이자가 있는 경우에는 그 이자에도 미친다(제100조 2항). ③ 채권질권의

효력은 입질채권의 지연손해금과 같은 부대채권에도 미친다(대판 2005.2.25, 2003다40668). ④ 입질채권이 보증채무 또는 담보물권에 의하여 담보된 경우에는 채권질권의 효력은 이러한 종된 권리에 대해서도 미친다(수반성). 다만 입질채권이 저당권부 채권인 경우에는 저당권등기에 부기등기를 하여야 질권의 효력이 저당권에도 미친다(제348조). ⑤ 채권질권에도 물상대위가 인정된다(제355조, 제342조).

판 례

제346조, 제523조에 의하면 권리질권의 설정은 법률에 다른 규정이 없으면 그 권리의 양도에 관한 방법에 의하여야 하며, 무기명 채권은 양수인에게 그 증서를 교부함으로써 양도의 효력이 있다고 되어 있고, 무기명 채권에는 제524조에 의하여 선의취득에 관한 제514조의 규정이 준용되므로, 무기명 채권에 관하여 권리질권을 설정하였을 경우에는, 질권의 목적이 된 채권의 실행방법에 관한 제353조 2항은 그 적용이 배제되고, 피담보 채권의 내용과는 관계없이 그 액면금 전액을 청구할 수 있다(대판 1972.12.26, 72다1941).

(나) 유치적 효력

1) 채권증서의 유치

질권자는 피담보채권 전부의 변제를 받을 때까지 교부받은 채권증서 또는 증권을 유치할 수 있다(제355조, 제335조). 그러나 채권은 사용가치가 대단히 적어서 채권질권의 이러한 유치적 효력은 동산질권과 달리 설정자에 대한 심리적인 압박감을 거의 주지 못한다.

2) 목적채권의 추심 등의 금지

(i) 질권설정자는 질권자의 동의 없이 질권의 목적인 권리를 소멸하게 하거나 질권자의 이익을 해하는 변경을 할 수 없다(제352조). 가령 질권설정자는 채권을 추심하거나 변제의 수령·면제·상계·경개·변제기의 연장·이율의 감소 등을 할 수 없다. 이행청구의 소를 제기할 수도 없다. 그러나 입질채권이 시효로 소멸할 염려가 있는 경우에 질권설정자는 입질채권을 보전하기 위하여 채권존재확인의 소를 제기할 수 있다(곽윤직, 319면; 이상태, 411면). 반면에 ① 질권의 목적인 채권의 양도행위는 질권자의 이익을 해하는 변경에 해당되지 않으므로(제352조), 질권자의 동의를 요하지 않는다(대판 2005.12.22, 2003다55059). 질권의 존속에 영향이 없기 때문이다. ② 임대인이 별도로 갱신거절을 하지 아니함에 따라 임대차계약이 묵시적으로 갱신되는 결과가 발생하는 것은, 질권의 목적인 임대차보증금반환채권 자체가 아니라 이를 발생시키는 기본적 계약관계에 관한 사유에 속할 뿐만 아니라, 질권설정자인 임차인이 채권 자체의 소멸을 목적으로 하거나 질권자의 이익을 해하는 변경을 한 것으로 볼 수 없다. 따라서 이 경우에는 제352조의 제한을 받지 않는다(대판 2020.7.9, 2020다223781).

(ii) 제352조는 질권자가 질권의 목적인 채권의 교환가치에 대하여 가지는 배타적 지배권능을 보호하기 위한 것이다. 따라서 질권설정자와 제3채무자가 질권의 목적된 권리를 소멸하게 하는 행위를 한 경우, 이는 질권자에 대해 무효이고, 질권자 아닌 제3자는 그 무효의 주장을 할 수 없다(대판 1997.11.11, 97다35375)

(iii) 제352조는 제3채무자의 행위에 관하여는 규율하고 있지 않다. 제3채무자에 대해서는 제349조가 이를 규율한다. 즉 질권설정자가 제3채무자에게 질권설정의 사실을 통지하거나 제3채무자가 이를 승낙한 때에는 제3채무자가 질권자의 동의 없이 질권의 목적인 채무를 변제하더라도 이로써 질권자에게 대항할 수 없고, 질권자는 제353조 2항에 따라 여전히 제3채무자에 대하여 직접 채무의 변제를 청구할 수 있다(대판 2018.12.27, 2016다265689). 가령 ① 제3채무자가 질권자의 동의 없이 질권설정자와 상계합의를 함으로써 질권의 목적인 채무를 소멸하게 한 경우에도 마찬가지로 질권자에게 대항할 수 없고, 질권자는 여전히 제3채무자에 대하여 직접 채무의 변제를 청구할 수 있다(대판 2018.12.27, 2016다265689). ② 질권의 목적인 채권에 대하여 질권설정자의 일반채권자의 신청으로 압류·전부명령이 내려진 경우에도 그 명령이 송달된 날보다 먼저 질권자가 확정일자 있는 문서에 의해 제349조 제1항에서 정한 대항요건을 갖추었다면, 전부채권자는 질권이 설정된 채권을 이전받을 뿐이고 제3채무자는 전부채권자에게 변제했음을 들어 질권자에게 대항할 수 없다(대판 2022.3.31, 2018다21326). 따라서 제3채무자가 전부채권자에게 질권의 목적인 채무를 변제한 경우, 질권자는 전부채권자에 대해 부당이득반환을 청구할 수 없다. 질권자는 제3채무자에게 직접 채무의 변제를 청구할 수 있기 때문에 제741조의 손해가 발생하였다고 볼 수 없기 때문이다.

(다) 우선변제적 효력

질권자는 입질채권으로부터 이자를 수취하여 이를 우선변제에 충당할 수 있으며(제355조, 제343조, 제323조), 입질채권으로부터 우선변제를 받을 수 있다. 채권질권의 실행방법으로 채권의 직접청구(제353조)와 민사집행법이 정하는 집행방법(제354조)이 있다.

1) 채권의 직접청구

(i) 질권자는 질권의 목적이 된 채권을 직접 청구할 수 있다(제353조 1항). 여기서 '직접 청구한다'고 하는 것은 제3채무자에 대한 집행권원이나 질권설정자의 추심위임 등을 필요로 하지 않는다는 의미이다.

(ii) 채권의 목적물이 '금전'인 때에는 질권자는 자기 채권의 한도에서 직접 청구하여 이를 변제에 충당할 수 있다(제353조 2항). 채권질권의 효력은 질권의 목적이 된 채권의 지연손해금 등과 같은 부대채권에도 미치므로 채권질권자는 질권의 목적이 된 채권과 그에 대한 지연손해금 채권을 피담보채권의 범위에 속하는 자기 채권액에 대한 부분에 한하여 직접 추심하여 자기 채권의 변제에 충당할 수 있다(대판 2005.2.25, 2003다40668). 만일 입질채권의 변제기가 질권자의 채권변제기보다 먼저 도래한 경우, 질권자는 제3채무자에 대하여 그 변제금액의 공탁을 청구할 수 있다(제353조 3항).

(iii) 금전채권의 질권자가 제353조 1항, 2항에 의하여 자기채권의 범위 내에서 직접청구권을 행사하는 경우, 질권자는 질권설정자의 대리인과 같은 지위에서 입질채권을 추심하여 자기채권의 변제에 충당하고 그 한도에서 질권설정자에 의한 변제가 있었던 것으로 된다.

따라서 그 범위 내에서는 제3채무자의 질권자에 대한 금전지급으로써 제3채무자의 질권설정자에 대한 급부가 이루어질 뿐만 아니라 질권설정자의 질권자에 대한 급부도 이루어진다고 보아야 한다(대판 2015.5.29, 2012다92258). 이러한 법리는 근저당권부채권의 질권자가 부동산 임의경매절차에서 집행법원으로부터 배당금을 직접 수령하는 경우에도 적용된다(대판 2024.4.12, 2023다315155).

한편 경매목적물의 매각대금이 잘못 배당되어 배당받을 권리 있는 채권자가 배당받을 몫을 받지 못하고 그로 인해 권리 없는 다른 채권자가 그 몫을 배당받은 경우, 배당금을 수령한 다른 채권자는 배당받을 수 있었던 채권자의 권리를 침해하여 이득을 얻은 것이 된다(대판 2019.7.18, 2014다206983). 이때 부당이득반환의무를 부담하는 '배당금을 수령한 다른 채권자'는 실체법적으로 볼 때 배당을 통하여 법률상 원인 없이 이득을 얻은 사람을 의미한다. 따라서 질권설정자의 채무자에 대한 근저당권부채권 범위를 초과하여 질권자의 질권설정자에 대한 피담보채권 범위 내에서 질권자에게 배당금이 직접 지급됨으로써 질권자가 피담보채권의 만족을 얻은 경우, 실체법적으로 볼 때 배당을 통하여 법률상 원인 없이 이득을 얻은 사람은 피담보채권이라는 법률상 원인에 의하여 배당금을 수령한 질권자가 아니라 근저당권부채권이라는 법률상 원인의 범위를 초과하여 질권자에게 배당금이 지급되게 함으로써 자신의 질권자에 대한 피담보채무가 소멸하는 이익을 얻은 '질권설정자'이다(대판 2024.4.12, 2023다315155).

(ⅳ) 채권의 목적물이 '금전 이외의 물건'인 때(예: 동산인도 청구권 등)에 질권자는 제3채무자에 대하여 직접 자기에게 그 목적물의 인도를 청구할 수 있다(제353조 4항). 결국 질권자는 인도받은 목적물을 동산질권의 실행방법에 따라 실행하여야 한다.

2) 민사집행법에 의한 집행방법

질권자는 채권의 직접청구에 의하지 않고, 민사집행법에 정한 집행방법에 의하여 질권을 실행할 수 있다(제354조). 집행방법은 채권의 압류 및 추심·전부명령 등 현금화이다(민사집행법 제273조, 제223조 이하).

판 례

집행관이 질권에 기초한 채권특별환가명령에 따라서 매각절차를 진행하면서 당초 채권특별환가명령에서 정한 최저매각가격을 경정한 경정결정이 확정되지 않았음에도 그 효력을 가진다고 오인하고 그 경정결정에서 정한 바에 따라 당초 최저매각가격에 못 미치는 가격으로 매수 신청한 자에게 매각을 허가하였다고 하더라도, 매수인이 그 매각허가에 따라 매각대금을 납부하였다면 환가명령의 기초가 된 질권이 당초부터 부존재하였다거나 환가명령의 효력 발생 이전에 피담보채무가 변제 등으로 소멸하였다는 등의 사정이 없는 한 매수인은 그 채권을 유효하게 취득하게 된다. 그리고 이러한 매수인의 채권 취득의 효과는 그 채권 취득 이후에 위 경정결정이 즉시항고에 의하여 취소되더라도 번복될 수 없다(대결 2010.7.23, 2008마247).

3) 유 질

채권질권에 대해서도 유질계약의 금지에 관한 제339조가 준용된다. 다만 통설은 금전채권이 질권의 목적이고 입질채권액이 피담보채권액을 초과하지 않으면, 제353조 2항의 취지에 따라 변제기 전이라도 유질계약을 금지할 이유가 없다고 한다.

(라) 그 밖의 효력

1) 전 질 권

채권질권자에게 전질권이 인정되며, 이에 관해서는 동산질권의 규정이 준용된다(제355조, 제336조, 제337조).

2) 채권질권의 침해에 대한 효력

채권질권은 채권자체 및 교부 받은 채권증서를 물권적으로 지배하므로, 이것이 침해되면 질권자는 물권적 청구권과 손해배상청구권을 행사할 수 있다(김상용, 662면; 김증한/김학동, 503면; 이상태, 412면; 이영준, 787면).

3) 질권자의 의무

질권자는 교부를 받은 채권증서를 선량한 관리자의 주의로써 관리하고, 채권질권이 소멸하면 이를 설정자에게 반환하여야 한다(제355조, 제343조, 제324조). 또한 질권의 실행으로 직접 추심할 때에도 선량한 관리자로서 주의를 다하여야 한다.

(4) 채권질권의 소멸

물권의 일반적인 소멸원인(예: 목적물의 멸실 등)과 담보물권에 공통한 소멸원인(예: 피담보채권의 소멸 등)으로 채권질권은 소멸한다. 그리고 지시채권·무기명채권에 설정된 질권의 경우에는 설정자에게 증서를 반환함으로써 질권은 소멸하지만, 지명채권의 경우에는 소멸하지 않는다(다수설). 그 밖에 동산질권에서의 소멸청구(제343조, 제324조)도 권리질권에 준용된다(제355조).

3. 그 밖의 권리질권

(1) 주식 위의 질권

주식은 양도할 수 있는 재산권이므로(상법 제335조 1항), 질권의 목적이 될 수 있다. 민법은 이에 관한 규정을 두고 있지 않으며, 상법에 자세한 규정이 있다(동법 제338조-제340조).

(2) 지식재산권 위의 질권

특허권·실용신안권·상표권·디자인권·저작권 등의 지식재산권 위에 질권을 설정할 수 있다(특허법 제121조, 실용신안법 제28조, 상표법 제104조, 디자인보호법 제108조, 저작권법 제47조). 지식재산권에 질권을 설정하려면 질권설정계약과 등록이 있어야 한다. 등록하지 않으면 효력이 생기지 않는다. 다만 저작권의 경우에는 등록이 제3자에 대한 대항요건이다(저작권법 제54조). 지식재산권은 그 존재를 증명하는 증서 또는 증권이 없는 권리이므로, 물건이나 증서의 인도는 문제되지 않는다.

제 4 절 저 당 권

Ⅰ. 서 설

1. 의 의

저당권(Hypothek)이란 채무자 또는 제3자(물상보증인)가 채무담보로 제공한 부동산 기타 목적물의 점유를 채권자가 이전받지 않고 채무변제가 없을 때에 그 목적물로부터 우선변제를 받을 수 있는 담보물권을 말한다(제356조). 저당권은 우선변제를 받는 약정담보물권이라는 점에서 질권과 유사하지만, 질권은 주로 동산을 대상으로 하는 데 반해, 저당권은 부동산을 대상으로 하며, 저당권설정자가 목적물을 계속 점유하기 때문에 유치적 효력을 갖지 않고 우선변제적 효력만 인정된다는 점에서 차이가 있다. 이와 같이 저당권은 저당목적물이 갖는 교환가치만을 지배하는 물권이기 때문에, 가장 전형적인 가치권(Wertrecht)이다.

2. 근대적 저당권의 특질과 우리 저당제도

본래 특정채권의 보장을 중심으로 하던 저당권은 차츰 목적물의 특정한 담보가치를 확실히 파악하는 투자의 기능을 하게 되었다. 투자의 객체로서 저당권을 금융시장에 유통시키기 위해서는 다음과 같은 원칙이 요구된다.

(1) 공시의 원칙

저당권의 목적물을 저당권설정자가 계속적으로 점유하기 때문에, 저당권의 존재를 제3자가 알 수 있도록 반드시 등기·등록에 의하여 공시하여야 한다는 원칙이다. 공시의 원칙은 우리 민법에서 관철되고 있다(제186조). 다만 예외적으로 법정저당권(제649조)·조세우선특권(국세기본법 제35조 1항, 지방세기본법 제71조 1항)이 인정되는데, 이는 공시의 원칙과 특정의 원칙에 대한 예외이다.

(2) 특정의 원칙

저당권은 1개 또는 수 개의 특정·현존하는 목적물 위에만 성립할 수 있다는 원칙이다. 이는 저당권 객체의 범위를 확정함으로써 저당권에 의하여 파악되는 교환가치에 객관성을 부여하고, 채무자의 전재산 위에 일반저당권이 성립되는 것을 배척하기 위한 것이다. 우리 민법은 특정의 원칙을 엄격히 준수하고 있으나, 예외적으로 법정저당권과 조세우선특권이 인정되고 있다.

(3) 순위확정의 원칙

동일한 목적물 위에 설정된 수 개의 저당권은 각각 확정된 순위를 보유하여 서로 침범하지 못한다는 원칙으로, ① 저당권의 순위는 등기의 선후에 의하여 결정되며, ② 한번 확정된 순위는 비록 선순위의 저당권이 소멸하더라도 그 순위가 올라가지 않는다는 것을 의미한다. 민법은 ①의 의미의 순위확정의 원칙을 충실히 따르지만(제370조, 제333조), ②의 의미에서의 순위확정의 원칙을 채용하지 않고, 순위승진의 원칙을 인정하고 있다. 예컨대 1번 저당권의 피담보채권이 소멸하면 부종성에 의하여 그 저당권도 소멸하므로, 2번 저당권이 1번 저당권으로 승진한다. 그런데 순위승진의 원칙은 원래 2차적인 담보가치를 지니고 있었던 2번 저당권이 우연한 사정에 의하여 담보가치가 증대되고, 또한 1번 저당권을 다시 설정할 수 있는 기회를 저당권설정자로부터 빼앗는 결과를 초래하게 된다.

(4) 독립의 원칙

저당권은 객체의 교환가치만 파악하는 가치권으로서의 독립된 지위를 보유하여야 한다는 원칙이다. 다시 말하면 저당권은 피담보채권으로부터 독립한 추상적 존재가 되어야 하며, 용익권·후순위저당권·채무자의 일반재산으로부터 독립하여야 한다는 원칙이다.

제370조, 제340조 1항에 의하면 저당권자는 저당목적물에 의하여 변제받지 못한 부분의 채권에 한하여 채무자의 일반재산으로부터 변제받을 수 있으므로, '채무자의 일반재산으로부터의 독립'은 부분적으로 인정된다. 또한 저당권은 저당권보다 후에 설정된 이용관계로부터 아무런 영향을 받지 않으므로, 이러한 의미의 독립의 원칙은 우리 민법에서 지켜지고 있다. 그러나 민법은 저당권을 피담보채권과 분리하여 타인에게 양도하거나 다른 채권의 담보로 제공할 수 없도록 하고(제361조), 피담보채권의 소멸로 인하여 원칙적으로 저당권도 소멸하도록 규정하여(제369조), '피담보채권으로부터 독립'을 인정하지 않는다. 또한 민사집행법에 의하면 후순위저당권자의 담보권실행으로 인하여 선순위의 저당권도 소멸하게 되므로(동법 제91조 2항), '후순위저당권으로부터 독립'도 인정되지 않는다.

(5) 유통의 원칙

저당권자의 투하자본 회수를 위하여 저당권이 금융시장에서 유통될 수 있도록 하여야 한다는 원칙이다. 이 원칙을 관철하기 위해서는 공신의 원칙과 저당권의 증권화가 전제되어야 한다. 그러나 우리 민법에서는 공신의 원칙과 저당권의 증권화가 인정되지 않는다. 다만 최근 저당권에 의하여 담보되는 채권을 기초로 하여 증권을 발행하는 방법을 통하여, 그 채권을 유동화하는 제도가 자산유동화에 관한 법률·주택저당채권유동화회사법 등에 의하여 마련되었다.

3. 저당권의 성질

저당권은 타인의 부동산이 가지는 교환가치만을 지배하는 물권이므로, 타인의 부동산 등에 대해서만 성립하고, 자기의 물건에 대해서는 혼동의 예외로서 인정될 뿐이다(제191조 1항 단서).

저당권은 ① 채권의 변제를 위한 수단이라는 점에서 채권에 종속한다. 즉 피담보채권에 부종한다(제369조). 따라서 피담보채권이 발생원인인 계약이 무효·취소·해제로 인하여 발생하지 않는 때에는 저당권 역시 성립하지 않는다. 피담보채권이 변제 등으로 소멸하면 저당권도 같이 소멸한다. 다만 저당권에서 부종성은 질권에서와 마찬가지로 다소 완화되어서 조건부·기한부 채권이나 장래 증감변동하는 불특정채권의 담보로서 저당권을 설정할 수 있다(제357조). ② 피담보채권과 분리하여 타인에게 양도하거나 다른 채권의 담보로 하지 못한다(제361조, 수반성). 따라서 피담보채권이 상속·양도 등에 의하여 동일성을 잃지 않고 승계되는 때에는 저당권도 승계된다. 다만 피담보채권을 양도한 경우, 저당권 이전의 공시방법(부기등기)을 갖추어야 저당권이 이전된다(대결 2024.8.19, 2024마6339; 대결 2022.1.14, 2019마71). 물론 저당권의 이러한 수반성은 당사자의 특약으로 배제할 수 있다. ③ 불가분성(제370조, 제321조)과 ④ 물상대위성이 있다(제370조, 제342조).

판 례

피담보채권이 소멸하면 저당권은 그 부종성에 의하여 당연히 소멸하게 되므로, 그 말소등기가 되기 전에 그 저당권부채권을 가압류하고 압류 및 전부명령을 받아 저당권 이전의 부기등기를 마친 자는 가압류 이전에 저당권의 피담보채권이 소멸된 이상, 근저당권을 취득할 수 없고, 실체관계에 부합하지 않는 근저당권 설정등기를 말소할 의무를 부담한다(대판 2002.9.24, 2002다27910).

Ⅱ. 저당권의 성립

저당권은 일반적으로 당사자 사이의 저당권설정의 합의와 등기에 의하여 성립한다(제186조). 다만 법률규정에 의해 저당권이 성립하는 경우(제649조), 부동산공사 수급인의 저당권설정청구권이 인정되는 경우도 있다(제666조).

1. 법률행위에 의한 저당권

저당권이 성립하기 위해서는 ① 피담보채권이 존재하여야 하며, ② 당사자 사이의 저당권설정의 합의와 ③ 등기가 있어야 하고, ④ 저당권의 목적물은 법률상 공시가 가능한 것이어야 한다.

(1) 저당권에 의해 담보되는 채권이 존재할 것—피담보채권

저당권에 의하여 담보할 수 있는 채권(피담보채권)은 일반적으로 금전채권이지만, 그에 한하지 않는다(부동산등기법 제77조). 예컨대 목적물인도청구권을 담보하기 위하여 저당권을 설정할 수 있다. 금전채권이 아닌 채권도 채무불이행이 있게 되면 손해배상청구권으로 변하고, 이것은 금전배상이 원칙이기 때문에(제394조), 저당권의 피담보채권은 처음부터 금전채권일 필요는 없다. 다만 피담보채권액은 등기사항이므로(부동산등기법 제75조), 채권의 실제가액이 등기된 가액을 넘는 경우에도 등기된 가액의 한도에서 우선변제권을 주장할 수 있다(대결 1980.9.18, 80마75).

그 밖에 수 개의 채권 또는 채권의 일부뿐만 아니라 장래 발생할 채권(장래의 채권)도 저당권의 피담보채권이 될 수 있다. 예컨대 보증인이 주된 채무자에 대하여 장차 취득할 구상권을 피담보채권으로 하는 저당권설정계약도 유효하다. 특히 장래의 증감변동하는 불특정 다수의 채권을 위하여 그 최고액을 한정하여 저당권을 설정할 수 있는데, 이를 근저당이라 한다(제357조). 근저당의 경우에는 등기부에 반드시 근저당이라는 취지를 기재하여야 한다(부동산등기법 제75조 2항).

판 례

공동으로 매수하고 공유자에게 명의신탁한 부동산이 공유자에 의하여 임의로 처분되거나 그의 채권자들에 의하여 강제집행되는 등의 사유로 공유자에 의하여 자기지분이 침해될 경우에 공유자에 대하여 가지게 되는 장래의 조건부 손해배상청구권 또는 부당이득반환청구권을 담보하기 위하여 근저당권설정등기를 경료하였다면 이는 공유자 사이의 합치된 진정한 의사표시에 의하여 경료된 것이지 강제집행을 면탈할 목적으로 통정하여 한 허위의 의사표시라고 볼 수 없으며 또 장래에 발생할 특정의 조건부 채권을 피담보채권으로 하고 있어서 피담보채권이 존재하지 않는다고도 볼 수 없다(대판 1993.5.25, 93다6362).

(2) 당사자 사이에 저당권설정의 합의가 있을 것—저당권설정계약

저당권은 약정담보물권이므로, 당사자 사이의 저당권설정을 목적으로 하는 물권적 합의와 등기에 의하여 성립한다(제186조). 여기서 '저당권설정을 목적으로 하는 물권적 합의'를 저당권설정계약이라 한다.

(가) 당 사 자

저당권자는 피담보채권의 채권자에 한한다. 저당권은 담보물권으로서 부종성이 있기 때문이다. 저당권설정자는 일반적으로 피담보채권의 채무자이지만, 제3자(물상보증인)도 될 수 있다(제356조). 따라서 근저당권 설정계약상의 채무자 아닌 제3자를 채무자로 하여 마친 근저당권 설정등기는 채무자를 달리 한 것이므로 근저당권의 부종성에 비추어 원인 없는 무효의 등기이나(대판 1981.9.8, 80다1468). 다만 ① 저당권자를 제3자의 이름으로 하는 저당권설정등기에 대해, 판례는 채권자와 채무자 및 제3자 사이에 합의가 있고, 나아가 채권양도·제3자를 위한 계약·불가분적 채권관계의 형성 등 방법으로 채권이 그 제3자에게 실질적으로 귀속되었다고 볼 수 있는 특별한 사정이 있는 경우에는 제3자 명의의 저당권등기도 유효하다고 한다(대판 2007.1.11, 2006다50055). ② 채권자와 채무자 및 제3자 사이의 합의로 채무자를 제3자 명의로 하는 저당권설정등기에 대해, 판례는 저당권설정등기는 실제 채무자의 저당권자에 대한 채무를 담보하는 것으로서 유효하다고 한다. 가령 ㉠ 자신의 부동산을 타인에게 명의신탁한 명의신탁자가 제3자와의 거래관계에서 발생하는 차용금 채무를 담보하기 위하여 부동산에 제3자 명의로 근저당권을 설정하면서 당사자 간의 편의에 따라 명의수탁자를 채무자로 등재한 경우 부동산의 근저당권이 담보하는 채무는 명의신탁자의 제3자에 대한 채무로 보아야 한다(대결 1999.7.22, 99마2870). ㉡ 부동산을 매수한 자가 소유권이전등기를 마치지 아니한 상태에서 매도인인 소유자의 승낙 아래 매수 부동산을 타에 담보로 제공하면서, 당사자 사이의 합의로 편의상 매수인 대신 등기부상 소유자인 매도인을 채무자로 하여 마친 근저당권설정등기는 실제 채무자인 매수인의 근저당권자에 대한 채무를 담보하는 것으로서 유효하다(대판 2001.3.15, 99다48948). ㉢ 근저당권설정계약 당시 근저당권설정자와 근저당권자 사이에 그 근저당권에 의하여 담보되는 피담보채무와 그 채무자 등을 지정함에 관한 의사가 합치된 경우에는 비록 이로써 지정된 실제 채무자와 근저당권설정계약서상이나 등기부상의 채무자가 다르더라도 그 근저당권설정계약에 기해 마쳐진 근저당권설정등기는 유효하고, 그 근저당권의 피담보채무는 근저당권설정계약서나 등기부상 등재된 채무자의 채무가 아닌 실제 채무자의 그것으로 보아야 한다(대판 2010.6.24, 2010다17840).

(나) 성 질

저당권설정계약은 직접 저당권의 발생을 목적으로 하는 물권계약이다. 또한 저당권은 채권의 존재를 필요로 하므로(부종성) 저당권설정계약은 피담보채권을 발생시키는 계약 내지 법률관계에 부종하는 종된 계약이다. 따라서 피담보채권을 발생시키는 계약이 무효 또는 취소되는 경우, 저당권설정계약도 무효로 되거나 소급하여 효력을 잃게 된다. 저당권설정계약은 처분행위(물권행위)이므로, 저당권설정자는 목적물에 대해 처분권한이 있어야 한다. 따라서 목적물의 소유자라도 법률에 의하여 처분권이 제한되는 자(예: 파산선고를 받은 자, 압류·가압류나 처분금지의 가처분을 받은 자)는 유효하게 저당권을 설정할 수 없다. 그 밖에 저당권설정계약은 불요식이며, 조건이나 기한을 붙일 수 있다.

(다) 물상보증인의 구상권

1) 저당권설정자는 제3자라도 무방하다. 이를 물상보증이라 하는데, 그가 '채무를 변제' 하거나 저당권의 실행으로 '목적물의 소유권을 잃은 때'에는 보증채무에 관한 규정에 의하여 채무자에 대해 구상권을 가진다(제370조, 제341조). 따라서 ① 채무자의 부탁을 받고서 물상보증인이 되었는지에 따라 구상의 범위가 달라진다. 다만 수탁보증인의 사전구상권에 관한 제442조는 물상보증인에게는 적용되지 않는다(대판 2009.7.23, 2009다19802,19819). 물상보증인은 담보물로서 물적 유한책임만을 부담할 뿐 채권자에 대하여 채무를 부담하지 않기 때문이다. ② 물상보증인은 변제할 정당한 이익이 있는 자로서 제341조에 의해 채무자에 대해 구상권을 가지는 경우, 구상권의 범위 내에서 당연히 채권자의 권리를 대위할 수 있다(제481조-제486조). 즉 채권자의 채권 및 그 담보에 관한 권리를 행사할 수 있다. 구상권과 변제자 대위권은 원본·변제기·이자·지연손해금의 유무 등에서 내용이 다른 별개의 것이어서 물상보증인은 두 권리를 선택적으로 행사할 수 있다(대판 1997.5.30, 97다1556). ③ 물상보증인의 채무자에 대한 구상권은 그들 사이의 물상보증 위탁계약의 법적 성질과 관계없이 민법에 의하여 인정된 별개의 독립한 권리이고, 그 소멸시효에서는 민법상 일반채권에 관한 규정이 적용된다(대판 2001.4.24, 2001다6237). ④ 물상보증인이 변제기 전에 채무자의 채무를 변제한 경우 사후구상권이 발생하지만, 채무자의 변제기가 도래할 때까지 채무자에 대하여 사후구상권을 행사할 수 없다(대판 2024.10.25, 2024다232303).

2) 보증인은 '변제 기타의 출재로 주채무를 소멸하게 한 때' 주채무자에 대한 구상권이 있는 반면(제441조 1항, 제444조 1항, 2항), 물상보증인은 그 '채무를 변제'한 경우 외에 '담보권의 실행으로 인하여 담보물의 소유권을 잃은 때'에도 채무자에 대한 구상권이 있다(제341조). 물상보증인이 담보권의 실행으로 타인의 채무를 담보하기 위하여 제공한 부동산의 소유권을 잃은 경우, 물상보증인이 채무자에게 구상할 수 있는 범위는 특별한 사정이 없는 한 담보권의 실행으로 그 부동산의 소유권을 잃게 된 때, 즉 '매수인이 매각대금을 다 낸 때'의 부동산 시가를 기준으로 하여야 하고, 매각대금을 기준으로 할 것이 아니다(대판 2018.4.10, 2017다283028). 경매절차에서 유찰 등의 사유로 소유권 상실 당시의 시가에 비하여 낮은 가격으로 매각되는 경우가 있는데, 이 경우 소유권 상실로 인한 부동산 시가와 매각대금의 차액에 해당하는 손해는 채무자가 채무를 변제하지 못한 데 따른 담보권의 실행으로 물상보증인에게 발생한 손해이므로, 이를 채무자에게 구상할 수 있어야 하기 때문이다.

3) 물상보증인으로부터 저당부동산을 양수한 제3취득자도 제370조, 제341조의 규정을 유추적용하여 보증채무에 관한 규정에 의하여 채무자에 대해 구상권을 가진다(대판 2014.12.24, 2012다49285). 물상보증인으로부터 저당부동산의 소유권을 취득한 제3취득자는 저당권이 실행되면 저당부동산에 대한 소유권을 잃는다는 점에서 물상보증인과 유사한 지위에 있기 때문이다. 반면에 물상보증인이 담보부동산을 제3취득자에게 매도하여 제3취득자가 근저당권의 '피담보채무의 이행을 인수'한 경우, 그 이행인수는 매매당사자 사이의 내부적인 계약에 불과하여 이로써 물상보증인의 책임이 소멸하지 않는 것이고, 따라서 담보부동산에 대한 담보권이 실행된 경우에도 제3취득자가 아닌 원래의 물상보증인이 채무자에 대한 구상권을 취득한다(대판 1997.5.30, 97다1556).

4) 구상권 취득의 요건인 '채무의 변제'는 채무의 내용인 급부가 실현되고 이로써 채권이 그 목적을 달성하여 소멸하는 것을 의미하므로, 기존 채무가 동일성을 유지하면서 인수 당시의 상태로 종래의 채무자로부터 인수인에게 이전할 뿐 기존 채무를 소멸시키는 효력이 없는 '면책적 채무인수'는 설령 이로 인하여 기존 채무자가 채무를 면한다고 하더라도 이를 가리켜 채무가 변제된 경우에 해당한다고 할 수 없다. 따라서 채무인수의 대가로 기존 채무자가 물상보증인에게 어떤 급부를 하기로 약정하였다는 등의 사정이 없는 한 물상보증인이 기존 채무자의 채무를 면책적으로 인수하였다는 것만으로 물상보증인이 기존 채무자에 대하여 구상권 등의 권리를 가진다고 할 수 없다(대판 2019.2.14, 2017다274703).

판 례

연대채무자 甲, 乙의 채권자에 대한 채무를 담보할 목적으로 자기 소유의 부동산에 관하여 근저당권을 설정하였다가 그 실행으로 인하여 부동산의 소유권을 상실하게 된 물상보증인은 채무자들에 대한 구상권이 있다할 것이고, 다만 연대채무자 甲의 부탁 없이 물상보증인이 되었다면 甲은 그 당시에 이익을 받은 한도 내에서 물상보증인에게 이를 구상하여 줄 의무가 있다(대판 1990.11.13, 90다카26065). 즉 구상권의 범위는 채무자의 부탁을 받고서 물상보증인이 되었는지 여부에 따라 달라진다(제441조 내지 제447조). 그러나 부탁받았는지의 여부는 구상권의 범위에만 영향을 미칠 뿐 구상권 자체는 독자적으로 발생하며, 따라서 그 구상권의 소멸시효는 보증위탁계약과는 무관하게 일반채권 10년의 소멸시효가 적용된다(대판 2001.4.24, 2001다6237).

(3) 저당권설정등기를 하였을 것—설정등기

(가) 설정등기

법률행위로 인한 부동산 물권변동의 일반원칙에 따라 저당권이 성립하기 위해서는 저당권설정을 목적으로 하는 물권적 합의(저당권설정계약) 이외에 저당권설정의 등기를 하여야 한다(제186조). 등기하여야 할 사항은 채권자·채무자 또는 물상보증인·채권액·변제기·이자 및 그 발생시기 또는 지급시기·원본 또는 이자의 지급장소·저당권의 효력이 미치는 범위에 관한 특약을 한 경우(제358조 단서)에는 그 약정·채권이 조건부인 때에는 그 조건의 내용 등이다(부동산등기법 제75조 1항). 한편 저당권설정등기비용은 당사자 사이에 다른 특약이 없으면 '채무자'가 부담하는 것이 거래관행이다(대판 1962.2.15, 4294민상291).

(나) 관련문제

1) 무효등기의 유용

저당권설정등기가 마쳐진 후에 피담보채권이 소멸하면 저당권은 말소등기를 하지 않아도 당연히 소멸한다(제369조). 그런데 저당권이 변제로 인하여 소멸하였으나 그 말소등기를 하지 않은 상태에서 나중에 발생한 금전채권의 담보로 그 말소되지 않은 무효의 등기를 유용할 수 있는지에 관하여, 학설과 판례(대판 2009.2.26, 2006다72802; 대판 2002.12.6, 2001다2846)는 등기가 제3자의 불측의 손해를 방지하려는 공시수단이라는 점을 중시하여, 무효등기를 유용하기로 합의할 때까지 '등기부상 이해관계 있는 제3자가 있지 않은 경우'에 유효하다고 한다. 따라서 유용의 합의 전에 후순위저당권이 존재하는 경우, 피담보채권의 소멸로 선순위저당권이 소멸하게 되고 후순위저당권은 그 순위가 승진하게 되므로, 이때에는 무효인 저당권의 유용은 허용되지 않는다.

2) 저당권등기가 불법말소 또는 유탈된 경우의 효력

유효하게 마쳐진 저당권등기가 불법으로 말소되거나 등기관의 잘못으로 등기부에 옮기는 과정에서 빠진 경우, 저당권은 소멸하는지 아니면 저당권자는 말소된 저당권등기의 회복등기를 청구할 수 있는지가 문제이다.

가) 판 례

불법말소된 경우, 판례는 등기는 물권의 효력발생요건이고 효력존속요건이 아니므로, 물권에 관한 등기가 원인 없이 말소된 경우에 그 말소등기는 실체관계에 부합하지 않는 것이어서 물권의 효력에 아무런 영향을 미치지 않고(대판 1997.9.30, 95다39526), 따라서 저당권자는 저당권을 상실하지 않고 그 말소된 등기의 회복등기를 할 수 있다고 한다(대판 1968.8.30, 68다1187). 다만 부동산이 경매절차에서 매각되면 그 부동산에 존재하였던 저당권은 당연히 소멸하므로 저당권등기가 회복될 수 없고, 저당권자는 경매절차에서 실제로 배당받은 후순위권리자에 대하여 부당이득반환청구로서 그 배당금의 한도 안에서 저당권설정등기가 말소되지 않았더라면 배당받았을 금액의 지급을 구할 수 있다고 한다(대판 2002.10.22, 2000다59678).

나) 학 설

① 회복부정설은 등기는 물권변동의 효력발생요건인 동시에 존속요건이기 때문에 등기가 말소된 이상은 등기의 부존재가 되어 회복등기를 할 수 없다고 한다(곽윤직, 85면). ② 회복긍정설은 말소회복등기를 인정할 수 있다고 한다(다수설). 그 논거로 첫째 등기가 불법말소된 경우까지를 존속요건으로 보는 것은 부당하며, 이를 예외 없이 관철하게 되면 원래의 권리자에게 불측의 손해를 줄 뿐만 아니라 이러한 이론의 악용을 조장하여 물권법질서에 중대한 혼란을 초래할 위험이 있으며, 둘째 등기에 공신력이 인정되지 않으므로 불법으로 말소된 등기를 신뢰하고 이해관계를 가진 제3자의 불측의 손해는 인용할 수밖에 없다는 점을 들고 있다.

다) 소 결

생각건대 등기가 물권의 효력존속요건이라고 주장하는 학설은 원인 없이 말소된 등기에 대하여 사실상 공신력을 인정하는 결과가 되어 부당하며, 또한 물권자의 의사에 의하지 아니한 말소에 의해 물권이 소멸한다는 것은 재산권보장의 원칙에 반하기 때문에, 다수설이 타당하다. 다만 경매절차에서 저당권은 매각으로 항상 소멸하므로(민사집행법 제268조, 제91조 2항), 저당목적물이 매각된 경우에는 그 한도에서 저당권등기는 회복될 수 없다. 한편 등기관의 고의·과실로 인하여 경료된 등기가 새로 등기부에 옮기는 과정에서 빠진 경우에도 동일한 이유로 저당권의 효력은 그대로 존속한다고 할 것이다.

(4) 법률상 공시가 가능한 목적물일 것—저당권의 목적물

저당권은 목적물을 점유하지 않으면서 우선변제권을 확보하는 것이므로, 등기 또는 등록할 수 있는 것만이 그 객체로 될 수 있다. 현행법상 부동산(제356조)·지상권 및 전세권(제371조)뿐만 아니라 특별법에 의하여 입목등기가 마쳐신 입목(입목에 관한 법률 제3조)·어업권(수산업법 제16조 2항)·광업권(광업법 제11조)·소형선박·자동차·항공기·건설기계(자동차 등 특정동산저당법 제3조)·공장재단 및 광업재단(공장및광업재단저당법 제3조, 제52조)·등기된 선박(상법 제787조,제789조) 등은 등기·등록에 의하여 공시할 수 있으므로 저당권의 객체로 된다.

부동산에 대한 저당권은 1필의 토지 일부나 1동의 건물 일부에 대해서는 저당권을 설정할 수 없다. 반면에 부동산의 공유지분에 저당권을 설정할 수 있다. 부동산의 일부 공유지분에 관하여 저당권이 설정된 후 부동산이 분할된 경우, 그 저당권은 분할된 각 부동산 위에 종전의 지분비율대로 존속하고, 분할된 각 부동산은 저당권의 공동담보가 된다(대판 2012.3.29, 2011다74932).

2. 토지임대인의 법정저당권과 부동산공사수급인의 저당권설정청구권

(1) 토지임대인의 법정저당권

토지임대인이 변제기를 시난 최후 2년의 차임채권에 의하여 그 지상에 있는 임차인 소유의 건물을 압류한 때에, 저당권과 동일한 효력이 있다(제649조). 다시 말하면 임차인이 임차지에 자기 소유의 건물을 가지는 경우에 한하여, 또한 연체된 차임 중 최후 2년분의 차임채권에 관해서만 법정저당권이 인정되며, 그 성립시기는 압류등기를 한 때이다.

(2) 부동산공사수급인의 저당권설정청구권

부동산공사의 수급인은 그 보수채권을 담보하기 위하여 도급인에 대하여 그 부동산을 목적으로 하는 저당권의 설정을 청구할 수 있다(제666조). 이 제도는 부동산공사수급인의 보수청구권을 보호하기 위하여 특별히 마련한 것으로, 약정저당권에 속한다. 다시 말하면 '저당권의 설정을 청구'할 수 있는 것이므로, 이 청구권의 행사로 당연히 저당권이 성립하는 것은 아니고, 도급인이 수급인의 청구에 응하여 저당권설정등기를 하여야 비로소 저당권이 성립한다.

Ⅲ. 저당권의 효력

1. 저당권의 효력이 미치는 범위

(1) 피담보채권의 범위

(가) 저당권은 원본·이자·위약금·채무불이행으로 인한 손해배상 및 저당권의 실행비용을 담보한다(제360조 본문). 저당권의 실행비용으로는 부동산감정비용, 경매신청등록세 등이 있다. 저당권의 실행비용은 저당목적물의 경매로 인하여 저당목적물 자체에 대하여 생긴 비용이므로 저당목적물의 교환가치로부터 이를 우선적으로 변제하는 것이 합리적이다. 저당권의 실행비용은 지연이자처럼 미리 그 범위를 확정한다는 것이 불가능하므로, 이를 사실상 등기할 수가 없고 또 저당권의 실행에 필수적으로 수반하는 비용이므로 후순위저당권자나 일반채권자에게 불측의 손해를 주지는 않으므로 등기가 없어도 당연히 저당권에 의하여 담보되는 피담보채권의 범위에 포함된다(남효순, 민법주해(VII), 72면).

질권에서는 질권자가 목적물을 점유하므로 '질물보존의 비용과 질물의 하자로 인한 손해배상'도 담보되지만(제334조), 저당권에서는 저당권자가 목적물을 점유하지 않으므로 그러한 것은 담보되지 않는다. 질권에서는 지연배상에 관해 아무런 제한을 두고 있지 않지만(제334조), 저당권에서는 원본의 이행기일을 지난 후의 1년분에 한해서만 담보된다(제360조 단서). 제360조 단서가 지연배상의 범위를 제한하는 이유는 후순위 저당권자를 비롯하여 다른 채권자의 이익을 보호하기 위해서이다. 따라서 제360조 단서는 저당권자의 제3자에 대한 관계에서의 제한이며, 채무자겸 저당권설정자가 저당권자에 대하여 대항할 수 있는 것이 아니다(대판 2001.10.12, 2000다59081; 대판 1992.5.12, 90다8855). 즉 저당채무자가 저당권자에게 피담보채무를 변제하는 경우에는 적용되지 않는다.

(나) 저당권에 관하여도 불가분성이 인정된다(제370조, 제321조). 따라서 피담보채권이 조금이라도 남아

있는 한, 그 변제를 받기 위하여 저당권을 실행할 수 있고, 또한 저당권설정자는 저당권등기의 말소를 청구하지 못한다(대판 1970.3.24, 70다207). 다만 공동저당에 관하여는 불가분성이 제한된다(제368조).

(2) 효력이 미치는 목적물의 범위

(가) 목 적 물

저당권은 저당목적물을 처분하여 우선변제를 받는 것을 내용으로 하므로, 저당권의 효력이 미치는 범위는 목적물의 소유권이 미치는 범위와 대체로 일치한다. 특히 문제되는 것은 다음과 같다.

1) 부 합 물

(i) 저당권의 효력은 저당부동산에 부합된 물건(예: 배전반, 냉·난방시설, 토지 지하에 설치된 유류저장탱크 등)에 미친다(제358조 본문). 여기서 부합물이란 제256조의 부동산에 부합한 물건과 동일한 의미이다. 판례는 토지 지하에 설치된 유류저장탱크는 토지에 부합한다고 한다(대결 2000.10.28, 2000마5527). 반면에 성숙한 농작물은 토지에 부합하지 않는다고 하므로(대판 1970.11.30, 68다1995), 농작물에는 토지저당권의 효력이 미치지 않는다. 부합의 시기는 문제되지 않는다. 즉 저당권설정 후에 부합된 경우에도 그 효력이 미친다(대결 1968.5.27, 68마140). 기존건물에 대한 경매절차에서 증축부분이 경매목적물로 평가되지 않았더라도 매수인은 부합된 증축부분의 소유권을 취득한다(대판 2002.10.25, 2000다63110). 다만 증축된 부분이 기존건물과 별개의 건물로 인정되는 경우(대판 1988.2.23, 87다카600) 또는 기존의 건물을 헐고 새로운 건물을 지은 경우(대판 1992.3.31, 91다39184)에는 저당권의 효력이 미치지 않는다.

(ii) 예외적으로 다음의 경우에는 부합물에 저당권의 효력이 미치지 않는다(제358조 단서). ① 설정행위에 의하여 다른 약정이 있는 경우이다. 이 약정은 등기를 하여야만 제3자에게 대항할 수 있다(부동산등기법 제75조 1항). ② 부합물이라도 법률에 특별한 규정이 있는 경우이다. 예컨대 타인이 권원에 의하여 부속시킨 것은 부합물이 아니다(제256조 단서). 다시 말하면 지상권자·전세권자 또는 부동산임차인이 식수한 식목 또는 축조한 건물 기타 공작물이나 부속시킨 물건 등은 이들의 소유에 속하고 부동산소유권에 흡수되지 않으므로 당연히 저당권의 효력이 미치지 않는다. ③ 특별법(공장 및 광업재단저당법 제3조 단서, 제4조)에 저당권의 효력이 배제하는 규정이 있다.

판 례

(ㄱ) 저당권은 법률에 특별한 규정이 있거나 설정행위에 다른 약정이 있는 경우를 제외하고 그 저당 부동산에 부합된 물건과 종물 이외에까지 그 효력이 미치는 것이 아니므로, 토지에 대한 경매절차에서 그 지상 건물을 토지의 부합물 내지 종물로 보아 경매법원에서 저당 토지와 함께 경매를 진행하고 매각허가를 하였다고 하여 그 건물의 소유권에 변동이 초래될 수 없다(대판 1997.9.26, 97다10314). 가령 채무자 소유의 대지와 건물에 대한 경매절차에서 매수인이 대지와 건물을 매각받으면서 대지상에 있으나 제3자 소유인 별개의 독립된 건물을 채무자 소유 건물의 부합물로 매각을 받았더라도 그 소유권을 취득할 수 없다(대판 1990.10.12, 90다카27969).

(ㄴ) 경매대상 건물이 인접한 다른 건물과 합동(合棟)됨으로 인하여 건물로서의 독립성을 상실하게 되었다면 경매대상 건물만을 독립하여 양도하거나 경매의 대상으로 삼을 수는 없고, 이러한 경우 경매대상 건물에 대한 채권자의 저

당권은 위 합동으로 인하여 생겨난 새로운 건물 중에서 위 경매대상 건물이 차지하는 비율에 상응하는 공유지분 위에 존속하게 된다(대판 2010.1.14, 2009다66150).

2) 종 물

(i) 저당권의 효력은 저당부동산의 종물(예: 건물에 설치된 보일러, 주유소의 주유기 등, 제100조)에도 미친다(제358조 본문). 따라서 ① 부동산의 종물은 주물의 처분에 따르므로(제100조 2항), 어느 부동산에 관한 저당권의 실행으로 개시된 경매절차에서 그 부동산을 매수하여 소유권을 취득한 자는 그 저당권의 효력이 미치는 종물의 소유권도 함께 취득한다. 이는 매수인의 소유권취득 전이면서 저당권이 설정된 후에 그 종물의 소유권을 취득한 제3자가 있는 경우에도 마찬가지이다(대판 2025.10.16, 2025다213056). ② 저당권의 효력은 저당권이 설정된 후에 설치된 종물에도 미친다(대결 1971.12.10, 71마757). 그러나 설정행위에 다른 약정이 있으면 저당권의 효력은 종물에 미치지 않지만(제358조 단서), 이러한 약정은 등기하여야 제3자에게 대항할 수 있다(부동산등기법 제75조 1항).

(ii) 제358조 본문을 유추적용하여 종물에 준하는 종된 권리에도 저당권의 효력이 미친다. 즉 건물저당권의 효력은 그 대지이용권인 지상권·전세권에도 미친다(대판 1996.4.26, 95다52864). 가령 ① 건물의 소유를 목적으로 한 지상권이 있는 건물에 대한 저당권은 지상권에도 미치므로, 건물에 대한 경매시 매수인은 건물소유권과 함께 지상권을 제187조에 따라 등기 없이 취득한다(대판 1996.4.26, 95다52864). ② 건물의 소유를 목적으로 하여 토지를 임차한 사람이 토지 위에 소유하는 건물에 저당권을 설정한 경우, 저당권의 효력은 건물뿐만 아니라 건물의 소유를 목적으로 한 토지의 임차권에도 미친다. 다만 임차권의 양도에는 임대인의 동의가 필요하고(제629조), 경매절차에서 매수인은 임차권의 양수인에 해당하므로, 임대인이 동의하지 않는 한 매수인은 단순한 임차권의 취득으로써 임대인에게 대항할 수 없다(대판 1993.4.13, 92다24950). ③ 집합건물의 경우, 전유부분과 대지사용권은 일체성을 이루므로(집합건물법 제20조), 전유부분에 대한 저당권의 효력은 대지권에도 미친다(대판 2001.2.9, 2000다62179; 대판 2008.3.13, 2005다15048). ④ 공장저당의 목적인 공장토지 및 이에 인접한 타인소유의 토지에 걸쳐서 설치된 폐수처리시설에 공장저당권의 효력이 미친다(대판 1997.10.10, 97다3750).

판 례

(ㄱ) 저당권의 실행으로 부동산이 경매된 경우에 그 부동산에 부합된 물건은 그것이 부합될 당시에 누구의 소유이었는지를 가릴 것 없이 그 부동산을 매각받은 사람이 소유권을 취득하지만, 그 부동산의 상용에 공하여진 물건일지라도 그 물건이 부동산의 소유자가 아닌 다른 사람의 소유인 때에는 이를 종물이라고 할 수 없으므로 부동산에 대한 저당권의 효력에 미칠 수 없어 부동산의 매수인이 당연히 그 소유권을 취득하는 것은 아니며, 나아가 부동산의 매수인이 그 물건을 선의취득하였다고 할 수 있으려면 그 물건이 경매의 목적물로 되었고 매수인이 선의이며 과실 없이 그 물건을 점유하는 등으로 선의취득의 요건을 구비하여야 한다(대판 2008.5.8, 2007다36933,36940).

(ㄴ) 임차인의 변경이 당사자의 개인적인 신뢰를 기초로 하는 계속적 법률관계인 임대차를 더 이상 지속시키

기 어려울 정도로 당사자 사이의 신뢰관계를 파괴하는 임대인에 대한 배신행위가 아니라고 인정되는 특별한 사정이 있는 때에는 임대인은 자신의 동의 없이 임차권이 이전되었다는 것만을 이유로 제629조 2항에 따라서 임대차계약을 해지할 수 없고, 그와 같은 특별한 사정이 있는 때에 한하여 매수인은 임대인의 동의가 없더라도 임차권의 이전을 임대인에게 대항할 수 있다고 봄이 상당한 바, 위와 같은 특별한 사정이 있는 점은 매수인이 주장·증명하여야 한다(대판 1993.4.13, 92다24950).

---

3) 저당부동산에서 분리·반출된 부합물 또는 종물에 대한 저당권의 효력

저당권의 효력은 저당목적물에 부합된 물건과 종물에 미치는데(제358조), 만일 부합물이나 종물이 목적부동산으로부터 분리·반출되는 경우에 그 물건에 대해서도 저당권의 효력이 미치는지가 문제이다. 다시 말하면 저당권설정자가 저당목적물에 대한 정당한 권리행사에 의하여 부합물 등이 분리된 경우(예: 정원 수목의 식수, 낡은 기와를 분리·반출하고 새것으로 대체하는 것 등)에 분리·반출된 물건에는 저당권의 효력이 미치지 않는다. 그러나 정당한 권리행사에 의하지 않은 경우, 예컨대 저당권이 설정되어 있는 산림의 수목을 벌채한다거나 저당건물에 부착된 냉난방시설을 분리한다거나 또는 저당건물의 일부가 붕괴되어 목재 등의 건축자재로 변형된 것들을 반출하는 경우에 저당권의 효력이 미치는지에 대해 학설이 대립하고 있다.

가) 공시원칙설

분리된 부합물·종물은 저당부동산과 결합하여 공시의 작용이 미치는 한도 내에서만 저당권의 효력이 미친다고 한다(다수설). 즉 부합물·종물이 목적부동산으로부터 반출된 경우, 분리된 물건이 저당부동산 위에 존재하더라도 저당부동산과의 동일성을 상실한 경우(예: 붕괴된 건물의 목재가 소유자의 수중에 있는 경우)에는 공시작용이 미치지 않고 저당권의 효력이 미치지 않는다고 한다.

나) 물상대위설

분리된 물건에 대하여 물상대위의 규정(제370조, 제342조)을 유추적용하여, 목적물을 압류하면 그 압류된 것에 대해 저당권의 효력이 미친다고 한다(상내싱, 939면).

다) 사회관념적 일체설

분리된 물건이 사회 관념상 저당목적물과 아직도 사회 관념상 일체성을 보유하고 있으면, 저당권의 불가분성에 의하여 저당권의 효력이 미친다고 한다(이영준, 814면; 윤철홍, 379면). 즉 입목이 벌채되었으나 아직 반출되지 않고 저당부동산 위에 있는 경우, 건물이 붕괴되었으나 그 목재가 아직 소유자의 수중에 있는 경우에는 사회 관념상 저당목적물과 일체성이 있으므로 저당권의 효력이 미친다고 한다.

라) 소 결

생각건대 분리물을 가치변형물이라고 할 수 없고, 분리된 물건이 매각된 경우에 현행법상 매각대금에 대하여 물상대위를 인정하지 않으므로 물상대위의 규정을 유추적용하는 것은 부당하다. 그리고 공시원칙설은 엄격하게 적용하면 경제적 가치가 있는 붕괴된 건물자재나 벌채된 입목이 그 자리에 있더라도 저당권의 효력이 미치지 않게 된다는 문제가 있다. 그러므로 제358조·제370조 및 제214조의 취지는 담보권자의 지위를 보호하려는 데 있다는 점을 고려하여 볼 때, 사회관념적 일체설이 타당하다. 다만 분리된 물건이 객관적으로 또는 사회 관념상 저당목적물과의 일체성이 벗어나 공시의 작용이 현실적으로 미치지 않을 때에는 저당권의 효력이 미치지 않는다고 할 것이다. 다시 말하면 부동산으로부터 반출된 경우에는 저당권의 효력이 미치지 않으며, 따라서 저당권자에게 반환청구권이 인정되지 않는다(제370조, 제214조). 그러나 분리된 물건이 소유자의 수중에 있는 때에는 저당권자는 저당권의 물권적 효력에 의하여 분리된 물건의 반출을 금지할 수 있다.

4) 저당토지 위의 건물

토지와 건물은 각각 별개의 부동산이므로, 토지의 저당권은 건물에 그 효력을 미치지 않는다. 다만 저당권설정 후 그 설정자가 저당토지에 건물을 축조한 경우, 저당권자는 저당토지와 함께 그 건물에 대해서도 경매를 청구할 수 있다(제365조 본문). 이는 저당권의 실행을 용이하게 하기 위한 것이다. 이러한 일괄경매청구권은 저당권설정자가 건물을 축조하여 소유하고 있는 경우에 한한다. 그런데 저당권자가 일괄경매를 하더라도 그 건물의 매각대금에 대하여 우선변제를 받을 권리는 없다(제365조 단서).

5) 과 실

가) 천연과실

저당권은 목적물의 사용·수익을 설정자에게 남겨두는 것이므로, 천연과실에는 저당권의 효력이 미치지 않는다. 그러나 이를 무제한 인정한다면, 목적물의 소유자가 고의로 경매절차를 지연시켜서 과실을 취득하는 불합리한 일이 발생할 수 있다. 그래서 민법은 저당부동산에 대한 압류가 행해진 후에 저당권설정자가 그 부동산으로부터 수취한 과실 또는 수취할 수 있는 과실에 저당권의 효력이 미치는 것으로 규정하고 있다(제359조 본문). 다만 저당권자가 그 부동산에 대한 소유권·지상권 또는 전세권을 취득한 제3자에 대하여 압류한 사실을 통지한 후가 아니면 이로써 대항하지 못한다(제359조 단서).

나) 법정과실

법정과실에 대해서도 원칙적으로 저당권의 효력이 미치지 않는다. 다만 제359조의 과실에는 법정과실도 포함되므로, 저당부동산이 압류된 후에는 법정과실에 대해서도 저당권의 효력이 미친다(다수설). 따라서 저당부동산에 대한 압류가 있으면 압류 이후의 저당권설정자의 저당부동산에 관한 차임채권 등에도 저당권의 효력이 미친다(대판 2016.7.27, 2015다230020).

판 례

(ㄱ) 저당부동산에 대한 경매절차에서 저당부동산에 관한 차임채권 등을 관리하면서 이를 추심하거나 저당부동산과 함께 매가할 수 있는 제도가 마련되어 있지 아니하므로, 저당권의 효력이 미치는 차임채권 등에

대한 저당권의 실행이 저당부동산에 대한 경매절차에 의하여 이루어질 수는 없고, 그 저당권의 실행은 저당권의 효력이 존속하는 동안에 채권에 대한 담보권의 실행에 관하여 규정하고 있는 민사집행법 제273조에 따른 채권집행의 방법('압류 및 추심명령 또는 전부명령'이나 '배당요구')으로 저당부동산에 대한 경매절차와 별개로 이루어질 수 있을 뿐이다(대판 2016.7.27, 2015다230020).

(ㄴ) 보증금이 수수된 저당부동산에 관한 임대차계약이 저당부동산에 대한 경매로 종료되었는데, 저당권자가 차임채권 등에 대하여는 민사집행법 제273조에 따른 채권집행의 방법으로 별개로 저당권을 실행하지 아니한 경우, 저당부동산에 대한 압류의 전후와 관계없이 임차인이 연체한 차임 등의 상당액이 임차인이 배당받을 보증금에서 당연히 공제됨은 물론, 저당권자가 차임채권 등에 대하여 위와 같은 방법으로 별개로 저당권을 실행한 경우에도 채권집행 절차에서 임차인이 실제로 차임 등을 지급하거나 공탁하지 아니하였다면 잔존하는 차임채권 등의 상당액은 임차인이 배당받을 보증금에서 당연히 공제된다(대판 2016.7.27, 2015다230020).

(나) 물상대위

1) 압류의 취지

질권의 물상대위에 관한 규정(제342조)은 저당권에도 준용된다(제370조). 즉 저당권은 저당목적물의 멸실·훼손 또는 공용징수로 인하여 저당권설정자가 받을 금전 기타의 물건에 대하여도 이를 행사할 수 있는데, 이 경우에는 '그 지급 또는 인도 전'에 압류하여야 한다. 따라서 근저당권자가 근저당권의 목적이 된 토지의 공용징수 등으로 토지의 소유자가 받을 금전이나 물건의 인도청구권을 압류하기 전에 토지의 소유자가 인도청구권에 의하여 금전 등을 수령한 경우, 근저당권자는 더 이상 물상대위권을 행사할 수 없다(대판 2015.9.10, 2013다216273). 여기서 압류의 취지에 대하여 견해가 나누어져 있다.

가) 학 설

(i) 특정성유지설(가치권설) 물상대위의 본질에 관해 가치권설은 담보물권은 용익물권과 달리 목적물의 실체(이용가치)의 취득을 목적으로 하는 것이 아니고, 그 교환가치의 파악을 목적으로 하는 가치지배권인 이상, 담보목적물의 가치가 금전 기타의 형태로 변한 때에는 이러한 가치변형물 위에 그 효력이 당연히 미치는 것이라고 한다(곽윤직, 279면; 이영준, 815면; 김상용, 629면; 김증한/김학동, 451면; 박종두, 557면). 이 견해에 의하면 대위의 객체에 대한 담보권자의 압류를 대위물에 대한 특정성을 보전하기 위한 것이라고 한다.

(ii) 제3채무자보호설 물상대위의 본질은 담보권자를 보호하고자 하는 강한 정책적 요청을 법률이 특별히 인정한 것이고, 이것을 인정하는 것이 담보물권의 가치권적 성질에도 합치하는 것이라는 점에서 구할 수 있다고 한다(김인수, "저당권자의 물상대위권 행사", 사법연구자료 제19집, 10면). 따라서 제342조 본문은 담보권자를 보호하기 위하여 물상대위의 원칙을 정한 규정이지만, 단서는 제3채무자의 이중변제의 위험으로부터 제3채무자를 보호하기 위한 규정이라고 하여(배성호, "물상대위와 압류", 민사법학 21호, 457면; 이승한, "물상대위에 있어서의 '지급 또는 인도 전 압류'에 관하여", 민사판례연구 22권, 103면; 김병두, "물상대위권 행사와 압류", 비교사법 제9권 2호, 84면), 물상대위의 본질과 압류의 취지를 구별하고 있다.

나) 판 례

판례는 제370조, 제342조 단서가 저당권자는 물상대위권을 행사하기 위하여 저당권설정자가 받을 금전 기타 물건의 지급 또는 인도 전에 압류하여야 한다고 규정한 것은 물상대위의 목적인 채권의 특정성을 유지하여 그 효력을 보전함과 동시에 제3자에게 불측의 손해를 입히지 않으려는데 있는 것이므로, 저당목적물의 변형물인 금전 기타 물건에 대하여 이미 제3자가 압류하여 그 금전 또는 물건이 특정된 이상 저당권자가 스스로 이를 압류하지 않고서도 물상대위권을 행사하여 일반채권자보다 우선변제를 받을 수 있다고 한다(대판 2002.10.11, 2002다33137; 대판 1998.9.22, 98다12812).

다) 소 결

생각건대 어느 견해를 취하든 담보목적물의 멸실·훼손 또는 공용징수로 인하여 가치변형물이 발생하면 압류 없이도 당연히 물상대위는 성립하여 그 가치변형물(목적채권) 위에 담보물권의 효력이 미치지만, 나중에 특정성이 상실되면 담보물권이 종국적으로 소멸하게 되어 우선변제청구권을 행사할 수 없게 된다는 점은 일치한다. 즉 압류하는 것이 물상대위가 성립하기 위한 적극적 요건은 아니다. 따라서 제342조 본문은 담보권자에게 물상대위권을 인정하는 담보권자 보호규정이고, 그 단서는 제3채무자가 채무자에게 목적채권을 지급함으로써 발생하게 되는 특정성상실을 방지하고 동시에 담보권자의 우선변제청구권을 보전하기 위한 규정이라고 할 것이다.

2) 물상대위의 객체

(i) 저당권은 '저당물의 멸실, 훼손 또는 공용징수'로 인하여 저당권설정자가 받을 금전 기타 물건에 대하여서도 행사할 수 있다(제370조, 제342조). 물상대위의 객체는 보험금·손해배상금·토지수용보상금 등의 금전 기타의 물건 그 자체가 아니라 이들에 대한 목적물 소유자의 청구권이며, 목적물의 교환가치가 구체화된 경우에도 저당권자가 저당물에 추급할 수 있는 때(예: 저당목적물의 매각대금이나 차임 등)에는 물상대위가 인정되지 않는다. 따라서 '공익사업을 위한 토지 등의 취득 및 보상에 관한 법률'에 의한 토지의 협의취득에 따라 토지소유자가 받을 보상금에 대하여 토지의 저당권자는 물상대위를 할 수 없다. 즉 '협의취득'은 사법상의 '매매계약'과 같은 성질을 가진 것에 불과하여 공용징수에 해당되지 않으며, 저당권이 설정된 토지의 취득에 관하여 토지소유자와 사업시행자 사이에 협의가 성립되어 토지의 소유권이 사업시행자에 이전되더라도 저당권자는 저당권으로서 토지에 추급할 수 있으므로 토지소유자가 협의에 따라 지급받을 보상금(실질은 매매대금)에 대하여 물상대위권을 행사할 수 없다(대판 1981.5.26, 80다2109).

(ii) '저당물의 멸실, 훼손 또는 공용징수'는 저당권의 상실 또는 저당물의 가치감소 사유를 예시한 것으로 볼 것이다. 따라서 판례는 ① 저당권의 목적인 전세권이 기간의 만료로 소멸한 경우에 물상대위가 인정된다고 한다(대판 2014.10.27, 2013다91672). ② 공동저당의 목적인 채무자 소유 부동산과 물상보증인 소유 부동산에 각각 채권자를 달리하는 후순위저당권이 설정되어 있는데 물상보증인 소유 부동산이 먼저 경매되어 1번 저당권자가 변제받은 경우, 물상보증인

소유 부동산의 후순위저당권자가 물상보증인이 대위취득한 1번 저당권에 대하여 물상대위할 수 있다(대판 2011.8.18, 2011다30666,30673). ③ 저당물에 추급할 수 없는 경우, 가령 저당물이 부합·혼화·가공으로 보상금청구권으로 변한 경우(제261조)에도 물상대위가 인정된다.

3) 저당권자가 물상대위권을 행사하여 우선변제를 받기 위한 권리실행방법

'저당목적물의 변형물'인 금전 기타 물건에 대하여 일반채권자가 물상대위권을 행사하려는 저당채권자보다 단순히 먼저 압류나 가압류의 집행을 함에 지나지 않은 경우, 저당권자는 그 전은 물론 그 후에도 목적채권에 대하여 물상대위권을 행사하여 일반채권자보다 우선변제를 받을 수가 있다. 제370조, 제342조에 의한 저당권자의 물상대위권 행사는 ① 민사집행법 제273조에 의하여 담보권의 존재를 증명하는 서류를 집행법원에 제출하여 채권압류 및 추심명령 또는 전부명령을 신청하거나, ② 민사집행법 제247조에 의하여 배당요구를 하는 방법에 의하며, 이는 늦어도 민사집행법 제247조 1항에서 규정하고 있는 배당요구의 종기까지 하여야 한다(대판 2000.5.12, 2000다4272). 즉 저당권자의 물상대위권 행사로서의 압류 및 추심·전부는 그 명령이 제3채무자에게 송달됨으로써 효력이 생기며(동법 제227조 3항), 물상대위권의 행사를 제한하는 취지인 '특정성의 유지'나 '제3자의 보호'는 물상대위권자의 압류 및 추심·전부명령이 효력을 발생함으로써 비로소 달성될 수 있다. 따라서 ① 이러한 물상대위권을 먼저 행사하지 아니한 채 단지 수용대상토지에 대하여 담보물권의 등기가 된 것만으로는 그 보상금으로부터 우선변제를 받을 수 없다(대판 2022.3.31, 2017다276631). ② 배당요구의 종기가 지난 후에 물상대위에 기한 채권압류 및 추심·전부명령이 제3채무자에게 송달되었을 경우, 물상대위권자는 배당절차에서 우선변제를 받을 수 없다(대판 2003.3.28, 2002다13539).

판 례

(ㄱ) 저당권이 설정된 전세권의 존속기간이 만료된 경우에 저당권자는 제370조, 제342조 및 민사집행법 제273조에 의하여 저당권의 목적물인 전세권에 갈음하여 존속하는 것으로 볼 수 있는 전세금반환채권에 대하여 압류 및 추심명령 또는 전부명령을 받는 등의 방법으로 권리를 행사하여 전세권설정자에 대해 전세금의 지급을 구할 수 있다(대판 2008.12.24, 2008다65396).

(ㄴ) 저당목적물의 변형물에 대하여 이미 제3자가 압류한 다음 저당권자가 민사집행법 제247조 제1항에 따른 배당요구를 하는 방법으로 물상대위권을 행사하려 할 경우 배당요구를 할 법원은 위 제3자에게 압류명령을 한 법원이다(대판 2022.3.31, 2017다276631).

4) 부당이득과의 관계

(i) 물상대위에 기한 경우에 저당권자가 배당요구의 종기까지 배당요구를 하는 것을 전제로 우선 배당을 받을 수 있으며, 그 이후에는 우선변제를 받지 못한다. 즉 물상대위권의 행사에 나아가지 아니한 채 단지 수용대상토지에 대하여 담보물권의 등기가 된 것만으로는 그 보상금으로부터 우선변제를 받을 수 없다(대판 2010.10.28, 2010다46756). 그 이유는 물상대위의 목적인 채권

의 특정성을 유지하여 그 효력을 보전하고 평등배당을 기대한 다른 일반채권자의 신뢰를 보호하는 등 제3자에게 불측의 손해를 입히지 아니함과 동시에 집행절차의 안정과 신속을 도모하기 위한 것이다(대판 2000.5.12, 2000다4272). 따라서 저당권자가 물상대위권의 행사에 나아가지 아니하여 우선변제권을 상실한 이상 다른 채권자가 그 보상금 또는 이에 관한 변제공탁금으로부터 이득을 얻었더라도 저당권자는 이를 부당이득으로서 반환청구할 수 없다(대판 2002.10.11, 2002다33137).

(ii) 한편 저당권자가 물상대위권의 행사로 금전 또는 물건의 인도청구권을 압류하기 전에 저당목적물 소유자가 그 인도청구권에 의하여 금전 등을 수령한 경우, 저당목적물의 소유자에 대하여 부당이득반환을 청구할 수 있다(대판 2009.5.14, 2008다17656). 저당권자는 피담보채권의 범위 내에서 저당목적물의 교환가치를 지배하고 있다가 저당권을 상실하는 손해를 입게 되는 반면에, 저당목적물의 소유자는 수령한 금액 가운데 피담보채권액의 범위 내에서는 이득을 얻게 되기 때문이다. 이처럼 물상대위권을 상실한 저당권자가 저당목적물 소유자에 대하여 부당이득반환청구를 할 수 있다는 법리는 저당목적물을 양수한 제3취득자에 대한 경우뿐만 아니라 저당목적물의 소유자가 피담보채권의 채무자인 경우에도 마찬가지로 적용된다(대판 2017.7.18, 2017다218796).

5) 물상대위권의 추급력

물상대위권은 본래의 저당권 객체의 변형에 불과하여 저당권과 동일성을 가지며, 저당권의 공시는 대위물에 대한 공시로서의 작용을 하므로, 물상대위권 역시 추급력을 가지고, 대위물청구권이 특정성을 유지하는 한, 가치대표물의 소재에 추급하여 권리를 실행할 수 있다(지원림, 3-373). 즉 물상대위권자의 압류 전에 양도 또는 전부명령 등에 의하여 보상금 채권이 타인에게 이전된 경우라도 보상금이 직접 지급되거나 보상금지급청구권에 관한 강제집행절차에서 배당요구의 종기에 이르기 전에는 여전히 그 청구권에 대한 추급이 가능하다(대판 2000.6.23, 98다31899).

2. 우선변제적 효력

(1) 의 의

채무자가 변제기에 변제하지 않으면 저당권자는 저당목적물을 현금화하여 그 대금으로부터 다른 채권자에 우선하여 변제받을 수 있다(제356조). 이것이 저당권의 본질적 효력이다. 저당권자는 피담보채권이 금전채권으로 되고 또한 이행지체에 있을 때, 저당권을 실행하여 우선하여 변제를 받는 것이 가장 전형적인 방법이지만, 저당부동산에 대하여 일반채권자·전세권자 또는 후순위저당권자의 강제집행을 막지 못하며, 다만 우선순위에 따라 매각대금으로부터 변제받게 된다(민사집행법 제268조, 제145조 2항). 또한 우선변제권에 의하여 피담보채권이 완전히 변제되지 않은 경우, 저당권자는 일반채권자로서 채무자의 일반재산에 대하여 집행하거나 배당에 참가할 수 있다.

(2) 다른 담보권자에 대한 관계—우선순위

저당권이 다른 저당권·전세권·유치권 또는 일반채권과 경합하는 경우에 우선변제의 순위가 문제된다.

(가) 일반채권자에 대한 관계

저당권자는 일반채권자에 우선한다. 다만 ① 저당권설정등기일보다 먼저 대항요건과 임대차계약증서상의 확정일자를 갖춘 주택(상가)임차인은 그의 보증금의 반환에 관해서 저당권자에 우선한다(주택임대차보호법 제3조의2, 상가건물임대차보호법 제3조). ② 주택·상가건물에 대하여 제621조에 의해 임차권등기가 마쳐진 경우, 임차인은 그 후에 저당권을 취득한 자보다 보증금에 관하여 우선변제를 받을 수 있다(주택임대차보호법 제3조의4 제1항, 상가건물임대차보호법 제7조 1항). ③ 소액보증금의 일정액에 관해서는 주택(상가)임차인은 다른 담보권자의 경매신청 등기 전에 대항요건을 갖춘 경우에 언제나 최우선한다(주택임대차보호법 제8조, 상가건물임대차보호법 제14조). 참고로 후순위저당권의 실행으로 목적부동산이 매각되면, 선순위저당권도 함께 소멸하므로 비록 후순위저당권자에 대하여는 대항할 수 있는 임차권이더라도 소멸된 선순위저당권보다 뒤에 등기되었거나 대항력을 갖춘 임차권은 함께 소멸된다는 점이다(대판 2000.2.11, 99다59306). 따라서 이 경우에 임차인은 매수인에 대하여 그 임차권의 효력을 주장할 수 없다.

판 례

(ㄱ) 부동산의 경매절차에서 주택임대차보호법 제3조에 정한 대항요건을 갖춘 임차권보다 선순위의 근저당권이 있는 경우에는, 매각으로 인하여 선순위 근저당권이 소멸하면 그보다 후순위의 임차권도 선순위 근저당권이 확보한 담보가치의 보장을 위하여 그 대항력을 상실하는 것이지만, 매각으로 인하여 근저당권이 소멸하고 매수인이 소유권을 취득하게 되는 시점인 매각대금지급기일 이전에 선순위 근저당권이 다른 사유로 소멸한 경우에는, 대항력이 있는 임차권의 존재로 인하여 담보가치의 손상을 받을 선순위 근저당권이 없게 되므로 임차권의 대항력이 소멸하지 아니한다(대판 2003.4.25, 2002다70075).

(ㄴ) 부동산에 관하여 처분금지가처분의 등기가 된 후에 가처분채권자가 본안소송에서 승소판결을 받아 확정되면 그 피보전권리의 범위 내에서 가처분 위반행위의 효력을 부정할 수 있고, 이때 그 처분행위가 가처분에 저촉되는 것인지의 여부는 그 처분행위에 따른 등기와 가처분등기의 선후에 의하여 정해진다. 저당권설정등기청구권을 보전하기 위한 처분금지가처분의 등기가 이미 되어 있는 부동산에 관하여 그 후 소유권이전등기나 처분제한의 등기 등이 이루어지고, 그 뒤 가처분채권자가 본안소송의 승소확정으로 그 피보전권리 실현을 위한 저당권설정등기를 하는 경우, 가처분등기 후에 이루어진 위와 같은 소유권이전등기나 처분제한의 등기 등 자체가 가처분채권자의 권리 취득에 장애가 되는 것은 아니어서 그 등기가 말소되지는 않지만(부동산등기법 제94조, 동 규칙 제153조 2항), 가처분채권자의 권리 취득과 저촉되는 범위에서는 가처분등기 후에 등기된 권리의 취득이나 처분의 제한으로 가처분채권자에게 대항할 수 없게 된다. 이러한 법리는 소유권이전청구권가등기 청구채권을 보전하기 위한 처분금지가처분의 등기가 마쳐진 부동산에 관하여 그 피보전권리 실현을 위한 가등기와 그에 의한 소유권이전의 본등기가 마쳐진 때에도 마찬가지로 적용되어야 한다(대판 2022.6.30, 2018다276218).

(나) 전세권자에 대한 관계

전세권은 전세금반환청구권에 대하여 우선변제권이 인정되므로(제303조 1항), 저당권과의 우선순위는 등기의 선후에 의한다.

(다) 유치권에 대한 관계

유치권은 우선변제력이 없으므로, 이론상으로는 저당권과의 경합 내지 우열의 문제는 생기지 않는다. 그러나 매수인은 유치권자에게 변제하지 않으면 경매의 목적물을 수취할 수 없으므로(민사집행법 제268조, 제91조 5항), 사실상 우선변제적 효력이 인정된다.

판 례

(ㄱ) 부동산 임의경매절차에서 매수신고인이 당해 부동산에 관하여 유치권이 존재하지 않는 것으로 알고 매수신청을 하여 이미 최고가매수신고인으로 정하여졌음에도 그 이후 매각결정기일까지 사이에 유치권의 신고가 있을 뿐만 아니라 그 유치권이 성립될 여지가 없음이 명백하지 아니한 경우, 집행법원으로서는 장차 매수신고인이 인수할 매각부동산에 관한 권리의 부담이 현저히 증가하여 민사집행법 제121조 제6호가 규정하는 이의 사유가 발생된 것으로 보아 이해관계인의 이의 또는 직권으로 매각을 허가하지 아니하는 결정을 하는 것이 상당하다(대결 2008.6.17, 2008마459; 대결 2007.5.15, 2007마128).

(ㄴ) 매각허가에 대한 이의신청사유를 규정한 민사집행법 제121조 제6호에서 말하는 '부동산에 관한 중대한 권리관계의 변동'이라 함은 부동산에 물리적 훼손이 없는 경우라도 선순위 근저당권의 존재로 후순위 처분금지가처분(내지 가등기)이나 대항력 있는 임차권 등이 소멸하거나 또는 부동산에 관하여 유치권이 존재하지 않는 것으로 알고 매수신청을 하여 매각허가결정까지 받았으나 그 이후 선순위 근저당권의 소멸로 인하여 처분금지가처분(내지 가등기)이나 임차권의 대항력이 존속하는 것으로 변경되거나 또는 부동산에 관하여 유치권이 존재하는 사실이 새로 밝혀지는 경우와 같이 매수인이 소유권을 취득하지 못하거나 또는 매각부동산의 부담이 현저히 증가하여 매수인이 인수할 권리가 중대하게 변동되는 경우를 말한다(대결 2005.8.8, 2005마643).

(라) 다른 저당권자에 대한 관계

동일한 부동산 위에 수 개의 저당권이 경합하는 경우, 각 저당권의 순위는 설정등기의 선후에 의한다(제370조, 제333조). 다만 선순위 저당권이 변제나 그 밖의 사유로 인하여 소멸하면 후순위 저당권의 순위가 승진한다(순위승진의 원칙).

(마) 조세채권과의 관계

조세와 저당권·질권·전세권·가등기담보권의 피담보채권이나 주택(상가건물)임대차보호법 따라 대항요건과 확정일자를 갖춘 임차권에 의하여 담보된 임대차보증금반환채권 사이의 우선순위는 조세의 법정기일(신고납부방식의 국세 등에서는 신고일, 납세고지서 등으로 징수하는 국세 등에서는 그 고지서 등의 발송일)과 설정등기일(확정일자를 갖춘 임차인 또는 등기된 임차인의 우선변제권 발생일 포함)의 선후를 따져 정한다(국세기본법 제35조 1항 3호; 지방세기본법 제71조 1항 3호). 다만 당해세는 담보물권에 우선한다. 당해세는 '매각부동산 자체'에 대하여 부과된 조세와 가산금으로서, 그 법정기일 전에 설정된 저당권 등으로 담보된 채권보다 우선하는데(국세기본법 제35조 3항; 지방세기본법 제71조 2항 단서), 이를 당해세우선의 원칙이라 한다. 당해

세에는 국세 중에서 상속세·증여세 및 종합부동산세(국세기본법 제35조 3항), 지방세 중에서 재산세·자동차세(자동차 소유에 대한 자동차세만 해당)·지역자원시설세(소방분에 대한 지역자원시설세만 해당) 및 지방교육세(재산세와 자동차세에 부가되는 지방교육세만 해당)가 있다(지방세기본법 제71조 5항). 그러나 당해세는 ① 최우선순위의 임금채권(근로기준법 제38조; 근로자퇴직급여보장법 제12조)과 소액임차인의 보증금반환채권(주택임대차보호법 제8조; 상가건물임대차보호법 제14조)에 우선하여 징수할 수 없다(국세기본법 제35조 1항 4호, 5호; 지방세기본법 제71조 1항 4호, 5호). 또한 ② 주택임대차보호법에 따라 대항요건과 확정일자를 갖춘 임차권에 의하여 담보된 임대차보증금반환채권 또는 주거용 건물에 설정된 전세권에 의하여 담보된 채권은 해당 임차권 또는 전세권이 설정된 재산이 매각되어 그 매각금액에서 국세를 징수하는 경우, 그 확정일자 또는 설정일보다 '법정기일이 늦은' 해당 재산에 대하여 부과된 상속세, 증여세 및 종합부동산세의 우선 징수 순서에 대신하여 변제될 수 있다. 이 경우 대신 변제되는 금액은 우선 징수할 수 있었던 해당 재산에 대하여 부과된 상속세, 증여세 및 종합부동산세의 징수액에 한정한다(국세기본법 제35조 7항).

판 례

(ㄱ) 국세에 대하여 우선적으로 보호되는 저당권으로 담보되는 채권이라 함은 원래 저당권 설정 당시의 저당권자와 저당권 설정자와의 관계를 기본으로 하여 그 설정자의 납세의무를 기준으로 한 것이라고 해석되므로, 저당권 설정자가 그 피담보채권에 우선하여 징수당할 조세의 체납이 없는 상태에서 사망한 경우에 그 상속인에 대하여 부과된 국세인 상속세는 이를 당해세라 하여 우선 징수할 수 없다(대판 1997.5.9, 96다55204).

(ㄴ) 저당부동산이 저당권설정자로부터 제3자에게 양도되고 설정자에게 저당권에 우선하여 징수당할 아무런 조세의 체납이 없었다면 양수인인 제3자에 대하여 부과한 국세 또는 지방세를 법정기일이 앞선다거나 당해세라 하여 우선 징수할 수 없다고 할 것이고, 이러한 법리는 저당부동산의 양도와 함께 설정자인 양도인, 양수인 및 저당권자 등 3자의 합의에 의하여 저당권자와 양도인 사이에 체결되었던 저당권설정계약상의 양도인이 가지는 계약상의 채무자 및 설정자로서의 지위를 양수인이 승계하기로 하는 내용의 계약인수가 이루어진 경우라고 하여 달리 볼 것이 아니다(대판 2005.3.10, 2004다51153).

(바) 임금채권 등과의 관계

1) 근로기준법과 근로자퇴직급여보장법은 근로자의 생활안정을 위한 사회정책적 고려에서 임금 등의 최우선변제권을 규정하고 있다. 즉 최종 3개월분의 임금, 최종 3년간의 퇴직금, 재해보상금은 저당권에 의하여 담보된 채권, 조세·공과금 및 일반채권보다는 선순위이며(근로기준법 제38조 2항, 근로자퇴직급여보장법 제12조 2항), 주택 또는 상가임차인은 보증금 중 일정액을 다른 담보물권자보다 우선하여 변제받을 권리가 있다(주택임대차보호법 제8조, 상가건물임대차보호법 제14조). 즉 최우선순위의 임금채권과 일정액의 소액보증금채권은 같은 순위이며, 담보물권자보다 우선하여 배당받는다. 여기서 최종 3개월분의 임금채권의 범위는 퇴직의 시기를 묻지 않고 사용자로부터 지급받지 못한 최종 3개월분의 임금을 말하며(대판 1997.11.14, 97다32178; 대판 1996.2.23, 95다48650), 최우선변제권이 인정되는 임금 등에 대한 지연손해금채권에 관해서는 우선변제권이 인정되지 않는다(대결 2000.1.28, 99마5143). 또한 사용자가 재산을 특정승계 취득하기 전에 설정된 담보권에 대해서는 임금채권의 우선변제권이 인정되지 않는다(대판 2004.5.27, 2002다65905).

2) 최우선순위의 임금채권(최종 3월분의 임금, 재해보상금, 최종 3년간의 퇴직금)을 제외한 근로관계로 인한 채권은 저당권에

의하여 담보되는 채권보다는 후순위이고, 조세·공과금 및 일반채권보다는 선순위이다. 다만 조세·공과금이 저당권에 우선하는 경우에는 조세·공과금, 저당권에 의하여 담보되는 채권, 근로관계로 인한 채권의 순이다(근로기준법 제38조 1항 단서, 근로자퇴직급여보장법 제12조 1항 단서). 따라서 저당권과 조세 등 채권의 우열을 따져 ① 저당권이 우선하는 경우에는 저당권에 의하여 담보된 채권, 근로관계로 인한 채권, 조세 등 채권의 순위가 되고, ② 조세 등 채권이 저당권에 우선하는 때에는 조세 등 채권, 저당권에 의하여 담보된 채권, 근로관계로 인한 채권의 순위로 우선 변제된다.

판 례

(ㄱ) 근로기준법 제38조 2항 1호에 의하여 우선변제의 특권의 보호를 받는 임금채권의 범위는, 임금채권에 대한 근로자의 배당요구 당시 근로자와 사용자의 근로계약관계가 이미 종료하였다면 그 종료시부터 소급하여 3개월 사이에 지급사유가 발생한 임금 중 미지급분을 말한다(대판 2008.6.26, 2006다1930).

(ㄴ) 근로기준법 제38조 2항은 최종 3개월분의 임금 채권이 같은 조 1항에도 불구하고 사용자의 총재산에 대하여 질권 또는 저당권에 따라 담보된 채권에 우선하여 변제되어야 한다고 규정하고 있을 뿐, 사용자가 사용자 지위를 취득하기 전에 설정한 질권 또는 저당권에 따라 담보된 채권에는 우선하여 변제받을 수 없는 것으로 규정하고 있지 않으므로, 최종 3개월분의 임금 채권은 사용자의 총재산에 대하여 사용자가 사용자 지위를 취득하기 전에 설정한 질권 또는 저당권에 따라 담보된 채권에도 우선하여 변제되어야 한다(대판 2011.12.8, 2011다68777).

(사) 파산채권자에 대한 관계

저당부동산의 소유자가 파산하면 저당권자는 별제권을 가진다(채무자회생법 제411조).

(아) 가압류채권자와의 관계

1) 저당권이 설정된 후 가압류가 되었다면 저당권이 가압류채권보다 우선한다. 반면에 일반채권에 기한 가압류등기가 있는 상태에서 저당권이 설정되었다면, 저당권자는 선순위의 가압류채권자와 안분비례에 따라 평등배당을 받는다(대결 1994.11.29, 94마417). 가압류를 먼저 하였더라도 가압류에 우선변제효력이 없기 때문이다.

2) 부동산에 대한 선순위가압류등기 후 가압류목적물의 소유권이 제3자에게 이전되고 그 후 제3취득자의 채권자가 경매를 신청하여 매각된 경우, 가압류채권자는 그 매각절차에서 당해 가압류목적물의 매각대금 중 가압류결정 당시의 청구금액을 한도로 배당을 받을 수 있다(대판 2007.4.13, 2005다8682). 즉 기존의 가압류권자는 부동산의 경매절차에서 가압류의 처분금지의 효력이 미치는 가압류채권액의 범위 내에서 그 양수인의 채권자나 저당권자보다 우선변제를 받는다(대판 2006.7.28, 2006다19986). 제3취득자는 가압류의 부담이 있는 부동산을 취득한 것이기 때문이다. 따라서 가압류채권액을 공제한 나머지 금액에 대해서만 양수인의 채권자 등이 배당받게 된다.

판 례

부동산에 대하여 가압류등기가 먼저 되고 나서 근저당권설정등기가 마쳐진 경우에 그 근저당권등기는 가압류에 의한 처분금지의 효력 때문에 그 집행보전의 목적을 달성하는 데 필요한 범위 안에서 가압류채권자에 대한 관계에서만 상대적으로 무효이다. 이 경우, 가압류채권자와 근저당권자 및 근저당권설정등기 후 강제경매신청을 한 압류채권자 사이의 배당관계에 있어서, 근저당권자는 선순위 가압류채권자에 대하여는 우선변제권을 주장할 수 없으므로 1차로 채권액에 따른 안분비례에 의하여 평등배당을 받은 다음, 후순위 경매신청압류채권자에 대하여는 우선변제권이 인정되므로 경매신청압류채권자가 받을 배당액으로부터 자기의 채권액을 만족시킬 때까지 이를 흡수하여 배당받을 수 있다(대결 1994.11.29, 94마417).

(3) 저당권자가 피담보채권을 변제받는 방법

(가) 저당권에 기초하여 우선변제를 받는 경우

저당권의 실행은 민사집행법에 의한 경매절차에 의하는 것이 원칙이다. 그러나 변제기의 도래시 채권자가 저당목적물의 소유권을 취득한다는 특약(유저당) 또는 경매에 의하지 않는 환가처분에 의하여 변제에 충당한다는 특약이 있는 때에는 이에 의하여 우선변제를 받는다.

1) 민사집행법에 의한 저당권실행

가) 저당권실행의 요건

저당권을 실행하기 위해서는 피담보채권 및 저당권이 존재하여야 하고, 채무자가 이행지체에 빠져야 한다. 저당권을 실행하는 통상의 절차는 민사집행법의 규정에 따라 행하여진다(제264조 이하, 제79조-제162조). 담보권 실행을 위한 경매(임의경매)는 집행권원(확정된 종국판결·화해조서 등과 같이 실체법상의 청구권의 존재와 범위를 표시하고 법률상 집행력을 인정한 공문서)을 요하지 않는다는 점에서 강제경매와 구별된다.

나) 경매절차

민사집행법은 담보권 실행을 위한 경매에 관하여 특별규정을 두고 있지만(제264조 내지 제267조, 제273조), 대체로 부동산(제79조 내지 제162조) 또는 재산권의 강제경매에 관한 규정(세251조)을 준용하고 있다(제268조, 제273조 3항). 따라서 경매신청 → 압류(경매개시결정) → 현금화 → 배당으로 진행됨은 강제경매와 큰 차이가 없다.

(i) 경매의 신청　　저당권 등 담보권실행은 부동산 강제경매와 같이 일정한 사항을 기재한 경매신청서를 집행법원에 제출함으로써 개시된다(제363조 1항, 민사집행법 제268조, 제78조, 제80조). 담보권실행의 경우는 강제집행에서의 집행력 있는 정본 대신에 담보권의 존재를 증명하는 서류(예: 저당권 등 담보권의 등기부등본, 저당권 등 담보권의 존재를 증명하는 확정판결 또는 그와 같은 효력이 있는 청구인낙·화해·조정조서의 등본 등)를 내야 하며, 담보권을 승계한 경우에는 승계를 증명하는 서류를 내야 한다(민사집행법 제264조). 집행법원은 목적부동산의 소재지를 관할하는 지방법원이 관할한다(동법 제268조, 제79조). 경매신청인은 당사자능력·소송능력을 구비하여야 한다.

(ii) 경매개시결정과 현황조사　　경매신청이 적법하면, 집행법원은 경매개시결정을 하고 동시에 그 부동산의 압류를 명하여야 한다(민사집행법 제268조, 제83조). 법원이 경매개시결정을 하면 법

원사무관 등은 즉시 그 사유를 등기부에 기입하도록 등기관에게 촉탁하여야 한다(동법 제268조, 제94조). 압류의 효력은 채무자에게 개시결정이 송달된 때 또는 개시결정의 등기가 된 때에 효력이 생긴다(동법 제268조, 제83조 4항, 제94조). 또한 법원은 경매개시결정을 한 뒤에 바로 집행관에게 부동산의 현황·점유관계·차임 또는 보증금의 액수 그 밖의 현황에 관하여 조사할 것을 명하여야 한다(동법 제268조, 제85조 1항).

한편 이해관계인은 경매개시결정에 대한 이의신청사유로 절차상의 위법사유만이 아니라 담보권의 부존재 또는 소멸을 주장할 수 있으며(동법 제265조), 매각대금이 모두 지급될 때까지 법원에 경매개시결정에 대한 이의신청을 할 수 있다(동법 제268조, 제86조 1항). 법원은 담보권의 등기가 말소된 등기부의 등본, 담보권 등기를 말소하도록 명한 확정판결의 정본, 담보권이 없거나 소멸되었다는 취지의 확정판결의 정본 등이 제출되면 경매절차를 정지하여야 하며, 일정한 경우에는 취소하여야 한다(동법 제266조, 제102조, 제96조). 여기서 이해관계인이란 ① 압류채권자와 집행력 있는 정본에 의하여 배당을 요구한 채권자, ② 채무자 및 소유자, ③ 등기부에 기입된 부동산 위의 권리자, ④ 부동산 위의 권리자로서 그 권리를 증명한 자이다(동법 제268조, 제90조).

(iii) 현금화의 준비　　압류의 효력이 생기면 집행법원은 매각물건명세서 작성까지의 기간을 고려하여 배당요구의 종기를 정하여 공고하며, 감정인에게 부동산을 평가하게 하고 그 평가액을 참작하여 최저매각가격을 정하여야 한다(민사집행법 제268조, 제84조, 제97조 1항). 집행법원은 최저매각가격으로 압류채권자의 채권에 우선하는 부동산의 모든 부담과 절차비용을 변제하고도 남을 것이 있다고 인정되는 등의 사유가 있는 때에는 직권으로 매각기일과 매각결정기일을 정하여 공고하고, 이를 이해관계인에게 통지하여야 한다(동법 제268조, 제104조). 그 밖에 집행법원은 매각결정기일을 매각기일부터 1주 내에 정하여야 하며, 매각물건명세서를 작성하여야 한다(동법 제268조, 제105조, 제109조).

(iv) 현금화 — 매각허가결정　　매각기일에서 최고가매수신청인이 정하여지면, 법원은 매각결정기일을 열어 이해관계인의 진술을 들은 후 매각허가결정을 한다(민사집행법 제268조, 제120조, 제128조). 매각허가결정이 확정되면, 법원은 대금의 지급기한을 정하여 이를 매수인과 차순위매수신고인에게 통지하여야 하며, 매수인은 대금지급기한까지 매각대금을 지급하여야 한다(동법 제268조, 제142조). 매각대금이 지급되면 법원사무관 등은 매각허가결정의 등본을 첨부하여 관할등기소에 매수인의 소유권등기를 촉탁하여야 한다(동법 제268조, 제144조).

(v) 매각대금의 배당 — 배당받을 채권자의 범위　　매수인이 매각대금을 지급하면, 법원은 배당기일을 정하여 이해관계인과 배당을 요구한 채권자를 소환·심문하여 배당표를 확정하고 그에 따라 배당을 실시한다(민사집행법 제268조, 제146조, 제149조, 제159조). 매각대금이 지급되면, 법원은 배당절차를 밟아야 하며, 만일 매각대금으로 배당에 참가한 모든 채권자를 만족하게 할 수 없는 때에는 법원은 민법·상법 그 밖의 법률에 의한 우선순위에 따라 배당하여야 한다(동법 제268조, 제145조).

배당절차에서 배당받을 수 있는 채권자는 다음과 같다. ① 집행력 있는 정본을 가진 채권자, ② 경매개시결정이 등기된 뒤에 가압류를 한 채권자, ③ 민법·상법, 그 밖의 법률에 의하여 우선변제청구권이 있는 채권자는 '배당요구의 종기'까지 배당요구를 한 경우에 한하여(민사집행법 제268조, 제88조 1항) 비로소 배당받을 수 있다(민사집행법 제148조 2호). 따라서 적법한 배당요구를 하지 아니한 경우에는 실체법상 우선변제청구권이 있는 채권자라 하더라도 매각대금으로부터 배당을 받을 수 없으며, 배당요구의 종기까지 배당요구한 채권자라 할지라도 채권의 일부 금액만을 배당요구한 경우 배당요구의 종기 이후에는 배당요구하지 아니한 채권을 추가하거나 확장할 수 없다(대판 2008.12.24, 2008다65242; 대판 2005.8.25, 2005다14595).

반면에 ① 배당요구의 종기까지 경매신청을 한 압류채권자, ② 첫 경매개시결정등기 전에 등기된 가압류채권자, ③ 저당권·전세권·그 밖의 우선변제청구권으로서 첫 경매개시결정등기 전에 등기되었고 매각으로 소멸하는 것을 가진 채권자는 배당요구를 하지 않더라도 배당을 받을 수 있다(민사집행법 제148조, 제268조). 물론 배당받아야 할 채권자의 채권이 가압류채권자의 채권인 때에는 그 배당액을 공탁하여야 하며(민사집행법 제160조 1항 2호, 제268조), 가압류채권자의 피보전채권 존재가 본안의 확정판결 등에 의하여 확정되면, 가압류채권자에게 공탁금을 지급하게 된다(동법 제161조 1항, 제268조).

판 례

(ㄱ) 배당요구채권자가 적법한 배당요구를 하지 아니하여 그를 배당에서 제외하는 것으로 배당표가 작성·확정되고 그 확정된 배당표에 따라 배당이 실시되었다면 그가 적법한 배당요구를 한 경우에 배당받을 수 있었던 금액 상당의 금원이 후순위채권자에게 배당되었다고 하여 이를 법률상 원인이 없는 것이라고 할 수 없다(대판 2002.1.22, 2001다70702).

(ㄴ) 주택임대차보호법에 의하여 우선변제청구권이 인정되는 소액임차인의 소액보증금반환채권은 민사집행법 제88조 1항에서 규정하는 배당요구가 필요한 배당요구채권에 해당한다(대판 2002.1.22, 2001다70702).

(ㄷ) 주택임대차보호법상 임차인으로서의 지위와 전세권자로서의 지위를 함께 가지고 있는 자가 그중 임차인으로서의 지위에 의하여 경매법원에 배당요구를 하였다면 배당요구를 하지 아니한 전세권에 관하여는 배당요구가 있는 것으로 볼 수 없다(대판 2010.6.24, 2009다40790). 주택임차인이 그 지위를 강화하고자 별도로 전세권설정등기를 마치더라도 주택임대차보호법상 임차인으로서 우선변제를 받을 수 있는 권리와 전세권자로서 우선변제를 받을 수 있는 권리는 근거규정 및 성립요건을 달리하는 별개의 권리이기 때문이다.

(ㄹ) 첫 경매개시결정등기 전에 등기된 가압류채권자로부터 피보전권리를 양수한 채권양수인이 경매법원에 채권신고를 하였으나 배당표가 확정되기 전까지 채권양수사실을 제대로 소명하지 못함에 따라 가압류채권자에게 배당된 경우에, 다른 배당참가 채권자가 가압류채권자의 피보전권리는 채권양수인에게 양도되어 이미 소멸하였다는 이유로 가압류채권자에게 배당된 금액에 대하여 배당이의를 제기하고 배당이의의 소를 통해 가압류채권자에게 배당된 금액을 배당받는다면 채권양수인은 그 채권자를 상대로 가압류채권자의 배당액에 관하여 부당이득반환청구를 할 수 있다(대판 2012.4.26, 2010다94090).

(ㅁ) 동산담보권이 실정된 유체동산에 대하여 다른 채권자의 신청에 의한 강제집행절차가 진행되는 경우 민사집행법 제148조 제4호를 유추적용하여 집행관의 압류 전에 등기된 동산담보권을 가진 채권자는 배당요구를 하지 않아도 당연히 배당에 참가할 수 있다(대판 2022.3.31, 2017다263901).

다) 매각의 효과

(i) 매수인의 권리취득　　a) 매수인이 매각허가결정에 의하여 매각대금을 다 낸

때에 저당목적물의 소유권을 취득한다(민사집행법 제268조, 제135조). 이때의 물권변동은 제187조에 의하여 등기 없이 그 효력이 생긴다.

b) 담보권실행을 위한 경매(임의경매)는 담보권자의 담보권에 내재된 현금화하는 권능의 실행을 국가기관이 대행하는 것에 불과하므로, 담보권에 흠이 있으면 그것은 매각의 효력에 영향을 미친다. 즉 임의경매의 정당성은 실체적으로 '유효한 담보권'의 존재에 근거하므로, 담보권에 실체적 하자(담보권의 부존재·무효, 피담보채권의 부존재·소멸 등)가 있다면 그에 기초한 경매는 원칙적으로 무효이다. 따라서 피담보채권이 소멸되어 무효인 근저당권에 기초하여 임의경매절차가 개시되고 매수인이 해당 부동산의 매각대금을 지급하였더라도, 그 경매절차는 무효이므로 매수인은 부동산의 소유권을 취득할 수 없다(대판 2022.8.25, 2018다205209). 이와 같이 경매가 무효인 경우, 매수인은 경매채권자 등 배당금을 수령한 자를 상대로 그가 배당받은 금액에 대하여 부당이득반환을 청구할 수 있다(대판 2023.7.27, 2023다228107). 다만 '실체상 존재'하는 저당권에 터잡아 경매개시결정이 내려진 경우에는 그 뒤에 저당권이 소멸(예: 저당권설정계약이 해지된 경우)하거나 변제 등으로 피담보채권이 소멸하게 되었더라도 경매절차의 취소 또는 정지되지 아니한 채 진행된 결과 매각허가결정이 확정되고 매수인이 매각대금을 완납한 때에는 적법하게 매각부동산의 소유권을 취득한다(민사집행법 제267조; 대판 2001.2.27, 2000다44348).

c) 참고로 강제경매는 '집행력 있는 정본이 존재'하는 경우에 한하여 국가의 강제집행권의 실행으로서 실시되므로, 일단 '유효한 집행력 있는 정본'에 터잡아 경매절차가 완결된 때에는 집행권원에 표상된 실체상의 청구권이 부존재·무효이거나 경매절차 완결시까지 변제 등의 사유로 인하여 소멸한 경우에도 경매절차가 유효하는 한 매수인은 유효하게 목적물의 소유권을 취득한다는 점이다. 즉 강제경매에는 공신적 효과가 있다. 이와 같이 강제경매에는 공신적 효과가 있지만, 이는 집행력 있는 정본이 '유효하게 성립된 경우'를 전제로 하므로, 집행권원이 무효인 때에는 매수인이 대금을 납부하더라도 소유권을 취득할 수 없다. 예컨대 공정증서가 집행권원으로서 집행력을 가질 수 있도록 하는 집행인낙의 표시는 공증인에 대한 소송행위이므로, 무권대리인의 촉탁에 의하여 공정증서가 작성된 때에는 집행권원으로서의 효력이 없으므로(대판 2006.3.24, 2006다2803), 그러한 무효인 공정증서에 기한 경매절차에서 부동산을 매수한 자는 소유권을 취득할 수 없다. 따라서 무효인 집행증서에 터잡아 경매가 진행되어 매수인 앞으로 소유권이전등기를 마친 경우에도 원소유자는 집행증서의 무효를 주장하여 매수인에 대하여 소유권이전등기의 말소를 청구할 수 있다(대판 2000.2.11, 99다31193).

판 례

(ㄱ) 부동산등기에는 공신력이 인정되지 아니하므로, 부동산의 소유권이전등기가 부실등기인 경우 그 부실등기를 믿고 부동산을 매수하여 소유권이전등기를 경료하였더라도 그 소유권을 취득한 것으로 될 수 없고, 부동산에 관한 소유권이전등기가 무효라면 이에 터잡아 이루어진 근저당권설정등기는 특별한 사정이 없는 한 무효이며, 무효인 근저당권에 의하여 진행된 임의경매절차에서 부동산을 매각받았더라도 그 소유권을 취득할 수 없다(대판 2009.2.26, 2006다72802; 대판 1993.5.25, 92다15574).

(ㄴ) 매수인(경락인)이 강제경매절차를 통하여 부동산을 매각받아 대금을 완납하고 그 앞으로 소유권이전등기까지 마쳤으나, 그 후 강제경매절차의 기초가 된 채무자 명의의 소유권이전등기가 원인무효의 등기이어서 경매 부동산에 대한 소유권을 취득하지 못하게 된 경우, 이와 같은 강제경매는 무효라고 할 것이므로 매수인은 경매채권자에게 매각대금 중 그가 배당받은 금액에 대하여 일반 부당이득의 법리에 따라 반환을 청구할 수 있고, 제578조 1항, 2항에 따른 경매의 채무자나 채권자의 담보책임은 인정될 여지가 없다(대판 2004.6.24, 2003다59259). 제578조 1항, 2항의 담보책임은 매매의 경우와 마찬가지로 경매절차는 유효하게 이루어졌으나 경매의 목적이 된 권리의 전부 또는 일부가 타인에게 속하는 등의 하자로 매수인이 완전한 소유권을 취득할 수 없거나 이를 잃게 되는 경우에 인정되는 것이고, 경매절차 자체가 무효인 경우에는 경매의 채무자나 채권자의 담보책임은 인정될 여지가 없기 때문이다(대판 1993.5.25, 92다15574; 대판 1991.10.11, 91다21640).

(ㄷ) 근저당권자가 집행법원을 기망하여 원인무효이거나 피담보채권이 존재하지 않는 근저당권에 기해 채무자 또는 물상보증인 소유의 부동산에 대하여 임의경매신청을 함으로써 경매절차가 진행된 결과 부동산이 매각되었더라도 그 경매절차는 무효로서 채무자나 물상보증인은 부동산의 소유권을 잃지 않고, 매수인은 부동산의 소유권을 취득할 수 없다(대판 2017.6.19, 2013도564).

(ㄹ) "매수인의 부동산 취득은 담보권 소멸로 영향을 받지 아니한다"는 민사집행법 제267조는 경매개시결정이 있은 뒤에 담보권이 소멸하였음에도 경매가 계속 진행되어 매각된 경우에만 적용된다. 따라서 실체상 존재하는 담보권에 의하여 경매개시결정이 이루어졌으나 그 후 경매 과정에서 담보권이 소멸한 경우, 경매개시결정에 대한 이의 등으로 경매절차가 취소되지 않고 매각이 이루어졌다면 경매는 유효하고 매수인이 소유권을 취득한다(대판 2022.8.25, 2018다205209).

(ii) 매각부동산에 존재하는 다른 권리 a) 저당목적물 위에 존재하던 용익권은 최선순위의 저당권과의 우선순위에 따라 그 운명이 결정된다. 즉 최선순위 저당권보다 먼저 설정된 용익권(지상권·지역권·전세권 및 등기된 임차권)은 매각으로 소멸하지 않고 매수인이 인수하지만(동법 제268조, 제91조 4항 전문), 후순위의 용익권 등은 소멸한다(동법 제268조, 제91조 3항). 다만 전세권의 경우에는 전세권자가 배당요구를 하면 저당권보다 먼저 설정된 경우에도 매각으로 소멸한다(동법 제268조, 제91조 4항 후문). 그리고 저당부동산 위에 존재하던 다른 저당권은 순위에 관계없이 모두 소멸한다(동법 제268조, 제91조 2항). 한편 유치권은 매각이 있더라도 그대로 유효하며, 따라서 유치권자는 매수인에 대해서도 채권의 변제가 있을 때까지 인도를 거절할 수 있으므로(동법 제268조, 제91조 5항), 사실상 우선변제권을 가진다.

b) 매각으로 인하여 경매의 목적인 부동산 위에 존재하는 ① 담보가등기는 (근)저당권처럼 순위에 관계없이 경매목적물의 매각으로 말소된다(가등기담보법 제15조). 그러나 순위보전을 위한 가등기가 최선순위인 경우에는 경매목적물의 매각으로 가등기가 말소되지 않지만, 그 이전에 선순위의 담보권 또는 가압류가 있어 말소되면 가등기도 함께 말소된다. ② 압류 및 가압류는 매수인(경락인)에게 대항할 수 있는지 여부를 묻지 않고 모두 말소된다. 따라서 경매절차에서 매수인이 매각대금을 다 내면, 말소(소멸)기준이 되는 권리는 '(가)압류채권, (근)저당권, 담보가등기, 배당요구한 전세권'이다.

c) 가처분은 말소(소멸)기준 권리 후에 등기된 경우, 경매목적물의 매각으로 말소되지만, 그 이전에 등기된 것은 매수인에게 인수된다. 주택·상가건물임대차보호법이 적용대상인 주택

이나 상가건물의 임차권은 말소기준 권리와 비교하여 그 이전에 점유(상가는 인도)와 주민등록이전(상가는 사업자등록)이라는 대항요건을 갖추지 못했다면 대항력이 없어 그 목적물에 경매가 행하여진 경우에는 그 임차목적물의 매각에 의하여 소멸된다. 그러나 말소기준 권리 전에 대항요건을 갖추어 매수인에게 대항할 수 있는 임차권은 보증금의 전액이 변제되지 않으면 그 임차주택(상가)의 매각에 의하여 소멸되지 않는다(주택임대차보호법 제3조의5, 상가건물임대차보호법 제8조). 가령 ① 1순위로 근저당권, 2순위로 가처분등기, 3순위로 전세권, 4순위로 근저당권이 설정되어 있는 부동산에 관하여 매각이 이루어진 경우, 최선순위가 근저당권이므로 최선순위의 근저당권 및 이에 뒤지는 가처분, 전세권 등 부담은 모두 소멸한다. ② 1순위로 가처분, 2순위로 근저당권, 3순위로 전세권이 설정되어있는 경우, 근저당권이 최선순위가 아니므로 이에 앞서는 가처분은 매수인이 인수하여야 할 부담으로 되고, 2순위 근저당권 및 이에 뒤지는 전세권 등 부담은 매각으로 소멸한다. ③ 1순위 가등기(단 담보가등기로 신고된 경우), 2순위로 가처분, 3순위로 근저당권, 4순위로 전세권이 설정되어 있는 경우, 최선순위인 가등기가 담보가등기이므로 저당권과 마찬가지로 소멸하고, 따라서 이에 뒤지는 가처분, 근저당권, 전세권 등 부담은 매각으로 소멸한다. 만일 가등기가 소유권이전을 위한 가등기인 경우에는 그 가등기와 근저당권에 앞서는 가처분은 매수인이 인수하여야 할 부담이 되고, 근저당권과 전세권만이 소멸한다.

판 례

(ㄱ) 매각부동산 위의 모든 저당권은 매각으로 인하여 소멸하므로, 집합건물의 전유부분과 함께 그 대지사용권인 토지공유지분이 일체로서 매각되고 그 대금이 완납되면, 설사 대지권 성립 전부터 토지만에 관하여 별도등기로 설정되어 있던 근저당권이라 할지라도 경매과정에서 이를 존속시켜 매수인이 인수하게 한다는 취지의 특별매각조건이 정하여져 있지 않았던 이상 토지공유지분에 대한 범위에서는 매각부동산 위의 저당권에 해당하여 소멸한다(대판 2008.3.13, 2005다15048).

(ㄴ) 소유권이전등기청구권 보전의 가등기보다 후순위로 마쳐진 근저당권의 실행을 위한 경매절차에서 매각허가결정에 따라 매각대금이 완납된 경우에도, 선순위인 가등기는 소멸하지 않고 존속하는 것이 원칙이다. 다만 그 가등기보다 선순위로 기입된 가압류등기는 근저당권의 실행을 위한 경매절차에서 매각으로 인하여 소멸하고, 이러한 경우에는 가압류등기보다 후순위인 가등기 역시 민사집행법 제144조 1항 2호에 따라 매수인이 인수하지 아니한 부동산의 부담에 관한 기입에 해당하여 말소촉탁의 대상이 된다(대판 2022.5.12, 2019다265376).

(ㄷ) 부동산에 관하여 가압류등기가 마쳐졌다가 등기가 아무런 원인 없이 말소되었다는 사정만으로는 곧바로 가압류의 효력이 소멸하는 것은 아니지만, 가압류등기가 원인 없이 말소된 이후에 부동산의 소유권이 제3자에게 이전되고 그 후 제3취득자의 채권자 등 다른 권리자의 신청에 따라 경매절차가 진행되어 매각허가결정이 확정되고 매수인이 매각대금을 다 낸 때에는, 경매절차에서 집행법원이 가압류의 부담을 매수인이 인수할 것을 특별매각조건으로 삼지 않은 이상 원인 없이 말소된 가압류의 효력은 소멸한다. 그리고 말소회복등기절차에서 등기상 이해관계 있는 제3자가 있어 그의 승낙이 필요한 경우라 하더라도 제3자가 등기권리자에 대한 관계에서 승낙을 하여야 할 실체법상의 의무가 있는 경우가 아니면 승낙요구에 응하여야 할 이유가 없다(대판 2017.1.25, 2016다28897).

(iii) 인도명령 　경매된 부동산의 점유자가 매수인에게 그 부동산을 인도하지

않는 경우, 법원은 매수인이 대금을 낸 뒤 6개월 이내에 신청하면 채무자·소유자 또는 부동산 점유자에 대하여 부동산을 매수인에게 인도하도록 명할 수 있다(민사집행법 제268조, 제136조 1항). 만약 채무자·소유자 또는 점유자가 인도명령에 따르지 않을 때에는 매수인 또는 채권자는 집행관에게 그 집행을 위임할 수 있다(동법 제268조, 제136조 6항).

라) 저당권자의 피담보채권의 충당방법

담보권실행을 위한 경매에서 저당권자에게 배당된 배당금이 피담보채권 전부를 소멸시키기에 부족한 경우, 제476조에 의한 지정변제충당은 허용될 수 없고, 채권자와 채무자 사이에 변제충당에 관한 합의가 있었더라도 그 합의에 따른 변제충당은 허용되지 않으며, 획일적으로 가장 공평 타당한 충당방법인 제477조와 제479조에 의한 법정변제충당의 방법에 따라 충당하여야 한다(대판 2000.12.8, 2000다51339). 따라서 담보권실행비용, 이자, 손해배상금, 원본의 순서로 충당하여야 한다.

2) 배당절차에의 참가

저당권을 실행하여 우선하여 변제받는 것이 가장 전형적인 방법이지만, 저당부동산에 대하여 일반채권자가 강제집행을 하거나 전세권자 또는 후순위 저당권자가 경매를 신청하는 경우, 저당권자는 이를 저지하지 못하며, 단지 우선순위에 따라 매각대금으로부터 변제를 받게 된다(민사집행법 제268조, 제91조 2항, 제145조 2항).

한편 저당목적물에 대한 일반채권자의 강제집행에는 저당목적물만으로 저당권자가 변제받을 수 있는 경우가 아니면(잉여주의) 허용되지 않는다(민사집행법 제102조). 매각대금으로 집행비용과 압류채권자의 채권에 우선하는 채권액을 변제하고 나머지가 없으면, 압류채권자로서는 아무런 이익이 없는 집행이 되고 또한 압류채권자에 우선하는 다른 채권자에게는 원하지 않는 시기에 현금화를 강요당하는 불이익이 발생하기 때문이다.

3) 민사집행법에 의하지 않는 저당권실행 — 사적 실행

가) 유저당계약

저당권설정계약 또는 피담보채권의 변제기가 도래하기 전의 특약으로, 채무자가 변제기에 변제를 하지 않는 때에 저당부동산의 소유권을 저당권자가 그대로 취득하는 것으로 하거나 또는 경매에 의하지 않는 임의의 방법으로 목적물을 처분·현금화하기로 하는 약정을 유저당계약(流抵當契約)이라고 한다. 질권에 관해서는 유질계약이 금지된다는 명문의 규정이 있으나(제339조), 저당권에 관해서는 명문의 규정이 없지만, 통설은 저당권에서는 질권의 경우와 달리 채권자·채무자의 경제적 지위에 격차가 현저하지 않다는 점, 경매에 의한 저당권의 실행이 번거로울 뿐만 아니라 매각대금이 저당목적물의 시가에 미달하는 경우에 유저당계약을 인정하는 것이 오히려 저당권자와 저당권설정자 모두에게 유리할 수 있다는 점을 고려하여, 유저당계약의 효력을 인정하고 있다.

한편 저당부동산의 소유권을 저당권자에게 귀속시키려는 대물변제의 예약을 가등기를 하는 경우와 하지 않는 경우가 있다. 가등기를 갖춘 대물변제의 예약은 가등기담보법에 의하여 독립한 담보계약으로 다루어지며(동법 제2조 1호), 같은 법에 의해 규율된다. 그러므로 가등기를 하지 않는 대물변제의 예약만이 유저당계약에 해당하며, 민법 제607조·제608조가 적용된다.

나) 저당권과 병존한 대물변제예약

채무자의 궁박을 이용한 폭리의 문제가 생기지 않는 한, 변제기 도래 이후의 유저당계약은 문제되지 않는다. 문제가 되는 것은 저당권설정과 함께 유저당계약으로서 대물변제의 예약을 하여 그 효과로서 저당권자가 목적물의 소유권을 취득하게 되면 저당부동산의 가액이 피담보채권과 그 이자를 초과하는 경우이다. 학설은 일치하여 변제기 전의 유저당계약은 유효하고, 따라서 채무자가 변제기에 변제하지 않으면 저당권자는 저당목적물의 소유권을 취득하지만, 청산 내지 정산의무를 부담한다고 한다. 즉 저당권자는 소유권이전등기를 할 때에 피담보채권의 원리금을 저당목적물의 가액에서 공제하고 나머지를 채무자에게 반환하여야 한다고 한다. 판례도 부동산에 관한 대물변제의 예약이 제607조·제608조에 의하여 무효라 하더라도 '약한 의미의 양도담보계약'이 설정된 것으로 보며, 소유권이전등기가 마쳐졌더라도 '약한 의미의 양도담보'로서의 등기는 유효하다고 한다(대판 1999.2.9, 98다51220; 대판 1982.7.13, 81다254). 여기서 약한 의미의 양도담보란 '담보목적물의 가액과 채무원리금의 차액에 대한 정산'을 필요로 하는 담보, 즉 정산형담보를 말한다.

다) 임의현금화의 약정

저당부동산의 현금화를 민사집행법에 의하지 않고 임의의 방법으로 실시하여 청산하기로 한 약정은 유효하다(통설). 이러한 특약이 있는 경우, 저당권자는 미리 자기 앞으로 소유권이전등기를 하고 목적물을 인도받아 이를 제3자에게 매각하거나 소유권이전등기를 하지 않고 제3자에게 저당목적물을 매각하여, 그 매매대금에서 피담보채권액을 제외한 나머지를 저당권설정자에게 반환하여야 한다. 판례도 담보목적물을 매각해 현금화하여 채무의 변제를 받는 것이 담보권의 전형적인 실행방법이고 담보권의 성격이나 합의에 따라 담보물 가액에서 피담보채권액 등을 빼고 남은 금액을 채무자에게 지급함으로써 담보물의 소유권을 넘겨받는 방식도 가능하다고 한다(대판 2022.4.14, 2017다266177).

(나) 일반채권자로서 변제받는 경우

1) 저당권실행 후의 잔여채권

저당권에 의하여 우선변제를 받았지만 채권 전부를 변제받지 못한 경우에 잔여채권은 무담보의 채권으로 남게 된다. 이 잔여채권을 변제받기 위하여 종전 저당권자는 일반채권자로서 채무자의 일반재산에 대하여 스스로 강제집행을 하거나 또는 타인이 채무자의 재산에 강제집행하는 경우에 그 배당에 참가할 수 있다.

2) 저당권을 실행함이 없이 채무자의 일반재산에 대한 강제집행

저당권자는 저당목적물에 대하여 저당권을 실행함이 없이 먼저 채무자의 일반재산에 대하여 일반채권자로서 집행권원을 얻어 집행하는 경우에는 질권에서와 같은 제한을 받는다(제370조, 제340조). 즉 ① 저당부동산으로부터 변제받지 못한 부분의 채권에 한하여 채무자의 다른 재산에 대하여 집행할 수 있으며(제370조, 제340조 1항), 이에 위반하여 일반재산에 대하여 먼저 집행하는 경우, 일반채권자는 먼저 저당부동산의 경매를 통한 변제를 받도록 이의를 제기할 수 있다. 이 규정은 일반채권자를 보호하기 위한 것이므로, 채무자는 일반재산에 대하여 먼저 집행하려는 저당권자에게 아무런 이의를 제기할 수 없다(통설). ② 저당부동산보다 먼저 채무자의 다른 재산에 관해 배당이 실시되는 경우, 저당권자는 채권자로서 그의 채권전액을 가지고 배당에 참가할 수 있다. 다만 이 경우에 다른 채권자는 저당권자에게 배당금액의 공탁을 청구할 수 있다(제370조, 제340조 2항).

3. 저당권과 용익권의 관계

(1) 일 반

저당권은 설정자가 목적물을 점유하여 사용·수익하고, 저당권자는 목적물의 교환가치만을 파악하는 것을 그 내용으로 한다. 따라서 저당권이 설정된 후에도 설정자는 목적물에 대한 용익권능에 아무런 제한을 받지 않는다. 그러나 저당권이 실행되면 저당목적물에 대한 소유권이 매수인에게 이전되므로, 저당권과 대항력이 있는 제3자의 용익권의 관계, 저당권의 실행으로 토지와 건물의 소유자가 다르게 된 경우에 저당목적물과 토지 내지 건물의 이용관계, 저당권자와 저당목적물에 대하여 권리를 취득한 제3자 사이의 관계 등이 문제된다.

(2) 저당권과 제3자의 대항력 있는 용익권의 관계

저당권이 실행된 경우에 용익권(예: 지상권·지역권·전세권·등기된 임차권·대항력 있는 임차권)이 소멸하는지 여부에 관하여는 앞에서 이미 설명하였다.

(3) 제366조의 법정지상권

(가) 의 의

법정지상권이란 동일인의 소유에 속하는 토지와 지상건물 중 어느 하나 또는 양쪽에 설정된 저당권이 실행되어 그 소유자가 각각 다르게 된 때에, 토지소유자는 건물소유자에 대하여 지상권을 설정한 것으로 보는 것을 말한다(제366조). 민법은 토지와 건물을 각각 독립한 부동산으로 다루므로 경매 등으로 토지와 건물의 소유자가 달라질 수 있다. 이러한 경우에 건물철거라는 사회경제상의 불이익을 방지할 필요가 있다. 따라서 민법 제366조는 가치권과 이용권의 조절을 위한 공익상의 이유로 지상권의 설정을 강제하는 것이므로, 저당권설정 당사자 간의 특약으로 저당목적물인 토지에 대하여 법정지상권을 배제하는 약정을 하더라도 그 특약은 효력이 없다(대판 1988.10.25, 87다카1564).

(나) 성립요건

법정지상권이 성립하기 위해서는 ① 저당권설정 당시 건물이 존재하여야 하고, ② 토지와 건물이 동일인의 소유에 속하여야 하며, ③ 토지나 지상건물에 저당권이 설정되어야 한다. 그 밖에 ④ 경매로 인하여 토지와 건물의 소유자가 달라져야 한다.

1) 저당권설정 당시 건물이 존재할 것

법정지상권이 성립하기 위해서는 먼저 저당권설정 당시부터 토지 위에 건물이 존재하여야 한다. 건물이 없는 토지에 저당권을 설정하고 그 후에 신축된 건물에 대하여 법정지상권이 인정된다면 토지의 교환가치가 떨어지게 되어 토지의 저당권자는 불측의 손해를 입게 되기 때문이다. 따라서 ① 건물이 없는 토지에 저당권을 설정한 후에 설정자가 건물을 신축한 경우에 그 건물을 위하여 법정지상권이 성립하지 않는다(대결 1995.11.21, 95마1262). ② 건물이 없는 토지에 저당권을 설정한 후에 설정자가 저당권자에게 법정지상권의 성립을 인정한다는 양해를 얻고 건물을 지어도 법정지상권은 인정되지 않는다(대판 2003.9.5, 2003다26051). 이와 달리 건물은 저당권설정 당시에 실제로 있으면 되고, 보존등기가 없더라도 법정지상권은 성립한다(대판 2004.6.11, 2004다13533).

가) 저당권설정 당시 토지소유자가 그 지상에 건물을 건축 중이었던 경우

토지에 관하여 저당권이 설정될 당시 토지소유자에 의하여 그 지상에 건물을 건축 중이었던 경우, 그것이 사회 관념상 독립된 건물로 볼 수 있는 정도에 이르지 않았더라도 경매절차에서 매수인이 매각대금을 다 낸 때까지 최소한의 기둥과 지붕 그리고 주벽이 이루어지는 등 독립된 부동산으로서 건물의 요건을 갖추면 제366조의 법정지상권이 성립한다(대판 2004.2.13, 2003다29043).

나) 저당권설정 후 경매로 인한 매각대금 납부 전의 건물 재축·신축 등을 한 경우

(i) 토지에 관하여만 저당권이 설정되어 있는 경우

토지에 저당권설정 당시 건물이 존재한 이상 그 이후 건물을 개축, 증축하는 경우는 물론이고 건물이 멸실되거나 철거된 후 재축, 신축하는 경우에도 법정지상권이 성립하며, 이 경우의 법정지상권의 내용인 존속기간, 범위 등은 구 건물을 기준으로 하여 그 이용에 일반적으로 필요한 범위 내로 제한된다(대판 2001.3.13, 2000다48517,48524; 대판 1991.4.26, 90다19985).

(ii) 토지와 건물에 공동저당권이 설정되어 있는 경우

(ㄱ) 동일인의 소유에 속하는 '토지 및 그 지상 건물에 관하여 공동저당권이 설정'된 후 그 지상 건물이 철거되고 새로 건물이 신축된 경우, 그 신축건물의 소유자가 토지의 소유자와 동일하고 토지의 저당권자에게 신축건물에 관하여 토지의 저당권과 동일한 순위의 공동저당권을 설정해 주는 등 특별한 사정이 없는 한 저당물의 경매로 인하여 토지와 그 신축건물이 다른 소유자에 속하게 되더라도 그 신축건물을 위한 법정지상권은 성립하지 않는다(대판 2012.3.15, 2011다54587). 신축건물에 대해 법정지상권을 인정한다면, 공동저당권자는 구 건물에 대한 저당권을 일방적으로 상실할 뿐만 아니라 토지에 대해 법정지상권의 부담만큼 토지의 담보가

치가 추가로 상실되는 손해를 입게 되기 때문이다. 이러한 법리는, ① 저당권자가 제370조, 제342조에 따른 물상대위권 행사 등을 통하여 멸실된 건물의 가액 전부 또는 일부에 관한 만족을 얻은 경우에도 마찬가지라고 보아야 한다(대판 2025.9.25, 2025다212804). 가령 피고 乙소유의 토지와 그 지상 건물에 관하여 A은행의 공동근저당권이 설정되어 있었는데, 화재가 발생하여 건물이 전소되고 乙은 A은행에 화재로 인한 보험금 상당액을 변제하였다. 甲은 경매절차에서 토지와 멸실등기가 마쳐지지는 않은 건물을 매수한 다음 화재 후 乙이 설치하여 소유하고 있는 지상물의 철거, 차임 상당 부당이득반환 등을 청구하였고, 乙은 지상물을 위한 법정지상권이 성립하였다고 다투고 있다. 이 경우 A은행이 乙로부터 '건물 멸실에 따른 보험금 상당액을 지급'받았더라도 A은행으로서는 토지와 건물 각각의 교환가치 전부를 담보로 취득하여 궁극적으로 토지에 관하여 아무런 제한이 없는 나대지로서의 교환가치 전체를 실현시킬 수 있을 것으로 기대한다고 봄이 상당하므로, 지상물을 위한 법정지상권이 성립하지 않는다. ② 집합건물의 전부 또는 일부 전유부분과 대지 지분에 관하여 공동저당권이 설정된 후 그 지상 집합건물이 철거되고 새로운 집합건물이 신축된 경우에도 마찬가지이다(대판 2014.9.4, 2011다73038,73045). 이 경우 토지와 신축건물에 대하여 제365조에 의하여 일괄매각이 이루어졌다면 일괄매각대금 중 토지에 안분할 매각대금은 법정지상권 등 이용 제한이 없는 상태의 토지로 평가하여 산정하여야 한다(대판 2012.3.15, 2011다54587).

(ㄴ) 토지와 함께 공동근저당권이 설정된 건물이 그대로 존속함에도 사실과 달리 등기부에 멸실의 기재가 이루어지고 이를 이유로 등기부가 폐쇄된 경우, 저당권자로서는 멸실 등으로 인하여 폐쇄된 등기기록을 부활하는 절차 등을 거쳐 건물에 대한 저당권을 행사하는 것이 불가능한 것이 아닌 이상 저당권자가 건물의 교환가치에 대하여 이를 담보로 취득할 수 없게 되는 불측의 손해가 발생한 것은 아니라고 보아야 하므로, 그 후 토지에 대하여만 경매절차가 진행된 결과 토지와 건물의 소유자가 달라지게 되었다면 그 건물을 위한 법정지상권은 성립한다 할 것이고, 단지 건물에 대한 등기부가 폐쇄되었다는 사정만으로 건물이 멸실된 경우와 동일하게 취급하여 법정지상권이 성립하지 않는다고 할 수는 없다(대판 2013.3.14, 2012다108634).

(ㄷ) 경매대상 건물이 인접한 다른 건물과 합동(合棟)됨으로 인하여 건물로서의 독립성을 상실하게 되었다면 경매대상 건물만을 독립하여 양도하거나 경매의 대상으로 삼을 수는 없고, 이러한 경우 경매대상 건물에 대한 채권자의 저당권은 합동으로 인하여 생겨난 새로운 건물 중에서 위 경매대상 건물이 차지하는 비율에 상응하는 공유지분 위에 존속하게 된다. 따라서 동일인 소유 토지와 그 지상 건물에 공동근저당권이 설정된 후 그 건물이 다른 건물과 합동되어 신건물이 생겼고, 그 후 경매로 토지와 신건물이 다른 소유자에게 속하게 됨에 따라 신건물을 위한 법정지상권이 성립한 경우, 그 존속기간과 범위 등은 종전 건물을 기준으로 하여 그 이용에 일반적으로 필요한 범위 내로 제한된다(대판 2010.1.14, 2009다66150).

다) 건물이 가설건축물인 경우

독립된 부동산으로서 건물은 토지에 정착되어 있어야 하는데(제99조 1항), 가설건축물은 일시 사용을 위해 건축되는 구조물로서 설치 당시부터 일정한 존치기간이 지난 후 철거가 예정되어 있어 일반적으로 토지에 정착되어 있다고 볼 수 없다(대판 2021.7.29, 2021두34756). 민법상 건물에 대한 법정지상권의 최단 존속기간은 견고한 건물이 30년, 그 밖의 건물이 15년인데 비하여, 건축법령상 가설건축물의 존치기간은 통상 3년 이내로 정해져 있다. 따라서 가설건축물은 특별한 사정이 없는 한 독립된 부동산으로서 건물의 요건을 갖추지 못하여 법정지상권이 성립하지 않는다(대판 2021.10.28, 2020다224821).

2) 저당권설정 당시 토지와 건물의 소유자가 동일인일 것

(i) 저당권설정 당시 토지와 건물이 동일한 소유자에게 속해야 한다. 저당권설정 당시 토지와 건물의 소유자가 다른 경우에 그 건물에 관하여 이미 토지소유자에게 대항할 수 있는 용익권이 설정되어 있을 것이므로, 그 건물을 위해 다시 법정지상권을 인정할 필요가 없기 때문이다. 따라서 저당권설정 당시 토지와 건물이 각각 다른 사람의 소유에 속하고 있는 때에는 법정지상권이 성립하지 않는다. 가령 대지나 그 지상건물의 소유명의를 타인에게 신탁한 경우, 신탁자는 제3자에 대하여 그 대지 또는 지상건물이 자기 소유임을 주장할 수 없으므로, 대지와 그 지상건물이 동일인의 소유임을 전제로 한 법정지상권을 취득할 수 없다(대판 2004.2.13, 2003다29043).

(ii) 미등기건물을 그 대지와 함께 매수한 사람이 '대지'에 관하여만 소유권이전등기를 마친 다음 대지에 저당권을 설정하고 그 저당권의 실행으로 대지가 경매되어 다른 사람의 소유로 된 경우, 저당권의 설정 당시에 이미 대지와 건물이 각각 다른 사람의 소유에 속하고 있었으므로, 법정지상권이 성립될 여지가 없다(대판 2002.6.20, 2002다9660). 반면에 저당권설정 당시 토지와 건물이 동일인에게 속하고 있으면, 그 이후 토지와 건물 중 한쪽이 제3자에게 양도되어도 법정지상권은 성립한다(대판 1999.11.23, 99다52602). 이 경우에 건물소유자와 토지소유자 사이에 지상권이 설정되거나 관습상의 법정지상권이 성립되겠지만, 저당권설정 후에 성립한 이들 용익권은 경매로 인하여 소멸하므로, 제366조의 법정지상권을 인정할 필요가 있다.

(iii) 토지와 건물의 소유자가 토지에 대해 저당권을 설정하면서 저당권자를 위해 지상권도 설정해 준 경우, 저당권의 실행으로 그 지상권도 소멸한 경우에는 건물을 위한 법정지상권이 성립한다(대판 1991.10.11, 91다23462).

(iv) 건물공유자의 1인이 그 건물의 부지인 토지를 단독으로 소유하면서 그 토지에 관하여만 저당권을 설정하였다가 저당권에 의한 경매로 토지의 소유자가 달라진 경우, 건물공유자는 토지 전부에 대해 법정지상권을 취득한다. 토지소유자는 자기뿐만 아니라 다른 건물공유자들을 위하여도 토지의 이용을 인정하고 있었다고 할 수 있고, 저당권자로서도 저당권설정 당시 법정지상권의 부담을 예상할 수 있었으며, 건물의 철거로 인한 사회경제적 손실을

방지할 공익상의 필요성도 인정되는 점에서 그러하다(대판 2011.1.13, 2010다67159).

(ⅴ) 공유로 등기된 토지의 소유관계가 구분소유적 공유관계에 있는 경우, 공유자 중 1인이 소유하고 있는 건물과 그 대지는 다른 공유자와의 내부관계에서는 그 공유자의 단독 소유이므로, 건물을 소유하고 있는 공유자가 그 건물 또는 토지지분에 대하여 저당권을 설정하였다가 그 후 저당권의 실행으로 소유자가 달라지게 되면 건물소유자는 그 건물의 소유를 위한 법정지상권을 취득하게 된다. 이는 구분소유적 공유관계에 있는 토지의 공유자들이 그 토지 위에 각자 독자적으로 별개의 건물을 소유하면서 그 토지 전체에 대하여 저당권을 설정하였다가 그 저당권의 실행으로 토지와 건물의 소유자가 달라지게 된 경우에도 마찬가지이다(대판 2004.6.11, 2004다13533).

3) 토지나 건물에 저당권이 설정되었을 것

토지와 건물 중 어느 한쪽이나 양쪽에 저당권이 설정되어야 한다. 만일 어느 한쪽에도 저당권이 설정되지 않았으나 어떠한 원인으로 인하여 토지와 건물의 소유자가 다르게 된 때에는 관습상의 법정지상권이 성립할 수 있어도 제366조의 법정지상권은 성립하지 않는다.

4) 경매로 인하여 토지와 건물의 소유자가 달라질 것

저당목적물의 경매로 인하여 토지와 지상건물이 각각 다른 사람의 소유에 속해야 한다. 경매 이외의 방법으로 소유자가 달라져도 관습상의 법정지상권이 성립될 수는 있지만, 제366조의 법정지상권은 성립할 수 없다. 여기서 경매에는 ① 담보권실행을 위한 경매만을 의미한다는 견해(강태성, 998면; 이영준, 839면; 이상태, 453면; 지원림, 3-380b), ② 일반채권자의 집행권원에 기한 경매(통상의 강제경매)도 포함된다는 견해가 있다(곽윤직, 351면; 김상용, 728면).

생각건대 제366조가 저당권 실행에 의하여 경매되는 경우를 전제로 하고 있는 점을 고려할 때, 담보권실행을 위한 경매만을 의미한다고 할 것이다. 따라서 동일인에게 속하였던 토지와 지상건물이 담보권실행경매가 아니라 강제경매로 인하여 소유자가 다르게 된 경우에는 관습상의 법정지상권이 성립될 뿐이다.

(다) 법정지상권의 내용

법정지상권은 법률의 규정에 의해 성립하는 점을 빼고는 그 본질에서 일반지상권과 다를 것이 없다. 따라서 그 성질에 반하지 않는 한 일반지상권에 관한 법리를 적용하여야 한다.

1) 범 위

건물소유자는 건물을 사용하는 데 필요한 범위 내에서 건물의 대지를 사용할 권리가 있다. 건물의 부지에만 국한되는 것이 아니라 건물의 용도에 따라 필요한 범위 내의 토지가 이에 포함된다. 가령 창고로 사용되는 건물에 대해서는 일반적으로 필요한 둘레의 대지가 법정지상권이 미치는 범위에 속한다(대판 1977.7.26, 77다791).

2) 지 료

지료는 우선 당사자의 협의로 이를 정하게 되나, 협의가 이루어지지 않는 때에는 당사자의 청구로 법원이 이를 정한다(제366조 단서). 법원에 의해 결정된 지료는 법정지상권이 성립한 때에 소급하여 효력이 생긴다.

3) 존속기간

당사자 사이의 합의에 의하는 것이 원칙이지만, 협의가 성립되지 않은 경우에는 존속기간을 약정하지 않은 지상권으로 볼 수 있기 때문에, 학설과 판례는 민법 제281조에 의하여 존속기간이 결정된다고 한다(대판 1992.6.9, 92다4857; 강태성, 1003면; 김증한/김학동, 534면; 김상용, 730면; 이상태, 454면. 그러나 이영준, 841면은 당사자의 청구에 의하여 법원이 이를 정해야 한다고 한다).

4) 소 멸

가) 일 반

법정지상권도 물권이므로 물권 소멸에 관한 일반원칙이 적용된다. 즉 토지소유자의 소멸청구(제287조), 지상권자의 포기, 당사자 사이의 계약, 목적물의 멸실, 존속기간의 만료 등으로 법정지상권은 소멸한다. 따라서 지상권이 소멸하면, 지상권설정자는 상당한 가액을 제공하여 지상물의 매수를 청구할 수 있고, 지상권자는 정당한 이유 없이 이를 거절하지 못한다(제285조 2항). 한편 지상권자는 계약의 갱신을 청구할 수 있고, 설정자가 이를 거절한 때에는 상당한 가액으로 지상물의 매수를 청구할 수 있다(제283조).

나) 지료연체로 인한 지상권 소멸청구

(i) 법정지상권에 관한 지료가 결정되지 않은 경우, 지료 지급이 2년 이상 연체되었다는 이유로 지상권소멸청구를 할 수 없다(대판 2001.3.13, 99다17142). 즉 법정지상권의 경우 당사자 사이에 지료에 관한 협의가 있었다거나 법원에 의하여 지료가 결정되었다는 아무런 증명이 없다면, 법정지상권자가 지료를 지급하지 않았더라도 지료 지급을 지체한 것으로는 볼 수 없다. 따라서 법정지상권자가 2년 이상의 지료를 지급하지 아니하였음을 이유로 하는 토지소유자의 지상권소멸청구는 이유가 없고, 지료액 또는 그 지급시기 등 지료에 관한 약정은 이를 등기하여야만 제3자에게 대항할 수 있는 것이고(부동산등기법 제69), 법원에 의한 지료의 결정은 당사자의 지료결정청구에 의하여 형식적 형성소송인 지료결정 판결로 이루어져야 제3자에게도 그 효력이 미친다.

(ii) 지상권자의 지료 지급 연체가 토지소유권의 양도 전후에 걸쳐 이루어진 경우, 토지양수인에 대한 연체기간이 2년이 되지 않는다면 양수인은 지상권소멸청구를 할 수 없다(대판 2001.3.13, 99다17142).

(라) 법정지상권과 등기

1) 법정지상권의 성립시기

토지나 지상건물의 경매로 그 소유권이 매수인에게 이전하는 때, 즉 매수인이 매각대금을 다 낸 때에 건물소유자에게 법정지상권이 인정된다(민사집행법 제268조, 제135조). 법률의 규정에 의한 물권변동으로서 등기를 요하지 않는다(민법 제187조). 따라서 토지가 양도된 경우, 법정지상권자는 등기 없이 양수인에게 대항할 수 있다.

2) 건물소유권을 양도한 경우

(i) 법정지상권을 취득한 건물소유자가 건물을 양도하는 경우에는 특별한 사정이 없는 한 건물과 함께 지상권도 양도하기로 하는 채권적 계약이 존재하며, 따라서 건물양수인은 양도인을 대위하여 토지소유자에 대해 법정지상권 설정등기를 양도인에게 해 줄 것을 청구할 수 있다. 또한 건물의 양수인에 대하여 대지소유자가 소유권에 의하여 건물철거 및 대지의 인도를 구하는 것은 지상권의 부담을 용인하고 그 설정등기절차를 이행할 의무 있는 자가 그 권리자를 상대로 한 청구로서 신의칙상 허용될 수 없다(대판 1988.9.27, 87다카279).

(ii) 법정지상권자라 할지라도 대지소유자에게 지료를 지급할 의무는 있는 것이고, 법정지상권이 있는 건물의 양수인으로서 장차 법정지상권을 취득할 지위에 있어 대지소유자의 건물철거나 대지인도청구를 거부할 수 있더라도 그 대지를 점유·사용함으로 인하여 얻은 이득은 부당이득으로서 대지소유자에게 반환할 의무가 있다(대판 1997.12.26, 96다34665; 대판 1995.9.15, 94다61144).

(iii) 법정지상권은 건물의 유지 등을 위하여 특별히 인정된 권리이기는 하지만, 그렇다고 하여 법정지상권이 건물의 소유에 부속되는 종속적인 권리가 아니며 하나의 독립된 법률상의 물권으로서의 성격을 지니고 있기 때문에, 건물소유자가 건물과 법정지상권 중 어느 하나만을 처분하는 것도 가능하다(대판 2001.12.27, 2000다1976). 반면에 건물 소유를 위하여 법정지상권을 취득한 사람으로부터 '경매'에 의하여 건물의 소유권을 이전받은 매수인은 매수 후 건물을 철거한다는 등의 매각조건하에서 경매되는 경우 등 특별한 사정이 없는 한 건물의 매수취득과 함께 위 지상권도 당연히 취득한다(대판 2014.9.4, 2011다13463).

판 례

(ㄱ) 아파트 수분양자들은 아파트에 관한 소유권이전등기청구권을 가지고 있어 그 소유권이전등기를 경료하게 되면 법정지상권과 함께 해당 건물의 소유권을 취득하게 되는 것이므로, 그와 같은 지위에 있는 자들로 구성된 아파트입주자대표회의가 그 구성원들이 취득하게 될 아파트의 대지권 확보를 위하여 법정지상권을 취득하였다면, 그 법정지상권이 아파트의 소유권과는 분리되어 양도되었다고 하여도 이를 사회질서에 반하여 무효라고 할 수 없다(대판 2001.12.27, 2000다1976).

(ㄴ) 저당권의 효력이 저당부동산에 부합된 물건과 종물에 미친다는 민법 제358조 본문을 유추하여 보면 건물에 대한 저당권의 효력은 그 건물에 종된 권리인 건물의 소유를 목적으로 하는 지상권에도 미치게 되므로, 건물에 대한 저당권이 실행되어 매수인이 그 건물의 소유권을 취득하였다면 매각 후 건물을 철거한다는 등의 매각조건에서 경매되었다는 등 특별한 사정이 없는 한, 매수인은 건물 소유를 위한 지상권도 제187조의 규정에 따라 등기 없이 당연히 취득하게 되고, 한편 이 경우에 매수인이 건물을 제3자에게 양도한 때에는, 특별한 사정이 없는 한 제100조 2항의 유추적용에 의하여 건물과 함께 종된 권리인 지상권도 양도하기로 한 것으로 봄이 상당하다(대판 1996.4.26, 95다52864).

(4) 저당토지 위의 건물에 대한 일괄경매청구권

(가) 의 의

토지와 건물은 각각 별개의 부동산이므로, 토지의 저당권은 건물에 그 효력을 미치지 않는다. 다만 토지를 목적으로 저당권을 설정한 후 그 설정자가 저당토지에 건물을 축조한 경우, 저당권자는 저당토지와 함께 그 건물에 대해서도 경매를 청구할 수 있다(제365조 본문). 저당권 설정 당시에 건물이 존재하지 않으면 건물을 위한 법정지상권은 인정되지 않으므로(제366조), 토지의 매수인은 건물의 소유자에 대하여 건물철거를 요구할 수 있어, 사회경제적으로 매우 불이익하게 된다. 이를 방지하기 위해 저당권자에게 일괄경매청구권을 인정할 실익이 있으며, 또한 토지저당권의 실행을 용이하게 한다.

(나) 요 건

1) 저당권설정 당시 그 토지에 건물이 없을 것

건물은 토지에 대해 저당권이 '설정된 후에 신축된 것'이어야 한다. 토지에 대해 저당권을 설정할 당시에 건물이 존재하고 있는 경우에는 건물소유자에게 토지이용권이 있거나 법정지상권(제366조)의 문제가 된다.

2) 저당권설정자가 건물을 축조하고 소유하고 있을 것

저당권이 설정된 후에 저당권설정자 이외의 제3자가 건물을 축조하였지만, 저당권설정자가 건물의 소유권을 취득하지 않은 경우 또는 저당권설정자가 축조하였으나 경매 당시 제3자가 소유하고 있는 경우에는 일괄경매권이 인정되지 않는다(대결 1999.4.20, 99마146). 일괄경매권을 제3자 소유물에까지 미치게 하는 것은 환가권의 지나친 확대를 가져오기 때문이다. 따라서 제365조의 취지에 비추어 저당지상의 건물에 대한 일괄경매청구권은 저당권설정자가 건물을 축조한 경우뿐만 아니라 저당권설정자로부터 저당토지에 대한 용익권을 설정 받은 자가 그 토지에 건물을 축조한 경우라도 그 후 저당권설정자가 그 건물의 '소유권을 취득'한 경우에는 저당권자는 토지와 함께 그 건물에 대하여 경매를 청구할 수 있다(대판 2003.4.11, 2003다3850). 참고로 일괄경매의 추가신청의 시적 한계에 관하여, 판례는 일괄경매청구권은 토지의 저당권자가 토지에 대하여 경매를 신청한 후에도 그 토지상의 건물에 대하여 토지에 관한 경매기일 공고시까지는 일괄경매의 추가신청을 할 수 있고, 이 경우에 집행법원은 두 개의 경매사건을 병합하여 일괄경매절차를 진행함이 상당하다고 한다(대결 2001.6.13, 2001마1632).

(다) 효 과

일괄경매청구권은 토지저당권자가 반드시 행사하여야만 하는 것은 아니다. 즉 권리남용에 해당하는 특별한 사정이 없는 한, 그의 자유로운 선택에 따라 토지만을 경매청구하거나 건물도 함께 경매를 청구할 수 있다. 토지와 함께 그 건물에 대해서도 경매를 청구하는 경우, 법원은 제365조의 취지에 따라 토지와 건물을 일괄하여 매수인이 매수하도록 하여야 한다. 이 점에서 과잉경매의 금지는 적용되지 않는다(민사집행법 제124조 1항, 제101조 3항 단서). 한편 저당권자가 일괄경매를 하더라도 그 건물의 매각대금에 대하여는 우선변제를 받을 권리가 없다(제365조 단서).

(5) 제3취득자의 보호

(가) 서 설

저당권은 목적물이 갖는 교환가치만을 지배하는 물권이기 때문에, 저당권설정 후에도 저당권설정자는 저당목적물을 제3자에게 양도하거나 지상권·전세권 등의 용익물권을 설정할 수도 있다. 저당권이 실행되기 전에는 저당부동산 위의 저당권은 단순히 존재하고 있는 것에 불과하므로, 저당권의 목적인 부동산을 양도받은 양수인 또는 그 부동산 위에 지상권·전세권을 취득한 자, 즉 제3취득자는 저당권이 실행되기 전에 그 부동산을 용익하는데 아무런 제한을 받지 않는다. 그러나 채무자의 채무불이행으로 저당권이 실행되면 저당부동산 위의 권리를 상실할 위험에 처하게 된다. 이와 같이 채무자의 변제유무에 따라 그대로 유지될 수도 있고 상실될 수도 있는 불안한 지위에 놓여 있기 때문에, 제3취득자를 보호하기 위하여 민법은 몇 개의 특칙을 두고 있다.

(나) 매수인의 자격

물상보증인이나 저당부동산의 제3취득자는 채무자와 달리 물적 책임을 부담할 뿐이므로, 제3취득자는 경매절차에 참가하여 매수인이 되어 저당목적물을 매각 받을 수 있다(제363조 2항). 저당권자는 저당부동산으로부터 피담보채권의 만족을 받으면 본래의 목적을 달성하게 될 것이므로, 실제 누가 매수인이 되는가는 그에게 아무런 상관이 없다. 따라서 제363조 2항이 없더라도 저당목적물의 소유권을 취득한 제3취득자는 매수인이 될 수 있으므로, 이는 임의적 규정이다(지원림, 3-382).

(다) 제3취득자의 변제

1) 이해관계 있는 제3자로서의 변제

저당부동산의 제3취득자는 그 저당권의 피담보채무를 변제할 이해관계가 있는 제3자이므로, 채무자의 의사에 반해서도 채무를 변제할 수 있다(제469조).

2) 제3취득자로서의 변제

가) 일 반

저당부동산에 대하여 소유권, 지상권 또는 전세권을 취득한 제3자는 저당권자에게 그 부동산으로 담보된 채권을 변제하고 저당권의 소멸을 청구할 수 있다(제364조). 민법이 대위변제로서 제3자의 변제(제469조) 이외에 제3취득자의 변제(제364조)를 규정한 이유는 단순한 제3자의 변제인 경우에 제3취득자는 저당채무자가 부담하는 모든 채무를 변제하여야 하지만, 제364조에 의하면 제3취득자는 저당권자에게 '그 부동산으로 담보된 채권'만 변제하면 되고, 지연이자는 원본의 이행기일을 경과한 후 1년분만 변제하면 된다는 데 있다(통설). 따라서 제364조는 제469조의 특칙이다.

나) 제3취득자의 범위

저당부동산에 대하여 소유권, 지상권 또는 전세권을 취득한 사람만이 제3취득자가 된다. ① 경매개시 전의 제3취득자에 한하는 것은 아니고, 경매개시 후의 제3취득자도 포함한다(대결 1974.10.26, 74마440). ② 후순위 근저당권자는 제364조의 제3취득자에 해당하지 않는다(대판 2013.2.15, 2012다48855). 따라서 후순위 근저당권자는 제364조에 따라 채권최고액까지만 변제하고 선순위 근저당권의 말소를 청구할 수 없고, 선순위 근저당권의 피담보채무가 확정된 이후에 제469조에 따른 이해관계 있는 제3자의 변제로서 피담보채무 전액을 변제하여야만 그 말소를 구할 수 있다(대판 2006.1.26, 2005다17341). ③ 저당부동산의 제3취득자가 피담보채무를 인수한 경우에는 그때부터는 제3취득자는 채권자에 대한 관계에서 채무자의 지위로 변경되므로 제364조는 적용되지 않는다. 반면에 저당권설정자와 제3취득자가 매매계약을 체결하면서 매매대금에서 피담보채무를 공제한 잔액을 수수한 경우, 제3취득자가 피담보채무를 인수하여 채무자로 된 것으로 볼 수는 없고, 매수인은 제364조에 따른 권리를 갖는다(대판 2002.5.24, 2002다7176).

다) 제3취득자의 변제시기

제3취득자는 피담보채권의 변제기 전에도 변제하고 저당권을 소멸시킬 수 있는지가 문제이다. 이에 대하여 ① 긍정설은 제468조에 의하여 채권자에게 생긴 손해를 배상한다면 변제기 전의 변제가 허용되며, 제3취득자는 이해관계 있는 제3자로서 채무자의 의사에 반해서도 변제할 수 있으므로 변제기 전의 변제도 허용된다고 한다(이영준, 845면). ② 다수설과 판례는 변제기 전의 변제를 허용하면, 저당권의 투자수단으로서의 기능을 무시하는 결과를 가져오기 때문에, 변제기 후에만 변제할 수 있다고 한다(대판 1979.8.21, 79다783; 고상룡, 693면; 곽윤직, 354면; 김상용, 733면; 김증한/김학동, 537면).

판 례

근저당권이라 함은 그 담보할 채권의 최고액만을 정하고 채무의 확정을 장래에 유보하여 설정하는 저당권을 말하고, 이 경우 그 피담보채무가 확정될 때까지의 채무의 소멸 또는 이전은 근저당권에 영향을 미치지 아니하므로, 근저당부동산에 대하여 소유권을 취득한 제3자는 피담보채무가 확정된 이후에 그 확정된 피담보채무를 채권최고액의 범위 내에서 변제하고 근저당권의 소멸을 청구할 수 있다(대판 2002.5.24, 2002다7176).

라) 효 과

(i) 제3취득자의 변제로 피담보채권이 소멸하면 저당권은 부종성에 의하여 당연히 소멸한다(통설). 즉 법률규정에 의한 물권변동이기 때문에(제187조), 저당권의 말소등기를 하지 않더라도 저당권은 소멸한다. 따라서 제364조의 '저당권의 소멸을 청구할 수 있다'는 규정은 무의미한 것이다.

(ⅱ) 저당부동산의 제3취득자는 피담보채권을 변제할 정당한 이익이 있는 자이므로, 변제를 하면 당연히 채권자를 대위하게 된다(제481조). 즉 제3취득자가 변제한 경우에 저당권은 제3취득자에게 이전된다(제482조 1항). 그러나 제3취득자가 저당부동산의 소유자인 경우에는 변제로 저당권은 소멸되므로 대위는 사실상 무의미하게 된다. 따라서 제3취득자가 지상권 또는 전세권을 가지는 경우에만 그 의미가 있게 된다.

(ⅲ) 물상보증의 목적물인 저당부동산의 제3취득자가 변제를 하거나 저당권의 실행으로 소유권을 잃은 경우에는 채무자에 대하여 구상권을 가진다. 판례는 제3취득자의 지위를 물상보증인과 유사한 것으로 보아 물상보증인의 구상권에 관한 제370조, 제341조를 유추적용하여 보증채무에 관한 규정에 의하여 채무자에 대한 구상권이 있다고 한다(대판 2014.12.24, 2012다49285). 주의할 것은 제3취득자가 피담보채무의 이행을 인수하기로 한 경우에는 물상보증인이 채무자에 대하여 구상권을 취득한다(대판 1997.5.30, 97다1556).

(라) 제3취득자의 비용상환청구권

1) 저당물의 제3취득자가 그 부동산의 보존·개량을 위하여 필요비 또는 유익비를 지출한 때에는 점유자의 비용상환청구권의 규정(제203조 1항, 2항)에 의하여 저당물의 매각대금에서 우선상환을 받을 수 있다(제367조). 제367조의 취지는 저당권설정자가 아닌 제3취득자가 저당물에 관한 필요비 또는 유익비를 지출하여 저당물의 가치가 유지·증가된 경우, 매각대금 중 그로 인한 부분은 일종의 공익비용과 같이 보아 제3취득자가 매각대금에서 우선상환을 받을 수 있도록 한 것이므로, 저당물에 관한 지상권, 전세권을 취득한 자만이 아니고 소유권을 취득한 자도 제367조의 제3취득자에 해당한다(대판 2004.10.15, 2004다36604).

2) 집행력 있는 정본을 가진 채권자, 경매개시결정이 등기된 뒤에 가압류를 한 채권자, 민법·상법, 그 밖의 법률에 따라 우선변제청구권이 있는 채권자는 배당요구의 종기까지 배당요구를 한 경우에 한하여 비로소 배당받을 수 있다(민사집행법 제88조 1항, 제148조 2호). 따라서 제3취득자가 제367조에 의하여 우선상환을 받으려면 저당부동산의 경매절차에서 배당요구의 종기까지 배당요구를 해야 한다(대판 2023.7.13, 2022다265093). 결국 제3취득자가 지출비용에 대하여 적법하게 배당요구를 하지 않았다면, 제3취득자는 경매절차 매수인에게 부당이득반환을 청구할 수 없다(대판 2020.10.15, 2017다216523).

3) 제367조에 의한 우선상환은 제3취득자가 경매절차에서 배당받는 방법으로 제203조 1항, 2항에서 규정한 비용에 관하여 경매절차의 매각대금에서 우선변제받을 수 있다는 것이지 이를 근거로 제3취득자가 직접 저당권설정자, 저당권자 또는 경매절차 매수인 등에 대하여 비용상환을 청구할 수 있는 권리가 인정될 수 없다. 따라서 제3취득자는 제367조에 의한 비용상환청구권을 피담보채권으로 주장하면서 유치권을 행사할 수 없다(대판 2023.7.13, 2022다265093). 즉 저당물에 비용을 지출한 제3취득자가 경매절차에서 배당요구를 하지 않으면 저당권자에 대하여 부당이득반환을 청구할 수 없다. 다른 우선특권자인 임금채권자, 주택·상가건물임대차보호법상

의 소액임차인와 비교할 때 형평에 맞기 때문이다. 또한 유치권은 '타물권'이므로, 저당부동산의 소유권을 취득한 자는 유익비나 필요비를 지출하여도 그 단계에서는 유치권을 주장할 수 없다. 그 밖에 제3취득자가 경매에 의하여 저당부동산의 소유권을 상실한 경우에 유치권이 문제될 수 있지만, 제3취득자가 배당요구를 하지 않았다면 저당권자 등에 대하여 비용상환청구권을 행사할 수 없으므로, 제3취득자에게 유치권의 피담보채권이 인정될 수도 없다.

(마) 계약해제권·손해배상청구권 — 매도인의 담보책임

저당권의 실행으로 인하여 제3취득자가 권리를 상실하는 경우에는 매도인에 대하여 담보책임을 주장할 수 있다. 즉 매매의 목적이 된 부동산에 설정된 저당권의 행사로 인하여 제3취득자가 목적물에 대한 소유권을 잃은 때에는 계약을 해제할 수 있고(제576조 1항), 그의 출재로 그 소유권을 보존한 때에는 매도인(저당채무자)에 대하여 그 상환을 청구할 수 있으며(제576조 2항), 그 밖에 손해를 받은 때에는 그 배상을 청구할 수 있다(제576조 3항).

4. 저당권의 침해에 대한 구제

(1) 저당권침해의 특수성

저당권은 저당목적물의 교환가치로부터 우선변제를 받는 것을 내용으로 하는 물권이므로, 저당권자의 담보가치를 위태롭게 하는 일체의 행위를 저당권의 침해라 한다. 이러한 침해는 저당목적물을 멸실 또는 훼손하거나 이를 부당히 방치하는 경우·부당관리에 의한 저당건물의 붕괴·부합물이나 종물의 부당한 분리 등 다양한 모습으로 나타난다. 그런데 저당권은 설정자로부터 목적물의 사용·수익을 빼앗는 것이 아니므로, 목적물이 설정자에 의하여 통상의 경제적 용도에 따라서 이용되는 한 저당권의 침해는 있을 수 없다. 또한 저당목적물이 침해되어 그 교환가치가 감소하더라도 목적물의 가치가 아직 피담보채권액을 초과하는 때에는 저당권자가 손해를 입었다고 할 수 없으므로 손해배상청구권이 인정되지 않는다.

(2) 침해에 대한 구제방법

(가) 물권적 청구권

1) 침해행위의 제거·예방의 청구

(i) 저당권의 침해가 있는 때에는 '방해제거'나 '방해예방'을 청구할 수 있다(제370조, 제214조). 예컨대 저당목적물의 소유자 또는 제3자가 저당목적물을 물리적으로 멸실·훼손하는 경우는 물론 그 밖의 행위로 저당부동산의 교환가치가 하락할 우려가 있는 등 저당권자의 우선변제청구권의 행사가 방해되는 결과가 발생한다면, 저당권자는 저당권에 기한 방해배제청구권을 행사하여 방해행위의 제거를 청구할 수 있다(대판 2006.1.27, 2003다58454). 즉 저당권은 저당권자가 채무 담보로 제공된 부동산에 대하여 점유를 이전받지 않고 다른 채권자보다 자기 채권의 우선변제를 받는 것을 본질적 내용으로 하는 담보물권이므로(제356조), 담보로 제공된 부동산 소유자로부터

점유권원을 설정 받은 제3자가 통상의 용법에 따라 부동산을 사용·수익하는 한 저당권을 침해한다고 볼 수 없다. 그러나 점유권원을 설정받은 제3자의 점유가 저당권의 실현을 방해하기 위한 것이고, 그 점유에 의해서 저당권자의 교환가치 실현 또는 우선변제청구권의 행사와 같은 저당권의 실현을 방해하는 특별한 사정이 있는 경우에는 저당권의 침해로 인정될 수 있을 것이다(대판 2007.10.25, 2007다47896). 또한 저당권의 침해가 있는 이상 목적물의 잔존가치만으로 피담보채권을 만족시킬 수 있더라도 방해제거를 청구할 수 있다(통설). 저당권의 불가분성(제370조, 제321조)에 의하여 저당권자는 피담보채권을 전부 변제받을 때까지 저당목적물 전부에 관하여 그 권리를 행사할 수 있기 때문이다.

(ii) 한편 저당권은 목적물의 점유를 수반하지 않기 때문에 그 성질상 '반환청구권'이 인정되지 않는다.

참고로 판례는 공장저당권의 목적동산이 저당권자의 동의를 받지 않고 설치된 공장으로부터 반출된 경우에 저당권자는 점유권이 없기 때문에 설정자로부터 일탈한 저당목적물을 저당권자 자신에게 반환할 것을 청구할 수 없지만, 저당목적물이 제3자에게 선의취득되지 않는 한 원래의 설치장소에 원상회복할 것을 청구함은 저당권의 성질에 반하지 아니함은 물론 저당권자가 가지는 방해배제권의 당연한 행사에 해당한다고 한다(대판 1996.3.22, 95다55184).

판 례

(ㄱ) 저당권은 경매절차에 의하여 실현되는 저당부동산의 교환가치로부터 다른 채권자에 우선하여 피담보채권의 변제를 받는 것을 내용으로 하는 물권으로서 부동산의 점유를 저당권자에게 이전하지 않은 상태에서 설정되므로 저당권자는 원칙적으로 저당부동산의 소유자가 행하는 저당부동산의 사용 또는 수익에 관하여 간섭할 수 없다. 그러나 저당부동산에 대한 소유자 또는 제3자의 점유가 저당부동산의 본래의 용법에 따른 사용·수익의 범위를 초과하여 그 교환가치를 감소시키거나, 점유자에게 저당권의 실현을 방해하기 위하여 점유를 개시하였다는 점이 인정되는 등, 그 점유로 인하여 정상적인 점유가 있는 경우의 경락가격과 비교하여 그 가격이 하락하거나 경매절차가 진행되지 않는 등 저당권의 실현이 곤란하게 될 사정이 있는 경우에는 저당권의 침해가 인정될 수 있다(대판 2008.1.17, 2006다586; 대판 2005.4.29, 2005다3243).

(ㄴ) 대지의 소유자가 나대지 상태에서 저당권을 설정한 다음 대지상에 건물을 신축하기 시작하였으나 피담보채무를 변제하지 못함으로써 저당권이 실행에 이르렀거나 실행이 예상되는 상황인데도 소유자 또는 제3자가 신축공사를 계속한다면 신축건물을 위한 법정지상권이 성립하지 않는다고 할지라도 경매절차에 의한 매수인으로서는 신축건물의 소유자로 하여금 이를 철거하게 하고 대지를 인도받기까지 별도의 비용과 시간을 들여야 하므로, 저당목적 대지상에 건물신축공사가 진행되고 있다면, 이는 경매절차에서 매수희망자를 감소시키거나 매각가격을 저감시켜 결국 저당권자가 지배하는 교환가치의 실현을 방해하거나 방해할 염려가 있는 사정에 해당한다(대판 2006.1.27, 2003다58454).

2) 유해등기의 말소청구

피담보채권이 변제되어 선순위저당권이 소멸하였는데 아직 저당권등기가 말소되지 않고 있는 경우, 그 등기는 법률상 무효이지만 후순위저당권의 실행 또는 양도에 사실상 장애가 되므로, 저당권자는 그 등기의 말소를 청구할 수 있다(제370조, 제214조).

3) 제3자 이의의 소

저당목적물은 종물 등과 함께 일체를 이루어 채권을 담보하므로, 가령 저당권에 우선하는 권리를 갖지 않은 채권자가 저당부동산의 종물에 대하여 강제집행을 하는 경우, 저당권자는 민사집행법 제48조에 의하여 제3자 이의의 소를 제기할 수 있다(곽윤직, 356면; 김상용, 735면; 이영준, 849면).

(나) 손해배상청구권

1) 저당목적물의 침해로 저당권자가 채권의 만족을 얻을 수 없는 경우, 그 침해자에 대해 불법행위를 이유로 손해배상을 청구할 수 있다(제750조). 예컨대 저당목적물의 제3취득자가 고의로 저당권의 실행을 방해하여 그로 인해 목적물의 가격이 하락한 경우, 저당권자는 제3자에 대하여 불법행위로 인한 손해배상을 청구할 수 있다. 다만 침해가 있더라도 나머지 교환가치에 의하여 채권의 만족을 얻을 수 있으면, 위법한 침해행위가 있지만 손해는 없다고 할 것이므로 불법행위는 성립하지 않는다.

2) 불법말소된 저당권등기가 회복되기 전에 경매가 행하여져 매수인이 매각대금을 완납하였다면 저당권등기의 회복등기가 경료될 수 없으므로(민사집행법 제268조, 제91조), 근저당권자는 불법말소에 관여한 자에 대하여 손해배상을 청구할 수 있는데, 이때 근저당권자가 입게 되는 손해는 근저당목적물인 부동산의 가액 범위 내에서 채권최고액을 한도로 하는 피담보채권액이다(대판 1997.11.25, 97다35771).

판 례

(ㄱ) 담보물을 권한 없이 멸실·훼손하거나 담보가치를 감소시키는 행위는 위법한 행위로서 불법행위를 구성하며, 이때 채권자가 입게 되는 손해는 담보 목적물의 가액의 범위 내에서 채권최고액을 한도로 하는 피담보채권액으로 확정될 뿐 그 피담보채무의 변제기가 도래하여 그 담보권을 실행할 때 비로소 발생하는 것은 아니다(대판 1998.11.10, 98다34126).

(ㄴ) 근저당권의 공동 담보물 중 일부를 권한 없이 멸실·훼손하거나 담보가치를 감소시키는 행위로 인하여 근저당권자가 나머지 저당 목적물만으로 채권의 완전한 만족을 얻을 수 없게 되었다면 근저당권자는 불법행위에 기한 손해배상청구권을 취득한다. 이때 이와 같은 불법행위 후 근저당권이 확정된 경우 근저당권자가 입게 되는 손해는 채권최고액 범위 내에서 나머지 저당 목적물의 가액에 의하여 만족을 얻지 못하는 채권액과 멸실·훼손되거나 또는 담보가치가 감소된 저당 목적물 부분(이하 '소멸된 저당 목적물 부분'이라 한다)의 가액 중 적은 금액이다. 여기서 나머지 저당 목적물의 가액에 의하여 만족을 얻지 못하는 채권액은 위 근저당권의 실행 또는 제3자의 신청으로 개시된 경매절차에서 근저당권자가 배당받을 금액이 확정되었거나 확정될 수 있는 때에는 그 금액을 기준으로 하여 산정하며, 그렇지 아니한 경우에는 손해배상 청구소송의 사실심 변론종결시를 기준으로 산정하여야 하고, 소멸된 저당 목적물 부분의 가액 역시 같은 시점을 기준으로 산정하여야 한다(대판 2009.5.28, 2006다42818).

(ㄷ) 타인의 불법행위로 인하여 근저당권이 소멸된 경우 근저당권자로서는 근저당권이 소멸하지 아니하였더라면 그 실행으로 피담보채무의 변제를 받았을 것임에도 불구하고 근저당권의 소멸로 말미암아 이러한 변제를 받게 되는 권능을 상실하게 되는 것이므로, 그 근저당권의 소멸로 인하여 근저당권자가 입게 되는 손해는 근저당 목적물인 부동산의 가액 범위 내에서 채권최고액을 한도로 하는 피담보채권액이라고 할

것이며, 이와 같은 법리는 근저당권 외에 다른 담보권의 경우에도 마찬가지로 적용된다(대판 2013.1.24, 2012도10629).

(다) 부당이득반환청구권

경매절차에서 저당권은 매각으로 항상 소멸하기 때문에(민사집행법 제268조, 제91조 2항), (근)저당권설정등기가 위법하게 말소되어 그 부동산에 대한 경매절차에서 배당받지 못한 (근)저당권자는 경매절차에서 실제로 배당받은 자에 대하여 부당이득반환청구로서 그 배당금의 한도 내에서 (근)저당권설정등기가 말소되지 아니하였더라면 배당받았을 금액의 지급을 구할 수 있다(대판 2002.10.22, 2000다59678).

(라) 채무자에 대한 특별효과

1) 담보물보충청구권

저당권설정자의 책임 있는 사유로 인하여 저당물의 가액이 현저히 감소된 경우, 저당권자는 설정자에 대하여 그 원상회복 또는 상당한 담보제공을 청구할 수 있다(제362조). 저당권자가 담보물보충청구권을 행사하면 손해배상청구권이나 기한이익의 상실로 인한 즉시변제청구권을 행사하지 못한다(통설).

2) 기한이익의 상실 — 즉시변제청구권

채무자가 담보를 손상·감소·멸실하게 하거나 또는 담보제공의 의무를 이행하지 아니한 때에 채무자는 기한의 이익을 잃는다(제388조). 다시 말하면 저당권자는 즉시 변제를 청구할 수 있으며, 따라서 저당권을 실행할 수 있다. 즉시변제청구권을 행사하면서 동시에 손해배상청구권을 행사할 수 있지만, 담보물보충청구권을 행사할 수 없다(통설).

Ⅳ. 저당권의 처분 및 소멸

1. 저당권의 처분

(1) 일 반

저당권자는 피담보채권의 변제기가 되면 채무자로부터 변제받거나 저당권을 실행하여 우선변제를 받을 수 있다. 하지만 피담보채권의 변제기 전에 자금을 회수하기 위해서는 저당권을 처분할 수밖에 없다. 그런데 저당권은 담보물권으로서 채권의 담보를 위해 존재하는 것이므로, 저당권만을 처분할 수 없고 채권과 함께 처분하여야만 한다(제361조).

(2) 저당권부 채권의 양도

(가) 양도의 요건

1) 저당권은 피담보채권과 분리하여 양도할 수 없고(제361조), 피담보채권과 함께 양도하여야

한다. 저당권부 채권의 양도는 저당권과 채권의 양도이므로, 부동산 물권변동에 관한 규정과 채권양도에 관한 규정(제449-제452조)이 모두 적용된다(대판 2005.6.10, 2002다15412,15429; 대결 2024.8.19, 2024마6339). 따라서 저당권의 양도는 물권적 합의와 등기(부기등기)를 하여야 효력이 생긴다(제186조, 부동산등기법 제52조 2호). 저당권 양도의 물권적 합의는 저당권의 양도인과 양수인 사이에 있으면 족하고, 그 외에 채무자나 물상보증인까지 합의가 있어야 하는 것은 아니다(대판 2005.6.10, 2002다15412,15429). 채권의 양도에 관해서는 그 대항요건을 갖추어야 한다. 즉 양수인이 채무자에게 대항하기 위해서는 양도인이 채무자에게 통지하거나 채무자가 승낙하여야 하고(제450조 1항), 채무자 이외의 제3자에게 대항하기 위해서는 통지나 승낙을 확정일자 있는 증서로 하여야 한다(제450조 2항).

2) 채무자는 채권양도의 통지를 받을 때까지 양도인에 대하여 생긴 변제·취소권·항변권 등의 사유로써 양수인에게 대항할 수 있다(제451조 2항). 채무자가 이의를 유보하여 승낙한 경우에 채무자는 양도인에게 대항할 수 있는 사유로써 양수인에게 대항할 수 있지만, 이의를 유보하지 않는 경우에는 대항하지 못한다(제451조 1항). 따라서 피담보채권이 부존재하거나 소멸하였는데 채무자가 이의를 유보하지 않고 승낙한 경우에 양수인은 유효하게 채권을 취득하게 된다. 이때 양수인은 존재하지 않거나 소멸한 저당권을 취득할 수 있는지가 문제이다. 다수설은 이러한 경우에 저당권의 부활을 인정한다면 무효인 저당권이전등기에 공신력을 인정하는 결과로 되어 부당하므로, 채무자의 이의 없는 승낙에 의하여 저당권이 부활하지 않으며, 양수인은 저당권 없는 채권을 취득한다고 한다(강태성, 1017면; 김상용, 739면; 이상태, 466면; 이영준, 854면; 윤철홍, 397면). 다만 채무자의 승낙이 등기유용의 합의에 기한 것인 때에는 이해관계 있는 제3자가 없는 한 저당권은 부활한다고 할 것이다(김증한/김학동, 553면; 이영준, 855면).

3) 피담보채권의 일부가 양도 또는 이전되는 경우에 양 채권자는 그 채권액의 비율로 저당권을 준공유한다(통설). 이는 저당권의 불가분성에 따른 결과이다.

(나) 관련문제

1) 피담보채권만 양도한 경우

담보물권의 수반성은 피담보채권의 처분이 있으면 언제나 담보물권도 함께 처분된다는 것이 아니라 다른 약정이 없는 한 담보물권의 처분도 당연히 포함된 것으로 볼 수 있다는 것을 의미한다. 따라서 피담보채권의 처분이 있는데도 담보권의 처분이 따르지 않는 특별한 사정이 있는 경우에는 채권양수인은 담보권이 없는 무담보의 채권을 양수한 것이 되고 채권의 처분에 따르지 않은 담보권은 소멸한다(대판 2004.4.28, 2003다61542).

2) 채권양도의 대항요건만을 갖춘 경우

피담보채권과 저당권을 함께 양도하는 경우에 채권양도는 당사자 사이의 의사표시만으로 양도의 효력이 발생하지만, 저당권이전은 이전등기를 하여야 하므로 채권양도와 저당권 이전등기 사이에 어느 정도 시차가 불가피한 이상 피담보채권이 먼저 양도되어 일시적으로 피담보채권과 저당권의 귀속이 달라진다고 하여 저당권이 무효로 된다고 볼 수 없다. 하지만 채권양도의 대항요건을 갖추었으나 저당권이전의 등기를 하지 않은 경우, 종전의 채권자는 저당권 명의를 가졌더라도 이미 그 피담보채권을 양도하여 더 이상 채권자가 아니므로 배당을 받을 수 없고, 피담보채권의 양수인은 저당권자가 아니므로 저당권자로서 우선변제를 받을 수 없다(대판 2003.10.10, 2001다77888).

3) 저당권이전등기만을 마친 경우

피담보채권을 저당권과 함께 양수한 자가 저당권이전의 부기등기를 마쳤지만 채권양도의 대항요건을 갖추지 못한 경우, 채권의 양도는 양도인과 양수인 사이의 계약만으로 효력이 생기고, 이에 따라 양수인이 채권자가 된다. 제450조의 통지나 승낙은 채무자 및 제3자에 대한 대항요건에 지나지 않으므로, 채권양도에 의한 저당권이전의 등기는 유효하다. 따라서 대항요건만을 갖추지 못했을 뿐 채권의 양도와 저당권이전의 부기등기를 마친 양수인은 담보권자로서 담보권을 행사할 수 있다. 즉 양수인은 경매신청을 할 수 있으며, 경매개시결정을 할 때 피담보채권의 양수인이 채권양도의 대항요건을 갖추었다는 점을 증명할 필요는 없다. 하지만 채무자는 신청채권자(양수인)가 채권양도의 대항요건을 갖추지 못하였는데도 경매개시결정 또는 매각허가결정이 이루어졌음을 이유로 경매개시결정에 대한 이의신청이나 매각허가결정에 대한 즉시항고를 할 수 있고, 신청채권자는 이에 따른 절차에서 채권양도의 대항요건을 갖추었음을 증명하여야 한다(대결 2024.8.19, 2024마6339; 대결 2022.1.14, 2019마71). 이러한 절차를 통하여 채권 및 저당권의 양수인의 신청에 의하여 개시된 경매절차가 실효되지 않는 한 경매절차는 적법한 것이고, 또한 그 경매신청인은 양수채권의 변제를 받을 수도 있다(대판 2005.6.23, 2004다29279).

(3) 저당권부 채권의 입질

(가) 저당권에 의해 담보된 채권을 다른 채권의 담보로 제공하는 것을 저당권부 채권의 입질이라 한다. 제361조는 "저당권은 그 담보한 채권과 분리하여 타인에게 양도하거나 다른 채권의 담보로 하지 못한다"고 정하고 있을 뿐, 피담보채권을 저당권과 분리해서 양도하거나 다른 채권의 담보로 하지 못한다고 정하고 있지 않다. 따라서 저당권으로 담보된 채권에 질권을 설정한 경우, 원칙적으로는 저당권이 피담보채권과 함께 질권의 목적이 된다고 보는 것이 합리적이지만, 질권자와 질권설정자가 피담보채권만을 질권의 목적으로 하고 저당권은 질권의 목적으로 하지 않는 것도 가능하고, 이는 저당권의 부종성에 반하지 않는다. 이는 저당권과 분리해서 피담보채권만을 양도한 경우 양도인이 채권을 상실하여 양도인 앞으로 된 저당권이 소멸하게 되는 것과 구별된다(대판 2020.4.29, 2016다235411).

(나) 담보가 없는 채권에 질권을 설정한 다음 그 채권을 담보하기 위하여 저당권이 설정된 경우, 원칙적으로 저당권도 질권의 목적이 되지만, 질권자와 질권설정자가 피담보채권만을 질권의 목적으로 하였고 그 후 질권설정자가 질권자에게 제공하려는 의사 없이 저당권을 설정받는 등 특별한 사정이 있으면 저당권은 질권의 목적이 되지 않는다. 이때 저당권은 저

당권자인 질권설정자를 위해 존재하며, 질권자의 채권이 변제되거나 질권설정계약이 해지되는 등의 사유로 질권이 소멸한 경우 저당권자는 자신의 채권을 변제받기 위해서 저당권을 실행할 수 있다(대판 2020.4.29, 2016다235411).

(다) 채권의 입질에 관해서는 지명채권에 대한 질권의 대항요건 규정이 적용되고(제349조), 저당권의 입질에 관해서는 그 저당권등기에 질권의 부기등기를 하여야 그 효력이 저당권에 미친다(제348조, 부동산등기법 제76조). 저당권에 의하여 담보된 채권에 질권을 설정하였을 때 저당권의 부종성으로 인하여 등기 없이 성립하는 권리질권이 당연히 저당권에도 효력이 미친다고 한다면, 공시의 원칙에 어긋나고 그 저당권에 의하여 담보된 채권을 양수하거나 압류한 사람, 저당부동산을 취득한 제3자 등에게 예측할 수 없는 질권의 부담을 줄 수 있어 거래의 안전을 해할 수 있기 때문이다. 이는 '담보가 없는 채권에 질권을 설정한 다음 그 채권을 담보하기 위해서 저당권을 설정한 경우'에도 마찬가지이다. 따라서 담보가 없는 채권에 질권을 설정한 다음 그 채권을 담보하기 위해 저당권이 설정되었더라도, 제348조가 유추적용되어 저당권설정등기에 질권의 부기등기를 하지 않으면 질권의 효력이 저당권에 미친다고 볼 수 없다(대판 2020.4.29, 2016다235411).

(라) 한편 질권자는 자기 채권의 한도에서 입질된 채권을 직접 청구할 수 있고(제353조), 질권자의 피담보채권과 입질채권이 변제기에 있으면 저당권을 실행하여 우선변제를 받을 수 있다. 질권설정자(즉 저당권자)는 그 채권액이 질권의 채권액을 초과하더라도 그 차액에 대하여 입질채권을 추심할 수 없다. 질권자는 질권의 불가분성에 의하여 채권 전부를 변제받을 때까지 입질된 채권 전부에 대해 그 권리를 행사할 수 있기 때문이다(제355조, 제343조, 제321조). 따라서 질권을 설정한 채권자는 질권이 존재하는 한 스스로 경매신청을 하거나 배당을 받을 수 없다(김상용, 740면; 이영준, 856면). 그 밖에 저당권부 채권의 입질은 질권의 설정이지 전질권의 설정은 아니므로, 전질권설정자의 책임가중 규정(제336조 후문)은 이에 적용되지 않는다(고상룡, 695면; 이영준, 856면).

2. 저당권의 소멸

(1) 저당권은 물권일반에 공통된 소멸원인(예: 목적물의 멸실·공용징수 등) 및 담보물권에 공통된 소멸원인(예: 피담보채권의 소멸)에 의하여 소멸하며, 또한 경매·제3취득자의 변제(제364조) 등에 의해서도 소멸한다. 저당권은 독립하여 소멸시효에 걸리지 않지만(통설), 피담보채권이 시효완성으로 소멸하면 부종성에 의하여 저당권도 소멸한다(제369조). 그 밖에 제3자가 취득시효로 인하여 저당목적물에 대한 소유권을 취득하는 경우에 저당권은 소멸한다. 취득시효로 인한 소유권의 취득은 원시취득이며, 아무런 부담이 없는 소유권을 취득하는 것이 원칙이기 때문이다. 그러나 취득시효가 완성된 후 소유자가 목적물에 저당권을 설정한 경우, 점유자는 저당권의 부담을 안고 시효취득을 하는 것이어서 저당권은 소멸하지 않는다(대판 2006.5.12, 2005다75910)

(2) 저당권자는 타인의 권리를 해하지 않는 한 저당권을 포기할 수 있지만, 포기는 물권적 단독행위이므로 말소등기를 하여야 저당권소멸의 효력이 발생한다(제186조). 또한 지상권이나 전세권을 목적으로 저당권을 설정한 자는 저당권자의 동의 없이 지상권 또는 전세권을 소멸하게 하는 행위를 하지 못한다(제371조 2항). 지상권 또는 전세권이 소멸하면 그것을 목적으로 하는 저당권도 소멸하기 때문이다.

판 례

(ㄱ) 근저당권의 양도에 의한 부기등기는 기존의 근저당권설정등기에 의한 권리의 승계를 등기부상 명시하는 것 뿐으로, 그 등기에 의하여 새로운 권리가 생기는 것이 아닌 만큼 근저당권설정등기의 말소등기청구는 양수인만을 상대로 하면 족하고, 양도인은 그 말소등기청구에 있어서 피고적격이 없다(대판 1995.5.26, 95다7550; 대판 2000.4.11, 2000다5640).

(ㄴ) 근저당권 이전의 부기등기는 기존의 주등기인 근저당권설정등기에 종속되어 주등기와 일체를 이루는 것이어서 피담보채무가 소멸된 경우 또는 근저당권설정등기가 당초 원인무효인 경우, 주등기인 근저당권설정등기의 말소만 구하면 되고 그 부기등기는 별도로 말소를 구하지 않더라도 주등기의 말소에 따라 직권으로 말소된다(대판 1995.5.26, 95다7550; 대판 2003.4.11, 2003다5016).

V. 특수한 저당권

1. 공동저당

(1) 의 의

(가) 공동저당이란 동일한 채권을 담보하기 위하여 여러 부동산 위에 저당권을 설정하는 것을 말한다(제368조). 예컨대 甲이 乙에게 5,000만원의 금전채권을 가지고 있는데, 그 담보로 乙 소유의 건물(시가 3천만원)과 토지(시가 4천만원)에 대해 각각 저당권을 취득하는 경우가 이에 해당한다. 이와 같이 공동저당은 복수의 부동산 위에 1개의 저당권이 있는 것이 아니라 각 부동산마다 저당권이 성립하고, 다만 수 개의 저당권이 피담보채권을 공통으로 하는 것이다.

공동저당은 채무자의 입장에서는 낮은 가격의 부동산이나 이미 담보권이 설정되어 있는 부동산을 한데 모아서 저당권을 설정할 수 있다는 점에서, 그리고 채권자의 입장에서는 저당권불가분의 원칙(제370조, 제321조)에 따라 수 개의 저당목적물 중 어느 것으로부터 자유로이 우선변제를 받을 수 있을 뿐만 아니라 저당목적물의 멸실·훼손·경제사정의 변동 등으로 인한 담보가치의 하락이라는 위험을 분산시킬 수 있다는 점에서 많이 활용되고 있다. 그리고 우리 민법은 토지와 그 지상건물을 독립된 부동산으로 취급하고 있으므로, 이 부동산이 공동저당으로 되는 경우가 많다.

(나) 공동저당을 이루는 복수의 저당권은 피담보채권을 공통으로 하고 있기 때문에 부종성과 수반성의 적용에서는 공동운명의 관계에 있다. 즉 저당권설정계약에 하자가 있으면 그

계약에 의하여 설정된 저당권만 문제되지만, 피담보채권의 발생원인에 하자가 있으면 이를 담보하는 공동저당(복수의 저당권) 전부가 동일한 영향을 받는다. 피담보채권이 전부 변제되면 복수의 저당권 모두가 함께 소멸되고, 피담보채권이 양도되거나 입질되면 이를 담보하는 복수의 저당권이 함께 수반된다. 특히 피담보채권의 일부만 양도되거나 변제된 경우에도 공동저당관계에 있는 복수의 저당권 전부가 동일한 영향을 받게 되고 공동저당관계를 깨뜨리지 않는 한, 어느 특정 저당권만을 수반하게 하거나 소멸하게 할 수는 없다. 가령 X·Y부동산에 대하여 채권최고액 1억원으로 하는 공동근저당권을 설정한 후에 X부동산에 대한 근저당권만 제3자에게 이전할 수는 없다. 주의할 것은 공동근저당의 부종성과 수반성은 피담보채권이 확정되기 전과 확정된 후로 나누어 고찰하여야 한다는 점이다. 즉 기본계약이 결산기에 이르러 피담보채권이 확정된 이후에는 구체적으로 특정된 피담보채권이 소멸하거나 이전되면 공동근저당 관계에 있는 복수의 근저당권 모두가 담보한도인 채권최고액의 범위 내에서 부종·수반된다. 반면에 피담보채권이 확정되기 전에는 공동근저당 관계에 있는 어느 근저당권도 구체적인 채권에 대하여는 부종·수반되지 않고, 단지 피담보채권의 발생원인인 기본계약이 잔존채권 없이 해지되거나 포괄승계되거나 계약인수되는 등의 사유가 있을 때에만 부종·수반될 뿐이다(법원행정처, 부동산 등기실무(II), 466면).

(다) 제368조는 공동근저당권의 경우에도 적용되고, 공동근저당권자가 스스로 근저당권을 실행한 경우는 물론이며 타인에 의하여 개시된 경매 등에서 환가대금으로부터 다른 권리자에 우선하여 피담보채권의 일부에 대하여 배당받은 경우에도 적용된다(대판 2017.12.21, 2013다16992).

(2) 성립요건

공동저당권이 성립하기 위해서는 보통의 저당권처럼 ① 피담보채권이 존재하여야 하고, ② 설정계약과 ③ 등기가 있어야 하며, ④ 목적물은 법률상 공시가 가능한 것이어야 한다.

(가) 공동저당에 의해 담보되는 채권이 존재할 것 — 피담보채권

피담보채권이 소멸하거나 존재하지 않으면 부종성(제369조)에 의하여 저당권이 소멸하므로, 공동저당이 성립하기 위해서는 피담보채권이 존재하여야 한다. 공동저당에 의하여 담보할 수 있는 채권은 일반적으로 금전채권이지만, 그에 한하지 않는다. 주의할 것은 공동저당이 성립하기 위해서는 수 개의 저당물이 담보하는 채권이 동일하여야 한다는 점이다. 즉 수 개의 저당물에 대하여 채권자, 채무자, 채권발생의 원인과 담보범위가 모두 동일하여야 한다. 따라서 동일한 급부를 목적으로 하는 연대채무에서도 연대채무자 甲의 채무를 담보하는 저당권과 연대채무자 乙의 채무를 담보하는 저당권은 공동저당으로 되지 않고, 수 개의 저당물이 연대채무자 甲·乙의 채무 전부를 담보하는 경우에만 공동저당이 성립한다. 결국 공동저당권이 설정된 후에 그 담보부동산의 일부를 취득한 제3자가 그 취득한 일부 부동산에 대한 피담보채무만을 인수하고 그 채무인수를 원인으로 하여 채무자를 변경하기 위한 저당권변경등기는 공동저당관계가 존속되는 한 이를 할 수 없다(등기선례요지집 V-450).

(나) 여러 부동산 위에 저당권설정의 계약이 있을 것—설정계약

동일한 채권을 담보하기 위하여 여러 부동산 위에 저당권을 설정하기로 하는 합의(설정계약)가 있어야 한다. 각 부동산 위의 저당권이 동시·이시에 설정되어도 상관없으며, 여러 목적물의 소유자뿐만 아니라 여러 저당권의 순위 및 저당권의 종류가 달라도 무방하다. 또한 공동저당의 일부 목적물에 대한 설정계약이 무효라 하더라도 나머지 부동산에 대한 저당권설정계약은 유효하다. 즉 공동저당을 이루는 복수의 저당권은 각각 독립된 저당권으로서의 성질을 가지므로, 어느 저당권에 관하여 생긴 설정계약의 하자나 목적물의 멸실 또는 저당권의 포기 등의 사유는 공동저당관계에 있는 다른 저당권에 영향을 미치지 않는다(법원행정처, 부동산등기실무(II), 466면).

(다) 각 부동산에 관하여 저당권설정등기를 하였을 것—설정등기

(i) 공동저당은 각 부동산에 저당권이 성립하는 것이므로, 각 부동산별로 저당권설정등기를 하여야 한다. 이 경우 각 부동산의 등기기록에 그 부동산에 관한 권리가 다른 부동산에 관한 권리와 함께 저당권의 목적으로 제공된 뜻을 기록하여야 한다(부동산등기법 제78조 1항). 하지만 판례는 부동산등기법 제78조는 공동저당권의 목적물이 수 개의 부동산에 관한 권리인 경우에 한하여 적용되는 등기절차에 관한 규정일 뿐만 아니라, 수 개의 저당권이 피담보채권의 동일성에 의하여 서로 결속되어 있다는 취지를 공시함으로써 권리관계를 명확히 하기 위한 것이라고 한다. 즉 '공동저당관계의 등기'는 공동저당권의 성립요건이나 대항요건이 아니라고 한다. 따라서 근저당권설정자와 근저당권자 사이에서 동일한 기본계약에 의하여 발생한 채권을 중첩적으로 담보하기 위하여 수 개의 근저당권을 설정하기로 합의하고 이에 따라 수 개의 근저당권설정등기를 마친 때에는 부동산등기법 제78조에 따라 '공동근저당관계의 등기'를 마쳤는지 여부와 관계없이 그 여러 근저당권 사이에는 각 채권최고액이 동일한 범위 내에서 공동근저당관계가 성립한다(대판 2010.12.23, 2008다57746). 가령 건물에 설정된 근저당권과 그 건물 일부분에 관한 전세권에 설정된 근저당권이 비록 부동산등기법 제78조가 규정하는 공동근저당관계의 등기가 마쳐져 있지 않지만, 피담보채권과 채권최고액이 각각 동일한 경우, 그 동일한 채권최고액의 범위 내에서 동일한 피담보채무를 중첩적으로 담보하기 위하여 설정된 공동근저당권이다.

(ii) 공동담보 부동산이 5개 이상인 때에는 공동담보목록을 작성하여야 하고, 이는 등기기록의 일부로 간주된다(동법 제78조 2항, 3항). 한편 현행법상 공동저당의 등기는 동일 채권을 담보하기 위한 수 개의 동종 목적물에 대해서만 가능하다. 이는 제368조가 수 개의 이종 목적물에 대하여는 규정하지 않았고, 저당목적물의 종류가 다르면 공시절차나 매각절차가 달라지기 때문에 실무상 해결하기 어려운 여러 문제가 발생하기 때문이다(법원행정처, 부동산등기실무(II), 464면). 따라서 등기된 선박·광업권·어업권 등은 부동산에 관한 규정을 준용하고 있지만 그 공시방법을 달리하기 때문에 부동산과 함께 공동저당의 목적물이 될 수 없다(대판 2002.7.12, 2001다53264; 대판 2002.10.8, 2002다34901).

(라) 법률상 공시가 가능한 목적물일 것

공동저당의 목적물이 되는 수 개의 부동산은 채무자 이외의 제3자(물상보증인)의 소유이더라도 상관없다. 또한 저당권은 목적물의 점유를 빼앗지 않고, 다만 장부상의 표상(등기·등록)에 의하여 그 존재를 공시하는 권리이므로, 법률상 이러한 공시가 불가능한 재산권은 공동저당권의 목적이 될 수 없다. 따라서 공동저당의 목적이 될 수 있는 것은 토지·건물 이외에 1개의 부동산으로 간주되는 공장재단·광업재단이나 기타 저당권의 목적이 될 수 있는 것은 모두 가능하다.

(3) 효 력

공동저당을 설정한 경우, 공동저당권자는 목적물의 전부나 일부에 대하여 저당권을 실행하여 우선변제를 받을 수 있다. 그러나 목적물에 후순위저당권자가 있는 경우에도 이를 관철하게 되면, 저당권이 실행되지 않는 다른 목적물의 후순위저당권자가 이익을 받게 되는 등 불공평한 결과가 생긴다. 그래서 민법 제368조에서 공동저당의 경우 공동저당권자와 후순위저당권자의 이해관계를 조정하는 규정을 두고 있다.

(가) 공동저당 부동산이 모두 채무자 소유인 경우

1) 동시배당(同時配當)의 경우 — 부담의 안분

(i) 공동저당권의 목적물 전부를 경매하여 그 경매대가를 동시에 배당하는 때에는, 각 부동산의 경매대가에 비례하여 그 채권의 분담을 정한다(제368조 1항). 이는 공동저당권 목적 부동산의 전체 환가대금을 동시에 배당하는 이른바 동시배당의 경우에 공동저당권자의 실행선택권과 우선변제권을 침해하지 않는 범위 내에서 각 부동산의 책임을 안분함으로써 각 부동산의 소유자와 후순위 저당권자 그 밖의 채권자의 이해관계를 조절하기 위한 것이다(대판 2017.12.21, 2013다16992). 따라서 각 부동산에 관하여 그 비례안분액을 초과하는 부분은 후순위저당권자의 변제에 충당되고, 후순위저당권자가 없는 경우에 소유자에게 배당된다. 가령 채권자 甲이 채무자 乙 소유의 X부동산(가액 6,000만원), Y부동산(가액 4,000만원)에 5,000만원의 채권을 담보하기 위해 각각 1번 저당권을 취득하고, 丙이 4,000만원의 채권으로 X부동산에 2번 저당권을 취득하였다(사례1). X부동산과 Y부동산에 대하여 동시에 경매가 진행되어 동시배당이 행해지면, 경매대가의 비율은 3:2이다. 따라서 甲은 X부동산으로부터 3,000만원, Y부동산으로부터 2,000만원을 배당받게 되고, 그 결과 丙은 X부동산으로부터 3,000만원을 배당받게 된다.

(ii) 제368조 1항의 '각 부동산의 경매대가'는 매각대금에서 해당 부동산이 부담할 경매비용과 선순위채권을 공제한 잔액을 말한다(대판 2003.9.5, 2001다66291). 가령 (사례1)에서 X부동산에 甲보다 앞서는 선순위저당권자가 2,000만원의 피담보채권을 가지고 있었다면, 각 부동산의 경매대가의 비율은 1:1이 되어 甲은 X부동산, Y부동산으로부터 각각 2,500만원을 배당받고, 丙은 X부동산으로부터 1,500만원을 배당받게 된다.

반면에 공동저당권 설정등기 전에 가압류등기가 마쳐진 경우처럼 공동저당권과 같은 순위로 배당받는 채권이 있는 경우에는 제368조 1항의 '각 부동산의 경매대가'는 매각대금에서 해당 부동산이 부담할 경매비용과 선순위채권뿐만 아니라 같은 순위채권에 안분되어야 할 금액까지 공제한 잔액을 말한다(대판 2024.6.13, 2020다258893). 해당 부동산에서 같은 순위채권에 안분되는 금액은 공동저당권의 우선변제권이 미치지 아니하여 담보가치에서 제외되고 이는 선순위채권의 경우와 다를 바 없기 때문이다. 따라서 공동저당권과 같은 순위로 배당받는 채권이 있는 경우, 동시배당을 하는 때 제368조 1항에 따른 채권의 분담은, 먼저 공동저당권과 같은 순위로 배당받을 채권자가 존재하는 부동산의 매각대금에서 경매비용과 선순위채권을 공제한 잔여금액을 공동저당권의 피담보채권액과 같은 순위채권액에 비례하여 안분한 다음, 공동저당권의 피담보채권에 안분된 금액을 경매대가로 삼아 다른 부동산들과 사이에서 각 경매대가에 안분하여 채권의 분담을 정하는 방법으로 이루어진다. 이는 공동근저당의 경우에도 마찬가지이다(대판 2024.6.13, 2020다258893). 가령 채권자 甲이 1억원의 채권을 담보하기 위해 채무자 乙소유의 X부동산(가액 1억 2,000만원), Y부동산(가액 9,000만원)에 저당권을 취득하였는데, X부동산에 이미 A명의의 선순위저당권(피담보채권 3,000만원)과 B명의의 가압류(가압류채권 5,000만원)가 되어 있다. X부동산과 Y부동산에 대하여 동시배당이 행해지면, X부동산에 대해 甲은 B와 채권액에 비례하여 배당받게 되므로 먼저 선순위저당권자 A의 피담보채권 3,000만원을 공제한 9,000만원에 내해 甲 6,000만원, B 3,000만원으로 안분하고, 이처럼 공동저당권의 피담보채권에 안분된 금액 6,000만원을 X부동산의 경매대가로 삼아 Y부동산의 경매대가 9,000만원과 안분하면, 甲은 X부동산으로부터 4,000만원, Y부동산으로부터 6,000만원을 배당받게 된다.

참고로 가압류가 집행되면 가압류의 목적물에 대하여 채무자가 매매·증여, 질권 등의 담보권설정, 그밖에 일체의 처분을 금지하는 효력이 생긴다(민사집행법 제291조). 따라서 공동저당권 설정등기 전에 가압류등기가 마쳐진 경우, 저당권자는 저당권을 가압류채권자에 대하여 주장할 수 없고, 가압류에는 우선변제적 효력이 없으므로, 공동저당권자는 가압류채권자와 같은 순위로 배당을 받는다.

(iii) 368조 1항은 공동저당 부동산에 후순위저당권자가 있는지 여부를 불문하고 적용된다(통설). 부동산경매의 배당절차에는 경매를 신청한 저당권자뿐만 아니라 다른 담보권자·집행권원을 가진 배당요구자·가압류채권자 등도 참가할 수 있으며(민사집행법 제148조), 동시배당의 경우에 이들을 보호할 필요가 있기 때문이다. 그러나 공동저당 목적부동산 전부에 후순위저당권자가 존재하지 않고 동시에 그 부동산의 소유자가 동일한 경우에는 1개의 부동산 경매대가로부터 공동저당권자의 채권 전액(경매비용포함)을 변제받을 수 있으면, 과잉매각금지의 원칙에 따라 다른 부동산의 매각은 허용되지 않으므로(민사집행법 제124조 1항, 제268조) 부담안분의 문제는 발생할 여지가 없게 된다.

(iv) 공동저당이 설정된 부동산의 대가가 동시에 배당되면 족하며, 경매절차가 저당권자

의 신청에 의한 것인지 아니면 일반채권자의 강제집행 절차에 따른 것인지 여부는 중요하지 않다. 제368조 1항은 '경매대가를 동시에 배당'하는 경우에 적용되므로, 경매신청이 동시일 필요도 없으며 함께 배당이 이루어지면 충분하지만, 동시에 경매신청이 되었어도 다른 시점에 배당이 되면 제368조 1항은 적용되지 않는다.

(v) 한편 주택임차인이 소액보증금에 대하여 대지와 건물 모두로부터 배당을 받는 경우, 공동저당에 관한 제368조 1항이 유추적용된다(대판 2003.9.5, 2001다66291). 즉 주택임대차보호법 제8조에 규정된 소액보증금반환청구권은 임차목적 주택에 대하여 저당권에 의하여 담보된 채권, 조세 등에 우선하여 변제받을 수 있는 법정담보물권으로, 주택임차인이 대지와 건물 모두로부터 배당을 받는 경우(주택임대차보호법 제3조의2 제2항)에는 마치 그 대지와 건물 전부에 대한 공동저당권자와 유사한 지위에 서게 되므로 대지와 건물이 동시에 매각되어 주택임차인에게 그 경매대가를 동시에 배당하는 때에는 제368조 1항을 유추적용하여 대지와 건물의 경매대가에 비례하여 그 채권의 분담을 정하여야 한다.

판 례

(ㄱ) 조세우선변제권은 일정한 범위 내에서는 조세채무자의 총재산에 대하여 우선변제권이 인정된다는 점에서 이른바 법정 담보물권으로서의 성격을 갖고 있으며, 따라서 조세채무자의 부동산이 여럿인 경우에는 마치 그 부동산 전부에 대한 공동저당권자와 유사한 지위에 서게 되므로, 납세의무자 소유의 여러 부동산에 대하여 조세우선변제권이 행사된 경우에는 공동저당권에 관한 제368조가 유추적용되어야 한다(대판 2006.5.26, 2003다18418).

(ㄴ) 당사자는 최초 근저당권 설정 시는 물론 그 후에도 공동근저당권임을 등기하여 공동근저당권의 저당물을 추가할 수 있는데, 이와 같이 특정 공동근저당권에 있어 공동저당물이 추가되기 전에 기존의 저당물에 관하여 후순위 근저당권이 설정된 경우에도 민법 제368조 1항이 마찬가지로 적용된다(대판 2014.4.10, 2013다36040).

2) 이시배당(異時配當)의 경우 — 후순위저당권자의 대위

가) 대위권의 발생

(i) 공동저당의 부동산 중 일부에 대해 경매하여 그 대가를 배당하는 경우, 공동저당권자는 그 대가로부터 채권 전부의 변제를 받을 수 있다. 이 경우 매각된 부동산의 후순위저당권자는 선순위저당권자가 동시배당을 하였다면 다른 부동산의 경매대가에서 변제를 받을 수 있는 금액의 한도에서 선순위저당권자를 대위하여 저당권을 행사할 수 있다(제368조 2항). 즉 후순위저당권자는 '동시배당을 기준으로' 자신이 배당받지 못한 금액의 범위에서 선순위저당권자의 다른 저당권을 대위할 수 있다. 여기서 대위라 함은 공동저당권자가 가지고 있던 저당권이 후순위저당권자에게 이전하는 것을 말한다. 가령 (사례 1)에서 X부동산이 먼저 경매가 되는 경우, 甲은 X부동산의 경매대가에서 5,000만원, 丙이 1,000만원을 배당받게 되고, 丙은 동시배당이 이루어졌다면 甲이 Y부동산에서 배당받을 수 있는 금액의 범위(2,000만원)에서 甲을 대위하여 Y부동산에 대해 저당권을 행사할 수 있다. 결국 丙은 X부동산에서 1,000만원, Y부동산에서 2,000만원을 배당받게 되어 동시배당의 경우와 같게 된다. 주의할 것은 변

제자대위의 경우에는 저당권뿐 아니라 채권까지 이전(제482조 1항)됨에 비하여 후순위저당권자의 대위의 경우에는 채권이 이전되지 아니한다(대판 2015.3.20, 2012다99341).

(ii) 제368조 2항에 의한 대위는 공동저당이 설정된 부동산의 일부에 대해 경매가 진행되는 경우에 적용된다. 가령 X·Y·Z부동산에 대해 공동저당이 설정된 상태에서, X·Y부동산에 대해 배당이 이루어지는 경우, X부동산과 Y부동산 사이에서는 제368조 1항이 적용되지만, X·Y부동산과 Z부동산 사이에서는 이시배당에 관한 제368조 2항이 적용된다(대판 2014.6.26, 2014다204857).

이시배당의 경우에 후순위저당권자의 대위를 인정하는 것은 공동저당권자의 우선변제권을 해하지 않는 범위 내에서 후순위권리자의 이해를 조정함으로써 잉여담보가치의 활용을 보호하는데 있다. 따라서 사용자 소유의 수 개의 부동산 중 일부가 먼저 경매되어 그 경매대가에서 임금채권자들이 우선특권에 의하여 우선변제 받은 결과 그 매각된 부동산의 저당권자가 제368조 1항에 의하여 수 개의 부동산으로부터 임금채권이 동시배당되는 경우보다 불이익을 받은 경우에는 제368조 2항 후문을 유추적용하여, 저당권자로서는 임금채권자가 수 개의 부동산으로부터 동시에 배당받았다면, 다른 부동산의 경매대가에서 변제받을 수 있었던 금액의 한도 내에서 선순위자인 임금채권자를 대위하여 다른 부동산의 경매절차에서 우선하여 배당받을 수 있다(대판 2005.9.29, 2005다34391; 대판 2002.12.10, 2002다48399).

(iii) 판례는 동일한 채권담보를 위해 부동산과 선박에 선순위저당권이 설정된 후 먼저 선박에 대해서만 담보권이 실행되어 선순위저당권자가 채권전액을 변제를 받은 경우, 선박의 후순위저당권자는 제368조 2항 후문에 따라 부동산에 대한 선순위저당권자의 저당권을 대위할 수 없다고 한다(대판 2002.7.12, 2001다53264). 부동산과 선박 등의 동산은 경매절차가 서로 달라서 경매대가가 동시에 배당될 수 없을 뿐만 아니라 후자에 대하여는 공동저당임을 공시할 수 없기 때문이다.

판 례

(ㄱ) 저당권이 설정된 1필의 토지가 전체 집합건물에 대한 대지권의 목적인 토지가 되었을 경우에는 종전의 저당목적물에 대한 담보적 효력은 그대로 유지된다고 보아야 하므로 저당권은 개개의 전유부분에 대한 각 대지권 위에 분화되어 존속하고, 각 대지권은 저당권의 공동담보가 된다고 봄이 타당하다. 따라서 집합건물이 성립하기 전 집합건물의 대지에 관하여 저당권이 설정되었다가 집합건물이 성립한 후 어느 하나의 전유부분 건물에 대하여 경매가 이루어져 경매 대가를 먼저 배당하는 경우에는 저당권자는 매각대금 중 대지권에 해당하는 경매 대가에 대하여 우선변제받을 권리가 있고 그 경우 공동저당 중 이른바 이시배당에 관하여 규정하고 있는 민법 제368조 제2항의 법리에 따라 저당권의 피담보채권액 전부를 변제받을 수 있다(대판 2012.3.29, 2011다74932).

(ㄴ) 민법 제368조 제2항 후문에 따라 선순위자인 조세채권자를 대위하는 저당권자는 민사집행법 제268조에 의하여 담보권의 실행을 위한 경매절차에 준용되는 민사집행법 제88조 제1항, 제84조 제1항에 의하여 배당요구의 종기까지 적법하게 배당요구를 하였다면 배당을 받을 수 있고, 선순위 조세채권자가 나중에 경매 또는 공매절차를 통하여 매각되는 부동산에 관하여 미리 압류를 해 두었거나 그 부동산의 경매 또는 공매절차에 참가하여 교부청구 또는 배분요구를 한 경우에만 후순위 저당권자가 선순위 조세채권자를

대위할 수 있는 것은 아니다(대판 2015.4.23, 2011다47534).

(ㄷ) 사용자 소유의 일부 부동산이 먼저 경매되어 임금채권자가 우선변제를 받은 결과 후순위 저당권자가 동시배당의 경우보다 불이익을 받은 경우, 민법 제368조 2항 후문을 유추적용하여 후순위 저당권자로서는 임금채권자가 수 개의 부동산으로부터 동시에 배당받았다면 다른 부동산의 경매대가에서 변제를 받을 수 있었던 금액의 한도 안에서 선순위자인 임금채권자를 대위하여 다른 부동산의 경매절차에서 우선하여 배당받을 수 있다. 그러나 이러한 후순위 저당권자의 대위권은 임금채권에 붙어 있는 법정담보물권적 성격을 가진 우선변제권을 공동저당과 유사한 관계에 있는 다른 부동산에 대위하여 행사하도록 허용하여 후순위 저당권자나 다른 채권자 등의 이해관계를 조절하려는 것에 불과한 것이지 임금채권 자체를 대위하는 것은 아니다. 따라서 사용자의 일부 부동산에 대해 먼저 이루어진 경매절차에서 임금채권 우선변제권이 실행되어 그 경매대가가 배당되고 나서 사용자에 대해 파산절차가 개시되어 사용자의 나머지 재산이 파산재단에 속하게 되었다고 하여, 제368조 2항 후문을 유추적용하여 후순위 저당권자의 채권이 임금채권과 마찬가지로 채무자회생법 제473조 10호의 재단채권으로 취급되어 파산절차에 의하지 아니하고 파산채권보다 우선하여 파산재단을 구성하는 사용자의 모든 재산으로부터 수시로 변제받아야 한다고 볼 아무런 근거가 없다(대판 2009.11.12, 2009다53017,53024).

나) 대위권발생의 요건

후순위저당권자의 대위가 인정되기 위해서는 ① 공동저당권자가 채권 전부나 일부를 변제받아야 하고, ② 공동저당권자가 어느 저당부동산의 매각대금으로부터 그 부동산의 책임분담액을 초과하여 배당받아야 하며, ③ 이로 인해 후순위저당권자가 동시배당에 비하여 불이익을 받아야 한다.

다) 대위권의 발생시기

후순위저당권의 대위는 공동저당권자가 경매된 부동산으로부터 자신의 채권을 전부 변제받은 경우뿐만 아니라 일부만을 변제받은 경우에도 인정된다. 다만 후순위저당권자의 대위권은 공동저당권자의 채권이 전부 변제된 때에 발생한다. 공동저당권자가 먼저 경매된 부동산의 매각대금으로부터 채권의 일부만을 변제받은 경우에는 그 후 경매될 다른 부동산의 매각대금으로부터 나머지 채권액을 완전히 변제받아 공동저당권이 소멸하는 때에 비로소 대위권이 발생한다. 하지만 판례는 후순위저당권자의 대위권은 공동저당권자에게 우선하여 배당하는 것으로 배당표가 작성되고 그에 따라 배당기일에 그 배당표에 따라 배당이 실시되어 '배당기일이 종료되었을 때' 발생하는 것이지 배당이의 소송의 확정 등 그 배당표가 확정되는 것을 기다려 그때 비로소 발생하는 것은 아니라고 한다(대판 2006.5.26, 2003다18401).

라) 대위의 효과

대위에 의하여 공동저당권자의 저당권은 후순위저당권자에게 이전된다. 이는 법률규정에 의한 물권변동이므로(제187조), 등기 없이도 저당권이전의 효력이 발생한다(통설). 따라서 채무자나 저당권설정자에 대하여 다른 부동산의 후순위저당권자는 대위등기 없이 대위를 주장할 수 있다.

(나) 공동저당 부동산이 채무자 및 물상보증인 소유인 경우

1) 동시배당의 경우

공동저당권의 목적물인 채무자 소유의 부동산과 물상보증인 소유의 부동산이 함께 경매되어 그 경매대가를 동시에 배당하는 경우, 제368조 1항이 적용되지 않는다. 공동저당 부동산이 채무자 및 물상보증인 소유인 경우, 각 부동산의 경매대가를 동시에 배당하는 때에는 물상보증인이 제481조, 제482조에 의한 변제자대위에 의하여 채무자 소유 부동산에 대하여 담보권을 행사할 수 있는 지위에 있기 때문이다. 따라서 이러한 경우 경매법원은 채무자 소유 부동산의 경매대가에서 공동저당권자에게 우선적으로 배당하고, 부족분이 있는 경우에 한하여 물상보증인 소유 부동산의 경매대가에서 추가로 배당하여야 한다(대판 2010.4.15, 2008다41475). 이러한 법리는 물상보증인이 채무자를 위한 연대보증인의 지위를 겸하고 있는 경우에도 마찬가지이다(대판 2016.3.10, 2014다231965).

2) 이시배당의 경우

가) 후순위저당권자의 대위권과 물상보증인의 대위권의 관계

공동저당의 목적물 중 일부가 물상보증인 소유인 경우, 그러한 부동산이 경매된 때에는 물상보증인은 구상권을 취득하고(제370조, 제341조) 다른 부동산에 대하여 공동저당권을 대위할 수 있다(제481조, 제482조). 이 경우 대위될 부동산에 후순위저당권이 있으면 후순위저당권자의 대위권(제368조 2항)과 충돌하게 된다. 예컨대 채권자 甲이 채무자 乙 소유의 X부동산 및 물상보증인 丙 소유의 Y부동산에 1번 공동저당권을 가지고 있고, 다시 丁이 X부동산에 2번 저당권을 가지고 있을 경우, 甲이 Y부동산에 관하여 먼저 저당권을 실행하고 그의 채권을 만족 받은 경우에 제481조에 의하여 丙은 甲을 대위하여 乙 소유의 X부동산에 관하여 저당권을 실행할 수 있게 되지만, 甲이 먼저 X부동산에 관하여 저당권을 실행하고 그의 채권을 만족 받은 경우에는 제368조 2항에 의하여 丁이 丙 소유의 Y부동산에 관하여 대위할 수 있게 된다. 하지만 이러한 결과는 합리적이지 않다. 따라서 물상보증인의 변제자대위(제481조, 제482조)와 후순위저당권자의 대위(제368조 2항) 사이에 우열이 문제된다.

나) 학 설

(i) 물상보증인대위우선설 물상보증인(제3취득자 포함)은 채무자 소유물의 담보력을 신뢰하고 자기 재산에 담보권을 설정하였으므로, 제481조는 이러한 신뢰를 보호하려는 것이며, 또한 제368조 2항은 채무자 소유의 여러 부동산 위에 저당권이 설정된 경우에 한하여 적용되는 것이므로, 물상보증인의 대위권을 우선시켜야 한다고 한다(곽윤직, 386면; 김증한/김학동, 561면; 이은영, 826면). 즉 채무자 소유의 부동산과 물상보증인 소유의 부동산이 공동저당의 목적이 된 경우, 물상보증인의 변제자대위가 우선 적용되고 후순위저당권자의 대위는 적용되지 않는다고 한다.

(ii) 후순위저당권자대위우선설 물상보증인은 공동저당의 목적물을 제공한 이상

그 부동산의 가격에 비례한 피담보채권의 안분액만큼 부담할 각오가 되어 있으므로, 그 한도에서는 후순위저당권자에 우선하지 못한다고 한다(강태성, 1032면; 김상용, 747면; 윤철홍, 401면; 이상태, 472면; 이영준, 867면). 즉 채무자 소유의 부동산과 물상보증인 소유의 부동산이 공동저당의 목적이 된 경우에도 물상보증인의 변제자대위는 여기에 적용되지 않고 후순위저당권자의 대위가 우선 적용된다고 한다.

다) 판 례

(i) 판례는 물상보증인우선설을 따르고 있다. 즉 공동저당의 목적인 채무자 소유의 부동산과 물상보증인 소유의 부동산에 각각 채권자를 달리하는 후순위저당권이 설정되어 있는 경우, ① 물상보증인 소유의 부동산이 먼저 경매되어 경매대가에서 선순위 공동저당권자가 변제받은 때에는 물상보증인은 채무자에 대하여 구상권을 취득함과 동시에, 제481조, 제482조의 변제자대위에 의하여 채무자 소유의 부동산에 대한 선순위저당권을 대위취득하고, 그 물상보증인 소유의 부동산의 후순위저당권자는 선순위저당권에 대하여 물상대위를 할 수 있다(대판 2015.11.27, 2013다41097,41103). 반면에 ② 채무자 소유의 부동산이 먼저 경매되면 그 부동산의 후순위저당권자는 제368조 2항 후문에 의하여 선순위 공동저당권자를 대위하여 물상보증인 소유의 부동산에 대하여 저당권을 행사할 수 없다. 이러한 법리는 채무자 소유의 부동산에 후순위저당권이 설정된 후에 물상보증인 소유의 부동산이 추가로 공동저당의 목적으로 된 경우에도 마찬가지로 적용된다(대판 2014.1.23, 2013다207996).

가령 甲이 5,000만원의 채권을 담보하기 위해, 채무자 乙 소유의 X부동산(가액 6,000만원)과 물상보증인 丙 소유의 Y부동산(가액 4,000만원)에 각각 1번 저당권을 취득하고, 丁이 4,000만원의 채권으로 X부동산에 2번 저당권을 취득하였다(사례2). X부동산에 대해 먼저 경매가 이루어져 甲이 채권 전부를 변제받은 경우, 후순위저당권자 丁은 제368조 2항 후문에 의해 1번 공동저당권자 甲을 대위하여 丙 소유의 Y부동산에 대해 저당권을 실행할 수 없다. 반면에 Y부동산에 대해 먼저 경매가 이루어져 甲이 채권 전부를 변제받은 경우, 물상보증인의 구상권에 관한 규정(제370조, 제341조)과 변제자대위의 규정(제481조, 제482조 1항)에 따라 丙은 4,000만원에 관하여 1번 공동저당권자인 甲을 대위하여 X부동산에 대해 저당권을 실행할 수 있다. 만일 (사례2)에서 丙 소유의 Y부동산에 대해 戊의 2번 저당권이 설정된 경우, 戊는 물상보증인 丙에게 이전한 X부동산에 관한 甲의 1번 저당권에 대하여 물상대위를 할 수 있다(제370조, 제342조). 결국 제368조 2항의 후순위저당권자의 대위는 공동저당이 설정된 부동산이 '한 사람의 채무자 또는 물상보증인'에게 귀속하는 경우에 한해서 적용된다.

(ii) 공동저당목적물 중 물상보증인 소유의 부동산이 먼저 경매되어 물상보증인이 채무자에 대하여 구상권을 취득함과 동시에 채무자 소유의 부동산에 관한 선순위공동저당권을 대위취득하는 경우, 채무자는 물상보증인에 대한 반대채권이 있더라도 특별한 사정이 없는 한 물상보증인의 구상금채권과 상계함으로써 물상보증인 소유의 부동산에 대한 후순위저당권자에게 대항할 수 없다. 채무자는 선순위공동저당권자가 물상보증인 소유의 부동산에 대

해 먼저 경매를 신청한 경우에 비로소 상계할 것을 기대할 수 있는데, 이처럼 우연한 사정에 의하여 좌우되는 상계에 대한 기대가 물상보증인 소유의 부동산에 대한 후순위저당권자가 가지는 법적 지위에 우선할 수 없다(대판 2017.4.26, 2014다221777,221784).

판 례

공동저당의 목적인 물상보증인 소유의 부동산에 후순위 저당권이 설정되어 있는 경우, 물상보증인 소유의 부동산에 대하여 먼저 경매가 이루어져 그 경매대금의 교부에 의하여 선순위 공동저당권자가 변제를 받은 때에는 물상보증인은 채무자에 대하여 구상권을 취득함과 동시에, 제481조, 제482조에 의한 변제자대위에 의하여 채무자 소유의 부동산에 대한 선순위 저당권을 대위취득하고, 그 물상보증인 소유의 부동산의 후순위 저당권자는 선순위 저당권에 대하여 물상대위를 할 수 있다. 그러므로 그 선순위 저당권설정등기는 말소등기가 경료될 것이 아니라 위 물상보증인 앞으로 대위에 의한 저당권이전의 부기등기가 경료되어야 할 성질의 것이며, 따라서 아직 경매되지 아니한 공동저당물의 소유자로서는 위 선순위 저당권자에 대한 피담보채무가 소멸하였다는 사정만으로는 그 말소등기를 청구할 수 없다고 보아야 한다. 그리고 위 후순위 저당권자는 자신의 채권을 보전하기 위하여 물상보증인을 대위하여 선순위 저당권자에게 그 부기등기를 할 것을 청구할 수 있다(대결 2009.5.28, 2008마109).

라) 결 어

제368조 제1항은 공동저당권자의 실행선택권과 우선변제권을 침해하지 않는 범위 내에서 각 부동산의 책임을 안분시킴으로써 각 부동산의 소유자와 후순위저당권자 사이의 이해관계를 조절하는 것이고, 제368조 제2항은 이시배당의 경우에도 최종적인 배당의 결과가 동시배당의 경우와 같게 하기 위한 것이며, 제368조가 적용되기 위해서는 공동저당 부동산에 후순위저당권이 존재하여야 한다. 반면에 제482조의 변제자대위는 채무자가 아닌 제3자 또는 공동채무자가 채무자를 위하여 변제함으로써 취득하는 구상권을 확보하기 위한 것으로, 물상보증인 소유의 부동산에 설정된 담보권이 공동저당권인지 후순위저당권이 존재하는지 여부를 묻지 않고 물상보증인이 채무를 변제하거나 담보권실행으로 소유권을 잃게 되는 경우에 적용되고, 담보물의 제3취득자의 경우에도 마찬가지이다. 이처럼 제368조는 공동저당 부동산에 후순위저당권이 존재하는 경우에만 적용되지만, 제482조는 후순위저당권 존재 여부를 묻지 않고 적용된다. 따라서 제368조는 대위변제와 관련된 특별규정이라고 할 수 있다(김규완, 고려법학 제49호, 471면; 제철웅, 비교사법 제11권 2호, 107면). 이에 대해 제482조 제1항에 의하여 채권자를 대위한 자는 자기의 권리에 의하여 구상할 수 있는 범위에서 채권 및 그 담보에 관한 권리를 행사할 수 있으므로, 즉 그 담보에 관한 권리를 행사할 수 있다는 이유로 제368조는 제482조의 특별규정이 아니라는 견해가 있을 수 있다. 하지만 제368조는 물권법 규정이지만, 담보물권의 수반성에 의하여 대위변제자는 대위한 채권과 함께 저당권을 행사할 수 있기 때문에 제482조는 채권법규정이고 임의규정에 해당하며, 따라서 물권우선주의에 따라 제368조가 제481조, 제482조에 우선하여 적용되므로, 물상보증인이나 제3취득자의 변제자대위는 후순위저당권자의 지위에 영향을 주지 않는 범위에서 성립한다고 할 것이다.

(다) 공동저당 부동산이 모두 물상보증인 소유인 경우

1) 동일한 물상보증인 소유인 경우

(i) 공동저당이 설정된 여러 부동산이 동일한 물상보증인 소유이고, 그 일부에 후순위저당권이 설정된 경우, 후순위권리자의 이해관계를 위해 공동저당 부동산 사이에서 책임을 분담할 필요가 있다. 따라서 공동저당 부동산이 모두 동일한 물상보증인 소유인 경우, 그의 이익상황은 채무자 소유의 부동산에 공동저당이 설정된 경우와 동일하므로, 제368조가 그대로 적용된다. 가령 채무자 乙 소유의 X부동산과 물상보증인 丙 소유의 Y부동산, Z부동산에 공동저당이 성립하고 공동저당권자 甲이 X부동산, Y부동산으로부터 먼저 배당을 받은 경우, Y부동산의 후순위권리자 丁은 Z부동산이 동일한 물상보증인의 소유이므로, 제368조 2항에 따라 Z부동산의 선순위저당권에 대위할 수 있다(대판 2015.3.20, 2012다99341). 물론 X부동산의 후순위저당권자 戊가 있더라도 戊는 Z부동산에 대위할 수 없다.

(ii) 한편 후순위저당권자의 대위에 의하여 공동저당권자가 가지고 있던 저당권이 후순위저당권자에게 이전된 후 '제3자가 대위될 부동산을 취득'한 경우, 제3취득자에 대하여 제368조 2항에 따른 대위를 주장할 수 있는지가 문제이다. ① 후순위저당권자의 대위에 의하여 선순위저당권자가 가지고 있던 다른 부동산에 관한 저당권이 '후순위저당권자에게 이전된 후'에 아직 저당권이 말소되지 않고 부동산등기부에 존속하는 경우, 비록 공동저당의 대위등기를 하지 않더라도 제3취득자는 저당권이 유효하게 존재함을 알거나 적어도 저당권이 공동저당권으로서 공시되어 있는 상태에서 이를 알면서 해당 부동산을 취득할 것이므로, 후순위저당권자는 제3취득자에 대하여 제368조 2항에 따른 대위를 주장할 수 있다(대판 2015.3.20, 2012다99341). 반면에 ② 먼저 경매된 부동산의 후순위저당권자가 다른 부동산에 공동저당의 대위등기를 하지 않고 있는 사이에 선순위저당권자 등에 의해 그 부동산에 관한 저당권등기가 말소되고, 그와 같이 저당권등기가 말소되어 등기부상 저당권의 존재를 확인할 수 없는 상태에서 그 부동산에 관하여 소유권이나 저당권 등 새로 이해관계를 취득한 사람에 대하여, 후순위저당권자는 제368조 2항에 의한 대위를 주장할 수 없다(대판 2015.3.20, 2012다99341). 변제로 인하여 저당권 등이 소멸된 것으로 믿고 목적부동산을 취득한 제3취득자가 불측의 손해를 입을 우려가 있기 때문이다. 가령 甲은 채무자 乙 소유의 X부동산과 물상보증인 丙 소유의 Y, Z부동산에 채권최고액 7억 3,000만원의 공동근저당권을 가지고 있고, 丁은 Y부동산에 후순위저당권을 가지고 있는데, 먼저 X, Y부동산에 대한 경매가 이루어져 甲이 채권신고액 7억 2,000만원 중 6억 8,000만원을 배당받았고, 그 후 甲은 丙으로부터 배당 부족분 전액을 대위변제 받음으로써 甲의 채권 전액이 변제되자, Z부동산에 관하여 해지를 원인으로 甲 명의의 근저당권설정등기를 말소하였다. 그 후 Z부동산에 관하여 戊명의의 소유권이전등기가 마쳐진 다음, 채무자를 戊, 채권최고액을 4억원으로 하는 己명의의 근저당권설정등기가 마쳐졌다. 이 경우 후순위저당권자 丁은 Z부동산에 대하여 제368조 2항에 의한 대위를 주장할 수 없다.

2) 서로 다른 물상보증인의 소유인 경우

판례는 공동저당이 성립한 부동산이 서로 다른 물상보증인 소유인 경우, 이들은 서로 제482조 2항 4호, 3호에 따라 가액의 비율로 책임을 분담할 구상의 기대를 가지며, 따라서 이 경우에는 제368조가 적용될 수 없고, 제482조 2항 4호, 3호 따라 변제자대위 법리에 따라 각 부동산의 부담을 정해야 한다고 한다. 즉 공동저당의 목적물이 서로 다른 물상보증인(甲, 乙)의 소유인 경우, 물상보증인 사이의 변제자대위의 관계는 제482조 2항 4호, 3호에 의하여 규율되고, 물상보증인 甲 소유의 부동산이 먼저 경매되어 선순위저당권자에게 대위변제를 한 물상보증인 甲은 선순위저당권을 대위취득하고, 그 물상보증인 소유의 부동산의 후순위저당권자는 선순위저당권에 대하여 물상대위를 할 수 있다고 한다(대판 2001.6.1, 2001다21854). 가령 채권자 甲이 물상보증인 丙 소유의 X부동산(가액 6,000만원), 丁 소유의 Y부동산(가액 4,000만원)에 채무자 乙에 대한 5,000만원의 채권을 담보하기 위해 각각 1번 저당권을 취득하고, A가 4,000만원의 채권으로 X부동산에, B가 3,000만원의 채권으로 Y부동산에 각각 2번 저당권을 취득한 경우, X부동산에 대하여 경매가 먼저 개시되면 甲은 5,000만원, A는 1,000만원을 배당받는다. 이와 동시에 물상보증인 丙은 甲이 丁 소유의 Y부동산에 대하여 가지는 저당권을 2,000만원 범위에서 대위취득하고, X부동산의 후순위저당권자 A는 이를 물상대위하여 2,000만원을 배당받을 수 있다. 그 결과 甲은 5,000만원, A는 3,000만원, B는 2,000만원을 배당받는다.

(라) 동일인 소유의 공동저당 부동산 일부가 양도되어 소유자가 다르게 된 경우

판례는 공동저당 부동산에 후순위저당권이 설정된 후에 일부 부동산이 양도되어 소유자가 다르게 된 경우, 제368조가 적용된다고 한다. 제368조 2항에 의하여 공동저당 부동산의 후순위저당권자에게 인정되는 대위를 할 수 있는 지위 내지 그와 같은 대위에 관한 정당한 기대를 보호할 필요성은 그 후 공동저당 부동산이 양도되었다는 이유로 달라지지 않는다고 한다. 만일 변제자대위를 우선하게 되면, 후순위저당권자로서는 설정 후의 우연한 사정에 의하여 대위권을 박탈당하는 불합리한 결과가 초래되므로, 이 경우 물상보증인이나 제3취득자의 변제자대위는 후순위저당권자의 지위에 영향을 주지 않는 범위에서 성립한다고 한다. 즉 ① 공동저당이 설정된 복수의 부동산이 '같은 물상보증인'의 소유에 속하고 그중 하나의 부동산에 후순위저당권이 설정되어 있는 경우, '그 부동산'의 대가만이 배당되는 때에는 후순위저당권자는 제368조 2항에 따라 선순위 공동저당권자가 1항에 따라 공동저당이 설정된 다른 부동산으로부터 변제를 받을 수 있었던 금액에 이르기까지 선순위 공동저당권자를 대위하여 그 부동산에 대한 저당권을 행사할 수 있다. 이 경우 공동저당이 설정된 부동산이 제3자에게 양도되어 그 소유자가 다르게 되더라도 제482조 2항 3호, 4호에 따라 각 부동산의 소유자는 그 부동산의 가액에 비례해서만 변제자대위를 할 수 있으므로 후순위저당권자의 지위는 영향을 받지 않는다(대판 2021.12.16, 2021다247258). ② 채무자 소유의 부동산과 물상보증인 소유의 부동산에 공동저당이 설정되고 그중 채무자 소유의 부동산에 후순위저당권이 설정된 경우, 선순위 공동저당권자가 물상보증인이 소유한 부동산의 대가만을 배당받는 등 물상보증인으로부터 먼저 채권을 변제받은 때에는 물상보증인은 채무자에 대하여 구상권을 취득함과 동시에 제481조, 제482조에 따른 변제자대위에 의하여 채무자 소유의 부동산에 대한 선순위 공동저당권을 취득한다(대판 1994.5.10, 93다25417). 그러나 '같은 물상보증인'이 소유하는 여러 부동산에 공동저당이 설정되고 그중 한 부동산에 후순위저당권이 설정된 다음에 그 부동산이 '채무자'에게 양도됨으로써 채무자 소유의 부동산과 물상보증인 소유의 부동산에 대해 공동저당이 설정된 상태에 있게 된 경우에는 물상보증인의 변제자대위는 후순위저당권자의 지위에 영향을 주지 않는 범위에서 성립한다. 이는 물상보증인으로부터 부동산을 양수한 제3취득자가 변제자대위를 하는 경우에도 마찬가지이다. 위와 같은 법리는 공동저당이 설정된 여러 부동산에 선순위 공동근저당권이 설정되고 그 후 일부 부동산에 후순위 전세권이 설정된 경우에도 마찬가지로 적용된다고 한다(대판 2021.12.16, 2021다247258). 가령 같은 물상보증인이 소유하는 X부동산, Y부동산에 공동근저당이 설정되고 X부동산에 후순위 전세권이 설정된 다음에 그 부동산은 채무자에게 양도되고, Y부동산은 제3취득자에게 이전되었는데, 제3취득자가 공동근저당 채무를 전부 변제하고 변제자대위로써 X부동산에 대한 선순위 근저당권을 취득하였다고 주장하며 후순위 전세권자에 대한 우선배당을 주장한 경우, 제3취득자의 변제자대위는 후순위 전세권자의 지위에 영향을 주지 않는 범위에서 성립한다고 한다.

(마) 선순위 공동저당권자가 피담보채권을 변제받기 전에 공동저당 목적부동산 중 일부에 관한 저당권을 포기한 경우

선순위 공동(근)저당권자가 피담보채권을 변제받기 전에 공동(근)저당 목적부동산 중 일부에 관한 (근)저당권을 포기한 경우, 후순위저당권자가 있는 부동산에 관한 경매절차에서, (근)저당권을 포기하지 아니하였더라면 후순위저당권자가 대위할 수 있었던 한도에서는 후순위저당권자에 우선하여 배당받을 수 없다(대판 2009.12.10, 2009다41250). 채무자 소유의 여러 부동산에 관하여 공동저당권이 설정된 경우, 제368조 2항 후문에 의한 후순위저당권자의 대위권은 선순위 공동저당권자가 공동저당의 목적물인 부동산 중 일부의 경매대가로부터 배당받은 금액이 그 부동산의 책임분담액을 초과하는 경우에 비로소 인정되는 것이지만, 후순위저당권자로서는 선순위 공동저당권자가 피담보채권을 변제받지 않은 상태에서도 추후 공동저당 목적부동산 중 일부에 관한 경매절차에서 선순위 공동저당권자가 그 부동산의 책임분담액을 초과하는 경매대가를 배당받는 경우 다른 공동저당 목적 부동산에 관하여 선순위 공동저당권자를 대위하여 저당권을 행사할 수 있다는 대위의 기대를 가진다고 보아야 하고, 후순위저당권자의 이와 같은 대위에 관한 정당한 기대는 보호되어야 하기 때문이다.

판 례

선순위 공동저당권자가 피담보채권을 변제받기 전에 공동저당 목적 부동산 중 일부에 관한 저당권을 포기한 경우에는, 후순위저당권자가 있는 부동산에 관한 경매절차에서, 저당권을 포기하지 아니하였더라면 후순위저당권자가 대위할 수 있었던 한도에서는 후순위저당권자에 우선하여 배당을 받을 수 없다고 보아야 하고, 이러한 법리는 동일한 채권의 담보를 위하여 공유인 부동산에 공동저당의 관계가 성립된 경우에도 마찬가지로 적용된다. 제368조 2항에 의하여 공동저당 부동산의 후순위저당권자에게 인정되는 대위를 할 수 있는 지위 내지 그와 같은 대위에 관한 정당한 기대를 보호할 필요성은 그 후 공동저당 부동산이 제3자에게 양도되었다는 이유로 달라지지 않는다(대판 2011.10.13, 2010다99132). 가령 甲이 乙과 丙이 1/2 지분씩 공유하고 있던 토지와 지상 건물에 관하여 근저당권설정등기를 마친 후 丁이 위 부동산 중 乙 지분에 관하여 근저당권설정등기를 마쳤고, 乙과 丙이 위 부동산을 戊에 매도하면서 乙 지분은 戊가 경매절차를 통하여 취득하였는데, 甲이 경매절차 진행 중 丙 지분에 관한 근저당권을 포기한 경우, 배당절차에서 甲은 丙 지분에 관한 근저당권을 포기하지 않았더라면 丁이 대위할 수 있었던 한도에서 丁에 우선하여 배당받을 수 없다.

2. 근 저 당

(1) 의의와 특질

근저당이란 당좌대월계약·어음할인계약 또는 상인간의 계속적 물품공급계약과 같은 계속적 거래관계로부터 생기는 다수의 불특정채권을 장래의 결산기에 일정한 한도액의 범위에서 담보하는 저당권을 말한다(제357조). 계속적 거래관계에 있는 당사자가 거래로 채권이 발생·소멸할 때마다 저당권을 설정·말소하여야 한다면, 불편함과 번잡함은 이루 말할 수 없을 것이므로, 이를 피하기 위한 제도가 근저당이다.

근저당은 장래의 증감·변동하는 불특정의 채권을 담보하는 점에서 현재 또는 장래의 특정채권을 담보하는 보통의 저당권과 다르다. 근저당권은 보통의 저당권과 달리 소멸에서의 부종성이 요구되지 않는다. 그리하여 피담보채권이 확정되기 전에 그것이 일시적으로 소멸하더라도 근저당권은 소멸하지 않는다(제357조 1항 후문). 따라서 근저당권은 미리 정하여진 최고한도액의 한도 내에서 장래에 확정될 채권액을 담보한다.

(2) 근저당권의 성립

근저당권이 성립하기 위해서는 ① 계속적 거래계약(기본계약)이 존재하여야 하고, ② 근저당권설정계약 및 ③ 등기가 있어야 하며, ④ 목적물은 법률상 공시가 가능한 것이어야 한다.

(가) 계속적 거래계약이 존재할 것 — 기본계약

근저당권은 보통의 저당권과 달리 근저당설정 당시에는 아직 피담보채권이 현존하고 있지 않으므로, 장차 그 근저당권의 피담보채권으로 될 채권발생의 기초가 되는 계속적 거래계약(예: 당좌대월계약·어음할인계약·물품공급계약 등)이 존재하여야 한다. 즉 근저당권은 그 담보할 채무의 최고액만을 정하고, 채무의 확정을 장래에 보류하여 설정하는 저당권으로서, 계속적인 거래관계로부터 발생하는 다수의 불특정채권을 장래의 결산기에 일정한 한도까지 담보하기 위한 목적으로 설정되는 담보권이므로, 근저당권설정행위와는 별도로 근저당권의 피담보채권을 성립시키는 법률행위가 있어야 한다(대판 2004.5.28, 2003다70041).

(나) 당사자 사이에 근저당권설정계약이 있을 것 — 근저당권설정계약

1) 보통의 저당권처럼 근저당권자는 채권자이고, 근저당설정자는 채무자 또는 물상보증인이다. 근저당권설정계약에서 담보할 채권의 최고액을 정하고 피담보채권의 범위를 결정하는 기준을 정하여야 한다. 피담보채권의 범위를 정하는 기준은 피담보채권이 발생하는 기초가 되는 계속적 거래관계를 말한다. 한편 근저당권의 존속기간에 관해서도 설정계약에서 약정할 수 있지만, 약정하지 않아도 상관이 없다.

2) 채권자 아닌 제3자명의의 근저당설정등기의 효력에 관하여, 판례는 근저당권은 채권담보를 위한 것이므로 원칙적으로 채권자와 근저당권자는 동일인이 되어야 하고, 다만 제3자를 근저당권 명의인으로 하는 근저당권을 설정하는 경우에 관하여 채권자와 채무자 및 제3자 사이에 합의가 있고, 채권양도·제3자를 위한 계약·불가분적 채권관계의 형성 등 방법으로 채권이 그 제3자에게 실질적으로 귀속되었다고 볼 수 있는 특별한 사정이 있는 경우에 한하여 제3자 명의의 근저당권설정등기도 유효하다고 한다(대판 2007.1.11, 2006다50055).

판 례

근저당권은 그 담보할 채무의 최고액만을 정하고, 채무의 확정을 장래에 보류하여 설정하는 저당권으로서(제357조 1항), 계속적인 거래관계로부터 발생하는 다수의 불특정채권을 장래의 결산기에서 일정한 한도까지 담보하기 위한 목적으로 설정되는 담보권이므로, 근저당권설정행위와는 별도로 근저당권의 피담보채권을 성립시키는 법률행위가 있어야 하고, 피담보채권이 존재하지 않는다는 것이 확정된 때에는 근저당권설정등기를 말소하여야 한다. 한편 근저당권 성립 당시 근저당권의 피담보채권을 성립시키는 법률행위가 없었다는 주장이 있는 경우 그러한 법률행위가 있었다는 점에 대한 증명책임은 그 존재를 주장하는 측에 있다(대판 2025.9.4, 2024다306721). 그러나 등기부에 기록된 등기원인에도 추정력이 미친다는 점을 고려할 때 의문이다. 한편 근저당권이 있는 채권이 가압류되는 경우, 근저당권설정등기에 부기등기의 방법으로 그 피담보채권의 가압류사실을 기입등기하는 목적은 근저당권의 피담보채권이 가압류되면 담보물권의 수반성에 의하여 종된 권리인 근저당권에도 가압류의 효력이 미치게 되어 피담보채권의 가압류를 공시하기 위한 것이므로, 만일 근저당권의 피담보채권이 존재하지 않는다면 그 가압류명령은 무효라고 할 것이고, 근저당권을 말소하는 경우에 가압류권자는 등기상 이해관계 있는 제3자로서 근저당권의 말소에 대한 승낙의 의사표시를 하여야 할 의무가 있다(대판 2009.12.24, 2009다72070; 대판 2004.5.28, 2003다70041).

(다) 근저당권설정등기를 하였을 것 — 설정등기

1) 근저당권이라는 것을 반드시 등기하여야 하며, 등기하지 않으면 보통의 저당권이 설정된 것으로 본다. 등기원인으로 그 근저당권의 기초가 되는 계속적 계약관계를 기재할 것이지만(부동산등기법 제75조 2항), 실무에서는 근저당권설정계약이라고 기재한다. 그리고 담보해야 할 '채권최고액'을 반드시 등기하여야 한다(동법 제75조 2항). 이를 등기로 공시하지 않으면 제3자에게 불측의 손해를 입힐 수 있기 때문이다. 여기서 채권최고액은 채권 원본의 한도액이 아니라 이자를 포함한 원리금의 한도액을 의미한다(제357조 2항).

2) 판례는 등기가 실체적 권리관계에 부합한다고 하는 것은 그 등기절차에 어떤 하자가

있더라도 진실한 권리관계와 합치되는 것을 의미하므로, 채권자가 채무자와 사이에 근저당권설정계약을 체결하였으나 그 계약에 기한 근저당권설정등기가 채권자가 아닌 제3자의 명의로 경료되고 그 후 다시 채권자가 근저당권설정등기에 대한 부기등기의 방법으로 근저당권을 이전받았다면 특별한 사정이 없는 한 그때부터 위 근저당권설정등기는 실체관계에 부합하는 유효한 등기로 볼 수 있다고 한다(대판 2007.1.11, 2006다50055).

3) 한편 근저당권의 존속기간 또는 기본계약에 기한 결산기에 관한 약정은 반드시 등기를 하여야 할 사항은 아니다. 존속기간 또는 결산기를 등기한 때에는 그 기간이 경과한 후에 발생한 채권은 피담보채권에 포함시키지 못하고, 당사자의 합의로 이를 연기하여도 그것을 가지고 후순위저당권자에게 대항하지 못한다(대판 1961.12.14, 4293민상893).

(라) 법률상 공시가 가능한 목적물일 것

근저당권은 보통의 저당권처럼 목적물의 점유를 빼앗지 않고, 다만 장부상의 표상(등기·등록)에 의하여 그 존재를 공시하는 권리이므로, 법률상 이러한 공시가 불가능한 재산권은 근저당권의 목적이 될 수 없다.

(3) 근저당권의 효력

근저당권은 설정계약에서 정한 채권의 최고액의 범위 안에서 증감·변동하는 채권의 확정액을 담보한다.

(가) 피담보채권의 범위

1) 최고액과 제360조

(i) 저당권의 피담보채권 범위에 관한 제360조는 근저당권에도 적용된다. 따라서 근저당권은 원본·이자·위약금·채무불이행으로 인한 손해배상을 담보한다. 이자에 관하여 제357조 2항은 "채무의 이자는 최고액 중에 산입한 것으로 본다"고 규정하고 있지만, 주의적 규정에 불과하다. 다만 보통의 저당권과 달리 지연배상은 1년분에 한하지 않고 모두 최고액에 포함된다(대판 2007.4.26, 2005다38300; 고상룡, 707면; 곽윤직, 369면; 김증한/김학동, 566면; 이영준, 874면; 송덕수, B-577. 다만 김상용, 755면; 이은영, 841면은 피담보채권의 지연배상은 1년분에 한하지 않으나 근저당권이 확정된 후의 지연배상은 1년분에 한한다고 한다). 즉 근저당권자의 경매신청 등의 사유로 인하여 근저당권의 피담보채권이 확정되었을 경우, 확정 이후에 새로운 거래관계에서 발생한 원본채권은 그 근저당권에 의하여 담보되지 않지만, 확정 전에 발생한 원본채권에 관하여 확정 후에 발생하는 이자나 지연손해금 채권은 채권최고액의 범위 내에서 근저당권에 의하여 여전히 담보된다(대판 2007.4.26, 2005다38300).

(ii) 한편 집행관이 매각대금에서 미리 실행비용을 공제하고 그 잔액을 가지고 피담보채권을 변제하기 때문에, 근저당권의 실행비용은 채권최고액에 포함되지 않는다(대판 2001.11.27, 2001다47986).

2) 최 고 액

(i) 근저당권이 확정되면, 근저당권자와 후순위 저당권자 등 제3자와의 관계는 채권최고

액에 의해 조정된다. 즉 ① 근저당권설정자와 채무자가 동일한 경우에 채권최고액은 민사집행법 제148조에 따라 배당받을 채권자나 저당부동산의 제3취득자에 대한 우선변제권의 한도를 의미한다(대판 2009.2.26, 2008다4001). 따라서 후순위 저당권자나 일반채권자의 배당요구가 있으면, 근저당권자는 자기 채권이 최고액을 초과하더라도 채권최고액까지만 우선변제를 받을 수 있다. 반면에 ② 민사집행법 제148조에 따라 배당받을 채권자나 저당부동산의 제3취득자가 없는 경우, 근저당권자는 채권최고액을 초과한 채권액에 대해 우선변제를 받을 수 있다(대판 2009.2.26, 2008다4001). 따라서 근저당권자의 채권액이 채권최고액을 초과하는 경우에 매각대금 중 그 최고액을 초과하는 금액이 있더라도 이는 근저당권설정자에게 반환할 것은 아니고, 근저당권자의 채권최고액을 초과하는 채무의 변제에 충당하여야 한다.

(ii) 확정된 피담보채권액이 채권최고액을 초과하는 경우, ① 근저당권자와 채무자 겸 근저당권설정자와의 관계에서는 채권 전액의 변제가 있을 때까지 근저당권의 효력은 채권최고액과는 관계없이 잔존채무에 여전히 미친다(대판 2001.10.12, 2000다59081). 따라서 채무자인 근저당권설정자는 '채권(이자 포함) 전액'을 변제하여야 근저당권설정등기의 말소청구를 할 수 있다(대판 1981.11.10, 80다2712). 반면에 ② 물상보증인이나 근저당부동산의 제3취득자는 '채권최고액'만을 변제하면 근저당권설정등기의 말소청구(제364조)를 할 수 있다(대판 2006.1.26, 2005다17341; 대판 1974.12.10, 74다998). 즉 채권최고액을 초과하는 부분의 채권액까지 변제할 의무가 있는 것이 아니다. 또한 근저당부동산에 대하여 소유권을 취득한 제3자는 피담보채무가 확정된 이후에 그 확정된 피담보채무를 채권최고액의 범위 내에서 변제하고 근저당권의 소멸을 청구할 수 있다(대판 2006.1.26, 2005다17341).

(iii) 한편 근저당권의 목적이 된 부동산의 제3취득자는 근저당권의 피담보채무에 대하여 채권최고액을 한도로 당해 부동산에 의한 담보적 책임을 부담하므로, 제3취득자로서는 채무자 또는 제3자의 변제 등으로 피담보채권이 일부 소멸하였더라도 잔존 피담보채권이 채권최고액을 초과하는 한 담보부동산에 의한 자신의 책임이 그 변제 등으로 인하여 감축되었다고 주장할 수 없다(대판 2007.4.26, 2005다38300).

3) 피담보채권의 확정

근저당권의 피담보채권은 장래의 발생·소멸하는 불확정한 것이므로, 그것이 확정되어야 근저당권자는 우선변제를 받게 된다.

(i) 확정시기

a) 피담보채권은 ① 근저당권의 설정계약 내지 기본계약에서 정한 결산기의 도래, ② 근저당권의 존속기간이 있는 경우에는 그 기간의 만료, ③ 기본계약 또는 설정계약의 해제·해지(대판 2006.4.28, 2005다74108; 대판 2002.2.26, 2000다48265), ④ 당사자의 합의 등에 기한 기본계약의 종료시에 확정된다. 특히 채무자·물상보증인의 파산선고 또는 회생절차개시결정이 있는 때에 '선고시·개시결정시'를 기준으로 피담보채권은 확정된다(대판 2001.6.1, 99다66649).

b) 근저당권자가 스스로 경매신청을 한 때에는 채무자와의 거래를 종료하겠다는 의사를 표시한 것으로 볼 수 있는 점에서 '경매신청시'에 피담보채권은 확정된다(대판 2023.6.29, 2022다300248; 대판 1997.12.9, 97다25521). 근저당권자가 경매신청을 하여 경매개시결정이 있은 후에 그 신청을 취하하더라도 채무확정의 효과는 번복되지 않는다(대판 2002.11.26, 2001다73022). 반면에 ① '후순위 근저당권자'가 경매를 신청한 경우에 선순위 근저당권의 피담보채권은 그 근저당권이 소멸하는 시기, 즉 매수인이 '매각대금을 지급한 때'에 확정된다(대판 1999.9.21, 99다26085). 이러한 법리는 근저당권에 대한 근질권의 부기등기가 마쳐진 후 그 부동산에 관하여 해당 근질권자가 아닌 제3자의 신청에 따라 경매절차가 개시된 경우에도 마찬가지이므로, 근질권의 피담보채권은 그 근저당권이 소멸하는 때, 즉 '매수인이 매각대금을 지급한 때'에 확정된다(대판 2025.9.25, 2025다212005). 가령 채권자인 피고 乙은 채무자 A의 근저당권부 채권에 대하여 근질권을 설정하였고, 다른 채권자인 원고 甲은 채무자의 위 근저당권부 채권에 대하여 후순위로 근질권을 설정하였다. 채무자 A의 신청으로 근저당권 목적 부동산에 관한 경매절차가 진행되어 배당표가 작성되었는데, 甲은 乙의 '경매진행 동의서' 제출 시에 乙의 근저당권부 근질권의 피담보채권이 확정되므로 이후에 발생한 乙의 대출 채권은 피담보채권에 포함되지 않는다고 주장하고, 이에 대하여 乙은 '매수인이 매각대금을 지급한 때' 피담보채권이 확정된다고 주장한다. 이 경우 제3자인 A의 신청에 의하여 경매절차가 개시된 이상 피고 乙이 경매절차에 동의하였더라도 그 시점에 근질권의 피담보채권이 확정되었다고 볼 수 없고, 매수인이 매각대금을 지급한 때 확정된다고 보아야 하므로, 매수인의 매각대금 지급 시까지 이루어진 대출금 등도 피담보채권에 포함된다. 따라서 원고 甲의 주장은 부당하다. ② 공동근저당권자가 목적 부동산 중 일부 부동산에 대하여 제3자가 신청한 경매절차에 소극적으로 참가하여 우선배당을 받은 경우, 해당 부동산에 관한 근저당권의 피담보채권은 매수인이 매각대금을 지급한 때에 확정되지만, 나머지 목적 부동산에 관한 근저당권의 피담보채권은 확정되지 않는다(대판 2017.9.21, 2015다50637).

참고로 근질권이 설정된 금전채권에 대하여 제3자의 압류로 강제집행절차가 개시된 경우, 근질권의 피담보채권은 근질권자가 위와 같은 '강제집행이 개시된 사실을 알게 된 때'에 확정된다(대판 2009.10.15, 2009다43621).

(ii) 확정의 효과

근저당권이 확정되면 그 당시 확정된 채무만이 근저당권에 의해 담보되고, 확정 이후 새로 발생한 채권은 근저당권에 의해 담보되지 않고 일반채권으로 다루어질 뿐이다. 즉 근저당권의 피담보채권이 확정되었을 경우, 확정 이후에 새로운 거래관계에서 발생한 원본채권은 그 근저당권에 의하여 담보되지 않지만, 확정 전에 발생한 원본채권에 관하여 확정 후에 발생하는 이자나 지연손해금 채권은 채권최고액의 범위 내에서 근저당권에 의하여 여전히 담보된다(대판 2007.4.26, 2005다38300).

판 례

(ㄱ) 근저당권의 존속기간이나 결산기를 정하지 않은 때에는 피담보채무의 확정방법에 관한 다른 약정이 있으면 그에 따르고, 이러한 약정이 없는 경우라면 근저당권설정자가 근저당권자를 상대로 언제든지 계약 해지의 의사표시를 함으로써 피담보채무를 확정시킬 수 있다(대판 2017.10.31, 2015다65042).

(ㄴ) 피담보채무를 확정시키는 근저당권설정자의 근저당권설정계약의 해제 또는 해지에 관한 권한은 근저당부동산의 소유권을 취득한 제3취득자도 원용할 수 있다(대판 2002.5.24, 2002다7176; 대판 2006.4.28, 2005다74108).

(ㄷ) 물상보증인이 설정한 근저당권의 채무자가 합병으로 소멸하는 경우 합병 후의 존속회사 또는 신설회사는 합병의 효과로서 채무자의 기본계약상 지위를 승계하지만 물상보증인이 존속회사 또는 신설회사를 위하여 근저당권설정계약을 존속시키는 데 동의한 경우에 한하여 합병 후에도 기본계약에 기한 근저당거래를 계속할 수 있고, 합병 후 상당한 기간이 지나도록 그러한 동의가 없는 때에는 합병 당시를 기준으로 근저당권의 피담보채무가 확정된다. 따라서 위와 같이 근저당권의 피담보채무가 확정되면, 근저당권은 그 확정된 피담보채무로서 존속회사 또는 신설회사에 승계된 채무만을 담보하게 되므로, 합병 후 기본계약에 의하여 발생한 존속회사 또는 신설회사의 채무는 근저당권에 의하여 더 이상 담보되지 아니한다. 그리고 이러한 법리는 채무자의 합병 전에 물상보증인으로부터 저당목적물의 소유권을 취득한 제3자가 있는 경우에도 마찬가지로 적용된다(대판 2010.1.28, 2008다12057). 즉 물상보증인이 설정한 근저당권의 채무자가 합병으로 소멸하고, 물상보증인 또는 그로부터 합병 전에 저당목적물의 소유권을 취득한 제3자가 합병 후 존속회사 또는 신설회사를 위하여 근저당권설정계약을 존속시키는 데 동의하지 않은 경우, 합병 당시를 기준으로 근저당권의 피담보채무가 확정된다.

(나) 근저당권의 실행

피담보채권이 확정되고 또한 확정된 피담보채권의 변제기가 도래하면 근저당권을 실행하여 최고액의 범위 내에서 우선변제를 받을 수 있다.

판 례

동일한 당사자가 동일 목적물에 관하여 동일 거래관계로 인하여 발생되는 채무를 담보하기 위하여 순위가 다른 여러 개의 근저당권을 설정한 경우 각 근저당권은 그 설정계약에서 정한 거래관계로 인하여 발생된 여러 개의 채무 전액을 각 한도 범위 내에서 담보하는 것이므로, 그 담보물의 경매대금이 채무 전액을 만족시키지 못할 때에는 변제충당의 방법으로 그 대금수령으로 인하여 소멸할 채무를 정할 것이지, 위 경매대금을 당연히 선순위 근저당권설정시에 발생한 채무에 우선적으로 변제충당할 것은 아니다(대판 2002.12.10, 2002다51579).

(4) 근저당권의 변경

(가) 최고액·존속기간의 변경

1) 당사자는 계약에 의하여 근저당권설정계약으로 정한 최고액·존속기간을 변경할 수 있다. 그러나 최고액의 증액 및 존속기간의 연장은 당해 근저당권 자체의 변경이므로 그 효력이 발생되기 위해서는 변경등기를 갖추어야 하며, 변경등기 전의 등기상 이해관계를 가지는 제3자가 있는 경우에는 그의 승낙이 있어야 한다(부동산등기법 제52조). 이 경우 저당권변경등기는 부

기로 하여야 하지만, 등기상 이해관계 있는 제3자의 승낙이 없는 경우에는 주등기로 해야 한다(부동산등기법 제52조 5호). 다만 감액이나 단축의 변경등기는 후순위저당권자에게 불이익하지 않으므로, 그의 승낙을 필요로 하지 않는다(이영준, 877면).

2) 저당권은 채무의 일부변제를 원인으로 하는 채권액변경등기신청이 가능하지만, 근저당권의 경우에는 채무의 일부변제가 있더라도 당연히 채권최고액이 감액되는 것이 아니므로 이를 원인으로 하는 채권최고액을 감액하는 변경등기신청은 할 수 없고, 당사자 사이의 근저당권변경계약(채권최고액의 변경)에 의하여서만 그 신청이 가능하다(1995.10.18. 등기 3402-743).

(나) 채권자·채무자의 변경

1) 채무자가 사망하거나 법인이 합병되면 근저당권은 법률상 당연히 기본계약의 지위와 함께 상속인 또는 합병 후의 법인에 이전된다. 한편 기본계약의 특정승계도 인정된다(통설). 그런데 특정승계는 계약인수에 의하여 이루어지기 때문에, 기본계약의 당사자와 승계인의 3면계약을 필요로 하며, 근저당권의 이전은 부기등기하여야 효력이 있다(부동산등기법 제52조 2호).

2) 근저당권은 당사자 사이의 계속적인 거래관계로부터 발생하는 불특정채권을 어느 시기에 계산하여 잔존하는 채무를 일정한 한도액 범위 내에서 담보하는 저당권이므로, 피담보채무가 확정되기 이전에 채무의 범위 또는 채무자를 변경할 수 있다. 이 경우 ① 후순위저당권자 등 이해관계인은 근저당권의 채권최고액에 해당하는 담보가치가 근저당권에 의하여 이미 파악되어 있는 것을 알고 이해관계를 맺었기 때문에 이러한 변경으로 예측하지 못한 손해를 입었다고 볼 수 없으므로, 피담보채무의 범위 또는 채무자를 변경할 때 이해관계인의 승낙을 받을 필요가 없다(대판 2021.12.16, 2021다255648). ② 채무의 범위나 채무자가 변경된 경우에는 당연히 변경 후의 범위에 속하는 채권이나 채무자에 대한 채권만이 근저당권에 의하여 담보되고, 변경 전의 범위에 속하는 채권이나 채무자에 대한 채권은 그 근저당권에 의하여 담보되는 채무의 범위에서 제외된다(대판 1999.5.14, 97다15777,15784).

3) 한편 채무가 인수되는 경우에 구채무자의 채무에 관하여 제3자가 제공한 담보는 채무인수로 인하여 소멸하지만, 그 제3자(물상보증인)가 채무인수에 동의한 경우에 한하여 소멸하지 않고 신채무자를 위하여 존속하게 된다(제459조). 이 경우 물상보증인이 채무인수에 관하여 하는 동의에 의하여 유지되는 담보는 기존의 담보와 동일한 내용을 갖는 것이므로, 근저당권에 관하여 채무인수를 원인으로 채무자를 교체하는 변경등기(부기등기)가 마쳐진 경우, 특별한 사정이 없는 한 그 근저당권은 구채무자가 부담하고 있다가 신채무자가 인수하게 된 채무만을 담보하는 것이며, 그 후 신채무자(채무인수인)가 다른 원인으로 부담하게 된 새로운 채무까지 담보하는 것은 아니다(대판 2002.11.26, 2001다73022; 대판 2000.12.26, 2000다56204).

판 례

신축 상가건물에 대한 공사대금채권의 담보를 위하여 상가건물에 근저당권을 설정하면서 근저당권설정자와 근저당권자 사이에 분양계약자가 분양대금을 완납하는 경우, 그 분양계약자가 분양받은 지분에 관한 근저당권을 말소하여 주기로 하는 약정이 있었더라도 근저당권자는 근저당권설정자 또는 분양계약자에 대하여 그 약정에 따라 분양계약자의 분양지분에 관한 근저당권을 말소하여 줄 채권적 의무가 발생할 뿐이지, 물권인 근저당권자의 근저당권 자체가 등기에 의하여 공시된 바와 달리 위 약정에 의하여 제한되는 것은 아니고, 그 근저당권의 인수인이 당연히 위 약정에 따른 근저당권자의 채무를 인수하는 것도 아니다(대판 2001.3.23, 2000다49015).

(다) 근저당권의 일부에 대한 사해행위 판결이 있는 경우

사해행위의 취소에 따른 원상회복은 원칙적으로 그 목적물 자체의 반환에 의하여야 하고, 그것이 불가능하거나 현저히 곤란한 경우에 한하여 예외적으로 가액배상에 의하여야 한다. 따라서 근저당권설정계약 중 일부만이 사해행위에 해당하는 경우, 그 원상회복은 근저당권설정등기의 채권최고액을 감축하는 근저당권변경등기절차의 이행을 명하는 방법에 의하여야 한다(대판 2006.12.7, 2006다43620).

(라) 근저당권의 양도

근저당권은 피담보채권과 분리하여 이를 양도할 수 없다(제361조). 즉 피담보채권이 양도되면 수반성에 의하여 근저당권도 이전한다. 따라서 피담보채권 없는 근저당권의 양도는 무효이다(대판 1968.2.20, 67다2543). 피담보채권의 확정 전후를 기준으로 근저당권의 이전을 살펴보면 다음과 같다.

1) 피담보채권의 확정 후

피담보채권이 확정된 경우에 근저당권은 채권최고액을 한도로 확정채권액을 담보하므로, 보통의 저당권처럼 채권 전부 또는 일부가 양도되거나 대위변제된 경우에 근저당권도 이전된다(대판 2002.7.26, 2001다53929). 특히 채권의 일부가 양도되면 채권의 양도인과 양수인 사이에 채권액의 비율에 따른 저당권의 준공유관계가 성립한다(이영준, 880면).

2) 피담보채권의 확정 전

피담보채권이 확정되기 전에 이미 발생한 채권이 양도 또는 대위변제로 타인에게 이전된 경우에 이에 수반하여 근저당권도 이전되는지에 관하여, ① 근저당권은 이전되지 않고 양도된 채권은 무담보로 된다는 견해(부정설: 고상룡, 711면; 곽윤직, 370면), ② 근저당권의 일부가 이전하여 채권의 양도인과 양수인이 준공유한다는 견해(긍정설: 강태성, 1037면; 이영준, 880면; 이상태, 477면)가 있다.

판례는 변제대위와 관련하여 이를 부정한다. 즉 근저당권은 계속적인 거래관계로부터 발생·소멸하는 불특정다수의 채권 중 그 결산기에 잔존하는 채권을 일정한 한도액의 범위 내에서 담보하는 것으로서 그 거래가 종료하기까지 피담보채권은 계속적으로 증감·변동하는 것이므로, 근저당 거래관계가 계속되는 관계로 '근저당권의 피담보채권이 확정되지 않는 동안'에는 그 채권의 일부가 대위변제되었더라도 근저당권이 대위변제자에게 이전될 수 없다고 한다(대판 2000.12.26, 2000다54451). 다만 근저당권 확정 전에 대위변제한 경우라도 근저당권에 의하여 담보되는 '피담보채권이 확정'되면, 피담보채권액이 근저당권의 채권최고액을 초과하지 않는 한 근저당권 내지 그 실행으로 인한 매각대금에 대한 권리 중 피담보채권액을 담보하고 남는 부분은 저당권의 일부이전의 부기등기의 경료 여부와 관계없이 대위변제자에게 법률상 당연히 이전된다고 한다(대판 2002.7.26, 2001다53929). 변제할 정당한 이익이 있는 자가 채무자를 위하여 근저당권의 피담보채무의 일부를 대위변제한 경우(제483조), 채권자가 대위변제자에 대하여 우선변제권을 가지며, 그 우선변제권은 피담보채권액을 한도로 특별한 사정이 없는 한 자기가 보유하고 있는 잔존 채권액 전액에 미치기 때문이다(대판 2004.6.25, 2001다2426).

(5) 근저당권의 소멸

(가) 근저당권은 피담보채권이 확정되기 전에는 발생한 채권을 채무자가 변제하여도 소멸하지 않는다. 그러나 피담보채권이 확정되기 전이라도 채권이 변제 등으로 소멸하거나 또는 거래의 계속을 원하지 않는 경우에는 근저당권설정계약을 해지하고 설정등기의 말소를 청구할 수 있다(대판 2006.4.28, 2005다74108). 또한 피담보채권이 확정된 때에 피담보채권이 존재하지 않거나 채권이 변제 등으로 소멸한 때 또는 실행이 종료하면 근저당권은 소멸한다. 그리고 근저당권의 존속기간을 정하지 않은 경우에 이미 발생한 채권이 변제 등으로 전부 소멸하였다면 기본계약과 설정계약을 해지하여 근저당권을 소멸시킬 수 있다(대판 2002.5.24, 2002다7176).

(나) 근저당권이 설정된 후에 그 부동산소유권이 제3자에게 이전된 경우, 판례는 현재의 소유자가 자신의 소유권에 의하여 피담보채무의 소멸을 원인으로 그 근저당권설정등기의 말소를 청구할 수 있고, 또한 근저당권설정자인 종전의 소유자도 근저당권설정계약의 당사자로서 근저당권소멸에 따른 원상회복으로 근저당권자에게 근저당권설정등기의 말소를 구할 수 있는 계약상 권리가 있으므로, 이러한 계약상 권리에 터잡아 근저당권자에게 피담보채무의 소멸을 이유로 하여 그 근저당권설정등기의 말소를 청구할 수 있다고 한다(대판 1994.1.25, 93다16338).

판 례

(ㄱ) 확인의 소에서 확인의 대상은 현재의 권리 또는 법률관계일 것을 요하므로 특별한 사정이 없는 한 과거의 권리 또는 법률관계의 존부확인은 인정되지 아니하는바, 근저당권의 피담보채무에 관한 부존재확인의 소는 근저당권이 말소되면 과거의 권리 또는 법률관계의 존부에 관한 것으로서 확인의 이익이 없게 된다(대판 2013.8.23, 2012다17585).

(ㄴ) 부동산에 관하여 근저당권설정등기가 마쳐졌다가 등기가 위조된 관계서류에 의하여 아무런 원인 없이 말소되었다는 사정만으로는 곧바로 근저당권이 소멸하는 것은 아니지만, 부동산이 경매절차에서 매각되면 매각부동산에 존재하였던 저당권은 당연히 소멸하는 것이므로(민사집행법 제91조 2항, 제268조) 근저당권설정등기가 원인 없이 말소된 이후에 근저당목적물인 부동산에 관하여 다른 근저당권자 등 권리자의 신청에 따라 경매절차가 진행되어 매각허가결정이 확정되고 매수인이 매각대금을 완납하였다면, 원인 없이 말소된 근저당권도 소멸한다. 따라서 원인 없이 말소된 근저당권설정등기의 회복등기절차 이행과 회복등기에 대한 승낙의

의사표시를 구하는 소송 도중에 근저당목적물인 부동산에 관하여 경매절차가 진행되어 매각허가결정이 확정되고 매수인이 매각대금을 완납하였다면 매각부동산에 설정된 근저당권은 당연히 소멸하므로, 더 이상 원인 없이 말소된 근저당권설정등기의 회복등기절차 이행이나 회복등기에 대한 승낙의 의사표시를 구할 법률상 이익이 없게 된다(대판 2014.12.11, 2013다28025).

3. 공동근저당

(1) 일 반

(가) 의 의

공동근저당이란 동일한 채권을 담보하기 위하여 여러 개의 부동산에 근저당권을 설정하는 것을 말한다. 공동근저당권은 여러 개의 부동산에 대하여 설정할 수 있을 뿐만 아니라 공유물에 대한 각 공유자의 공유지분, 1필의 토지에 대하여 여러 개의 지상권 또는 구분지상권이 설정되어 있거나 1개의 건물에 대하여 여러 개의 전세권이 존재하는 경우에 그 지상권이나 전세권에 대하여도 설정할 수 있다.

(나) 공동근저당의 특수성

1) 공동저당이 성립하기 위해서는 여러 개의 저당물이 담보하는 채권이 동일하여야 하는데, 공동근저당의 경우에는 설정행위에서 정한 기본계약이 동일함을 의미한다. 기본계약이 동일하다는 것은 채권자, 채무자, 기본계약의 내용, 채권최고액 등이 여러 개의 저당물에 대하여 동일함을 의미한다. 각 근저당권은 그 피담보채권의 채권최고액 전부를 담보하므로 피담보채권이 '중첩적으로' 담보된다.

2) 공동근저당의 객체인 각 저당물마다 별개로 하나의 근저당권이 성립한다. 공동근저당도 기본적으로 근저당의 일종이므로, 피담보채권이 증감·변동하여 일정한 금액으로 고정되어 있지 않으며, 따라서 결산기에 피담보채권이 확정될 때까지의 개별적인 채무의 소멸 또는 이전은 근저당권에 영향을 미치지 않는다(제357조 1항).

(2) 성립요건

(가) 동일한 채권의 담보로 여러 개의 부동산에 근저당권이 설정되면 공동근저당권이 성립한다. 공동근저당은 각 부동산에 성립하는 것이므로, 각 부동산별로 근저당권설정등기를 하여야 한다. 이 경우 각 부동산의 등기기록에 그 부동산에 관한 권리가 다른 부동산에 관한 권리와 함께 근저당권의 목적으로 제공된 뜻을 기록하여야 한다(부동산등기법 제78조 1항). 하지만 이러한 등기절차는 여러 개의 근저당권이 피담보채권을 같이한다는 점을 명확히 하기 위한 것에 불과하고, 그러한 공동저당관계의 등기가 공동근저당권의 성립요건이나 대항요건이 아니다(대판 2010.12.23, 2008다57746). 따라서 동일한 기본계약에서 발생한 채권을 '중첩적으로' 담보하기 위하여 여러 개의 근저당권을 설정하기로 합의하고, 이에 따라 여러 개의 근저당권설정등기를 마친 때에는 부동산

등기법에 따라 공동근저당관계의 등기를 마쳤는지 여부와 관계없이 그 여러 개의 근저당권 사이에는 '각 채권최고액이 동일한 범위 내'에서 공동근저당관계가 성립한다(대판 2010.12.23, 2008다57746).

(나) 공동근저당이 성립하기 위해서는 각 근저당권의 피담보채권 범위와 채권최고액이 일치하여야 하는지에 관하여, ① 공동근저당은 각 근저당권의 피담보채권 범위와 채권최고액이 일치하고 동일한 채권을 목적으로 하여야 한다는 견해(양창수, 민법연구 제8권, 221면), ② 기본계약과 결산기가 같다면 채권최고액이 다른 경우에도 그 한도 내에서 공동근저당이 성립한다는 견해(곽윤직/김재형, 물권법, 508면; 김병두, 민사법학 제33호, 136면)로 나뉜다. ②설에 따르면, 가령 甲으로부터 $\alpha \cdot \beta$ 상품을 계속적으로 공급받은 乙이 그로 인한 채권을 담보하기 위하여 X부동산과 Y부동산에 각각 채권최고액 1억원, 2억원으로 정하고 근저당권설정등기를 마친 경우, X·Y부동산의 근저당은 모두 甲·乙 사이의 $\alpha \cdot \beta$ 상품거래로 인하여 발생된 채권 중 결산기에 잔존하는 모든 채권을 담보하게 되므로 그 피담보채권이 동일하게 되고 X·Y부동산의 근저당은 담보 한도가 중첩되는 1억원의 범위에서만 공동근저당으로 된다고 한다. 판례는 여러 개의 근저당권 사이에는 '각 채권최고액이 동일한 범위 내'에서 공동근저당관계가 성립한다고 하여(대판 2010.12.23, 2008다57746), ②설을 따르는 듯하다. 하지만 이 판결에서 문제된 건물에 설정된 근저당권과 건물 일부분에 관한 전세권에 설정된 전세권근저당권은 각 피담보채권이 대출원금 2억원과 그 이자 및 지연손해금 채권으로서 동일하고 각 채권최고액 역시 3억원으로 동일하며, 채무자도 서로 같다. 그렇다면 판례는 실제로는 ①설을 취하고 있는 것으로 볼 수 있다.

(3) 공동근저당권의 효력

(가) 우선변제적 효력

1) 여러 개의 근저당권은 각각 피담보채권의 전부를 담보하고 피담보채권의 각 부분은 여러 개의 근저당권 전부에 의하여 담보된다. 따라서 공동근저당의 목적 부동산 중 일부에 대한 경매절차에서, 공동근저당권자가 선순위근저당권자로서의 자신의 채권 전액을 청구하였다면, 제370조, 제333조, 제368조 1항에 따라 선순위근저당권자가 경매대가로부터 우선하여 변제받고, 후순위근저당권자는 잔액으로부터 변제를 받는 것이며, 이는 선순위근저당권자와 후순위근저당권자가 동일인이라고 하여 달라지는 것은 아니다(대판 2018.7.11, 2017다292756).

2) 공동근저당권자는 여러 개의 근저당권을 동시에 실행하거나 일부만을 실행할 수도 있다. 일부만을 실행하는 경우에도 피담보채권의 전액을 우선변제 받을 수 있으나, 공동근저당권자가 여러 개의 근저당권을 통하여 우선변제 받을 수 있는 한도는 피담보채권의 한도에 그치고 이중으로 변제받을 수 없다.

(나) 일부의 담보목적물에 관하여 피담보채권의 확정이 있는 경우에 나머지 담보목적물의 피담보채권도 확정되는지 여부

근저당권자가 담보목적 부동산에 대하여 적극적으로 경매를 신청하거나 제3자가 신청한 경매절차에 소극적으로 참가하여 우선배당을 받은 경우에 그 근저당권의 피담보채권은 확정된다. 공동근저당에도 근저당권의 피담보채권의 확정사유는 원칙적으로 그대로 타당하다. 다만 공동근저당권자가 목적 부동산 중 일부 부동산에 대하여 적극적으로 그 근저당권을 실행하거나 제3자가 신청한 경매절차에 소극적으로 참가하여 우선배당을 받은 경우에 나머지 목적 부동산의 피담보채권도 확정되는가는 별개의 문제이다.

1) 공동근저당권자가 적극적으로 일부의 근저당권을 실행한 경우

기본계약 또는 설정계약의 해제·해지 등이 없더라도 근저당권자가 피담보채무의 불이행을 이유로 경매신청을 한 때에는 그 '경매신청시'에 피담보채권은 확정된다(대판 1997.12.9, 97다25521). 공동근저당에서 근저당권자가 담보권을 실행하기 위하여 일부의 담보목적 부동산에 대하여 적극적으로 경매를 신청한 경우에는 채무자와 사이에 기본계약관계를 종료하여 더 이상 거래관계를 유지하지 않겠다는 의사를 표시한 것이라고 볼 수 있다. 따라서 피담보채무의 불이행을 이유로 공동근저당권의 목적부동산 중 어느 하나의 부동산에 대하여 근저당권을 실행한 이상, 나머지 목적부동산에 관하여도 '경매신청시'에 피담보채권이 확정된다(대판 1996.3.8, 95다36596).

2) 공동근저당권자의 개입 없이 일부의 근저당권이 실행된 경우

공동근저당권자가 목적 부동산 중 일부 부동산에 대하여 제3자가 신청한 경매절차에 소극적으로 참가하여 우선배당을 받은 경우, ① 해당 부동산에 관한 근저당권의 피담보채권은 그 근저당권이 소멸하는 시기, 즉 '매수인이 매각대금을 지급한 때'에 확정되지만, ② 나머지 목적 부동산에 관한 근저당권의 피담보채권은 기본거래가 종료하거나 채무자나 물상보증인에 대하여 파산이 선고되는 등의 다른 확정사유가 발생하지 않는 한 확정되지 않는다(대판 2017.9.21, 2015다50637). 공동근저당권자가 제3자가 신청한 경매절차에 소극적으로 참가하여 우선배당을 받았다는 사정만으로는 당연히 채권자와 채무자 사이의 기본거래가 종료된다고 볼 수 없고, 기본거래가 계속되는 동안에는 공동근저당권자가 나머지 목적 부동산에 관한 근저당권의 담보가치를 최대한 활용할 수 있도록 피담보채권의 증감·교체를 허용할 필요가 있으며, '우선배당을 받은 금액'은 '나머지 목적 부동산에 대한 경매절차에서 다시 공동근저당권자로서 우선변제권을 행사할 수 없어' 이후에 피담보채권액이 증가하더라도 나머지 목적 부동산에 관한 공동근저당권자의 우선변제권 범위는 우선배당액을 공제한 채권최고액으로 제한되므로, 후순위 근저당권자나 기타 채권자들이 예측하지 못한 손해를 입게 된다고 볼 수 없기 때문이다.

(다) 제368조 적용 및 공동담보의 나머지 목적부동산에 대한 우선변제권의 범위

1) 제368조는 공동근저당권의 경우에도 적용되고, 공동근저당권자가 스스로 근저당권을 실행한 경우는 물론이며 타인에 의하여 개시된 경매·공매절차, 수용절차 또는 회생절차 등에서 환가대금 등으로부터 다른 권리자에 우선하여 피담보채권의 일부에 대하여 배당받은 경우

에도 적용된다. 즉 공동근저당권이 설정된 목적 부동산에 대하여, ① 동시배당이 이루어지는 경우에 공동근저당권자는 채권최고액 범위 내에서 피담보채권을 제368조 1항에 따라 부동산별로 나누어 각 환가대금에 비례한 액수로 배당받으며, 공동근저당권의 각 목적 부동산에 대하여 채권최고액만큼 반복하여, 이른바 누적적으로 배당받을 수 없다. ② 이시배당이 이루어지는 경우에도 동시배당의 경우와 마찬가지로 공동근저당권자가 공동근저당권 목적 부동산의 각 환가대금으로부터 채권최고액만큼 반복하여 배당받을 수 없다(대판 2017.12.21, 2013다16992).

2) 따라서 공동근저당권자가 스스로 근저당권을 실행하거나 타인에 의하여 개시된 경매 등의 환가절차를 통하여 공동담보의 목적 부동산 중 일부에 대한 환가대금 등으로부터 다른 권리자에 우선하여 피담보채권의 일부에 대하여 배당받은 경우, 우선변제 받은 금액에 관하여는 공동담보의 나머지 목적 부동산에 대한 경매 등의 환가절차에서 다시 공동근저당권자로서 우선변제권을 행사할 수 없다. 이러한 법리는 채무자 소유 부동산과 물상보증인 소유 부동산에 공동근저당권이 설정된 후 공동담보의 목적 부동산 중 채무자 소유 부동산을 임의 환가하여 청산하는 경우, 즉 공동담보의 목적 부동산 중 채무자 소유 부동산을 제3자에게 매각하여 그 대가로 피담보채권의 일부를 변제하는 경우에도 적용되어, 공동근저당권자는 그와 같이 변제받은 금액에 관하여는 더 이상 물상보증인 소유 부동산에 대한 경매 등의 환가절차에서 우선변제권을 행사할 수 없다(대판 2018.7.11, 2017다292756). 결국 공동담보의 나머지 목적 부동산에 대하여 공동근저당권자로서 행사할 수 있는 우선변제권의 범위는 피담보채권의 확정 여부와 상관없이 '최초의 채권최고액에서 우선변제받은 금액을 공제한 나머지 채권최고액'으로 제한된다. 이러한 법리는 채권최고액을 넘는 피담보채권이 원금이 아니라 이자·지연손해금인 경우에도 마찬가지로 적용된다(대판 2017.12.21, 2013다16992).

판 례

공동근저당권자가 적극적으로 경매를 신청하였는지 아니면 제3자의 경매신청에 소극적으로 참가하였는지를 불문하고 공동근저당권의 목적 부동산 중 일부 부동산에 대한 경매절차에서 자신의 우선변제권을 행사하여 우선변제권 범위의 채권최고액에 해당하는 전액을 배당받은 경우에는 후에 이루어지는 공동근저당권의 다른 목적 부동산에 대한 경매절차를 통해서 중복하여 다시 배당받을 수 없다(대판 2012.1.12, 2011다68012).

4. 누적적 근저당

(1) 일 반

(가) 의 의

동일한 채권을 담보하기 위하여 여러 개의 부동산에 근저당권이 설정된 경우, 각 부동산 경매대가로부터 채권최고액을 반복해서 배당받을 수 있는 근저당을 말한다. 누적적 근저당은 당사자 사이에 하나의 기본계약에서 발생하는 '동일한 채권'을 담보하기 위하여 여러 개의 부동산에 근저당권을 설정하면서 각 근저당권의 '채권최고액을 합한 금액'을 우선변제받기 위하여 공동근저당권의 형식이 아닌 '개별 근저당권의 형식'을 취한 경우를 말한다(대판 2020.4.9, 2014다51756,51763).

(나) 누적적 근저당의 특수성

1) 누적적 근저당은 모두 하나의 기본계약에서 발생한 '동일한 피담보채권'을 담보하기 위한 것이다. 따라서 당사자가 근저당권 설정시 피담보채권을 여러 개로 분할하여 분할된 채권별로 근저당권을 설정하였다면, 이는 그 자체로 각각 별개의 채권을 담보하기 위한 개별 근저당권일 뿐 누적적 근저당권이라고 할 수 없다. 가령 甲이 乙에 대한 10억원의 채권 중에 6억원을 담보하기 위해 X부동산에 채권최고액 8억원, 나머지 4억원을 담보하기 위해 Y부동산에 채권최고액 6억원으로 하여 근저당권설정등기를 마친 경우, 이는 개별 근저당권에 지나지 않는다.

2) 누적적 근저당은 각 근저당권의 담보 범위가 중첩되지 않고 서로 다르지만, 이러한 점을 들어 피담보채권이 각 근저당권별로 자동으로 분할된다고 볼 수도 없다(대판 2020.4.9, 2014다51756,51763). 이는 동일한 피담보채권이 모두 소멸할 때까지 자유롭게 근저당권 전부 또는 일부를 실행하여 각각의 채권최고액까지 우선변제를 받고자 누적적 근저당권을 설정한 당사자의 의사에 반하기 때문이다.

(2) 성립요건

누적적 근저당도 동일한 채권을 담보하기 위해 여러 개의 부동산에 근저당권을 설정하는 것이기 때문에, 공동근저당의 일종이다. 다만 공동근저당과 달리 각 근저당권의 담보 범위가 중첩되지 않는다. 따라서 하나의 기본계약에서 발생하는 채권을 담보하기 위하여 여러 개의 부동산에 근저당권을 설정하기로 합의하고, '담보 범위가 중첩되지 않도록' 각 부동산에 근저당권설정등기를 마치면 누적적 근저당권이 성립한다. 즉 하나의 기본계약에서 발생하는 채권을 담보하기 위하여 여러 개의 근저당권을 설정하면서, 제368조의 적용을 배제하고 각 근저당권의 채권최고액을 합한 금액을 우선변제받기 위하여 공동근저당의 형식을 취하지 않는 경우이다. 가령 채권자 甲이 채무자 乙소유의 X부동산에 채권최고액 7,000만원으로 하는 근저당을 설정한 후, 동일한 거래를 확대하기 위하여 다시 채권최고액 3,000만원 증액할 필요가 있어 기존 근저당권의 채권최고액을 1억원으로 변경등기하는 대신, Y부동산에 채권최고액 3,000만원으로 하는 근저당권을 공동근저당의 형식을 취하지 않고 설정등기를 마친 경우, 또는 甲이 乙에게 20억원을 대출하면서 乙소유의 X부동산에 채권최고액 9억원, Y부동산에 채권최고액 8억원, 丙소유의 Z부동산에 채권최고액 6억원으로 하여 공동근저당의 형식을 취하지 않고 별개의 근저당권설정등기를 각각 마친 경우 등이 이에 해당한다.

(3) 누적적 근저당의 효력

(가) 우선변제권의 범위

1) 누적적 근저당은 공동근저당의 일종이므로, 피담보채권이 증감·변동하여 일정한 금액으로 고정되어 있지 않으며, 따라서 결산기에 피담보채권이 확정될 때까지의 개별적인 채무의 소멸 또는 이전은 근저당권에 영향을 미치지 않는다(제357조 1항).

2) 누적적 근저당권은 동일한 기본계약에 의하여 발생한 채권을 중첩적으로 담보하기 위한 공동근저당권과 달리 담보의 범위가 중첩되지 않는다. 따라서 누적적 근저당권을 설정받은 채권자는 여러 개의 근저당권을 동시에 실행할 수도 있고, 여러 개의 근저당권 중 어느 것이라도 먼저 실행하여 그 '채권최고액의 범위'에서 피담보채권의 전부나 일부를 우선변제받은 다음 피담보채권이 소멸할 때까지 나머지 근저당권을 실행하여 그 근저당권의 채권최고액 범위에서 반복하여 우선변제를 받을 수 있다(대판 2020.4.9, 2014다51756,51763).

3) 누적적 근저당의 부동산 중 일부에 대해 선순위 근저당권자가 경매대가로부터 배당을 받은 경우, 그 부동산의 후순위 저당권자는 다른 누적적 근저당의 부동산에 대해 제368조 2항에 의하여 선순위 근저당권을 대위할 수 없다(대판 2020.4.9, 2014다51756,51763). 즉 누적적 근저당권에는 제368조가 적용되지 않는다. 누적적 근저당권은 공동근저당권이 아니라 개별 근저당권의 형식으로 등기되므로 채무자 소유 부동산의 후순위저당권자는 해당 부동산의 교환가치에서 선순위근저당권의 채권최고액을 뺀 나머지 부분을 담보가치로 파악하고 저당권을 취득하기 때문이다.

(나) 물상보증인의 변제자대위 인정여부

채권자가 하나의 기본계약에서 발생하는 동일한 채권을 담보하기 위하여 채무자 소유의 부동산과 물상보증인 소유의 부동산에 누적적 근저당권을 설정받았는데 물상보증인 소유의 부동산이 먼저 경매되어 매각대금에서 채권자가 변제를 받은 경우, 물상보증인은 채무자에 대하여 구상권을 취득함과 동시에 제481조, 제482조에 따라 종래 채권자가 가지고 있던 채권 및 담보에 관한 권리를 행사할 수 있다. 이때 물상보증인은 변제자대위에 의하여 종래 채권자가 보유하던 채무자 소유 부동산에 관한 근저당권을 대위취득하여 행사할 수 있다(대판 2020.4.9, 2014다51756,51763). 물상보증인은 채무자의 자력이나 함께 담보로 제공된 채무자 소유 부동산의 담보력을 기대하고 자신의 부동산을 담보로 제공하기 때문이다. 따라서 채무자 소유 부동산에 설정된 근저당권은 물상보증인이 변제로 채권자를 대위할 경우 제482조 1항에 따라 행사할 수 있는 채권의 담보에 관한 권리에 해당한다.

5. 포괄근저당

(1) 의 의

포괄근저당이란 채권발생의 기초가 되는 계속적 거래관계, 즉 기본계약에 의해 발생하는 채권뿐만 아니라 당사자 사이에서 발생하는 현재 및 장래의 일체의 채권을 최고액까지 담보하는 것을 내용으로 하는 근저당권을 말한다. 포괄근저당은 특히 은행과의 거래에서 당사자 사이에 반복·계속되는 다양한 거래마다 별도의 근저당권을 설정하는 번거로움을 피하기 위하여 발달한 제도이다.

(2) 포괄근저당의 유효성

(가) 학 설

1) 단순유효설

아무런 제한 없이 일체의 채권을 담보한 포괄근저당권도 유효하다고 한다(김용한, 591면; 김증한/김학동, 569면). 즉 피담보채권의 발생원인을 묻지 않고 장래의 일정한 시기에 최고액의 범위 내에서 특정될 수 있는 것이면, 포괄근저당의 피담보채권으로 될 수 있다고 한다. 그 근거로 제357조에서 부종성이 완화되어 있고, 계약자유의 원칙에 비추어 포괄근저당권의 유효성을 부정할 이유가 없으며, 또한 채권의 특정성이 없어도 최고액의 약정 및 등기로 제3자에게 손해를 주지 않으며, 설정자의 무지·궁박을 이용함으로써 저당권자가 부당하게 이익을 취득할 경우에는 제103조·제104조에 의해 구제될 수 있다는 점을 들고 있다.

2) 한정적 유효설

포괄근저당을 '현재 및 장래에 발생할 일체의 채권을 담보하는 것'과 '당좌대월계약·계속적 어음할인계약 등에서 생기는 채권 기타 일체의 채권을 담보하는 것'으로 나누어, 전자는 무효이나 후자는 유효하다고 한다(곽윤직, 372면; 김상용, 765면. 이은영, 807면은 '약관에 의한 포괄근저당약정'은 신의칙에 위반한 불공정조항으로서 약관규제법 제6조 1항 1호에 따라 무효로 되어야 한다고 하며, '개별약정에 의한 포괄근저당약정'은 법률행위의 해석원칙에 따라 당사자의 진정한 의사를 밝혀서 그 진의가 포괄성을 띠게 되면 유효하다고 보아야 한다고 한다). 그 논거로 민법이 부종성을 규정하면서 예외적으로 근저당에 대해서만 부종성을 완화하고 있다는 점과 이러한 포괄근저당이 유효하기 위해서는 채권발생의 가능성이 신용수수의 기본계약에 의하여 법률적으로 존재할 필요는 없어도 사실적·객관적으로 존재하여야 한다는 점을 들고 있다.

3) 확대한정적 유효설

포괄근저당약정에서 말하는 '기타 일체의 채권'에 은행과 거래처 사이에 거래상 생기는 채권, 이러한 채권의 채무불이행으로 인한 손해배상청구권, 이러한 거래와 밀접한 관계에서 발생하는 불법행위로 인한 손해배상청구권이나 부당이득반환청구권까지도 포함한다고 한다(이영준, 891면; 윤철홍, 407면. 이상태, 480면은 확대한정적 유효설을 따르면서, 다만 거래와 아무런 관계가 없는 불법행위로 인한 손해배상채권이나 부당이득반환청구권 같은 것까지도 포함한 '일체의 채권'을 담보하도록 하는 것은 타당하지 않다고 한다). 이 견해에 의하면 단순유효설은 후순위저당권자나 일반채권자를 해할 뿐만 아니라 채무자가 아닌 근저당권설정자에게 너무 가혹하며, 한정적 유효설은 그 범위를 너무 제한하기 때문에 당사자의 의사에 부합하지 않는다고 한다.

(나) 판 례

판례는 포괄근저당권의 유효성을 인정하고 있으나, 그 인정범위를 분명하게 밝히고 있지 않다(대판 2005.7.28, 2005다22565; 대판 2001.1.19, 2000다44911). 즉 근저당권설정계약서에 그 피담보채권으로서 근저당권설정 당시의 차용금 채무뿐만 아니라 기타 각종 원인으로 장래 부담하게 될 모든 채무까지 담보한다라고 기재되어 있으면, 위 계약서의 내용은 차용금 채무뿐만 아니라 원고가 피고에 대하여 현재 또는 장래 부담하게 될 보증채무를 포함한 모든 채무를 담보하기 위하여, 근저당권이 설정된 것이라고 해석하여야 하고 다른 특별한 사유 없이 약관의 해석을 달리하여 근저당권의 피담보채무는 저당권설정 당시의 차용금 채무에 국한된다고 할 수 없다고 한다(대판 1982.12.14, 82다카413).

(다) 소 결

생각건대 기본계약에 의하여 근저당권을 설정한 후에 당사자는 기본계약을 변경하거나 다른 기본계약을 추가할 수 있으므로, 포괄근저당권의 유효성을 인정하여야 할 것이다. 한편 피담보채권의 범위와 관련하여 단순유효설에 의하면 그 범위를 예측할 수 없게 되어 일반채권자나 후순위 담보권자를 해칠 우려가 있으며, 포괄근저당권자는 채무자에 대해 지나치게 강한 지위를 향유하게 되어 부당하다. 그리고 한정적 유효설에 의하면 그 범위를 너무 한정하는 것이어서 당사자의 의사에 부합하지 않는다. 결국 확대한정적 유효설이 타당하다고 생각한다. 다만 거래와 아무런 관계가 없는 불법행위로 인한 손해배상채권이나 부당이득반환청구권까지 포함한 일체의 채권을 담보하도록 하는 것은 타당하다고 할 수 없다. 또한 금융기관 등은 약관을 사용하여 포괄근저당설정계약을 체결하므로, 그 내용이 설정자에게 부당한 때에는 무효가 될 것이다(약관규제법 제6조).

6. 지상권·전세권을 목적으로 하는 저당권

(1) 저당권은 부동산을 목적으로 하지만, 지상권 또는 전세권도 저당권의 목적이 될 수 있다(제371조). 특히 제306조는 전세권을 담보로 제공할 수 있다고 규정하고 있다. 지상권 또는 전세권을 목적으로 저당권을 설정한 자는 저당권자의 동의 없이 지상권 또는 전세권을 소멸시키는 행위를 하지 못한다(제371조 2항).

(2) 전세권에 저당권이 설정된 경우, ① 제371조는 전세권을 저당권의 목적으로 한 경우에 준용한다고 규정하고 있으므로, '전세기간 만료 전인 경우'에는 그 실행절차는 부동산경매절차에 의한다(민사집행법 제264조). 따라서 부동산과 마찬가지로 전세권 자체를 매각하는 절차를 밟고, 매수인은 전세권을 취득하게 된다. 반면에 ② '전세기간이 만료된 경우', 판례는 채권과 그 밖의 재산권에 대한 담보권의 실행절차에 따르고 있다(동법 제273조). 즉 전세권이 기간만료로 종료되면 전세권을 목적으로 하는 저당권은 당연히 소멸하므로 전세권을 목적으로 한 저당권자는 전세권의 목적물인 부동산의 소유자에게 더 이상 저당권을 주장할 수 없다고 한다(대판 2008.4.10, 2005다47663; 대판 1999.9.17, 98다31301). 그 근거로 저당권의 목적물은 물권인 전세권 자체이지 전세금반환채권은 그 목적물이 아니며(대판 1999.9.17, 98다31301), 우리 민법상 저당권은 담보물권을 목적으로 할 수 없고

(대판 2008.4.10, 2005다47663), 전세권의 존속기간이 만료하면 전세권의 용익물권적 권능이 소멸한다는 점을 들고 있다. 따라서 이러한 경우 저당권자는 ㉠ 제370조, 제342조, 민사집행법 제273조에 의하여 저당권의 목적물인 전세권에 갈음하여 존속하는 것으로 볼 수 있는 전세금반환채권에 대하여 압류 및 추심명령 또는 전부명령을 받거나, ㉡ 제3자가 전세금반환채권에 대하여 실시한 강제집행절차에서 배당요구를 하는 등의 방법으로 자신의 권리를 행사할 수 있다고 한다(대판 2008.3.13, 2006다29372,29389). ③ 판례는 저당목적물의 변형물인 전세금반환채권에 대하여 일반채권자가 물상대위권을 행사하려는 저당권자보다 먼저 압류나 가압류의 집행을 함에 지나지 않은 경우, 저당권자는 그 전은 물론 그 후에도 전세금반환채권에 대하여 물상대위권을 행사하여 일반채권자보다 우선변제를 받을 수 있다고 한다(대판 2008.12.24, 2008다65396). 저당권설정자가 받을 금전 기타 물건에 대해 그 지급 또는 인도 전에 이를 압류하여야 하고(제370조, 제342조 단서), 물권은 채권(압류·가압류채권)보다 우선하기 때문이다.

판 례

임대차보증금 반환채권을 담보하기 위하여 전세권설정등기를 경료한 후 그 전세권에 대하여 저당권이 설정된 경우, 임대차계약의 변경으로 전세권이 일부 소멸하더라도 저당권자의 동의가 없는 한 전세권설정자가 전세권의 일부 소멸을 주장할 수 없다(대판 2006.2.9, 2005다59864).

7. 특별법에 의한 저당권

저당권에 관한 민법규정은 특별법에 의하여 설정되는 저당권에 대해서도 준용된다(제372조).

(1) 입목저당

입목저당은 '입목에 관한 법률'에 의하여 입목에 설정된 저당권이다. 입목의 소유자는 토지와 분리하여 입목을 저당권의 목적으로 할 수 있는데, 그러기 위해서는 그 입목을 보험에 붙여야 한다(동법 제22조). 입목저당권의 효력은 입목을 벌채한 경우에 그 토지로부터 분리된 수목에도 미치며(동법 제4조 1항), 저당권자는 채권의 기한이 도래하기 전이라도 분리된 수목을 경매할 수 있지만, 그 매각대금은 공탁하여야 한다(동법 제4조 2항). 한편 입목의 경매나 그 밖의 사유로 인하여 토지와 입목이 각각 다른 소유자에게 속하게 되는 경우에는 토지소유자는 입목소유자에게 지상권을 설정한 것으로 본다(동법 제6조). 지상권자 또는 토지의 임차인에게 속하는 입목이 저당권의 목적이 되어 있는 경우에는 지상권자 또는 임차인은 저당권자의 승낙 없이 그 권리를 포기하거나 계약을 해지할 수 없다(동법 제7조).

(2) 공장저당 및 공장재단저당

(가) 공장재단저당

공장재단은 공장에 속하는 일정한 기업용재산으로 구성되는 일단의 기업재산으로 공상

재단등기부에 소유권보존등기를 함으로써 설정되고, 이것은 1개의 부동산으로 보며, 이를 저당권의 목적으로 할 수 있다(공장 및 광업재단저당법 제2조 2호, 제10조 이하).

(나) 공장저당 —공장토지·공장건물의 저당

1) 공장소유자는 공장저당권을 설정하지 않고 보통의 저당권을 설정할 수 있으나, 공장저당권을 설정하려면 그 토지와 건물에 설치된 기계·기구목록을 제출하여야 하고(동법 제5조, 제6조), 이때에는 그 기계·기구에도 저당권의 효력이 미치는 점(동법 제3조, 제4조)에서 민법상의 저당권과 다르다. 저당목적물의 목록은 등기부의 일부로 보며, 그 기재는 등기로 본다(동법 제6조). 또한 토지·건물에 저당권을 설정하는 것일 뿐, 공장에 관한 재산으로 재단을 구성하여 저당권을 설정하지 않는 점에서 공장재단저당과 다르다.

2) 저당권의 목적이 된 물건이 제3취득자에게 인도된 후에도 선의취득의 요건을 갖추지 못한 이상 그 물건에 대하여 저당권을 행사할 수 있다(동법 제7조). 저당권의 목적이 되는 물건은 토지 또는 건물과 함께 하지 않으면 압류, 가압류 또는 가처분의 목적으로 하지 못한다(동법 제8조). 따라서 공장저당이 설정된 공장의 토지 또는 건물에 대하여 압류 또는 가압류가 된 경우에도 그때까지 기계·기구 목록이 전혀 제출된 바가 없다면, 그 압류 및 가압류의 효력이 기계·기구에까지 미친다고 할 수 없다(대판 1995.6.29, 94다20174).

(3) 광업재단저당

광업재단이란 광업권과 광업권에 의하여 광물을 채굴·취득하기 위한 각종 설비 및 이에 부속하는 사업의 설비로 구성되는 일단의 기업재산으로서 공장 및 광업재단저당법에 따라 소유권과 저당권의 목적이 되는 것을 말한다(동법 제2조 3호). 광업재단저당에 대해서는 대체로 공장재단저당의 규정이 준용된다(동법 제54조). 다만 광업재단저당만이 허용되고 공장저당과 같은 저당제도는 인정되지 않는다.

(4) 동산저당

민법상 동산은 질권의 목적은 될 수 있지만, 저당권의 목적은 될 수 없다. 다만 등기·등록이라는 공시방법이 갖추어져 있는 동산에 대하여는 예외적으로 저당권의 설정이 인정된다. 자동차저당·항공기저당·소형선박저당·건설기계저당(자동차 등 특정동산저당법 제3조) 및 등기된 선박저당(상법 제787조)이 있다.

제 5 절 비전형담보

Ⅰ. 가등기담보

1. 서 설

(1) 의 의

가등기담보라 함은 채권을 담보할 목적으로 채권자와 채무자 또는 제3자(물상보증인) 사이에 채무자 또는 제3자 소유의 부동산을 목적으로 하는 대물변제예약 또는 매매예약을 체결하고, 채무자의 채무불이행이 있는 경우에 채권자가 예약완결권을 행사함으로써 발생하게 될 장래의 소유권이전등기청구권을 보전하는 가등기를 말한다(가등기담보 등에 관한 법률 제1조). 가등기담보(담보가등기)는 가등기담보법에 의하여 등기원인을 '대물변제예약'으로 하고, 등기의 목적을 '소유권이전 담보가등기'로 하여 등기가 된다. 그러나 실무에서는 외형상 청구권보전의 가등기도 사실상 담보목적의 가등기인 경우에는 가등기담보의 효력을 인정하고 있다.

(2) 적용범위

가등기담보법은 등기 또는 등록에 의하여 공시되는 물건 또는 재산권을 목적으로 하는 비전형담보에 적용된다. 또한 가등기담보법은 재산권 이전의 예약에 의한 가등기담보에서 그 '재산의 예약 당시의 가액이 차용액 및 이에 붙인 이자의 합산액을 초과'하는 경우에 적용되며, 재산권 이전의 예약 당시 재산에 대하여 선순위 근저당권이 설정되어 있는 경우에는 재산의 가액에서 피담보채무액을 공제한 나머지 가액이 차용액 및 이에 붙인 이자의 합산액을 초과하는 경우에만 적용된다(대판 2006.8.24, 2005다61140). 따라서 가등기담보부동산에 대한 예약 당시의 시가가 그 피담보채무액에 미치지 못하는 경우에는 가등기담보법이 적용되지 않으며, 결국 동법 제3조, 제4조가 정하는 청산금평가액의 통지 및 청산금지급 등의 절차를 이행할 여지가 없다(대판 2007.6.15, 2006다5611; 대판 1993.10.26, 93다27611). 여기서 '재산의 가액'은 원칙적으로 '통상적인 시장에서 충분한 기간 거래된 후 그 대상재산의 내용에 정통한 거래당사자 간에 성립한다고 인정되는 적정가격'이고, 그와 같은 적정가격을 확인하기 어려울 때에는 객관적이고 합리적인 방법으로 평가한 가액을 말한다(대판 2007.6.15, 2006다5611).

한편 판례는 가등기담보법은 '차용물의 반환'에 관하여 다른 재산권을 이전할 것을 예약한 경우에 적용되므로, 금전소비대차나 준소비대차에 기한 차용금반환채무 이외의 채무를 담보하기 위하여 마쳐진 가등기나 양도담보에는 적용되지 않는다고 한다. 즉 매매대금 채무를 담보하기 위하여 가등기한 경우(대판 2016.10.27, 2015다63138,63145), 가등기의 주된 목적이 매매대금채권의 확보에 있고, 대여금채권이 확보는 부수적 목적인 경우(대판 2002.12.24, 2002다50484), 공사잔대금 채권을 담보하기 위하여 체결된 양도담보계약에 의하여 소유권이전등기를 구하는 경우(대판 1996.11.15, 96다31116), 매매대금의 지급을 담보하기 위하여 부동산의 소유권을 이전하는 경우(대판 2001.1.5, 2000다47682), 매매잔대금 지급과 관련하여 다른 재산권을 이전하기로 약정한 경우(대판 2007.12.13, 2005다52214) 등에는 가등기담보법이 적용되지 않는다고 한다. 반면에 금전소비대차나 준소비대차에 기한 차용금반환채무와 그 외의 원인으로 발생한 채무를 동시에 담보할 목적으로 마쳐진 가등기나 소유권이전등기라도 그 후 후자의 채무가 변제 기타의 사유로 소멸하고 금전소비대차나 준소비대차에 기한 '차용금반환채무의 전부 또는 일부만이 남게 된 경우'에는 그 가등기담보나 양도담보에 가등기담보법이 적용된다고 한다(대판 2004.4.27, 2003다29968).

판 례

가등기담보법이 적용되지 않는 경우에도 채권자가 채권담보의 목적으로 부동산에 가등기를 경료하였다가 그 후 변제기까지 변제를 받지 못하여 가등기에 기한 소유권이전의 본등기를 경료한 경우, 당사자들 사이에 채무자가 변제기에 피담보채무를 변제하지 아니하면 채권채무관계는 소멸하고 부동산의 소유권이 확정적으로 채권자에게 귀속된다는 명시의 특약이 없는 한, 그 본등기도 채권담보의 목적으로 경료된 것으로서 정산절차를 예정하고 있는 이른바 '약한 의미의 양도담보'가 된다. 이와 같이 약한 의미의 양도담보가 된 경우에는 채무의 변제기가 도과한 후에도 채권자가 담보권을 실행하여 정산절차를 마치기 전에는 채무자는 언제든지 채무를 변제하고 채권자에게 가등기 및 그 가등기에 기한 본등기의 말소를 청구할 수 있다(대판 2006.8.24, 2005다61140). 약한 의미의 양도담보는 '담보목적물의 가액과 채무원리금의 차액에 대한 정산'을 필요로 하는 담보, 즉 정산형담보를 의미한다.

(3) 법적 성질

(가) 담보물권성

가등기담보는 담보형태로서는 제한물권형이 아니라 재산권이전형이다. 그러나 가등기담보법에 의해 인정되는 특수한 담보방식으로서, 이를 일종의 담보물권이라 할 수 있는지가 문제이다.

1) 담보물권설

가등기담보법의 내용을 볼 때, ① 가등기담보는 피담보채권을 당연히 전제로 하고 있으며(제2조 3호), ② 가등기담보권자는 목적물의 가액과 채권액의 차액을 청산금으로 채무자에게 지급해야 하므로(제4조 1항) 그의 권리는 가치취득권의 성질을 가지며, ③ 채무불이행의 경우에 가등기담보권자에게 경매청구권의 행사를 인정하고(제12조), ④ 제3자에 의한 경매절차에서 가등기담보권자는 가등기의 순위를 가지고 우선변제를 받게 되며(제13조), ⑤ 파산절차에서는 별제권이 인정되고(제17조 1항), ⑥ 회생절차뿐만 아니라 국세기본법·국세징수법·지방세법이 적용되는 경우에도 가등기담보권을 담보물권으로 취급하고 있다(제17조 3항)는 점을 들어 가등기담보권이 담보물권적 성질을 가진다고 한다(다수설). 즉 가등기담보권은 담보물권의 특유한 권리인 경매청구권·우선변제권·별제권에 관한 명문의 규정을 기초로 하고 있기 때문에, 일종의 담보물권이고 그것은 저당권에 유사한 특수저당권이라고 한다.

2) 신탁적 소유권이전설

가등기담보는 소유권이전예약형의 담보방법으로서 이는 근본적으로 소유권이전형의 담보방법과 동일하게 신탁적 소유권이전에 해당하는 것이라고 한다(이영준, 914면 이하). 이 견해에 의하면, 첫째 소유권이전형인 양도담보의 본질을 신탁적 소유권이전으로 볼 수밖에 없는 이상 소유권이전예약형인 가등기담보도 신탁적 소유권이전으로 볼 수밖에 없는 것이며, 단지 그것이 정지조건의 성취 또는 예약완결권의 행사라는 조건부로 행하여지는 것에 불과하다고 한다. 소유권이전형에서는 이전등기가 담보방법으로 행하여지는 데 대하여, 소유권이전예약형에서는 가등기가 행하여진다는 차이가 있을 뿐이라고 한다. 가등기는 부동산물권의 변동을 목적으로 하는 청구권을 보전하기 위한 것에 불과하지만, 가등기에 기한 본등기가 행하여지면 소유권이전예약형은 소유권이전형에 흡수된다고 한다. 둘째 가등기담보법이 '가등기담보권을 저당권으로 본다' 또는 '채무자회생법 중 저당권에 관한 규정을 준용한다'고 규정한 것은 가등기담보의 채권자·채무자·제3자간의 이해관계에 비추어 '준용'하는 것이며, 담보권설이 주장하는 것처럼 가등기담보권의 일종의 담보권이면 이러한 준용규정을 둘 필요가 없었다고 한다.

3) 소 결

신탁적 소유권이전설에 의하면 가등기에 의하여 본등기가 행하여지면 소유권예약형인 가등기담보는 소유권이전형인 양도담보에 흡수된다고 하지만, 채권자가 가등기에 의하여 본등기를 청구하려면 청산기간이 경과하여야 하고 청산금을 지급하여야 하며, 이렇게 하여 채권자가 본등기를 하면 가등기담보는 양도담보에 흡수되는 것이 아니라 완전한 소유권으로 전환된다. 한편 가등기담보는 비록 담보물의 소유권을 이전하는 형식을 취하지만, 청산절차를 마치고 본등기를 하기까지 소유권은 담보제공자에게 남아 있으며, 더욱이 채무자가 변제기에 채무를 이행하면 가등기담보권이 소멸하고, 채무불이행이 있으면 담보권이 실행된다는 점 및 가등기담보권자가 그 담보권에 기해 소유권을 취득하는 것은 가등기담보권의 실행방법에 따르는 것이라는 점에 비추어 볼 때, 담보물권설이 타당하다고 할 것이다.

(나) 담보물권의 통유성

가등기담보는 담보물권으로서 부종성·수반성·불가분성·물상대위성을 가진다.

2. 가등기담보권의 성립요건

가등기담보권이 성립하기 위해서는 ① 피담보채권이 존재하여야 하며, ② 당사자 사이에 가등기담보설정의 합의와 ③ 가등기를 갖추어야 하며, ④ 가등기담보의 목적으로 될 수 있는 권리는 가등기가 가능한 것이어야 한다.

(1) 피담보채권이 존재할 것

피담보채권(被擔保債權)은 금전채권인 경우가 보통이지만, 담보권실행시에 금전채권으로 변경될 수 있으면 족하다. 또한 가등기담보법 제2조 1호가 규정하고 있는 민법 제608조의 '차용물'을 소비대차의 목적물로 엄격하게 해석할 필요가 없기 때문에, 피담보채권은 소비대차에 의한 채권뿐만 아니라 다른 원인에 의하여 발생한 채권, 예컨대 외상거래로 생긴 상품대금채권·불법행위채권·부당이득반환채권 등도 포함된다(다수설). 그러나 판례는 가등기담보법은 차용물의 반환에 관하여 차주가 차용물에 갈음하여 다른 재산권을 이전할 것을 예약한 경우에 적용되는 것이므로, 매매대금채권(대판 2002.12.24, 2002다50484)이나 공사대금채권(대판 1992.4.10, 91다45356)을 담보할 목적으로 가등기가 경료된 경우, 가등기의 주된 목적이 매매대금채권의 확보에 있고, 대여금채권의 확보는 부수적 목적인 경우(대판 2002.12.24, 2002다50484), 소유권이전등기청구권 보전을 위해 경료된 가등기를 매매계약 해제에 따른 대금반환채무를 담보하는 담보가등기로 유용하기로 합의한 경우(대판 1996.11.29, 96다31895), 가등기담보법이 적용되지 않는다고 한다.

(2) 당사자 사이에 가등기담보계약이 체결되었을 것

(가) 가등기담보계약은 채무를 담보하기 위한 채권담보계약으로서(가등기담보법 제2조 1호), 채무불이행이 있을 때 채무자 또는 제3자에게 속하는 소유권이나 그 밖의 권리를 채권자에게 이전하기로 하는 대물변제예약이나 그 밖의 계약이다. 가등기담보계약의 당사자는 채권자·채무자인 것이 보통이지만, 담보설정자는 채무자 이외에 제3자(물상보증인)라도 무방하다.

(나) 판례는 채권담보를 목적으로 가등기를 하는 경우에는 원칙적으로 채권자와 가등기명의자가 동일인이 되어야 하지만, ① 채권자 아닌 제3자의 명의로 가등기를 하는 데 대하여 채권자와 채무자 및 제3자 사이에 합의가 있었고, 나아가 ② 제3자에게 그 채권이 실질적으로 귀속되었다고 볼 수 있는 특별한 사정이 있거나, 거래경위에 비추어 제3자의 가등기가 한낱 명목에 그치는 것이 아니라 그 제3자도 채무자로부터 유효하게 채권을 변제받을 수 있고 채무자도 채권자나 가등기명의자인 제3자 중 누구에게든 채무를 유효하게 변제할 수 있는 관계, 즉 채권자와 제3자가 불가분적 채권자의 관계에 있다고 볼 수 있는 경우에는 그 제3자 명의의 가등기도 유효하다고 한다(대판 2009.11.26, 2008다64478,64485; 대판 2002.12.24, 2002다50484). 따라서 제3자 명의의 가등기를 유효하게 볼 수 있는 경우에는 제3자 명의의 가등기를 부동산실명법이 금지하고 있는 실권리자 아닌 자 명의등기라고 할 수 없다.

(3) 가등기를 갖출 것

공시방법인 가등기 또는 가등록을 갖추어야 한다(제186조). 가등기담보계약에 따라 가등기담보를 신청할 때 등기의 목적은 본등기될 권리의 이전담보가등기로 기재하고(예: 소유권이전담보가등기, 저당권이전담보가등기 등), 등기의 원인은 대물변제예약 등 담보계약을 기재한다. 즉 가등기담보에 관하여는 통상의 가등기와 구별하여 '담보가등기'로 기재한다. 그러나 판례는 가등기담보인지 여부는 가등기의 등기기록상의 기재에 의하여 결정되는 것이 아니라 그 가등기가 실제상 채권담보 목적으로 한 것인지 여부에 의하여 결정된다고 한다(대결 1998.10.7, 98마1333).

가등기담보의 성질은 일종의 담보물권으로 특수한 저당권이라고 할 수 있다. 그런데 저당권설정등기와 달리 담보되는 채권에 관한 기재(예: 채권액·채무자·변제기·이자 등)는 전혀 행해지지 않는다. 따라서 가등기담보설정자는 목적물의 담보가치를 충분히 활용할 수 없고, 제3자는 예측할 수 없는 손해를 입을 가능성이 있다.

(4) 가등기담보의 목적으로 될 수 있는 권리는 가등기가 가능한 것일 것

부동산등기법 제3조에 열거되어 있는 부동산에 관한 권리 중에 권리질권·저당권·전세권을 제외한 그 밖의 권리, 즉 소유권·지상권·지역권·임차권 등이 가등기담보의 목적이 된다(가담법 제18조). 그 밖에 입목에 관한 법률에 의한 입목·등기된 선박·자동차·항공기·건설기계·공장재단·광업재단·특허권·실용신안권·디자인권 등도 가등기 또는 가등록이 가능하지만, 실제로 이용되는 것은 거의 부동산소유권이다.

3. 가등기담보권의 효력

(1) 일반적 효력

(가) 효력이 미치는 범위

가등기담보권의 효력이 미치는 피담보채권의 범위에 관해서는 저당권에 관한 제360조가 적용된다(가담법 제3조 2항). 따라서 원본·이자·위약금·채무불이행에 의한 손해배상(지연배상은 원본의 이행기 경과 후 1년분)·담보권의 실행비용이 포함된다. 주의할 것은 채권자와 채무자 또는 물상보증인이 가등기담보권설정계약을 체결하면서 가등기 이후에 발생될 채무도 가등기부동산의 피담보채무범위에 포함시키기로 한 약정은 가등기담보권의 존재가 가등기에 의하여 공시되므로, 후순위권리자로 하여금 예측할 수 없는 위험에 빠지게 하는 것이 아니므로 유효하다는 점이다(대판 1993.4.13, 92다12070).

한편 가등기담보권의 효력이 미치는 목적물의 범위는 보통 설정계약에서 정하여진다. 그리고 가등기담보권은 일종의 담보물권으로서 목적물의 교환가치를 취득하는 권리이므로, 불가분성과 물상대위성이 인정되며(제370조, 제321조, 제342조 유추적용), 부합물·종물·과실에 대해서는 설정계약이나 법률에 달리 정함이 없는 한 가등기담보권의 효력이 미친다고 할 것이다(제358조, 제359조 유추적용).

판 례

(ㄱ) 가등기의 원인증서인 매매예약서상의 매매대금은 가등기절차의 편의상 기재하는 것에 불과하고 가등기의 피담보채권이 그 한도로 제한되는 것은 아니며 피담보채권의 범위는 당사자의 약정 내용에 따라 결정된다(대판 1996.12.23, 96다39387,39394).

(ㄴ) 채권자와 채무자가 가등기담보권설정계약을 체결하면서 가등기 이후에 발생할 채권도 후순위권리자에 대하여 우선변제권을 가지는 가등기담보권의 피담보채권에 포함시키기로 약정할 수 있고, 가등기담보권을 설정한 후에 채권자와 채무자의 약정으로 새로 발생한 채권을 기존 가등기담보권의 피담보채권에 추가할 수도 있으나, 가등기담보권 설정 후에 후순위권리자나 제3취득자 등 이해관계 있는 제3자가 생긴 상태에서 새로운 약정으로 기존 가등기담보권에 피담보채권을 추가하거나 피담보채권의 내용을 변경, 확장하는 경우

에는 이해관계 있는 제3자의 이익을 침해하게 되므로, 이러한 경우에는 피담보채권으로 추가, 확장한 부분은 이해관계 있는 제3자에 대한 관계에서는 우선변제권 있는 피담보채권에 포함되지 않는다(대판 2011.7.14, 2011다28090).

(ㄷ) 가등기담보권자가 가등기담보권을 실행하기 이전에 그의 계약상의 권리를 보전하기 위하여 가등기담보채무자의 제3자에 대한 선순위 근저당채무를 대위변제하여 구상권이 발생하였다면 특별한 사정이 없는 한 이 구상권도 가등기담보계약에 의하여 담보된다(대판 2007.7.13, 2006다46421; 대판 2002.6.11, 99다41657).

(나) 대내적 효력 — 목적물의 이용관계

1) 가등기담보권 실행 전

가등기담보설정자는 원칙적으로 가등기담보권이 실행이 있기까지 소유자로서 아무런 제한 없이 담보목적물을 사용·수익할 수 있고, 제3자를 위한 용익물권의 설정도 가능하다. 조세·공과금은 당연히 설정자가 부담한다. 설정자가 목적물의 담보가치를 감소시킨 때에는 가등기담보권자는 손해배상을 청구할 수 있으며, 그 배상액은 피담보채권을 한도로 한다(고상룡, 750면; 김상용, 811면; 이상태, 492면).

2) 가등기담보권 실행 후

가등기담보권이 실행되면, 가등기담보 후에 설정된 용익물권은 모두 소멸한다. 그러나 부동산임차권을 등기하거나(제621조) 주택임대차보호법·상가건물임대차보호법에 의하여 대항력 있는 임차권을 취득한 자에 대하여는 비록 그것이 가등기담보가 있는 후에 설정된 것이라도 청산금의 범위 내에서 동시이행의 항변권이 인정된다(가담법 제5조 5항). 이는 임차권의 경우에는 보증금을 교부하는 것이 보통이므로, 특별히 임차인을 보호하기 위한 것이다.

(다) 대외적 효력

가등기담보권은 일종의 담보물권이기 때문에, 재산권으로서 양도성을 가진다. 다만 담보물권의 수반성(제361조)에 따라 피담보채권과 함께 양도할 수 있을 뿐이다. 양도에 관한 등기는 가등기에 권리이전의 부기등기를 한다(부동산등기법 제52조 2호).

가등기담보권은 국세기본법·국세징수법·지방세법·채무자회생법의 적용에는 이를 저당권으로 본다(가담법 제17조 3항). 가등기담보권설정자가 파산한 경우에 가등기담보권자는 별제권을 가지며(가담법 제17조 1항, 채무자회생법 제411조), 가등기담보설정자에 대하여 회생절차가 개시된 경우에는 가등기담보권은 회생담보권으로 된다(가담법 제17조 3항, 채무자회생법 제141조).

(2) 가등기담보권의 실행

채무자의 불이행이 있으면 채권자는 가등기담보권을 실행할 수 있으며, 그 방법으로 '권리취득에 의한 사적 실행'과 '경매에 의한 공적 실행'이 있다(대판 1988.12.20, 87다카2685). 따라서 가등기담보권의 사적 실행의 경우, 채권자가 청산금의 지급이전에 본등기와 담보목적물의 인도를 받을 수 있다거나 청산기간이나 동시이행관계를 인정하지 않는 '처분정산'형의 담보권실행은 가등기담보법상 허용되지 않는다(대판 2002.12.10, 2002다42001; 대판 2002.4.23, 2001다81856). 즉 사적 실행으로는 귀속정산만 인정되고 처분정산은 인정되지 않는다. 처분정산을 하기 위해서는 가등기담보권자가 처분권을 취득하여 처분행위를 하여야 하는데, 강행규정인 가등기담보법에 따른 청산절차를 거치지 않는 한 가등기담보권자는 소유권 등을 취득할 수 없고, 가등기담보법은 사적 실행으로 귀속정산 외의 것을 인정하지 않기 때문이다.

판 례

(ㄱ) 가등기담보법 제3조, 제4조가 적용되기 위해서는 채권자가 담보목적부동산에 관하여 가등기나 소유권이전등기 등을 마침으로써 '담보권'을 취득하였음을 요한다. 이와 달리 채권자가 채무자와 담보계약을 체결하였지만, 담보목적부동산에 관하여 가등기나 소유권이전등기를 마치지 아니한 경우에는 '담보권'을 취득하였다고 할 수 없으므로, 이러한 경우에는 법 제3조, 제4조는 원칙적으로 적용될 수 없다. 따라서 채권자와 채무자가 담보계약을 체결하였지만, 담보목적부동산에 관하여 가등기나 소유권이전등기를 마치지 아니한 상태에서 채권자로 하여금 귀속정산 절차에 의하지 않고 담보목적부동산을 타에 처분하여 채권을 회수할 수 있도록 약정하였다 하더라도, 그러한 약정이 가등기담보법의 규제를 잠탈하기 위한 탈법행위에 해당한다는 등의 특별한 사정이 없는 한 가등기담보법을 위반한 것으로 보아 무효라고 할 수는 없다(대판 2013.9.27, 2011다106778).

(ㄴ) 가등기담보법 제18조는 가등기담보법상 청산절차에 관한 규정은 등기 또는 등록할 수 있는 부동산소유권 외의 권리(질권·저당권 및 전세권을 제외한다)의 취득을 목적으로 하는 담보계약에 관하여 준용한다고 규정하고 있는데, 여기에서 등기 또는 등록할 수 있는 권리는 재산권의 설정과 이전에 관하여 등기 또는 등록이 성립요건 또는 대항요건이 되어 있는 재산권을 말하고, 단순히 행정상의 편의를 위하여 등록 등을 요구하는 경우에는 이에 해당하지 않는다(대판 2015.1.29, 2012두27404).

(가) 권리취득에 의한 사적 실행 — 귀속정산

가등기담보권자가 담보부동산의 소유권을 취득하는 형식으로 피담보채권의 만족을 얻는 방법이다. 이것은 실행의 통지·청산·소유권취득의 3단계를 거치게 된다.

1) 실행의 통지

가등기담보권자가 담보권을 실행하여 담보목적물의 소유권을 취득하기 위해서는 ① 청산금의 평가액을 채무자·물상보증인·가등기담보 후에 소유권을 취득한 제3자(이하 '채무자 등'이라 한다)에게 피담보채권의 변제기가 지난 후에 통지하여야 한다(가담법 제3조 1항 전문, 제2조 2호). 여기서 청산금의 평가액은 통지 당시의 담보목적부동산의 가액에서 그 당시의 피담보채권액(원본, 이자, 위약금, 지연배상금, 실행비용)을 뺀 금액을 의미하므로, 가등기담보권자가 담보권 실행을 통하여 우선변제받게 되는 이자나 지연배상금 등 피담보채권의 범위는 통지 당시를 기준으로 확정된다(대판 2016.6.23, 2015다13171). 평가결과 청산금이 없다고 인정되는 경우에도 그 뜻을 통지하여야 한다(동법 제3조 1항 후문). 만일 채무자 등의 전부 또는 일부에 대하여 통지를 하지 않으면 청산기간이 진행할 수 없게 되고, 따라서 가등기담보권자는 그 후 적절한 청산금을 지급하거나 실제 지급할 청산금이 없더라도 가등기에 기한 본등기를 청구할 수 없으며, 설령 편법으로 본등기를 마쳤더라도 소유권을 취득할 수 없다(대판 2002.4.23, 2001다81856).

② 통지에는 '통지 당시의 목적부동산의 평가액' 및 '민법 제360조에 규정된 채권액', 즉 피담보채권액을 명시하여야 한다(동법 제3조 2항 전문). 이 경우 부동산이 2개 이상인 때에는 각 부동산의 소유권이전에 의하여 소멸시키려고 하는 채권과 그 비용을 명시하여야 한다(동법 제3조 2항 후문). 그런데 목적부동산의 가액을 평가하는 방법에는 제한이 없으므로, 채권자는 주관적으로 평가한 청산금의 평가액을 통지하면 족하고, 채권자가 주관적으로 평가한 청산금의 액수가 정당하게 평가된 청산금의 액수에 미치지 못하더라도 담보권실행의 통지로서의 효력에는 아무런 영향이 없다(대판 2016.6.23, 2015다13171). 다만 채무자 등은 채권자가 통지한 청산금액을 다투고 정당하게 평가된 청산금을 지급받을 때까지 목적부동산의 소유권이전등기 및 인도채무의 이행을 거절하거나 피담보채무 전액을 채권자에게 지급하고 채권담보의 목적으로 마쳐진 가등기의 말소를 구할 수 있을 뿐 아니라 채권자에게 정당하게 평가된 청산금을 청구할 수도 있다(대판 2008.4.11, 2005다36618; 대판 1996.7.30, 96다6974,6981). ③ 가등기담보권자는 일단 통지하고 나면 그가 통지한 청산금의 수액에 관하여 다툴 수 없다(동법 제9조). ④ 통지의 방법에는 아무런 제한이 없다.

판 례

(ㄱ) 가등기담보법 제3조는 후순위권리자의 이익을 보호하기 위하여 담보목적부동산이 2개 이상인 경우에 채권자는 자기의 채권액을 각 부동산별로 나누어 어느 부동산에 대하여 얼마의 채권액과 비용으로 소유권을 취득하겠다는 채권액의 배분액을 구분 표시하도록 한 것일 뿐 담보목적부동산의 평가액은 청산금 평가액 산정의 기초가 되는 데 지나지 않는 것이어서 가등기담보권의 실행통지를 할 때 이를 명시할 것을 요구하고 있기는 하나 각 목적부동산별로 나누어 명시할 것까지는 요구하고 있지 않으며 부동산 전체의 평가액이 채권액에도 미치지 아니하는 경우에는 가등기담보권자가 부동산 전체에 대한 가등기담보권 실행통지를 하면서 각 부동산별로 평가액을 구분하여 명시하지 아니하였다고 하여 그런 사유만으로는 위 통지를 무효라고까지 할 수 없다(대판 1993.4.13, 92다12070).

(ㄴ) 가등기담보법 제9조에서 규정하고 있는 통지의 구속력이 발생하는 사항은 가등기담보권실행을 통지할 때 채무자 등에게 통지된 청산금의 평가액 자체뿐이고 청산금산정의 기초가 되는데 지나지 않는 채권액까지는 구속력이 생기지 않는다(대판 1993.4.13, 92다12070).

2) 청 산

(i) 실행의 통지가 채무자 등에게 도달한 날부터 2개월의 청산기간이 지날 때까지 채무자의 변제가 없는 경우, 가등기담보권자는 청산에 들어가게 된다(가담법 제3조 1항 전문). 이와 같이 청산기간을 둔 이유는 채무자가 알지 못하는 사이에 목적물의 소유권을 잃게 될 위험을 방지하기 위한 것이다.

(ii) 가등기담보권자는 청산기간이 지난 후에 실행통지 당시의 목적부동산의 가액에서 그 채권액(피담보채권액)을 공제한 차액(청산금)을 채무자 등에게 지급하여야 한다(동법 제4조 1항 전문). 이때 목적부동산에 선순위담보권 등의 권리가 있는 경우에 그 채권액을 산정함에는 선순위담보 등에 의하여 담보된 채권액을 포함한다(동법 제4조 1항 후문). 즉 선순위담보 등에 의하여 담보된 채권액을 공

제하여야 한다. 그 이유는 가등기담보권자가 청산을 거쳐 소유권을 취득하여도 선순위담보 등에 대해 책임을 지기 때문이다. 또한 가등기담보권자가 가등기담보법 제4조에 따라 채무자에게 청산금을 지급함에 있어 담보가등기보다 먼저 등기된 가압류의 채권액은 특별한 사정이 없는 한 제4조 1항 후문에서 정한 '선순위담보 등에 의하여 담보된 채권액'에 준하여 가등기담보 채권자의 채권액에 포함된다(대판 2007.7.13, 2006다46421). 그리고 청산금 산정에서의 목적부동산의 가액은 '객관적 가액'을 말하며, 채권자가 실행통지에서 표시한 주관적인 평가액이 아니다.

(iii) 청산금채권이 압류나 가압류된 때에 가등기담보권자는 청산금을 채무이행지를 관할하는 지방법원 또는 지원에 공탁하여 그 범위 내에서 채무를 면할 수 있으며, 채무자 등과 압류 또는 가압류채권자에게 지체 없이 공탁의 통지를 하여야 한다(동법 제8조 1항, 4항).

판 례

채무자는 채권자가 통지한 청산금액에 동의함으로써 청산금을 확정시킬 수 있으며, 그 경우 동의는 명시적 뿐만 아니라 묵시적으로도 가능하다(대판 2008.4.11, 2005다36618).

3) 본등기에 의한 소유권취득

(i) 가등기담보권자는 2개월의 청산기간이 지난 후 청산금을 지급하고, 청산금이 없는 때에는 청산기간이 지난 후 곧바로 그 담보가등기에 기한 소유권이전의 본등기를 함으로써 목적부동산의 소유권을 취득하게 된다(동법 제4조 2항 후문). 이때 청산금지급채무와 가등기에 기한 본등기 및 목적물인도채무는 동시이행의 관계에 있다(동법 제4조 3항). 주의할 것은 청산금을 지급할 여지가 없는 때에는 2개월의 청산기간이 지남으로써 청산절차는 종료되고, 채권자는 반대급부의 제공 없이 채무자에 대하여 소유권이전등기청구권 및 목적물인도청구권을 가지므로, 채무자가 소유권이전등기의무 및 목적물인도의무의 이행을 지연하면서 담보목적물을 사용·수익할 수 있다고 하는 것은 공평에 반하므로 허용될 수 없다는 점이다. 따라서 이 경우 담보목적물에 대한 과실수취권 등을 포함한 사용·수익권은 청산절차의 종료와 함께 채권자에게 귀속된다(대판 2001.2.27, 2000다20465).

(ii) 가등기담보법 제3조, 제4조를 위반하여 담보가등기에 기한 본등기가 이루어진 경우에는 본등기는 무효이고, 설령 본등기가 가등기권리자와 채무자 사이에 이루어진 특약에 의하여 이루어졌더라도 만일 특약이 채무자에게 불리한 것으로 무효라면 본등기는 여전히 무효일 뿐(대판 2016.6.23, 2015다13171), 이른바 약한 의미의 양도담보로서 담보의 목적 내에서는 유효하다고 할 것이 아니다(대판 2002.12.10, 2002다42001). 다만 가등기권리자가 동법 제3조, 제4조에 정한 절차에 따라 청산금의 평가액을 채무자 등에게 통지한 후 채무자에게 정당한 청산금을 지급하거나 지급할 청산금이 없는 경우에는 채무자가 그 통지를 받은 날부터 2개월의 청산기간이 지나면 위 무효인 본등기는 실체적 법률관계에 부합하는 유효한 등기가 될 수 있다(대판 2017.5.17, 2017다202296; 대판 2007.12.13, 2007다49595).

(iii) 한편 토지 및 그 지상의 건물이 동일한 소유자에게 속하는 경우, 그 토지 또는 건물 중 어느 하나에 대하여 담보가등기에 기한 본등기가 행하여진 때에는 그 건물의 소유를 목적으로 그 토지 위에 지상권이 설정된 것으로 본다(법정지상권). 이 경우 그 존속기간 및 지료는 당사자의 청구에 의하여 법원이 정한다(동법 제10조).

판 례

(ㄱ) 국세 압류등기 이전에 소유권이전청구권 보전의 가등기가 경료되고 그 후 본등기가 이루어진 경우, 그 가등기가 매매예약에 기한 순위 보전의 가등기라면 그 이후에 경료된 압류등기는 효력을 상실하여 말소되어야 할 것이지만, 그 가등기가 채무담보를 위한 가등기 즉 담보가등기라면 그 후 본등기가 되더라도 가등기는 담보적 효력을 갖는 데 그치므로 압류등기는 여전히 유효하므로 말소될 수 없다(대결 1998.10.7, 98마1333).

(ㄴ) 공동명의로 담보가등기를 마친 수인의 채권자가 각자의 지분별로 별개의 독립적인 매매예약완결권을 가지는 경우, 채권자 중 1인은 단독으로 자신의 지분에 관하여 가등기담보법이 정한 청산절차를 이행한 후 소유권이전의 본등기절차 이행청구를 할 수 있다(대판 2012.2.16, 2010다82530).

(ㄷ) 담보가등기에 의하여 마쳐진 본등기가 무효인 경우, 담보목적 부동산에 대한 소유권은 담보가등기 설정자인 채무자 등에게 있고 소유권의 권능 중 하나인 사용수익권도 당연히 담보가등기 설정자가 보유한다. 따라서 채무자가 자신이 소유하는 담보목적 부동산에 관하여 채권자와 임대차계약을 체결하고 채권자에게 차임을 지급하거나 채무자가 자신과 임대차계약을 체결하고 있는 임차인으로 하여금 채권자에게 차임을 지급하도록 하여 채권자가 차임을 수령하였다면, 채권자와 채무자 사이에 위 차임을 피담보채무의 변제와는 무관한 별개의 것으로 취급하기로 약정하였거나 달리 차임이 피담보채무의 변제에 충당되었다고 보기 어려운 특별한 사정이 없는 한 위 차임은 피담보채무의 변제에 충당된 것으로 보아야 한다(대판 2019.6.13, 2018다300661).

(ㄹ) 가등기담보법의 적용을 받는 담보가등기권리자는 제3조, 제4조에서 정한 귀속정산절차에 따라 가등기설정자에 대하여 담보가등기에 기한 본등기를 청구할 수 있다. 이러한 경우 담보가등기권리자의 본등기청구는 제2조 제1호가 정하고 있는 담보계약에 따른 담보권을 실행하는 것에 해당한다(대판 2024.1.11, 2021다210799).

4) 채무자 등의 말소청구권

(i) 채무자 등은 청산금채권을 변제받을 때까지, 변제시까지의 이사와 손해금을 포함한 그 채무액을 채권자에게 지급하고 채권담보의 목적으로 마쳐진 가등기의 말소를 청구할 수 있다(동법 제11조 본문). 여기서 청산금은 정당하게 평가된 것을 의미한다. 따라서 채무자 등은 채권자가 주관적으로 평가하여 통지한 액수가 객관적인 부동산 가액에 미달한 때에는 후자를 기준으로 하여 계산한 청산금을 지급받을 때까지는 가등기말소를 청구할 수 있다(대판 2008.4.11, 2005다36618; 대판 1996.7.30, 96다6974,6981). 청산절차를 거치지 않은 채 제소전 화해조서에 의하여 소유권이전의 본등기가 마쳐진 경우에도 마찬가지이다. 다만 채무자 등이 청산금을 받지 못하고 있더라도 ① 채무의 변제기로부터 10년이 지난 때, ② 선의의 제3자가 소유권을 취득한 때에는 채무액을 지급하고 그 가등기의 말소를 청구할 수 없다(동법 제11조 단서). 신탁적 소유권이전설은 이 규정을 악의의 제3자를 보호하지 않겠다는 취지의 특별규정으로 파악하지만(이영준, 929면), 담보물권설은 부동산거래의 안전을 도모하기 위하여 채권자 명의의 본등기에 선의의 제3자에 대한 공신력을 부여하는 특

례로 이해한다(곽윤직, 398면; 지원림, 3-414c).

(ii) 가등기담보법 제11조 단서에 정한 10년의 기간은 제척기간이고, 제척기간은 그 기간의 경과 자체만으로 권리소멸의 효과가 발생하므로, 제11조 본문에 정한 채무자 등의 말소청구권은 제척기간의 경과로 확정적으로 소멸한다(대판 2018.6.15, 2018다215947). 제11조 단서에 정한 제척기간이 경과함으로써 채무자 등의 말소청구권이 소멸하고 이로써 채권자가 담보목적부동산의 소유권을 확정적으로 취득한 때에는 채권자는 제4조에 따라 산정한 청산금을 채무자 등에게 지급할 의무가 있고, 채무자 등은 채권자에게 그 지급을 청구할 수 있다(대판 2018.6.15, 2018다215947). 제3조, 제4조 등이 채권자가 가등기담보계약에 따른 담보권을 실행하여 담보목적부동산의 소유권을 취득하려면 반드시 청산절차를 거치도록 규정하고 있기 때문이다.

(iii) 선의의 제3자의 소유권취득으로 채무자 등의 말소청구권이 소멸하는 경우(가등기담보법 제11조 단서 후문), 청산절차를 거치지 않아 무효였던 채권자 명의의 본등기는 그 등기를 마친 시점으로 소급하여 확정적으로 유효하게 되고, 이에 따라 담보목적부동산에 관한 채권자의 가등기담보권은 소멸하며, 청산절차를 거치지 않아 무효였던 채권자의 본등기에 터 잡아 이루어진 등기 역시 소급하여 유효하게 된다. 다만 이 경우에도 채무자 등과 채권자 사이의 청산금 지급을 둘러싼 채권·채무 관계까지 모두 소멸하는 것은 아니고, 채무자 등은 채권자에게 청산금의 지급을 청구할 수 있다. 이러한 법리는 경매의 법적 성질이 사법상 매매인 점에 비추어 보면 무효인 본등기가 마쳐진 담보목적부동산에 관하여 진행된 경매절차에서 매수인이 본등기가 무효인 사실을 알지 못한 채 담보목적부동산을 매수한 경우에도 마찬가지로 적용된다(대판 2021.10.28, 2016다248325).

판 례

(ㄱ) 채권자가 가등기담보법에 정해진 청산절차를 밟지 아니하여 담보목적부동산의 소유권을 취득하지 못하였음에도 그 담보목적부동산을 처분하여 선의의 제3자가 소유권을 취득하고 그로 인하여 가등기담보법 제11조 단서에 의하여 채무자가 더는 채무액을 채권자에게 지급하고 그 채권담보의 목적으로 마친 소유권이전등기의 말소를 청구할 수 없게 되었다면, 채권자는 위법한 담보목적부동산 처분으로 인하여 채무자가 입은 손해를 배상할 책임이 있다. 이때 채무자가 입은 손해는 다른 특별한 사정이 없는 한 채무자가 더는 그 소유권이전등기의 말소를 청구할 수 없게 된 때의 담보목적부동산의 가액에서 그때까지의 채무액을 공제한 금액이라고 봄이 상당하다. 그리고 채무자가 약정 이자 지급을 연체하였다든지 채무자가 그 채무액을 채권자에게 지급하고 그 채권담보의 목적으로 마친 소유권이전등기의 말소를 청구할 수 있었다는 사정이나 채권자가 담보목적부동산을 처분하여 얻은 이익의 크고 작음 등과 같은 사정은 위법한 담보목적부동산 처분으로 인한 손해배상책임을 제한할 수 있는 사유가 될 수 없다(대판 2010.8.26, 2010다27458).

(ㄴ) 채무자가 제3자 명의로 신탁하여 소유권등기를 마친 부동산을 채권자에게 담보로 제공하고 채권자명의로 가등기 및 이에 기한 소유권이전등기를 마쳤다가 그 후 그 피담보채무를 모두 변제함으로써 담보권이 소멸된 경우, 채무자는 명의수탁자를 대위하여 부동산의 소유권에 터잡은 말소등기청구권을 행사할 수 있음은 물론, 담보설정계약의 당사자로서 담보권소멸에 따른 원상회복으로 담보권자에게 담보물의 반환을 구할 수 있는 계약상 권리가 있으므로, 이러한 계약상 권리에 터잡아 채권자에게 가등기 등 담보권등기의 말소를 청구할 수 있다(대판 1988.9.13, 86다카1332).

5) 후순위 권리자가 있는 경우

가등기담보법은 목적부동산에 가등기담보권자의 후순위권리자 등(담보가등기 후에 등기된 저당권자·전세권자·가등기담보권자,) 이해관계인이 있는 경우(가담법 제2조 5호), 그들의 이익을 보호하기 위하여 특별규정을 두고 있다. 즉 후순위권리자의 청산금청구권(동법 제5조) 및 가등기담보권자의 통지의무(동법 제6조, 제7조 2항)를 규정하고 있으며, 청산기간이 지나기 전에 가등기담보권자가 채무자에게 청산금을 지급하거나 채무자가 청산금에 관한 권리를 제3자에게 양도나 그 밖의 처분을 한 때에는 이로써 후순위권리자에게 대항하지 못하도록(청산금에 대한 처분제한) 규정하고 있다(동법 제7조). 따라서 후순위권리자가 채권자에게 청산금을 지급하여 줄 것을 청구하게 되면 채권자는 청산금의 이중지급의 책임을 면할 수 없다(대판 2002.12.10, 2002다42001). 또한 후순위의 대항력 있는 임차권자에게도 청산금의 범위 내에서 목적물(임차물) 반환과 보증금반환 사이에 동시이행을 인정하여 보증금의 반환을 보장하고 있다(동법 제5조 5항). 그 밖에 후순위권리자는 '청산기간 내에 한하여' 그 피담보채권의 변제기 도래 전이라도 목적부동산의 경매를 청구할 수 있다(동법 제12조 2항).

판 례

(ㄱ) 가등기담보권자인 채권자가 청산기간이 경과하기 전 또는 가등기담보법 제6조 1항에 의하여 채무자에게 청산통지를 하였다는 사실 등을 후순위권리자에게 통지하지 아니하고, 채무자에게 청산금을 지급한 경우에는 이로써 후순위권리자에게 대항할 수 없는 것이나, 이러한 채권자의 변제 제한의 효력은 후순위권리자에게만 적용되는 상대적인 것이므로, 후순위권리자는 청산금채권이 아직 소멸하지 않은 것으로 보고 채권자에게 직접 권리를 행사할 수 있고 후순위권리자가 채권자에게 청산금을 지급하여 줄 것을 청구하게 되면 채권자로서는 청산금의 이중 지급의 책임을 면할 수 없다는 취지일 뿐이지, 후순위권리자가 존재한다는 사유만으로 채무자에게 담보권의 실행을 거부할 권원을 부여하는 것은 아니다(대판 2002.12.10, 2002다42001).

(ㄴ) 가등기담보권자가 가등기담보법 제3조에서 정한 담보권 실행의 통지를 채무자에게 하고, 후순위 권리자가 있는 경우에는 제6조 1항에서 정한 통지를 한 후 제6조 1항의 통지를 받은 후순위 권리자가 채권자에게 직접 권리를 행사한 바가 없고 또한 청산기간을 경과하게 되면, 채권자는 채무자에게 청산금을 변제할 수 있음은 물론, 채권자가 채무자에 대하여 가등기담보에 의하여 담보되지 아니한 별개의 금전채권을 가지고 있는 경우에는 이것을 자동채권으로 하여 채무자의 청산금채권을 상계할 수 있다(대판 2002.6.11, 99다41657).

(나) 경매에 의한 공적실행 — 처분정산

가등기담보권자는 전술한 권리취득에 의한 실행방법(귀속정산)을 취하지 않고, 민사집행법에 따라 목적부동산의 경매를 법원에 청구하여 목적부동산의 매각대금의 배당절차에서 피담보채권의 만족을 얻을 수 있다(가담법 제12조 1항 전문). 이 경우 경매에 관하여는 가등기담보권을 저당권으로 보며(동법 제12조 1항 후문), 그 우선순위는 담보가등기가 행해진 때를 기준으로 결정된다. 가등기담보권자가 담보목적부동산의 경매를 청구하는 방법을 선택하여 그 경매절차가 진행 중인 때에는 특별한 사정이 없는 한 가등기담보법 제3조에 따른 담보권을 실행할 수 없으므로 그 가등기에 따른 본등기를 청구할 수 없다(대판 2022.11.30, 2017다232167,232174).

(3) 가등기담보권자의 배당참가

(가) 가등기담보의 목적부동산에 대해 다른 채권자의 신청으로 경매가 개시된 때에 가등기담보권자는 그 경매절차에 참가하여 배당받음으로써 자기 채권의 우선변제를 받을 수 있다(가담법 제13조 전문). 이 경우 그 순위에 관해서는 가등기담보권을 저당권으로 보고, 그 담보가등기를 마친 때를 기준으로 우선순위를 정한다(동법 제13조 후문). 경매법원은 가등기권리자에 대하여 그 가등기가 담보가등기인 때에는 그 내용 및 채권의 존부, 원인 및 금액을 신고할 것을 최고하여야 하고(동법 제16조 1항), 압류등기 전에 이루어진 담보가등기권리가 매각에 의하여 소멸하는 때에는 1항의 채권신고를 한 경우에 한하여 그 채권자는 매각대금의 배당 또는 변제금의 교부를 받을 수 있다(동법 제16조 2항). 이것은 가등기담보의 경우, 등기기록에 담보목적의 가등기인 취지가 기재되어 있지 않고 단지 소유권이전등기청구권보전을 위한 가등기라고만 기재되어 있어 등기기록에 적힌 내용만으로 그 가등기가 담보목적의 가등기인지 여부를 알 수 없고, 또 담보목적의 가등기라 하더라도 피담보채권의 공시가 없기 때문이다. 따라서 압류등기 전에 이루어진 담보가등기권리자가 집행법원이 정한 기간 안에 채권신고를 하지 아니하면 매각대금의 배당을 받을 권리를 상실한다(대판 2025.3.27, 2024다291102; 대판 2008.9.11, 2007다25278).

(나) 후순위권리자에 의한 경매신청이 가등기담보권자가 청산금을 지급하기 전에 행하여진 때(청산금이 없는 경우에는 청산기간의 경과 전)에는 가등기담보권자는 그 가등기에 기한 본등기를 청구할 수 없기 때문에(동법 제14조), 그 경매절차에 참가하여 배당받아야 한다.

(다) 한편 담보가등기가 마친 부동산에 대하여 경매 등이 행하여진 경우, 그 부동산의 매각에 의하여 가등기담보권은 소멸한다(동법 제15조). 따라서 가등기담보법에 따른 청산절차 진행 전에 신청된 강제경매에 의하여 제3자에게 소유권이전이 된 경우, 담보가등기권자는 더 이상 가등기에 기한 본등기를 청구할 수 없다(대판 1992.2.11, 91다36932).

판 례

가등기담보권에 대하여 선순위 및 후순위 가압류채권이 있는 경우 부동산의 경매에 의한 매득금 중 경매비용을 제외한 나머지 금원을 배당함에 있어 가등기담보권자는 선순위 가압류채권에 대하여는 우선변제권을 주장할 수 없어 그 피담보채권과 선순위 및 후순위 가압류채권에 대하여 1차로 채권액에 따른 안분비례에 의하여 평등배당을 하되, 담보가등기권자는 후순위 가압류채권에 대하여는 우선변제권이 인정되어 그 채권으로부터 받을 배당액으로부터 자기의 채권액을 만족시킬 때까지 이를 흡수하여 변제받을 수 있으며, 선순위와 후순위 가압류채권이 동일인의 권리라 하여 그 귀결이 달라지는 것이 아니다(대판 1992.3.27, 91다44407; 대결 1994.11.29, 94마417).

4. 가등기담보권의 소멸

가등기담보권은 물권일반에 공통된 소멸원인(예: 목적물의 멸실) 및 담보물권에 공통된 소멸원인(예: 피담보채권의 소멸)에 의하여 소멸함은 물론 경매·제3취득자의 변제(제364조) 등에 의해서도 소멸한다. 따라서 담보가등기를 경료한 토지를 인도받아 점유할 경우 담보가등기의 피담보채권의 소멸시효가 중단되는 것은 아니며, 담보가등기의 피담보채권이 시효로 소멸하면 대상 토지의 소유권이전등기청구권의 소멸시효 중단 여부와 관계없이 담보가등기와 그에 기한 소유권이전등기는 말소되어야 한다(대판 2007.3.15, 2006다12701). 또한 가등기담보권은 그 담보권의 실행이 종료되거나 다른 경매절차에서 우선변제권을 행사함으로써 소멸한다.

Ⅱ. 양도담보

1. 서 설

(1) 의 의

양도담보(Sicherungsübereignung)란 채권담보를 위하여 채무자 또는 제3자(물상보증인)의 소유권을 채권자에게 이전하고, 채무자가 채무를 변제하지 않으면 채권자가 그 소유권을 확정적으로 취득하거나 그 목적물로부터 우선변제를 받지만, 채무자가 채무를 이행하는 경우에는 목적물의 소유권을 채무자 또는 제3자에게 반환하는 소유권이전형의 비전형담보를 말한다.

판 례

(ㄱ) 부동산에 관한 대물변제예약 당시 그 부동산의 가액이 채무원리금의 합산액을 초과하는 경우에는 대물변제예약 자체는 무효라고 하더라도(제607조, 제608조) 소위 약한 의미의 양도담보계약이 된 것으로 볼 수 있다(대판 1980.7.22, 80다998).

(ㄴ) 제607조, 제608조에 위반된 대물변제의 약정은 대물변제의 예약으로서는 무효가 되지만 약한 의미의 양도담보를 설정하기로 하는 약정으로서는 유효하되, 다만 그에 기한 소유권이전등기를 미처 경료하지 아니한 경우에는 아직 양도담보가 설정되기 이전의 단계이므로 가등기담보법 제3조의 담보권 실행에 관한 규정이 적용될 여지가 없는 한편, 채권자는 양도담보의 약정을 원인으로 하여 담보목적물에 관하여 소유권이전등기절차의 이행을 청구할 수 있다(대판 1999.2.9, 98다51220). 따라서 채무자는 같은 법 소정의 청산절차가 없었음을 이유로 그 소유권이전등기절차이행을 거절할 수는 없다(대판 1996.11.15, 96다31116).

(2) 법적 성질

양도담보는 그 목적이 채권담보이지만 소유권이전이라는 형식을 취하기 때문에, 목적과 형식 사이에 불일치가 존재한다. 여기서 양도담보의 법리를 목적을 중시하여 구성할 것인지 아니면 형식을 중시하여 구성할 것인지가 문제이다.

(가) 가등기담보법의 적용을 받는 경우

1) 학 설

가) 담보물권설

양도담보에 의하여 채권자는 진정한 의미의 소유권을 취득하는 것이 아니라 소유권은 여전히 채무자에게 있고, 다만 양도담보권이라는 제한물권을 취득하는데 불과하다고 한다

(강태성, 1133면; 고상룡, 774면; 곽윤직, 408면; 김상용, 834면; 윤철홍, 427면; 이은영, 896면; 이상태, 505면). 이 견해에 의하면 ① 가등기담보법 제4조 2항이 '채권자는 담보부동산에 관하여 이미 소유권이전등기가 경료된 경우에는 청산기간 경과 후 청산금을 채무자 등에게 지급한 때에 목적부동산의 소유권을 취득'하는 것으로 규정하고 있으므로, 소유권이 설정자에게 있고 양도담보권이라는 담보물권이 설정된 것으로 보아야 하며, ② 양도담보에서 소유권이전의 목적은 채권담보에 있는 것이므로 실질적으로는 양도담보권이라는 담보권만이 채권자에게 귀속하고 소유권은 여전히 설정자에게 유보한다고 하는 것이 당사자의 의사에 합치하는 해석이라고 한다.

나) 신탁적 소유권이전설

채권담보를 위하여 신탁적으로 소유권이 채무자로부터 채권자에게 이전한다고 한다(이영준, 914면; 박종두, 783면; 양창수, 민법연구 제1권, 339면 이하). 이 견해에 의하면 ① 양도담보의 본질은 '양도', 즉 소유권이전에 있는 것이고 '담보'는 그 테두리 내에서 기능하는 것에 불과하다고 한다. 다만 소유권이전은 어디까지나 담보목적에 있는 것이므로 양도담보에서 채권자·채무자·제3자간의 관계는 담보물권의 그것과 대단히 유사하므로, 그 범위 내에서 본질에 반하지 않는 한 양도담보에 관하여 담보물권의 법리, 즉 부종성·불가분성·물상대위성의 법리를 유추적용하는 것은 당연하다고 한다. 특히 가등기담보법이 규정하고 있는 담보권의 실행통지(제3조)·청산금의 지급에 의한 소유권의 취득(제4조)·후순위권리자의 권리행사(제5조)·우선변제권(제13조)·경매 등에 관한 특칙(제16조) 등은 이러한 법리의 구체적인 반영이라고 한다. ② 가등기담보법 제4조 2항이 "목적부동산의 소유권을 취득한다"고 규정한 것은 대내·대외적으로 소유권을 취득한다는 취지라고 한다. 즉 소유권이전등기가 마쳐진 때에 제3자에 대한 관계에서 (대외적으로)소유권을 취득하지만, 채무자에 대한 관계에서 (대내적으로)소유권을 취득하려면 청산기간의 경과 및 청산금의 지급을 요건으로 한다고 한다. 또한 채권자가 청산기간 경과 전에 청산금을 지급하지 않고 제3자에게 양도한 경우에도 채권자는 대외적으로 소유자이므로 제3자는 적법하게 소유권을 취득하지만, 제3자가 악의인 경우에는 채권자의 배임행위에 제3자가 적극 가담한 경우가 대부분이므로, 대체로 선량한 풍속 기타 사회질서에 반하여 무효로 된다고 한다. 따라서 악의의 제3자가 소유권을 취득한 때에는 채무자 등은 말소등기청구권을 행사할 수 있는 것이지만, '선의의 제3자가 소유권을 취득한 때에는 그러하지 아니한 것'(가담법 제11조 단서)으로 되는 것이라고 한다. ③ 소유권등기로써 제한물권으로서의 담보권을 설정할 수는 없으며, 이 경우의 소유권등기는 과대등기가 아니라 담보권의 공시방법으로서는 무효인 등기라고 한다.

2) 판 례

가) 신탁적 소유권이전설을 따르는 판례

판례는 대지상의 자기 소유 건물에 대하여 제3자에 대한 채권담보의 목적으로 제3자 명의의 소유권이전등기를 경료하여 준 양도담보의 경우, 채권담보를 위하여 신탁적으로 양도담보권자에게 건물의 소유권이 이전될 뿐 확정적·종국적으로 이전되는 것은 아니고, 또한 특별한 사정이 없는 한 양도담보권자가 건물의 사용수익권을 갖게 되는 것도 아니라고 한다

(대판 1995.7.25, 94다46428).

나) 담보물권설을 따르는 판례

판례는 채권담보를 위하여 소유권이전등기를 마친 양도담보권자는 채무자가 이행지체에 빠졌을 때에는 담보권의 실행으로서 채무자에 대하여 그 목적부동산의 인도를 구할 수 있고, 제3자가 채무자로부터 적법하게 목적부동산의 점유를 이전받아 있는 경우에는 그 목적부동산의 인도청구를 할 수 있지만, 직접 소유권에 의하여 그 인도를 구할 수 없다고 한다(대판 2007.5.11, 2006다6836; 대판 1991.11.8, 91다21770). 또한 채무담보를 위하여 채무자가 자신의 비용과 노력으로 신축하는 건물의 건축허가명의를 채권자 명의로 한 경우, 완성된 건물에 관하여 자기 명의로 소유권보존등기를 마친 채권자는 채무자가 이행지체에 빠졌을 때에는 담보권의 실행으로서 채무자에 대하여 그 건물의 명도를 구할 수 있고, 제3자가 채무자로부터 적법하게 건물의 점유를 이전받아 있는 경우에는 그 제3자를 상대로 명도청구를 할 수도 있으며, 여기의 제3자에는 담보권설정 후에 대항요건을 갖춘 주택임차인도 당연히 포함된다고 한다(대판 2001.1.5, 2000다47682).

판 례

채무의 담보를 위하여 채무자가 자기 비용과 노력으로 신축하는 건물의 건축허가명의를 채권자명의로 하였다면 이는 완성될 건물을 담보로 제공키로 하는 합의로서 법률행위에 의한 담보물권의 설정에 다름 아니므로 완성된 건물의 소유권은 일단 이를 건축한 채무자가 원시적으로 취득한 후 채권자명의로 소유권보존등기를 마침으로써 담보목적의 범위 내에서 채권자에게 그 소유권이 이전된다고 할 것이므로(대판 1997.5.30, 97다8601), 원시취득자인 채무자로부터 그 건물을 적법히 분양받아 입주하고 있는 자에 대하여 채권자가 그 건물의 소유자임을 내세워 그 명도를 구할 수는 없다(대판 1991.8.13, 91다13830).

3) 소 결

생각건대 담보물권설에 의하면 양도담보설정자가 소유자인데도 등기부상으로는 양도담보권자가 소유자로 등기되어 있어 공시방법과 실제관계가 부합하지 않는다는 문제점이 있다. 또한 가등기담보법 제11조 단서에 의하면 채무자 등의 양도담보설정자는 채무의 변제기가 도래한 때부터 10년이 경과하면 채권담보의 목적으로 경료된 소유권이전등기의 말소를 청구할 수 없다. 그런데 담보물권설에 의하면 양도담보는 담보물권이므로 피담보채권이 10년의 소멸시효로 소멸하면(부종성) 소유권자인 양도담보설정자는 소유권이전등기의 말소를 청구할 수 있어야 하는데, 이를 청구할 수 없는 점을 설명할 수 없다. 따라서 신탁적 소유권이전설이 타당하다고 할 것이다.

(나) 가등기담보법의 적용을 받지 않는 경우

1) 양도담보가 모두 가등기담보법의 적용을 받는 것은 아니다. 동산 양도담보는 물론이고, 판례는 부동산 양도담보라도 소비대차에 기한 채권을 담보하기 위한 것이 아닌 경우 등에는 가등기담보법이 적용되지 않는다고 한다(대판 2004.4.27, 2003다29968). 이와 같이 가등기담보법의 적용을

받지 않는 경우, 그 법적 성질에 대하여 가등기담보법의 적용을 받는 부동산의 양도담보와 동일하게 신탁적 소유권이전설(박종두, 740면)과 담보물권설(고상룡, 774면; 이상태, 506면; 김증한/김학동, 598면; 곽윤직, 409면)이 대립하고 있다.

2) 판례는 금전채무를 담보하기 위하여 채무자가 그 소유의 동산을 채권자에게 양도하되 점유개정의 방법으로 인도하고 채무자가 이를 계속 점유하기로 약정한 경우, 특별한 사정이 없는 한 그 동산의 소유권은 신탁적으로 이전되는 것에 불과하다고 한다고 하며(대판 2007.2.22, 2006도8649; 대판 2005.2.18, 2004다37430), 동산에 관하여 양도담보계약이 이루어지고 양도담보권자가 점유개정의 방법으로 인도를 받았다면, 그 청산절차를 마치기 전이더라도 담보목적물에 대한 사용·수익권은 없지만, 제3자에 대한 관계에서는 그 물건의 소유자임을 주장하고 그 권리를 행사할 수 있다고 하여(대판 2008.11.27, 2006도4263; 대판 1999.9.7, 98다47283), 동산의 양도담보에 대하여는 신탁적 소유권이전설을 따르고 있다.

3) 생각건대 양도담보를 목적물과 적용법규에 따라 그 이론구성과 법률적 성질을 달리하는 것은 타당하지 않으므로, 양도담보는 일종의 신탁행위이고, 그에 의하여 소유권은 채권자에게 이전하지만 채권자는 그 권리를 채권담보의 목적을 넘어서 행사할 수 없는 관계가 성립한다고 하여야 할 것이다.

판 례

주식 양도담보의 경우 양도담보권자가 대외적으로 주식의 소유권자라 할 것이므로, 양도담보 설정자로서는 그 후 양도담보권자로부터 담보 주식을 매수한 자에 대하여는 특별한 사정이 없는 한 그 소유권을 주장할 수 없는 법리라 할 것이고, 설사 그 양도담보가 정산형으로서 정산 문제가 남아 있더라도 이는 담보 주식을 매수한 자에게 대항할 수 있는 성질의 것이 아니다(대판 1995.7.28, 93다61338).

2. 양도담보권의 성립요건

양도담보권이 성립하기 위해서는 ① 피담보채권이 존재하고, ② 담보목적물은 양도할 수 있는 것이어야 하며, ③ 물권적 합의와 ④ 공시방법을 갖추어야 한다.

(1) 피담보채권이 존재할 것

피담보채권은 현재 특정되어 있는 채권은 물론이고 장래의 특정된 채권 또는 증감변동하는 채권도 가능하다. 판례는 가등기담보법은 차용물의 반환에 관하여 다른 재산권을 이전할 것을 예약한 경우에 적용되므로, 금전소비대차나 준소비대차에 기한 차용금반환채무 이외의 채무를 담보하기 위하여 마쳐진 가등기나 양도담보에는 가등기담보법이 적용되지 않지만, 금전소비대차나 준소비대차에 기한 차용금반환채무와 그 외의 원인으로 발생한 채무를 동시에 담보할 목적으로 마쳐진 가등기나 소유권이전등기라도 그 후 후자의 채무가 변제 기타의 사유로 소멸하고 금전소비대차나 준소비대차에 기한 차용금반환채무의 전부 또는 일부만이 남게 된 경우에는 그 가등기담보나 양도담보에 가등기담보법이 적용된다고 한다(대판 2004.4.27, 2003다29968).

(2) 담보목적물은 양도성이 있는 것일 것

양도담보의 목적물에는 제한이 없으며, 양도할 수 있는 재산권은 모두 목적물이 될 수 있다. 예컨대 동산·부동산은 물론 채권·주식·지식재산권·아파트입주권·골프회원권·콘도미니엄사용권 등도 목적물이 될 수 있다. 그 밖에 상점 내의 상품 전부 등과 같은 동산의 집합물도 그 목적물을 종류·장소·수량지정 등의 방법으로 특정할 수 있으면, 그 집합물의 전체를 하나의 재산권으로 보고 양도담보권의 설정이 가능하다. 따라서 성장을 계속하는 특정 양어장 내의 뱀장어 등 어류 전부에 대한 양도담보권의 설정이 가능하다(대판 1990.12.26, 88다카20224). 집합물에 대하여 양도담보권설정계약이 이루어진 경우, 그 집합물을 구성하는 개개의 물건이 변동되고, 양도담보권자가 그때마다 양도담보권설정자와 별도의 양도담보권설정계약을 맺거나 점유개정의 표시를 하지 아니하였더라도 집합물은 한 개의 물건으로서의 동일성을 잃지 아니하여 양도담보권의 효력은 항상 현재의 집합물에 미친다(대판 1999.9.7, 98다47283).

판 례

여러 개의 동산을 일괄하여 양도담보의 목적으로 하는 양도담보설정계약을 체결하면서 향후 일정 장소에 편입되는 동산에 대해서도 양도담보의 효력을 받는 것으로 약정한 경우에, 이를 특정된 동산들을 목적물로 한 양도담보로 볼 것인지, 일단의 증감 변동하는 동산을 하나의 물건으로 보아 이를 목적물로 한 이른바 유동집합동산 양도담보로 볼 것인지는 양도담보설정계약 해석의 문제이다. 양도담보설정계약이 기계기구 또는 영업설비 등 내구연수가 장기간이고 가공 과정이나 유통 과정 중에 있지 아니한 여러 개의 동산을 목적으로 하고 있으며, 담보목적물마다 명칭, 성능, 규격, 제작자, 제작번호 등으로 특정하고 있는 경우에는, 원칙적으로 특정된 동산들을 일괄하여 양도담보의 목적물로 한 계약이라고 보아야 하므로 향후 편입되는 동산을 양도담보 목적으로 하기 위해서는 편입 시점에 제3자가 그 동산을 다른 동산과 구별할 수 있을 정도로 구체적으로 특정되어야 한다(대판 2016.4.28, 2015다221286).

(3) 당사자 사이에 양도담보설정의 합의가 있을 것

설정계약의 당사자는 채권자·채무자인 것이 보통이지만, 양도담보설정자는 채무자 이외에 제3자(물상보증인)도 무방하다. 채무를 담보하기 위하여 채무자가 자기의 비용과 노력으로 신축하는 건물의 신축허가 명의를 채권자 명의로 한 경우, 이는 완성된 건물을 양도담보로 제공하기로 하는 담보권설정의 합의이다. 이때 완성된 건물의 소유권은 이를 건축한 채무자가 원시적으로 취득하고, 채권자가 그 명의로 소유권보존등기를 함으로써 건물에 대한 양도담보가 설정된 것으로 보아야 한다(대판 2022.4.14, 2021다263519). 양도담보를 설정하려면 양도담보설정자에게 목적물에 대한 소유권이나 처분권 등 양도담보를 설정할 권한이 있어야 한다. 따라서 양도담보설정자에게 이러한 권한이 없는데도 양도담보설정계약을 체결한 경우에는 양도담보가 유효하게 성립할 수 없다(대판 2022.1.27, 2019다295568).

(4) 목적물에 대한 공시방법을 갖출 것

목적물이 동산의 경우에는 인도가 있어야 한다(제188조 이하). 특히 동산 양도담보에서는 질권과 달리 점유개정을 포함한 모든 인도방법이 가능하다(다만 이영준, 921면은 현실의 인도·간이인도는 허용되지 않는다고 한다). 다만 금전채무를 담보하기 위하여 채무자가 그 소유의 동산을 채권자에게 양도하되 점유개정의 방법으로 인도하고 채무자가 이를 계속 점유하기로 약정한 경우, 채권자와 채무자 사이의 대내적 관계에서는 채무자가 소유권을 보유하지만, 대외적인 관계에서 채무자는 동산의 소유권을 채권자에게 양도한 무권리자이므로, 다시 다른 채권자와 사이에 양도담보설정계약을 체결하고 점유개정의 방법으로 인도하더라도 선의취득이 인정되지 않는 한 나중에 설정계약을 체결한 채권자로서는 양도담보권을 취득할 수 없다(대판 2007.2.22, 2006도8649; 대판 2005.2.18, 2004다37430). 즉 현실의 인도가 아닌 점유개정의 방법으로는 선의취득이 인정되지 아니하므로 결국 뒤의 채권자는 적법하게 양도담보권을 취득할 수 없다. 물론 동산에 대하여 점유개정으로 양도담보를 설정한 후에 양도담보권자나 양도담보설정자가 그 동산에 대한 점유를 상실하더라도 그 양도담보의 효력에는 아무런 영향이 없다(대판 2000.6.23, 99다65066).

한편 목적물이 부동산인 때에는 매매를 원인으로 소유권이전등기를 하는 것이 보통이며, 따라서 피담보채권에 관한 사항은 등기부에 공시되지 않는다. 다만 부동산실명법 제3조 2항에 의하면 양도담보의 경우에 일정한 사항을 기재한 서면을 등기신청서와 함께 등기관에게 제출하여야 하므로, 양도담보계약이 등기원인으로 기재되며, 채무자·채권금액도 등기된다. 그 밖에 양도담보의 목적물이 채권 기타 재산권인 경우에는 그 권리이전에 필요한 공시방법을 갖추어야 한다.

3. 양도담보권의 효력

(1) 일반적 효력

(가) 효력이 미치는 범위

1) 양도담보에서 소유권이전은 어디까지나 담보목적에 있는 것이므로, 피담보채권의 범위에 관해서는 저당권에 관한 제360조가 유추적용된다(가담법 제3조 2항). 따라서 피담보채권의 범위는 원본·이자·위약금·채무불이행으로 인한 손해배상청구권·담보권실행비용 등이다. 주의할 것은 지연배상에 대하여는 원본의 이행기일을 경과한 후의 1년분에 한하여 저당권을 행사할 수 있다는 제360조 단서는 저당권자의 제3자에 대한 관계에서의 제한이며, 채무자겸 저당권설정자가 저당권자에 대하여 대항할 수 있는 것이 아니므로, 양도담보의 채무자가 양도담보권자에 대하여 제360조 단서에 따른 피담보채권의 제한을 주장할 수 없다는 점이다(대판 2001.10.12, 2000다59081; 대판 1992.5.12, 90다8855). 또한 양도담보채권자가 양도담보권을 실행하기 이전에 그의 계약상의 권리를 보전하기 위하여 양도담보 채무자의 제3자에 대한 저당채무를 대위변제하여 구상권이 발생한 경우, 특별한 사정이 없는 한 이러한 구상권도 양도담보계약에 의하여 담보된다는 점이다(대판 1976.10.26, 76다2169).

2) 목적물의 범위는 설정계약에 의하지만, 부합물 또는 종물에 대해서는 원칙적으로 저

당권에 관한 제358조와 제359조가 유추적용된다. 다만 설정자에게 목적물의 사용·수익권이 있는 경우에 과실은 그 범위에서 제외된다. 예컨대 돼지를 양도담보의 목적물로 하여 소유권을 양도하되 점유개정의 방법으로 양도담보설정자가 계속하여 점유·관리하면서 무상으로 사용·수익하기로 약정한 경우, 양도담보목적물로서 원물인 돼지가 출산한 새끼돼지는 천연과실에 해당하고, 그 천연과실의 수취권은 원물인 돼지의 사용·수익권을 가지는 양도담보설정자에게 귀속되므로, 다른 특별한 약정이 없는 한 천연과실인 새끼돼지에 대하여는 양도담보의 효력이 미치지 않는다(대판 1996.9.10, 96다25463). 반면에 대량으로 사육되는 돼지를 '집합물'에 대한 양도담보의 목적물로 삼은 경우, 양도담보의 효력은 새끼돼지에 미친다. 즉 돈사에서 대량으로 사육되는 돼지를 집합물에 대한 양도담보의 목적물로 삼은 경우, 그 돼지는 번식·사망·판매·구입 등의 요인에 의하여 증감 변동하기 마련이므로 양도담보권자가 그때마다 별도의 양도담보권설정계약을 맺거나 점유개정의 표시를 하지 않더라도 하나의 집합물로서 동일성을 잃지 아니한 채 양도담보권의 효력은 항상 현재의 집합물 위에 미치게 된다. 따라서 양도담보권의 효력은 양도담보설정자로부터 이를 양수한 양수인이 당초 양수한 돈사 내에 있던 돼지들 및 통상적인 양돈방식에 따라 그 돼지들을 사육·관리하면서 돼지를 출하하여 얻은 수익으로 새로 구입하거나 그 돼지와 교환한 돼지 또는 그 돼지로부터 출산시켜 얻은 새끼돼지에 한하여 미치는 것이지 양수인이 별도의 자금을 투입하여 반입한 돼지에까지는 미치지 않는다(대판 2007.2.22, 2006도8649; 대판 2004.11.12, 2004다22858).

3) 불가분성(제370조, 제321조)·물상대위성(제370조, 제342조)의 규정도 유추적용된다. 다만 제342조 단서(지급 또는 인도 전의 압류)가 양도담보권에 유추적용되는가에 관하여, ① 양도담보에서는 형식상 소유권이 양도담보권자에게 귀속하고 있기 때문에 제342조 단서는 양도담보권에 유추적용되지 않는다는 견해(김상용, 838면; 윤철홍, 430면), ② 양도담보권자는 담보물권자에 불과하고 양도담보설정자가 목적물의 멸실 등으로 인한 금전 기타 물건을 받을 권리를 갖게 되므로 양도담보권자는 그것을 압류할 필요가 있다는 견해가 있다(강태성, 1135면; 고상룡, 776면; 이상태, 509면).

판 례

(ㄱ) 담보물의 교환가치를 취득하는 것을 목적으로 하는 양도담보권의 성격에 비추어 보면, 양도담보로 제공된 목적물이 멸실, 훼손됨에 따라 양도담보 설정자와 제3자 사이에 교환가치에 대한 배상 또는 보상 등의 법률관계가 발생되는 경우에도 그로 인하여 양도담보 설정자가 받을 금전 기타 물건에 대하여 담보적 효력이 미친다. 따라서 양도담보권자는 양도담보 목적물이 소실되어 양도담보 설정자가 보험회사에 대하여 화재보험계약에 따른 보험금청구권을 취득한 경우에도 담보물 가치의 변형물인 위 화재보험금청구권에 대하여 양도담보권에 기한 물상대위권을 행사할 수 있다(대판 2009.11.26, 2006다37106).

(ㄴ) 재고상품, 제품, 원자재 등과 같은 집합물을 하나의 물건으로 보아 일정 기간 계속하여 채권담보의 목적으로 삼으려는 이른바 집합물에 대한 양도담보권설정계약에서는 담보목적인 집합물을 종류, 장소 또는 수량지정 등의 방법에 의하여 특정할 수 있으면 집합물 전체를 하나의 재산권 객체로 하는 담보권의 설정이 가능하므로, 그에 대한 양도담보권설정계약이 이루어지면 집합물을 구성하는 개개의 물건이 변동되거나 변형되더라도 한 개의 물건으로서의 동일성을 잃지 아니한 채 양도담보권의 효력은 항상 현재의 집

합물 위에 미치고, 따라서 그러한 경우에 양도담보권자가 점유개정의 방법으로 양도담보권설정계약 당시 존재하는 집합물의 점유를 취득하면 그 후 양도담보권설정자가 집합물을 이루는 개개의 물건을 반입하였더라도 별도의 양도담보권설정계약을 맺거나 점유개정의 표시를 하지 않더라도 양도담보권의 효력이 나중에 반입된 물건에도 미친다. 다만 양도담보권설정자가 양도담보권설정계약에서 정한 종류·수량에 포함되는 물건을 계약에서 정한 장소에 반입하였더라도 그 물건이 제3자의 소유라면 담보목적인 집합물의 구성부분이 될 수 없고, 따라서 그 물건에는 양도담보권의 효력이 미치지 않는다(대판 2016.4.28, 2012다19659).

(나) 대내적 효력

1) 목적물의 이용관계

목적물을 누가 이용하느냐는 당사자의 합의에 의하여 정해진다. 그러나 목적물의 점유를 양도담보권자에게 이전할 필요가 없는 양도담보의 특성에 비추어 볼 때, 특별한 사정이 없는 한 목적부동산에 대한 사용·수익권은 채무자인 양도담보 설정자에게 있다. 즉 설정자와 양도담보권자 사이에 양도담보권자가 목적물을 사용·수익하기로 하는 약정이 없는 이상 목적부동산을 임대할 권한은 설정자에게 있다(대판 2001.12.11, 2001다40213). 따라서 양도담보권자는 사용·수익할 수 있는 정당한 권한이 있는 채무자나 채무자로부터 그 사용·수익할 수 있는 권한을 승계한 자에 대하여는 사용·수익을 하지 못한 것을 이유로 임료 상당의 손해배상이나 부당이득반환 청구를 할 수 없다(대판 2008.2.28, 2007다37394,37400).

한편 설정자가 목적물을 계속하여 사용·수익하는 관계를 법적으로 어떻게 설명할 것인가에 관하여, ① 임대차(원본이 무이자인 때)·사용대차(원본이 이자부인 때)에 준하여 새기는 견해(곽윤직, 411면; 김증한/김학동, 602면), ② 소유권은 여전히 설정자에게 있고, 그가 하는 목적물의 용익은 소유권을 행사하는 것이므로 임대차·사용대차관계로 볼 수 없다는 견해(담보물권설)가 있다(김상용, 839면; 윤철홍, 430면; 이상태, 509면). 생각건대 목적물에 대한 소유권이 담보권자 명의로 등기된 경우에도 설정자는 양도담보권자와의 관계(내부관계)에서는 여전히 목적물에 대한 소유자이므로, 당연히 목적물을 사용·수익할 수 있다고 할 것이다(이영준, 924면).

판 례

부당이득반환청구에서 이득이란 실질적인 이익을 의미하는데, 동산에 대하여 양도담보권을 설정하면서 양도담보권설정자가 양도담보권자에게 담보목적인 동산의 소유권을 이전하는 이유는 양도담보권자가 양도담보권을 실행할 때까지 스스로 담보물의 가치를 보존할 수 있게 함으로써 만약 채무자가 채무를 이행하지 않더라도 채권자인 양도담보권자가 양도받은 담보물을 환가하여 우선변제받는 데에 지장이 없도록 하기 위한 것이고, 동산양도담보권은 담보물의 교환가치 취득을 목적으로 하는 것이다. 이러한 양도담보권의 성격에 비추어 보면, 양도담보권의 목적인 주된 동산에 다른 동산이 부합되어 부합된 동산에 관한 권리자가 권리를 상실하는 손해를 입은 경우 주된 동산이 담보물로서 가치가 증가된 데 따른 실질적 이익은 주된 동산에 관한 양도담보권설정자에게 귀속되는 것이므로, 이 경우 부합으로 인하여 권리를 상실하는 자는 양도담보권설정자를 상대로 제261조에 따라 보상을 청구할 수 있을 뿐 양도담보권자를 상대로 보상을 청구할 수는 없다(대판 2016.4.28, 2012다19659).

2) 양도담보권자와 설정자의 의무

양도담보권자는 자기가 취득한 권리를 담보목적을 초과하여 행사하지 않을 의무가 있다(가담법 제4조). 설정자는 목적물의 멸실·훼손 등으로 양도담보권자의 권리를 해하지 않을 의무가 있다. 이를 위반한 경우에 상대방에 대하여 채무불이행에 의한 손해배상을 하여야 한다.

(다) 대외적 효력

1) 처분의 효력

가) 양도담보권자에 의한 처분

(i) 가등기담보법의 적용을 받는 경우   양도담보권자가 청산금을 지급하기 전(청산금이 없는 때에는 청산기간이 경과하기 전)에 담보부동산에 관하여 자기 명의로 소유권이전등기가 되어 있음을 이용하여 처분한 경우, ① 담보물권설에 의하면 양도담보권자는 담보목적물의 소유자가 아니므로 그의 처분행위는 원칙적으로 무효이지만, 가등기담보법 제11조 단서를 유추적용하여 양수인이 선의인 때에는 목적물의 소유권을 확정적으로 취득한다고 한다(고상룡, 783면; 곽윤직, 413면; 김상용, 841면; 김증한/김학동, 603면). ② 신탁적 소유권이전설에 의하면 양도담보권자는 대외관계에서는 소유자이므로, 양수인은 선의·악의를 불문하고 소유권을 취득할 수 있을 것이지만, 양수인이 악의인 때에 그의 행위는 대체로 사회질서에 반하여 무효가 될 것이므로, 가등기담보법 제11조 단서는 악의의 양수인은 소유권을 취득하지 못하는 것으로 규정하고 있다고 한다. 따라서 선의의 양수인만이 소유권을 취득하게 된다. 다만 양수인이 악의인 경우에 설정자는 원인무효를 이유로 양수인에 대하여 그 소유권이전등기의 말소를 청구할 수 없고, 양도담보의 효력만을 인정하여 설정자로서의 권리를 주장할 수 있다(이영준, 922면).

(ii) 가등기담보법의 적용을 받지 않는 경우   특히 동산의 양도담보에서 양도담보권자는 대외관계에서 목적물의 소유자이므로, 선의·악의를 불문하고 제3자는 부담 있는 소유권을 취득할 뿐이며, 양도담보설정자는 양수인에 대하여 추급력(追及力)을 행사할 수 있다(제249조에 의거 양수인이 선의취득하기 위해서는 양도인이 무권리자이거나 처분권한이 없어야 하는데, 신탁적 소유권이전설에 의하면 양도담보의 목적물에 대한 소유권이 양도담보권자에게 있으므로 제249조의 요건을 충족하지 못한다). 반면에 담보물권설에 의하면 양도담보권자는 소유자가 아니므로 양수인이 선의취득의 요건(제249조)을 갖춘 경우에 목적물의 소유권을 취득할 수 있다고 한다(곽윤직, 414면; 김상용, 841면). 다만 동산의 양도담보의 경우에는 설정자가 담보목적물을 점유하고 있는 것이 일반적이므로, 실제로는 처분의 가능성이 크지 않다.

나) 양도담보설정자에 의한 처분

(i) 가등기담보법의 적용을 받는 경우   양도담보설정자는 대외적으로 소유자가 아니므로 목적물을 처분할 수 없고, 특히 양도담보권자의 명의로 이전등기가 되어 있으므로 설정자가 처분할 여지가 없다. 그러나 담보물권설에 의하면 목적물의 소유권은 여전히 설정자에게 남아 있으므로 원칙적으로 목적물을 제3자에게 처분할 수 있으나, 목적물이 부동산인 경우에 등기명의가 양도담보권자에게 이전되어 있기 때문에 부동산을 처분할 수 없

다고 한다(고상룡, 780면; 곽윤직, 415면; 김상용, 842면; 김증한/김학동, 604면).

(ii) 가등기담보법의 적용받지 않는 경우 가등기담보법이 적용되지 않는 양도담보의 경우에 소유권이 양도담보권자에게 있으므로 이론상 설정자는 처분할 수 없다. 그러나 동산 양도담보에서 설정자가 목적물을 점유하고 있는 때에는 처분이 행하여질 수 있다. 그러한 경우 양도담보설정자는 목적물에 대한 처분권한이 없기 때문에, 양수인이 선의취득의 요건(제249조)을 갖춘 경우에 목적물의 소유권을 취득한다. 판례도 일반채권자가 채무자가 제3자에게 양도담보로 제공한 동산에 대하여 강제집행을 신청하여 배당을 받은 경우, 매각으로 인하여 매수인이 그 소유권을 선의취득의 방법으로 취득하고, 이에 따라 양도담보권자는 그 소유권을 상실하게 되는 결과 일반채권자는 채무자 아닌 제3자 소유의 동산에 대한 매각대금을 배당받음으로써 법률상 원인 없이 이득을 얻고 그로 인하여 양도담보권자는 손해를 입었으므로, 양도담보권자에 대하여 이를 부당이득으로서 반환할 의무가 있다고 한다(대판 2003.7.25, 2002다39616; 대판 1997.6.27, 96다51332). 반면에 담보물권설에 의하면 설정자는 목적물을 제3자에게 처분할 수 있으며, 이 경우에 양수인은 양도담보권의 부담이 있는 소유권을 취득할 뿐이고, 양도담보권자는 양수인에 대하여 추급력(追及力)을 행사할 수 있다고 한다(고상룡, 779면; 김상용, 842면; 김증한/김학동, 604면. 그러나 곽윤직, 415면은 제3자는 선의취득의 요건을 갖추는 한 양도담보의 부담이 없는 소유권을 취득하며, 따라서 양도담보권자는 추급력을 갖지 않는다고 한다).

2) 일반채권자와의 관계

가) 양도담보권자의 일반채권자와 설정자의 관계

(i) 일반채권자의 압류 설정자가 담보목적물을 점유하고 있는 것이 일반적이므로, 목적물이 동산인 경우에 설정자가 인도를 거부하는 때에는 양도담보권자의 일반채권자는 그 동산에 대하여 강제집행을 할 수 없다(민사집행법 제272조, 제191조). 그러나 담보목적물이 부동산인 경우에 양도담보권자의 일반채권자는 강제집행을 할 수 있는데, 이 경우 설정자는 양도담보권자에게 변제하여 양도담보권을 소멸시킨 다음에 제3자 이의의 소(민사집행법 제48조)를 제기할 수 있다. 한편 담보물권설에 의하면 설정자가 목적물의 소유자이므로 제3자 이의의 소를 제기할 수 있다고 하겠지만, 양도담보권자의 일반채권자가 행한 담보목적물의 압류는 마치 피담보채권과 함께 양도담보권을 압류한 것과 같은 관계가 있게 된다는 이유로 피담보채권의 변제기가 도래한 후에 설정자는 압류채권자에게 양도담보권을 소멸시킨 다음에 제3자 이의의 소를 제기할 수 있다고 한다(곽윤직, 416면; 김상용, 843면; 윤철홍, 433면).

(ii) 양도담보권자의 파산 양도담보권자의 재산에 파산절차가 개시된 경우, 양도담보설정자는 단순히 담보목적만을 이유로 목적물을 환취할 수 없지만, 피담보채권을 변제하여 목적물을 환취할 수 있다(BGH NJW 1954, 190; 곽윤직, 417면; 김상용, 843면). 이와 같이 목적물에 대한 양도담보설정자의 환취권 문제는 설정자가 예외적으로 직접 점유자가 아닌 경우나 양도담보권자가 그 목적물을 점유하고 있는 경우에 발생한다. 물론 목적물이 부동산인 경우, 설정자가 점유하고 있는지 여부를 묻지 않고 피담보채무를 변제하면 환취할 수 있다. 반면에 목적물을 설정자가 점유하고 있는 경우에 양도담보권자의 파산관재인은 목적물의 반환을 청구할 수 없다. 왜나하

면 직접점유자인 설정자는 피담보채권을 사전 변제함으로써 관재인의 주장을 배척할 수 있기 때문이다. 만약 설정자가 이행기에 채무를 이행하지 않으면, 관재인은 목적물이 부동산인 경우에는 가등기담보법이 정하는 권리취득에 의하여 실행을 할 수 있으며, 목적물이 동산인 경우에는 양도담보의 약정에 따라 처분하거나(처분청산형) 스스로 취득한 후 정산하는 방법(취득청산형)으로 현금화할 수 있다(대판 1999.9.7, 98다47283; 양형우, "파산절차상의 담보권", 민사법학 제29호, 119면).

나) 설정자의 일반채권자와 양도담보권자의 관계

(i) 일반채권자의 압류 담보목적물이 부동산의 경우에 등기명의가 양도담보권자에게 이전되어 있으므로, 설정자의 일반채권자는 목적물을 압류할 수 없다. 그러나 동산양도담보의 설정자가 점유하고 있는 목적물을 일반채권자가 압류한 경우, 양도담보권자는 목적물의 소유자이므로, 제3자 이의의 소(민사집행법 제48조)를 제기할 수 있다(대판 1994.8.26, 93다44739). 한편 담보물권설에 의하면 양도담보권자는 제3자 이의의 소를 제기할 수 없고 배당요구 내지 배당이의의 소(민사집행법 제217조, 제154조)를 제기할 수 있다고 한다(대판 2004.12.24, 2004다45943; 곽윤직, 417면; 김상용, 844면; 윤철홍, 433면).

(ii) 설정자의 파산 양도담보설정자의 재산에 파산절차가 개시된 경우, 양도담보의 법적 성질을 신탁적 소유권이전으로 보는 견해는 양도담보권자에게 환취권을 인정하고 있으며, 담보물권으로 보는 견해는 별제권을 인정하고 있다.

생각건대 양도담보는 목적물로부터 간이·신속한 방법으로 우선적으로 변제를 받기 위한 물적 담보이고, 그 이익은 양도담보권자에게 별제권을 인정하는 것에 의하여 충분히 보호된다. 다시 말하면 파산절차는 양도담보권자와 설정자의 물권법적 관계뿐만 아니라 그것의 기본이 되는 채권법적 법률관계를 포함한 모든 법률관계의 청산을 목적으로 하며, 따라서 양도담보권자가 가지는 채권은 파산선고에 의하여 즉시 변제기에 도달하게 된다(채무자회생법 제425조). 이 경우 양도담보권자에게 환취권을 인정한다면, 양도담보권자는 목적부동산을 환취하여도 가등기담보법에 의하여 파산재단에 대하여 청산의무를 부담한다. 그런데 이러한 결과는 양도담보권자에게 별제권을 인정하는 것으로 날성할 수 있다. 또한 양도담보권은 형식적으로는 담보권자가 소유자이지만, 양도담보에서 소유권이전은 어디까지나 담보목적에 있는 것이므로, 즉 양도담보권자의 소유권은 담보목적의 범위 내에 제한되는 것이므로 경제적인 면에서는 소유권보다는 담보목적물에 따라 질권이나 저당권에 더 가깝다(BGH ZIP 1996, 1307; BGH WM 1987, 76; 양형우, 파산절차상의 담보권, 120면). 그 밖에 제141조에서 회생절차 개시 당시 채무자의 재산상에 존재하는 양도담보권을 회생담보권으로 규정하고 있는 점과 양도담보의 환취금지에 관한 규정(구 파산법 제80조)이 삭제된 점을 고려할 때, 양도담보설정자가 파산한 경우에 양도담보의 법적 성질에 대하여 신탁적 소유권이전설을 따르더라도 양도담보권자는 별제권을 가진다고 할 것이다. 다만 이는 양도담보설정자와 양도담보권자 사이에 채권·채무관계가 아직 존재하는 경우에 한정되는 것이고, 만일 양자 사이의 채권·채무관계가 소멸하고 청산을 완료한 때에는 양도담보권자가 소유자로서 환취권을 행사할 수 있게 될 것이다.

3) 제3자에 의한 침해

가) 물권적 청구권

제3자가 불법으로 점유하거나 점유를 방해하는 경우, 양도담보권자는 제3자에 대한 관계에서는 그 목적물의 소유자이므로 이에 기한 모든 권리를 행사할 수 있다(이영준, 925면). 다만 양도담보권자의 소유권은 담보목적의 범위 내에 제한되고, 특별한 사정이 없는 한 목적물에 대한 사용·수익권은 설정자에게 있으므로, 채무자 또는 채무자로부터 적법하게 목적물의 점유를 이전받은 제3자에 대해서는 담보권의 실행에 의하여서만 인도청구를 할 수 있을 뿐이지 소유권에 의하여 청구할 수 없다(대판 2007.5.11, 2006다6836; 대판 1991.11.8, 91다21770). 따라서 채무의 담보를 위하여 채무자가 자기의 비용과 노력으로 신축하는 건물의 건축허가 명의를 채권자 명의로 하였다면 이는 완성될 건물을 양도담보로 제공하기로 하는 담보권 설정의 합의로서, 완성된 건물에 관하여 자신의 명의로 소유권보존등기를 마친 채권자는 채무자가 이행지체에 빠졌을 때에는 담보계약에 의하여 취득한 목적부동산의 처분권을 행사하기 위한 환가절차의 일환으로서, 즉 담보권의 실행으로서 채무자 또는 채무자로부터 적법하게 건물의 점유를 이전받은 주택임차인 등 제3자에 대하여 명도청구를 할 수 있다(대판 2002.1.11, 2001다48347).

한편 담보물권설에 의하면 양도담보권자는 목적물에 대한 담보물권자에 지나지 않으므로, 양도담보권에 기해서 그리고 설정자는 소유권에 의하여 각각 물권적 청구권을 행사할 수 있다고 한다(곽윤직, 417면; 김상용, 844면; 김증한/김학동, 605면; 윤철홍, 433면). 판례는 부동산의 양도담보권설정자는 그 부동산의 등기명의가 양도담보권자 앞으로 되어 있더라도 그 부동산의 불법점유자인 제3자에 대하여는 실질적 소유자임을 주장하여 불법점유의 상태의 배제권을 행사할 수 있다고 한다(대판 1988.4.25, 87다카2696,2697).

나) 손해배상청구권

제3자가 목적물을 불법으로 멸실·훼손한 경우, 양도담보권자는 소유권침해를 이유로 불법행위에 기한 손해배상청구권을 가지며, 설정자는 채무변제를 하면 소유권을 다시 취득할 지위에 있으므로 기대권의 침해가 문제된다. 그러나 담보물권설에 의하면 양도담보권자는 저당권자에 준하여, 설정자는 소유권의 침해를 이유로 모두 불법행위에 기한 손해배상을 청구할 수 있다고 한다(고상룡, 785면; 곽윤직, 418면; 김상용, 845면; 김증한/김학동, 605면). 판례는 양도담보권자는 담보권의 실행을 위하여 담보채무자가 아닌 제3자에 대하여도 담보물의 인도를 구할 수 있고, 인도를 거부하는 경우에는 담보권실행이 방해된 것을 이유로 하는 손해배상을 구할 수는 있지만, 그 경우 양도담보권자에게는 목적부동산에 대한 사용·수익권이 없으므로 임료상당의 손해배상을 구할 수는 없다고 한다(대판 1991.10.8, 90다9780).

(2) 양도담보권의 실행

(가) 가등기담보법의 적용을 받는 경우

양도담보권자는 가등기담보법이 정하는 '권리취득'에 의한 실행을 하여야 한다. 즉 가등기담보와 달리 경매에 의한 실행은 인정되지 않는다. 경매에 의한 실행을 위해서는 목적물이 채무자 또는 물상보증인의 소유이어야 하는데, 양도담보의 경우에는 소유권이전등기가 양도담보권자의 명의로 마쳐져 있기 때문이다. 양도담보의 권리취득에 의한 실행은 가등기담보의 경우처럼 실행통지·청산·소유권취득의 3단계를 거친다.

1) 실행통지

피담보채권의 변제기가 도래한 후 통지 당시의 목적물의 평가액 및 그 시기의 피담보채권액을 채무자와 물상보증인에게 통지하여야 한다(가담법 제3조).

2) 청 산

실행통지를 한 다음 목적물의 가액이 채권액을 초과하고 있으면, 통지가 상대방에게 도달한 날부터 2개월(청산기간)이 경과 후에 청산금을 지급하여야 한다(가담법 제3조, 제4조). 가등기담보의 법적 성질은 담보물권이므로 채권자는 청산절차를 거친 때 비로소 목적물에 대하여 취득하거나 처분할 수 있지만, 양도담보권자는 목적물의 소유자이므로 청산절차는 어디까지나 설정자가 목적물에 대한 소유권을 회복할 수 있도록 법적으로 허용한 기간으로서의 의미를 가진다. 양도담보권자는 대외관계에서 소유권을 취득하지만, 대내관계에서는 설정자에 대하여 그 소유권을 담보의 목적 범위 내에서만 행사할 의무를 부담한다(이영준, 926면). 그러므로 가등기담보법 제4조에 의하여 양도담보권자가 채무자 등에게 청산금의 평가액을 통지하고, 청산기간을 거쳐 청산금을 지급할 때까지는 목적물의 소유권을 확정적으로 취득할 수 없게 한 것은 양도담보권자가 취득한 소유권을 담보의 목적 범위 내에서만 행사할 의무로부터 나오는 효과라고 할 것이다(이영준, 926면).

판 례

양도담보권에 관한 청산합의가 가등기담보법에서 정한 청산기간을 단축하는 특약으로서 같은 법 제4조 2항에 위배될 뿐 아니라 청산합의에서 정한 담보부동산의 평가액도 적정하다고 볼 수 없다면, 같은 법 제4조 4항에 의하여 무효이다(대판 2007.12.13, 2007다49595).

3) 소유권취득

가) 소유권취득의 조건

청산기간이 경과한 후에, 양도담보권자는 청산금이 없는 경우에는 청산기간의 경과에 의하여 그리고 청산금이 있는 경우에는 채무자 등에게 이를 지급하거나 공탁한 때에(가담법 제4조 2항, 8조) 소유권을 확정적으로 취득한다. 등기는 이미 되어 있기 때문에 가등기담보와 달리 등기를 할 필요는 없다.

나) 소유권취득의 저지

채무자 등은 청산금채권의 변제를 받을 때까지 그의 채무액(반환시까지의 이자와 손해금을 포함)을 채권자에게 지급하고, 그 채권담보의 목적으로 마쳐진 소유권이전등기의 말소를 청구할 수 있다. 그러나 이러한 말소등기청구권은 채무의 변제기가 경과한 때부터 10년을 경과하거나 선의의 제3자가 소유권을 취득한 때에는 인정되지 않는다(동법 제11조).

판 례

채무자 등이 제척기간(채무의 변제기로부터 10년)이 경과하기 전에 피담보채무를 변제하지 아니한 채 또는 변제를 조건으로 담보목적으로 마친 소유권이전등기의 말소를 청구하더라도 이를 제척기간 준수에 필요한 권리의 행사에 해당한다고 볼 수 없으므로, 채무자 등의 위 말소청구권은 제척기간의 경과로 확정적으로 소멸한다. 이러한 법리는 채무자 등이 피담보채무를 변제하지 아니한 채 또는 변제를 조건으로 위 소유권이전등기의 말소등기를 청구하는 소를 제기한 경우에도 마찬가지로 적용된다(대판 2014.8.20, 2012다47074).

다) 법정지상권

토지와 그 지상의 건물이 동일한 소유자에게 속하는 경우, 그 토지 또는 건물의 어느 한쪽을 목적으로 하는 양도담보가 실행된 때에는 건물을 위하여 지상권이 설정된 것으로 본다(동법 제10조).

(나) 가등기담보법의 적용을 받지 않는 경우

가등기담보법에 의한 실행은 요구되지 않는다. 그러나 반드시 정산은 하여야 한다. 정산의 방법에는 '귀속정산'과 '처분정산'이 있다. 귀속정산은 담보부동산의 가액에서 채권의 원리금을 공제한 나머지를 채무자에게 반환하고 담보부동산의 소유권을 취득하는 방법이고, 처분정산은 담보부동산을 제3자에게 처분하여 그 매각대금에서 채권원리금의 변제에 충당하고 나머지를 채무자에게 반환하는 방법이다. 채권자는 이러한 정산방법 중 어느 것이든 자유롭게 선택할 수 있다(대판 2001.8.24, 2000다15661). 그리고 정산은 부동산의 시가가 채권의 원리금에 미달하여도 행하여져야 한다(대판 1998.4.10, 97다4005). 그 경우 귀속정산을 하려면 부동산의 평가액이 피담보채권액에 미달하는 때에는 채무자에게 그와 같은 내용의 통지를 하는 등의 정산절차를 마쳐야 하며(대판 2005.7.15, 2003다46963), 평가액이 피담보채권액에 미달하는 경우에는 청산금이 있을 수 없으므로 귀속정산의 통지방법으로 부동산의 평가액 및 채권액을 구체적으로 언급할 필요 없이 그 미달을 이유로 채무자에 대하여 담보권의 실행으로 그 부동산을 확정적으로 채권자의 소유로 귀속시킨다는 뜻을 알리는 것으로 충분하다(대판 2001.8.24, 2000다15661).

판 례

(ㄱ) 채무의 담보를 위하여 채무자가 자기의 비용과 노력으로 신축하는 건물의 건축허가 명의를 채권자 명의로 하였다면 이는 완성될 건물을 양도담보로 제공하기로 하는 담보권 설정의 합의로서, 완성된 건물에 관하여 자신의 명의로 소유권보존등기를 마친 채권자는 채무자가 이행지체에 빠졌을 때에는 담보계약에 의하여 취득한 목적부동산의 처분권을 행사하기 위한 환가절차의 일환으로서 즉, 담보권의 실행으로서 채무자 또는 채무자로부터 적법하게 건물의 점유를 이전받은 주택임차인 등 제3자에 대하여 명도청구를 할 수 있

다(대판 2002.1.11, 2001다48347). 따라서 주택임차인은 양도담보권자나 양도담보권에 기한 환가절차에서 양도담보목적물인 주택을 취득한 자에 대하여 자신의 임차권을 주장할 수 없으며, 이는 환가절차가 담보권자 자신에게 목적물의 소유권을 귀속시키는 귀속정산의 방법으로 이루어진 때에도 마찬가지이다(대판 2001.1.5, 2000다47682).

(ㄴ) 채무의 담보를 위하여 채무자가 자기의 비용과 노력으로 신축하는 건물의 건축허가 명의를 채권자 명의로 함으로써 완성될 건물을 양도담보로 제공하기로 하는 담보권 설정 합의시 채무자가 신축건물을 타에 처분하여 그 대금으로 채무변제에 충당하기로 약정한 바가 있고, 그 약정에 의하여 신축건물의 처분행위가 이루어졌다면, 신축건물에 관한 채권자의 담보권은 이미 실행되어 소멸된 것으로 보거나 담보권 주장을 포기한 것으로 볼 여지가 있어 채권자는 채무자 또는 제3자를 상대로 명도청구를 할 수 없다(대판 2002.1.11, 2001다48347).

(ㄷ) 양도담보에 있어서 채권자의 담보권 실행은 당사자의 약정에 따라 환가처분을 하거나 평가하여 정산을 하는 것이므로, 채권자가 담보부동산 위에 건물을 신축하였다거나 담보부동산에 관하여 제3자에게 근저당권을 설정해 주었다는 등 사정은 특별한 사정이 없는 한 자기의 담보권의 이용 내지 활용에 불과할 뿐 담보권의 실행으로서의 환가처분으로는 볼 수 없다(대판 1993.9.28, 92다32814). 또한 채권자가 그 담보목적물을 제3채권자에게 다시 양도담보로 제공하는 것도 담보권의 이용 내지 활용일 뿐 담보권의 실행은 아니다(대판 1981.1.27, 80다1138).

(ㄹ) 당사자 사이에 매매대금 채무를 담보하기 위하여 부동산에 관하여 가등기를 마치고 채무를 변제하지 아니하면 가등기에 기한 본등기를 마치기로 약정한 경우, 변제기에 채무를 변제하지 아니하면 채권채무관계가 소멸하고 부동산의 소유권이 확정적으로 채권자에게 귀속된다는 명시의 특약이 없는 이상 대물변제의 약정이 있었다고 인정할 수 없고, 단지 채무에 대한 담보권 실행을 위한 방편으로 소유권이전등기를 하는 약정, 이른바 정산절차를 예정하고 있는 '약한 의미의 양도담보' 계약이라고 봄이 타당하다. '약한 의미의 양도담보'가 이루어진 경우, 채권자는 채무의 변제기가 지나면 부동산의 가액에서 채권원리금 등을 공제한 나머지 금액을 채무자에게 반환하고 부동산의 소유권을 취득하거나(귀속정산), 부동산을 처분하여 매각대금에서 채권원리금 등의 변제에 충당하고 나머지 금액을 채무자에게 반환할 수도 있다(처분정산). 그렇지만 채무자가 채권자에게 적극적으로 위와 같은 정산을 요구할 청구권을 가지지는 아니하며, 다만 채무자는 채무의 변제기가 지난 후에도 채권자가 담보권을 실행하여 정산절차를 마치기 전에는 언제든지 채무를 변제하고 채권자에게 가등기 및 가등기에 기한 본등기의 말소를 청구할 수 있다(대판 2016.10.27, 2015다63138,63145).

4. 양도담보권의 소멸

(가) 피담보채권의 소멸

1) 가등기담보법의 적용을 받는 경우

양도담보권은 채권의 소멸·소멸시효·대위변제 등으로 소멸하며, 설정자는 담보목적으로 경료된 소유권이전등기의 말소를 청구할 수 있다(가담법 제11조 본문). 또한 양도담보권은 담보권자가 채무자 등에게 청산금을 지급함으로써(청산금이 없는 때에는 청산기간이 경과함으로써) 소유권을 취득한 때(동법 제4조 2항)·피담보채권의 변제기가 도래한 날부터 10년이 경과한 때(동법 제11조 단서)·선의의 제3자가 담보권자로부터 소유권을 취득한 때(동법 제11조 단서)에 소멸한다.

2) 가등기담보법의 적용을 받지 않는 경우

피담보채권이 시효로 소멸하면 양도담보권도 당연히 소멸한다. 특히 가등기담보법의 적용을 받지 않는 양도담보에서는 채권자가 담보권을 실행하여 정산하거나 제3자에게 매도하기 전까지 채무자는 변제기가 지난 후라도 언제든지 채무를 변제하고 소유권이전등기의 말소를 청구할 수 있으며(대판 1987.6.9, 86다카2435), 이는 양도담보 약정 당시 부동산의 시가가 채권의 원리금에 미달하는 경우에도 마찬가지이다(대판 1998.4.10, 97다4005). 또한 판례는 채권의 담보목적으로 양도된 주식에 관한 담보권이 귀속정산의 방법으로 실행되어 주식이 채권자에게 확정적으로 이전되기 위해서는 채권자가 그 주식을 적정한 가격으로 평가한 후 그 가액으로 피담보채권의 원리금에 충당하고 그 잔액을 반환하거나, 평가액이 피담보채권액에 미달하는 경우에는 채무자에게 그와 같은 내용의 통지를 하는 등 정산절차를 마쳐야 하며, 이런 정산절차를 마치지 않은 상태에서는 아직 그 피담보채권이 소멸되었다고 볼 수 없다고 한다(대판 1999.12.10, 99다14433; 대판 2005.7.15, 2003다46963).

(나) 목적물의 멸실 · 훼손

담보의 목적물이 멸실·훼손되면 그 범위 내에서 양도담보권은 소멸하며, 약정에 따라 실행을 위하여 처분한 때에도 소멸한다. 또한 판례는 토지매도인과 매수인이 매매대금의 지급을 담보하기 위하여 매도인 명의로 건축허가를 받아 건물을 신축하고 그 건물을 타에 처분하여 그 대금으로 토지매매대금에 충당하기로 약정한 후 그 약정에 의하여 매수인이 그 신축건물을 제3자에게 임대한 경우, 그 건물에 대한 토지매도인의 담보권은 이미 실행되어 소멸된 것으로 보거나 매도인이 그 부분에 한하여 담보권 주장을 포기한 것으로 볼 수 있다고 한다(대판 2002.1.11, 2001다48347; 대판 2001.1.5, 2000다47682).

판 례

채무의 담보를 위하여 채무자가 자기의 비용과 노력으로 신축하는 건물의 건축허가 명의를 채권자 명의로 함으로써 완성될 건물을 양도담보로 제공하기로 하는 담보권 설정 합의시 채무자가 신축건물을 타에 처분하여 그 대금으로 채무변제에 충당하기로 약정한 바가 있고, 그 약정에 의하여 신축건물의 처분행위가 이루어졌다면, 신축건물에 관한 채권자의 담보권은 이미 실행되어 소멸된 것으로 보거나 담보권 주장을 포기한 것으로 볼 여지가 있어 채권자는 채무자 또는 제3자를 상대로 명도청구를 할 수 없다 하겠으나, 그 약정이 신축건물의 처분 이전에 실효되거나 해제되었다면 채권자가 명도청구를 할 수 있음은 당연하다(대판 2002.1.11, 2001다48347).

Ⅲ. 소유권유보

1. 서 설

일상 거래에서 매수인은 매매대금을 지급하지 않고 매매의 목적물을 즉시 점유·사용할 수 있다는 점에서, 그리고 상품을 대량으로 생산하는 매도인은 소비자의 구매력을 증진시켜 상품판매를 촉진할 수 있다는 점에서 할부매매라는 특수유형의 매매가 광범위하게 활용되고 있다. 그러나 매매대금의 지급이 이루어지지 않은 상태에서 매도인이 매수인에게 목적물을 인도 및 소유권을 이전하게 되면, 매매대금의 회수에 곤란을 느끼게 되는 매도인은 매매대금채권을 확보하기 위하여 담보설정을 하고자 할 것이나, 그런데 매매대금이 완전히 지급되기 전에 매수인이 목적물인 동산을 점유·사용하는 할부매매에서 질권은 점유의 이전을 요건으로 하므로(제330조), 담보로서 적절하지 못하다. 그러므로 할부매매에서는 매도인이 물건을 매수인에게 먼저 인도하지만, 소유권을 매매대금의 완불시까지 유보하고 대금의 완불이 있으면 소유권이 자동적으로 매수인에게 이전되는 소유권유보(Eigentumsvorbehalt)가 담보방법으로 크게 활용되고 있다.

2. 소유권유보의 법적 근거와 목적물

(1) 소유권유보의 법적 근거

소유권유보에 대하여 명문의 규정이 없지만, 할부거래에 관한 법률 제6조 1항 8호에서 소유권유보라는 용어를 사용하고 있다. 또한 민법 제147조는 법률행위의 효력을 장래의 일정한 사실에 의존케 하는 조건에 관하여, 그리고 제188조 1항은 물권행위와 인도를 동산물권변동의 요건으로 하고 있다. 그러므로 당사자는 목적물에 대한 소유권의 이전을 조건부로 합의할 수 있다. 즉 매도인은 매수인에게 목적물에 대한 점유를 이전하고, 다만 소유권의 양도는 매매대금의 완불을 조건으로 하는 소유권유보가 가능하다.

(2) 소유권유보의 목적물

소유권유보의 목적물에 관하여 명문의 규정이 없지만, 동산이 그 목적물이 된다는 점에 이론이 없다. 그러면 부동산도 목적물이 될 수 있는지가 문제이다. 이에 대해 부동산의 소유권이전행위에 대해서도 조건을 붙일 수 있는 우리의 경우에는 목적물이 동산에 제한되어야 할 아무런 이유가 없으므로, 부동산 특히 건물의 대금분할매매의 경우에도 대금채권의 담보를 위하여 그 소유권을 매도인에게 유보하는 것이 가능하며, 아파트분양계약 등에서 실제로 이러한 방법이 상당히 널리 이용되고 있다는 견해가 있다(권오승, 민법특강, 563면; 김상용, 856면).

판례는 부동산과 같이 등기에 의하여 소유권이 이전되는 경우에는 등기를 대금완납시까지 미룸으로써 담보의 기능을 할 수 있기 때문에 굳이 위와 같은 소유권유보부매매의 개념을 원용할 필요성이 없으며, 일단 매도인이 매수인에게 소유권이전등기를 경료하여 준 이상은 특별한 사정이 없는 한 매수인에게 소유권이 귀속되는 것이다. 한편 자동차, 중기, 건설기계 등은 비록 동산이기는 하나 부동산과 마찬가지로 등록에 의하여 소유권이 이전되고, 등록이 부동산 등기와 마찬가지로 소유권이전의 요건이므로, 역시 소유권유보부매매의 개념을 원용할 필요성이 없는 것이라고 한다(대판 2010.2.25, 2009도5064).

생각건대 아파트분양의 경우, 장래 완성(준공)될 아파트에 대하여 계약을 체결할 당시에는 매매의 목적물이 아직 존재하지 않기 때문에, 소유권의 객체가 특정되지 못할 뿐만 아니라 부동산물권의 공시방법인 등기가 존재하지 않는다. 다시 말하면 장래의 채권에 대해 학설·판례는 채권양도를 인정하지만, 물권의 득실변경을 위해서는 특정의 독립된 물건이 존재하여야 하므로, 아파트분양계약에서 유보할 소유권이 현존하지 않는다. 부동산은 등기가 공시방법이기 때문에 이전등기가 있기 전까지는 소유권이 이전될 수 없다. 즉 동산과 같이 목적물의 인도와 소유권이전에 관한 합의를 하더라도 소유권이전등기가 없는 한, 대금의 완불을 조건으로 하는 물권변동은 있을 수 없다. 따라서 아파트분양계약의 경우를 소유권유보의 예로 설명하는 것은 적절하다고 할 수 없다. 다만 독일과 달리 부동산물권행위에 대하여 조건을 붙일 수 있고 등기에 공신력이 인정되지 않으므로, 부동산의 대금분할매매의 경우 또는 등기·등록을 전제로 하는 자동차·중기 등의 할부매매의 경우에 소유권유보를 합의할 수 있다고 할 것이다. 물론 부동산등기법상 매수인이 정지조건부로 소유권이전등기를 할 수도 없으며, 매도인은 등기·등록을 대금완납시까지 미룸으로써 담보의 기능을 할 수 있기 때문에 부동산 등을 소유권유보로 하는 경우는 드물다.

3. 소유권유보의 성립

(1) 할부매매라고 하여 당연히 매도인에게 소유권이 유보되는 것이 아니라, 이를 위해서는 매도인과 매수인 사이에 소유권유보의 합의가 존재하여야 한다(BGHZ 64,395). 즉 매수인에게 목적물에 대한 소유권을 이전하여야 하는 것은 매도인의 의무이므로, 이러한 의무를 연기하는 소유권유보는 매도인과 매수인 사이의 의사의 합치가 있어야 한다. 당사자의 의사의 합치로 매도인은 목적물에 대한 소유권을 조건부로 양도하고, 매수인은 매매대금을 분할하여 지급할 의무가 발생하게 된다. 이러한 소유권유보의 특약은 계약자유의 원칙에 따라 특별한 방식을 필요로 하지 않는다.

다만 매수인이 상행위를 목적으로 할부계약을 체결하는 경우가 아닌 한 할부거래법이 적용되므로(동법 제3조), 할부계약의 매도인은 계약을 체결하기 전에 매수인이 할부계약의 내용을 이해할 수 있도록 매수인에게 고지하여야 하며(동법 제5조), 또한 목적물의 소유권유보에 관한 사항 등을 기재한 서면으로 체결하고(동법 제6조 1항), 매도인은 계약을 체결할 때에는 계약서를 매수인에게 발급하여야 한다(동법 제6조 2항).

(2) 소유권유보의 특약은 채권행위인 매매계약의 체결시에 이루어질 수도 있고, 물권행위시에 이루어질 수도 있다. 그러므로 계약당사자가 매매계약을 체결할 때 소유권유보에 관하여 아무런 언급을 하지 않았는데 물건을 인도하면서 매도인이 소유권유보를 일방적으로 통고하는 경우, 매수인이 이에 동의하여야 소유권유보의 물권적 합의가 있게 되어 소유권유보가 성립하게 된다. 이 경우에 매수인이 동의하지 않은 때에는 무엇보다도 유효한 물권적 합의가 존재하지 않으므로, 매수인은 소유권을 취득할 수 없게 된다(BGH NJW 1953, 217; Baur/Stürner, § 59 II 1 a). 물론 매매계약에 의하여 매수인이 매도인에 대하여 목적물의 양도를 청구할 수 있다(제568조).

(3) 한편 일반적으로 상거래에서 매도인(상인)은 거래약관에 매매대금을 완불할 때까지 인도된 목적물에 대한 소유권을 자기에게 유보하는 규정을 두는 경우가 많다. 약관이 계약에 편입되는 과정에서 고객의 지위를 보호하기 위해, 약관규제법은 사업자에게 약관의 중요내

용에 대해 명시·설명의무를 부과하고 있다(동법 제3조 1항, 2항). 따라서 소유권유보를 규정하고 있는 약관을 매도인이 명시·설명하고, 상대방이 그 약관에 따라 계약을 체결하는데 동의한 경우에 유효한 조건부 합의가 존재하게 된다.

4. 소유권유보의 법적 구성

소유권유보란 매매대금의 완불 전에 매매목적물의 점유는 매도인으로부터 매수인에게 이전하고(부동산·선박의 경우는 매수인 명의로 등기하고 건설기계 등은 매수인명의로 등록하여야), 매매대금채권의 확보를 위하여 목적물의 소유권을 매도인이 유보하는 담보방법을 말한다. 소유권유보에서 매도인의 소유권은 매매대금의 지급과 더불어 점차 감소하는 대금채권의 확보를 위한 것인데 반하여, 매수인은 대금의 지급과 더불어 경제적으로는 점차 그 물건의 소유권에 접근한다. 그러므로 법률적으로 소유권유보를 어떻게 구성할 것인지가 문제이다.

(1) 학 설

(가) 정지조건부 소유권이전설(소위 물권적 기대권설)

당사자의 특약에 의하여 매매목적물에 대한 소유권은 매도인에게 유보되고, 소유권이전은 매매대금의 완불을 정지조건으로 하여 메메대금이 완불되기 전에는 소유권이전의 법률효과가 발생하지 않고, 매매대금의 완불이라는 조건이 성취되면 별도의 합의 없이 소유권은 완전히 매수인에게 이전된다고 한다(곽윤직, 채권각론, 164면; 이영준, 936면; 최종길, "소유권유보부매매의 법률관계에 관한 고찰", 서울대 법학 제9권 제2호, 75면 이하). 즉 매도인이 이행행위를 하더라도 매수인에게 이행효과(즉 완전한 소유권의 이전)는 발생하지 않으며, 대금의 완불이라는 조건이 성취되어야 비로소 이행효과가 발생한다고 한다. 이 견해에 의하면 소유권유보는 대금의 완불을 정지조건으로 하는 소유권양도로서 물권적 합의가 조건부로 이루어졌지만, 채권행위인 매매계약은 무조건으로 성립하여 효력을 발생한다고 한다. 또한 매수인은 대금의 완불이라는 조건의 성취로 소유권을 취득하게 되는 기대를 가지게 되며, 이러한 기대는 법률상 보호를 받는 물권적 기대권으로서, 매수인은 자기의 기대권을 현재의 재산권으로 처분할 수 있다고 한다.

(나) 담보물권설

소유권유보의 목적이 채권담보에 있으므로 그 형식보다는 실질적인 측면을 중시하여, 목적물의 인도로 매도인은 그 목적물에 대하여 담보권을 취득하고 매수인에게 소유권이 귀속된다고 한다(고상룡, 808면; 김상용, 857면; 이상태, 519면). 즉 소유권유보는 매도인의 잔존 매매대금채권을 피담보채권으로 하는 일종의 담보권이라고 한다. 이 견해는 첫째 매도인의 권리를 담보목적으로 한정하는 동시에 매수인에 대하여는 단순한 이용권·기대권에 그치지 않고 대금 잔액의 감소에 따라서 증대되는 매수인의 경제적 지위를 보장하기 위하여 그 목적물에 대한 지배권을 인정하여야 할 필요가 있고, 둘째 소유권유보에 의하여 목적물의 소유권은 매수인에게 이전하고 매도인은 일종의 양도담보권을 취득한 것으로 본다.

(2) 판 례

동산의 매매계약을 체결하면서 소유권유보의 약정한 경우, 목적물의 소유권을 이전한다는 당사자 사이의 물권적 합의는 매매계약을 체결하고 목적물을 인도한 때 이미 성립하지만 대금이 모두 지급되는 것을 정지조건으로 하므로, 목적물이 매수인에게 인도되었더라도 특별한 사정이 없는 한 매도인은 대금이 모두 지급될 때까지 매수인뿐만 아니라 제3자에 대하여도 유보된 목적물의 소유권을 주장할 수 있고, 다만 대금이 모두 지급되었을 때에는 그 정지조건이 완성되어 별도의 의사표시 없이 목적물의 소유권이 매수인에게 이전된다(대판 2010.2.11, 2009다93671). 이와 같은 법리는 소유권유보의 특약을 한 매매계약이 매수인의 목적물 판매를 예정하고 있고, 그 매매계약에서 소유권유보의 특약을 제3자에 대하여 공시한 바 없고, 또한 그 매매계약이 종류물을 목적물로 하고 있다 하더라도 다를 바 없다고 하여(대판 1999.9.7, 99다30534), 정지조건부 소유권이전설을 따르고 있다.

한편 판례는 동산 소유권유보부매매의 매수인에 대한 파산절차에서, 매도인은 환취권이 아니라 별제권을 가진다고 한다(대판 2024.9.12, 2022다294084). 양도담보권자의 경우 채무자회생법이 회생담보권자로 규정하면서도 별제권자로 열거하고 있지 않지만, 특정 재산에 대한 담보권을 가진다는 점에서 유치권자 등과 다르지 않으므로 별제권을 가진다고 본다는 점(대판 2010.1.14, 2006다17201), 동산 소유권유보부매매는 동산의 매도인이 매매대금을 다 수령할 때까지 그 대금채권에 대한 담보의 효과를 취득·유지하려는 의도에서 비롯된 것으로서, 매도인이 유보한 소유권은 담보권의 실질을 가진다는 점에서 동산 소유권유보부매매 매도인의 지위는, 별제권을 가지는 것으로 열거된 담보권자나 양도담보권자의 지위와 다르지 않다고 한다. 이러한 특성을 고려하여 동산 소유권유보부매매의 매수인에 대한 회생절차에서 매도인이 유보한 소유권은 회생담보권으로 취급되며(대판 2014.4.10, 2013다61190), 동산 소유권유보부매매 매도인을 환취권이 아닌 별제권을 행사할 수 있는 자로 보더라도 매도인으로서는 파산절차에 의하지 않고 별제권을 행사할 수 있으므로(채무자회생법 제412조), 환취권을 행사하는 경우와 비교하여 불이익이 크다고 볼 수도 없다고 한다. 그 밖에 판례는 매수인이 파산선고 이전에 이미 매도인이 부여한 처분권한에 기초하여 목적물을 처분한 경우 특별한 사정이 없는 한 매도인은 매수인에 대한 파산절차에서 매수인이 제3자에 대하여 가지는 매매대금채권에 관하여까지 별제권을 주장할 수 없다고 한다(대판 2024.9.12, 2022다294084).

판 례

대금이 모두 지급되지 아니한 상태에서 매수인이 목적물을 다른 사람에게 양도하더라도, 양수인이 선의취득의 요건을 갖추거나 소유자인 소유권유보매도인이 후에 처분을 추인하는 등의 특별한 사정이 없는 한 그 양도는 목적물의 소유자가 아닌 사람이 행한 것으로서 효력이 없어서, 그 양도로써 목적물의 소유권이 매수인에게 이전되지 아니한다(대판 2010.2.11, 2009다93671). 즉 소유권유보약정이 있는 동산 매매계약의 매수인이 대금을 모두 지급하지 않은 상태에서 목적물을 다른 사람에게 양도한 경우, 그 양도는 원칙적 무효이다.

(3) 소 결

생각건대 소유권유보는 양도담보와 대단히 유사한 이른바 변칙적 담보의 기능을 가진다. 즉 양도담보에서 채무자가 피담보채권을 담보하기 위하여 채권자에게 담보목적으로 소유권을 이전하지만 이를 계속하여 점유·사용한다. 또한 소유권유보에서도 매매대금을 지급할 의무가 있는 매수인이 자기 채무의 담보로서 매도인으로부터 취득할 소유권을 매도인에게 유보하고 매매목적물을 인도받아 점유·사용한다. 그러나 이러한 유사점이 있지만 소유권유보를 양도담보로 파악하는 것은 타당하지 않다. 양도담보의 경우는 '채무자인 소유자'가 담보목적으로 목적물에 대한 소유권을 채권자(양도담보권자)에게 이전하지만, 소유권유보에서는 '채권자인 소유자'가 채무자에게 목적물을 인도하여 채무자인 매수인이 점유·사용하는 것이기 때문이다.

또한 매수인의 채권자가 소유권유보의 목적물에 강제집행을 하는 경우, 기대권설에 의하면 매도인은 목적물의 소유자로서 매수인의 채권자를 상대로 제3자 이의의 소(민사집행법 제48조)를 제기하여 자기의 소유권을 보전할 수 있게 된다. 반면에 담보물권설에 의하면 매도인은 담보권자로서 목적물의 매득금에 대하여 우선배당을 청구할 수 있다(민사집행법 제145조 2항, 제217조, 제272조). 그러나 목적물을 현금화한 금액(매득금)이 매도인의 피담보채권보다 적을 경우에는 담보권자인 매도인은 충분히 보호받지 못하게 되므로, 소유권유보는 담보방법으로서 기능을 제대로 발휘할 수 없게 된다. 또한 매수인의 재산에 대하여 회생절차가 개시된 경우, 절차 개시 당시에 담보권을 가지고 있는 회생담보권자에게(채무자회생법 제141조) 파산절차와는 달리 별제권이 인정되지 않는다. 그러나 회생절차에서는 환취권이 인정되므로(동법 제70조) 기대권설에 따를 때 소유자인 매도인은 회생재단에 대해 환취권을 행사할 수 있게 된다. 결국 담보물권설에 따르게 되면, 소유권유보는 매도인의 채권확보를 위한 담보로서의 기능을 다하지 못하게 된다.

그밖에 담보물권이 파산절차에서 별제권으로, 회생절차에서 회생담보권으로 취급되기 위해서는 파산·회생절차개시 전의 원인으로 생긴 채권이어야 하고, 파산·회생절차개시 당시 채무자의 재산 위에 담보권이 존재하여야 한다. 그런데 ① 잔대금을 전부 지급하지 않는 한 유보목적물에 대한 소유권은 매수인이 아니라 매도인에게 있다는 점에서 소유권유보는 별제권 내지 회생담보권이 될 수 없으며, ② 별제권 또는 회생담보권으로 취급하는 것은 물권이론 체계와의 부조화를 초래한다. 민법상 담보물권은 채무자 또는 제3자 소유의 물건에 설정할 수 있고, 채권자 소유의 물건에 대하여 담보권을 설정할 수 없기 때문이다. ③ 소유권유보를 별제권·회생담보권으로 취급하면, 매수인이 파산선고를 받거나 회생계획인가결정 후 파산절차로 이행된 경우, 별제권의 실행을 귀속정산의 방법으로 하게 되면, 자기 소유물건에 대한 담보권실행이라는 논리적 모순이 발생한다. 그 실행을 처분정산 또는 임의의 방법에 의한 환가권에 의하게 되면, 파산관재인·관리인은 매도인에게 유보목적물을 반환하여야 하는데, 이는 환취권을 인정한 것과 동일한 결과를 초래한다. ④ 도산해지조항의 유효성을 인정하는 판례에 따르면, 소유권유보약정에 회생·파산개시신청이 있는 때에는 당연히 계약이 해제된다는 조항이 있는 경우, 매도인은 유보목적물을 환취할 수 있게 된다. 결국 소유권유보의 경우, 담보물권은 파산·회생절차에서 별제권·회생담보권이라는 등식이 성립될 수 없다는 점에서 유보목적물에 대한 환취권을 부정하는 판례의 태도는 부당하다고 할 것이다(양형우, 회생절차에서 소유권유보와 매도인의 지위, 인권과 정의 제447호, 138면 이하).

판 례

매수인이 소유권유보부 매매의 목적물을 타인의 직접점유를 통하여 간접점유 하던 중 그 타인의 채권자가 그 채권의 실행으로 그 목적물을 압류한 경우, 매수인은 그 강제집행을 용인하여야 할 별도의 사유가 있지 아니한 한 소유권유보 매수인 또는 정당한 권원 있는 간접점유자의 지위에서 민사집행법 제48조 1항에 정한 '목적물의 인도를 막을 수 있는 권리'를 가진다(대판 2009.4.9, 2009다1894).

5. 소유권유보의 효력

매도인이 매매의 목적물인 동산에 대하여 매매대금을 완불할 때까지 소유권을 유보한 경우에 다음과 같은 점이 인정된다. 첫째 소유권의 이전(Übertragung des Eigentums)은 매매대금의 완불을 정지조건부(제147조 1항)로 이루어지고, 둘째 매수인이 이행을 지체한 때에는 매도인에게 계약을 해제할 권리가 인정된다. 다시 말하면 의도한 법률행위의 효과, 즉 소유권의 이전은 매매대금이 완불되었을 때 비로소 이루어지게 된다. 따라서 소유권유보에는 채권적 효력과 물권적 효력이 병존하고 있다.

(1) 채권적 효력

(가) 이행의 문제

1) 채권법적 측면에서 우선 이행(Erfüllung)이 문제된다. 다시 말하면 매도인은 목적물을 매수인에게 인도한 것으로 자신의 의무를 전부 이행하였는지 여부이다. 이러한 문제는 주로 회생·파산절차와 관련하여 발생한다. 채무자회생법 제119조, 제335조는 "쌍무계약에 관하여 채무자 및 그 상대방이 모두 파산선고(회생절차개시) 당시 아직 이행을 완료하지 아니한 때에는 관재인(관리인)은 계약을 해제 또는 해지하거나 채무자의 채무를 이행하고 상대방의 채무이행을 청구할 수 있다"고 규정하고 있다. 따라서 소유권유보에서 매도인이 아직 자신의 의무를 완료하지 아니한 것으로 할 때에 관재인(관리인)에게 선택권이 인정된다.

2) 매수인의 재산에 대하여 파산·회생절차가 개시된 경우에 관재인(관리인)이 이행을 선택하면, 매도인의 매매대금청구권은 재단·공익채권(채무자회생법 제179조 7호, 제473조 7호)으로서 파산·회생채권보다 먼저 변제된다(동법 제180조 2항, 제476조). 한편 관재인(관리인)이 계약해제·해지를 선택한 경우, 매수인이 점유·사용하고 있는 목적물에 대해 매도인은 환취할 수 있으며(동법 제70조, 제407조), 현존하지 아니한 때에는 그 가액에 관하여 재단·공익채권자로서 우선변제를 받을 수 있다(동법 제121조 2항, 제337조 2항).

3) 매도인의 재산에 대하여 파산·회생절차가 개시된 경우에 관재인(관리인)이 이행을 선택하면, 매수인은 매매대금을 관재인(관리인)에게 이행할 때에 조건이 성취되어 소유권유보의 목적물에 대하여 완전한 소유권을 취득하게 된다. 그러므로 수리 등을 이유로 목적물이 잠시 매도인에게 있는 경우에 매수인은 그것을 환취할 수 있다(동법 제70조, 제407조). 그러나 관재인(관리인)이 계약해제·해지를 선택한 경우에는 매수인이 매도인에게 지금까지 지급한 대금은 재단·공익채권으로서 우선 변제된다(동법 제121조 2항, 제337조 2항).

(나) 계약해제권

할부계약에서 매도인이 매수인의 이행지체를 이유로 계약을 해제하려면, 해제권을 행사하기 전에 14일 이상의 기간을 정하여 매수인에게 그 이행을 서면으로 최고하여야 한다(할부거래법 제11조 1항). 할부거래법은 매수인이 할부금의 지급을 다소 지체한 것을 이유로 매도인이 계약을 바로 해제하게 되면, 매수인에게 지나치게 불리하게 될 우려가 있기 때문에 매도인의 계약해제권의 행사를 제한하고 있다.

한편 할부계약이 해제되면 각 당사자는 상대방에 대하여 원상회복의 의무를 부담하게 되는데, 이때에 목적물의 반환의무와 지급받은 할부금의 반환의무는 동시이행의 관계에 있게 된다(동법 제11조 2항). 그런데 소유권유보부 매매에서 매수인에게 할부금의 이행지체와 같은 채무불이행의 사유가 존재하는 경우, 매도인이 매매계약을 해제하지 않고 바로 목적물의 반환을 청구할 수 있는지가 문제이다. 이에 대해 할부거래법은 목적물의 소유권이 매도인에게 유보되어 있는 경우에도 매도인은 할부계약을 해제하지 않으면, 그 목적물의 반환을 청구할 수 없다고 규정하고 있다(동법 제11조 3항).

(다) 소멸시효 후의 반환청구권

매매대금청구권이 소멸시효에 걸리는 경우에 소유권유보도 소멸하는지가 문제이다. 기능적으로는 소유권유보가 매매대금청구권을 담보하는 것이므로, 매매대금청구권이 소멸하면 소유권유보도 소멸한다고 보아야 할 것이나. 그러나 유보된 것의 법적 성질은 소유권이며, 소유권은 소멸시효의 대상이 아니므로(제162조 2항) 매매대금청구권이 소멸시효에 걸리더라도 소유권유보는 소멸하지 않는다고 할 것이다(BGHZ 34, 197; Weber, Kreditsicherheiten, § 9 III 1; 이영준, 944면). 따라서 매매대금청구권이 소멸시효로 소멸하였더라도 매수인이 이를 스스로 변제하지 않은 경우, 매도인은 소유권에 의하여 매수인에게 그 매매물건의 반환을 청구할 수 있게 된다. 물론 매수인은 목적물에 대한 시효취득(제246조)을 주장할 수 있을 것이다.

(2) 물권적 효력

(가) 정지조건부 소유권의 양도

소유권유보의 물권적 측면은 인도시에 목적물에 대한 소유권의 양도가 매매대금의 완불이라는 정지조건부로 합의되었다는데 있다. 그러므로 매도인은 조건이 성취될 때까지 여전히 완전한 소유자이다. 즉 매수인이 매도인에게 매월 일정금액을 지급함으로써 그에 상응하여, 소유권의 일부가 매수인에게 이전되는 것은 아니다(RGRK-Mezger, § 455 Rdnr. 39). 목적물의 인도로 소유권양도의 효력이 즉시 발생하지 않고 매매대금이 완전히 지급되었을 때 비로소 발생하게 된다. 이때 매도인의 어떠한 행위를 필요로 하지 않으며, 또한 소유권양도의 의사도 매도인에게 필요로 하지 않는다. 오히려 소유권이전을 위해서는 목적물의 인도시에, 매도인의 의사는 매수인에게 정지조건으로 소유권을 양도한다는 것으로 충분하다(BGHZ 20, 97; Weber, § 9 III 2). 그러므로 매매대금을 지급함으로써 목적물에 대해 매수인이 소유권을 취득할 수 있는가는 그에게 달려있다.

(나) 매수인의 점유 · 이용권

당사자 사이에 소유권유보가 합의된 경우, 매도인은 매매계약에 따라 매수인에게 목적물의 인도 및 정지조건부로 양도할 의무가 있으며, 매수인은 조건성취 전에 매매목적물을 점유할 권리가 있다. 다시 말하면 매매대금의 완불이라는 조건이 성취되기 전에 매매목적물을 점유·사용할 권리가 있다. 이와 같이 매수인에게 점유·사용할 권리가 존재하는 한 소유자인 매도인은 매수인에게 목적물의 반환을 청구할 수 없다(제213조단서).

그러나 매수인이 당사자의 약정을 성실히 이행하지 아니한 경우, 즉 이행지체를 이유로 매도인이 계약을 해제할 때 점유할 매수인의 권리는 상실하게 되고(BGHZ 54, 214; BGH NJW 1973, 1078; Baur/Stürner, § 59 III 1 c), 이때 매도인은 유보하였던 소유권에 의하여 매수인에게 목적물의 반환을 청구할 수 있게 된다(제213조).

(다) 매수인의 법률상의 지위

매매대금의 완불을 정지조건으로 물건을 인도받아 점유·사용하고 있는 매수인의 법률상의 지위를 어떻게 구성할 것인지가 문제이다. 매수인의 이와 같은 조건부 권리를 단순한 채권으로 볼 때, 조건부 권리의 이전문제·무권리자로부터의 취득문제·조건부 권리의 압류문제 등을 원만히 해결할 수 없게 된다.

1) 소유권 유사의 물권적 기대권

매수인은 매매대금의 완불이라고 하는 정지조건의 성취로 소유권을 취득하게 되는 기대를 가지게 되며, 이러한 기대는 법률상 보호를 필요로 하는 기대권으로서 매수인이 계속 분할금을 지급하여 대금의 잔액이 감소되면 될수록 점점 소유권에 접근하게 된다. 즉 조건의 성취로 법률상 당연히 완전한 소유권을 취득할 수 있는 물권적 기대권을 매수인은 취득하게 된다(Raiser, Dingliche Anwartschaften, 1961, S. 7; Schwerdtner, Jura 1980, 614; 이영준, 922면). 독일판례는 매수인의 기대권(Anwartschaftsrecht)을 완전권에 비슷한 권리 또는 단순한 소유권의 전단계, 소유권과 비교할 때 이종물(aliud)이 아니라 본질을 같이하는 부족물(Minus)로 간주하고 있다(BGHZ 20, 99). 다시 말하면 기대권은 법적으로 완전한 권리(Vollrecht)처럼 다루어질 수 있고, 완전한 권리로 전개되고 있는 소유권의 전단계라 할 수 있다. 그러므로 소유권과 같이 제188조 이하에 의하여 기대권이 양도될 수 있다.

다만 매수인의 기대권이나 매수인으로부터 기대권을 양수한 자의 기대권은 그 발생·존속이 매매계약에 근거하고 있다. 따라서 매도인이 매수인의 대금지급지체를 이유로 매매계약을 해제하면 매매대금의 완불이라고 하는 조건이 성취될 수 없으므로, 매수인의 기대권이나 또는 매수인으로부터 취득한 제3자의 기대권은 소멸하게 된다. 즉 매수인의 법적 지위를 소유권 유사의 물권적 기대권으로 파악하더라도 이는 매매계약의 존속과 불가분의 관계에 있다.

2) 기대권의 양도

매수인의 기대권은 단순한 채권이 아니라 소유권과 유사한 물권적 권리이므로, 채권양도의 방식(민법 제449조)이 아니라 소유권이전의 방식(제188조)으로 매수인은 기대권을 제3자에게 처분할 수 있으며(제149조 참조), 또한 매도인의 동의를 필요로 하지 않는다(Brox, JuS 1984, 662 f.; MünchKomm-Westermann, § 455 Rdnr. 61).

가) 권리자가 기대권를 양도한 경우

(i) 통과취득 또는 직접취득 본질적으로 소유권과 유사한 권리이기 때문에, 기대권의 양도에는 동산에 관한 소유권양도의 규정(제188조 이하)이 적용되며, 매수인은 정당한 권리자로서 처분할 수 있으며 기대권의 처분으로 소유자로서 매도인의 지위에 아무런 영향을 미치지 않으므로, 기대권의 양도에 매도인의 동의를 필요로 하지 않는다(BGHZ 20, 88). 왜냐하면 매수인의 이행지체를 이유로 매도인이 매매계약을 해제하면, 비록 기대권이 제3자에게 양도된 경우에도 기대권은 소멸하기 때문이다(BGHZ 75, 225; BGHZ 35, 94).

한편 매수인이 기대권을 제3자에게 양도한 경우, 매매대금의 완불로 물건에 대한 소유권은 매도인으로부터 직접적으로 양수인에게 이전된다(BGHZ 20, 88). 즉 매수인의 통과취득(Durchgangserwerb)은 발생하지 않는다. 기대권의 양수인이 목적물에 대한 소유권을 매수인을 통해서 취득하는지 아니면 매도인으로부터 직접 취득하는지는 양수인에게 중요한 의미를 가진다. 만일 기대권을 양도한 후에 매수인에게 파산절차가 개시된 경우, 통과취득으로 보게 되면 물건에 대한 소유권은 파산재단에 귀속하게 된다. 따라서 통과취득으로 보게 되면 양수인은 물권인 기대권을 제3자에게 주장할 수 없게 되므로, 학설은 조건의 성취로 소유권이 매수인에게 이전되었다가 다시 양수인에게 이전되는 것이 아니라 직접 매도인으로부터 양수인에게 이전되는 것으로 파악하고 있다(BGHZ 20, 101; Baur/Stürner, § 59 V 2 a; 이영준, 946면).

(ii) 처분행위의 금지 매수인이 매도인과 사이에 목적물의 양도 등 처분행위를 하지 않기로 약정한 경우에 그 효력범위에 관하여, ① 이러한 특약은 당사자 사이에 채권적 효력을 가질 뿐이고, 매수인은 자기의 기대권을 자유로이 처분할 수 있으며, 이 경우에 매수인에게 채무불이행을 이유로 손해배상을 청구할 수 있을 뿐이라는 견해(곽윤직, 채권각론, 164면; 이근식, "할부매매에 관한 문제점", 법조 제27권 제1호, 67면), ② 매도인이 매매목적물을 현실적으로 인도받아서 그 채권담보를 실행하기 때문에 이러한 특약은 담보권의 실행을 저해하거나 크게 곤란하게 하는 매수인의 처분행위를 금지한다고 보는 것이 합리적이므로, 매수인의 처분행위는 인정되지 않는다는 견해가 있다(권오승, 567면).

생각건대 기대권을 소유권 유사의 물권적 권리로 파악하는 이상 이에 대해 자유로운 처분을 인정하는 것이 법논리상 타당하다. 또한 매수인이 금지특약을 위반한 경우에 매도인은 채무불이행을 이유로 손해배상을 청구할 수 있으며, 매수인이 매매대금을 지급하지 아니한 때에 계약을 해제한 후 소유권에 의하여 제3자에게 목적물반환을 청구할 수 있으므로, 처분을 허용하여도 매도인의 권리를 침해하지 아니한다. 그러므로 전자의 견해가 타당하다고 할 것이다.

나) 기대권의 선의취득 – 목적물이 동산인 경우

매도인이 기대권의 양도와 구별되는 유보목적물의 전매(Weiterveräußerung)할 권한을 매수인에게 수여한 경우, 제2매수인이 목적물에 대한 소유권을 취득함으로써 소유권유보는 소멸하게 된다. 그러므로 매도인이 매수인에게 목적물에 대한 처분권한을 부여한 경우에는 선의취득(제249조)이 문제되지 않는다. 그러나 유보된 목적물(즉 동산)에 대해 매수인이 전매할 권한이 없는 경우, 기대권은 소유권과 유사한 물권적 권리이므로 당연히 선의취득의 대상이 될 수 있다. 이는 매수인이 자기의 기대권을 양도한 경우와 구별된다.

(i) 무권리자로부터 '소유권'을 취득한 경우 　매도인이 목적물의 소유권을 가지고 있지 않은 경우, 매도인은 소유권을 유보할 수 없다. 그러나 매도인이 소유권이 없는데도 있는 것처럼 소유권을 유보하고, 매수인이 선의·무과실일 때에는 기대권을 선의취득(제249조)하게 된다(Baur/Stürner, § 59 V 3 a; Krüger, JuS 1994, 905 f.). 예컨대 甲으로부터 노트북을 빌린 乙이 丙에게 소유권을 유보하면서 매도한 경우가 이에 해당한다. 매도인의 기대권은 소유권에 유사한 물권적 권리이기 때문에, 무권리자가 소유권을 양도한 것과 법률관계는 비슷하다(Staudinger-Honsell, § 455 Rdnr. 41 m.w.N.). 그러므로 무권리자가 소유권을 유보하여 목적물을 매도한 경우, 매수인은 기대권을 선의취득할 수 있다.

(ii) 무권리자로부터 '기대권'을 취득한 경우 　매도인이 물건의 소유자가 아니라는 것을 매수인이 알고 있지만, 기대권에 대해서는 선의인 경우이다. 매도인에게 소유권이 없다는 사실을 매수인이 알고 있으므로, 소유권을 선의취득할 수 없다(제249조). 그러나 기대권에 대해서는 선의인 때에 기대권을 선의취득할 수 있는지가 문제된다.

a) 기대권이 있는 경우 　예컨대 매도인 甲이 노트북에 대한 소유권을 자기에게 유보하고 매수인 乙에게 할부로 매도하였고, 乙이 그것을 丙에게 빌려주었다. 그런데 丙이 선의의 제3자 丁에게 자기가 매도인으로부터 할부로 매수한 것처럼 속이고 매도한 경우, 丁이 선의·무과실이면 기대권을 취득하게 된다. 물론 甲이 乙의 이행지체를 이유로 매매계약을 해제하게 되면(제544조), 이때 매매대금 완불이라는 조건이 성취될 수 없으므로 丁의 기대권은 소멸하게 된다(Baur/Stürner, § 59 V 3 b).

b) 기대권이 없는 경우 　기대권이 도대체 존재하지 않은 경우에도 기대권의 선의취득이 가능한지가 의문이다. 가령 노트북의 소유자가 이를 甲에게 빌려주었는데, 甲이 乙에게 자기가 그 노트북을 대리점으로부터 할부로 매수하여 잔금이 남아 있다고 속이고 매도한 경우, 기대권의 선의취득을 부정하여야 할 것이나, 기대권은 존재하지만 기대권이 없는

자가 기대권자인 것처럼 매도한 경우(위의 a)와는 달리, 이 경우는 기대권이 처음부터 존재하지 않으므로, 기대권을 선의취득할 여지가 없기 때문이다. 이 경우 乙은 단순히 기대권이 존재한다고 믿고 이를 매수한 것이므로, 이것이 존재하지 않는 이상 그 불이익을 감수하여야 할 것이다(BGHZ 75, 225; Baur/Stürner, § 59 V 3 c; 이영준, 947면).

3) 기대권의 보호

가) 매도인의 중간처분에 대한 보호

매수인에게 기대권이 존재하지만 매매대금이 완불되기까지 유보목적물에 대한 소유권이 매도인에게 있으므로, 매도인은 매매목적물에 대한 소유권을 정당하게 처분할 수 있다. 매도인이 목적물에 대한 소유권을 제3자에게 양도한 경우, 매도인은 매수인과 체결한 매매계약을 침해한 것이지만 이것은 원칙적으로 물권행위에 아무런 영향을 미치지 못한다. 따라서 매도인이 제3자에게 반환청구권을 양도한 경우(제188조 1항, 제190조), 제3자는 소유권을 즉시 취득하게 된다. 이로써 매수인의 기대권이 침해되기 때문에 이에 대한 보호가 필요하게 된다. 제148조는 "조건 있는 법률행위의 당사자는 조건의 성부가 미정한 동안에 조건의 성취로 인하여 생길 상대방의 이익을 해하지 못한다"고 규정하고 있다. 제148조에 반하는 처분행위의 효력이 어떻게 되느냐에 관하여, 그 처분행위는 무효라고 일반적으로 해석하고 있다(다수설). 따라서 매도인에게 목적물에 대한 소유권이 있으므로, 매수인에게 소유권이 이전될 수 있다. 결국 중간취득자는 유효하게 취득한 소유권을 상실하게 되며, 이와 같은 중간취득자의 소유권은 조건의 성취로 매수인이 소유자가 되는 것을 방해하지 못한다. 이러한 제148조의 보호는 조건이 성취될 때까지 제213조 단서에 의하여 보충된다.

나) 매도인의 반환청구에 대한 보호

(i) 매수인의 보호 매수인은 매매계약으로부터 매매목적물을 정당하게 점유할 권리가 있다. 그러므로 매수인은 제213조 단서에 의하여 매도인의 반환청구를 대항할 수 있으며, 매도인으로부터 제190조에 의해 소유권을 취득한 제3자의 반환청구를 거절할 수 있다(Baur/Stürner, § 59 III 1 c; Palandt-Bassenge, § 929 Rdnr. 40).

(ii) 기대권취득자의 보호 제3자가 매수인으로부터 기대권을 취득한 경우, 제3자는 매도인과 아무런 법률관계가 없으므로 매도인과의 관계에서 유보목적물을 점유할 권리가 존재하지 않는다. 그러므로 물권적 효력이 있는 점유권이 기대권자인 매수인에게 귀속되는지 문제이다. 특히 이 문제는 무권리자로부터 기대권을 선의취득한 때와 제3자에게 기대권을 양도한 경우에 중요한 의미를 가진다. 이에 대해 기대권취득자가 잔여 매매대금을 지체 없이 지급하면 목적물에 대한 소유권을 취득할 수 있기 때문에, 독일판례는 기대권의 선의취득이 존재하는 경우에 점유권이 일반적으로 인정되는 것이 아니라 단지 악의의 항변(Einrede der Arglist)의 관점에서 인정된다고 한다(BGHZ 10, 75). 한편 독일의 일부학설은 기대권자는 바로 물권의 소유자가 아니므로 기대권에 의한 점유권을 부정한다(Brox, JuS 1984,659 m.w.N.). 그러나 다수설은 기대권자에

게 기대권에 의한 물권적 점유권을 인정한다(Baur/Stürner, § 59 V 5 b cc m.w.N.). 그 논거로 점유의 이전으로 소유권에 내재되어 있는 점유권과 사용권이 이미 양도되어 기대권자는 보유하고 있다는 점을 든다.

생각건대 소유권자의 지위에 유사한 점유권을 부정하게 되면, 기대권의 선의취득이나 양수에서 제3자는 보호받지 못하게 되므로 인정하여야 할 것이다.

4) 기대권의 압류

소유권유보부 할부매매에서 매수인이 많은 횟수의 할부금을 지급한 경우에는 매수인이 매매대금 잔액을 지급하면 소유권을 취득한다고 하는 기대권은 상당한 재산적 가치를 가지게 된다. 기대권이 점점 재산적 가치가 있을 때, 매수인의 채권자는 매수인의 기대권을 압류하여 자신의 채권을 실현하고자 할 것이다. 한편 매수인이 이행을 지체한 경우에 매도인은 계약을 해제한 후에 목적물반환을 청구할 수 있기 때문에, 매수인의 채권자가 기대권을 압류하여도 매도인의 권리가 침해되는 것은 아니다. 그렇다면 매수인의 채권자가 기대권의 압류를 어느 방법으로 하여야 하는지, 즉 동산압류(민사집행법 제188조), 권리압류(민사집행법 제251조), 동산압류와 권리압류의 이중압류 중 어느 방법으로 할 것인지가 문제이다. 이에 대하여 매수인의 기대권은 '기타 재산권'(민사집행법 제251조 1항)에 해당하므로 권리압류의 방법에 따라 하여야 한다는 견해가 있다(이영준, 947면).

생각건대 기대권의 압류는 법원의 결정으로 발생하고, 또한 독일 민사소송법(§ 804 I ZPO)과 달리 우리 민사집행법은 압류질권(Pfändungspfandrecht)을 인정하지 않으므로, 매매잔금을 지급한 경우에도 기대권의 압류는 동산에 대한 질권으로 변하지 않는다. 그러므로 매수인의 채권자는 기대권을 동산압류와 권리압류의 방법으로 하여야 할 것이다.

5) 소유권자와 기대권자의 보호권의 경합

조건이 성취될 때까지 목적물에 대한 소유권은 매도인에게 유보되고, 목적물의 인도로 매수인은 목적물에 대하여 기대권 및 사용·수익할 권리가 있다. 기대권은 소유권과 유사하기 때문에, 목적물을 제3자가 위법하게 침해한 경우, 매수인과 매도인 사이에 권리귀속에 대한 문제가 발생한다.

가) 물권적 청구권의 경합

소유자로서 매도인은 점유할 권리가 없는 점유자에 대하여 제213조, 제214조에 의하여 소유권에 기한 물권적 청구권을 행사할 수 있다. 이때 기대권자도 제213조, 제214조를 유추적용하여 점유할 권리가 없는 점유자에 대하여 물권적 청구권을 행사할 수 있는지가 의문이다. 이를 기대권자인 매수인에게 인정하게 되면, 매도인과 매수인 사이에 동일한 목적물에 대하여 물권적 청구권이 경합하는 문제가 발생하게 된다.

생각건대 기대권의 존속은 채권관계에 달려있지만, 기대권자는 직접적으로 물권적 지위에 기초한 독자적인 권리를 가진다. 그러므로 점유침해를 방어하기 위하여 기대권자에게 이와 같은 권리에 상응한 고유한 방어권한이 주어져야 할 것이다. 즉 기대권은 소유권과 유사한 권리이므로, 기대권자는 점유보호청구권 이외에 제213조, 제214조의 유추적용으로 소유권에 유사한 고유한 반환청구권을 가진다고 할 것이다. 그러나 이로 인해 부당한 제3점유자에 대한 매도인과 매수인의 반환청구권의 경합은 발생하지 않는다. 왜냐하면 소유자인 매도인은 무단점유자에 대하여 유보목적물에 대한 점유를 자기가 아니라 기대권자인 매수인에게 이전하도록 요구할 수 있고, 매수인이 점유를 인수할 수 없거나 인수할 의사가 없는 때에 자기에게 반환을 청구할 수 있기 때문이다(제207조 2항).

나) 손해배상청구권의 경합

소유권을 유보하여 인도된 목적물을 제3자가 훼손하거나 멸실케 한 경우, 제750조의 손해배상청구권이 발생한다. 이때 매도인은 소유권의 침해를 이유로, 정당한 점유자로서 매수인은 점유에 관하여 그리고 이로 인한 목적물의 사용·수익이 침해되었으므로, 목적물과 점유를 침해한 제3자에게 손해배상을 청구할 수 있다(Vgl. Flume, AcP 161, 399; Brox, JuS 1984, 660). 그러나 기대권자는 단지 점유와 이용침해로부터 발생한 손해배상만 제3자에게 청구할 수 있는 것이 아니고, 매수인의 기대권은 소유권 유사의 물권적 권리이므로 이를 침해하는 것은 제3자에 의한 채권침해가 아니라 물권침해이므로(BGHZ 114, 165 f. m.w.N.), 소유자 이외에 기대권자도 제750조에 의하여 손해배상을 청구할 수 있다. 다시 말하면 소유권유보부 매매에서는 매수인이 매수하여 점유하고 있는 목적물을 훼손하면 소유자인 매도인은 물론 기대권자인 매수인도 가해자에 대하여 물권침해를 이유로 불법행위로 인한 손해배상을 청구할 수 있다. 그러나 가해자는 누구에게 어느 정도 배상하여야 하는지가 문제이다.

생각건대 목적물이 멸실 또는 훼손된 경우, 매수인은 매매대금의 지급채무를 면하지 못하므로 매수인에게 독자적인 청구권이 있다고 할 것이다. 다만 이 경우에 매수인이 매도인에게 매매대금의 잔액을 지급하지 않거나, 매수인이 파산의 경우에 매도인은 충분히 보호받지 못하므로 물상대위의 규정(제342조)을 유추적용하여 매도인은 가해자가 매수인에게 손해배상채무를 이행하기 선에 이를 압류할 수 있다고 할 것이다. 또한 소유권유보는 목적물에 대한 매도인의 매매대금 채권담보를 목적으로 하므로, 질권에 관한 제353조 3항을 유추적용하여, 매도인은 가해자에게 손해 전액의 공탁을 청구할 수 있다고 할 것이다.

다) 부당이득반환청구권의 경합

소유자와 기대권자 사이의 경합적 권리귀속은 부당한 제3자의 행위로 인해 부당이득반환청구권이 발생한 경우에도 발생한다. 그러나 제3자가 기대권을 선의취득자에게 양도한 경우에는 부당이득반환청구권은 기대권자에게 귀속하게 되며(Müller-Laube, JuS 1993, 535; Flume, AcP 161, 402), 이때에는 경합이 발생하지 않는다. 기대권의 선의취득은 매도인의 권리에 아무런 영향을 미치지 않기 때문이다. 즉 매도인은 조건이 성취될 수 없을 때에, 계약을 해제하고 기대권의 선의취득자에게 유보된 물건의 반환을 청구할 수 있기 때문이다. 또한 소유권이 유보된 목적물을 제3자가 부당하게 사용한 경우에도 매수인에게 목적물에 대한 사용·수익할 권리가 있으므로, 특별한 사정이 없는 한 매도인은 제3자에게 부당이득반환을 청구할 수 없다고 할 것이다.

반면에 매도인과 매수인 사이의 부당이득반환청구권의 경합문제는 제3자가 유보목적물에 대한 소유권을 권한 없이 양도하여 양수인이 선의취득한 경우처럼(제249조), 매도인의 소유권과 매수인의 기대권이 침해된 경우에 발생한다(Müller-Laube, JuS 1993, 535). 또한 제3자가 소유권이 유보된 목적물을 부합·혼합·가공으로 소유권을 취득한 경우에도(제256조 이하) 발생한다. 이와 같이 매도인과 매수인 사이에 부당이득반환청구권이 경합하는 경우, 누가 얼마만큼 이득자에게 부당이득의 반환을 청구할 수 있는지가 문제이다.

생각건대 부당이득반환청구권은 발생한 손해의 배상이 아니라 이득자가 받은 이익의 반환을 목적으로 하지만, 불법행위로 인한 손해배상청구권의 경우와 같이 새겨야 할 것이다.

6. 소유권유보의 소멸

소유권유보는 다음과 같은 여러 원인에 의하여 소멸한다.

(1) 소유권유보는 일반적으로 매수인이 매매대금을 완불하면 소멸한다. 왜냐하면 매수인의 완불로 조건이 성취되기 때문이다.

(2) 소유권유보는 처분권한의 부여에 의하여 소멸한다. 즉 매도인이 매수인에 대하여 매매목적물을 재양도할 수 있는 권한을 부여한 경우에는 매수인이 물건을 양도함과 동시에 매도인의 소유권유보 및 매수인의 기대권은 소멸하게 된다. 예컨대 노트북의 판매상 甲이 제조회사의 소유권유보 하에 노트북을 공급받았더라도 매매의 성질에 비추어 매수인은 묵시적으로 재양도할 권한부여를 받았다고 할 것이다. 따라서 노트북 판매상 甲의 고객 乙이 이러한 사실을 알면서 매수하였더라도 소유권을 취득한다. 만약 甲이 고객 乙에게 다시 소유권유보를 특약하여 매도한 경우, 乙은 甲의 소유권유보에 기한 기대권을 취득한 것이므로, 甲에게 대금을 완불하면 제조회사가 甲에 대하여 소유권을 유보하였더라도 완전한 소유권을 취득하게 된다. 그러나 권한부여가 없는 경우에는 제3매수인이 매매목적물의 소유권을 선의취득하면 소유권유보는 소멸하게 된다.

(3) 매도인이 매수인에 대하여 소유권유보를 포기할 수 있고, 이로써 소유권유보가 소멸하게 된다. 물론 소유권유보를 포기하더라도 매매대금청구권을 행사함에는 아무런 지장이 없다.

(4) 매도인과 매수인의 소유권유보의 합의 및 매수인의 기대권은 매매계약의 해제에 의하여 소멸한다. 매매대금의 완불이라고 하는 조건은 매매계약의 해제에 의하여 성취될 수 없게 되었으므로, 이에 의하여 매수인의 매매대금 완불에 의하여 소유권을 취득할 수 있다고 하는 기대권은 소멸하며, 매수인의 점유할 권리 역시 소멸하게 된다.

(5) 소유권유보는 부합·혼화·가공에 의하여서도 소멸된다. 예컨대 목재상 A가 가구상 B에게 목재를 공급하면서 소유권을 유보하였는데, 가구상 D가 그 목재를 가공하여 가구를

완성하였다. 이때 가공으로 인한 가액의 증가가 원재료의 가액보다 현저히 다액인 때에는 제259조 1항 단서에 의하여 가공품은 가공자의 소유로 되므로, 목재상이 목재에 대하여 소유권을 유보하였더라도 가구상은 가공된 목재에 대하여 소유권까지 취득하게 된다. 이와 같이 가공의 경우에 소유권유보는 소멸하게 되기 때문에, 당사자의 약정으로 매수인이 대금을 완불할 때까지 그 생산제품인 가구의 소유권을 유보한 경우에는 가구의 소유권은 목재상에게 속하게 된다. 이것이 연장된 소유권유보이다. 연장된 소유권유보는 상품공급자에게 장래채권을 양도하는 방법으로, 매수인이 매도인의 승낙을 얻어 소유권유보로 매수한 물건을 통상의 영업활동의 범위 내에서 판매하거나 가공하고, 소유권유보로 매수한 물건의 판매에 의하여 장래 취득하게 될 대금채권 또는 그 물건의 가공에 의하여 취득하게 될 물건의 소유권 내지 그 대상에 대한 권리를 미리 매도인에게 양도하는 것을 말한다(양형우, "독일의 연장된 소유권유보론의 우리 민법학에의 수용한계에 관한 고찰", 민사법학 제20호, 192면 이하).

판 례

소유권유보약정이 있는 동산 매매계약의 매수인이 대금을 모두 지급하지 않은 상태에서 목적물을 다른 사람에게 양도한 경우, 목적물의 양수 당시 양도인이 매매계약의 할부금 중 일부를 원래의 매도인에게 지급하지 못하고 있음을 알았으면서, 소유권이 유보되어 있는지에 관하여 조사하는 등 양수인에게 통상적으로 요구되는 양도인의 양도권원에 관한 주의의무를 다하지 아니한 과실이 있으면 선의취득이 인정되지 않는다(대판 2010.2.11, 2009다93671).

제 6 절 동산담보권·채권담보권

Ⅰ. 서 설

동산과 채권에 관한 전형적인 담보제도는 질권이고, 동산에 질권이 설정되려면 질물을 인도하여야 하며(민법 제188조 1항, 제330조), 채권에 질권이 설정되려면 채권이 양도되어야 한다(민법 제346조. 그리고 지명채권의 경우에는 민법 제450조에 따라 대항요건을 갖추어야 한다). 그 결과 종래 담보제도로서 동산·채권담보의 이용은 미미하여, 동산·채권 등의 담보에 관한 법률(이하 '동산·채권담보법'이라 한다)이 제정되었다. 즉 동산·채권담보법은 동산담보권과 채권담보권 제도를 창설하여 그 각각에 대하여 규율하고, 이를 위한 담보등기에 관하여 규정하고 있으며, 지식재산권의 담보에 관하여 특례를 정하고 있다. 동산이나 채권의 담보등기부는 부동산등기부와 달리 인적 편성주의를 채택하여 담보권설정자 별로 구분하여 작성한다. 따라서 그동안 뚜렷한 공시방법이 없었던 동산과 채권의 법률관계가 명확해지고 민법상 질권의 방법으로만 담보제공이 가능했던 지식재산권에 대한 담보이용도 가능하게 되었다.

Ⅱ. 동산담보권

1. 의 의

동산담보권은 담보약정에 따라 동산(여러 개의 동산 또는 장래에 취득할 동산 포함)을 목적으로 등기한 담보권을 말한다(동산·채권담보법 제2조 2호). 여기서 담보약정은 양도담보 등 명목을 묻지 않고 동산·채권담보법에 따라 동산을 담보로 제공하기로 하는 약정을 말한다(제2조 1호). 동산담보권은 담보물권이므로, 피담보채권에 부종하고(제33조, 민법 제369조) 피담보채권과 분리하여 타인에게 양도할 수 없다(제13조). 또한 불가분성(제9조) 및 물상대위성(제14조)이 인정된다.

2. 동산담보권의 성립

(1) 동산담보권이 성립하기 위해서는 ① 피담보채권이 존재하여야 하고, ② 담보권설정자와 담보권자 사이에 동산을 담보로 하기로 하는 설정계약이 있어야 하며, ③ 담보등기부에 등기를 하여야 한다(동산·채권담보법 제7조 1항). 또한 ④ 담보목적물은 양도할 수 있는 것이어야 한다(제33조, 민법 제331조). 동산담보권을 설정하려는 자는 담보약정을 할 때, ① 담보목적물의 소유 여부, ② 담보목적물에 관한 다른 권리의 존재 유무를 상대방에게 명시하여야 한다(제6조). 또한 '법인'(상사법인, 민법법인, 특별법에 따른 법인, 외국법인을 말한다) 또는 '부가가치세법에 따라 사업자등록을 한 사람'만이 동산담보권설정자가 될 수 있다(제2조 5호, 제3조 1항). 이와 같이 담보권설정자의 인적범위를 제한한 이유는 대부업자 등이 대출을 하면서 개인의 생활필수품 등 일체의 동산에 대해 담보제공을 요구하는 등의 방법으로 제도를 악용할 우려가 있기 때문이다(법무부, 동산·채권 등의 담보에 관한 법률, 2010, 31면). 그리고 담보권설정자의 사업자등록이 말소된 경우, 이미 설정된 동산담보권의 효력에는 영향을 미치지 않는다(제4조).

(2) 약정에 따른 동산담보권의 득실변경(得失變更)은 담보등기부에 등기를 하여야 그 효력이 생긴다(제7조 1항). 담보등기는 동산담보권의 설정, 이전, 변경, 말소, 연장에 대하여 하고(제38조), 등기신청은 등기권리자와 등기의무자가 공동으로 신청하여야 하나 등기명의인의 표시변경 또는 경정의 등기 등은 등기명의인 단독으로 신청할 수 있다(제41조). 등기신청은 등기신청정보가 전산정보처리조직에 전자적으로 기록된 때에 접수된 것으로 인정되며, 등기관이 등기를 마친 경우 그 등기는 접수한 때부터 효력을 발생한다(제45조).

(3) 담보목적물인 동산이 양도할 수 있는 것이어야 한다(제33조, 민법 제331조). 하나의 동산은 물론이고 여러 개의 동산(장래에 취득할 동산 포함)이더라도 목적물의 종류, 보관장소, 수량을 정하거나 그 밖에 이와 유사한 방법으로 특정할 수 있는 경우에는 목적물로 될 수 있다(제3조 2항). 그러나 ① 선박등기법에 따라 등기된 선박, 자동차 등 특정동산 저당법에 따라 등록된 건설기계·자동차·항공기·소형선박, 공장 및 광업재단 저당법에 따라 등기된 기업재산, 그 밖에 다른 법률에 따라 등기되거나 등록된 동산, ② 화물상환증, 선하증권, 창고증권이 작성된 동산, ③ 무기명채권

증서 등 대통령령으로 정하는 증권은 동산담보의 목적으로 할 수 없다(제3조 3항).

3. 동산담보권의 효력

(1) 동산담보권의 효력이 미치는 범위

(가) 피담보채권의 범위

동산담보권은 원본(原本), 이자, 위약금, 담보권실행의 비용, 담보목적물의 보존비용 및 채무불이행 또는 담보목적물의 흠으로 인한 손해배상의 채권을 담보한다. 다만 설정행위에 다른 약정이 있는 경우에는 그 약정에 따른다(제12조). 그 밖에 담보권자는 채권 전부를 변제받을 때까지 담보목적물 전부에 대하여 그 권리를 행사할 수 있다(제9조).

(나) 효력이 미치는 목적물

1) 담보목적물·종물·과실

동산담보권의 효력은 담보목적물에 부합된 물건과 종물에 미친다. 다만 법률에 다른 규정이 있거나 설정행위에 다른 약정이 있으면 그러하지 아니하다(제10조). 동산담보권의 효력은 담보목적물에 대한 압류 또는 담보권자가 담보권의 실행을 위하여 채무자 등에게 담보목적물의 인도를 청구한 후에 담보권설정자가 그 담보목적물로부터 수취한 과실(果實) 또는 수취할 수 있는 과실에 미친다(제11조).

2) 물상대위

동산담보권은 목적물의 교환가치를 목적으로 하는 권리이므로, 그 목적물의 매각, 임대, 멸실, 훼손 또는 공용징수 등으로 인하여 담보권설정자가 받을 금전이나 그 밖의 물건에 대하여도 행사할 수 있다. 이 경우 그 지급 또는 인도 전에 압류하여야 한다(제14조).

(2) 우선변제적 효력

담보권자는 채무자 또는 제3자가 제공한 담보목적물에 대하여 다른 채권자보다 자기채권을 우선 변제받을 권리가 있다(제8조).

(가) 다른 담보권자에 대한 관계 — 우선순위

동산담보권도 물권이므로 시간적으로 먼저 성립한 물권이 나중에 성립한 물권에 우선한다. 따라서 동일한 동산에 설정된 동산담보권의 순위는 등기의 순서에 따르며(제7조 2항), 동일한 동산에 설정된 양도담보권이나 질권과 동산담보권의 순위는 법률에 다른 규정이 없으면 인도(간이인도, 점유개정, 목적물반환청구권의 양도 포함)와 등기의 시간적 선후에 따른다(제7조 3항).

(나) 담보권자가 피담보채권을 우선변제 받는 방법

담보권자가 담보권을 실행하기 위하여 필요한 경우에는 채무자 등에게 담보목적물의 인도를 청구할 수 있다(제25조 2항).

1) 경매에 의한 동산담보권 실행

담보권자는 자기의 채권을 변제받기 위하여 담보목적물의 경매를 청구할 수 있다(제21조 1항). 담보권설정자가 담보목적물을 점유하는 경우에 경매절차는 압류에 의하여 개시한다(제22조 2항). 임의경매로 동산담보권을 실행하기 위해서는 유효한 채권과 동산담보권이 존재하고, 또한 채권의 이행기가 도래하고 있어야 한다. 담보권실행을 위한 경매개시결정이 이루어졌더라도 채권이나 동산담보권의 부존재 또는 소멸 등의 실체법상의 하자가 있는 경우에는 이의신청을 할 수 있다(제22조, 제30조 3항, 민사집행법 제265조, 제272조). 임의경매의 구체적인 절차는 민사집행법상 유체동산에 대한 경매절차를 준용한다(제22조, 민사집행법 제271조, 제272조).

2) 동산담보권의 사적 실행

가) 의 의

동산담보권의 사적 실행이란 경매절차에 의하지 않고 담보권자가 담보목적물의 소유권을 취득함으로써 채권의 만족을 얻거나(취득정산) 이를 제3자에게 처분하여 그 대금으로부터 우선변제를 받는 방법(처분정산)으로 담보권을 실행하는 것을 의미한다. 동산·채권담보법 제21조 2항은 "정당한 이유가 있는 경우 담보권자는 담보목적물로써 직접 변제에 충당하거나 담보목적물을 매각하여 그 대금을 변제에 충당할 수 있다"고 규정하여, 사적 실행을 인정하고 있다. 한편 동산의 유동성, 가치변동 가능성 등에 비추어 볼 때, 누가 담보목적물의 소유권을 취득하고 이를 점유·사용하는가는 선순위권리자의 권리행사에 큰 영향을 미칠 수 있다. 따라서 선순위권리자(담보등기부에 등기되어 있거나 담보권자가 알고 있는 경우로 한정한다)가 있는 경우에는 그의 동의를 받아야 동산담보권의 사적 실행을 할 수 있다(제21조 2항 단서).

나) 실행통지

담보권자가 담보목적물로써 직접 변제에 충당하거나 담보목적물을 매각하기 위하여는 그 채권의 변제기 후에 동산담보권 실행의 방법을 채무자 등과 담보권자가 알고 있는 이해관계인에게 통지하고, 그 통지가 채무자 등과 담보권자가 알고 있는 이해관계인에게 도달한 날부터 1개월이 지나야 한다(제23조 1항 본문). 담보권자가 채무자 등에게 통지하여야 할 사항은 피담보채권의 금액, 담보목적물의 평가액 또는 예상매각대금, 담보목적물로써 직접 변제에 충당하거나 담보목적물을 매각하려는 이유이다(제23조 2항). 담보권의 실행으로 청산금이 없다고 인정되는 때에는 그 뜻을 통지하여야 한다. 다만 예외적으로 담보목적물이 멸실 또는 훼손될 염려가 있거나 가치가 급속하게 감소될 우려가 있는 경우에는 담보권자가 통지하지 않거나 1개월의 청산기간이 경과하지 않더라도 사적 실행을 할 수 있다(제23조 1항 단서).

다) 청산과 소유권취득

담보권자는 담보목적물의 평가액 또는 매각대금(이하 '매각대금 등'이라 한다)에서 그 채권액을 뺀 금액

(이하 '청산금'이라 한다)을 채무자 등에게 지급하여야 한다(제23조 3항). 그러나 경매와 달리 동산담보권의 사적 실행이 이루어졌다 하더라도 선순위권리자의 권리는 소멸하지 않으므로, 그 채권액을 계산할 때 선순위의 동산담보권 등에 의하여 담보된 채권액을 포함한다(제23조 3항 후문). 이와 같이 채무자에게 청산금을 지급하면 담보권자(취득정산의 경우)나 매수인(처분정산의 경우)이 소유권을 취득한다(제23조 4항). 그 밖에 동산담보권의 실행으로 담보권자나 매수인이 담보목적물의 소유권을 취득하면 그 담보권자의 권리와 그에 대항할 수 없는 권리는 소멸한다(제24조).

라) 사적 실행의 절차중지

담보권자가 사적 실행의 절차를 개시하였더라도 ① 담보목적물을 직접 변제에 충당하는 경우(취득정산), '청산금을 지급하기 전' 또는 청산금이 없는 때에는 실행통지가 채무자 등과 담보권자가 알고 있는 이해관계인에게 도달한 날부터 '1개월이 지나기 전'에 담보목적물에 대하여 '경매'가 개시되면 사적 실행의 절차를 중지하여야 한다(제23조 5항 1호). ② 담보목적물을 매각하여 그 대금을 변제에 충당하는 경우(처분정산), 담보권자가 제3자와 매매계약을 체결하기 전에 담보목적물에 대하여 '경매'가 개시되면 담보권자는 사적 실행의 절차를 중지하여야 한다(제23조 5항 2호).

마) 채무자 등의 말소청구권

동산담보권의 사적 실행의 경우에 채무자 등은 ① 취득정산의 경우에는 청산금을 지급하기 전 또는 청산금이 없으면 1개월의 청산기간이 지나기 전, ② 처분정산의 경우에는 담보권자가 제3자와 매매계약을 체결하기 전까지 피담보채무액을 담보권자에게 지급하고 담보등기의 말소를 청구할 수 있다(제28조 1항). 이 경우 담보권자는 동산담보권의 실행을 즉시 중지하여야 한다. 만일 동산담보권의 실행을 중지함으로써 담보권자에게 손해가 발생하는 경우, 채무자 등은 그 손해를 배상하여야 한다(제28조 2항).

바) 후순위권리자가 있는 경우

(i) 후순위권리자의 권리행사 후순위권리자는 채무자 등이 받을 청산금에 대하여 그 순위에 따라 청산금이 지급될 때까지 그 권리를 행사할 수 있고, 담보권자는 후순위권리자가 요구하는 경우에는 청산금을 지급하여야 한다(제26조 1항). 후순위권리자가 이러한 권리를 행사할 때에는 그 피담보채권의 범위에서 그 채권의 명세와 증서를 담보권자에게 건네주어야 한다(제26조 3항). 담보권자가 채권 명세와 증서를 받고 후순위권리자에게 청산금을 지급한 때에는 그 범위에서 채무자 등에 대한 청산금 지급채무가 소멸한다(제26조 4항). 한편 후순위권리자의 권리행사를 막으려는 자는 청산금을 압류하거나 가압류하여야 한다(제26조 5항).

(ii) 후순위권리자의 경매청구권 후순위권리자는 ① 취득정산의 경우에는 청산금을 지급하기 전 또는 청산금이 없으면 1개월의 청산기간이 지나기 전, ② 처분정산의 경우에는 담보권자가 제3자와 매매계약을 체결하기 전까지 담보목적물의 경매를 청구할 수 있다

(제26조 2항 본문). 다만 후순위권리자의 피담보채권 변제기가 도래하기 전에는 1개월의 청산기간 내에만 담보목적물의 경매를 청구할 수 있다(제26조 2항 단서). 이와 같이 후순위권리자의 경매청구가 있으면 담보권자는 사적 실행을 중지하여야 하고(제23조 5항), 담보권자는 경매절차에서 우선변제를 받을 수 있을 뿐이다.

사) 이해관계인의 가처분신청 등

이해관계인은 담보권자가 위법하게 동산담보권을 실행하는 경우에 담보권설정자의 법인등기 또는 상호등기를 관할하는 법원에 동산담보권 실행의 중지 등 필요한 조치를 명하는 가처분을 신청할 수 있다(제30조 1항). 법원은 가처분신청에 대한 결정을 하기 전에 이해관계인에게 담보를 제공하게 하거나 제공하지 아니하고 집행을 일시 정지하도록 명하거나 담보권자에게 담보를 제공하고 그 집행을 계속하도록 명하는 등 잠정처분을 할 수 있다(제30조 2항).

3) 유질계약

담보권자와 담보권설정자는 동산·채권담보법에서 정한 실행절차와 다른 내용의 약정을 할 수 있다(제31조 1항 본문). 다만 실행의 통지(제23조 1항)가 없거나 통지 후 1개월이 지나지 아니한 경우에도 통지 없이 담보권자가 담보목적물을 처분하거나 직접 변제에 충당하기로 하는 약정은 효력이 없다(제31조 1항 단서). 또한 제31조 1항 본문의 약정에 의하여 이해관계인의 권리를 침해하지 못한다(제31조 2항).

(다) 과실수취권

담보권자가 담보목적물을 점유하는 경우, 담보목적물의 과실을 수취하여 다른 채권자보다 먼저 그 채권의 변제에 충당할 수 있다(제25조 4항 본문). 다만 과실이 금전이 아닌 경우에는 그 과실을 경매하거나 그 과실로써 직접 변제에 충당하거나 그 과실을 매각하여 그 대금으로 변제에 충당할 수 있다(제25조 4항 단서).

(라) 단순한 채권자로서 변제받는 경우

담보권자는 담보목적물로부터 변제받지 못한 채권이 있는 경우에만 채무자의 다른 재산으로부터 변제받을 수 있다(제15조 1항). 만일 담보목적물보다 먼저 다른 재산을 대상으로 하여 배당이 실시되는 경우에는 담보권자는 채권자로서 그의 채권 전액을 가지고 배당에 참가할 수 있다. 다만 다른 채권자는 담보권자에게 그 배당금액의 공탁을 청구할 수 있다(제15조 2항).

(3) 유치적 효력

담보권자가 담보목적물을 점유한 경우에는 피담보채권을 전부 변제받을 때까지 담보목적물을 유치할 수 있다(제25조 1항 본문). 물론 선순위권리자에게 대항하지 못하며(제25조 1항 단서), 담보권자는 선량한 관리자의 주의로 담보목적물을 관리하여야 한다(제25조 3항).

(4) 동산담보권의 침해에 대한 효력

(가) 물권적 청구권

담보권자는 점유할 권리 없이 담보목적물을 점유한 자에 대하여 담보권설정자에게 반환할 것을 청구할 수 있다(제19조 1항, 3항). 담보권자가 담보목적물을 점유할 권원이 있거나 담보권설정자가 담보목적물을 반환받을 수 없는 사정이 있는 경우, 담보권자는 점유할 권리 없이 담보목적물을 점유한 자에 대하여 자신에게 담보목적물을 반환할 것을 청구할 수 있다(제19조 2항, 3항). 또한 담보권자는 동산담보권을 방해하는 자에게 방해의 제거를 청구할 수 있고, 동산담보권을 방해할 우려가 있는 행위를 하는 자에게 방해의 예방이나 손해배상의 담보를 청구할 수 있다(제20조).

(나) 손해배상청구권

담보목적물의 침해로 담보권자가 채권의 만족을 얻을 수 없는 경우, 그 침해자에 대해 불법행위를 이유로 손해배상을 청구할 수 있다(민법 제750조).

(5) 매각대금 등의 공탁

담보목적물의 매각대금 등이 압류되거나 가압류된 경우 또는 담보목적물의 매각대금 등에 관하여 권리를 주장하는 자가 있는 경우에 담보권자는 그 전부 또는 일부를 담보권설정자의 법인등기 또는 상호등기를 관할하는 법원에 공탁할 수 있다. 이 경우 담보권자는 공탁사실을 즉시 담보권자가 알고 있는 이해관계인과 담보목적물의 매각대금 등을 압류 또는 가압류하거나 그에 관하여 권리를 주장하는 자에게 통지하여야 한다(제27조 1항). 담보목적물의 매각대금 등에 대한 압류 또는 가압류가 있은 후에 담보목적물의 매각대금 등을 공탁한 경우에는 채무자 등의 공탁금출급청구권이 압류되거나 가압류된 것으로 본다(제27조 2항). 한편 담보권자가 매각대금 등을 공탁하면, 공탁금의 회수를 청구할 수 없다(제27조 3항).

(6) 물상보증인의 구상권과 제3취득자의 비용상환청구권

타인의 채무를 담보하기 위한 담보권설정자가 그 채무를 변제하거나 동산담보권의 실행으로 인하여 담보목적물의 소유권을 잃은 경우에는 민법의 보증채무에 관한 규정에 따라 채무자에 대한 구상권이 있다(제16조). 한편 담보목적물의 제3취득자가 그 담보목적물의 보존·개량을 위하여 필요비 또는 유익비를 지출한 경우에는 민법 제203조 1항 또는 2항에 따라 담보권자가 담보목적물을 실행하고 취득한 대가에서 우선하여 상환받을 수 있다(제18조).

(7) 담보권설정자에 대한 특별효과

(가) 담보권자의 현황조사 요구

담보권설정자는 정당한 사유 없이 담보권자의 담보목적물에 대한 현황조사 요구를 거부할 수 없다. 이 경우 담보목적물의 현황을 조사하기 위하여 약정에 따라 전자적으로 식별할 수 있는 표지를 부착하는 등 필요한 조치를 할 수 있다(제17조 1항).

(나) 담보물보충청구권

담보권설정자에게 책임이 있는 사유로 담보목적물의 가액(價額)이 현저히 감소된 경우에는 담보권자는 담보권설정자에게 그 원상회복 또는 적당한 담보의 제공을 청구할 수 있다(제17조 2항).

4. 공동담보

(1) 동산담보권의 경우 저당권과 같이 공동담보가 허용된다. 따라서 동일한 채권의 담보로 여러 개의 담보목적물에 동산담보권을 설정한 경우에 그 담보목적물의 매각대금을 동시에 배당할 때에는 각 담보목적물의 매각대금에 비례하여 그 채권의 분담을 정한다(제29조 1항). 만일 담보목적물 중 일부의 매각대금을 먼저 배당하는 경우에는 그 대가에서 그 채권 전부를 변제받을 수 있다. 이 경우 경매된 동산의 후순위담보권자는 선순위담보권자가 다른 담보목적물의 동산담보권 실행으로 변제받을 수 있는 금액의 한도에서 선순위담보권자를 대위하여 담보권을 행사할 수 있다(제29조 2항).

(2) 공동담보권자가 사적 실행의 방법으로 담보목적물을 처분하는 경우에도 동시배당(제29조 1항) 또는 이시배당의 규정(제29조 2항)이 동일하게 적용된다(제29조 3항 본문). 다만 각 담보목적물의 매각대금을 정할 수 없는 경우에는 실행통지에 명시된 각 담보목적물의 평가액 또는 예상매각대금에 비례하여 그 채권의 분담을 정한다(제29조 3항 단서).

5. 근담보권

동산담보권은 그 담보할 채무의 최고액만을 정하고 채무의 확정을 장래에 보류하여 설정할 수 있고, 이 경우 그 채무가 확정될 때까지 채무의 소멸 또는 이전은 이미 설정된 동산담보권에 영향을 미치지 아니한다(제5조 1항). 한편 근담보권의 경우, 채무의 이자는 최고액 중에 포함된 것으로 본다(제5조 2항).

6. 선의취득

동산·채권담보법에 따라 동산담보권이 설정된 담보목적물에 대하여는 민법 제249조 내지 제251조의 선의취득 규정이 준용된다(제32조). 따라서 동산담보권이 설정된 경우에도 제3자가 목적동산의 소유권이나 질권을 취득할 수 있다. 반면에 동산담보권에 대한 선의취득은 인정되지 않는다. 선의취득은 동산의 점유에 공신력을 인정하는 것인데, 동산담보권의 취득·이전 등은 동산의 점유를 요건으로 하지 않기 때문이다. 그 결과 처분권 내지 처분권능이 없는 자가 동산담보권을 설정한 경우, 담보권자가 선의·무과실이더라도 등기에 공신력이 없기 때문에 동산담보권을 취득하지 못한다.

Ⅲ. 채권담보권

1. 의 의

채권담보권은 담보약정에 따라 금전의 지급을 목적으로 하는 지명채권(여러 개의 채권 또는 장래에 발생할 채권을 포함한다)을 목적으로 등기한 담보권을 말한다(제2조 3호). 여기의 담보약정은 양도담보 등 명목을 묻지 아니하고 동산·채권담보법에 따라 채권을 담보로 제공하기로 하는 약정을 말한다(제2조 1호).

2. 채권담보권의 성립

(1) 채권담보권이 성립하려면 담보설정자와 담보권자 사이에 채권을 담보로 제공하기로 하는 약정(담보설정계약)이 있고, 동산·채권담보법에 따른 등기, 즉 담보등기를 하여야 한다. 채권담보설정자로 될 수 있는 자는 동산담보권과 마찬가지로 '법인' 또는 '부가가치세법에 따라 사업자등록을 한 사람'으로 한정된다(제2조 5호, 제34조 1항).

(2) 채권담보권의 목적은 '금전의 지급을 목적으로 하는 지명채권'이다(제34조 1항). 즉 '금전의 지급을 목적으로 하는 지명채권'만 담보목적물이 될 수 있다(예; 신용카드대금 채권, 소액의 물품채권, 리스료 채권 등 금전채권). 물건의 인도청구권이나 채무자의 행위를 청구하는 청구권 등 비금전채권은 채권의 내용이 개성적이고 가치를 환산하기 어려워 우선변제권을 확보하기 곤란하기 때문이다.

채권담보권은 피담보채권의 채무자가 채무를 불이행하는 경우에 담보목적물로부터 우선변제를 받는 것을 목적으로 하므로, 동산담보권과 마찬가지로 양도할 수 없는 채권은 담보목적물이 될 수 없다(제37조, 민법 제331조). 따라서 부양청구권(민법 제979조), 연금청구권(공무원연금법 제39조), 재해보상청구권(산업재해보상보험법 제88조 2항) 등 법률상 양도가 금지된 채권은 채권담보권의 목적이 될 수 없다. 그 밖에 당사자의 특약으로 채권의 양도성을 제한할 수 있으므로(민법 제449조 2항 본문), 이러한 양도금지 특약이 있는 채권이 담보목적물로 된 경우에는 담보권자가 선의인 경우에만 유효하게 채권담보권을 취득할 수 있다(민법 제449조 2항 단서).

(3) 채무자가 특정되었는지 여부를 묻지 않고 여러 개의 채권뿐만 아니라 장래에 발생할 채권도 담보목적물이 될 수 있다. 다만 채권의 종류·발생원인·발생 연월일을 정하거나 그 밖에 이와 유사한 방법으로 특정할 수 있어야 한다(제34조 2항). 특정할 수 있으면 충분하므로, 장래에 발생할 채권의 발생가능성까지 필요한 것은 아니다.

3. 담보등기의 효력

약정에 따른 채권담보권의 득실변경은 담보등기부에 등기한 때에 지명채권의 채무자(이하 '제3채무자'라 한다) 외의 제3자에게 대항할 수 있다(제35조 1항). 즉 담보등기를 제3자에 대한 대항요건으로 하고 있다. 대항요건을 제3채무자와 제3자로 구분한 이유는, 제3채무자에 대한 대항요건은 제3채무자에게 변제를 하여야 하는 상대방 등을 확실하게 알려주어 이중변제의 위험을 방지하기 위한 것이고, 그 외의 제3자에 대한 대항요건은 상호 양립할 수 없는 법적 지위를 갖는 자에 대한 상호 우열을 결정하는 것으로 그 기능이 다르기 때문이다.

(1) 제3자에 대한 대항요건

채권담보권은 당사자의 약정에 따라 성립하지만, 이를 제3자에게 대항하기 위해서는 담보등기부에 등기를 하여야 한다(제35조 1항).

(2) 제3채무자에 대한 대항요건

(가) 담보권자 또는 담보권설정자(채권담보권 양도의 경우에는 그 양도인 또는 양수인)는 제3채무자에게 '등기사항증명서를 건네주는 방법으로' 그 사실을 통지하거나 제3채무자가 이를 승낙하여야 한다(제35조 2항). 권리질권의 경우, 질권자가 제3채무자에 대한 대항력을 취득하려면 '질권설정자'가 제3채무자에게 통지하거나 제3채무자가 승낙을 하여야 한다(민법 제349조 1항). 반면에 채권담보권에는 '담보권자'가 제3채무자에 대하여 등기사항증명서를 건네주는 방법으로 통지를 함으로써 대항력을 취득할 수 있다. 담보권자 또는 담보권설정자의 통지, 승낙에 관하여는 민법 제451조 및 제452조를 준용한다(제35조 4항).

(나) 통지는 채권담보권에 대항력을 줄 뿐이므로 담보목적물인 채권의 동일성에는 아무런 영향을 미치지 않는다. 따라서 통지가 있으면, 제3채무자는 담보권자 또는 담보권설정자로부터 그 통지를 받을 때까지 담보권설정자에 대하여 대항할 수 있는 사유를 가지고 담보권자에게 대항할 수 있다(제35조 4항, 민법 제451조). 가령 변제 기타의 사유로 채권의 전부 또는 일부가 소멸하였다는 항변, 동시이행의 항변 또는 채무불성립·무효·취소의 항변 등은 모두 담보권자에 대하여 주장할 수 있다.

(3) 담보등기와 확정일자 있는 통지 또는 승낙의 우열관계

(가) 담보목적물인 채권이 이중으로 담보등기되거나 질권설정 또는 양도된 경우, 채권담보권 상호간에는 담보등기의 시간적 순서에 따라 우열관계가 결정되고, 권리질권·채권양도와는 채권담보등기와 민법 제450조 2항에 따른 확정일자 있는 통지 또는 승낙의 시간적 순서에 따라 우열이 결정된다(제35조 3항).

(나) 채권담보권자가 담보등기를 마친 후에서야 동일한 채권에 관한 채권양도가 이루어지고 확정일자 있는 증서에 의한 채권양도의 통지가 제3채무자에게 도달하였으나, 동산채권담보법 제35조 2항에 따른 담보권설정의 통지는 제3채무자에게 도달하지 않은 경우, 제3채무자에 대한 관계에서 채권양수인만이 대항요건을 갖추었으므로 제3채무자는 채권양수인에게 유효하게 채무를 변제할 수 있고 이로써 채권담보권자에 대하여도 면책된다. 다만 채권양수인은 채권담보권자에 대한 관계에서는 후순위로서, 채권담보권자의 우선변제적 지위를

침해하여 이익을 받은 것이 되므로, 채권담보권자는 채권양수인에게 부당이득으로서 변제받은 것의 반환을 청구할 수 있다(대판 2016.7.14, 2015다71856,71863).

그러나 그 후 제35조 2항에 따른 담보권설정의 통지가 제3채무자에게 도달한 경우, 그 통지가 채권양도의 통지보다 늦게 제3채무자에게 도달하였더라도, 채권양수인에게 우선하는 채권담보권자가 제3채무자에 대한 대항요건까지 갖추었으므로 제3채무자는 채권담보권자에게 채무를 변제하여야 하고, 채권양수인에게 변제하였다면 특별한 사정이 없는 한 이로써 채권담보권자에게 대항할 수 없다(대판 2016.7.14, 2015다71856,71863).

판 례

동산·채권 등의 담보에 관한 법률에 의한 채권담보권자가 채권양수인보다 우선하고 담보권설정의 통지가 제3채무자에게 도달하였는데도, 그 통지보다 채권양도의 통지가 먼저 도달하였다는 등의 이유로 제3채무자가 채권양수인에게 채무를 변제한 경우에 채권담보권자가 무권한자인 채권양수인의 변제수령을 추인하였다면, 추인에 의하여 제3채무자의 채권양수인에 대한 변제는 유효하게 되는 한편 채권담보권자는 채권양수인에게 부당이득으로서 변제받은 것의 반환을 청구할 수 있다(대판 2016.7.14, 2015다71856,71863).

4. 채권담보권의 실행

채권담보권은 권리질권의 실행과 동일한 방법으로 실행한다.

(1) 담보권자의 제3채무자에 대한 채권의 직접청구

담보권자는 피담보채권의 한도에서 채권담보권의 목적이 된 채권을 직접 청구할 수 있다(제36조 1항). 담보목적물은 금전채권에 한정되므로, 담보권자는 자기의 채권액에 해당하는 부분에 한하여 직접 청구함으로써 곧바로 피담보채권의 변제에 충당할 수 있다. 그리고 채권담보권의 목적이 된 채권이 피담보채권보다 먼저 변제기에 이른 경우에는 담보권자는 제3채무자에게 그 변제금액의 공탁을 청구할 수 있고, 이 경우 제3채무자가 변제금액을 공탁한 후에는 채권담보권은 그 공탁금에 존재하게 된다(제36조 2항).

(2) 민사집행법에 의한 집행

채권담보권자는 제3채무자에 대한 직접 청구 외에 민사집행법이 정한 집행방법으로 채권담보권을 실행할 수 있다(제36조 3항). 민사집행법이 정한 집행방법에는 ① 민사집행법 제273조에 의하여 담보권의 존재를 증명하는 서류를 집행법원에 제출하여 채권압류 및 추심 또는 전부명령을 신청하는 것이거나, ② 제247조 제1항에 의하여 배당요구를 하는 것이 있다.

5. 그 밖의 사항

채권담보권에 대하여도 그 성질에 반하지 않는 범위에서 동산담보권의 규정이 준용된다(제37조). 즉 담보권의 불가분성(제9조), 담보권이 효력을 미치는 목적물의 범위(제10조), 과실에 대한 효력(제11조), 피담보채권의 범위(제12조), 담보권의 양도(제13조), 담보목적물 이외의 재산으로부터의 변제(제15조), 물상보증인의 구상권(제16조), 담보목적물의 보충(제17조) 등의 규정이 채권담보권에도 적용된다. 한편 저당권으로 담보한 채권을 채권담보권의 목적으로 한 때에는 그 저당권등기에 채권담보권의 부기등기를 하여야 그 효력이 저당권에 미치며(제37조, 민법 제348조, 부동산등기법 제76조 2항), 담보설정자는 채권담보권자의 동의 없이 담보권의 목적이 된 권리를 소멸하게 하거나 담보권자의 이익을 해치는 변경을 할 수 없다(제37조, 민법 제352조).

Ⅳ. 지식재산권에 대한 특례

1. 의 의

지식재산권담보권은 담보약정에 따라 특허권, 실용신안권, 디자인권, 상표권, 저작권, 반도체집적회로의 배치설계권 등 지식재산권(법률에 따라 질권을 설정할 수 있는 경우로 한정한다)을 목적으로 그 지식재산권을 규율하는 개별 법률에 따라 등록한 담보권을 말한다(제2조 4호). 주의할 것은 동산·채권담보권과 달리 지식재산권담보권의 설정자는 법인이나 부가가치세법에 따라 사업자등록을 한 사람에 한정되지 않는다는 점이다(제2조 5호).

2. 지식재산권담보권 등록

(1) 등 록

지식재산권자가 약정에 따라 동일한 채권을 담보하기 위하여 2개 이상의 지식재산권을 담보로 제공하는 경우에는 특허원부, 저작권등록부 등 그 지식재산권을 등록하는 공적(公的) 장부(이하 '등록부'라 한다)에 동산·채권담보법에 따른 담보권을 등록할 수 있다(제58조 1항). 이 경우 ① 담보의 목적이 되는 지식재산권은 그 등록부를 관장하는 기관이 동일하여야 하여야 한다(제58조 2항). 공시제도가 이원화되지 않도록 하기 위하여 법원이 관장하는 담보등기부가 아닌 그 지식재산권의 해당 등록원부에 하도록 한 것이다. ② 지식재산권의 종류와 대상을 정하거나 그 밖에 이와 유사한 방법으로 특정할 수 있어야 한다(제58조 2항).

(2) 등록의 효력

약정에 따른 지식재산권담보권의 득실변경은 그 등록을 한 때에 그 지식재산권에 대한 질권의 득실변경을 등록한 것과 동일한 효력이 생긴다(제59조 1항). 동일한 지식재산권에 관하여 동산·채권담보법에 따른 담보권 등록과 그 지식재산권을 규율하는 개별 법률에 따른 질권 등록이 이루어진 경우에 그 순위는 법률에 다른 규정이 없으면 그 선후에 따른다(제59조 2항).

3. 지식재산권담보권자의 권리행사

담보권자는 지식재산권을 규율하는 개별 법률에 따라 담보권을 행사할 수 있다(제60조).

4. 그 밖의 사항

지식재산권담보권에 관하여는 그 성질에 반하지 아니하는 범위에서 동산담보권에 관한 제2장과 민법 제352조를 준용한다(제61조 본문). 다만 사적 실행(취득정산, 처분정산)에 관한 제21조 2항과 지식재산권에 관하여 규율하는 개별 법률에서 다르게 정한 경우에는 준용하지 않는다(제61조 단서).

사항색인

판례색인

◀ **대법원 결정** ▶

◂ **헌법재판소 결정** ▸

[저자 약력]

양 형 우

연세대학교 법학과 졸업(법학사)
연세대학교 대학원 법학과 석사과정 졸업(법학석사)
연세대학교 대학원 법학과 박사과정 수학
독일 프라이부르크(Freiburg)대학교 법학과 수학(법학박사)
강릉대학교 법학과 조교수, 부교수 역임
사법시험, 행정·입법고시, 외교관후보자선발시험, 법학적성시험(LEET), 7급공무원채용시험, 변리사·공인노무사·세무사·감정평가사·공인중개사·주택관리사 등 각종 국가자격시험위원
현) 홍익대학교 법학과 교수
E-Mail: jurahw@naver.com

주요 저서 및 논문

Rechtsvergleichende Untersuchungen über den Eigentumsvorbehalt im deutschen und koreanischen Recht – Unter besonderer Berücksichtigung des einfachen Eigentumsvorbehalts(Peter Lang, 1999)
Rechtsvergleichende Darstellung der zur Widerspruchsklage legitimierenden Drittrechte im koreanischen und deutschen Recht(ZZPInt 4, 2000)
민법입문 제7판(도서출판 정독, 2025.8)
핵심민법판례와 사례 제4판(도서출판 정독, 2025.8)
민법의 세계 제17판(도서출판 정독, 2026.1)
민사법특강 제6판(도서출판 정독, 2025.1)
판례민법강의 제8판(도서출판 정독, 2026.1)
구분건물의 구조상 구분이 소멸된 경우의 권리관계와 변경등기(민사법학 제68호, 2014.9)
회생절차에서 소유권유보와 매도인의 지위(인권과 정의 2015년 2월호)
회생절차에서 공동보증인의 구상권과 변제자대위(법조 2016년 10월호)
채권자대위권의 행사에 의한 처분제한과 대위채권자의 제3채무자에 대한 추심권능 내지 변제수령권한에 대한 압류명령 등의 효력(홍익법학 제19권 제2호, 2018.6)
저당권의 효력이 미치는 차임채권 등에 대한 저당권 실행방법(토지법학 제35권 제1호, 2019.6)
처분권한이 없는 임대인이 임대주택의 권리를 취득한 경우의 처분행위 효력(재산법연구 제36권 제2호, 2019.8)
회생절차가 담보권실행을 위한 경매절차에 미치는 영향(홍익법학 제21권 제1호, 2020.2)
수익자에 대하여 회생절차가 개시된 경우 사해행위취소에 따른 가액배상청구권이 공익채권에 해당하는지 여부(홍익법학 제21권 제2호, 2020.6)
일부청구와 소멸시효의 중단(재산법연구 제37권 제2호, 2020.8)
통정허위표시에 따른 가등기의 명의인이 임의로 본등기를 마친 경우와 민법 제108조 제2항의 제3자(홍익법학 제21권 제3호, 2020.9)
누적적 근저당과 물상보증인의 변제자대위 인정여부(홍익법학 제21권 제4호, 2020.12)
금전채권자의 공유물분할청구권 대위행사 허용여부(홍익법학 제22권 제1호, 2021.1)
회생담보권조사확정재판이 계속 중인 채권자의 견련파산절차상 지위(재산법연구 제38권 제1호, 2021.5)
회생절차상 회생채권 등의 조사확정재판(홍익법학 제22권 제2호, 2021.6)
하수급인의 직접지급청구권과 도급인의 상계(홍익법학 제22권 제3호, 2021.9)
전세권과 전세금반환채권에 대한 압류(홍익법학 제23권 제1호, 2022.2)
부동산 유치권에 관한 민법전 개정안에 대한 평가와 향후 개정방향 – 개정안 제369조의2, 제369조의3을 중심으로(민사법학 제99호, 2022.6)
유치권부존재확인 확정판결과 후행 경매절차에서 유치권의 효력(홍익법학 제24권 제1호, 2023.2)
별제권 목적의 환수와 파산절차상의 상계(홍익법학 제25권 제2호, 2024.6)
경매절차에서 청구권 보전을 위한 가등기의 효력 – 가등기담보 등에 관한 법률 개정방향을 포함하여(홍익법학 제25권 제3호, 2024.9)
전세권의 개정방향 – 민법 제317조, 제318조 및 제371조를 중심으로(재산법연구 제41권 제4호, 2025.2)
회생절차에서 채권양도통지이행청구권(홍익법학 제26권 제4호, 2025.12) 외 다수

제17판 민법의 세계
물권법

초판발행 2007년 8월 27일
제10판발행 2018년 1월 20일
제11판발행 2019년 1월 5일
제12판발행 2021년 1월 11일
제13판발행 2022년 1월 10일
제14판발행 2023년 1월 4일
제15판발행 2024년 1월 2일
제16판발행 2025년 1월 5일
제17판발행 2026년 1월 6일

지은이 양형우
펴낸이 김중용

편 집 심성보·김인숙

펴낸곳 도서출판 정독
경기도 고양시 일산서구 하이파크로 113, 102-204
등록 제406-2014-000093호
전 화 031)924-7203 팩 스 031)935-0345
홈페이지 www.jeongdok.co.kr 이메일 admin@jeongdok.co.kr
ISBN 979-11-6858-418-1 94360
979-11-6858-416-7 세트

정 가 29,000원